DIRK KRUSE-ETZBACH/SABINE KRIETER

REISEHANDBUCH

USA/GROSSE SEEN

MIT MITTLEREM WESTEN

AUSFÜHRLICHE, FUNDIERTE ROUTENBESCHREIBUNGEN · SEHENSWÜRDIGKEITEN
RESTAURANTS · HOTELS · ALTERNATIVE UNTERKÜNFTE · MUSEEN
STADTRUNDGÄNGE · WANDERUNGEN · HINTERGRUND-INFORMATIONEN
HISTORIE · NATUR · GEOGRAPHIE

1. Auflage 1996/97
2. Auflage 1997/98

Büchnerstraße 11 · D 41540 Dormagen
Tel. (0 21 33) 2 60 30 · Fax (0 21 33) 26 03 33
USA-Büro: POB 542, Inverness, Fl 34450
Fax 904 6374852

Alle Schwarzweiß- und Farbbilder: Dirk Kruse-Etzbach/Sabine Krieter
Karten: H. Palsa

Konzeption der Reihe und chefredaktionelle Bearbeitung:
Michael Iwanowski
Text: Dirk Kruse-Etzbach

Gesamtherstellung: F. X. Stückle, D-77955 Ettenheim
Printed in Germany

ISBN 3-923975-55-4

Inhaltsverzeichnis

Einleitung **12**

☞ **Die roten Seiten: Iwanowski's Highlights, Supertips und Warnungen**

1. Die USA auf einen Blick **14**

2. Geschichtlicher Überblick der USA **15**

2.1 Die ersten Bewohner Amerikas: die Indianer 15
2.1.1 Kulturen im Mittleren Westen und um die Großen Seen 16
2.1.2 Der "typische" Indianer: die Plains-Kultur 16
2.1.3 Die "Bauern" unter den Indianern: die Eastern-Woodland-Indianer 17
2.2 Die Entdecker Amerikas 19
2.2.1 Auf der Suche nach einem neuen Lebensraum: die Wikinger 19
2.2.2 Die Entdeckung "Indiens": Christoph Kolumbus 19
2.2.3 Im Kielwasser Kolumbus': andere europäische Entdecker 20
2.3 Die "Neue Welt" wird kolonisiert 21
2.3.1 Die Spanier als Herren der ersten Stunde 21
2.3.2 Französische Aktivitäten in Nord und Süd 22
2.3.3 Englischer Machtgewinn 23
2.3.4 Kolonisationsbewegungen übriger Staaten 24
2.4 Der Kampf um die Freiheit 25
2.5 Staatssystem und Erweiterung des Staatsgebietes der Vereinigten Staaten 26
Regierung und Präsident 28 · Der Kongreß 28 · Oberster Gerichtshof (Supreme Court) 29
2.6 Die Besiedlung des Mittleren Westens und kriegerische Auseinandersetzungen des 19. Jahrhunderts 30
2.7 Die frühe Geschichte der einzelnen Bundesstaaten 35
2.7.1 Illinois 35
2.7.2 Indiana 35
2.7.3 Iowa 36
2.7.4 Michigan 36
2.7.5 Minnesota 37
2.7.6 Missouri 38
2.7.7 Montana 38
2.7.8 North Dakota 39
2.7.9 Ohio 40
2.7.10 Pennsylvania 40
2.7.11 South Dakota 41
2.7.12 Wisconsin 41
2.7.13 Wyoming 42
2.8 Wiederaufbau nach dem Bürgerkrieg (Reconstruction) 42
2.9 Wirtschaftlicher Aufschwung und Industrialisierung (Gilded Age) . 44
2.10 Erste außenpolitische Ambitionen einer Wirtschaftsmacht 45
2.11 I. Weltkrieg 46

2.12 "The Fabulous Twenties" (Die goldenen Zwanziger) 47
2.13 Der "Schwarze Freitag" und seine Folgen 48
1. Phase (1933-1935) 49 · 2. Phase (1935-1939) 49
2.14 II. Weltkrieg 50
2.15 Neuordnung der Welt 51
2.16 Innen- und außenpolitische Krisen der Vereinigten Staaten 53
Der Koreakrieg 53 · Kubakrise 53 · Der Vietnamkrieg 54 · Präsidenten der Vereinigten Staaten von Amerika 55
2.17 Außenpolitische Ausrichtung der Staaten nach dem Vietnamkrieg .. 56
2.18 Innenpolitische Schwierigkeiten 56
Daten und Ereignisse 58

3. Kurzer Abriß der Geschichte Kanadas 60

4. Geographischer Überblick 63
4.1 Allgemeiner Überblick 63
Die gesamten USA im Überblick 64 · Der Mittlere Westen und die Großen Seen im einzelnen 65
4.2 Vegetations-Überblick 69
USA allgemein 69 · Geographischer Gesamteindruck des Reisegebietes 71
4.3 Tierwelt 72
Bisons 72 · Präriehunde 72 · Bären 73 · Haubentaucher 73 · Elche 74 · Biber 74
4.4 Klima 76
Die beste Reisezeit 76

5. Wirtschafts-Überblick 82
5.1 Allgemeiner Überblick 83
5.2 Natürliche Ressourcen 84
5.3 Industrialisierung Ende des 19. Jahrhunderts und die Konsolidierung bis zum 2. Weltkrieg 86
5.4 Der 2. Weltkrieg und die Neuorientierung der Wirtschaft in der 2. Hälfte des 20. Jahrhunderts 87
5.5 Landwirtschaft 89
5.6 Der Konkurrenzdruck von außen 91
5.7 Was kann die Zukunft bringen? 93
5.8 Die Wirtschaft im Mittleren Westen der USA 94

6. Gesellschaftlicher Überblick 96
6.1 Bevölkerung der Vereinigten Staaten 96
6.2 Minderheiten 97
Afroamerikaner 97 · Bürger lateinamerikanischen Ursprungs 99 · Indianer 100 · Asiaten 101
6.3 Soziale Verhältnisse 101
Krankenversicherung 102 · Rentenversicherung 102 · Arbeitslosenversicherung 103 · Sozialhilfe 103 · Gewerkschaften 103 · Bildungswesen 104
6.4 Geschichte von Jazz und Blues 106

7. Die USA als Reiseland (inkl. Kurzinfos zu Kanada) **109**
7.1 Praktische Reisetips von A - Z 109
7.2 Bemerkenswertes über das Leben in den USA 162
Ein paar Notizen zur amerikanischen Gesellschaft 162
7.3 Küche und Getränke 169
Kleine Sprachhilfe 172

☞ **Die grünen Seiten: Das kosten Sie die USA**

8. REISEN IM MITTLEREN WESTEN DER USA UND UM DIE GROSSEN SEEN 177

8.1 Rundreisevorschläge, Zeitpläne und Routenskizzen 178
8.1.1 Überblick 178
8.1.2 Eine Reiseroute um die Großen Seen (3-4 Wochen) 179
8.1.3 Eine Rundreise von Chicago in die Bergregionen der Rocky Mountains und zurück (3 Wochen) 182
8.1.4 Alternativen für 2- bis 3-wöchige Aufenthalte 184
8.1.5 Vorschlag für eine große Rundreise zu den Highlights des Mittleren Westens der USA (ca. 5 Wochen) 187
Illinois-Telegramm 188

9. CHICAGO UND DIE RUNDREISE UM DIE GROSSEN SEEN 189

9.1 Chicago und Umgebung 189
9.1.1 Überblick 190
9.1.2 Reisepraktische Hinweise 192
9.1.3 Geschichte und Wirtschaft 205
Geschichte 205 · Wirtschaft 211
9.1.4 Sehenswertes im Innenstadtbereich 214
"The Loop" und die umliegenden Gebiete 214 · Rundfahrt 1: nördlich der Innenstadt 224 · Rundfahrt 2: südlich der Innenstadt 226
9.1.5 Sehenswertes in westlich benachbarten Stadtteilen 230
Oak Park 230 · Belmont 231
9.1.6 Von Chicago nach Milwaukee 231
Entlang der Sheridan Road 231 · Entlang des Interstate 232 · Wisconsin-Telegramm 233

9.2 Milwaukee und Umgebung 234
9.2.1 Überblick und Geschichte 234
9.2.2 Reisepraktische Hinweise 235
9.2.3 Sehenswertes im Stadtbereich 238
Rundfahrt zu den Sehenswürdigkeiten im weiteren Umfeld der Innenstadt 241 · Die Umgebung von Milwaukee 243

9.3 Von Milwaukee über Michigan's Upper Peninsula nach Duluth ... 244
9.3.1 Überblick ... 244
9.3.2 Reisepraktische Hinweise ... 245
9.3.3 Sehenswertes ... 247
Entlang der Uferlinie des Lake Michigan in Wisconsin 247 · Sheboygan 248 · Manitowoc 249 · Abstecher zum Door County 249 · Sturgeon Bay 252 · Green Bay/De Pere 254 · Michigan-Telegramm 256 · Der äußerste Nordwesten von Michigan, die Upper Peninsula 256 · Abstecher nach Iron Mountain 258 · Pictured Rocks National Lakeshore 262 · Marquette 263 · Keweenaw Peninsula 266 · Hancock-Houghton 268 · Copper Harbor 269 · Isle Royale Nationalpark 270 · Der Westen der Upper Peninsula 275 · Reisetelegramm für das Seengebiet von Nord-Wisconsin 277 · Apostle Islands National Lakeshore 279 · Minnesota-Telegramm 281

9.4 Duluth, der Nordosten von Minnesota und auf kanadischer Seite entlang dem Lake Superior nach Sault Ste. Marie ... 282
9.4.1 Überblick ... 282
9.4.2 Reisepraktische Hinweise ... 283
9.4.3 Duluth und Superior ... 285
Überblick 285 · Sehenswertes in Superior 287 · Sehenswertes in Duluth 288
9.4.4 Das Gebiet der 12.000 Seen, die Iron Ange und das Voyageursland ... 289
Überblick 289 · Die 12.000 Seen von Minnesota 290 · Grand Rapids 291 · Die Iron Range 292 · Park Rapids 293 · Itasca State Park 294 · Bemidji 295 · Chippewa National Forest 296 · Das Voyageursland 296 · Ely 305
9.4.5 Von Duluth um den Lake Superior nach Sault Ste. Marie ... 307
Grand Marais 308 · Grand Portage und Grand Portage National Monument 309 · in Kanada entlang dem Lake Superior 310 · Kanada-Telegramm 312 · Ontario-Telegramm 313 · Thunder Bay 314 · Pukaskwa Nationalpark 320 · Lake Superior Provincial Park 322 · Sault Ste. Marie 322

9.5 Von Sault Ste. Marie nach Toronto bzw. Chicago ... 326
9.5.1 Überblick ... 326
9.5.2 Reisepraktische Hinweise ... 326
9.5.3 Sehenswertes auf dem Weg nach Toronto ... 327
Sudbury 329 · Von Sudbury nach Toronto 332 · Von Sudbury an der Westseite der Georgian Bay entlang nach Kitchener und Toronto 334 · Manitoulin Island 334 · Tobermory 338 · Bruce Peninsula National Park 339 · Fathom Five National Marine Park 339 · Owen Sound 342 · Von Sudbury an der Ostseite der Georgian Bay entlang nach Kitchener 345 · Killarney und der Killarney Provincial Park 345 · Parry Sound 346 · Georgian

Bay Islands National Park 348 · Midland 349 · Nottawasaga Bay 351

9.5.4 Kitchener / Waterloo und der Südwesten Ontarios 353

Kitchener / Waterloo 353 · Elora und Elmira 357 · Von Kitchener durch den Südwesten Ontarios nach Detroit bzw. Niagara Falls 358 · Stratford 358 · London 360 · Windsor 361 · Point Pelee National Park 363 · Vom Point Pelee Nationalpark entlang dem Lake Erie nach Niagara Falls 364

9.5.5 Sehenswertes auf dem Weg von Sault Ste. Marie nach Chicago 365

Überblick 365 · Reisepraktische Hinweise 366 · Von Sault Ste. Marie nach Mackinaw City sowie Mackinac Island 367 · Tahaquamenon State Park 367 · St. Ignace/Mackinaw City 368 · Mackinac Island 369 · Von Mackinaw City nach Traverse City und die Sehenswürdigkeiten auf der Leelanau Peninsula 371 · Traverse City und die Leelanau Peninsula 371 · Sleeping Bear Dunes National Lakeshore 373 · Von Traverse City nach Muskegon 376 · Ludington 377 · Muskegon 378

9.6 Toronto und Umgebung 379

9.6.1 Überblick 379

9.6.2 Reisepraktische Hinweise 382

9.6.3 Geschichtlicher Überblick 391

9.6.4 Sehenswertes im Stadtbereich 391

Rund um den CN-Tower 395 · Im Zentrum der Stadt/Central Business District 398 · Old Town 400 · Yorkville 401 · Kensington Market und Chinatown 402 · Old Town York/Cabbagetown und Greektown 403 · Toronto Islands 404 · Toronto als Kulturstadt 404

9.6.5 Sehenswertes in der Umgebung von Toronto 406

9.7 Alternativroute: von Toronto um den Lake Ontario nach Buffalo 408

9.7.1 Überblick 408

9.7.2 Reisepraktische Hinweise 410

9.7.3 Sehenswertes 411

Von Toronto nach Kingston 411 · Von Trenton nach Kingston 413 · Loyalist Parkway 413 · Prince Edward-Halbinsel 413 · Kingston 416 · Sehenswertes in der Umgebung von Kingston 424 · Wolfe Island 424 · Thousand Islands 424 · Frontenac-Provinzpark 426 · Von Kingston nach Rochester 429 · St. Lawrence-Seaway 429 · Rochester 431 · Von Rochester nach Niagara Falls 435

9.8 Von Toronto am Südufer entlang dem Lake Erie nach Detroit 436

9.8.1 Überblick 436

9.8.2 Reisepraktische Hinweise 437

9.8.3 Die Strecke bis Niagara Falls 438

Hamilton 438 · St. Catherines 438 · Niagara-Wein-Route 439

9.8.4 Niagara Falls 440
Überblick 440 · Kanadische Seite 440 · Zeitplanung für einen ausgiebigen Besuch von Niagara Falls 444 · Amerikanische Seite 452 · Niagara Reservation State Park 454 · Goat Island 455
9.8.5 Entlang dem Südufer des Lake Erie nach Cleveland 456
Buffalo 456 · New York-Telegramm 457 · Pennsylvania-Telegramm 464 · Erie 465 · Ohio-Telegramm 467
9.8.6 Cleveland und die Strecke nach Detroit 468
Cleveland 468 · Abstecher in das Amish Country 480 · Von Cleveland nach Detroit 490 · Sandusky 490 · Port Clinton 490 · Toledo 490

9.9 Detroit und Umgebung 493
9.9.1 Überblick und Geschichte 493
Überblick 493 · Geschichte 497
9.9.2 Reisepraktische Hinweise 498
9.9.3 Sehenswertes im Innenstadtbereich 505
In der Innenstadt 505 · Direkt östlich der Innenstadt 509 · Belle Island 509
9.9.4 Sehenswertes im Großraum von Detroit 511
Nördlich der Innenstadt 511 · Östlich und nordöstlich der Innenstadt 516 · Westlich der Innenstadt 517 · Tagesausflüge von Detroit 521

9.10 Von Detroit nach Chicago 522
9.10.1 Überblick 522
9.10.2 Reisepraktische Hinweise 523
9.10.3 Sehenswertes 523
Entlang des I-94 523 · Entlang des I-96 und des I-196 525 · Lansing 526 · Grand Rapids 529 · Holland 530 · Saugatuck 531 · Indiana Dunes Nat. Lakeshore 534

10. ALTERNATIVSTRECKE: STÄDTE UND LANDSCHAFTEN SÜDLICH DER GROSSEN SEEN 536
10.1 Überblick 536
10.2 Reisepraktische Hinweise 539

10.3 Sehenswertes 540
Pittsburgh 540 · Mit dem Schaufelraddampfer von Pittsburgh nach Cincinnati 550 · Die Entwicklung entlang des Mississippi und seiner Nebenflüsse 563 · Streckentelegramm: von Pittsburgh nach Cincinnati 567 · Columbus 569 · Mound City Group National Monument 574 · Dayton 576 · Cincinnati 578 · Indianapolis 587 · Springfield 594 · Saint Louis 599 · Hannibal 610 · Nauvoo 613 · Davenport/Moline – The "Quad Cities" 616 · Amana Colonie 617

10.4 Abstecher zum Mammoth Cave Nationalpark 619
Lexington 619 · Louisville 620 · Mammoth Cave Nationalpark 621

11. ALTERNATIVSTRECKE: DURCH DIE STAATEN WISCONSIN UND MINNESOTA VON CHICAGO / MILWAUKEE NACH DULUTH 628
11.1 Überblick 628
11.2 Reisepraktische Hinweise 629

11.3 Sehenswertes auf der Strecke bis Minneapolis / St. Paul 631
Madison 631 · New Glarus 635 · Von Madison nach Rochester 637 · Baraboo 637 · Wisconsin Dells 638 · Entlang dem Mississippi nach Minneapolis/St. Paul 640 · Winona 640 · Über Rochester und New Ulm nach Minneapolis/St. Paul 641 · Rochester 641 · New Ulm 644

11.4 Minneapolis und Saint Paul – die "Twin Cities" 645
Überblick 645 · Geschichte und Wirtschaft 648 · Reisepraktische Hinweise 650 · Sehenswertes in Minneapolis 656 · Sehenswertes südlich der Twin Cities 659 · Sehenswertes in St. Paul 661 · Von den Twin Cities nach Duluth 664 · Little Falls 664 · North Dakota-Telegramm 666

12. SEHENSWERTES IN NORTH DAKOTA UND IM NORDEN VON MONTANA 667
12.1 Überblick 667
12.2 Reisepraktische Hinweise 670

12.3 Sehenswertes 671
Fargo 673 · Bismarck/Mandan 675 · Knife River Indian Village Nat. Hist. Site 679 · Theodore Roosevelt Nationalpark 681 · Weiter durch den Nordwesten von North Dakota und den Norden von Montana 688 · Williston 689 · Der Norden Montanas 690 · Montana-Telegramm 691 · Chief Joseph Battleground 693 · Havre 694 · Abstecher zum Glacier Nationalpark und von dort weiter bis Butte 694 · Glacier Nationalpark 695 · Von Havre nach Great Falls 698 · Fort Benton 698 · Great Falls 699

13. SEHENSWERTES IM SÜDEN VON MONTANA, IM NORDEN VON WYOMING UND SOUTH DAKOTA – ZURÜCK NACH MINNEAPOLIS BZW. CHICAGO 701
13.1 Überblick 701
13.2 Reisepraktische Hinweise 703

13.3 Sehenswertes **706**
Yellowstone Nationalpark 707 · Grand Teton Nationalpark 713 · Billings 717 · Von Billings westlich und südlich um den Bighorn Canyon herum 720 · Bighorn Canyon 723 · Sheridan 725 · Little Bighorn Battlefield Nat. Monument 726 · Devil's Tower National Monument 730 · South Dakota-Telegramm 731 · Das Gebiet der Black Hills 731 · Deadwood und Lead 735 · Jewel Cave National Monument 739 · Crazy Horse Memorial 742 · Wind Cave Nationalpark 744 · Custer State Park 746 · Mt. Rushmore National Memorial 747 · Rapid City 750 · Das Grasland 751 · Badlands Nationalpark 752 · Wounded Knee Historical Site 758 · Pierre 759 · Sioux Falls 761 · Pipestone National Monument 762

Literaturverzeichnis **763**
Schöngeistige Literatur 763 · Allgemeine Sach- und Reiseliteratur (Auswahl) 764 · Kartenmaterial 767

Stichwortverzeichnis **768**

Weiterführende Informationen ...

... zu Thomas Jefferson 27
... zum Indian Summer 70
... zu Zebra-Muscheln im Lake Superior 75
... zur Spielleidenschaft der Amerikaner (in Zahlen) 166
... Al Capone 209
... zur Stadtarchitektur von Chicago 212
... zur Upper Peninsula 256
... zum Mississippi 294
... zum Lakeshore-Lunch 301
... zu Kanutouren in die BWCA 306
... zu den Voyageurs 310
... Indianern auf Manitoulin Island. 336
... über die Mennoniten 356
... zum Welland-Kanal 365
... zu den Malern der Group of Seven 407
... über den Severn-Waterway 411
... über den Loyalist Parkway 413
... zu den Thousand Islands 424
... zum St. Lorenz-Strom und zum St. Lorenz-Seeweg 429
... zu George Eastman 434
... zu den Niagara-Fällen und ihrer Entstehungsgeschichte 445
... zur "Maid of the Mist" 449
... zum Erie Canal 463
... zum Leben der Amische 482
... zu General Motors 513
... zum Schiffspersonal – wer ist wer? 552
... zum Ohio-River 566
... zu Abraham Lincoln 597
... zu Mark Twain 612
... zu Brigham Young und den Heiligen der letzten Tage 614
... zur Geschichte der Mayo Klinik 642
... zu Charles Lindbergh 665
... zur Geschichte der Indianerkriege (in Stichworten) 670
... zu den Expeditionen von Lewis und Clark 678
... zu Dry farming 690
... zur Formung der Rocky Mountains 706
... zur Schlacht am Little Bighorn .. 727
... Personen in der Zeit des "Wilden Westens" von Deadwood 738
... zur Entstehung von versteinertem Holz 759

Kartenverzeichnis

Die USA um 1850 26
Das Vordringen der Unionsarmeen 32
USA mit Kanada / gesamtes Reisegebiet 177
Reiseroute um die Großen Seen 180/181
Rundreise: von Chicago in die Rocky Mountains und zurück 183
Große Rundreise zu den Highlights im Mittleren Westen und um die Großen Seen 187
Chicago Übersichtskarte 192
Chicago Innenstadt 216/217
Chicago - The Loop 221
Sehenswürdigkeiten entlang dem nördlichen Lake Shore 225
Sehenswürdigkeiten entlang dem südlichen Lake Shore 227
Milwaukee Stadtplan 239
Von Milwaukee nach Duluth 247
Door County 250
Michigan's Upper Peninsula (West) . 259
Isle Royale Nationalpark 271
Der Norden von Minnesota 283
Duluth Stadtplan 286
Voyageurs Nationalpark 298
Von Grand Portage nach Sault Ste. Marie 311
Kanadas Provinzen 314
Ost-Ontario 315
Von Sault Ste. Marie nach Toronto bzw. Chicago 328/329
Von Sudbury nach Toronto 332
Georgian Bay 333
Manitoulin Island 334/335
Bruce Peninsula 340
Parry Sound – 30.000 Inseln 347
Von Kitchener in den Südwesten Ontarios und nach Detroit 358
Toronto Übersichtskarte 380
Toronto 392/393
CN-Tower 394
Toronto Underground 398
Von Toronto um den Lake Ontario nach Buffalo 409
Loyalist Parkway 414/415
Kingston 421
Frontenac Park 427
St. Lawrence-Seeweg 429
Von Toronto südlich den Lake Erie entlang nach Detroit 437
Niagara Falls 441
Niagara Falls Übersicht 446
Buffalo Stadtplan 461
Erie Stadtplan 466
Cleveland Übersicht 470
Cleveland Innenstadt 474
Abstecher ins Amish Country 481
Detroit Übersicht 499
Detroit Stadtplan 505
Von Detroit nach Chicago 523
Lansing Stadtplan 527
Städte und Landschaften des Farmgürtels und der Prärien südlich der Großen Seen 538/539
Pittsburgh Stadtplan 545
Mit dem Schaufelraddampfer von Pittsburgh nach Cincinnati 551
Columbus Stadtplan 572
Abstecher zu den Mounds 575
Cincinnati Stadtplan 582/583
Indianapolis Stadtplan 590
Saint Louis Stadtplan 606/607
Mammoth Cave Nationalpark 624
Durch die Staaten Wisconsin und Minnesota von Milwaukee nach Duluth 630
Madison Stadtplan 633
Minneapolis/St. Paul Übersicht 646
Minneapolis Innenstadt 657
St. Paul Innenstadt 662
Von Minneapolis durch North Dakota und Montana nach Great Falls 672
Indianerreservate in den Great Plains 673
Der Nordwesten von North Dakota .. 674
Theodore Roosevelt Nationalpark: South Unit 683
Theodore Roosevelt Nationalpark: North Unit 685
Glacier Nationalpark 696
Von Great Falls durch Wyoming und South Dakota nach Minneapolis 704/705
Yellowstone Nationalpark 708
Grand Teton Nationalpark 714
Billings Stadtplan 718
Bighorn Mountains und Canyon 720
Grasland und Black Hills 732/733
Wind Cave Nationalpark 745
Badlands Nationalpark 754

Einleitung

Ziel dieses Reisehandbuches ist es, Ihnen Ideen und Tips zu vermitteln, was Sie im Mittleren Westen der USA und um die Großen Seen herum erwartet und wie Sie eine schöne und vor allem eindrucksvolle Reise durchführen können. Alle Angaben beruhen auf persönlichen Erfahrungen und können somit nicht als "Enzyklopädie des Mittleren Westens und der Großen Seen" gewertet werden, sondern stellen oft eine subjektive Meinung dar. Trotzdem hoffe ich, daß nun diese Mischung aus nützlichen Tips und Erläuterungen sowie Beschreibungen sowie dem einen oder anderen Geheimtip einen guten Wegbegleiter für Sie darstellt und Ihnen eben auch bei der Planung zu Hause einen nützlichen Dienst erweisen wird. Unterwegs sind es dann Ihr Interesse und Ihr Reiserhythmus, welche die Reiseroute vom Verlauf und der zeitlichen Einteilung bestimmen werden.

Das Reisen durch diese Region der USA und auch auf kanadischer Seite bietet in vieler Hinsicht etwas anderes, als es z.B. die vielbereisten Gebiete im Westen, im Südwesten oder entlang der Ostküste tun. Nicht alleine die landschaftlichen Höhepunkte stehen hier im Vordergrund, sondern auch die Indianergeschichte, die Großstadtatmosphäre von Chicago, Toronto und Detroit sowie nicht zuletzt das eigenwillige Klima, das zwar im Sommer durchaus seine sonnigen Seiten hat, aber über 7 Monate im Jahr mit kühlen bis bitterkalten Temperaturen aufwartet. Doch auch für diese Zeit werden sich Liebhaber finden: Die bunten Blätter im Herbst, die Winterabenteuer – in Upper Michigan mit Langlauf und Snowmobiling, in Kanada und Montana auch Abfahrtslaufen – und während der frühen Herbstwochen und im Frühling die glasklare Luft versprechen eigentlich fast das ganze Jahr über schöne Urlaubstage. Nur zwischen Mitte März und Ende April sollten Sie diese Region meiden; um die Großen Seen wird sie die "Mud Season"(Matschsaison) genannt.

Herausragende Highlights um die Großen Seen und im Mittleren Westen wären:

- **Chicago** als Großstadtmoloch mit seinen Sonnen- und Schattenseiten. Eine eindrucksvolle Hochhausarchitektur, Bluesklänge, interessante Museen, ein buntes Völkergemisch und zahlreiche Anekdoten aus der Zeit der Bandenkriege geben dieser Stadt einen besonderen Anstrich.
- **Toronto** dagegen ist kosmopolitischer und zeigt in Architektur und Lebensweise dem Betrachter die gesamte wirtschaftliche Kraft Kanadas auf.
- Besonders hervorzuheben aber ist das **Naturerlebnis**. Ob Sie dieses nun auf einem **Hausboot** im Voyageurs Nationalpark von Minnesota, einem **Kanutrip** entlang der zahlreichen Flüsse oder an den **Ufern der Großen Seen** erleben, ist Ihrer Reiseplanung überlassen. Auch Wanderungen durch die **Nationalparks** oder die **Erkundung der Wälder** im Norden der USA bzw. in Kanada gehören zu den Leckerbissen dieses bis heute von europäischen Reisenden noch wenig besuchten Reisegebietes.

Ein Tip vorweg für diejenigen, die nicht so gerne die meiste Zeit im Auto verbringen wollen: **Chicago** und die **Upper Peninsula von Michigan** bieten Großstadt und Natur "vom Feinsten". Bereisen Sie nur diese beiden Punkte, werden Sie bereits mehr als zufrieden sein. Das ist auch ein Grund dafür, daß diese Gebiete hier besonders detailliert beschrieben sind.

- Aber auch die atemberaubenden **Niagara Fälle**, wenn auch nicht die größten der Welt, sind allemal einen Besuch wert.
- Und **Detroit**, oft geschmäht, bietet nicht nur ein interessantes Museumsprogramm, sondern Amerika von einer ganz anderen Seite.
- Wer sich weiter gen **Westen** traut, kann den Spuren der Siedler folgen, sich ein umfassenderes Bild der amerikanischen Landschaftsstruktur verschaffen und wird mit dem Ziel **Rocky Mountains** belohnt.

Iwanowski's

Highlights
Supertips
Warnungen

HIGHLIGHTS

- Amerikanische **Stadtarchitektur in Chicago** "studieren", S. 212 und 214ff
- das **Stadterlebnis Chicago** im allgemeinen, S. 189ff
- **Blues- und Jazzmusik** live erleben in Chicago, Detroit bzw. St. Louis, S. 201ff, 503f, 604f
- **Outdoor-Aktivitäten** in Michigan's Upper Peninsula, in Nord Wisconsin (um Rhinelander), im Norden von Minnesota und in Ontario, S. 256ff, 290ff, 293ff, 313ff
- Wandern bzw. Kajaken im **Isle Royale Nationalpark**, S. 270ff
- **Kanufahrten** im Norden von Minnesota, S. 290ff, 293ff
- Übernachten im **Nelson Resort** am **Voyageur Nationalpark** und diesen von dort aus erkunden, S. 297ff
- Besuch des **Museumsdorfes St. Mary among the Hurons**, S. 350f
- die **ethnischen Stadtviertel** erleben und auf den **CN Tower** fahren in **Toronto**, S. 391ff
- das **Sleeping Bear Dunes Nat. Lakeshore** westlich von Traverse City, S. 373ff
- Kreuzfahrt durch die Welt der **"Thousand Islands"**, S. 424ff
- **Bootsfahrt** mit der "Maid of the Mist" zu den **Niagara-Fällen**, S. 440ff
- Museen in **Cleveland**, vor allem das **Rock and Roll Hall of Fame Museum**, S. 469, 476f
- das **Henry Ford Museum** und das **Detroit Institute of Arts** in Detroit, S. 518ff, 511f
- In einer Bed & Breakfast-Unterkunft in **Saugatuck** übernachten, S. 531
- **Schaufelraddampferfahrt** auf dem Mississippi bzw. Ohio, S. 149
- die **Geschichte der Besiedlung des Westens** – in Verbindung mit der Auffahrt auf den Gateway Arch – in St. Louis "studieren", S. 599
- Besuch des längsten Höhlensystems der Welt im **Mammoth Cave Nationalpark**, S. 621
- die **Weite** und scheinbare **Unendlichkeit der Landschaft** in den beiden Dakotas und in Montana, S. 667ff, 690ff, 731ff
- die **Nationalparks Yellowstone** und **Grand Teton** sowie der **Bighorn Canyon**, S. 707ff, 713ff, 723ff
- ein paar Tage auf der **Lonesome Spur Ranch** verbringen, S. 720ff
- die verschiedenen Sehenswürdigkeiten in den **Black Hills** erleben, S. 731

SUPERTIPS

- **Airlines**

\- **Internationaler Anflug:** Northwest Airlines (in Kooperation mit KLM) mit Direktflügen nach Detroit und Minneapolis sowie einem dichten Netz im Mittleren Westen. Zudem bietet Northwest das "Visit USA"-Ticket an für günstige Inlandsflüge.

\- **Inlandsflüge:** America West Airlines bietet nur Inlandsflüge, bedient aber fast alle Städte des hier beschriebenen Reisegebietes. Besonders markant ist die bunte und variationsreiche Bemalung der Maschinen.

- **Welche Großstädte lohnen am meisten (gradiert mit Sternen):**
- Chicago *****, S. 189ff
- Toronto ****, S. 379ff
- Detroit ***, S. 493ff
- St. Louis ***, S. 599ff
- Pittsburgh ***, S. 540ff
- Cleveland ***, S. 468ff
- Minneapolis/St. Paul **, S. 645ff
- Cincinnati **, S. 580ff
- Milwaukee *, S. 234ff
- Buffalo *, S. 456ff
- Columbus *, S. 569ff
- Dayton *, S. 576ff
- Indianapolis *, S. 587ff
- Springfield *, S. 594ff
- Louisville *, S. 620f
- Lexington *, S. 619f

- **Sehenswürdigkeiten und Museen in Städten**
- **Chicago:** die Stadtarchitektur im allgemeinen – am besten von einer speziellen Bootsfahrt aus zu "erkunden"; der Blick vom North Ave. Beach auf die Skyline; Ausblick vom Sears Tower bzw. John Hancock Center; Ausstellungen im Art Institute of Chicago; die Wright Häuser; das "Shopping-Erlebnis"; die verschiedenen ethnischen Restaurants und Pubs, S. 201ff, S. 214ff
- **Milwaukee:** Museum of Art, Pabst u. Miller Brewery, Milwaukee Co. Hist. Society, Pabst Mansion, American Geogr. Society Collection, S. 238ff
- **Duluth:** Aerial Lift Bridge und das Corps of Engineers Canal Park Marine Museum, S. 288ff
- **Toronto:** CN Tower, Bootstour zu den Toronto Islands, Royal Ontario Museum, McMichael Canadian Collection und Ontario Science Centre, S. 391ff
- **Rochester, NY:** Eastman House & Int. Museum of Photography, S. 429ff
- **Buffalo:** Architektur, Naval & Servicemen's Park, S. 456ff
- **Cleveland:** Rock'n Roll Hall of Fame, Health Education Museum, Museum of Art, S. 468ff
- **Detroit:** Ausblick vom 73. Stock des Renaissance Center, Detroit Institute of Arts, Detroit Historical Museum, African American Museum, Cranbrook Institute, Henry Ford Museum und Greenfield Village, S. 505ff
- **Pittsburgh**: Stadtbild; Andy Warhol Museum, South Side District, S. 540ff, 548f
- **Columbus**: Ohio Historical Center; German Village, S. 573, 571
- **Dayton:** Carillon Historical Park, S. 577f
- **Cincinnati:** Innenarchitektur des Omni Netherland Plaza Hotel, Cincinnati Art Museum; Taft Museum, S. 580, 584, 586
- **Indianapolis:** Conner Prairie Village; Indianapolis Motor Speedway Hall of Fame Museum; Union Station und Eiteljorg of American and Indian Art Museum, S. 593, 594, 605
- **Springfield:** Abraham Lincoln Gedenkstätten, S. 596f
- **St. Louis:** Gateway Arch; Museum of Westward Expansion; Anheuser-Busch Brewery; Union Station und Soulard District, S. 605, 608
- **St. Paul:** State Capitol, Minnesota History Center, S. 663f
- **Minneapolis:** Fort Snelling, Mall of America, Minn. Institute of Arts, Walker Art Institute und Sculpture Garden, S. 656f

- **Sehenswürdigkeiten und Museen in kleineren Städten und auf dem Lande**
- die **Leuchttürme** entlang des Lake Superior, S. 249ff u. 262ff
- die historische Minenstadt **Calumet** auf der Keweenaw Peninsula, S. 268f
- das **Forest History Museum** in Grand Rapids, S. 291
- Minenbesuch in Sudbury: **"The Path of Discovery"**, S. 331
- das Museumsdorf **St. Mary among the Hurons** bei Midland, S. 350f
- Whitefish Point: **The Great Lake Shipwreck Museum**, S. 368
- **Leuchttürme** entlang Michigan's Westufer – am Lake Michigan, S. 371ff
- **Old Fort Henry** in Kingston, S. 420f

- das **Leben von Mark Twain** in Hannibal erkunden, S. 611f
- **Nauvoo**, einst eine wohlhabende Stadt am Mississippi, S. 613ff
- das **Circus World Museum** in Baraboo, S. 638
- das **Fort Abraham Lincoln** bei Mandan, S. 676f
- das **Buffalo Bill Museum** in Cody, S. 722
- ein **Ranchaufenthalt** auf der Lonesome Spur Ranch, S. 720ff
- **Mount Rushmore** (S. 746ff), das **Crazy Horse Memorial** (S. 742ff), das **Jewel Cave National Monument** (S. 739ff) und die alte **Minenstadt Deadwood** (S. 737) in den **Black Hills**

● **Landschaften/Naturerlebnisse**

- die Küste im **Door County**, S. 249ff
- die Wald- und Uferlandschaften von **Michigan's Upper Peninsula**, z.B. das **Pictured Rocks National Lakeshore**, S. 262ff
- **Kanutouren** in **Michigan's UP** und in **Nord-Wisconsin**, S. 262ff und 277ff
- Wanderungen, Kanutouren und Naturbeobachtungen im **Isle Royale Nationalpark**, S. 270ff
- Entlang dem **Scenic Drive** auf der **Keweenaw Peninsula**, S. 266ff
- die **Porcupine Mountains**, S. 270
- **Itasca State Park** in Nord-Minnesota, S. 294f
- mit dem Kanu bzw. auf dem Hausboot durch den **Voyageurs Nationalpark**, S. 300f
- **Kanuwandern in Ontario:** westlich von Thunder Bay und im Pukaskwa Nationalpark, S. 316 und 320f
- **Vogelbeobachtung** im **Point Pelee Nationalpark**, S. 363f
- die **Uferzonen** an Michigans Westküste (Lake Michigan) mit ihren weißen Sandstränden, S. 373ff
- **Kanutouren** im Frontenac Provincial Park und **Bootsfahrten** auf dem Erie Canal, S. 426ff, 458, 463
- die **Niagara Fälle**, S. 440ff
- die Höhlenwelt im **Mammoth Cave Nationalpark**, S. 621ff
- ein Ausritt durch die Graslandschaften des **Theodore Roosevelt Nationalpark**, S. 681ff
- die Weite der Landschaft in den beiden **Dakotas** und in **Montana**, S. 667ff, 690ff, 731ff
- Gletscher und Bergwelt im **Glacier Nationalpark**, S. 695ff
- Berglandschaften, Geysire und Naturgewalten im **Yellowstone Nationalpark** sowie im **Grand Teton Nationalpark**, S. 707ff, 713ff
- der **Bighorn Canyon**, S. 723ff
- die **Black Hills**, besonders die Höhlensysteme im Jewel Cave NM, im Wind Cave NP sowie die Landschaft im letztgenannten NP und im Custer State Park, S. 731ff
- **Badlands Nationalpark** als faszinierende "Mondlandschaft", S. 752ff

● **Tierwelt**

- **Vogelbeobachtung** im Isle Royale Nationalpark, S. 270ff
- **Elche**: im Isle Royale Nationalpark und im Marquette County, entlang des Lake Superior in Ontario, S. 256ff, 270ff und 310ff
- **Schwarzbären** im Westen der Upper Peninsula von Michigan, S. 266ff
- **Vogel- und Biberbeobachtung** im Voyageurs Nationalpark, S. 303
- **Vogelbeobachtung** im Point Pele Nationalpark, S. 363f
- **Prärietiere**, wie z.B. Bisons, Präriehunde sowie **Mustangs**, im Th. Roosevelt Nationalpark, S. 687f
- **Bären, Elche und die Vogelwelt** in den Nationalparks Glacier, Yellowstone und Grand Teton, S. 697, 712f, 716
- die **Wildpferde** in der Pryor Mountains Nat. Wild Horse Range, S. 723
- **Bisons, Gabelböcke (Antilopen) und Präriehunde** im Wind Cave Nationalpark, S. 744
- **Prärietiere** im Badlands Nationalpark, S. 757

● **Wintersport**

- Das hier beschriebene Reisegebiet eignet sich hervorragend für den Wintersport. Skilanglauf, Schneeschuhlaufen, Hundeschlittenfahren, Eislaufen und Snowmobilfahren stehen ganz oben an in Michigan's Upper Peninsula, Nord-Minnesota und Ontario. Schön angelegte (Natur-) Wege – mit Hotels, Rastplätzen und Restaurants – stehen zur Verfügung. Abfahrtslaufen und andere "Bergsportarten" sind aber – geographisch bedingt – nicht so interessant wie z.B. in den Alpen oder den Rocky Mountains (Colorado u. West-Montana).

- **Hotels und Bed & Breakfast Inns in Städten**
- **Chicago:** Ritz Carlton, Hilton & Towers, Claridge, Palmer House Hilton, The Drake, Lenox House Suites, S. 198ff
- **Milwaukee:** Pfister Hotel, S. 237
- **Duluth:** Fitger's Inn und Ellery House B&B, S. 287
- **Toronto:** Royal York Hotel, King Edward Hotel, The Camberley Club, S. 387
- **Kingston:** Hochelaga Inn, S. 417
- **Rochester, NY:** Dartmouth House und Loud's Inn, S. 432
- **Niagara Falls:** Sheraton Fallsview, S. 443
- **Buffalo:** Hyatt Regency und Asa Ransom House, S. 459
- **Cleveland:** Ritz Carlton, Stouffer-Renaissance, Baricelli Inn, S. 472
- **Detroit:** in einem oberen Stockwerk im Westin Plaza, Blanche House Inn, S. 502
- **Pittsburgh:** Westin William Penn, S. 543
- **Columbus:** Worthington Inn, S. 570
- **Dayton:** English Manor B&B, S. 576
- **Cincinnati:** Omni Netherlands Plaza, S. 580
- **Indianapolis:** Frederick Talbott Inn Bed & Breakfast, S. 589
- **Springfield:** Holiday Inn East, S. 595
- **St. Louis:** The Majestic, Drury Inn, S. 603
- **Louisville:** The Brown Hotel, S. 620
- **Rochester, MN:** The Kahler Hotel, S. 641
- **St. Paul:** Saint Paul Hotel, S. 652
- **Minneapolis:** Whitney Hotel, Nicollet Island Inn, S. 652

- **Kleinere, idyllische Unterkünfte auf dem Lande/in kleineren Städten bzw. schöne Resorts und Hotels**
- **Kohler b. Sheboygan:** The America Club, S. 248
- **Door County:** Grand View Motel – der Aussicht wegen, S. 253
- **De Pere bei Green Bay:** The James Street Inn, S. 254
- **Michigan's Upper Peninsula:** Celibeth House B & B, Big Bay Point Lighthouse, Thunder Bay Inn, Michigamme Lake Lodge Resort, Laurium Manor Inn, Sands Hill Lighthouse, Keweenaw Mountain Lodge, Silver City Mountain View Lodges, S. 256ff
- **Bemidji:** Ruttger's Birchmont Lodge, S. 295
- **Voyageurs Nationalpark:** Nelson Resort am Crane Lake und Kettle Falls Lodge im Park, S. 300f
- **Lutsen:** Lutsen Resort, S. 308
- **Alliston:** Nottawasaga Inn, S. 352
- **Stratford:** The Queens Inn, S. 359
- **Mackinac Island:** The Grand Hotel, S. 369
- **Traverse City:** Park Place Hotel oder Bayshore Resort, S. 371
- **Amish Country/Ohio:** The Wooster Inn, S. 482
- **Eaton Rapids** bei Lansing: Dusty's English Inn, S. 526
- **Saugatuck:** Fairchild Bed & Breakfast, S. 531
- **Nauvoo:** Nauvoo Hotel, S. 613
- **Medora:** Rough Riders, S. 685
- **Glacier Nat. Park**: Glacier Park Lodge, S. 695
- **Flathead Lake:** Goldsmith Bed & Breakfast, S. 698
- **Great Falls:** The Chalet Bed & Breakfast, S. 699
- bei **Billings**: Lonesome Spur Ranch, S. 720ff
- **Deadwood:** Historic Franklin Hotel, S. 735

- **Ranchaufenthalte**

Die Touristenämter der Staaten North- und South Dakota, Montana und Wyoming geben aktuelle Listen der Ranchen heraus. Meine Empfehlung: Eine Ranch im Süden von Montana, denn von hier können Sie auf 1-3 Tage dauernden eigenständigen Touren die Rocky Mountains, 3 Nationalparks, die Canyon- u. Bergwelt Südmontanas und Nordwyomings und andere landschaftliche Höhepunkte des Westens erreichen. Zudem bieten sich alte Schlachtfelder und Indianerreservate für einen Besuch an. **Machen Sie die Ranch zu Ihrer Basis**.

- **Die besten Restaurants**

- **Chicago:** vornehm im Everest Room, Pizza im Gino's East, Griechisch im Papagus, Restaurant auf dem Hancock Center, Deutsch im Berghoff, Vietnamesisch im Saigon, S. 200f
- **Milwaukee:** English Room, Karl Ratzsch, Coerper's 5'o Clock, S. 237f
- **Door County:** Eine **Fishboil** essen an einem Straßenrestaurant, S. 252f
- **Crane Lake/Voyageurs Nationalpark:** Nelson Resort, bes. das Buffet am Donnerstagabend, S. 301f
- **Traverse City:** Bower's Harbor Inn, S. 372
- **Toronto:** Barberian's, North 44 und Alice Fazooli's, S. 389f
- **Kingston:** The River Mill Restaurant und das General Wolfe Hotel, S. 418
- **Rochester:** Richardson's Tavern, S. 432
- **Niagara Falls:** Skylon Tower's Revolving Dining Room, S. 444
- **Buffalo:** Asa Ransom House oder Old Red Mill Inn, S. 459f
- **Cleveland:** Sammy's, S. 473
- **Detroit:** Rattlesnake Club, Van Dyke Place und Whitney Restaurant, S. 502f
- **Pittsburgh:** Mallorca, Bloomfield Bridge Tavern, S. 543f
- **Columbus:** Juergen's Restaurant, Engine House N° 5, S. 570
- **Dayton:** Amber Rose, S. 577
- **Cincinnati:** The Celestial bzw. (wegen des Ausblicks) ein Restaurant am Ohio River am Covington Landing, S. 581
- **Indianapolis:** St. Elmo oder Illusions, S. 589
- **Springfield:** Alexander's, S. 596
- **St. Louis:** Joanie's Pizza, Dierdorf & Hart, S. 603
- **Madison:** Essen Haus, S. 632
- **St. Paul:** Dakota Bar & Grill, S. 654
- **Minneapolis:** Black Forest Inn, D'Amico Cucina, S. 653

- **Die besten Musikclubs und -veranstaltungen**

Jazz/Blues-Musik:

- **Chicago:** Jazz im Andy's oder der Green Mill, Blues in Rosa's Lounge und in Buddy Guys Legend; das Jazz Festival Anfang September, S. 201ff
- **Milwaukee:** Jazz im Up & Under, S. 238
- **Toronto:** Rex Hotel und Top O'The Senator, S. 390f
- **Rochester:** Milestone, S. 432
- **Cleveland:** Sammy's, Odeon oder Grog Shop (oft Rockmusik), S. 473
- **Detroit:** Flood's, Rhinoceros, Bert's Place, Club Pent, Soup Kitchen und Baker's Keyboard Lounge, S. 503f
- **Pittsburgh:** The Balcony sowie kleine Lokale in der South Side (East Carson Street), S. 544
- **Cincinnati:** Blue Wisp, Kaldies Coffeehouse und andere Lokale an der Main Street (1200er Block), S. 581f
- **Indianapolis:** The Slippery Noodles Inn, S. 589
- **St. Louis:** 1860 Saloon, Great Grizzly Bear, Jazz at the Bistro, S. 604
- **Louisville:** Stevie Ray's Blues Bar, S. 620f
- **St. Paul:** Dakota Bar & Grill, S. 655
- **Minneapolis:** Nostalgia, The Times, Viking Bar, Bunkers, S. 655
- **Deadwood:** Saloon #10, S. 736

Country/Western-Musik:
- **Chicago:** Nashville North, Billy Rose's, S. 203
- **Cincinnati:** Coyote's in der Oldenberg Brewery, S. 580
- die Atmosphäre am Wochenende in einer **Landbar** in North Dakota oder Montana, S. 667ff
- **Billings:** Desperado, S. 718

Musicals:
- in **Chicago** (S. 203) und vor allem **Toronto** (S. 384). Ferner in **Buffalo** (S. 456) und **Cleveland**, S. 468. In **Detroit** gilt es zu schauen, welches Ensemble gerade gastiert (S. 493).

● **Wanderungen/Kajaken und andere Outdoor-Aktivitäten**
(siehe auch **Landschaften/Naturerlebnisse** oben)
- **Fahrrad- Rollerskatetouren** in Chicago und Milwaukee entlang des Lakeshore, S. 197
- **Kanufahren** im Hiawatha Forest (S. 260), Isle Royale NP (S. 273), um Watersmeet (S. 276f) und in Nord-Wisconsin (277ff)
- **Fahrradtouren** im Door County und auf der Washington Island. S. 251 und 253
- **Kanutouren** im Norden von Minnesota (Voyageurs Nat. Park, S. 300ff, und BWCA, S. 306f) und auf dem **Mississippi** zwischen Grand Rapids und dem Lake Itasca, S. 291 und 294
- **Kanutouren und Dünenwanderungen** im Gebiet um Traverse City, S. 371ff
- **Kanutouren in Ontario:** um Thunder Bay, im Pukaskwa Nat. Park, um Wawa, im Frontenac Prov. Park, S. 316, 320, 321 und 426ff
- **Wandern und Ausritte** im Th. Roosevelt Nat. Park, S. 681ff
- **Wandern** in den Nationalparks Glacier (S. 695ff), Yellowstone (S. 702ff) und Grand Teton (S. 713ff), im letzteren auch **Reiten**

● **Reisepakete**
NORTHWEST AIRLINES bietet verschiedene Flug-/Mietwagenangebote. Z.B. Anflug nach Detroit bzw. Chicago. Dort das Stadterlebnis genießen und dann per Auto in Michigan's Upper Peninsula reisen und dort Landschaft genießen und Outdoor-Aktivitäten unternehmen. Anschließend über Nord-Minnesota nach Minneapolis fahren und von dort schließlich zurückfliegen. Dieses Paket bietet wirklich alles: Große Seen, Stadterlebnisse und den Mittleren Westen.
Für die Upper Peninsula von Michigan bietet das **Marquette Country Visitors Bureau** interessante Arrangements an, S. 258, 263

WARNUNGEN

● **Kriminalität/Sicherheit**
In dieser Beziehung sind die USA ein Land der Gegensätze. Auf dem Lande und in den mittelständischen Vororten ist es ausgesprochen sicher, während dagegen vor den Innenstädten immer wieder gewarnt werden muß, vor allem nachts. Vermeiden Sie also in der Nacht, alleine durch die Downtowns von Chicago, Detroit und anderer Großstädte zu laufen, auch wenn die Lage sich dort während der letzten Jahre deutlich gebessert hat. Positiv vermerken muß man, daß man kaum noch auf den Kauf von Drogen angesprochen wird, wie es noch vor 15 Jahren üblich gewesen ist.
Die Innenstädte in Kanada gelten als ziemlich sicher. Selbst in Toronto kann man nachts mit der Metro fahren.

Gehen Sie niemals mit zu viel Geld und allen Ihren Kreditkarten los (eine reicht ja), egal wo Sie hingehen. Fast jedes Hotel bietet Hotelsafes an. Zudem sind Ihre Wertsachen selbst in den Zimmern besser aufgehoben als bei Ihnen am Körper (verstecken Sie sie notfalls etwas). Ein weiterer Trick ist: Haben Sie ca. 50$ im "offensichtlichen" Portemonnaie/Brustgürtel, um den vermeintlichen Dieb damit zufriedenzustellen, während Sie z.B. in einer Socke noch einmal dieselbe Summe verstecken, um zumindest das Taxi zum Hotel noch zahlen zu können. Das "Versteck Bauchgürtel/Brustbeutel" fruchtet in der Regel nicht mehr. Jeder Dieb erkennt den "ausgebeutelten" Körperpart und erwartet gerade dort etwas und "tastet" Sie entsprechend ab. Und dann ist vielleicht auch noch der Paß weg. Denn die Mühe, Paß und Geld zu trennen, macht sich der Dieb sicherlich nicht. Einziger Vorteil des Bauch-/Brustgürtels: Gegen Taschendiebe ist er ein guter Schutz.

Somit als Fazit daraus mein Tip für Tagestouren: Personalausweis (nicht den Paß) und ca. 50$ in einem Bauch-/Brustgürtel, ein kleines Portemonnaie (höchstens für Kleingeld bis 10$) und 50-100$ (evtl. auch einen Traveller-Scheck) in die Socke bzw. an einem anderen Körperversteck. Dazu eine Kreditkarte. Und nicht vergessen: Gesondert die Telefonnummern der Kreditkarten- bzw. Traveller-Scheck-Unternehmen dabeihaben, um im Falle eines Diebstahls diese unverzüglich stornieren zu können.

Autoeinbrüche nehmen leider etwas zu, und selbst vor der einen oder anderen besseren Einkaufsmall hat schon mancher eine böse Überraschung erlebt. Mieten Sie also besser ein Fahrzeug mit geschlossenem Kofferraum bzw. einen Pickup mit geschlossenem Dach **und** uneinsehbarer Kiste auf der Ladefläche. Und lassen Sie nichts offen herumliegen.

- **Vorausbuchungen**

Es gibt zwar eine große Zahl an Hotels, und es ist immer "aufregender", sich erst kurzfristig zu entscheiden, wo man bleiben will. Trotzdem ist es besonders in abgelegenen Gebieten ratsam, spätestens ein paar Tage im voraus zu buchen. Die Saison ist kurz in diesem Reisegebiet, und alle buchen für dieselbe Zeit. Besonders die Sommerwochenenden können zu vereinzelten Engpässen führen.
Die Amerikaner buchen fast alle im voraus und schnappen Ihnen damit vielleicht die schönsten Zimmer vor der Nase weg. Und in den touristisch sehr beliebten Regionen gibt es nicht immer ausreichende Ausweichmöglichkeiten. Also für diese "Superziele" gilt: Am besten sogar von Europa aus vorbuchen. Und nochmals: Bedenken Sie, daß die Saison in den hier vorgestellten Landesteilen nur kurz ist und somit gerade während der Sommermonate großer Andrang herrschen kann.

- **Inlandsflüge**

In Kombination mit Ihrem Transatlantikflug bieten sich von Europa aus bereits günstige Tarife. Planen Sie Ihre Reise somit besser schon von zu Hause aus und buchen Sie die nötigen Inlandsflüge über Ihr Reisebüro. Das supergünstige Schnäppchen auf dem amerikanischen Markt zu ergattern bedeutet viel Zeitungleserei und Lauferei und ist für einen Laien nervenaufreibender als die erstgenannte Variante. Und so viel kann man vor Ort dann auch nicht sparen.

- **Auto- und Camperbuchungen**

Auch hier fahren Sie weniger nervenaufreibend und in der Regel auch preisgünstiger mit einer rechtzeitigen Buchung von zu Hause aus. Ein Camper steht Ihnen dann auch direkt am Flughafen zur Verfügung bzw. Sie werden zum Fahrzeug gebracht, was ansonsten bei Campern nicht der Fall wäre.

- **Trinkgeld**

Es ist ungeschriebenes Gesetz, ca.15% Trinkgeld zu geben. Und diese Regel müssen Sie noch mehr berücksichtigen als bei uns. Sind Sie besonders zufrieden, können Sie auch 20-25% geben. Falls Sie weniger als 10% geben, wird man Sie höchstwahrscheinlich darauf ansprechen. So wenig können Sie nur geben, falls Sie wirklich unzufrieden mit der **Bedienung** waren, die ja nichts für das Essen selbst kann. Bedenken Sie: Ein Kellner bekommt vom Restaurant aus nur zwischen 2 und 4 $ pro Stunde und bedient selten mehr als 4 Tische gleichzeitig. Eine Reihe von Restaurants nennt aber bereits "Inklusivpreise", d.h., hier ist kein Trinkgeld nötig. Das ist dann aber deutlich auf der Speisekarte sowie der Rechnung vermerkt.

- **Sonnenschutz/Trinkwasser**

Unterschätzen Sie die Sonne nicht! Eine Kopfbedeckung ist selbst in dieser Region essentiell, zumindest während der Sommermonate. Denn selbst bei bewölktem Himmel kommen die Sonnenstrahlen doch durch. Genauso dürfen Sie nicht unterschätzen, wie sehr man schwitzt, besonders bei Aktivitäten wie z.B. Wanderungen bzw. Kanufahrten. Nehmen Sie also immer, egal wie lang Ihre Stadterkundung/Wanderung/Outdoor-Aktivität sein sollte, ausreichend Trinkwasser mit. Ein Tagesbedarf beim Bergwandern kann schon mal 4 Liter betragen. Unter 3 Litern sollten Sie "im Gelände" niemals rechnen.

- **Mücken**

Mücken sind besonders im Bereich der Seen ein leidiges Thema und können einem doch ziemlich zusetzen. Besorgen Sie sich also Antimückenmittel – am besten Cremes. Für Hotelzimmer sollten Sie zudem Sprays (frühzeitig aussprühen, denn es dauert 2 Stunden, bevor der unangenehme Geruch verflogen ist) bzw. Spiralen ("Mosquito-Coils") parat haben.

- **Geschwindigkeitsbegrenzung/Alkohol am Steuer/Wild an der Straße**

Die Polizei ist bezüglich der Geschwindigkeitskontrollen sehr streng. So verlockend die weiten Highways sein mögen: Fangen Sie nicht an zu rasen. Geschwindigkeiten werden z.T. mit Helikoptern kontrolliert, und die sehen Sie nicht rechtzeitig ... und dann wird es teuer. Auch die Radargeräte der am Boden stationierten Polizeifahrzeuge haben eine hohe Reichweite und erfassen Sie bereits lange, bevor Sie die "Falle" entdecken.
Alkoholdelikte im Straßenverkehr werden strengstens geahndet, und obwohl auch in den USA die 0,8-Promille-Grenze herrscht, liegt es im Ermessen des kontrollierenden Polizisten, ob Sie fahrtüchtig sind oder nicht. Werden Sie erst mal der zweiten Gruppe zugeordnet, geht es sofort ins Gefängnis, von dem aus Sie frühestens nach 2 Tagen gegen eine Kaution (die ein Außenstehender erbringen muß) freigelassen werden. Gerichtsverhandlung ist dann erst nach Wochen, und die Strafsummen sind immer vierstellig. Am besten erst gar nicht trinken und fahren.

WICHTIGER HINWEIS:
Nachts kreuzt in dieser Region viel Wild, besonders Hirsche, die Straße. Fahren Sie vorsichtig!

Falls Sie in diesem Reisehandbuch die Beschreibung des legendären "Oregon Trails" vermissen sollten, auf dem die ersten Siedlertrecks nach Westen gezogen sind, möchte ich Ihnen kurz erläutern, warum ich die in diesem Buch beschriebenen zwei Routenvorschläge nach Westen vorgezogen habe: Mit den **Black Hills**, den verschiedenen **Nationalparks** und der weniger besiedelten **schönen Landschaft** (bes. North Dakota und Montana) entlang der hier aufgeführten Strecken bieten sich Ihnen um einiges interessantere Aspekte. Zudem stehen die Großstädte Minneapolis und St. Paul Städten wie Kansas City, Des Moines und Omaha in nichts nach, sind diesen sogar vorzuziehen. Sollte der eine oder andere von Ihnen nun doch entlang des Oregon Trails fahren – er führt von Kansas City über Omaha und Fort Laramie nach Salt Lake City – und dabei den Eindruck erhalten, daß sich die Beschreibung und Empfehlung doch lohnen sollten, bitte ich Sie, mir dieses mitzuteilen. Für die nächste Buchauflage werde ich dann darüber ein gesondertes Kapitel aufnehmen.

Sollten Sie noch weiter nach Westen bis an den Pazifik reisen mögen, möchte ich Ihnen hier das Reisehandbuch "USA/Westen" von Ulrich Quack empfehlen, das dieses geographische Gebiet gut abdeckt. Falls Sie planen, Ihre Reise in New York zu beginnen, stehen Ihnen mit den Reisehandbüchern "USA/Nordosten" bzw. "Ostküste" von Michael Iwanowski zwei weitere gute Wegbegleiter zur Verfügung. Den Osten von Kanada hat Leonie Senne mit ihrem Reisehandbuch "Kanada/Osten" gut beschrieben. Für eine Reise in den Süden bzw. Südwesten erlaube ich mir, meine eigenen Reisehandbücher "USA/Südwesten bzw. "Süden" zu erwähnen.

In den USA werden Farbige bzw. Schwarze heute als **"Afro-Americans"** bezeichnet, um ihrer Herkunft gerecht zu werden. Ich habe mich aber weiterhin an die deutsche Bezeichnung "Schwarze" gehalten. Dieses hat keine rassistischen Hintergünde, sondern ist m.E. im deutschen Sprachgebrauch immer noch die geläufigere Form.

Abschließend möchte ich all denen meinen Dank aussprechen, die mich bei meiner Arbeit unterstützt haben.

Frau Sabine Krieter hat für dieses Buch nicht nur die Geschichts- und Gesellschaftskapitel geschrieben, sondern hat mich auf der langen Recherchenreise durch den Mittleren Westen begleitet und dabei tatkräftig unterstützt. Ihr kommt ein besonders großer Anteil am Entstehen dieses Buches zuGute, was ihre Erwähnung als Co-Autor auf der Titelseite mehr als rechtfertigt.

Frau Leonie Senne und Herrn Michael Iwanowski möchte ich ganz besonders dafür danken, daß sie mir großzügigerweise erlaubt haben, einige Abschnitte aus ihren Reisehandbüchern "Kanada/Osten" bzw. "USA/Nordosten" zu übernehmen.

Natürlich möchte ich auch meine Eltern nicht vergessen, die mir trotz eigener Zweifel über Jahre Geduld und Vertrauen "auf Kredit" geschenkt haben und die so ihren ganz persönlichen Anteil am Zustandekommen dieses und anderer Bücher tragen.

Kiel, im Februar 1997

1. DIE USA AUF EINEN BLICK

Fläche	9.372.614 qkm mit Alaska und Hawaii (Weltrang: 4)
Einwohner	258,7 Mio; 76% städt. Bevölkerung
Bevölkerung	80,29% Weiße, 12,1% Schwarze, 8,99% Lateinamerikaner, 0,79% Indianer, 2,92% Asiaten/ Inselbewohner (über 100%, da teilweise Zugehörigkeit zu verschiedenen ethnischen Gruppen)
Staatssprache	Englisch, aber ca. 20 Mio. Amerikaner können kein Englisch sprechen (vorn. zugewanderte Hispanics) !
Hauptstadt	Washington D.C.
Religionen	Protestanten: 50,9% (alleine über 34 Mio. Baptisten), Katholiken: 26,2%, Molems: 1,9%; Juden: 2,7%, Orthodoxe Kirchen: 2,2%, viele Splittergruppen und Sekten
Flagge	13 waagerechte abwechselnd rote und weiße Streifen für die 13 Gründerstaaten, im blauen oberen Eck 50 weiße Sterne, welche die Bundesstaaten repräsentieren
Nationalfeiertag	4. Juli (Tag der Unterzeichnung der Unabhängigkeitserklärung)
Staats- und Regierungsform	Präsidialrepublik mit einer bundesstaatlichen Verfassung, wobei der Präsident Kabinettsmitglieder ernennen oder entlassen kann. 2-Kammer- Parlament: Senat und Repräsentantenhaus
Regierungschef	William Jefferson (Bill) Clinton (Demokrat, vorm. Gouverneur von Arkansas)
Städte	New York 7,3 Mio. Ew (Metropolitan Area: 18,1 Mio.), Los Angeles 3,5 Mio. Ew (14,7 Mio.), Chicago 2,8 Mio. Ew (8,2 Mio.), San Francisco 725.000 Ew (6,4 Mio.)
Wirtschaft	Import größer als Export. Handelsbilanzdefizit deutlich über 100 Mrd. US$/Jahr – Inflationsrate: 2,7% (1994) hoher Anteil des Dienstleistungssektors. Trotzdem größtes Exportland (1994: 525 Mrd. US$)
Staatsverschuldung	4.353.000 Mio. $ (1993)
Bruttosozialprodukt (je Einw.)	25.684 $ (Weltrang: 9)
Arbeitslosenrate	6 %, bei Arbeitnehmern unter 25 aber 12,5%
Wichtigste Exportgüter	Maschinen und Transportgüter: 45%, chem. Erzeugnisse: 10%, Nahrungsmittel u. lebende Tiere: 7%, industr. Rohstoffe: 6%
Handelspartner	Kanada (23%), Japan (11%), Mexiko (11%), Deutschland (4%), Großbritannien (5%)
Außenhandel	Export 503 Mrd $, Import 669 Mrd $
Problematiken	Wachsendes Handelsdefizit, besonders im Handel mit Japan, schlechter allgemeiner Ausbildungsstandard, Einwanderung wenig qualifizierter Arbeitskräfte, Drogen, zu hoher Energieverbrauch, hohe Umweltbelastung in den Ballungsräumen, Staatsverschuldung

2. GESCHICHTLICHER ÜBERBLICK DER USA

In diesem Kapitel soll ein kurzer Überblick über die Geschichte der Vereinigten Staaten gegeben werden. In einem solchen Überblick können natürlich nur gewisse Themen angerissen werden, was zu Lasten vieler Detailinformationen geht. Im Zeitraum von 1800 bis zum Ende des Bürgerkrieges 1865 wird die Geschichte der einzelnen Bundesstaaten getrennt beschrieben, da sich Besiedlung und wirtschaftliche Entwicklung in den einzelnen Staaten auf sehr unterschiedliche Weise vollzogen. Während um 1800 im für damalige Verhältnisse recht dicht besiedelten Pennsylvania bereits die erste Phase der Industrialisierung begonnen hatte, waren weiter westlich gelegene Gebiete noch von Indianern bewohnt und vom "Weißen Mann" nicht einmal erforscht. Die sich im Laufe des 19. Jahrhunderts vollziehende Erschließung des sogenannten Mittleren Westen durch Siedler und Händler sowie die Ausrottung und Vertreibung der Indianer aus diesen Gebieten sind charakteristische Merkmale für diese Phase der Geschichte unseres Reisegebietes.

Nach dem Bürgerkrieg wird der Überblick über die gesamtamerikanische Geschichte fortgesetzt, da von diesem Zeitpunkt an eine landesübergreifende Entwicklung zu erkennen ist, auch wenn einige Bundesstaaten damals noch keine waren und nur den Status des Territory besaßen. Sollte die Lektüre dieses kurzen Überblicks über die amerikanische Geschichte Ihr Interesse geweckt haben, können Sie Ihre Kenntnisse mit weiterführender Literatur erweitern. In der Hoffnung, Ihnen wenigstens die eine oder andere Anregung gegeben zu haben, wünsche ich Ihnen viel Spaß beim Lesen.

2.1 DIE ERSTEN BEWOHNER AMERIKAS: DIE INDIANER

Die Indianer als Ureinwohner Amerikas verdanken ihren Namen dem Irrtum eines Europäers. Als Christoph Kolumbus 1492 auf den Bahamas landete, glaubte er, die Ostküste Indiens erreicht zu haben und gab den Einwohnern einen entsprechenden Namen.

Steinbruch der frühen Indianer

Hinter dem Wort Indianer verbirgt sich heute ein Sammelbegriff für Menschen unterschiedlichsten Aussehens und unterschiedlichster Kultur. Man denke nur an die Bewohner des peruanischen Hochlandes oder die lange Zeit als Nomaden lebenden Stämme der nordamerikanischen Wüstengebiete.

Gemeinsam haben die Indianer ihren asiatischen Ursprung. Vor mehr als 10.000 Jahren, möglicherweise sogar schon vor 30.000 Jahren, setzte eine Wanderbewegung von Asien über die damals aufgrund eines niedrigeren Meeresspiegels zu einem Teil aus Land bestehende Kontinentverbindung zwischen Asien und Amerika im Bereich der Behringstraße ein, die sich von Alaska aus entlang der Rocky Mountains in Nordamerika über Mittel- und Südamerika fortsetzte. Diese Völkerwanderung zog sich über viele Jahrtausende hin und erfolgte schubweise. Wahrscheinlich hat es auch mehrere Jahrtausende gedauert, bevor die ersten Indianer die Südspitze Südamerikas erreicht hatten.

Man schätzt, daß es zur Zeit von Christoph Kolumbus etwa 15 bis 20 Millionen Indianer auf dem amerikanischen Kontinent gab. Davon bewohnte allerdings nur ein sehr geringer Anteil die Gebiete der heutigen Vereinigten Staaten. Schätzungen gehen von ungefähr 850.000 - 1.000.000 Indianern aus. Heute leben in den USA ca. 1,5 Millionen Indianer (andere Schätzungen gehen auch von 2,2 Mio. aus), was einem Anteil an der Gesamtbevölkerung von nicht einmal 1% entspricht.

Theorien des 19. Jahrhunderts, daß die Indianer von den Ägyptern abstammen oder daß es sich bei ihnen um versprengte Stämme des Volkes Israel handelt, sind natürlich schon lange nicht mehr haltbar, aber sie zeigen, zu welchen phantastischen Überlegungen die Frage des Ursprungs der Indianer Anlaß gegeben hat.

Archäologische Funde lassen darauf schließen, daß die ersten Indianer – allgemein als Paleo-Indianer bezeichnet – Jäger waren, denn es wurden Speer- und Pfeilspitzen aus Steinen sowie Steinmesser zum Häuten und Partieren der erlegten Tiere gefunden. Zu den ältesten Funden zählen die Speerspitzen von Sandia Cave bei Albuquerque in New Mexico, deren Alter auf ca. 20.000 Jahre veranschlagt wird. Anfänge des Ackerbaus sind in einer Zeit von ca. 5000 v. Chr. anzusetzen.

2.1.1 KULTUREN IM MITTLEREN WESTEN UND UM DIE GROSSEN SEEN

Die Indianerkulturen, die das Reisegebiet bevölkerten, lassen sich in zwei Gruppen einteilen:

❶ Die der **Plains-Indianer** (Iowa, Minnesota, Missouri, Montana, North Dakota, South Dakota, Wyoming), deren ökonomische Grundlage sich vorwiegend auf Büffeljagd begründete.

❷ Die der **Eastern-Woodland-Kultur** (Michigan, Illinois, Indiana, Minnesota, Ohio, Pennsylvania, Wisconsin), die sich überwiegend von Landwirtschaft ernährten.

In beiden Kulturen gab es Stämme, die diesen generalisierenden Charakteristika nicht voll entsprachen. Bei den Plains-Indianern wird sogar zwischen den nomadischen Stämmen im Westen, die sich fast ausschließlich von der Jagd ernährten, und den östlicheren Stämmen, die sowohl von der Jagd, als auch von der Landwirtschaft lebten, unterschieden.

2.1.2 DER "TYPISCHE" INDIANER: DIE PLAINS-KULTUR

Obwohl die Plains-Indianer zahlenmäßig nie bedeutend waren, repräsentieren die nomadischen Stämme in den westlichen Gebieten für viele Europäer den "typischen" Indianer. Sie lebten in mit Büffelhäuten bespannten Zelten und trugen Lederkleidung sowie Moccasins. Die Pferde, mit denen sie ihre Büffeljagd effizienter machten, stammten allerdings nicht vom amerikanischen Kontinent, wie vielleicht mancher Karl-May-Leser vermuten mag, sondern wurden von den Spaniern importiert.

Im folgenden wird ein kurzer Überblick über die Verbreitung der Stämme der Plains-Kulturen gegeben:

Die Stämme der Schwarzfuß-Indianer, Piegans und Hidatsas lebten hauptsächlich im Gebiet des oberen Missouris, während die siouxsprechenden River Crows im Gebiet zwischen dem Yellowstone und dem Missouri River und die Mountain

Plains-Indianer

Crows im Gebiet des Wind River und Bighorn River (Wyoming) zu finden waren. Ein bedeutender Sioux-Stamm waren die Dakotas, die ihre Jagdgebiete im Laufe der Zeit von den Dakotas nach Montana und Wyoming ausweiteten. Im Südosten Wyomings waren hauptsächlich Alogonquian sprechende Cheyennes zu finden.

Die Stämme der Plains-Indianer lebten relativ autonom. Innerhalb des Stammes waren die Mitglieder einem strengen Regelsystem unterworfen, das auf festen Vorstellungen von Schande und Ehre beruhte und bei schwereren Vergehen den Ausschluß aus dem Stamm vorschrieb. Die Häuptlinge wurden in der Regel nach ihren Taten und ihrer Weisheit ausgewählt. Sie hatten eher die Funktion des Ratgebers als die des absoluten Herrschers. Zwischen den einzelnen Stämmen kam es häufig zu kriegerischen Auseinandersetzungen um Jagdrechte, so daß die Krieger gut mit Waffen ausgerüstet waren. Die Kleidung dieser Krieger war entsprechend der Ehre, die sie im Kampf erworben hatten, mit Haaren oder Federn geschmückt, ebenso wie sie die Haartracht mit Adlerfedern verzierten.

Den Europäern ebenfalls aus Karl-May-Lektüre oder Hollywood-Indianerfilmen bekannt ist die Weitergabe von Botschaften durch Rauchzeichen, die für das "Kommunikationssystem" der Plains-Indianern typisch ist. Weniger bekannt, aber für die Plains-Kultur essentiell, ist die Bedeutung der unterschiedlichen Tänze, bei denen die Indianer dieser Kultur versuchten, in Trance zu geraten und mit Hilfe von Visionen mit dem Übersinnlichen in Kontakt zu treten und etwas über ihr Schicksal zu erfahren. Der bedeutendste dieser Tänze ist der Sun Dance (Sonnentanz), bei dem die Beteiligten sich im Hochsommer unter Verzicht auf Nahrung und Flüssigkeit in Trance tanzen.

Von den Stämmen der Plains-Kultur, die sich nicht hauptsächlich von der Jagd ernährten, sind in bezug auf das Reisegebiet nur die Sioux sprechenden Iowas, Mandans und Hidatsas von Interesse. Diese Stämme lebten in Dörfern, und die unterschiedlichen Klans waren eng miteinander verbunden. In ihrer Lebensweise bildeten sie ein Bindeglied zwischen der Plains- und der Eastern-Woodland-Kultur, ebenso wie sie auf ökonomischem Sektor als Händler diese beiden Kulturen verbanden.

2.1.3 DIE "BAUERN" UNTER DEN INDIANERN: DIE EASTERN-WOODLAND-INDIANER

Das Gebiet der Eastern-Woodland-Indianer erstreckte sich vom St.-Lorenz-Strom bis zu den Carolinas und vom Atlantischen Ozean bis zum Mississippi. Über die Frühgeschichte dieser Kultur ist wenig bekannt. Aufgrund von archäologischen Funden unterscheidet man zwischen dem Jäger (Clovis-Typ) und dem Sammler (Chochise-Type). Vor über 2.000 Jahren begann die landwirtschaftliche Nutzung des Bodens, die von 400 vor bis 400 nach Christi Geburt ihre größte Blüte im Ohio Tal erfuhr. Aus dieser Zeit sind noch Überreste der großen Grabhügel zu finden, die häufig in Form eines Tieres angelegt waren und für diese Kultur typisch sind. Sie wird nach den Hügeln im südlichen Ohio als Hopewell-Kultur bezeichnet, und es wird aufgrund der Form der Grabhügel ein Einfluß von Kulturen Mittelamerikas vermutet. Die Indianer der Hopewell-Kultur betrieben jedoch nicht nur Landwirtschaft, sondern verfügten über ein Handelsnetz, das sich vom Atlantik bis zu den Rocky Mountains erstreckte.

Als die ersten Weißen den amerikanischen Kontinent erreichten, war die Hopewell-Kultur schon lange untergegangen, und es lebte eine große Anzahl von unterschiedlichen Indianerstämmen zwischen Mississippi und dem Atlantik. Charakteristisch für diese Stämme ist, daß sie im Gegensatz zu den nomadischen Plains-Indianern in Dorfgemeinschaften leben und ein relativ gut organisiertes Sozialgefüge hatten. Sie ernährten sich hauptsächlich von Mais, Bohnen und Zucchini und erweiteren durch Brandrodung ihre Felder. Die Jagd und das Fischen dienten zwar als zusätzliche Nahrungsbeschaffung, aber bis auf einige westlich wohnende Stämme, die zu bestimmten Jahreszeiten auf Büffeljagd gingen, verließen diese Indianer nie für längere Zeit ihre Dorfgemeinschaft.

Die Bekleidung wurde in der Regel aus Leder gefertigt. Auffällig waren in diesem Zusammenhang die Kniehosen der Männer. Häufig schoren sie sich die Haare bis auf einen Mittelstreifen. Dieser "Haarschnitt" erlebte, wie Sie sich sicher erinnern können, in den 80er Jahren unseres Jahrhunderts mit dem Namen Iroquesenschnitt bei den Punks eine Renaissance. Im Jahrhundert vor der Entdeckung Amerikas durch die Europäer entwickelten die Eastern Woodlands Indianer sogar ein Zahlungssystem, bei dem Muschelstücke als "Münzen" verwendet wurden. Auch das Rauchen der Friedenspfeife, das häufig zur Besiegelung eines Handelsvertrages getätigt wurde, ging auf diese Indianer-Kultur zurück.

Die Stämme der Eastern Woodlands, die sich um die Großen Seen herum niedergelassen hatten, lebten zu einem großen Teil vom Fischfang und dem Anbau von wildem Reis. Bis auf die Sioux sprechenden Winnebagos des Green-Bay-Gebietes, sprachen diese Stämme Algonquian. Als bekannteste Stämme sind hier sie Ottawas, Sauks, Foxes und Ojibways (Chippewa) zu nennen. Die Letztgenannten zählten mit einer Anzahl von ungefähr 25.000 zu den größten Stämmen nördlich von Mexiko. Die Ottawas fungierten als Händler, da sie zum Teil nomadisch von der Jagd und dem Fischfang lebten. Illinois und Indiana war die Heimat der Miamis, während die Delaware und Shawnees östlich oder südlich der Großen Seen ansässig waren. Östlich des gleichnamigen Sees lebten die Hurons und in Zentralpennsylvania war der Stamm der Sasquehannas beheimatet.

Die Iroquesen zählten mit ungefähr 40.000 Indianern zu den größen Stammesgruppen. Sie waren ursprünglich im südlichen Kanada und dem Nordosten der Vereinigten Staaten beheimatet und hatten ein hoch organisiertes Stammeswesen, in dem Frauen eine ungewöhnlich wichtige Rolle spielten. Fünf ihrer Stämme bildeten auch die sogenannte Konföderation der fünf Nationen, die von den Europäern als höchstentwickelte Form der Indianerkultur angesehen wird. Um 1700 waren die Iroquesen zu einem der einflußreichsten Stammesverbände geworden, nachdem sie Mitte des Jahrhunderts die Hurons in der Nähe des heutigen Torontos und eine Konföderation mehrerer Stämme nördlich des Lake Erie vernichtend geschlagen hatte. Die Hurons waren mit den Franzosen verbündet, während die Iroquesen Unterstützung von den Engländern bekamen. Die Auseinandersetzungen, die ursprünglich wegen des Pelzhandels begonnen hatten, setzten sich bis 1690 fort und hatten eine Wanderung der Ottawas, Sauks, Foxes und Illinois nach Westen zur Folge, da diese Stämme sich nicht gegen die expansiven Iroquesen durchsetzen konnten.

Im gleichen Jahr der Entdeckung von Florida landete der Spanier **Vasco Nunez** in Panama. Er sah als erster Europäer den Pazifischen Ozean und bewies somit, daß Amerika nicht Asien sein konnte, da hinter der Landenge von Panama ein weiteres Weltmeer lag.

2.3 DIE "NEUE WELT" WIRD KOLONISIERT

Nach der Entdeckung Amerikas rangen mehrere europäische Mächte um die Vormachtstellung in der Neuen Welt und bestimmten fast drei Jahrhunderte lang die Geschicke der eroberten Gebiete. Die Regierungsgeschäfte wurden entweder über das Mutterland abgewickelt, oder es wurde über Handelskompanien Einfluß auf die Kolonien genommen, bevor die Amerikaner sich 1776 einen unabhängigen Staat erkämpfen konnten.

Im sechzehnten Jahrhundert dominierten die Spanier und Portugiesen, die auch eine expansive Siedlungspolitik betrieben. England und Frankreich waren zu diesem Zeitpunkt zu sehr in innenpolitische Verwicklungen verstrickt und auch innerhalb Europas den Spaniern nicht gewachsen, so daß sie sich anfangs auf wenige Unternehmungen bezüglich der Neuen Welt beschränken mußten. Nach der Niederlage der Spanier 1588 gegen die Engländer verloren diese jedoch langsam die Vormachtstellung, und sowohl Engländer als auch Franzosen siedelten sich in der Nähe der reichen spanischen Siedlungen an. Ihre ersten profitablen Kolonien gründeten die Franzosen auf den Karibischen Inseln, wohingegen die Engländer größere Siedlungen in der Nähe vom heutigen New York etablierten. New York hieß bis 1664 noch Nieuw Amsterdam und war ursprünglich eine niederländische Niederlassung. Die Niederländer spielten allerdings bei der Kolonisation Amerikas eine eher untergeordnete Rolle, die sich weitgehend auf das 17. Jahrhundert beschränkte.

Eine Folge der Kolonisation war der **Sklavenhandel**. Da immer mehr billige Arbeitskräfte in den Kolonien benötigt wurden und die Indianer den schlechten Arbeitsbedingungen häufig nicht gewachsen waren, begannen die Portugiesen im 16. Jahrhundert von ihren Besitzungen an der westafrikanischen Küste aus, schwarze Sklaven in Richtung Amerika zu verschiffen. Ebenfalls am Sklavenhandel beteiligt waren die Spanier. Die Engländer stiegen 1560 in dieses profitable Geschäft ein. Auf der Überfahrt starben zu Beginn des Sklavenhandels ca. ein Drittel der Schwarzen, da sie unter unmenschlichen Bedingungen im Laderaum gefangengehalten wurden. Während in der ersten Phase des Sklavenhandels hauptsächlich die Inseln vor Mittelamerika und der Norden Südamerikas beliefert wurden, kamen später auch viele Sklaven auf den nordamerikanischen Kontinent. 1619 erreichten die ersten Sklaven die Kolonie Virginia. 150 Jahre später lebte dort fast eine halbe Million Sklaven. Ein Verbot des Sklavenhandels setzte sich erst zu Beginn des 19. Jahrhunderts durch.

2.3.1 DIE SPANIER ALS HERREN DER ERSTEN STUNDE

Während des 16. Jahrhunderts dominierten die Spanier und Portugiesen, die von 1580 bis 1640 sogar zu einem Königreich zusammengefaßt waren, die Kolonisation der Neuen Welt und betrieben dort eine expansive Siedlungspolitik. Um 1575 gab es bereits etwa 200 Siedlungen in Amerika. Die Eroberer (Konquistadoren) machten sich bei der Ausnutzung der Bodenschätze die Arbeitskraft der einheimischen Indianer zunutze und versuchten, durch Erforschung immer neuer Ge-

Der Spanier Coronado

biete ihren Einflußbereich zu erweitern. Ihr Hauptinteresse galt Bodenschätzen, wie Gold und Silber, sowie Agrarprodukten aus dem tropischen Bereich.

In der Zeit von 1513-1519 konzentrierte man sich, nachdem man vorher hauptsächlich die Inseln der Karibischen See und des Golfes von Mexico besegelt hatte, auf die Erforschung des Festlandes. 1513 hatte Vasco Nunez nach einer Durchwanderung der Landenge des heutigen Panama den Pazifischen Ozean entdeckt. Florida wurde im gleichen Jahr von Ponce de Leon entdeckt. Einer der bekanntesten Konquistadoren ist sicher Hernando Cortez (1485-1547), der Mexiko eroberte und im gleichen Zuge das Aztekenreich dort vernichtete. Hernando de Soto (1500-1542) erschloß den südöstlichen Teil des nordamerikanischen Kontinents.

Die Sage vom heute auch im Deutschen noch sprichwörtlichen "**El Dorado**", wo man riesige Mengen Gold vermutete, trieb die ersten Konquistadoren in die Gebiete nördlich von Mexico. **Francisco Vasquez** Coronado (1510-1544) startete 1540 eine Reise in den heutigen Südwesten der Vereinigten Staaten und erforschte dort das "Neue Mexiko", das von 1606 an von der Hauptstadt "Villa Real de la Santa Fe de San Francisco" (Santa Fe) aus verwaltet wurde. Die Indianer dort wurden christianisiert und zur Zwangsarbeit herangezogen. Da die Kirche bei der Kolonisation eine große Rolle spielte, richtete sich die Feindseligkeit bei Aufständen wie der Pueblorevolte auch vornehmlich gegen klerikale Einrichtungen, wie Klöster und Kirchen. An diesem berühmten Indianeraufstand im Jahre 1680 waren die Stämme des Rio-Grande-Gebietes beteiligt.

2.3.2 FRANZÖSISCHE AKTIVITÄTEN IN NORD UND SÜD

Frankreich begann, sich ernsthaft erst nach dem Frieden von Cambrai (1529), der die langwierigen Auseinandersetzungen zwischen Frankreich und Spanien um Italien beendete, für Eroberungen in der Neuen Welt zu interessieren. Zwar erforschte der Italiener **Giovanni da Varrazano (1480-1527)** mit einer französischen Crew die Hudson-Mündung und segelte die nordamerikanische Küste bis Maine herunter. Gründungen von Niederlassungen wurden zu diesem Zeitpunkt aber noch nicht in Erwägung gezogen.

1534 erforschte **Jacques Cartier (1491-1557)** zusammen mit einer Crew bretonischer Fischer die Fischgründe vor Neufundland und auf seiner zweiten Reise den St.-Lorenz-Strom bis zur Höhe der heutigen Stadt Montreal (1535-1536). Erst zu Regierungszeiten Heinrich IV. jedoch wurden Anstrengungen unternommen, auch wirtschaftlichen Nutzen aus den Gebieten der Neuen Welt zu ziehen.

Jacques Cartier

Zu Beginn dieser Kolonisationsperiode wurden nur hugenottische Handelskompanien aktiv, die auch die ersten französischen Niederlassungen gründeten. Unter der Führung von Samuel de Champlain entstanden Siedlungen in Kanada (z.B. Port Royal und Quebec 1608). Er trieb die Handelsverbindungen bis nach Wisconsin voran, und in den Jahren 1562-1564 gründeten Jean Ribault und Rene Laudonniere Siedlungen im heutigen South Carolina und Florida, die sich jedoch nicht gegen die Spanier behaupten konnten. Wichtige Wirtschaftsfaktoren waren für die Franzosen u.a. die Fischerei und der Pelzhandel.

Die zweite Kolonisationsperiode begann 1664, als **Jean Baptiste Colbert (1619-1683)** die Französisch-Westindische-Handelskompanie gründete, die das Monopol für den französischen Amerikahandel bekam. Von 1673 an beanspruchten die Franzosen die gesamten Gebiete entlang des Mississippi, des St.-Lorenz-Stroms sowie das Land um die großen Seen für sich. Entscheidend waren an diesen Gebietsansprüchen Jacques Marquette (1687-1675) und Louis Joliet (1645-1700) beteiligt. Das Flußbecken der Mississippimündung erreichte 1682 Robert Cavelier de la Salle (1643-1687), der es nach dem französischen Souverän Ludwig XIV. "La Louisiane" nannte. Hier gründete Jean Baptiste le Moyne (1680-1768) im Jahre 1718 "La Nouvelle Orlean", das heutige New Orleans, dem auch heute noch ein französisches Flair anhängt.

2.3.3 ENGLISCHER MACHTGEWINN

Die Engländer setzten sich schon relativ früh im Nordosten Amerikas fest. Sie beanspruchten nicht nur weite Teile des heutigen Kanadas für sich, sondern brachten auch Gebiete der heutigen Bundesstaaten Washington, Oregon, Idaho, Montana und Wyoming unter ihren Herrschaftsbereich. Aufgrund der Nähe zu den französischen Niederlassungen und den daraus resultierenden Streitigkeiten gab es heftige Auseinandersetzungen mit den Franzosen, deren Kolonie Louisiane, die auch Teile von Wyoming, Montana und Colorado umfaßte, den Engländern ein Dorn im Auge war. Diese Auseinandersetzungen kulminierten im **Siebenjährigen Krieg (1756-1763),** bei dem die Engländer ihren Einflußbereich bis zum Mississippi ausdehnen konnten. Indianer kämpften bei diesem Konflikt hauptsächlich auf Seiten der Franzosen. Sie erhofften sich bei einem Sieg über die Engländer eine Beendigung der westwärts gehenden Siedlungsbewegung und eine Festigung ihrer Gebietsansprüche. Berühmt wurde in diesem Zusammenhang der Ottawa-Häuptling **Pontiac**, der bei der Belagerung von Detroit und dem Fort Pitt (Pittsburgh) eine entscheidende Rolle spielte.

Die Engländer hatten sich ebenso wie die Franzosen im späten 15. und im 16. Jahrhundert kaum engagiert. Heinrich VII. von England hatte sogar die einmalige Chance verpaßt, die Expedition für die Entdeckungsfahrt Kolumbus auszurüsten. Kolumbus' Pläne schienen ihm undurchführbar, und somit wandte sich dieser an den spanischen König, in dessen Auftrag er letztendlich auch die Neue Welt entdeckte. Zwar wurde 1497 eine Expedition unter dem gebürtigen Italiener John Cabot (1456-1498) ausgerüstet, die eine nördliche Route nach "Indien" finden sollte, jedoch folgten auf die Erforschung Neufundlands und der ostamerikanischen Küste bis hin zum Delaware keine Siedlungsgründungen. Wichtig wurden diese Reisen Cabots aber später, um Englands rechtlichen Anspruch auf diese Gebiete zu begründen.

Erst **Königin Elizabeth I. (1509-1547)** drängte auf eine Kolonisierung der Neuen Welt, für die sie nach dem englischen Sieg über die spanische Armada (1588) auch die machtpolitische Stellung in Europa errungen hatte. Unter dem Kommando von Sir Francis Drake (1540-1596) und Sir John Hawkins (1532-1595) griffen die Engländer spanische Niederlassungen und Schiffe an. In diesem Zusammenhang gelang es auch, das spanisch-portugiesische Monopol im einträglichen Sklavenhandel zu brechen.

Als erste feste Siedlung gilt Jamestown in Virginia, das 1607 im Auftrag der Londoner Virginia-Kompanie gegründet wurde. Zu diesem Zeitpunkt entstand in Europa als Folge der beginnenden "Industrialisierung" Arbeitslosigkeit, so daß es genug Leute gab, die bereit waren, als Siedler in der Neuen Welt einen neuen Anfang zu wagen. Darüber hinaus war man an der Erschließung neuer Rohstoffquellen interessiert. Auch religiöse und politische Gründe trieben Menschen damals nach Amerika. Die "**Pilgrim Fathers**", die sicher jedem aus den Englischschulbüchern bekannt sind, landeten 1620 an der amerikanischen Küste und bauten dort ein eigenes Gemeinwesen nach ihren Vorstellungen auf. Dem Einbringen ihrer ersten Ernte verdanken die Amerikaner den "Thanksgiving Day" am 4. November, der heute zu den wichtigsten Feiertagen zählt.

Eine andere Glaubensgemeinschaft, nämlich die **Quäker**, gründeten 1681 Pennsylvania. Der Name dieser Kolonie geht auf ihren Gründer William Penn zurück. Zwei Jahre später siedelten sich hier auch viele Deutsche, anfangs vorwiegend Mennoniten aus dem Rheinland und der Pfalz, an. Weitere Siedlungsgebiete deutschsprachiger Einwanderer waren Philadelphia, New York, Maine und Georgia. Von etwa **100.000 Deutschstämmigen**, die Mitte des 18. Jahrhunderts in Nordamerika siedelten, lebten jedoch ungefähr 70.000 in Pennsylvania. Diese Siedler gründeten allerdings keine Kolonien im eigentlichen Sinn, da sie nicht als Vertreter eines Staates Land für diesen beanspruchten, sondern sich aus anderen Gründen ansiedelten.

Bedeutende Wirtschaftsfaktoren waren damals Fischerei, Holzverarbeitung, Pelzhandel und Bergbau im Nordosten sowie der Anbau von Baumwolle, Zuckerrohr, Tabak und Reis im Süden.

2.3.4 KOLONISATIONSBEWEGUNGEN ÜBRIGER STAATEN

Niederländische Bestrebungen, ihr Glück auch auf dem nördlichen Kontinent der Neuen Welt zu versuchen, beschränkten sich fast ausschließlich auf die erste Hälfte des 17. Jahrhundert, in dem dieses Land über eine Handelsflotte von bis zu 20.000 Schiffen verfügte. 1609 schickte die Holländisch-Westindische-Kompanie Henry Hudson (1611 gestorben) auf die Reise nach Amerika, wo er das Mündungsgebiet des nach ihm benannten Flusses erforschte. Einige Jahre später gründeten die Niederländer "Nieuw Holland" im Gebiet um Long Island. Manhattan wurde 1626 für 60 Gulden von den Indianern dazugekauft. Peter Stuyvesant, dessen Namen man heute eher mit einer Zigarettenmarke verbindet, wurde erster Gouverneur der Stadt Nieuw Amsterdam auf Manhattan.

Nachdem die Engländer das Gebiet 1664 übernahmen, benannten sie die Stadt in New York um. In der zweiten Hälfte des 17. Jahrhunderts blieben den Niederländern nur einige karibische Inseln und Holländisch Guayana im Norden Südamerikas als Kolonien in der Neuen Welt.

Schwedische Siedler landeten 1638 in der Delaware-Bucht an. Sie gründeten "Neu Schweden", das aber keine große Bedeutung hatte.

Die Kolonisation unter portugiesischer Flagge kann hier insofern vernachlässigt werden, als sie den nordamerikanischen Kontinent nicht berührt.

2.4 DER KAMPF UM DIE FREIHEIT

In ihrem Unabhängigkeitskrieg gegen das englische Mutterland (1775-1783) erstritten die 13 Ostkolonien die staatliche Autonomie. Ausgelöst wurde dieser Krieg durch die **Unabhängigkeitserklärung des Kongresses am 4. Juli 1776**, der bis heute zu den wichtigsten Feiertagen der Vereinigten Staaten zählt, und auch die 13 Querstreifen der amerikanischen Flagge, die die 13 Gründerstaaten symbolisieren, erinnern an diesen Tag.

Die Ursachen allerdings für die Freiheitsbestrebungen der Siedler lagen in ihren Wurzeln schon Jahrzehnte zurück. Beschränkungen, die das Königreich England zum Schutz der eigenen Wirtschaft erlassen hatte, beschnitten die Rechte der Kolonien empfindlich: Siedlungverbote westlich der Appalachen, Handelsbeschränkungen sowie Erhebung von direkten Steuern ließen bei den Siedlern den Drang nach Unabhängigkeit immer größer werden.

Abgesehen von dem Einfuhrverbot amerikanischer Textilwaren in das Königreich durften ab 1750 auch keine Erzeugnisse der Eisenverarbeitung mehr von den Oststaaten nach England exportiert werden (**Iron-Act**). 1764 wurde die Gesetzgebung dahingehend verschärft, daß in den Kolonien kein eigenes Geld aufgelegt werden durfte (**Currency-Act**), und ein Jahr später wurde das Stempelgesetz (**Stamp-Act**) eingeführt, in dem verfügt wurde, daß alle Druckerzeugnisse mit einer Gebührenmarke beklebt werden mußten. Im gleichen Jahr wurde ebenfalls verfügt, daß 1/3 der Kosten für das englische Militär von den Kolonien selbst zu tragen sei (**Quartering-Act**). Die gesetzgebende Macht über die Kolonien hatte sich das Mutterland bereits 1707 durch einen Parlamentsbeschluß gesichert. Als dann 1767 Einfuhrzölle für viele Waren, wie Glas, Tee oder Papier, erhoben wurden (**Townshend Act**), führte das zu großem Unmut gegenüber den Regierenden in London.

Einige Jahre später führten diese Zölle zur ersten weittragenden Aktion der Amerikaner. Sie versenkten 1773 drei Schiffsladungen Tee im Bostoner Hafen. Unter dem Begriff "**Boston Tea Party**" ist diese Demonstration gegen die Ausbeutung der Kolonien durch das Mutterland in die Geschichte eingegangen. Die englische Krone reagierte auf diesen Protest mit der Sperrung des Hafens und der Verhängung des Ausnahmezustandes.

Ein Jahr später tritt der **erste Kontinental-Kongreß** mit Delegierten aus allen 13 Neu-England Staaten zusammen, der die Wiederherstellunge der Rechtslage von vor 1763 beschließt. Die 13 Staaten waren Massachusetts, New Jersey, New York, Rhode Island, Connecticut, New Hampshire, Pennsylvania, Delaware, Virginia, Maryland, North Carolina, South Carolina und Georgia.

Die bewaffneten Auseinandersetzungen begannen dann ein Jahr später am 18. April 1775 mit dem ersten Zusammenstoß von amerikanischer Miliz und britischen Truppen. Der **zweite Kontinental-Kongreß** im gleichen Jahr ernannte **George**

Washington zum Oberbefehlshaber der amerikanischen Truppen, die den britischen Kolonialtruppen und einigen mit den Engländern verbündeten Indianerstämmen gegenüberstanden. North Carolina stellte sich als einziger Bundesstaat auf die Seite der Engländer. Organisiert wurde die amerikanische Armee von dem **preußischen General Baron von Steuben (1730-1794)**. Auch andere bekannte Europäer, wie der **französische Marquis de la Fayette (1757-1834)** und der **Pole Kosciuszko (1746-1817)**, kämpften auf amerikanischer Seite.

Schon 1776 erlitten die Briten empfindliche Niederlagen bei Trenton und Princeton, jedoch brachte die entscheidende Wende des ansonsten eher wechselnden Kriegsglücks erst die Schlacht bei Saratoga (1777). Im gleichen Jahr erklärte Frankreich den Engländern den Krieg. Auch die Niederlande (1780) und die Spanier (1781) traten gegen die Engländer in den Krieg ein. 1781 mußten die Engländer dann nach der Niederlage bei Yorktown kapitulieren, was 1783 die Anerkennung der Unabhängigkeit der Vereinigten Staaten im Frieden von Paris zur Folge hatte. Etwa 100.000 Loyalisten, die auf der Seite Englands gestanden hatten, wanderten aufgrund der englischen Niederlage nach Kanada aus. Zu dieser Zeit lebten ungefähr 3 Mio Siedler in Nordamerika. Die Kriegsopfer beliefen sich auf ca. 70.000 Menschen.

2.5 STAATSSYSTEM UND ERWEITERUNG DES STAATSGEBIETES DER VEREINIGTEN STAATEN

Der Verfassungskonvent in Philadelphia verabschiedete 1787 die Verfassung der Vereinigten Staaten von Amerika, die jedoch erst 1789 rechtsgültig wurde. Die

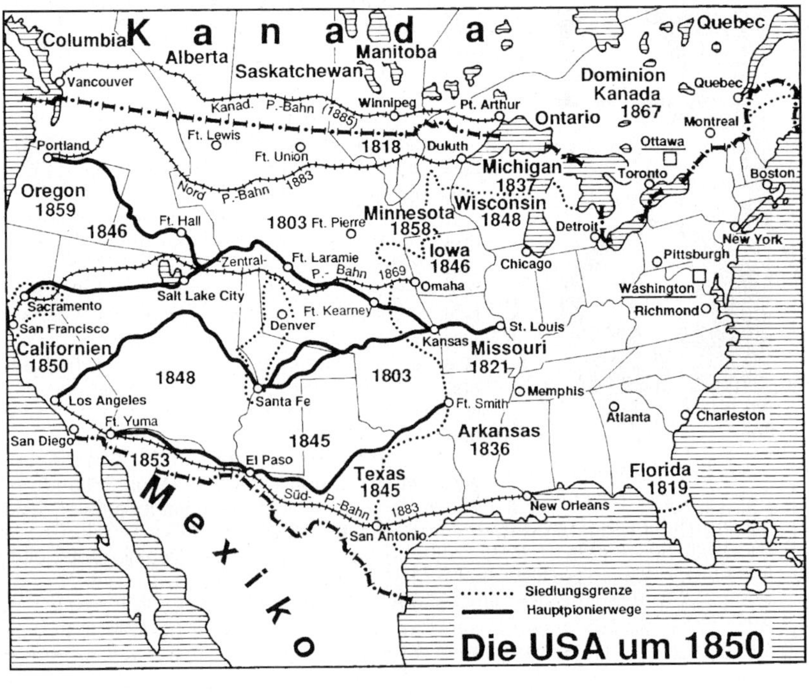

Die USA um 1850

Einzelstaaten, die seit 1781 durch die "Articles of Confederation" zu einem losen Staatenbund zusammengefaßt waren, konnten sich nur zögernd zu einer Anerkennung durchringen, da es Unstimmigkeiten darüber gab, ob der Staat eher zentralistisch oder eher föderalistisch organisiert werden sollte. Letztendlich kommt dieser Konflikt auch in der durch die Verfassung festgelegten Staatsform der präsidialen Bundesrepublik zum Ausdruck, die ja bis heute im wesentlichen unverändert ist. Man denke an die relativ große Machtbefugnis des Präsidenten auf der einen Seite sowie an die teilweise recht unterschiedliche Gesetzgebung in den Einzelstaaten auf der anderen. Insofern ist die amerikanische Verfassung eine Kompromißlösung, die sowohl den föderalistischen als auch den zentralistischen Forderungen Rechnung trägt.

Mit der Einführung der Gewaltenteilung in Exekutive, Legislative und Jurisdiktion, d.h. der Trennung von ausführender, gesetzgebender und rechtsprechender Macht, ist die amerikanische Verfassung Grundlage der modernen Demokratie. Darüber hinaus führt sie die Trennung von Kirche und Staat und "last but not least" die Volkssouveränität ein, die durch die demokratischen Grundrechte (**Virginia Bill of Rights**), an deren Formulierung **Thomas Jefferson** (**1743-1826**) federführend beteiligt war, gewährleistet wird.

INFO

Thomas Jefferson

Thomas Jefferson (1743-1826), der vornehmlich als Autor der Unabhängigkeitserklärung in die Geschichte Amerikas einging, konnte während seiner Präsidentschaft (1801-1809) einen weiteren Erfolg verbuchen, der sein Land um mehr als das Doppelte vergrößerte und von sehr weitreichender Bedeutung werden sollte. Die Vereinigten Staaten kauften nämlich 1803 die Kolonie Louisane von Napoleon, unter anderem, um eine ungehinderte Schiffahrt auf dem Mississippi zu gewährleisten. Dieser Landkauf ermöglichte darüber hinaus Siedlungsmöglichkeiten auf einem sehr großen Territorium (Louisane war damals wesentlich größer als der heutige Bundesstaat mit ähnlichem Namen) sowie die darauf folgende wirtschaftliche Ausnutzung von Bodenschätzen und landwirtschaftliche Nutzung im großen Stil.

Jefferson wurde in der Nähe von Shadwell (Virginia) geboren und war als Rechtsanwalt tätig. Seine Funktion als Politiker übte er als Mitglied der Bürgerversammlung von Virginia, des Kontinentalkongresses in Philadelphia und als Gouverneur von Virginia aus. Darüber hinaus war er Gesandter in Paris (1785-1789), Außenminister der Vereinigten Staaten (1790-1793) und Vizepräsident (1797-1801). Als Demokratischer-Republikaner wurde er 1801 zum 3. Präsidenten der Vereinigten Staaten gewählt. Dieses Amt hatte er bis 1809 inne und setzte danach als Berater der nachfolgenden Präsidenten seine politische Tätigkeit fort. Thomas Jefferson starb 1826 in Monticello (Virginia).

Regierung und Präsident

Nach dem amerikanischen System ist der Präsident sowohl Staatspräsident, was im deutschen System dem Bundespräsidenten entspricht, als auch entsprechend eines Bundeskanzlers in der Bundesrepublik Deutschland Ministerpräsident. Der Präsident wird nicht direkt vom Volk, sondern indirekt über Wahlmänner für vier Jahre gewählt, die in jedem Bundesstaat in direkter Wahl bestimmt werden. Ihre Zahl pro Bundesland ist entsprechend der jeweiligen Einwohnerzahl festgelegt. Nach einer Wahl ist es die Aufgabe des Präsidenten, eine Regierung zusammenzustellen, die auch aus Mitgliedern anderer Parteien als der eigenen oder parteilosen Politikern bestehen kann.

Die einzige legale Möglichkeit, einen amerikanischen Präsidenten abzusetzen, ist die Staatsanklage. Kontrolliert wird er jedoch im verfassungsrechtlichen Sinne über den Obersten Gerichtshof und auf parlamentarischer Ebene über den Kongreß.

Der Kongreß

Der Kongreß setzt sich aus zwei Kammern zusammen: dem Senat und dem Repräsentantenhaus.

Die Mitglieder des Repräsentantenhauses werden auf zwei Jahre direkt gewählt. Jeder Bundesstaat entsendet eine seiner Einwohnerzahl entsprechende An-

Verfassung der Vereinigten Staaten von Amerika (Präambel)

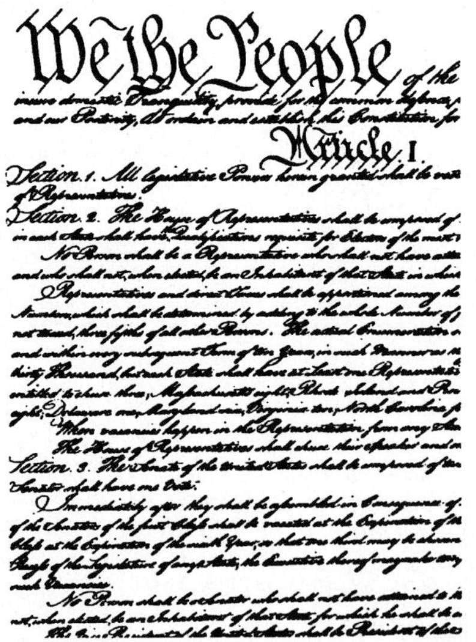

"We, the people of the United States, in order to form a more perfect Union, establish justice, insure domestic tranquility, provide for the common defense, promote the general welfare, and secure the blessings of liberty to ourselves and our posterity, do ordain and establish this Constitution for the United States of America"

Übersetzt:

"Wir, das Volk der Vereinigten Staaten, widmen den Vereinigten Staaten diese Verfassung, getragen vom Willen, die Union zu vervollkommnen, Gerechtigkeit zu schaffen, inneren Frieden zu gewährleisten, für eine gemeinsame Verteidigung zu sorgen, das allgemeine Wohl zu fördern sowie uns und unseren Nachfahren den Segen der Freiheit zu bewahren."

zahl gewählter Kandidaten, die dann die Interessen dieses Bundesstaates vertreten sollen. Insgesamt sind im Repräsentantenhaus heute 435 Sitze zu vergeben.

Auch die Senatoren werden direkt vom Volke, allerdings für sechs Jahre, gewählt. Jeder Bundesstaat entsendet entsprechend zwei Senatoren an den Senat, der somit eine Mitgliederzahl von 100 aufweist. Da der Präsident nur mit einer Zweidrittelmehrheit dieser Kammer internationale Verträge abschließen darf, hat sie auf die Außenpolitik einen großen Einfluß.

Oberster Gerichtshof (Supreme Court)

Die neun Richter des Obersten Gerichtshofes werden vom Präsidenten in Übereinstimmung mit dem Senat auf Lebenszeit gewählt. Sie haben die Aufgabe, Gesetzgebung und andere politische Entscheidungen auf ihre verfassungsrechtliche Korrektheit hin zu überprüfen, wenn dieses beantragt wird. Insofern fungieren sie als Kontrollinstanz gegenüber dem Präsidenten und dem Kongreß.

Die 1793 gegründete Hauptstadt Washington D.C. (District of Columbia) wurde 1800 Sitz der Regierung und des Parlaments. Der Präsident residiert seitdem im Weißen Haus, und der Kongreß hat seinen Sitz im Kapitol. **George Washington** (**1732-1799**) ist erster Präsident der Vereinigten Staaten (1789-1797). Sein Nachfolger **John Adams** (**Präsident von 1797-1801**) ist heute nicht mehr so bekannt wie der dritte Präsident **Thomas Jefferson** (**1801-1809**), unter dessen Regierung die Vereinigten Staaten ihr Staatsgebiet durch Ankauf von Land verdoppelten. Für den Betrag von 15 Millionen Dollar wurde damals Napoleon 1803 Louisane abgekauft, das ein Gebiet den heutigen Bundesstaaten Arkansas, Nebraska, Missouri, Iowa, South Dakota entsprechend, sowie Teile von Oklahoma, Kansas, North Dakota, Montana, Wyoming, Colorado, Minnesota und Louisana umfaßt.

Dieser Landerwerb ermöglichte eine freie Schiffahrt auf dem Mississippi sowie seinen Nebenflüssen und förderte somit eine weitere Besiedlung des Kontinents, die in den Nordwest- und Mississippi-Territorien schon 1887 eingesetzt hatte und zur Gründung folgender Bundesstaaten führte: Kentucky 1792, Tennessee 1796, Ohio 1803, Louisiana 1812, Indiana 1816, Mississippi 1817, Illinois 1818 und Alabama 1819. Man muß sich in diesem Zusammenhang vergegenwärtigen, daß die Bevölkerungszahl der Vereinigten Staaten allein von 1790 mit 3,9 Millionen bis 1810 mit 7,2 Millionen um 3,3 Millionen Einwohner stieg. Die Regierung hatte damals die Möglichkeit geschaffen, für einen gesetzlich festgelegten Mindestpreis von ca. einem Dollar pro Morgen neubesiedeltes Land in Besitz nehmen zu können, um somit die Besiedlung westlich des ursprünglichen Staatsgebietes vorantreiben zu können. Das lockte natür-

Flußschiffe erobern das Innere des Kontinents

lich auch viele Menschen aus Europa an, die auf dem amerikanischen Kontinent ihr Glück versuchen wollten.

Wirtschaftlich gesehen bekamen die Amerikaner große Schwierigkeiten, als sie aufgrund der europäischen Auseinandersetzungen, die die Kontinentalsperren (1806) und die entsprechenden Gegenreaktionen der Engländer ein Jahr später zur Folge hatten, wichtige Häfen in Europa nicht mehr anlaufen konnten. **Mit den Engländern kam es sogar zu kriegerischen Auseinandersetzungen (1812-1814)**, als die Vereinigten Staaten versuchten, Kanada in ihr Staatsgebiet einzugliedern. Washington wurde wärend dieses Krieges zerstört, jedoch konnten sich die amerikanischen Truppen bei New Orleans durchsetzen. Im Frieden von Gent 1814 wurde auch mit Rücksicht auf die Lage in Europa der Vorkriegszustand wiederhergestellt.

2.6 DIE BESIEDLUNG DES MITTLEREN WESTENS UND KRIEGERISCHE AUSEINANDERSETZUNGEN DES 19. JAHRHUNDERTS

Mit der Überquerung der Appalachen der ersten Siedlertrecks in westlicher Richtung Ende des 18. Jahrhunderts begann eine Ära der amerikanischen Geschichte, die die Besiedlung des gesamten nordamerikanischen Kontinents nach sich zog. Die Menschen, die sich bis an die Grenze der Zivilisation wagten und diese durch Neubesiedlung immer weiter nach Westen verschoben, wurden "**frontiers**" genannt. Sie führten ein hartes Leben, um der wilden Natur ihren Lebensunterhalt abzuringen, und waren von Pioniergeist getrieben. Der sogenannte "Wilde Westen" trägt nicht umsonst seinen Namen.

Bevor jedoch Farmer das Land urbar machten und dieses durch den Bau von Befestigungsanlagen für die Verteidigung (Forts) gesichert wurde, hatten sich in der Regel Jäger und Fallensteller, die Trapper, in die entsprechende Region vorgewagt, um das Territorium zu erkunden und von den Erträgen ihrer Jagd dort ihr Leben zu fristen. Ihnen folgten Händler, Holzfäller, Landvermesser und Bergleute. Die Siedler, die sich zu jener Zeit eine Existenz aufbauten, waren allerdings nicht nur Bewohner der nordöstlichen Staaten, sondern sehr häufig auch Einwanderer, die aufgrund der sich verändernden wirtschaftlichen Lage in Europa eine Chance in den Vereinigten Staaten suchten. Bedingt durch die industrielle Revolution und Agrarreformen, waren viele Menschen arbeitslos geworden.

Die Siedlungsbewegung in Richtung Westen verdrängte allerdings die Indianer aus ihren Gebieten. Im Jahre 1830 wurden alle Indianer westlich des Mississippi zwangsenteignet und mußten den Siedlern weichen. Aber auch östlich des Mississippi kam es zunehmend zu Konflikten, da die Siedler immer weiter vorrückten.

Die westlichen Bundesstaaten wurden erst recht spät als solche in die Union der Vereinigten Staaten aufgenommen, da es ein Gesetz gab, das vorschrieb, **daß ein Bundesstaat als solcher erst anerkannt wurde, wenn er mindestens 60.000 Einwohner nachweisen konnte**. Besonders die Staaten im Landesinneren, die häufig nur als Durchgangsgebiet zur Pazifikküste genutzt wurden, erreichten erst in der zweiten Hälfte der 19. Jahrhundert ihren unabhängigen Status.

Die zunehmende Erschließung des Westens führte auch zur Bildung neuer **"territories"**, die dann nach und nach zu Bundesstaaten wurden. Ein großer Teil der Gebiete fiel nach dem **Frieden von Guadelupe-Hidalgo**, der den amerikanisch-mexikanischen Krieg beendete, an die Vereinigten Staaten. 1846 war im Norden bereits im Oregon-Vertrag der 49. Breitengrad als Nordgrenze der Vereinigten Staaten zu Kanada festgelegt worden. Als man 1848/49 in Kalifornien Gold fand, zogen viele in Richtung Westen, um dort ihr Glück zu versuchen. Im Rahmen dieser Entwicklung entstanden "trails" (Wegstrecken, auf denen die großen Menschenmassen von Osten nach Westen zogen). Im Jahre 1869 war dann die erste Eisenbahnstrecke – die Pazifikbahn – fertiggestellt, so daß man schneller und bequemer nach Westen kommen konnte. Darüber hinaus eröffnete diese Eisenbahnstrecke bessere Voraussetzungen für den Handel und damit für die gesamte Wirtschaft der anliegenden Gebiete. Zusätzlich zum Gold fand man auch andere Mineralien und große Kohlevorkommen. Die Verabschiedung des Heimstättengesetzes 1862 ermöglichte die freie Landnahme, so daß auch viele unbemittelte Leute versuchten, in der Landwirtschaft ein Auskommen zu finden.

Der amerikanische Bürgerkrieg (Civil War) – im Deutschen auch als Sezessionskrieg bezeichnet – war die größte kriegerische Auseinandersetzung auf nordamerikanischem Boden. Dieser Krieg, der von 1861 bis 1865 dauerte, wurde zwischen den Nordstaaten (American Union) und den elf Südstaaten, die sich zu den Konföderierten Staaten (Confederate States of America) zusammenschlossen, ausgetragen. Das Ziel der Nordstaatler (Yankees) war nicht nur die offiziell im Vordergrund stehende Abschaffung der Sklaverei, sondern auch die Erhaltung der Union aller nordamerikanischen Bundesstaaten sowie die Festigung der wirtschaftlichen Vormachtstellung des Nordens auf politischer Ebene.

Abraham Lincoln

Der entsprechende Machtkampf zwischen den zum Teil hochindustrialisierten nördlichen Staaten und dem agrarisch strukturierten Süden, dessen wirtschaftliche Macht auf dem Baumwollmonopol beruhte und insofern von Plantagenwirtschaft und unentgeltlicher Sklavenarbeit abhängig war, war schon zwei Jahrzehnte vor Beginn des Bürgerkrieges nur durch Kompromißlösungen auf einer friedlichen politischen Ebene zu halten gewesen.

Aus der Sicht der Südstaatler handelte es sich auch nicht um einen Bürger-, sondern um einen Unabhängigkeitskrieg, der zwischen zwei unabhängigen Staaten ausgefochten wurde.

Im Jahre 1860, nach dem Wahlsieg der Republikanischen Partei, die erst 1854 aufgrund der Differenzen über die Sklavenfrage gegründet worden war und die Abschaffung der Sklaverei (Abolition) zum Ziel hatte, erklärte South Carolina seinen Austritt aus der Union. Der republikanische Präsidentschaftskandidat Abraham Lincoln (1809-1865), der 1861 offiziell sein Amt antrat, war für den sklavenhaltenden Süden als Staatsoberhaupt nicht tragbar. Im Winter 1860/61 folgten die Bundesstaaten Mississippi, Florida, Alabama, Georgia, Louisiana und Texas dem Beispiel South Carolinas. Diese Staaten gründeten am 4. Februar 1861 in Montgomery (Alabama) die "Confederate States of America". Als Präsident wurde Jefferson Davis (1808-1889) eingesetzt.

Im April desselben Jahres wurde Fort Sumter bei Charleston, das im Besitz der Unionstruppe war, von Südstaatlern angegriffen, da es sich nach ihrer Ansicht auf dem Boden ihres Staates befand und die Unionstruppen es nicht kampflos übergeben wollten. Auf diesen Angriff hin befahl Präsident Lincoln die Mobilmachung der Truppen aller in der Union verbliebenen Nordstaaten und die Blockade der südlichen Küstenlinie. Vier der acht zu diesem Zeitpunkt noch sklavenhaltenden Nordstaaten verweigerten den Gehorsam und traten den Konföderierten Staaten bei. Außer Virginia, dessen Hauptstadt Richmond im Mai 1861 auch Hauptstadt der Südstaaten wurde, waren noch Arkansas, Tennessee und North Carolina unter den Abtrünnigen. West Virginia gehörte seit 1863 als eigener Staat zur Union. Zu Be-

Das Vordringen der Unionsarmeen

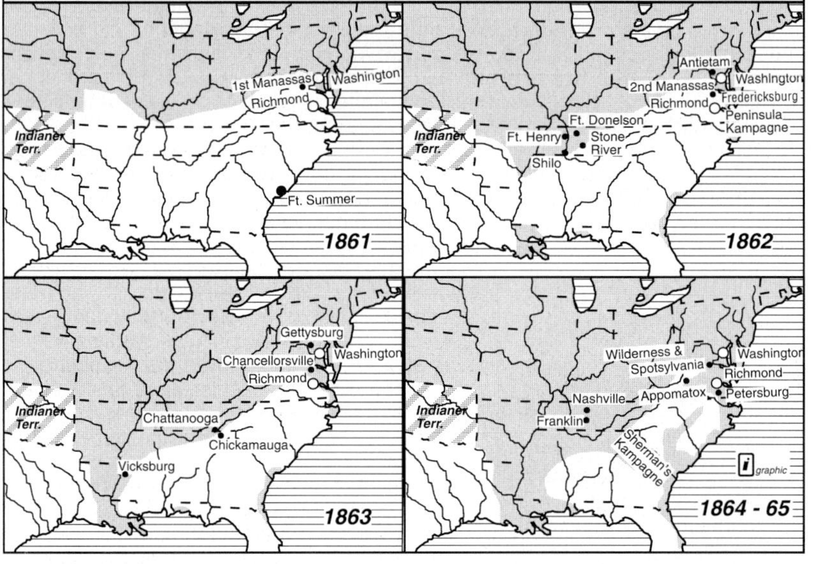

ginn des Krieges konnten sich die Südstaaten darüber hinaus noch die Unterstützung der in Oklahoma lebenden Indianer sichern. In bezug auf das Reisegebiet dieses Buches ist die Schlacht bei Gettysburg (1863) als entscheidendes Ereignis zu nennen, da sie als Wendepunkt des Krieges betrachtet wird. Nach dem Sieg der Unionstruppen in dieser Schlacht gewann der Norden die Oberhand.

Am 1. Januar 1863 hatte Abraham Lincoln die Befreiung aller Sklaven proklamiert, so daß nach dem Sieg der Nordstaaten die Südstaaten gezwungen waren, die Sklaverei abzuschaffen. (Über die weitere Entwicklung bezüglich der Bürgerrechte der afroamerikanischen Bevölkerung wird im Abschnitt "Gesellschaft" näher eingegangen.) Da etwas mehr als ein Drittel der Südstaatenbevölkerung Afroamerikaner waren (ca. 3.500.000 von ca. 9.000.000 Gesamtbevölkerung), hatte das für den wirtschaftlich durch den Krieg ohnehin ruinierten Süden katastrophale Folgen. Das Land war zum Teil völlig verwüstet, und die Plantagenbesitzer hatten kein Geld, um die benötigten Arbeitskräfte zu bezahlen. An Kriegsopfern waren 620.000 Menschenleben zu beklagen.

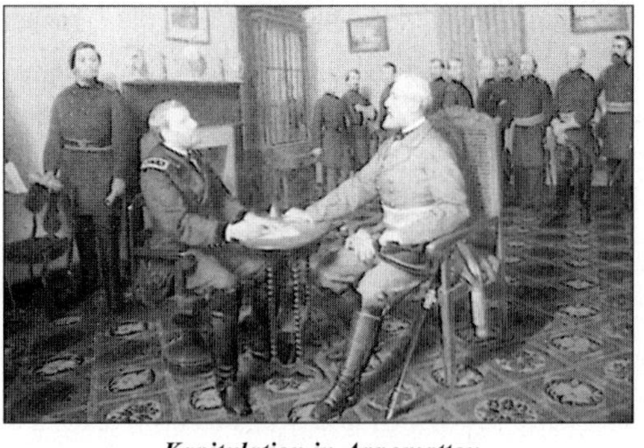

Kapitulation in Appomattox

Der amerikanische Bürgerkrieg war allerdings nicht die einzige kriegerische Auseinandersetzung zu jenem Zeitpunkt. Bedingt durch die immer weiter nach Westen fortschreitende Besiedlung durch Weiße und die Vergrößerung des Territorium der Vereinigten Staaten nach dem **amerikanischen-mexikanischen Krieg** (**1846-1848**), kam es in diesem Gebiet zu Konflikten mit den Indianern, die Jahrzehnte lang nie völlig beigelegt werden konnten.

In Texas kam es wiederholt zu erbitterten Kämpfen zwischen Kiowas, Komanchen und Apachen auf der einen und texanischen sowie U.S.-Truppen auf der anderen Seite. Dieser Krieg konnte erst 1867 beendet werden, nachdem die Kiowas und Komanchen dazu "überredet" werden konnten, nach Oklahoma, das damals als Indianerterritorium galt, überzusiedeln. Aber auch dort wurden sie von den Weißen nicht in Ruhe gelassen, so daß es unter dem berühmten Komanchenhäutling **Quanah Parker** erneut zu kriegerischen Auseinandersetzungen kam.

Geronimo

Im Gebiet zwischen dem Rio Grande Pueblos und Kaliforniens waren es hauptsächlich die Navahos und Apachen, die sich gegen die weißen Siedler zur Wehr setzten. **Colonel Kit Carson** besiegte in einem Krieg von 1863-1864 die Navahos, verwüstete Felder und Behausungen und vertrieb die Navahos nach New Mexico. Vier Jahre später bekamen sie dann ein Reservat im Norden Arizonas, aus dem sie ursprünglich auch kamen.

Die Apachen leisteten am längsten Widerstand gegen die Siedler, mit denen sie anfangs gute Beziehungen hatten, da sie die Feinde der Spanier und Mexikaner waren, gegen die die Apachen vor dem amerikanisch-mexikanischen Krieg gekämpft hatten. 1862 brach jedoch ein Krieg aus, der bis 1871 nie richtig beendet werden konnte. Zu jenem Zeitpunkt übernahm **General George Crook** das Kommando über die Truppen in Arizona. Die Apachen wurden von ihm in ein Reservat verdrängt, jedoch konnte ihr Widerstand bis 1886 nicht vollständig gebrochen werden, da unter der Führung des **Häuptlings Geronimo** eine rege Guerillatätigkeit organisiert werden konnte. Erst mit Geronimos Gefangennahme und Deportation nach Florida gaben die Apachen auf. Im gleichen Jahr wurde auch das Konzept der amerikanischen Regierung aufgegeben, die Indianer unter dem Dach einer Nation zu vereinigen und ihnen einen eigenen Staat zu geben. Von 1871 an begann die Umsiedlung in verschiedene Reservate.

Cherokees beim Kriegstanz

Die bekanntesten Schlachten der Indianerkriege des 19. Jahrhunderts fanden jedoch nördlich des Südwesten statt. Der Shawnee-Häuptling **Tecumseh** versuchte Anfang des Jahrhunderts, alle Indianer zu einer Konföderation zu vereinigen, die gemeinsam ihre Interessen wahrnehmen sollte. Dieses Vorhaben scheiterte zwar, aber Tecumseh konnte im englisch-amerikanischen Krieg (1812-1814) auf der Seite der Engländer mehrere Stämme unter sich vereinigen. Da die Amerikaner

Chief Sitting Bull

den Krieg gewannen, war Tecumsehs Plan, mit Unterstützung der Engländer Ansprüche auf Indianerland zu verteidigen, mißglückt. Im Jahre 1830 wurde ein Gesetz verabschiedet, das die Umsiedlung aller Indianer westlich des Mississippis nach Oklahoma vorsah. Als Folge dieses Gesetzes ging die Zwangsvertreibung der Cherokees, der schon die Vertreibung anderer Stämme vorangegangen war, als **Trail of Tears** (1838-1839) in die Geschichte ein. Auf dem Weg von Georgia nach Oklahoma starben 4.000 der 18.000 Indianer, die ihre Heimat verlassen mußten.

1832 hatten die Sauks und Foxes unter dem Häuptling **Black Hawk**, nach dem dieser Krieg auch benannt wurde, versucht, ihr Land in Illinois zu verteiligen. In der entscheidenden Schlacht bei Bad Axe wurden sie vernichtend geschlagen. Zu trauriger Berühmtheit kam über 30 Jahre später die Schlacht am Little Bighorn, der Ort, an dem Sioux, Cheyennes und Hunkpapas unter **Crazy Horse** den Weißen **Custer** und seine Truppen 1876 schlugen. Der bekannte Hunkpapa-Häuptling **Sitting Bull** ging nach dieser Schlacht für eine Zeit lang aus Sicherheitsgründen nach Kanada. Das Massaker, bei dem 225 Soldaten den Tod fanden, schockierte viele Weiße und führte zu verstärkten militärischen Aktionen gegen die Indianer.

Was Weiße den Indianern angetan hatten, wurde dabei völlig außer acht gelassen. Einer Gruppe von Sioux Indianern, die von Minnesota aus zwangsumgesiedelt worden war, versuchte 1862, aus ihrem Reservat auszubrechen, wurde aber nach blutigen Kämpfen zurückgedrängt. Bei den Auseinandersetzungen um die **Black Hills** 1866-1868 im Grenzgebiet von Montana und den Dakotas konnten die Cheyennes und Sioux unter Häuptling **Red Cloud** zwar einen Teilerfolg verbuchen, aber ihre Entrechtung konnten sie auf Dauer nicht aufhalten. Der Versuch von Stammesbrüdern, aus dem damaligen Indianergebiet Oklahoma wieder in ihre Heimat nach Montana zurückzugelangen, wurde von der amerikanischen Armee vereitelt.

Die letzte kriegerische Auseinandersetzung fand 1890 am Wounded Knee Creek (South Dakota) statt. Eine Gruppe von ungefähr 300 Sioux (auch Frauen und Kinder) wurde dort mit ihrem Häuptling Big Foot getötet.

2.7 DIE FRÜHE GESCHICHTE DER EINZELNEN BUNDESSTAATEN

Im weiteren wird eine Übersicht über die Zeit der Bundesstaatenbildung, der Indianerkriege und des Bürgerkrieges gegeben. In dieser Phase der amerikanischen Geschichte zeichnete sich bezüglich der unterschiedlichen Bundesstaaten eine recht individuelle Entwicklung ab, so daß diese im folgenden differenziert anhand der Begebenheiten in den einzelnen Staaten beschrieben wird. Es wurden dabei nur die Bundesstaaten berücksichtigt, die in diesem Reise-Handbuch von Interesse sind (in alphabetischer Reihenfolge).

2.7.1 ILLINOIS

Illinois war bis zum Ende des Krieges der Engländer gegen die Amerikaner (1812-1814) bis auf nomadische Indianerstämme und einige französische Siedler und Händler weitgehend unbesiedelt. Auf der Seite der Engländer hatten die Indianer versucht, den amerikanischen Einfluß auf das Illinois Territory, das damals auch das Gebiet des heutigen Bundesstaates Wisconsin umfaßte, zurückzudrängen. Der Sieg der amerikanischen Truppen führte vier Jahre nach Kriegsende zur Bildung des Bundesstaates Illinois. Somit trat Illions als 21. Staat dem Verbund der Vereinigten Staaten bei, die heutige Landeshauptstadt (state capital) Springfield erhielt jedoch erst 1839 ihren Status.

Die Besiedlung der fruchtbaren Prärieböden erfolgte erst nach dem Ende des Black Hawk War 1832, in dem die Indianer vernichtend geschlagen wurden und die Landnahme erleichtert wurde. Ein großer Teil der Siedler kam aus Kentucky, und viele arme Leute versuchten, mit einer kleinen Farm ihr Glück zu machen. Die Einwanderung solcher Siedler führte zwar zu einem stetigen Anwachsen der Bevölkerungszahl, aber der entscheidende wirtschaftliche Aufschwung des Mitte des letzten Jahrhunderts von hohen Schulden belasteten Bundesstaates zeichnete sich erst nach dem Bürgerkrieg mit der wachsenden Bedeutung Chicagos für den Mittleren Westen ab. Im Rahmen der Industrialisierung in der zweiten Hälfte des letzten Jahrhunderts avancierte Illinois zu einem Zentrum der gewerkschaftlichen Arbeiterbewegung.

Im Bürgerkrieg unterstützte das damals republikanisch regierte Illinois die Unionstruppen mit Pferden und Nahrungsmitteln, und etwa die Hälfte der jüngeren männlichen Bevölkerung nahm als Soldat am Krieg teil. Ein Antrag auf Legalisierung der Sklaverei war bereits 1824 niedergestimmt worden. Darüber hinaus war im jahrzehntelangen politischen Wirkungsfeld von Abraham Lincoln keine Mehrheit für die Sklavenhaltung und eine Unterstützung des Südens zu gewinnen.

2.7.2 INDIANA

Indiana erhielt noch mit dem Status des Territory, nach der Abspaltung von Michigan (1805) und Illinois (1809), mit denen es eine administrative Einheit bildete, die heutigen Grenzen. Zu einem Bundesstaat wurde es jedoch erst 1816 (19. Bundesstaat), nachdem es die für diesen Akt erforderliche Einwohnerzahl von 60.000 erreicht hatte. Das Land wurde hauptsächlich vom Süden her nach Beendigung des englisch-amerikanischen Krieges besiedelt. Der Norden und Teile Zentralindianas wurden erst nach einer Kauf- und Vertreibungs-Politik für die Siedler zugänglich, die die Potawatomi 1838 und die Miami Indianer 1846 von ihrem Land verdrängten.

Der Ohio River war damals der entscheidende Faktor für den wirtschaftlichen Aufschwung des Landes, in dem mit Mais, Whiskey und Nutzholz Geld verdient wurde. Während viele deutsche Einwanderer sich mit Holz- und Landwirtschaft hocharbeiteten, war ein großer Anteil der irischen Einwanderer beim Bau von Eisenbahnen und Kanälen beschäftigt. Wenn man eine Landkarte des Bundesstaates betrachtet, fällt sofort die zenrale Lage der Hauptstadt Indianapolis ins Auge, die nach der Gründung Indianas entsprechend geplant und gebaut wurde. An Einwohnerzahl übertraf Indianapolis allerdings größere Städte wie Madison erst Jahrzehnte später.

Auf dem Boden Indianas fanden keine Schlachten des Bürgerkrieges statt, aber der Bundesstaat stellte ca. 200.000 Soldaten für diesen Krieg. Trotz einer großen Anzahl an Sympathisanten für den Süden, im besonderen unter den Siedlern, kämpfte Indiana auf der Seite der Unionstruppen.

2.7.3 IOWA

Bis auf eine kleine Anzahl von Siedlern, die einem französischen Trapper Julien Dubuque gefolgt waren, der von den Fox-Indianern die Rechte für die Ausbeutung einer Bleimine westlich des Mississippi erhalten hatte, war das Gebiet des heutigen Bundesstaates Iowa nur von Indianern besiedelt, als es 1803 mit dem Kauf des Louisiana Territory von französischem in amerikanischen Besitz überging. Im Westen lebte eine größere Anzahl Sioux, und im Rahmen der Vertreibung der Fox- und Sauk-Indiander aus Illinois und Wisconsin wuchs die indianische Bevölkerung in Iowa, das ursprünglich indianisches Gebiet bleiben sollte, für kurze Zeit. Nach einem Versuch des Saukhäuplings Black Hawk, Stammesland in Illinois zu erstreiten, wurden die Indianer 1832 noch weiter nach Westen vertrieben, und im östlichen Teil Iowas ließen sich Siedler nieder.

Erst 1838 wurde Iowa, das bis zu jenem Zeitpunkt unter der Verwaltung von Michigan und Wisconsin gestanden hatte, ein eigenständiges Territory, das aufgrund von Streitigkeiten über den Grenzverlauf erst 1846 den Status des Bundesstaates erhielt. Die Siedler, die sich dort niederließen, waren hauptsächlich angloamerikanischen Ursprungs, auch wenn deutsche und irische sowie nach dem Bürgerkrieg skandinavische Einwanderer das Land mit prägten.

Zur Zeit des Bürgerkrieges standen die Bewohner Iowas relativ geschlossen hinter der Union. Sie kämpften nicht nur gegen die Sklaverei, sondern auch für den für sie wirtschaftlich so wichtigen freien Zugang des Mississipppi zum Meer. In den 50er Jahren des 19. Jahrhunderts spielte Iowa auch im Zusammenhang mit der Underground Railroad, dem Fluchtweg für Sklaven aus dem Süden, eine große Rolle.

2.7.4 MICHIGAN

Schon vor dem englisch-amerikanischen Krieg war Michigan hart umkämpft, und die Einnahme Detroits durch die Engländer 1812 gilt als eine der größten Niederlagen der amerikanischen Truppen in dieser Auseinandersetzung. Zwar konnten die Amerikaner Detroit ein Jahr später wieder zurückerobern, aber die Engländer konnten durch die weitere Besetzung des Forts auf der Mackinac Island bis 1914 Michigan weitgehend kontrollieren. Die erste Besiedlungswelle verschlug allerdings erst in den 20er Jahren eine größere Anzahl an Farmern in das Michigan Territory, in dessen Gebiet sich ursprünglich wegen des Pelzhandels mit den Indianern um 1700 Franzosen angesiedelt hatten. Ausschlaggebend für die Ansiedlung in den 20er Jahren war die Eröffnung des Erie-Kanals, der eine Verbindung von den Großen Seen nach New York schaffte.

Michigan wurde erst 1837 Bundesstaat, obwohl es schon Jahre vorher die erforderlich Einwohnerzahl von 60.000 erreicht hatte, da es mit den Staaten Ohio und Illinois zu Grenzstreitigkeiten kam. Michigan mußte den Anspruch auf Toledo, der zum sogenannten "Toledo-Krieg" führte, aufgeben, da Ohio als Bundesstaat mehr Einfluß im Kongreß hatte. Der "Toledo-Krieg", in dem Miliz aus Michigan eine Übernahme der Stadt durch Ohio verhinderte, verlief offiziell ohne Todesopfer. Es soll allerdings eine Kuh erschossen worden sein. Als Ausgleich für den Verlust von Toledo wurde Michigan von der amerikanischen Regierung die Upper Peninsula als Staatsgebiet zugesprochen.

Die Holzindustrie hatte anfangs große Bedeutung in Michigan

Im Bürgerkrieg kämpften etwa 100.000 Soldaten aus Michigan auf der Seite der Union. Der größte Teil der Bevölkerung lebte zu dieser Zeit von der Landwirtschaft. Darüber hinaus war Michigan in der zweiten Hälfte des 19. Jahrhunderts führend in der Bauholzproduktion, und durch die Entdeckung von Bodenschätzen, wie Kupfer und Eisenerz, war die Voraussetzung für eine schnelle Industrialisierung geschaffen.

2.7.5 MINNESOTA

Als Minnesota 1849 den Status eines Territorys erhielt, entsprachen seine Grenzen ungefähr den heutigen Bundesstaatengrenzen, aber es wohnten zu jenem Zeitpunkt nur ungefähr 6.000 Siedler in diesem Gebiet. Neun Jahre später, als Minnesota Bundesstaat wurde, war die Bevölkerungszahl bereits auf 150.000 Einwohner angewachsen. Der westliche Teil des Gebietes war durch den Kauf des Louisiana Territory in den Besitz der Vereinigten Staaten gelangt, während der östliche Teil schon seit Ende des 18. Jahrhunderts zum Northwest Territory gehörte.

Minnesota war für den Pelzhandel, dessen Kontrolle nach dem Krieg 1812-1814 von den Engländern auf die Amerikaner überging, ein bedeutendes Gebiet, und zwischen den Händlern und Indianern herrschte lange eine relativ friedliche Koexistenz. Landnahmen wurden bis in die 40er Jahre mit Verträgen besiegelt. Nach einer aggressiveren Politik gegenüber den Indianern und einer stärkeren

Besiedlung durch Weiße kam es dann 1962 zum Dakota Krieg, der auf beiden Seiten hohe Opfer forderte und zu einer Umsiedlung der Dakota-Indianer nach Nebraska führte.

Im amerikanischen Bürgerkrieg war Minnesota der erste Staat, der der Aufforderung nach Truppenentsendung von Abraham Lincoln nachkam. Aufgrund der relativ geringen Einwohnerzahl nahmen jedoch nur ca. 20.000 Soldaten aus Minnesota am Krieg teil. Ökonomisch waren Holz- und Landwirtschaft die führenden Zweige des Landes. St. Paul, das ursprünglich "Schweineauge" (Pig's Eye) hieß, war seit 1851 administratives Zentrum und später Hauptstadt von Minnesota.

2.7.6 MISSOURI

Nach 1803 wurde Missouri von einer Einwanderungswelle überschwemmt, die die dort lebenden Indianer zur Flucht nach Kansas und Oklahoma, das als Indian Territory galt, zwang. Bereits 1821 wurde Missouri Bundesstaat, und bedingt durch die Dampfschiffahrt auf dem Mississippi und Missouri und die Bedeutung für die Trails nach Westen erreichte die Einwohnerzahl 1860 die Millionengrenze. Im besonderen Deutsche und Iren ließen sich hier nieder.

Während des Bürgerkrieges stand Missouri trotz einer starken Fraktion für die Sklaverei, die bis zu jenem Zeitpunkt in Missouri legal war, auf der Seite der Union. Innerhalb des Bundesstaates führte die Sklavenfrage zu heftigen Auseinandersetzungen. Ca. 110.000 Einwohner kämpften auf der Seite der Unionstruppen, während etwa 40.000 sich auf die Seite der Konföderierten schlugen. Auf dem Staatsgebiet von Missouri fanden nach Virginia und Tennessee die meisten Schlachten des Krieges statt, so daß die Bevölkerung stark unter dem Krieg zu leiden hatte. Nichtsdestoweniger war Missouri der erste Sklavenstaat, der 1865 die Sklaven in die Freiheit entließ.

2.7.7 MONTANA

Ein Jahr nachdem der größte Teil Montanas durch den Kauf des Louisiana Territory an die Vereinigten Staaten gefallen war, erkundeten 1804 Meriwether Lewis und William Clark dieses Gebiet. Ihnen folgten Trapper, Händler und Siedler. Die Wirtschaft dieses Gebietes wurde jedoch bis 1858, als in Montana Gold gefunden wurde, vom Pelzhandel bestimmt. Der Goldrausch führte zum erstenmal eine nennenswerte Anzahl Weißer in dieses Gebiet, das erst 1864 den Status eines Territorys erlangte, nachdem es zum Idaho Territory gehört hatte. Bundesstaat wurde Montana erst 1889.

Es fanden jedoch für die amerikanische Geschichte entscheidende Schlachten des Indianerkrieges in diesem Bundesstaat statt. So überwältigten 1876 in der berühmten Schlacht am Little Big Horn die Sioux und Cheyenne unter der Führung von Crazy Horse und Chiel Gall Colonel George Custer. Im darauffolgenden Jahr wurde der organisierte Widerstand der Indianer gegen die Vertreibung aus ihrem Land nach langen Kämpfen gebrochen. Von 1866-1868 verteidigten Cheyennes und Sioux das Gebiet der Black Hills, und der Häuptling Red Cloud konnte der Regierung einen Vertrag abringen, daß dieses Gebiet den Indianern belassen werden sollte.

Bereits 1866 waren die ersten Rinderherden aus Texas nach Montana getrieben worden, und zwanzig Jahre später, zur Blütezeit der Weidewirtschaft grasten ca. 660.000 Rinder und fast eine Million Schafe auf Montanas Weiden. Nach dem verheerenden Winter 1886/87 verhungerte allerdings so viel Vieh, daß man dazu überging, zusätzlich zur freien Beweidung noch Winterfutter zum Zufüttern bereitzu-

The Winning of the West

halten. Die für Montana typische Art der Weidewirtschaft, die auf dem "Free-Gras-Prinzip" beruhte, hatte mit dieser Katastrophe ihr Ende gefunden.

2.7.8 NORTH DAKOTA

Die erste Besiedlung von weißen Farmern begann in North Dakota 1812, als schottische Farmer aus Kanada ihr Glück in diesem Landstrich versuchten. Dominiert wurde die Wirtschaft dieses Landstriches allerdings vom Pelzhandel und dem Verkauf von Büffelfellen. In bezug auf die Bevölkerungsentwicklung hatte die Zusammenarbeit von Indianern und Weißen auf diesem Gebiet einen hohen Anteil an Mischlingen von Indianern zur Folge.

Von staatlicher Seite her bekam North Dakota erst 1861 einen administrativen Rahmen, indem es zusammen mit dem Gebiet der heutigen Bundesstaaten Wyoming und Montana zum Dakota Territory zusammengefaßt wurde. Die überwiegend seßhaften Indianer wurden anhand von Verträgen in Reservate umgesiedelt, so daß im Gebiet von North Dakota keine nennenswerten Schlachten der Indianerkriege stattfanden.

Der Bau der Northern Pacific Railroad führte zu einer kurzen Blütezeit der Wirtschaft, die auch als Zeit der "giant bonaza farms" in die Geschichte einging. Zu diesem Zeitpunkt siedelten sich viel Einwanderer, im beson-

Kanäle als wirtschaftliche Triebfedern für den Mittleren Westen

dern aus Kanada, in North Dakota an, um in der Landwirtschaft ihr Geld zu verdienen. Nach dem kurzlebigen Boom auf diesem Sektor verließen die meisten der Einwanderer das Land, und hauptsächlich Deutsche und Norweger übernahmen ihren Besitz. North Dakota war selbst noch 1910 einer der Bundesstaaten mit dem höchsten Anteil an "foreign-born" (im Ausland geborenen) Einwohnern. Es wurde auch relativ spät erst (1889) Bundesstaat der Vereinigten Staaten.

2.7.9 OHIO

Ohio gehörte ursprünglich zum North West Territory und stieg aufgrund seiner entspechend hohen Einwohnerzahl bereits 1803 in den Stand eines Bundesstaates auf. Zu diesem Zeitpunkt lebte der größte Teil der Indianer noch ohne vertragliche Bindungen an ein Gebiet. Im Zusammenhang mit dem Britisch-Amerikanischen Krieg kam es dann jedoch 1811 unter der Führung des bekannten Indianerhäuptlings der Shawnee Tecumseh zu kriegerischen Auseinandersetzungen, die von den Engländern unterstützt wurden, um zu großen amerikanischen Einfluß in diesem Gebiet zu verhindern.

Nach der Niederlage der Indianer und der Engländer brach das "Ohio-Fieber" aus. Viele Immigranten, unter ihnen hauptsächlich Deutsche, Iren und Engländer, kamen über den Atlantik, um in Ohio ein neues Leben zu beginnen. Ein 0,4 ha (1 acre) kostete damals 1.25 $. Die Landschaft von Ohio wandelte damals entscheidend ihr Gesicht. Wälder wurden zu Feldern, und im Zusammenhang mit dem Bau neuer Verkehrswege, wie dem Kanal zwischen dem Erie See und dem Ohio River, waren die optimalen Bedingungen für ein wirtschaftliches Wachstum des Staates gegeben. 1850 war Ohio der 3. meist bevölkerte Staat Amerikas. In den 50er und 60er Jahren wurde die Flußschiffahrt durch die Eisenbahn als Transportmittel in vielen Bereichen in den Hintergrund verdrängt. Agrarprodukte wie Mais, Weizen, Schweinefleisch, Wolle und Leder, wurden von Ohio aus zu den Verbrauchern transportiert.

Obwohl in Ohio eine starke Fraktion für den Süden existierte, entsandte dieser Staat ca. 320.000 Soldaten auf der Seite der Unionstruppen in den Krieg. Auch einige der bekanntesten Generale des Bürgerkrieges, wie Ulysses S. Grant, William Tecumseh Sherman und Philip H. Sheridan, sind in Ohio geboren.

2.7.10 PENNSYLVANIA

Pennsylvania gehört zu den Gründungsmitgliedern der Vereinigten Staaten. 1776 unterschrieben die Deligierten dieses Bundesstaates die Unabhängigkeitserklärung ("Declaration of Independence"). Mit dieser Unterschrift trat Pennsylvania als zweiter Staat der Union bei und nahm von Anfang an eine einflußreiche Position innerhalb dieser ein. Dieses war nicht nur durch die relativ hohe Einwohnerzahl, die zum Zeitpunkt der Unabhängigkeitserklärung bereits die 300.000-Marke überschritten hatte, sondern auch durch die wirtschaftliche Entwicklung dieses Bundesstaates bedingt. Zusätzlich zu einer blühenden Landwirtschaft gewann Pennsylvania durch die Eisenproduktion in Pittsburgh und die zunehmende Kohleförderung an Bedeutung. Von ungefähr 1800 an avancierte dieser Bundesstaat mit den Städten Pittsburgh und Philadelphia zum Industriezentrum der Vereinigten Staaten. Der Bau guter Verkehrsverbindungen in Form von Kanälen und später Eisenbahnverbindungen sorgte für die notwendige Infrastruktur.

Aufgrund der relativ frühen Besiedlung waren die Indianer bereits im 17. Jahrhundert zum größten Teil aus Pennsylvania verdrängt worden, so daß die Indianerkriege des 18. Jahrhunderts in diesem Gebiet keine Bedeutung hatten. Nach der

Unterzeichnung eines Friedensvertrages 1683 durch den Delaware-Häuptling Tamanend und William Penn war die friedliche Koexistenz von Weißen und Indianern für eine lange Zeit besiegelt worden, aber 1751 wurden die Delawares und die Mohikaner, die vom Hudson River nach Pennsylvania gekommen waren, in Richtung Westen nach Ohio verdrängt. Die Iroquesen und Susquehanna waren ursprünglich in Pennsylvania beheimatet.

Im Bürgerkrieg hingegen spielte Pennsylvania auf der Seite der Union eine einflußreiche Rolle. Nach New York stellte Pennsylvania die meisten Soldaten, und eine der entscheidendsten Schlachten dieses Krieges fand bei Gettysburg auf pennsylvanischem Boden statt. Dort schlug General George Gordon Meade mit seinen Unionstruppen die Südstaatler unter General Robert E. Lee so entscheidend, daß diese Schlacht später als Wendepunkt dieses Krieges betrachtet wurde.

2.7.11 SOUTH DAKOTA

Bis in die Mitte der 30er Jahre des 19. Jahrhunderts hatten die von weißen Siedlern nach Westen getriebenen Sioux, die ursprünglich in Dakota lebenden Stämme der Manda, Hidatsa und Arikara verdrängt. Die Sioux wiederum mußten den weißen Siedlern weichen und behielten ihren Lebensraum nur innerhalb von Reservaten. Wegen des Pelz- und Lederhandels kamen diese Siedler in zunehmendem Maße nach Dakota. Die ersten zeigten nach der Lewis- und-Clark-Expedition 1804-1806 Interesse an diesem Gebiet. Das Dakota Territory, das Teile Wyomings und Montanas beinhaltete, wurde erst 1861 gegründet. Sieben Jahre später entstand dann ein Territory, das nur die Dakotas umfaßte. Nach einem Goldrausch im Jahre 1874, der eine größere Anzahl Siedler ins Land brachte, wurde South Dakota 1889 Bundesstaat. Zu diesem Zeitpunkt gab es noch neun Indianerreservate innerhalb des Staatsgebietes. Streitigkeiten um Ländereien führten aber immer wieder zu Auseinandersetzungen mit den Sioux.

Mine im Westen

Die wirtschaftliche Entwicklung South Dakotas kam nur schleppend voran, da der Bundesstaat weitgehend agrarisch strukturiert war. Die etwa 30.000 Indianer, die sich auch mit landwirtschftlicher Produktion über Wasser zu halten versuchten, lebten in großer Armut. Der letzte Versuch, eine kriegerische Lösung ihrer Probleme zu finden, wurde 1890 in der berühmten Schlacht am Wounded Knee von der US Kavallerie im Keim erstickt.

2.7.12 WISCONSIN

Bevor Wisconsin 1836 den Status eines eigenen Territorys erreichte, war es Teil des Northwestern, Indiana, Illinois und Michigan Territory. Die Indianerstämme Ojibwa, Sauk und Fox, die bis Ende des 18. Jahrhunderts gut vom Pelzhandel leben konnten, mußten bedingt durch Besiedlung von weißen Siedlern und Problemen im Pelzhandel ökonomische Einbußen hinnehmen. Ihnen wurde in dieser Hinsicht die Lebensgrundlage entzogen, und nach dem Black Hawk-Krieg 1832 wurden die Überlebenden in Reservate umgesiedelt.

Inzwischen war auch ein anderer Wirtschaftszweig, die Bleiminen, ins Bild gekommen, der viele Siedler anzog, so daß Wisconsin bereits 1846 beantragen konnte, als eigener Bundesstaat anerkannt zu werden. Zwei Jahre später wurde dann das entsprechende Dokument unterzeichnet.

Auf dem Gebiet von Wisconsin fanden zwar keine Schlachten des Bürgerkrieges statt, aber auf politischer Ebene beteiligten sich die Vertreter dieses Bundesstaates engagiert an der Diskussion um die Abschaffung der Sklaverei, und es wurden etwa 100.000 Soldaten gegen die Südstaaten in den Krieg geschickt. In wirtschaftlicher Hinsicht wurde erst nach dem Bürgerkrieg ein Aufschwung mit Milwaukee als Zentrum sichtbar. In diesem Zusammenhang spielten Holzwirtschaft, Nahrungsmittelproduktion und Milchwirtschaft eine große Rolle.

2.7.13 WYOMING

Wyoming wurde erst 1890 Bundesstaat, da zwar viele Siedler durch das Land zogen, sich aber kaum jemand dort niederließ. Eine große Anzahl von Siedlern durchquerte von 1840 bis Mitte der 60er Jahre das Land auf dem berühmten Oregon Trail, um sich dann in Kalifornien oder Oregon niederzulassen. Zu Zeiten des Goldrauschs in Kalifornien Ende der 40er Jahre passierten bis zu 22.000 Siedler pro Jahr das Land, das erst 1840 in groben Zügen kartographisch erfaßt war.

Ein Jahr, nachdem Wyoming 1868 den Status des Territory erhalten hatte, wurde ein Frauenwahlrecht verabschiedet, das diesen Staat zu einem Vorreiter in Gleichberechtigungsfragen machte und ihm den Spitznamen "Equality State" (Gleichheitsstaat) eintrug.

Den Status des Territory hatte Wyoming nach dem Bau der Ost-West-Eisenbahnverbindung Union Pacific Railroad erhalten, da diese Verbesserung der Infrastruktur das Aufleben von typischen "Eisenbahnstädten" wie Cheyenne nach sich zog. Wyoming war nun auch für Händler und Siedler interessant geworden. Zu einer Ansiedlung im größeren Stil kam es jedoch erst nach der Beendigung der Auseinandersetzungen mit den Indianern Ende der 70er Jahre, die eine Nutzung der riesigen Weideflächen ermöglichte. Bis zum Katastrophenwinter 1886/87, den ein großer Teil der Viehherden, die von Texas nach Norden getrieben worden waren, aufgrund der extrem kalten Temperaturen nicht überlebte, dominierte die Weidewirtschaft Wyomings Ökonomie. Die Macht der "Weidebarone", die versuchten, ihre eigene Gesetzgebung durchzusetzen, erreichte jedoch erst 1892 ihre Grenzen, als Truppen der Föderation nach dem Johnson County War (1891-1892) einige der großen Landbesitzer in Gewahrsam nahm.

2.8 WIEDERAUFBAU NACH DEM BÜRGERKRIEG (RECONSTRUCTION)

Nach Beendigung des Bürgerkrieges waren nicht nur fast 600.000 Tote zu betrauern, sondern es mußte auch eine desolate Wirtschaft wieder in geordnete Bahnen gelenkt werden. Diese Phase der amerikanischen Geschichte wird allgemein als Reconstruction-Phase (Wiederaufbauphase) bezeichnet. Besonders schwierig gestaltete sich dieser Wiederaufbau in den Südstaaten, da durch die Abschaffung der Sklaverei (im Süden 1866) und die Einführung des Wahlrechts 1870 für die schwarze Bevölkerung, die zwei Jahre zuvor offiziell das Bürgerrecht erhalten hatte, die Südstaatengesellschaft in ihren Grundfesten erschüttert wurde. Der Wirtschaft wurden auf einen Schlag die nicht zu entlohnenden Arbeitskräfte entzogen, was natürlich zu erheblichen finanziellen Schwierigkeiten führte.

Bedingt durch diese Veränderungen waren die Großgrundbesitzer gezwungen, ihre Plantagenwirtschaft, durch die sie zu reichen Männern geworden waren, in anderer Form weiterzuführen oder sie völlig aufzugeben. Die Agrarstruktur veränderte sich dementsprechend in den ersten zehn Jahren nach dem Bürgerkrieg radikal. Viele ehemalige Sklaven und auch weniger betuchte Weiße kauften Land, das die Großgrundbesitzer nicht mehr halten konnten, und bauten sich ihre eigene Existenz auf kleinen landwirtschaftlichen Betrieben auf. Eine interessante Zahl ist in diesem Zusammenhang die enorme Verminderung der Durchschnittsbetriebsgröße von über 1.000 Morgen vor 1861 auf 153 Morgen 1875. Da häufig keine ausreichenden finanziellen Mittel zur Verfügung standen, um die benötigten Arbeitskräfte zu bezahlen, wurden diese mit Anteilen nach der Ernte, Kost und Unterkunft entlohnt. Aus einem gesellschaftlichen System, für das krasse Unterschiede zwischen einer rechtlosen Unterschicht und einer sehr dünnen Oberschicht charakteristisch war, entwickelte sich so im Laufe der Jahre eine Gesellschaft, in der die Mittelklasse dominierte.

Ku Klux Klan

Jedoch ergab sich diese Entwicklung nicht ohne politische Konflikte. Als Folge der in einigen Gebieten durch zahlenmäßige Überlegenheit bei der Einführung des Wahlrechtes für die befreiten Sklaven an die Macht gekommenen Schwarzen gründeten Weiße den berüchtigten Geheimbund **Ku Klux Klan**, der mit seinen Anschlägen auf schwarze Mitbürger und Sympathisanten der Sklavenbefreiung diese in Angst und Schrecken versetzte. Offiziell löste sich dieser Geheimbund mit dem Abzug der letzten Unionstruppen 1877 auf, die Agenten aus dem Norden – sogenannte Carpetbaggers – gedeckt hatten. Die Carpetbaggers nutzten die zum größten Teil in Unwissenheit gehaltenen Schwarzen für ihre politischen Ziele und zu ihrem persönlichen wirtschaftlichen Vorteil aus. Korruption und Mißbrauch von öffentlichen Ämtern waren an der Tagesordnung. Um eine derartige Willkürherrschaft zu unterbinden, wurde ebenfalls 1877 das Berufsbeamtentum mit einer entsprechenden Eignungsprüfung eingeführt. Die schwarze Bevölkerung hatte insofern das Nachsehen bei den Bemühungen, die öffentliche Ordnung wiederherzustellen, als für sie spezielle Wahlklauseln, wie z.B. ein "Intelligenztest", eingeführt wurden. Man wollte damit die Ausnutzung ungebildeter und weitgehend analphabetischer Wähler verhindern, degradierte aber gleichzeitig die Schwarzen, indem man aufgrund ihrer Hautfarbe ihre Bürgerrechte einschränkte, zu einem Bürger zweiter Klasse. Diese Entwicklung setzte sich in der Einführung und Handhabung der Rassentrennung weiter fort.

2.9 WIRTSCHAFTLICHER AUFSCHWUNG UND INDUSTRIALISIERUNG (GILDED AGE)

Auf den Wiederaufbau folgte eine Blütezeit der Wirtschaft, die besonders im industriellen Bereich sichtbar wurde. Eine Intensivierung des Tabakanbaus sowie einen Aufschwung in der Textilindustrie, der eine stetig größer werdende Nachfrage nach Baumwolle zur Folge hatte, brachte den Süden der Vereinigten Staaten wirtschaftlich wieder auf die Beine und verringerte die durch den Bürgerkrieg entstandene Diskrepanz zwischen Norden und Süden im wirtschaftlichen Bereich.

Entscheidend für den wirtschaftlichen Aufschwung jedoch waren nicht zuletzt bahnbrechende technische Erfindungen, die die Industrialisierung vorantrieben. Darüber hinaus konnten die Vereinigten Staaten durch eine gute infrastrukturelle Erschließung des Westens in der zweiten Häfte des 19. Jahrhunderts die dortigen Rohstoffvorkommen nutzen. An Arbeitskräften war ebenfalls kein Mangel, da sehr viele Einwanderer kamen, die in Europa für sich keine Chancen sahen. Außerdem gab es z.B. eine Einwanderungswelle aus Skandinavien, die durch die großen Schwierigkeiten in der Landwirtschaft in Europa bedingt war. Die Leute flohen vor Armut und Arbeitslosigkeit in ihrem Heimatland. Von 1860 bis 1914 wuchs die Bevölkerung der Vereinigten Staaten von 31,3 Millionen auf 91,9 Millionen Einwohner. Es wurden in diesem Zeitabschnitt allein 21 Millionen Einwanderer registriert.

Entscheidende Erfindungen waren:

Der **Telefonapparat**, der eine völlig neue Form der Kommunikation eröffnete, so daß auch Geschäfte sich über längere Distanzen viel schneller abwickeln ließen. Dieser Apparat, der für uns heute auch im privaten Bereich längst zur Selbstverständlichkeit geworden ist, wurde von **Alexander Graham Bell** (**1847-1922**) 1876 zum ersten Mal vorgeführt.

Ein **Vorreiter des Telefons war der Telegraph**, den **Samuel F. B. Morse** (**1791-1872**) erfand.

Thomas A. Edison (**1847-1931**) entwickelte die beide genannten Kommunikationsmittel weiter und machte darüber hinaus noch andere bahnbrechende Erfindungen auf dem Gebiet der Elektrotechnik.

Seit 1873 wurden **Schreibmaschinen**, die die Büroarbeiten erheblich erleichterten, serienmäßig hergestellt. Der Erfinder der Schreibmaschine ist Christopher L. Sholes.

Henry Ford, Thomas Edison und Harvey Firestone

Für uns heute ebenso nicht mehr wegzudenken ist das Auto, dessen erster Prototyp von **Henry Ford (1863-1947**) 1892 vorgestellt wurde. Das so berühmte T-Model war das erste Billigauto, das Anfang der 20er Jahre nur 280 Dollar kostete. Massenproduktion und Fließbandarbeit revolutionierten den industriellen Produktionsprozeß.

Da es in der freien Marktwirtschaft der Staaten keine wirtschaftlichen Begrenzungen gab, entstanden mächtige Trusts. Zwar hoben die Massengüter, die man nun in der Lage war zu produzieren, den allgemeinen Wohlstand, aber der Umstand, daß kurz vor dem I. Weltkrieg zwei Prozent der Amerikaner 60 Prozent des Einkommens verdienten, führte zu Spannungen auf wirtschaftlichem Gebiet. Dieser Entwicklung sollte durch die **Anti-Trust-Gesetze** entgegengewirkt werden. Ab 1913 wurden dann progressive Steuern eingeführt und die Schutzzölle gesenkt. Federführend war hierfür Woodrow Wilson (1856-1924).

Als Arbeitnehmerorganisation wurde 1886 ein Dachverband für alle Gewerkschaften, die "**Federation of Labor**", gegründet, die sich für kürzere Arbeitszeiten und ein Verbot der Kinderarbeit einsetzte. Die Zahl der Arbeiter stieg von 1860 bis zu Beginn des I. Weltkrieges um 700 Prozent, so daß diese Bevölkerungsschicht auch eine eigene Interessenvertretung benötigte.

2.10 ERSTE AUSSENPOLITISCHE AMBITIONEN EINER WIRTSCHAFTSMACHT

Bedingt durch die **Monroe-Doktrin** des gleichnamigen amerikanischen Präsidenten von 1823 waren die Vereinigten Staaten in außenpolitischer Hinsicht im 19. Jahrhundert sehr zurückhaltend, da der Inhalt dieser Doktrin war, sich nicht in europäische Angelegenheiten einzumischen. Gebrochen wurde diese Doktrin erst mit der Kriegserklärung an Spanien 1898 aufgrund der Versenkung eines amerikanischen Schiffes im Hafen von Havanna. Spanien verzichtete im gleichen Jahr auf Kuba, Puerto Rico und Guam (Friede von Paris). Puerto Rico wurde ebenso wie die Hawaii-Inseln im gleichen Jahr annektiert, und Guam sowie die Philippinen als Stützpunkte angegliedert. Ausschlaggebend für diese Aktionen waren vornehmlich wirtschaftliche Interessen. Alaska war schon 1867 für 7,2 Millionen Dollar Rußland abgekauft worden. Bedenkt man, daß bereits bis zu Beginn des I. Weltkrieges vornehmlich im Pelzhandel und Goldgeschäft 81 Millionen Dollar mit diesem Bundesstaat verdient wurden, so hatte sich der Kauf gelohnt.

Die Zusicherung von Hoheitsrechten an die USA bei der Gründung von Panama, um beim Bau des Panamakanals entsprechenden Einfluß geltend machen zu können, ist ebenfalls auf wirtschaftliche Machtansprüche der USA im Ausland zurückzuführen. Außenpolitisch gesehen, hielten sich amerikanische Politiker zwar Ende des 19. Jahrhunderts noch sehr zurück, aber über die Wirtschaft wurde indirekt Macht auf andere Staaten ausgeübt, was allgemein mit dem Begriff des **Dollarimperialismus** beschrieben wird.

Ein typisches Beispiel für die amerikanische Außenpolitik zeigt sich bei der **Panama-Frage**. 1901 wird der Bau des Panamakanals durch einen Schiedsspruch den Vereinigten Staaten überlassen, nachdem ein Bau durch eine internationale Gesellschaft gescheitert war und England sich mit den Staaten entsprechend geeinigt hatte. Nach einer 1903 von seiten der USA provozierten Revolution, die das Land von Kolumbien löst, wird im darauffolgenden Jahr mit dem Bau begonnen. 1914 wird der Kanal eröffnet. Die USA hatten sich spezielle Souveränitätsrechte in dem Landstreifen entlang des Kanals (Canal Zone) im Hay-Bunau-Varilla Vertrag (1903) gesichert, die ein militärisches Eingreifen im Falle einer Bedrohung des Kanals ermöglichten.

Wirtschaftliche Interessen in den Lateinamerikanischen Ländern bewegten Präsident Theodore Roosevelt 1904 auch zu der Erklärung, daß die Vereinigten Staaten sich in die Angelegenheiten dieser Staaten einmischen würden, um Übergriffe von europäischen Staaten zu unterbinden. Als Folge dieses Sinneswandels bezüglich der Außenpolitik sind die Besetzung der Dominikanischen Republik (1914-1924) und die Interventionen in Mexiko (1914/17, Guatemala (1921), Honduras (1911, 1913, 1924/25 und Nicaragua (1912/1925) zu werten. Auch im asiatischen Bereich engagierten sich die USA durch ihre Beteiligung an der Niederwerfung des chinesischen Boxeraufstandes (1900).

Innenpolitisch gesehen, verschlechterten sich die Zustände in diesem Zeitraum, da Arbeitslosigkeit, ein ungenügendes Sozialsystem und die uneingeschränkten Wettbewerbsbedingungen innerhalb des Wirtschaftssystems zu erheblichen sozialen Spannungen führten.

2.11 I. WELTKRIEG

Von 1914-1917 sympathisierten die Vereinigten Staaten zwar mit den Alliierten, blieben jedoch vorerst neutral und versuchten unter Präsident Wilson, zwischen den kriegsführenden Parteien zu vermitteln. Dieses änderte sich 1917 nach der Versenkung mehrerer amerikanischer Schiffe durch deutsche U-Boote. Im Februar 1917 brachen die Staaten die diplomatischen Beziehungen zu Deutschland ab und traten am 6.4.1917 in den Krieg ein. Deutschland hatte den totalen U-Bootkrieg erklärt und versucht, Mexiko zu einem Krieg gegen die USA zu überreden.

Unter dem Befehl von General John Joseph Pershing (1860-1948) kämpften etwa 2 Millionen amerikanische Soldaten auf der Seite der Alliierten, von denen 120.000 auf den Schlachtfeldern Europas fielen. Für die Zivilbevölkerung hatte der 1. Weltkrieg die Rationierung von Lebensmitteln und Kraftstoff zur Folge.

Präsident Woodrow Wilson entwickelte 1918 ein 14-Punkte-Programm für die Umgestaltung der politischen und wirtschaftlichen Verhältnisse in dem durch den Krieg zerrütteten Europa. Dieses Programm beinhaltete folgende Punkte:

1. Abschaffung der Geheimdiplomatie
2. Freiheit der Meere
3. freie Marktwirtschaft im Welthandel
4. multilaterale Rüstungsbeschränkungen
5. Vereinbarungen über die kolonialen Ansprüche
6. Räumung Rußlands durch die Mittelmächte
7. Wiederherstellung des belgischen Staates
8. Rückgabe von Elsaß-Lothringen an die Franzosen
9. Festlegung der italienischen Grenzen unter Berücksichtigung nationaler Gesichtspunkte
10. Autonome Entwicklung der Völker, die unter der Donaumonarchie standen
11. Räumung Rumäniens, Serbiens und Montenegros

12. Autonomie der nichtosmanischen Völker im türkischen Reich
13. Einrichtung eines polnischen Staates mit freiem Zugang zum Meer
14. Gründung eines Völkerbundes

Obwohl Wilson die Einrichtung des Völkerbundes gefordert hatte, traten diesem die Vereinigten Staaten nicht bei, da der Senat seine Zustimmung hierfür verweigerte und der Versailler Vertrag von den Vereinigten Staaten nicht ratifiziert werden konnte. 1921 schlossen die Vereinigten Staaten einen Separatfrieden mit dem Deutschen Reich, in dem weder die Völkerbundsatzung noch der Kriegsschuldartikel aufgenommen waren.

2.12 "THE FABULOUS TWENTIES" (DIE GOLDENEN ZWANZIGER)

Die Periode der "Goldenen Zwanziger" ist geprägt von **außenpolitischer und wirtschaftlicher Isolation (hohe Schutzzölle auf ausländische Waren) der Vereinigten Staaten, sozialen Spannungen und uneingeschränkter Konkurrenz im wirtschaftlichen Bereich**. Nicht umsonst war der Multimillionär Andrew W. Mellon von 1921-1932 Finanzminister der Staaten. Für ihn stand das "Big Business" im Vordergrund, und er bewirkte eine entsprechende Wirtschaftspolitik: Er erreichte eine Senkung der Steuern für Großverdiener sowie eine teilweise Aufhebung der Antimonopol-Gesetze, so daß die Bildung großer Gesellschaften wieder möglich wurde. Bedingt dadurch konzentrierte sich das Kapital in wenigen Händen.

Andrew W. Mellon

Die Verschärfung der Zollgesetze (1921,1922,1930) schützte die amerikanische Industrie vor ausländischer Konkurrenz. Durch enorme Produktionssteigerung, die nicht zuletzt durch die Einführung des Fließbandes und der daraus resultierenden Massenproduktion bedingt war, **prosperierte die Industrie**. Von 1921- 1929 verdoppelte sich die Industrieproduktion. Hier gaben vor allen Dingen Konsumgüter und Auto den Ausschlag. (1929 wurden 26 Millionen Fahrzeuge produziert.) Ein weiterer wichtiger Faktor war die Baubranche.

Eine **Verarmung der Farmer**, bedingt durch ein Überangebot an Agrarerzeugnissen auf dem Markt und Erosionsschäden aufgrund zu intensiver Nutzung des Bodens führte zu einem starken Rückgang der Agrarproduktion. Ebenso wie durch diesen Umstand ein Konflikt zwischen Stadt- und Landbevölkerung entstand, sind die krassen Gegensätze zwischen Armen und Reichen im Allgemeinen nicht mehr zu übersehen. Ein interessanter Zahlenvergleich hierzu ist, daß 36.000 der reichsten Familien den gleichen Anteil am Volkseinkommen verdienten wie 12 Millionen Familien, deren Einkommen unter dem Existensminimum lagen, nähmlich jeweils 42%. Für den letztgenannten Bevölkerungsteil waren die Zwanziger alles andere als "golden". Die Einwanderungsmöglichkeiten wurden durch entsprechende Gesetze 1921 und 1924 beschränkt, so daß das Land der unbegrenzten Möglichkeiten auch nicht mehr für jeden zugänglich war. Der National Origins Act (1924) verfügte, daß nur 2% der Anzahl Einwohner einer Nationalität, die 1890 Bürger der Vereinigten Staaten waren, pro Jahr eine Einwanderungsgenehmigung bekamen. Diese Bestimmung

Auf dem Weg in die "Fabulous Twenties"

richtete sich offensichtlich gegen die Einwandererströme aus Süd- und Osteuropa. Chinesen und Japaner wurden von der Einwanderung ausgeschlossen. Interessanterweise erhielten die Indianer im gleichen Jahr (1924) die amerikanische Staatsbürgerschaft.

Minderheiten im eigenen Land wurden in den Jahren von 1924-1926 im Süden und Mittelwesten durch den 1915 neugegründeten Ku-Klux-Klan verstärkt terrorisiert. 1924 hat diese Organision ungefähr 5 Millionen Mitglieder. Ihre Aktionen richten sich jedoch nicht nur gegen Schwarze, sondern auch gegen Juden, Katholiken und Interlektuelle, die ein Leben wider die engen Moralvorstellungen der Anhänger dieser Organisation führten. Im Zeichen der **Prohibition** kämpfte der Ku-Klux-Klan auch gegen die "Nassen" ("Wet"), die trotz des Verbotes Alkohol tranken. Die Prohibition währte von 1920-1933 und hatte – wie so häufig bei restriktiven Verboten – die Verkehrung ins Gegenteil der angestrebten Richtung zur Folge. Schmuggel im großen Stil, Schwarzbrennerei und die Bildung von Gangsterbanden sowie die Ausbildung einer entsprechenden Kriminalität führten die Prohibitionsgesetze ad absurdum. Allein in den Jahren 1924-1925 wurden 20.000.000 Gallonen Alkohol beschlagnahmt und 77.000 Personen aufgrund eines Verstoßes gegen das Prohibitionsgesetz verhaftet.

2.13 DER "SCHWARZE FREITAG" UND SEINE FOLGEN

Bedingt durch Unverhältnismäßigkeiten auf dem Kreditmarkt und einer Übersättigung des amerikanischen Binnenmarktes fielen 1929 die Aktienkurse. Der Tag des Zusammenbruchs der New Yorker Börse (24.10.1929) ging als "Schwarzer Freitag" in die Geschichte ein. Die Geschehnisse dieses Tages leiten eine schwere Wirtschaftskrise ein, die sich auch auf die europäischen Staaten ausweitete, da keine amerikanischen Kredite mehr vergeben wurden und der Export in die USA zurückging. In Österreich und Deutschland brach als Folge dieser Krise der Zahlungsverkehr zusammen.

Die industrielle Produktion, Motor der amerikanischen Wirtschaft, fiel in den drei Jahren nach dem Börsen-Crash um mehr als die Hälfte. In dieser Zeit gab es bis zu **15 Millionen Arbeitslose** in den Staaten, die finanziell nicht abgesichert waren. Dieser Umstand führte dazu, daß Bürger des modernsten Industrielandes sogar verhungerten oder erfroren, obwohl die Vorräte an Getreide und Baumwolle wuchsen.

Um die Wirtschaftskrise in den Griff zu bekommen, wurden die Zölle erhöht und die Reconstruction Finance Corporation (Wiederaufbau- Finanzierungs- Gesellschaft) gegründet. Diese Gesellschaft sollte Geld an Wirtschaftsunternehmen vergeben, um diese zu sanieren. Darüber hinaus kaufte der Staat landwirtschaftliche Produkte, um die Farmer zu stützen. Diese Hilfsmaßnahmen konnten die USA jedoch nicht aus der Krise führen, da sie zum Teil zu unkoordiniert waren und mit den Geldern der Wiederaufbau-Finanzierungs-Gesellschaft Mißbrauch getrieben wurde.

Den Weg aus der Krise fand **Franklin D. Roosevelt (1882-1945)**, nachdem er sich 1932 als Präsidentschaftskandidat gegen Herbert Hoover durchsetzen konnte. Er entschloß sich mit seinem "**New Deal Program**" (Neuverteilung der Spielkarten) als erster Präsident der Vereinigten Staaten dazu, die Wirtschaft durch weitreichende staatliche Eingriffe zu beeinflussen. In diesem Programm wurden u.a. folgende Punkte verfügt:

Franklin D. Roosevelt

1. Phase (1933-1935)

a) Entlastung von verschuldeten Farmern und Hausbesitzern
b) Schließung aller Banken für einen kurzen Zeitraum und Wiedereröffnung von ca. 75 % solcher, die an das Ferderal Reserve System angeschlossen sind.
c) Verbot, Gold oder Devisen in großen Mengen anzuhäufen
d) Abwertung des Dollar auf weniger als 50% seines Wertes
e) Landwirtschaftsreform (Agricultural Adjustment Act): Produktionsbeschränkung für gewisse landwirtschaftliche Produkte (z.B Tabak und Baumwolle)
f) Tennessee Valley Authority: Projekt zur Strukturverbesserung in Tennessee (Staudammbau, Anlegen von Bewässerungsanlagen, Industrieanlagen und Erosionsbekämpfung durch Aufforstungsprojekte)
g) Wiederaufbau der Industrie (National Industrial Recovery Act): Produktionsbeschränkungenund Preisabsprachen, Festsetzung von Maximalarbeitszeiten und Mindestlöhnen

2. Phase (1935-1939)

a) Beseitigung des Arbeitslosenproblems durch Realisierung öffentlich finanzierter Bauvorhaben (Works Progress Administration)
b) Einführung einer Schlichtungs- und Aufsichtskommission, die Streitfragen zwischen Arbeitgebern und Arbeitnehmern regelt (National Labor Relation Act), Zusicherung des Streikrechtes
c) Verbesserung der Sozialgesetzgebung (Social Security Act), Einführung einer Invaliden-, Alters-, Arbeitslosen- und Hinterbliebenenversicherung

Trotz starker Anfeindungen durch politische Gegner, die Roosevelt als Vertreter einer dirigistischen Wirtschaftspolitik diffamierten und aus dem Amt zu drängen versuchten, setzte Roosevelt sich durch und wurde dreimal zum Präsidenten wiedergewählt. Sein New Deal Program hat die amerikanische Wirtschaft schließlich wieder auf die Beine gebracht.

2.14 II. WELTKRIEG

1937 und 1939 wurde die Neutralitätsgesetzgebung, die ursprünglich ein Ausfuhrverbot von Waffen an kriegsführende Länder vorsah, in der Richtung geändert, daß Lieferungen an befreundete Nationen ermöglicht wurden. Die USA selbst rüsteten nach dem Münchner Abkommen 1938, das Deutschland die Angliederung gewisser Gebiete der Tschechoslowakei zugestanden hatte, auf, um weitergehende deutsche Expansionen zu stoppen,. Nach der nicht vorgesehenen "Erledigung der Rest-Tschechei" durch deutsche Truppen gingen auch die Vertragspartner der Deutschen (England, Frankreich) von ihrer Appeasementpolitik (Friedensbewahrende Politik) ab. Die Vereinigten Staaten erklärten zwar 1939 ihre Neutralität in bezug auf den europäischen Kriegsschauplatz, gaben diese jedoch 1941 auf, nachdem die deutschen Truppen auch Dänemark, Norwegen, die Niederlande und Frankreich invadiert und mit Japan und Italien den Drei-Mächte-Pakt geschlossen hatten. 1941 erklärte Präsident Roosevelt in seiner Neujahrsansprache, daß die Vereinigten Staaten als Garant der "Vier Freiheiten" (der Rede- und Meinungsäußerung, der Religionsausübung, der Freiheit vor Hunger und der vor Not und Furcht) ihre Neutralität aufgeben müssen. Der **Lend-Lease Act** ermöglicht eine Versorgung der Alliierten mit kriegswichtigem Material ohne Bezahlung.

Produzieren für den Sieg

Im Dezember 1941 trat die USA nach dem überraschenden Angriff der Japaner auf Pearl Harbour, bei dem die dort stationierten Schiffe der amerikanischen Marine zerstört wurden, in den Krieg mit Japan ein. Einige Tage später erfolgte die Kriegserklärung an Deutschland und Italien. Um den Krieg möglichst effektiv durchführen zu können, wurde die allgemeine Wehrpflicht eingeführt und die Produktion von zivilen Gütern zugunsten von militärischen verringert. Es kam zu einer Lebensmittelrationalisierung, und 1942 wurde eine staatlich gelenkte Preisbindung eingeführt. Darüber hinaus wurde eine Nachrichtenzensur verhängt.

Auf der 1. **Washington-Konferenz** (1941-1942) beschlossen Churchill und Roosevelt eine defensive Vorgehensweise gegenüber Japan und eine Landung alliierter Truppen in Nordafrika. Der Washington-Pakt beinhaltete eine Erklärung von 26 Ländern, die gegen die Achsenmächte Krieg führten, keinen Separatfrieden zu schließen. Dieser Pakt legte den Grundstein für die Vereinten Nationen. In der 2. **Washington-Konferenz** Mitte 1942 wurde die Errichtung einer zweiten Front in Europa und der Ausbau der Atomforschung beschlossen. Im weiteren wurde Rußland über die beschlossenen Maßnahmen unterrichtet und eine gemeinsame Planung der Vorgehensweise gegen Deutschland begann. 1943 wurde dann in der **Casablanca-Konferenz** die Landung auf Sizilien beschlossen und die Forderung nach der bedingungslosen Kapitulation Deutschlands wurde gestellt. Auf der **Kairo-Konferenz** berät man sich über die Vorgehensweise bezüglich Japans und Südost-

Konferenz von Jalta 1945: Churchill, Roosevelt und Stalin

asiens. Korea soll unabhängig werden. Ebenfalls im gleichen Jahr wird die Landung in Nordfrankreich auf der **Teheran-Konferenz** beschlossen.

Seit 1943 operierten die Alliierten Streitkräfte unter dem Oberbefehl von General Eisenhower. Die Landung in der Normandie gelang 1944. Zu diesem Zeitpunkt wurden schon konkrete Überlegungen angestellt, wie mit Deutschland nach der Kapitulation zu verfahren sei. Die Unterschrift unter den **Morgentau-Plan**, der eine Zerstückelung Deutschlands und die Verwandlung in einen Agrarstaat vorsah, zog Roosevelt jedoch wieder zurück. Auf der **Konferenz von Jalta** im Februar 1945 wurde dann die Aufteilung Deutschlands in Besatzungszonen, die Festlegung der zukünftigen Grenzen, Demontage- und Reparationsfragen sowie die Bildung eines Kontrollrates zur Wahrnehmung der Regierungsgeschäfte des besetzten Gebietes beschlossen. Die definitive Aufteilung Deutschlands erfolgte auf der **Potsdamer Konferenz**. Der 2. Weltkrieg endete am 2.9.1945 mit der Kapitulation Japans fast einen Monat nach dem Abwurf von amerikanischen Atombomben auf Hiroshima und Nagasaki.

Von über 72 Millionen Soldaten, die am 2. Weltkrieg teilnahmen, wurden mehr als 16 Millionen als tot oder vermißt gemeldet, davon ca. 545.000 Amerikaner. Ungefähr 700.000 Amerikaner wurden bei den Kampfhandlungen verwundet. Der Krieg kostete die Vereinigten Staaten ca. 370 Milliarden Dollar.

2.15 NEUORDNUNG DER WELT

Bestimmend für die Amerikanische Außenpolitik in der Nachkriegszeit wurde die **Truman-Doktrin** (1947), in der allen Ländern zur Bewahrung ihrer nationalen Unabhängigkeit militärische und wirtschaftliche Hilfe von Seiten der USA zugesagt wurde. Die Vereinigten Staaten gingen mit dieser Doktrin von ihrem Isolationismus ab und schafften die Grundlage für ein Eingreifen in die Angelegenheiten anderer Staaten im Sinne einer Ordnungsmacht. In Europa schwebte den Staaten der Aufbau eines kapitalistischen Wirtschaftssystems unter der Führung Amerikas vor, was natürlich bei der kommunistisch ausgerichteten Sowjetunion auf wenig Gegenliebe stieß. Der politische Gegensatz zwischen den Vereinigten Staaten und der den Osten Europas beherrschenden Sowjetunion führte zum sogenannten "**Kalten Krieg**" und der daraus resultierenden Aufrüstung auf beiden Seiten. 1949 gründeten die Staaten zusammen mit 10 europäischen Staaten die NATO (North Atlantic Treaty Organization), der 1954 auch die Bundesrepublik Deutschland beitrat. Die NATO diente dazu, die westlichen Staaten im Kriegsfalle gemeinsam verteidigen zu können. Auch auf wirtschaftlichem Gebiet engagierten sich die USA in Europa. Mit 13 Milliarden US Dollar werden westeuropäische Staaten bis 1951 im Rahmen des Marshall-Plans unterstützt. Durch diese Wirtschaftshilfen sicherten sich die Vereinigten Staaten einen großen Einfluß auf dem europäischen Markt und ermöglichten gleichzeitig einen schnellen Wiederaufbau. Das deutsche "Wirtschaftswunder" wäre

Die USA helfen Deutschland beim Wiederaufbau

ohne die wirtschaftliche Hilfe der Amerikaner sicher nicht möglich gewesen.

In Osteuropa hatte die Umformung der von der Sowjetunion besetzten Staaten in Satellitenstaaten mit Volksdemokratien begonnen, die jeweils durch bilaterale Verträge abgesichert wurden. Zum Schutz des dadurch entstandenen Ostblocks entstand der sogenannte "Eiserne Vorhang", der Osteuropa vor kapitalistischer Einflußnahme schützen sollte. Die Spannungen zwischen der UdSSR und den Alliierten hatten schon 1946 wegen Unstimmigkeiten in der Polen- und Ungarnfrage begonnen und verschärften sich durch Meinungsverschiedenheiten in der Deutschlandpolitik sowie Uneinigkeiten über die Reparationsregelungen. 1947 gab die Marshallplan-Konferenz in Paris den Ausschlag für das Aufgeben der Kooperationsbereitschaft von Seiten der Sowjetunion. Die Berlinkrise 1948/49 sowie das Engagement der UdSSR in Südostasien verschärften den Konflikt zwischen den Blockparteien. Während der Blockade Berlins wurde unter dem amerikanischen Militärgouverneur Lucius D. Clay (1897-1978) eine Luftbrücke organisiert, um die Versorgung der Berliner Bevölkerung mit Lebensmitteln aufrecht zu erhalten. Täglich wurden so bis zu 6 393 t Güter auf dem Luftwege nach Berlin transportiert. Ein Überleben der westlichen Sektoren Berlins wäre ohne die Versorgungsbrücke nicht möglich gewesen.

Der Wettstreit zwischen den Führungsmächten der beiden Blöcke beschränkte sich nicht auf ein Wettrüsten in großem Stil, sondern setzte sich auch auf dem technologischen Sektor fort. Besonders spektakulär gestaltete er sich auf dem Gebiet der Raumfahrt. Der UdSSR gelang es 1957, den ersten Satelliten ins Weltall zu schikken (Sputnik I), dem ein Jahr später der amerikanische Explorer I folgte. Auch in der bemannten Raumfahrt war der Ostblock den Staaten noch um einen Monat voraus. Juri Gagarin erreichte am 12. April 1961 als erster Mensch das Weltall, während der Amerikaner Alan B. Shepard am 5. Mai folgte. Den Vereinigten Staaten gelang es jedoch, 1969 den ersten bemannten Raumflug zum Mond durchzuführen.

John F. Kennedy plädierte mit seinem "**New-Frontier-Programm**" dafür, die Gegensätze zwischen Ost und West zu verringern. Noch heute spekuliert man darüber, ob seine Bemühungen in dieser Richtung zu seiner Ermordung 1963 in Dallas führten.

2.16 INNEN- UND AUSSENPOLITISCHE KRISEN DER VEREINIGTEN STAATEN

Der Koreakrieg

Die Unstimmigkeiten zwischen den USA und der UdSSR über die politische Gestaltung des von ihnen nach dem 1945 besetzt gehaltenen Korea führten 1950 zum Koreakrieg. Nachdem die Vereinigten Staaten 1947 durch die UN kontrollierte Wahlen forderten, verweigerten die UdSSR der entsprechenden UN-Kommission die Einreise nach Nordkorea. Es entstanden eine nördliche und eine südliche Republik, die beide Gesamtkorea als Staatsgebiet forderten.

Nach einem Angriff nordkoreanischer Truppen 1950 wurden die USA von der Regierung Südkoreas zur Hilfe gerufen. Der UN-Sicherheitsrat erklärte Nordkorea zum Aggressor und entsandte eine UN-Armee unter Oberbefehl von US-General Douglas MacArthur (1880-1964). Im Laufe der Kampfhandlungen mischt auch China sich ein.

Nach dem Waffenstillstand von Panmunjom wird Korea 1953 offiziell in zwei Länder geteilt.

Kubakrise

Nach Abbruch der diplomatischen Beziehungen zu Kuba 1961 verhängten die Vereinigten Staaten 1962 ein Handelsembargo, bei dessen Durchführung ein amerikanisches Kriegsschiff von einem kubanischen beschossen wurde. Ebenfalls 1962 sagte die kubanische Regierung der UdSSR zu, daß kubanische Häfen für ihre Fischereiflotte zur Verfügung stehen würden.

John F. Kennedy

Die Interessen der Sowjetunion gingen jedoch über den rein zivilen Zweck hinaus. Es war der Bau von militärischen Stützpunkten geplant. Um dieses und im speziellen die Stationierung von Nuklearwaffen zu verhindern, verhängten die USA eine Teilblockade über Kuba und kündigten an, alle Schiffe, die kubanischen Häfen anliefen, von Marineeinheiten kontrollieren zu lassen. Fotos, auf denen Abschußrampen für Raketen auf kubanischem Boden zu erkennen waren, führten zur Einleitung derart drastischer Maßnahmen.

Die Welt stand am Rande eines 3. Weltkrieges. Gewissermaßen in letzter Minute einigten sich Kennedy und Chruschtschow darauf, die Raketenbasen abzubauen und die sowjetischen Bomber abzuziehen. Das Interesse an Kuba von seiten der UdSSR auf militärischem Gebiet war durch den von den Amerikanern unterstützten Invasionsversuch von Exilkubanern 1961 im Bereich der Schweinebucht noch erhöht worden. Präsident Kennedy, dessen Politik eher auf eine Entspannung der Ost-Westsituation ausgerichtet war, hatte diese Aktion nur halbherzig unterstützt.

Der Vietnamkrieg

Wohl als eines der einschneidendsten Ereignisse bezüglich der amerikanischen Außenpolitik im 20. Jahrhundert ist der Vietnamkrieg zu sehen. Die Vereinigten Staaten griffen erst 1964 anläßlich des Seegefechts im Golf von Tongking militärisch in den Vietnamkonflikt ein, der bereits seit der Ausrufung der Nordvietnamesischen Republik 1945 schwelte. In diesem Konflikt ging es vornehmlich um die Einflußnahme des kommunistischen bzw. kapitalistischen Systems in Indochina. Nordvietnam wurde von der Sowjetunion und China unterstützt, während in Südvietnam die Franzosen in den Indochinakriegen versucht hatten, eine Okkupation Südvietnams durch den Norden zu verhindern.

Vietnam: ein Trauma (nicht nur) für die USA

Innenpolitisch führte der Verlauf des Krieges zu weitreichenden Protestaktionen, da deutlich wurde, daß amerikanische Soldaten für eine Sache ihr Leben lassen mußten, die die Vereinigten Staaten nicht direkt betraf und eigentlich nur um des Weltmachtprestiges willens ausgeführt wurde. Darüber hinaus konnten die amerikanischen Streitkräfte gegen die Guerillataktik der nordvietnamesischen Truppen wenig ausrichten. 1968 wurden die Luftangriffe von seiten der USA eingestellt. Ein Jahr später kündigte Präsident Nixon den Abzug der amerikanischen Truppen an. Nach dem Waffenstillstandsabkommen von 1973 wurden die restlichen amerikanischen Truppen abgezogen, und zwei Jahre später kapitulierte Südvietnam bedingungslos, was die Wiedervereinigung von Nord- und Südvietnam 1976 zur Folge hatte. Insgesamt mußten im Vietnamkrieg 56.000 amerikanische Soldaten ihr Leben lassen. Die Befugnisse des amerikanischen Präsidenten, einen Einsatzbefehl für amerikanische Truppen zu geben, wurden aufgrund der Erfahrungen im Vietnamkrieg mit dem **War Powers Act** (1973) erheblich eingeschränkt und sind von jenem Zeitpunkt ab in größerem Maße von der Zustimmung des Kongresses abhängig. Für das Selbstbewußtsein der westlichen Führungsmacht waren die Mißerfolge im Vietnamkrieg ein harter Schlag.

Präsidenten der Vereinigten Staaten von Amerika

Nr.	*Name*	*Amtszeit*	*Partei*
1	George Washington (1732-1799)	1789-1797	Föd.
2	John Adams (1735-1826)	1797-1801	Föd.
3	Thomas Jefferson (1743-1826)	1801-1809	Dem.-Rep.
4	James Madison (1751-1836)	1809-1817	Dem.-Rep.
5	James Monroe (1758-1831)	1817-1825	Dem.-Rep.
6	John Quincy Adams (1767-1848)	1825-1829	Dem-Rep.
7	Andrew Jackson (1767-1845)	1829-1837	Dem.
8	Martin van Buren (1782-1862)	1837-1841	Dem.
9	William Henry Harrison (1773-1841)	1841	Whig
10	John Tyler (1790-1862)	1841-1845	Whig
11	James Knox Polk (1795-1849)	1845-1849	Dem.
12	Zachary Taylor (1784-1850)	1849-1850	Whig
13	Millard Fillmore (1800-1874)	1850-1853	Whig
14	Franklin Pierce (1804-1869)	1853-1857	Dem.
15	James Buchanan (1791-1868)	1857-1861	Dem.
16	Abraham Lincoln (1809-1865)	1861-1865	Rep.
17	Andrew Johnson (1808-1875)	1865-1869	Dem.
18	Ulysses Simpson Grabt (1822-1885)	1869-1877	Rep.
19	Rutherford Birchard Hayes (1822-1893)	1877-1881	Rep.
20	James Abram Garfield (1831-1881)	1881	Rep.
21	Chester Alan Arthur (1830-1886)	1881-1885	Rep.
22	Stephen Grover Cleveland (1837-1908)	1885-1889	Dem.
23	Benjamin Harrison (1833-1901)	1889-1893	Rep.
24	Stephen Grover Cleveland (1837-1908)	1893-1897	Dem.
25	William Mckinley (1843-1901)	1897-1901	Rep.
26	Theodore Roosevelt (1856-1919)	1901-1909	Rep.
27	William Howard Taft (1857-1930)	1909-1913	Rep.
28	Thomas Woodrow Wilson (1856-1924)	1913-1921	Dem.
29	Warren Gamaliel Harding (1865-1923)	1921-1923	Rep.
30	Calvin Coolidge (1872-1933)	1923-1929	Rep.
31	Herbert Clark Hoover (1874-1964)	1929-1933	Rep.
32	Franklin Delano Roosevelt (1882-1945)	1933-1945	Dem.
33	Harry S. Truman (1884-1972)	1945-1953	Dem.
34	Dwight David Eisenhower (1890-1969)	1953-1961	Rep.
35	John Fitzgerald Kennedy (1917-1963)	1961-1963	Dem.
36	Lyndon Baines Johnson (1908-1973)	1963-1969	Dem.
37	Richard Milhous Nixon (1913-1994)	1969-1974	Rep.
38	Gerald Rudolph Ford (1913-)	1974-1977	Rep.
39	James Earl Carter (1925-)	1977-1981	Dem.
40	Ronald Wilson Reagan (1911-)	1981-1989	Rep.
41	George Bush (1924-)	1989-1993	Rep.
42	Bill Clinton (1946-)	1993-	Dem.

Abk.: Föd. = Föderalisten; Dem.-Rep. = Demokratische Republikaner
Dem. = Demokraten; Rep. = Republikaner;
Whig = gegr. von Gegnern des Demokraten Andrew Jackson

2.17 AUSSENPOLITISCHE AUSRICHTUNG DER STAATEN NACH DEM VIETNAMKRIEG

Bedingt durch die zunehmende Entschärfung des Ost-Westkonfliktes – nicht zuletzt durch deutsche Bemühungen –, kam es zu einer Abrüstungspolitik, die sicherlich auch durch die wirtschaftlichen Probleme der beiden Weltmächte USA und UdSSR forciert wurde. Es wurden Verhandlungen über gegenseitige Rüstungsbeschränkungen aufgenommen, als deren Folge folgende Abkommen geschlossen wurden:

- 1972 Vertrag über die Rüstungsbeschänkung für strategische Waffen
- 1973 Abkommen zur Verhinderung eines Atomkrieges
- 1973 Gespräche über die Verminderung von Rüstung und Truppen in Mitteleuropa
- 1974 Vereinbarungen über unterirdische Kernwaffenversuche
- 1982 und 1985 wurden die Verhandlungen in Genf weitergeführt.

Inzwischen kooperieren die beiden Blockmächte sogar, was das Austragen von kriegerischen Konflikten betrifft. Man denke an den Golfkrieg oder den Jugoslawienkonflikt.

Bedingt durch die wachsende Wirtschaftskraft Japans und der EG, schrumpfte die wirtschaftliche Vormachtstellung der Vereinigten Staaten auf dem Weltmarkt. Als Folge davon verlor der Dollar erheblich an Wert (von in den 60er Jahren ca. 4 DM verminderte sich der Wert bis zu den 90er Jahren auf einen Kurs um 1,50 DM). Dieser Wertverlust ist einer sich vermindernden Konkurrenzfähigkeit der amerikanischen Wirtschaft zuzuschreiben, die auch auf innenpolitische Defizite zurückzuführen ist. Inwiefern der Beschluß, mit Mexiko und Kanada die zweitgrößte Freihandelszone der Welt – die NAFTA – zu schaffen, etwas an den wirtschaftlichen Schwierigkeiten der Vereinigten Staaten ändern wird, bleibt abzuwarten.

2.18 INNENPOLITISCHE SCHWIERIGKEITEN

Als Präsident Nixon 1974 wegen der **Watergate-Affäre** zurücktreten mußte, erschütterte das erheblich das Vertrauen der Bürger zu ihrer Regierung. Es hatte sich herausgestellt, daß Mitglieder von Nixons Wahlkomitee das Wahl-Hauptquartier der konkurrierenden Demokratischen Partei abgehört hatten.

Viele schwarze Mitbürger hatten im Jahrzehnt davor das Vertrauen zur Regierung verloren. Zwar hatte bereits 1954 das Oberste Bundesgericht entschieden, daß Rassentrennung (z.B. in Schulen oder öffentlichen Verkehrsmitteln) gegen den Gleichheitsgrundsatz und somit nicht rechtens sei, aber dieses Urteil hatte im Süden der USA keine Folgen. Es wurde von den Weißen boykottiert. Zu den ersten schlimmen Rassenkrawallen kam es dann 1957 in Little Rock (Arkansas). Im gleichen Jahr wurde das Gesetz zum Schutz des Wahlrechts der Schwarzen verabschiedet. Die offensichtlichen Mißstände jedoch, die in bezug auf Gleichbehandlung von schwarzen und weißen Bürgern herrschten, führten bis Ende der 60er Jahre immer wieder zu Unruhen, bei denen zum Teil auch Menschen um's Leben kamen. So ließen im Sommer 1967 bei Staßenschlachten in Newark (New Jersey) und Detroit (Michigan) 66 Menschen ihr Leben. **Martin Luther King** hingegen gehörte zu den schwarzen Bürgerrechtlern, die auf friedliche Art und Weise versuchten, eine Gleichbehandlung von Schwarz und Weiß zu erreichen. Er organisierte Protestmärsche und versuchte, die Menschen in seinen Reden von seiner Sache zu überzeugen. 1968 wurde er in Memphis (Tennessee) erschossen.

Die Präsidenten Nixon und Pompidou

Da es von der amerikanischen Regierung versäumt wurde, auf staatlicher Ebene ein angemessenes energiepolitisches Konzept zu entwickeln und durchzuführen, und da im gleichen Zuge kein energiebewußtes Verhalten der Bürger unterstützt wurde, kam es zu einer großen Abhängigkeit der USA vom Erdöl der Nahost-Staaten, was wiederum zu einem Ansteigen des Handelsdefizits führte. Somit hatte ein innenpolitisches Defizit Folgen für die wirtschaftliche Vormachtstellung der USA in der Welt.

Martin Luther King

Für das Handelsdefizit werden im weiteren das Fehlen einer soliden Technologie- und Industriepolitik sowie eine verfehlte Einwanderungspolitik verantwortlich gemacht.

Anstelle von qualifizierten Fachkräften zogen viele ungelernte Abeitskräfte überwiegend aus Mexiko zu.

Eine **Verschärfung der sozialen Gegensätze** durch wirtschaftliche Probleme und die Vernachlässigung der sozialen Absicherung der dadurch betroffenen Bürger speziell in der Reagan-Ära führten zu einem weiteren Anwachsen der Drogenprobleme und der Kriminalitätsrate. Das Land der unbegrenzten Möglichkeiten hat viele seiner Möglichkeiten verspielt.

DATEN UND EREIGNISSE

30000-10000 v.Chr.	Einwanderung von asiatischen Völkern über eine Kontinentalverbindung im Bereich der Behringstraße
5000 v.Chr.	Anfänge von Ackerbau
700 v.Chr.-1300 n.Chr.	Holokamkultur
500 v.Chr.-600 n.Chr.	Korbmacherkultur
300 v.Chr.-1300 n.Chr	Mogollonkultur
600-1200 n.Chr.	Pueblokultur
ca. 1000	Entdeckung Amerikas durch Leif Eriksson
ca. 1400	Wanderungsbewegung der Apachen und Navahos in das Gebiet der Pueblokultur
1492	"Entdeckung" Amerikas durch Christoph Kolumbus und Gründung eines spanischen Kolonalreiches
1606	Santa Fe wird als Hauptstadt von Nueva Mexico (Neu Mexico) gegründet
1680	Die Indiander des Rio Grande Gebietes setzen sich in der Pueblorevolte gegen die spanischen Kolonialherren und deren Missionierungsbemühungen zur Wehr
1773	Bei der "Boston Tea Party" versenken Bewohner der Englischen Kolonien drei Schiffsladungen Tee im Hafen von Bosten, um gegen die Zölle des Mutterlandes zu protestieren
1776-1783	Unabhängigkeitskriege der 13 nordöstlichen Kolonien, der zur Gründung der Vereinigten Staaten führt
1803	Die Vereinigten Staaten kaufen den Franzosen die Kolonie "Louisane" für 15 Millionen Dollar ab. Somit kommt das Gebiet der heutigen Bundes-staaten Arkansas, Nebraska, Missouri, Iowa, South Dakota sowie Teile von Oklahoma, Kansas, North Dakota, Montana, Wyoming, Colorado, Minnesota und Louisana unter den Herrschaftsbereich der Staaten
1823	In der Monroe-Doktrin wird die Nichteinmischung in europäische Angelegenheiten festgelegt, die für die Außenpolitik der Vereinigten Staaten im 19. Jahrhundert bindend wird
1836	Texas wird unabhängige Republik
1845	Texas wird 28. Bundesstaat
1846-1848	Mexikanisch-Amerikanischer Krieg
1847	Besiedlung Utahs durch die Mormonen
1848	Im Frieden von Guadelupe-Hidalgo tritt Mexiko Kalifornien, Utah, New Mexico, Arizona und Nevada an die Vereinigten Staaten ab
1861	Kansas wird 34. Bundesstaat
1861-1865	Amerikanischer Bürgerkrieg. Die nördlichen Unionstruppen kämpfen gegen die Konföderierten im Süden
1864	Nevada wird 36. Bundesstaat
1869	Erste transkontinentale Eisenbahnlinie wird fertiggestellt
1876	Colorado wird 38. Bundesstaat

1886	Die Gefangennahme des Apachenhäuptlings Geronimo beendet die Auseinandersetzung mit den Indianern im Südwesten
1887	Eine neue Gesetzgebung schränkt den Freiraum der Indianer weiter ein
1896	Utah wird 45. Bundesstaat
1901	Die Vereinigten Staaten erhalten den Zuschlag für den Bau des Panama-Kanals und kontrollieren das Gebiet um diesen Kanal
1907	Oklahoma wird 46. Bundesstaat
1912	New Mexico wird 47. und Arizona 48. Bundesstaat
1917	Die Vereinigten Staaten treten in den I. Weltkrieg ein
1929	Der Zusammenbruch der New Yorker Börse am "Schwarzen Freitag" ruft eine schwere Wirtschaftskrise hervor
1941	Der japanische Angriff auf Pearl Harbor hat den Eintritt der Vereinigten Staaten in den II. Weltkrieg zur Folge
1945	Die Abwürfe von amerikanischen Atombomben über Hiroshima und Nagasaki beenden den II. Weltkrieg
1947	Mit der Truman-Doktrin wird die Grundlage für amerikanische Eingriffe in die Angelegenheiten anderer Länder bei Bedrohung der Freiheit der Bürger gelegt
1950-1953	Die Vereinigten Staaten kämpfen auf südkoreanischer Seite im Koreakrieg
1962	Die Kubakrise bringt die Welt an den Rand eines III. Weltkrieges
1964-1973	Amerikanische Truppen kämpfen in Vietnam auf südvietnamesischer Seite
1972	Mit einem Vertrag über Rüstungsbeschränkungen mit der UdSSR wird die Entspannungsphase zwischen dem Ost- und Westblock eingeleitet
1974	Präsident Nixon muß wegen des Watergate-Skandals sein Amt niederlegen. Sein Nachfolger wird Vizepräsident Gerald R. Ford
1977	Der Panama-Vertrag wird von Präsident Jimmy Carter unterzeichnet
1983	Präsident Ronald Reagan kündigt das SDI-Programm an, das der Erforschung von Verteidigungsmöglichkeiten im Weltraum dienen soll
1987	Unterzeichnung des INF-Vertrages, der die Abrüstung von Kurz- und Mittelstreckenraketen der UdSSR und der USA regelt
1989/90	Mit der Auflösung des sowjetischen Reiches endet die Ära des Kalten Krieges
1992	Die USA nimmt als führende Kraft am Golfkrieg teil
1993-1995	Präsident Clinton versucht vergeblich, die soziale Gesetzgebung zu ändern, scheitert aber in den meisten Punkten am Widerspruch der Republikaner

3. KURZER ABRISS DER GESCHICHTE KANADAS

Vor ca. 10.000 Jahren kamen die Vorfahren der heutigen Indianer und Inuit über die Landbrücke zwischen Sibirien und Alaska auf den amerikanischen Kontinent. Die Ausbreitung einer Kultur von mongoliden Nomaden im Gebiet der Arktis erfolgte etwa um 6000 v. Chr. Bekannt wurde die durch zahlreiche Funde belegte Dorset-Kultur (ab 500 v. Chr.).

Die ersten europäischen "Entdecker" kamen um 1000 n. Chr. nach Labrador und Neufundland. Erste Siedlungsversuche sind durch Funde in L'Anse-aux-Meadows belegt, ob es sich jedoch um die Wikinger handelt, deren Schicksal in den Sagas beschrieben wird, ist nicht eindeutig nachzuweisen. 1497 segelte der Italiener Giovanni Caboto (John Cabot) im Auftrag englischer Kaufleute nach Neufundland und begündete somit den Anspruch der englischen Krone auf dieses Land. Von französischer Seite her wurde das Gebiet des St. Lorenz-Stroms 1534 von Jacques Cartier erkundet, der bis zum heutigen Montreal segelte und zusammen mit Pelztierjägern begann, das Landesinnere zu erkunden. Er benutzte als erster das Wort "Canada", das wahrscheinlich vom indianischen Ausdruck "kanata" für "Siedlung" oder "Dorfgemeinschaft" abgeleitet ist. Die Gewässer zwischen Grönland und Nordamerika wurden nach einer Reise Martin Frobisher im Jahre 1576 wiederum von der englichen Krone beansprucht.

Jacques Cartier

Während Henry Hudson auf der Suche nach der Nordwestpassage 1610 die nach ihm benannte Hudson Bay entdeckte, drang Samuel de Champlain, der 1608 die französische Siedlung Quebec gegründet hatte, 1615 zu den Großen Seen vor. Der Ottawa River wurde zur wichtigsten Pelzhandelsstraße. Montreal wurde dann 1642 von Franzosen gegründet, und 1663 wurde Neufrankreich von Ludwig XIV. zur französischen Kronkolonie erklärt. Nach der Gründung der Handelsgesellschaft "Hudson Bay Company", der vom englischen König Charles II. das Pelzhandelsmonopol für alle Ländereien, deren Flüsse in die Hudson Bay fließen, übertragen wurde, kam es zu erbitterten Auseinandersetzungen zwischen den Engländern und Franzosen, die jeweils um ihren Anteil am damals sehr profitablen Pelzhandel kämpften.

Die Kriege auf europäischem Boden zwischen diesen beiden Kontrahenten von 1690-1713 dehnten sich auch auf den nordamerikanischen Kontinent aus. Im Frieden von Utrecht wurde den Engländern dann der größte Teil von Neuschottland zugesprochen. Cape Breton Island, Neubraunschweig und Prince Edward Island blieben vorerst in französischem Besitz. Bis Mitte des Jahrhunderts prosperierte das Land, dessen Hauptwirtschaftszweige der Pelzhandel und der Schiffbau waren. Der Ausgang der zwei Kriege von 1745-1748 und 1756-1763 (Siebenjähriger Krieg) festigte dann die Vormachtstellung von England.

1755 wanderten bereits 10.000 Franzosen aus Arkadien, die den Engländern nicht den Treueeid leisten wollten, nach Lousiana aus. Frankreich bekam im Frieden von Paris nur die St. Pierre Inseln und Miquelon vor Neufundland zugesprochen. Da zu dieser Zeit 60.000 Franzosen, aber nur 3.000 englische Siedler in Kanada lebten, erhielt die französische Bevölkerung im Quebec Act 1764 Sonderrechte in bezug auf die Gesetzgebung, Religionsausübung und den Sprachgebrauch. Der Anteil der englischen Bevölkerung überflügelte erst nach Beendigung des Unabhängigkeitskrieges der Amerikaner, in dem Kanada neutral blieb, den der Franzosen. 60.000 englandtreue Siedler ließen sich zwischen 1775 und 1783, dem Jahr der Festlegung der Grenze zwischen Kanada und der USA, in Nova Scotia, New Brunswick und Südontario nieder.

Im Frieden von Gent, der den Englisch-Amerikanischen Krieg von 1812-1814 beendete, wurde 1815 der 49. Breitengrad im Gebiet der Rocky Mountains und der Großen Seen als Grenze zwischen den beiden Staaten festgelegt. Kanada war 1791 von der britischen Regierung in Upper Canada (Ontario) und Lower Canada (Quebec) eingeteilt und zwei unterschiedlichen Gouverneuren zugeteilt worden. Die Grenze verlief am Ottawa River.

1846 wurde dann der 49. Breitengrad bis zur Pazifikküste als Grenze zu den Vereinigten Staaten erklärt, nachdem Ober- und Unterkanada 1841 zur britischen Kolonie Kanada vereinigt worden waren. British Columbia wurde 1858 Kronkolonie. Unter dem Namen "Dominion of Canada" vereinigten sich dann 1867 die Gebiete Nova Scotia, New Brunswick, Ontario und Quebec zu einem autonomen Staat unter der britischen Krone, die durch den Generalgouverneur in Kanada vertreten war. Zwei Jahre später vergrößerte sich das Staatsgebiet Kanadas um das dreifache, als die Ländereien der Hudson Bay Company an Kanada abgetreten wurden. 1870 kamen dann noch die Provinz Manitoba und ein Jahre später British Columbia hinzu.

In Manitoba wurden nach Unruhen der französisch-indianischen Metis-Indianer unter der Führung von Louis Riel die Rechte dieser Mischlingskultur besonders berücksichtigt. Die Fertigstellung der "Canadian Pacific Railway Company" und der nachfolgende Siedlerstrom führten allerdings zu erneuten Auseinandersetzungen um die Ländereien der Metis.

Hart umkämpft – die Festung Louisbourg

Als siebter Bundesstaat kam 1873 Prince Edward Island zum "Dominion of Canada" hinzu. Yukon erhielt dann zur Zeit des Goldrausches 1896 den Status einer Provinz. Alberta und Saskatchewan folgten 1905 als Nachzügler, und Neufundland wurde erst 1949 kanadische Provinz.

Im Ersten Weltkrieg nahm Kanada auf der Seite der Engländer an den kriegerischen Auseinandersetzungen teil. Bedingt durch die Entdeckung neuer Rohstofflager, Steigerung der landwirtschaftlichen Produktion und die zunehmende Industrialisierung, erlebte Kanada in dieser Zeit einen wirtschaftlichen Aufschwung, der bis zur Weltwirtschaftskrise 1929 anhielt. Die Nachkriegszeit bis 1925 war jedoch auch von erbitterten Arbeitskämpfen gekennzeichnet, die für mehr soziale Gerechtigkeit geführt wurden. Am Zweiten Weltkrieg nahm Kanada mit 1 Mio. Soldaten auf der Seite der Alliierten teil. In diese Zeit fiel auch ein zweiter wirtschaftlicher Aufschwung durch die Kriegsindustrie und die Fertigstellung des "Trans-Canada Highway" (1942).

Offiziell erhielt Kanada im "Statut von Westminster" 1931 die staatliche Unabhängigkeit von England. Das Land verblieb aber im Commonwealth, so daß der britische König (bzw. die Königin) weiterhin Staatsoberhaupt war. Das Recht jedoch, die Verfassung ohne Zustimmung des britischen Parlaments ändern zu dürfen, erhielten die Kanadier erst 1982 im "Canada Act". Eine neue kanadische Verfassung wurde daraufhin ausgearbeitet, der Quebec erst 1987 zustimmte. Die eigene Fahne mit dem Ahornblatt auf weißem Grund wehte auch erst seit 1965 an kanadischen Masten.

Die Zeit der fortschreitenden Unabhängigkeit von England wurde jedoch von der Autonomiebestrebung der französisch orientierten Provinz Quebec überschattet. Trotz der Anerkennung des Französischen als zweite Landessprache kam es 1970 zu gewaltsamen Auseinandersetzungen, die in der Ermordung des Arbeitsministers von Quebec durch die extremistische "Front de Liberation du Quebec" kulminierten. Bei einer Abstimmung entschieden sich 1980 noch 60 % für einen Verbleib Quebecs bei Kanada. 1995 sind es nur noch 51 %. Diese Zahlen belegen, daß der Konflikt sich trotz friedlicher Austragung in den 90er Jahren eher zugespitzt hat.

Einer kleineren Minderheit in Kanada, den Metis, Inuit und Indianern, wurden 1988 Landrechte in den Northwest Territories zugestanden und eine 500 Mio. Dollar hohe Abfindung gezahlt. Interessant ist in diesem Zusammenhang, daß den Indianern erst 1960 das Wahlrecht auf Landesebene zugestanden wurde.

Kanada ist heute als Mitglied des "British Commonwealth of Nations" eine konstitutionelle Monarchie mit der englischen Königin als Staatsoberhaupt. Die englische Krone nimmt über den Generalgouverneur ihre Interessen in Kanada wahr. Das parlamentarische System ist wie das englische durch ein Ober- und ein Unterhaus repräsentiert. Der Premierminister ist der Führer der Mehrheitspartei im Unterhaus. Das soziale Versorgungssystem hat einen europäischen Charakter, und in den letzten Jahren sind diesbezüglich auch die gleichen Probleme der Finanzierbarkeit entstanden, die von europäischen Sozialstaaten her bekannt sind. Auf politischer und sozialstaatlicher Ebene ist Kanada also sehr europäisch geprägt. Auf wirtschaftlicher Ebene bestehen hingegen sehr enge Beziehungen zu den Vereinigten Staaten, die 1988 durch ein Freihandelsabkommen noch intensiviert wurden.

4. GEOGRAPHISCHER ÜBERBLICK

Einige geographische Daten der USA im Überblick:

Durchschnittliche Höhe über dem Meeresspiegel	750 m
Höchster Punkt: Mt. McKinley (Alaska)	6.200 m
Niedrigster Punkt: Death Valley (Nevada)	- 85 m
Der längste Fluß	Mississippi (zus. mit dem Missouri) 6.420 km
Staatsland	31,9% im Besitz des Staates
Land in Nationalparks	303.600 qkm
Jährliche Bodenerosion	3.101.200.000 t

4.1 ALLGEMEINER ÜBERBLICK

Obwohl in diesem Reisehandbuch nur die Staaten des Mittleren Westens und um die Großen Seen beschrieben werden, möchte ich Ihnen erst einmal einen kurzen Überblick verschaffen über das gesamte Land. Spezielle geographische Gegebenheiten des Reisegebietes entnehmen Sie dann bitte dem Reiseteil.

Begrenzt werden die USA im Norden durch Kanada, im Süden durch Mexiko, im Osten und Südosten durch den Atlantischen Ozean und schließlich im Westen durch den Pazifischen Ozean (Alaska und Hawaii ausgenommen)

Die größte Ost- West- Ausdehnung erreicht 4.500 km, was etwa der Entfernung vom Nordkap bis Kairo entsprechen würde. Von Norden nach Süden erstreckt sich das Land auf bis zu 2.600 km.

Die USA ist mit 9 372 614 qkm der viertgrößte Staat der Erde. Mit fast 260 Mio. Einwohnern bedeutet das eine Einwohnerdichte von 27 Einwohnern pro qkm (zum Vergleich: Alte Bundesländer 246 E/qkm). Die Einwohnerdichte verteilt sich aber sehr ungleichmäßig über das Land. In den Küstenstaaten des Ostens beträgt die Zahl zwischen 100 und 300 E/qkm, während sie in den Präriestaaten zwischen 1-10 E/qkm liegt.

Wälder und Seen im Norden

Das **Reisegebiet des Mittleren Westens und der Großen Seen** erfreut sich einer sehr unterschiedlichen Bevölkerungsverteilung, die vor allem bedingt ist durch 2 Faktoren:

➊ den **geschichtlichen Werdegang**. Denn während der Osten relativ früh besiedelt und damit auch als erstes industrialisiert wurde (z.B. die Region um Pittsburgh), wurde der Westen nur sehr schleppend von den Siedlern erobert und erfährt bis heute infrastrukturelle Nachteile (Küstenferne, Marktferne)

❷ das **Klima**. Die Sommer sind zwar noch warm und angenehm, doch haben die z.T. extrem kalten Winter viele Siedlungswillige abgeschreckt. Verbunden mit den in den Prärien nicht optimalen Böden und der unverläßlichen Niederschlagsverteilung, war und ist der Reiz, dieses Territorium zu besiedeln, nicht gerade groß.

Somit gilt für die heutige Bevölkerungsverteilung des Mittleren Westens und des Gebietes um die Großen Seen:

- Am dichtesten besiedelt sind mit über 100 E/qkm die Gebiete um Chicago sowie entlang eines Industriegürtels zwischen Detroit und Pittsburgh und zwischen Toronto und Buffalo. Letztere Regionen bezeichnet man heute auch als **Rustbelt**. Denn nachdem die großen Stahlwerke auch hier schließen mußten, "rostet" die Wirtschaftskraft.
- Darauf folgt der landwirtschaftlich relativ attraktive Raum südlich des 47. Breitengrades sowie östlich des 95. Längengrades. Hier leben etwa 30-100 Menschen auf einem Quadratkilometer.
- Ausgesprochen dünn besiedelt, mit teilweise unter 10 E/qkm sind schließlich die Prärieregionen zwischen Rocky Mountains und den Graslands (Dakotas) sowie die klimatischen Ungunstzonen Süd-Kanadas. Ausnahmen bilden die südlichen Gebiete in Ontario (zwischen Toronto und Niagara Falls).

Die gesamten USA im Überblick

Man kann die USA in 8 **markante geographische Regionen** gliedern:

- die **Atlantische Küstenebene**, die sich vom Kap Cod im Norden bis Florida im Südosten zieht. Sie erreicht kaum Höhen über 100 m. Der Norden weist ein Moränenrelief auf, während sich weiter im Süden Lagunen und Ästuare finden. Dieser geschützte Bereich wird als Intercoastal Waterway genutzt (als Schiffsweg). Die Sümpfe auf der Halbinsel Floridas haben sich hauptsächlich aufgrund mangelnder Entwässerung gebildet.
- das **Appalachengebirge**, das sich parallel zur Atlantischen Küstenebene erstreckt. Es ist untergliedert in mehrere verschieden hohe Gebirgszüge, die im Norden nur Höhen von 750 m erreichen. Das eigentliche Appalachengebirge liegt südwestlich dieser Linie und hat hier Höhen von bis zu 2.000 m. Der höchste Berg ist der Mt. Mitchell nordöstlich von Asheville.
- das **Zentrale Tiefland**, das sich um die Großen Seen herum erstreckt und im Süden und Westen unmerklich übergeht in die Prärien, das Mississippidelta (bei Memphis) und die Golfküstenebene. Im Osten ist es begrenzt durch die Appalachen. Dieses auf der Karte auffällige Gebiet ist geformt worden durch die verschiedenen Eiszeiten. Die Gletscher sind die "Former" der Großen Seen und haben den Landschaftscharakter dahingehend bestimmt, daß es hier fast keine Berge gibt. Geblieben sind nur abgeschliffene Hügel und eine Vielzahl an Seen. Man bezeichnet diesen Landtyp auch als kuppiges Moränenflachland.
- die **Golfküstenebene**: Dieses relativ kleine Gebiet folgt dem Mississippital und beginnt im Norden am Zu-

Trockene Canyonlandschaften im Westen

sammenfluß von Missouri und Mississippi. Das Mississippital ist etwa 800 km lang und zwischen 40 und 200 km breit. Hier hat sich der Untergrund gesenkt, und die großen Flüsse haben das Becken mit Sedimenten bedeckt. Die weiteste Stelle der Golfküstenebene befindet sich am Golf von Mexiko, wo sie sich von der mexikanischen Küste bis hin nach Florida erstreckt.

- die **Prärien und die Great Plains**, welche bestimmt sind durch eine nur leicht hügelige Landschaft. Das Gebiet steigt vom Osten her langsam von 400 m auf 1.500 m unterhalb der westlich angrenzenden Rocky Mountains an. Im nördlichen Schichtstufenland haben während der letzten Jahrtausende heftige Regen und eine vegetationsarme (bzw. später überweidete) Landoberfläche zu einer starken Erosionstätigkeit geführt. Monokulturanbau auf riesigen Feldern hat seit Anfang des 19. Jahrhunderts das Übrige besorgt und die Formung eines z.T. kargen Landschaftsbildes mit sich gebracht. Die Amerikaner bezeichnen große Teile dieser Gegenden daher als "Badlands", wobei der Ursprung dieses Wortes bereits zurückgeht auf die Indianer und die ersten Franzosen ("Mauvaises Terres"), die dieses Gebiet bereits vor der eigentlichen Besiedlung als minderwertig angesehen haben. Dazu mehr im Reiseteil.
- die **Rocky Mountains**, die den Ostteil der nordamerikanischen Kordilleren einnehmen, Höhen von bis zu 4.400 m (Mt. Elbert) aufweisen und sich auf amerikanischer Seite etwa 2.250 km von NNW nach SSO ziehen. Wie die Alpen sind die "Rockies" verhältnismäßig jungen Ursprungs. Man nimmt an, daß sie vor etwa 100 Mio. Jahren entstanden sind. Tertiäre Hebungen und Aufwölbungen sowie Brüche und Aufschiebungen haben sie geformt. Flüsse, wie z.B. der Colorado, haben sich in das Gestein geschnitten und Canyons gebildet.
- die **"intermontanen Becken" (Great Basin)** liegen zwischen den Rocky Mountains und dem pazifischen Gebirgssystem. Diese Beckenlandschaft ist nahezu abflußlos, und Flüsse, die sie durchqueren, trocknen fast ganz aus ("Fremdlingsflüsse": z.B. der Colorado). In diesem Becken gibt es auch eine Reihe von Salztonebenen, die davon zeugen, daß es hier früher Seen gegeben hat, die mittlerweile gänzlich ausgetrocknet sind. Dieses Schicksal droht auch dem Great Salt Lake.
- das **Pazifische Gebirgssystem**, welches sich in zwei Hauptketten gliedert, die inländischen Gebirgszüge Cascade Range und Sierra Nevada (höchste Erhebung: Mt. Whitney mit 4.418 m) und den Küstengebirgszug Coastal Range (höchste Erhebung: Thompson Peak mit 2.744 m). Zwischen diesen Gebirgen zieht sich das Kalifornische Längstal, das sich im Norden im Williamette-Tal und dem Pudget-Sund fortsetzt.

Der Mittlere Westen und die Großen Seen im einzelnen

Die Großen Seen

4 Eiszeiten, von denen die letzte große die Wisconsin-Vereisung (Beginn: vor 72.000 Jahren, letzte Ausläufer vor ca. 10.000 Jahren) gewesen ist, haben dafür gesorgt, daß die Eismassen ihre Kraft walten lassen konnten, um "große Löcher" in die Erdoberfläche zu graben. In diesen haben sich in wärmeren Zeiten dann die Wassermassen des geschmolzenen Eises abgelagert – die heutigen Großen Seen entstanden – (die verschiedenen Eiszeiten haben daran gearbeitet, nicht nur die letzte). Daher werden die Seen geologisch auch als **Eisstauseen** bezeichnet. Die Gletscher reichten bis an den heutigen Ohio-River und sorgten zudem auch dafür, daß der Mississippi im Oberlauf seinen Knick nach Westen machten mußte. Vorher entwässserte er zum Hudson Bay.

Die nördlich und nordöstlich angrenzende geologische Landschaft wird als **Kanadisches Schild** (auch: "Laurentisches Schild") bezeichnet. Die Gletschermassen haben hier eine flache, nur z.T. leicht hügelige, Ebene geschaffen, wobei kleine

Wasserfälle, unzählige Seen (Minnesota: 12.000 Seen, Wisconsin: 13.000 Seen) und viele in sich verzweigte Flußläufe das Hauptcharakteristikum darstellen.

Die Großen Seen in Zahlen		
	Größe (qkm)	Größte Tiefe (m)
Superior Lake	82.100	406
Huron Lake	60.000	229
Michigan Lake	57.800	282
Erie Lake	25.667	62
Ontario Lake	19.529	243
Mit zusammen mehr als 245.000 Quadratkilometern Wasserfläche (nur die 5 Großen Seen) weist dieser Landschaftsraum die größte zusammenhängende Süßwasserfläche der Welt auf. Der Lake Superior faßt übrigens, bedingt durch seine Tiefe, mehr Wasser als die vier anderen zusammen!		

Der Alte Nordwesten, die Prärien und die Great Plains

Dieser Landschaftsraum ist im zentralen Bereich geformt worden durch die Gletscherzungen der letzten Eiszeiten. Sie schoben sich vor bis an den Ohio River im Süden.

Ein Blick auf die geologische Karte läßt gut erkennen, wo und wie die Gletscher für die morphologische Gestaltung gesorgt haben. Glaziale Aufschüttungen und Gletscherschliff haben eine Landform geprägt, die von sanften Hügelketten und z.T. steinigen Oberflächen bestimmt ist. Geologisch wird dieser Bereich südlich und westlich um die Großen Seen herum auch als **Superior Upland** bezeichnet, und dieses wiederum gehört zum südlichen Ausläufer des **Kanadischen Schildes** (auch: "Laurentisches Schild"). Lößböden südlich der Seen haben dort für eine zufriedenstellende Agrarstruktur gesorgt. In Mitteleuropa wäre diese Landschaftsform mit dem Gebiet zwischen Südschweden und den deutschen Mittelgebirgen zu vergleichen: Schweden = Südkanada, Ostsee = Große Seen, Schleswig Holstein/Mecklenburg = Wisconsin/Michigan, Lüneburger Heide = Gebiet südlich der Seen und schließlich die Börden (Lößböden) = Gebiet um den Mississippi und den Ohio. Die (tonhaltigen) Lößböden entstehen übrigens durch Einwehungen des feinen Bodenmaterials aus den "rauhen" Moränenlandschaften, die sich an und unter den ehemaligen Gletscherzungen gebildet haben.

Eine auffällige Morphogenese hat sich noch in **Südontario** abgespielt: Sehr widerstandsfähige Kalkablagerungen des Silur (erdgesch. System des Paläzoikums: vor 438-408 Mill. Jahren) wurden zu Stufen herausgebildet, die heute deutlich in Erscheinung treten. Ein Beispiel dafür ist das Niagara Escarpment, das vom Bundesstaat New York bis zur Spitze der Manitoulin Island reicht.

Die **Prärien** schließen sich westlich des Mississippi und südlich des Ohio an. Hierbei handelt es sich um eine Schichtstufenlandschaft. Interessant ist, daß die Gletscher des Spätglazials riesige Binnenmeere aufgestaut haben, die zwischenzeitlich ganz Minnesota, Süd-Kanada, Teile von Iowa, Dakota und Wisconsin bedeckt haben. Der größte See war der **Lake Agassiz**. Überreste dieses Gewässers sind heute die Seen in Minnesota, der Winnipeg Lake und der Manitoba Lake. Entwässert wurden diese Stauseen – wie auch heute noch – durch die großen Flüsse, wie z.B. den Mississippi.

Die Schichtstufenlandschaft der Prärien steigt langsam nach Westen hin an und geht dort über in die **Great Plains**. Geologisch sind die großen Ebenen gebildet worden durch die Gletscher (nur im nördlichen Raum) und vorher durch die

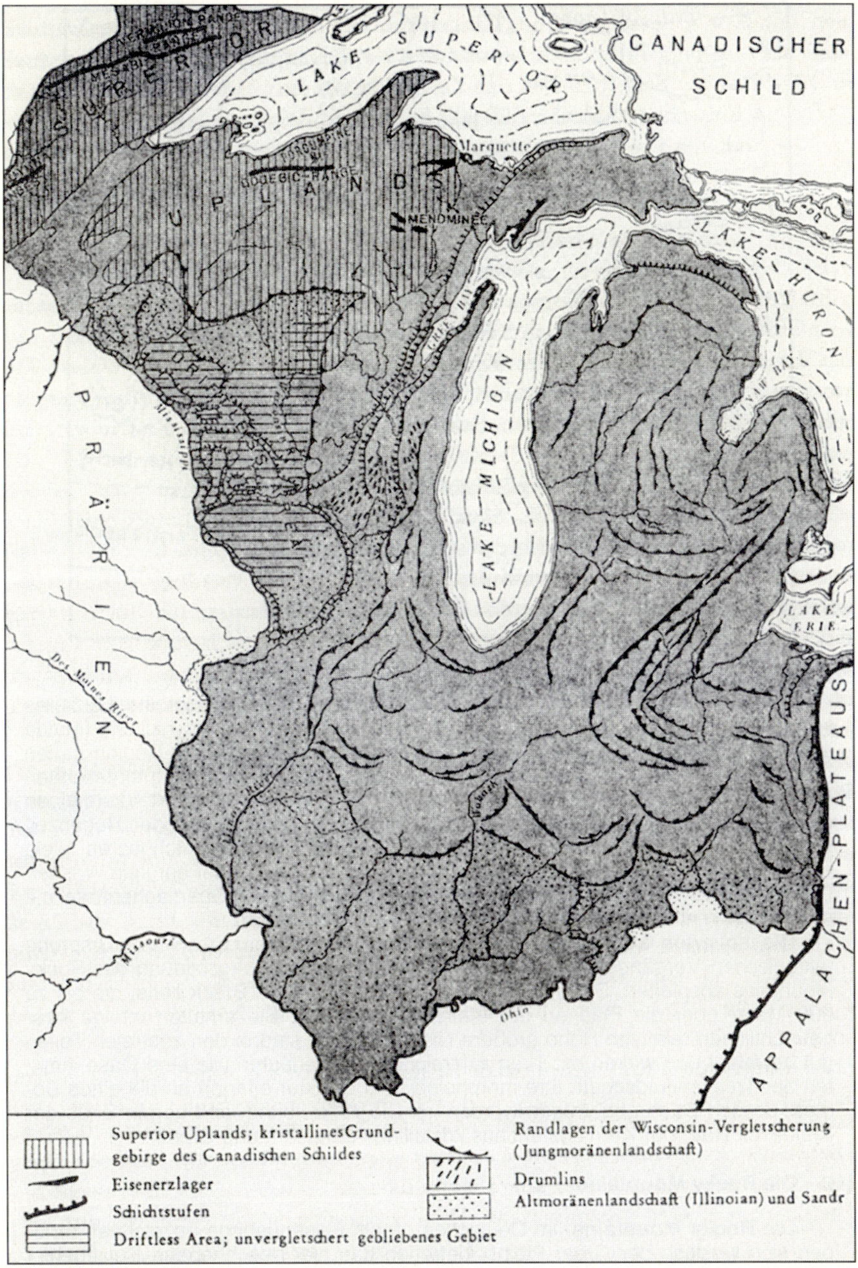

Landformen des Alten Nordwesten

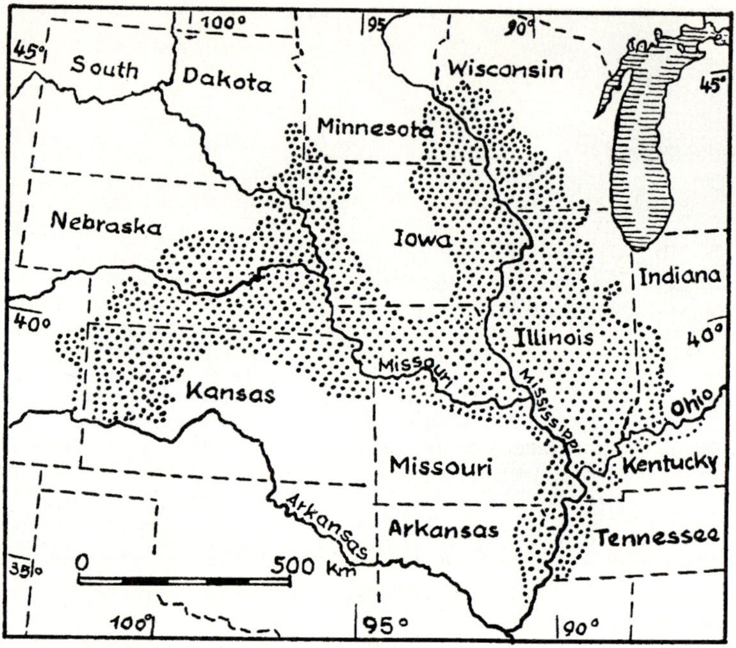

Lößgebiete

Aufwölbung der sich nach Westen hin anschließenden Rocky Mountains. Letzteres hat zur Hebung geführt sowie zur "Verbiegung" der großen Geosynklinale (Mulde einer Falte). Geringe bzw. unregelmäßige Niederschläge in dieser Region haben nur spärlichem Bewuchs zugelassen. Die seltenen, dann aber heftig einfallenden Regengüsse haben schließlich zu einer starken Bodenerosion geführt – zum einen in Form von Oberflächenabtrag, zum anderen durch die während der Regenzeit stark anschwellenden Flüsse, die für den "Randabtrag" verantwortlich waren. Viele dieser Flüsse führen übrigens in den trockenen Jahren kaum oder gar kein Wasser. Diese Art des Abtrages hinterließ die uns heute bekannte Oberflächenform mit seinem Labyrinth von zerklüfteten Trockentälern ("Badlands").

Die isolierten Gebirge der nördlichen Great Plains verdanken ihren Ursprung tektonischen Vorgängen, die sich im Anschluß an die Gebirgsbildung der Rocky Mountains abspielten. Die größten Ausmaße erreichen die **Black Hills**, die bis zu 900 Meter über die Flächen der Plains hinausragen. Sie erhalten infolge ihrer beträchtlichen relativen Höhe größere Niederschläge, sind in den zentralen Teilen gut bewaldet und wirken mit ihren zahlreichen Wasserläufen wie eine Oase inmitten der Trockenlandschaft. Ihre morphologische Struktur erinnert an die eines Domes, dessen Dach abgetragen worden ist. Die Aufwölbung fand gegen Ende der Kreidezeit statt. Der Kern besteht aus kristallinen Schiefern und Granit.

Die Rocky Mountains

Die Rocky Mountains, im Deutschen oft als Felsengebirge bezeichnet, erheben sich westlich der Great Plains, betreffen das hier beschriebene Reisegebiet aber nur peripher in Montana und Wyoming. Die Rocky Mountains sind ein (vor 100-60 Mill. Jahren geformtes) Faltengebirge, was deutlich wird an den Nord-Süd-

Viel Wind und geringer Niederschlag

konturen der wesentlichen Gebirgsketten. Während sich aber die südlichen Ausläufer durch Hebung von unten herausgebildet haben, wurden die nördlicheren Abschnitte (Grenze ist das Wyoming Becken) vornehmlich durch Schub von Westen geformt. Die Hochflächen in unserem Reisegebiet erklären sich mit der Abtragung der Sättel durch physische Kräfte, wie Gletscherdruck, Niederschläge, Windausblasung u.a. Die höchsten Erhebungen in dem hier beschriebenen Reisegebiet erreichen in Montana 3.300 Meter. Die gebirgigen Teile der Rockies haben sich während der letzten 50 Millionen Jahren immer wieder Abtragungen und erneuten Erhebungen aussetzen müssen, die zur heutigen Gebirgsstruktur geführt haben.

4.2 VEGETATIONS-ÜBERBLICK

USA allgemein

Die ersten Siedler trafen an der **Ostküste** noch auf große Waldbestände, die sich bis zu den Prärien zogen. Ihr süßlicher Duft bot ihnen immer wieder ein herzliches Willkommen. Doch im Laufe der folgenden Jahrhunderte wurden diese Baumregionen, im Norden boreale Nadelwälder, weiter südlich Misch- und Laubwälder, immer weiter ausgeschlagen. Der Landhunger, besonders im zuerst entdeckten Osten, kannte keine Gnade. Nur in den unzugänglicheren Appalachen konnten sich noch weite Gebiete sommergrüner Laubwälder halten.

Das **Zentrale Tiefland um die Großen Seen** unterscheidet sich vornehmlich durch die klimatischen Bedingungen (vorn. Temperaturen). Während im Süden auf ehemaligen und fast gänzlich gerodeten Misch- bzw. Laubwaldarealen heute Akkerbau betrieben wird, werden die Wälder nach Norden hin dichter. Birken, Espen, Ahorn und Buchen kennzeichnen den "Übergang" in Wisconsin und Michigan zu den Nadelbaumregionen (Hemlock-Tanne, Schwarz-und Weißtanne, Kiefer und Fichte) der nördlichsten Gebiete der USA und des Südens von Kanada. Reine Nadelwälder finden sich aber nur vereinzelt in diesem Reisegebiet. Sie gibt es vornehmlich weiter nördlich in Kanada. Tendenz: Je weiter nördlich, desto ausgeprägter der Nadelbaumbestand. Beeindruckend ist der Indian Summer, der im Frühherbst einkehrt und das Laub der Bäume zu einem einmaligen Farbenspiel werden läßt.

Auch die weiten Grasflächen der **Prärien** mußten den Menschen weichen, und auf riesigen Feldern wurde Getreide angebaut – in trockeneren Gebieten Vieh gehalten. Dieses geschah in einem so großen Ausmaß, daß die Farmer hier heute über starke Bodenerosion klagen. Kein Wunder bei offenen Feldern von bis zu mehreren hundert Hektar Größe.

Die **Great Plains** erhalten nur geringe und unregelmäßige Niederschläge. Dies erlaubt in der Regel nur den Bewuchs durch Gräser. Daher werden große Gebiete hier auch als "Grasslands" bezeichnet (deren eigentliches Gebiet aber 400 km östlich in den Dakotas liegt).

INFO

Informationen zum Indian Summer

Jedes Jahr überwältigt der "Indian Summer" mit seiner Farbenpracht die Menschen. Es ist die Zeit der Laubfärbung, die Anfang September nach den ersten Kälteeinbrüchen beginnt und sich von Norden nach Süden fortsetzt. Dabei bewirkt gerade der Gegensatz von sonnigen Tagen und kühlen Nächten eine besonders lebhafte Färbung.

Während in Europa aufgrund der ungünstigeren topographischen Verhältnisse im Verlaufe der Eiszeit viele Baumarten ausgestorben sind, konnten in Nordamerika die meisten Baumarten nach dem Rückgang des Eises ihre frühere Heimat wieder besiedeln.

Hier überlebten zahlreiche, in Europa ausgestorbene Ahorn- und Eichenarten. Neben anderen Baumarten bilden viele von diesen in ihren Blättern den Farbstoff Anthocyan, der wesentlich an der Bildung der intensiven Rottöne des Indian Summer beteiligt sind.

Die eindrucksvolle und fast überwältigende Laubfärbung entsteht nicht nur aus der Leuchtkraft der einzelnen Färbung; die Wirkung wird noch verstärkt durch die Weite der riesigen Waldbestände und häufig auch den Kontrast zum strahlendblauen Himmel in dieser Jahreszeit.

Wann und wo ist Indian Summer ?

Zwischen 37. und 42. Breitengrad – also südlich der Linie Chicago - Erie - Boston: Mitte Oktober bis Anfang November
Zwischen 42. und 45. Breitengrad – also südlich der Linie Minneapolis - Traverse City - Georgain Bay N.P.: Mitte Oktober
Zwischen 45. und 48. Breitengrad – also südlich der Linie Duluth - Sault Ste. Marie - Quebec: Ende September bis Anfang Oktober

Zwischen 48. und 52. Breitengrad – also um die Linie Winnipeg - Mündung des St.-Lorenz-Stroms: Anfang bis Ende September
Natürlich können diese Eckdaten aufgrund klimatischer Schwankungen immer etwas variieren.

Hinweis
Bedenken Sie, daß der Indian Summer auf amerikanischer Seite am schönsten ist. Denn in Kanada überwiegt der boreale Nadelwald mit nur spärlichem Laubwaldbestand. Südlich der Linie Wawa - Montreal aber ist der Indian Summer auch in Kanada eindrucksvoll.

Besonders empfehlenswerte Regionen für den Indian Summer sind:
- *die Seenplatte von* ***Nord-Minnesota***
- *die* ***Upper Peninsula*** *von* ***Michigan***
- *der* ***Norden der Lower Peninsula*** *von* ***Michigan***
- *zwischen* ***Wawa*** *und* ***Sault Ste. Marie*** *in Ontario*
- *in* ***Kentucky*** *und* ***Ohio*** *um den Ohio River*

Im **südwestlichen Texas und im "intermontanen Becken"**, wo die Niederschläge nur noch sehr gering sind, herrscht eine Halbwüstenvegetation mit Dornsträuchern und vereinzelten Zwergsträuchern vor.

Die **Rocky Mountains** sind vorwiegend mit Laubmischwäldern besetzt, da diese Region wegen mangelnder Infrastruktur erst sehr spät und damit letztendlich auch sehr spärlich besiedelt wurde. Durch Anlage vieler Nationalparks und verschiedenster Schutzgebiete hat der Staat mittlerweile dafür Sorge getragen, daß weite Teile dieses Gebietes auch in Zukunft geschont werden.

In den **pazifischen Gebirgszügen** reicht das Spektrum von borealem Nadelwald (Sitkafichte und Douglasie) im Norden bis hin zu Mischwäldern im Süden, wobei besonders im Küstenraum Koniferenarten gehäuft auftreten. Charakteristisch für die Sierra Nevada ist übrigens der Mammutbaum. Er ist, wie einige andere Arten der kalifornischen Bäume, ein widerstandsfähiges Hartholzgewächs. Das kalifornische Längstal ist heute maßgeblich landwirtschaftlich bewirtschaftet, was hier kaum noch etwas von den ursprünglichen Baumbeständen ahnen läßt.

Florida und die Südküste bis Louisiana sind aufgrund hoher Niederschläge mit subtropischen Pflanzen bestanden. Hier finden sich Farne, Lianengewächse, Zypressen und Mangroven.

Geographischer Gesamteindruck des Reisegebietes

Bei einer **Reise durch den Mittleren Westen und um die Großen Seen** erwartet Sie also im besonderen:
- große Waldflächen in den nördlichen Abschnitten
- Zig-Tausende von großen und kleinen Seen, sowie unzählige Flüsse
- bezaubernde Uferpartien entlang der Großen Seen
- eine karge, aber durch ihre Weite faszinierende Gras- und Steppenlandschaft in den Prärien und Great Plains
- schroffe und eindrucksvolle Bergmassive am Rande der Rocky Mountains.

Was die Natur Ihnen dabei aber vor allem schenkt, ist die teilweise unbeschreibliche und abenteuerliche Wildnis, die zu Bootstouren und langen Wanderungen einlädt.

4.3 TIERWELT

Die Tierwelt des Mittleren Westens und um die Großen Seen fiel, wie fast überall in Amerika, dem Menschen zum Opfer. Das beste Beispiel für diese Entwicklung bietet das Bison (in Amerika als Buffalo bezeichnet).

Bisons

Bisons lebten bis vor 100 Jahren in großer Zahl in den Prärien und Plains. Die Zahl dieser Tiere hat sich vor der Ankunft der Siedler auf schätzungsweise 50-60 Millionen belaufen. Zwischen 1850 und 1880 wurden sie nahezu ausgerottet, dank groß angelegter Jagden. Um 1900 zählte man noch ganze 1.000 Tiere! Heute sind es wieder 100.000, die zumeist in Schutzgebieten leben.

Einst weideten die Bisons in kleinen Trupps von 20-200 Tieren. Zu ihren Wanderungen fanden sie sich aber zu riesigen Herden zusammen, die bis zu über eine Million Tiere vereinigten. Die Wanderungen waren in erster Linie durch Nahrungssuche bedingt. Jeden Frühling, wenn die Prärien von Süden nach Norden hin zu grünen begannen, zogen auch die Bisonherden nach Norden, um mit den ersten Schneefällen wieder nach Süden bis nach Texas hinein zu wandern. Auf diesen winterlichen Wanderungen nach Süden legten sie ihr schweres Winterfell an und waren daher von September bis März von den Felljägern besonders geschätzt.

Bison in South Dakota

Bei ihrem Zug, dem "Buffalo Trail", folgten die Bisons einer nach dem anderen immer dem Leittier auf demselben Pfad. Dieser Pfad war dann kaum einen halben Meter breit, aber bis zu 20 cm tief. Erst wenn der Pfad für die nachfolgende Tiere zu tief und morastig geworden war, traten diese Tiere einen neuen aus. Zahlreiche Furchen gestalteten somit die Landschaft.

Eine weitere Eigenart der Bisons formte Landschaftsstrukturen: Da die Bisons mit ihrem dicken Fell die Sommerhitze nicht liebten, nutzten sie jede Gelegenheit aus, sich auf feuchteren Böden zu wälzen und diese mit ihren Hörnern umzuwühlen. Nachdem das Leittier sich auf solch einem Boden ausreichend "erfrischt" hatte, folgten ihm die anderen Tiere. Die dadurch geschaffene Wanne wurde immer größer. In diesen "Buffalo Wallows" sammelte sich später das Wasser, und ihr besser durchfeuchteter Grund bildete eine besonders gute Weide, die sogenannten "Hay Bottoms" ("Heugründe").

Den Bisonherden folgten übrigens die **Coyoten**, denen die kranken Bisons zum Opfer fielen.

Präriehunde

Der Präriehund (Arctomys ludivicianus), der "Petit Chien" der französischen Trapper, ein Nager, lebte in vielen hundert Millionen Exemplaren in Kolonien mit mehreren tausend "Einwohnern" (Prairie Dog Town), die sich über weite Flächen in den Prärien und Great Plains ausdehnten. Die aufgeworfenen Hügel der "Präriehundstädte" und die neugierigen Tiere waren geradezu charakteristisch für diese Landschaft. Zunächst aber sahen die ersten Siedler nur den Schaden, den sie anrichteten. Sie unterwühlten weithin den Boden, und man schätzte, daß 260 Präriehunde soviel Nahrung zu sich nehmen wie ein Rind. Bald begann daher ein rücksichtsloser Vernichtungsfeldzug gegen die Tiere. Das Landwirtschaftsministerium lieferte den Viehzüchtern kostenlos Gift in großen Mengen, und heute sind diese Tiere fast gänzlich ausgestorben und kommen nur in Naturschutzgebieten vor. Viel zu spät erkannte man nämlich, daß diese Tiere auch nützliche Funktionen erfüllen: Sie lockern nicht nur den Boden auf, sondern Untersuchungen ihres Mageninhaltes ergaben, daß sie auch tierische Schädlinge fressen und ihr Futter zu 70% aus Unkräutern, die das Vieh nicht frißt, und aus Samen giftiger Pflanzen bestand.

Putzig anzuschauen: der Präriehund

Bären

Auch die Bären sind von den Menschen dezimiert worden. Nur in den Naturschutzgebieten kommen sie noch vermehrt vor. Zwei Bärenarten leben in dem hier beschriebenen Reisegebiet:

- der **Grizzlybär**, eine Unterart des Braunbären, der eine Körperlänge von ca. 2,30 m und eine Schulterhöhe von 1 m aufweist. Dabei können sie ein Gewicht von fast 400 kg erreichen.
- der **Schwarzbär**, der nur eine Körperlänge von bis zu 1,80 m aufweist bei einer Schulterhöhe von ebenfalls 1 m. Der Kopf ist aber schmaler und die Schnauze spitzer als beim Grizzly. Im Winter färbt sich sein Pelz silbrig-weiß. Schwarzbären treffen Sie auch außerhalb der Schutzgebiete an, wobei sie den Menschen in der Regel nicht gefährlich werden – solange man ihnen nicht zu nahe kommt bzw. sie bedroht.

Im Frühjahr halten die Bären sich vorzugsweise an Flüssen und Seen auf, im Sommer leben sie in den Wäldern, und im Winter ziehen sie sich zum Winterschlaf in ihr Lager zurück.

Bären ernähren sich vorwiegend von Pflanzen, Blättern und Beeren, sie fressen aber auch Reh- und Elchkälber, wenn sie sie erbeuten können. Bären sind ständig auf Nahrungssuche ("Hamsterfresser") und lassen sich dabei vor allem von ihrem starken Geruchssinn leiten. Wenn nun die Menschen Nahrungsmittel nicht richtig aufbewahren oder Abfälle nicht ordnungsgemäß vernichten, locken sie damit die Bären an, die nur allzu schnell lernen, daß in der Nähe von Menschen leicht Nahrung zu finden ist.

Deshalb müssen bei einem Aufenthalt in der Wildnis einige Verhaltensregeln unbedingt beachtet werden:

1. Bären dürfen niemals gefüttert werden!
2. Alle Nahrungsmittel müssen (geruchs-) gesichert aufbewahrt werden!
3. Alle Zeltplätze müssen ganz sauber gehalten werden!

In den Naturschutzparks sind bärensichere Abfalleimer aufgestellt.

Haubentaucher

Der "Loon" gehört zu den Lieblingstieren der Amerikaner und zur Familie der Seetaucher. Er ist auf vielen Gewässern Amerikas heimisch und durch sein schwarzes Federkleid mit der unverwechselbaren weißen Zeichnung sehr auffällig.

Am Ende des Winters kehren die Haubentaucher von der Atlantik- oder Pazifikküste zu den Nistplätzen an den amerikanischen Seen zurück und bauen im Frühjahr ihre Nester in Bodenvertiefungen dicht am Uferrand. Nach 28tägiger Brutzeit schlüpfen meist zwei Junge aus, die schon wenige Stunden später hinter ihren Eltern herschwimmen, aber erst nach elf Wochen fliegen können. Der Loon ist ein hervorragender Schwimmer und Taucher, wie er bei der schnellen Unterwasserjagd nach Fischen und anderen Wassertieren beweist.

Wie der Kuckuck bei uns den Frühling ankündigt, so stimmt das Lachen des Loon die Amerikaner auf den Sommer ein, auf das Leben in der unberührten Natur, auf die Ruhe beim Kanufahren und Angeln.

Der Loon braucht für die Aufzucht seiner Jungen fischreiche, saubere Gewässer, deshalb ist seine Anwesenheit den Amerikanern ein Zeichen für die Sauberkeit des Wassers.

Elche

Elche sind die größten und wohl auffälligsten der heute noch lebenden Hirsche. Sie werden etwa pferdegroß, wiegen bis zu 800 kg und tragen ein meist zur Schaufel verbreitertes Geweih, das mehr als 20 kg wiegen kann. Elche ernähren sich vorwiegend von saftrindigen Ästen, Sumpf- und Wasserpflanzen, Gräsern, Moor- und Heidekräutern. Das Lebensalter der Elche beträgt 20 – 25 Jahre. Sie sind sehr gute Schwimmer; sie ziehen in ihrem weiten Einstandsgebiet unregelmäßig herum und machen, vor allem in der Brunftzeit, oft Wanderungen von mehreren hundert Kilometern.

Ein nordamerikanisches Definitionsproblem: "Moose" oder "Elk"?

Die beste Jahreszeit, um Elche zu sehen, sind die Monate Mai und Anfang Juni. Dann halten sie sich manchmal sogar ganz in der Nähe von Straßen auf, wo sie das leicht salzige Wasser in den Gräben entdecken, die sich in den Wintermonaten am Straßenrand gebildet haben.

Etwa bis Ende Juni sind sie dann äsend auf Lichtungen, an seichten Plätzen oder kleinen Weihern zu beobachten, während sie sich im Hochsommer in den Wäldern aufhalten. Ende September/Anfang Oktober, zur Zeit des Indian Summer, beginnt die Brunftzeit der Elche, die dann weite Strecken auf der Suche nach einer Elchkuh zurücklegen und dann wieder häufiger beobachtet werden können.

Warnung! Elche können aggressiv werden, besonders wenn Junge in der Nähe sind. Gehen Sie nicht zu dicht an sie heran, sie benehmen sich nicht so friedlich wie unsere Rehe und Hirsche.

Biber

Biber zählen zu den größten Nagetieren; auf dem Lande wirken sie unbeholfen, im Wasser dagegen zeigen sie sich als ausgezeichnete Schwimmer und Taucher. Sie leben an dichtbewachsenen Ufern von Bächen, Flüssen und Seen, wo sie ihre Burgen bauen, die mindestens zwei, oft sogar vier oder fünf Eingänge haben, die immer unter Wasser liegen und für Feinde nicht zugänglich sind.

Biber sind ausschließlich Pflanzenfresser, die sich im Sommer von Schilf, Uferstauden, jungen Trieben von Pappeln und Weiden und im Winter von den

Rinden selbstgefällter Bäume ernähren. Zum Schutz ihrer Bauten bauen die Biber Dämme; dazu stecken sie abgeschnittene Zweige und Stämme senkrecht in den Grund des Wassers und beschweren sie mit Steinen, Schlamm und Schilf. Wann immer das gestaute Wasser steigt, müssen die Biber den Damm erhöhen, damit die Eingänge zu ihren Wohnburgen nicht freigelegt werden. Für den Bau eines 10 m langen Dammes braucht eine Biberfamilie etwa eine Woche; große Dammbauten werden von mehreren Bibergenerationen instandgehalten. Erst wenn in der Umgebung ihrer Burg nicht mehr ausreichend Nahrung vorhanden ist, verlassen die Biber diese Gegend.

Im Sommer sind Biber am ehesten in den Abendstunden zu beobachten, während sie im Herbst auch tagsüber zu sehen sind, wenn sie ihre Dämme bauen und reparieren.

Zu den hier genannten typischen Großtieren kommen noch unzählige **Vogelarten**. Man schätzt, daß es in dem hier beschriebenen Reisegebiet über 500 Vogelarten gibt. Vogelliebhaber werden im kanadischen Point Pelee Nationalpark ein wahres Paradies vorfinden, denn er liegt an einer Stelle, wo sich zwei Zugvogellinien kreuzen. Im Frühjahr und Herbst bietet sich hier die Gelegenheit, bis zu 100 verschiedene Vogelarten zu sehen.

Moskitos und Stechmücken sind die Plage der Sommermonate. Sie treten in Massen auf und finden an Wassertümpeln und feuchten Stellen geeignete Lebensbedingungen vor.

INFO

Zebra-Muscheln im Lake Superior

Zebra-Muscheln sind kleine Süßwassermolusken, die zumeist in Kolonien an harten Gegenständen in und am Wasser haften. Sie sind braun mit gelb-weißen Streifen und fingernagelgroß.

In den Großen Seen treten diese Muscheln seit einigen Jahrzehnten auf, wobei während der 80er Jahre eine richtige Plage eingesetzt hat, die sowohl das Ökosystem als auch die kommerziellen Strukturen stark beeinträchtigt hat. Die Muscheln haften zu Tausenden an Bootsrümpfen, in Rohrleitungen, an Pontons und haben andere Muscheln und Kleintiere aus vielen Biotopen vertrieben.

Seither versucht man, die Muschelplage einzudämmen, doch erweist sich dieses als sehr schwierig, denn die Muscheln werden vor allem in ihrem jüngsten Stadium weitergetragen, wenn man sie mit dem menschlichen Auge noch nicht erfassen kann. "Überträger" sind vor allem Wasser und Schiffsrümpfe.

Achten Sie also darauf, daß Sie Wasser immer abkochen, wenn Sie es mitnehmen zu einem anderen See. Haben Sie jetzt aber keine Angst vor Infektionen beim Baden oder versehentlichen Trinken von Seewasser. Für den menschlichen Organismus sind die Muscheln nicht schädlich.

4.4 KLIMA

Klimatisch sind die USA wesentlich von den von Norden nach Süden ausgerichteten Gebirgszügen bestimmt. Sie halten, besonders in Kalifornien, die Regenwolken zurück, so daß der gesamte westliche Teil der USA ungenügend Regen erhält. In den Halbwüsten Nevadas fallen gerade einmal 120 mm/Jahr. In diesen Gebieten ist Landwirtschaft kaum möglich und wenn doch, nur mit künstlicher Bewässerung. Östlich der Rocky Mountains fallen dann wieder etwas mehr Niederschläge, wobei aber die für die Landwirtschaft erforderliche (regelmäßige) Menge von über 500 mm nur in den östlich des Mississippi gelegenen Staaten niedergehen. Zwischen den Rocky Mountains und dem Mississippi gibt es für zwei bis drei Jahre ausreichende Niederschläge, während es dann ein bis zwei Jahre kaum regnet. Diese Ungewißheit ist mit ein Grund für das große Farmensterben in dieser Region. Ausreichende Niederschläge (teilw. über 1.000 mm/Jahr) fallen dann besonders an der Süd- und Ostküste.

Das Reisegebiet Mittlerer Westen ist geprägt durch die starken Temperaturunterschiede zwischen Sommer und Winter, was für Sie zur Folge hat, daß das Reisen zwischen Oktober und April zu einem zähneklappernden Erlebnis werden würde. Falls Sie also kein ausgesprochener Winterliebhaber sind, meiden Sie besser diese Jahreszeiten. Was die Niederschläge angeht, würde ich an Ihrer Stelle keine darauf abzielenden Zeitplanungen vornehmen. Für Sonnenanbeter ist dieses Reisegebiet ehedem nicht "die erste Wahl", und Niederschläge fallen das ganze Jahr über. Es gibt dagegen aber auch zahlreiche warme und angenehme, teilweise sogar sehr heiße Tage während der Sommermonate. Daß in vielen Regionen die Regenzeit gerade auf den Sommer fällt, mag stören, aber diese Zeit ist trotzdem dem kalten Winter vorzuziehen. Außerdem fallen die Sommerregen meist sowieso nur als kurze und heftige Gewitterregen in den Nachmittagsstunden.

Die beste Reisezeit

Deutlich läßt sich erkennen, daß sich das gesamte Reisegebiet **Mittlerer Westen/Große Seen** am besten während der Sommermonate bereisen läßt. Weniger die Niederschläge als vielmehr die kalten Temperaturen schränken die Reisefreuden zwischen Oktober und Anfang Mai deutlich ein. Während der Sommermonate fallen die Niederschläge im Tiefland häufig als kräftige Gewitterregen, so daß es die Bewegungsfreiheit nur für relativ kurze Zeit einschränkt. Möchten Sie den höchsten Niederschlagsmengen auch während der wärmeren Monate aus dem Wege gehen, bieten sich August und September als beste Reisemonate an. Auffallend im Zentralen Tiefland sind aber auch die jährlichen Schwankungen der Niederschlagsmengen. Ein Sommer kann heiß und trocken sein, andererseits sollten Sie sich aber auch darauf einstellen, daß die angegebenen Mengen sich in manchen Jahren verdoppeln. Unter diesen ungewissen Wetterbedingungen sollten Sie also Ihre Garderobe mit allem, vom Sonnenhut und T-Shirt bis hin zum Pullover und einer Regenjacke (Tip: herausnehmbares Futter), ausstatten.

In den **Rocky Mountains**, bereits hinter den ersten Bergkuppen, herrscht montanes Steppenklima vor. Erhebliche Temperaturschwankungen, sowohl während eines Tages als auch über das Jahr gesehen, sind bestimmend. Der deutliche Abfall der relativen Luftfeuchtigkeit zwischen den Morgen- und Nachmittagsstunden macht deutlich, daß das Klima fast Wüstencharakter erreicht, wenn auch nicht mit den hohen Temperaturen.

Während der **Wintermonate** sollten Sie in fast allen hier beschriebenen Landesteilen mit Schnee rechnen, der für Autofahrer um so unberechenbarer ist, da die starken Winde diesen zu teilweise unpassierbaren Hindernissen auftürmen. Wer

CHICAGO (Illinois)

Monat	Temperatur in °C mittl. tägliches Maximum	Temperatur in °C mittl. tägliches Minimum	Niederschlag in mm mittl. Monatsmenge	Niederschlag in mm mittl. Anzahl der Niederschlagstage
Januar	16,2	3,5	65	10
Februar	16,9	4,9	84	9
März	20,0	7,4	100	11
April	24,9	11,5	73	8
Mai	28,8	16,6	92	9
Juni	31,8	20,6	126	11
Juli	31,8	22,2	196	15
August	31,6	21,3	168	13
September	29,4	19,0	148	9
Oktober	25,1	12,8	72	6
November	19,9	6,6	53	6
Dezember	16,3	3,7	72	8
Jan.-Dez.	*24,4*	*12,5*	*1249*	*116*

Monat	**mittlere Luftfeuchtigkeit in % (rel. Feuchtigkeit) morgens**	**nachmittags**	**mittl. tägl. Sonnenscheindauer in Stunden**
Januar	84	55	5,7
Februar	82	52	6,6
März	83	50	7,6
April	84	50	9,2
Mai	84	54	9,4
Juni	86	59	9,8
Juli	88	64	9,1
August	91	63	8,6
September	91	63	8,1
Oktober	89	56	7,9
November	87	51	6,9
Dezember	84	54	5,5
Jan.-Dez.	*86*	*56*	*7,9/2884*

DULUTH (Minnesota)				
Monat	Temperatur in °C		Niederschlag in mm	
	mittl. tägliches Maximum	mittl. tägliches Minimum	mittl. Monatsmenge	mittl. Anzahl der Niederschlagstage
Januar	-7,9	-18,1	29	12
Februar	-5,9	-17,7	24	10
März	-0,5	-11,5	41	11
April	8,4	-2,9	60	11
Mai	15,9	3,1	84	13
Juni	21,3	8,5	108	13
Juli	25,1	12,1	90	11
August	23,7	11,6	97	11
September	18,1	6,5	73	11
Oktober	12,5	1,5	55	9
November	1,8	-7,0	45	11
Dezember	-5,4	-14,6	29	13
Jan.-Dez.	*9,0*	*-2,4*	*735*	*135*

Monat	mittlere Luftfeuchtigkeit in % (rel. Feuchtigkeit) morgens	mittlere Luftfeuchtigkeit in % (rel. Feuchtigkeit) nachmittags	mittl. tägl. Sonnenscheindauer in Stunden
Januar	74	67	4,1
Februar	73	61	5,7
März	76	60	7,0
April	77	57	7,9
Mai	76	54	8,5
Juni	80	61	9,3
Juli	82	57	10,2
August	86	61	9,0
September	86	63	6,7
Oktober	81	62	4,9
November	80	69	3,5
Dezember	79	73	3,4
Jan.-Dez.	*79*	*62*	*6,7/ 2446*

PITTSBURGH (Pennsylvania)				
Monat	**Temperatur in °C**		**Niederschlag in mm**	
	mittl. tägliches Maximum	Minimum	mittl. Monatsmenge	mittl. Anzahl der Niederschlagstage
Januar	2,5	-6,0	75	16
Februar	3,1	-6,3	56	14
März	7,9	-2,6	84	16
April	15,6	3,2	78	13
Mai	21,9	9,0	99	12
Juni	26,6	13,8	96	11
Juli	28,5	16,0	99	12
August	27,7	15,4	84	9
September	24,2	11,6	65	8
Oktober	17,6	5,8	64	10
November	9,7	0,0	57	13
Dezember	3,4	-4,9	61	16
Jan.-Dez.	*15,7*	*4,6*	*918*	*149*

Monat	**mittlere Luftfeuchtigkeit in % (rel. Feuchtigkeit) morgens**	**nachmittags**	**mittl. tägl. Sonnenscheindauer in Stunden**
Januar	76	66	3,6
Februar	76	64	4,3
März	77	60	6,5
April	73	51	6,3
Mai	76	51	8,1
Juni	79	52	8,9
Juli	83	52	9,7
August	86	55	7,9
September	86	56	7,4
Oktober	81	52	6,5
November	80	62	4,8
Dezember	78	68	3,0
Jan.-Dez.	*79*	*57*	*6,4/2336*

HELENA (Montana)				
Monat	Temperatur in °C		Niederschlag in mm	
	mittl. tägliches Maximum	Minimum	mittl. Monatsmenge	mittl. Anzahl der Niederschlagstage
Januar	-1,8	-13,1	12	8
Februar	0,9	-10,8	11	6
März	5,9	-6,6	18	8
April	13,4	-0,8	21	8
Mai	18,8	4,3	40	11
Juni	22,3	8,1	57	13
Juli	29,1	11,3	26	7
August	27,9	10,1	23	7
September	21,6	5,6	24	7
Oktober	14,9	0,2	18	6
November	5,8	-6,2	14	7
Dezember	1,2	-10,1	13	8
Jan.-Dez.	*13,3*	*-0,7*	*277*	*96*

Monat	mittlere Luftfeuchtigkeit in % (rel. Feuchtigkeit) morgens	nachmittags	mittl. tägl. Sonnenscheindauer in Stunden
Januar	70	66	4,4
Februar	73	58	5,9
März	70	48	6,8
April	72	41	7,8
Mai	71	37	8,4
Juni	76	42	9,2
Juli	68	28	11,9
August	62	27	9,9
September	72	32	8,2
Oktober	72	43	6,4
November	76	58	4,4
Dezember	72	66	3,7
Jan.-Dez.	*71*	*46*	*7,3/2665*

sich also wirklich im Winter herwagt, der sollte sich als Fahrzeug gleich einen Geländewagen aussuchen. Dies soll Sie jetzt nicht grundsätzlich davon abhalten, auch während der Wintermonate herzukommen. Denn auch die haben ihren ganz eigenen Reiz. Und Winterfreuden werden locken in vielen Gebieten.

Somit steht außer Frage: Der Mittlere Westen und die Berglandschaft der Rocky Mountains sind kein Reiseziel für Sonnenanbeter. Aber dafür fahren Sie ja auch nicht hierher und seien Sie sich gewiß, die z.T. atemberaubende Landschaft mit ihren Wäldern und Seen, der schroffen Berglandschaft der Rockies und zuletzt nicht auch die Stadterlebnisse werden Ihren Urlaub hier trotz allem zu einem unvergeßlichen Erlebnis machen.

Split Rock Lighthouse

5. WIRTSCHAFTS-ÜBERBLICK

Einige interessante Daten zur Wirtschaft der USA:

Bruttoinlandsprodukt der USA: 6.638.200 Mio. US$
(diese Zahl variiert teilweise deutlich in verschiedenen Quellen)

davon Landwirtschaft:	1,8%
davon öffentl. Verwaltung:	14,8%
davon Industrie:	22,7%
Davon Dienstleistung:	60,7%
davon Priv. Haushalte u. Instit.:	4,4%
Gewerkschaftsangehörige im prod. Gewerbe:	24,9 %
Arbeitslosenquote:	6,0%

Produktion von

- Erdöl: (Vergleich – GUS: 450,2 Mio. t)	411,2 Mio. t
- Steinkohle: (Vergleich – ehem. UdSSR: 466,6 Mio. t)	822,7 Mio. t
- Gold (1990): (Vergleich – Südafrika: 603 t)	290 t
- Eisenerz: (Vergleich – VR China: 196 Mio. t)	54,9 Mio. t
- Kupfer: (Vergleich – Chile: 1,932 Mio. t)	1,76 Mio. t

Die größten Industrieunternehmen nach Umsatz
(in Klammern der Rang verglichen mit Industrieunternehmen der ganzen Welt):

- General Motors/ Kfz	238,9 Mrd. DM	(1)
- Ford/ Kfz	182,5 Mrd. DM	(2)
- Exxon/ Mineralöl	163,0 Mrd. DM	(3)
- IBM USA/ Elektronik	119,3 Mrd. DM	(6)
- General Electric/ Elektro	104,0 Mrd. DM	(7)

zum Vergleich BRD:

- Daimler Benz/ Kfz (vor der Fusion mit anderen Unternehmen Anfang der 90er Jahre)	76,4 Mrd. DM	(14)
(- Daimler Benz Konzern nach der o.g. Fusion:	104,2 Mrd. DM)	
- VW/ Kfz	65,4 Mrd. DM	(20)

Handelsbilanzdefizit: 166 Mrd. DM
davon ca. 95 Mrd. im Handel mit Japan

5.1 ALLGEMEINER ÜBERBLICK

Der Besucher der USA, besonders wenn er das erste Mal hierherkommt, wird nicht umhinkommen, sich mehr mit wirtschaftlichen Gesichtspunkten auseinanderzusetzen, als er eigentlich erwartet hat:

- **Riesige Reklameschilder und überall Werbung** prägen das Straßenbild, selbst in abgelegenen Provinznestern,
- ein **Straßensystem** mit bis zu zehnspurigen Autobahnen durchzieht das ganze Land,
- **Fabrikanlagen** haben oft überdimensionale Ausmaße,
- es gibt **Shopping Center**, die so groß sind wie eine europäische Kleinstadt,
- unglaubliche **Sonderangebote**, wie z.B. "Buy one, get three", locken selbst den kritischsten Kunden an
- es gibt ein **riesiges Warenangebot**, aber relativ wenig Fachgeschäfte mit guter Kundenberatung

aber auch:

- eine **große Kluft zwischen Arm und Reich** (15% der Bevölkerung leben unterhalb der Armutsgrenze)
- **Prachtbauten**, wie z.B. die Regierungsgebäude in Washington oder die ehemaligen Büroviertel in Detroit, finden sich **in unmittelbarer Nähe zu heruntergekommenen Wohnblocks** mit eingeschlagenen Fensterscheiben,
- eine **hohe Umweltbelastung** im Bereich von Ballungsräumen aufgrund von hohem Individualverkehrsaufkommen,
- eine, nach europäischen Maßstäben bemessen, **häufig ungenügende Kritik am Konsum- und Umweltverhalten**, wobei aber gerade auf dem Umweltsektor in den letzten Jahren doch aufgeholt worden ist und hier besonders die Industrie ein moralischer Wegbereiter für die Amerikaner ist (z.B. Abgasgesetze für Kfz).

Kleine "Shugs" als Wohnhäuser der Armen

Das Wirtschaftssystem der USA basiert auf dem Prinzip der freien Marktwirtschaft. Bis in die 30er Jahre hinein herrschte das Motto "Laissez-faire" in allen Bereichen der Wirtschaft vor. Diese Tatsache lockte unzählige Abenteuerlustige aus allen Teilen der Welt in die USA, um dort ihr Glück zu versuchen. Vielen gelang dieses, da sich in dem (bis heute) immer noch nicht ganz erschlossenen Land laufend neue Märkte anboten und Lücken auftaten, die dem erfindungsreichen Geist neue Möglichkeiten eröffneten. Seit Ende des letzten Jahrhunderts aber bildete besonders die Schwerindustrie in den Bereichen Maschinen- und Fahrzeugbau, Brückenbau, Eisen- und Stahlindustrie die Triebfeder für die Wirtschaft. Später kam auch noch die Rüstungsindustrie hinzu, die durch die beiden Weltkriege, den kalten Krieg und den Vietnamkrieg immer mehr an Bedeutung gewann.

Seit der Weltwirtschaftskrise Anfang der 30er Jahre mischte sich dann auch in den USA der Staat, wie bereits in Europa, immer mehr in die Geschehnisse der Wirtschaft ein und die "Keynessche Beschäftigungstheorie" (Probleme der Vollbeschäftigung, Verhältnis von Investieren, Verschulden und Sparen) gewann auch hier zusehends an Bedeutung. Doch ist und bleibt das wirtschaftliche Klima in den USA rauher, da die Gesellschaft einfach viel stärker vom kapitalistischen Denken geprägt ist.

Cola und Wein: Reklame hat Vorrang

Über ein halbes Jahrhundert hinweg waren die USA die wirtschaftliche Großmacht der Erde und bestimmte Tendenzen in der übrigen Welt. Nicht nur **große Industrieunternehmen** zeichnen dafür mit ihren Ideen zur **Produktivitätsmaximierung** (Fließband etc.) verantwortlich, sondern besonders auch eine Reihe von **Erfindern**, die der Welt immer neue Dinge vorführten, wie z.B. die Glühlampe oder den Motorflug.

Und auch heute noch ist die USA mit Abstand **die größte Industrienation** der Erde, wenn auch der Abstand zu den nachfolgenden Staaten langsam geringer wird. Im Gegensatz zu Konkurrenten, wie z.B. Japan oder Deutschland, hat das Land aber einige Vorteile:

- der **große Binnenmarkt** mit fast 260 Mio. Menschen,
- das **weite Land**, wo es immer noch eine Reihe von Investitionen zu tätigen und neue Gedanken auszuspielen gibt,
- eine Reihe von **grundlegenden Bodenschätzen**, die zumindest für eine Übergangszeit den gesamten Eigenbedarf decken würden,
- eine **kapitalistische und mehr auf Konsum eingestellte Gesellschaft** als in Europa,
- eine **mobile Gesellschaft**. Im Schnitt wechseln 50 Mio. Amerikaner jährlich ihren Wohnsitz.

5.2 NATÜRLICHE RESSOURCEN

Schon die ersten Siedler vor zwei- bis dreihundert Jahren fanden ein vielversprechendes Land vor. Die natürlichen Grundlagen für eine gute Landwirtschaft waren vorhanden:

- **Ausreichende Regenfälle** in den östlichen und südlichen Landesteilen,
- **gute Böden**, besonders im Mittelwesten (südlich der Großen Seen), die geeignet waren für den Getreideanbau
- und vor allem **Platz**, um den Anbau zu tätigen und später auch die Industrialisierung zu gewährleisten.

Aber auch für den produzierenden Sektor boten sich bereits in den ersten Jahren weitreichende Möglichkeiten an:

- Bereits die **Indianer kannten die Metallverarbeitung** (aus Mexiko)
- **Bodenschätze** gab es in den verschiedensten Landesteilen
- die großen Flüsse (Mississippi, Missouri u.a.) boten natürliche **Transportwege**
- große **Wälder** sorgten für das nötige **Baumaterial** und
- die **Flüsse boten auch ein großes Potential an Energie**, was in den ersten Jahren zwar nur für kleine Mühlen genutzt wurde, aber im Industriezeitalter dann Vorteile bei der Stromerzeugung mit sich brachte.

Somit waren die Grundvoraussetzungen gegeben, diesen Kontinent aufzubauen zu einem leistungsfähigen Wirtschaftsgebiet. Schon früh begann man damit, Waren nach Europa zu exportieren, da mehr produziert wurde, als man in der Neuen Welt verbrauchen konnte. Im Laufe des 19. Jahrhunderts entwickelte sich das Land auf diese Weise immer weiter **vom kolonialen Agrarstaat zum modernen Industriestaat**.

Mit der **Erschließung von bedeutenden Bodenschätzen**, wie Kohle (und später Erdöl), aber auch Eisenerz und anderer Metalle, begann das Zeitalter der Schwerindustrie. Kein Land der Erde verfügte zum Ende des letzten Jahrhunderts über eine so große Spannbreite an eigenen (bekannten) Rohstoffen. Dieses ermöglichte der Industrie für einige Jahrzehnte ein **grenzenloses Wachstum**, dem die Industrienationen in Europa nur neidisch zusehen konnten. Die Gunstfaktoren zogen dann auch immer mehr Facharbeiter aus Europa ab, was in vielen Regionen der Alten Welt zu einem reinen Kahlschlag führte, wie z.B. in Irland.

1920, kurz nach dem 1. Weltkrieg, waren die **USA der größte Produzent** vieler wichtiger Bergbauerzeugnisse (in Prozent der damaligen Welterzeugung):

Kohle:	39 %	Blei:	36 %
Erdöl:	37 %	Zink:	36 %
Kupfer:	60 %	Schwefel:	51 %

Zuerst mit der Weltwirtschaftskrise zu Beginn der 30er Jahre und vor allem aber nach dem 2. Weltkrieg mußte man in den USA erkennen, daß Bodenschätze auch hier nicht in unbegrenztem Umfang abzubauen sind. Die Industrie war mittlerweile so stark gewachsen, daß nicht mehr alle Bodenschätze in ausreichendem Maße im eigenen Land vorhanden waren, und man begann mit einer Reihe von Gegenmaßnahmen, um den immensen Bedarf weiterhin zu decken:

- Erdöl mußte in immer größerem Umfang importiert werden, besonders aus der (arabischen) Golfregion,
- spezielle, hochwertige Metalle (z.B. Vanadium), wurden u.a. aus Südafrika eingeführt,
- Wälder mußten nun marktwirtschaftlich genutzt werden (Abholzungsrate = Aufforstungsrate)
- und vor allem mußten die eigenen Ressourcen geschont werden, und die konsumorientierte Gesellschaft mußte sich umstellen auf eine sparsamere Nutzung der eigenen Ressourcen

Mähdrescher ernten für den Getreideüberschuß

Doch von nun an zeigte sich die Verletzlichkeit der amerikanischen Wirtschaft und ihr Zwang, auch politisch in allen Teilen der Welt aktiv zu werden. Ölkrisen, Sicherung der Transportwege nach Amerika und Wirtschaftsembargen (z.B. Südafrika) waren nun Schlüsselthemen der amerikanischen Außenpolitik, besonders um den eigenen Rohstoffbedarf zu decken bzw. zu sichern. Damit aber mußte sich das Land auch immer mehr öffnen für die Weltwirtschaft, die von nun an nicht nur immer mehr Rohstoffe, sondern auch Fertigwaren in die USA exportieren konnte. Auf diese Weise enstand bereits in den 70er Jahren ein Handelsdefizit, das sich seitdem immer weiter vergrößert hat. Die Zeit des alleinigen Marktes, der "Insel des Konsums eigener Waren", ist seitdem wohl endgültig vorbei.

5.3 INDUSTRIALISIERUNG ENDE DES 19. JAHRHUNDERTS UND DIE KONSOLIDIERUNG BIS ZUM 2. WELTKRIEG

Wie im letzten Abschnitt bereits angeschnitten, sicherten sich die Amerikaner im 18. und beginnenden 19. Jahrhundert ihre Lebensgrundlagen durch eine gut funktionierende Landwirtschaft, die ihre finanziellen Grundlagen später durch den Export von Waren nach Europa weiter festigte. Während des Zeitalters der industriellen Revolution in England hatten die USA somit einige gravierende Vorteile gegenüber der Alten Welt, um sich voll zu entwickeln:

- Die **ersten Einwanderergenerationen** verbanden ein hohes Sendungsbewußtsein mit einer grundsoliden Arbeitshaltung (Fleiß, Disziplin und Enthaltsamkeit), gefördert durch eine **puritanische Haltung**,
- ausreichende **Rohstoffvorkommen**,
- ausreichender **Platz**, um industrielle Aktivitäten wachsen zu lassen,
- ein sich rasch **vergrößernder Binnenmarkt** durch viele Einwanderer,
- **Bedarf an leistungsfähiger Infrastruktur** (Häfen, Eisenbahnen, Brücken, Straßen), welcher der Industrie über Jahrzehnte hin volle Auftragsbücher sicherte,
- ebenso wie der **Bau von Wohn- und Geschäftsräumen**
- **Erfindungen** sorgten für wirtschaftliche Impulse,
- sieht man einmal vom Bürgerkrieg ab, gab es **nicht so einschneidende kriegerische Aktionen** (bzw. militärische Ausgaben), wie sie die europäischen Nationen in dieser Zeit durchleben mußten.

Daraus läßt sich schließen, daß der Wirtschaft der USA in der 2. Hälfte des 19. Jahrhunderts beste Voraussetzungen geboten wurden, um sich hervorragend zu entwickeln. Abgesehen von einigen Wirtschaftskrisen und dem Bürgerkrieg, konnten die Planer der Wirtschaft über Jahrzehnte mit einem steten Wirtschaftswachstum rechnen. Und bereits zur Jahrhundertwende hat die USA die europäischen Nationen in wesentlichen Belangen des Wirtschaftssektors überrundet.

Tabakfeld im 19. Jahrhundert

Zu dieser Zeit wurde der wirtschaftliche Rahmen immer internationaler. Nicht, daß nur im- und exportiert wurde, sondern vor allem stieg das Interesse europäischer Anleger, in diesen zukunftsträchtigen Markt zu investieren. Bot er doch viel mehr Freiraum und vor allem, in dieser Zeit ein wesentlicher Aspekt, eine erheblich geringere Kriegsgefahr.

Die Amerikaner wiederum investierten nun auch außerhalb der Landesgrenzen, um sich Märkte und Transportwege zu sichern. Ein Beispiel dafür ist der Bau des Panamakanals. Im Nahen Osten und vor allem in China fanden sich immer mehr Ölfirmen an, die nach dem schwarzen Gold suchten, in Lateinamerika investierten immer mehr amerikanische Privatleute.

Der Rockefeller-Clan hatte z.B. ein Imperium in China aufgebaut. Nachdem das "Familienunternehmen" Standard Oil dort Ölvorkommen gefunden hatte, war er aber auch daran interessiert, einen Teil dieses Öls dort zu verkaufen. Da es in China aber so gut wie keine Fahrzeuge gab, mußte sich die Firmenleitung etwas einfallen lassen. Rockefeller kam die Idee, die für die arme Landbevölkerung immer noch erschwinglichen Petroleumlampen einzuführen. Die ersten Lampen wurden sogar verschenkt, weitere dann zum Selbstkostenpreis eingeführt. Ein Boom setzte ein, und die Nachfrage nach Petroleum war von da an gesichert. Mit solchen Aktionen erwarb sich die USA den Ruf des **"Neokolonialisten"**. Auch das Wort **"Dollarimperialismus"** wurde immer häufiger genannt.

Mit Ende des 1. Weltkrieges war die USA anerkanntermaßen die größte Weltmacht. Erst mit ihrem Einzug ins Kriegsgeschehen 1916/17 erlangten die Allierten die sichere Oberhand. Dieses war nicht unbedingt den amerikanischen Soldaten zu verdanken, sondern vor allem der Wirtschaftskraft der USA, die große Mengen an Kriegsmaterial an die Fronten schickte. England wiederum, zwar auch als Sieger aus dem Krieg hervorgegangen, mußte sich nun eingestehen, daß es ohne die amerikanische Wirtschaftskraft den Krieg nur schwer hätte gewinnen können, und es befand sich obendrein nicht mehr in der Lage, seine Kolonien alleine schützen zu können. Eine Wirtschaftsmacht begann mit dem langsamen Abstieg, die andere wuchs mit großen Schritten.

Die darauffolgenden Jahre, auch die **"Golden Twenties"** genannt, brachten den vom Krieg relativ wenig gebeutelten Amerikanern weitere Boomjahre, wobei sich in dieser Zeit die **Zweiklassengesellschaft** immer deutlicher herauskristallisierte. Die Firmen, ihre Besitzer und eine gesicherte Mittelschicht wurden immer reicher, und es wurden immer mehr Wolkenkratzer und andere Monumentalbauten aus dem Boden gestampft, aber ein großer Teil der Bevölkerung begann zu verarmen. Das Wirtschaftswachstum wurde in dieser Zeit nur noch durch die Einwanderer gewährleistet, aber nicht mehr durch wachsende Einkommenverhältnisse der bereits ansässigen Gesellschaft. Dieses ließ die Firmen aber nicht aufhorchen.

Erst der **Börsenkrach 1929 und die Weltwirtschaftskrise** weckte auch die erfolgsverwöhnte amerikanische Wirtschaft. Hohe Arbeitslosenquoten, lange Schlangen vor den Suppenküchen und unzählige Firmenzusammenbrüche bewegten nun auch die Arbeitgeber zum Umdenken. Ihnen wurde klar, daß nicht nur ein Teil der Bevölkerung "einfach arm" ist, sondern daß ihnen nun auch ein großer Teil der Konsumenten ihrer Produkte verlorenging. In den dreißiger Jahren begann man deshalb mit der Einführung von umfangreichen Sozialmaßnahmen.

5.4 DER 2. WELTKRIEG UND DIE NEUORIENTIERUNG DER WIRTSCHAFT IN DER 2. HÄLFTE DES 20. JAHRHUNDERTS

Mit dem Angriff der Japaner auf Pearl Harbor 1941 konnten sich die USA nicht mehr länger aus dem aktiven Geschehen des 2. Weltkrieges heraushalten. Auch jetzt war es wieder die Wirtschaftsleistung der Amerikaner, die die Allierten am Ende zu einem Sieg führten.

Die Rüstungsindustrie versorgte nicht nur die eigenen Truppen mit Material, sondern unterstützte neben England vor allem Rußland mit Kriegsgütern. Alleine im ersten Jahr nach Kriegseintritt verschiffte die USA mehr als 4.000 Panzer und

3.000 Flugzeuge nach Rußland. Ohne diesen wirtschaftlichen Kraftakt hätte der Krieg vielleicht sogar einen anderen Ausgang gehabt.

Nach dem Krieg stand Europa vor einem Scherbenhaufen, während die USA nun politisch und wirtschaftlich den Wiederaufbau dort leiteten. Diesmal galt es, den eigenen Wirtschaftsraum für die Zukunft zu schützen und sich die Märkte in Westeuropa langfristig zu sichern. U.a. der Marshall- Plan, gewährleistet von der amerikanischen Finanzwelt, war ein wesentliches Instrument zur Erlangung dieses hochgesteckten Zieles.

Die Rüstungsindustrie florierte auch nach dem 2. Weltkrieg, dank des Kalten Krieges und der militärischen Einsätze in Korea und Vietnam. Sie bildete bis Anfang der 90er Jahre einen wesentlichen Impuls für die Gesamtwirtschaft.

Doch auch in anderer Hinsicht war die Wirtschaft in den 50er und 60er Jahren erneut auf dem Höhenflug. Folgende Gründe waren dafür ausschlaggebend:

- Während Europa und Japan damit beschäftigt waren, ihre Länder wiederaufzubauen, konnte man sich in den **USA bereits damit beschäftigen, industrielle Produkte weiterzuentwickeln**,
- die **Reparationszahlungen, die Übergabe von technischen Entwicklungsplänen (z.B. das Raketenbauprogramm der Deutschen) und die Übernahme von Industrieanlagen** verschafften einen weiteren **Wettbewerbsvorsprung**,
- der **Autoboom** setzte ein und ließ auch eine Reihe von Zulieferindustrien boomen (z.B. Metallverarbeitung, Erdölkonzerne),
- die **Länder Lateinamerikas** kauften fast ausschließlich Waren in den USA,
- aber auch die **europäischen Länder** benötigten eine Reihe von Industriegütern, um ihre Wirtschaft wieder in Gang zu bekommen,
- die **Rüstungsindustrie** florierte,
- doch vor allem ein Punkt war entscheidend: **Der Glaube der amerikanischen Gesellschaft an die Stärke ihrer Nation**. Es wurde konsumiert und sich verschuldet.

Sonnenblumen für cholesterolarmes Öl

Auf diese Weise lebten die Amerikaner, oder zumindest ein großer Teil von ihnen, im Überfluß. Dieses ging bis in die 70er Jahre relativ gut, da auch wenig Konkurrenz von außen eindrang. Es herrschte wieder das Gefühl, auf einer Insel mit paradiesischen Verhältnissen zu leben. Das eigene Energiedefizit wurde leichtherzig übersehen und mit Importen abgedeckt.

Der verlorene Vietnamkrieg, die Ölkrise von 1973 und die steigende Staatsverschuldung bescherte diesem Lebensgefühl dann Mitte der 70er Jahre ein jähes Ende. Die Amerikaner mußten erkennen, daß auch sie verletzlich und nicht unschlagbar sind. Als dann auch noch die EG-Länder und vor allem Japan begannen, den amerikanischen Markt mit nicht nur billigeren, sondern auch guten Produkten zu überschütten, begann ein weiteres Erwachen. Schnell rutschte die Handelsbilanz ins Negative, und der bis dato zu hoch angesetzte Dollar verlor drastisch an Wert – ein Wertverfall, der sich bis in die 90er Jahre fortsetzte.

Nun begannen auch die USA, ihre Wirtschaft umzuorientieren und auf neue Zielwerte zu eichen, wie z.B. sparsamere Autos zu bauen, vermehrt auf Umweltschutz zu setzen, die Loslösung von der Abhängigkeit von Rüstungsexporten usw.

Pittsburgh entwickelt sich zur Stahlmetropole

Doch vor allem bedurfte es einer Umorientierung hin zu einem konkurrierenden Wettbewerb auch über die eigenen Grenzen hinaus. Daß sich die Amerikaner damit schwer tun, kann man auch heute noch erkennen. Nach bereits 20 Jahren Umorientierung ist es der Wirtschaft noch immer nicht gelungen, auf allen Gebieten mit der ausländischen Industrie mitzuhalten. Deutlich wird dieses besonders bei der Automobilindustrie. Amerikanische Fahrzeuge lassen sich noch immer schwer im Ausland verkaufen, wobei besonders japanische Fahrzeuge den eigenen Markt überschwemmen. Ein japanischer Industrieller sagte einmal dazu die passenden Worte:

"Die Amerikaner und Europäer produzieren etwas für ihre Bedürfnisse und versuchen, es dann auch im Ausland zu verkaufen. Die Japaner aber schauen sich den ausländischen Markt an und stellen dann ein passendes Produkt für diesen Markt her."

5.5 LANDWIRTSCHAFT

Einige interessante Daten zur Landwirtschaft:

Anzahl der landwirtschaftlichen Betriebe:	2.022.450	(1978: 2.258.300)
Durchschnittliche Farmgröße:	188 ha	
Farmland (1982- 87):	- 2,3 %	
nach 1987 flachte diese Tendenz aufgrund besserer wirtschaflicher Bedingungen etwas ab		
Rinderbestand auf Farmen heute: (Brasilien 193 Mio.)	99 Mio. Stück	(1979: 112 Mio.)
Maisproduktion:	177 Mio. t	

Weizen:	66 Mio. t
(VR China: 103 Mio. t)	
Zuckerproduktion:	7 Mio. t
(Indien: 14,4 Mio. t)	
Anteil der Landwirtschaft am BIP:	1,4%
Anteil der in der Landwirtschaft Tätigen an der Gesamtzahl der Erwerbstätigen (inkl. Forstwirtsch. u. Fischerei):	2,94%

Eigentlich stellt die Landwirtschaft nur eine untergeordnete Rolle im Wirtschaftsgeschehen der USA dar. Doch weil sie besonders im hier behandelten Reisegebiet von größerer Bedeutung ist und auch ins Auge fällt, möchte ich doch ein paar Worte darüber verlieren:

Die USA hat als reines Agrarland begonnen und konnte sich bereits früh selbst versorgen. Diese Tatsache beruhte in frühen Jahren alleine darauf, daß mangelnde Verkehrsverbindungen die Siedler dazu zwangen, zuerst genügend für den Eigenbedarf, später dann zumindest genügend für die Region erzeugen zu müssen. Von der Kolonialzeit bis 1920 wurden zur Schaffung von Agrarflächen etwa 130 Mio. ha. Wald gerodet. In den 30er Jahren gab es über 6,5 Mio landwirtschaftliche Betriebe. Seither sorgte ein Konservierungsprogramm von seiten des Staates dafür, daß nicht mehr Land gerodet wurde, auch damit weitere Erosionen verhindert wurden. Insbesondere die Erosionsschäden haben im **Mittleren Westen** den Farmern erheblich zugesetzt. Waren sie zuerst noch stolz auf ihre riesigen, mit Maschinen gut zu bearbeitenden Feldern mit mehr als 100 ha, mußten sie nach wenigen reichen und ertragreichen Jahrzehnten feststellen, daß der Wind ihnen den wichtigen Mutterboden z.T. bis auf wenige Zentimeter Tiefe abgetragen hat. **Extremwerte** sind in Teilen von Ohio gemessen worden, wo von 4 Metern Muttererde nur noch 30 Zentimeter übriggeblieben sind. Kein Baum, kein Strauch und keine Knicks waren mehr da, um den Boden zu erhalten. Dieses führte dazu, daß viele Farmer mehrere Brachejahre einlegen, Gelder für Knickanlagen investieren bzw. gleich ganz aufgeben mußten.

Dank der Stauseen: Ackerbau ist möglich in South Dakota

Der Name Badlands für die Agrargebiete in den westlichen Dakotas wurde zwar schon vor dieser Zeit genannt aufgrund der ohnehin spärlicheren Bodenwerte und beschwerlicher Zugangsmöglichkeiten, wurde dann aber eigentlich erst allgemein geläufig, als das Agrarland wirklich wegen der von Menschenhand geförderten Erosion zu einem minderwertigen Landschaftsstreifen geworden ist.

Nach dem 2. Weltkrieg wurde die Landwirtschaft – besonders im Westen und Mittleren Westen – erheblich kapitalintensiver, und die Zahl der Betriebe nahm deutlich ab – in den gesamten USA insgesamt von 1950 bis 1980 um 60%. Diese Tendenz setzt sich noch weiter fort. Auch die bebaute Fläche nahm zwischen 1950 und 1980 ab, und zwar um 13,6%. Dieses liegt u.a. auch an den sinkenden Weltmarktpreisen, die die überschuldeten Farmer bzw. Farmen mit schlechten Böden zur Aufgabe zwangen. Denn mittlerweile herrschte auf dem Weltmarkt ein Überangebot an bestimmten Nahrungsmitteln. Da etwa 60% der Farmen über die Hälfte ihrer Einnahmen aus einem Bereich (Milchviehwirtschaft, Mastbetrieb, Sojabohnen etc.) schöpfen, sind diese besonders anfällig gegen sinkende Preise. Häufig können sie auch gar nicht umsatteln auf ein anderes Marktprodukt, da die Lieferwege zu einem Verarbeitungsbetrieb oft zu weit sind. Viele Regionen werden nur von einem Verarbeitungsbetrieb bedient, und der verarbeitet nur ein ganz bestimmtes Produkt.

Die **Warenkreditgesellschaft (Commodity Corporation)** nimmt in den USA den Platz einer Einkaufsgenossenschaft ein und lagert Waren während einer Zeit des Überangebots ein, um sie dann während eines schlechten Erntejahres wieder zu verkaufen. Anders als in vielen Ländern Europas aber, vor allem der EG, variieren die gezahlten Preise erheblich, so daß die Farmer häufig nicht auf ihre Kosten kommen. Daher hat die Regierung bereits in den 30er Jahren die Festsetzung von Garantiepreisen und Produktionsquoten eingeführt, aber diese Hilfe von seiten des Staates ist minimal im Gegensatz zu den EG-Hilfen. Kein Wunder also, daß die Farmer gegen die Subventionspolitik der EG oder die Einfuhrbeschränkung nach Japan so wettern.

Während der 80er Jahre wurde ein Teil der Überproduktion an Getreide durch Lieferungen von jährlich 9-13 Mio. t in die UdSSR abgebaut. Doch mit dem Zerfall der Sowjetunion und durch den Wertverfall des Rubels wurden diese Lieferungen fast ganz eingestellt oder "umgemünzt" in Hilfssendungen, die dem amerikanischen Staat aber kein Geld einbringen.

Als Fazit bleibt auch der amerikanischen Landwirtschaft keine andere Wahl, als ihre Produktion drastisch zu reduzieren.

5.6 DER KONKURRENZDRUCK VON AUSSEN

Wie schon oben angeführt, leidet der amerikanische Staat sehr unter dem hohen Handelsbilanzdefizit, das sich 1987 sogar einmal auf 170 Mrd. Dollar belief, danach zwar wieder abfiel, um aber 1993 wieder auf 138 Mrd. $ zu steigen und der 1994 mit 166 Mrd. $ fast den ehemaligen Stand erreicht hatte. Die kurzzeitige, leichte Erholung ergab sich aus einem deutlich gestiegenen japanischen Yen (der fiel 1995 erneut für 6 Monate auf Tiefstwerte, stieg aber wieder an) und eine Selbstbeschränkung der Lieferländer. 1993 belief sich alleine das Defizit im Handel mit Japan wieder auf 95 Mrd. Dollar und erreichte in den darauf folgenden Jahren wieder Werte über 100 Mrd. Dollar.

Diese Zahlen mögen hoch erscheinen, verglichen mit Werten von europäischen Ländern. Zudem hört man ja die Amerikaner immer wieder klagen, wie sehr sie unter der Last des Defizits leiden. Ganz so gravierend ist es dann aber auch wieder nicht, denn:

- der **Umfang des amerikanischen Außenhandels** beträgt, gemessen am Bruttosozialprodukt, **bei 2,6%** (der europäische Durchschnitt liegt über 20%),
- das **Bewußtsein der Amerikaner, die mächtigste Nation der Erde** zu sein, läßt sie ausgesprochen kritische Maßstäbe ansetzen, die der Sachlage nicht gerecht werden,
- der **Dollarverfall** der letzten 2 Jahrzehnte konnte wegen eines lange Zeit zu hoch angesetzten Kurswertes **sowieso nicht verhindert werden**,
- **die USA importieren in der Regel nur Güter, die sie auch selbst produzieren**, nur daß die Waren aus dem Ausland immer häufiger den Ansprüchen der amerikanischen Käufer genügen (Ausnahme: Erdölimporte und andere Rohstoffe).

Wenn das Defizit einmal die Wirtschaftskraft übersteigen sollte, könnte das Land sich also auch wieder selbst versorgen. Zur Zeit natürlich führt das zu einer Rationalisierung der Arbeitsplätze,

- **zweitgrößter Handelspartner ist Kanada** (23% des Außenhandelsvolumens), mit dem die USA eine Zollvereinbarung (NAFTA – schließt auch Mexiko ein) haben, die bis 1998 einen Binnenmarkt schaffen soll, wie ihn auch die EG als Ziel hat. Zukünftige Anwärter für eine Mitgliedschaft sind übrigens alle Staaten Lateinamerikas (vorerst außer Kuba)
- erste Sondierungsgespräche für eine weitere **Freihandelszone "Nordamerika - Ferner Osten"** sind bereits erfolgt. Bis zur Umsetzung mag es wohl noch eine Weile dauern, doch würde diese dann mit Abstand die wichtigste Wirtschaftsregion der Welt bedeuten. Deutlich zu erkennen ist bereits heute die Tendenz in den USA, sich nach Asien zu orientieren. Das Handelsvolumen mit Süd-, Südost- und Ostasien überschreitet bereits seit Mitte der 80er Jahre das mit den europäischen Ländern.

Trotzdem streben die USA natürlich einen Ausgleich der Handelsbilanz an. Hierzu war es erst einmal notwendig, daß der Dollar auf einen Kurswert gesenkt wird, der amerikanische Produkte für das Ausland auch preislich attraktiv macht. Dieser Wert scheint nach Aussagen von Währungsexperten mittlerweile nahezu erreicht zu sein. Umgekehrt müssen die importierenden Länder ihre Währung angleichen. Lange Jahre galt der japanische Yen als unterbewertet, was Waren von dort natürlich ausgesprochen preiswert gestaltete. 1992-95 stiegen Yen und D-Mark immer wieder an gegenüber dem Dollar, obwohl die Japaner versuchten, dies zu verzögern, um noch schnell wichtige Marktanteile zu erlangen. Japan, Deutschland und die anderen EG-Staaten bemühten sich durch massive Dollarkäufe und Leitzinssenkungen, dem Dollarverfall Einhalt zu gebieten. Japan hat bereits nach wenigen Monaten erreicht, daß der Umtauschkurs des Yen wieder über der kritischen Marge 1$ = 100 Yen liegt.

Ein weiteres wichtiges Ziel für Amerika wäre es, und hier ist die Diplomatie gefragt, daß Japan und die EG ihre Zollschranken fallen lassen und daß die Subventionspolitik, besonders in der EG, weiter abgebaut wird, damit amerikanische Waren eine Chance haben, zu attraktiven Preisen dort in den Markt einzudringen.

Doch eine weitere, bereits oben angesprochene Problematik überschattet den amerikanischen Export: Die US-Firmen produzieren Waren in erster Linie für den eigenen Markt, da dieser Markt für sie immer noch am lukrativsten ist. Nur verkaufen sich diese Waren nicht immer gut im Ausland. Ein auffallendes Beispiel hierfür ist die Automobilindustrie. Selbst zu Zeiten, als der Dollar Tiefststände erreichte und ein luxuriöser Cadillac in Europa nur halb so teuer verkauft wurde wie ein Mercedes, blieb diese Automarke ein Exot. Die Fahrzeuge sind zu groß für europäische Straßen und verbrau-

Die Käseproduktion hat eine große Bedeutung in Wisconsin

chen zu viel Benzin. Außerdem vertrauen europäische Kunden der Qualität amerikanischer Massenprodukte nicht – im Grunde ein kaum noch zu haltendes Vorurteil. Daß die amerikanischen Automobilkonzerne zu wenig dagegen tun, ist alleine daraus ersichtlich, daß sie bereits seit 20 Jahren verstärkt versuchen, ihre Fahrzeuge in Europa abzusetzen und sich seither nur unzureichend Mühe gegeben haben, die o.g. Probleme abzuschaffen.

5.7 WAS KANN DIE ZUKUNFT BRINGEN?

Schon seit der Jahrhundertwende ist der Trend zu erkennen, daß der produktive Sektor abnimmt und der Dienstleistungsbereich stetig wächst. 1993 entfielen nur noch 32% des Bruttoinlandsproduktes auf den produzierenden Sektor, während die Dienstleistungsunternehmen 61% erwirtschafteten. Seit 1981 arbeiten nun auch mehr Menschen in Dienstleistungsbetrieben als in der Industrie. Diese postindustrielle Tendenz nimmt noch weiter zu.

Industrieunternehmen unterliegen dem gleichen Trend und diversifizieren ihre Strukturen. Lange nicht mehr ist ein Stahlmulti nur mit der Stahlerzeugung beschäftigt. High-tech-Produktionen, Immobiliengeschäfte, Autoverleih u.a. unterliegen mittlerweile bestimmten Unternehmensbereichen.

Zukunftsweisende Industrie ist u.a. der High-tech-Bereich, der noch immer die große Hoffnung der amerikanischen Wirtschaft ist. Kommen doch die meisten neuen Ideen auf diesem Sektor immer noch aus Amerika. Diese Industrie wies bisher jedes Jahr eine positive Handelsbilanz auf.

Der Niedergang der Stahlindustrie hat die sozialen Probleme verschärft

Die "alten" Industrien befinden sich zur Zeit in einer Phase des Umbruchs. Wie schon oben erwähnt, diversifizieren sie ihre Unternehmensstrukturen. Aber auch in den klassischen Sparten tut sich etwas. Besonderes Ziel ist es, die Produktivität zu steigern. Das geht, wie auch bei uns, zu einem großen Teil auf Kosten der Arbeiter, denn die zunehmende Automatisierung läßt viele von ihnen den Job verlieren. Ganze Städte leiden darunter, wie z.B. Detroit, die Hochburg des Fahrzeugbaus.

Beispiel: GM, Ford und Chrysler gelang zwischen 1983 und 1985 eine Produktivitätssteigerung von 40%, und zwischen 1985 und 1991 gelang nochmals ein solcher Schritt. Die Produktivität der amerikanischen Wirtschaft (berechnet nach Produktivität je Arbeitskraft) war 1994 um 29% höher als in Deutschland!

Literaturtip

Wer sich für Wirtschaftsfragen in besonderer Weise interessiert oder eine Geschäftsreise in die USA unternimmt, dem sei das Handelsblatt "Business Traveler's Guide" empfohlen. Frankfurt/ Düsseldorf.

5.8 DIE WIRTSCHAFT IM MITTLEREN WESTEN DER USA

In diesem Kapitel sei nur kurz auf den Wirtschaftsraum des amerikanischen Mittleren Westens hingewiesen.

Während die Staaten um die Großen Seen mit ihren Ballungsräumen Chicago, Detroit und Cleveland, sowie die Regionen um Minneapolis, Pittsburgh, Cincinnati und Indianapolis durch **Schwerindustrie, Maschinen- und Fahrzeugbau, Elektronik- und die Elektroindustrie** geprägt sind und auf diesem Sektor einen relativ hohen Stellenwert in den USA einnehmen, steht in den anderen Regionen dieses Reisegebietes die Landwirtschaft im Vordergrund. Z.T. schlechte Böden, Mangel an Fachkräften und die Marktferne lassen in Richtung Westen die Aussichten auf eine prosperierende Wirtschaft aber gering erscheinen. Die stolz verkündeten Zuwachsraten hier nehmen sich im gesamtamerikanischen Wirtschaftsvergleich nur bescheiden aus, denn sie sind relativ errechnet, nicht absolut.

Einzige (kleine) Ausnahme bilden Montana und Wyoming, die, im sog. "Overthrust Belt", mit **Erdöl- und Erdgasfunden** in großen Tiefen und großen Kohlefeldern (vorn im Powder River Basin) aufwarten können. Besonders die Ölfunde in den Verwerfungsschichten der Rocky Mountains haben hier während der 80er Jahre zu boomartigen Zuständen geführt. Doch ist die Förderung des scharzen Goldes, je nach Weltmarkt- und Preislage, sehr unsicher, denn die Förderung ist immens teuer und lohnt nur bei hohen Preisen. Das führt immer wieder zu einem Wechsel zwischen Armut und überschwenglichen Hochgefühlen und beeinträchtigt zudem den ökologischen Charakter der Abbaugebiete in hohem Maße – der Pioniergeist hat hier wieder Einkehr gefunden. Gerade aber die ökologische Gefährdung dieser Region hat die bundesstaatlichen Behörden lange Zeit zögern lassen, vermehrt Subventionsgelder hier zu verteilen und damit alternative Beschäftigungsprojekte bzw. Industrieansiedlungen zu fördern. Zudem sind eine Reihe von Umweltschutzorganisationen gegen eine weitere Belastung der Landschaft angegangen. Sie als Reisender werden das positiv zu spüren bekommen und werden die Notwendigkeit dieser (unterlassenen) Hilfsmaßnahmen schnell erkennen, wenn Sie die überlaufenen kleinen Ortschaften mit ihren riesigen Home-Mobile-Siedlungen und die dafür unzureichende Infrastruktur sehen werden.

Die **Industriestaaten um die Großen Seen** haben aber auch lange Zeit zu kämpfen gehabt, denn ihre Schwerindustrie war nicht mehr so gefragt und der für Michigan so wichtige Fahrzeugbau produzierte lange Zeit am Markt vorbei und arbeitete zudem auch nicht sehr effizient. Die Folge waren Massenarbeitslosigkeit (Raum Detroit), massive Abwanderungen (Raum Pittsburgh) und eine schleichende Verelendung der unteren Mittelschicht, vor allem in den Großstädten. Seit Mitte der 80er Jahre aber wurde in großem Stil investiert, rationalisiert, und seit den beginnenden 90er Jahren erfreut sich auch diese Region – benannt als **Rustbelt** – wieder einer steigenden Wirtschaftsproduktion und geringerer Arbeitslosigkeit.

Verödete Eisenbahnstrecken in Detroit weisen auf die Zukunft hin

Im Abseits aber stehen immer noch die **Farmer**, vor allem die im Gürtel südlich der Großen Seen und die unterhalb der Rockies, in den sog. Badlands. Eine starke Bodenerosion, zu hohe Produktionskosten und ein Überangebot an Produkten werden hier noch für längere Zeit zu Farmaufgaben führen. Der Eintritt in oben erwähnte NAFTA ist ein Reizthema unter den Farmern, denn besonders Fleisch aus Mexiko überschwemmt den amerikanischen Markt. Kein Wunder, daß immer mehr Rancher in Montana und Wisconsin ihre Chance in den Gästeranchen sehen. Fragen Sie mal nach ...

Vielfach hat der Mutterbodenabtrag solche Ausmaße angenommen, daß nur noch eine Stillegung der Flächen als einzige Lösung angesehen werden kann. In Ohio z.B. sind Flächen vermerkt, die ehemals eine über 3-4 m mächtige Mutterbodenschicht aufwiesen, welche heute auf magere 20-30 cm geschrumpft ist.

Wichtigste landwirtschaftliche Produkte sind: Mais und Sojabohnen sowie weiter nach Norden bzw. Westen hin Rinder- und Schweinehaltung, wobei der Staat Wisconsin mit fast 17% der Milchproduktion der gesamten USA aufwarten kann. Die Rocky Mountains-Staaten leiden dagegen unter den niedrigen Niederschlagsmengen, und so kann hier vornehmlich nur semi-extensive Viehhaltung betrieben werden.

Bodenschätze spielen im Gebiet um die Großen Seen eine untergeordnete Rolle. Nur Illinois (Kohle, Erdöl, Kupfer), Ohio (Kohle), Michigan (Erdöl, Eisenerz, Kupfer) und Minnesota (Eisenerz) sind hier erwähnenswert. Doch sind die Vorkommen hier nicht von entscheidender Bedeutung oder bereits ausgebeutet.

Anders dagegen, wie oben bereits angedeutet, die Staaten Montana und Wyoming, deren reiche Kohlefelder – alleine diese beiden Staaten zeichnen für 45% der gesamten Kohlereserven der USA – von großer Bedeutung sind. Mit einem regelmäßigen Einkommen aus den bekannten Erdöl- und Erdgasvorkommen im "Overtrust Belt", der sich von Nordwest-Montana über 3.800 km bis nach Arizona hinzieht, ist in absehbarer Zeit noch nicht zu rechnen. Liegen die Weltmarktpreise zu niedrig, werden die Bohrtürme verplombt, und eine Schar von Arbeitern verweilt dann in den hoffnungslos überforderten Kleinstädten dieser Region, um auf bessere Zeiten zu warten. Erst eine effizientere Fördertechnik kann hier Abhilfe bringen. Das Warten mag aber lohnen, denn die vermuteten Erdölreserven der Rocky-Mountains-Staaten werden auf 17 Mrd. Barrel geschätzt und übertreffen damit die geschätzten Vorräte der Felder in Alaska.

Die Uran- und Silbervorkommen in den beiden Dakotas haben eine nur untergeordnete Bedeutung.

6. GESELLSCHAFTLICHER ÜBERBLICK

6.1 BEVÖLKERUNG DER VEREINIGTEN STAATEN

Heute leben in den USA ca. 247 Mio. Menschen. Die größte Bevölkerungsgruppe stellen die **Weißen** mit ca. 200 Mio. Bürgern. Das sind fast 80% der Gesamtbevölkerung. Sie stammen aus vielen verschiedenen Ländern der Erde. Die drei Hauptgruppen sind allerdings von englischer (21,8%), deutscher (21,7%) und irischer (17,7%), d.h. nord- (bzw. mittel-) europäischer Herkunft. Die zweitgrößte Bevölkerungsgruppe ist die der **Afroamerikaner** mit etwas über 30 Mio. Bürgern.

Darüber hinaus leben noch 17 Millionen Menschen mit **lateinamerikanischem** Ursprung und etwas über 9 Millionen Menschen, die zu einer anderen Minderheit gehören, in den Vereinigten Staaten. Bevölkerungswissenschaftler haben Prognosen aufgestellt, daß der lateinamerikanische Bevölkerungsanteil den der Afroamerikaner kurz nach der Jahrtausendwende übersteigen wird, da schon seit vielen Jahren mit steigender Tendenz eine Wanderungsbewegung von Mexiko her in die Vereinigten Staaten eingesetzt hat. Besonders im Westen und Südwesten ist diese Entwicklung deutlich sichtbar, da sich dort die meisten der zum größten Teil illegal über die Grenze gekommenen Einwanderer ansiedelt. Im Bundesstaat New Mexico liegt der Bevölkerungsanteil der spanischsprechenden Bewohner mit lateinamerikanischem Ursprung bereits bei 50% der Gesamtbevölkerung.

Typische amerikanische Wohncontainer

Eine weitere Minderheit – wenn auch wesentlich kleiner an Anzahl – prägt besonders im Westen und Südwesten der Staaten die Bevölkerungsstruktur, nämlich die **Indianer**. Hinter Kalifornien mit mehr als 200.000 indianischen Bürgern stehen Oklahoma (170.000), Arizona (155.000) und New Mexico (106.000) an zweiter bis vierter Stelle der Statistik, was den Indianeranteil betrifft. Insgesamt machen die Indiander allerdings mit ca. 1,4 Millionen noch nicht einmal 1% der Gesamtbevölkerung der USA aus.

Die **Besiedelung** der Vereinigten Staaten ist sehr unterschiedlich. Während in den Nordoststaaten, die ungefähr 20% der Gesamtfläche ausmachen, ungefähr 50% der Bevölkerung wohnt, ist der Südwesten als relativ menschenleer zu bezeichnen. Nevada z.B hat nur 1,1 Millionen Einwohner auf einer Fläche von 289.292 qkm. Das sind 3,4 Einwohner pro qkm. Bevölkerungsreichster Bundesstaat ist Kalifornien mit fast 30 Millionen Einwohnern. Wie in anderen Industriestaaten setzte seit der Jahrhundertwende eine rapide Verstädterung ein. Heute leben etwa 75% aller Amerikaner in Städten. Verhältnismäßig viele Amerikaner besitzen ein eigenes Haus, veräußern dieses jedoch auch schnell wieder, wenn es die Lebensumstände erfordern. Sie sind im allgemeinen in dieser Hinsicht viel mobiler als Europäer. Es ist sogar nicht ungewöhnlich, in einem versetzbaren Haus (Mobile Home) zu wohnen.

6.2 MINDERHEITEN

Afroamerikaner

In den USA sind Bürger mit schwarzer Hautfarbe dazu übergegangen, sich nicht mehr als Schwarze über ein sichtbares Merkmal zu definieren, sondern entsprechend ihrem Ursprung vom afrikanischen Kontinent über ihre Herkunft. Sie sind mit ihren mehr als 12% am Bevölkerungsanteil noch die größte Minderheit in den USA, und trotz gleicher Rechte vor dem Gesetz haben sie durchschnittlich nicht die gleichen Chancen wie hellhäutige Bürger. Zwar wurde als Folge der ab 1955 aktiven **Bürgerrechtsbewegung** mit den Civil Rights Acts von 1964, 1965 und 1968 eine Gleichheit vor dem Gesetz festgelegt bzw. Ungleichheiten beseitigt, aber der Traum ("I have a dream") des bekanntesten Vertreters dieser Bürgerrechtsbewegung Martin Luther King ist, was die realen Verhältnisse betrifft, noch nicht in Erfüllung gegangen. Inzwischen gibt es zwar eine afroamerikanische Mittelschicht, und einige Afroamerikaner schafften den Sprung auch in die oberste Gesellschaftsschicht, aber was den Durchschnittsafroamerikaner betrifft, so haben für ihn Quotenregelungen und Bildungsförderungsprogramme nicht viel an seinem Leben geändert.

"Sozialamt" Supermarkt

Der überwiegende Anteil dieser Bevölkerungsgruppe lebt in Ghettos mit hoher Arbeitslosigkeit, Analphabetentum und der entsprechenden Kriminalität. 30% aller Afroamerikaner leben sogar unter der offiziellen Armutsgrenze. Es erübrigt sich fast zu erwähnen, daß die durchschnittliche Lebensqualität dieser Bevölkerungsgruppe unter dem Durchschnitt liegt und die Aufstiegschancen vieler Afroamerikaner gering sind. Nach der Abschaffung der Sklaverei 1863 in den Unionsstaaten unter Präsident Lincoln, die von den Südstaaten infolge des Ausganges des amerikanischen Bürgerkrieges 1865 übernommen wurde, erhielten 1867 die Afroamerikaner die Bürgerrechte. Diese wurden durch Sondergesetze der einzelnen Bundesstaaten insbesondere im Süden und durch die Handhabung in der Praxis unterlaufen. Darüber hinaus wurden Afroamerikaner durch Schikanen von Geheimorganisationen, wie dem **Ku Klux Klan**, unter Druck gesetzt.

In den 70er Jahren des letzten Jahrhunderts war dann die erste Abwanderungswelle von Afroamerikanern vom Süden in den industrialisierten Norden zu beobachten. Die Betroffenen tauschten jedoch ihr Schicksal als Landarbeiter, die häufig nur für eine Bezahlung in Naturalien arbeiten mußten, gegen eine Existenz als schlecht bezahlte Industriearbeiter ein. Zwar waren die Lebensbedingungen für sie im Norden nicht so hart, aber von Gleichberechtigung mit den Weißen konnte keine Rede sein.

Von den Gewerkschaften waren die Afroamerikaner in der Regel ausgeschlossen und konnten somit ihre Forderungen im Arbeitsbereich schlecht durchsetzen. Häufig organisierten sie sich in rein schwarzen kirchlichen Organisationen. 1883 hob der Supreme Court das Bürgerrechtsgesetz von 1875 auf, so daß daraufhin eine Politik des "**separate but equal**" (getrennt, aber gleich) verfolgt werden konnte. Afroamerikaner hatten somit zwar theoretisch die gleichen Rechte wie die Weißen, konnten sie aber nur innerhalb ihrer "Gesellschaft" ausüben. Regierungs- und Verwaltungsämter blieben mit Ausnahmen den Weißen vorbehalten, die an einer realen Gleichstellung mit den Afroamerikanern nicht interessiert waren. Im Süden der Vereinigten Staaten wurden um die Jahrhundertwende sogar Bundesstaatengesetze verabschiedet, die den Afroamerikanern das Wahlrecht absprachen.

In den Städten des Nordens kam es Anfang dieses Jahrhunderts zu Aufständen gegen die schlechten Lebensbedingungen. Trotzdem gab es während des 1. Weltkriegs eine zweite **Zuwanderungswelle** von Afroamerikanern in die nördlichen Bundesstaaten. Hier fanden sie nicht zuletzt wegen der prosperierenden Rüstungsindustrie zumindest einen Job. Der Kampf um Gleichberechtigung zog sich jedoch weiterhin erfolglos wie ein roter Faden durch die folgenden Jahrzehnte. Mit dem von **Martin Luther King** initiierten **Bus-Boykott** in Montgomery (Alabama) 1956 wurde diesbezüglich eine neue Ära eingeläutet. Martin Luther King und seine Anhänger vertraten den Standpunkt, daß mit passivem Widerstand in geballter Form eine Verbesserung der Lebensbedingungen der Afroamerikaner in den Vereinigten Staaten zu erreichen sei.

Ausgehend von dieser berühmt gewordenen Aktion in Alabama entwickelte sich bis 1960 eine Bewegung, die mit Boykottierung von Geschäften und öffentlichen Einrichtungen durch Afroamerikaner öffentliches Aufsehen erregte. Ein Ableger der Bus-Aktion in Montgomery wurde die "Freedom Rider Bewegung", die landesweit gleiche Rechte in der Beförderung in öffentlichen Verkehrsmitteln durchzusetzen versuchte. Welche Ausmaße diese Bewegung erreichte, läßt sich schon an der Tatsache beleuchten, daß 1961 allein in Jackson (Mississippi) 290 Aktivisten festgenommen wurden.

1957 und 1960 versuchte die amerikanische Regierung, die Durchsetzung des Wahlrechtes von Afroamerikanern in den Südstaaten zu verbessern. Doch Gesetze allein halfen nicht, die soziale Situation zu verändern. Als zusätzliche Aktion des **friedlichen Widerstandes** wurden ab 1962 große Aufmärsche organisiert. Die erste dieser Versammlungen, die in die Geschichte einging, fand 1962 in Albany (Georgia) statt. Ein Jahr später führte die Aufforderung Martin Luther Kings in Birmingham (Alabama), 40 Tage lang zu demonstrieren, zu ca. 2.000 Festnahmen, obwohl diese Aufmärsche rein friedlicher Natur waren. Ebenfalls 1963 kamen 200.000 Demonstranten nach Washington D.C., um vor Ort für ihre Rechte zu streiten.

Zu diesem Zeitpunkt formierten sich jedoch auch die "**Black Muslims**", die meinten, ihre Rechte mit Gewalt durchsetzen zu müssen. Der Anführer einer Splittergruppe dieser Bewegung wurde unter dem Namen **Malcolm X** international bekannt. Als erste Reaktion der amerikanischen Regierung auf die verschärften Proteste ist sicherlich das Bürgerrechtsgesetz von 1964 zu sehen. Jedoch waren die realen Veränderungen zu wenig spürbar, als daß der gewaltsame Flügel der Bürgerrechtsbewegung zufrieden gestellt gewesen wäre.

Ist die Kluft überwunden?

Ab Mitte der 60er Jahre rückte die "**Black Panther Party**" immer mehr in den Vordergrund des Geschehens. Sie forderte, daß die Afroamerikaner in den Ghettos sich eigenverantwortlich verwalten sollten. Im Sommer 1965 kam es in Los Angeles zum sogenannten Watts-Aufstand, der 34 Todesopfer und über 1.000 Verletzte forderte. 1967 gab es in Newark und Detroit gewaltsame Auseinandersetzungen, die ebenfalls viele Opfer forderten. Ein Jahr später löste das Attentat auf Martin Luther King Protestaktionen im ganzen Land aus. Die Afroamerikaner in den Vereinigten Staaten drangen verstärkt auf eine schnelle Änderung ihrer sozialen Benachteiligung, die jedoch auch ein Bürgerrechtsgesetz bezüglich der freien Wahl der Wohnung des gleichen Jahres nicht aufheben konnte.

Heute sind die Afroamerikaner zwar laut Gesetz gleichberechtigt, jedoch machen die realen Verhältnisse deutlich, daß davon nicht die Rede sein kann. Der durch brutales Verhalten von weißen Polizisten und dem nachfolgenden Gerichtsurteil provozierte Aufstand in Los Angeles der 90er Jahre zeigt am exemplarischen Beispiel, daß es auch jetzt noch Rassendiskriminierung gibt.

Bürger lateinamerikanischen Ursprungs

Von den etwa 17 Millionen Menschen aus Lateinamerika, die in den Vereinigten Staaten leben, sind ungefähr 9 Millionen "**Chicanos**", d.h. mexikanischen Ursprungs. Diese "Chicanos" leben hauptsächlich im Westen und Südwesten der USA, während die Lateinamerikaner ("**Latinos**") aus andern Ländern sich, wie die Puertorikaner, eher im Osten angesiedelt haben. Bedingt durch die schlechten wirtschaftlichen Verhältnisse in Mexiko und die relativ lange Grenze (über 3.000 km) zwischen diesem Staat und den USA, die sich in ihrer Gesamtheit schlecht überwachen läßt, sehen viele Mexikaner in einem illegalen Grenzübertritt in Richtung USA eine Chance, ihre Lebensqualität zu verbessern.

Im Jahre 1992 wurden mehr als 565.000 illegale Grenzgänger auf dem Weg von Mexiko in die USA von der Grenzpolizei erwischt und wieder zurückgeschickt. Es wird geschätzt, daß weitaus mehr Mexikanern – wahrscheinlich mehr als 1 Million – im gleichen Jahr der Grenzübertritt geglückt ist. Diejenigen, die es geschafft haben, versuchen bei Landsleuten am Stadtrand von Los Angeles, San Diego, Tucson, Santa Fe oder Phoenix Unterschlupf zu finden, um sich dann eine Arbeit zu suchen. Zwar sind sie gezwungen, für verhältnismäßig wenig Geld zu arbeiten, was den US-Standard betrifft, da sie keine Arbeitserlaubnis haben und in der Regel nicht einmal Englisch sprechen, aber sie verdienen immer noch mehr als in ihrem Heimatland Mexiko. In einigen Gebieten des Südwestens mit einem hohen "Chicanoanteil" hat sich daher inzwischen sogar eine spanisch-englische Zweisprachigkeit durchgesetzt. In vielen Restaurants kann man so auch auf Spanisch sein Gericht bestellen.

Hinterhof in Pittsburgh

Da der Strom dieser Wirtschaftsflüchtlinge aus Mexiko in absehbarer Zeit nicht abreißen wird und die Geburtenrate der "Chicanofamilien" weit über dem amerikanischen Durchschnitt liegt, wird die spanischsprachige Minderheit in den USA bis über das Jahr 2000 hinaus noch um einige Millionen anwachsen. Die allgemeine Situation dieser Minderheit wird das nicht verbessern, da viele Chicanos aufgrund ihrer illegalen Einreise keine Rechte haben und nur Schwarzarbeiten verrichten können. Häufig sind sie schon auf der Flucht als Drogenschmuggler ausgenutzt worden, und häufig bleibt ihnen später auch nur die Kriminalität als Einnahmequelle. Ob im Rahmen des 1993 abgeschlossenen NAFTA-Abkommens, das Kanada, die USA und Mexiko zur zweitgrößten Freihandelszone der Welt zusammenfaßt, eine Lösung des Wanderungsproblems zu erreichen ist, bleibt abzuwarten.

Indianer

Die Angaben darüber, wie viele Indianer es in den Vereinigten Staaten heute gibt, variieren stark. Die jeweils angegebene Zahl ist davon abhängig, wer als Indianer gezählt wird. Enggefaßte Definitionen berücksichtigen nur diejenigen als Indianer, die in Reservaten und indianischen Lebensgemeinschaften leben. Faßt man die Bürger zusammen, die sich selbst als Indianer bezeichnen und entsprechene Angaben bei den Behörden gemacht haben, so lebten offiziell Ende der 80er Jahre etwa 1.420.000 (einschließlich ca. 45.000 Eskimos) in den Vereinigten Staaten. Durch eine relativ hohe Geburtenrate wuchs die Zahl der Indianer seit der Jahrhundertwende (ca. 237.000 registrierte Indianer) doch wieder auf eine beträchtliche Anzahl, auch wenn ihr Anteil an der Gesamtbevölkerung, wie bereits erwähnt, heute nicht einmal 1% beträgt. Wie viele Indianer es vor den Vernichtungsaktionen durch die Weißen ursprünglich einmal auf dem nordamerikanischen Kontinent gegeben hat, gab zu vielen Spekulationen Anlaß. Schätzungen zwischen 1 und 2 Millionen sind in der Literatur am häufigsten zu finden. Heute sind 266 Stämme offiziell registriert. Ungefähr die Hälfte der Indianer lebt in Reservaten, die zum Teil autonom verwaltet werden und dem Bureau of Indian Affairs unterstehen.

Die größten Reservate sind das Navahoreservat, das sich über Gebiete der Bundesstaaten Arizona, New Mexico und Utah erstreckt, sowie das Papago- und das Hopireservat, die beide in Arizona liegen. Da diese Reservate in der Regel weder landwirtschaftlich noch industriell in großem Stil genutzt werden können, da der Boden ungeeignet, die Infrastruktur schlecht und Bodenschätze nicht ausreichend vorhanden sind, müssen die Bewohner auf andere Wirtschaftszweige, wie z.B. den Tourismus ausweichen, um ihren Lebensunterhalt zu sichern. Darüber hinaus werden die Reservate mit staatlichen Mitteln gefördert.

Nachdem 1988 durch ein Gesetz (Indian Gaming Regulatory Act) die Eröffnung von Spielkasinos auf dem Gebiet von Indianerreservaten legalisiert ist, versuchen viele indianische Gemeinschaften, diese Geldquelle zu nutzen. 1992 hatten bereits mehr als die Hälfte der 280 Reservate ein Kasino eröffnet. Der Jahresumsatz in jenem Jahr belief sich auf 1,4 Milliarden Dollar. Ob diese Geldquelle jedoch nur von wenigen angezapft werden oder die Situation der Indianer im allgemeinen verbessern wird, läßt sich zu diesem Zeitpunkt noch nicht sagen. Noch stets ist die Selbstmordrate bei Indianern doppelt so hoch wie beim amerikanischen Durchschnittsbürger. Die Sterblichkeit aufgrund von Alkoholmißbrauch überschreitet den Durchschnitt sogar um ein Mehrfaches. Darüber hinaus sind immer noch eine sehr hohe Säuglingssterblichkeit und ein hoher Prozentsatz an Infektionskrankheiten mit Todesfolge zu verzeichnen.

Diese Tatsachen lassen Rückschlüsse auf eine schlechte soziale Situation und eine ungenügende medizinischen Versorgung der indianischen Bevölkerung zu.

Asiaten

Einen Bevölkerungsanteil von über 2% stellen Amerikaner asiatischer Herkunft, die hauptsächlich an der Westküste der Vereinigten Staaten oder auf Hawaii leben. Aber auch in großen Städten des Ostens, wie z.B. in New York, gibt es Enklaven von Asiaten. Die größte Gruppe unter den Asiaten wiederum bilden die **Chinesen**, die auch die älteste Einwanderungsgruppe sind. Bereits im 19. Jahrhundert kamen die ersten Chinesen in die USA, um sich hier niederzulassen. Von einer Einwanderungswelle kann man auch im Zusammenhang mit der Zeit nach dem Zweiten Weltkrieg sprechen, nach dem die Einwanderungsbeschränkungen für Asiaten aufgehoben wurden. Heute wohnen über 1,8 Mio. Chinesen in den USA, 17% davon allein in New York.

Ebenfalls nach dem zweiten Weltkrieg wanderten viele **Japaner** in die Vereinigten Staaten ein. Ihre Zahl beläuft sich heute auf etwa 750.000. Die zweitgrößte asiatische Gruppe in den USA bilden jedoch die **Filipinos** mit einer Anzahl von ungefähr 1,6 Mio. Als Folge der Kriege, an denen die USA im Fernen Osten beteiligt waren, kamen dann auch viele **Koreaner** und **Vietnamesen** nach Amerika. Heute gibt es etwa 700.000 Vietnamesen und über 350.000 Koreaner.

Typisch für die meisten asiatischen Einwanderer ist der Zusammenschluß mit Landsleuten. Auch heute noch gibt es in amerikanischen Großstädten ganze Wohnviertel, in denen fast ausschließlich Asiaten wohnen und arbeiten. Die Bezeichnung "Chinatown" für solche Viertel ist zu einem festen Begriff geworden. Hier bekommt man als Tourist das Gefühl, in einer anderen Welt zu sein, da die asiatischen Lebensgewohnheiten mit nach Amerika "importiert" wurden. Dieser Umstand zeugt von einer starken kulturellen Eigenständigkeit der Asiaten in den USA, der sich auch auf sprachlichem Gebiet beobachten läßt. Obwohl der Integrationsgrad der Asiaten auf kulturellem Gebiet weit geringer ist als der anderer Minderheiten, sind bei ihnen als Gruppe die wenigsten Probleme im beruflich-wirtschaftlichen Bereich zu konstatieren.

6.3 SOZIALE VERHÄLTNISSE

Die Einstellung der Amerikaner zu ihrem sozialen System ist auch heute noch geprägt von den Lebensbedingungen der Pioniere, die den nordamerikanischen Kontinent erschlossen, denn auch zu Zeiten, in denen in vergleichbaren Industriestaaten ein soziales Netz existiert, das Arbeitslose, Kranke oder Sozialfälle auffängt, rutschen in den Vereinigten Staaten immmer noch viele Menschen mit entsprechenden Problemen durch die Maschen des dort nicht gerade engmaschig geknüpften Netzes. Denn ein großer Teil der amerikanischen Bevölkerung vertritt die Meinung, daß man sich durch harte Zeiten auch ohne staatliche Hilfe durchzuschlagen habe.

Wesentlich größer jedoch als in anderen Industrieländern ist der Anteil der Kirchen an der "Sozialarbeit". Mit unzähligen Helfern, die häufig auf ehrenamtlicher Basis arbeiten, wird hier versucht, Löcher innerhalb der Sozialgesetzgebung zu stopfen. Die Gesamtsituation von Menschen in sozialer Not verändert diese Hilfe jedoch leider nicht, so effektiv sie im Einzelfall auch sein mag. In zunehmendem Maße werden Sozialfälle in den Vereinigten Staaten durch ihre soziale Not in die Kriminalität abgedrängt.

Die steigende Kriminalitätsrate ist sicher auch ein wichtiger Punkt, warum auf sozialpolitischer Ebene zur Zeit ein Prozeß des Umdenkens stattfindet. Die vielzitierte Krankenhausrechnung, die die Finanzen einer Familie ruiniert, ist zwar für viele Amerikaner heute noch bittere Realität, wird aber im Rahmen der geplanten Reformen bezüglich des Gesundheitssystems bald der Vergangenheit angehören.

Krankenversicherung

Für den Krankheitsfall sind in den Vereinigten Staaten nur Beamte durch entsprechenden Gesetze automatisch abgesichert. Im übrigen besteht keine gesetzliche Krankenversicherung, so daß die Möglichkeit einer privaten Versicherung übrigbleibt, die recht teuer ist und entsprechend der Leistungen, die sie tragen muß, individuell den Jahresbeitrag anpaßt. Im Jahre 1993 waren 37 Millionen Amerikaner nicht und 40 Millionen unzureichend krankenversichert. Ein großer Teil der Bürger ist einfach nicht in der Lage, die hohen Kosten für eine angemessene Krankenversicherung aufzubringen. Für Rentner wurde 1965 Medicare eingerichtet. Zur Hälfte vom Arbeitnehmer (bzw. Arbeitgeber) finanziert, bietet diese Versicherung Bürgern, wenn sie in den Ruhestand gehen, eine gewisse Absicherung im Krankheitsfall. Etwa ein Fünftel der Behandlungskosten muß der Patient, der diese Versicherung in Anspruch nimmt, jedoch selbst tragen. Bedürftige und Arme werden im Krankheitsfall durch Medicaid – ein für diese Personengruppe eingeführter Fond – unterstützt, was jedoch die eklatanten Mißstände bezüglich des Krankenversicherungssystems nicht behebt.

Zu diesem Zweck wurde 1993 unter der Regierung von Bill Clinton ein Gesetzentwurf erarbeitet, der vorsieht, daß ab 1997 jeder Amerikaner im Krankheitsfall abgesichert ist. Es soll in diesem Rahmen eine allgemeine Versicherungspflicht eingeführt werden. Die dafür anfallenden Kosten sollen u.a. über eine drastische Erhöhung der Tabak- und Alkoholsteuer gedeckt werden, da eine Finanzierung nur aus Sozialabgaben der Versicherten und deren Arbeitgeber zu teuer für den einzelnen werden würde. Es ist eine entsprechende Abgabe geplant, die zu 80% vom Arbeitgeber und zu 20% vom Arbeitnehmer zu entrichten sein wird. Ein weiterer wichtiger Punkt bei der Reform des Gesundheitssystems sind Einsparungen bei den Kosten für medizinische Leitungen. Im Jahre 1992 wurde rund 1 Billion Dollar für medizinische Leistungen und Medikamente ausgegeben. Es wurde errechnet, daß mit entsprechenden Maßnahmen ungefähr 250 Millionen Dollar eingespart werden könnten.

Die Gesundheitsausgaben pro Kopf beliefen sich in den USA 1992 auf 2 867 Dollar (in der Bundesrepublik 1 659 Dollar). Mit Hilfe von Expertenkommissionen sollen nun Richtlinien für die zu berechnenden Kosten medizinischer Leistungen erarbeitet werden, um eine Kostensenkung zu erzielen. Schon jetzt wird die Reform des Gesundheitssystems mit der großen Sozialreform Franklyn D. Roosevelt ("New Deal") verglichen. Am Gelingen dieser Reform werden viele Amerikaner in der Zukunft den Erfolg Bill Clintons messen, an dem seine Frau Hillary insofern beteiligt ist, als sie es als ihre vornehmste Aufgabe ansieht, die Grundlagen dafür zu erarbeiten.

Doch durch die hohen Wahlverluste der Demokraten im Repräsentantenhaus 1994 scheinen die Pläne zur Gesundheitsreform fürs erste hinfällig zu sein.

Rentenversicherung

Die Renten werden in den Vereinigten Staaten durch die Social-Security-Steuer finanziert, die wie bei Medicare zu gleichen Teilen von den Arbeitnehmern und Arbeitgebern zu entrichten ist. Selbständige haben die Möglichkeit, durch Zahlung der Social-Security-Steuer im Alter ebenfalls in den Genuß einer entsprechenden Rente zu gelangen. Bei entsprechender Zahlungsdauer werden ca. 42% des letzten Nettoeinkommens als Rente ausgezahlt. Das Rentenalter ist auf 65 Jahre angesetzt. Es besteht allerdings auch die Möglichkeit, unter Verzicht auf einen gewissen Prozentsatz das Rentenalter mit 62 oder 64 anzutreten. Diejenigen Arbeitnehmer, die es sich finanziell leisten können, schließen darüber hinaus noch eine private Rentenversicherung ab, um im Alter ihren Lebensstandard halten zu können. Auch, was die Sozialgeschichte betrifft, hinken die Amerikaner anderen Industriestaaten hinterher. Eine staatliche Rentenversicherung, wie sie oben beschrieben wurde, ist erst in der Regierungszeit Franklyn D. Roosevelts eingeführt worden.

Arbeitslosenversicherung

Die Höhe der Arbeitslosenversicherung ist abhängig von dem Bundesstaat, in dem sie ausgezahlt wird. Der Prozentsatz differiert erheblich. So werden entsprechend dem Wohnort zwischen 30 und 50% des letzten Arbeitslohnes ausgezahlt. Die Zahlungen werden bis zu 39 Wochen nach dem Zeitpunkt der Kündigung geleistet. Vergleicht man diese Zahlen mit den in der Bundesrepublik üblichen Verhältnissen, so wird deutlich, daß die Situation der Arbeitslosen in den Vereinigten Staaten erheblich schlechter ist als in Deutschland. Diese Tatsache ist insofern nicht verwunderlich, als die Finanzierung der Arbeitslosenunterstützung auf einer Steuer basiert, die allein vom Arbeitgeber zu entrichten ist.

Arbeitslose Schwarze vor einer Missionsstation

Sozialhilfe

Sozialhilfe wird allen Bürgern der Vereinigten Staaten gewährt, deren Einkommen unter der offiziell festgelegten Armutsgrenze liegt. Diese Grenze lag 1990 bei 6.200 Dollar jährlich (12.675 Dollar für eine Familie mit zwei Kindern). Unterhalb dieser Grenze leben ca. 30% der Afroamerikaner, ca. 25% der Latinos und 10% der Weißen. Statistiken belegen weiterhin, daß etwa 25% aller Kinder in Verhältnissen unterhalb der Armutsgrenze leben müssen. Obwohl das Schulgeld erlassen wird, wenn die Familie unter der Armutsgrenze lebt, verlassen etwa 2 Millionen Jugendliche jährlich die Schule, ohne ausreichend Lesen und Schreiben gelernt zu haben. Durch Sozialleistungen, wie Medicaid, Mietzuschüsse und Ausgabe von Lebensmittelmarken, können derart sozial bedingte Mißstände nicht behoben werden, da oft trotzdem das Geld für's Nötigste fehlt und auch zunehmend Jugendliche gezwungen sind, Geld zu verdienen oder zu stehlen, um die Familie durchzubringen, anstatt zur Schule zu gehen. Der Teufelskreis sozialer Verelendung nimmt so seinen Lauf, da Analphabeten oder Jugendliche mit einer schlechten Schulausbildung keine gutbezahlte Arbeit bekommen.

Gewerkschaften

Die erste große Organisation zur Interessenvertretung für Arbeitnehmer wurde 1869 gegründet und nannte sich "Knights of Labor". Ihr folgte 1886 die "American Federation of Labor" (AFL), deren erster Präsident Samuel Gompers wurde. 1935 spaltete sich der "Congress of Industrial Organization" (CIO) ab, da man sich innerhalb der AFL nicht darüber einig werden konnte, ob die Gewerkschaftsorganisation zentral weitergeführt oder in mehrere Unterorganisationen entsprechend der verschiedenen Arbeitsbereiche aufgeteilt werden sollte. 1955 vereinigten sich beide Organisationen wieder zur AFL-CIO und sind seither mit etwa 13 Millionen Mitgliedern der größte Gewerkschaftsdachverband der Vereinigten Staaten. Außerhalb der AFL-CIO sind noch 9 Millionen Arbeitnehmer in anderen gewerkschaftlichen

Organisationen organisiert. Es gibt zwar in den USA keinen bundesstaatenweiten Tarifvertrag, aber es ist landesweit ein Mindestlohn gesetzlich festgelegt (1993: 4,25 Dollar), der nicht unterschritten werden darf.

Bildungswesen

In den Vereinigten Staaten ist der Bildungsweg in drei Abschnitte gegliedert. Nach der Primary oder Elementary School, die jeder amerikanische Schüler durchläuft, besteht die Möglichkeit, auf einer Highschool weiter zur Schule zu gehen.

Diese Highschool hat nichts mit einer Hochschule im deutschen Sinne zu tun, wie man fälschlicherweise bei einer wörtlichen Übersetzung des Wortes vielleicht annehmen könnte. Erfahrungen von deutschen Schülern, die ein Jahr im Rahmen eines Austauschprogramms auf einer amerikanischen Highschool waren, zeigen, daß diese Schule vom Niveau her auch in den abschließenden Klassen 10, 11 und 12 nicht mit einem europäischen Gymnasium zu vergleichen ist. Das mag unter anderem daran liegen, daß in amerikanischen Schulen soziale Dinge, wie Arbeitsgemeinschaften oder Sport, eine ungleich größere Rolle spielen als an vergleichbaren Schulen in Europa. Auf die Highschool folgt nach Abschluß der 12. Klasse das College und nach Abschluß des College die Universität. Da der Bildungsweg in den Vereinigten Staaten anders gegliedert ist als in Deutschland, ließe sich ein Teil der College-Ausbildung mit einem Grundstudium an einer deutschen Universität gleichsetzen.

Auch was die berufliche Ausbildung betrifft, gibt es große Unterschiede zum deutschen System. Ein Lehre im eigentlichen Sinne existiert in den USA nicht. Berufsbildende Schulen sind weitgehend unbekannt. Man lernt einen Beruf durch Mitarbeit in der jeweiligen Branche. Der Nachteil dieser Art von Berufsausbildung ist häufig ein mangelndes Fachwissen. Als Vorteil ist zu sehen, daß praxisorientiert gelernt wird und die Möglichkeit des Berufswechsels erleichtert ist. Im Gegensatz zu deutschen Verhältnissen ist es für Amerikaner so gut wie selbstverständlich, nicht ihr ganzes Leben lang in einem Beruf zu arbeiten.

Was die Schulen betrifft, so besteht hier ein sehr großer Qualitätsunterschied, der durch den Umstand bedingt ist, daß die Schulen über die Grundstückssteuer finanziert werden. Somit sind Schulen in "reichen" Vierteln wesentlich besser ausgestattet als in Vierteln, in denen arme Leute wohnen. Aber nicht nur dieser Unterschied in der Ausstattung der verschiedenen Schulen hat zur amerikanischen Bildungsmisere geführt. Der Umstand, daß amerikanische Schüler durchschnittlich 40 Tage im Jahr weniger zur Schule gehen als in Europa, die bereits erwähnte starke Orientierung der Lerninhalte im sozialen Bereich und Sport sowie die zunehmenden Probleme mit Gewalt und Drogen im Schulbereich, die in Ansätzen auch schon in deutschen Großstädten anzutreffen sind, haben ihren Anteil daran. Zur "Ivy League" (der Elite) der amerikanischen Studenten gehören ohnehin fast ausschließlich finanzkräftige Amerikaner, da die Studiengebühr für eine Eliteuniversität ab 20.000 Dollar im Jahr anzusetzen ist.

AUFBAU DES AMERIKANISCHEN BILDUNGSSYSTEMS

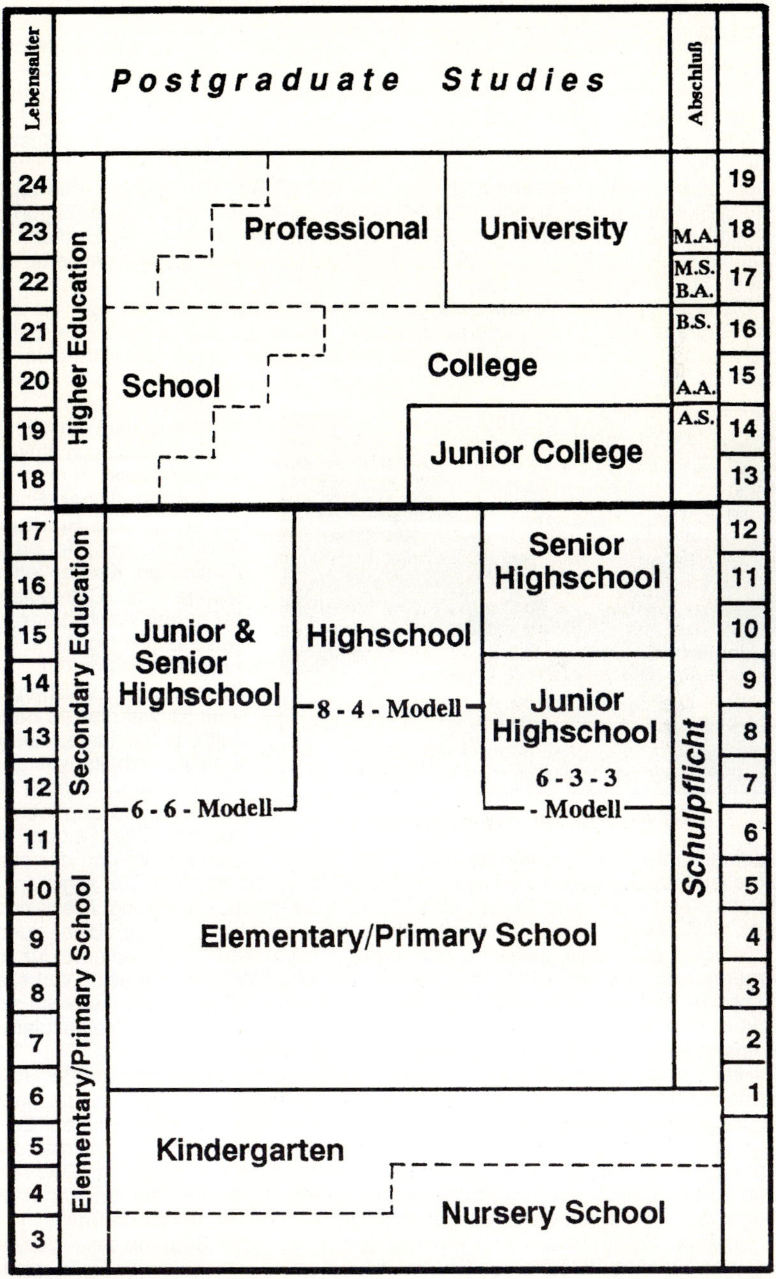

6.4 GESCHICHTE VON JAZZ UND BLUES

Die Wurzeln des **Jazz** reichen auf der einen Seite zu den Ursprüngen der afroamerikanischen Kultur in Westafrika zurück. Zwar war den aus Afrika importierten Sklaven lange Zeit das Spielen ihres wichtigsten Instrumentes, der Trommel, auf den Plantagen in Nordamerika untersagt, da die damit verbundene Musik häufig einen religiösen Charakter hatte, den die christlichen Weißen nicht duldeten, aber in der Vokalmusik konnten sich noch recht ursprüngliche Formen der afrikanischen Musik halten. **Gesänge**, die bei der **Arbeit auf den großen Plantagen** gesungen wurden, und sogenannte **field hollers**, das waren gesungene Begrüßungen und Zurufe der Sklaven untereinander, ließen das afrikanische Element der afroamerikanischen Kultur überleben. Der Charakter dieser Musik orientierte sich an ihrer Funktion. Sie wurde durch den Arbeitsrhythmus bestimmt.

Diese Formen der **Vokalmusik** gelten als Vorläufer des Blues, der als eine Mischung aus afrikanischer und europäischer Musik gilt. Der europäische Einfluß macht sich in der Übernahme des Systems von sieben Tönen, der Harmonie, die allerdings nach afrikanischem Musikverständnis phrasiert wurde, und der Instrumentierung geltend. Der Rhythmus zeigt sowohl europäische als auch afrikanische Einflüsse.

Auf dem Weg zum Gigg in die Stadt

Auf geistlicher Ebene hatten sich die **Spirituals** entwickelt, die, an protestantischen Kirchenliedern orientiert, den Gottesdienst mit ihrem Wechselgesang zwischen Prediger und Gemeinde bestimmten. Die Texte waren christlichen Ursprungs, während im **Blues** weltliche Elemente, wie Sexualität, Arbeitsbedingungen und deren kritische Betrachtung Hauptthemen wurden. Das Leiden der afroamerikanischen Bevölkerung fand in ihm seinen Ausdruck. Wegen der stark sexuellen Färbung galten die Texte des Blues häufig als anstößig. Der sogenannte Urblues stammt aus dem Landstrich südlich von Memphis – dem sog. Mississippi-Delta. **W.C. Handy**, der als "Vater des Blues" bezeichnet wird, hat den Blues zuerst in Memphis salonfähig gemacht, und zwar in Form einer "Werbemusik" für die Bürgermeisterwahl von 1912. Nach der gewonnenen Wahl wurde sein Werbelied so populär, daß es den Namen "Memphis Blues" erhielt. Der Blues entwickelte sich in New Orleans, das als große Stadt mit internationalen Verbindungen eine tolerante Atmosphäre und viele neue Einflüsse bot, dann weiter.

Hier spielte auch der französische Einfluß auf den Jazz eine große Rolle. Neben der Blues Musik gab es sogenannte **Brass Bands**, die Straßenmusik machten und auf Festlichkeiten, wie Picknicks und Tanzvergnügen, aber auch auf Beerdigungen spielten. Ihre Musik war deutlich von Marschmusik und französischer Tanzmusik, wie der Quadrille, beeinflußt und hatte ihrerseits wiederum einen entscheidenden Einfluß auf den **Ragtime**. Der Trompeter **Buddy Bolden** war in der Ära um die Jahrhundertwende der bekannteste Jazzmusiker der Brass Bands.

Über den Süden hinaus fand als erste Jazzrichtung der **Ragtime** seine Verbreitung, der von etwa 1890 bis zum Ersten Weltkrieg eine entscheidende Rolle spielte.

In dieser Zeit wurde der Begriff Ragtime auch als Synonym für Jazz gebraucht. Der Einfluß der Marschmusik ist bei dieser Form des Jazz sehr deutlich. Die Musik wurde in der Regel nach einem gewissen Schema komponiert und bot wenig Raum für Improvisationen. Als weiteres Zentrum des Ragtime galt St. Louis, und **Tom Turpin** sowie **Louis Chauvin** wurden als herausragende Pianisten dieser Richtung angesehen. **Scott Joplin** galt als einflußreichster Komponist in St. Louis. Dokumentiert ist der Ragtime in der Regel heute jedoch nur auf Klavierrollen, die zu der damaligen Zeit auch für die weite Verbreitung dieser Musik wichtig waren. Ein Paradies für Jazzpianisten war damals auch Storyville, das Rotlichtviertel von New Orleans, in dem sich die Jazz Musik bis zur “Schließung” dieses Viertel 1917 ungehindert weiterentwickeln konnte.

Nach dem Ende Storyvilles gingen viele gute Musiker, die in New Orleans sozusagen über Nacht arbeitslos geworden waren, auf Tourneen, was als wichtiger Faktor für die Verbreitung des Jazz in den Vereinigten Staaten angesehen wird. Feste Engagements bekamen sie zu dieser Zeit eher im Norden. Die South Side von Chicago wurde Zentrum für die Jazz Musik im sogenannten **Chicago Stil**, die dort auch von weißen Musikern aufgenommen und beeinflußt wurde. Entsprechend entwickelte sich eine Musik mit immer größer werdenden Orchestern, die komponierte Arrangements mit einzelnen Soli spielten. Diese Big Bands führten den Jazz in seine nächste Phase, die **Swing** Musik. Die erste Schallplattenaufnahme wurde 1917 aufgenommen von der **Original Dixiland Jazz Band** und erregte sogar in New York Aufsehen. Entscheidend prägten den neuen Stil Musiker aus der alten New Orleanser Garde, wie **Jelly Roll Morton** und **Louis Armstrong**, der uns auch heute ein Begriff ist. Unter vielen anderen sind hier auch noch **King Oliver**, **Jimmi Noone**, **Baby Dodds**, **Kid Ory** und der Saxophonist **Sidney Bechet**, der besonders den kreolischen Einfluß geltend machte, zu erwähnen. Die Musik der großen Orchester nahm das “Frage- und Antwort-Prinzip” der Spirituals in Form von Orchester Arrangement und Solo wieder auf.

Ein New Yorker Ableger entwickelte sich mit dem sogenannten **Harlem Stride**, dessen bekanntester Vertreter **Fats Waller** ist. Außer Chicago und New York galt damals Kansas City als Metropole des Jazz.

Bevor sich diese Musik jedoch zu ihrem Höhepunkt entwickeln sollte, spielte der **Blues** vornehmlich in seiner Form des **Boogie-Woogiee-Pianoblues** in den 20er Jahren unseres Jahrhunderts eine große Rolle. Die erste Bluesaufnahme, die gepreßt wurde, war von **Mamie Smith**. Sie wurde im ersten Monat in einer Auflage von 75.000 Platten verkauft und verhalf dem Blues zum Durchbruch. Weitere Produktionen waren jedoch anfangs durch Proteste gegen die “anstößigen” Texte erschwert. Das im Norden der Staaten zunehmende afroamerikanische Publikum, das wegen der schlechten sozialen Verhältnisse im Süden abgewandert war, konnte sich mit den Texten, die natürlich nicht nur von Sex, sondern auch von ihren persönlichen Schwierigkeiten als in Ghettos lebenden Industriearbeitern handelten, identifizieren. Sie waren der Markt für diesen Blues, der sich aufgrund der Produktionsbedingungen der Plattenfirmen zu einer recht standardisierten Form entwickelte, die **Vaudeville Blues** nach den Vaudeville-Theatern benannt wurde, in denen sich diese Bluesform als Blues und Theatersongs entwickelt hatte. Auch Schlagerelemente standen Pate für diese populäre Form des Blues. Die erfolgreichen Sängerinnen dieser Blues-Ära waren außer **Bessie Smith Ma Rainey**, **Ida Cox** und **Clara Smith**.

Der ursprüngliche Blues der Südstaaten ließ sich als Massenware nicht so gut vermarkten, entwickelte sich jedoch in seiner Region weiter. Als bekannteste Richtung gilt heute der **Mississippi Blues**, der seine Heimat als **Country Blues** südlich von Memphis hat. Nachdem der Blues vom Swing in seiner Popularität abgelöst wurde, erlebte er unter anderem mit dem **Roll and Tumble Blues** eines **Muddy Waters** in den 50er Jahren eine Renaissance, und als Country Blues stand diese Richtung des Jazz Pate für den Rock'n'Roll sowie für die Rockmusik der 60er und

Louis Armstrong

70er Jahre. Der Chicago Blues, auf den auch die Musik von **Muddy Waters** zurückgeht, wurde in den 60er Jahren von Rockgruppen wie **Cream** wiederaufgenommen.

Der **Swing**, dessen Wurzeln im **Chicago-Stil** um 1920 herum liegen, entwickelte sich in den 30er Jahren in seiner typischen Form und wurde damals auch hauptsächlich gespielt. Die Bands waren wesentlich größer, die Arrangements entsprechend festgelegter und die Soli bekamen eine herausragende Position. Swing wurde als Tanzmusik komponiert und bot außer den Soli für Improvisationen keinen Raum. Entsprechend hing der Erfolg einer Swing Band auch von der Qualität der Solisten ab. Eine der bekanntesten Stilrichtungen innerhalb des Swing war der **Fletcher-Henderson-Stil**, der nach dem entsprechenden Orchesterleiter benannt wurde. **Benny Goodman** als weitere Größe dieser Musikform kam erst Mitte der 30er Jahre ins Spiel. **Count Basie** begann in Kansas-City seine Karriere und entwickelte eine eigene Note in dieser Musikrichtung.

Während die Anfänge des Swing auf afroamerikanische Musiker der South Side in Chicago sowie **Louis Armstrong** zurückgingen, wurde der weiße Einfluß auf diese Musik in den 30er Jahren zunehmend größer. **Glenn Miller**, der erst Ende der 30er Jahre groß herauskam, beherrschte den Swing bis Mitte der 40er Jahre. Vergessen werden dürfen natürlich nicht die großen Sängerinnen, die mit dem Swing große Erfolge feierten und auch heute noch sehr populär sind; nämlich **Ella Fitzgerald** oder **Billie Holliday**. **Duke Ellington** darf an dieser Stelle ebensowenig unerwähnt bleiben. Abschließend sei zum Swing noch bemerkt, daß er sich durch Radioshows und das Kino gut verbreiten konnte. Diese Medien standen den Vorgängern dieser Stilrichtung nicht zur Verfügung.

Auf den Swing folgte als neue Stilrichtung Ende der 40er Jahre der **Bop** oder **Bebop**, die jedoch nie die Verbreitung und Popularität des Swing erlangte. Dieser Umstand ist zum einen dadurch bedingt, daß der Bebop nicht den Tanzmusikcharakter des Swing hatte, der letzteren in allen Bevölkerungsschichten beliebt machte. Zum anderen war der Bebop eine Musikrichtung, deren wichtigstes Element die Improvisation war, die sich zwar noch innnerhalb der gewohnten Tonleiter und derr entsprechenden Harmonien bewegte, für ein ungeschultes Ohr jedoch recht fremd klang. Als herausragende Vertreter dieses Stils gelten **Charlie Parker**, **Dixy Gillespie** und **Miles Davis**, der innovative Veränderungen dieses Musikstils mittrug. Eine Richtung der Bops ist der **Modern Bop**, der sich besonders durch die hervorgehobene Stellung des Tenorsaxophons auszeichnete. In diesem Zusammenhang ist als wichtiger Vertreter sicher **John Coltraine** zu nennen, der in seiner Musik Anfang der 60er Jahre zum Free Jazz überging.

Der **Free Jazz** ist als Weiterentwicklung des Bops zu sehen. Kennzeichnend für diesen Jazzstil sind die Hinwendung zu Musikelementen der Dritten Welt, das Einsetzen amelodischen Spiels, das Fehlen eines festen Themas sowie die Durchbrechung des Solo-Begleitungsschemas. Die Musiker reagieren mit ihrem Spiel spontan auf das Spiel der anderen Musizierenden. Musik wird so zum freien kommunikativen Element. Nicht jedes Stück des Free Jazz weist aber alle hier angeführten Elemente auf. Entscheidend ist jedoch der Bruch mit den formalen Traditionen der "klassischen" Jazzmusik. Als wichtige Musiker dieser Jazzrichtung sind sicher der Pianist **Cecil Taylor** und der Altsaxophonist **Ornette Coleman** anzuführen.

Chicago's besonderer Charme: Die Brücken

Ontarios Zauber liegt oft im Verborgenen

Geschlossen für die Erneuerung des „Rust Belts

Wo die Uhr etwas langsamer tickt

Detroit bemüht sich um den Anschluß

Michigan's Uferlandschaften sind verlockend

Im Ruderhaus der „Delta Queen" gibt es keine Pausen

In jedem Licht ein Wunderwerk: Der Gateway Arch in St. Louis

Farbenprächtige Idylle: Das Mississippital fernab der Großstädte

Auf dem Lande wird gerne gebastelt

Vasserflugzeug: Element. Verkehrsmittel in Ontario u. den Seenlandschaften

Viele Leuchttürme säumen die Uferlandschaften

Duluth: Binnenhafen mit Überseecharakter

Es gibt keinen Kleiderzwang in Toronto

Kanutouren in Michigan's Upper Peninsula, nicht nur etwas für Romantiker

Cleveland wächst aus der Stahlkrise

Lebendiger Geschichtsunterricht am Fort Snelling

So schlecht sind die Badlands gar nicht

Mit gutem Grund ein beliebtes Urlaubsziel: Die Niagarafälle

Kinder haben einen besonderen Stellenwert in Amerikas Gesellschaft

Endlose Grasfluren bedecken Montana

Cincinnati: Architektonische Gegensätze sind charakteristisch für die Großstädte

Schneisen werden geschlagen für den Blick auf den Ohio River

Smalltalk in Minneapoli

500 000 besuchen alljährlich das „Indy-Rennen“

Eine zu Unrecht verpönte Stadt: Pittsburgh

Cowboys sind auch heute noch die Helden des Westens

7. DIE USA ALS REISELAND (INKL. KURZINFOS ZU KANADA)

7.1 PRAKTISCHE REISETIPS VON A - Z

Abkürzungen ... 110
Ärzte ... 111
Alkohol ... 111
Anreise ... 111
Auskunft ... 112
Auto-/Motorradimport in die USA ... 113
Autofahren ... 114
Autokauf in den USA ... 115
Automobilclub ... 118
Autoverleih (Mietwagen) ... 119
Banken ... 121
Behinderte ... 121
Benzin ... 121
Botschaften ... 122
Busse ... 122
Camper ... 123
Camping ... 125
Devisen ... 125
Einkaufen ... 125
Einreise ... 126
Eisenbahn ... 126
Essen ... 128
Fahrradfahren ... 130
Feiertage ... 130
Fernsehen ... 131
Flußkreuzfahrten ... 131
Fotografieren ... 132
Fremdenverkehrsämter ... 132
Führerschein ... 133
Geld/Zahlungsmittel ... 133
Geschäfte ... 134
Gesundheit ... 134
Golf ... 135
Hotels ... 135
Impfungen ... 135
Informationen ... 135
Jugendherbergen ... 135
Kanu-, Kajak-, Floßfahrten ... 135
Kartenmaterial ... 136
Kinder ... 137
Kleidung ... 137
Klima ... 138
Konsulate ... 138
Kreditkarten ... 139
Kriminalität ... 139
Literatur ... 140
Maßeinheiten (USA und Kanada) ... 140
Motels ... 142
Nationalparks, State Parks u.ä. ... 142
Notfall/Unfall/Notruf ... 144
Öffnungszeiten ... 144
Outdoor ... 144
Post ... 145
Preisnachlässe ... 146
Ranchaufenthalte ... 146
Recycling ... 147
Reisezeit ... 147
Reiten ... 147
Restaurants ... 148
Rundfunk ... 148
Schaufelraddampferfahrten ... 149
Sport ... 150
Sport ansehen ... 150
Sprache ... 150
Strände ... 152
Strom ... 152
Taxi ... 152
Telefonieren ... 152
Trampen ... 154
Trinkgeld ... 154
Trinkwasser ... 155
Unterkünfte ... 155
Verkehrsregeln ... 158
Versicherung ... 159
Visum ... 159
Wäsche waschen ... 159
Weine ... 159
Wintersport ... 159
Zeit ... 160
Zeitungen ... 160
Zeitzonen ... 160
Zoll ... 161

Hinweis
Preisangaben in DM (und auch in US$) sind nur als Richtlinien anzusehen und beruhen auf dem Wechselkurs: 1 US$ = 1,50 DM

A Abkürzungen

Hier sind die wesentlichsten Abkürzungen aufgeführt, auf die Sie auf einer Reise durch die USA immer wieder treffen werden (z.B. Karten, Straßenschilder oder auch in diesem Buch):

Ave.:	*Avenue*	N.P.:	*Nationalpark*
B.:	*Beach/Strand*	N.S.:	*National Seashore/Nation. Küstenschutzgebiet*
Bldg.:	*Building/Gebäude*	N.W.R.:	*National Wildlife Refuge/ Naturschutzgebiet*
Blvd.:	*Boulevard*	Pk.:	*Peak/Gipfel*
Cr.:	*Creek/Bach*	R.:	*River/Fluß*
Cy.:	*City/Stadt*	Rd.:	*Road*
Dept.:	*Department/im amerik.: Behörde*	Res.:	*Reservation oder Reservoir/Reservat oder Stausee*
Dr.:	*Drive*	Spr., Sprs.:	*Spring, Springs/Quelle, Quellen*
Frw.:	*Freeway*	St.:	*State oder Street/ Staat oder Straße*
Ft.:	*Fort*	**Abkürzungen der Staaten im hier beschriebenen Reisegebiet:**	
H.M.:	*Historical Monument/ Historisches Denkmal*	Illinois:	*IL*
H.P.:	*Historical Park/ Historischer Park*	Indiana:	*IN*
Hts.:	*Heights/Höhen*	Iowa:	*IA*
Hwy.:	*Highway*	Kentucky:	*KY*
Ind. Res. (auch I.R.):	*Indian Reservation/ Indianerreservat*	Michigan:	*MI*
Int.:	*International*	Minnesota:	*MN*
L.:	*Lake/See*	Missouri:	*MO*
Ln.:	*Lane*	Montana:	*MT*
M.R.:	*Military Reservation/ Militärgebiet*	New York:	*NY*
Mt., Mtn.:	*Mount, Mountain/Berg*	North Dakota:	*ND*
Mts.:	*Mountains/Berge*	Ohio:	*OH*
Mun.:	*Municipal/städtisch*	Pennsylvania:	*PA*
Nat.:	*National*	South Dakota:	*SD*

N.B.:	*National Battlefield/ Nationales Schlachtfeld*	Wisconsin:	*WI*
Nat'l Rec. A. (NRA):	*National Recreational Area/Erholungsgebiet*	Wyoming:	*WY*
N.F. oder Nat. For.:	*National Forest/Wald*	Ontario (Kanada):	*Ont. bzw. ON*
N.M.:	*National Monument*		

⇨ Ärzte

siehe unter Stichwort "Gesundheit"

⇨ Alkohol

Bier und leichte Alkoholika können Sie in den meisten Staaten in Supermärkten und kleineren Geschäften kaufen. Wein (neuerdings auch schon in einigen Supermärkten) und Spirituosen erhalten Sie dagegen nur in speziellen "Liquor Stores". In Cafés und Rasthäusern entlang der Highways gibt es fast nie Alkohol, und auch nicht alle Restaurants haben eine volle Alkohollizenz (die auch für harte Alkoholika gilt).

Besonderheiten:

◆ In einigen Bundesstaaten bzw. speziellen Counties gelten besondere Alkoholgesetze. Besonders in Kentucky gibt es zahlreiche "Dry Counties": Es kann auch vorkommen, daß Sie am Wochenende keinen Alkohol erhalten.

◆ In den Indianerreservaten darf überhaupt kein Alkohol ausgeschenkt werden.

◆ Für den Erwerb von Alkohol ist das Mindestalter 21 (selten 18 bzw. 19) angesetzt. Dieses wird streng kontrolliert ("I.D., please!"). Wer jünger als 40 ist, sollte allemal einen Ausweis mit sich führen.

⇨ Anreise

■ **Fliegen**: Das Angebot an Flügen in die USA wird immer größer und damit auch unübersichtlicher. Auf eine Auflistung aller in Frage kommender Airlines möchte ich daher hier verzichten.

Als Empfehlung aber möchte ich 2 Airlines nennen:

Northwest Airlines (und Kooperation mit KLM): Northwest hat als Stützpunkt in den USA Detroit und bietet von Frankfurt täglich Direktflüge dorthin sowie einmal wöchentlich nach Minneapolis und von diesen Städten dann weiter in alle Teile des hier beschriebenen Reisegebietes. In Kooporation mit der niederländischen KLM werden zudem attraktive Flugverbindungen von allen anderen Flughäfen in Mitteleuropa über Amsterdam und dann Nonstop in das hier beschriebene Reisegebiet angeboten (auch nach Kanada). Northwest Airlines bietet zudem das **"Visit USA"**-Ticket an, mit dem Sie preisgünstig auf inneramerikanischen Routen fliegen können.

Infos für Northwest/KLM-Flüge:

Frankfurt: 069/666 6611, Zürich: 01/251 2000, Wien: 01/5128 709

Das beste ist, Sie informieren sich in Ihrem Reisebüro nach den aktuellen Preisen. Danach sollten Sie diese Preise noch einmal mit ein bis zwei anderen Reisebüros vergleichen oder auch mal einen Preisvergleich anstellen mit einem der Billigfluganbieter, die in den Zeitungen annoncieren. Diese sind in der Regel noch einmal um 100 bis 200 DM billiger, da sie u.a. nicht die Kosten eines aufwendigen Reisebüros haben. Trotzdem, besonders wenn Sie Anschlußflüge, Mietwagen u.ä. schon in Europa buchen möchten, sollten Sie lieber auf renommierte Reisebüros und Airlines zurückgreifen. Sie erhalten auf diese Weise mehr Informationen, werden grundsätzlich besser beraten, und das Angebot an Zusatzleistungen ist deutlich größer (z.B. inneramerikanische Anschlußflüge, günstigere Mietwagen etc.).

Achten Sie darauf, daß Sie für Ihre Reise in den Mittleren Westen nicht einen Flug z.B. nach New York buchen, nur weil er günstiger ist als der nach Chicago oder Detroit. Unterschätzen Sie nicht die Entfernungen in den USA. Für die An- und Abreise von New York nach Chicago benötigen Sie jeweils 2-3 Tage, womit Sie schon 4-6 Tage Ihres kostbaren Urlaubs verschenkt hätten, zuzüglich der Fahrzeugkosten. Anders liegt es natürlich, falls Sie sich New York und anschließend dann auch die östlichen Seen anschauen möchten. Vergessen Sie aber auch etwas anderes nicht bei Ihrer Preiskalkulation und der Auswahl Ihres Ankunftsflughafens: Gerade die Bundesstaaten New York und Illinois (Chicago) fallen oft durch höhere Mietwagenpreise auf! Zu viele Unfälle in den großen Städten haben die Mietwagenfirmen zu dieser Preispolitik gezwungen.

Wichtig ist, besonders wenn Sie in den Sommermonaten (Hauptsaison) reisen möchten, früh zu buchen. Schnell sind die günstigen Tickets verkauft, und Sie zahlen schließlich erheblich drauf.

Größter Flughafen im Mittleren Westen (und der Welt!) ist Chicago. Es folgen Detroit, Minneapolis, Buffalo und Pittsburgh. Auf kanadischer Seite besticht alleine Toronto. Weitere größere Flughäfen, die z.T. über einen Cityhopper-Service an das internationale Netz angeschlossen sind, wären: Milwaukee, Cleveland, Cincinnati, St. Louis, Columbus (OH), Niagara Falls sowie die kleinen Hauptstädte der westlichen Bundesstaaten. Grundsätzlich gilt: Sind Sie bereit zu einem Stopover (Umstieg) z.B. in New York, Chicago oder Atlanta, können Sie von dort dann ohne Probleme zu jedem Flugplatz im Mittleren Westen weiterreisen und Ihre Reise beginnen. Lassen Sie sich bei Ihrer Flugbuchung also nicht von den Namen der großen Metropolen blenden. Ein gezielter Anflug zu einer kleineren Stadt kann Ihnen so manchen unnützen Mietwagenkilometer ersparen.

■ **Schiff**: Schiffsreisen (auch Frachtschiffreisen) sind viel teurer als das Fliegen, aber bieten auch etwas Besonderes. Von Hamburg oder Bremerhaven aus gibt es immer noch einen Schiffsdienst nach New York, der aber nicht regelmäßig bedient wird und häufig mit einer kleinen Kreuzfahrt verbunden ist. Nähere Auskünfte erteilt Ihnen hierzu Ihr Reisebüro.

Eine **bedenkenswerte Alternative** wäre die Anreise mit einem Frachtschiff. Dabei stehen Touristen ein paar Kabinen auf einem Frachter zur Verfügung, und man lebt und ißt zusammen mit dem Personal. Die Kabinen sind in der Regel sehr komfortabel. Frachtschiffe laufen aber nicht immer die großen Städte an, so daß Sie sich rechtzeitig um einen Weitertransport kümmern sollten. Übrigens fahren die Frachtschiffe häufig auch entlang des St.Lawrence River in die Großen Seen und dort bis Chicago. Nähere Auskünfte über Frachtschiffreisen erhalten Sie bei:

Frachtschiff-Touristik, Kapitän Peter Zylmann, Marshall 2, 24376 Hasselberg, Tel.: 04642/6686.

⇨ Auskunft

Siehe unter dem Stichwort "Fremdenverkehrsamt"

⇨ Auto-/Motorradimport in die USA

Diese Variante lohnt sich wirklich nur bei längerfristigen Aufenthalten und birgt so manche Risiken:

◆ Ein nach der Reise nicht mehr (besonders) fahrtüchtiges Fahrzeug muß entweder wieder exportiert werden oder inkl. aller Steuern eingeführt bzw. nach allen Richtlinien der Umweltschutzgesetze teuer entsorgt werden.

◆ Nicht alle europäischen Fahrzeuge dürfen einfach so im Straßenverkehr herumfahren. Sicherheitsbestimmungen bzw. Umweltbestimmungen (US-Kat) müssen überprüft werden. Bei einer Einfuhr für einen Zeitraum von weniger als einem Jahr (soll auf 6 Monate reduziert werden), erübrigt sich dieser Punkt aber größtenteils.

◆ Ein genereller Import (bzw. Verkauf nach der Reise in den USA) bedeutet in der Regel teure Umbauten (US-Kat, Scheinwerfer etc.) und lohnt in der Regel nur bei entsprechend teuren und vor allem gefragten Autos.

Folgendes müssen Sie bei einer temporären Fahrzeugeinführung beachten (Stand Ende 1995):

◆ Sie dürfen als ausländischer Tourist ein Fahrzeug **ein Jahr lang zollfrei** einführen (wird evtl. auf 6 Monate begrenzt). Bei der Ankunft erhalten Sie ein Touring Permit. Dies gilt für Fahrzeuge mit dem normalen Kfz-Kennzeichen!

◆ Eine **Zollkaution** kann erhoben werden, wenn das Fahrzeug ein Zollkennzeichen hat, oder falls Verdacht besteht, daß das Fahrzeug in den USA veräußert werden soll.

◆ Achten Sie auf die **fristgerechte Wiederausfuhr**. Informieren Sie die zuständige Zollbehörde bei Nichteinhaltung der Frist.

◆ Wollen Sie das **Fahrzeug dann wider Erwarten doch in den USA verkaufen,** erkundigen Sie sich vorher über Höhe der Zollgebühr und vor allem, vergewissern Sie sich, ob es allen Normen der US-Behörden entspricht und ob eine Umrüstung sich für Sie lohnt. Z.B. sind US-Kats sehr teuer in der Nachrüstung, und dieses ist auch nicht bei allen eingeführten, europäischen Fahrzeugtypen möglich.

◆ Eine **Zollkaution wird erhoben für Fahrzeuge mit Zollkennzeichen** oder wenn der Verdacht vorliegt, Sie wollen das Fahrzeug in den USA verkaufen.

◆ Problematisch mag auch die **Versicherungsregelung** sein, denn europäische Führerscheininhaber zahlen erheblich mehr. Evtl. lohnt ein amerikanischer Führerschein, den Sie relativ einfach erwerben können.

◆ **Erkundigen** Sie sich vor der endgültigen Planung bei Ihrem zuständigen US-Konsulat noch einmal über den **neuesten Stand der Dinge**, es soll evtl. einiges geändert werden.

◆ **Versichern** Sie eventuell Ihr Fahrzeug bereits in Deutschland, das ist zwar nicht billiger, verhindert aber allemal unnötige Laufereien vom Hafen zu einer Versicherung. Dieses gilt übrigens auch beim geplanten Fahrzeugkauf in den USA (man stellt Ihnen in diesem Fall in Europa bereits eine Blankoversicherung aus, in die Sie dann nur die Fahrzeugdaten eintragen müssen).

Hinweis

Versichert werden in den USA in der Regel die Personen, die den Versicherungsvertrag unterschreiben, aber nicht alle Personen, die das Fahrzeug fahren. Diese müssen Sie zusätzlich in der Versicherungspolice mit angeben und aufnehmen lassen. Das kostet nichts extra, muß aber beantragt werden, sonst greift der Versicherungsschutz nicht!

Folgende Unternehmen in Europa haben sich auf Versicherungspolicen für Ausländer in den USA spezialisiert:

- K.H. Nowak, American International Underwriters: Rieslingstr. 40, 65207 Wiesbaden, Tel.: (06122) 15646, Fax: (06122) 8993.
- Tour Insure GmbH: Carl Petersen Str. 4, 20535 Hamburg, Tel.: 040/251 72150,
- Überlegen Sie sich, ob Sie eine **Transportversicherung** abschließen wollen.
- Auch der AAA (ähnlich dem ADAC) in den USA bietet in allen Geschäftsstellen kurzfristige Versicherungen an.
- Temporär eingeführte Kfz müssen das **Nationalitätenkennzeichen** tragen.

Ihr Fahrzeug wird am günstigsten in einem Container verschifft. Der billigste Weg dazu ist, sich selbst bei Speditionen in Hamburg oder Bremen zu erkundigen. Es gibt aber auch die Möglichkeit, Fahrzeuge und Motorräder per Air-Cargo (auch Container) einzufliegen, was aber um einiges teurer wird. Weitere Informationen hierzu erteilt die nächste Lufthansa-Cargoabteilung.

Wer den gesamten Transport organisiert haben möchte, kann sich bei der Firma Bernd Woick GmbH (PF 65, 73751 Ostfildern, Tel.: 0711/455038) erkundigen. Woick organisiert (regelmäßige) Verschiffungen nach Montreal und Halifax (Kanada).

⇨ Autofahren

In den USA gilt auf den Highways der meisten Staaten die Höchstgeschwindigkeit von 65 mph (104 km/h) bzw. neuerdings in vielen Staaten auch 70 mph (dann aber nur auf den 4-spurigen Interstates), was etwa 112 km/h entspricht. Dieses wird Ihnen zuerst auf den langen, geraden und gut ausgebauten Schnellstraßen sehr langsam vorkommen. Aber nach einer Weile werden Sie sich sicherlich daran gewöhnen. Überhöhte Geschwindigkeit zahlt sich nicht aus! Es wird streng kontrolliert, und die Strafen sind nicht ohne (zahlbar an Ort und Stelle in bar)!

Dieses langsame Fahren spiegelt sich im gesamten Fahrverhalten der Amerikaner wider: Es ist bei weitem weniger hektisch als das der Europäer, aber dafür fahren die Amerikaner auch unaufmerksamer. Es wird in der Regel der Tempomat eingeschaltet und dann seelenruhig über das Asphaltband dahingeglitten. Dabei wird dann gegessen, getrunken und sich reichlich unterhalten.

Das Tanken ist in den USA sehr billig. Gemessen wird das Benzin in Gallonen (ca. 3,78 l), das Motorenöl in Quarts (ca. 1 l).

Einige wichtige Regeln, die Sie beachten sollten:

- Es gilt **rechts vor links**. Eine Besonderheit ist der 4- Way- Stop, wo an einer Kreuzung an jeder Straße ein Stopschild steht, und derjenige zuerst fahren darf, der an der Haltelinie seiner Straße zuerst zum Stehen gekommen ist.
- das **Rechtsabbiegen an roten Ampeln ist erlaubt** (außer in Wyoming und South Dakota!). Nur an wenigen Ampeln gilt diese Regel nicht, wird dann aber besonders angezeigt ("right turn only on green arrow" oder "no right turn"). Beim Abbiegen müssen Sie aber trotzdem auf die Vorfahrt der anderen und Fußgänger achten.
- Auf mehrspurigen Straßen **darf rechts überholt** werden.
- In der **Nähe von Schulen** sind die Höchstgeschwindigkeiten herabgesetzt. Dieses wird durch ein Schild angezeigt und streng kontrolliert. Meistens gelten diese deutlich herabgesetzten Geschwindigkeiten aber nur, wenn gleichzeitig ein gelbes Blinklicht aufleuchtet.
- **Schulbusse** (gelb) dürfen nicht überholt werden, solange sie den Blinker gesetzt haben.
- Das Anlegen von **Sicherheitsgurten ist Pflicht**.
- **Falsch Parken** endet häufig mit einem abgeschleppten Fahrzeug! Achten Sie also darauf, daß Sie besonders nicht neben einem roten bzw. blauen Kantstein

parken oder direkt vor einem Hydranten für die Feuerwehr und auch nicht unter einem "No Stopping or Standing"- Schild.

◆ Falls Sie im Rückspiegel ein **Polizeifahrzeug mit eingeschaltetem Blinklicht** sehen, halten Sie sofort am Straßenrand an, bleiben Sie im Fahrzeug sitzen und machen Sie keine hektischen Bewegungen.

◆ Nachts müssen Sie mit **Wildwechsel** rechnen. Achten Sie darauf!

Für **Kanada** gilt das metrische System. Die Höchstgeschwindigkeit in Ortschaften beträgt 50 km/h, auf Landstraßen 80 km/h und auf Autobahnen in der Regel 100 km/h. Beschränkungen bzw. Abweichungen zu diesen Regeln sind deutlich ausgeschildert.

⇨ Autokauf in den USA

Wer länger als 6 Wochen durch die USA reisen möchte, sollte sich überlegen, ein Fahrzeug zu kaufen. Autos sind in den USA viel billiger als bei uns, und das macht sich auch auf dem Gebrauchtwagenmarkt deutlich bemerkbar. Zudem haben Sie die Möglichkeit, das für Sie passende Fahrzeug zu kaufen. Machen Sie nicht den Fehler, die Kosten eines Kaufes mit dem Preis eines kleinen Mietwagens zu vergleichen. Ein kleiner Wagen ist in den seltensten Fällen das geeignete Auto für die Erkundung der USA.

Für etwa 3.000 $ bekommen Sie bereits ein sehr verläßliches, gebrauchtes Fahrzeug der Mittelklasse, das Sie mit etwas Glück hinterher für 2.000 $ wieder verkaufen können. **Steuern** sind auch **billiger** als bei uns. Sie sollten aber für Kauf und Verkauf jeweils 7 Tage einplanen.

Leider liegen die **Versicherungsbeiträge** für diejenigen, die keinen amerikanischen Führerschein besitzen, mittlerweile **deutlich höher** als bei uns. 1 Monat einfache Haftpflicht kostet ab 220 $, 3 Monate 380 $. Außerdem stellen viele Versicherungen keinen Versicherungsschutz mehr aus für Ausländer. Halten Sie sich daher an die sogenannten "unabhängigen" Versicherungsmakler. Eine weitverbreitete und empfehlenswerte Gesellschaft hierfür ist die ADAC-ähnliche "AAA" (sprich: Triple A). Ein Schreiben Ihrer Versicherung in Europa über unfallfreies Fahren während der letzten 12 Monate ist auch ein nützliches Papier und senkt sogar in manchen Fällen die Prämie. Die oben unter "Autoimport" genannten Versicherungen in Deutschland sind in der Regel minimal teurer. Aber eine Buchung dort würde Ihnen einige Lauferei in den USA ersparen. Sie stellen übrigens Blankoverträge aus, in die Sie dann nach dem Autokauf nur die Fahrzeugdaten eintragen müßten.

Beim Kauf sollten Sie nicht zu sehr sparen und versuchen, ein Fahrzeug zu bekommen, das nicht älter als fünf Jahre und nicht mehr als 70.000 Meilen gefahren ist. Denn obwohl es in den USA mit Sicherheit genügend Werkstätten gibt, "pflegen" die Amerikaner ihre Fahrzeuge nicht so, wie wir es meist von Europa gewohnt sind. Selten findet man ein "Scheckheft- geführtes Auto". In den USA ist ein Auto ein reiner Gebrauchsgegenstand und wird häufig dann verkauft, wenn die ersten größeren Kosten auftreten. **Prüfen Sie Ihr Wunschfahrzeug also vorher genau** und achten Sie dabei auch auf Dinge wie Reifenabnutzung, Bremsbelagstärke und auf die Kupplung (Fuß auf die Bremse bzw. Handbremse feststellen, in den 2. Gang schalten und vorsichtig anfahren – dreht dann der Motor durch und rüttelt das Auto, ohne daß es losfährt, ist die Kupplungsscheibe nicht mehr einwandfrei – das klappt auch bei Automatikgetrieben).

Mein Tip ist, auch wenn es etwas teurer wird, ein Fahrzeug bei einem Händler zu kaufen. Hier ist die Chance auf ein besseres Auto größer, und Sie haben in der Regel auch ein Rückgaberecht während der ersten Tage. Vielleicht können Sie sogar das Fahrzeug hinterher beim Händler für einen Preisnachlaß wieder abgeben. Ein weiterer Vorteil bei einem Händler ist, daß er Ihnen einigen Papierkram abnehmen kann, allemal die Anmeldung und die Beschaffung der Nummernschilder. Die geringen Mehrkosten lohnen den vermiedenen Mehraufwand.

Falls sie ein Fahrzeug privat kaufen möchten und sich zutrauen, Mängel rechtzeitig zu erkennen, lesen Sie, wie auch bei uns, erst einmal die Wochenendausgabe der örtlichen Zeitungen und vergleichen Sie die Preise. Zudem gibt es in den größeren Buchgeschäften aktuelle Bücher, die die Marktpreise von Gebrauchtwagen nennen, genau aufgeschlüsselt nach Typ, Jahr und km-Leistung. Da sollte man unbedingt reinschauen.

Last not least: Handeln ist üblich (auch bei den Händlern), und 10% sollten dabei allemal rausspringen.

■ AUTOTIPS (Gebrauchtwagen):

Beim Kauf sollten Sie übrigens auch darauf achten, daß – auch wenn Sie ein Automatikfahrzeug wählen – der "Gangschaltungshebel" am Lenkrad ist. Das gibt mehr Beinfreiheit und die Möglichkeit, auch mal eine dritte Person auf der vorderen Bank mitzunehmen.

REGEL: Nach Marktgesetzen gilt: Je günstiger ein Typ angeboten wird, desto schwerer ist der Wiederverkauf!

◆ **Ford Ranger Pick Up** mit großer Kabine ("extended Cab") und Campingdach über der Ladefläche: gut geeignet für Paare. Die vergrößerte Kabine bietet die Möglichkeit, Handgepäck, Kartenmaterial, Kühlbox u.ä. im Fahrerraum aufzubewahren. Nehmen Sie den Wagen mit dem kleineren Motor (2,3 l) und – wenn Sie nur zu zweit reisen – möglichst mit Gangschaltung wegen des günstigen Benzinverbrauchs. Tip: Lassen Sie eine einfache Holzkiste auf der Ladefläche einbauen, dort können Sie einen Teil Ihres Gepäcks "verstecken". Benzinverbrauch: ca. 11 l/100 km.

◆ **Ford Bronco:** Die gekürzte und hochgesetzte Variante des Ranger. Geschlossen. Meist mit 4x4. Gut für Paare mit wenig Gepäck. Hiermit sind viele Nebenstrekken zu bewältigen. Für Offroad-Strecken empfiehlt sich der stärkere Motor. Benzinverbrauch: 11 l/100 km, größerer Motor 12-14 l/100 km. Wird nicht mehr gebaut. Problem: Relativ wenig Platz und kein Sichtschutz fürs Gepäck.

◆ **Ford 150/250 Pick Up** mit großer Kabine u. Campingdach: für 2-3 Personen. Mehr Platz als beim Ranger und das typisch amerikanische Fahrgefühl. Auch hier genügt der kleinere Motor. In den Städten für ungeübte Fahrer aber etwas zu groß. Benzinverbrauch: ca. 13-15 l/100 km.

◆ **Jeep Cherokee:** 4x4 der Mittelklasse. Hüben wie drüben sehr beliebt. Als Gebrauchtwagen aber in den USA auch noch relativ teuer. Komfortabler Innenraum. Guter Motor, aber benötigt mindestens 14 l/100km. Vorteil: Problemloser Wiederverkauf.

◆ **Chevrolet Blazer (wird verändert noch produziert):** 4x4 der gehobenen Mittelklasse mit geschlossener Kabine. Als Gebrauchtwagen (ca. 5 Jahre alt) relativ günstig zu bekommen. Größerer Innenraum als beim Ford Bronco, geländegängig und komfortabel. Vorteil: Starker Motor, guter Wiederverkauf. Nachteil: Benzinverbrauch häufig deutlich über 14 l/100 km.

◆ **VW Bus, neueres Modell (Baureihe bis 1992):** Nicht immer leicht zu finden, aber gut geeignet für Familien mit Kindern und erheblich günstiger im Benzinverbrauch als die amerikanischen Kleinbusse (Vans). Problem: Wiederverkauf.

◆ **Plymouth Voyager:** Großraumlimousine/Van. Platzangebot wie im VW-Bus. Meistverkaufter Mini-Van in den USA. Vorteil: Viel Platz, starker Motor, bequeme Inneneinrichtung und gute allgemeine Straßenlage. Selbst als Neuwagen teilweise für 17.000 $ zu bekommen. Guter Wiederverkauf. Nachteil: Auf längeren Pistenstrekken nicht so gut wie der VW-Bus (Staubprobleme am Vergaser); Benzinverbrauch über 14 l/100km. Als Gebrauchtwagen häufig abgenutzt, da beliebtes Großfamilienauto. Gründliche Ansicht erforderlich!

◆ **Ford Windstar:** Großraumlimousine/Van. Hier gilt dasselbe wie für den Plymouth Voyager, jedoch ist er etwas luxuriöser und teurer.

◆ **VW Bus, altes Modell (bis 1991):** Gut geeignet für den kleineren Geldbeutel und viel Gepäck bzw. mehr als 2 Personen. In den "trockeneren Staaten" noch anzutreffen. Robust und zuverlässig. Achten Sie aber auf ein noch gut erhaltenes Fahrzeug. Probleme: Wiederverkauf und z.T noch luftgekühlter Motor. Schwer zu bekommen und schwieriger Wiederverkauf.

◆ **Geo von GM oder japanische Kleinfahrzeuge**: Kleinfahrzeuge. Preisgünstige Alternative zu den Fords und sehr handlich, aber Sie werden feststellen, daß Sie wenig Platz haben, vor allem für das Gepäck, da Sie mit Sicherheit nicht alles sichtgeschützt verstauen können. Als Tip hierzu: Achten Sie darauf, daß Sie ein Fahrzeug mit Kofferraum kaufen. Ein Kombi ("Station Wagon") wäre zwar geräumiger, aber man kann kaum etwas sichtgeschützt verstauen. Problem: Wiederverkauf (hoher "Verlust" zum Kaufpreis)

◆ **Camper:** Hierzu ist es schwierig, eine bestimmte Marke zu nennen, da unzählige Firmen in den USA auf die gelieferten Chassis ihr spezielles "Wohnteil" aufsetzen. Daher nur ein paar Hinweise: Bedenken Sie, daß Sie mit einem größeren Camper (und z.T. auch bereits mit den kleineren) viele Schotterstraßen nicht fahren können. Und gerade das wäre eigentlich sehr reizvoll; der Benzinverbrauch liegt zudem meist über 20 l/100 km; die Wendigkeit in den Städten ist durch die Größe stark eingeschränkt, und das Parken in den niedrigen Parkhäusern ist fast immer ausgeschlossen.

Eine weitere **Kaufvariante** wäre, sich an eine europäische Firma zu wenden, die sich mit dem Kauf und Versichern von Fahrzeugen in den USA auskennt. Für den Autokauf kämen dabei die folgenden Firmen in Frage:

◆ **Deutschland**: Transatlantic Automobile Export, Inc.: Rossini Str. 11, 49565 Bramsche, Tel.: 05461/62060.

◆ **Schweiz**: Transatlantic Automobile Export, Inc.: Ackerhusweg 21, CH-9642 Ebnat-Kappel, Tel.: 074/31317. Es gilt aber: Fahrzeugaus- und Wiederabgabe nur in New York, Los Angeles oder Vancouver/Kanada. Die Firma kauft das Fahrzeug hinterher wieder zurück. Versicherungsangelegenheiten und andere Formalitäten werden übernommen, inkl. Garantie. Natürlich ist dieser Kauf teurer, als wenn Sie das selbst in die Hand nehmen würden, aber dafür haben Sie auch eine gewisse Garantie und nicht die Laufereien.

◆ **D-Mark - Autoexport: Douglas DeBoard**, 644 Thomas Way, Severna Peak, Maryland, USA, Tel.: (410) 544-2225, Fax: (410) 544-2225. Diese Firma hat sich auf das Verkaufen amerikanischer Fahrzeuge spezialisiert, übernimmt für Sie den wesentlichen Papierkram (Versicherung, Anmeldung etc.) und kann in manchen Fällen auch beim Wiederverkauf helfen. Eine Spezialität: Das Exportieren amerikanischer Fahrzeuge nach Europa (inkl. Transport, Versicherung und Kontakten zu Werkstätten, die auf europäische Standards umrüsten). Vielleicht möchten Sie ja Ihren Cherokee mitnehmen ...

Für das eigenständige Versichern von Europa aus:

◆ K.H. Nowag Versicherungen/American International Underwriters: Rieslingstr. 40, 65207 Wiesbaden, Tel.: 06122/15646, Fax: 06122/8993

◆ Tour Insure GmbH: Carl Petersen Str. 4, 20535 Hamburg, Tel.: 040/25172150.

Diese Versicherungen sind etwas teurer (ca.10%) als in den USA, der große Vorteil aber ist, Sie haben keine Laufereien im Urlaub. Eine Versicherung können Sie auch abschließen, ohne daß Sie die Fahrzeugdaten kennen, also vor dem

Kauf. Diese Daten tragen Sie einfach vor Ort in den Vertrag ein. Nochmals: Denken Sie daran, alle in Frage kommenden Fahrer mit in die Versicherungspolice aufnehmen zu lassen.

Was benötigen Sie für und nach einem Autokauf in den USA:

◆ Title Card: Diese weist Sie als Fahrzeughalter aus. Man erhält dieses Dokument unter Vorlage des Kaufvertrages beim staatlichen "Motor Vehicle Department" (MVD), das meistens in der Stadtverwaltung untergebracht ist. Öfters übernimmt diese Verwaltungsarbeit übrigens auch der AAA! Die Ausstellung dauert einige Wochen, so daß Sie sich die Title Card an eine verläßliche Stelle nachschicken lassen müssen (das kann ein Hotel oder auch der Händler sein, bei dem Sie das Fahrzeug wieder verkaufen wollen). Aber die Adresse muß in den USA sein! Ohne diese Card können Sie das Fahrzeug nicht wieder verkaufen!

◆ Die Nummernschilder (license plate) erhalten Sie sofort nach Vorlage der Versicherungspolice (ebenfalls Stadtverwaltung bzw. AAA). Bei Gebrauchtwagen sind aber meistens noch welche angebracht.

◆ Die Entrichtung der Steuern in o.g. Behörde bzw. beim AAA.

◆ Eine Versicherung (teuer für Nichtamerikaner: ab 220 $/Monat – aber je länger der Vetrag, desto günstiger)

◆ Ein Abgas- und Fahrtüchtigkeitstest muß häufig beim Besitzerwechsel vorgenommen werden. Man erhält dann das "State Test Certificate". Diese Verordnung variiert von Staat zu Staat.

⇨ Automobilclub

Der größte amerikanische Automobilclub heißt "American Automobile Association" (abgekürzt "AAA"; gesprochen: "Triple A"). Im Falle einer Panne hilft er dem ausländischen Touristen kostenlos, wenn er Mitglied in einem assoziierten heimischen Automobilclub (z.B. ADAC) ist.

Anschriften der Hauptniederlassungen in den einzelnen Bundesstaaten:

◆ Ontario (Kanada): CAA Ottawa, 2525 Carling Ave., Ottawa, K2B 7Z2, Tel.: (613) 820-1890

◆ Illinois: Chicago Motor Club, 66 E.Wacker Place, Chicago, IL 60601, Tel.: (312) 372-1818

◆ Indiana: AAA Southern Indiana, 300 S.E. Riverside Dr., Evansville, IN 47713, Tel.: (812) 425-2288

◆ Iowa: AAA Iowa, 2900 AAA Ct., Bettendorf, IA 52722, Tel.: (319) 332-7400

◆ Kentucky: AAA Blue Grass, 155 N.Martin Luther King Blvd., Lexington, KY 40507, (606) 233-1111

◆ Michigan: AAA Michigan, 17000 E.8 Mile Rd., Detroit, MI 48205, Tel.: (313) 526-1000

◆ Minnesota: AAA Minnesota, 7 Travelers Trail, Burnsville, MN 55337, Tel.: (612) 890-2500

◆ Missouri: Automobile Club of Missouri, 12901 N.Forty Dr., St. Louis, MO 63141, Tel.: (314) 523-7350

◆ Montana: AAA Montana, 2100 11th Ave., Helena, MT 59601, Tel.: (406) 442-5920

◆ New York: Automobile Club of New York, Ecke Broadway/W.62nd St., New York, NY 10023, Tel.: (212) 586-1166

◆ North Dakota: AAA North Dakota, 1801 38th St., SW., Fargo, SD 58103, Tel.: (701) 283-6222

◆ Ohio: Ohio Motorists Assn., 6000 S.Marginal Rd., Cleveland, OH 44103, Tel.: (216) 361-6000

◆ Pennsylvania: AAA Central Penn. Auto Club, 2023 Market St., Harrisburg, PA 17103, Tel.: (717) 236-4021
◆ South Dakota: AAA South Dakota, 1300 Industrial Ave., Sioux Falls, SD 57104, Tel.: (605) 336-3690
◆ Wisconsin: AAA Wisconsin, 8030 Excelsior Dr., Madison, WI 53717, Tel.: (608) 836-6555
◆ Wyoming: AAA Wyoming, 1450 Stillwater Ave., Cheyenne, WY 82009, Tel.: (307) 634-8861

Hier erhalten Sie Informationsmaterial (Campingführer, Tourbooks, Motelverzeichnisse etc.) und weitere Auskünfte betreffs regionaler AAA-Stellen. Informationsmaterial wird aber **nicht** nach Europa verschickt.

Bei allen größeren ADAC-Stellen in Deutschland (Touristikabteilung) erhalten Sie allgemeines Informationsmaterial für Autoreisen in den USA.

⇨ Autoverleih (Mietwagen)

Das Reisen mit einem Mietwagen in den USA ist unbedingt den öffentlichen Verkehrmitteln vorzuziehen, soweit es natürlich die finanziellen Möglichkeiten zulassen. Für Urlaube von einer Länge bis zu 6 Wochen ist es auch dem Autokauf vorzuziehen. Amerika ist ein Autofahrerland, und es ist kaum möglich, von Überlandbusstationen einen Weitertransport in die Nationalparks bzw. zu den einzelnen Sehenswürdigkeiten zu finden. Auch ist das städtische Nahverkehrssystem sehr rudimentär. Wohnen Sie z.B. in einem günstigen Vorstadthotel, haben Sie kaum eine Chance, mit einem öffentlichen Verkehrsmittel zu einem touristischen Ziel zu gelangen. Sparen lohnt sich hier also kaum. Am Ende kommt es Sie ohne Auto ebenso teuer, oder Sie müssen eine Reihe interessanter Punkte auslassen.

Ein in den USA gemietetes Fahrzeug dürfen Sie vorübergehend einführen nach Kanada. Doch müssen Sie beim Anmieten (Abholstation bzw. gleich im europ. Reisebüro) den **Besuch Kanadas angeben**, damit man Ihnen eine entsprechende Versicherungsklassifikation gibt. Manchmal erhalten Sie sogar einen kurzen (vorgedruckten) Schrieb für den Zoll.

❶ **WO??** Die erste Entscheidung, die Sie treffen müssen, ist, wo Sie ein Fahrzeug mieten. Mein Rat wäre, es bereits in Europa in Verbindung mit Ihrem Flugticket zu tun. Zum einen erhalten Sie dabei in der Regel günstigere Tarife und zum anderen haben Sie keine Laufereien bei Ihrer Ankunft.

❷ **WAS FÜR EIN AUTO??** Als zweites müssen Sie entscheiden, was für ein Fahrzeug Sie mieten möchten. Ein Campmobil hat z.B. den Vorteil der Unabhängigkeit, ist aber unter dem Strich um einiges teurer als ein Mittelklassewagen, inkl. günstiger Hotelübernachtungen. Denn ein Campmobil ist um einiges teurer in der Miete und verbraucht mit Sicherheit das Doppelte an Benzin. Außerdem dürfen Sie nicht “wild” campieren, und die Campingplätze mit den nötigen Anschlüssen für ein solches Fahrzeug sind auch nicht ganz billig (15-40 US$ pro Nacht).

Wer nicht zu tief in die Tasche greifen möchte und zu zweit unterwegs ist, sollte sich ein Fahrzeug der beiden unteren Klassen mieten **(Economy, Subcompact, Compact)**. Hierbei handelt es sich um Fahrzeuge in der Größenordnung eines VW-Golfs oder Ventos. Die Preise variieren bei diesen Klassen zwischen 285 und 310 DM pro Woche (unbegr. km). Wer es etwas komfortabler möchte, kann sich ein Fahrzeug der Klasse **Intermediate** mieten. Diese haben alle einen separaten Kofferraum, Klimaanlage und einige andere nützliche Ausstattungen. Diese Fahrzeugklasse ist eigentlich die beste Alternative, berücksichtigt man das Preis-/Leistungsverhältnis. Die Fahrzeuge kosten zwischen 340 und 370 DM pro Woche. Sie entsprechen in Größe und Ausstattung etwa einem Ford Orion oder Passat Stufenheck. Wer nun noch mehr Platz braucht, weil er mit Familie und Kind reist, sollte sich für eine Limousine **(Full-Size-Car)** oder am besten einen **Station Wagon** (Kombi) entscheiden. Erstere kostet etwa zwischen 380 und 410 DM die Woche, zweitere zwischen 400 u. 440 DM. Am teuersten schließlich sind die Kleinbusse **(Mini-Van)**, die für eine große Familie am geeignetsten sind. Sie kosten ca. 530 und 560 DM pro Woche. Alle hier genannten Preise sind nur Anhaltswerte. Mit etwas Glück erhalten Sie Fahrzeuge zu Holidaytarifen auch um einiges günstiger.

Eines ist aber der Fall: Fahrzeuge, die Sie in **New York** bzw. **Illinois** (Chicago) anmieten, sind um einiges **teurer** als in anderen Bundesstaaten. Hier liegen die Wochenpreise manchmal um ca. 70 bis 130 DM höher, je nach Klasse.

❸ **WELCHE MIETWAGENFIRMA??** Die dritte Frage ist, bei welcher Firma Sie mieten. In den USA sind neben den uns bekannten Verleihfirmen (Hertz, Avis, Budget- rent- a car) noch einige andere überregionale Firmen vertreten (z.B. Alamo, Dollar, National). Alle diese Firmen sind den etwas günstigeren lokalen Anbietern allemal vorzuziehen, da sie dafür sorgen, daß Sie im Falle einer Panne überall einen Ersatzwagen gestellt bekommen. Wer nun aber nur im Umkreis einer Stadt reisen möchte, kann sich anhand der Gelben Seiten (Yellow pages) im Telefonbuch über andere/regionale Verleihfirmen erkundigen. Sie liegen in der Regel um 15% unter den Preisen der großen Anbieter, und die Fahrzeuge sind trotzdem in gutem Zustand. Wer noch mehr Geld sparen möchte, kann sich ein "Wrack" leihen. Die Firmen bezeichnen sich als "Rent a wreck". Doch die Autos sind keine Wracks. Sie haben meist nur schon mehr Kilometer gefahren, und es handelt sich oft um weniger attraktive Modelle.

❹ **VON WO NACH WO??** Wo fahre ich hin und wo gebe ich das Fahrzeug wieder ab? Bei der Anmiete müssen Sie unbedingt mit angeben, in welchen Staaten Sie reisen werden. Häufig müssen Sie dafür eine Zusatzversicherung abschließen. Außerdem ist wichtig, ob Sie das Fahrzeug im selben Staat wieder abgeben werden. Anders als in Europa, werden die Fahrzeuge wieder zurückgebracht zu ihrem Ursprungsstandort, und das kostet Ihr Geld. Bis zu 200 Meilen sind häufig frei, für längere Strecken werden zwischen 100 und 200, für die Rückführung über den gesamten Kontinent bis zu 600 US$ (Transcontinental) berechnet.

❺ **WELCHE VERSICHERUNG??** Schließlich sollten Sie sich überlegen, welche Versicherung Sie abschließen möchten. Es ist immer ratsam, eine CDW (Collision Damage Waiver) abzuschließen, die keine Selbstbeteiligung verlangt (Haftpflichtversicherung gegenüber Dritten). Sie kostet um 10 US$ pro Tag. In manchen Staaten ist sie Pflicht und schon im Preis inbegriffen. Einen noch besseren Schutz bieten die EP (Extends Protection) und eine Insassenversicherung (PAI). Sie kosten 7-8 bzw. 3-4 US$ am Tag.

■ Worauf sollten Sie noch achten?

- Ohne gängige Kreditkarte (Mastercard, Visa, American Express, Diners) erhalten Sie kaum ein Fahrzeug, oder Sie müssen einen hohen Geldbetrag hinterlegen für den Fall, daß das Fahrzeug beschädigt wieder abgegeben wird, doch auf dieses Verfahren ist mittlerweile kaum noch eine Firma eingestellt.
- Der Fahrer muß mindestens 21 Jahre alt sein, manchmal sogar 25. Bis 25 wird häufig noch ein Zuschlag von ca. 6 US$ pro Tag verlangt.
- Geben Sie das Auto nur mit vollem Tank wieder ab, ansonsten berechnet Ihnen die Mietwagenfirma fürs Auffüllen einen deutlich erhöhten Benzinpreis.
- Wenn Sie erst vor Ort mieten, achten Sie auf Sondertarife, wie z.B. Wochenendrabatte.

■ Wie bekomme ich mein Mietfahrzeug?

Anders als in Europa, haben die Mietwagenfirmen ihre Fahrzeuge nicht direkt am Flughafengebäude. Dafür hat jede größere Firma einen Shuttleservice mit einem Bus eingerichtet, der Sie vom Ankunftsgebäude kostenlos zum nahen Depot bringt und am Ende der Reise vom Depot zurückfährt zur Abflughalle.

Die wichtigsten Autovermieter sind (zentrale Reservierungen – **gebührenfreie** Telefonnummern innerhalb der USA, außer Alaska und Hawaii):

Alamo Rent-A-Car:	1-800-327-9633 (auch Kanada)
Avis-Reservations Center:	1-800-331-1212 (auch Kanada)
Budget-Rent-A-Car:	1-800-527-0700 (auch Kanada)
Dollar-Rent-A-Car:	1-800-421-6868 (auch Kanada)
General-Rent-A-Car:	1-800-327-7607
Hertz Corporation:	1-800-654-3131 (außer Oklahoma)
Oklahoma:	1-800-522-3711
National Car Rental:	1-800-CAR-RENT (auch Kanada)
Payless-Rent-A-Car Inc.:	1-800-237-2804
Thrifty Rent-A-Car:	1-800-367-2277 (auch Kanada)
U-Haul International RV Rentals:	
größere Fahrzeuge und Campmobile	1-800-821-2712 (außer Arizona)
Value Rent-A-Car:	1-800-327-2501 (auch Kanada)

Mietautos in den USA haben fast alle ein Automatikgetriebe. Wenn Sie noch kein Automatikfahrzeug gefahren sind, sollten Sie folgendes beachten: Ein Automatikgetriebe hat nur drei Vorwärtsgänge. Die Gänge:
P = Parken. Das Getriebe ist geblockt. Nur in diesem Gang startet der Wagen und können Sie den Zündschlüssel abziehen!
N = Neutral. Leerlauf.
R = Rückwärtsgang
D = Drive. In diesem Gang fahren Sie auf normalen Straßen und in der Ebene. Beim Beschleunigen müssen Sie schnell das Gaspedal ganz heruntertreten, und das Getriebe schaltet automatisch in den nächstunteren Gang.
2 = Der 2. Gang. In diesen müssen Sie bei mittleren Steigungen schalten. Auch bei abschüssigen Strecken sollten Sie zur Schonung der Bremsen (könnten heißlaufen) diesen Gang wählen.
1 = Der 1. Gang für steile Streckenabschnitte.

B Banken

Normalerweise sind die Banken in den **USA** von 9h00 bis 14h00 (15.00) geöffnet. Selten nachmittags bis 16h00. An Sonnabenden sind nur größere Banken in Städten geöffnet.

In **Kanada** sind die Banken in der Regel von Mo-Fr von 10h00-15h00 geöffnet. In den Großstädten gelten häufig längere Öffnungszeiten.

⇨ Behinderte

In den gesamten USA gibt es besondere Einrichtungen für Behinderte (handicapped persons): Rollstühle an den Flughäfen, extra ausgewiesene Parkplätze, Toiletten, Auffahrrampen zu Gebäuden, Telefonzellen etc. Man kann wirklich sagen, daß hier bereits mehr unternommen worden ist als in Europa. Und überall tritt man den Behinderten freundlich und hilfsbereit gegenüber.

⇨ Benzin

Es gibt in den USA drei Sorten Benzin und eine Sorte Diesel: Gasoil (Diesel), Regular (Normal), Premium (Super) und Unleaded (Bleifrei). Alle 3 Benzinsorten sind bleifrei! Bezahlen können Sie in bar (häufig günstiger), Reisecheque oder

Kreditkarte. Große Tankstellen haben sowohl Selbstbedienung als auch Service ("Full Service Island"), wobei der Service ca. 25 c pro Gallone (3,78 l) extra kostet. Achten Sie also darauf, an welche Säule Sie fahren. Bei der Selbstbedienungssäule ("Self Service Island"") müssen Sie häufig vor dem Tanken wählen, auf welche Weise Sie bezahlen wollen. Abends wird an vielen Tankstellen aus Sicherheitsgründen nur die Kreditkarte akzeptiert bzw. müssen Sie vor dem Einfüllen bezahlen/Geld hinterlegen. Vergleichen Sie aber vor allem Preise. Anders als bei uns, können diese um bis zu 20% variieren auf nur 500 m.

⇨ Botschaften

■ **Die amerikanischen Botschaften sind in:**

- **Deutschland**: Deichmanns Aue 29, 53170 Bonn, Tel.: 0228/339-2053

Hinweis
Mit dem Umzug der Bundesregierung nach Berlin wird das US-Konsulat in Berlin zur Botschaft (Adresse: siehe unter "KONSULATE")

- **Österreich**: Boltzmanngasse 16, 1091 Wien IX, Tel.: 01/346611 u.315511
- **Schweiz**: Jubiläumsstr. 93, 3005 Bern, Tel.: 031/430011 u. 799 0211

■ **Die kanadischen Botschaften sind in:**

- **Deutschland**: Godesberger Allee 119, 53175 Bonn, Tel.: (0228) 810060, Fax: (0228) 376 525 (dieses ist die Visaabteilung)
- **Schweiz**: Kirchenfeldstr. 88, CH-3005 Bern, Tel.: (031) 446381
- **Österreich**: Dr. Karl-Lueger-Ring 10, A-1010 Wien, Tel.: (01) 533691

■ **Adressen der ausländischen Botschaften in den USA:**

- **Embassy of the Federal Republic of Germany:** 4645 Reservoir Rd, N.W., Washington D.C. 20007-1998, Tel.: (202) 298-4000
- **Austrian Embassy**: 2343 Massachusetts Ave. N.W., Washington D.C. 20008, Tel.: (202) 483-4474
- **Swiss Embassy**: 2900 Cathedral Ave., N.W., Washington D.C. 20008, Tel.: (202) 745-7900

■ **Adressen der ausländischen Botschaften in Kanada:**

- **Deutschland**: 275 Slater Street, 14th Floor, Ottawa, Ontario K1P 5H9; Postanschrift: P.O.Box 379, Postal Station "A", Ottawa, Ontario K1N 8V4, Tel.: (613) 232-1101.
- **Schweiz**: 5 Marlborough Ave., Ottawa, Ontario, K1N 8E6, Tel.: (613) 235-1837
- **Österreich**: 445 Wilbroad St., Ottawa, Ontario, K1N 6M7, Tel.: (613) 563 1444

Die Konsulate finden Sie unter dem Stichwort "Konsulate".

⇨ Busse

Während das innerstädtische Bussystem erheblich zu wünschen übrig läßt und einem selten von Nutzen ist (es gibt oft nur ein dünnes Streckennetz, und die Busse verkehren häufig nur zu den Spitzenzeiten), ist das überregionale Bussystem gut ausgebaut. Dieses Busnetz berührt alle Städte und die meisten Orte der USA und Kanadas. Es bietet eine günstige Alternative zum Fliegen und ist gut geeignet, um eine Strecke von einer Großstadt zur nächsten zurückzulegen, aber nicht, um touristische Sehenswürdigkeiten "abzuklappern". Steigt man einmal irgendwo in einem kleinen Nest aus, wo es vielleicht etwas für ein paar Stunden anzusehen gibt, kommt der nächste Bus häufig erst am nächsten Tag. In den großen Städten wiederum liegen die Busterminals nicht unbedingt in der Nähe der gewünschten Unterkunft, und man muß dann versuchen, z.B. per Taxi dorthinzukommen.

Die Busse sind alle klimatisiert, Verpflegung gibt es aber nur an den Haltestellen. Alle drei Stunden wird eine längere Pause (30-45 min.) eingelegt, und hier steht dann meist ein Fast-Food-Restaurant zur Verfügung. Fotografieren aus dem Busfenster ist kaum möglich, da die Scheiben gegen die Sonne stark grün gefärbt sind.

Größter Anbieter ist GREYHOUND. Dieses Unternehmen bietet für ausländische Touristen günstige Langzeittickets **(Ameripass)** an (ähnlich unserem Interrail-Pass, aber für alle Altersgruppen). **Der Ameripass muß aber bereits im Ausland erworben werden.** Diese Pässe gelten auch in Kanada!

Gültigkeitszeiträume: 5,7,15 oder 30 Tage (kann in den USA verlängert werden). Preise: 15-Tage-Ticket = ca. 375 DM, 30-Tage-Ticket = ca. 500 DM.

Infos in den USA: Greyhound Lines Inc.: Greyhound Tower, Phoenix, AZ, 85077

Generalvertretung von Greyhound in Deutschland:

ISTS Intercontinental Reisen: Türkenstr. 71 + 80, 80799 München, Tel.: 089/ 272710, Fax: 089/2723700

Hier gibt es auch die Tickets.

C Camper

Das Reisen mit einem Campmobil ist in Amerika sehr populär. Eine rechtzeitige Buchung ist also essentiell (am besten mindestens 3 Monate im voraus). Sie sollten sich zudem über folgende Vor- und Nachteile erst einmal im klaren sein:

■ Vorteile:

- Unabhängigkeit und der Genuß der frischen Luft
- Man kann kochen, wonach einem gerade zumute ist
- Verschnaufpausen am Tag auf Raststätten sind möglich
- Während der Fahrt kann einer sich schlafen legen
- Sie haben mehr Stauraum für Ihr Gepäck
- Es müssen nicht jeden Tag die Koffer gepackt und geschleppt werden

■ Nachteile:

- Das Reisen ist teurer als mit einem Mietwagen, inkl. Hotelübernachtungen: Hoher Benzinverbrauch (ab 15 und bis zu 35 l), hohe Mietkosten und nicht ganz billige Campingplätze (z.T. 15-40 US$/Tag), da für Camper besondere Vorrichtungen (Strom, Abwasser etc.) gestellt werden müssen. Die supergünstigen Campingplätze für unter 10 US$ sind in der Regel nicht zu empfehlen!
- Sie reisen langsamer. Ein Campmobil fängt nämlich bei Geschwindigkeiten über 50 mph an, unheimlich Benzin zu schlucken und fährt sich bei höheren Geschwindigkeiten auch nicht sehr gut.
- Parkplatzprobleme im Stadtbereich
- Wild zu campieren, ist meistens nicht erlaubt (Sie dürfen aber nach Absprache mit dem Besitzer auf einem Privatgrundstück campen)
- Die "Pflege" (Herd, Kühlschrank und "Badezimmer" säubern, Wassertanks auffüllen, Abwasser ablassen etc.) ist sehr zeitaufwendig
- Viele Camping-/Motorhomeplätze sind nicht sehr einladend und laut, besonders in Stadtbereichen.
- Campmobile werden häufiger aufgebrochen
- Säuberungsutensilien, wie Abwaschhandtücher, Bürsten etc., müssen Sie vor Ort kaufen

Die Nachteile scheinen nunmehr zu überwiegen, aber vergessen Sie nicht, daß man die Art des Reisens nicht miteinander vergleichen kann. Es liegt ganz an Ihnen zu entscheiden, welche Vor- und Nachteile für Sie überwiegen.

Ein Campmobil sollten Sie, wie einen Mietwagen, auch bereits von zu Hause aus buchen. Es ist schon vorgekommen, daß billige Verleihfirmen, die Sie vor Ort auswählen, während der Reise dichtgemacht haben, und damit können Sie Ihre Anzahlung abschreiben. Die in Europa vertretenen Anbieter sind aber verläßlich.

■ **Für die Abholung eines Campmobils ist folgendes wissenswert:**

- Nicht alle Vermieter bringen Sie vom Flughafen zum Standort des Fahrzeugs (meist im Vorstadtbereich). Zudem sind Campmobilvermieterfirmen nur zu den normalen Zeiten geöffnet (Mo-Sa: 9h00-17h00, So: geschlossen). Flüge aus Europa kommen meist aber in den Abendstunden an. Somit müssen Sie mit einer Übernachtung rechnen.
- Während der Hauptreisezeit werden die Fahrzeuge oft erst ab 13h00 ausgehändigt, da sie am gleichen Tag vom Vormieter bis 11h00 abgegeben werden und dann noch gesäubert werden müssen. Fragen Sie also vorher nach der Abholzeit.
- Kontrollieren Sie das gesamte Fahrzeug und machen Sie auf versteckte Schäden, so klein sie auch sein mögen, aufmerksam. Das gilt auch für verschmutzte Partien.
- Überschätzen Sie nicht die Größe eines Wohnmobils. Ein überladenes Fahrzeug hat eine schlechte Kurvenlage.
- Lassen Sie sich alles am Fahrzeug genau erklären, besonders wie die Tanks gereinigt und entleert werden.
- Besorgen Sie sich einen Campingführer, der auf Versorgungsanlagen für Campmobile hinweist (zur Wasserentsorgung, Strom etc.)
- Bei der Übernahme müssen Sie ein Ausrüstungspaket (convenience kit) bezahlen (ca. 30-50US$ p.P.), welches Geschirr und Kochutensilien beinhaltet und Sie müssen für die Grundreinigung + Gasfüllung bezahlen (zwischen 40 u.70 US$). Zudem ist eine Kaution zu hinterlegen (ca. 500 US$ – per Kreditkarte).

■ **Folgende Camper/Motorhometypen werden angeboten:**

- **VW Camper**: Schlafmöglichkeit für 2 Erwachsene u.1 Kind. Vorteile: geringer Benzinverbrauch, gute Bodenfreiheit. Verbrauch 13-16 l/100 km. Der VW wird in Amerika aber nicht häufig vermietet.
- **Van Conversion**: größer als der VW Camper und stärker motorisiert. Schlafmöglichkeiten für 2 Erwachsene u. 1 Kind. Servolenkung, Automatik, z.T. mit chem. Toilette und Dusche. Hoher Benzinverbrauch (18-24 l/100 km)
- **Pick-up-Camper**: 8-10 ft lang. Das Wohnteil ist auf die Ladefläche eines Kleinlastwagens aufgebaut. Ideal für 2-3 Erwachsene und 1 Kind, Verbrauch ab 16 l/100 km
- **Mini-Motorhomes**: 17ft lang, Stehhöhe 1,80-1,90 m, Durchgang zur Fahrerkabine, Verbrauch ca. 18-21 l/100 km
- **Motorhome**: 19-21 ft.: Groß genug für 2 Erwachsene und 2-3 Kinder. Sehr komfortabel ausgestattet mit Dusche, Toilette, Waschraum. Starker Motor, Servolenkung, aber hoher Verbrauch: 25 bis weit über 30 l/100 km.
- **Full-Size Motorhome**: (23-40 ft): Riesiges Gefährt für 2 Erwachsene und 4 Kinder. Separater 2-Takt-Motor für Klimaanlagenbetrieb, wenn kein Elektroanschluß vorhanden sein sollte. Mit allem Komfort ausgestattet (Toilette, Waschraum, Dusche, Backofen etc.). Benzinverbrauch über 30 l/100km.

■ **Und auch das sollten Sie beachten:**

- Die Preisgestaltung der verschiedenen Anbieter variiert ziemlich. Vergleichen Sie also. Machen Sie sich zudem vorher einen Plan, wie viele Kilometer Sie voraussichtlich fahren werden. Eventuell ist ein entsprechendes Komplettpaket (3 Wochen + freie KM + Teilkasko) um einiges billiger als die einzeln abgerechneten Posten. Unterschätzen Sie nicht die Entfernungen und die sogenannten und oft vergessenen Zusatzkilometer, z.B. für Stadtrundfahrten. Und die Kilometerpauschalen liegen selten unter 0,20 DM. Das summiert sich!

- Die Abgabe wird mit einer Uhrzeit festgelegt – meistens bis 11h00. Verspätete Abgaben schlagen ordentlich zu Buche (ca. 30 US$ pro Stunde!).

⇨ Camping

Campen ist ein amerikanischer Volkssport. Dementsprechend gibt es unzählige Campingplätze, die aber in den Sommermonaten teilweise recht voll sein können. Dafür sind die meisten von ihnen sehr großzügig angelegt, so daß das Sardinengefühl europäischer Plätze nicht aufkommt. Neben einer Reihe von kommunalen und staatlichen (in den Nationalparks) Campingplätzen gibt es vor allem viele private Plätze, die zu einem großen Teil an Franchise-Ketten angeschlossen sind. Der größte Anbieter hier ist KOA (Kampgrounds of America, P.O.Box 30558, Billings, Montana 59114, Fax: 1-406-248-7414). Auf Anfrage erhalten Sie von KOA bereits eine Informationsbroschüre in deutscher Sprache. Den von KOA herausgegebenen Campingführer würde ich an Ihrer Stelle in den USA kaufen, da dieser sehr schwergewichtig und bei uns auch wesentlich teurer ist. Sie erhalten ihn aber auch in ausgesuchten europäischen Reisebuchgeschäften.

Ich rate Ihnen, auch die Campingausrüstung in den USA/Kanada zu kaufen, da Sie damit Fluggepäck einsparen und weil Camping-Equipment dort auch billiger ist. An den vielen Campingplätzen erhalten Sie u.a. auch einen Zeltsack, eine einfache Zeltart, was Ihnen manche Sucherei erspart, aber nicht ganz so komfortabel ist.

Tip
Die Campingplätze in den State- und Nationalparks sind in der Regel die besten und auch am billigsten. Die kommunalen Plätze schwanken in der Qualität und dienen öfters als Wohnstätten für die Wanderarbeiter. Die Franchiseketten-Plätze sind meist in Ordnung, wenn auch häufig etwas enger. Versuchen Sie also, Ihr Ziel vornehmlich auf die Parks zu richten.

D

Devisen

USA: Die Ein- und Ausfuhr von fremden Währungen und der US-Währung sind unbeschränkt möglich. Allerdings müssen bei der Ein- und Ausreise alle Zahlungsmittel (Bargeld, Schecks u.ä.), die einen Gegenwert von mehr als 10.000 US$ haben, deklariert werden.

Kanada: Auch hier ist die Ein- und Ausfuhr von kanadischen Dollars und von fremden Währungen unbeschränkt.

E

Einkaufen

Es gibt genügend Interessantes aus den USA mitzubringen. Hier nur ein paar Tips, worauf Sie achten sollten:

- Erkundigen Sie sich vorher beim deutschen Zoll, was Sie einführen dürfen, besonders was Pelze und Lederwaren angeht. Schlangen- und Krokodilleder ist z.B. in der Regel nicht erlaubt.
- Verlockend sind die zum Teil sehr niedrigen Preise bei Elektrogeräten. Denken Sie aber daran, daß die Geräte auf 110 V eingestellt sind. Ein Adapter, den Sie

in besser sortierten Elektrogeräteläden (wie z.B. der in allen Orten vertretenen Kette "Radio Shacks") erhalten können, kostet etwa $ 40. Zu Hause müssen Sie dann nur noch den Stecker ändern. Ein Umpolen der erworbenen Geräte durch einen Fachmann lohnt finanziell nicht!

- Lohnenswert ist der Kauf von Fotoapparaten und Videorekordern (häufig auch nur 110 V-Akku-Ladegerät!!), die um ca. 30% billiger sind als bei uns. Vergleichen Sie aber vorher die Preise und achten Sie besonders auf Sonderangebote in den Zeitungen. Niemand in Amerika kauft zum normalen Ladenpreis!
- Achtung beim Kauf von Autoradios! Sie sind gut und auch um einiges billiger, verfügen aber nicht über einen Verkehrsfunkdekoder! In bestimmten kleineren Läden – sie erscheinen wie ein Elektroramschladen – läßt sich bei dem Preis häufig handeln.
- Telefone sind um einiges billiger. Doch gibt es bei den meisten Marken, insbesondere aber den schnurlosen Apparaten, störende Nebengeräusche, die durch eine andere Frequenz verursacht werden.
- Schmuck, der als echte Silberarbeit verkauft wird, besteht häufig nur aus billigem Eisenmaterial und wird z.T. in Fernost und nicht mehr von den Indianern hergestellt. Um wirklich gute Ware zu bekommen, lohnt sich die Mehrausgabe und Fachberatung in den Juweliergeschäften.
- Textilien lohnen fast immer. In groß angekündigten Outlet Malls bieten alle großen Hersteller ihre Waren an. Besonders günstig sind Markenjeans – bei denen Sie aber auf Mängel achten müssen – und Herrenbekleidung, die vor allem durch ihre gute Qualität hervorsticht. Mit der Damenbekleidung ist das so eine Sache: Vieles trifft einen anderen Geschmack, wobei die Auswahl trotzdem fast alles abdeckt, man muß nur mehr suchen.

Amerikanische Größen finden Sie unter "Maßeinheiten".

⇨ Einreise

USA: Für die Einreise in die USA benötigen deutsche, schweizer und österreichische Staatsangehörige kein Visum mehr, solange die Aufenthaltsdauer nicht 90 Tage überschreitet und sie ein gültiges Rückflugticket besitzen. Der Paß muß **nach** Reiseende aber noch eine Gültigkeit von 6 Monaten haben. Über Ihre endgültige Einreise wird allerdings erst bei Ankunft am Flughafen entschieden. Bei Ablehnung muß der Rückflug umgehend auf eigene Kosten erfolgen. Es gibt eine Reihe von Ablehnungsgründen, wie z.B. politisch unerwünschte Personen (Nazis, Kommunisten, Vorbestrafte), gesundheitliche Gründe oder aber auch nur "unzureichende finanzielle Mittel".

Kanada: Deutsche, Österreicher und Schweizer benötigen für die Einreise einen noch 6 Monate gültigen Reisepaß bei einer Aufenthaltszeit von längstens 3 Monaten; Jugendliche ab 16 Jahren brauchen einen Reisepaß mit Lichtbild, bei Kindern unter 16 Jahren wird der deutsche Kinderpaß akzeptiert, ab 10 Jahren aber nur mit Lichtbild.

Für einen Aufenthalt von mehr als 3 Monaten benötigen Sie die Genehmigung der Einreisebehörde.

⇨ Eisenbahn

■ **USA:** Lange Jahre haben die Amerikaner ihre Eisenbahn "vergessen". Autos, Busse und Flugzeuge galten als die attraktiveren Verkehrsmittel. Doch nachdem sich die verschiedenen Eisenbahngesellschaften Anfang der 70er Jahre zur "AMTRAK" zusammengeschlossen haben, steigt die Zahl der Bahnreisenden wieder an. Die AMTRAK bietet verschiedene Langstreckenverbindungen an, wobei für den europäischen Touristen auch hier, wie bei den Bussen, besonders preisgünstige 15, bzw.30-Tage-Tickets angeboten werden. Zudem werden regional gültige, günstigere Pässe angeboten, wie z.B. der "East Rail Paß", der überall östlich von Chicago gültig ist. Sein Pendant ist der "West Rail Paß" für die westlich von Chicago verkehrenden Züge. **Diese "Railpässe" müssen Sie in Europa kaufen**:

- **Deutschland:**
  - MESO Amerika - Kanada Reisen GmbH: Willmersdorfer Str. 94, 10629 Berrlin, Tel.: 030/881 4122, Fax: 030/883 5514
- **Schweiz:**
  - Kuoni Travel, Neue Hard, Neugasse 231, Zürich, Tel.: (01) 277-4583 oder
  - SSR-Reisen: Bäckerstr. 52, Zürich, Tel.: (01) 297-1111
- **Österreich:**
  - Austria Reiseservice, Hessgasse 7, Wien, Tel.: (01) 310-7441

Die Tickets kosten für die gesamten USA etwa (plus 25 DM Bearbeitungsgebühr): 15 Tage: 240 US$ in der Nebensaison, während der Hauptsaison 363 US$; 30 Tage: 363 bzw. 450 US$. Mit ihnen kann man auf allen Strecken der AMTRAK so viel fahren, wie man möchte.

Die regionalen Pässe kosten etwa: 15 Tage: je nach Region 190-240 US$ in der Nebensaison und 215-275 US$ in der Hauptsaison; 30 Tage: 200-300 US$ (NS) bzw. 240-340 US$ (HS).

Hingewiesen sei aber auf die Tatsache, daß das Eisenbahnnetz sehr dünn ist und daß die Züge länger brauchen als die Busse. Dafür reist man aber ausgesprochen komfortabel.

Interessante Verbindungen für die in diesem Buch beschriebenen Reisegebiete:

- "Lake Shore Limited": Von New York/Boston über Syracuse, Buffalo (hier Anschlußmöglichkeit nach Toronto), Cleveland, Detroit bis Chicago.
- "Broadway Limited": Von New York durchs Landesinnere nach Chicago.
- "Capitol Limited": Von Washington über Pittsburgh, Cleveland, Toledo nach Chicago.
- "Chicago Hub": Hierbei bietet Amtrak verschiedene Verbindungen von Chicago ausgehend: z.B. Chicago - St. Louis, Chicago - Kansas City, Chicago - Detroit (mit Anschlußmöglichkeit nach Toronto).

Folgende Linien durchqueren zwar nur einen Teil der im Buch beschriebenen Landschaften, bieten aber eine einmalige Gelegenheit, eine im Osten begonnene Autotour mit einem Eisenbahnerlebnis in Richtung Westen zu beenden, um von dort dann zurückzufliegen nach Europa:

- "Empire Builder": Von Chicago über Milwaukee, Minneapolis, Havre, Spokane nach Seattle.
- "Southwest Eagle": Von Chicago über Kansas City durch den Südwesten bis nach Los Angeles.
- "California Zephyr": Von Chicago über Omaha, Denver, Salt Lake City bis nach San Francisco.

- "Desert Wind": Von Chicago über Omaha, Denver, Salt Lake City nach Los Angeles.
- "Pioneer": Von Chicago über Omaha, Denver, Cheyenne, Boise nach Seattle.

Kanada: Hier haben sich die "Canadian National" und die "Canadian Pacific" im Personenverkehr zur "VIA-Rail" zusammengetan. Der "Canrail-Paß" erlaubt innerhalb eines bestimmten Zeitraumes beliebig viele Eisenbahnfahrten. Auskünfte erteilt: VIA-Rail Vertretung Kanada Reisedienst: Große Straße 2, 22926 Ahrensburg, Tel.: 04102/51167. Während der Hauptreisezeit (Juni-September) ist eine rechtzeitige Reservierung dringend zu empfehlen.

⇨ Essen

Entgegen allen Vorurteilen gibt es in den USA und Kanada nicht nur Hamburgerketten mit Fastfood. Es ist zwar der "alltägliche Essenstempel" der meisten Arbeitnehmer für den Lunch, und auch am Wochenende sieht man ganze Familien, wie sie sich auf die Hamburger stürzen, aber wer gepflegter speisen möchte, hat dazu auch ausreichend Gelegenheit. Für jede Geschmacksrichtung und jeden Geldbeutel gibt es etwas. Für den mittäglichen Snack bieten sich aber die Fastfood-Läden durchaus an. Natürlich dürfen Sie hier keine Wunder erwarten, aber so schlimm, wie immer behauptet wird, sind sie auch wieder nicht. Viele von ihnen bieten mittlerweile Salatbars an, und es gibt auch Ketten mit mexikanischen Spezialitäten.

Hier seien einmal einige Fastfood-Ketten aufgeführt: Burger King (Hamburger), McDonald's (Hamburger), Popeye's (Hähnchen), Dairy Queen (Milchprodukte + Kuchen), Long John Silver (Fischgerichte), Pizza Hut (Pizzas), Sambo's (mexikan. Spezialitäten), Denny's (Tex-Mex-Spezialitäten), Taco Bell (mexik. Spezialitäten), International House of Pancakes (u.a. Pfannkuchen), Kentucky Fried Chicken (Hähnchen), Wendy's (Hamburger), Ponderosa (Steaks), Long John Silver (Fisch), Sizzler's (Salate und Fleisch), Bob Evans (Country Küche). Neben den niedrigen Preisen haben diese Ketten noch einen Vorteil: Viele von ihnen sind bis spät in die Nacht geöffnet, teilweise sogar rund um die Uhr.

Tips

- **Sizzler's** hat eine tolle Salatbar zum Sattessen (leider aber nur selten in den Staaten des Mittleren Westens zu finden).
- Die Fishburger im **Long John Silver** sind zwar deepfried (fritiert), aber lecker und mit ausreichend Fischanteil versehen.
- Die Hamburger beim **Burgerking** und bei **Wendy's** sind am saftigsten.
- **Denny's** ist schon fast ein Restaurant. Mit guten und vor allem günstigen mexikanischen Gerichten. Tip: Tacos Supreme.
- Auch **Bob Evans** ist mehr ein Restaurant, besticht mit guten Hackfleischgerichten und verschiedenen Kartoffelvariationen.

Wenn Sie besser essen gehen möchten, informieren Sie sich bitte in den regionalen Beschreibungen hier im Buch.

Einiges Wissenswerte:

- Anders als in Europa, **verweilt man nicht ewig** im Restaurant.
- Schon beim Eintritt in ein Restaurant fallen Unterschiede auf: Sie müssen warten, bis man Ihnen **einen Platz zuweist** ("wait to be seated"). Zudem müssen Sie sich für **Raucher** (Smoking) oder **Nichtraucher** (Non-Smoking) entscheiden.
- Die Amerikaner essen zwar auch mit Messer und Gabel, schneiden aber zuerst ihr Fleisch klein, damit sie sich hinterher **nur noch mit der Gabel begnügen** müssen.

THE TRIPHAMMER Grill

DINNER

60 Browns Race, Rochester, NY 14614
Phone (716) 262-2700 • Fax (716) 262-2828

SUMMER HOURS:
M-F: 11:30am - 2:00pm; M-Thurs: 5:00pm - 10:00pm
Fri-Sat: 5:00pm - 11:00pm; Sun: 5:00pm - 9:30pm

Appetizers

Artichoke Dip

A blend of Spinach and Artichokes in a Cream Sauce served with Tortilla Chips $5.95

Sea Scallops

Fresh Scallops sautéed in our Garlic Butter Wine Sauce $7.95

Southwestern Style Chicken Fingers

Spicy Grilled Strips of Chicken Breast served with Barbeque Sauce $5.75

Chefs Shrimp of the Day

$8.95

Portabell Provolone

Portabella Mushrooms sautéed in a Red Wine Sauce and topped with a thin Layer of Provolone Cheese $5.95

Soups

Fresh Soups Prepared Daily, Check with Your Server

Triphammer Sauté Fare

Penne Pesto Saute

with Vegetables $11.95
with Vegetables and Chicken $14.95

Chicken Italian

Kabob style Chicken and Vegetables sautéed in an Italian Marinade and served over a Bed of Rice $13.95

Linguine Mediterrean

Portabella Mushrooms, Black Olives, Artichoke Heart and Roasted Red Peppers sautéed in a Seasoned Olive Oil Sauce, tossed with Gorgonzola Cheese $13.95

- For any special request or dietary requirement, do not hesitate to ask your server.
- All Grill Fare and Sauté are served with a side salad, rice or potato, and fresh vegetables.
- For parties larger than 7 people there is an automatic gratuity charge of 18%.

Triphammer Grill Fare

New York Strip Steak

A 12 oz. USDA Choice Cut served with Herb Butter $17.95

Grilled Fillet

A 10 oz. fillet USDA Choice Cut grilled and served Butterfly Style $18.95

Porterhouse Steak

A 16 oz. USDA Choice Cut topped with a Garlic and Mushroom Sauce $20.95

Charbroiled Chicken Breast

Double Boneless Breast of Chicken grilled and topped with a Picatta Style Sauce $14.95

The Triphammer Grill

An Assortment of Grilled Swordfish, Chicken Breast and Shrimp $18.95

Grill Veal

12 oz. Veal Chop grilled and served with Marsala Wine Sauce $24.95

Shrimp Kabob

Two Skewers of Grilled Shrimp glazed in a Honey Mustard Sauce $17.95

Grilled Pork Tenderloin

A 12 oz. Tenderloin prepared Medalion Style topped with our Apple Dijon Cream Sauce $17.95

Grilled Salmon Fillet

Fresh Atlantic Salmon topped with a Lemon Dill Sauce $17.95

Cajun Swordfish Steak

A 10 oz. Steak Grilled and served Cajun Style Market Price

THE TRIPHAMMER Grill

- Der **Kaffee ist sehr dünn**, wird aber kostenlos nachgeschenkt.
- Das **Trinkgeld** ist wichtig, auch in Pubs. **15%** müssen Sie geben, da die Bezahlung der Kellner sehr niedrig ist und es grundsätzlich erwartet wird, daß man Trinkgeld gibt. Zahlen Sie mit einer Kreditkarte, befindet sich eine Extraspalte für das Trinkgeld auf dem Kreditkartenbeleg, in den Sie die von Ihnen gewählte Summe eintragen. In Restaurants, in denen Sie am Ausgang an der Kasse zahlen, lassen Sie das Trinkgeld für den Kellner gesondert auf dem Tisch liegen.
- Die **Portionen sind häufig sehr groß**. Achten Sie am besten beim Betreten des Restaurants schon darauf, ansonsten wird Ihnen bereits beim Auftischen der Appetit verdorben.
- **Lunch** (Mittagessen) kann man auch in den Pubs der Städte erhalten (Pub-lunch). Häufig funktioniert das auch folgendermaßen: Der Pub hat sich mit einem nahen Restaurant zusammengetan, und Sie bestellen telefonisch vom Pub aus Ihr Essen, das dann schnell gebracht wird.
- Sehr attraktiv ist der **Brunch** (**BR**eakfast/**LUNCH**), welchen viele Restaurants am Wochenende anbieten. Brunch gibt es zwischen 10h00 und 14h00, und man kann zu einem Pauschalpreis zwischen den unterschiedlichsten warmen und kalten Gerichten wählen.
- **"Early Bird Dinners"** werden häufig nachmittags zwischen 16h00 und 18h00 angeboten. Dabei essen Sie z.T. zum halben Preis.

F Fahrradfahren

USA: Fahrradfahren wird in den USA immer populärer, und so manch einer verbringt den gesamten Urlaub auf dem Sattel eines Drahtesels. Doch sollten lange Strecken nur von geübten Radlern zurückgelegt werden. Die Steigungen sind nicht immer ganz ohne. Es gibt in den USA mittlerweile eine Reihe von Organisationen, Herstellern, Clubs und Vereinen, die Infos und Material zur Verfügung stellen. Eine Liste dieser Organisationen verschickt: PRO BIKE, The Bicycle Federation of America, 1818 R Street NW, Washington, D.C. 20009.

Wer nur mal einen Tag herumfahren möchte, bekommt Fahrräder über spezielle Vermieter in fast jedem Ort oder auch mal in Hotels.

Kanada: Auch hier erfreut sich das Bike immer größerer Beliebtheit. In den Nationalparks gibt es zahlreiche Radwanderwege. Informationen erhalten Sie bei: Ontario Cycling Association: 1220 Sheppard Ave. East, Willowdale, ON, M2K 2X1, Tel.: (416) 495 414

⇨ Feiertage

USA: Feiertage werden in den USA immer "gefeiert". D.h., wenn ein Feiertag auf ein Wochenende fällt, wird dieser am Montag "nachgeholt". Die wichtigsten Feiertage sind (es gibt dazu noch einige regionale Feiertage):

1. Januar	New Year's Day (Neujahr)
3. Montag im Januar	Martin Luther King Day
12. Februar	Abraham Lincoln's Birthday
3. Montag im Februar	George Washington's Birthday
Good Friday (Karfreitag)	
Letzter Montag im Mai	"Memorial Day" (Heldengedenktag)
4. Juli	Independence Day (Unabhängigkeitstag)
1. Montag im September	Labor Day (Tag der Arbeit)

2. Montag im Oktober	Columbus Day
4. Montag im Oktober oder 11. November	Veteran's Day (Soldatengedenktag)
4. Donnerstag im November	Thanksgiving Day (Erntedankfest)
25. Dezember	Weihnachten

Folgende Feiertage gibt es also nicht:
Ostermontag, 2. Weihnachtstag, Silvester

Kanada:

1. Januar	Neujahr
Karfreitag, Ostermontag	
1. Montag vor dem 25. Mai	Victoria Day
1. Juli	Canada Day
1. Montag im September	Labor Day
2. Montag im Oktober	Thanksgiving
11. November	Remembrance Day
25. Dezember	Christmas Day
26. Dezember	Boxing Day

⇨ Fernsehen

Es gibt in den USA an die 900 kommerzielle und um 300 Bildungssender, und auch Kanada verfügt über unzählige Sender. Die Vielfalt scheint also enorm. Meistens handelt es sich aber um Berieselungsprogramme, gespickt mit Unmengen von Werbespots. Mit etwas Glück finden Sie aber auch anspruchsvollere Sender dazwischen. So hat jede größere Stadt oder touristisch interessante Region einen Touristensender, der schon mal ansprechende und informative Programme zum regionalen Reisegebiet bietet. Diese Touristensender können Sie aber in der Regel nur in großen Hotels über Dekoder erreichen.

Die großen, überregionalen Sender sind: ABC, CBS und NBC. PBS (Public Broadcasting Service) bietet auch anspruchsvollere Sendungen, kann aber nicht überall empfangen werden. Größere Hotels sind auch an ein Kabelnetz angeschlossen, bei dem Sie für ca. 7-9 US$ einen Spielfilm Ihrer Wahl (ohne Werbung) sehen können. Sie programmieren Ihren Fernseher im Zimmer nur mit dem entsprechenden Code ein und zahlen zusammen mit Ihrer Hotelrechnung. Spielfilme ohne Werbung bietet auch der Sender HBO, den eine Vielzahl von Hotels kostenlos anbietet.

Wer sich um Nachrichtensendungen bemüht, sollte den Wunsch nach informativer Berichterstattung schnell fallen lassen. Die Aussage eines CBS Nachrichten-Managers macht deutlich, warum: "They have got us putting more fuzz and wuzz on the air, cop-shop stuff, so as to compete not with other news programs but with entertainment programs – including those posing as news programs – for dead bodies, mayhem and lurid tales". Der Nachrichtensender CNN sendet zwar Infos rund um die Uhr, dabei gehören aber, anders als in unserem CNN-Programm, Informationen zu Popstars und regionale Ereignisse häufig zum entscheidenden Rahmenprogramm.

⇨ Flußkreuzfahrten

Neben den unter dem Stichwort "Schaufelraddampferfahrten" erwähnten Kreuzfahrten gibt es auch die Möglichkeit, auf dem kleinen Dampfer "Canadian Empress" auf dem St. Lorenz Strom mehrtägige Kreuzfahrten zu unternehmen. Die "Canadian Empress" verkehrt zwischen den Städten Kingston und Quebec.

Infos und Buchungen in Deutschland über: Wolters Reisen: Postfach 1151, 28801 Stuhr/Bremen, Tel.: 0421/89990, Fax: 0421/801447. Hier können Sie auch **Hausboote** für Touren auf dem Trent-Severn-Waterway und **Kanuwandertouren** in Ontario buchen.

⇨ Fotografieren

Es ist empfehlenswert, Filmmaterial bereits von zu Hause mitzubringen, da bei uns die Entwicklung inklusive ist und Sie auf diese Weise Geld sparen können. Diafilme sind in Amerika ziemlich teuer und häufig nur in Fachgeschäften erhältlich! Falls Ihre Filme ausgehen oder Ihre Kamera einmal streikt, gibt es in den USA und Kanada aber keine Probleme mit Ersatzteilen (Reparatur aber oft sehr teuer) oder dem Kauf von Filmmaterial. Schauen Sie in den Yellow Pages unter "Photo-Equipment".

Falls Sie übrigens noch keinen Fotoapparat besitzen, sollten Sie den Neukauf eher in den USA vornehmen. Fotoapparate sind dort um einiges billiger. Nachteil: Es wird schwierig, einen defekten Apparat, zurück in Europa, zu reklamieren.

Als Filmmaterial empfehle ich Ihnen während der Sommermonate lichtempfindliche Filme (ASA 100 oder besser 50). Aber auch einige weniger empfindliche Filme (ASA 200 bzw. 400) sollten Sie "als Reserve" mitnehmen. Das Wetter ist unberechenbar, und ein wolkenverhangener Tag verlangt nach Filmen der zweiten Kategorie. Filme von Fuji und Kodak haben sich wegen ihrer Farbintensität am besten bewährt, besonders bei Landschaftsaufnahmen.

⇨ Fremdenverkehrsämter

Im Frühjahr 1996 wurde das amerikanische Fremdenverkehsamt in Frankfurt dank des Sparkurses der Clinton-Administration geschlossen. Mit einer Nachfolgeadresse ist mind. bis Ende 1998 nicht zu rechnen.

Detailinformationen und Karten erhalten Sie bei den Fremdenverkehrsbüros der einzelnen Staaten, die Sie aber rechtzeitig anschreiben sollten:

- Illinois: Illinois Travel Information Center, 310 S.Michigan Ave., Suite 108, Chicago, IL 60604
- Indiana: Indiana Dept. of Commerce, Tourism Development Div., One N.Capitol St., Suite 700, Indianapolis, IN 46204
- Iowa: Tourism Bureau, Dept. of Economic Development, 200 East Grand Ave., Des Moines, IA 50309
- Kentucky: Dept. of Travel Development, 2200 Capital Plaza Tower, Frankfort, KY 40601
- Michigan: Travel Bureau, Michigan, Dept. of Commerce, Box 30226, Lansing, MI 48909
- Minnesota: Minnesota Travel Information Center, 375 Jackson St., 250 Skyway, St. Paul, MN 55101
- Missouri: Missouri Division of Tourism, 301 W.High St., Box 1050, Jefferson City, MO 65102
- Montana: Travel Montana, Deer Lodge, MT 59722
- New York: State Dept.of Economic Development, Division of Tourism, One Commerce Plaza, Albany, NY 12245
- North Dakota: North Dakota Tourism Promotion, Capitol Grounds, Bismarck, ND 58505

- Ohio: Ohio Div.of Travel and Tourism, 30 E.Broad St., P.O.Box 1001, Columbus, OH 43266-0101
- Pennsylvania: Pennsylvania Bureau of Travel Marketing, Dept. of Commerce, 453 Forum Bldg., Harrisburg, PA 17120
- South Dakota: South Dakota Dept. of Tourism, Capitol Lake Plaza, Pierre, SD 57501
- Wisconsin: Wisconsin Division of Tourism, Box 7606, Madison, WI 53707
- Wyoming: Wyoming Travel Commission, I-25 at College Dr., Cheyenne, WY 82002

Kanada: In Deutschland erhalten Sie Informationen bei:
- Tourismusabteilung des Kanadischen Generalkonsulats: Prinz Georg Str. 126, 40479 Düsseldorf, Tel.: (0211) 172170, Fax: (0211) 359165
- Kanada Tourismus Programm: PF 200247, 63469 Maintal, Hotline: (06181) 45178, Fax: (06181) 497558
- Fremdenverkehrsamt Ontario: Bockenheimer Landstr. 51-53, 60325 Frankfurt, Tel.: (069) 71919918

In Kanada wenden Sie sich an:
Ontario – Ministry of Tourism & Recreation, Communications Branch, 77 Bloor St.W., Queens Park, Toronto, Ontario, M7A 2R9

⇨ Führerschein

In der Regel genügt in den USA und Kanada der nationale Führerschein, obwohl die eine oder andere kleine Mietwagenfirma auch den internationalen Führerschein verlangt. **Der internationale Führerschein reicht aber nicht alleine**, besonders nicht zum Mieten von Fahrzeugen.

G Geld/Zahlungsmittel

USA: Folgende **Banknoten** sind zur Zeit im Umlauf: 1, 2, 5, 10, 20, 50 und 100 US$. Sie werden wegen ihrer Farbe "Greenbacks" genannt. Da sie alle gleich groß sind, dieselbe Farbe aufweisen und sich nur durch den Aufdruck verschiedener Persönlichkeiten des (vergangenen) politischen Lebens unterscheiden, kann es leicht mal passieren, daß Sie mit dem falschen Schein bezahlen. Vergewissern Sie sich also vorher, ob Sie den richtigen Schein weggeben. Als Münzen gibt es: 1 Cent (Penny), 5 Cent (Nickel), 10 Cent (Dime), 25 Cent (Quarter), 50 Cent (half Dollar) und 1 US$. Letztere beiden sind aber sehr selten. Am gängigsten bei den Noten sind die 1-, 5-, 10- und 20-Dollar-Scheine.

Kanada: Der kanadische Dollar hat 100 Cent. Im Umlauf sind Münzen zu 1, 5, 10, 25, 50 Cent und 1$ sowie Banknoten zu 1, 2, 5, 10, 20, 50, 100, 500 und 1.000 Dollar, aber auch hier werden in vielen Geschäften nur Banknoten bis zu 50 $ angenommen. Die Münzen haben die gleichen Bezeichnungen wie in den USA (s.o.). Die 1 $-Banknote wird seit 1986 aus dem Verkehr gezogen und durch die 1$ Münze, den "Loony", ersetzt.

Mittlerweile ist es in den **USA und Kanada** üblich, vieles mit Kreditkarten zu bezahlen. D.h. Beträge über ca. 25 US$ werden fast ausschließlich mit Plastikgeld bezahlt. Darunter noch mit cash. Das hat aber auch zur Folge, daß es bereits Probleme gibt, wenn Sie mit einer 50-Dollar-Note bar bezahlen wollen. Häufig gibt es kein Wechselgeld. Außerdem sind eine Reihe falscher 50er und 100er im Umlauf, vor denen sich viele Ladenbesitzer schützen wollen. Also lassen Sie sich beim Geldtauschen nicht zu viele große Scheine geben.

Ohne Kreditkarte geht es in den USA nicht mehr! Hotels und Mietwagenfirmen nehmen teilweise kein Bargeld mehr oder lassen Sie beim Einchecken eine größere Summe hinterlegen als Garantie. Die fast überall akzeptierten Kreditkarten sind: Mastercard (ist in jeder Eurocard integriert), Visa, American Express und Diners, wobei die letzten beiden manchmal nicht mehr genommen werden. Besonders American Express wird von einigen Ladenbesitzern aufgrund ihrer hohen Gebühren für das Geschäft boykottiert.

Ratsam für eine Aufteilung Ihrer Reisekasse wäre es somit, etwas amerikanisches Bargeld für die ersten Tage mitzunehmen, einen größeren Teil in Reiseschecks und zwei Kreditkarten dabeizuhaben. Europäische Währungen können Sie zwar als Notreserve auch noch mitnehmen, aber es kann Ihnen passieren, daß Banken in kleineren Städten Ihnen diese nicht wechseln können.

⇨ Geschäfte

Es gibt kein Ladenschlußgesetz in den USA und Kanada. Somit sind viele Geschäfte von 9h00 bis 21h00 geöffnet (allemal aber bis 18h00 und vielfach auch bis 23h00). Auch an Sonntagen hat eine Reihe von Geschäften geöffnet, besonders in den vorörtlichen Shopping Malls (So.: 10h00 - 18h00). Diese Shopping Malls bieten eigentlich alles für das normale Leben. Neben großen Supermarktketten trifft man hier u.a. auf Friseursalons, Boutiquen, Coffee Shops etc. – und das alles unter einem Dach und mit ausreichender Parkfläche außen vor. Damit eignen sich solche Malls gut für den Provianteinkauf vor der großen Tour. Wer aber gute Beratung und spezielle Waren erwartet, muß doch meist in die Innenstädte fahren und dort die Spezialgeschäfte aufsuchen.

⇨ Gesundheit

Impfungen sind für die Einreise in die USA und Kanada nicht vorgeschrieben. Trotzdem sollten Sie sich über folgende Punkte im klaren sein:

- Der **Zeitunterschied** macht einem doch zu schaffen, wobei der Rückflug sich da noch gravierender auswirkt. Bedenken Sie den Zeitunterschied vor allem dann, wenn Sie regelmäßig Medizin einnehmen müssen und fragen Sie Ihren Arzt vorher, wie Sie das ausgleichen sollen,
- **Das Klima ist selbst in diesem Reisegebiet im Sommer z.T. schwül-heiß, und die Sonne brennt**. Denken Sie also an genügend Sonnenschutzcreme (die Sie natürlich auch in den USA erhalten können) und vergessen Sie auch nicht, einen Hut aufzusetzen, wenn Sie länger herumlaufen.
- Sie sollten aber auch eine **warme Kleidung** dabeihaben, da die Abendstunden kühl werden können. Daß es von Mitte September bis Mitte Mai auch tagsüber kühler ist, erklärt sich aus der geographischen Lage von selbst.
- **Mücken** gibt es zahlreich in den Sumpfgebieten und an den Seen. **Malaria** gibt es nicht. Insektenschutzmittel ist dringend angesagt, können Sie aber ohne Probleme vor Ort kaufen.
- **Arzt- und Krankenhausbesuche** sind in den USA und Kanada nicht ganz billig und müssen an Ort und Stelle bezahlt werden. Schließen Sie also vorher eine Reisekrankenversicherung ab und achten Sie dabei auch darauf, daß sie die höheren amerikanischen Kosten vollständig abdeckt und für alle Fälle eine Rücktransportversicherung eingeschlossen ist.
- Noch etwas sollten **Langzeitreisende** bei den Reisekrankenversicherungen beachten: Oft gelten diese Versicherungen – selbst wenn sie für ein Jahr ausgeschrieben sind, nur für eine begrenzte Reisedauer (z.B.: ein zusammenhängender Urlaub darf nicht länger als 4 Wochen dauern). Eine Reisekrankenversiche-

rung, die unbegrenzte Aufenthalte erlaubt, stellt aus: Deutscher Touring Automobil Club: Amalienburgstr. 23, 81247 München, Tel.: (089) 8911330. Die Versicherung ist mit einer Mitgliedschaft verbunden, die aber als "Paket" nicht teuer ist.

- **Apotheken** befinden sich in den Drugstores und nennen sich "Pharmacies". Hier erhalten Sie problemlos alle harmlosen Medikamente ohne Rezept.
- Die **Rezeptpflicht** wird sehr streng gehandhabt. Nehmen Sie am besten Ihre Medikamente bereits von zu Hause mit. Für die Einfuhr benötigen Sie aber eine ärztliche Verordnung in englischer Sprache. Diese kann auch helfen bei evtl. Arztbesuchen.

⇨ Golf

Golfplätze finden sich in den USA und Kanada zur Genüge. Kaum ein kleines Nest, das nicht mindestens 2 Plätze aufweisen kann. Ihnen hier eine Aufzählung der besten Plätze zu bieten, übersteigt den Rahmen dieses Buches (... und meiner Golfkenntnisse), aber in jedem größeren Buchladen finden sich zahlreiche Golfführer. Zudem informieren die Touristenämter ausführlich. Die örtlichen Clubs (oft als "Country Clubs" bezeichnet) erlauben meist eine Nutzung der Anlagen als Gastspieler.

H Hotels

siehe unter Stichwort "Unterkünfte"

I Impfungen

siehe unter Stichwort "Gesundheit"

⇨ Informationen

siehe unter Stichwort "Fremdenverkehrsamt"

J Jugendherbergen

siehe unter Stichwort "Unterkünfte"

K Kanu-, Kajak-, Floßfahrten

Die Amerikaner sind bekanntermaßen ein Outdoor-Volk, und damit verwundert es kaum, daß an jedem erdenklichen Gewässer Boote, Floße, Kanus, Autoreifenschläuche etc. bereitliegen, um den Reisenden über Seen und entlang einsamer Flüsse zu fahren, bzw. fahren zu lassen. Das Angebot ist riesig und für jede Alters- und Geschmacksrichtung etwas dabei. Die schönsten und bekanntesten Reviere befinden sich in Nord-Wisconsin, Michigans Upper Penninsula, Nord-Minnesota und in den Rocky Mountains (Süd- und West-Montana), aber auch die anderen Staaten weisen viele Möglichkeiten auf. Hier eine ausführliche Liste von Anbietern vorzustellen, ist unmöglich, aber in den einzelnen Reisekapiteln ist eine Reihe von schönen Strecken aufgeführt. Das beste ist aber, Sie erkundigen sich aktuell bei den lokalen Touristenbüros, was gerade angeboten wird. Folgende Dinge sollten Sie für einen eintägigen Bootstrip mitnehmen bzw. bedenken:

- Zusatzkleidung (wasserdicht eingepackt), falls eine Garnitur naß wird,
- ein Handtuch zum Abtrocknen,
- Badezeug, falls die Aussicht auf ein erfrischendes Bad besteht,
- Sonnenhut, Sonnenbrille und Sonnenschutzcreme,
- leichte Schuhe für den Ausstieg in steinige Flußbetten
- Getränke (nicht zu wenig) und anderen Proviant,
- Plastiktüten als Nässeschutz,
- Insektenschutzmittel gegen die Mücken,
- Überlegen Sie, ob Sie Ihren Fotoapparat mitnehmen wollen (Dies ist nur empfehlenswert für Kanu- bzw. Paddeltouren, nicht für die Schlauchbootfahrten auf den Wildwassern). Beim Kentern könnte er nicht nur naß werden, sondern eventuell auch für immer in den Fluten verschwinden. Ich habe es immer so gemacht, daß ich einen Apparat mitgenommen (den älteren), diesen mehrfach wasserdicht eingepackt (hierfür gibt es kleine zuschraubbare Plastikkanister) und ihn zusätzlich am Boot festgebunden habe.
- Machen Sie sich vor dem Ablegen über die Handhabung eines Kanus/Kajaks vertraut. Einer der häufigsten Fehler: Der Vordermann lehnt sich etwas nach außen und dreht sich um, um Ihnen etwas zu sagen. Sie lehnen sich zur gleichen Seite, um ihn besser zu verstehen. Das Boot bekommt schon eine kritische Seitenlage, und nun passiert es: Um nicht zu kentern, wollen Sie sich nun auch noch reflektorisch in die gleiche Richtung abstützen – das war's dann!!

Wer sich bereits zu Hause näher informieren und sich eine detaillierte Auflistung von Kanu/Kajaktouren-Anbietern und -Ausrüstern besorgen möchte, kann dieses tun über: Deutscher Kanu-Verband – Wirtschafts- und Verlagswesen, Bertaallee 8, 47055 Duisburg.

Organisierte Kanuwandertouren in Kanada bietet u.a. an: Wolters Reisen: Postfach 1151, 28801 Stuhr/Bremen, Tel.: 0421/89990, Fax: 0421/801447.

Literaturtip
Das Buch "Paddle America, A Guide to Trips & Outfitters in all 50 States" (von Nick Shears, Washington 1992) gibt hervorragende Kurz-Informationen. Das Buch ist nach einzelnen Staaten aufgeteilt. Wanderrouten sind aber nicht enthalten, nur eine kurze Erläuterung, wo es interessant wäre, Touren zu machen.

⇨ Kartenmaterial

Es gibt mittlerweile auch in Europa eine Reihe guter Karten und Atlanten über die USA und auch detailliertere Karten für die einzelnen Regionen. Zu empfehlen wären hier "Hildebrand´s Straßen-Atlanten "USA-Osten" bzw. "USA-Westen". Für die gesamten USA empfiehlt sich der "Rand McNally", der in Deutschland vom

Hallwag-Verlag herausgegeben wird. Genauere Karten der einzelnen Staaten erhalten Sie in den entsprechenden Fremdenverkehrsämtern der einzelnen Staaten. Diese schicken Ihnen Karten nach Europa zu (Adressen siehe "Fremdenverkehrsamt"). Besondere Karten (u.a. großmaßstäbliche, topographische Karten) erhalten Sie im ILH/GeoCenter, Postfach 800830, Stuttgart 80, Tel.: 0711/78893-4. Sie sind hier aber erheblich teurer, und wenn es nicht unbedingt erforderlich ist, rate ich Ihnen, sich in den USA mit Spezialkarten auszurüsten.

⇨ Kinder

Die USA (und Kanada) sind ein kinderfreundliches Land. Das erkennt man bereits an den vielen Spielplätzen und den Kindermenus auf den Speisekarten (Kleinkinder dürfen bei den Großen kostenlos mitessen). Aber auch im didaktischen Bereich wird mehr für die Kinder geboten als bei uns. In vielen Museen gibt es eigens für Kinder organisierte Touren oder Videovorträge. Und noch etwas macht eine USA-Reise für die Kleinen zum besonderen Erlebnis: Die Kultur der unzähligen Freizeitparks (Theme Park). Dem einen oder anderen Erwachsenen mag dieses zwar nicht sehr behagen, aber diese Parks bieten unzählige Attraktionen für die Kleinen. Nehmen Sie sich daher ruhig mal einen Nachmittag Zeit und besuchen Sie so einen Park.

Als Nachteil mag europäischen Familien aber auffallen, daß Kinder nicht so frei herumlaufen können wie bei uns. In Restaurants haben sie sich zu benehmen, und bereits von Kinder unter 10 Jahren erwartet man ein "Verständnis" für die Welt der Großen.

⇨ Kleidung

Das **Klima** in den Sommermonaten kann auch in diesem Reisegebiet **sehr heiß** und **schwül** werden. Mit Tagestemperaturen von über 30 C° müssen Sie rechnen. Diese Aussicht mag das Urlauberherz höher schlagen lassen, kann aber auch sehr lästig werden, wenn man nicht die richtige Kleidung mitgenommen hat. Nehmen Sie also für den Tag **lockere, luftige Kleidung** mit, am besten aus Baumwolle oder Leinen. Und besonders wichtig ist der Hut gegen die Sonne. Wer wandern möchte, darf natürlich seine **Wanderschuhe** nicht vergessen, sollte aber auch an einen **Regenschutz** denken.

Nachts können die klimatischen Verhältnisse sehr unangenehm sein, d.h. in den Bergen wird es kühl. Richten Sie sich also darauf ein, einen kleinen **Pullover oder besser eine Allzweckjacke** (am besten eine, aus der man das Futter herausnehmen kann und die natürlich auch den Regen abhalten kann) mitzunehmen.

Grundsätzlich sollten Sie sich aber überlegen, ob Sie überhaupt alle Kleidungsstücke mitnehmen möchten und Sie nicht vielleicht besser einiges in den USA kaufen sollten. In den größeren Städten finden Sie ausgesuchte Spezialgeschäfte, und die Preise sind, bei guter Qualität, z.T. günstiger als bei uns. **Die Herbst-, Winter- und Frühlingsmonate dagegen sind sehr kühl, teilweise bitterkalt.** Der Winter ist daher sowieso nur Hartgesottenen zu empfehlen. Für alle Fälle heißt es ab September (bis Mai): Ein dicker Pullover, Socken usw. gehören ins Gepäck!

Geschäftsleuten oder Reisenden, die auch einmal "repräsentieren" müssen, sei noch ein Tip mit auf den Weg gegeben: So hemdsärmelig die Amerikaner auch manchmal herumlaufen, selbst in besseren Hotels oder wenn sie hier und da sogar zum Abendessen in Shorts erscheinen: Sobald ein offizielles Treffen, ein Geschäftsgespräch oder ähnliches anliegt, ist ein **Anzug**, am besten ein dunkler (mit Schlips u. Kragen natürlich), ein absolutes Muß. Selbst ein sauberes Jackett und eine normale Stoffhose sind bereits zu wenig. Achten Sie mal in den amerikanischen

Soap Operas darauf, wer nicht alles in welcher "Schale" herumläuft. Ihnen wird ein Licht aufgehen. Wer übrigens nach der Reise Lust verspürt, sich Western- oder auch Indianerkleidung (Ponchos) zuzulegen, kann bei der folgenden Firma einen Bestellkatalog anfordern: Paul Hundertmark, Jeans- und Western Versand, Humboldstr. 15, 21509 Glinde.

⇨ Klima

siehe unter Stichwort "Reisezeit"

⇨ Konsulate

■ **Folgende konsularische Vertretungen gibt es im Mittleren Westen, um die Großen Seen und in Ontario:**

◆ **Deutschland:**
- Chicago: 676 N. Michigan Ave., Suite 3200, Chicago, IL 60611, Tel.: (312) 580-1199
- Detroit: Edison Plaza, Suite 2100, 660 Plaza Dr., Detroit, MI 48226, Tel.: (313) 962-6526
- Toronto: 77 Admiral Rd., Toronto, Ontario, M5R 2L4, Postanschrift: Postal Station "P", P.O.Box 523, Toronto, Ontario, M5S 2T1, Tel.: (416) 925-2813, Fax: (416) 925-2818

◆ **Schweiz:**
- Chicago: Schweizer Generalkonsulat: Olympia Center, Suite 2301, 737 North Michigan Ave., Chicago, IL 60611, Tel.: (312) 915-0061
- Toronto: Schweizer Generalkonsulat, 100 University Ave., Suite 1000, Toronto, Ontario, M5J 1V6, Tel.: (416) 593-5371

◆ **Österreich:**
- Chicago: Österreichisches Generalkonsulat, Wrighley Bldg., Suite 707, 400 North Michigan Ave., Chicago, IL 60611, Tel.: (312) 222-1515
- Toronto: Österreichisches Honorargeneralkonsulat, 390 Bay St., Suite 2018, Toronto, Ontario, M5H 2Y2, Tel.: (412) 230-0338

■ **Die USA haben die folgenden Konsulate in Europa:**

◆ **Deutschland:**
- Berlin: Konsularabteilung der Botschaft, Clayallee 170, 14195 Berlin, Tel.: 030/ 819 7454 (Visaabteilung 832 4087), 819 5019, 819 5523.
- Frankfurt: Amerik. Generalkonsulat, Siesmayerstr. 21, 60323 Frankfurt, Tel.: 069/7535-2204
- München: Amerik. Generalkonsulat, Königinstr. 5, 80539 München, Tel.: 089/ 2888-1, 2888 725, 2888 612

◆ **Österreich:** Salzburg: Amerik. Generalkonsulat, Giselakai 51, 5020 Salzburg, Tel.: 0662/28601

◆ **Schweiz:** Zürich: Zollikerstr. 141, 8008 Zürich, Tel.: 01/552566

■ **Kanada hat folgende Konsulate in Europa:**

◆ **Deutschland:**
- Kanadisches Generalkonsulat: Friedrichstr. 95, 10117 Berlin, Tel.: (030) 2611161
- Kanadisches Generalkonsulat: Esplanade 41/47, 20354 Hamburg, Tel.: (040) 351805
- Kanadisches Generalkonsulat: Tal 29, 80331 München, Tel.: 089/222661, Fax: 228 5987
- Kanadisches Generalkonsulat: Prinz Georg Str. 126, 40479 Düsseldorf, Tel.: 0211/ 172170

- **Österreich:** kein Konsulat
- **Schweiz:** Kanadisches Generalkonsulat: Belpstr. 11, CH-3007 Bern, Tel.: (031) 252261

⇨ Kreditkarten

Falls es Probleme mit Ihrer Kreditkarte geben sollte, bieten die großen Kreditkartenunternehmen einen kostenlosen 24-Stunden-Service per Telefon an (z.T. gelten die Nummern nur in den USA):

American Express:	1-800-528-4800	Diners Club:	1-800-525-9150
Master Card:	1-800-826-2181	(in Colorado)	1-800-332-9340
Visa:	1-800-227-6800		

Weitere Informationen zu Kreditkarten entnehmen Sie bitte dem Stichwort "Geld".

⇨ Kriminalität

Es ist kein Geheimnis, daß die USA und Kanada eine relativ hohe Kriminalitätsrate haben, besonders in den Großstädten. Dieses bekommt man ja auch in ausreichendem Maße im Fernsehen mit. Doch verteilt sich diese Kriminalität sehr unterschiedlich auf Stadt und Land. Würden Sie bereits am Nachmittag in Chicago in einigen Gebieten südlich des Loop weiche Knie bekommen, wenn Sie versehentlich jemand auf der Straße anrempelt, werden Sie feststellen, daß die Amerikaner in den Kleinstädten häufig ihre Fahrzeuge geöffnet und mit Zündschlüssel im Schloß abstellen und seelenruhig einkaufen gehen. Also, was ist ratsam (aber natürlich niemals alleine eine Gewähr):

- **Haben Sie niemals zu viel Geld bei sich und verteilen Sie dieses so am Körper**, daß Sie z.B. 50 Dollar im Brustbeutel/Bauchgürtel haben und 50-100 Dollar in den Socken oder in einem nicht sichtbaren Geldgürtel etc. Falls Sie also wirklich einmal überfallen werden sollten, täuschen Sie den Dieb halt nur mit den 50 Dollar. Nehmen Sie zudem nur eine Kreditkarte mit, von der Sie aber die entsprechende Telefonummer der Kreditkartenfirma bei sich haben, so daß Sie sofort nach dem Diebstahl deren Verlust melden können und diese unverzüglich gesperrt werden kann.
- Führen Sie, besonders wenn Sie nachts durch die Städte laufen, **nur Kopien Ihrer Papiere** bzw. den Personalausweis mit (und/oder nehmen Sie am besten gleich 2 Pässe mit auf die Reise). Das Original und/oder den Paß **mit** Ihrem Einreisestempel verwahren Sie an einem sicheren Ort im Hotel.
- Nutzen Sie die **Hotelsafes**, von denen es in einigen teureren Hotels sogar welche im Zimmer gibt.
- **Es ist schwierig, "den Urlauber zu verbergen"**. Ein "kluger" Dieb erkennt Sie sowieso als solchen, und Sie sind damit bereits als lohnenswertes Opfer ausgewählt. Aber machen Sie es den Dieben nicht zu leicht: Brustgürtel-/Bauchgürteltaschen mögen bequem sein, doch sehen diese nun wirklich nach einem interessanten Inhalt aus. Lassen Sie so etwas, besonders abends, im Hotelzimmer oder packen Sie wenig hinein und binden Sie diesen z.B. unter den Hosengürtel, wo er wenig sichtbar ist. Ein Gürtel, den der Dieb auch nur erahnen kann, macht Sie bereits zum interessanten Opfer, und das verleitet die Diebe noch eher, Ihnen dieses Utensil gewaltsam abzunehmen. Und gegen eine mit Messern bewaffnete Jungenbande wollen Sie ja nun nicht im Straßenkampf antreten, oder?
- **Erkundigen Sie sich** besonders in großen Städten im Touristenbüro oder an der Hotelrezeption danach, wohin Sie besser nicht gehen ("No-Go-Areas") oder ob Sie dort eher mit einem Taxi hinfahren sollten. Das wird Sie schon vor einigen Überraschungen bewahren.

◆ Lassen Sie aber vor allem Schmuck zu Hause, damit können Sie sowieso nicht viel anfangen auf der Reise.
◆ Wenn Sie einmal wirklich Probleme haben sollten, lautet die **Notrufnummer** der Polizei (gilt auch für Feuerwehr und Krankenwagen) in den gesamten USA 911.

L Literatur

In den europäischen Buchläden erhalten Sie mit Sicherheit die neuesten Reisebücher und Karten, doch falls Sie sich mit der amerikanischen Literatur oder speziellen Themen zur amerikanischen Geschichte beschäftigen möchten, werden Sie hier nicht viel finden oder müssen Bücher für teures Geld aus Amerika importieren lassen, was zudem bis zu 3 Monate dauern kann. Eine Möglichkeit, sich Bücher auszuleihen, bieten die amerikanischen Kulturinstitute, die etwa gleichzusetzen sind mit den deutschen Goethe-Instituten im Ausland. Für einen Jahresbeitrag von ca. 10 DM können Sie hier Bücher entleihen:

- Amerika Haus: Hardenbergstr. 22-24, 10623 Berlin, Tel.: 030/819 7661
- Amerika Haus: Staufenstr. 1, 60323 Frankfurt/M., Tel.: 069/723337
- Kennedy Haus: Holtenauerstr. 9, 24103 Kiel, Tel.: 0431/554866
- Amerika Haus: Tesdorpfstr. 1, 20148 Hamburg, Tel.: 040/45010422
- Amerika Haus: Prinzenstr.9, 30159 Hannover, Tel.: 0511/327284/5/6
- Amerika Haus: Apostelnkloster 13-15, 50672 Köln, Tel.: 0211/209010
- Amerika Haus: Karolinenplatz 3, 80333 München, Tel.: 089/595367/8
- Amerika Haus: Friedrichstr. 23A, 70174 Stuttgart, Tel.: 0711/229830
- Dt.-Amerik. Institut (Kennedy Haus): Kasinostr.3, 64293 Darmstadt, Tel.: 06151/ 25924
- Dt.-Amerik. Institut: Kaiser Joseph Str. 266, 79098 Freiburg, Tel.: 0761/31645
- Dt.-Amerik. Institut: Sophienstr. 12, 69115 Heidelberg, Tel.: 06221/24771/2
- Dt.-Amerik. Institut (Amerika Haus): Gleißbühlstr. 13, 90402 Nürnberg, Tel.: 0911/203327/8
- Dt.-Amerik. Institut: Haidplatz 8, 93047 Regensburg, Tel.: 0941/52476
- Dt.-Amerik. Institut: Berliner Promenade 15, 66111 Saarbrücken, Tel.: 0681/ 31160
- Dt.-Amerik. Institut: Karlstr. 3, 72072 Tübingen, Tel.: 07071/34071/2

M Maßeinheiten (USA und Kanada)

Umrechnungstabelle Fahrenheit/Celsius					
Fahrenheit	***Celsius***	**Fahrenheit**	***Celsius***	**Fahrenheit**	***Celsius***
-4,0	*- 20*	33,8	*1*	50,0	*10*
5,0	*- 15*	35,6	*2*	51,8	*11*
14,0	*- 10*	37,4	*3*	53,6	*12*
23,0	*-5*	39,2	*4*	55,4	*13*
24,8	*-4*	41,0	*5*	57,2	*14*
26,6	*-3*	42,8	*6*	59,0	*15*
28,4	*-2*	44,6	*7*	60,8	*16*
30,2	*-1*	46,4	*8*	62,6	*17*
32,0	*0*	48,2	*9*	64,4	*18*

Fahrenheit	*Celsius*	Fahrenheit	*Celsius*	Fahrenheit	*Celsius*
66,2	*19*	82,4	*28*	98,6	*37*
68,0	*20*	84,2	*29*	100,4	*38*
69,8	*21*	86,0	*30*	102,2	*39*
71,6	*22*	87,8	*31*	104,0	*40*
73,5	*23*	89,6	*32*	105,8	*41*
75,2	*24*	91,4	*33*	107,6	*42*
77,0	*25*	93,2	*34*	109,4	*43*
78,8	*26*	95,0	*35*	111,2	*44*
80,6	*27*	96,8	*36*	113,0	*45*

Umrechnungstabelle Maße und Gewichte

Gewichte:	
100 g = 3,527 oz	1 oz (ounce) = 28,35 g
1 kg = 2,205 lb	1 lb (pound) = 453,59 g
Längenmaße:	
1 in (inch) = 2,54 cm	1 mm = 0,039 in
1 ft (foot) = 12 in = 30,48 cm	1 cm = 0,033 ft
1 yd (yard) = 3 ft = 91,44 cm	1 m = 1,09 yd (3,28ft)
1 mi (mile) = 1,610 km	1 km = 0,62 mi
Flächenmaße:	
1 sq in (square inch)	= 6,45 qcm
1 sq ft (square foot)	= 9,288 qdm
1 sq yd (square yard)	= 0,836 qm
1 acre	= 0,405 ha
1 sq mi (square mile)	= 2,589 qkm
1 qm	= 1,196 sq yd
1 ha	= 2,471 acres
1 qkm	= 0,386 sq mi
Hohlmaße:	
1 gill	= 0,118 l
1 pt (pint)	= 0,473 l (4 gill)
1 qt (quart)	= 0,946 l (2 pints)
1 gal (US Gallon)	= 3,787 l (4 quarts)
1 Liter = 8,474 gills = 2,114 pt = 0,264 gal	

Umrechnungstabelle Filmempfindlichkeit

DIN	15	18	19	21	24	27	30	33
ASA	25	50	64	100	200	400	800	1.600

Umrechnungstabelle Kleidergrößen								
Herrenbekleidung:								
Anzüge:	Deutschland	46	48	50	52	54	56	58
	USA	36	38	40	42	44	46	48
Hemden:	Deutschland	36	37	38	39/40	41	42	43
	USA	14	14,5	15	15,5	16	16,5	17
Schuhe:	Deutschland	39	40	41	42	43	44	45
	USA	6,5	7,5	8,5	9	10	10,5	11
Damenbekleidung:								
Kleider/ Kostüme:	Deutschland	40	42	44	46	48	50	52
	USA	32	34	36	38	40	42	44
Damen-/ Mädchen-strümpfe:	Deutschland	0	1	2	3	4	5	6
	USA	8	8,5	9	9,5	10	10,5	11
Damen-/ Mädchen-schuhe:	Deutschland	36	37	38	39	40	41	42
	USA	5,5	6	7	7,5	8,5	9	9,5
Mädchen-kleider und -kostüme	Deutschland	38	40	42	44	46	48	
	USA	10	12	14	16	18	20	
Hand-schuhe:	Die Größen sind gleich							

⇨ Motels

siehe unter Stichwort "Unterkünfte"

N Nationalparks, State Parks u.ä.

USA: Im Mittleren Westen der USA gibt es eine Reihe von Nationalparks und besonders State Parks. Sie sind teilweise, was Unterkünfte und Zeltplätze anbelangt, sehr rudimentär eingerichtet, also nicht zu vergleichen mit den großen Parks des Südwestens bzw. Westens. Das bedeutet für Sie, daß Sie damit rechnen müssen, in Parknähe keine Unterkunft mehr zu finden, wenn Sie nicht rechtzeitig vorgebucht haben. Oder in dem Fall des (Inselparkes) Isle Royale Nationalparkes gibt es nur eine richtige Lodge. Das bedeutet für Sie in jedem Fall: Planen Sie Ihre Anreise rechtzeitig und reservieren Sie sich eine Unterkunft und rechnen Sie vor allem mit einem zusätzlichen Tag für die Parkerkundung. Lesen Sie auch vor der Anreise die in diesem Buch aufgeführten "Reisepraktischen Hinweise" zu den einzelnen Parks. Diese Umstände haben aber auch etwas Gutes: Denn wegen dieser "Unwegsamkeiten" sind die Parks nicht so überlaufen wie z.B. die Parks in Kalifornien, Arizona oder Utah.

Falls Sie sich schon von Europa aus näher darüber informieren möchten, können Sie bereits Material anfordern. Die jeweiligen Adressen entnehmen Sie bitte dem Reiseteil.

Allgemeine Informationen und Unterkunftsverzeichnisse der einzelnen Parks erhalten Sie bei folgender Adresse: United States Department of the Interior, National Parks Service, P.O.Box 37127, Washington, D.C. 20013-7127, USA.

Speziellere Informationen über die Region des Mittleren Westens gibt es bei: National Park Services: Midwest Regional Office, 1709 Jackson St., Omaha, NE 68102.

Lohnenswert, besonders für den Fall, daß Sie mehrere Nationalparks und National Monumente besuchen möchten, ist das Angebot von Jahreseintrittskarten, die erheblich günstiger sind als die Summe der Eintrittskosten. Es werden u.a. angeboten:

- GOLDEN EAGLE PASSPORT: 25 $, Alter 17-61, gültig für ein Kalenderjahr für alle National Parks, National Wildlife Refuges, National Monuments, National Historic Sites sowie alle ähnlichgearteten öffentlichen Einrichtungen. Ein Paß gilt für alle Insassen eines Fahrzeugs!
- GOLDEN AGE PASSPORT: kostenlos, Alter: ab 62, endlos gültig in o.g. Gebieten.
- GOLDEN ACCESS PASSPORT: kostenlos, für Behinderte und Blinde, endlos gültig in o.g. Gebieten.

Die Passports erhält man an den Eingangstoren bzw. den Visitor Centers in den Parks.

Wenn Sie einen Nationalpark betreten, sollte Ihr erster Weg zum Besucherzentrum führen (Visitor Center), wo Sie detaillierte Informationen zu dem jeweiligen Park erhalten. Wenn Sie planen, längere Wanderungen im Park zu unternehmen, informieren Sie vorher unbedingt einen Ranger, für den Fall, daß Ihnen etwas passieren sollte. Außerdem wird er Ihnen einige nützliche Tips mitgeben können.

Weitere Hinweise für den Besuch der Nationalparks:

- **Parkeingang:** Hier entrichtet man die Einlaßgebühr und erhält bereits Informationsmaterial und häufig auch eine **Papiertüte für den Müll**.
- **Besucherzentrum/Visitor Center:** Hier gibt es ausführliches Informationsmaterial, und es stehen Ihnen Ranger oder andere Parkangestellte für Fragen zur Verfügung. Ein kleines Museum, meist eine Dia- bzw. Filmvorführung, Erfrischungen, Souvenirs, Literatur und WCs gibt es hier auch.
- **Übernachtung:** Zu empfehlen sind die Unterkünfte in den Parks. Sie sind zwar in der Regel einfach und die Restaurants langweilig, dafür aber erspart eine Unterkunft hier lange Anfahrtswege. Alternativ gibt es vor den Toren bzw. im Umkreis von ca. 30 Meilen Motels bzw. Rasthäuser und Hotels. Es ist in jedem Fall dringend anzuraten, besonders **während der Hauptferienzeit (Juli/August), die Zimmer vorher zu buchen!**
  Die Campingplätze in den Parks sind einfach, aber mit dem Notwendigsten ausgestattet, und jeder bekommt einen numerierten Stellplatz zugewiesen, so daß es niemals ein Gedränge gibt. Man kann sie nicht vorbuchen, und mittags sind auch sie während der Ferienzeit häufig bereits vergeben. **Also spätestens gleich nach der Ankunft zuerst den Campingplatz reservieren und belegen**. Im Hinterland, entlang der Wanderwege gibt es einfachere Zeltplätze, für die Sie sich beim Ranger anmelden müssen. Dabei werden Sie vorher unterrichtet in den "basics" des Outdoorlebens, wie z.B. Feuermachen und das Vorkommen gefährlicher Tiere.
- **Wandern:** Hierzu laden unzählige Wanderwege (trails) ein, die gut markiert sind. Beim Ranger kann man sich über den Schwierigkeitsgrad der Strecke erkundigen. An den Ausgangspunkten der einzelnen Wege sind dann auch spezielle Broschüren zu erhalten. Sicherlich vergessen Sie nicht Ihre Wanderschuhe (oder zumindest festes Schuhwerk), und auch ein paar Knabbereien hat jeder dabei. Was leider häufig unterschätzt wird, ist **der Trinkwasserbedarf. 3 l für eine Tagestour pro Person sollte das absolute Minimum sein**,

was Sie dabei haben – und das gilt auch für die kühleren Jahreszeiten im Mittleren Westen. Unterschätzen Sie die Hitze in den Sommermonaten nicht, dazu die Anstrengung, die die meisten von Ihnen nicht gewohnt sind.
Mehrtägige Touren, dies gilt auch für andere Aktivitäten, sollte man nicht alleine unternehmen. Für schwierige Trails besteht Eintragungspflicht, damit gfs. ein Suchtrupp losgeschickt werden kann.

- **Straßen in den Parks:** Sie sind gut und mit allen Fahrzeugen (Ausnahmen gelten z.T. für größere Camper) ohne Probleme zu befahren. Ausgenommen hiervon sind die sogenannten "Jeep-Trails", die man wirklich nur mit einem geländegängigen Fahrzeug befahren kann. Für die Benutzung dieser Jeep Trails müssen Sie sich auch beim Ranger anmelden.
- **Weitere Aktivitäten in den Parks:**
  - **Veranstaltungen**: Von der Parkverwaltung werden verschiedenste Kurse, Diskussionen, Filmvorführungen etc. angeboten. Dabei kann man einiges hinzulernen, was Geschichte und Natur des Parks angehen. Infos hierzu erhalten Sie in den Visitor Centers.
  - **Angeln**: Volkssport der Amerikaner. Eine "fishing license" ist dafür erforderlich. Erhältlich bei der Parkverwaltung.
  - **Reiten**: Die Pferde bzw. Maulesel sind sehr zahm. Also auch weniger Geübten bietet sich hier eine Gelegenheit. Eine Jeans und feste Schuhe sollte man aber schon dabeihaben. Auf Reitstiefel kann man meistens verzichten.
  - **Radfahren**/Mountainbiking: Wird immer populärer, und mittlerweile haben private Anbieter in vielen umliegenden Gemeinden auch Fahrräder zum Ausleihen.

Kanada: Vieles des o.g. gilt auch für Kanada. Die den State Parks in den USA gleichzusetzenden Einrichtungen heißen in Kanada **Province Parks**. Informationen über die Nationalparks in Kanada erhalten Sie bei **Parks Canada**, Ottawa, Ontario, Y1A 2C6, außerdem beim regionalen Ontario-Büro: Parks Canada, 132 Second Street E., Cornwall, Ontario, K6H 5V4, Tel.: (613) 933 7951

⇨ Notfall/Unfall/Notruf

- Wenn Sie eine bestimmte Telefonnummer suchen, fragen Sie einfach den Operator.
- Die allgemeine **Notrufnummer** (kostenlos) in den USA lautet 911.
- In **Kanada** verbindet Sie der Telefon-Operator (kostenlos mit der "0" anwählbar) mit Polizei, Notarzt, Krankenhaus oder Feuerwehr.

O

Öffnungszeiten

siehe unter Stichwörtern "Banken" und "Geschäfte"

⇨ Outdoor

Verschiedenste Outdoor-Aktivitäten können um die Großen Seen und im Mittleren Westen der USA und in Kanada betrieben werden. Das hier beschriebene Reisegebiet mit seiner Vielzahl großer und kleiner Seen, den Wäldern und den Rocky Mountains bietet sich dazu an. Klassisch hierfür sind vor allem Wandern, Reiten, Canoeing/Kajaken und Mountainbiking. Aber auch Ausgefalleneres, wie z.B. Fallschirmspringen, ist möglich. Wer also selbständig etwas diesbezüglich unternehmen möchte, wende sich an die zuständigen Fremdenverkehrsämter/Tourist Offices.

Hier erhalten Sie auch ausführliche Kataloge und Broschüren über alle angebotenen Touren.

In den größeren Städten oder nahe von attraktiven Outdoor-Gebieten finden Sie zudem zahlreiche “Outfitter”, die Ihnen nicht nur Ausrüstung vermieten, sondern auch Touren organisieren bzw. Sie begleiten. Eine besondere Empfehlung für Outdoor-Aktivitäten ist Michigan's Upper Peninsula. Für jegliche diesbezügliche Organisationen hier, ob Hotelbuchungen (es gibt günstige Pakete), die Organisation der Ausrüstung und für die Routenplanung, ist das Marquette Country Touristenbüro eine erstklassige Adresse. Nichts, was hier nicht organisiert werden kann: **Marquette Country Convention and Visitors Bureau:** 2552 US Hwy. 41 West, Suite 300, Marquette, MI 49855, Tel.: (906) 228-7749 od. 1-800-544-4321, Fax: (906) 228-3642.

Sollte es Sie in abgelegene Gebiete ziehen, gehört eine **Überlebensausrüstung** (“Survival-Kit”) zum Muß: Rettungsdecke mit Alufolie, Angelhaken mit Nylonschnur, Kerzen, Feuerzeug, Signalspiegel, Trillerpfeife, Schnur, Draht, Bouillonwürfel, Tee, Salz, Schokolade und ein kleiner Topf. Dies alles erhalten Sie, häufig bereits als komplettes Pack, in den Outfitter-Geschäften.

P Post

Das Telefon- und Telefaxsystem in den USA und Kanada wird von privaten Firmen abgewickelt. Die “gelbe” Post ist also nur für die Beförderung von Briefen/ Paketen zuständig. Dieses funktioniert nur wenig zufriedenstellend. Briefe innerhalb Amerikas benötigen teilweise über eine Woche. Nach Europa müssen Sie mit der gleichen Zeit rechnen. Schneller und häufig günstiger operieren private Firmen (Pakete, Faxe etc.). Empfehlung: Die Firma “Mail Boxes”, die in fast allen Städten vertreten ist. Hier gibt es auch jegliches Zubehör, wie z.B. Kartons in allen Größen, Zollfomulare etc. Zu finden sind die Adressen der lokalen “Mail Box”-Geschäfte in den “Yellow Pages” in der Regel unter “Mailing”, “Mailbox-Rental” oder “Packaging Service”.

Postzeiten:

USA:	Allgemeine Öffnungszeiten:	Mo.- Fr.: 9h00 - 17h00 Sa.: Einige Ämter 9h00 - 12h00 So. geschlossen
Kanada:	Allgemeine Öffnungszeiten:	Mo. - Fr.: 9h00 - 18h00 Sa./So.: Einige Ämter in großen Städten haben geöffnet.

In kleineren Orten sind die Postämter oft nur stundenweise geöffnet!

Briefkästen in den USA (mail drops) sind blau. Briefmarken erhält man auch in einigen Hotels, Geschäften, an Flughäfen und Busbahnhöfen. Hier werden Sie aber mit Aufschlägen rechnen müssen.

Einige postalische Fachbegriffe:
first class mail: normale Briefpost
air mail: Luftpost
registered (certified) mail: Einschreiben
c/o general delivery: postlagernd
zip code: Postleitzahl
(steht immer hinter dem Ortsnamen: z.B. Chicago, IL 60611)

Falls Sie Pakete nach Hause schicken möchten, empfiehlt sich in den USA im Gegensatz zur Post die günstigere Franchise-Kette “Mail Boxes”, die in fast jeder Stadt Niederlassungen hat (s.o.). Schiffspakete sind halb so teuer wie Luftpakete und benötigen ca. 6 Wochen nach Europa. Preisbeispiel: 20 kg – 110 DM

⇨ Preisnachlässe

In den USA und Kanada trifft man fast überall auf Preisnachlässe und Rabattangebote. Wer sich damit beschäftigt, kann viel Geld sparen. Kaum jemand bezahlt z.B. für eine Hotelunterkunft den vollen Preis. Hier ein paar Anregungen und Empfehlungen:

- Schüler, Studenten, Rentner u. Behinderte sollten einen internationalen Ausweis mitnehmen.
- Kinder zahlen fast durchweg weniger.
- Fragen Sie in einem Hotel nach Sonderpreisen. Es gibt sie fast immer, werden Ihnen aber natürlich nicht immer beim Einchecken von selbst angeboten. Z.B. Weekendraten in den Städten.
- In den Touristenbüros liegen unzählige Broschüren aus, in denen Sie eine Reihe von Coupons finden, mit denen Sie dann billiger übernachten können oder Rabatte bei Einkäufen erhalten. Achten Sie auf diese Broschüren bereits in den Touristenbüros der Staaten an den Interstates.
- Airlines bieten, in Verbindung mit den Flugtickets, häufig günstige Eintritte zu Vergnügungsparks und verbilligte Hotelunterkünfte am Zielort.
- Lesen Sie sorgfältig die Sonderangebote in den Tageszeitungen. Die Preisnachlässe sind z.T. immens.

R

Ranchaufenthalte

Besonders in dem hier beschriebenen Reisegebiet bietet sich ein Ranchaufenthalt an. Bevorzugte Bundesstaaten sind hierbei Montana, die Dakotas und Wyoming. Ranchaufenthalte können sehr variieren. Einige Ranchen sind noch reine Arbeitsranchen, d.h., hier findet der Beherbungsbetrieb nur nebenbei statt. Die meisten der (Unterkunfts-)Ranchen aber haben sich bereits vornehmlich auf den Gästebetrieb eingestellt, einige sogar ausschließlich.

Grob lassen sich die Ranchen in 3 Kategorien einteilen:

- **Working Ranch:** Eine noch voll arbeitende Ranch mit Gästebetrieb nebenbei – eigentlich **der** Tip.
- **Ranch** mit Cattle Drive, Gästeprogrammen und z.T. noch normalem Arbeitsbetrieb. Eine “Zwischenlösung”. Anhand deren Prospekten aber kaum noch zu unterscheiden von der Working bzw. Dude Ranch.
- **Dude Ranch:** Resort, Hotel bzw. Feriendomizil auf dem Lande, meist auf einer ehemaligen Working Ranch. Luxuriös. Entsprechend werden hier Programme aller Art geboten, die von Ausritten über Bootstouren bis hin zu mehrtägigen Wanderungen reichen – meist aber noch einen ländlichen Charakter haben. Programme werden aber auch auf der Ranch selbst geboten, und besonders für Kinder ist dabei einiges dabei. Mit Arbeits-Ranch hat das aber nichts mehr zu tun, und die Besitzer sind häufig Städter.

Beim Buchen eines Ranchaufenthaltes sollten Sie auf folgendes achten:

- Welche Mindestaufenhalte werden erwartet (oft eine Woche!)?
- Wieviel kostet die Ranch, und was beinhaltet der Preis – also wie teuer kommen die Zusatzleistungen (z.B. Reiten)?
- Welche Ausrüstung müssen Sie mitbringen (z.B. Wanderschuhe, Reitstiefel etc.)?
- Ist die Ranch nicht zu groß, d.h. hat sich der Betrieb evtl. auf Seminar- und Tagungsgäste eingestellt? Dann nämlich finden Sie sich plötzlich wieder zwischen 150 “geistig arbeitenden” Gästen – und das könnte vielleicht nicht Ihrer Vorstellung einer Ranch entsprechen.

- Und: Buchen Sie rechtzeitig von zu Hause aus! Eine hervorragende Buchungsadresse – und hier werden Sie auch ausreichende Infos erhalten – ist: **American Ranch Holidays**, Landgrabenstr. 118, 90459 Nürnberg, Tel.: (0911) 449981

⇨ Recycling

Die Amerikaner gelten bei uns immer noch als Verschwender und Wegwerfgesellschaft. Sieht man die unzähligen (theoretisch recycelbaren) Aluminiumdosen und die Papp- bzw. Styroporbecher, ist einem klar, daß an diesem Vorurteil immer noch etwas dran sein muß. Trotzdem hat auch hier ein Umdenken eingesetzt, und in mittleren und größeren Städten gibt es heutzutage ein Recyclingprogramm. Falls Sie also bereit sein sollten, der Umwelt zuliebe Ihren getrennten Müll (Papier wird aber selten angenommen!) ein Stück durch die Gegend zu transportieren, fragen Sie in den Touristenbüros oder in der Stadtverwaltung einfach nach diesen Recyclingplätzen.

Auch in den Nationalparks stehen an den Visitors Centers und an den meisten Campingplätzen getrennte Mülltonnen bereit. Erwarten Sie aber nicht ein System, wie wir es bereits aus Europa kennen, wo an jeder dritten Ecke oder sogar am Haus getrennte Container stehen. Dazu sollte man sich im klaren sein über die großen Entfernungen, die ein Entsorgungsfahrzeug in Amerika zurücklegen müßte, um diese zu leeren. Das würde u.U. mehr schädliche Abgase verursachen, als Nutzen bringen. In einem aber sind die Amerikaner immer noch nicht weiter: Sie entsorgen zwar z.T. ihre Blechdosen, doch werden dabei immer noch die Blechhütten und die halbverrosteten Wohnanhänger vergessen, die mal in der Landschaft, mal mitten in einer Wohnsiedlung vor sich hinvegetieren.

⇨ Reisezeit

Wegen der kalten Winter und der auch nicht ganz angenehmen Temperaturen während der Übergangsjahreszeiten sind die beliebtesten Reisemonate im Mittleren Westen und um die Großen Seen Juni bis September. Reisen im Mai bzw. Oktober haben aber auch ihren Reiz (Frühjahrsfarben, Indian Summer). Dann ist es nicht so heiß wie im Sommer, der einen auch in diesen nördlichen Regionen teilweise ziemlich ins Schwitzen kommen läßt, und Sie vermeiden damit die volle und teure Ferienzeit der Amerikaner.

Von November bis März/April ist es extrem kalt. Dafür bieten sich aber: viel Schnee und eine weitaus klarere Luft. Für einen "gemütlichen" Urlaub ist diese Jahreszeit aber keineswegs geeignet. Zudem gilt von Ende Oktober bis April: Erkundigen Sie sich vorher, ob Hotels, Parks o.ä. überhaupt geöffnet sind.

Zum Skilaufen sind die Wintermonate aber ideal, und die Skigebiete bieten grenzenlosen Winterspaß. Am beliebtesten ist übrigens das Snowmobiling. Die Zeit von Anfang März bis Mitte April gilt besonders um die Großen Seen als "Mud Season" – d.h. hier kann es feucht, kalt und ungemütlich werden.

⇨ Reiten

Eine einmalige Gelegenheit, die Natur zu erleben, bieten organisierte, bis zu mehrtägige Reittouren (die bis zu einer Woche dauern können) und in der Regel mit Übernachtungen im Zelt verbunden sind. Solche Touren werden entweder von speziellen Tourorganisatoren durchgeführt oder auch von einigen Ranchen (siehe auch RANCHEN und UNTERKUNFT). Nähere Auskünfte darüber erteilen die regionalen Touristenbüros. Diese Ausritte erfordern nicht immer gute Reitkenntnisse (es gibt auch Touren für Anfänger), doch sollte man schon einmal auf einem Pferd gesessen haben.

⇨ Restaurants

Neben den unzähligen Fastfood-Restaurants gibt es auch in den USA und Kanada sehr erlesene Restaurants, in denen Sie – sind Sie bereit, 20 - 40 US$ pro Person zu bezahlen – vorzüglich essen und trinken können. Meist finden sich diese Restaurants in den größeren Städten und dort häufig in irgendwelchen Seitenstraßen, so daß man sie nicht unbedingt auf Anhieb findet. Erkundigen Sie sich also am besten vorher über den Weg oder nehmen Sie gleich ein Taxi dorthin.

Sie sollten sich in diesem Reisegebiet die Steaks und Süßwasserfischgerichte nicht entgehen lassen. Aber auch die geographisch fremden Küchen, wie z.B. die mexikanische Küche (Achtung! Die Beistellsaucen sind sehr scharf), das frisch eingeflogene Seafood und die Südstaatenküche (Cajun-Food), müssen Sie ausprobieren. In den größeren Städten haben Sie dazu ausreichend Gelegenheit.

Lesen Sie hierzu auch im Kapitel 7.3.

Tip

Sie werden schnell feststellen, daß Essengehen in den USA sehr hektisch werden kann. Kaum, daß Sie sitzen, geht es bereits los: "Was möchten Sie trinken", dabei wird Ihnen die Speisekarte gereicht, und der Kellner wartet ungeduldig auf die Bestellung. Zwischen den Mahlzeiten geht es ebenso rasant zu. Nichts mit 10 Minuten "Verdauungspause" dazwischen. Und kaum, daß der letzte Bissen im Mund verschwindet, wird auch schon der Teller abgeräumt und die Rechnung serviert. Sie müssen das so verstehen: In Amerika bedeutet guter Service "schneller Service", und Essengehen wird nur als kurzes Vergnügen angesehen. Zum Reden und Trinken geht man nach dem Essen in eine Bar. Entsprechend werden aber auch reservierte Restaurantplätze ausgegeben. 1 bis maximal 2 Stunden – letzteres nur in Top-Restaurants – ist alles, was Ihnen zugestanden wird. Danach ist Ihr Tisch bereits weitergegeben. Der Tip der Restaurants für europäische Gäste, die es gerne etwas geruhsamer zugehen lassen möchten, ist daher:

- Lassen Sie sich dem **"Second Seating"** (in der Regel 20h30) zuweisen. Danach folgen Ihnen keine weiteren Gäste mehr.
- Sagen Sie bereits bei der Reservierung, daß **Sie gerne länger und in Ruhe speisen möchten**, und
- haben Sie den Mut, einer **allzu eifrigen Bedienung zu sagen, wenn Sie etwas mehr Zeit haben möchten**. Dafür hat man Verständnis. Falls Sie dieses nicht tun, dann denkt Ihre Bedienung halt, es muß alles flott gehen.

⇨ Rundfunk

Es gibt alleine in den USA an die 10.000 Rundfunksender. Unangenehm ist auch hier die Werbung, die nach spätestens drei Titeln eingeblendet wird, und in so manchem Sender wird endlos geredet über völlig uninteressante Themen. Von Vorteil ist aber die Tatsache, daß aufgrund des Konkurrenzdrucks sich viele Sender auf eine bestimmte Musikrichtung eingestellt haben. Hat man also einmal Lust auf Oldies, stellt man sich den entsprechenden Sender ein, und Oldies am Fließband berieseln einen. Achten Sie auf die großen Reklameplakate an den Highways, die geben nähere Auskünfte über einzelne Sender. Interessante politische Kommentare und Berichte werden Sie aber kaum erleben.

FM = UKW
AM = Mittelwelle

S Schaufelraddampferfahrten

Allen geläufig sind die legendären Schaufelraddampfer, die zu Mississippi-, Ohio- und Missouri-River gehören wie das Dach auf das Haus. Doch haben sich die Zeiten geändert, und diese Schiffe dienen nicht mehr als Beförderungsmittel. Flugzeuge und Autos sind halt schneller. Nur noch auf lokalen Strecken (1-3-

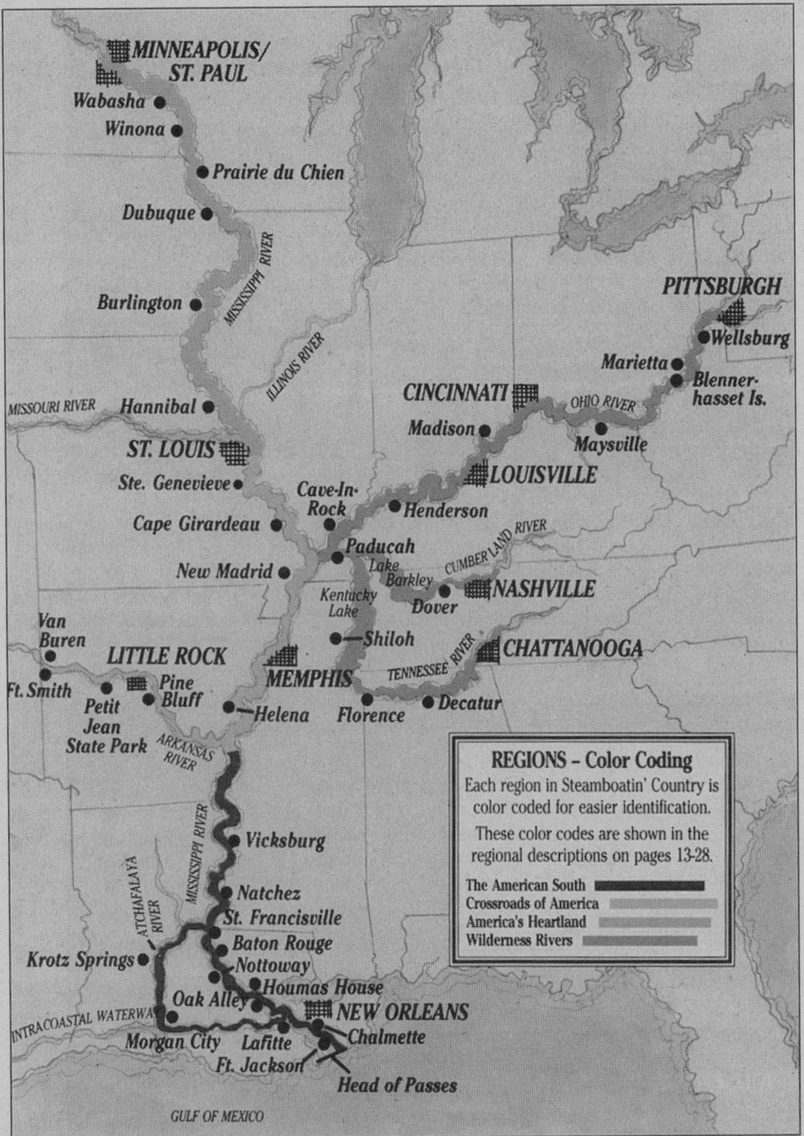

stündige Sightseeingtouren) verkehren sie als Touristenschiffe. Einzige Ausnahme bildet hier die **Delta Queen Steamboat Co.**, die mit drei luxuriös ausgestatteten Dampfern auf dem Mississippi zwischen St. Paul und New Orleans bzw. auf Nebenflüssen nach Nashville, Chattanooga, Cincinnati und Pittsburgh verkehrt. Hierbei handelt es sich aber nicht um planmäßige Schiffsrouten, sondern um Reisen im Sinne einer Kreuzfahrt. Lesen Sie hierzu bitte auch den ausgewählten Abschnitt in Kapitel 10.3. Nähere Informationen erhalten Sie unter: The Delta Steamboat Co., 30 Robin Wharf, New Orleans, LA 70130-1890, Tel.: (504) 586-0631 od. 1-800-543-1949, Fax: (504) 585-0630.

Für Europa unterhält die folgende Firma die Generalagentur für die Delta Queen Steamboat Co.: Schuch-Beckers Touristic Services GmbH, Alt-Erlenbach 25, 60437 Frankfurt, Tel.: (06101) 48333 + 34, Fax: (06101) 4524.

⇨ Sport

In dem Reisegebiet Mittlerer Westen, Große Seen und Ontario können Sie im besonderen Outdooraktivitäten betreiben (Wandern, Kajaken, Reiten, Fahrradfahren, Segeln). Golffreunde werden in jeder kleineren Stadt Golfplätze vorfinden. Größere Hotels haben in der Regel einen Fitnessraum, ein Schwimmbad und häufig auch einen eigenen Tennisplatz.

⇨ Sport ansehen

Sie sollten allemal versuchen, ein sportliches Ereignis live mitanzusehen. Besonders Sportarten wie Baseball, Basketball, Football und Eishockey (Kanada) bieten bei größeren Spielen ein Happening. Falls gerade kein Stadion in der Nähe sein sollte oder Sie einfach nicht so recht loskommen, versuchen Sie es einmal in einem "Sport-Pub", der oft schon von außen mit der Liveübertragung von Spielen wirbt (in jeder Ecke steht oder hängt ein Fernseher). Stimmung kommt hier immer auf. Häufigste Football-Tage sind Sonntag und Montag. Machen Sie sich aber etwas mit den Regeln vertraut. Basketball und Eishockey sind ja einfach, aber bereits bei Football sollten Sie jemanden konsultieren. Erst recht schwierig ist Baseball, welches im Fernsehen wenig von der gesamten Spielszenerie mitbekommen läßt.

⇨ Sprache

Die amerikanische Sprache hat sich während der letzten 200 Jahre in vielen Punkten von der englischen Muttersprache entfernt, wenn auch die Grammatik relativ gleich geblieben ist. Besonders die Aussprache der Schwarzen und der Farmer wird einem zu Beginn sehr fremd vorkommen. Doch nach einiger Zeit versteht man sie dann besser, als man am Anfang für möglich gehalten hätte. Die Amerikaner neigen auch dazu, bestimmte Worte zu schreiben, wie sie sie sprechen (nite für night, color für colour) oder ganz neue Wortschöpfungen zu bilden (u für you, 4sale für for sale etc.).

Im folgenden sind einige Worte aufgeführt, die sich vom Englischen unterscheiden:

Amerikanisch	***Britisch***	***Deutsch***
after	past	nach (zeitlich)
aisle	gangway	Durchgang
apartment	flat	Wohnung

Amerikanisch	***Britisch***	***Deutsch***
baggage	luggage	Gepäck
billion	milliard	Milliarde
booth	kiosk	Kiosk
to call	to ring up	anrufen
can	tin	Konservendose
candy	sweets	Süßigkeiten
check	bill	Rechnung
closet	cupboard	Schrank
comforter	eiderdown	Daunendecke
cookies	biscuits	Plätzchen
cop	policeman	Polizist
corn	maize	Mais
date	appointment	Verabredung, Termin
diaper	nappy	Windel
drugstore	chemistry	Drogerie
elevator	lift	Fahrstuhl
fall	autumn	Herbst
faucet	tap	Wasserhahn
first floor	ground floor	Erdgeschoß
first name	Christian name	Vorname
to fix	to repair	reparieren
flashlights	torch	Taschenlampe
freeway	motorway	Autobahn
french fries	chips	Pommes Frites
gas (gasoline)	petrol (diesel)	Benzin (Diesel)
grain	corn	Weizen
guy	chap	Kerl
hood	bonnet	Motorhaube
icebox	refrigerator	Kühlschrank
kid	child	Kind
last name	surname	Nachname
line	queue	Menschenschlange
long distance call	trunk call	Ferngespräch
mail	post	Post
movie	cinema	Kino
observatory	view tower	Aussichtsturm
one way ticket	single ticket	einfache Fahrt
pants	trousers	Hose
pavemant	road surface	Straßenoberfläche
purse	handbag	Handtasche
rount trip ticket	return ticket	Rückfahrkarte
sidewalk	pavemant	Bürgersteig
stick shift	gear stick	Schaltknüppel
store	shop	Geschäft
streetcar	tram	Straßenbahn
subway	underground	U-Bahn
tenderloin	undercut	Rinderfilet
thread	cotton	Baumwolle, Garn
trailer	caravan	Wohnwagen
truck	lorry	Lastwagen
trunk	boot	Kofferraum
underpass	subway	Unterführung
vacation	holiday	Ferien, Urlaub
vest	waist coat	Weste
wholewheat bread	brown bread	Graubrot, Schwarzbrot
wrench	spanner	Schraubenschlüssel
zip code	post code	Postleitzahl

⇨ Strände

Strände finden sich entlang der Großen Seen, und besonders um Chicago herum bzw. am Ostufer des Lake Michigan werden diese viel besucht. Attraktiv ist auch das Baden in den zahlreichen Binnenseen und natürlich in den Flüssen. Die Temperaturen sind aber überall nicht mit denen am Atlantik zu vergleichen, und nur die warmen Sommermonate bieten überhaupt Badefreuden. Der außergewöhlich tiefe und damit selbst im Sommer kühle Lake Superior gilt das ganze Jahr über als "Mutprobe".

⇨ Strom

In den USA und Kanada herrschen 110V Wechselspannung (60Hz). Also auf jeden Fall daran denken, Ihr Gerät umzustellen. Flachstecker sind üblich – Adapter müssen also zwischengesteckt werden. Erhältlich in den Reiseausstattergeschäften in Europa und den besseren Elektrogeschäften in den USA (z.B. die Kette "Radio Shack")

T

Taxi

Taxis werden in den USA häufig auch als "yellow cab" (benannt nach einer der größten Taxifirmen des Landes) bezeichnet.

Man kann Taxis zum einen **telefonisch** bestellen oder man steht an der Straße und **winkt eines herbei**. Häufig stehen sie bereits an den großen Hotels und werden eigens von dem Türsteher herbeigerufen.

Da es wenig öffentliche Verkehrsmittel gibt, ist es in den USA und Kanada üblich, auch kürzere Strecken mit dem Taxi zurückzulegen. Entfernungen von nur 1-2 km werden durchaus akzeptiert, da die Taxifahrer sowieso auf der Suche nach Fahrgästen im Sinne eines "Cruising" bzw. "Drive Ins" durch die Stadt hin- und herfahren.

Bezahlen müssen Sie eine Grundgebühr für das "Warten", danach zählt der Taxometer die Kilometer, wobei ein Zeitfaktor auch einberechnet wird (z.B. bei Staus). Wundern Sie sich also nicht, wenn der Preis für eine Strecke manchmal um 50% variiert. Nachts zahlt man einen kleinen Zuschlag.

Preise sind am/im Taxi angeschlagen. Falls Sie das Gefühl haben, Sie wären beim Preis übervorteilt worden, oder der Taxifahrer ist mit Ihnen einen großen Umweg gefahren, haben Sie die Möglichkeit, die Taxizentrale persönlich anzurufen, oder häufig gibt es auch eine Telefonnummer der Stadtverwaltung, bei der man seinen Kummer loswerden kann (unter Angabe der Nummer des Taxis und des Unternehmens!). Diese Nummern stehen alle ("irgendwo") im Taxi angeschlagen. Grundsätzlich, muß man aber sagen, hat man wenig Ärger mit Taxifahrern/innen, und es ist eher interessant, wenn sich mit ihm/ihr ein Gespräch entwickelt.

⇨ Telefonieren

Das amerikanische Telefonwesen ist in privaten Händen. Damit sind auch die Gebühren niedriger als bei uns, was sich besonders bei Fern- und Auslandsgesprächen bemerkbar macht. Trotzdem gibt es aber einige Hürden, die man "umschiffen" muß, bevor ein Ferngespräch zustandekommt. Die größte liegt wohl darin, daß viele Ferngespräche (auch in den Hotels) noch über einen Operator gehen, den man häufig nicht versteht, besonders bei Telefonaten von öffentlichen Fernsprechern. So muß man z.B. dem Operator erzählen, welche Nummer man anwählen lassen möchte. Dieser wiederum gibt Ihnen dann Anweisungen, wieviel Geld einzustecken ist, und diese Information wiederum scheint sich des öfteren in einem Kaugummi und einem sich nur halb öffnenden Mund zu verstecken. Allemal sollten Sie darauf gefaßt sein, bei einem Ferngespräch genügend Kleingeld (10 c- u. 25 c-Stücke) bereit zu haben. Unter 2 $ (Auslandsgespräch 5 $) läuft da nichts. In Hotelhallen oder an anderen geschäftigen Plätzen kann man mittlerweile auch Telefone finden, die mit einer Kreditkarte funktionieren. Dazu müssen Sie einen bestimmten Code vorwegwählen, der auf dem Telefon aufgedruckt ist.

Wer **viel telefoniert**, sollte sich überlegen, ob er sich nicht eine Telefonkarte von einer der großen (am besten ATT) Telefongesellschaften besorgen will. Damit kann man dann – unter Nennung der Codenummer – vom Hoteltelefon aus günstiger telefonieren.

Man unterscheidet folgende **Arten von Telefongesprächen**:

- **station to station call**: Anruf von Ihrem Apparat zu dem gewünschten Anschluß (am billigsten)
- **person to person call**: Sie sagen dem Operator, wen Sie sprechen wollen. Erst wenn er die gewünschte Person am Telefon hat, zahlen Sie.
- **collect calls (R-Gespräch)**: Der Angerufene zahlt für Sie, nachdem er dem Operator das Einverständnis dazu gegeben hat. Wenn Sie ein R-Gespräch nach Deutschland wünschen, gibt es eine direkte Vermittlung über Frankfurt. Sie müssen nur die folgende Nummer wählen und Ihre gewünschte Telefonnummer nennen (in deutsch!): 1-800-292-0049. Hier können Sie übrigens auch ein normales Telefongespräch durchstellen lassen. Dabei umgehen Sie den kaugummikauenden amerikanischen Operator. Dieses Verfahren ist aber auch etwas teurer.
- **third number calls**: Sie telefonieren über den Operator. Für Sie zahlt z.B. ein amerikanischer Freund, dessen Nummer Sie dem Operator mitteilen und der natürlich auch erst sein Einverständnis dazu geben muß.

Vorwahlnummern von den USA und ebenso Kanada:

- nach Deutschland: 011-49 + Ortsvorwahl (ohne 0) + Teilnehmernummer
- nach Österreich: 011-43
- in die Schweiz: 011-41

Vorwahlnummern von Europa

- **in die USA:** 001
- **nach Kanada:** ebenfalls 001

Praktisch alle **Hotels und Motels** haben ein Telefon auf dem Zimmer. Meistens muß man eine “8” wählen, um in die Leitung zu kommen. Wenn Sie z.B. die Kieler Nummer 0431 - 149372 wählen wollen, müssen Sie folgendes tun: 8 + 011 + 49 + 431 + 149372.

Ein 3-Minuten-Gespräch nach Europa kostet etwa 5 US$. Am **preiswertesten** sind station to station calls zwischen 17h00 und 5h00 amerikanischer Ortszeit. Für inneramerikanische Ferngespräche verringert sich die Gebühr um 17h00, dann nochmals um 23h00. Ebenso sind die Gebühren an Wochenenden und Feiertagen niedriger. Denken Sie aber bei allen Anrufen an die **verschiedenen Zeitzonen**.

Telefonate vom Hotelzimmer aus sind, anders als in Europa, in der Regel nicht viel teurer als von einem öffentlichen Anschluß. Einzige wesentliche Preisdifferenzierung liegt an der Telefongesellschaft, mit der das Hotel verbunden ist. Jede dieser Gesellschaften hat eine andere Preiskalkulation. Sich aber mit den günstigen Tarifen diesbezüglich vertraut zu machen, lohnt für Sie als Reisenden nur in den seltensten Fällen.

Übrigens: Die Telekom, in Zusammenarbeit mit der französischen Eucom Translatel, bietet neuerdings einen **Dolmetscher-Service** an. Mit einem Simultandolmetscher können Sie so z.B. ein Hotel in den USA buchen und sind sich sicher, daß Ihre Reservierung klappt und keine Mißverständnisse aufgetreten sind. Abgerechnet wird nur über Kreditkarte. Kosten: 9 DM + Telefongebühren pro Minute. Auskunft: Eucom-Translatel, Dudweiler Str. 15-17, 66133 Saarbrücken, Tel.: 0681/ 303060.

Die 1995 von der Deutschen Telekom ins Leben gerufene und kostenlose **T Card** bietet ebenfalls günstigere Auslandsgespräche von Amerika aus. Die Vermittlung ist zwar noch etwas umständlich, das soll aber verbessert werden. Für amerikanische Inlandsgespräche ist sie aber teurer als die Direktwahl!

Die bekanntesten **Telefonkarten** in den USA sind: AT&T, Sprint, PTC, Telenational und MCI.

Eine Reihe **anderer europäischer Gesellschaften** bietet auch sog. Callbackservices bzw. Telefonkarten an, die z.T. noch um einiges billiger sind als die T Card. Doch hier ändern sich die Preisgestaltungen fast monatlich. Daher möchte ich keine Empfehlungen aussprechen, Ihnen dafür aber ein paar Telefonnummern nennen, wo Sie sich erkundigen können: TelePassport: 069/7075-434, Atlantic Link: 089/32357-323, Total Recall: 0631/10310, IDB Worldcom: 069/29892-0, Nova-Fon: 02822/10445

Günstiger telefonieren können Sie häufiger auch mit Kreditkarten, die gleichzeitig eine Telefonkarte beinhalten. Dabei müssen Sie z.B. nach dem normalen Wählen im Anschluß noch die Kreditkartennummer eingeben. Seit 1994 bietet die Visakarte dieses Verfahren an. Die Euro-/Mastercard hat diesen Service auch aufgenommen (extra bestellen!).

Hinweis

Trotz aller Billigangebote fürs Telefonieren gilt: Wenn Sie nicht zumindest für 50 DM im Monat Auslandsgespräche führen, lohnt eine Karte nicht. Für ein bis zwei Heimatgespräche aus dem Ausland kann man es z.Zt. noch als "Spielerei" bezeichnen.

Das **Telefonieren von Kanada** aus ist ähnlich wie von den USA. Die gängigste Telefonkarte hier nennt sich **"Phone Pass"** und ist in den Touristikzentren sowie den großen Kaufhäusern erhältlich für 10, 20 oder 50$.

⇨ Trampen

"Thumb throwing" oder "Hitchhiking". Sicherlich die billigste Art vorwärtszukommen, aber auch in Amerika nicht ganz ungefährlich. Trampen direkt an Interstate Highways ist streng verboten, und die Strafen sind gesalzen (die Fahrer an Tankstellen u. Rastplätzen zu fragen, ist aber erlaubt). Es ist üblich, sich an den Benzinkosten zu beteiligen. Trampen in Amerika hat aber während der letzten 20 Jahre deutlich abgenommen und ist nicht mehr sehr üblich. Aus Sicherheitsgründen wird man häufig auch nicht mehr mitgenommen.

⇨ Trinkgeld

Das Trinkgeld ("tip", "gratuity") gehört in Amerika zur Haupteinnahmequelle der Bedienung und muß sogar in vielen Fällen von der Bedienung pauschal versteuert werden (!), egal wieviel sie wirklich bekommen hat. Daher sollten Sie unbedingt daran denken, Trinkgeld zu geben (Ausnahme: Fastfood-Restaurants). In der Regel gibt man 15%, wobei am Tresen einer Kneipe häufig auch mehr gegeben wird (Anhaltspunkt: 1 $ für zwei Bier). Ein Gepäckträger erwartet 50 c - 1 $ pro Gepäckstück, je nach Größe der Koffer. Einem Zimmermädchen gibt man ca. 1 $ pro Übernachtungstag. Auch Taxifahrer erwarten Trinkgeld.

In manchen Fällen ist das Trinkgeld bereits im Preis inbegriffen. Dieses wird dann aber deutlich angezeigt auf der Speisekarte.

⇨ Trinkwasser

Das Wasser kann überall bedenkenlos getrunken werden.

U Unterkünfte

Preisklassifizierung der Unterkunftsempfehlungen (2 Personen in einem Doppelzimmer):

$	unter 60 DM = einfach/Motel bzw. Herberge
$$	unter 100 DM = Mittelklasse
$$$	100-150 DM = gute Mittelklasse
$$$$	über 150 DM = Luxusklasse

Hinweise

Diese Preisklassifizierungen können nur als **ganz grober Richtwert** angesehen werden, da die Preisgestaltung der einzelnen Hotels sich nach Zimmergröße, Wochentag, Saison u.a. richtet. Eine Pauschalisierung ist in Amerika also in keiner Weise möglich. Besonders in dem hier beschriebenen Reisegebiet liegen die Winterpreise häufig bei nur 40% der Sommerpreise – ausgenommen sind natürlich die Ski-Gebiete (die in diesem Buch gegebenen Preisangaben richten sich nach dem Sommerniveau).

Zudem werden sehr häufig Preisnachlässe gewährt, die es aber auszuhandeln heißt. Achten Sie auch auf Discout-Coupons: Diese liegen meist in den Touristenbüros aus. Eigentlich zahlt man in Amerika selten den offiziellen Preis. Die Preisrichtlinien, die ich Ihnen hier biete, dürfen als obere Grenze angesehen werden, und ich habe sie deswegen gewählt, damit Sie keine bösen Überraschungen zu erwarten haben.

Sicherlich wird erfahrenen Amerika-Reisenden schnell auffallen, daß die Hotels und besonders Motels in diesem Reisegebiet in der Regel um einiges teurer sind als z.B. im Süden oder Westen der USA. Das erklärt sich ganz einfach aus der kurzen Reisesaison (Mai-September). In nur 4-5 Monaten müssen die Hotels den Großteil ihrer Kosten wieder einbringen.

An Unterkünften verschiedenster Komfortklassen mangelt es in den USA und Kanada nicht, wobei Sie selbst während der Hochsaison immer noch irgendwo ein Zimmer bekommen werden, und wenn auch nur in einem alten Motel am Highwayrand. ACHTUNG! Ausnahmen bilden die abgelegenen Nationalparks und Zeiten, wenn spezielle Festivitäten in der Region abgehalten werden – hier ist Vorbuchung selbst in der Nebensaison dringend zu empfehlen. Daher sollten Sie diese also besser schon von Europa aus vornehmen oder zumindest ein paar Tage im voraus.

Bad/Dusche, Klimaanlage, Telefon und Fernseher gehören mittlerweile zum Standard, selbst bei den billigeren Hotels, bzw. Motels, wobei die Bed and Breakfast-Unterkünfte diese nicht immer im eigenen Zimmer anbieten.

Ein Schild **"Vacancy"** bedeutet, daß es noch freie Zimmer gibt, **"Sorry"** oder **"No Vacancy"** signalisiert das Ausgebucht-Sein.

Die Zimmerpreise liegen bei einfacher oder doppelter Belegung fast gleich, und meistens können Sie auch ohne besonderen Aufpreis ein Kind mit hineinnehmen. In den meisten Zimmern stehen zwei Doppelbetten (doubles) zur Verfügung. Wer zu zweit reist und mehr Platz benötigt, sollte aber allemal darauf achten, daß er nicht ein Zimmer mit einem einzigen Queensize-Bett erhält, welches nur etwa 1,40 m breit ist, sondern entweder zwei dieser Betten bzw. ein Kingsize-Bett (1,60-1,80 m breit) im Zimmer hat (bereits bei der Reservierung angeben!).

Frühstück ist normalerweise nicht im Preis inbegriffen, wird aber in Hotels in einem angeschlossenen Restaurant geboten, wobei in größeren Hotels oft die Coffeeshops eine größere Auswahl zu einem geringeren Preis bieten. Motels haben nicht alle einen Frühstücksraum. Dafür sind meist Fastfood-Restaurants ganz in der Nähe.

■ **Beim Einchecken müssen Sie**

- ein Anmeldeformular ausfüllen
- die Kreditkarte vorlegen oder den Zimmerpreis im voraus bezahlen (häufig zzgl. einer Garantiesumme)
- in besseren Stadthotels das Fahrzeug in eine Garage stellen lassen (kostet etwa 6-10 $ pro Tag), wofür Sie ein spezielles Ticket erhalten.

Tip

Das Auto selbst in die Garage zu bringen, erspart Ihnen dabei die "Valet"-Gebühr, d.h. den Fahrer des Hotels. Sie müssen aber gleich beim Gepäckausladen darauf bestehen, das Auto selbst parken zu wollen, da die Fahrer sich natürlich gerne ein Trinkgeld verdienen möchten und es eher üblich ist, das Auto wegfahren zu lassen.

■ **Beim Auschecken müssen Sie**

- Ihre Rechnung unterschreiben, die eventuell ja noch Zusatzgebühren enthält (Telefongespräche etc.)

■ **Anhaltspunkte für Preise (Doppelzimmer):**

- Luxushotels: 100 - 300 $
- Mittelklassehotels: 60 - 120 $
- Motels u. einfache Hotels: 25 - 70 $
- B&B-Häuser: 40 - 150 $, wobei hier häufig nach der Zahl der Personen abgerechnet wird
- Camping: 8 - 35 $, je nach Platz und ob Sie Ver- bzw. Entsorgungseinrichtungen für einen Camper nutzen wollen.
- Jugendherbergen: 6 (Schlafsaal) - 20 $ (2-4-Bettzimmer)
- Ranchen: 50 - 150 $, in Ausnahmefällen sogar bis zu 280 US$ **pro Person**, je nach Qualität und Nutzung der Anlage (es gibt auch Familientarife)

■ **Im voraus reservieren:**

Wenn Sie telefonisch im voraus ein Zimmer reservieren möchten, halten Sie immer Ihre Kreditkarte bereit, häufig wird man Sie nach der Kartennummer fragen. Falls Sie dann nämlich nicht erscheinen sollten, zieht man Ihnen den Zimmerpreis trotzdem von der Karte ab! Geben Sie auch immer an, falls Sie nach 16h00, vor allem nach 18h00 ankommen werden ("Late arrival"), ansonsten wird Ihr Zimmer vielleicht weitervergeben, und Sie haben im schlimmsten Fall keine Unterkunft. Geben Sie auch gleich durch, ob Sie "Smoking" oder "Non-Smoking" wünschen.

Bevor Sie ein Hotel fest buchen, fragen Sie vorher nach einem Sondertarif, der Ihnen häufig gewährt wird, besonders an Wochenenden (Stadtbereich), in der Woche (in der Nähe von Nationalparks oder anderen "ländlichen" Sehenswürdigkeiten) oder in der Nebensaison.

■ **Einige Infos zu den einzelnen Unterkunftstypen:**

- **Hotel**: Hier reicht die Skala von ganz einfach bis zum absoluten Luxus. Sie sind meist teurer als andere Motels, da sie eine Reihe von zusätzlichen Serviceleistungen bieten (Kofferträger, spezielles Restaurant, Business-Center etc.) und in der Regel im Stadtbereich sehr zentral liegen.

◆ **Motels**: Sie liegen meist an den Hauptausfallstraßen und sind kaum zu verfehlen. Die an Ketten (z.B. Motel 6, Super 8, Comfort Inn etc.) angeschlossenen Häuser sind etwas teurer als private Motelbetreiber, aber auch etwas besser. Private Motels sind teilweise sehr einfach, aber für eine Nacht durchaus noch zu akzeptieren. Nicht mehr bei allen Motels kann man sein Auto direkt vor der Tür parken, obwohl das meistens noch der Fall ist. Sollten Sie viel Gepäck haben, versuchen Sie, ein Zimmer im Erdgeschoß zu bekommen. das erspart umständliches Geschleppe.
◆ **Inn**: In der eigentlichen Bedeutung ein "Gasthaus", heute oft ein Haus der gehobenen Ansprüche.
◆ **Lodge**: Liegt meist in der Natur und ist rustikal eingerichtet.
◆ **Resort**: Hierbei handelt es sich um ausgesprochene Ferienanlagen, die ruhig liegen und vor allem Sportprogramme (Golf, Tennis etc.) und andere Freizeitaktivitäten bieten. Meist teuer.
◆ **Country Club**: Häuser mit zumeist hohem Standard, oft einem Golfplatz/club angeschlossen.
◆ **Family Ranches**: Hier wurden ehemalige Ranches umfunktioniert zu Unterkünften mit vielen Freizeitaktivitäten (Reiten, Wandern etc.). Sie beherbergen bis zu 40 Personen, wobei sie des öfteren durch Konferenzen ausgebucht sind. Daher ist eine rechtzeitige Buchung wichtig. Der Mindestaufenthalt beträgt in der Regel 4-7 Tage, selten auch mal 2 Tage. Ein typisches Farmleben wird aber nur noch selten geboten.
◆ **Working Ranch:** Hier steht der Ranchbetrieb noch im Vordergrund. Dieses ermöglicht einen guten Einblick in das Cowboyleben. Basis-Komfort ist aber vorhanden, und Programme werden auch geboten. Auch hier gilt häufig die Regel: Mindestaufenthalt 7 Tage. Die Preise beginnen bei 100 $ pro Tag/Person, inkl. aller Mahlzeiten und vieler Freizeitaktivitäen.
◆ **Dude Ranches**: Diese Ranchen sind luxuriöser eingerichtet, und sie haben sich z.T. dem Verband "Dude Ranches" angeschlossen. Sie sind so teuer wie ein Luxushotel, bieten dafür aber auch eine Reihe von Freizeitaktivitäten. Die Preise liegen bei 120 - 260 $ pro Person pro Tag (Wochentarife etwas günstiger), doch beinhalten diese dann auch alle Mahlzeiten, Ausritte und noch einige andere Dinge. "Echtes" Farmleben ist hier aber bereits die Ausnahme.
◆ **Bed & Breakfast**: Anders als in England handelt es sich bei den B&B-Häusern in der überwiegenden Zahl um luxuriöse Unterkünfte, die einen nostalgischen Touch haben, persönlichste Betreuung einschließen, aber nur selten Familienanschluß bedeuten. Das Frühstück wird gemeinsam eingenommen. Die B&Bs sind häufig recht teuer. Wenn Sie Glück haben, ist eine B&B-Unterkunft ein eigenes Haus mit grundsätzlichen Einrichtungen wie z.B. einer Kitchenette. Sehr beliebt in diesem Reisegebiet sind übrigens die B&Bs in alten Leuchttürmen an den Großen Seen.
◆ **Jugendherbergen:** Meist teurer als in Europa, aber gut ausgestattet. Es gibt auch eine Reihe von privaten Jugendherbergen, die etwas günstiger sind.

■ **Unterkunftsinformationen-/adressen:**

- YMCA's/YWCA's: Y´s Way, 291 Broadway, New York, NY 10010 (verschickt nur Listen)
- American Youth Hostels: P.O.Box 37613, Washington, DC 20013-7613 (verschickt nur Listen)
- American Ranch Holidays: Landgrabenstr. 118, 90459 Nürnberg, Tel.: (0911) 449981
- Dude Ranchers Association: P.O.Box 43, Granby, CO 80446 (verschickt nur Listen)
- Farm and Ranch Vacations (wenig Häuser im Mittleren Westen): 36E 57th St., New York, NY 10022 (verschickt nur Listen)
- Kampgrounds of America: P.O.Box 30558, Billings, Montana 59114, (406) 248-7444

- Bed and Breakfast Accommodation and Farm Vacation: Ontario Travel, Customer, Sales and Service, 77 Bloor Street W., 9th Floor, Toronto, Ontario, M7A 2R1 (hier erhalten Sie allgemeine Hotellisten, aber auch Infos über B&B-Häuser und Farmunterkünfte in Ontario)

Ein weiterer Tip zur Buchung eines Ranchaufenthaltes
Die Touristenämter der Staaten North- und South Dakota, Montana und Wyoming geben aktuelle Listen der Ranchen heraus. Meine Empfehlung: eine Ranch im Süden von Montana, denn von hier können Sie auf 1-3 Tage langen Touren die Rokkies, 3 Nationalparks, die Canyon- u. Bergwelt Südmontanas und Nordwyomings und andere landschaftliche Höhepunkte des Westens erreichen. Machen Sie die Ranch zu Ihrer Basis.

Hotels

- Best Western International Inc.: 1-800-528-1234
- Budget Inns: 1-800-4-BUDGET
- Clarion Hotels: 1-800-CLARION
- Comfort Inns: 1-800-228-5150
- Compri Hotels: 1-800-4-COMPRI
- Courtyard by Mariott: 1-800-321-2211
- Days Inn: 1-800-DAYS-INN
- Econo Lodges of America: 1-800-55-ECONO
- Embassy Suites: 1-800-EMBASSY
- Fairmont Hotels: 1-800-527-4727
- Four Seasons Hotels: 1-800-332-3442
- Hampton Inn: 1-800-HAMPTON
- Hilton Hotels Corp.: 1-800-HILTONS
- Holiday Inns: 1-800-HOLIDAY
- Howard Johnson: 1-800-GO-HOJO
- Hyatt Corp.: 1-800-233-1234
- Intercontinental Hotels: 1-800-327-0200
- La Quinta Motor Inns Inc.: 1-800-531-5900
- Mariott Hotels: 1-800-228-9290
- Meridien: 1-800-543-4300
- Motel 6: 1-800-4-MOTEL-6
- Omni Hotels: 1-800-THE-OMNI
- Quality Inns: 1-800-228-5151
- Radisson Hotel Corp.: 1-800-333-3333
- Ramada Inns: 1-800-2-RAMADA
- Red Carpet/Scotish Inns: 1-800-251-1962
- Red Roof Inns: 1-800-THE-ROOF
- Residence Inns by Mariotts: 1-800-331-3131
- Ritz-Carlton: 1-800-241-3333
- Rodeway Inns International: 1-800-228-2000
- Sheraton Hotels & Inns: 1-800-325-3535
- Stouffer Hotels and Resorts: 1-800-468-3571
- Super 8 Motels: 1-800-800-8000
- Travellodge International Inc. Viscount Hotels: 1-800-578-7878
- Westin Hotels: 1-800-228-3000
- Wyndham Hotels: 1-800-822-4200

V Verkehrsregeln

Siehe Stichwort “Autofahren”

⇨ Versicherung

Es ist allemal sinnvoll, eine Reisegepäck- und eine Reisekranken- und Unfallversicherung abzuschließen. Achten Sie bei letzterer darauf, daß sie eine Rücktransportversicherung einschließt.

⇨ Visum

Visumpflicht für die USA und Kanada besteht für deutsche, schweizer und österreichische Staatsbürger nicht mehr, solange ihr Aufenthalt rein touristisch ist und nicht länger als 90 Tage dauert. Wer länger bleiben möchte, muß dieses bei den diplomatischen Vertretungen im Heimatland beantragen. Probleme gibt es dabei selten, und die Genehmigung wird durch ein spezielles Visum in der Regel komplikationslos ausgestellt.

W

Wäsche waschen

In den meisten größeren Hotels steht Ihnen ein 24-stündiger Wäschedienst zur Verfügung (“laundry-service” bzw. “valet service”). Selbst kleinere Häuser waschen Ihre Wäsche, hier sollten Sie aber die Wäsche am Vortag bis spätestens mittags abgegeben haben, um sie am übernächsten Morgen zurückzuerhalten, denn diese Wäsche wird außer Hauses gewaschen.

Selbstversorger können auch auf die Waschautomaten-Shops zurückgreifen (“laundromat”, “coin laundry”). Hierbei handelt es sich meistens um Geschäfte, in denen Sie an die 20 Wasch- und Trockenmaschinen vorfinden, die Sie mit Quarters (25c-Stücke) füttern müssen. Waschmittel können Sie hier auch erhalten. Diese Waschsalons finden Sie am ehesten im Stadtzentrum, hier meist im Wohngebiet des unteren Mittelstandes und auch in einer Reihe von Shopping Malls in den Vorstädten. Motels, besonders die der Franchiseketten, haben meistens auch einen Münzwaschautomaten (“coin laundry”).

⇨ Weine

Amerikanische Weine erreichen mittlerweile eine sehr hohe Qualität. Besonders kalifornische Weine zählen heute zu den Spitzenweinen. Wein wird besonders auch im Staate New York angebaut.

⇨ Wintersport

Zum Skilaufen bieten sich in diesem Reisegebiet vor allem Michigan (Upper Peninsula), Nord-Minnesota und Montana an. Aber auch die kanadische Seite (Thunder Bay und Collingwood) verfügt über schöne Skigebiete.

In Michigan und Nord-Minnesota sind es vor allem Skilanglauf, Snowmobiling und Schneeschuhwandern, die viele Menshen herlocken. Besonders die Upper Peninsula von Michigan erhält relativ konstante Schneefälle zwischen Mitte Dezember und Anfang März.

Günstige Pauschal-Pakete für die Upper Peninsula bieten Northwest Airlines (Anflug + Mietwagen) und das Marquette Country (Motels, Ausleihen der entsprechenden Ausrüstung und Vor-Ort-Planung). Buchen Sie bei Northwest Airlines in Deutschland und schreiben Sie an: Marquette Country Convention and Visitors

Bureau, 2552 US Hwy. 41 West, Suite 300, Marquette, MI 49855, Tel.: (906) 228-7749 od. 1-800-544-4321, Fax: (906) 228-3642.

Spezielle Infos zu den Skigebieten in Montana erhalten Sie bei: Travel Montana/Ski Montana: Deer Lodge, MT 59722

Außerdem erhalten Sie Infos in den USA bei: Ski USA: c/o BEWI Productions, Inc., 80 Eight Ave., Suite 1102, New York, NY 10011

Z Zeit

Der Zeitabstand zu Mitteleuropa ist stets der gleiche, da während unserer Sommerzeit in den USA auch die entsprechende Sommerzeit (daylight saving time) gilt. In den USA werden die Zeiten in "ante meridiem" (= vormittags, abgekürzt a.m.) und "post meridiem" (= nachmittags, abgekürzt p.m.) eingeteilt. So entspricht 6 a.m. unserer Morgenzeit 6h00, dagegen 6 p.m. unserer Abendzeit 18h00

Hinweis
12 p.m. ist ungewöhnlicherweise 12h00 mittags, 0h00 heißt midnight.

⇨ Zeitungen

Überall erhältlich ist die bunte Tageszeitung "USA Today", die vor allem Landesthemen behandelt und eine gute Wetterseite aufweist, aber dabei im politischen Bereich sehr oberflächlich bleibt, besonders was Berichte aus anderen Ländern anbetrifft. Die renommiertesten Tageszeitungen sind: "New York Times" sowie die "Washington Post", die Sie aber nur in größeren Städten erhalten werden. Als Wochenzeitschriften empfehlen sich vor allem die "Newsweek" und die "Times" für politische Berichte und "Forbes" und die "Business Week" für den Wirtschaftsbereich.

Die **bedeutendsten Tageszeitungen** des Mittleren Westens und Ontarios sind:

- Buffalo: "The Buffalo News"
- Chicago: "Chicago Sun-Times" und "Chicago Tribune"
- Cincinnati: "Cincinnati Enquirer"
- Cleveland: "Cleveland Plain Dealer"
- Detroit: "Detroit Free Press" und "Detroit News"
- Indianapolis: "Indianapolis Star/Indianapolis News"
- Minneapolis: "Star Tribune"
- Pittsburgh: "Pittsburgh Press"
- St. Louis: "St. Louis Post-Despatch"
- Toronto: "The Globe and Mail", "Toronto Sun" und "Toronto Star"

Ausländische, besonders deutschsprachige Zeitungen finden Sie nur vereinzelt.

⇨ Zeitzonen

Im Mittleren Westen gibt es folgende Zeitzonen:

- Mountain Time: MEZ - 8 Std. Gilt für Montana, Wyoming und Rapid City sowie den Badlands N.P.
- Central Time: MEZ - 7 Std. Gilt für beide Dakotas (außer Badlands N.P., Rapid City), Minnesota, Wisconsin, Illinois, Missouri, Iowa, den westlichen Zipfel von Kentucky und Michigan sowie den Westen von Ontario. Hier einmal ein Beispiel: Ist es in Deutschland 12h00 mittags, ist es in Chicago erst 5h00 morgens.
- Eastern Time: MEZ - 6 Std. Gilt für alle anderen Staaten des Reisegebietes.

⇨ Zoll

■ Zollfrei sind alle Gegenstände des persönlichen Bedarfs. Außerdem **dürfen zollfrei eingeführt werden**:

- 200 Zigaretten, 2kg Tabak (Kanada: 0,9 kg!) oder 50 Zigarren (Zigaretten sind z.Zt. ohnehin in den USA noch billiger – eine Preisanhebung um 150% ist aber für die nächsten Jahre geplant)
- 1 l alkoholische Getränke (pro Person ab 21 Jahre)
- Geschenke im Wert von 100 US$ (Kanada: 40$!)
- Zahlungsmittel im Wert von über 10.000 US$ müssen in den USA deklariert werden.

Lebensmittel, besonders Frischwaren/Obst, sowie Pflanzen dürfen nicht eingeführt werden, weder in die USA noch nach Kanada!

■ Bei der **Wiedereinreise in die BRD sind zollfrei**:

- 200 Zigaretten,
- 1 l Spirituosen über 22% oder 2 l Wein,
- 50 g Parfüm,
- sonstige Waren im Gegenwert von 115 DM.

US-Zeitzonen

Pacific **Mountain** **Central** **Eastern**

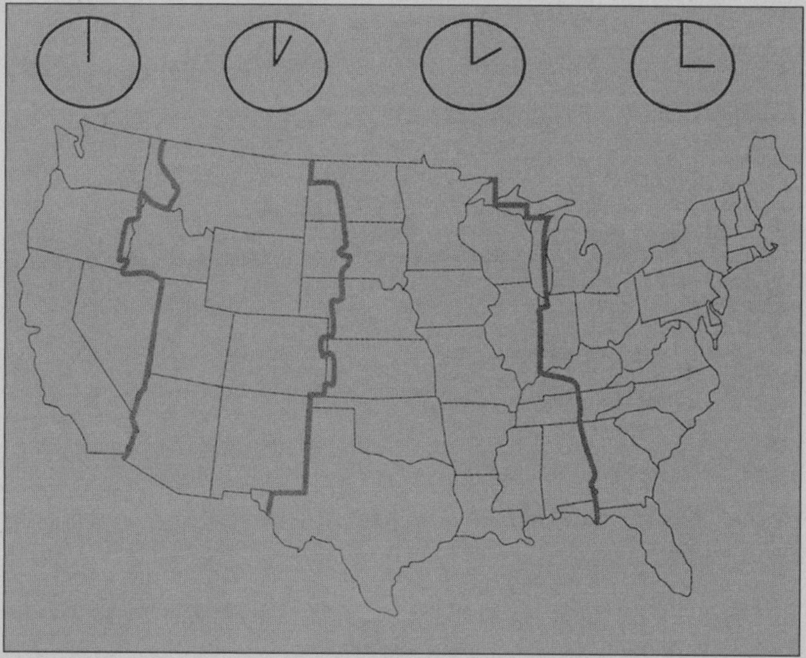

7.2 BEMERKENSWERTES ÜBER DAS LEBEN IN DEN USA

Im Laufe der über 200-jährigen Geschichte der USA haben sich so einige **Eigenarten der Gesellschaft** herauskristallisiert, die sich um vieles von der mitteleuropäischen Kultur unterscheiden. Die amerikanische Lebensweise gilt in vielem als fortschrittlich, ist aber auch in unzähligen Punkten **konservativer als unsere Gesellschaft**. Häufig werden Vorurteile diesbezüglich zu schnell gefällt. Medien, besonders die Soapoperas im Fernsehen, verzerren das Bild bei uns, und schon werden alle Amerikaner in einen Topf geschmissen und als "überzogen", "gewinnsüchtig", "draufgängerisch", "unsozial" und "kritiklos" abgestempelt.

Im Gegenzug herrscht in Amerika von den Europäern immer noch das Bild der "guten alten Welt" mit allen seinen Klischees, wie Schlössern, Fachwerkhäusern, Trachten usw. Für dieses Bild sorgen u.a. die Reiseveranstalter, die amerikanische Touristen in nur einer Woche durch die Kulturstätten des mittelalterlichen Europas jagen, ohne ihnen die Möglichkeit zu geben, auch das reale Europa zu erleben.

In diesem Kapitel möchte ich Ihnen nun ein paar Eigenarten des amerikanischen Lebens kurz erläutern.

Grundgedanke der amerikanischen Lebensweise ist das **Recht des einzelnen**. Individualismus spielt in der Gesellschaft eine herausragende Rolle, **aber nur soweit es ums Geschäft geht**. Die Wurzeln hierfür findet man in der Zeit der ersten Siedler, die, ganz auf sich alleine gestellt, das Land urbar gemacht haben. Auf der Suche nach einem besseren Leben haben die ersten Generationen sich diesem Ziel ganz hingegeben. Damit war der Grundpfeiler für das ausgeprägte Konkurrenzdenken, aber auch die übermäßige Hilfsbereitschaft Fremden gegenüber gesetzt. **"Free enterprise"** (freies Unternehmertum) bildete schon früh ein Schlagwort im Wirtschaftsleben und gilt als unantastbares Kulturgut. Daraus resultiert auch der amerikanische Gedanke, daß Fleiß immer belohnt wird (**"effort optimism"**). Diese Haltung aber, die davon ausgeht, daß Armut und Reichtum aus Faulheit bzw. harter Arbeit entspringen, führt zu einer Unterschätzung sozialer Probleme und einer Überschätzung alles Materiellen.

Ein paar Notizen zur amerikanischen Gesellschaft

■ Autofahren

Autofahren gehört zu den **Basiselementen der grenzenlosen Freiheit**. Ohne das Auto geht nichts. Das fällt bereits auf in den Städten, wo das öffentliche Nahverkehrsnetz sehr rudimentär ist. Lieber steht man 2 Stunden im Stau, als daß man sich mit der Bahn oder einem Bus zur Arbeit begibt. Besuche in Nationalparks und zu abgelegenen Sehenswürdigkeiten sind ohne eigenes Fahrzeug nur mit organisierten Touren möglich. Kaum eine Buslinie fährt den "immobilen" Touristen dorthin. Spätestens in der letzten großen Stadt vor dem ersehnten Ziel würde nur noch der Daumen helfen. Wie bei uns sind Autos ein Statussymbol, und selbst in ärmeren Bevölkerungsschichten findet man mindestens ein Fahrzeug in der Familie. Doch ist dieses Statussymbol nur äußerlich von Bedeutung und zeigt den finanziellen Stand des einzelnen. Den Fahrstil dagegen könnte man als bieder bezeichnen. Selbst Porschefahrer halten sich meist brav an die Geschwindigkeitsbegrenzungen und lassen sich auch von den kleinsten Autos überholen.

■ Begrüßung

Nur **selten schüttelt man die Hand bei der Begrüßung** und wenn, dann nur bei der ersten Vorstellung, dann nie wieder. Schnell ist man "per Du" und nennt sich beim Vornamen. Doch sollte man dieses nicht mit europäischen Maßstäben bewerten. Es ist eine Grundhaltung, hat aber mit persönlicher Sympathie und bewußter "Vertraulichkeit" nichts zu tun. Auch die Tatsache, daß bereits beim ersten Gespräch über persönliche Dinge, wie z.B. Beruf, Einkommen und Familie geredet wird, hat keine weitreichenden Konsequenzen. Beim nächsten zufälligen Treffen mag Ihr Gesprächspartner sich schon gar nicht mehr an Sie erinnern.

Frauen haben es meist leichter als Männer. Sie können sich ihren Gesprächspartner selbst wählen und sich abwenden, wenn sie jemand anspricht. Dieses würde bei einem Mann als unhöflich gelten.

■ **Demokratie**

Die Amerikaner bezeichnen ihr politisches System gerne als **die beste Demokratie der Welt**. Hierbei haben sie aber nur in einem recht: Jeder kann wählen. Doch im Gegensatz zu Europa beinhaltet dieses Staatssystem "nur" die Demokratie, von einem Sozialstaat ist es noch weit entfernt. Hier macht sich das individualistische Denken wieder bemerkbar. **Kein Amerikaner möchte sich vom Staat vorschreiben lassen, wen er unterstützt.**

Anders dagegen gibt es in den USA einen starken Hang zur **"Basisdemokratie"**, wo sich einzelne Gruppen bzw. Personen für die Schwächeren einsetzen oder gegen eine "Ungerechtigkeit" angehen. Entsprechend sieht man im Straßenbild immer wieder protestierende Gruppen und unzählige Bürgerinitiativen, die Passanten auf ein Unrecht aufmerksam machen wollen. Auch die Wirtschaft mischt hier mit herein. Autofirmen, Supermärkte usw. sammeln für Notleidende oder werben für die Unterstützung einer regionalen Institution, wie z.B. einer Schule, die einen neuen Sportplatz benötigt.

■ **Dienstleistung**

Der **Dienstleistungssektor in den USA expandiert** in großem Stil. Überall steht Ihnen jemand zur Verfügung, der Sie berät, Sie zu bestimmten Punkten hinbegleitet oder der Ihnen ausgiebigst ein Produkt erläutert.

■ **Einladung**

Schnell sind Sie "per Du" und sprechen sich mit dem Vornamen an. Nach einer kürzeren Unterhaltung kommt es oft zu dem Punkt, daß Sie eingeladen werden zu einem Besuch und evtl. sogar zu einer Übernachtung. **Leider ist dieses nicht immer so ernst gemeint, wie es klingt, und wenn Sie dann vor der Tür stehen, treffen Sie nicht selten auf ungläubige Gesichter.** Vergewissern Sie sich lieber genau, ob die Einladung ernst gemeint ist und lehnen Sie gfs. dankend ab oder entschuldigen Sie sich mit zeitlichen Problemen. Das nimmt Ihnen keiner übel.

■ **Einstellung zu Besuchern**

Die **Einstellung zum deutschen Besucher** ist durchgängig **positiv.** Jeder sechste Amerikaner hat deutsche Vorfahren, viele waren während ihrer Militärzeit in Deutschland stationiert. Dem Deutschen werden Werte wie Fleiß, Tüchtigkeit, Disziplin und Wissensdrang zugesprochen. Man schwärmt von deutschen Autobahnen und Autos ... und von deutschem Bier.

Obwohl die Amerikaner die Deutschen im 2. Weltkrieg besiegten, mochten sie kein Feindbild entwickeln. Schnell bauten sie die zunächst gar nicht gewünschten Kontakte zur deutschen Bevölkerung auf, und viele brachten eine deutsche Braut nach Amerika. Daß das Deutschland-Bild des Amerikaners in unseren Augen naiv und oberflächlich ist (der Deutsche trinkt Bier, ißt Weißwürste, wohnt in Fachwerkhäusern und liest am abend Goethe oder Schiller) mag stimmen – aber er verbindet mit diesem Bild starke positive Vorstellungen wie "Gemütlichkeit" und "Treue". Dieses Bild steht im krassen Gegensatz zu einer gerade unter jungen Deutschen anzutreffenden Anti-Amerika-Haltung, die in wesentlichen Teilaspekten wohl richtig und berechtigt ist, manchen Amerikaner doch schmerzen mag, wenn er sich an die

Care-Aktionen der Nachkriegszeit erinnert oder an den gefallenen Sohn in einem der von Amerika geführten Stellvertreterkriege. Vielleicht sollte dem hier anzutreffenden abendländisch-abgeklärten Intellektuellen in Erinnerung gerufen werden, daß der historische Weg aus der extremen Diktatur der Nazizeit in eine freiheitliche Demokratie der Bundesrepublik maßgeblich durch Amerikas Politik erst möglich wurde.

Schweizer Staatsbürger erfreuen sich bei den Amerikanern als "Bewohner eines Musterstaates", in dem Fleiß und stete politische Unabhängigkeit zu einem bemerkenswerten "Puppenhaus" geführt haben, in dem es keinem schlecht geht. Schweizer sind zudem in Amerika dafür bekannt, daß sie niemandem etwas anhaben mögen. Diese Einstellung mag so manchem Schweizer als kitschig vorkommen, ist aber als allemal positiv zu vermerken.

Für die **Österreicher** dagegen ist es schwieriger. Sie werden bei vielen Amerikaner immer noch in die Welt des Kaiserreiches eingeordnet, wohnen in verschnörkelten Häusern aus dem letzten Jahrhundert, hören tagein-tagaus Walzer und verbringen ihre Freizeit im Cafestübchen des Hotel Sacher. Die Landbevölkerung Österreichs erfreut sich in den Augen der Amerikaner eher der Tatsache, als rückständig eingestuft zu werden, ist dafür aber gesegnet mit einer unverdorbenen Alpenlandschaft. Das moderne Österreich geht den Amerikanern völlig ab, und bei einer Umfrage in New York glaubten 1992 mehr Leute, Österreich wäre immer noch eine Monarchie bzw. wäre Teil Deutschlands, als zu wissen, welche Staatsform hier mittlerweile seit zig Jahren praktiziert wird.

■ Essen

Amerikas Eßkultur ist sicherlich geprägt von Fastfood-Ketten, die kalorienreiches, fettes und vitaminarmes Essen präsentieren. Doch ist Amerika auch **das Land der Gegensätze**. Neben einigen Fastfood-Ketten, die mittlerweile auch Salatbars haben, gibt es vor allem eine Reihe von Bioläden. Zudem bieten gute Restaurants Mahlzeiten an, die man in dieser Qulität selbst in ausgewählten Restaurants in Europa suchen müßte.

■ Fernsehen

Millionen von Fernsehern **flimmern täglich in den Wohnstuben, Bars, ja selbst in Restaurants und Büros**. Tausende von verschiedenen Fernsehstationen werden fast jedem (amerikanischen) Bedürfnis gerecht, und große Firmen bzw. Hotelketten bieten obendrein noch interne Programme. **Fernsehen hat aber einen anderen Stellenwert als bei uns.** Häufig dient es nur als Geräuschkulisse. Der Fernseher läuft den ganzen Tag, egal ob jemand im Zimmer ist oder nicht und egal ob dabei gestaubsaugt oder sonst etwas gemacht wird, was das Fernsehen bei uns unmöglich machen würde. Auch bei Besuchen bleibt der Fernseher an. Sollten Sie also einmal die Gelegenheit haben, bei einer Familie zu Besuch zu sein, bewerten Sie es nicht als unhöflich, wenn der Fernseher weiter läuft und die Gastgeber gelegentlich mal hinschauen. Das ist halt so. Leider hat diese Weise, mit dem Fernsehen umzugehen, auch dazu geführt, daß die Programme immer effekthaschender werden. Nachrichtensendungen entwickeln sich zu Reality-Krimis, Talkshows behandeln die unmöglichsten Themen, und Blut fließt in immer mehr Spielfilmen. Irgendwie müssen die Sender die Zuschauer ja zum Zusehen veranlassen. Daß das europäische Auge/Ohr schwer damit umgehen kann, ist verständlich. Doch entwickelt sich unser Programm langsam nicht auch dorthin ...?

■ Freundlichkeit

Wer das erste Mal nach Amerika kommt, wird über die **allenthalben anzutreffende Freundlichkeit** positiv erstaunt sein. Die Bedienung, der Busfahrer, die Angestellten an der Rezeption eines Hotels – stets wird man auffallend freundlich behandelt. Dem netten Umgang miteinander mag nach einer Weile die Ernüchterung folgen, daß es sich dabei um einen Ausdruck der vielen Konformismen handelt, die Amerika und seine vielen Menschen "funktionieren" lassen. Oberflächlichkeit? Natürlich können wir die Grundhaltung der Amerikaner hinterfragen und werden dazu sicherlich Antworten finden. Doch ob diese Einstellung nun schlechter ist als unsere, kann man schwer beurteilen. Sie ist halt anders, und der Amerikaner kann damit umgehen wie wir mit unserer. Oder glauben Sie, daß ein Amerikaner unsere distanzierte Haltung positiver beurteilt?

Eine "Erziehung zur Kollektivität" nennt es Watzlawick in seiner "Gebrauchsanweisung für Amerika", und er bemerkt: "Vom Kindergarten an wird dem Amerikaner eingeprägt, daß er ein Teil der Gruppe ist und daß die Werte, das Verhalten und das Wohl der Gruppe maßgebend sind. Andersdenken ist verwerflich, Anderssein erst recht ...

Während es in Europa eine Beleidigung ist, ein Dutzendmensch genannt zu werden, hat der Amerikaner eine große Angst davor, von der Gruppennorm abzuweichen. Anderssein bedeuted Ausstoßung aus der Gruppe, bedeuted Ächtung" (Paul Watzlawick, Gebrauchsanweisung für Amerika, München 1987, S.143). Anders dagegen die Einstellung im Geschäftsleben. Man hält sich zwar an die Normen, läßt aber keinen hereinreden.

Das Miteinander im Alltag wird durch die gleichbleibende, standardisierte Freundlichkeit untermauert. Nicht verwunderlich, daß es in den Highschools manchmal sogar ausgesprochene Trainingskurse für höfliches Verhalten gibt.

■ Konservativismus

Das zum Teil sehr konservative Verhalten der Amerikaner basiert auf den streng religiösen Erziehungsmethoden, die sich wiederum aus der Pionierzeit erhalten haben. Diese konservative Haltung spiegelt sich vor allem bei folgenden Punkten wider:

◆ **Mann-Frau**: Der Mann hat, trotz aller emanzipatorischen Veränderungen, immer noch die Rolle eines "**Gentleman**". Höfliches Auftreten gegenüber einer Frau wird erwartet, und für gemeinsame Aktivitäten (Essen gehen, Eintritte) muß er dann auch bezahlen. Demgegenüber hat die Frau "**Narrenfreiheit**" und kann sich Gesprächspartner wählen oder sie "zum Teufel schicken".

◆ **Schwarz-Weiß**: Obwohl gesetzlich alle Barrieren abgebaut sind, herrscht immer noch ein deutliches Mißtrauen zwischen Schwarzen und Weißen. Wenn z.B. ein weißes Mädchen einen schwarzen Freund mit nach Hause bringen würde, wäre das in der Regel ein Familiendrama, und die Eltern des Mädchens würden sich obendrein auch noch bei den weißen Freunden dafür schämen. Im Geschäftsleben aber sind die meisten Vorurteile verschwunden, und die Gleichberechtigung funktioniert in den meisten Punkten viel besser, als man es von Europa aus glaubt beurteilen zu können.

◆ **Kneipen**: Es gibt Kneipen in den Großstädten und kleine Pubs auf dem Lande. **Doch mit unserer gemütlichen Kneipenkultur hat das oft wenig zu tun.** Oft handelt es sich um dunkle Spelunken, wo nur getrunken und Billard gespielt wird. Frauen trifft man hier nur selten an und wenn, in Begleitung ihrer Männer, wobei sie sich dabei auffällig ruhig verhalten und die antiquierte Rolle der umsorgenden Frau innehaben. Abgesehen von den Pubs der Innenstädte, wo sich auch die Geschäftsleute während der Lunchtime oder gleich nach der Arbeit kurz treffen, werden Pubs in der Regel nur von Arbeitern und Farmern aufgesucht. Für andere Bevölkerungsschichten gelten sie als nicht gesellschaftsfähig. Die reifere Jugend trifft sich, anders als bei uns, dann eher in einem Fastfood-Restaurant.

Mittlerweile scheint auch hier einiges im Wandel zu sein. In den Städten machen immer mehr "Suburban-Pubs" (Vorort-Kneipen) auf, die vor allem die Klientel der gehobenen Mittelklasse ansprechen wollen. Hier handelt es sich dann zumeist um eine Mischung aus Pub und Restaurant. Auch "Microbreweries" erfreuen sich zunehmender Beliebtheit. Hier wird das Bier im Lokal selbst gebraut.

◆ **Alkohol/Drogen**: **Der Alkoholkonsum spielt eine "geringere Rolle"** im gesellschaftlichen Leben der Amerikaner, häufig ist er auch verpönt, basierend auf der streng religiösen Einstellung vieler Leute. Bier wird zu einem wesentlichen Anteil als "Light-Beer" verkauft, harte Sachen werden gemixt mit Soft-Drinks. Entsprechend selten trifft man daher auf "Schnapsleichen" am Straßenrand. **Das Drogenproblem ist dagegen viel größer als bei uns, wird aber gerne unter den Tisch gekehrt.** Aufgrund statistischer Erhebungen stellte sich zwar heraus, daß über 70% der Jugend gelegentlich oder regelmäßig Marihuana rauchen, doch wird dieses Thema selten angesprochen. Eine Tendenz zur Abnahme des Drogenkonsums bei der Jugend ist erkennbar, obwohl sich in der "Schickeria" bzw. im Land selbst eine Zunahme bei der Einnahme von "mittleren" Drogen, wie z.B. LSD, Crack u.ä. abzeichnet.

◆ **Glücksspiele: Glücksspiele sind in den meisten Staaten verboten.** Daraus resultiert der enorme Erfolg der Städte in Nevada (Las Vegas, Reno u.a.), wo dieses nicht verboten ist. Doch erlauben zunehmend einzelne Staaten das Glücksspiel an Stränden und (Grenz-) Flußufern, womit das Gesetz des "Non-Gambling" auf eindrucksvolle Weise umgangen wird – es wird ja nicht auf dem Staatsgebiet selbst gespielt. Tendenz: Steigend. Mittelfristige Perspektive: ungewiß.

INFO

Die Spielleidenschaft der Amerikaner in Zahlen

- *Verspielte Summe 1995: 482 Mrd. $ (+22 % gegenüber 1993)*
- *14,2 % dieses Zuwachses resultieren aus der Zunahme an Casinos und dem "Video Gambling".*
- *366 Mrd. $ davon (76 %) wurden an Spieltischen und "Einarmigen Banditen" ausgegeben.*
- *30,9 Mrd. $ (8 %) gingen an Lotterien.*
- *In den Casinos und Spielhöllen der Indianerreservate blieben 38 Mrd. $ (7,4 %).*
- *Auf "Riverbooten" wurden 33,7 Mrd. $ (7 %) verspielt – Tendenz steigend.*
- *Der höchste Spielgewinn 1993: 8,4 Mio. $ an einem "Einarmigen Banditen" in Atlantic City.*

Roulette

- *Besucherzahl in "traditionellen Casinos" (Las Vegas/Atlantic City etc.): 1990: 41 Mio., 1993: 57 Mio.*
- *Besucherzahl in "neuen Casinos" (Riverboote, Indianerreservate): 1990: 5 Mio, 1993: 35 Mio.*
- *Casinobesucher 1995 gesamt: 125 Mio.*

◆ **Volljährigkeit**: Trotz mehrfacher Interventionen einiger freiheitlich denkender Organisationen **wehrt sich die Mehrheit der Amerikaner immer noch gegen die Herabsetzung des Volljährigkeitsalters**. In den meisten Staaten ist man erst mit 21 volljährig und darf dann auch erst Alkohol kaufen. Das Autofahren ist dagegen in der Regel bereits mit 16 erlaubt.

◆ **Kleidung**: In der Freizeit laufen die Amerikaner gerne sehr **leger** herum, und so sollte es einen nicht verwundern, wenn man viele Leute in Luxushotels in Shorts und Turnschuhen antrifft. **Anders dagegen bei offiziellen Anlässen oder bei Geschäftstreffen.** Hier wird ein Anzug, am besten ein dunkler, erwartet. Besonders aber die Frauen müssen sich zurechtmachen. Laufen sie noch im Jogginganzug zum Büro, müssen sie sich dort umziehen und in hochhackigen Schuhen und einem Kleid auftreten. Bei Abendveranstaltungen trifft man sie sogar häufig in Cocktailkleid oder Abendrobe an.
Auch in Diskotheken oder besseren Restaurants ist eine gepflegte Kleidung häufig Grundvoraussetzung für den Einlaß.

◆ **Pornographie/Nacktheit**: Auch dieses ist ein **Tabuthema** bei den Amerikanern. Jedem bekannt ist das "Playboy"-Magazin, das aus Amerika (Chicago) kommt. Doch findet man es dort nur in ausgewählten Zeitschriftenläden und dann auch nur in der hintersten Ecke, unter dem Ladentisch und allemal in Plastik eingeschweißt, genauso wie alle anderen freizügigen Zeitschriften. **FKK** ist eine Kultur, die sich in Amerika zwar einer **hohen Popularität erfreut**, doch wer einen entsprechenden Strand aufsuchen möchte, muß sich erst einmal mit detektivischem Gespür durchfragen. Nacktbaden an öffentlichen Stränden ist streng verboten.

■ Mobilität

Ganz anders als bei uns **wechseln** die Amerikaner **Wohnort, Arbeitsplatz und auch Arbeitsgebiet**.

Alle 5 Jahre wechselt der Durchschnittsamerikaner seine Wohnung, und der Bau eines soliden, "ewigen" Eigenheimes ist nur in den oberen Einkommensschichten üblich. Dementsprechend kurzlebig und billig sind die vielen Häuser. Die "Mittelschicht" wohnt häufig in Containerhäusern bzw. einfachen Holzhäusern, was besonders in den Golfstaaten auffällt.

Fast einzigartig ist die **Mobilität im Berufsleben**. Rechtsanwälte jobben in ihrer Freizeit in Pubs, Verkäufer arbeiten nur kurz in ein und demselben Laden, und viele jüngere Leute setzen sich sogar das Ziel, sich einmal durch die USA zu jobben. Mit Anfang/Mitte Vierzig wiederum entscheiden sich viele, erfolgreich mitten im Berufsleben stehend, etwas ganz Neues zu beginnen. **Diese Mobilität ist deswegen möglich, weil die Arbeitsfelder viel enger abgegrenzt sind.** Eine Autowerkstatt, die alles macht, gibt es nur selten. Meist fährt man zum Auspuffdienst oder zum Bremsendoktor. Auch darf man von einem Maler z.B. nicht erwarten, daß er auch noch tapezieren kann. Dieses hat zur Folge, daß man sich viel schneller in einem neuen Beruf zurechtfindet.

■ Sozialstaat

Wie schon oben erwähnt, kennt das politische System Amerikas nicht die umfassende soziale Absicherung von seiten des Staates. Es gibt zwar Arbeitslosengeld und auch Zuschüsse für Bedürftige, aber mit unserem System kann man das nicht vergleichen. Die Amerikaner entscheiden lieber individuell, wann und wo sie helfen wollen und ob sie **freiwillig ihre eigene Vorsorge bei einer privaten Versicherung abschließen**. Das hat natürlich zur Folge, daß bestimmte Zielgruppen durch freiwillige Initiative unterstützt werden, viele aber auch durch dieses Netz fallen. Der Anteil der Bevölkerung, der unter der Armutsgrenze lebt, ist dementsprechend sehr hoch. 1989 lebten 36% der Schwarzen und 13,5% der Weißen unterhalb dieser Grenze. Die Zahl der verarmten weißen Familien liegt übrigens in ländlichen Gebieten am höchsten. West-Tennessy und Kentucky führen die Liste hier an. Die meisten armen schwarzen Familien leben in den ehemaligen Baumwollgebieten des Südens bzw. in den Ghettos der Großstädte.

Sprechen Sie nun dieses Thema gegenüber einem Amerikaner an, werden Sie in der Regel auf Unverständnis stoßen. Man wird Ihre Kritik mit Argumenten entkräften wollen, wie "Jeder ist seines eigenen Glückes Schmied", "Ohne Fleiß kein

Preis" oder mit der Feststellung, man habe doch erst beim letzten Wohltätigkeitstanz 100 $ für den Bau eines Spielplatzes bezahlt. Es gibt nur vage Statistiken, wieviel nun der Durchschnittsamerikaner freiwillig für soziale Zwecke ausgibt. Dieses ist bestimmt nicht wenig, nur ob es immer richtig eingesetzt wird, das darf bezweifelt werden.

■ Sportlichkeit

Auch wenn es in Amerika mehr dickleibige Menschen gibt als in Europa, haben die meisten Amerikaner einen **Hang zur sportlichen Betätigung**. Nicht ohne Grund finden viele Outdoorsportarten und vor allem fast alle Arten der Fitnesswelle ihren Ursprung hier. Teilweise kritiklos werden neueste Errungenschaften ausprobiert. Sah man gestern noch die halbe Nation früh morgens durch den Stadtpark joggen, gehört dabei heute schon eine Hantel dazu, die beim Laufen dann auch noch die Armmuskulatur kräftigt. Doch auch das mag nicht mehr "in" sein, und der Trend zu Indooraktivitäten nimmt wieder zu.

Im Urlaub gehört für die ganze Familie dann aber mindestens ein Sportprogramm dazu, so z.B. eine längere Wandertour, Kajaken oder Reiterferien.

■ Superlative

Durch das fast unüberschaubare Angebot an allem, was man konsumieren kann, ist jeder gezwungen, sein Produkt mit überschwenglichem Optimismus und schmückenden Worten anzupreisen. Kein Wunder also, daß sich hinter "The best Steaks in the Nation" häufig nur eine heruntergekommene Imbissbude verbirgt.

Auch in Gesprächen werden Sie feststellen, daß mittelmäßige Attraktionen noch mit "how great" oder "marvellous" tituliert werden. Leider machen die Touristenbüros da keine Ausnahme.

■ Unterhaltungsbedürfnis

Der Alltag des Amerikaners mag in vieler Hinsicht trister sein als bei uns: Das Fernsehen bietet eine Geräuschkulisse, die Wohnung ist funktionell, aber wenig attraktiv, kulturelle Veranstaltungen, wie Theater oder Oper, sind nur in Großstädten vorhanden, und eine gemütliche Kneipe, wo man sich mit Freunden trifft, gibt es auch nicht überall. Obendrein kann man nur auf eine kurze Geschichte zurückgreifen. **Kein Wunder also, daß die Amerikaner oft ihre Freizeit in Vergnügungsparks, Spielhallen oder mit dem "Drive In" bzw. "Cruising" (langsames Herumfahren mit dem Auto durch die Straßen der Stadt) verbringen.** Besonders die Vergnügungsparks vermitteln den Besuchern das **Gefühl der heilen Welt** – früher, heute und in Zukunft. Nur Spaß und Ablenkung werden akzeptiert, und wenn ein kritisches Thema angesprochen wird, dann wird es derart verzerrt und verharmlost, daß es keinen "erzieherischen" Effekt mehr hat. Z.B. habe ich in einem solchen Vergnügungspark das "Haus der Welt" besucht. Hier sollen alle Kulturen und Hautfarben der Welt aufeinandertreffen und die Gemeinsamkeiten der verschiedenen Völker herausgestellt werden. Das ganze war mit Musik und Pomp soweit untermalt und verkitscht, daß jeder das Gefühl haben mußte, daß alle Kulturen sich so gut verstehen und daß kein Bedarf mehr besteht für Änderungen, Verbesserungen und Annäherungen.

Ein Amerikaner hat mir einmal erzählt, daß **ein ausgeprägter Hang zu Phantasie, Romantik und nachgeahmter Historie** als Kompensation für die fehlende Geschichte, die allzu technisierte Welt und die ständigen Veränderungen im Land anzusehen sind. Hiermit kann man die von uns als kitschig betrachteten Filmenden oder Freizeitparks auch erklären.

■ Verabredung

Schnell ausgesprochene Verabredungen werden, im Gegensatz zu Terminen, nur bedingt eingehalten. Falls etwas dazwischen kommen sollte, kommt man halt nicht, ohne vorher abzusagen, bzw. kommt viel später. **Verabreden Sie sich daher besser nicht "unter der Uhr", sondern in einem Lokal**, wo das vergebliche Warten nicht so unangenehm werden kann. Anders dagegen bei Geschäftsterminen (dates, appointments). Diese werden höchst akkurat eingehalten.

Weltbild

Das **Weltbild der Amerikaner ist sehr zentriert auf den nordamerikanischen Kontinent**. Politisch sind sie wenig interessiert – solange es nicht ganz speziell das eigene Interesse betrifft –, und daher informieren die Medien auch sehr oberflächlich, besonders was Auslandsthemen angeht. Berichte aus dem Ausland o.ä. verkaufen sich halt schlecht in den meist kommerziellen Sendern. Bereits in der Schule wird das Ausland nur sekundär behandelt und auf die Aufarbeitung von speziellen Problematiken kaum Wert gelegt. Daher verwundert es kaum, daß bei einer Umfrage 1989 13% der Befragten Deutschland als Monarchie angesehen haben und 25% glaubten, Berlin sei die Hauptstadt. Sie werden auch beim Kauf von Büchern merken, daß nur wenige Titel kritische Themen anschneiden und hier auch nur die gut verkäuflichen. Zu vielen Gebieten gibt es in Europa daher eine bessere Buchauswahl zu amerikanischen Themen als im Land selbst.

7.3 KÜCHE UND GETRÄNKE

Ein Tip vorweg

Sie werden schnell feststellen, daß Essengehen in den USA sehr hektisch werden kann. Kaum, daß Sie sitzen, geht es bereits los: "Was möchten Sie trinken", dabei wird Ihnen die Speisekarte gereicht, und der Kelnner wartet ungeduldig auf die Bestellung. Zwischen den Mahlzeiten geht es ebenso rasant zu. Nichts mit 10 Minuten "Verdauungspause" dazwischen. Und kaum, daß der letzte Bissen im Mund verschwindet, wird auch schon der Teller abgeräumt und die Rechnung serviert. Sie müssen das verstehen: In Amerika bedeutet guter Service "schneller Service". Entsprechend werden aber auch reservierte Plätze ausgegeben. 1 bis maximal 2 Stunden – letzteres nur in Top-Restaurants – ist alles, was Ihnen zugewiesen wird. Danach ist Ihr Tisch bereits weitergegeben. Der Tip der Restaurants für europäische Gäste, die es gerne etwas geruhsamer zugehen lassen möchten, ist daher:

- Lassen Sie sich dem **"Second Seating"** (in der Regel 20h30) zuweisen. Danach folgen Ihnen keine weiteren Gäste mehr
- Sagen Sie bereits bei der Reservierung, daß **Sie gerne länger und in Ruhe speisen möchten**, und
- haben Sie den Mut, einer **allzu eifrigen Bedienung zu sagen, wenn Sie etwas mehr Zeit haben möchten**. Dafür hat man Verständnis. Falls Sie dieses nicht tun, dann denkt Ihre Bedienung halt, es muß alles flott gehen.

Die amerikanische Küche bzw. die Eßgewohnheiten der Amerikaner werden bei uns als minderwertig und ungesund bezeichnet. Ganz falsch liegt man mit dieser Beurteilung auch nicht, doch wer sich gesund ernähren oder in einem gepflegten Ambiente dinieren möchte, hat dazu trotzdem genügend Gelegenheiten. Es gibt, besonders in den größeren Städten Bioläden bzw. sehr ansprechende und gute Restaurants. Und selbst fritierte Gerichte werden in besseren Lokalitäten mit cholesterolarmen Fetten zubereitet. Ob nun die Tendenz, cholesterolfreie Eier gesellschaftsfähig zu machen, unterstützenswert ist, mag ich den Feinschmeckern überlassen. Zu bekommen sind sie zumindest immer häufiger.

Um aber zu verstehen, wieso sich die Fastfood-Restaurants so durchgesetzt haben, sollte man einmal den "kulinarischen Tagesablauf" des Durchschnittsamerikaners betrachten:

Das **Frühstück** ist die Hauptmahlzeit des Tages. Eier, Schinken, Speck, Haferflocken bzw. Cornflakes, Früchte, Saft und Kaffee gehören zum Standard. Bei "Morgenmuffeln" wird dieses Menü immerhin noch ersetzt durch Muffins, Kaffee und Saft. Das Frühstück sorgt aber allemal für die Grundlage für den ganzen Tag. Kein Wunder also, daß zum **Lunch** der Bedarf nicht so groß ist und man vor allem auch nicht so viel Zeit und Geld für eine vernünftige Mahlzeit investieren möchte. Also greift der Amerikaner halt zum Hamburger mit Pommes – seltener auch zum Pub-Snack. Nachmittags, nach der Arbeit und besonders bei Büroangestellten sehr beliebt, wird eine **Cocktailstunde** eingelegt. Das muß nicht immer Cocktail sein, manch einer trinkt auch Bier. **Abends** kommt der Hunger um so schneller, da ja das Mittagessen nur ein Lückenfüller war. Da nun gute Restaurants, besonders wenn sie ein bestimmtes Ambiente anstreben, ausgesprochen teuer sind, geht man auch hier, solange man natürlich nicht zu Hause kocht, wiederum in einen Fastfood-Laden, der die Haushaltskasse höchstens mit einem Fünftel der Summe belastet wie ein gutes Restaurant, oder entscheidet sich für einen "exotischen" Ladenimbiß (wie einem Mexikaner oder einem Chinesen). Hier stimmt zwar noch der Preis, doch läßt der äußere Eindruck zum Teil sehr zu wünschen übrig – was sicherlich aber auch einmal seinen Reiz haben kann. Ein Tip für den Mittleren Westen: Da die landestypische Küche hier "nur" Süßwasserfisch aufzuweisen hat, sollten Sie die Gelegenheit nutzen, daß es in dieser Region viele gute ethnische Restaurants gibt, besonders in Chicago. Neben Italienern und Chinesen gibt es jüdische, polnische, vietnamesische, brasilianische, polynesische und und und ... Restaurants. Die Vielfalt ist fast unüberschaubar, dafür aber immer für eine gelungene Überraschung gut.

Essen, besonders Essengehen, ist also in den USA vor allem eine Geldfrage. Die Preisdifferenzen sind eben gewaltig. Kann man sich in einer Fastfood-Bude für 5 Dollar sattessen, einschließlich eines Getränkes, legt man in einem feinen Restaurant dafür mindestens 25 Dollar pro Person auf den Tisch (plus Trinkgeld). Was in den USA oft fehlt, sind gutbürgerliche Gaststätten oder Studentenlokale, die bei uns die mittlere bis untere Preisklasse mit ansprechenden Mahlzeiten abdecken. Sie findet man bisher nur vereinzelt in größeren Städten bzw. Studentenstädten, und eine vernünftige Mahlzeit kostet auch hier inkl. Getränk 15 $. Die Tendenz zu diesen Restaurants ist aber mittlerweile steigend. Einige Steakhouseketten versuchen zwar, diesen Charakter zu imitieren, aber der in dieser Beziehung geschulte europäische Blick läßt sich nicht täuschen, es sind und bleiben Schnellrestaurants.

Wer nun in den **Staaten des Mittleren Westens reist**, sollte sich folgende Dinge nicht entgehen lassen:

◆ Ein gutes **saftiges Steak** ist ein Muß. Sparen Sie sich aber genügend Appetit dafür auf. Die Steaks, besonders die T-Bone-Steaks, sind um einiges größer als bei uns und hängen zumeist noch über den Tellerrand hinaus. Die besten Steaks gibt es in den mittleren und kleineren Städten der Provinz oder halt in einem teuren Restaurant. Lassen Sie sich aber nicht unbedingt von Anpreisungen wie: "The greatest steaks on earth" anlocken. Werbung ist in den USA sehr häufig irreführend. Fragen Sie lieber einmal Einheimische und lassen Sie sich dabei einen Tip geben.

◆ An den Seen darf natürlich ein **Fischgericht** nicht fehlen. Die grätenreichen Süßwasserfische sind ja nicht jedermanns Sache, aber seien Sie beruhigt: In Amerika wird der Fisch zumeist als Filet serviert. Am wohlschmeckendsten sind m.E. die Forelle ("Trout") bzw. der gegrillte "Catfish", ein Flußfisch der Gattung Wels.
Weitere geographische Besonderheiten bietet die Speisekarte des Mittleren Westens nicht, dafür haben Sie aber in vielen Großstädten die Gelegenheit zu ausgezeichneten ethnischen Spezialitäten. Hervorheben möchte ich hierbei drei amerikanische Küchen:

◆ Die **Cajun-Küche (auch Creolische Küche genannt)** aus Louisiana. Sie besteht aus verschiedenen Grundlagen: Meistens sind es Meeresfrüchte und Hühnchen. Besonders auffällig ist die Vielfalt an Gewürzen, die zum Kochen verwandt wird. Viele Grundgerichte mögen wir sogar in ähnlicher Form aus Europa kennen. Die Gewürze und die dazu gebotenen Saucen geben dem Essen aber eine sehr schmackhafte Note, z.T. ungeahnt scharfe Variante. Übrigens stammt der Tabasco aus Louisiana – also Achtung! Zu den meisten Gerichten wird Reis geboten.

◆ Die **mexikanische** Küche, auch sie ist scharf gewürzt – aber durchaus erträglich – und bietet vor allem viele Gemüse- (welches nicht so verkocht ist!) und Fleischsorten, die mit den typischen Tacos (knusprige, kleinen Fladen) serviert werden. Die Saucen sind sehr mächtig, besonders wenn sie mit Avocado ("Guacamole") zubereitet werden. "Mexican Food" bzw. das amerikanisierte "Tex-Mex Food" hält immer mehr Einkehr in die besseren Vorort-Pubs.

◆ In den östlicheren Staaten ist die **englische Küche** weitverbreitet. Diese kann wider Erwarten durchaus schmackhaft sein, da das Fleisch besser zubereitet wird als in England und den Gewürzen des Südens Einzug gewährt wurde.

Der folgende Überblick mag Ihnen eine Orientierung und Sprachhilfe sein, bevor Sie in die kulinarische Welt Amerikas eintauchen:

■ Frühstück

Frühstückszeit ist zwischen 7h00 und 10h00 (oft auch 9h00). Wer in der Stadt oder einem größeren Hotel übernachtet, ist häufig besser beraten mit einem Frühstück in einer nahen Cafeteria oder einem besseren Fastfood-Laden. Das ist billiger, und man entgeht der faden Auswahl von Continental oder American Breakfast. Ausnahme sind nur die Frühstücksbuffets, die einige größere Hotels anbieten.

◆ Das **Continental Breakfast** erhalten Sie nicht überall. Und wer nicht gerade eine ausgesprochen süße Mahlzeit mag, hat hiermit auch nicht viel verpaßt. Muffins bzw. Croissants, Marmelade, Saft, Früchte und Kaffee/Tee sind alles. Eine Zusatzorder mit Schinken bzw. Käse wird zumeist ignoriert.

◆ **American Breakfast**: Eine Kalorienbombe – Eier (meistens gleich 3), Schinken, Speck, Cornflakes, Saft, Kaffee/Tee und häufig auch noch Kuchen oder Waffeln mit Sirup. Davon wird man mehr als satt, kämpft aber noch Stunden mit dem überladenen Magen.

◆ **Mexican Breakfast**: Selten vorzufinden im Mittleren Westen, aber durchaus lohnenswert. Typisch ist hier das Gericht "Huevos Rancheros" – Eier auf Tortillas und dazu eine – meist scharfe – Sauce. Alternativ kann man auch ein Steak zum Frühstück ordern.

■ Brunch

In der Zeit zwischen 11h00 und 14h00 servieren größere Hotels und Restaurants, zumeist an Sonn- und Feiertagen, eine Mischung aus Frühstück und Mittagessen. Hier kann man warm und kalt essen und soviel man möchte, da es meistens als Buffet angerichtet ist.

Lunch

Das Mittagessen hat in den USA wenig Bedeutung, und die Amerikaner ernähren sich zu dieser Zeit hauptsächlich von Hamburgern, Sandwiches und fritierten Snacks aus den Fastfood-Restaurants oder Pubs. Wer trotzdem gerne gut zu Mittag essen möchte, bekommt in den besseren Restaurants zu dieser Zeit Mahlzeiten zu deutlich günstigeren Preisen geboten ("Lunch specials" bzw. "Daily specials").

Dinner

Das Dinner bildet die zweite große Mahlzeit für die Amerikaner. Es besteht mindestens aus Vorspeise, Hauptgericht und Nachspeise. Da das üppige Frühstück bereits eine ganze Weile zurückliegt, wird früh zu Abend gegessen. Die Restaurants öffnen um 18h00, und ab 20h00 (in der Regel aber 21h00) kann es Ihnen bereits passieren, daß die Küche kalt ist. Wenn Sie also spät essen möchten, erkundigen Sie sich lieber vorher über die Küchenzeiten.

In den letzten 2 Jahrzehnten hat die Küche an Raffinesse gewonnen. Vorher war selbst in den besseren Restaurants das Essen zwar gut, aber egal, wo man sich in den USA befand, gleich. Doch da die Amerikaner mittlerweile auch den Genuß eines "Dinner-Happenings" erkannt haben, hat die Küche deutlich an Format gewonnen und kann sich mit der europäischen vergleichen. In besseren Restaurants ist die Beleuchtung etwas schummerig-romantisch, was in Amerika einfach dazugehört. Als Kleidung wählt man hier die bessere Garnitur.

Kleine Sprachhilfe

Teigwaren:

bagel	festes ringförmiges Brötchen
bannock	"Brotersatz" der Indianer und Pelzhändler aus Mehl, Salz, Wasser und Fett
biscuit	weiche Brötchen (süßlich)
bread	Brot
cookies	Kekse
cornbread	Maisbrot
Danish Pastry	Blätterteigstückchen
muffins	kleine Teekuchen
hush puppies	Pfannkuchen aus Maismehl
pancake	Pfannkuchen
rolls	Brötchen (weich)
rye bread	Roggenbrot
sandwich	belegtes Brot (sehr dick belegt)
shortcake	Mürbeteigküchlein mit Früchten und manchmal Sahne
waffles	Waffeln (wahlweise mit Sirup oder salziger Butter)
white bread	Weißbrot
crispies	knusprige Getreideflocken
cornflakes	unterschiedliche Maisflocken

Belag/Beilagen:

Bologna sausage	Mettwurst
butter	meist salzige Butter
cottage cheese	Hüttenkäse (eher unserem Quark ähnlich)
jam	Marmelade
jelly	Gelee
maple syrup	Ahornsirup
peanut butter	Erdnußbutter
hash browns	geschnetzelte und gebratene Kartoffeln

Eierzubereitungen:

bacon and eggs	Eier mit Schinkenspeck
boiled eggs	gekochte Eier

ham and eggs	Eier mit Schinken
scrambeled eggs	Rührei
sunny side up	Spiegeleier, das Eigelb und der obere Teil des Eiweißes weich, der Rest hart. Dann gibt es noch folgende Varianten: **"over"** bedeutet auf beiden Seiten fest gebraten, **"over easy"** bedeutet auf beiden Seiten leicht knusprig gebraten.

Vorspeisen (starters/appetizers):

soup	Suppe
shrimp cocktail	Shrimpcocktail, meist mit Tomatensauce
crab bisque	Krabbencremesuppe
cole slaw	roher, geschnitzelter Kohl in saurer Sahnesauce

Hauptgerichte (entrees/main course):
Fleisch:

beef	Rind
lamb	Lamm
pork	Schwein
veal	Kalb

besondere Arten und Zubereitungen von Fleisch:

prime rib of steak	Rinder-Rippenstück
spareribs	Schweinerippchen (hier nagt man Rippenknochen ab, ein Vergnügen für alle)
steaks	Steaks
sirloin steak	Lendensteak (äußerst zart)
tenderloin steak	feines Filet
T-bone steak	Steak mit T-förmigen Knochen
club steak	aus dem Mittelrücken
roundsteak	aus der Keule
Filet Mignon	bestes Filetstück, eingerollt in ein Stück gebratenen Schinken (Bacon)
Zubereitung:	
- well done	ganz durchgebraten
- medium	halb durchgebraten, innen rot-rosa
- rare	innen ganz roh, nur außen gebraten (häufig verwendet man auch die Bezeichnung medium-rare, die am ehesten der europäischen Variante "medium" gleichkommt.)

Fisch:

seafood	Fischgerichte/Meeresfrüchte allgemein
fish chowder	Fischcremesuppe (meist mit Gemüseeinlage)
clams	Herz- Muschel
crab	Krabbe/Krebs
king crab	großer Alaskakrebs
lobster	Hummer
crayfish	Languste (große Krabbe)
shrimps	Krabben bzw. Garnelen
oysters	Austern
salmon	Lachs
catfish	Wels
tuna	Thunfisch
scallops	Jakobsmuschel
trout	Forelle
pickerel	Zanderart

Geflügel:

chicken	Hähnchen
duck	Ente
turkey	Truthahn

Mexikanische Spezialitäten:

tortilla	besteht in der Regel aus Maisteig. Mal als Pfannkuchen, mal als Chips erhältlich. Bildet sozusagen die Grundlage eines mexik. Essens und besteht aus Mais, Wasser und Salz.
burritos	zugedeckte Tortillas mit Hackfleisch und Bohnen
chilli relleno	mit Käse gefüllte Pfefferschoten
enchiladas	gerollte Tortillas mit Chili und Fleisch
guacamole	Avocadosauce, die mit Tortillachips gegessen wird
nachos	Tortillachips (fest wie Kartoffelchips)
blue corn tortillas	Tortillas aus blauem Mais
tacos	meist feste Maistortillas mit Füllung oder gebackenes Brot mit Käse
tamales	Maisblätter mit Füllung
fry bread	fritierte Mehlfladen, wahlweise mit Marmelade oder Honig

Beilagen:

vegetable	Gemüse
baked potatoes	Folienkartoffel
chips	gebratene Kartoffelscheiben
French Fries	Pommes frites
salads	Salate, oft auf Salatbars angerichtet.

Nachtisch (dessert):

ice cream	Eis
hot fudge (sundeas)	Eis mit dicker Schokoladensauce
pie/tart	Kuchen, meist mit Fruchtbelag (z.B. Apple Pie)

■ Getränke

Eine amerikanische Eigenart: Erwerben Sie ein Getränk in einem Lokal, wie z.B. einem Pub, und Sie möchten das Lokal wechseln, ohne Ihr erst halb geleertes Getränk stehen zu lassen, haben Sie häufig die Möglichkeit, sich einen Plastikbecher zu nehmen und Ihr Getränk darin abzufüllen (Fragen Sie danach). Mit diesem Getränk können Sie dann in die nächste Lokalität ziehen, und dort wird das durchaus akzeptiert, daß Sie mit einem fremderworbenen Getränk in der Hand einkehren.

Kaffee

Die Amerikaner trinken zwar gerne Kaffee, doch läßt dieser qualitativ zu wünschen übrig. Er ist sehr schwach. Nachdem es früher nur löslichen Kaffee gab, hat sich auch hier jetzt der Filterkaffee durchgesetzt, der aber trotzdem nicht viel besser ist. Positiv ist, daß der Kaffee in den Restaurants kostenlos nachgeschenkt wird. Also, Sie müssn nur mehr trinken, um den gleichen Koffeineffekt zu erhaschen. Sehr verbreitet ist auch der dekoffeinierte Kaffee ("Decof"), der das "Ziel" für europäische Gaumen in allen Punkten verfehlt.

Tee

Es wird fast nur Beutel-Tee gereicht. Gut und erfrischend ist der "Iced Tea", der mit Zitrone, Zucker und Eis serviert wird.

Soft Drinks

Amerika ist bekannt für seine Softdrinks, und die Angebotspalette ist fast unerschöpflich. Alleine Cola wird von den beiden "Großen" (Coca und Pepsi) in fünf und mehr Variationen geboten: Diet, Light, Classic, New und in verschiedenen Mischungen mit anderen Aromastoffen, wobei Sie umgehendst darauf aufmerksam gemacht werden, welcher der beiden Konkurrenten im Sortiment ist. Es gibt zu den uns bekannten Limonadensorten auch noch Exotisches, wie z.B. Root Beer (Wurzelbier – kein Alkohol) oder verschiedenste Fruchtsäfte, die mit Kohlensäure entstellt werden.

Softdrinks werden in Kneipen und Restaurants mit sehr viel Eis serviert. Das geht folgendermaßen: Erst wird ein Glas bzw. Pappbecher bis zum Rand mit zerkleinertem Eis gefüllt, und dann erst "quetscht" der Barkeeper das eigentliche Getränk hinein. Trinkt man nun nicht schnell genug, bleibt nur gefärbtes Wasser übrig. Versuchen Sie aber, ein eisfreies Getränk zu bekommen, wird man Sie mit befremdeten Augen anschauen: Denn nun "verliert" die Lokalität – kein Eis, nur zu berechnendes Getränk! Dafür aber gibt es keine Preiskalkulation.

Milchshakes

Milchshakes gehören in den USA zu den Standardgetränken der Kinder. Versetzt mit verschiedensten Geschmacksrichtungen und angeboten in unterschiedlichsten Flüssigkeitsstufen. Am beliebtesten ist bei den Kindern der "double thick", der eher einem Softeis ähnelt als einem Getränk.

Säfte

Es gibt eine Reihe guter Säfte, und die Variationsbreite ist sehr groß, da ja fast alle bekannten Früchte in den USA angebaut werden. Leider bekommt man in den Restaurants nur eine kleine Auswahl. Wenn Sie aber kein gefärbtes und nachgesüßtes Wasser mögen, müssen Sie darauf achten, daß Sie in den Restaurants einen "fresh juice" bestellen, der ist dann zwar auch nicht unbedingt frisch gepreßt, kommt dem aber schon bedeutend näher und erfrischt wirklich. Gute Säfte gibt es ansonsten nur in den Supermärkten. Sie werden aber auch hier feststellen müssen, daß Sie einige Anbieter durchtesten müssen, bevor Sie einen wirklich guten Saft erwischen werden. Und billig sind diese echten Säfte auch nicht gerade. Am "echtesten" sind die Säfte, auf denen "not made from concentrate" steht.

Bier

Trotz des schlechten Rufs ist das amerikanische Bier doch ganz trinkbar. Es ist schwächer und kohlensäurehaltiger als das europäische. Eine Krone ist vollkommen unbekannt, und häufig sieht man sich vor die Aufgabe gestellt, das bis zum Rand gefüllte Glas vom Tresen zum Tisch zu befördern – und das auch noch auf klebrigem Boden (woran das wohl liegen mag?). Sehr beliebt ist das Lightbier, das fast 50% der amerikanischen Bierproduktion ausmacht. Viele Biersorten tragen deutsche Namen (z.B. "Löwenbräu"), doch gehören die Brauereien amerikanischen Firmen. Häufig erhält man auch das mexikanische Bier ("Corona"), das um einiges stärker ist. Größere "Microbrauereien", wie z.B. "Samuel Adams", brauen gutes Bier, das etwa so stark ist wie das europäische Bier.

Wer nun gar nicht auf das gute europäische Bier verzichten möchte, kann es sich in Flaschen kaufen, die es auch immer häufiger in Lokalen gibt.

Schmackhaft ist übrigens auch das Bier in den lokalen "Microbreweries", die mittlerweile in fast jeder Stadt anzutreffen sind. Hierbei handelt es sich um kleine Brauereien, die nur für den Ausschank im eigenen Lokal produzieren. Es ist stärker als das herkömmliche, amerikanische Bier.

Ein Tip für Biertrinker

Nach einem langen Tag mag Ihnen schon einml nach einem dritten oder vierten Bier zumute sein. Doch "blubbert" es bereits nach zwei amerikanischen Bieren im Magen. Gegenrezept: Fragen Sie nach einem "warm beer". D.h., Sie bekommen weder ein eisgekühltes Glas, und die Flasche ist kühl, aber nicht eiskalt. Dieses "warme" Bier – nach europäischen Mßstäben wohltemperiert – ist viel besser bekömmlich.

Wein

Der Wein, zumeist in Kalifornien angebaut, ist in der Regel von guter Qualität und zumeist halbtrocken. Die USA sind übrigens der viertgrößte Weinproduzent der Erde (nach Frankreich, Spanien und Italien). Es gibt keine Weinklassifikationen, als Qualitätsgarant halten die Namen der Winzer her. Wein ist etwas teurer als bei uns, besonders in Restaurants.

Die Trinkkultur der Amerikaner hat aber ihren eigenen Charakter: Rotwein wird kalt getrunken. Besonders verwundern wird Sie, wenn Sie jemand sehen werden, der Wein mit Cola mischt oder, falls er ihm zu bitter ist, auch schon mal ein oder zwei Zuckerwürfel ins Glas fallen läßt.

Folgende Weinsorten kommen aus Kalifornien:

Rotweine:

Zinfandel:	auch als "kalifornischer Beaujolais" bezeichnet, schmeckt himbeerartig
Grenach:	wird oft als Verschnittwein verwendet, hell und körperreich
Cabernet Sauvignon:	der wohl beste Rotwein, aromatisch und trocken, sollte mindestens 4 Jahre alt sein.
Petite Sirah:	auch als Shiraz bezeichnet; dunkelroter, gerbstoffreicher und alterungsfähiger Wein
Pinot Noir:	leichter, fruchtiger Rotwein
Barbera:	sehr dunkler Rotwein mit ausgewogenem Säuregehalt
Ruby Cabernet:	guter trockener Tischwein
Gamay Beaujolais:	ähnlich dem Pinot Noir, aber nicht mit dem französischen Beaujolais vergleichbar

Rosé:

Gamay:	leichter Rosewein

Weißweine:

Pinot Blanc:	fruchtig-trockener Weißwein
Chenin Blanc:	harmonischer, herber Wein
Chardonnay:	der beste kalifornische Weißwein, trocken und duftend mit herrlichem Traubengeschmack
White Riesling:	fruchtiger, herber Weißwein
Semillon:	ziemlich süßer goldfarbener Wein
Sauvignon Blanc:	trockener, erdig-fruchtiger Weißwein
Gewürztraminer:	leicht süßer, aromatischer Weißwein

Ein guter Wein kommt übrigens auch aus der Region um Niagara-on-the-Lake.

Tip

Das o.g. ist aber Theorie, denn: Bald werden Sie feststellen, daß Ihnen der Wein nicht trocken genug ist. Bestellen Sie, besonders bei Weißwein gleich den trockensten Wein des Lokals, dann erhalten Sie einen nach europäischen Maßstäben halbtrockenen Wein. Ganz trockener Wein ist unbeliebt in Amerika, denn Wein wird, häufig mit Eis und Wasser vermengt, auch zum Durstlöschen verwandt, und dabei mögen es die Amerikaner, wie bei den Softdrinks, süßer als die Europäer. Der trockenste Weißwein ist allemal der Chardonnay. Überfordern Sie Ihre Bedienung aber nicht mit genaueren Fragen. Auch wenn der Winzer mit seinem Namen garantiert, wird nur in Chardonnay, Pinot und Sauvignon eingeteilt, die Marke und Herkunft spielen dabei eine untergeordnete Rolle. Weinkenner müßten sich für genauere Differenzierungen ansonsten in teure Lokale begeben. Grundsätzlich soll dieses alles aber nicht heißen, daß der amerikanische Wein schlecht ist! Und noch etwas: Wundern Sie sich nicht, daß Wein des öfteren mit Fruchtsäften aromatisiert wird. Das ist durchaus gängig und schmeckt nicht immer schlecht. Vergessen Sie nicht, auch europäische Weine sind versetzt mit geographisch fremden Weinsorten. Andere Länder, andere Sitten ...

Spirituosen und Cocktails

Whisky und Brandy sind die beliebtesten harten Getränke der Amerikaner und werden in der Regel mit Cola oder viel Eis getrunken.

Besonders aber die "Cocktailkultur" hat in den letzten Jahren Einkehr gefunden. Nachmittags, nach der Arbeit, wenn die "happy hour" in den Lokalen eingeläutet wird (zumeist zwischen 16h30 und 19h00), füllt es sich, und die verschiedensten (Mix-) Getränke werden zum halben Preis serviert – aber auch die Biere. Beliebt sind Cocktails, wie "Pina Colada" (Rum, Kokosnußcreme, Ananassaft und Sahne) und "Margarita" (Tequila mit Zitrone und dazu Salz).

i Das kostet Sie der Mittlere Westen der USA

Auf den grünen Seiten geben wir Ihnen Preisbeispiele für Ihren Urlaub im Südwesten der USA, damit Sie sich ein realistisches Bild über die Kosten einer Reise und eines Aufenthaltes machen können. Natürlich sollten Sie die Preise nur als **Richtschnur** auffassen. Bei einigen Produkten/Leistungen gebe ich Ihnen eine Preis-Spannbreite an. Alle Preise basieren auf dem Wechselkurs: 1 US$ = 1,50 DM.

BEFÖRDERUNGSKOSTEN

- **Flüge**

Das Angebot an Transatlantikflügen ist nahezu unüberschaubar geworden – dank dem Preiskampf der einzelnen Airlines. Hier eine Richtlinie: Während der Hauptsaison variieren die Preise nach Chicago, Detroit bzw. Toronto zwischen 1200 und 1400 DM. Während der Zwischensaison und besonders in der Nebensaison liegen die Preise um ca. 200 DM niedriger. Empfehlenswert wäre übrigens eine kombinierte Buchung Flug/ Mietwagen, gebucht über einen Spezialveranstalter. Der Flugpreis mag in dem einen oder anderen Fall zwar um vielleicht 100-200 DM höher liegen, der Gewinn beim Mietwagen ("Paket") macht dieses in der Regel aber mehr als wett. Preisvergleiche in alle Richtungen machen sich aber immer bezahlt. Achten Sie dabei besonders auf die Zusatzleistungen. Z.T. gibt es mit einem bestimmten und etwas teureren Airlineticket nicht nur vergünstigte Mietwagen, sondern auch Rabatte in Hotelketten.
Noch ein Tip: Planen Sie Ihre Reiseroute vorher so genau als möglich. Spätere Umschreibungen des Flugtickets kosten ca. 100 DM für veränderte Abflugdaten und erweisen sich bei der Änderung des Abflugortes als kaum durchführbar.
Der besondere Tip: Es mcht sich oft bezahlt, einen Mietwagen "Einweg" zu mieten, d.h. Sie geben ihn woanders ab, als wo Sie ihn gemietet haben. Dabei sparen Sie mehr an Zeit, Mietwagen- und Hotelkosten, als die zusätzliche Rückführgebühr ausmachen würde.

- **Inlandflüge**

Auch hier gilt es, besondere Tarife zu beachten, die sich stündlich (!) ändern können. Wer z.B. spät (als preislich günstiger Eingestufte gelten "Kurzentschlossene", die innerhalb der letzten 14 Tage vor Abflug buchen) bucht, kann z.T. zum halben Preis fliegen, geht aber vorher das Risiko ein, überhaupt keinen Platz mehr zu bekommen, wenn die Maschine voll sein sollte bis zum Stichtag des günstigeren Tarifes. Meine Empfehlung aber auch hier: Buchen Sie besser über einen Spezialveranstalter oder ein Reisebüro in Europa. Damit sind Sie immer auf der sicheren Seite und ersparen sich Streß und Risiko für einen nur eventuellen Geldgewinn von vielleicht 200 DM. Außerdem kann eine Kombination mit dem Transatlantikflug z.T. erhebliche Ermäßigungen mit sich bringen, so z.B. mit dem "Visit USA"-Ticket der Northwest Airlines.

- **Mietwagen**

Die genannten Preise beinhalten in der Regel alle gefahrenen Kilometer – nur bei Campern wird häufig ab einer bestimmten Kilometerleistung extra abgerechnet (siehe unten). Alle größeren Mietwagenfirmen liegen in etwa im gleichen Preisniveau und die Unterschiede sind minimal. Zu beachten wäre aber, daß die Mietwagenpreise in den Bundesstaaten Illinois (Chicago) und New York über denen der anderen Bundesstaaten liegen. Daher bietet sich z.B. ein Reisebeginn in Detroit oder Toronto an, denn bedenken Sie:
25 Tage Mietwagen x 30 DM/Tag extra für Miete von Chicago aus = Mehrkosten von 750 DM!
Eine Preiskalkulation von Ihrer Seite diesbezüglich ist also allemal lohnenswert.

Am besten ist es, Sie buchen Flug und Mietwagen als Kombination. Ein kleiner Wagen der Economy Klasse kostet dabei ungefähr 290 DM pro Woche. Doch sind diese Fahrzeuge in der Regel zu klein für einen Urlaub mit dem nötigen Gepäck. Empfehlenswert wäre da eher ein Fahrzeug der Intermediate Klasse (mit 4 Türen), der Platz und ausreichenden Fahrkomfort bietet. Er ist besonders auf den langen Strecken in den USA sehr angenehm. Diese Klasse kostet etwa 340-370 DM pro Woche. Familien mit mehreren Kindern wären am besten bedient mit einem Mini Van, der ca. 530-550 DM pro Woche kostet.
Bedenken Sie, daß bei Abgabe des Fahrzeugs an einem anderen Ort als dem Empfangsort Rückführungsgebühren verlangt werden. Diese liegen bei 500 km bei ca. 100 $, bei 1500 km bei 300 $.

- **Camper**

Die Preise variieren je nach Saison erheblich. In der Nebensaison kostet ein Camper der kleinsten Klasse (Größe VW-Bus) ab 35$ (inkl. 100 Freimeilen) pro Tag, während das gleiche Fahrzeug in der Hauptsaison mehr als das Doppelte kosten wird. Die größte Klasse kostet etwa das doppelte dieser kleinen Klasse und dazwischen siedeln sich die anderen Klassen an. Ermäßigungen von bis zu 10% sind möglich bei Langzeitmieten (über 3 Wochen). Bedenken Sie, daß 100 Freimeilen pro Tag bei den Entfernungen in den USA schnell verbraucht sind und jeder zusätzliche Kilometer extra berechnet wird (ca. 0,20-0,30 DM/km). Eine **Kombi-Buchung Flug/Camper über einen Spezialveranstalter in Europa ist auch hier ratsam**, denn dann werden Sie mit etwas Glück auch vom Flughafen abgeholt oder das Fahrzeug wird dort bereit gestellt, was ansonsten kaum der Fall ist. Vergessen dürfen Sie bei Campmobilen nicht, daß sie viel Kraftstoff verbrauchen und die Campingplätze auch nicht immer billig sind. Eine Kostenersparnis gegenüber einem normalen Mietwagen und Übernachtungen in Motels ergibt sich mit Sicherheit kaum.

AUFENTHALTSKOSTEN

- **Hotels/Lodges**

Generell muß man als unterste Grenze ca. 30 $/pro Nacht für ein Doppelzimmer eines günstigen Franchise-Motels (z.B. Motel 6, Super 8) rechnen, wobei die Regel eher bei 40-50$ liegt. Mittelklassehotels (Private oder z.B. Holiday Inns und andere bessere Franchise-Motels) verlangen zwischen 60 und 130$ für ein Doppelzimmer, wobei besonders in größeren Städten die Wochenendtarife deutlich niedriger liegen können (50-70$). Luxushotels, besonders die mit historischem Ambiente oder die, die zusätzliche Einrichtungen bieten (Golfplatz, Tennisplatz etc.), liegen eher bei 160-250 $ pro Tag im Doppelzimmer.
Konkreter möchte ich hier nicht werden, da die einzelnen Hotels nach typisch amerikanischem Muster immer wieder spezielle Preisangebote machen, bzw. während Tagungen die höchstmöglichen Preise verlangen.
Frühstück ist im Hotelpreis meistens nicht enthalten.
Als Tip gilt, daß besonders in den Großstädten die Übernachtung in einem teureren Franchise-Hotel (z.B. Radisson, Holiday Inn) wenig sinnvoll ist. Die Zimmer sind nicht viel besser als z.B. in einem viel günstigeren "Motel 6" oder "Super 8", denn der mindestens doppelte Preis "finanziert" Einrichtungen (z.B. Faxservice, Konferenzzimmer, doppelte Telefonleitung, Tennisplatz), die eher Geschäftsleuten oder erholungssuchenden Amerikanern (die den ganzen Tag Tennis oder Golf spielen möchten) zugute kommt. Zudem zahlt man hier häufig für eine Innenstadtlage, und die ist bei den großen Entfernungen selbst in den Städten nur von geringem Vorteil. Ohne Auto läuft ehedem kaum etwas.
Lodgen kosten ab 70 $ pro Doppelzimmer, können bei entsprechendem Luxus oder "einziger Alternative" auch weit über 100 $ verlangen.

- **Bed & Breakfast**

Wegen des speziellen Service sind diese Unterkünfte etwas teurer und kosten ab 50 $ pro Person, beinhalten dafür aber auch ein gutes Frühstück. Fragen Sie allemal vorher nach den Preisen, da sich besonders in den größeren Städten häufig sehr vornehme Häuser unter den B&Bs befinden, die schon mal 100 $ pro Person berechnen.

- **Ranchen**

Hier ermittelt sich der Preis nach dem Angebot (Reiten, Ausflüge, Cowboyfrühstück etc.) und beginnt bei etwa 100$ pro Person und Tag, kann aber bis zum Dreifachen ausmachen. Dafür sind aber alle Mahlzeiten und die "üblichen" Touren in der Regel im Preis enthalten.

- **Nationalparks**

Die Preise pro Fahrzeug mit 2 Insassen liegen zwischen 8 und 16$. Allemal ratsam für den Besuch mehrerer Parks wäre der **"Golden Eagle Passport" für 25$, mit dem Sie und alle Fahrzeuginsassen ein ganzes Kalenderjahr in allen Nationalparks und anderen staatlichen Parks (z.B. auch viele Nat. Monuments und Nat. Historic Sites) freien Eintritt haben**. Dieser gilt aber nicht in den State Parks, die den Behörden der einzelnen Bundesstaaten unterstehen und gesondert berechnen.

- **Lebensmittelpreise**

Hier können Sie das eine oder andere Schnäppchen machen, wenn Sie den unzähligen Sonderangeboten folgen. In der Regel aber liegen die Preise des "Warenkorbes" auf europäischem Niveau. Käse ist meist teurer, Fertiggerichte (die Sie im Camper oder auch in dem einen oder anderen "Residence-Hotel" mit Küche selbst zubereiten können) sind billiger. Grundnahrungsmittel, wie z.B. Milch, Frischgemüse und Säfte, sind etwas teurer, dafür aber sind Fleisch- und Fischwaren billiger. Früchte kosten, je nach Herkunftsland, etwa das gleiche wie bei uns. Deutlich billiger sind Softdrinks und auch Bier.

- **Telefonate**

Die Konkurrenz der einzelnen Telefongesellschaften bietet unzählige Sondertarife, die Sie als Reisender aber kaum überblicken werden. Daher kann ich hier auch keine einheitlichen Angaben machen. Ein 3-Minuten-Ferngespräch (Inland) kostet zwischen 1,50$ und 4,50$. Nach Europa kostet es ab 5$ für 3 Minuten (je länger, desto günstiger wird es – relativ gesehen) und ist somit um einiges billiger als von Europa aus. Hotels nehmen in der Regel nur kleine Extragebühren (50c/Gespräch). Am günstigsten aber liegen Sie mit einer internationalen Telefonkarte (bietet mittlerweile auch die deutsche Telekom).

- **Flughafen-Bus-Transfers**

Je nach Entfernung.
Chicago O'Hare - Innenstadt: ca. 30$

- **Taxi**

1- 1,50$ vor Beginn der Fahrt, 2-3$ pro gefahrener Meile und 0,50$ pro zusätzlichem Insassen (Stadt). Staus und verzögerte Fahrten werden etwas höher berechnet. Besonders in Großstädten ist es ratsam, auf einwandfreies Funktionieren und Einstellen der Taxameter zu achten, wobei der Mißbrauch durch die Taxiunternehmen deutlich nachgelassen hat. Eine Preisliste ist in oder am Taxi angebracht.

- **Benzin**

Die Preise liegen zwischen 1,20 und 1,50 $ pro Gallone (3,78 l), also im Durchschnitt bei gut 0,50 DM pro Liter.

- **Restaurants**

Fastfood in entsprechenden Ketten ist um einiges billiger als in Europa, und einen einfachen Hamburger erhalten Sie hier für unter 1$. Richtige Restaurants sind aber besonders abends teuer, vor allem, wo Sie auf ausgezeichnete Preise noch die Steuer (5-8%) und das Trinkgeld ("obligatorisch" 15-20%) hinzurechnen müssen. Rechnen Sie hier, inklusive einem Bier, einem normalen Hauptgericht (in der Regel inkl. Salat oder Suppe), Tax und Trinkgeld mit etwa 25$ pro Person, wobei Restaurants des gehobenen Charakters um nochmals 10-20$ teurer sein können. Tip: Chinesische Restaurants sind am billigsten. Fleischgerichte liegen auch im europäischen Rahmen. Ein Rumpsteak (inkl. Suppe und Baked Potato) kostet etwa 15$ + Tax + Trinkgeld, ist aber auch um einiges größer als in Europa.

- **Gesamtkostenplanung**

Ich habe mich hier bemüht, eine Kostenplanung zusammenzustellen, die mehr oder weniger alle anfallenden Reisekosten für eine Reise zusammenfaßt.
Eine Kostenplanung für eine 2-köpfige Familie könnte also beispielsweise folgendermaßen aussehen, wenn Sie in der Regel in günstigeren Motels übernachten:

	3 Wochen	**5 Wochen**
An- u. Abfahrt zum europ. Flughafen	200 DM	200 DM
2 Flugtickets (n. Chicago/Detroit)	2.600 DM	2.600 DM
Gepäck- u. Krankenversicherung	200 DM	250 DM
Mietwagen (mittl. Klasse)	1.900 DM	3.200 DM
Benzin (5.500 bzw. 8.000 km)	370 DM	450 DM
Übernachtungen (à 55 $ für DZ)	2.000 DM	3.300 DM
amerik. Frühstücke (à 10 $/Person)	720 DM	1.200 DM
Mittagessen (Fastfood, günst. Restaurant, à 10 $/Person)	720 DM	1.200 DM
Abendessen (à 17 $/Person)	1.250 DM	2.050 DM
Getränke zwischendurch (5 $/Person/Tag)	360 DM	600 DM
Eintritte	300 DM	300 DM
Telefonate, Briefmarken etc.	100 DM	150 DM
Sonstiges (z.B. Kleidung)	400 DM	400 DM
gesamt	**11.020 DM**	**15.900 DM**
Für ein zusätzliches Kind im Alter von unter 15 Jahren kämen noch folgende Kosten hinzu (Übernachtung im gleichen Zimmer):		
Flugticket	1.300 DM	1.300 DM
Krankenversicherung	50 DM	70 DM
Übernachtung (zusätzlich 10 $/Tag)	360 DM	600 DM
Mahlzeiten (inkl. Zusatzgetränke)	1.700 DM	2.850 DM
Eintritte	100 DM	150 DM
Sonstiges	200 DM	250 DM
gesamt	**14.830 DM**	**20.320 DM**
Sondertarife für kleinere Kinder sind z.T. bei Flügen und Unterkünften möglich.		

Sparen können Sie vor allem am Essen, aber nur teilweise bei den Übernachtungen.
Geben Sie sich **fast nur** mit Fastfood bzw. Familien-Restaurant-Ketten ab, liegen die Essenskosten um ca. 30% unter den o.g. Preisen. Sollten Sie im Gegenteil nicht so sehr auf die Reisekasse achten müssen, können Sie mit guten Restaurants Ihre Essensausgaben um bis zu 150% steigern, denn richtige Restaurants sind halt erheblich teurer in den USA.
Übernachtungen unter 25 $ bedeuten in der Regel alte und abgenutzte Motels bzw. Jugendherbergen. Einige Ketten, wie z.B. "Motel 6" und "Super 8" bieten saubere und ordentliche Motelzimmer für um 30$.
Ich empfehle Ihnen aber nicht, am **Mietwagen** zu sehr sparen zu wollen. Ein kleiner Mittelklassewagen sollte es schon sein, denn die Preise liegen nicht so weit auseinander und denken Sie daran, daß Sie einen großen Teil der Reise im Auto verbringen werden und Ihr Gepäck sichtgeschützt verstaut sein sollte.

USA-Mittlerer Westen
– Neuigkeiten – Stand: Oktober 1996 –

Inhalt

1. Allgemeine Informationen 1
2. Regionale Hinweise und Ergänzungen 5
3. Büchertips 7
4. Berichtigungen 7

1. Allgemeine Informationen

- **Politische Situation**

- Die Popularitätskurve von **Präsident Clinton** geht hoch und runter. Nachdem seine Pläne zur Reform des Gesundheitssystems gescheitert waren und die Republikaner im Kongreß die Mehrheit stellen, sagte man Clinton ein baldiges politisches Aus voraus. Doch das wenig charismatische Auftreten seines Gegenkandidaten Bob Dole, der Wirtschaftsboom Mitte der 90er Jahre und Clintons "Ruck nach rechts" (Verschärfung zahlreicher Sozialgesetze) haben 1996 zu einer Wiederwahl geführt (Clinton: 50%, Dole: 41%, Perot: 9%). Selbst die immer stärker in den Medien hochgespielte "Whitewater-Affäre" scheint alle politischen Freunde den Kopf zu kosten, nur Clinton selbst (noch?) nicht. Trotzdem wird immer mehr deutlich, daß unter Clintons Regierung die Wirtschaft zwar boomt, der Mittelstand und vor allem die sozialschwachen Bevölkerungsschichten aber zu leiden haben. Die niedrige Wahlbeteiligung 1996 (47%) zeigte deutlich, daß die unteren Einkommensschichten sich nicht mehr angesprochen fühlen. Die Armut nimmt zu, und der gesetzliche Mindestlohn (4,95 $/h), häufig Grundlage der Bezahlung, zwingt viele dazu, 2 Jobs zu verrichten. Kein Wunder, daß es heißt, unter Clinton seien 10 Millionen neue Arbeitsplätze hinzugekommen. Und die oft so gerne veröffentlichte, niedrige Arbeitslosenquote (um 2% - 1996) täuscht darüber hinweg, daß wegen der neuen Sozialgesetze viele Arbeitslose sich nicht melden, denn viele haben keine Ansprüche. Bleibt also abzuwarten, wie sich das soziale Pulverfaß entwickelt und ob die boomende Wirtschaft den schlechter Gestellten bald aus ihrer Misere helfen kann.
- **Amerikanische Truppen** werden, trotz Zweifel in der Bevölkerung, weiterhin zu Friedensmissionen ausgeschickt. Zuletzt nach Bosnien.
- Die Aufnahme diplomatischer Beziehungen zu dem kommunistischen **Vietnam** im August 1995 wurde allgemein begrüßt, auch in den USA selbst.
- Im Mai 1994 starb der durch den Watergate-Skandal entmachtete Präsident **Richard Nixon**. Seither wird der Medienmarkt überschwemmt mit Biografien aus seinem Leben, die den Ex-Präsidenten nicht selten in ein noch peinlicheres Licht stellen.

- **Wirtschaftslage**

- Im ganzen Land, besonders aber in den südlichen Staaten, ist ein steter **Aufwärtstrend** zu verspüren, und es wird gebaut und investiert. Die Außenhandelsbilanz bleibt aber deutlich negativ, und die "soziale Schere" öffnet sich noch immer.
- Das **US-Konjunkturbarometer**, ein Sammelindex 11 führender Wirtschaftsdaten, erreichte 1996 einen Höchststand, der seit Jahrzehnten nicht mehr erreicht worden ist.
- Die Farmer beklagen die immensen landwirtschaftlichen Importe aus dem **Nafta-Partnerland Mexiko**. Besonders im Mittleren Westen müssen daher immer mehr Rinderzüchter/Rancher aufgeben.
- Der Handel mit **Japan** stagniert. Dank des niedrigen Dollars wurde 1995 von dort nicht mehr importiert als in den Vorjahren. Ende 1995 hat sich der Yen aber wieder erholt, und 1996 stieg das Handelsbilanzdefizit wieder leicht an. Die Streitereien um die Einfuhrzölle und Handlesschranken scheinen ebenfalls kein Ende zu finden.
- Grundsätzlich hat der **Außenhandel mit dem Pazifischen Raum** für die USA immer größere Bedeutung – zu Ungunsten Europas. Die amerikanischen Exporte in Mitgliedsstaaten der Asiatisch-Pazifischen Wirtschaftskooperation (Apec), die Kanada, Mexico und alle größeren asiatisch-pazifischen Volkswirtschaften umfaßt, machten 1995 63% der US-Ausfuhren und 67% der US-Importe aus.
- Die **18 Apec-Mitgliedstaaten** zeichnen heute bereits für 46% des Welthandels und 56% der Weltproduktion. Ziel ist es, bis zum Jahre 2020 die größte Freihandelszone der Welt aufgebaut zu haben.
- Die politische Öffnung zu **Vietnam** verschafft amerikanischen Firmen große Aufträge beim ehemaligen Kriegsgegner.
- Der **gesetzliche Mindestlohn** wird in 2 Stufen bis 1997 von $4,25 auf $5,15 angehoben, gegen den starken Protest der Republikaner, die darin eine "Arbeitsplatzvernichtung" sehen.

- **Sozialwesen**

- Am 1. August 1996 wurde das neue Sozialhilferecht verabschiedet. Rechtzeitig für Clinton, um konservative Wähler auf seine Seite zu ziehen. Es beschneidet die sozialen Rechte enorm. So wird Sozialhilfe nur noch für max. 2 Jahre ausgezahlt, danach überhaupt nicht mehr. Das Gesetz besiegelt die Abschaffung der bundesrechtlichen Garantie auf Sozialhilfe und des individuellen Rechtsanspruches eines jeden Bürgers auf Hilfe in der Not und gibt die Verantwortung ab an die einzelnen Bundesstaaten.
- Die **Krankenversicherungen** dürfen aufgrund eines neuen Gesetzes kranken Bürgern nicht mehr die Versicherung verweigern. Bisher durften sie sogar bereits versicherte Personen nach Ablauf einer bestimmten Versicherungsfrist vom Versicherungsschutz ausschließen. Doch noch immer sind rund 40 Millionen Amerikaner überhaupt nicht krankenversichert!

● Reisen in die USA

- Dank des immer noch relativ **niedrigen Dollars** sind Reisen in die USA auch in Zukunft erschwinglich. Mietwagen werden aber etwas teurer, denn die "Lawsuits" (Einklagen einer Wiedergutmachungszahlung nach Zufügen eines Schadens), deren Auszahlungssummen mittlerweile nicht selten 7-stellige Zahlen erreichen, lassen die Versicherungsprämien in die Höhe schnellen. Sie können zwar sparen, wenn Sie nur bedingten Versicherungsschutz "buchen", doch ist dazu nicht zu raten. Ansonsten zahlen Sie Ihr Leben lang.

● Hotels

- Mehrfach wurden wir darauf hingewiesen, daß sich im westlichen Bereich der Großen Seen (konzentriert in Wisconsin u. Minnesota) die relativ neue Hotelkette **AmericInn** als lohnende Übernachtungsstätte herausgestellt hat. Die Zimmerpreise liegen zwischen 55$ und 75$, wobei Pool, Münzwaschautomat und Sauna zum Standard gehören. Infos und Buchungen über Tel. 1-800-634-3444.

● Factory Stores

Immer beliebter wird das Einkaufen in den günstigen Factory Malls, wo Markenware zu Fabrikpreisen angeboten wird. Hier ein paar Adressen:

Illinois:
- **Gurnee Outlet Mall:** 6170 W. Grand Ave., Gurnee (nördl. von Chicago)

Wisconsin:
- **Lakeside Marketplace:** 11211 120th Ave., Kenosha (zwischen Chicago und Milwaukee)

Ohio:
- **Jeffersonville Outlet Center:** in Jeffersonville am I-75 zwischen Cincinnati und Columbus

Michigan:
- **Horizon Outlet Center:** 1661 Range Rd in Port Huron (nordöstl. von Detroit)
- **Horizon Outlet Center:** 14500 Laplaisance Rd, Monroe (zwischen Detroit und Toledo)

● Telefonieren

Seit 1994 wird das Telefonsystem in den USA auf neue Vorwahlen umgestellt. D.h.: Die Städte behalten i.d.R. die alte Nummer, während die ländlichen Gegenden neue Vorwahlen erhalten. Dabei bleibt aber die eigentli-

Vorwahlen - Gr.Seen u. Mittl. Westen

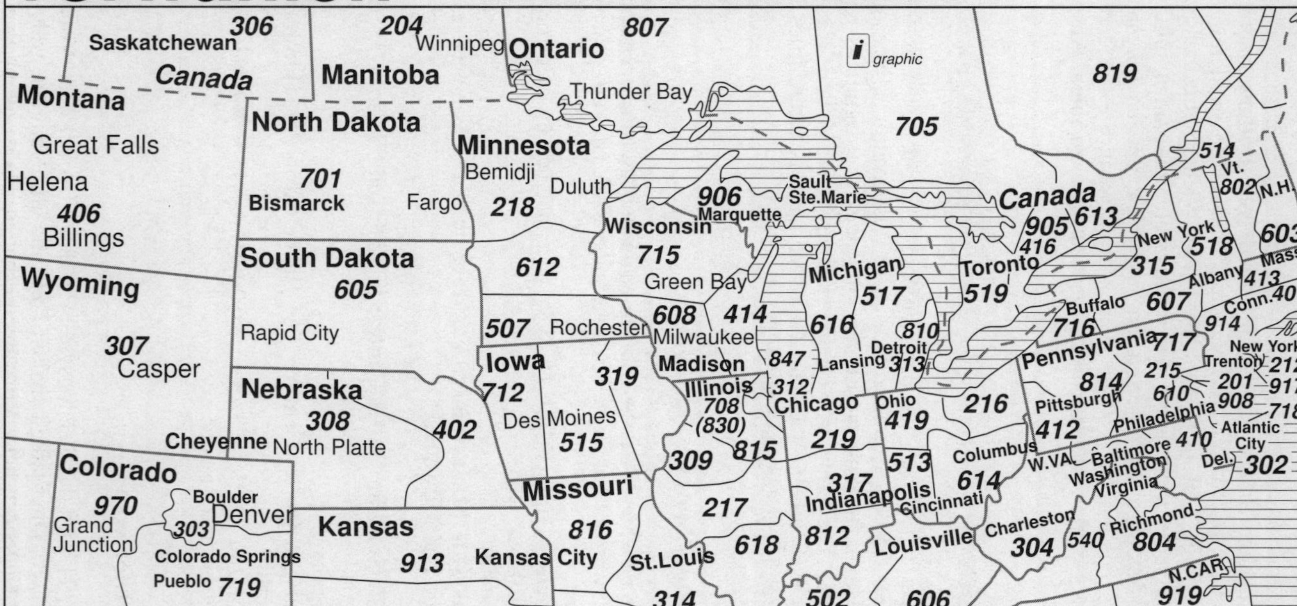

che Rufnummer erhalten. Um Ihnen die Suche nach diesen neuen Vorwahlnummern zu erleichtern, auf Telex-Seite 4 die neue Vorwahlkarte für die Reiseregion USA/Große Seen und Mittl. Westen.

2. Regionale Hinweise und Ergänzungen

- **9.1 Chicago**

Tip von einem Leser: "Ein Erlebnis ganz eigener Art ist der Besuch des Schnellrestaurants **"Billy Goats"** ("unterhalb des Straßenlevels", gegenüber dem Tribune Tower an der N. Michigan Ave.). In diesem etwas heruntergekommenen Laden treffen sich Banker, Kaufleute, Zeitungsjournalisten und viele andere Chicagoer zum Lunch. Die Burger, Sandwiches und Eiergerichte sind einfach, aber echt, ehrlich und zugleich billig."

Und aus einem Zeitungsartikel entnahm ich als Lektüretip für Chicago:
Royko, Mike: "The Boss". Das Buch befaßt sich mit dem legendären Bürgermeister von Chicago, Richard J. Daley, der die Stadt von 1955 bis 1976 regierte und ihr seinen (deutlichen) Stempel aufgedrückt hat.

- **9.2 Milwaukee**

S. 234 bzw. 241: So schnell kann es gehen in Amerika. Nachdem die Schlitz Brewery bereits vor einiger Zeit ihre Tore geschlossen hat, mußte nun auch die legendäre **Pabst Brewery** Ende 1996 aufgeben. Zum Schluß wurde nahezu alles Pabst-Bier in Lizenzen bei anderen Brauereien gebraut, und die Fabrik in Milwaukee hatte nur noch eine Produktionsauslastung von gerade 6%. Keiner mochte mehr das Bier des alten Kapitäns trinken, und das Management – seit Mitte der 80er Jahre in den Händen eines kalifornischen Marketing-Konzerns – hatte wenig Engagement gezeigt beim Produkt-Marketing, der Lösung von Tarifkonflikten usw.
Nun ist also nur noch die Miller Brewery in der Stadt übriggeblieben, und die gehört inzwischen dem Mischwarenkonzern Philip Morris (bekannt durch die Zigaretten), und keiner weiß, ob dessen Umstrukturierungstendenzen nicht auch noch den Standort Milwaukee betreffen werden.

- **9.3 Von Milwaukee über Michigan's Upper Peninsula nach Duluth**

S. 248: "Das kleine **Fond Du Lac** hat nichts weltbewegendes zu bieten, aber die neugestaltete Seepromenade (mit dem restaurierten und frei zugänglichen Leuchtturm aus den 30er Jahren) ist zumindest einen kleinen Aufenthalt wert. Die Grünanlagen an der Promenade dienen **im Herbst (!!)** den kanadischen Wildgänsen als Sammelplatz. Ein hundertfacher Formationsflug in der Abendsonne ist unseres Erachtens schon ein besonderes Spektakel."

• 10 Alternativstrecke: Städte und Landschaften südlich der Großen Seen

S. 618f: Zu den **Quad Cities** gibt es zwei neue Faktoren:

- Der Landmaschinenkonzern John Deere hat 1997 einen neuen Ausstellungspavillon am River Drive in Moline eröffnet. Hier können Sie alle Produkte des Konzerns anschauen, die er seit seiner Gründung vor etwa 150 Jahren hervorgebracht hat. Ein Souvenirshop ist angeschlossen. Gleich neben dem Pavillon hat ein Radisson Hotel eröffnet.
- Ecke 2nd & Gaines Street in Davenport wird ca. im Herbst 1997 ein **German American Heritage Center** eingerichtet. Es wird sich vornehmlich mit der Geschichte deutscher Einwanderer beschäftigen. U.a. wird es eine Bibliothek und ein Archiv geben, in dem jeder nach seinen Vorfahren "stöbern" darf, und im angeschlossenen Museum sollen Fotos und Artefakte vor allem an die mühsame Besiedlung Iowas durch die deutschen Einwanderer erinnern.

• 11 Alternativstrecke: Durch die Staaten Wisconsin und Minnesota von Chicago/ Milwaukee nach Duluth

S. 639: "Das kleine Städtchen **Tomah** (Wisconsin, Kreuzung I-90/ I-94) ist selbst zwar wenig interessant, bietet aber schöne Besuchertouren ins "Hinterland" (z.B. "The Gateway to Cranberry County" und Touren zu **Amish-Dörfern** südöstlich von La Crosse. Dieses Amish Country bietet u.a. auch Wanderrouten, Käsereien, Kanutouren." Infos beim **Tomah Conv. & Visitors Bureau**, 306 Arthur St., Tel.: 1-800-948-6624.

S. 641 ff.: In einem Leserbrief hieß es: "Südlich von Minneapolis erreicht man das kleine Städtchen **Northfiled/Minnesota**. Der Ort besitzt eine sehenswerte Innenstadt, mit gut erhaltenen Häusern aus der Gründerzeit. Touristisch weitaus interessanter aber ist ein besonderes Ereignis, welches sich am 7. September 1876 zugetragen hat. Beim Überfall auf die First National Bank of Minnesota mußte die berüchtigte Gang von **Jesse James** und **Coleman Younger** eine herbe Niederlage hinnehmen. Der Kassenraum, der legendäre Safe und viele weitere Einzelheiten lassen sich im Museum von Northfield (neben bzw. in der ehem. Bank, 408 Division Street, Di - Sa 10h00 - 16h00, So 13h00 - 16h00) besichtigen. Sie stehen übrigens auf genau dem Holzfußboden, auf dem Jesse James auch stand.
Im September, am dem Labor Day folgenden Wochenende, finden die **Defeat of Jesse James Days** in Northfield statt, an denen die Bankraubgeschichte nachgespielt wird (Re-enactment), aber auch Rodeoveranstaltungen u.a. geboten werden. Infos beim Chamber of Commerce: Tel.: (507) 645-5604.

3. Berichtigungen

- Im **Kapitel Geschichte, S. 30ff.** wurde des öfteren Osten und Westen verwechselt. Richtig ist, daß die Indianer ab 1830 aus den Gebieten **östlich** des Mississippi zwangsvertrieben worden sind.
- Im **Kapitel Chicago, S. 230f.** ist die richtige Schreibweise für den berühmten Schriftsteller: Ernest He**m**ingway.

4. Literaturtips

- **Schliewert, Günter;** USA-Handbuch für Auswanderer, Pietsch Verlag. Guter Ratgeber für diejenigen, die beabsichtigen, in die USA auszuwandern. Auch Studenten und Au-Pair-Kräfte finden viele Tips.
- Über die Rolle der Frauen bei den Indianern gibt es drei sehr interessante Bücher:

- **Mary Crow Dog:** Lakota Woman; Die Geschichte einer Sioux Frau. DTV-Verlag
- **Wolf, Ursula:** Mein Name ist “Ich lebe”; Indianische Frauen in Nordamerika. Lamuv Verlag.
- **Beverly Hungry Wolf:** Die weisen Frauen der Indianer; Eine Schwarzfußindianerin schildert das Leben ihrer Vorfahren. Scherz Verlag, München.

8. REISEN IM MITTLEREN WESTEN DER USA UND UM DIE GROSSEN SEEN

8.1 RUNDREISEVORSCHLÄGE, ZEITPLÄNE UND ROUTENSKIZZEN

8.1.1 ÜBERBLICK

Das in diesem Reisehandbuch beschriebene Gebiet erstreckt sich von Osten nach Westen über fast 3.000 km, und auch die Nord-Südausdehnung von 1.200 km ist beträchtlich. Damit ist klar ersichtlich, daß eine Reise zu allen in diesem Buch beschriebenen interessanten Punkten kaum durchführbar ist. Dafür wären mindestens 4 Monate nötig, und wer hat schon so viel Zeit.

Überlegen Sie sich also vorher genau, welchem Gebiet Sie den Vorzug geben möchten. Grob läßt sich das Areal in 3 Hauptregionen untergliedern:

- das Gebiet um die Großen Seen herum, einschließlich der Gebiete der kleinen Seen in Minnesota
- das Vorland der Rocky Mountains
- die Prärien und Farmlandschaften südlich und südwestlich der Großen Seen

Auf die restlichen Randgebiete möchte ich hier bei den Routenvorschlägen nicht weiter eingehen.

Für Sie als Reisenden halte ich das Gebiet um die **Großen Seen am interessantesten**. Es bietet nicht nur faszinierende Naturlandschaften und eindrucksvolle Großstädte, sondern auch das Flair des "echten" Amerika, welches in von Ausländern stärker bereisten Gebieten, wie z.B. Florida, Kalifornien oder dem Südwesten, doch des öfteren bereits verloren zu gehen scheint.

Ausritte in Montana

Die **Rocky Mountains** und die vorgelagerten **Prärien** und **Badlands** sind ohne Zweifel auch eindrucksvoll. Falls Sie also Ihren Schwerpunkt aber auf die Rockies selbst legen möchten, empfiehlt sich eine Weiterreise nach Westen bzw. Südwesten.

Die **Farmlandschaften und Prärien** bieten ohne Zweifel einen hervorragenden Einblick in die amerikanische "Farmerkultur" und strotzen vor amerikanischer Bodenständigkeit, doch würden Sie nach einem mehrtägigen Aufenthalt hier die wirklichen Highlights vermissen, und nur die unendliche Weite alleine mag da auch nicht befriedigen. Die Städte hier sind ziemlich langweilig und die Landschaft sanft hügelig. Erfreulichere Ziele, wie z.B. St. Louis oder der Mammoth Cave Nationalpark, lohnen im Grunde den großen Umweg kaum, sollte Ihre Reise nicht ehedem in diese Region führen.

Unbekannte, aber lohnende Reiseziele bieten heute die Städte des "Rust-Belts", wie z.B. Pittsburgh und Cleveland. Auch Indianapolis, eine aufstrebende Stadt, ist interessanter, als man vermuten mag. Was aber besonders für Sie von Interesse sein mag, müssen Sie nun doch selbst entscheiden und vielleicht erst vor Ort "erleben", sonst wäre es ja keine Reise.

Übernachtungsempfehlungen und weitere Sehenswürdigkeiten entnehmen Sie bitte dem entsprechenden Reiseteil. Die Kilometerangaben können nur als grobe Richtlinien angesehen werden, beinhalten aber kleine Umwege und Fahrten in den Städten/ Nationalparks. Rechnen Sie aber mit einer "Reserve" von mindestens 10%.

8.1.2 EINE REISEROUTE UM DIE GROSSEN SEEN (3-4 WOCHEN)

Die im folgenden vorgeschlagene 3- bis 4-wöchige Reiseroute läßt sich natürlich noch um einiges variieren: Sollte Ihre Zeit begrenzt sein, können Sie z.B. bei Sault Ste. Marie nach Süden abbiegen und durch Michigan zurück nach Chicago fahren. Eine andere Variante wäre, von New York (mit Abstecher nach Montreal und Ottawa) aus nur die östlichen Seen zu besuchen. Grundsätzlich läßt sich sagen, sind Michigan (Upper Peninsula), Nord-Wisconsin, Minnesota und Ontario landschaftlich am interessantesten, und Chicago sowie Detroit bestechen als grundverschiedene Großstädte. Im östlichen Abschnitt sind die Niagara Falls und Toronto die Highlights.

Highlights

- die Städte **Chicago** und **Toronto** sowie **Detroit** für "Experimentierfreudige"
- die Ufer des **Lake Superior**
- die Seenlandschaft von **Nord-Minnesota**
- das Landschaftserlebnis in **Michigan's Upper Peninsula**
- **Isle Royale Nationalpark**
- **Voyageurs Nationalpark**
- die **Niagara Fälle**

Tag 1: Ankunft in Chicago
Tage 2 u. 3: Chicago. Besichtigung einiger Museen. Studium der Stadtarchitektur des modernen Amerika. Abends Besuch einer Blueskneipe.
Tag 4: Fahrt nach Milwaukee und Stadtbesichtigung dort.
Tage 5-7: Von Milwaukee entlang des Lake Michigan und des Lake Superior nach Duluth. Die Zeiteinteilung überlasse ich Ihnen, doch sollten Sie hier Ihr Hauptaugenmerk den landschaftlichen Höhepunkten am Lake Superior schenken. Ein Boots-/Flugausflug von Copper Harbor zum Isle Royale Nationalpark beansprucht 2 weitere Tage.
Tag 8: Rundfahrt durch Duluth und dann weiter, je nach Interesse, zum Voyageurs Nationalpark bzw. Bemidji (Seenplatte von Nord-Minnesota). Südlich von Bemidji befindet sich im Itasca State Park die Quelle des Mississippi.
Tag 9: Sollten Sie für Erkundigungen des Nationalparks bzw. einer Bootstour auf den Seen von Minnesota widmen.
Tag 10: Weiterfahrt vorbei am Grand Portage National Monument nach Thunder Bay.
Tag 11: Früh in Thunder Bay starten und bis Sault Ste. Marie fahren. Möchten Sie dem Lake Superior Provincial Park einen Besuch abstatten bzw. die Landschaft am Lake Superior eingehender genießen, planen Sie einen Zusatztag ein.
Tag 12: Sault Ste. Marie und bei Interesse nach St. Ignace fahren (von dort aus Besuch der Mackinac Island)
Tage 13-15: Von Sault Ste. Marie fahren Sie nach Toronto. Die landschaftlich eindrucksvollere Strecke führt über die Manitoulin Insel. Besuchenswert hier wäre z.B. der National Marine Park. Doch auch die Strecke nordöstlich entlang der Georgian Bay hat ihre Reize, so z.B. den Georgian Bay Islands Nationalpark.
Tage 16 u.17: Toronto. Besichtigung von Museen, die Aussicht vom CN-Tower sowie eine Fahrt zu den Toronto Islands sollten auf Ihrem Programm stehen.

KANADA
Ontario
Voyageurs Nat'l Park
Thunder Bay
17
Pukaskwa National Park
Isle Royale Nat'l Park
Lake
53
Minnesota
1
61
Isle Royal
Copper Harbor
Superior
169
Duluth
13
41
Marquette
28
28
41
35
2
Wisconsin
94
22
Sleeping Bear Dunes Nat'l Lakeshore
St. Paul
Minneapolis
141
22
94
Michiga
23
Lake
31
41
Milwaukee
Madison
94
Grand Rapid
Iowa
94
Michigan
Lans
90
Des Moines
Davenport
80
80 90
80
Chicago
65
Indiana
55
Illinois
Indianapolis
graphic

Reiseroute um die Großen Seen
Quebec
Sault Ste. Marie
Sudbury
17
68
69
Ontario
Ottawa
Georgian Bay
103
Lake
Georgian Bay Isl. Nat'l Park
6
Huron
26
Kingston
401
400
Toronto
Lake
Ontario
Niagara Falls
Niagara Falls
Rochester
401
Buffalo
New York
Detroit
96
90
Lake
Erie
Erie
81
80
90
79
Pennsylvania
Cleveland
80
N
Ohio
Pittsburgh
70
0
200km

Tage 18-20: Fahrt um den Lake Ontario. Kingston ist hier die interessanteste Stadt. Sollten Sie aber etwas Zeit einsparen wollen, können Sie auch gleich von Toronto aus zu den Niagara Falls fahren.
Tag 21: Niagara Falls. Ob per Hubschrauber, Boot oder direkt am Wasserfall, der Besuch lohnt sich und sollte Ihnen einen Tag wert sein, obwohl für eine Übernachtung Buffalo eher geeignet wäre (weniger Tourismus)
Tage 22-24: Buffalo und über Erie und Cleveland nach Detroit. Auf diesem Weg ist Cleveland das "Highlight".
Tage 25 u. 26: Detroit. Die Stadt bietet einiges zur Automobilgeschichte und die besten Musikclubs dieses Reisegebietes.
Tage 27-28: Über Lansing, Grand Rapids und Saugatuck (Übernachtung) zurück nach Chicago. Alternativ, um einen Tag zu sparen, können Sie auch gleich direkt nach Chicago zurückfahren.
Länge der gesamten Strecke (inkl. Rundtour um den Lake Ontario): ca. 4.500 - 5.000 km. Hinzu kämen größere Umwege.

8.1.3 EINE RUNDREISE VON CHICAGO IN DIE BERGREGIONEN DER ROCKY MOUNTAINS UND ZURÜCK (3 WOCHEN)

Diese Strecke führt Sie von der Großstadt Chicago durch Prärien hinein in die Bergwelt der östlichen Rocky Mountains. Minneapolis sollten Sie nicht zu viel Zeit schenken: Naturschönheiten stehen auf dieser Route im Vordergrund. Zu überlegen gilt auch, ob Sie Ihre Reiseroute nicht sogar ausdehnen sollten auf die westlich gelegeneren Nationalparks, wie z.B. den Glacier Nationalpark und den Yellowstone Nationalpark. Vielleicht bietet sich auch an, wie oben bereits angesprochen, Ihr Reiseziel im Westen (z.B. Seattle) oder im Südwesten (z.B. Denver, Albuquerque, Salt Lake City) zu suchen. Falls Sie dieses beabsichtigen sollten, empfehle ich Ihnen, die südliche Buchroute der nördlichen vorzuziehen. Denn die Black Hills und der Bighorn Canyon sind die absoluten Highlights in der in diesem Buch beschriebenen Region.

Highlights

- Die Stadt **Chicago**
- Die Kulturszene von **Minneapolis**
- Die Landschaften des **Th. Roosevelt Nationalparks**, des **Badlands Nationalparks**, der **Black Hills** und des **Bighorn Canyon N.R.A.**
- Besuch der Höhlenwelt des **Wind Cave Nationalpark**
- Besuch der Schlachtfelder der Indianerkriege (z.B. **Wounded Knee**, **Little Bighorn Battlefield NM**)
- Die in Stein gehauenen Präsidenten am **Mount Rushmore** und das im Entstehen befindliche **Crazy Horse Memorial**
- Die **Nationalparks Yellowstone** und **Grand Teton**

Tage 1+2: Chicago. Großstadterlebnis. Besuch von Museen. Studium der Stadtarchitektur des modernen Amerika. Abends Besuch einer Blueskneipe.
Tage 3+4: Von Chicago über Madison (inkl. Besuch des schweizer Siedlerstädtchens New Glarus) nach Minneapolis/St.Paul.
Tag 5: Stadtbesichtigung von Minneapolis/St. Paul
Tag 6: Von Minneapolis fahren Sie bis Bismarck, der kleinen Hauptstadt von North Dakota.
Tage 7-9: Von Bismarck bis Great Falls (Montana). Auf diesem Streckenabschnitt gibt es einiges zu unternehmen, wovon Sie aber in 3 Tagen nicht alles durchführen können: Knife Indianerdorf, Th. Roosevelt Nationalpark, alte Handelsposten, Indianerreservate usw.

Tag 10: Von Great Falls fahren Sie nach Billings.
Tage 11-14: Entscheiden Sie sich für Billings oder eine Gästeranch als Stützpunkt für Tagesausflüge zum Bighorn Canyon, zum Custer (Little Bighorn) Schlachtfeld (Indianerkriege) und weiteren Sehenswürdigkeiten der Umgegend, oder aber Sie fahren noch am 11. Tag zu einem dieser Punkte und verweilen jeweils dort.
Tag 15: Fahren Sie, mit einem kleinen Umweg zum Devil's Tower, nach Deadwood in den Black Hills.
Tage 16+17: Besuch von Jewel Caves, Wind Cave Nationalparks, Mt. Rushmore, Crazy Horse Memorial und anderer Sehenswürdigkeiten in den Black Hills.
Tag 18: Besuch des Badlands Nationalparks und evtl. der historischen Stelle des Wounded Knee Massakers.
Tage 19+20: Rückfahrt nach Chicago

Länge der gesamten Strecke: ca. 4.500 - 5.000 km

Alternativen:

Am **Tag 6** können Sie sich auch entscheiden, von Minneapolis nach Grand Rapids und Bemidji zu fahren, um von diesen beiden Städten aus die Seenplatte von Nord-Minnesota zu erkunden. Hier befindet sich auch die Quelle des Mississippi (Itasca S.P.). Zudem bietet sich hier eine Reihe von Outdoor-Aktivitäten (Wandern, Kajakfahren, Reiten etc.). Für diesen Umweg sollten Sie aber mindestens 2 zusätzliche Tage einplanen. Mehrkilometer: ca. 300 km
Am Tag 10 können Sie auch zum Yellowstone bzw. dem Grand Teton Nationalpark fahren. Dafür sollten Sie 2-3 weitere Tage einplanen. Mehrkilometer: ca. 300 km

Ein Besuch einer Sportveranstaltung rundet das Bild ab

8.1.4 ALTERNATIVEN FÜR 2- BIS 3-WÖCHIGE AUFENTHALTE

❶ Naturschönheiten am Lake Michigan und am Lake Superior (14 Tage)

Tage 1+2: Ankunft in **Chicago** und Stadtbesichtigung
Tag 3: Fahrt nach **Milwaukee**. Dort Stadtbesichtigung.
Tag 4: Von Milwaukee auf dem Interstate nach **Minneapolis/St.Paul**
Tag 5: Minneapolis/St.Paul: **Stadtbesichtigung**
Tage 6+7: Fahren Sie nach **Bemidji** und erkunden Sie von dort aus das **Seengebiet von Nord-Minnesota**. Alternativ dazu, inkl. eines Zusatztages, können Sie auch zum **Voyageurs Nationalpark** fahren.
Tag 8: Über **Duluth** fahren Sie nach **Copper Harbor** und übernachten Sie z.B. in **Laurium**.
Tage 9+10: Unternehmen Sie einen Ausflug zum **Isle Royale Nationalpark**, am besten mit dem Wasserflugzeug.
Tage 11+12: Fahren Sie langsam entlang dem **Südufer des Lake Superior** nach **St.Ignace/ Mackinow City**. Besichtigung des **Pictured Rocks N.L.S**
Tage 13+14: Entlang dem **Ostufer vom Lake Michigan** geht es zurück nach Chicago. Besuchen Sie auf dieser Strecke unbedingt die **Mackinac Island** und das **Sleeping Bear Dunes National Lakeshore**.
Länge der Strecke: ca. 2.600 km

❷ Metropolen im Gebiet der Großen Seen (13 Tage)

Tage 1-3: Ankunft in **Chicago** und Stadtbesichtigung.
Tag 4: Fahrt über **Lansing** (evtl. auch **Flint**) nach **Detroit**.
Tag 5: Fahrt nach **Detroit**. Erste Stadtbesichtigungen.
Tag 6: Stadtbesichtigung von **Detroit**.
Tag 7: Über **Windsor** nach **Toronto**.
Tag 8: Stadtbesichtigung von **Toronto**.
Tag 9: Fahrt nach **Niagara Falls**. Erste Besichtigungen dort.
Tag 10: Morgens weitere Besichtigungen in Niagara Falls. Danach nach **Buffalo**. Dort nachmittags kurze Stadtbesichtigung.
Tag 11: Fahrt nach **Cleveland**. Erste Stadtbesichtigung.
Tag 12: Weitere Stadtbesichtigung oder alternativ Fahrt ins südlich gelegene **Amish Country**.
Tag 13: Zurück nach **Chicago** und dort abends evtl. noch etwas unternehmen.
Länge der Strecke: ca. 1.950 km

Alternativen

Zur Strecke von **Tag 7**: Sie können auch von Detroit aus zum Point Pelee Nationalpark und von dort über London und Kitchener nach Toronto fahren.
Haben Sie zwei Tage mehr Zeit, können Sie von Chicago aus auch noch nach Milwaukee fahren. Mehrkilometer: 350-400 km

❸ Naturschönheiten in Minnesota und den beiden Dakotas (14 Tage)

Tage 1+2: Ankunft in **Minneapolis/St.Paul** und Stadtbesichtigung.
Tage 3-5: Fahrt nach **Bemidji**. Von dort aus können Sie hervorragend das **Seengebiet von Nord-Minnesota** erkunden (inkl. der **Mississippi-Quelle** im Itasca State Park)
Tag 6: Fahrt nach **Bismarck**, der Hauptstadt von North Dakota.
Tage 7+8: Erkundung des **Th. Roosevelt Nationalparks**. Eine Übernachtung in der Nähe des Nationalparks, z.B. Medora.
Tage 9-11: Fahren Sie nach **Deadwood**, das Sie für diese 3 Tage zu Ihrem "Basislager" machen sollten. Von hier aus können Sie den **Wind Cave Nationalpark**, das **Mount Rushmore National Monument** und die anderen Sehenswürdigkeiten in und um die **Black Hills** erkunden.
Tage 12+13: Besuch des **Badlands Nationalparks** und Weiterfahrt nach **Sioux Falls**.

Tag 14: Über **New Ulm**, einer deutschen Kleinstadt, geht es zurück nach **Minneapolis/ St. Paul**.
Länge der Strecke: ca. 3.000 km

❹ Metropolen und Natur I (14 Tage)

Für diese Strecke müssen Sie ein Fahrzeug "One Way" mieten (Mehrkosten: ca. 100-200 $) bzw. 1-2 Extratage für die Rückfahrt einplanen. Bei der One-Way-Miete müssen Sie darauf achten, daß die Mietwagenfirma auch eine Niederlassung am gewünschten Abgabeort hat!
Tag 1: Anflug nach **Detroit**
Tag 2: Detroit: Stadtbesichtigung
Tage 3 + 4: Fahrt nach **Chicago** über **Lansing** und **Saugatuck**
Tage 5 + 6: Stadtbesichtigung **Chicago**
Tag 7: Fahrt nach **Milwaukee**, dort Stadtbesichtigung
Tag 8: Fahrt ins **Door County**
Tag 9: Fahrt nach **Grand Marais** oder **Munising**
Tag 10: Pictured Rocks National Lakeshore und Fahrt nach **Marquette**
Tag 11: Marquette, z.B. Kanufahren auf dem Lake Superior
Tag 12: Fahrt zur **Keweenaw Peninsula**. Dort Calumet, Copper Harbor und die Delaware Mine besichtigen.
Tage 13 + 14: Flug zum **Isle Royale Nationalpark**
Tag 15: Rückfahrt nach **Marquette**
Tag 16: Rückflug nach Europa über Chicago od. Detroit.
Diese Tour läßt sich natürlich beliebig ausdehnen, wobei Sie dann Ihr Hauptaugenmerk auf einen Extratag in Chicago und, je nach Bedarf, auf Extratage in der Upper Peninsula von Michigan, wo Sie z.B. in die **Porcupine Mountains** fahren können, legen sollten.

❺ Metropolen und Natur II (mind. 14 Tage, besser 3-wöchige Tour)

Für diese Streckenalternative müssen Sie ein Fahrzeug "One Way" mieten. Die Rückführung des Mietwagens von Buffalo nach Minneapolis/St.Paul kostet 200-300 $.
Tag 1: Ankunft in **Minneapolis/St. Paul**
Tag 2: Stadtbesichtigung von Minneapolis/St. Paul und Weiterfahrt nach **Bemidji**.
Tage 3+4: Erkundung des **Seengebietes von Nord-Minnesota** und Besuch der **Mississippi-Quelle** im Itasca State Park.
Tage 5+6: Fahren Sie über **Duluth** und dann entlang dem schönen **Südufer des Lake Superior** nach **St. Ignace/Mackinaw City**.
Tag 7: Fahrt zum **Sleeping Bear Dunes National Lakeshore**. Nachmittags fahren Sie weiter bis **Saugatuck**.
Tag 8: Fahrt nach **Chicago**. Erste Stadtbesichtigung.
Tag 9: Weitere Stadtbesichtigung in Chicago.
Tag 10: Über den Highway fahren Sie nach Detroit.
Tag 11: Stadtbesichtigung von **Detroit** (Ford Museum oder Institute of Arts) und nachmittags Weiterfahrt zum **Point Pelee Nationalpark**.
Tag 12: Point Pelee Nationalpark und Fahrt nach Toronto.
Tag 13: Stadtbesichtigung von **Toronto**.
Tag 14: Früh geht es weiter zu den **Niagara Falls**, denen Sie die meiste Zeit dieses Tages schenken. Abends fahren Sie nach **Buffalo**. Von hier Rückflug.
Länge der Strecke: ca. 3.000 km

❻ Chicago, Schaufelraddampferfahrt und schöne Natur (18-19 Tage)

Bedenken Sie, daß Sie bereits in Europa die Buchung der Schaufelraddampferfahrt vornehmen müssen, da nur wenige Abfahrten für den hier beschriebenen Flußabschnitt angeboten werden. Erst nach Bestätigung der Dampferfahrt können Sie die restliche Strecke planen.
Für die One-Way-Miete des Mietautos müssen Sie ca. 200 $ extra berechnen.
Tage 1+2: Flug nach **Chicago**. Dort Stadtbesichtigung.
Tag 3: Fahrt nach **Milwaukee**. Dort Stadtbesichtigung.

Tage 4-7: Fahren Sie über **Marquette** nach **Duluth**. Dabei Besuch der **Naturschönheiten am südlichen Ufer des Lake Superior** (Pictured Rock N.L.S., Keweenaw Peninsula und Porcupine Mts.)
Tage 8-9: Das Seengebiet von **Nord-Minnesota** erkunden. Als "Stützpunkt" eignet sich **Bemidji** am besten.
Tag 10: Nach **Minneapolis/St.Paul**. Dort abends das Mietauto abgeben und auf dem Schiff einchecken.
Tage 11-17: Mit dem **Schaufelraddampfer** nach **St. Louis** fahren.
Tag 18 und/od. 19: St. Louis erkunden und Rückflug.
Länge der Autofahrtstrecke: ca. 1.750 km

Alternativen

Falls Sie ein paar Tage mehr Zeit haben, haben Sie die Auswahl,
a) entweder der Natur mehr Zeit zu schenken und den beiden **Nationalparks** (**Voyageurs** bzw. **Isle Royale**) einen Besuch abzustatten (Mehrkilometer: ca. 450 km),
b) oder mehr Zeit in Chicago, Milwaukee und Minneapolis/St. Paul einzuplanen (Mehrkilometer: ca. 300 km).

❼ Schaufelraddampferfahrt und Metropolen (18 Tage)

Wie bereits bei dem vorherigen Vorschlag, gilt auch hier: Buchen Sie zuerst die Schiffspassage, bevor Sie die gesamte Reise planen. Für die Mietwageneinwegmiete müssen Sie mit zusätzlich 100-200 $ Rückführungsgebühren rechnen.
Tage 1-3: Flug nach **Chicago**. Dort Stadtbesichtigung.
Tage 4-5: Entlang des **Lake Michigan** bis **Saugatuck** und dann über **Lansing** nach **Detroit**.
Tag 6: Stadtbesichtigung von **Detroit**.
Tage 7-8: Über den **Point Pelee Nationalpark** nach Toronto. Dort am 8. Tag nachmittags bereits erste Stadtbesichtigung.
Tag 9: Stadtbesichtigung von **Toronto**.
Tag 10: Fahrt nach **Niagara Falls**. Dort erste Besichtigungen.
Tag 11: Weitere Besichtigungen in Niagara Falls und anschließend nach **Buffalo**. Dort kurze Stadtbesichtigung.
Tag 12: Fahrt nach **Cleveland**. Nachmittags erste Stadtbesichtigung.
Tag 13: Morgens weitere Stadtbesichtigung von Cleveland und anschließend Weiterfahrt nach **Pittsburgh**.
Tag 14: Stadtbesichtigung von Pittsburgh, anschließend Fahrzeugabgabe und Einchecken auf dem Schiff.
Tage 15-17: Fahrt mit dem **Schaufelraddampfer** von Pittsburgh nach Cincinnati.
Tag 18: Stadtbesichtigung von **Cincinnati** und Rückflug.
Länge der Autofahrtstrecke: ca. 1.700 km

Alternativen

Von Cincinnati aus fährt der Schaufelraddampfer weiter nach St. Louis. Von dort können Sie auch den Rückflug antreten. (+ 3 Tage für die Dampferfahrt + 1 Tag für die Stadtbesichtigung von St. Louis)
Sie fahren mit dem Auto bis Cincinnati und nehmen von dort den Schaufelraddampfer nach St. Louis. Insgesamt 2 Tage mehr.

8.1.5 VORSCHLAG FÜR EINE GROSSE RUNDREISE ZU DEN HIGHLIGHTS DES MITTLEREN WESTENS DER USA (CA. 5 WOCHEN)

Wie bereits erwähnt, ist eine Reise durch das gesamte in diesem Buch beschriebene Reisegebiet zeitlich kaum durchführbar. Für eine ca. 5-wöchige Rundreise habe ich Ihnen hier aber einmal einen Routenvorschlag zusammengestellt, der Sie zu den absoluten Highlights begleiten wird.

Als Grundlage: Die Strecke zieht eine "8" durch das Reisegebiet.

Tage 1-3: Ankunft in **Chicago** und Stadtbesichtigung.
Tag 4: Fahrt nach **Milwaukee**. Dort nachmittags Stadtbesichtigung.
Tag 5: Vormittags weitere Stadtbesichtigung von Milwaukee und Fahrt ins **Door County** bzw. nach **Green Bay**.
Tage 6-7: Pictured Rocks Nat. Monument, **Marquette** und Fahrt nach **Calumet, Laurium bzw. Copper Harbor**.
Tage 8-9: Flug bzw. Bootsfahrt zum **Isle Royale Nationalpark**. Dort eine Nacht bleiben und dann zurück nach Copper Harbor.
Tag 10: Fahrt nach Duluth.
Tag 11: Stadtbesichtigung von **Duluth**. Anschließend entlang der landschaftlich schöneren Strecke **über Ely** zum **Voyageurs Nationalparks**.
Tag 12: Erkundung des Voyageurs Nationalpark.
Tage 13-15: Fahrt nach **Bemidji** und von dort aus Erkundung des **Seengebietes von Nord-Minnesota**, inkl. der **Mississippi-Quelle** im Itasca State Park.
Tag 16: Über **Fargo** nach **Bismarck**, der Hauptstadt von North Dakota.
Tage 17+18: Erkundung des **Nordwestens von North Dakota** mit Hauptaugenmerk auf den **Th. Roosevelt Nationalpark**, in dessen Nähe Sie ein bis zwei Nächte bleiben werden.
Tag 19: Fahrt nach **Deadwood** (South Dakota).
Tage 20+21: Von Rapid City aus Erkundungen der **Black Hills**, einschl. des **Wind Cave Nationalparks** und des **Mount Rushmore**.
Tage 22+23: Über den **Badlands Nationalpark** und **New Ulm** nach **Minneapolis/St. Paul.**
Tag 24: Stadtbesichtigung **Minneapolis/St. Paul**.
Tag 25: Weiterfahrt zum kanadischen **Thunder Bay**.
Tage 26+27: Weiterfahrt über den **Pukaskwa Nationalpark** nach Sault Ste. Marie.
Tage 28+29: Von **Sault Ste. Marie** über die **Manitoulin Insel** nach **Toronto** (Fährzeiten erkunden und Fähre vorher reservieren!). Auf dem Weg Besuch des **Nationalparks** zwischen Manitoulin Island und der Bruce Halbinsel.
Tag 30: Stadtbesichtigung von **Toronto**

Große Rundreise zu den Highlights im Mittleren Westen und um die Großen Seen

Tag 31: Früh aufbrechen nach **Niagara Falls**. Den restlichen Tag mit dem Besuch der Wasserfälle verbringen und in **Buffalo** übernachten.
Tag 32: Weiterfahrt nach **Cleveland**.
Tag 33: Stadtbesichtigung von Cleveland.
Tag 34: Fahrt nach **Detroit**. Nachmittags dort erste Stadtbesichtigung, z.B. Ford Museum.
Tag 35: Vormittags dort weitere Stadtbesichtigungen unternehmen. Danach die 500 km (6-7 Stunden Fahrt) nach **Chicago** angehen. Sie kommen also erst in den Abendstunden in Chicago an. Buchen Sie Ihr Hotel also vorher.
Tag 36: Rückflug

Länge der gesamten Strecke: ca. 6.500 km

Alternativen

Sie lassen entweder den Voyageurs- oder den Isle Royale Nationalpark aus und sparen dadurch ca. 2 Tage.
Anstatt über die Manitoulin Insel von Sault Ste. Marie nach Toronto zu fahren, nehmen Sie den Highway über Sudbury östlich des Georgian Bay. Wenn Sie früh aufbrechen und sich unterwegs nicht lange aufhalten werden, können Sie in einem Tag bis Toronto kommen.
Haben Sie 4-7 Tage mehr Zeit, sollten Sie unbedingt die Strecke ausdehnen nach **Montana** und **Nord-Wyoming**. **Yellowstone Nationalpark**, ein **Ranchaufenthalt**, der **Bighorn Canyon** und das **Little Bighorn Battlefield** sind hier die Highlights.
Sind Sie mehr ein "Naturmensch", können Sie auch an den Städten Zeit sparen.

Illinois-Telegramm

Abkürzung	IL
Beiname	"Land of Lincoln" (auch der Prärie-Staat)
Namensherleitung	Abraham Lincoln kam als junger Mann nach Illinois, lebte 24 Jahre als Rechtsanwalt und Politiker in und um Springfield und wurde schließlich Amerikas erster republikanischer Präsident
Staat seit	3. Dez.1818 (21. Staat)
Staatsbaum	Weiße Eiche
Fläche	146.000 qkm
Einwohner	11,432 Mio. (1994)
Einwohnerdichte	78,3 E./qkm
Hauptstadt	Springfield (106.000 E.)
Weitere Städte	Chicago (2,8 Mio. E., Metr.Area: 8 Mio.E.), Rockford (140.000 E.), Preoria (115.000 E.)
Wichtigste Wirtschaftszweige	a) Industrie: Aufgrund der günstigen Verkehrslage ist Illinois der am stärksten industrialisierte Staat des Mittleren Westens: Eisen- u. Stahlerzeugung, Maschinenbau, Fleischverarbeitung u. Konservenindustrie, b) Bodenschätze: Erdöl, Kohle, Flußspat, c) Landwirtschaft: über 80% der Staatsfläche landwirtsch. genutzt: Mais, Sojabohnen, Getreide, Kartoffeln, bedeutende Viehwirtschaft.
Bedeutendstes touristisches Potential	Chicago als Metropole des Mittleren Westens mit: interessanter Stadtarchitektur, Museen, Blues-Musikszene; Springfield und Umland als die "Lincoln-Stadt".
Touristische Information	Illinois Travel Information Center, 310 S.Michigan Ave., Suite 108, Chicago, IL 60604, Tel.: (312) 793-2094 oder: Office of Tourism, State of Illinois Center, 100 W.Randolph St., Suite 3-400, Chicago, IL 60601, Tel.: (312) 814-4723. Gebührenfrei: 800-223-0121.

9. CHICAGO UND DIE RUNDREISE UM DIE GROSSEN SEEN

9.1 CHICAGO UND UMGEBUNG

Highlights

- Ausblicke vom **Sears Tower** bzw. **John Hancock Center**
- Eine **Schiffsfahrt mit architektonischen Erläuterungen**
- Besuch einer der Ausstellungen im **Art Institute of Chicago**
- Ein **ausgiebiges Abendprogramm** mit gutem Essen, Dinner-Theater, Blues- oder Jazzmusik
- Mit dem **Fahrrad** entlang des Lakeshore fahren

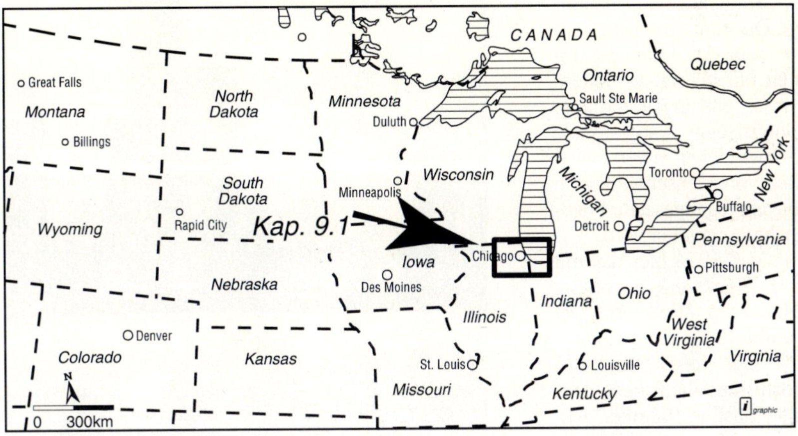

Sicherheitshinweis

Chicago's Zeit des Al Capone ist zwar vorbei, und tagsüber sind die Innenstadtgebiete ziemlich sicher. Trotzdem aber ist die Kriminalitätsrate in Chicago immer noch relativ hoch. Gehen Sie besonders abends nur entlang der belebten Straßen, nehmen Sie nicht zu viel Geld mit und gehen Sie möglichst nicht alleine entlang wenig belaufener Straßenzüge.

Besondere Vorsicht ist geboten – auch tagsüber – in den Lagerhausgebieten südlich der Stadt, den südlichen und südwestlichen Neighbourhood-Areas und im Westen entlang der Armitage Avenue bzw. westlich des Loops.
Viele der Blues- und Jazzkneipen befinden sich in diesen sog. "No-Go-Areas". Sie können zwar die Kneipen besuchen, sollten hier aber keine Wertsachen im Fahrzeug lassen und nahe der Lokale parken – besser noch: Sie nehmen ein Taxi.

Bevor Sie sich von der Innenstadt entfernen, sollten Sie trotz allem noch einen Einheimischen fragen, ob das angestrebte Ziel "sicher" ist.

9.1.1 ÜBERBLICK

Als im 18. Jahrhundert eine kleine Gruppe französischer Pelzhändler einen bescheidenen Lagerplatz an einem Ausfluß eines stark mäandrierenden, sumpfigen Flusses am Lake Michigan fand, hat wohl keiner von ihnen ahnen können,

- daß bereits 130 Jahre später hier über eine Million Menschen leben werden,
- daß weitere 50 Jahre später hier "America's Second City", die Stadt "mit den breiten Schultern", ihre bis zu 100 Meilen langen Straßenzüge schnurgerade in die Landschaft ziehen läßt, wie Fangarme auf der Suche nach immer mehr Menschen,
- daß in über 100 Stadtteilen Menschen aus 85 Nationen leben werden, die 54 Sprachen und unzählige Dialekte sprechen,
- daß der Fluß, der ihnen mit all seinen Seitenarmen und unpassierbaren Sumpfseen so viele Schwierigkeiten verursacht hat, von Menschenhand in die entgegengesetzte Fließrichtung geleitet wird,
- daß 1974 hier das mit 110 Stockwerken höchste Haus der Welt errichtet wird und
- daß dieser Stadtmoloch trotz allem bedeutende Künstler, Politiker, Autoren, Musiker und Kaufleute hervorbringen wird.

Pflastertreten vor der Skyline

Chicago hat wirklich alle Höhen und Tiefen amerikanischer Geschichte durchgemacht: Siedlertragödien, Feuersbrünste, Industrialisierung, Überfluß und Verelendung. Zu Beginn des 20. Jahrhunderts glaubte man sogar, es würde New York einmal als größte Stadt Amerikas ablösen. Der Verfall der Schlachthöfe, der Niedergang der Eisenbahnen und die Bandenkriege während der Prohibition haben dieses aber verhindert.

Heute nun ist Chicago nach New York und Los Angeles die drittgrößte Stadt der USA, wird aber immer noch die "Second City" genannt – Los Angeles mit seinem kalifornischen "Sonnendasein" zählt da nicht.

Im Gegensatz zu New York zählt der Großraum Chicago mit seinen 6,8 - 8 Millionen Menschen (keiner kennt die genaue Zahl) zwar mehr als 10 Millionen Menschen weniger, doch nichts desto trotz hat sich auf einer riesigen, ebenen Fläche eine homogene "Siedlungsgemeinschaft" zusammengerauft, die sich trotz all' ihrer unterschiedlichsten sozialen und kulturellen Hintergründe als sehr bodenständig erweist. Kaum eine amerikanische Großstadt hat während der letzten Jahrzehnte eine so niedrige Fluktuation aufgewiesen; wem es hier nicht gefiel oder wer keine Arbeit mehr gefunden hat, der hat dieser Stadt bereits vor 1950 den Rücken gekehrt.

Feierabend: Banker in Sportschuhen

Chicago hat heute einiges zu bieten – und im Vergleich zu New York gleich zwei Dinge vorweg: Chicago ist hauptsächlich geprägt durch seine Menschen – New York dagegen auch durch die auffällige Flußgeografie –, und Chicago hat einen gewissen Charme, verbunden mit der Eleganz einer ständig mit sich selbst beschäftigten Innenstadt, bewahrt. New York lebt von der Außenwelt – und die scheint die Chicagoer kalt zu lassen. Sie genießen ihre Stadt, wie sie ist – und damit können hier (fast) alle leben.

Chicago scheint sich ständig im Umbruch zu befinden. Stadtteile, die noch vor 3 Jahrzehnten wenigen betuchten Bürgern vorbehalten waren, zählen heute zu den "No-Go-Areas" und andersherum, Gebiete wirtschaftlichen Hochlebens während der 20er und 30er Jahre, wie z.B. die Region südlich der Innenstadt, bieten heute einen Anblick des Verfalls, und das Ende der 80er Jahre ins Leben gerufene "Wiederaufbauprogramm" scheint hier nicht zu greifen. Kaum jemand mag erahnen, wie diese Stadt wohl in 20 bzw. 200 Jahren aussehen wird. Ständig rauchen die Köpfe in den Chefetagen und der Stadtverwaltung auf der Suche nach neuen Ideen und Perspektiven.

Reisende sind immer wieder fasziniert von Chicago. Voreingenommen und verängstigt durch die Gangstergeschichten des Al Capone, die der Stadt immer noch anhaften, überwältigt von der Größe und ehedem nicht sonderlich beeindruckt durch die für europäische Reisende wenig besuchte geografische Region, erkennt man aber sehr bald, daß in dieser Stadt wahre "Schätze" verborgen liegen:

- eine überaus interessante Stadtarchitektur – gespickt mit zahlreichen Anekdoten,
- erstklassige Museen,
- ein Kulturprogramm mit Weltniveau,
- ein Völkergemisch, das der Stadt seinen Stempel aufprägt,
- beste Restaurants,
- Hinterhof-Blues- und Jazzkneipen, in denen die "ganz Großen" der amerikanischen Szene auftreten,
- eine 100 Meilen lange Uferpromenade mit Stränden, Lauf-und Fahrradwegen und, und, und ...

Die Auflistung könnte endlos so weitergehen. Eines aber kann ich Ihnen hier versprechen: Ob Sie Großstädte mögen oder nicht, die Faszination von Chicago wird Sie nicht loslassen, und jeder, der einmal hier gewesen ist, hegt früher oder später den Wunsch, einmal wiederzukommen. Planen Sie also gleich mindestens 3 Tage ein.

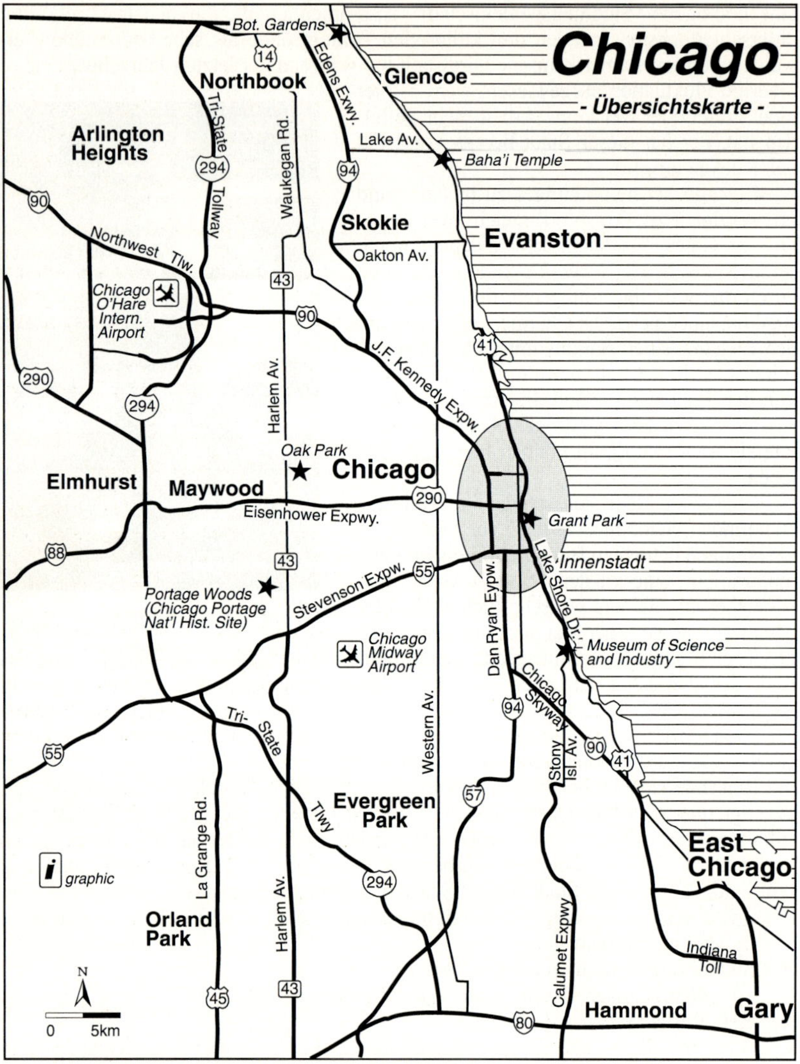

9.1.2 REISEPRAKTISCHE HINWEISE

Entfernungen
Chicago - Milwaukee: 87 mi/140 km
Chicago - Springfield: 197 mi/317 km
Chicago - Detroit: 275 mi/443 km
Chicago - Minneapolis: 410 mi/660 km

Informationen

● **Chicago Cultural Center:** 77 E. Randolph St., Tel.: (312) 744-2947 od. 744-2400. Geöffnet: Mo-Fr 10h00 - 18h00, Sa 10h00-17h00, So 12h00-17h00. Geschlossen an Feiertagen.

● **Chicago Convention & Visitors Bureau:** 2301 Lakeshore Dr., Tel.: (312) 567-8500. Geöffnet: täglich 9h00-17h30.

● **Chicago Office of Tourism**: im Historic Water Tower-in-the-Park, 806 N.Michigan Ave., Chicago, Il 60611, Tel.: (312) 280-5740 und 744-2400. In der gegenüberliegenden Water Tower Pumping Station (Ecke Michigan Ave./East Pearson) gibt es ebenfalls ein kleines Visitor Bureau (tägl. 9h30-17h00), wo Sie Infos und Broschüren erhalten und wo einige Filme zur Stadtgeschichte gezeigt werden. Tel.: (312) 744-2400.

● Es gibt zudem **5 Illinois Travel Information Center**: 310 S.Michigan Ave.; Sears Tower; 100 W.Randolph St. (State of Illinois Center) sowie an beiden Flughäfen. Gebührenfreie Infos: 1-800-223-0121.

● Folgende **Stadtmagazine** informieren über aktuelle Veranstaltungen: "Chicago", "The Reader" und "Key- this week in Chicago". Als **Tageszeitungen** geben die Freitagsausgaben der "Chicago Tribune" und der "Chicago Sun-Times" einen guten und aktuellen Überblick über das Veranstaltungsprogramm der folgenden Tage.

- **Informationen zu Wisconsin:**
  Wisconsin Information Center: 342 N. Michigan Avenue. Geöffnet: Mo-Fr 9h00-17h00
- **Weitere Info-Nummern:**
  Chicago Architecture Foundation: 224 S.Michigan Ave., 922-3432
  Dance Hotline: 419-8383
  Jazz Hotline: 427-3300
  Soul Hotline: 288-7685
  Sport Infomationen: 976-4242

Wichtige Telefonnummern:

● **Vorwahl**: 312 (Stadtgebiet), 708 (Neighbourhoods/Vorstädte). **Hinweis:** Zwischen diesen beiden Telefonbezirken müssen Sie noch vor die Vorwahl die 1 wählen. Also z.B. 1-708- Nummer in die Vorstadt. Dieses System soll aber evtl. bald geändert werden und die einfache Nummer dann genügen.

● **Notruf/Polizei/Krankenwagen**: 911

● **Traveler's Aid** (Hilfe für Reisende) am O'Hare Airport: 686-7562

● **Krankenhäuser**:

- Northwestern Memorial: Franklin Court, Tel.: 908-2000

Redaktions-Tips

- **Fortbewegung: Parkplätze sind in der gesamten Stadt Mangelware bzw. extrem teuer!** Gehen Sie viel zu Fuß, benutzen Sie Taxis oder fahren Sie im Innenstadtbereich mit der S-Bahn.
- **Karten:** Die Karten in diesem Buch können nur als Richtlinien gelten. Es ist aber für eine große Stadt wie Chicago essentiell, sich einen richtigen Stadtplan zu besorgen.
- **Übernachten Sie** gediegen im **Palmer House Hilton** bzw. **Hilton & Towers**, luxuriös im **Drake**, komfortabel und relativ preiswert im **Claridge** oder für Chicagoer Verhältnisse günstig und unkompliziert im **Essex Inn**. Wer mehr Platz benötigt, dem seien die relativ günstigen Suiten im **Lenox House Suites Hotel** empfohlen.
  Als Richtlinie für die Hotelwahl gilt: Am besten sind Sie in einem Hotel im Loop bzw. noch besser zwischen Loop und Chicago Avenue (nördlich) untergebracht. Von hier können Sie vieles unternehmen und benötigen bei zweitgenanntem auch abends nicht unbedingt Ihr Fahrzeug oder ein Taxi.
- **Essen**: Ein Erlebnis besonderer Art bietet die elsässische Küche im **Everest Room** (aber teuer), sehr schmackhaft ist die griechische Küche im **Papagus**, das deutsche Essen im **Berghoff** bzw. die Pizza im **Gino's East**. Eine sagenhafte Aussicht haben Sie beim Dinner im Obergeschoß des **Hancock Center**. Ausgefallen ist die **polnische Küche** entlang der Belmont Avenue.
- **Bedeutendste Sehenswürdigkeiten**: Stadtarchitektur; Skulpturen im Loop; Aussicht vom Sears Tower bzw. J. Hancock Center; Wright Häuser in Oak Park; Art Institute of Chicago; ethnische Stadtteile; Navy Pier; die Kultur- und Livemusikszene im allgemeinen.
- **Aktivitäten:** eine **Fahrradtour** entlang des Lakeshore
- **Nachteulen**: Blues: Buddy Guy's Legend, Kingston Mines oder Rosa's Lounge; Jazz: Andy's oder Green Mill; Rockmusik: Lounge EX; Disco: Magnum's; Dinnertheater: Je nach Angebot, doch sollte es ein Theater im Stadtteil Lincoln Park sein, denn dort gehen die Einheimischen hin; Pubs und Kneipen: Im Bereich Clark Street (Blocks 100-500)/Hubbard Street gibt es zahlreiche Lokale aller Schattierungen – die Einheimischen aber suchen eher Lokale im Stadtteil Lincoln Park (Clark bzw. Lincoln Streets) auf; Late-Nite-Dining: Harry's Velvet Room
- **Zeiteinteilung:** siehe Kasten weiter unten.

- Presbyterian St. Luke's Hospital: 942-5000

● **Zahnärztlicher Notdienst**: Chicago Dental Association: 836-7300

● **Apotheke:** Walgreen's, eine 24-Std.-Apotheke, befindet sich an der Michigan Ave. (Ostseite), schräg gegenüber dem Water Tower.

● **Telefonauskunft**: 411 oder "0" für Operator

● **Lokale Wetteransage**: 976-1212

Airlines

● **Telefonnummern**

Air Canada: 800-776-3000
America West: 800-247-5692
American: 800-433-7300
British Airways: 800-247-9297
Continental: 800-525-0280
Delta: 800-221-1212
Northwest: 800-225-2525
Southwest: 800-435-9792
Swissair: 800-221-4750
United: 800-631-1500
USAir: 800-428-4322

● **Chicagos 2 Flughäfen:**

Chicago verfügt über 2 Flughäfen: Der "Chicago O'Hare Airport" bedient nationale und internationale Flüge, während der kleinere "Midway-Airport" nur nationale und regionale Flüge bedient.

● **An-/Abfahrt: O'Hare Airport**

Airportauskunft (O'Hare): (312) 686-2200

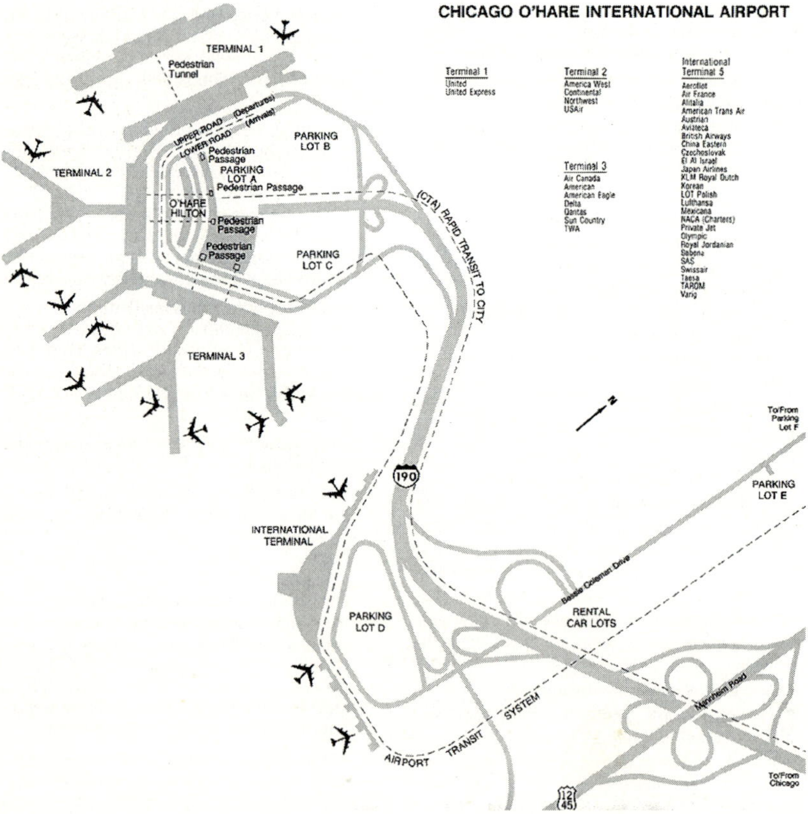

Hinweis: Obwohl die Fahrtstrecke eigentlich in weniger als 30 Minuten zu schaffen ist, können häufige Staus Fahrzeiten bis zu 90 Minuten bedingen. Berücksichtigen Sie dieses.
Auto: Folgen Sie einfach dem Highway I-90 nach (Nord-) Osten.
Taxi: Ca. 30 US$ kostet eine Taxifahrt in die Stadt. Es gibt zudem ein "Share-Ride-Program", das es Ihnen ermöglicht, mit bis zu 4 Personen ein Taxi zu teilen. Preis: ca. 16 US$/Person.
Shuttle: Zahlreiche Innenstadthotels bieten Shuttleservices an. Ein weiteres Unternehmen, "Continental Airport Express", bietet Shuttleservices zu allen Innenstadthotels und auch zu Hotels nördlich und südlich davon. Ein Ticketschalter befindet sich an den einzelnen Gepäckausgaben. Infos: Tel.: (312) 454-7799. Preis: ca. 16 US$ one-way.
Bus: Es gibt keine sinnvolle Alternative zu den Shuttleservices und Zügen.
Bahn: Es gibt eine S-Bahn ("CTA") in die Innenstadt (Fahrtdauer ca. 40 Minuten). Abfahrten alle 10 Minuten von: Terminals 1,2,3: im Untergeschoß; Terminal 4: in der Lobby. Vom International Terminal nehmen Sie das "Airport Transit System" zum Terminal 3. Infos: Tel.: (312) 836-7000. In den Flughafengebäuden sind die Züge mit "Trains to Downtown" ausgeschildert. Preis: 1,50 US$.

● **An-/Abfahrt: Midway Airport**

Airportauskunft (Midway): (312) 767-0500
Hinweis: Die Fahrtzeit zum Midway-Airport dauert mindestens 25 Minuten, kann aber verkehrsbedingt auch 45 Minuten betragen.
Auto: Über den I-55 in südöstlicher Richtung.
Taxi: Für ca. 22 US$ bieten zahlreiche Taxiunternehmen Fahrten in die Stadt. Auch hier gibt es das o.g. "Share-Ride-Program" für 10 US$/Person.
Shuttle: Der "Continental Airport Express" fährt in den Stadtbereich (alle 20 Minuten). Preis: ca. 12 US$. Tikkets gibt es gegenüber dem Southwest Airlines Schalter. Infos: Tel.: (312) 454-7799.
Bus: Während der Hauptzeiten verkehrt der "Midway Express Bus" #99M vom Zentraleingang des Terminals. Infos: (312) 836-7000.
Bahn: Eine S-Bahn fährt in regelmäßigen Abständen in die Stadt. Preis: 1,50 US$ one-way.

Kurier à la Chicago

Autovermietungen

- Alamo: (800) 327-9633
- Avis: (800) 331-1212
- Budget-Rent-A-Car: (800) 527-0700
- Dollar: (800) 800-4000
- Enterprise: (800) 325-8007
- Hertz: (800) 654-3131

Öffentliche Verkehrsmittel

● **Amtrak:** Amtrak Chicago Union Station: 210 S.Canal St., Tel.: (312) 588-1075 oder (800) USA-RAIL
● **Überlandbusse:** Die GREYHOUND Busstation befindet sich in der 630 W.Harrison St., Tel.: (312) 781-2900 oder 1-800-231-2222
● **Stadtbusse + Stadtbahnen:** Die "Chicago Transit Authority" ("CTA") bedient das Bus-, U- und Hochbahnsystem der Stadt. Die Hochbahn, der "Elevation Train", wird kurz "el" genannt. Die "Metra" ("Metropolitan Rail") ist die Vorortbahn. Die Bahnen sind ein hervorragendes Verkehrssystem und bedienen viele für Sie interessante Punkte der Stadt (Loop, Nord-City, Flughäfen) Infos: Tel.: (312) 836-7000 oder 1-800-972-7000.

Taxis

- Checker: (312) 243-2537
- Yellow Cab: (312) 829-4222

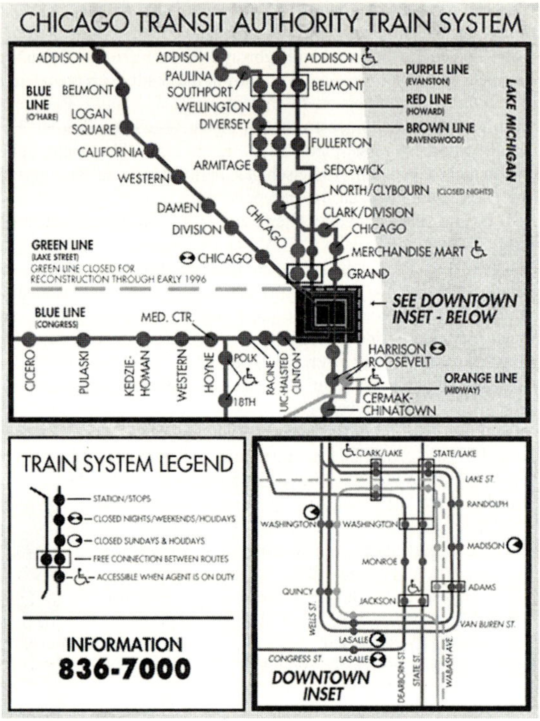

Konsulate

Lesen Sie bitte im Kapitel "Praktische Reisetips von A-Z", Stichwort "Konsulate".

Jährlich wiederkehrende Veranstaltungen (Auswahl)

- **17. März:** St.Patrick's Day Parade. Entlang des Wacker Drive zwischen Dearborn St. und Van Buren St., Infos: (312) 744-3315. Abends **Feuerwerk** am North Pier.
- **Erste Maiwoche:** Art Chicago. Internationale Kunstausstellung am Navy Pier. Infos: (312) 587-3300.
- **Ende Juni/Anfang Juli:** Köche bekannter Restaurants bieten an Ständen im Grant Park ihre Köstlichkeiten an.
- **Anfang Juni bis Anfang September:** Verschiedene Musikfestivals (Blues, Gospel, Jazz, Country) an der Lakefront und in Lokalen der Stadt. Achten Sie auf Aushänge ("Chicago's Free Summer Lakefront Festivals"). Infos: (312) 744-3315.
- **Oktober:** Chicago International Filmfestival. Hochkarätiges Filmfestival in Innenstadtkinos. Infos: (312) 644-3400 oder über die 24-Std. Hotline: (312) 644-3456.

Einkaufen

Chicago bietet für jeden etwas: vor allem, wer gerne bummelt, wird nicht enttäuscht werden. Chicago steht New York in kaum etwas nach. Bestes Gebiet fürs "Schaufensterln" ist die **North Michigan Avenue** (500er-80er Blocks) – auch als "Magnificent Mile" bekannt –, wo es neben den großen Warenhäusern auch eine Reihe von Fachgeschäften gibt. Billig ist hier aber nichts. Ein weiteres gutes Einkaufsgebiet ist die **State Street Mall** (Congress Parkway/S.Wacker Drive). Zwischen beiden o.g. Einkaufsgebieten verkehrt übrigens ein Shoppingbus (50 Cents).

- **Kaufhäuser:** Marshall Field's: 111 N.State St. "Das" Kaufhaus. Tiffany Kuppel, großes Atrium und Ambiente! Weitere gute Adressen sind: "Bloomingdale's" (900 N. Michigan Ave.), "Neiman Marcus" (737 N.Michigan Ave.), "Saks Fifth Avenue" (700 N.Michigan Ave.) und "Carson Pirie Scott & Co" (Ecke Madison & State Streets)
- **Sportschuhe:** Niketown: 669 N. Michigan Ave. Hier gibt es nicht nur die begehrten Nike-Sportschuhe und -textilien zu kaufen, sondern wird ein aufwendiges Entertainment-Programm rund um den Modeschuh geboten. Eher ein Erlebnis als ein günstiger Einkaufsplatz.
- **Zeitungen:** Krochs & Brentanos: 29 S.Wabash Ave. Auch internationale Zeitungen.
- **Juwelier:** Tiffany's & Co: 715 N. Michigan Ave. Ableger des berühmten Juweliers in New York.
- **Reiseliteratur:** Rand McNally: 444 N.Michigan Ave. Hier finden Sie alles, was Sie an Reiseliteratur und Kartenmaterial benötigen.
- **Musik:** Jazz Record Mart: 444 N. Wabash St. Der größte Jazz- und Blues-Plattenladen der Welt. Wer hier etwas kaufen möchte, sollte sich Zeit lassen. Es gibt auch günstige Secondhand-CDs und -Kassetten.

● **Fabric Stores:** Gurnee Mills am I-94 zwischen Chicago und Milwaukee (gegenüber dem "Six-Flags-Park"). Größter Fabrikladenkomplex der Welt. Fabrikläden sind in den USA eine gute Gelegenheit, preisgünstig Markenartikel zu erstehen (da kein Zwischenhandel). Für 5 US$ gibt es ein Couponheft, welches Gutscheine der verschiedenen Läden enthält und zusätzliche Preisnachlässe bietet.

Fahrrad- und Rollerblades-Verleih am Lakeshore

Bike Chicago: Hier können Sie an 4 Stationen (Oak St. Beach, Lincoln Park Zoo, Buckingham Fountain und Navy Pier) Fahrräder sowie Rollerblades und Skateboards ausleihen. Sie können diese dann an jeder der einzelnen Stationen wieder abgeben, egal, wo Sie sie in Empfang genommen haben. Es werden auch Fahrräder zum Hotel geliefert. Infos: 1-800-915-BIKE

Golf

Chicago verfügt über unzählige Golfplätze, und einen davon möchte ich den Golfspielern ans Herz legen: **Illinois Center Golf**: 221 N. Columbus Drive, Tel.: (312) 616-1234. Der 9-Loch-Platz liegt inmitten der Stadt, nahe der Navy Pier; der einzige Platz Amerikas in der Innenstadt, umringt von Hochhäusern. Schläger und Bälle können ausgeliehen werden.

Roller Skating

United Skates of America Rainbow Roller Rink: 4836 N. Clark St., Tel.: (312) 271-5668 od. 271-6200. Die größte Roller Skating-Bahn der Welt – über 2 Ebenen. Lichtshows, Musik, Snacks, alles gibt es hier. Roller Skates können ausgeliehen werden.

Strände

Der beliebteste Stadtstrand ist der **North Avenue Beach** mit Volleyballnetzen, Joggingpfad und dem Schachpavillion in der Nähe. Am stadtnächsten sind **Oak** und **Ohio Street Beach**, die aber sehr voll sein können. Je weiter Sie nun nach Norden fahren, desto leerer werden die Strände. In Richtung Süden gibt es im Stadtgebiet nicht so schöne Strände. Erst wieder die Strände in Indiana (Indiana Dunes Park bzw. NLS) und in Michigan lohnen hier wieder.

Sightseeingtouren

● **Chicago Architectural Foundation**: 224 S. Michigan Ave., Tel.: (312) 922-3432. Erläuterte Touren zu den unzähligen Baudenkmälern und architektonischen Highlights der Stadt. Ein "Muß"! Es gibt außerdem einen ausgesuchten Buchladen mit Büchern zu allen Themen der Architektur. Die interessantesten Architekturtouren sind die Boottouren, die entlang des Chicago-River führen (90 Min.). Abfahrt dazu an der Brücke der Michigan Ave.

● **Gray Line of Chicago**: Tel.: (312) 427-3107. Stadtrundfahrten aller Art.

● **Omni Flight Helicopters**: Tel.: (312) 585-9800. Hubschrauberflüge über die Stadt. Ein besonderes Erlebnis und eine Gelegenheit, die architektonische Vielfalt der Stadt aus einer anderen Perspektive zu bestaunen.

● **Trolleytouren:** Chicago Trolley Co. fährt in 15-minütigem Abstand zu allen Sehenswürdigkeiten. Die Trolleys können jederzeit bestiegen werden – Zwischenstops sind natürlich möglich. Abgerechnet wird über ein Tagesticket. Infos: (312) 738-0900.

● Am Water Tower Place fahren **Kutschen** ab zu Stadtrundfahrten. Spezielle Touren können arrangiert werden. Empfehlenswertes Unternehmen: Chicago Carriage Tours Co., Tel.: (312) 280-8535.

● **Chicago From the Lake**: North Pier Terminal (E.Illinois St.), Tel.: (312) 527-2002. Von April bis Oktober. Boottouren (60 und 90 Minuten) entlang der Uferzone. Gute Erläuterungen zur Architektur.

● **Untouchable Tours**: P.O.Box 43185. Tel.: (312) 881-1195. Touren zu den Relikten der Gangster- und Prohibitionszeit. Viele Gebäude aus der berüchtigten Zeit stehen nicht mehr, aber alleine die Darbietung – nennen wir es Show – der Tour ist Klasse und dazu informativ.

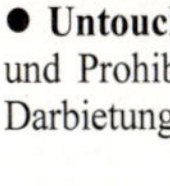

Sportveranstaltungen

Live dabei zu sein in einem amerikanischen Stadion, ist ein Erlebnis besonderer Art. Weniger der Sport als vor allem die Atmosphäre sprechen für sich. So gleicht ein Besuch eines Football- bzw. Baseballspiels eher einem Happening mit Picknick. Leider ist es nicht immer einfach, ein Ticket zu bekommen. Aber versuchen Sie es halt einmal.

● **Football: "Chicago Bears"**: Soldier Field (am Ende der 12th Street, Seeufer). Infos: (312) 663-5100

● **Baseball:**

- **"Chicago White Sox"**: Comiskey Park (im Bereich Clark Street (Dan Ryan Expressway)/35th Street – südl. der Innenstadt). Infos: (312) 924-1000, Tickets über Ticketmaster: (312) 831-1SOX.
- **"Chicago Cubs"**: Wrigley Field (Ecke Addison St./Sheffield Ave.- nördl. der Innenstadt). Es handelt sich hier um eines der ältesten Stadien des Landes. Infos: (312) 924-1000, Tickets über Ticketmaster: (312) 831-CUBS.

● **Basketball: "Chicago Bulls"**: Chicago Stadium, 1800 W.Madison Street. Die Bulls gehören zu den weltbesten Basketballteams. Infos: (312) 943-5800. Tickets über Ticketmaster: (312) 559-1212.

● **Eishockey: "Chicago Blackhawks":** Auch sie spielen im Chicago Stadium in der 1800 W.Madison Street. Infos: (312) 773-5300. Tickets über Ticketmaster: (312) 559-1212.

● **Pferderennen:** Neben einer Vielzahl von Pferderennbahnen gilt der **"Arlington International Racecourse"** als der beste. Ecke Euclid/Wilke Streets, Arlington Heights. Tel.: (708) 255-4300. Saison: Mai-Oktober.

Hotels

Tip: Wem die Suche nach einem Hotel zu umständlich ist bzw. wer kein freies Zimmer mehr zu finden scheint, dem bietet die Organisation **"Chicago Hotel Reservations" (7600 Southland Blvd., Orlando, FL, Tel.: 800-700-4683)** Hilfe an. Clou: Es gibt auch einen deutschsprachigen Service. Discountpreise werden übrigens auch angeboten. Ein weiterer Anbieter für Reservierungsdienste ist: **Hot Room** (Tel.: (312) 468-7666 od. 800-468-3500)

● **In und um die Innenstadt**

L = im Loop u. Grant Park/NL = bis zu 2 Meilen nördlich des Loops (besser fürs Abendprogramm), keine Angaben: andere Lagen

Tip: Hotels in Chicago sind nicht ganz billig, dafür aber sind sie bekannt dafür, daß man die Preise herunterhandeln kann. Besonders die Innenstadthotels (**im** Loop) bieten günstige Wochenendraten, während die **nördlich** des Loops gerade an Wochenenden stark frequentiert werden.

- **Four Seasons $$$$, NL:** 120 E. Delaware Place (900 N. Michigan Ave. Complex), Chicago, IL 60611, Tel.: (312) 280-8800 od. 800-332-3442, Fax: (312) 280-9184. Das "Waldorf Astoria" von Chicago. In den Zimmern: englische Antiquitäten. Absolutes Luxushotel an der Magnificent Mile (bei Bloomingdale's). Alle Annehmlichkeiten, vom Fitnesscenter über Schwimmbad bis hin zu Nachmittagsimbiß werden geboten. Zugang zur 900 N. Michigan Shopping Mall. Tip: Gute Aussicht auf die Chicago-Skyline von den oberen Stockwerken.
- **The Drake $$$$, NL:** 140 E. Walton Place (Ecke Michigan Ave./Lakeshore Dr.), Chicago, IL 60611, Tel.: (312) 787-2200, Fax: (312) 787-1431. Historisches Hotel am Lakeshore Drive. Ambiente der italienischen Spätrenaissance. Gediegen und luxuriös.
- **Intercontinental Chicago $$$$, NL:** 505 N.Michigan Ave., Chicago, IL 60611, Tel.: (312) 944-4100 od. 800-327-0200, Fax: (312) 944-1320. Elegantes historisches (1929) Hotel zwischen Loop und der Magnificent Mile. Das Gebäude wurde 1929 als Athletikclub errichtet. Die zweigeschossige Lobby mit wunderschönen Ballustraden und Spiraltreppen ist sehenswert.
- **Sheraton $$$$, NL:** 301 E. North Water St., Chicago, IL 60611, Tel.: (312) 464-1000, Fax: (312) 464-9140. Modernes Luxushotel direkt am Ausfluß des Chicago River in den Lake Michigan. Versuchen Sie, ein Zimmer mit Blick auf Fluß und Skyline (süd/südwest) zu bekommen.
- **Palmer House Hilton $$$-$$$$, L:** 17 E.Monroe St. (Loop, Ecke State St.), Chicago, IL 60603, Tel.: (312) 726-7500, Fax: (312) 263-2556. Mit 1639 Zimmern das größte und, 1871 erbaut, das älteste Hotel der Stadt. Schöne Säulenlobby. Aber auch die Zimmer sind ansprechend und hell. In dieser Preisklasse der Tip. Leider für abends als Innenstadthotel etwas abgelegen.
- **The Blackstone $$$, L:** 636 S.Michigan Ave., Chicago, IL 60605, Tel.: (312) 427-4300. Altes, elegantes Hotel, das vor allem durch den angeschlossenen "Jazz Showcase"– Jazzclub von sich reden macht. Ein Hotel mit dem Ambiente des Chicago der 20er Jahre.
- **Lenox House Suites $$$ NL:** 616 N.Rush St., Chicago, IL 60611, Tel.: (312) 337-1000 od. 800-445-3669, Fax: (312) 337-7217. Nicht weit vom Zentrum gelegen (nördlich), bietet dieses Hotel in seinen Ecksuiten (2 Räume/Küchenecke) den nötigen Platz für Familien mit Kindern – und das für Chicagos Innenstadt auch noch preislich im Rahmen bleibend. Im Keller Münz-Waschmaschinen! Dieses "kleine" Hotel besticht durch Lage und gutes Preis-/Leistungsverhältnis – eigentlich der Tip!

- **Claridge $$$ NL:** 1244 N. Dearborne Pkwy., Chicago, IL 60610, Tel.: (312) 787-4980 od. 800-245-1258, Fax: (312) 266-0978. Ruhig gelegenes Hotel aus den 30er Jahren. Komplett renoviert. 2 km nördlich des Loop.
- **Grant Park Hotel - Best Western $$-$$$, L:** 1100 S. Michigan, Chicago, IL 60605, Tel.: (312) 922-2900 od. 800528-1234, Fax: (312) 922-8812. Sauberes Hotel, Zielgruppe: Geschäftsreisende. Dafür relativ gutes Preis-Leistungsverhältnis.
- **Essex Inn $$, L:** 800 S. Michigan Ave., Chicago, IL 60605, Tel.: (312) 939-2800 od. 800-421-6909, Fax: (312) 939-1605. Die günstigen Preise für die Innnenstadtlage versprechen zwar keine besonderen Leistungen, aber das Hotel ist sauber und "ehrlich".
- **Comfort Inn of Lincoln Park $$:** 601 W. Diversey Pkwy., Chicago, IL 60614, Tel.: (312) 348-2810 od. 800-727-0800, Fax: (312) 348-1912. 74-Zimmer-Motel 3 Meilen nördlich des Loop. Kein Schnickschnack, aber günstiges Preis-Leistungsverhältnis.
- **Motel 6 Chicago $$, NL:** 162 E. Ontario St., Chicago, IL, Tel.: (312) 787-3580 od. 1-800-621-8055, Fax: (312) 787-1299. Ungewöhnliche zentrale Lage für diese Low-Price-Hotelkette. Rechtzeitig reservieren! Einfach ausgestattet, aber mit Raten ab 60$ pro Nacht ein Tip.
- **Cass Hotel $$, NL:** 640 N. Wabash Ave., Chicago, IL 60611, Tel.: (312) 787-4030 od. 1-800-CASS-850. Sehr einfaches Hotel. Von außen bereits fällt auf: Die beiden unteren Stockwerke sehen gut aus, darüber bröckelt der Putz ab. Mit Raten von teilweise nur 50$ aber der Tip für den schmalen Geldbeutel. Sauber sind die Zimmer – nur halt etwas abgenutzt. Rechtzeitig reservieren !

● **Im Gebiet des O'Hare Airports:**

Alle Hotels hier bieten Transport zu den Flughafengebäuden.

- **Sofitel O'Hare $$$$:** 5550 N. River Rd., Rosemont, IL 60018, Tel.: (708) 678-4488 od. 800-233-5959, Fax: (708) 678-4244. Luxushotel, in dem man sich erfolgreich bemüht – ganz im Gegensatz zu den typischen Airporthotels – eine persönliche Atmosphäre zu schaffen. Bei 304 Räumen nicht ganz einfach, aber ein Betthupferl auf dem Kopfkissen wird Sie bereits überzeugen.
- **Westin Hotel, O'Hare $$$-$$$$:** 6100 River Rd. (I-90 Exit River Rd. N.), Rosemont, IL 60018, Tel.: (708) 698-6000, Fax: (708) 698-4591. Hotel der oberen Klasse. Ausgerichtet auf Geschäftsleute, aber durchaus auch geeignet für diejenigen, die es etwas gediegener mögen und am nächsten Morgen früh abreisen müssen.
- **Embassy Suites $$$-$$$$:** 6501 N. Mannheim Rd. (1/2 nördl. am I-90, Exit Mannheim Rd. N), Rosemont 60018, Tel.: (708) 699-6300, Fax: (708) 699-0391. Geräumige Zimmer lassen Preise ab 100$ akzeptabel erscheinen. Gut geeignet für Familien mit Kindern.
- **Clarion Quality Inn $$-$$$:** 6810 N.Mannheim Rd., Rosemont, IL 60018, Tel.: (708) 297-1234, Fax: (708) 297-5287. Gutes Preis-Leistungsverhältnis.
- **Howard Johnson O'Hare $$:** W.Irving Park Rd (Kreuzung US 12/45 u. IL 19), Schiller Park, IL 10249, Tel.+ Fax: (708) 671-6000. Motel der unteren Mittelklasse. Also nichts besonderes, aber dafür relativ günstig.
- **Comfort Inn O'Hare $$:** 2175 E. Touhy Ave., Des Plaines, IL 60018, Tel.: (708) 635-1300 od. 800-222-7666, Fax: (708) 635-7572. 24-Stunden-Airport-Shuttle! Obwohl es sich auch nur um ein ganz normales Motel handelt, wird hier ein gutes Preis-Leistungsverhältnis geboten.
- **Travellodge Chicago O'Hare $$:** 3003 Mannheim Rd (1 Meile nördl. des Flughafens an der Kreuzung US 12/45 u. IL 72, Tel.: (708) 296-5541, Fax: (708) 803-1984. Eines der günstigsten Motels in Flughafennähe. Einfach.

● **Am Midway Airport**

Die Hotels hier bieten Transport zu den Flughafengebäuden.

- **Holiday Inn Midway Airport $$-$$$:** 7353 S. Cicero Ave. (IL 50), Chicago, IL 60629, Tel.: (312) 581-5300, Fax: (312) 581-8421. Angenehmes Mittelklassehotel. Pool und Tanz. Günstige Wochenendraten.
- **Midway Airport Inn $$-$$$:** 5400 S. Cicero Ave., Chicago, IL 60638, Tel.: (312) 581-0500 od. 1-800-621-0127 (nur von außerhalb IL), Fax: (312) 581-9868. Etwas günstiger als o.g. Hotel. Pool. Tip: Auf Wunsch können Sie einen Kühlschrank im Zimmer aufstellen lassen.

● **In anderen Stadtgebieten**

- **Inn at University Village $$-$$$:** 625 S. Ashland Ave.(am Rush-Presbyterian St.Luke's Medical Center – University-Campus), Chicago, IL 60607, Tel.: (312) 243-7200 od. 800-662-5233, Fax: (312) 243-1289. 2 Meilen westl. des Loops, aber Bahnanschluß zur City. Preislich wirklich eine Alternative zu den Innenstadthotels – verglichen mit der Qualität der oberen Mittelklasse.

Bed & Breakfast
Sie können über folgende 2 Organisationen eine Bed & Breakfast-Unterkunft buchen:
● **Bed & Breakfast Chicago:** P.O.Box 14088, Chicago IL 60614-0088, Tel.: (312) 951-0085.
● **Bed & Breakfast Lincoln Park:** Tel.: (312) 327-6546

Jugendherberge und Low Budget
● **Chicago International Hostel $:** 6318 N.Winthrop Ave., Tel.: (312) 262-1011. Nahe dem Seeufer – nördlich des Lincoln Parks. Weit von der Innenstadt!
● **Arlington House $:** 616 W. Arlington Place, Chicago, IL 60614, Tel.: (312) 929-5380 od. 800-538-0074. Nördlich der Innenstadt, in Lincoln Park gelegenes Hostel mit Doppelzimmern und Schlafsälen. Günstig gelegen zu den Nightlife-Spots dieses Stadtteiles. Waschmaschinen und Fahrradverleih.

Restaurants
● **Innenstadtbereich (nicht weiter als 2 Meilen vom Loop):**
- **Everest Room:** 440 S. La Salle Street., Tel.: (312) 663-8920. **Das** Restaurant der Stadt. Exquisite, meist französisch (Elsaßspezialitäten) angehauchte Küche. Dazu ein Panoramablick vom 40. Stockwerk des Börsengebäudes. Das Interieur ist geschmackvoll, und das Motto lautet: Sehen und gesehen werden. Dieses Restaurant bietet wie kaum ein anderes im Mittleren Westen die Chance auf "Super-Fine-Dining"! Hauptgerichte beginnen aber erst bei 20 US$. Wer sich aber schon hierher begibt, der sollte nicht aufs Geld achten und sich das täglich wechselnde 7-gängige Menue bestellen (ca. 70 US$) – entweder, oder!
- **Shaw's Crab House:** 21 E. Hubbard St. (½ Meile nördl. des Loop), Tel.: (312) 527-2722. Nachempfundenes Dekor eines Fischhauses aus den 40er Jahren. Es heißt, hier gäbe es die besten Meeresfrüchte in der Stadt.
- **Frontera Grill:** 445 N. Clark St., Tel.: (312) 661-1434. Mexikanische bzw. Tex-Mex-Küche. Ausgezeichnete Fajitas. Brunch am Sonnabend (10h30-14h30).
- **Berghoff:** 17 W. Adams St., Tel.: (312) 427-3170. Deutsches Traditionsrestaurant in Familienbesitz. Zu empfehlen: der Sauerbraten und das gute Faßbier. Das Berghoff hält übrigens die Chicago-Bierlizenz Nr. 1, was soviel bedeutet: Es erhielt als erstes Restaurant nach der Prohibition die Schanklizenz. Neben dem Restaurant befindet sich die alte Hausbar – Lunch-Treffpunkt der Banker.
- **Ed Debevic's:** 640 N. Wells St., Tel: (312) 664-1707. Weltberühmtes Burger-Diner. 50er Jahre Ambiente. Eine Institution in Chicago und ein Muß für den Mittagsimbiß!
- **Michael Jordan's:** 500 N. La Salle St., Tel.: (312) 644-3865. Das Restaurant gehört wirklich dem berühmten Basketballspieler, und hier werden seine Leibspeisen zubereitet: Nudeln, Steaks und gute Salate (eindeutig amerikanischer Geschmack). In der Multimedia-Lounge können Sie alle Sportereignisse mitverfolgen.
- **The Eccentric:** 159 W. Erie St., Tel.: (312) 787-8390. Besitzerin dieses amerikanischen Restaurants ist die weltberühmte Talkmasterin Oprah Winfrey, die aber nur selten hier anzutreffen ist. Spezialität: Oprah's Kartoffeln und kanadischer Lachs.
- **Lou Mitchell's:** 565 W. Jackson Blvd., Tel.: (312) 939-3111 (keine Reservierungen). "Rauher", aber ausgesprochen beliebter Lunchtreff (kein Dinner!). 16 verschiedene Omelettes, Pfannkuchen, Sandwiches und Salate – alles frisch zubereitet. Gegessen wird größtenteils an langen "Gemeinschaftstischen"; dabei kann sich eine interessante Unterhaltung entwickeln.
- **The Parthenon:** 314 S. Halstead St., Greektown, Tel.: (312) 726-2407. Ausgezeichnetes griechisches Restaurant. Bekannt für seine Lammgerichte.
- **Papagus:** 600 N. State St., Tel.: (312) 642-8450. Gilt als der beste Grieche in Chicago. Die Gyros waren sehr lecker, wenn auch eine türkische Fleischzubereitung erkennbar wurde. Sehr unterhaltsam – wenn auch laut: die Straßenterrasse. "Sehen und gesehen werden!"
- **Signature Room at the 95th, Hancock Center:** 875 N. Michigan Ave., Tel.: (312) 787-9596. Vom 95. Stock des Hancock Center haben Sie eine tolle Aussicht. Die amerikanische Küche (Standard-4-Gänge-Menü) ist okay, aber nicht exquisit.
- **Gino's East:** 160 E. Superior St., Tel.: (312) 943-1124. Das Pizza-Restaurant Chicagos. 1955 von 3 italienischen Taxifahrern eröffnet.
- **Hard Rock Cafe:** 63 W. Ontario St., Tel.: (312) 943-2252. Tex-Mex, Hühnchen, Hamburger u.a.

zwischen Relikten der Rockmusikszene. Sehr laut und voll, dafür aber stimmungsgeladen. Besonders bei den Jüngeren beliebt.

- **Printer's Row:** 550 S. Dearborn St., Tel.: (312) 461-0780. Gute regionale amerikanische Küche, inkl. Wildgerichten. Im ehemaligen und renovierten Zeitungsbezirk. Jackett erwünscht.
- **Blackhawk Lodge:** 41 E. Superior St., Tel.: (312) 280-4080. Geräucherte Speisen (Lachs, Schinken etc.) in rustikaler Atmosphäre.
- **Late-Nite-Dining und Zigarren**: Wem zu später Stunde der Magen knurrt – und wer nach dem Essen oder Theaterbesuch eine gute Zigarre rauchen möchte, dem sei **Harry's Velvet Room** (534 N. Clark Street) empfohlen. In einem wie eine Bibliothek eingerichteten Zimmerrestaurant gibt es unter der Woche bis 1h00, am Wochenende bis 3h00, italienische und amerikanische Küche – und nicht zu teuer!. Echten Champagner, erlesene Weine und seltene Bourbon Whiskeys werden auch geboten. Als "Smoking Restaurant" ist Harry's aber vor allem für seine guten Zigarren bekannt. Dafür kommen Leute aus ganz Chicago hierher. **Warnung!** Nichtraucher werden hier keine Freude haben.

● **Nördlich der Innenstadt:**

- **Morton's:** 1050 N.State St., Tel.: (312) 266-4820. Morton's ist, wie auch in anderen amerikanischen Großstädten, **die** Steakadresse. Gediegene englische Clubatmosphäre. Auch der Weinkeller läßt keine Wünsche übrig. In keinster Weise kommt der Franchise-Ketten-Charakter auf. Teuer!
- **Ambria:** 2300 N. Lincoln Park West, Tel.: (312) 472-5959. Elegantes Restaurant mit französischer Küche. Der Weg hierher (bzw. die Preise) lohnen vor allem wegen der wohl erlesensten Weinkarte der Stadt.
- **Hamburger Hamlet's:** 1024 Rush Street, Tel.: (312) 649-6601. 22 verschiedene Hamburger sprechen für sich. Aber auch die mexikanischen Fajitas sind gut. 40er Jahre Dekor.
- **Bella Vista:** 1001 W. Belmont Ave., Tel.: (312) 404-0111. Gute italienische Küche in altem Bankgebäude. Der Chicago Tribune urteilte: ein "Chicago-must-see-Restaurant"!

● **Südlich/östlich der Innenstadt:**

- **Maple Tree Inn:** 10730 S. Western Ave., Tel.: (312) 239-3688. **Das** Cajun-Restaurant von Chicago. Erstklassige Andouille-Würstchen und Shrimps. Lange Wartezeiten können Sie an der Bar im 3. Stock verbringen.
- **The Retreat:** 605 E. 111th St., Tel.: (312) 568-6000. Küche des gehobenen Standards in historischem Haus aus dem letzten Jahrhundert. Entsprechend ist die Einrichtung. Der Clou hier ist das Sonntags-Brunch (unbedingt reservieren!). So-Mi kein Dinner!!

● **Westlich der Innenstadt**

- Fahren Sie entlang der **Belmont Avenue** und schauen Sie sich einfach um zwischen den Blocks 3500 und 7000. Hier finden Sie zahlreiche **polnische Restaurants**. Die Einrichtungen mögen z.T. sehr einfach sein, aber das **Smorgasbord** – ein Buffet mit warmen und kalten polnischen (nicht schwedischen!) Speisen ist für Chicago aber ein Muß! Ich nenne hier nur eine Adresse, aber ich rate Ihnen: Lassen Sie sich treiben! Für die Campingküche bzw. die "versteckte Delikatesse" unter dem Frühstückstisch im Hotelrestaurant bieten sich hier zahlreiche Deli-Shops mit guten Würsten (Polnish Sausage und Salamis) an.
- **Lutnia Continental Cafe:** 5532 Belmont Ave., Tel.: (312) 282-5335.

Pubs/Livemusik/Nightlife

Tip: **HOT TIX HOTLINE:** 108 N.State St., Mo 12h00-18h00, Di-Fr 10h00-18h00, Sa 10h00-17h00, Tel.: (312) 977-1755. Hier erhalten Sie Infos und verbilligte Tickets für die **Veranstaltungen des jeweiligen Tages** (z.B. zurückgegebene Tickets). Immer einen Anruf wert. Für den regulären Vorverkauf bezahlen Sie normale Preise. Bei Anruf Kreditkarte bereithalten!

Vorweg: Falls Sie nicht lange herumfahren bzw. nur gemütlich ein Abendbier einnehmen möchten, laufen/fahren Sie einfach in einen der beiden Kneipen-/Restaurant- und Club-Distrikte

- um die **N.Clark Street** (Blocks 200-600 und umliegende Straßenzüge)
- in der **Division Street** (Zwischen State und Clark Streets). Eigentlich ist hier für jeden etwas dabei. Einzig die ganz ausgefallenen Jazz- und Blues-Giggs werden Sie hier nur selten vorfinden.

● **Jazz:**

- **Andy's Jazz Club:** 11 East Hubbard Street, Tel.: (312) 642-6805. Jazz jeden Abend und unter der Woche auch am Mittag ("Jazz at Noon") und am Nachmittag ("Jazz at Five"). Großer alter Saloon mit Kandelabern, einem riesigen Tresen und Fans an der Decke. Es gibt auch Essen.

- **Green Mill:** 4802 N.Broadway, Tel.: (312) 878-5525. Der älteste Jazzclub Chicagos (1907) und mit Sicherheit auch heute noch einer der besten. Einer seiner ersten Besitzer war übrigens Gun Jack McGurn, einer von Al Capones Leuten und Drahtzieher des St. Valentine's Tag Massaker. Täglich Livemusik (bis auf Sonntagabend, da finden häufig Lesungen statt).
- **Bull's Jazz Club (auch Jazz Bulls genannt):** 1916 N. Lincoln Park West (Ecke Wisconsin), Tel.: (312) 337-3000. Guter Jazz (meist Bebop) in "Höhlen-Atmosphäre". Täglich Livemusik. Essen: Burger, Tapas.
- **Jazz Showcase:** im Blackstone Hotel, 636 S. Michigan Ave., Tel.: (312) 427-4300. Fachleute bezeichnen ihn als "den besten nationalen Jazzclub" Chicagos. Das Ambiente wird geprägt durch den historischen Charakter des Hotels und die großen Plakate bekannter Musiker an den Wänden. Livemusik: Di-So; So: auch Matinee. Hier sollten Sie reservieren!
- **Get Me High Lounge:** 1758 N. Honore St., Tel.: (312) 252-4090. Winziger Club (25 Plätze) mit z.T. interessanten und hochkarätigen Musikern. Livemusik: täglich.
- **Fitzgerald's:** 6615 W. Roosevelt Rd., Berwyn (30 min. westl. der Innenstadt!), Tel.: (708) 788-6670. Achten Sie auf das Programm. Dieser Club in einem alten Roadhaus zählt zu den Insidertips von Chicago. Häufig spielen hochkarätige Musiker – und dann lohnt der Weg. Livemusik: Di-So.

● **Blues:**

- **Blues Cruise:** An Sommerwochenenden verkehren vom Navy Pier Boote mit Blueskapellen und Dinner. Reservierung essentiell! Ticketmaster: (312) 559-1212
- **Blue Chicago:** 937 N.State Street, Tel.: (312) 642-6261. Die besten Bluesmusiker treten hier auf. Leider fehlt dem modernen Lokal das "Ambiente des Blues". Dafür liegt es in "Zu-Fuß-Entfernung" von den Innenstadthotels. Livemusik: täglich.
- **B.L.U.E.S.:** 2519 N. Halstead St., Tel.: (312) 528-1012, Tickets über Ticketmaster: (312) 559-1212. Kleines Lokal. Hier treten Bluesmusiker aus ganz Amerika auf. Besonders beliebt: Wenn an Sonntagabenden der mittlerweile über 80-jährige Sunnyland Slim auftritt – einer der größten Bluesmusiker Amerikas.
- **B.L.U.E.S. Etcetera:** 1124 W. Belmont Ave., Tel.: (312) 525-8989. Der große (und jüngere) Bruder des B.L.U.E.S.
- **Rosa's Lounge:** 3420 W. Armitage Ave./Ecke Kimball St., Tel.: (312) 342-0452. Uriger Club, geleitet von einer Italienerin – Mama Rosa – und ihrem Sohn Tony. "Chicago's Friendliest Blues Lounge". Mama Rosa ist extra aus Italien eingewandert, um diesen Club zu führen und kennt fast alle ihre Gäste! 1994 war übrigens auch Vaclav Havel hier zu Gast. Livemusik: täglich.

Mama Rosa

- **Buddy Guy's Legends:** 754 S.Wabash Ave. Buddy Guy, bekannter Gitarrist aus der Blues-Szene, führt diese Blueskneipe und spielt manchmal auch noch selber. Das Lokal ist geräumig. Es gibt eine große Tanzfläche, und häufig wird auch Bebop gespielt. Eine **der** Bluesadressen in Chicago!
- **Booey Monger's O'Hare Blues Club:** 1504 Minor St., Des Plaines (Stadtteil nördl. des O'Hare Airport), Tel.: (708) 299-7656. 35 Minuten vom Zentrum, dafür aber auch origineller und nur von Einheimischen besucht. Die Musiker sind meist nur lokale Größen bzw. Nachwuchskünstler – aber gerade das kann dem Blues den gewissen "Kick" verleihen. Die Chicago-Style-Pizza hier ist übrigens auch sehr lecker.
- **Blue Chicago on Clark:** 536 N.Clark St., Tel.: (312) 661-0100. "Filiale" des Blue Chicago. Bar im Dekor der 40er Jahre. Die Musikqualität wechselt. Am besten aber sind die Wochenend-Bands.
- **Kingston Mines:** 2548 North Halsted Street, Tel. (312) 477-4646. Täglich Blues auf zwei Bühnen (North and South Stage). Leider z.T. etwas zu sehr auf Show getrimmt – und das steht dem Blues nicht gut an! Trotzdem ein Erlebnis. Geöffnet bis in die frühen Morgenstunden.

- **New Checkerboard Lounge:** 423 E. 43rd St., Tel.: (312) 624-3240. Bar mit täglicher Livemusik und angeschlossen die "Blues Hall of Fame". Das Publikum ist gemischt: Yuppies, bärbeißige Kerle, Punks und hochbehackte Damen – hier treffen sich alle. Das ganze befindet sich in einem etwas unheimlichen Viertel. Für die Abgebrühten!
- **Delta Fish Market:** 228 S. Kedzie Ave., Tel.: (312) 722-0588. Ein "Drive-in-Fishmarket", in dem Fr + Sa Bluesmusik gespielt wird.

● **anderes:**

- **John Barleycorn Pub:** 658 W. Belden St. (Ecke Lincoln Ae.), Tel.: (312) 348-8899. Gemütlicher Neighbourhood-Pub. An den Wänden ein Elchskopf, auf den Regalen zahlreiche alte Segelschiffmodelle und am Zapfhahn 35 Faßbiere.
- **Dick's Last Resort:** 435 E. Illinois St., Tel.: (312) 836-7870. Unkomplizierte "Riesenbar und Restaurant". Täglich Dixie-Jazz. Zum Sonntags-Brunch gibt es Gospel live!
- **Tommy Gun's Garage:** 1239 South State Street, Tel.: (312) 728-2828. Die "Musical Comedy Revue" in Gangster-Ambiente. Dazu ein scharfer Whiskey und gutes Essen. Lohnt sich!
- **Drink:** 541 West Fulton Ave., Tel.: (312) 441-0818. Das "In-Lokal" Chicagos. Hier trifft sich alles, vom Filmstar bis zum Banker, aber auch ganz normale Menschen.
- **Harry Caray's:** 33 W.Kinzie St., Tel.: (312) 465-9269. Bar und Restaurant für Baseballfans, denn der Besitzer ist der Ansager der Chicago Cubs, und er hat so einiges gesammelt und in der Bar aufgestellt.
- **Magnum's:** 225 W. Ontario St., Tel.: (312) 337-8080. Gepflegtes Dinner (Steaks & Seafood), eine Piano-Bar und eine große (feine) Disco, in der sich Yuppies und schicke Leute treffen.
- **Excalibur Entertainment Complex:** 632 N.Deaborn Pkwy., Tel.: (312) 266-1944. Riesiges (52.000 sq.ft.) Vergnügungszentrum mit Livemusik (meist Rock), Disco, Billard und Restaurant. Nur etwas für die Jüngeren (bis 30).
- **Esoteria:** 2247 N.Lincoln Ave., Tel.: (312) 549-4110. Techno-und Rap-Disco. Wer etwas mit High-Tech und dieser Musikrichtung anfangen kann ...
- **Billy Rose's Country Dance Palace:** 160 W. Orr Rd, Chicago Heights, Tel.: (708) 756-0499. Für echte Countryfans lohnt die Anfahrt: riesige Tanzfläche, Country-Store, Restaurant und Tanzlehrstunden, wie z.B. für "Country-Aerobic" und "Square-Dance". Vergessen Sie Ihren Cowboy-Hut und die Boots nicht, sonst fallen Sie gleich auf!
- **Nashville North:** 101 E.Irving Park Rd., Bensenville (Stadtteil südl. des O'Hare Airports) – 35 Minuten zur Innenstadt – Tel.: (708) 595-0170. Country-und Western-Club. Livebands von Di-So. Restaurant angeschlossen. Und wer noch nicht richtig gekleidet ist, kann sich im Geschäft in der Lobby Boots und Cowboy-Hut zulegen.

Oper/Symphonie/Theater

Chicagos Theater-, Kabarett- und Opernangebot ist grenzenlos ... und gut. Aufführungen der Chicago Symphony, des Chicago Opera House, der Lyric Opera und des Shakespeare Repertory finden landesweite Beachtung. Hier eine genauere Auflistung vorzunehmen, ist unmöglich. Lesen Sie die Zeitungen bzw. informieren Sie sich bei **Curtain Call** (Tel.: (312) 977-1755 über das Angebot. "Last Minute-Tickets" gibt es bei **Hot Tix Hotline** (Adresse finden Sie unter Pubs/Livemusik), oder fragen Sie beim Concierge in Ihrem Hotel. Häufig sind die Veranstaltungen ausgebucht, aber es ist immer die Regel, daß bestellte Karten im letzten Moment wieder zurückgegeben werden. Hier nur eine kleine Auswahl lohnender Aufführungsorte/Veranstalter:

● **Chicago Symphony:** 220 S. Michigan Ave. (Orchestra Hall), Tel.: (312) 435-6666 od. (312) 435-8122. Saison: Sept.- bis Mai. Im Sommer tritt das Orchester im Ravinia Park (Stadtteil Highland Park) auf; Infos und Tickets dazu: Tel.: (312) 728-4642.

● **Chicago Opera Theatre:** 2936 N. Southport Ave., Tel.: (312) 292-7521. Ausgesuchte und nicht immer bekannte Werke werden in einer Kirche aufgeführt. Für die Insider.

● **Hubbard Street Dance Company:** Tel.: (312) 663-0853. Moderne Tanzvorführungen. Ausgesprochen gut, und falls es der Zufall will, daß die Gruppe in Chicago auftritt während Ihres Besuches, sollten Sie versuchen, Karten zu bekommen.

● **Lyric Opera of Chicago:** 20 N. Wacker Dr., Tel.: (312) 332-2244. Lyrische Opern von Sept. bis Januar.

● **Auditorium Theater:** 50 E. Congress Pkwy., Tel.: (312) 922-2110. Aufführungsort tourender Musical-Ensembles. U.a. Broadwayshows.

- **Shubert Theater:** 22 W. Monroe St., Tel.: (312) 977-1700. Ehemals eines der großen Theatergebäude der Stadt. Heute sporadisch Aufführungen, die alleine schon wegen des 19. Jahrhundert-Gebäudes lohnen.
- **Shakespeare Repertory:** 820 N. Orleans St., Tel.: (312) 642-2272. Kleine Shakespeare-Truppe, deren Aufführungen aber überregionale Resonanz erfahren.
- Bekannte "off the beaten track"- Theater (auch Dinner-Theater) sind z.B. **Steppenwolf, Royal George, Touchstone** und **Athenaeum**

Literaturempfehlungen

- **Schulze, Franz u. Harrington, Kevin:** Cicago's Famous Buildings, University of Chicago Press. Geschichten und Hintergründe zu allen wesentlichen Gebäuden in Chicago.
- **Sirefman, Susanna:** Chicago; Artemis Verlag, London, Zürich, München. Angenehm kleines Taschenbuch (das wirklich in die Tasche paßt!). Gute Übersicht und Erläuterungen zu den wichtigsten Bauwerken in Chicago.
- **Rowe, Mike:** Chicago Blues – The City and the Music. Alles Wissenswerte über die Entwicklung der Bluesmusik und der Blueskneipen in Chicago – interessante Hintergrundberichte! Ist aber kein Nachschlagewerk für aktuelle Blueskneipen-Adressen.
- **Fodor's (Hrsg.):** Chicago. Hier finden Sie wirklich jede auch nur annähernd interessante Adresse. Leider aber auch z.T. zu viele, die es im Grunde nicht wert sind. Achtung bei den Neighbourhood-Besprechungen! Die geografischen Angaben stimmen nicht immer.
- **Schöngeistige Literatur, die die sozialen Verhältnisse Chicago's der Jahrhundertwende bis in die 50er Jahre verdeutlicht, wäre z.B.:** "A Street in Bronzeville" (Gwendolyn Brooks), "Schwester Carrie" (Theodore Dreiser), "Chicago Poems" (Carl Sandburg), "Honor Divided" (Grace Hall), "Studs Lonigan" (James Farell), "The Neon Wilderness" (Nelson Algren), "Within This Present" (Margaret Barnes), "Der Dschungel" (Upton Sinclair), "Reporter" (Meyer Levin).
- **Bücher, die sich mit den Verbrechen der Prohibitionszeit beschäftigen, wären z.B.:** "Scarface" (Armitage Trail), "Silver Eagle" und "Little Cesar" (William Burnett)

ZEITPLANUNG

◆ **Vorschlag für einen 1-tägigen Aufenthalt**

Gleich vorweg: Das ist eigentlich zu wenig!! Aber falls wirklich nicht mehr Zeit sein sollte, beschränken Sie Ihr Besichtigungsprogramm auf den Loop und die Straßenzüge nördlich davon, wobei Sie das John Hancock Center als nördlichsten Punkt ansehen sollten.

Vormittags: Visitor Bureau im **Water Tower**. Anschließend auf das **John Hancock Center** hinauffahren und danach die **Magnificent Mile** (N. Michigan Ave.) herunterlaufen. An der Brücke über den **Chicago River** evtl. eine 90 minütige **Architektur-Bootstour** unternehmen. Dann weiter auf der Michigan Avenue nach Süden und als Alternative zur Bootsfahrt in das **Art Institute of Chicago** schauen. Schauen Sie sich hier aber nur das für Sie besonders Interessante an. Lunch einnehmen im Museum oder in der Nähe.

Nachmittags: Schauen Sie sich die **Stock Exchange** an und laufen Sie zielgerichtet auf den **Sears Tower** zu und fahren Sie hinauf. Danach zielen Sie auf das Gebiet **nördlich des Loops**, trinken etwas in einer der Bars oder Restaurants dort und schauen anschließend bei **Chicago's Capone** den Film über den Gangster an.

Abends: Gehen Sie im Gebiet um die **Clark Street** etwas essen und hören Sie zum Abschluß des Abends entweder Blues im **Blue Chicago** oder Jazz bei **Andy's**.

◆ **Vorschlag für einen 2-tägigen Aufenthalt**

Tag 1: Wie oben.

Tag 2: Unternehmen Sie tagsüber die angegebene **nördliche Tour** durch Chicago, wobei Sie Ihren Lunch im **John Barleycorn Pub** einnehmen sollten. Für den Nachmittag sollte noch ein **Bad im Michigan Lake** drin sein. Am frühen Abend sollten Sie dann auf die **Navy Pier** gehen und den Sonnenuntergang über der Skyline genießen. Abends dann können Sie wahlweise im **Berghoff** essen gehen und dann als Kontrast dazu Blues in der **Checkerboard Lounge** oder in **Buddy Guy's Legend** hören.

◆ **Vorschlag für einen 3- bis 4-tägigen Aufenthalt**
Tag 1+2: wie oben.
Tag 3: Fahren Sie entlang der beschriebenen **südlichen Route**. Hauptleitlinie sollte sein: bis ca. 11h00 haben Sie die Stadtteile (Chinatown/mexikan. Viertel) abgefahren, um dann genügend Zeit für mindestens 2 Museen Ihrer Wahl zu haben. **Lunchpause** könnte in einem Museums-Restaurant sein. Am frühen Abend sollten Sie etwas ausruhen, um schließlich alternativ
- zum Abendessen (Smoregasbord) in das **polnische Viertel** entlang der Belmont Avenue und anschließend zu einen Bluesauftritt in **Rosa's Lounge** zu fahren,
- oder in ein **Dinner Theater** zu gehen und den späteren Abend mit Jazzklängen in der **Green Mill** ausklingen zu lassen.

Tag 4: Dieser Tag sollte zur freien Verfügung stehen. Beispielsweise können Sie mit dem **Fahrrad** oder **Rollerblades** entlang des Lakeshore fahren, dort **spazierengehen**, ein weiteres **Museum** Ihrer Wahl ansehen, einen **Helicopterflug** über die Skyline unternehmen oder eine **Golfpartie** zwischen den Wolkenkratzern einlegen (Illinois Center Golf). Bei schlechtem Wetter verspricht der Besuch des **Roller Skating Rings** eine Menge Spaß. Abends dann sollten Sie ins **Theater** oder die **Oper** gehen oder sich inspirieren lassen, was Sie noch an **Livemusik** interessieren könnte.

9.1.3 GESCHICHTE UND WIRTSCHAFT

Geschichte

Wohl keine Stadtgeschichte in Amerika ist von so vielen Höhen und Tiefen und unterschiedlichsten Charakteren geprägt wie die von Chicago. Und ebenfalls kaum faßbar ist, daß eine Stadt sich in weniger als 100 Jahren zu dem entwickelt hat, als was wir sie heute sehen: eine Metropole "mit breiten Schultern". Zwischen 1833 und 1900 wurde aus einer kleinen Hafenstadt am Rande eines Sumpfes ein Stadtmoloch, der seinesgleichen sucht.

Lange bevor die ersten Europäer in die Region kamen, lebten hier bereits Indianer. Schätzungen zufolge kamen nomadisierende Grüppchen um **7000** v.Chr. von Nordwesten. Um **1000-500** v.Chr. siedelten sich die ersten Indianer der Woodland-Kultur an. Aus ihnen ging später u.a. der Illinois-Stamm hervor, der neben dem Fischfang im See und in den Sümpfen bereits den Ackerbau zu seinen wesentlichen Lebensgrundlagen zählte. Die Woodland-Völker nannten das Mündungsgebiet des heutigen Chicago River "Checagou", was so viel heißen konnte wie "wilde Zwiebel", aber auch "stinkende Zwiebel", "Stinktier" und in einem anderen Sinn "groß und stark". Fürwahr symbolträchtige Namen, schaut man sich den weiteren Verlauf der Geschichte an. Aus Checagou machten die ersten Siedler dann Chicago.

Die ersten Europäer, die die Mündung des heutigen Chicago Rivers ernsthaft erkundeten, waren ein Geistlicher, Pater Jaques Marquette, sowie ein Forscher und Geschäftsmann, Louis Jolliet. Das war um **1763** – Detroit war zu dieser Zeit schon mehr als 60 Jahre als Gemeinde registriert. Trotz gegensätzlicher Lebensauffassungen erkannten beide damals schon, daß dieses stinkende Sumpfgelände einmal von großer Bedeutung sein würde. Ein Schwarzer, Baptiste Point du Sable, Sohn haitischer Eltern, Trapper und Pelzhändler, war es schließlich, der **1779** den Grundpfeiler für die spätere Stadt errichtete: eine kleine Handelsniederlassung, die dort stand, wo heute die teuren Boutiquen an der North Michigan Avenue zu finden sind. Dieser Stützpunkt war das erste feste Gebäude an der Flußmündung. Trotz schwül-heißen Klimas, Cholera und Mückenplagen hatte dieser geographische Winkel des bis dahin nur unzureichend erforschten Mittleren Westens einen besonderen Vorteil: Er lag am Verbindungsweg zwischen den Großen Seen und dem Mississippi. Den Auslauf des Chicago River und den in den über den Illinois River in den Mississippi fließenden Des Plaines River trennten 14 km Sumpfgelände, durch das Indianer mit Kanus während der Regenzeiten die verschiedensten Waren – zumeist aber Felle – transportieren konnten.

1787, die Franzosen waren schon 1749 von den Engländern als Kolonialmacht in diesem Landesteil abgelöst worden, wurde Illinois als Teil der Northwest Territories den USA unterstellt. Eine Tatsache, die in den prosperierenden Atlantikstädten kaum Beachtung fand. Denn ob die Pelze nun von französischen Voyageurs, nomadisierenden Indianertrappern oder verwegenen Abenteurern aus Irland aufgetrieben wurden, war den Damen der Oberschicht ziemlich egal, und für die Politiker galten die Northwest Territories als das Gebiet, das sich mehr als 1.000 km nordwestlich der bereits als hinterwäldlerisch angesehenen "Hillie-Billie Mountains" (= Billie hinter den Bergen) erstreckte – und das lockte ihnen damals keinen Pennie ab.

In Chicago herrschte bis ins beginnende 19. Jahrhundert hinein nur wenig Hektik. Indianeraufstände, Krankheiten und harte Arbeit herrschten vor bzw. weckten nur lokales Interesse, und die Einwohnerzahl stieg unmerklich – kein Wunder bei einem Frauenanteil von nur 7% im Jahre 1789! Den ansässigen Pottawattomie-Indianern, lange Zeit die besten Freunde der Händler und Trapper, wurde aber in den Folgejahren immer mehr Land genommen, und die Regierung erklärte – nach blutigen Auseinandersetzungen – ein quadratisches Gebiet von 100 qkm Fläche um den Handelsstützpunkt Chicago zu weißem Siedlungsland. Urkunden, die zwischen den in solchen Dingen unbefangenen und verständnislosen Indianern und den Abgesandten des Staates ausgetauscht wurden, besiegelten somit den nun folgenden Untergang der Indianer in diesem Gebiet.

Die Indianerunruhen und die Angst vor späten französischen Ansprüchen veranlaßte die Regierung, im Jahre **1803** das Fort Dearborn am Südufer des Chicago River zu erbauen. Dieses hatte weitere Indianerüberfälle zur Folge, denn von nun an sahen sich die Pottawattomies ernstlich bedrängt. Womit sie recht behielten. Weitere Kämpfe führten schließlich zu ihrer absoluten Vertreibung bzw. Vernichtung. Wie man heute weiß, waren die Provokationen von seiten der Regierung eigentliches Ziel des Ganzen.

Mit diesem massiven Einschnitt in die Besiedlungsgeschichte der Region begann die Zeit, in der die "Dampfwalze der Siedlertrecks" sich immer schneller und mit immer mehr Energie nach Westen zu bewegen vermochte: Denn der Siedlungsdruck von Osten verstärkte sich zunehmend, und der Mittlere Westen wurde als hervorragendes Farmland, mit zum Teil hochklassigen Böden, entdeckt. Ausschlaggebend für die weiteren Geschicke Chicagos war die Fertigstellung des Erie-Kanals (zwischen Erie See und Hudson River/New York) im Jahre **1825**. Von da an konnten Pelze und andere Waren von Chicago direkt nach New York verschifft werden. **1833** erhielt Chicago den Status einer Gemeinde und damit unterstand es nicht nur US-Hoheitsrecht, sondern galt auch als offizielles Staatsgebiet. Zählte man 1829 noch 50 Einwohner, waren es Ende 1833 bereits 800.

Spekulanten und Abenteurer kamen, schauten, kauften Immobilien und verließen die Stadt wieder – entweder mit vollen Taschen oder total ruiniert. Einige aber blieben. Sie alle zogen Schwarzmarkt, Prostitution und Glücksspiel an, boten zugleich aber den einzig richtigen Zündstoff, um hier eine wirkliche Stadt entstehen zu lassen.

Schon **1837** waren es 4.170 Einwohner, und die Grundstückspreise hatten sich in weniger als 4 Jahren verzwanzigfacht, ja, kletterten z.T. sogar auf das 200-fache.

Ab **1840** ging dann alles in rasantem Tempo: Straßen in und zur Stadt wurden gebaut bzw. ausgebaut, womit Tausenden von Siedlern der Weg frei gemacht wurde mit ihren Planwagentrecks. **1848** wurde die erste Eisenbahnlinie fertiggestellt, und im gleichen Jahr war es auch, in dem der Illinois and Michigan Canal eröffnet wurde, der nun eine ganzjährige Passage vom Lake Michigan zum Des Plaines River ermöglichte und im gleichen Zuge den Chicago River zum Müllabladeplatz der Stadt machte. Dieser ergoß sich dann in den Lake Michigan.

Mitte der 50er Jahre des 19. Jahrhunderts wurden jährlich über 100.000 eintreffende Siedler gezählt, die z.T. nach kurzem Aufenthalt aber weiterzogen nach Westen. In diese Zeit fiel auch die Anhebung des Stadtniveaus durch Aufschüttungen, die Trockenlegung der nahen Sumpfgebiete sowie die Anlage von Straßenbefestigungen und die Einrichtung von Bürgersteigen.

Erst die Errichtung der gewaltigen Union Schlachthöfe im Jahre **1865** vermochte aber genügend Arbeitsplätze für die Einwanderer aus Irland, Deutschland und aus Osteuropa zu schaffen. Aus allen Himmelsrichtungen im Mittleren Westen wurde das Vieh herbeigeschafft, um es zu schlachten und weiterzuverarbeiten. Und auch die Getreidekontore mit den später stadtbildbestimmenden Riesensilos hatten alle Hände voll zu tun. Die Arbeit aber war hart und wurde vor allem schlecht bezahlt. Der Trick bestand nämlich darin, den ahnungslosen, arbeitssuchenden Neuankömmlingen hohe Löhne zu versprechen. Diese aber wurden durch die horrenden Mietpreise und "versteckte" Steuern auf Alkohol, Tabak, Lebensmittel und andere Güter mehr als aufgezehrt, wobei die Lebensqualität in keiner Weise mit der an der Ostküste mithalten konnte. Die Abwässer der Schlachthöfe und das schlechte Trinkwasser, was noch immer aus dem verschmutzten Lake Michigan entnommen wurde, sorgten zudem für immer wieder auftretende Epidemien. Kein Wunder also, daß zahlreiche Arbeiteraufstände die Folge waren. Der berühmteste war der Haymarket Ray im Jahre **1886**, auf dessen Kämpfe und Verurteilungen der 1. Mai als Tag der Arbeit zurückzuführen ist.

Schlipse sind Pflicht für Aufsteiger

Wenige aber, und das ist bis in die heutige Zeit besonders typisch für Chicago, verdienten sich mehr als eine goldene Nase an dem wirtschaftlichen Aufschwung. Große Luxus-Warenhäuser, wie Sears und Montgomery, fanden somit ihren Ursprung hier, aber auch Festivitäten und rauschende Bälle, wie man sie bis dahin nur aus Königshäusern kannte, standen auf der Tagesordnung. Die Oberschicht lernte bereits früh, ihre Bedürfnisse zu sichern und erkaufte sich notfalls ihre "Rechte". Korruption galt hier als die normalste Sache der Welt und wurde in dieser Form von hier in andere Städte Amerikas weitergetragen. Falls die Aufstände zu geschäftsschädigend wurden, bot man den Arbeitern großzügig "Geschenke" an, wie z.B. den Bau besserer Wohnhäuser – deren Mieten dann nach kurzer Zeit aber auch entsprechend erhöht wurden – oder mit der Gründung und Unterstützung sozialer Einrichtungen, deren Gewinne dann aber auch wieder in die gewünschten Taschen flossen. Je mehr der Sumpf des Chicago River trockengelegt wurde, desto tiefer versank die Stadt im Sumpf der Korruption. Mit Ehrlichkeit konnte man hier nichts werden.

Einige gute Seiten hatte dieses System aber langfristig doch: Die organisierte Arbeiterbewegung fand ihren Ursprung hier, ebenso die freiwillige soziale Verantwortung der Oberschicht, die sich letztendlich auch eingestehen mußte, daß die Arbeiter auch Rechte haben. Zudem mußten die massiven Überschüsse der Reichen investiert werden. Interessante Bauwerke, gutbestückte Museen und eine einzigartige Kulturlandschaft wurden somit zum Spielball der Betuchten. Im Gegensatz zur Alten Welt entwickelte und entfaltete sich hier also nicht die Kultur mit der Zeit, sie wurde einfach aufgekauft.

1871 brachte gleich zwei einschneidende Ereignisse:

- Man begann mit den Arbeiten, um die Fließrichtung des Chicago River umzukehren – eine technische Meisterleistung, die bis heute keine Nachahmer gefunden hat. Vornehmliches Ziel war es, das durch die Industrien verschmutzte Wasser aus der Stadt abzuleiten. Vorher schwamm der ganze Dreck am Ufer des Lake Michigan. Die Arbeiten an diesem Projekt waren aber erst um 1900 beendet.
- Das "Great Chicago Fire" brach aus, verursacht durch die Kuh einer gewissen Mrs. O'Leary, die – so die Legende – eine Kerosinlampe umgestoßen haben soll. Anderen Gerüchten zufolge wurde der Brand bewußt gelegt, um die Stadt den Wünschen einiger Spekulanten entsprechend neu gestalten zu können. Bis auf den steinernen Wasserturm brannten fast alle Häuser ab. Über 300 Menschen starben, 17.000 Gebäude wurden zerstört und hinterließen 110.000 Obdachlose. Der Schaden wurde auf damals stolze 200.000 $ beziffert. Dieses Desaster stoppte nicht die Entwicklung. Ganz im Gegenteil, nun begann man, die Stadt komplett neu zu bauen und dabei feuerfestes Material zu verwenden. Namhafte Architekten, betuchte Baulöwen von der Ostküste und nimmermüde Spekulanten kamen in Scharen, und die erste moderne Großstadt begann, sich zu entfalten. Womöglich mag die Theorie der Brandstiftung also stimmen.

Die absoluten Boomjahre brachen nach dem Großen Feuer an: **1885** enstand der erste Wolkenkratzer, das 9-stöckige Home Insurance Building, **1890** wurde mit Hilfe der Rockefeller-Stiftung die Universität gegründet, **1892** folgte die erste Hochbahn, **1893** die World's Columbian Exposition, die größte Ausstellung der Neuen Welt, die 28 Millionen Besucher anzog, und im Jahre **1900** wurden sowohl die Arbeiten an der Umkehrung des Chicago Rivers abgeschlossen, als auch der um einiges größere Sanitary & Ship Canal als Ersatz für den zu kleinen Illinois and Michigan Canal eröffnet.

Diese Boomjahre förderten, wie oben bereits erwähnt, Arbeiterunruhen und damit letztendlich das soziale Denken. Gewerkschaften wurden gergründet, reiche Industrielle entdeckten ihre "sozialen Adern" und sammelten auf Wohltätigkeitsveranstaltungen für die Armen, während Schriftsteller ein neues Feld entdeckten, welches bis heute eine entscheidende Rolle im Kulturleben Chicagos spielt: die sozialkritischen Romane.

Während Architekten, wie z.B. Frank Lloyd Wright, um die Jahrhundertwende immer neue Häuser entwarfen und bauen ließen, kämpften auf der anderen Seite Leute für die letzten grünen Rückzugsgebiete in der riesigen Stadt. Einer von ihnen war A.Montgomery, ein reicher Geschäftsmann, dessen politischem Einzelkampf der Erhalt des Grant Parks zu verdanken ist. **1909** trat dann auch der Stadtbauplan des Architekten Daniel H. Burnham in Kraft, der die weitere Bebauung des Seeufers für immer unterband. Diese bis dato einzigartige Offensive gegen unwillkürliche und grenzenlose Stadtplanung unterstrich Burham mit den folgenden Worten: "Make no little plans. They have no magic to stir men's blood ... Make big plans; aim high in hope and work."

Die folgenden Jahrzehnte waren gekennzeichnet durch den Ausbau der Innenstadt und konjunkturelle Höhenflüge, die die Bewohner in dem Glauben bestärkten, New York bald als die größte Stadt Amerikas zu überrunden. Die Prohibitionszeit (**1920-1933**) warf die ersten Schatten auf das leuchtende Antlitz der aufstrebenden Stadt.

Einzig um den Alkohol produzieren bzw. auf Schwarzmärkten verkaufen zu können, wurden Bürgermeister gekauft bzw. durch Königsmacher aus der Unterwelt gestellt, wurden ganze Stadtteile durch Verbrecherorganisationen gelenkt und starben alleine zwischen 1924 und 1930 700 Gangster im Kampf um die besten Alkoholdeals. Der berüchtigste Mafiaboß – und bis heute eine Legende – war Al Capone.

INFO

Wer war Al Capone ?

Der ursprünglich 1899 in Indianapolis geborene Alphonse (Al) Capone kam 1919 von New York (Brooklyn) nach Chicago, um dort während der sogenannten "Goldenen Zwanziger" zum berühmtesten Mafiaboß unseres Jahrhunderts zu avancieren. Zu Beginn seiner Gangsterkarriere stand Capone, Sohn von neapolitanischen Eltern, noch im Schatten Johnny Torrios, der als ungekrönter König des Südens von Chicago alle illegalen Geschäfte von der Prostitution bis hin zum Glücksspiel steuerte. Entscheidend wurde jedoch während dieser Zeit ein ganz anderer Geschäftszweig: Die Produktion und Veräußerung von Alkohol. Während der Prohibitionszeit (Verbot von alkoholischen Getränken) wurde nicht nur eine sprichwörtliche "schnelle Mark" mit hochprozentigen Drinks verdient, sondern ein buchstäbliche "schnelle Million Dollar". Chicago war nämlich auch zentrale Stelle für den gesamten Alkoholschmuggel im Mittleren Westen. Capone machte soviel Geld, daß er bereits mit 28 Jahren ins Guinness-Buch der Rekorde aufgenommen wurde: Mit fast 130 Millionen Dollar hat er das meiste Geld in einem Jahr eingenommen, das bis dahin jemals einer verdient hatte – und diese Summe war damals etwa das 20-fache wert von der heutigen.

An dem entsprechenden Geld waren natürlich nicht nur die italienischstämmigen Mafiosi, sondern auch andere interessiert. Der Markt im Norden Chicagos wurde damals von Iren kontrolliert, die bei einer der Bandenauseinandersetzungen auch Torrio schwer verletzten, so daß Al Capone seine Nachfolge antreten konnte. Al Capone war die Verantwortung für den darauffolgenden Rachefeldzug, auf dessen Höhepunkt einige der führenden Köpfe des Irensyndikats in ihrem Hauptquatier in der North Clark Street (Nr. 2122) erschossen wurden, nicht nachzuweisen. Dieser Tag im Jahr 1929 ging als "Valentinstag" in die Gangstergeschichte ein und lieferte Stoff für mehr als einen Film. "Scarface", wie Al Capone wegen einer Narbe im Gesicht auch genannt wurde, kam dann zwei Jahre später auch nicht wegen Mordes oder Handels mit alkoholischen Getränken ins Gefängnis, sondern wurde wegen Steuerhinterziehung zu einer Strafe von elf Jahren verurteilt.

Aufgrund seines schlechten gesundheitlichen Zustandes wurde er jedoch schon nach acht Jahren entlassen. Da er wohl den Vergnügungen mit "leichten Mädchen" nicht abgeneigt gewesen war, hatte er sich mit einer Syphilis infiziert, die ihm im Laufe der Jahre schwer zu schaffen machte. Für einen Mafioso wurde Al Capone jedoch relativ alt. Er starb 1947 in Florida und wurde auf dem Mount Carmel Friedhof in Chicago begraben. Das Hauptquartier während seiner aktiven Zeit, das Lexington Hotel, wurde 1995 leider abgerissen. Von dort aus hatte er als einst mächtigster Mann von Chicago die Geschicke der Mafia bestimmt.

Die einfache Arbeiterbevölkerung aber kümmerte es wenig, was die Schießwütigen unter sich austrugen. Straßenschlachten waren sie gewohnt und daß das Leben in Chicago seine eigenen Gesetze hatte, wußten sie auch. Zudem verhalfen ihnen das illegale Alkoholgeschäft und die immensen Summen, die daraus resultierten und wieder investiert werden mußten, zu vielen Arbeitsplätzen.

Mit dem Börsenkrach von **1929** und dem darauf folgenden Jahrzehnt der wirtschaftlichen Depression waren auch die Boomjahre in Chicago gezählt. Die Stadt versank nicht nur weiter im korrupten Sumpf, sondern auch viele der reichen Geschäftsleute verloren über Nacht ihr Vermögen. Die Folge waren fast tägliche Schließungen von Fabriken und damit der Verlust der Arbeitsplätze. Erst der **2. Weltkrieg** kurbelte die Wirtschaft wieder etwas an, und Wissenschaftler an der University of Chicago entwickelten 1941 den ersten Atomreaktor.

Doch die nächste Rezession ließ nicht lange auf sich warten: Mittlerweile hatten sich nämlich in allen Teilen des Mittleren Westens weitere Schlachthöfe angesiedelt, und in den **50er und 60er Jahren** mußten daraufhin alle Schlachthofanlagen in Chicago schließen.

In diese Zeit fielen aber auch:

- **1953** das Erscheinen der Erstausgabe des "Playboys" durch Hugh Hefner, einem ehemaligen Herausgeber eines Kindermagazins,
- **1955** die Eröffnung des O'Hare Airports und
- vor allem die Wahl von Richard J. Daley zum Bürgermeister. Daley, allgemein nur "Da Boss" genannt, ist mit wenigen Worten kaum zu beschreiben. Er galt als schillernde, zum Teil heftig kritisierte, zum Teil hochgelobte, kauzige Persönlichkeit. Seine 5 Amtsperioden reichten von **1955 bis 1976**. In diese Zeit fallen denkwürdige Ereignisse, wie z.B. die Zurückhaltung der Wahlstimmen zur Präsidentenwahl 1960, die mitbestimmend war für den Ausgang dieser äußerst knappen Wahl und die Verprügelung von Vietnam-Kriegsgegnern durch die Chicagoer Polizei im Jahre 1968. Aber auch in den eigenen Reihen sorgte "Da Boss" für den nötigen Respekt: Wer nicht auf seiner politischen Linie war – und darüber führte Daley genauestens Buch –, flog einfach raus. Daley war aber bei der Bevölkerung von Chicago beliebt, und keine seiner Wahlen war je gefährdet. Die Menschen waren an harte Gangarten gewöhnt, und ein "Weichei" als Bürgermeister hätte ihnen zu keiner Zeit zugesagt. Mit der eisernen Faust und mit der Liebe zu Chicago zugleich hat er die Stadt über die schweren wirtschaftlichen Jahre gerettet und sogar in dieser Zeit für einen weiteren Bauboom gesorgt. Unter anderem wurde inmitten der schlechten Jahre der Sears Tower geplant und **1974** fertiggestellt.

Nach Daleys Tod **1976** folgte der glücklose Michael Bilandic, der sich nach nur einer Wahlperiode **1979** der ersten weiblichen Bürgermeisterin, Jane Byrne, geschlagen geben mußte. Bilandic wurde angelastet, er hätte Chicagos Straßen nach einem Schneesturm nicht vernünftig räumen lassen. Doch auch Jane Byrnes Amtszeit betrug nur eine Wahlperiode, und Harold Washington übernahm als erster schwarzer Bürgermeister Amerikas **1983** ihre Rolle. Er starb **1987**, und ihm folgte Eugen Sawyer, der schließlich **1989** abgelöst wurde durch Richard M. Daley, dem Sohn vom "Da Boss".

Übrigens: Chicago ist während der letzten 100 Jahre auch der "Schmelztiegel" der Nation geworden, und es wird sogar behauptet, daß mehr verschiedene Ethnien hier leben als in New York. Viele Einwanderer kamen aus Osteuropa, und so ist Chicago heute – nach Warschau – die zweitgrößte polnische Gemeinde.

Wie Sie sehen, hat die Geschichte Chicagos einiges zu bieten. Vor allem aber darf man nicht übersehen, was diese kurze Geschichte einer einzigen Stadt sowohl in Amerika als auch weltweit alles bewirkt und hervorgebracht hat: den 1. Mai; Gewerkschaftsgründungen in den USA; den einzig umgekehrten Flußlauf; den ersten Wolkenkratzer; die Manifestierung eines Stadtbauplanes, der die Erhaltung von Parkanlagen vorsieht; die Akzeptanz sozialkritischer Berichte und Romane in Zeitungswesen und Literatur; Wohltätigkeitsveranstaltungen der Oberschicht als Pfeiler des amerikanischen Sozialsystems; Architekten und Bauherren, die, jegliche wirtschaftliche Voraussetzungen ignorierend, sowohl bombastische, als auch sozial zumutbare und ästhetisch anmutende Gebäude aller Größen hervorgebracht haben; Kulturförderung als Betätigungsfeld und Steueroase für die wirtschaftliche Oberschicht; den ersten Kernreaktor und, und, und ...

Wirtschaft

Chicagos eigentlicher wirtschaftlicher Aufstieg begann – dank seiner verkehrsgünstigen Lage – zum Ende des 19. Jahrhunderts mit der Einrichtung der zahlreichen Schlachthöfe, in denen das Fleisch des gesamten Westens verarbeitet wurde. Hinzu kamen eisenverarbeitende Betriebe und der Güterverkehr (Eisenbahn und Schiff) mit seinen angeschlossenen Industrien (Lokomotivenfabriken und Werften).

Seit dem Verfall der Schwerindustrie, dem Niedergang des Eisenbahnpersonenverkehrs und der Schließung des letzten Schlachthofes in den 60er Jahren durchlief die Wirtschaft der Stadt eine tiefe Talsohle, und viele Menschen sind auch heute noch ohne Arbeit. Das macht sich z.B. deutlich daran, daß 1995 9 der 10 ärmsten Stadtteile Amerikas in Chicago lagen!

Während der 70er Jahre trat aber für viele eine Wende ein, und zahlreiche Investitionen – besonders auch aus dem Ausland – haben der Stadt zum Teil wieder auf die Beine geholfen. Große Firmen, wie z.B. Amoco (Umsatz: 26 Mrd. $), Ameritech (12 Mrd. $) oder CNA Financial Co. (11 Mrd. $), haben ihren Sitz hier. Computer- und Dienstleistungsunternehmen sowie Produzenten elektronischer und feinmechanischer Geräte haben sich seitdem niedergelassen.

Die geografische Lage Chicagos tut ihr eigenes:

- Mit dem 1955 eröffneten O'Hare Airport besitzt die Stadt den größten Flughafen der Welt (67 Mio. Passagiere). Zudem gibt es noch den kleineren Midway Airport (7 Mio. Passagiere),
- Der Hafen hat seit dem Ausbau des St. Lorenz Schiffahrtsweges (1957) für den Mittleren Westen wieder eine tragende Bedeutung,
- Der Eisenbahnverkehr, vornehmlich der Gütertransport, trägt auch heute noch maßgeblich zum Einkommen bei.

Chicago verfügt außerdem über 4 Börsen:

- Chicago Stock Exchange: Aktien
- Chicago Mercantile Exchange: Vieh, Sorten
- Chicago Board of Trade: Bonds, Anleihen
- Chicago Options Exchange: Optionen

Chicago hat übrigens die meisten Süßwarenfabriken Amerikas, und der Fastfood-Gigant McDonald's hat ebenfalls seinen Sitz hier.

Auch die Touristik zählt mit Einnahmen von über 16 Mrd. Dollar zu den maßgeblichen Wirtschaftsträgern. 1,4 Millionen Besucher kommen jährlich aus dem Ausland, davon 22% aus Kanada, 11% aus Großbritannien, 10% aus Japan und 9% aus Deutschland.

INFO

Wissenswertes zur Stadtarchitektur von Chicago

Da eine erschöpfende Darstellung der Architektur Chicagos ein ganzes Buch füllen würde, werden im folgenden nur einige typische Gebäude und die Architekturgeschichte kurz angeschnitten werden. Für den architektonisch interessierten Reisenden empfiehlt es sich ohnehin, eine der ungefähr 40 unterschiedlichen Touren der ***Chicago Architecture Foundation*** *wahrzunehmen. Im besonderen ist hier der* ***River Cruise*** *zu empfehlen, der auf diesem Gebiet auch weniger versierten Leuten einen kleinen Einblick in die Vielfalt der Baukunstwerke Chicagos bietet und mit der ganz anderen Sicht vom Wasser auf die Stadt zu den beeindruckendsten Erlebnissen eines Chicago-Aufenthaltes zu zählen ist. Der homogene Eindruck der Stadtstruktur, der sich schon bei der Anfahrt mit dem Auto bietet, vertieft sich bei dieser Sichtweise, und es ist gut zu beobachten, daß der* ***Kontextualismus*** *als Architekturrichtung das Stadtbild entscheidend prägt, der für diesen Eindruck verantwortlich zeichnet. Ziel des Kontextualismus ist es nämlich, die Architektur ihrer Umgebung anzupassen, sei es anderen Gebäuden oder z.B. den Formen eines Flusses.*

Für die herausragende Stellung der Architektur Chicagos ist allerdings nicht in erster Linie diese Architekturrichtung, sondern der Umstand, daß Chicago 1871 fast völlig niederbrannte, die Ursache. Im Innenstadtbereich überdauerte nur der aus Stein gebaute ***Water Tower*** *(1869 fertiggestellt) das Flammenmeer, dessen leichtes Opfer die zu dem Zeitpunkt fast ausschließlich aus Holz bestehenden Häuser Chicagos wurden. Die Notwendigkeit, eine neue Stadt bauen zu müssen, und der Umstand, daß Chicago eine Menge finanzkräftiger Geschäftsleute beherbergte, die als Architekten junge Männer mit neuen Ideen bevorzugten, ließen Chicago zur "Architekturhauptstadt" der Welt werden. Namen der ersten Stunde, wie Frank Llyod Wright, Dankmar Adler, William Le Baron Jenny, Louis Sullivan oder John Wellborn Root, sind auch heute im Zusammenhang mit der Architekturgeschichte ein Begriff.*

Während ***William Le Baron Jenny*** *wegen seiner Erfindung der ersten Skyscraper-Konstruktion (1883), einem Metallskelett, das die Außenwände trägt (bis dato trugen die Außenwände die Gebäude), berühmt wurde, ist* ***Frank Lloyd Wright*** *eher für seine Wohnhäuser bekannt, die sich durch die langen horizontalen Linien ihrer Außenstruktur und die über mehrere Ebenen offenen Innenräume auszeichnen. Lloyd prägte mit diesem Architekturstil die Prairie School, eine Architekturrichtung, die die Weite der Prärie in die Architektur umsetzte, und ebenso wie die Erfindung des Wolkenkratzers weltweit die Architektur revolutionierte. Sicherlich nicht zuletzt durch die Brandkatastrophe bedingt, wurde in Chicago auch ein Baumetall entwickelt, das bei extremer Hitze nicht schmilzt. Als Hintergrund für die Ideen der* ***Chicago School of Architecture*** *ist die philosophische Leitlinie von* ***Louis Sullivan*** *zu sehen: Die Form soll der Funktion untergeordnet werden, und ein Gebäude soll den Bedürfnissen der Menschen entsprechen, die es nutzen. Es ist umstritten, ob die Architektur dieser Schule die demokratischen Ideen der amerikanischen Gesellschaft Ende des 19. und Anfang des 20 Jahrhunderts widerspiegelt, wie es in ihrer Zielsetzung beabsichtigt ist. Sicher ist hingegen, daß politische Entscheidungsträger in Chicago architektonischen Experimenten gegenüber auch in unseren Tagen sehr* *offen gegenüberstehen. So wurde 1987 das ambitionierte Projekt des Architekten* ***Bertrand Goldberg****, in der verslumten Innenstadt Chicagos wieder Wohn- und Arbeitsraum für den Mittelstand zu schaffen, in dem Bau der* ***River City*** *verwirklicht.*

Ein weiterer Meilenstein in der Architektur dieser Stadt ist das ***Tribune Building****. 1922 gewann Raymond Hood mit seinem neogotischen Entwurf den internationalen Wettbewerb, der von der Zeitung mit dem gleichen Namen ausgeschrieben worden war. Aus dieser Zeit stammt auch das gegenüberstehende* ***Wrigley Building****.*

Rostfarbe als architektonische Ausdrucksform

Die Architektur nach dem Zweiten Weltkrieg wurde entscheidend von dem ehemaligen Bauhausdirektor ***Ludwig Mies van der Rohe*** *beeinflußt, der 1937 aufgrund der politischen Verhältnisse von Deutschland nach Amerika kam. Sein Stil entspricht mit seinem Pragmatismus der Philosophie der Chicagoer Schule und ist fast puristisch zu nennen, er wurde vom* ***Architektenbüro Skidmore, Owings & Merrill*** *weiterentwickelt. Diese Firma zeichnet auch für zwei der im doppelten Sinne herausragenden Gebäude der Skyline Chicagos verantwortlich, nämlich das* ***John Hancock Building*** *und den* ***Sears Tower****.*

Eine Auflistung auffälliger und bahnbrechender Stadtgebäude könnte endlos werden. Daher werde ich im folgenden Reisekapitel nur wenige, besonders interessante Gebäude anreißen. Machen aber auch Sie sich ein eigenes Bild! Bedenken Sie dabei auch, daß nicht nur die hohen Innenstadtgebäude interessant und wegweisend für Bauten in anderen Städten geworden sind, sondern daß auch "einfache" Villen in Oak Park oder dem Norden der Stadt sehenswert sind, und nicht zu vergessen sind auch die Einflüsse der unterschiedlichsten ethnischen Gruppen in den normalen Wohnvierteln. Ganze Häuserblocks lassen auch heute noch Stilelemente aus allen Teilen der Welt erkennen.

Kleine Orientierungshilfe für Chicago (Zeit und Geographie)

Zeit: Grundsätzlich sollten Sie mindestens 2 volle Tage in Chicago bleiben. Bedenken Sie bei Ihrer Planung, daß Chicago während des gesamten Tages ein hohes Verkehrsaufkommen aufweist. D.h., Sie müssen mit längeren Fahrtzeiten rechnen als in anderen Städten. Auch die Parkplatzsuche kann – und das gilt auch für abends – eine Menge Zeit in Anspruch nehmen. Manchmal sollte man in den sauren Apfel beißen und die teuren bewachten Parkplätze in Anspruch nehmen bzw. sich gleich für ein Taxi entscheiden. Unterschätzen Sie in Ihrem Zeitplan auch nicht die großen Entfernungen in dieser Stadt.
Geographie: Chicago erstreckt sich über ein ehemaliges Sumpfgebiet, und somit gibt es keine Erhebungen und damit auch kaum Straßenkurven. Straßenzüge ziehen sich über

zig Meilen von Norden nach Süden bzw. von Osten nach Westen. Das macht die Orientierung verhältnismäßig leicht, und mein Tip ist: Merken Sie sich einfach ein paar große Straßen, auf die Sie automatisch immer wieder treffen werden.

Die Straßennummern werden wie folgt gezählt: Alles, was nördlich des Loop ist, erhält als Straßenbezeichnung "North" (z.B. North Clark Street). Im Loop und im Gebiet südlich davon werden die Straßen mit "South" bezeichnet (z.B. South Michigan). Die Grenze zwischen der Ost/West-Bezeichnung bildet die State Street.

9.1.4 SEHENSWERTES IM INNENSTADTBEREICH

"The Loop" und die umliegenden Gebiete

Der Innenstadtbereich erstreckt sich vom Norden am John Hancock Center bis hin zur Harrison Street im Süden. Im Osten wird er durch den Lake Michigan begrenzt und im Westen durch den I-90/94. Falls Sie gut zu Fuß sein sollten, können Sie hier alles in 1-2 Tagen ablaufen. Für den Navy Pier empfiehlt sich aber eine Anfahrt mit dem Taxi oder dem eigenen Auto (Achtung: hohe Parkplatzgebühren). Der Navy Pier eignet sich auch für den Abend, da hier Unterhaltungsprogramme, Restaurants und eine Aussicht auf die Skyline bei Sonnenuntergang geboten werden. Für einen kurzen Spaziergang liegt der Navy Pier aber relativ weit außen vor. Sollten Sie also nicht so gut zu Fuß sein, sparen Sie ihn sich auf dem folgenden Rundgang aus.

Die Beschreibung der Innenstadt erfolgt hier im Uhrzeigersinn, was Ihnen die Möglichkeit bietet, am Morgen mit Sonne im Osten die Aussicht vom J.Hancock Center zu genießen und am frühen Abend die vom Sears Tower mit Sonne im Südwesten.

Auf dieser Route erwarten Sie verschiedene Stilelemente amerikanischer Innenstadtarchitektur, unzählige Skulpturen bekannter Künstler, wie z.B. von Miró und Picasso, und natürlich Geschäfte aller Art. Beim Einkaufen sollten Sie aber auf die Preise achten. Vieles ist in anderen Städten oder den Randbezirken günstiger.

Hinweis
Die Nummern bei den Sehenswürdigkeiten beziehen sich auf die Innenstadtkarte.

Beginnen Sie Ihren Rundgang am Visitor Center im Water Tower. Hier können Sie sich nochmals mit Infomaterial und Karten eindecken.

Im Loop um den Loop

■ **Water Tower Place/Pumping Station** ③ + ④, Ecke N.Michigan Ave./Pearson St. Im Water Tower, dem einzigen Gebäude, welches das große Feuer von 1871 überstanden hat, befindet sich das Informationszentrum. Gleich gegenüber davon ist die alte Pumpstation der Stadt, in der Sie heute verschiedene Filme zur Stadtgeschichte (z.B. “Great Fire” und “Gangstergeschichte”) sehen können, zudem eine Führung durch das Pumphaus angeboten wird und kleine Chicago-Souvenir-Shops T-Shirts, Baseballkappen u.v. m. anpreisen.

Die beiden folgenden Gebäude liegen nördlich vom Water Tower. Gehen Sie dorthin und kehren Sie danach wieder um in entgegengesetzter Richtung, um dem Rundgang weiter folgen zu können.

■ **900 North Michigan Building**, 900 North Michigan Avenue. Dieses 66stökkige Gebäude besticht durch seine Eleganz, die es nicht nur der mehrfach ausgeführten Abstufung oberhalb des 8stöckigen Grundgebäudes, sondern auch der Wahl der Baumaterialien verdankt. Cremefarbener Kalkstein und grünes Glas setzen in der Farbkomposition die entscheidenden Akzente. Die Lichter der vier Ecktürme der oberen Etagen verleihen diesem Gebäude bei Nacht etwas märchenhaft Schwebendes. Es wurde 1989 nach den Entwürfen von Kohn Petersen Fox fertiggestellt.

■ **John Hancock Center** ①, 875 North Michigan Avenue, geöffnet: täglich 9h00-Mitternacht. Bei seiner Fertigstellung 1969 galt das John Hancock Center als das höchste Gebäude der Welt. Inzwischen ist es in dieser Hinsicht auf die Plätze verwiesen worden (z.Zt. Nr. 6), aber von der Aussichtsplattform aus hat man immer noch den schönsten Ausblick auf Chicago, denn man kann von hier auch gut die Uferlinie verfolgen, was vom Sears Tower aus nicht möglich ist. Interessant ist außer der Größe des 98stöckigen Gebäudes sicherlich die besondere Stabilisierung mit Querverstrebungen, die ihm einen eigenen Charakter gibt. Diese Spezialkonstruktion ist als Schutz vor dem starken Küstenwind der “Windy City” gedacht, kann aber Schwankungen in den oberen Stockwerken doch nicht völlig verhindern. Auch heute wird dieser Wolkenkratzer, dessen 95. Stockwerk ein Restaurant beherbergt, noch so multifunktional genutzt, wie es ursprünglich von Skidmore, Owings & Merrill in den Entwürfen geplant war. Damit darf es sich als das “höchste multifunktionelle Gebäude der Welt” bezeichnen.

Entlang der North **Michigan Street**, der “Magnificent Mile”, können Sie schaufensterbummeln und die neueste und teuerste Mode kaufen oder nur bestaunen. Hineinschauen sollten Sie aber unbedingt in die **Niketown** (669 N.Michigan), dem Vorführladen des bekannten Sportartikelherstellers. Glitzernd wird Ihnen hier der neueste Trend dargeboten. Schräg gegenüber befindet sich ein Ableger des Museum of Contemporary Arts, das **Terra Museum of American Art** (Mo-So 10h00-17h00, Di - 20h00). Vielleicht interessieren Sie sich ja für die gerade aktuelle Wanderausstellung.

■ **Museum of Contemporary Art** ⑤, 237 W. Ontario St., geöffnet: Di-Sa 10h00-17h00, So 12h00-17h00. Das Museum für zeitgenössische Kunst weist mittlerweile über 4.500 Kunstwerke auf (zumeist ab 1940), welche z.Zt. nur durch ein Rotationsprinzip auszustellen sind. Nach dem Umzug wird dies hoffentlich anders sein.

Hinweis
Das Museum wird höchstwahrscheinlich umziehen in die Chicago Avenue. Erkundigen Sie sich über den Stand der Dinge: Tel.: (312) 280-5161.

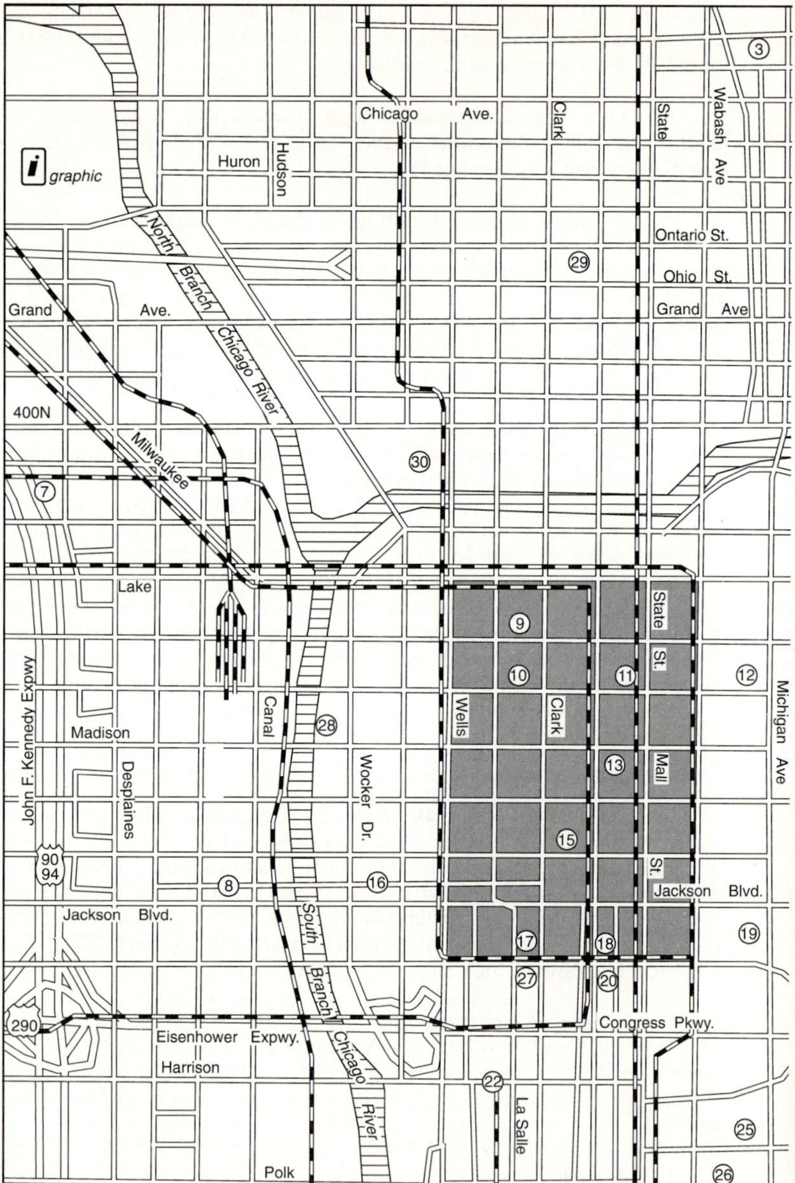

graphic
Chicago Ave.
Huron
Hudson
Clark
State
Wabash Ave
Ontario St.
Ohio St.
Grand Ave
Grand Ave.
North Branch Chicago River
400N
Milwaukee
Lake
State St.
John F. Kennedy Expwy
Madison
Desplaines
Canal
Wocker Dr.
Wells
Clark
Mall
Michigan Ave
90
94
Jackson Blvd.
St.
Jackson Blvd.
South Branch Chicago River
290
Eisenhower Expwy.
Harrison
Congress Pkwy.
La Salle
Polk
3
29
30
7
9
10
11
12
28
13
15
8
16
17
18
19
27
20
22
25
26

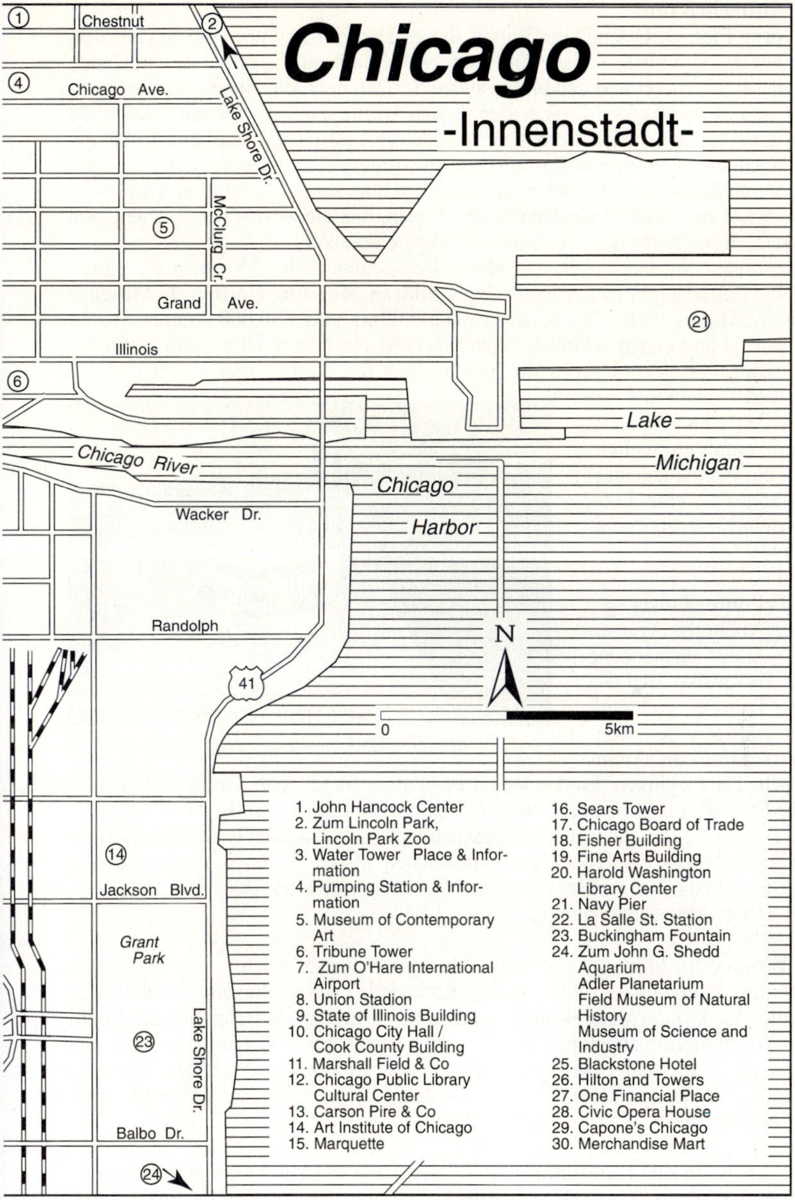
Chicago
-Innenstadt-
Chestnut
Chicago Ave.
Lake Shore Dr.
McClurg Cr.
Grand Ave.
Illinois
Chicago River
Wacker Dr.
Randolph
Chicago
Harbor
Lake
Michigan
41
N
0
5km
Jackson Blvd.
Grant
Park
Lake Shore Dr.
Balbo Dr.
1. John Hancock Center
2. Zum Lincoln Park, Lincoln Park Zoo
3. Water Tower Place & Information
4. Pumping Station & Information
5. Museum of Contemporary Art
6. Tribune Tower
7. Zum O'Hare International Airport
8. Union Stadion
9. State of Illinois Building
10. Chicago City Hall / Cook County Building
11. Marshall Field & Co
12. Chicago Public Library Cultural Center
13. Carson Pire & Co
14. Art Institute of Chicago
15. Marquette
16. Sears Tower
17. Chicago Board of Trade
18. Fisher Building
19. Fine Arts Building
20. Harold Washington Library Center
21. Navy Pier
22. La Salle St. Station
23. Buckingham Fountain
24. Zum John G. Shedd Aquarium
Adler Planetarium
Field Museum of Natural History
Museum of Science and Industry
25. Blackstone Hotel
26. Hilton and Towers
27. One Financial Place
28. Civic Opera House
29. Capone's Chicago
30. Merchandise Mart

Der Abstecher zum

■ **Navy Pier** ㉑, Ostende der Illinois Street. Der Pier zu Füßen der Skyline von Chicago wurde 1916 als Kaianlage für Handelsschiffe erbaut. Zu dieser Zeit befanden sich in der Illinois Street und den umliegenden Straßen noch die Handelskontore. Auf dem Pier gab es vorwiegend Lagerhallen. Später wurde dann am Pierende die große Halle errichtet, in der damals bereits verschiedenste Festivitäten stattfanden. Als die Hafenanlagen ans Südende von Chicago verlegt wurden, diente der Navy Pier vorwiegend als Veranstaltungsort. Zwischen den 60er und 80er Jahren geriet er in Vergessenheit und verfiel zum Teil. Doch dann beschloß man, ihn wieder neu herzurichten, und die Renovierungsarbeiten dazu wurden 1995 abgeschlossen.

Heute finden Sie hier große und kleine Restaurants, laden "Yachten zu Dinner Cruises" ein (teuer!), gibt es Karussells, ein **Children Museum**, ein **Bicycle Museum** (455 Illinois, Mo-Sa 10h00-21h00, So 11h00-18h00) mit über 50.000 Artefakten zum Thema Fahrrad und bieten zahlreiche Stände Snacks aus aller Welt an. Am schönsten aber ist es hier am Abend, wenn die Sonne hinter der Skyline untertaucht und das Motto lautet: "Sehen und gesehen werden". Falls Sie mit dem Auto anfahren wollen: Achtung, die Parkplatzgebühren sind höher als eine Taxifahrt von einem zentral gelegenen Hotel!

Wieder aufgepäppelt: der Navy Pier

■ **Tribune Tower** ⑥, 435 North Michigan Avenue. Der von 1923-25 entstandene Tribune Tower ist Sitz des "Chicago Tribune" und zählt zu den Skyskrapern der zwanziger Jahre, die in die Architekturgeschichte eingingen. Eindrucksvoll ist heute weniger seine Größe als die neogothische Fassade, die der Kathedrale in Rouen nachempfunden ist. In das Mauerwerk sind Teile der unterschiedlichsten historischen Gebäude aus aller Welt eingefügt. So kann man dort ebenso ein Stück der chinesischen Mauer finden wie eines aus der Westminster Abbey. Entworfen wurde das Gebäude von John Mead Howells, Raymond M. Hood, Assosiated Architects.

■ **Wrigley Building** ⑥, 400 North Michigan Avenue. Auch dieser Skyskraper der Zwanziger Jahre (1921 - 1924) ist einer Kathedrale nachempfunden, allerdings der von Seville. Als Sitz der weltbekannten Kaugummi-Firma, die ursprünglich als Produzent von Waschmitteln angefangen hatte, gehört er zur ersten Generation dieses Gebäudetyps. Zusammen mit dem gegenüberliegenden Tribune Tower vermittelt er noch einen Eindruck vom Stadtbild Chicagos in den Goldenen Zwanzigern. Entworfen wurde dieses Schmuckstück historischer Architektur von Graham, Anderson, Probst & White.

Wie kam es zu den Kaugummis? Als Seifen- und Waschmittelproduzent machte die Firma Wrigley in den 20er und 30er Jahren gute Geschäfte. Um diese weiter anzukurbeln, begann man während der 40er Jahre mit einer massiven Werbekampagne: Jedem Waschmittelpaket und vor allem jedem Handelsvertreter der eigenen Produkte wurden Gratis-Kaugummis mitgegeben. Diese durften natürlich nicht zu teuer sein. Also entschied man sich für dünne Streifen, die aber einen herzhaften und ganz eigenen Geschmack haben sollten: den der Pfefferminze. Die Kaugummis kamen so gut an, daß der Firma Wrigley nichts anderes übrigblieb, als die Produktion der Waschmittel zugunsten der Kaugummis zurückzuschrauben.

Gehen Sie nun über die **Michigan Avenue Bridge**, die den Chicago River überspannt. Gute Fotoperspektiven auf den zugebauten Fluß und die Skyline bieten sich hier. Übrigens hat auch heute noch jede der Brücken einen Brückenwart ("Pilot"), der bei Bedarf die Brücken öffnet und schließt.

Die **South Michigan Avenue** bietet Gebäude mit verschiedensten Fresken und Inschriften. U.a. finden Sie hier ehemalige Konzerthallen und Hotels, die heute z.T. umgewandelt sind in Bürogebäude. Schauen Sie aber trotzdem einmal an den Fassaden hoch. In den 20er Jahren war dieser Straßenabschnitt die "Spielwiese" der Reichen und der Gangster. Hier, in den zu dieser Zeit teuersten Hotels der Welt, wurde gefeiert und gedealt.

■ **Chicago Cultural Center** ⑫, 78 E. Washington St., geöffnet: Mo-Sa 10h00-16h00, So 12h00-17h00. An Chicagos riesigem "Kulturpalast" wurde mit Marmor und Mosaikarbeiten nicht gespart, und sowohl im 1. als auch im 2. Obergeschoß beeindrucken Tiffany-Glas-Dome. Die Stilelemente des Gebäudes beinhalten alt-griechische, romanische und venezianische Einflüsse. In den verschiedenen Räumlichkeiten werden Konzerte abgehalten, Wanderausstellungen kommen hierher, und das **Museum of Broadcast Communication** befindet sich ebenfalls hier. Alleine aber die Innenarchitektur lohnt einen kurzen Stop.

■ **Grant Park**. Der Grant Park ist aus einer riesigen Schutt- und Müllhalde entstanden. Reste aus der großen Feuerkatastrophe, aber vor allem von abgerissenen Kaianlagen und Industriebetrieben sorgen also für den Untergrund des heutigen Parks, der die Einheimischen abends zum Flanieren oder zum Volleyballspiel auf der Wiese animiert.

Fototermin am Buckingham Fountain

■ **Art Institute of Chicago** ⑭, 111 S. Michigan Ave./Grant Park, geöffnet: Mo-Fr 10h30-16h30 (Di bis 22h30), Sa 10h00-17h00, S0 12h00-17h00. Dieses riesige Kunstmuseum gehört zu den interessantesten seiner Art in der Welt. Hochkarätige Wanderausstellungen, wie z.B. die Monet-Ausstellung 1995, bieten bereits einen willkommenen Anlaß, hier mehrere Stunden zu verbringen. Aber auch die permanenten Ausstellungen, wie z.B. die asiatische Kunstsammlung, die Thorne Miniature Rooms – kleine "Puppenstuben" mit nachempfundenen Zimmern aus verschiedensten Epochen –, die Sammlung impressionistischer Maler, die American Arts Ausstellung und die einzigartige Zusammenstellung von Ritterrüstungen und Waffen aus dem Mittelalter u.v.m. bieten eigentlich für jeden etwas. Für dieses Museum, sind Sie erst einmal eingetreten, sollten Sie sich mindestens 2 Stunden Zeit nehmen ... ein ganzer Tag würde aber auch nicht langweilig werden.

■ **Buckingham Fountain** ㉓. Inmitten des Grant Parks sprudelt seit 1927 dieser riesige Springbrunnen, der einem Brunnen in Versailles nachempfunden ist. Damals war er der größte "dekorative" Brunnen der Welt, und auch heute noch beeindruckt seine über 40 m hohe Wasserfontäne, die bei Chicagoer Winden einen Regenschauer über die Spaziergänger niedergehen läßt (Chicagoer haben daher nicht selten einen Schirm dabei!)

■ **CNA Plaza**, 55 East Jackson Street, Ecke Wabash Ave. (einen Block stadteinwärts von der S. Michigan). Eine Besonderheit völlig anderer Art ist dieses auf den ersten Blick eher unscheinbare Gebäude insofern, als es mit seiner rostroten Farbe aus der Skyline Chicagos heraussticht. Das Gerücht, daß 1965 außer für die Rostschutzfarbe kein Geld mehr für die Gestaltung der Fassade übrig war, hat sich bis heute gehalten. Seine ungewöhnliche Farbe verdankt das 31-stöckige Gebäude von den Architekten der C:F. Murphy Associates jedoch der Korrosion des für dieses Gebäude verwendeten Stahls.

■ **Fine Arts Building** ⑲, 410 S. Michigan Ave. Das Gebäude lohnt einen kurzen Einblick: Die Holzarbeiten, Marmor- und Granitsäulen sowie Fresken hier sind sehenswert – besonders in der Lobby. Dieses Haus wurde auf verschiedene Weise genutzt: Das Theater war früher einmal der Showroom der Studebaker Co. und dient heute 4 Kinos als Räumlichkeit. In anderen Räumen arbeiteten ehemals Künstler, die später "abgelöst" wurden von Musikern. Im Innenhof können Sie die "konkurrierenden" Operngesänge der übenden Tenöre und Soprane verfolgen.

■ **Blackstone Hotel und Hilton & Towers Hotel** ㉕ + ㉖, 636 bzw. 720 S.Michigan Ave. Beide Hotels galten in den 20er und 30er Jahren als eines der besten und teuersten auf der Welt. Das Blackstone Hotel hat diese vornehme Zeit hinter sich gelassen, bietet aber immer noch eine freskenreiche Lobbyhalle und andere schöne "Verzierungen". Im angeschlossenen **Mayfair Theatre** finden öfter Musikveranstaltungen statt.

Das Hilton & Towers Hotel dagegen ist auch heute noch eine Nobeladresse. Selbst, wenn Sie die schwindelerregenden Zimmerpreise nicht bezahlen möchten, empfehle ich Ihnen eine Tasse Tee mit Gebäck in der riesigen Lobbyhalle. Dabei können Sie der "High Society" zuschauen, wenn sie sich ihr Stelldichein gibt. Versuchen Sie auch einmal, einen Blick in den schönen Ballsaal zu werfen. Die Außenarchitektur des Gebäudes mit seinen 3 "Türmen" werden Sie übrigens bei Hotels in fast jeder anderen amerikanischen Großstadt wiederfinden – das hiesige Hotel war natürlich das erste seiner Art!

■ **Harold Washington Public Library/Library Center** ⑳, 400 South State Street, geöffnet: Mo 9h00-19h00, Di+Do 11h00-19h00, Mi,Fr+Sa 9h00-17h00. Mit einem Bestand von über zwei Millionen Büchern ist die Harold Washington Library zu den größten öffentlichen Bibliotheken der Welt zu rechnen. Das dem "Inhalt" entsprechende bombastische Äußere dieses Gebäudes zeigt sich sowohl in der offensichtlichen Anlehnung an den neo-klassizistischen Stil bezüglich der Grundstruktur, als auch in der Gestaltung der riesigen Figuren von Kent Bloomer und Raymond Kaskey, die das Dach verzieren. Ihre symbolische Bedeutung ist, ebenso wie die Bauzeit Anfang der 90er Jahre dieses Jahrhunderts (Architekten: Hammond, Beeby & Babka), erst beim zweiten Blick auf dieses ungewöhnliche Gebäude zu erraten.

Besondere Sammlungen zu den Themen Chicago Blues und die Geschichte der Chicago Theater mögen manchen interessieren.

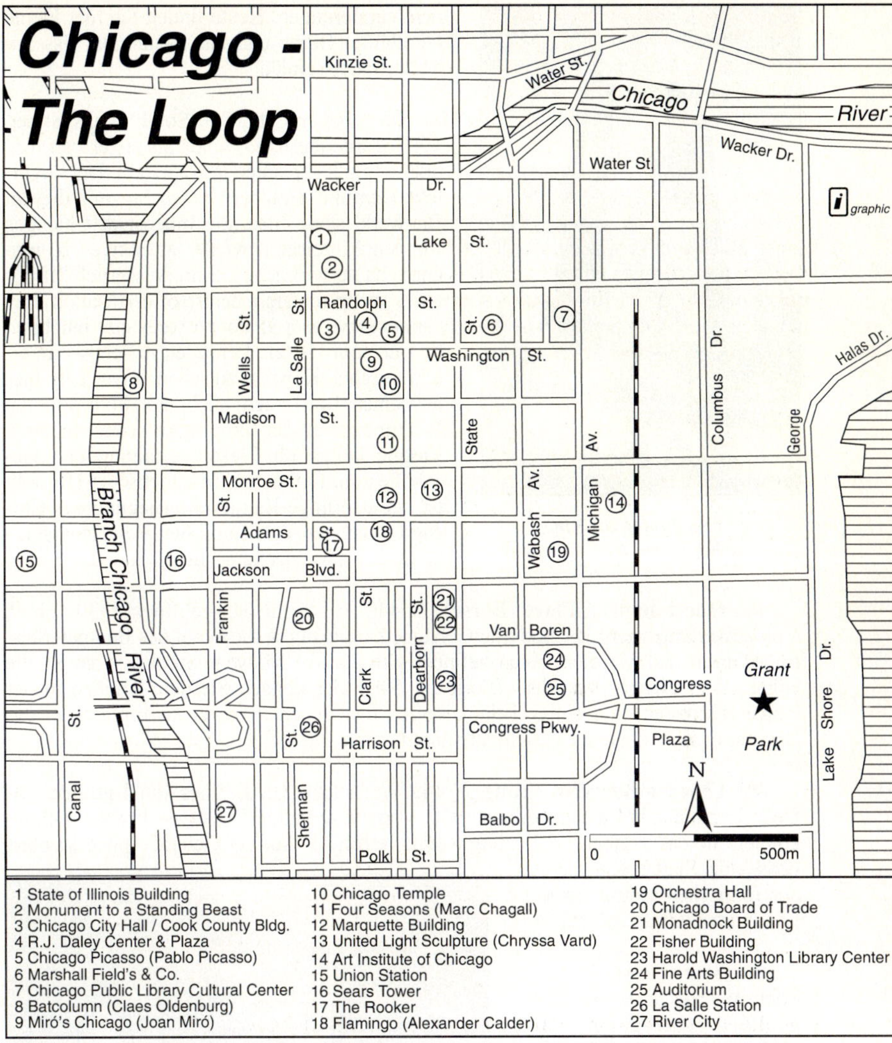

1 State of Illinois Building
2 Monument to a Standing Beast
3 Chicago City Hall / Cook County Bldg.
4 R.J. Daley Center & Plaza
5 Chicago Picasso (Pablo Picasso)
6 Marshall Field's & Co.
7 Chicago Public Library Cultural Center
8 Batcolumn (Claes Oldenburg)
9 Miró's Chicago (Joan Miró)
10 Chicago Temple
11 Four Seasons (Marc Chagall)
12 Marquette Building
13 United Light Sculpture (Chryssa Vard)
14 Art Institute of Chicago
15 Union Station
16 Sears Tower
17 The Rooker
18 Flamingo (Alexander Calder)
19 Orchestra Hall
20 Chicago Board of Trade
21 Monadnock Building
22 Fisher Building
23 Harold Washington Library Center
24 Fine Arts Building
25 Auditorium
26 La Salle Station
27 River City

Hinweis
Die Nummern auf dieser Karte beziehen sich nicht auf die Nummernangaben im Text

Entlang der South Dearborn Street (400er bis 800er Block) und der umliegenden Straßen befindet sich die **Printers Row**, ehemals der Stadtteil mit den Druckereien. Diese Zeiten sind vergangen, aber zahlreiche alte Gebäude erinnern noch heute daran. Jetzt finden Sie hier kleine Restaurants und ein paar ausgesuchte Buchläden.

Nicht weit entfernt davon befindet sich an der Polk Street der 1885 entworfene **Dearborn Station** (22) mit seinen Terrakotta-Ornamenten, Marmorböden und gußeiser-

Verschnaufpause im wirtschaftlichen Herz Chicagos

nen Verzierungen. Heute finden Sie hier kleine Geschäfte, Büros und ein Restaurant, das zur Mittagspause einlädt.

■ **River City**, 800 South Wells Street. 1987 wurde dieser Komplex als erster von fünf ursprünglich geplanten fertiggestellt. Der Architekt Bertrand Goldberg versuchte mit diesem Bauwerk, seine Idee, die Innenstadt Chicagos für den Mittelstand wieder attraktiver zu machen, zu verwirklichen. Sein Ausspruch "If our cities are to remain a centre of civilisation they cannot serve as a 35 hour a week city inhabited by our pour" ist als Leitfaden in seinem architektonischen Konzept zu sehen. River City bietet seinen Bewohnern nicht nur komfortablen Wohnraum in der Innenstadt, sondern auch Möglichkeiten für Freizeitgestaltung und Geschäfte zum Einkaufen. In ästhetischer Hinsicht ist der s-förmige Bau an die Biegung des Chicago Rivers angepaßt und den Bewegungslinien einer Flußschlange nachempfunden.

■ **One Financial Place (Börse)** ㉗, 440 S. LaSalle St., geöffnet: 8h30-16h00. Von außen imponiert das moderne Gebäude bereits durch die Wahl des Baumaterials: roter Granit und Marmor. Innen befindet sich u.a. die Midwest Stock Exchange, die Börse von Chicago. Von der Galerie im 5th Floor können Sie dem Treiben in der Börse zuschauen, und einige Erläuterungen hier geben Ihnen einen Einblick in das Börsengeschäft sowie die Geschichte dieser Börse.

■ **Chicago Board of Trade** ⑰, 141 W. Jackson Blvd. Eines von 3 großen Art-Deco-Gebäuden in Chicago, erbaut 1930. Vom Observation-Deck (Mo-Fr 9h00-14h00) können Sie das Treiben im Trading Room verfolgen. Auf der Gebäudespitze ist übrigens eine Statue von Ceres, der römischen Göttin für die Landwirtschaft, zu sehen.

Blick vom Sears Tower

■ **Sears Tower** ⑯, 233 South Wacker Street, Skydeck geöffnet: 9h00-23h00. Bis Ende 1995 war der Sears Tower mit seinen 110 Stockwerken und 443 m Höhe (520 m einschl. Masten) das höchste Gebäude der Welt (heute sind es die Twin Towers in Kuala Lumpur, Malaysia). Um jedoch eine Vorstellung davon zu bekommen, in welche schwindelnden Höhen dieser Wolkenkratzer ragt, sollte man zum Skydeck hinauffahren. Daß dieses Gebäude der Superlative 106 Fahrstühle beherbergt – 16 davon sind zweigeschossig –, versetzt den Leser des entsprechenden

Informationsfaltblattes ebenso in Erstaunen wie die Tatsache, daß das Äußere dieses Bauwerkes von 16.000 bronzegetönten Fensterscheiben und 11 ha schwarzen Aluminiums geprägt ist. Seit der 1973 von Skidmore, Owings & Merrill entworfene Sears Tower eröffnet wurde, kam es allerdings auch schon zweimal zu konstruktionsbedingten Pannen: Auf den oberen Etagen wurden mehrere Fenster durch den Wind herausgerissen. Das sollte einen Besucher jedoch nicht davon abhalten, die wundervolle Aussicht über Chicago zu genießen. Interessante Daten zum Sears Tower:

- gesamte Raumfläche: 420.000 qm
- 76.000 Tonnen Stahl wurden verwandt
- Gesamtgewicht des Gebäudes: 225.000 Tonnen

Machen Sie von hier einen kleinen Abstecher zum **Union Station** ⑧ (210 S. Canal Street), dessen mächtiges Erscheinungsbild bereits beeindruckt. Innen wird dieser Eindruck durch einen 30 m hohen Dome (Kuppel), riesige Säulen und verschiedenste Statuen noch unterstrichen.

■ **Civic Opera House** ㉘, 20 N. Wacker Dr. Ein weiteres Art-Deco-Gebäude in Chicago, dessen Marmorhallen, überladene Kronleuchter und massive Säulen imponieren. Auf der Bühne werden vornehmlich lyrische Opern mit Weltniveau aufgeführt. Eine eigenwillige Dauerkarten-Politik aber gibt Außenstehenden leider kaum die Chance, eine Eintrittskarte zu erstehen. Manchmal aber hat man 1 Stunde vor Beginn der Vorstellung Glück, und jemand verkauft seine Karte.

Kunst im Loop

2 Blocks östlich der vorgeschlagenen Route steht das **State of Illinois Center** ⑨ (100 West Randolph Street), ein 1985 eröffnetes, modernes Büro- und Geschäftsgebäude, welches als Leitlinie für die zukünftige Stadtarchitektur im 21. Jahrhundert entworfen wurde.

Das State of Illinois Center hebt sich durch seine abgerundete Form und die vorwiegend aus Glas bestehende Außenfront deutlich von den Gebäuden der Umgebung ab. Ob eine Integration des Gebäudes durch den entsprechenden Spiegeleffekt in die Umgebung gelungen ist, bleibt umstritten. Einer gewissen Faszination kann sich der Betrachter nicht entziehen, obwohl dieses Werk von Murphy und Jahn seit seiner Fertigstellung 1985 Gegenstand kontroverser Debatten ist.

■ **Merchandise Mart** ㉚, am Chicago River zwischen Wells und Orleans Streets. Dieses massive Gebäude wurde 1930 erbaut und bedeckt eine Grundfläche von 36 ha und wird somit in Amerika nur noch vom Pentagon überflügelt. In den unteren Etagen befinden sich heute Geschäfte, in den oberen Etagen, für Außenstehende verwirrend angelegt, sind noch immer Büros und Handelskontore. Es werden Führungen angeboten. Übrigens gehört das Gebäude heute dem Kennedy-Clan.

Gehen Sie nun weiter entlang dem historischen **Courthouse District** und der **Clark Street** (Blocks bis 600er Nummern), in deren Umfeld Sie genügend Gelegenheiten für einen Snack, ein Dinner oder ein kühles Getränk finden. Das erste McDonalds, Michael Jordans, Planet Holywood sind nur einige von vielen "Eßtempeln" hier.

■ **Capone's Chicago** ㉙, Ecke Clark/Ohio Sts. Ein kleines Al Capone Museum (+ Film) und der Startpunkt zu den Gangstertouren erwarten Sie hier. Falls Sie sich zu einer Gangstertour entschließen, gilt der Tip: "Untouchable Tours". Da nämlich nicht mehr viele der ehemaligen Gebäude stehen, kommt es vor allem auf die Darbietung und historischen Untermalung der Rundfahrt an – und die ist bei "Untouchable Tours" Klasse!

■ **American Medical Association Headquarters**, 515 North State Street, Grand Avenue. Interessant macht dieses dreißigstöckige Gebäude von 1990 nicht die elegante Glas-Aluminium-Verblendung des aus Stahl und Beton bestehenden Kerns, sondern das sich im oberen Drittel über vier Stockwerke erstreckende "Loch", das ausgespart wurde. Anliegen der Kenzo Tange Associates, die für die architektonische Gestaltung dieses Gebäudes verantwortlich zeichnen, war es, ein Gebäude mit einem unverwechselbaren Merkmal zu entwerfen. Dieses ist ihnen mit der Thematisierung von "negative space" (negativem Raum) sicher gelungen, da wohl jeder Betrachter sich seine Gedanken macht, was dieses Loch bedeuten soll und das Gebäude entsprechend als außergewöhnlich im Gedächtnis behält.

Rundfahrt 1: nördlich der Innenstadt

Für diese Tour benötigen Sie Ihr Fahrzeug, was Sie aber nicht abhalten sollte, des öfteren auch einmal auszusteigen. Auf dieser Route erwarten Sie vor allem belebte Stadtteile und die Küstenlinie entlang des Lakeshore Drive. Dauer der Rundfahrt: ca. 2-3 Stunden + Pausen am Strand. Beschreibungsrichtung: Im Uhrzeigersinn.

Hinweis
Die Nummern beziehen sich auf die Karte "Entlang des nördlichen Lake Shore".

Beginnen Sie Ihre Tour wieder am **Water Tower** ⑧ **Information Center**.

■ **Chicago Historical Society**, 1601 N. Clark St., geöffnet: Mo-Sa 9h30-16h30, So 12h00-17h00. In diesem Gebäude von 1932 sind zahlreiche Ausstellungen zur Geschichte von Chicago untergebracht.

Marge's Pub (1750 N. Sedgewick St.) ist eine kleine Neighbourhood-Kneipe, die Sie evtl. zu einer frühen Erfrischung einlädt. Abends treffen Sie hier "echte" Chicagoer, denn nur wenigen Reisenden ist sie bekannt.

■ **Lincoln Park** ⑧. Der **Stadtteil Lincoln Park** erstreckt sich im Osten vom gleichnamigen Park bis zur 1400 W. (Lakewood Ave.) im Westen und im Süden von der North Avenue bis zur Belmont Avenue im Norden. Er bietet besonders um den 1800er-North Block der Sedgewick St. zahlreiche ältere Gebäude, zumeist kleine Wohnhäuser. Lincoln Park kann man als einen multikulturellen Stadtteil bezeichnen, der sich von den unterschiedlichsten Seiten zeigt: schnuckelige Wohnhäuser, Kneipen,

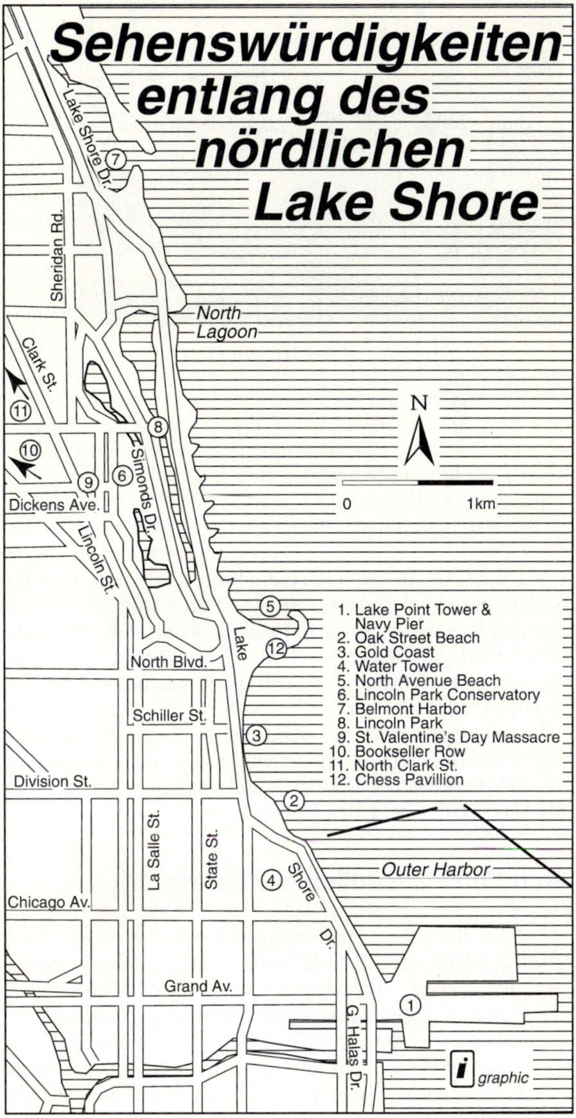

kleine Restaurants, ausgefallene Geschäfte jeder Preisklasse und, und, und ... machen Sie sich Ihr eigenes Bild. Zentrale Punkte sind die südliche Clark Street (am Park) sowie die Kreuzung Fullerton Ave./ Lincoln Ave.

Sollten Sie an der Kreuzung **North Clark/Dickens Street** ⑨ vorbeikommen, achten Sie auf das kleine Restaurant "Chopper's". Hier fand 1929 das Massaker vom Valentine's Day statt.

John Barleycorn Pub (Ecke Lincoln/ W.Belden St.) bietet eine weitere Gelegenheit zu einem Snack und einem Erfrischungsgetränk. Zahlreiche importierte Faßbiere lassen selbst am Tage die guten Vorsätze vergessen ...

An der **Kreuzung Lincoln/Halsted Street** befindet sich die legendäre Bookseller Row ⑩, wobei die Literaturauswahl zumeist aus günstigen Second-Hand-Büchern besteht und nicht mehr allzu viele Läden übriggeblieben sind. Sollten Sie also auf der Suche nach guten Büchern sein, empfehlen sich heute eher Geschäfte im Innenstadtbereich.

Fahren Sie nun einfach die **Clark Street** ⑪ in nördlicher Richtung weiter. Verschiedene ethnische, vor allem zahlreiche asiatische Restaurants, finden sich hier. Die z.T. sehr tristen Wohngegenden bieten Einblicke in die Schattenseiten Amerikas. An der Ecke Clark St./Addison St. passieren Sie das **Wrigley Field Stadium**, Heimat der "Chicago Cubs" und eines der ältesten Stadien Amerikas. An der Kreuzung Irving Park Road befindet sich ein **deutscher Friedhof**. Viele Inschriften sind sogar in deutsch.

Baseball auf dem Wrigley Field

Fahren Sie weiter bis zur **Devon Avenue**. Auf dem nördlichen Stück der Clark Street gibt es noch einige Ramschläden u.a., deren Existenz nun gar nicht mehr in die heutige Zeit paßt – aber Chicago ist halt Chicago.

Folgen Sie der Devon Ave. nach Osten, bis Sie kurz vor dem Ufer wieder nach Süden abbiegen. Sollten Sie Lust haben, von hier weiter nach Norden zu fahren, lesen Sie dazu bitte in Kapitel 9.1.6.

Zurück geht es nun entlang dem **Lake Shore Drive** (zuerst noch ein Stück Sheridan Rd.). Die Parkanlagen und die Ausblicke auf den Lake Michigan laden mit Sicherheit zu dem einen oder anderen Stop ein. Ein Picknick im Park wäre auch eine schöne Sache, und Sie werden sich dabei mit Sicherheit in Gesellschaft vieler Einheimischer wiederfinden.

Vorbei am **Lincoln Park**, erreichen Sie an dessen Südende den **North Avenue Beach** ⑤, den beliebtesten Strand im Stadtbereich. **Joggingpfade**, ein **Sandstrand** mit unzähligen **Beachvolleyballnetzen**, ein **Chess Pavillion (große Schachbretter)** ⑫ und ein wunderschönes **Skyline-Panorama** bieten ausreichend Gelegenheit zum nachmittäglichen Verweilen. Falls Sie Volleyball spielen möchten, fragen Sie einfach eine Gruppe, die bereits spielt. Man läßt Sie dann gerne teilnehmen.

Als **Gold Coast** ③ wird der Uferabschnitt zwischen Lincoln Park und Navy Pier bezeichnet. Hier haben die "Oberen Zehntausend" ihre Residenzen in unbezahlbaren Apartments mit Blick auf den Lake Michigan. Vom Hancock Gebäude aus können Sie übrigens auf einige der Gartenterrassen hier schauen.

Der **Oak Street Beach** ② und am Navy Pier der **Ohio Street Beach** gehören ebenfalls zu den beliebten Stadtstränden.

Rundfahrt 2: südlich der Innenstadt

Auch für diese Tour benötigen Sie Ihr Fahrzeug. Zuerst führt die Strecke durch alte Lagerhaus- und Fabrikdistrikte, danach durch verschiedene ethnische Stadtteile, von denen einige abends als "No-Go-Area" zu bezeichnen sind. Anschließend folgt der krasse Gegensatz dazu an der University of Chicago und in den Museen am Lake Shore Drive. Sollten Sie mehr Zeit für die Museen einplanen, empfiehlt sich entweder ein früher Start oder das Auslassen der ethnischen Stadtgebiete. Dauer der hier beschriebenen Tour: 2 Stunden Rundfahrt + 2-4 Stunden für den Besuch der Museen. Beschreibungsrichtung: Gegen den Uhrzeigersinn.

Für diese Tour sollten Sie sich unbedingt eine genaue Straßenkarte von Chicago besorgen.

Hinweis
Die Nummern beziehen sich auf die Karte "Entlang des südlichen Lake Shore".

Der **Maxwell Open Air Market** (1200-1400 S. Halsted St.) ⑮ galt bis in die 90er Jahre hinein als das "Second-Hand-Eldorado" Amerikas. Die Menschen kamen aus dem gesamten Mittleren Westen hierher, um günstige Kleidungsstücke oder Küchenutensilien zu erstehen. Es gab wohl kaum einen interessanteren Flohmarkt als diesen.

Mit der Kommerzialisierung und der Überdachung vieler Stände im Rahmen des "Restaurierungsfeldzuges" von Seiten der Chicagoer Stadtväter sind diese Zeiten vorbei. Trotzdem sind die Waren (z.T. aus Versicherungsschäden) immer noch günstiger, und ein Hauch des alten Flairs ist auch noch übriggeblieben.

Das Gebäude der **Schoenhofen Brewery** (17th St. (östl. I-90/94)) ⑯ ist ein Relikt aus alten

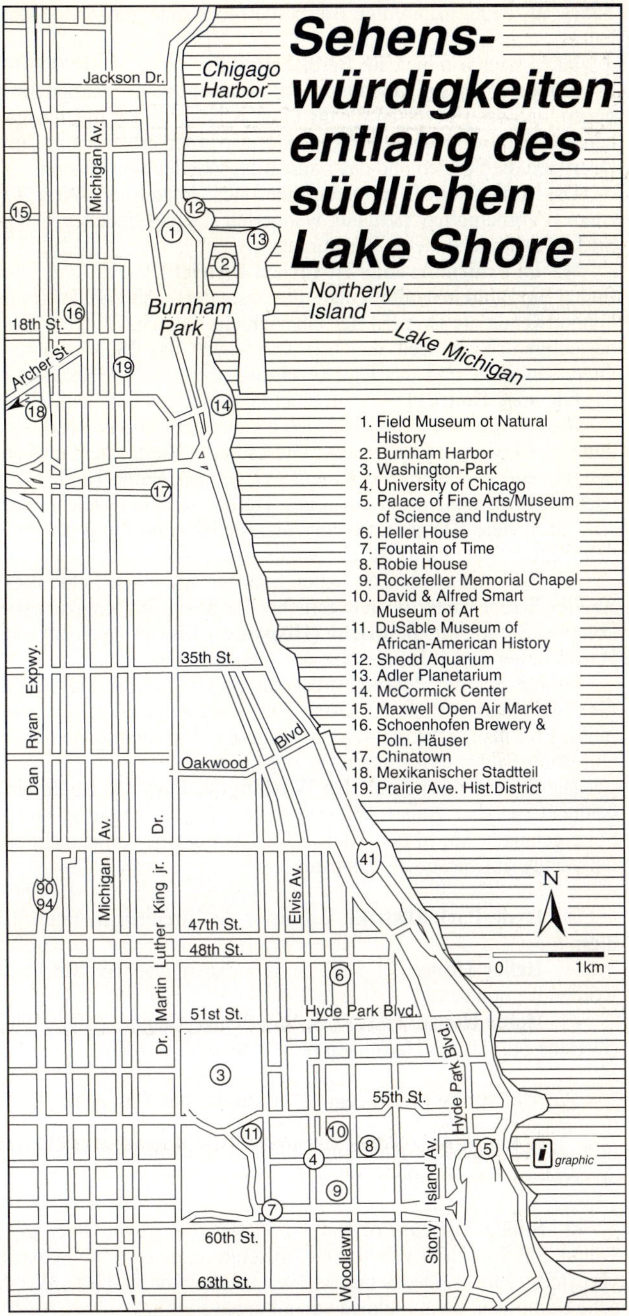

Tagen, als deutschstämmige Bierbrauer noch eine gewichtige Rolle in Chicago spielten.

Nicht weit von hier, im Bereich 16th St./Union St. (I-90/94) finden Sie noch **alte Wohnhäuser** ⑯, die vor allem von polnischen Fabrikarbeitern bewohnt waren. Sie liegen, und das ist typisch für die alten Arbeiterhäuser in Chicago, 2 Meter unter dem heutigen Straßenniveau, denn die Häuser wurden erbaut, bevor auch in diesen ärmeren Distrikten die Straßen und das Land aufgeschüttet worden sind.

Das **italienische Viertel** befindet sich entlang der West Taylor Street (1100er Block). Vornehmlich Sizilianer wanderten aus und siedelten sich hier an. Heute finden Sie hier zahlreiche kleine Restaurants.

■ Im **Prairie Avenue Historical District** (Prairie Ave., südl. der E.18th St.) ⑲ finden Sie zahlreiche alte Villen, die besonders während der Boomjahre vor der Jahrhundertwende als Domizil der Oberschicht dienten. Einige Häuser können Sie heute besichtigen. Nicht weit von hier stand auch das 1803 erbaute Fort Dearborn. Am interessantesten sind das **Clarke House**, das älteste Gebäude Chicagos (1836), und das **Glessner House** (1887) mit einer kostspieligen Inneneinrichtung.

■ **Chinatown** ⑰ befindet sich entlang der Cermak Road, zwischen Archer Street und dem Dan Ryan Expressway. Dieses bunte Viertel steht in absolutem Gegensatz zu den umliegenden, halbverkommenen Gegenden. Bunte Tafeln, fast ausschließlich asiatische Schriftzeichen und ein reges Treiben sind kennzeichnend. Mittlerweile haben sich auch viele Vietnamesen hier angesiedelt, und die gebotene asiatische Küche in den kleinen Restaurants ist sehr asiatisch geblieben.

■ Falls Sie etwas Zeit haben, machen Sie einen **Schlenker** und fahren Sie die **Archer Street** weiter in südwestlicher Richtung. Im Kreuzungsbereich Pulaski Street kommen Sie ins **mexikanische (Hispanic-) Viertel** ⑱. Sogar viele Reklamen an den Hauswänden sind auf spanisch.

Fahren Sie die Pulaski Street ein Stück nach Süden und folgen Sie dann der **Garfield Road** in Richtung Osten. Die Wohngebiete, die Sie jetzt zum Teil passieren, müssen nachts als "No-Go-Areas" angesehen werden, bieten aber über Tag ein facettenreiches Bild amerikanischer Sozialstrukturen.

Die Strecke führt durch den **Washington Park** ③, der für eine Picknickpause gut geeignet ist. Hier ändert sich das soziale Bild schlagartig, und auf dessen östlicher Seite gelangen Sie in den Hyde Park District mit vornehmen Wohnhäusern und der University of Chicago als Zentrum.

■ **Hyde Park Distrikt**. 2 Häuser des Architekten Frank Lloyd Wright stehen hier:

- **Heller House** ⑥: 5132 S. Woodlawn Avenue, welches bereits 1897 erbaut worden ist, und das
- **Robie House** ⑧: 5757 S. Woodlawn Avenue, erbaut 1909 im typischen Prairie-Haus-Stil. Dieses Haus kann nicht besichtigt werden.

Die **University of Chicago** ④ bestimmt das Geschehen in diesem Stadtteil, und die architektonische Anlage – besonders gut zu erkennen von der 59th Street – erinnert an eine englische Ritterburg. Stolz wird darauf verwiesen, daß keine Universität der Welt soviele Nobelpreisträger hervorgebracht hat.

■ **Smart Museum of Art** ⑩, 5550 S. Greenwod Ave., geöffnet: Di-Fr 10h00-16h00, Sa+So 12h00-18h00. Das Museum ist eine kleine Schatzkammer. Skulpturen von Henry Moore, Degas und Matisse, Möbel von Frank L. Wright, zahlreiche asiatische Keramiken u.v.m. lohnen einen kurzen Einblick.

Museum of Science & Industry

■ **Museum of Science & Industry** ⑤, 5700 Lake Shore Dr., geöffnet: täglich 9h30-17h30 (Sept.-Mai bis 16h00). Ein riesiges Museum, das alles zu bieten hat, was mit Technik zu hat: z.B. Flugzeuge, ein 2.-Weltkriegs-U-Boot, eine nachempfundene Kohlemine u.v.m. Besonders interessant ist die Abteilung, die sich mit der Geschichte des Computers sowie der des Telefons beschäftigt. Kinder (und auch Erwachsene) werden ihre Freude haben an den zahlreichen "Hands-On"- (selber anfassen, ausprobieren und erleben)-Stationen. Ein OMNIMAX-Kino gibt es auch.

Das eindrucksvolle Gebäude wurde übrigens 1893 für die Columbian Exposition als **Palace of Fine Arts** erbaut.

Entlang des **Lake Shore Drive** fahren Sie nun wieder nach Norden. Kleine Parks am Seeufer laden auch hier zu einem Fotostop bzw. einer Picknickpause ein.

Das mächtige **McCormick Center** ⑭, ein moderner "Flachdachbau", gilt als das größte Kongreßzentrum der Welt.

■ **Field Museum of Natural History** ①, Lake Shore Dr./E. Roosevelt Rd., geöffnet: täglich 9h00-17h00. Großes naturkundliches und historisches Museum mit Ausstellungen zu (fast) allen Themen und Regionen der Welt: Ägyptische Mumien und chinesisches Spielzeug sind hier zu finden sowie als besondere "Leckerbissen": eine reichhaltige Gesteinssammlung und eine Dinosaurierabteilung (inkl. Skelett). Regional interessante Dinge aber werden Sie nur wenige finden. Es werden auch Filme gezeigt.

Gleich gegenüber dem Field Museum – und mit diesem durch einen Fußgängertunnel verbunden – befindet sich das **Shedd Aquarium** ⑫, täglich geöffnet von 9h00-18h00. Beluga-Wale, Delphine, verschiedene Schildkröten, Haie und viele andere Wassertiere können hier bestaunt werden.

Am östlichen Ende der kleinen Halbinsel befindet sich schließlich das **Adler Planetarium** ⑬ mit einer ausgezeichneten Ausstellung über die Beobachtung der Sternenwelt. Hier sollten Sie den Film "The Space Telescope Story" nicht verpassen. Die Geschichte und die Wunderwelt der großen Teleskope wird hervorragend darin veranschaulicht. Das Planetarium ist geöffnet: Sa-Do 9h00-17h00, Fr 9h00-21h00.

Fahren Sie nun zurück in die Innenstadt.

9.1.5 SEHENSWERTES IN WESTLICH BENACHBARTEN STADTTEILEN

Oak Park

Anfahrt
Sie erreichen Oak Park von Chicago aus über den Eisenhower Expressway (I-290 West) und die Ausfahrt Harlem Avenue

In Oak Park ist nicht nur das Geburtshaus des berühmten Schriftstellers Ernest Hemmingway anzusehen, sondern man könnte diesen Vorort Chicagos auch als Freilichtmuseum für die Architektur der Prairie School bezeichnen. Ziel der Architekten der Prairie School war es, die Weite der Prärie baulich umzusetzen. Aus diesem Grund sind bei vielen Häusern, die diese Architekten entwarfen, lange horizontale Linien vorherrschend. Außer 30 Häusern des bekanntesten Vertreters dieser Architekturrichtung, Frank Lloyd Wright (1867-1959), bietet die Gegend, die von der Chicago Avenue, der Randolph Street sowie von der Linden Street und der Marion Street eingegrenzt ist, so manch andere architektonische Sehenswürdigkeit. Da die Häuser bewohnt sind, kann man sich nur im Unity Temple und im Frank Lloyd Wright Home and Studio einen Eindruck von der Innenarchitektur der Häuser verschaffen.

Einen Plan (“Architectural Guide Map”) und detaillierte Informationen über die einzelnen Bauwerke erhält man im **Oak Park Visitors Center** (158 North Forest Avenue, Tel. (708) 848-1500; Öffnungszeiten: Tägl. 10-17 Uhr). Die **Frank Lloyd Wright Home and Studio Foundation**, die ihren Sitz im ehemaligen Haus und Studio Wrights hat, sorgte 1974 für die Restaurierung des oben bereits erwähnten Gebäudekomplexes, der ursprünglich 1889 fertiggestellt wurde. Man kann dort täglich an Führungen durch die Innenräume teilnehmen (951 Chicago Avenue, Tel. (708) 848-1976; Besichtigung 10-17 Uhr; Führungen Sa+ So 12 u. 14 Uhr, von März- Okt. auch 10.30 Uhr).

Der **Unity Temple** (875 Lake Street, Tel. (708) 383-8873, Besichtigung: Mo-Fr 13-16 Uhr; Sa + So Führungen 13, 14 u. 15 Uhr), der 1905 für die Unitarier gebaut wurde, war das erste öffentliche Gebäude, dessen Entwurf bei Wright in Auftrag gegeben wurde. Die ursprüngliche Innneneinrichtung ist hier noch erhalten. Ein Spaziergang oder eine entsprechende Fahrt durch Oak Park ist aber auch architektonisch weniger interessierten Reisenden zu empfehlen, da man sich dabei ein Bild von einer der ältesten noch erhaltenen Vorstädte Chicagos machen kann. Darüber hinaus sind diese ruhigen Straßen mit den gepflegten Vorgärten, schönen Häusern und vielen schattigen Bäumen sicher ein erholsamer Kontrast zu dem hektischen Treiben in der Innenstadt Chicagos.

Wright-Haus

Für die Literaturfreunde ist sicher 339 North Oak Park

Avenue (Tel. 708/848-2222; Führungen: Fr u. So 13-17 Uhr, Sa 10-17 Uhr) eine gute Adresse. Hier wurde **Ernest Hemmingway** (1899-1961), der Autor von u.a. "Wem die Stunde schlägt" und "Der alte Mann und das Meer", geboren. In der gleichen Straße ist in der Nummer 200 ein kleines **Museum** eingerichtet, in dem außer Briefen, Manuskripten seiner ersten Schreibversuche und alten Fotos auch Videos über sein Leben und Werk zu sehen sind. Das Haus, in dem Hemmingway während seiner Jugendzeit lebte (600 North Kenilworth), befindet sich in Privatbesitz und kann nicht besichtigt werden.

Belmont

Dieser Stadtteil, der sich entlang der Belmont Avenue, westlich des 3500er Blocks (bis in den Bereich 7000er Block) erstreckt, wird vornehmlich von den Nachfahren polnischer Einwanderer bewohnt. Besondere Sehenswürdigkeiten gibt es hier nun nicht, aber die etwas andere Speisenfolge in den kleinen Restaurants dürfte Sie vielleicht dazu animieren, hier einmal hinzufahren: Delishops mit polnischen Würstchen und Pirogies (Teigtaschen) bieten sich an, um die Campingküche aufzufüllen, und die legendären Smoregas-Buffets lohnen den Abstecher. Smoregasboard ist ja eigentlich ein schwedischer Ausdruck, wird in Amerika und besonders hier im Mittleren Westen eigenartigerweise für Büffets in polnischen Restaurants verwendet. Das polnische Smoregas-Büffet enthält neben verschiedenen Teigtaschen vor allem Salzkartoffeln, Frikadellen, Gulasch, Kohlgerichte und, und, und ... Haben Sie Appetit bekommen? Die besten Chancen auf so ein Restaurant haben Sie Ecke Belmont Ave./5600er Block.

■ **Morton Arboretum**, in Lisle (I-290/I-88 nach Westen), geöffnet: täglich 7h00-19h00. Dieser 700 ha große botanische Garten bietet Wanderwege durch erläuterte Waldabschnitte und verschiedene Gartenanlage. Besonders im Frühling, während der Blütezeit, ist ein Besuch hier ein Erlebnis. Botanisch Interessierte können in der angeschlossenen Bücherei in Fachbüchern lesen. Es gibt auch ein Restaurant.

Zum **Indiana Dunes National Lake Shore** lesen Sie bitte im Kapitel 9.10.3.

9.1.6 VON CHICAGO NACH MILWAUKEE

Zeit
Wer es eilig hat, fährt über den I-94 einfach nach Norden.
Falls Sie aber etwas Zeit haben, sollten Sie entlang der **Sheridan Road** fahren und erst kurz vor der Grenze nach Wisconsin auf den Interstate auffahren.

Entlang der Sheridan Road

Die Strecke führt durch die vornehmsten Wohnviertel Chicagos. Im Stadtteil Wilmett (Ecke Linden Street) passieren Sie das eindrucksvolle **Baha'i House of Worship**, einen 60 Meter hohen, zwischen 1920 und 1953 errichteten, schneeweißen Kuppelbau, den man bei erster Betrachtung eher in Indien vermuten würde. Er dient der Bahai-Sekte als Tempel. Die Bahai-Sekte ist eine Religionsgemeinschaft, die die These vertritt, daß alle Religionen einen gemeinsamen Ursprung haben, und verfolgt das Ziel, diese wieder zu vereinigen. Die magische Zahl 9 (von den 9 großen Religionen abgeleitet), wird in der Architektur dieses Bauwerkes überall sichtbar: Es hat z.B. 9 Ecken und 9 Eingänge. Schaut man genauer hin, erkennt man zudem Stilelemente aller Religionen dieser Welt in und um das Gebäude.

In Glencoe (Lake Cook Road) befindet sich der 120 ha große **Chicago Botanic Gardens** (geöffnet täglich 8h00-Sonnenuntergang). 15 thematisierte Gartenanlagen bieten einen bezaubernden Einblick in die verschiedensten botanischen Gebiete dieser Welt.

Beachvolleyball an Chicago's Stränden

Kurz vor der Grenze zu Wisconsin gelangen Sie zum **Illinois Beach State Park** (Ecke Wadsworth Rd), der einen Badestrand aufweist. In dem kleinen Nature Reserve am Südende des Parks wird deutlich, wie die Uferzone um Chicago vor der Besiedlung ausgesehen haben mag.

Entlang des Interstate

■ **Six Flags over America** (I-94, Abfahrt Grand Ave./Rte. 132), geöffnet von Mai bis September täglich 10h00-22h00. Wie alle anderen Großstädte Amerikas, hat auch Chicago einen überdimensionalen Freizeitpark zu bieten. 140 Rutschen und Karussells, Comicfiguren in Lebensgröße und vieles mehr werden besonders die Kinderherzen höher schlagen lassen.

Und wer noch gerne günstig einkaufen möchte, kann gleich gegenüber vom o.g. Freizeitpark in der **Gurnee Factory Outlet Mall** zu Fabrikpreisen Markenjeans, Hemden, Haushaltsartikel etc. erstehen. Diese Factory Mall ist übrigens die größte der Welt!

Wisconsin-Telegramm

Abkürzung	WI
Beiname	"Badger State" (= Dachs-Staat): Während der Erschließung der Bleiminen im Jahre 1827 ("Lead Rush") haben sich die Minenarbeiter "wie die Dachse" in die Erde geschaufelt.
Namensherleitung	"Ouisconsin" bedeutet bei den Indianern: Wo die Wasser zusammenfließen.
Staat seit	29. Mai 1848 (30. Staat)
Staatsbaum	Zuckerahorn
Staatsvogel	Rotkehlchen
Fläche	145.439 qkm
Einwohner	4.893.000 E.
Einwohnerdichte	33,6 E/qkm
Hauptstadt	Madison (195.000 E.)
Weitere Städte	Milwaukee (631.000 E., Metr. Area: 1,43 Mio. E.), Green Bay (98.000 E.), Racine (84.500 E.), Kenosha (81.000 E.)
Wichtigste Wirtschaftszweige	Landwirtschaft (Milch, 30% der amerikanischen Käseproduktion, Gemüse aller Art), Lebensmittelkonserven, Papierindustrie, Bierbrauereien, Metallindustrie, Tourismus.
Touristisches Potential	Outdooraktivitäten (Canooing, Reiten, Fahrradfahren, Wandern, Angeln, Skilanglauf u.a.), große Waldflächen, zahlreiche Seen aller Größen (es gibt mehr Seen als in Minnesota), Milwaukee – "Hauptstadt der Bierbrauer", Door County
Touristische Informationen	Wisconsin Division of Tourism, 123 W. Washington Ave., P.O.Box 7606, Madison, WI 53707, Tel.: (608) 266-2161 oder 800-372-2737 bzw. 800-432-TRIP (je nachdem, aus welchem Staat Sie anrufen). Übrigens: Bereits in Chicago können Sie sich im "Wisconsin Information Center" erste Infos holen: Chicago, 342 N. Michigan Ave.
Informationen für Outdoor-Aktivitäten in Wisconsin	Reiten, Jagen, Angeln, Boote, Snowmobile, Fahrradfahren: Broschüren zu den einzelnen Teilgebieten gibt es für 2-10 $ bei: DNR Bureau of Parks & Recreation, P.O.Box 7921, Madison, WI 53707, Tel.: (608) 266-2621.
	Snowmobiling: Eine Karte dazu gibt es bei: Wisconsin Tourism Development, P.O.Box 7606, Madison, WI 53707.
	Eisfischen: UW Sea Grant Institute, Communication Office, 1800 University Ave., Madison, WI 53705, Tel.: (608) 263-3259.
	Golf: Golf Course Assn. of Wisconsin, P.O.Box 65, Mauston, WI 53948, Tel.: (608) 847-7968
	Wandern: Ein Buch über Wanderwege zu den Relikten der Eiszeiten gibt es für 25 $ bei: Ice Age Park & Trail Foundation, P.O.Box 423, Pewaukee, WI 53072-0423, Tel.: (414) 691-2776.

9.2 MILWAUKEE UND UMGEBUNG

Highlights

- Besichtigung der **Pabst Brewery**
- Einfach Erholung von Chicago am Ufer des **Lake Michigan**
- Einen Tag den Luxus im **Pfister Hotel** genießen
- Abends auf einen Schlummertrunk ins **Safe House**

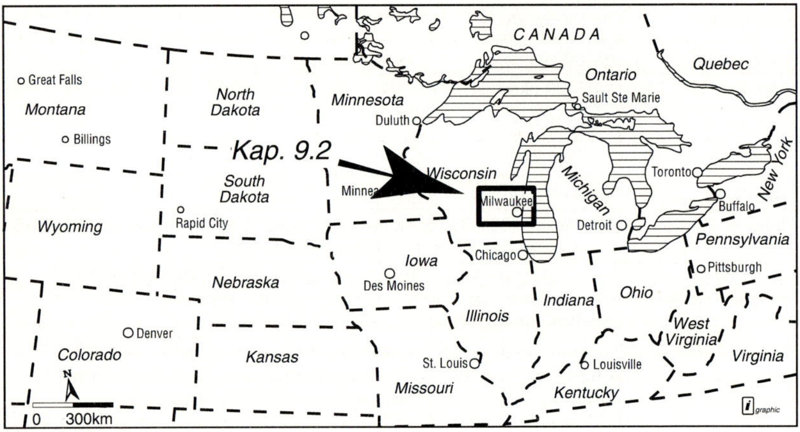

9.2.1 ÜBERBLICK UND GESCHICHTE

Milwaukee ("Millioki" bedeutete bei den Indianern: Versammlungsplatz am Wasser) diente bereits den französischen Trappern als Handelsstützpunkt und begann zu prosperieren, als es als Zwischenstation auf dem Handelsweg von Chicago nach Green Bay genutzt wurde. 1822 wurde der kleine Ort dann offiziell registriert, und in den folgenden 2 Jahrzehnten kamen vor allem englische Siedler hierher. 1846 erhielt Milwaukee Stadtrechte, und kurze Zeit später waren es vor allem deutsche und skandinavische Einwanderer, die der Stadt zu ausgeprägtem Wohlstand verhalfen. Besonders die Bierbrauereien gaben vielen Menschen eine Lebensgrundlage, was auch heute noch deutlich wird durch die Brauereien Miller, Pabst und Schlitz. Übrigens kann die Stadt wohl mit Recht als die "deutscheste Großstadt" in Amerika angesehen werden, was nicht nur an den Brauereien erkennbar wird, sondern auch im Gastronomiebereich.

Um 1900 kamen zahlreiche Maschinenfabriken hinzu und später auch noch Fabrikationstätten für Röntgengeräte. Dieses alles verhalf Milwaukee zu dem Beinamen "Machine Shop of America". Der Ausbau des St. Lorenz Strom-Wasserweges sorgte letztendlich für die reibungslose Abwicklung des Handelsverkehrs. Der Hafen von Milwaukee zählt heute zu den wichtigsten der Großen Seen.

Doch obwohl Milwaukee auch heute noch in erster Linie als Industriestadt fungiert, macht sich das im Stadtbild kaum bemerkbar. Die Innenstadt wirkt eher verschlafen, und die Zahl der großen Gebäude hält sich in Grenzen. Die Industrie ist vornehmlich im Süden, um den Hafen, und im Westen angesiedelt. Milwaukee kann

Provinzieller Großstadtcharakter

eher als "Anhäufung verschiedener Kleinstädte" bezeichnet werden denn als Metropole mit 1,4 Millionen Einwohnern. Besonders nach einem Besuch von Chicago werden Sie aber vielleicht gerade diesen "Kleinstadtcharakter" zu würdigen wissen. Falls Sie aber besondere Highlights und Sehenswürdigkeiten erwarten, werden Sie enttäuscht sein:

- **Die Innenstadt** ist ziemlich trostlos und langweilig,
- **die Museen** bieten bis auf das Art Museum und die Geogr. Ausstellung an der Uni "Regionalkost",
- **und die Neighbourhoods** bestechen höchstens durch ihre Sinnlichkeit.

Als interessant und eigenwillig für Milwaukee würde ich daher folgende Punkte bezeichnen:

- **Bierbrauereien**,
- die Motorenfabrik von **Harley Davidson**,
- die **deutsche Gastronomie**,
- den **ganzjährig geöffneten Eisring**,
- die relative Ruhe entlang des **Lake Shore** (Uferzone des Lake Michigan) unter der Woche. Z.B. können Sie hier Fahrradfahren.
- Während der Sommermonate hervorzuheben sind hier dann die zahlreichen **Festivitäten**, die vom **German Fest** über das **Milwaukee Irish Fest** bis hin zu verschiedensten **Musikveranstaltungen** reichen.

Die "große" Uhr

Sollten Sie diese Punkte wenig beeindrucken, können Sie getrost nach einigen Stunden Aufenthalt weiterfahren.

Von Süden kommend, sehen Sie übrigens rechter Hand (nördl. des Exits 312 am I-94) den **Allen Bradley Co. Clock Tower** ⑮, der – laut Guinness Buch der Rekorde – die größte Uhr an einem viereckigen Turm in der Welt aufweist.

9.2.2 REISEPRAKTISCHE HINWEISE

Entfernungen

Milwaukee - Chicago: 87 mi/140 km
Milwaukee - Green Bay: 110 mi/177 km
Milwaukee - Minneapolis: 326 mi/525 km
Milwaukee - Duluth: 389 mi/626 km
Milwaukee - Madison: 77 mi/124 km

Redaktions-Tips

- **Übernachten** Sie im vornehmen **Hotel Pfister** bzw. günstiger, im ebenfalls historischen, aber weniger eleganten **Hotel Wisconsin**
- **Essen**: Elegant im **English Room**, mal wieder deutsche Küche im **Karl Ratzsch**, gute Steaks in **Coerper's** bzw. einmal etwas anderes: polnische Spezialitäten im **Crocus**.
- **Bedeutendste Sehenswürdigkeiten:** Pabst u. Miller Breweries, die Pabst Mansion, Museum of Art, die Promenade am Lake Michigan, American Geographical Society, Milwaukee County Hist. Society.
- **Abendprogramm:** Unkompliziert in einer Bar in der **Water Street**, Jazz od. Blues im **Up and Under**, "Cocktail mit Aussicht" im **La Playa** oder **Polaris**, "versteckt" im **Safe House**
- **Zeiteinteilung:** 1 Tag genügt für Milwaukee. Suchen Sie sich 2-3 der hier angegebenen Sehenswürdigkeiten aus und genießen Sie nach der Hektik Chicago's die Beschaulichkeit dieser verschlafenen Großstadt. Falls Ihre Zeit knapp sein sollte, können Sie übrigens, von Chicago kommend, über Mittag hier die gewünschten Sehenswürdigkeiten anschauen und am Nachmittag noch weiter gen Norden fahren.

Information

● **Greater Milwaukee Convention & Visitors Bureau:** 510 W. Kilbourn Ave., Milwaukee, WI 53203, Tel.: (414) 273-7222 oder 800-231-0903. Geöffnet: Mo-Fr 8h00-18h00.

● Zwei weitere Informationszentren befinden sich am **General Mitchell Airport** (tägl. geöffnet) und im **Grand Avenue Shopping Center** (Eingang Wisconsin St., tägl. geöffnet).

● Über **aktuelle Veranstaltungen** informiert die "Fun Line": Tel.: (414) 799-1177

Wichtige Telefonnummern

● Vorwahl: 414

● Notruf/Polizei/Feuer: 911

● Wetter: 744-8000

● Flughafeninfo: 747-5300

Öffentliche Verkehrsmittel

● **Bus:** "Milwaukee County Transit System". Tel.: (414) 344-6711.

● **Eisenbahn:** Amtrak: 433 W. St. Paul Ave., Tel.: 800-872-7245

● **Überlandbusse:** Greyhound Terminal: 606 N. 7th St., Tel.: (414) 272-8900

Einkaufen

● Einen Blick in das traditionsreiche alte Warenhaus **Goldman's Department Store** (930 W. Mitchell St.) sollten Sie schon werfen.

● Der Buchladen **Schwartz** (Ecke Water/Wisconsin Sts.) hat eine riesige Auswahl verschiedenster Literatur.

● **Wells** in der Wisconsin St. ist ebenfalls eine alteingessene Ladenzeile mit vornehmlich Kleidung. Elegante Holzvertäfelungen im Ambiente der 30er Jahre.

● **Old World 3rd Street** zwischen Wisconsin und Highland Avenues liegt im Herzen des alten deutschen Geschäftsviertels. Zahlreiche kleine Geschäfte verschiedener Bevölkerungsgruppen bieten hier ihre Waren an. U.a. finden sich hier gute Käsegeschäfte (z.B. **Wisconsin Cheese Mart**, 215 Highland Ave.) und die berühmte Schlachterei **Usinger's Famous Sausage** (1030 N. 3rd St.). Die Gelegenheit, ein Snackpaket zusammenzustellen.

Usinger's Würste schmecken!

Sightseeingtouren

● **Historic Walking Tour:** Tel.: (414) 277-7795. Verschiedene Tourangebote, die nicht nur die auffallenden Bauwerke beinhalten, sondern auch (nach Voranmeldung!) ethnische Stadtteile (deutsch/skand./poln.) anfahren.

● **Milwaukee County Transit System:** Tel.: (414) 344-6711. Verschiedene Stadtrundfahrten mit Bussen. Abholung von den größeren Hotels.

● **Miller Brewing Co.:** 4251 W. State St., Tel.: (414) 931-2153. Brauereiführung. Mo-Fr 9h00-15h00, von April - Oktober auch Sa.

● **Pabst Brewery:** 915 W. Juneau Ave., Tel.: (414) 223-3709. Brauereiführung. Mo-Fr 10h00-15h00.

● **Harley Davidson Engine Plant:** 11700 W. Capitol Dr., Tel.: (414) 535-3666. Touren durch die Fabrik, wo die berühmten "Knattermotoren" der Harley-Davidson Motorräder hergestellt werden. Nur nach Voranmeldung.

Strände

Entlang des Lake Shore gibt es zahlreiche Strände. Besonders beliebt und immer mit etwas Stimmung versehen ist der Strand 2 ½ Meilen nördlich der Innenstadt.

Hotels

● **Pfister Hotel $$$$:** 424 E. Wisconsin Ave., Milwaukee, WI 53202, Tel.: (414) 273-8222 od. 1-800-558-8222 (nur von außerhalb WI), 1-800-472-4403 (nur WI), Fax: (414) 273-8222 ext.2460. **Das** Luxushotel der Stadt. Im alten Trakt (1893) wurden viele Zimmer zusammengelegt zu 2-Zimmer-Suiten, die besonders am Wochenende relativ günstig sind. Antike Möbel, auch im neueren Trakt. Elegante viktorianische Lobby. Das Restaurant, der "English Room" ist ebenfalls zu empfehlen sowie der Ausblick von der La Playa Lounge im 23. Stockwerk.

● **Marc Plaza $$$-$$$$:** 509 W. Wisconsin Ave., Milwaukee, WI 53203, Tel.: (414) 271-7250 od. 800-558-7708, Fax: (414) 271-1039. Elegantes Hotel der 20er Jahre. Kristalleuchter, Holzarbeiten und Marmorsäulen imponieren in der Halle. Die Zimmer sind z.T. etwas klein. Fragen Sie gleich bei der Anmeldung nach einem größeren Zimmer.

● **Astor Hotel $$$:** 924 E. Juneau Ave., Milwaukee, WI 53202, Tel.: (414) 271-4220, Fax: (414) 271-6370. Etwas "verbrauchtes" Hotel der 20er Jahre und z.T. als Apartmenthaus genutzt. Man kann hier aber trotzdem die alte Atmosphäre genießen. Bei den relativ günstigen Preisen sollte man das nutzen. Einige Zimmer haben auch Küchen. In der Eingangshalle hängen Fotos aus besseren Zeiten, als hier Stars und Persönlichkeiten abgestiegen sind.

● **Ramada Inn Downtown $$-$$$:** 633 W. Michigan Ave., Milwaukee, WI 53202, Tel.: (414) 272-8410, Fax: (414) 272-4651. Innenstadthotel der Mittelklasse.

● **Holiday Inn Milwaukee-City Center $$-$$$:** 611 W. Wisconsin Ave., Milwaukee, WI 53203, Tel.: (414) 273-2950, Fax: (414) 273-7662. Unauffälliges Innenstadt-Geschäftsleute-Hotel im Stil der 70er-Jahre. Besonders am Wochenende relativ günstige Raten.

● **Hotel Wisconsin $$ (-$$$):** 720 N. Old World Third St., Milwaukee, WI 53202, Tel.: (414) 271-4900, Fax: (414) 271-7848. Günstiges Innenstadthotel aus besseren Zeiten – etwas renovierungsbedürftig – aber dafür mit historischem Ambiente.

● **Manchester Suites Northwest $$:** 11777 W. Silver Spring Dr., Milwaukee, WI 53225, Tel.: (414) 462-3500, Fax: (414) 462-8166. Geräumige Zimmer mit Kitchenette zu vernünftigen Preisen. Dafür aber ca. 8 Meilen westlich der Innenstadt.

● Weitere günstige **Motels ($-$$)** befinden sich entlang des I-45 westlich der Stadt bzw. am Airport (ab $$).

● **Hostelling Intern. Red Barn Hostel $:** 6750 W. Loomis Rd., Greendale, WI 53129, Tel.: (414) 529-3299. Jugendherberge 12 Meilen südwestlich des Stadtzentrums.

● **Bed & Breakfast-Unterkünfte** für Milwaukee und die Umgebung vermittelt **Bed & Breakfast Milwaukee**: 832 2nd St., Suite 610, Milwaukee, WI 53203-1811, Tel.: (414) 277-8066.

Restaurants

● **Jack Pandl's Whitefish Bay Inn:** 1319 E. Henry Clay St., Whitefish Bay, 9 Meilen nördlich, Tel.: (414) 964-3800. Excellentes Süßwasserfisch-Restaurant. Eine Reihe deutscher Süßspeisen gibt es auch (Schaumtorte und leckere Pfannkuchen).

● **Saz's State House:** 5539 W. State St., Tel.: (414) 453-2410. Untergebracht in altem Road House (1885). Gute Steaks, BBQ-Gerichte – probieren Sie die Spare Ribs! – Fischspezialitäten.

● **The English Room:** im Pfister Hotel, Tel.: (414) 273-8222. Elegantes Restaurant im historischen Pfister Hotel. Exzellente Weinkarte. Jackett erwünscht.

● **Coerper's 5'o Clock Club:** 2416 W. State St., Tel.: (414) 342-3553. Die Umgegend und auch das Äußere dieses Restaurants lassen kaum Gutes ahnen. Selbst das 1992 grundrenovierte Interieur sieht nach 60er-Jahren-Zweckbau mit Kitsch aus. Aber die Steaks hier waren die besten im gesamten Mittleren Westen!!! Und das wissen auch die Einheimischen – also unbedingt einen Tisch reservieren.

● **Boder's on the River:** 11919 N. River Rd, Mequon (nördl. v. Milwaukee), Tel.: (414) 242-0335. Neighbourhood Restaurant mit ländlichem Charakter. Angeboten werden Spezialitäten aus Wisconsin, so. z.B. Süßwasserfischgerichte, Ente, Hühnchenleber etc. Unbedingt Reservierung vornehmen.

● **Karl Ratzsch's Old World Restaurant:** 320 E. Mason St., Tel.: (414) 276-2720. Bekanntes deutsches Restaurant. Schnitzel, Sauerbraten und Weißwurst, serviert von Kellnerinnen im Dirndl und z.T. mit "Umtah-Musik"-Untermalung. Deutsches Bier – wohltemperiert! – gibt es auf Wunsch aus traditionellen Steinkrügen.

● **Crocus:** 1801 S.Muskegon Ave., Tel.: (414) 643-6383. In Wisconsin leben viele Auswanderer aus Polen (bzw. deren Nachfahren). Dieses polnisches Restaurant wäre da einmal eine gelungene Abwechslung. Polnische Platten, reihenweise Kartoffelgerichte und polnisches Bier.

Pubs/Livemusik/Nightlife

Verschiedene Bars und eine Microbrewerie befinden sich in der **Water Street** (Kreuzungsbereich Juneau Ave.), wo sich tagsüber die Büroangestellten zum Lunch treffen und abends die College-Studenten einfallen.

● **The Safe House:** Ecke E.Wells/N.Water Sts. **ÜBERRASCHUNG**! Ein Name ist nicht angeschlagen! Der Eingang ist vom Parkplatz in der Südwestecke der Kreuzung. Die ganze Kneipe ist eine einzige Überraschung ... mehr verrate ich hier nicht ... aber es lohnt sich! Erst einmal drinnen, schauen Sie sich unbedingt in Ruhe um.

● **The Estate:** 2423 N. Murray Ave., Tel.: (414) 964-9923. Kleiner Jazzclub. Meist Modern Jazz.

● **The Café Melange:** 720 N. 3rd St. (Hotel Wisconsin), Tel.: (414) 291-9889. Jazz Di-So. Auch andere Musikrichtungen. Restaurant.

● **Polaris:** 333 W. Kilbourn Ave., Tel.: (414) 276-1234. Restaurant und Bar im Obergeschoß des Hyatt Hotel. Das Restaurant dreht sich, und man hat einen guten Ausblick auf die Stadt und den Lake Michigan.

● **La Playa:** 414 E. Wisconsin Ave. (im Pfister Hotel), Tel.: (414) 273-8222. Cocktail Lounge im 70er-Jahre Dekor. Schöne Aussicht auf Innenstadt und Seeufer.

● **Von Trier:** 2235 N. Farewell Ave., Tel.: (414) 272-1775. Bar im Scharzwald-Look. Importiertes Bier.

● **Brass's:** 16775 Lisbon Rd, Tel.: (414) 781-3680. Große Veranstaltungshalle mit verschiedensten Konzertangeboten. Meist eingängiger Dixie-Jazz oder Rock aus den 60ern.

● **Major Goolsby's:** 340 W. Kilbourn Ave., Tel.: (414) 271-3414. Von außen wenig beeindrukkend, gilt dieser Pub als eine der besten Sports-Lounges in den USA. Alle möglichen Sportarten werden hierher per Kabel-TV übertragen.

● **Up & Under:** 1216 E. Brady St., Tel.: (414) 276-2677. An 3-4 Tagen in der Woche wird hier Jazz und Blues gespielt.

9.2.3 SEHENSWERTES IM STADTBEREICH

Die **Innenstadt** ist architektonisch wenig beeindruckend, sieht man einmal ab von der protzigen **City Hall** (E. Wells St.) und ein paar unten aufgeführten Gebäuden und Sehenswürdigkeiten. Sie können alles hier Aufgeführte ablaufen, wofür Sie inkl. Besichtigung einen Tag benötigen würden, das gleiche aber auch mit einem Auto in einer Stunde abfahren und damit ausreichend "anreißen" können.

Beginnen Sie am **Visitors Bureau** (Kilbourn Ave.), wo Sie sich mit genaueren Karten eindecken sollten, und setzen Sie Ihren Innenstadtrundgang (Fahrt) im Uhrzeigersinn fort.

■ **Milwaukee Co. Historical Society** ⑥, 910 N. Old World St., geöffnet: Mo-Fr 9h30-17h00, Sa 10h00-17h00, So 13h00-17h00. In diesem ehemaligen Bankgebäu-

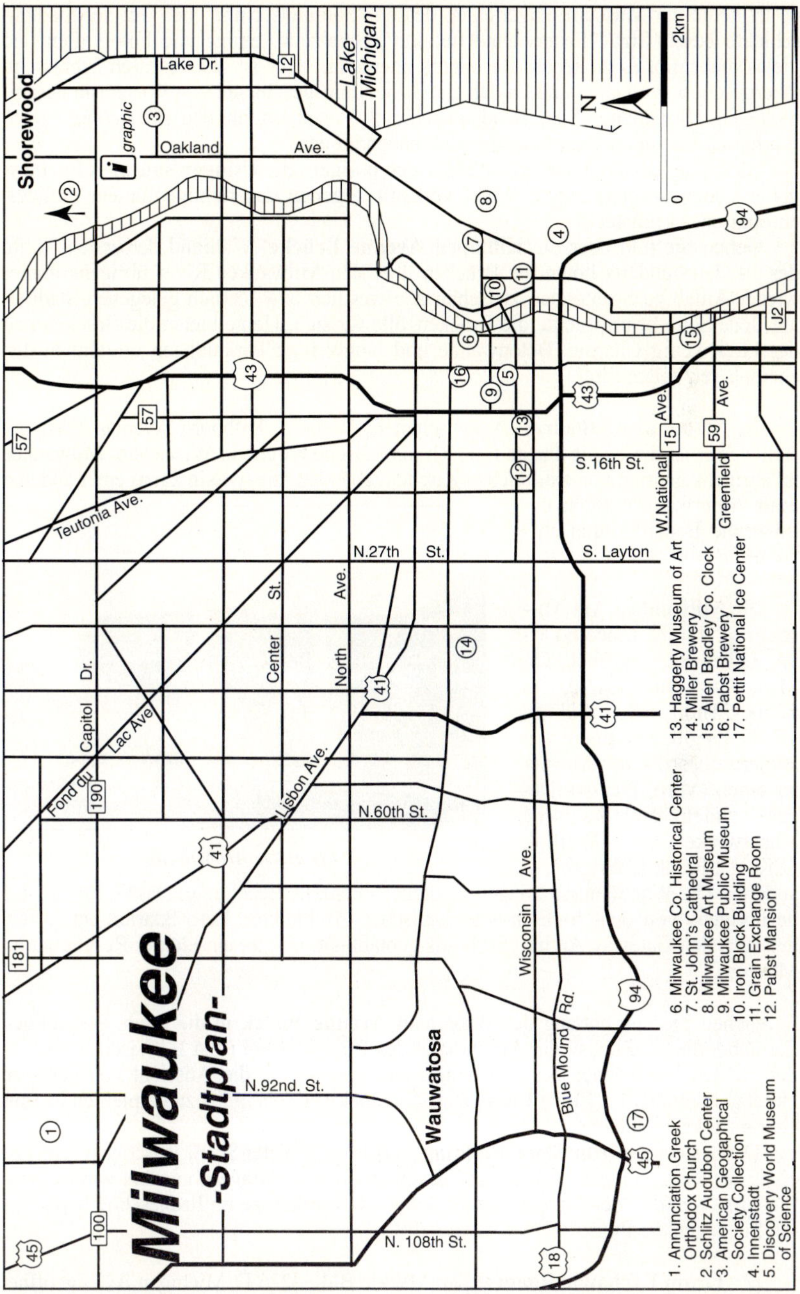
Milwaukee
-Stadtplan-
Shorewood
Wauwatosa
Lake Michigan
Lake Dr.
Oakland Ave.
Capitol Dr.
Teutonia Ave.
Fond du Lac Ave.
Lisbon Ave.
Center St.
North Ave.
N.27th St.
N.60th St.
N.92nd. St.
N. 108th St.
Wisconsin Ave.
Blue Mound Rd.
S.16th St.
S. Layton
W.National Ave.
Greenfield Ave.
2km
0
N
1. Annunciation Greek Orthodox Church
2. Schlitz Audubon Center
3. American Geogaphical Society Collection
4. Innenstadt
5. Discovery World Museum of Science
6. Milwaukee Co. Historical Center
7. St. John's Cathedral
8. Milwaukee Art Museum
9. Milwaukee Public Museum
10. Iron Block Building
11. Grain Exchange Room
12. Pabst Mansion
13. Haggerty Museum of Art
14. Miller Brewery
15. Allen Bradley Co. Clock
16. Pabst Brewery
17. Pettit National Ice Center

de ist heute ein Museum eingerichtet, dessen "Sammelsurium" sich mit der Stadtgeschichte beschäftigt. "Feuerwehr-Artefakte", Spielzeug, einige alte Fotografien und vieles mehr gibt es zu sehen. Besonders interessant aber ist die Research Library im Obergeschoß, wo Daten und Fakten zur Besiedlungsgeschichte von Wisconsin gesammelt sind. Hier können Sie z.B. auch nach evtl. Vorfahren fahnden, die sich im letzten Jahrhundert in dieser Region angesiedelt haben mögen.

Gleich neben dem Gebäude befindet sich übrigens die **Usinger Sausages Factory**, deren Laden ausgezeichnete Wurst verkauft – genau das richtige für ein deftiges, europäisches Frühstück.

Gehen Sie nun über die **Kilbourn Avenue Brücke**. Während der ersten Hälfte des 19. Jahrhunderts boten die Brücken über den Milwaukee River übrigens immer wieder Anlaß zu Streitereien zwischen den westlich bzw. östlich gelegenen Stadtteilen. Jede Seite beanspruchte die Brückenzölle für sich. Heute bieten die Brücken und der Fluß wenig Charme. Betonwände und langweilige Parkanlagen umrahmen den ehemals reizvollen Fluß.

■ **St. Johns Cathedral** ⑦, zwischen E. Wells u. Kilbourn Avenue. Fertiggestellt 1853, ist dieses die älteste römisch-katholische Kirche in Wisconsin. Milwaukee ist übrigens geprägt von zahlreichen Kirchengebäuden, die, wie in kaum einer anderen Stadt Amerikas, deutliche europäische Baustrukturen aufweisen.

Milwaukee Art Museum

■ **Milwaukee Art Museum** ⑧, 750 N. Lincoln Drive, Lakefront, geöffnet: Di, Mi,Fr+Sa 10h00-17h00, Do 12h00-21h00, So 12h00-17h00. Es gibt eine Reihe von Bildern europäischer Meister zu sehen (Mirò, Picasso, Degas), zudem amerikanische Kunstwerke von Warhol, O'Keefe, Frank L.Wright und anderen. Die Wanderausstellungen verdienen ebenfalls Beachtung. Das Gebäude wurde übrigens von dem finnisch-amerikanischen Architekten Eero Saarien entworfen, der auch den Gateway Arch in St. Louis geplant hat. Es gibt ein kleines Restaurant im Museum.

Gehen Sie nun entlang der **Wisconsin Avenue** zurück in die Stadt. Besichtigen Sie dabei die eindrucksvolle Atriumhalle des **Pfister Hotel** (424 E. Wiscnsin St.). In der kleinen Bar können Sie eine Pause einlegen, wobei die Aussicht von der zum Hotel gehörenden **La Playa Lounge** im 23. Stockwerk ebenfalls zu empfehlen ist (nur Getränke, kein Lunch!).

Das 4-stöckige **Iron Block Building** ⑩ (Ecke N. Water St./E. Wisconsin Ave.) ist eines der letzten Gebäude Amerikas, das noch von Eisenträgern gestützt wird. Gehen Sie einfach mal in den (ausgesuchten) **Schwartz Bookstore** im Erdgeschoß und klopfen Sie gegen die Pfeiler.

■ **Grain Exchange Room** ⑪, im Mackie Bldg., 225 E. Michigan Ave., geöffnet Mo-Fr 8h30-17h00. Milwaukee war im 19. Jahrhundert der größte Getreideumschlagplatz Amerikas. In diesem 1879 eröffneten monumentalen Gebäude wurden die Getreideladungen, wie in einer Börse, gehandelt. Sie können den fast 1.000 qm großen "Trading Room" besichtigen, dessen riesige Säulen und großen Gemälde beeindrucken. Heute wird die Halle für Versammlungen genutzt.

Iron Block Building

■ **Milwaukee Public Museum**, 800 W. Wells St., geöffnet: täglich 9h00-17h00. Eine große naturkundliche Ausstellung, der u.a. ein großes Dinosaurier-Skelett angehört, sind zu besichtigen sowie Replika verschiedenster Geschäfte des Milwaukee von 1890. Der tropische Regenwald wird in einer Abteilung erklärt, und in einer anderen können Sie "das Innere der Erde" studieren, indem Sie auf einem Lehrweg den Naturkräften, die die Erde formen, nachgehen.

■ **Discovery the World Museum of Science** ⑤, 818 W. Wisconsin Ave. in der Public Library, geöffnet: Mo-Sa 9h00-17h00, So 11h00-17h00. "Hands-on"- Museum für die technisch Interessierten. Magnetspiele, Light-und Laser-Shows bringen Ihnen die Wunder der Technik näher.

Rundfahrt zu den Sehenswürdigkeiten im weiteren Umfeld der Innenstadt

Die Fahrtstrecke geht im Uhrzeigersinn vom Visitor Center nach Westen und anschließend zurück zum Seeufer und an diesem entlang in die Innenstadt.

■ **Pabst Brewery** ⑯, 915 W. Juneau Ave., kostenlose 45-minütige Touren Juni-August: Mo-Fr 10h00-15h00, Sa 9h00-11h00, Rest des Jahres: Mo-Fr 10h00-15h00. Die Pabst Brauerei, ehemals gegründet von dem Schwiegervater des Kapitäns Frederick Pabst, war zum Ende des 19. Jahrhunderts hin der größte Produzent von Lager-Bier. Die Brauerei hat noch einen etwas bodenständigeren und urtümlicheren Charakter als die Miller-Brewery.

Pabst Mansion

■ **Captain Frederick Pabst Mansion** ⑫, 2000 W. Wisconsin Ave., geöffnet: März-Dez.: Mo-Sa 10h00-15h30, So 12h00-15h30, Rest des Jahres nur Sa+So. Tourenlänge: 90 Minuten. Frederick

Pabst kam als 12-jähriger Junge nach Amerika und wurde Schiffskapitän auf den Großen Seen. Später heiratete er in die Bierbrauerfamilie Best ein und übernahm später vom Schwiegervater die Geschäftsleitung. Pabst machte aus der mittelgroßen Brauerei in nur 2 Jahrzehnten die größte Brauerei des Mittleren Westens und die größte Lagerbier-Brauerei Amerikas. Der daraus resultierende Reichtum spiegelt sich in allen Teilen seines Wohnhauses wider: Holzornamente, Tiffanyglas, Marmorarbeiten, schmiedeeiserne Verzierungen, ja sogar Holzpanele aus einem bayrischen Schloß – nichts, was es in diesem Haus nicht zu bewundern gibt. Zudem beeindrucken natürlich antike Möbel und erlesene Porzellane.

■ **Miller Brewery** ⑭, 4251 W. State St., kostenlose 1-stündige Touren Mo-Fr 9h00-15h00 (im Sommer auch Sa). Miller ist eine der drei großen Brauereien in den USA (neben Budweiser und Coors). Heute ist es vor allem das beliebte "Miller Lite", das den Hauptumsatz trägt. Es ist – obwohl Budweiser das zugunsten seines "Bud Light" immer wieder abstreitet – das meistgetrunkene Lightbier in Amerika.

Hier begann Miller

■ **Annunciation Greek Orthodox Church** ①, 9400 W. Congress St., Touren Mo-Fr nach Anmeldung: (414) 461-9400. Frank Lloyd Wrights "Kleines Juwel" war sein letztes bedeutendes Meisterwerk architektonischen Könnens. Die Kirche wurde 1961 – zwei Jahre nach Wright's Tod – eröffnet und erinnert von außen eher an ein Ufo.

Fahren Sie nun wieder zurück in Richtung Seeufer.

■ **American Geographical Society** ③, 2311 E. Hartford Ave., University of Wisconsin, in der Golda Meir Library (3rd Floor), täglich geöffnet. Im Geografischen Institut der University of Wisconsin befindet sich wohl eine der größten Karten- und Atlantensammlungen der Welt. Wenn auch vornehmlich den Studenten vorbehalten, dürfen Sie, mit Hilfe der Bibliothekare, hier verschiedene, auch alte Karten einsehen. Bemerkenswert ist auch die Sammlung zahlreicher Globen, die im gesamten Bibliotheksraum ausgestellt sind. Ein kleiner "Off-the-beaten-track-Tip".

Und noch etwas für die Sportlichen:

Im **Pettit National Ice Center** ⑰ am State Fair Park (I-94/84th St.) kann man das ganze Jahr über auf einer 400-m-Bahn und 2 anderen Eisflächen Schlittschuhlaufen. Schlittschuhe können ausgeliehen werden. Und wer es noch nicht kann: Es werden auch Kurse angeboten. Infos zur Eisbahn: (414) 266-0100.

Die Umgebung von Milwaukee

■ **Old World Wisconsin**, S 103 W 37890, Hwy. 67, 1 Meile südlich von Eagle (Anfahrt von Milwaukee: 1 Stunde), geöffnet: Mai-Okt. tägl. 10h00-17h00. Hier im Kettle Moraine State Park (südl. Abschnitt!) wurden auf 230 ha 50 historische Gebäude aus dem ländlichen Wisconsin wiederaufgebaut. U.a. können Sie alte Farmhäuser besichtigen, aber auch handwerklichen Vorführungen zusehen, um zu verstehen, wie damals gearbeitet wurde. Besonders eindrucksvoll ist in diesem Park vor allem, daß Farmhäuser verschiedener ethnischer Gruppen zu besichtigen sind (u.a. deutsche, finnische und norwegische). Vor Ihrem Rundgang sollten Sie sich unbedingt die kurze Dia-Show im Visitor Center ansehen.

Die Umgebung von Milwaukee bietet ansonsten keine besonderen Highlights, aber auf der Strecke nach Norden passieren Sie einige alte Städte (z.B. Cedarburg) und fahren entlang einer schönen Uferzone. Sollte Sie Ihre weitere Streckenführung nicht nach Green Bay führen, Sie aber vorhaben, ein paar Ausflüge von Milwaukee aus zu machen, lesen Sie bitte im folgenden Kapitel weiter sowie im Kapitel 11 unter **Madison**, Hauptstadt von Wisconsin.

9.3 VON MILWAUKEE ÜBER MICHIGAN'S UPPER PENINSULA NACH DULUTH

Highlights

- Die Uferlandschaft des **Door County**
- **Kanufahrten** im Hiawatha National Forest
- **Outdoor-Aktivitäten** in Michigan's Upper Peninsula
- Die **Geschichte der Minenstädte** auf der Keweenaw Peninsula
- Besuch des **Isle Royale Nationalparks**

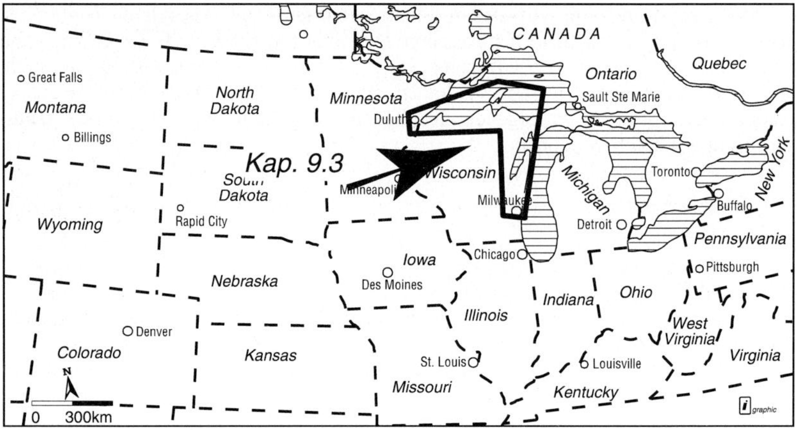

9.3.1 ÜBERBLICK

Dieser Streckenabschnitt verspricht nun ganz das Gegenteil von den Großstadterlebnissen Chicagos und Milwaukees. Bereits eine Autostunde nördlich von Milwaukee überwiegt das Farmland, die Städtchen wirken verschlafen, und die dunkelrot angestrichenen Bauernhöfe erinnern an den skandinavischen Einfluß. Käse-Geschäfte in jedem kleinen Nest verdeutlichen zudem, daß es in Wisconsin mehr Kühe als Menschen gibt. Erstes Highlight auf dieser Route ist das Door County, eine Halbinsel mit faszinierenden Uferlandschaften – leider sind die kleinen Fischerdörfer an Sommerwochenenden etwas überlaufen.

Green Bay hat nicht besonders viel zu bieten, so daß Sie hierfür nicht viel Zeit benötigen und besser zusehen sollten, schnell zur Upper Peninsula ("UP") von Michigan zu kommen. Bezaubernde Wälder, unberührte Uferzonen des Lake Superior, Bed & Breakfast-Unterkünfte in Leuchttürmen, einsame Kanurouten, alte, halbverlassene Minenstädte ... Die UP wird mit Sicherheit zu den Höhepunkten Ihrer Reise um die Großen Seen gehören. Planen Sie hierfür mindestens 3, am besten 5 Tage ein! Ein Besuch des Isle Royale Nationalparkes würde das "Erlebnis Natur" vollkommen machen.

Sie haben natürlich auch die Möglichkeit, durch den Norden von Wisconsin (um Rhinelander) zu fahren. Doch so bezaubernd auch hier die Wald- und Seenlandschaft

Seen, Wälder und Leuchttürme

sein mag, die gelungene Mischung aus Wäldern, Seen, der Uferzone des Lake Superior und einer interessanten Pioniergeschichte, wie Sie sie in der UP vorfinden, kann der Norden von Wisconsin nicht bieten.

Dieses Reisegebiet eignet sich übrigens ebenfalls gut für Wintersportler: Snowmobiling, Schneeschuhwandern und Langlauf werden hier groß geschrieben.

9.3.2 REISEPRAKTISCHE HINWEISE

Entfernungen

- Milwaukee - Green Bay (direkt): 110 mi/177 km
- Milwaukee - Rundfahrt durchs Door County - Green Bay: 280 mi/451 km
- Green Bay - Copper Harbor (direkt): 250 mi/402 km
- Green Bay - Pict. Rocks NL - Copper Harbor: ca. 320 - 350 mi/ 515 - 563 km
- Copper Harbor - Duluth: 260 mi/ 419 km
- Milwaukee - Duluth (direkt): 390 mi/628 km

Streckenalternativen

❶ Am schnellsten fahren Sie über den I-94 über Madison bis nach Eau Clair. Von dort geht es über den US 53 in nördlicher Richtung nach Duluth. Noch unkomplizierter und die Chance bietend, ei-

Der ländliche Charakter löst das Großstadterlebnis ab

Redaktions-Tips

- **Schönste Übernachtungsstops** sind: In Kohler **The American Club**, im Door County das **Grand View Motel,** In Green Bay/De Pere das **James Street Inn**, in Blaney Park das **Celibeth House**, in der Region in und um Marquette der **Big Bay Point Lighthouse**, das **Thunder Bay Inn** und die **Michigamme Lake Lodge**, auf der Keweesaw Peninsula das **Sand Hill Lighthouse** und das **Laurium Manor Bed & Breakfast**, in Silver City (Porcupine Mountains) ein Cottage der **Mountain View Lodges**
- **Übernachtungen**, besonders in touristisch stark besuchten Regionen, wie z.B. dem Door County, müssen Sie unbedingt rechtzeitig **im voraus reservieren**!
- Versuchen Sie unbedingt, Zeit zu finden für eine **Kajak- bzw. Kanutour** in Michigan's Upper Peninsula bzw. dem Isle Royale Nationalpark
- **Wintersport** wird groß geschrieben auf der Upper Peninsula und in Nord-Minnesota. Snowmobiling, Skilanglauf und Schlittschuhlaufen zählen zu den beliebtesten Sportarten. Ich bin in diesem "Sommer-Reiseführer" nicht genau darauf eingegangen, aber falls Sie im nächsten Winter noch kein Ziel haben sollten: Das Marquette Visitor Bureau bietet zahlreiche **Touren- bzw. Übernachtungspakete** für Michigan's Upper Peninsula, auch für den Winter.
- Denken Sie an **Mückenmittel** für die Region um die Großen Seen
- **Bedeutendste Sehenswürdigkeiten**: In erster Linie **Natur**: der Hiawatha Nat. Forest, der Pictured Rocks Nat. Lake Shore, die Uferlinie des Lake Superior, der Isle Royale Nationalpark, der Scenic Drive auf der Keweenaw Peninsula, die Porcupine Moutains und der Apostle Island Nat. Lake Shore. Außerdem interessant: die verlassene Stadt Fayette, verschiedene Leuchttürme sowie die alten Minenstädte auf der Keweenaw Peninsula.
- **Vorschlag für die Zeiteinteilung**:
  3 Tage: 1. Tag: Von Milwaukee fahren Sie früh los und direkt bis Grand Marais bzw. Munising, wo Sie übernachten. **2. Tag:** Besuch des Pictured Rocks Nat. Lake Shore und Weiterfahrt über Marquette auf die Keweenaw Peninsula. Übernachtung, falls es die Zeit zuläßt, in Copper Harbor oder Laurium, ansonsten in Houghton. **3. Tag:** Weiterfahrt nach Duluth, wenn möglich mit Schlenker zu den Porcupine Mountains und/oder über Bayfield, WI.
  4 Tage: Wie oben, wobei Sie den Zusatztag in Marquette einlegen sollten und sich mehr Zeit für den Pictured Rocks Nat. Lake Shore lassen sollten.
  7 Tage: 1 Tag: Von Milwaukee ins Door County. Dort oder in Green Bay übernachten. **2. Tag:** Über Escanaba, Manistique nach Grand Marais. **3. Tag:** Pictured Rocks Nat. Lake Shore und weiter nach Marquette. **4. Tag:** Umgebung von Marquette ansehen und übernachten entweder im Leuchtturm von Big Bay oder in der Michigamme Lodge. An beiden Punkten bieten sich Wege für Spaziergänge an. **5. Tag:** Fahrt zur Keweenaw Peninsula. Dort am Nachmittag und Abend den Scenic Drive nach Copper Harbor fahren. **6. Tag:** Weiterfahrt nach Silver City. Dort die Naturlandschaft der Porcupine Mountains erkunden. **7. Tag:** Über Bayfield nach Duluth. Falls Sie 2-3 Extratage haben, sollten Sie unbedingt zum Isle Royale Nationalpark fliegen und dort wandern bzw. Kanufahrten unternehmen.

nen Zwischenstop in Minneapolis/St.Paul zu machen, ist es, Sie fahren von Eau Clair weiter nach St. Paul und folgen von dort dann in nördlicher Richtung dem I-35 bis Duluth. Lesen Sie dazu in Kapitel 11.

Im folgenden möchte ich nur die Hauptrouten erwähnen, aber an dieser Stelle unbedingt darauf hinweisen, daß Abzweige zu den Ufern der Seen an der einen oder anderen Stelle nicht fehlen sollten – einige nenne ich auch im folgenden Kapitel "Sehenswertes".

❷ Fahren Sie auf dem I-43 nach Green Bay (evtl. Abstecher zum Door County einplanen). Von hier bieten sich folgende 2 Alternativen:

a) Von Green Bay – zuerst entlang des Lake Michigan – auf dem US 41 bis Trenary. Von hier über die MI 67 und 94 bis Munising. Dort überlegen Sie dann, welche Plätze im Pictured Rocks National Lake Shore Sie ansteuern möchten.

b) Sie folgen nördlich von Escanaba dem US 2 weiter nach Osten und fahren 9 Meilen östlich von Gulliver nach Norden auf der CO 77 bis Grand Marais. Von dort dann geht es durch den National Lake Shore nach Munising. Von Munising dann in westlicher Richtung auf dem MI 28 bis Marquette und weiter auf dem US 41 bis Copper Harbor. Danach zurück bis Houghton und über den MI 26, US 45 und MI 64 nach Silver City. Von dort zum Porcupine Mountain State Park und anschließend über White Pine zum US 2 in Bergland. Dem US 2 folgen bis Duluth bzw. die Rundtour über den WI 13 (Bayfield) einplanen.

9.3.3 SEHENSWERTES

Entlang der Uferlinie des Lake Michigan in Wisconsin

Gleich nördlich von Milwaukee liegt das kleine Städtchen **Cedarburg**. Ein historischer Stadtkern lädt zu einem kurzen Abstecher ein.

Nordwestlich von Milwaukee liegt der **Kettle Moraine State Forest** (Northern Unit). Der schön gelegene Park dient als Erholungsgebiet und bietet Wanderwege, Aussichtstürme und Badeseen. Es gibt schöne Campingplätze – an Sommerwochenenden aber häufig voll! Im Ice Age Visitor Center südlich von Dundee gibt es eine interessante Ausstellung zur geologischen Geschichte von Wisconsin, die "in jüngerer Zeit" vornehmlich geprägt wurde durch die Eiszeit.

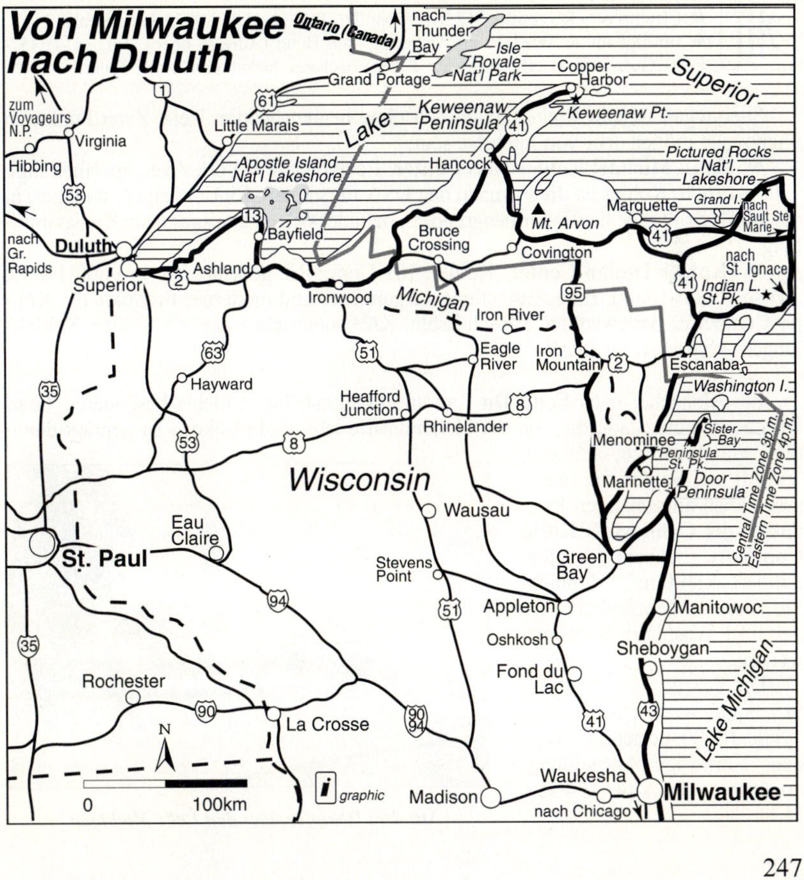

In **Greenbush**, gleich nördlich des Kettle Moraine State Parks, empfiehlt sich noch das **Jung Carriage Museum** (Mai-Okt., tägl. 9h00-17h00) mit einer Ausstellung von 70 Pferdekutschen.

Zurück auf dem I-43 fallen die zahlreichen, dunkelrot gestrichenen Farmgebäude auf. Sie sind ein deutlicher Hinweis auf den starken Einfluß skandinavischer Einwanderer in Wisconsin.

■ Sheboygan

Information
Conv. & Visitors Bureau: 712 Riverfront Dr., Suite # 101, Sheboygan, WI 53081, Tel.: (414) 459-3060

Übernachtungsempfehlung
The American Club $$$$: Highland Dr., Kohler, WI 53044 (I-43 Exit 126, dann 3 Meilen nach SW), Tel.: (414) 457-8000 od. 800-344-2838, Fax: (414) 457-0299. Eines der schönsten Resorts im Reisegebiet. Die Anlage ist als "Historical Landmark" eingetragen und gilt als eine der luxuriösesten Unterkünfte im Mittleren Westen (5-Sterne)

Restaurants
- **City Streets Riverside:** 712 Riverfront Dr., Tel.: (414) 457-9050. Gute Steaks.
- **Immigrant & Winery:** im American Club Hotel (Adresse oben), Tel.: (414) 457-8000. Gute Süßwasserfischgerichte. Eigene Bäckerei. Jackett erwünscht. Teuer!

Sheboygan ist eine kleine Hafenstadt ohne nennenswerten Reiz. Zwei Punkte in Sheboygan mögen aber von Interesse sein:

◆ **John Michael Kohler Arts Center**: Ecke 6th/New York Ave., geöffnet: tägl. 12h00-17h00. Kohler ist **die** Firma in den USA für sanitäre Einrichtungen, und hier, in der 1882 erbauten Villa des Firmengründers, befindet sich eine ausgesuchte Kunstsammlung.

◆ **Kohler Design Center:** Kohler, 101 Upper Rd, geöffnet Mo-Fr 9h00-17h00, Sa+So 10h00-16h00. Eine Ausstellung vergangener und moderner Produkte der Kohler Company. Badewannen, Kloschüsseln, Kücheneinrichtungen u.a. – aller Stilrichtungen – erwarten Sie hier.

Ein Abstecher nach **Fond Du Lac** und **Oshkosh** bietet nichts besonderes. Fond Du Lac ist eine Stadt, die von der Holzindustrie lebt, und Oshkosh ist geprägt durch die gleichnamige Bekleidungsfirma. Sollten Sie Interesse haben an günstigen Produkten der **Oshkosh B'Kosh Company** (bekannt für gute Kinderbekleidung), können Sie diese im Fabrikladen in der 3001 Washburn Street erwerben.

Die Fabrik (2260 Oregon St.) kann von Di-Do von 10h00-13h00 besichtigt werden. Vorherige Anmeldung erwünscht: Tel.: (414) 231-3134.

Mit dem Dampfer über den Lake Michigan

Manitowoc

Information
Visitors & Convention Bureau: P.O.Box 966, Manitowoc, WI 54221, Tel.: (414) 683-4388

Übernachtung
● **Inn on Maritime Bay $$$:** 101 Maritime Dr., Manitowoc, WI 54220, Box 7000, Tel.: (414) 682-7000, Fax: (414) 682-7013. Modernes Motel direkt am Hafen und neben dem Maritime Museum. Fragen Sie nach einem Zimmer mit Seeblick. Das Hotel hat auch ein gutes Restaurant.
● **Fox Hills Resort $$$:** Rte. 1, Box 129, Manitowoc, WI 54228, 300 Church St., Mishicot m(nördl. von Manitowoc), Tel.: (414) 755-2376 od. 800-950-7615, Fax: (414) 755-2002.
● **Arbor Manor Bed & Breakfast $$$:** 1304 Michigan Ave., Manitowoc, WI 54220, Tel.: (414) 684-6095. Kleine B&B-Unterkunft. Das schönste Zimmer ist "Albert's Chamber and Bath" mit einem Marmorkamin.

Restaurant
Colonial Inn: 1001 8th St., Tel.: (414) 684-6495. Einfaches Restaurant mit guten Fischgerichten. Beliebt bei den Einheimischen.

Obwohl Manitowoc eine Industriestadt ist, hat sie einen gewissen Charme behalten. Eine schnuckelige Altstadt direkt am Hafen und der maritime Charakter haben einen eigenen Reiz. Manitowoc gilt als die "Clipper Town", da hier zahlreiche Segelschiffe gebaut wurden. Später war es vor allem der Bau verschiedenster Kriegsschiffe, was der Stadt zu einigem Wohlstand verholfen hat. Die "S.S.Badger", ein typischer Fährdampfer der Großen Seen – mit senkrechtem Bug – verkehrt von hier während der Sommermonate täglich nach Ludington (MI) – Infos und Buchung: 1-800-841-4243.

Das U-Boot aus dem 2. Weltkrieg

◆ **National Maritime Museum**, 75 Maritime Drive, geöffnet: täglich 9h00-17h00. Das Museum ist ein Muß. Hervorragende Erläuterungen zur maritimen Geschichte der westlichen Großen Seen und eine ausführliche Ausstellung zur Werftenentwicklung in Manitowoc lohnen den Besuch. Zudem gibt es eine Reihe von Schiffsmodellen zu sehen und ein U-Boot aus dem 2. Weltkrieg zu besichtigen.

Abstecher zum Door County

Fahren Sie von Manitowoc entlang des WI 42 nach Norden. Sie passieren dabei die kleinen Hafenstädte **Kewaunee** und **Algoma**, und am Wege machen mehrere **Käseverkaufstände** mit großen Schildern auf sich aufmerksam. Die Gelegenheit, für etwas Abwechslung auf dem Frühstückstisch zu sorgen! Auch **Kirschen** und **Äpfel**

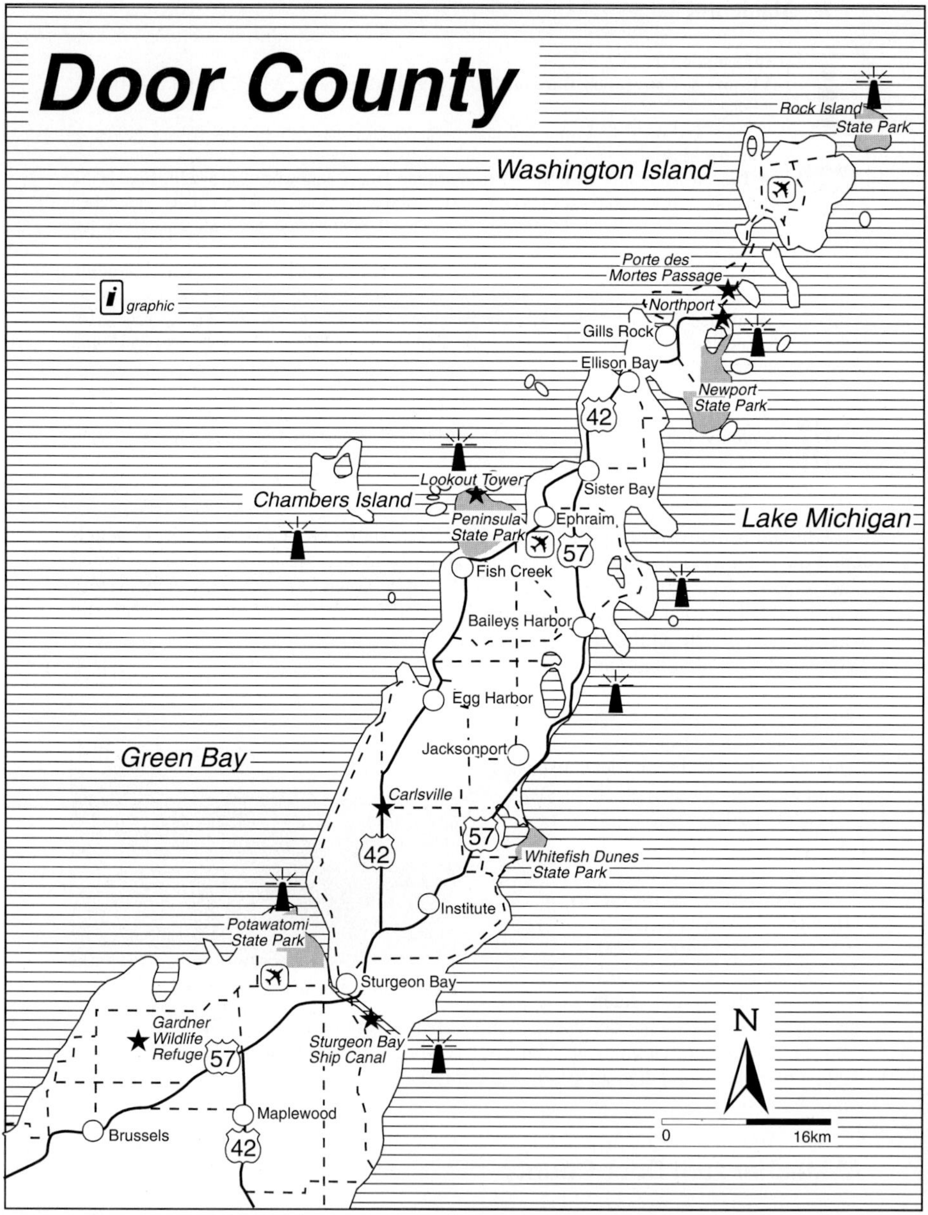

werden an vielen Straßenständen bzw. auf den Farmen angeboten. Allein um Sturgeon Bay gibt es 750.000 Kirschbäume.

Übernachtungsempfehlung für Kewaunee
Gables Bed & Breakfast $$: 821 Dodge St., Kewaunee, WI 54216, Tel.: (414) 388-0220. Queen Anne-Stil-Haus mit 5 Gästezimmern (nur eines mit eigenem Bad!). Persönliche Atmosphäre und reichhaltiges Frühstück.

■ Das **Door County** befindet sich auf einer in den Lake Michigan hineinragenden Halbinsel. Seinen Namen erhielt es durch die Schiffspassage zwischen der Halbinsel und der nördlich gelegenen Washington Insel, welche die ersten Franzosen "Porte des Mortes" (Tor des Todes) genannt haben. Viele Schiffe sind bei der Durchfahrt in Stürmen aufgelaufen und gesunken. Heute benutzen die Schiffe auf dem Weg nach Green Bay aber den südlicheren Sturgeon Bay Canal, von dem ein großer Teil künstlich angelegt worden ist. Das Door County mit seiner reizvollen Uferlandschaft ist heute ein beliebtes Urlaubsziel. Kleine Fischerdörfer an der Ostseite der Halbinsel, wie z.B. Fish Creek und Sister Bay, haben dadurch etwas an Reiz verloren. Doch die schöne Landschaft macht diesen negativen Beigeschmack wett. Sie können die Halbinsel entlang der WI 42 und WI 57 umrunden. Grundsätzlich läßt sich sagen: Die Westküste ist schöner, aber auch touristisierter. An der Ostküste git es mit Baileys Harbor und Jacksonport nur 2 verschlafene Ortschaften, und die Straße führt größtenteils durchs Landesinnere.

An der Apfelernte nehmen alle Generationen teil

Der **Peninsula State Park** bei Fish Creek lohnt einen kurzen Abstecher. Von einer Aussichtsplattform haben Sie einen guten Überblick über die Küste. Am südlichen Parkeingang können Sie zudem Fahrräder und Mofas mieten.

The Farm ist ein kleines Museum (auf einer Farm) – 4 Meilen nördlich von Sturgeon Bay am WI 57. Hier können Sie etwas lernen über das ländliche Leben auf der Halbinsel, wobei Wert gelegt wird auf die Erläuterungen zum Leben hier vor 100 Jahren. Geöffnet: Von Memorial Day bis Labor Day täglich: 9h00-17h00

Eine Überfahrt zur **Washington Island** lohnt sich ebenfalls. Die Insel selbst läßt sich am besten erkunden mit einem Fahrrad oder dem Cherry Train. Bei letzterem wird Ihnen auf einer 90-minütigen Tour die Geschichte der Insel erläutert, die stark geprägt wurde durch eine isländische Siedlergemeinschaft, die sich 1869 hier niedergelassen hat. Die kleine **Rock Island**, die nördlich der Washington Island liegt, ist zu einem State Park erklärt worden. Der Elektro-Tycoon Thordardson hatte hier seine Sommerresidenz. Es gibt 9 Meilen Wanderwege auf dieser Insel. Im Sommer fahren täglich Boote von Jackson Harbor dorthin.

Fähren
zur Washington Island fahren im Sommer täglich und regelmäßig von Gills Rock und Northport Pier (Infos: (414) 847-2135).

Fahrräder
Am Inselanleger können Sie Fahrräder mieten, wobei die Buchung des Cherry Trains bereits am Festlandsableger erfolgen sollte (Kombi-Tickets).

INFO

Fischboil

Das typische Essen im Door County ist die ***Fishboil****: Über einem offenen Feuer hängt ein Kessel, in dem zuerst Wasser gekocht wird. Anschließend werden Gewürze und rote Kartoffeln hinzugegeben. Sind diese weichgekocht, kommt der Fisch (Hecht) hinzu. Sobald alles durchgekocht ist, wird Kerosin auf die Flammen gegossen. Die dadurch bedingte Hitzeentwicklung sorgt für das Überkochen der Suppe, wobei hauptsächlich der obenauf schwimmende Fischtran und das Fischfett "über Bord gehen". Nun ist der Eintopf fertig, und das ganze wird serviert mit Kohlsalat (Cole Slaw), Kartoffeln und ... Kirschkuchen (die Einheimischen essen ihn dazu!!)*

Fishboil

Zutaten für eine Fishboil: *8 Liter Wasser, ½ Pfund Salz, 16 Zwiebeln, 16 Scheiben 5 cm dickes Hechtfilet und 16 rote Kartoffeln*

Sturgeon Bay

Information
Door County Chamber of Commerce: 1015 Green Bay Rd, Sturgeon Bay, WI 54235, Tel.: (414) 743-4456.

Übernachtung
● **Inn At Cedar Crossing $$$-$$$:** 336 Louisiana St., Sturgeon Bay, WI 54235, Tel.: (414) 743-4200. Schöne Zimmer (teilw. mit Whirlpool/Jacuzzi) in Haus von 1884. Zudem gibt es ein lohnenswertes Restaurant (Süßwasserfisch, Geflügel, leckere Desserts), eingerichtet mit Antiquitäten – Tel.: (414) 743-4249.
● **Glidden Lodge $$$:** 4670 Glidden Dr., Sturgeon Bay, WI 54235. Fahren Sie über den WI 57 nach Valmay, dann nach rechts auf County-Road und folgen Sie den Schildern, Tel.: (414) 743-4944. 29 Motelzimmer, 5 geräumige Lodge-Zimmer und 5 Cottages mit eigener Küche (in der Saison nur wochenweise zu mieten).
● **Chal-A $:** 3910 WI 42/57, Sturgeon Bay, WI 54235, Tel.: (414) 743-6788. Einfaches und sauberes Motel – für den kleinen Geldbeutel!

Restaurants
Andropolis: 230 Michigan St., Tel.: (414) 743-4944. Selten zu finden in den USA: ein guter Grieche. Empfehlung: das Moussaka. Das Restaurant ist aber einfach gehalten, daher kein "Dinnererlebnis".

Die kleine Hafenstadt Sturgeon Bay an der gleichnamigen Bucht ist der Ausgangspunkt für die Erkundung der Halbinsel. Im Visitor Bureau können Sie sich bereits genauer informieren über aktuelle Festivitäten bzw. Ihre Unterkunft buchen.

Eine Fahrt zum **Sturgeon Bay Ship Canal & Lighthouse** ist die Hauptattraktion der Stadt. Fahren Sie dazu vom WI 42 in südöstliche Richtung und folgen Sie dabei den Schildern "Coast Guard Station". Der Leuchtturm verspricht ein schönes Fotomotiv, und die Erläuterungen zum 1882 ausgebauten Kanal mögen ebenfalls interessieren.

Reisepraktische Hinweise zum Door County

Übernachtung

Nochmals: Rechtzeitig im voraus buchen, und bedenken Sie, daß viele Motels ab Mitte Oktober bis April geschlossen sind.

- **The Alpine Resort $$$:** P.O.Box 200, Egg Harbor, 3/4 Meilen südw. an der Straße "G", WI 54209, Tel.: (414) 868-3000. Motel und Hütten (Küche, aber kein Geschirr). Angeschlossen ist eine Golfanlage.
- **Landmark Resort $$$-$$$$:** 7643 Hillside Rd, Egg Harbor, WI 54209, Tel.: (414) 868-3205. Viele Zimmer mit Seeblick. Kitchenettes.
- **Evergreen Beach Motel $$-$$$:** Ecke German Rd/WI 42, Ephraim, WI 54211, Tel.: (414) 854-2831. Direkt an der Eagle Harbor Bucht.
- **Eagle Harbor Inn & Cottages $$-$$$:** 9914 Water St., Ephraim, WI 54211, Tel.: (414) 854-2121. Schöne Zimmer (inkl. gutem Frühstück) sowie 1- bis 3-Zimmer-Cottages.
- **Grand View Motel $$-$$$:** 1 Meile südl. von Ellison Bay am WI 42, P.O.Box 30, Ellison Bay, WI 54210, Tel.: (414) 854-5150. Von außen scheinbar ein einfaches Motel, aber der Ausblick von den Zimmern auf die Ellison Bay ist unbeschreiblich schön.
- **Viking Village Motel $$:** Box 135 (2 Meilen nördl. des Anlegers in Detroit Harbor), Washington Island, WI 54246, Tel.: (414) 847-2551. Große Zimmer, z.T. mit Kitchenettes.

Camping

Der schönste Campingplatz befindet sich im Peninsula State Park bei Fish Creek. Infos: (414) 868-3258.

Fahrradverleih

- An der Südeinfahrt zum Peninsula State Park
- An den Fähranlegern auf Washington Island

Reiten

Kurtz Corral: An der "I"-Straße östlich von Carlsville, Tel.: (414) 743-6742. Ausritte zu jeder Tageszeit. Auch Einführungskurse und Lehrkurse für Western-Reiten.

Essen

- **Sandpiper**: Kleines Imbiß-Restaurant in Bailey's Harbor. Hier können Sie zusehen, wie die Fischboil zubereitet wird. Genau das richtige für den Snack zwischendurch.
- **White Gull Inn:** Main St, Fish Creek, Tel.: (414) 868-3517. In einem alten Country Inn untergebracht. Fishboil und andere Fischgerichte.

Uferlinie im Door County

● **The Viking:** WI 42, im Zentrum von Ellison Bay, Tel.: (414) 854-2998. Bekannt für die allabendlich stattfindende Fishboil-Zeremonie. Es gibt aber auch Steaks und andere Fischgerichte.

Green Bay/De Pere

Information
Visitors & Convention Bureau: 1901 S. Oneida St., Green Bay, WI 54307-0596.

Übernachtung
● **Embassy Suites $$$:** 333 Main St., Green Bay, WI 54301, Tel.: (414) 432-4555, Fax: (414) 432-0700. Franchise-Kettenhotel mit geräumigen Zimmern – daher ein Tip für Familien.
● **James Street Inn $$-$$$:** 201 James Street, De Pere, WI 54115, Tel.: (414) 337-0111, Fax: (414) 337-6135. Eine ehemalige Mühle wurde restauriert und umgebaut zu einem schönen B&B-Haus. Die Zimmer sind ausgesprochen gemütlich, groß und haben großenteils Jacuzzis.
● **Best Western Midway Hotel $$-$$$:** 780 Packer Dr., Green Bay, WI 54304, Tel.: (414) 499-3161, Fax: (414) 499-9401. Typisches Best Western der Mittelklasse.
● **Road Star Inn $:** 1941 True Ln (am US 41), Green Bay, WI 54304, Tel.: (414) 497-2666 od. 800-445-INNS. Günstiges, aber durchaus akzeptables Motel. Einige Zimmer mit Kühlschränken.

Restaurants
● **Eve's Supper Club:** 2020 Riverside Dr. (WI 57), Tel.: (414) 435-1571. Blick auf den Fox River – dazu die nach Einheimischen-Urteil besten Steaks der Stadt.
● **Stein:** 126 S.Adam's, Tel.: (414) 435-6071. Deutsch-österreichische Küche in "Bayern-Dekoration". Tip: Salatbar!
● Zahlreiche **kleine und ansprechende Restaurants** finden Sie am Broadway in De Pere.

Green Bay ist die älteste Siedlung in Wisconsin und wurde 1669 als Missionsstation von dem französischen Pfarrer Claude Allouez gegründet. Von da an diente die Station als Handelsposten. Lange Zeit war Green Bay ein "Outpost", der sich nicht als zu den USA gehörend bezeichnete. Erst nach 1812 wurde die Region offiziell angegliedert.

Heute ist Green Bay eine moderne Hafenstadt mit vornehmlich Holz- und Käseindustrien. Gäbe es nicht das legendäre und berüchtigte Football-Team, die "Green Bay Pakkers", wüßte wahrscheinlich auch heute kaum jemand um die Existenz der Stadt.

Zu den Sehenswürdigkeiten hier gehören:

◆ **Green Bay Packer Hall of Fame**, 855 Lombardi Ave., geöffnet: tägl. 10h00-17h00 (Sommer: 9h00-18h00). Alles zum Thema des berühmt-berüchtigten Football-Teams ist hier ausgestellt.

◆ **National Railroad Museum**, 2285 S. Broadway, geöffnet: tägl. 9h00-17h00. Dieses Museum ist ein "Leckerbissen" für Eisenbahnfans. Besonders eindrucksvoll ist die Sammlung alter Dampflokomotiven. Unter ihnen befindet sich die "Big Boy", die größte Dampflok der Welt, und die schnittige "Dwight D. Eisenhower", eine der schnellsten Lokomotiven ihrer Zeit. Außerdem gibt es Miniaturbahnen, eine Modelleisenbahn und als Höhepunkt: eine 1 ½-Meilen-Fahrt mit einem historischen Zug.

◆ **Heritage Hill State Park**, 2640 S. Webster St., geöffnet: Mai-Anfang September: Di-Sa 10h00-16h30, So 12h00-16h30. Hier sind Gebäude aus den verschiedensten Epochen der Geschichte von Nord-Wisconsin wiederaufgebaut worden. U.a. können Sie hier eine Hütte eines Pelzhändlers von 1672, ein Farmgebäude einer belgischen Familie, eine Schmiede und eine alte Kirche besichtigen.

Fahren Sie vom State Park entlang des Broadway nach Süden, kommen Sie nach 1 Meile in die historische Stadt **De Pere**. Schöne Villen aus der Zeit der Jahrhundertwende und eine ansprechende kleine **Altstadt** lohnen den kleinen Umweg. In De Pere gibt es im Zentrum eine Reihe kleiner Restaurants.

Streckenalternativen nach Duluth
Entscheiden Sie sich in Green Bay über Ihre weitere Fahrtroute bis Ironwood und Duluth:

● **am schönsten:** Green Bay - Marinette - Escanaba - Manistique - Blaney Park - Grand Marais - Pictured Rocks Nat. Lake Shore - Marquette - Keweenaw Peninsula - Porcupine Mountains - Ironwood - Duluth

● **schneller:** Green Bay - Marinette - Escanaba - Munising bzw. Marquette - Keweenaw Peninsula - Porcupine Mountains - Ironwood - Duluth

● **die "Abkürzung":** Green Bay - Iron Mountain - Keweenaw Peninsula - Ironwood - Duluth

● **die "Alternative":** durch die Seengebiete von Nord-Wisconsin (um Rhinelander) nach Ironwood und Duluth

Im folgenden halte ich mich im wesentlichen an die erstgenannte Strecke. Das Reisetelegramm zu Nord-Wisconsin finden Sie im Abschnitt, der Ironwood folgt.

Noch auf Wisconsin-Gebiet passieren Sie **Peshtigo**. Der kleine Ort wurde am 8. Oktober 1871 duch ein großes Feuer zerstört. 1.000 Menschen kamen dabei ums Leben. Doch der Umstand, daß in derselben Nacht auch das große Feuer in Chicago ausbrach (300 Tote), brachte es mit sich, daß niemand Kenntnis nahm an Peshtigos Schicksal. Das **Fire Museum** (400 Oconto St.) erinnert an das Feuer.

"Guten Morgen"

Michigan-Telegramm

Abkürzung	MI
Beiname	Wolverine State ("Vielfraßstaat")
Staat seit	26. Januar 1837 (26. Staat)
Motto	"If you see a pleasant peninsula, look around"
Staatsblume	Apfelblüte
Fläche	151.586 qkm, davon 1/3 Upper Peninsula
Einwohner	9,3 Mio. E., davon leben 350.000 auf der Upper Peninsula
Einwohnerdichte	61,3 E/qkm
Hauptstadt	Lansing (inkl. East-Lansing 179.000 E.)
Weitere Städte	Detroit (1,03 Mio. E., Metr. Area: 4,6 Mio. E.), Grand Rapids (190.000 E.), Warren (145.000 E.) Flint (141.000 E.)
Wichtigste Wirtschaftszweige	Industrie: Auto- und Maschinenbau, Holzindustrie; Bergbau: Kupfer und Eisenerz; Landwirtschaft: Mais, Weizen, Zuckerrüben, Sojabohnen, Heu, dazu diversifizierte Viehwirtschaft
Touristisches Potential	Die Uferlandschaften der Großen Seen, besonders entlang dem Lake Superior in der UP; Waldlandschaften in der UP; Strände entlang des Lake Michigan; Sleeping Bear Dunes Nat. Lake Shore; Isle Royale Nat. Park; Mackinac Island; Stadterlebnis Detroit; das schnuckelige Städtchen Saugatuck; die "deutsche" Siedlung Frankenmuth; zahlreiche Outdoor-Aktivitäten; Wintersport
Touristische Information	Michigan Travel Bureau: P.O.Box 3393, Livonia, MI 48151-3393, Tel.: 800-543-2YES

Der äußerste Nordwesten von Michigan, die Upper Peninsula

Hinweis
Die Zeitzonengrenze verläuft nördlich von Iron Mountain, südlich von Escanaba und östlich von Ironwood. Nördlich dieser Linie gilt die Eastern Time (aus 11h00 wird 12h00)

INFO

Informationen zur Upper Peninsula

Die Upper Peninsula, im allgemeinen Sprachgebrach nur "UP" genannt, zieht sich von Sault Ste. Marie im Osten bis nach Ironwood im Westen. Dieser Landstrich aber, der ein Drittel der Fläche Michigans ausmacht, ist nur von 3,5% der Bevölkerung des Staates besiedelt. Und wäre nicht im Streit um Toledo dieses abgelegene Gebiet Michigan als Ausgleich zugesprochen worden (siehe "Geschichte"), würde es wohl heute eher an Wisconsin angeschlossen sein.

Die Bewohner der UP sind mittlerweile stolz auf ihre Zugehörigkeit zu Michigan, bezeichnen den "Rest" des Staates, die Lower Peninsula ("LP") aber etwas abfällig als "below the Bridge" – womit die Brücke über die (Wasser-) Straße von Mackinac gemeint ist.

Bis in die Mitte des 19. Jahrhunderts galt die UP als wenig attraktiv, und nur ein paar Pelzjäger und -händler sowie versprengte Chippewa-Indianer-Stämme lebten hier. Dann aber fand man Eisenerze und Kupfer, vor allem um Iron Mountain und auf der Keweenaw Peninsula. Über Nacht kamen Tausende von Minenarbeiter, die z.T. sogar aus Europa rekrutiert wurden. Später gewann auch der Holzeinschlag an Bedeutung. Minen, Erzhäfen und die Holzindustrie waren einzig ausschlaggebend für die Gründung der wenigen Städte.

Der Erzabbau hat heute an Bedeutung verloren, aber die Einwohner sind zum großen Teil geblieben, auch wenn sich andere Industrie kaum ansiedeln mag. Die "UPs" (sprich: Juu-pies) lieben die Abgeschiedenheit und die faszinierende Natur hier und genießen ihre Rückständigkeit. Die Einrichtung von Ampeln, und davon gibt es nicht sehr viele – die meisten blinken sowieso nur gelb – ist ein beliebtes Gesprächsthema und dient als Anzeiger des kaum erkennbaren Fortschritts. Fragen Sie sogar jemanden nach Chicago, dann wird die Antwort lauten: "Never been there, will never go there"! Ebenfalls typisch sind die ***"Bear Registration"****-Zeichen, besonders weiter im Westen – hier gibt es Lizenzen für die Bärenjagd. Schwarzbären trifft man häufig in den Ortschaften an. Sie wurden früher sogar gefüttert, doch das ist heute verboten, und somit lautet Teddy's neuestes Motto: Selbstbedienung in den Gärten und Mülltonnen.*

Leuchttürme:
Vorboten der ersten Einwanderer auf der UP

Und was bietet die UP für Sie? *Natur, Natur, Natur ... große Waldareale, Seen und eine faszinierende Uferlandschaft sprechen für sich, wobei die Landschaft hier noch viel mehr naturbelassen ist als in anderen Gebieten der USA. Sie können stundenlang wandern, ohne einen Menschen zu treffen, es bieten sich bezaubernde Picknickplätze entlang der Straßen, die Campingplätze in den State Parks sind hervorragend, die Kanuwanderstrecken – ob auf den Flüssen oder entlang des Seeufers – einzigartig und die unterschiedlichen Panoramen auf dem Lake Superior unvergeßlich. Die Tierwelt ist geprägt durch Hirsche, Elche, Schwarzbären und Wölfe. Bis auf letztere dürften Sie die anderen mit ziemlicher Sicherheit zu sehen bekommen.*

Aber auch die Geschichte des Bergbaues, die zahlreichen Leuchttürme und die schnuckeligen Bed & Breakfast-Unterkünfte haben ihren ganz besonderen Reiz.

Im folgenden noch ein paar Tips und Hinweise für die UP:

- ***Reservieren*** *Sie während der Sommermonate Ihr* ***Hotel*** *im voraus,*
- *Haben Sie immer etwas fürs* ***Picknick*** *dabei,*
- *Besuchen Sie ein* ***Schiffahrtsmuseum****,*

*- **Für Jäger:** Jagdzeit ist im November (Hirsche), und Jagdlizenzen erhält man in jedem Ort – z.B. oft im Supermarkt. Lizenzen für die Bärenjagd sind für Ausländer kaum zu bekommen,*
*- **Angeln** wird groß geschrieben: Lizenzen und Ausrüstungen erhalten Sie in jedem Ort (ebenfalls oft im Supermarkt). Geangelt werden hauptsächlich: Lachs, Hecht, Barsch und Forelle,*
*- **Kanuausrüstungen** können Sie am besten in Germfask, Marquette und Watersmeet ausleihen (Adressen siehe dort) – hier finden Sie auch **die besten Kanustrecken**,*
*- Ein guter **Kanu-Wanderführer** ist: Canoeing Michigan Rivers von Jerry Dennis und Craig Date. Hier werden 45 Kanuwanderstrecken in ganz Michigan vorgestellt,*

Organisation einer Reise
*- Sie können verschiedenste Aktivitäten auf der UP über das **Marquette Country Conv. & Visitors Bureau** (Adresse siehe unter Marquette) buchen. Es gibt Pakete, wie z.B.: 4 Tage B&B-Unterkünfte, Touren durch die Herbstwälder, auf den Spuren der Elche, 4 Tage mit dem Snowmobil durchs Hinterland usw.,*
*- **Die bunten Herbstfarben der Wälder** treffen Sie von Mitte September bis Mitte Oktober an. Am schönsten: Die Keweenaw Peninsula, die Porcupine Mountains und die Huron Mountains – alle zum Monatswechsel.*
*- **Wintersport:** Dank des **Lake Effect Snow** liegt besonders entlang der Uferzone des Lake Superior regelmäßig von Mitte Dezember bis Mitte März Schnee. Mit Schnee rechnen müssen Sie sogar ab Oktober. Für den Wintersport also beste Aussichten. Langlauf, Schneeschuhwandern und Snowmobiling sind am beliebtesten. Abfahrten sind aber nicht so viele vorhanden, da es an entsprechenden Bergen mangelt.*

***Was bedeutet der Lake Effect Snow?** Wenn die Temperaturen sinken Ende November, ist der Lake Superior noch deutlich wärmer als die Luft. Verdunstungsnebel entstehen. Da zu dieser Zeit regelmäßig Winde aus Norden vorherrschen, werden die Nebelschwaden auf die Uferzone zugeblasen. Der Wind aber ist kalt – denn er kommt von Nord-Kanada – und ebenso die Luft über dem Land. Aus den Nebelwolken werden Schneewolken. Da der Schnee sich aber nicht in der Luft halten kann, fällt er nieder. Das bedeutet, daß der größte Teil der feuchten Luft bereits auf einen ca. 50 Meilen breiten Küstenstreifen fällt und diesen "unter sich begräbt", während das Landesinnere häufig nur noch wenig Schnee abbekommt.*

Abstecher nach Iron Mountain

Information
Michigan Welcome Center/Tourism Association: 600 S. Stephenson Ave., Tel.: 1-800-236-2447

Übernachten
Timbers Motor Lodge $$: 200 S. Stephenson Ave., Iron Mountain, MI 49801, Tel.: (906) 774-7600 od. 1-800-433-8533, Fax: (906) 774-6222. Modernes Motel mit 52 Zimmern im Stadtzentrum.

Iron Mountain wurde 1878 als Minenstadt gegründet. Bis in die 40er Jahre hinein wurde hier Eisenerz abgebaut. Heute macht die Stadt aber eher einen trostlosen Eindruck, so daß die Besichtigung des Minenmuseums mit der größten Wasserpumpe der Welt, der **Cornish Pump** (E. Ludington St., geöffnet: Mai-Oktober Mo-Sa 9h00-17h00, So 12h00-16h00) und die Fahrt mit einer Stollenbahn in die **Iron Mountain Iron Mine** (8 Meilen östlich am US 2, geöffnet: Juni-Oktober täglich 9h00-18h00) die einzig lohnenswerten Punkte hier sind.

Beachten Sie bei der Minenfahrt, daß es "unter Tage" sehr kalt ist. Nehmen Sie also eine Jacke mit.

Wintersportler mag noch interessieren, daß in Iron Mountain die größte von Menschenhand erbaute Sprungschanze steht – sie ist 50 Meter hoch und die Abfahrt 90 Meter lang.

Achtung! Mine zu besichtigen

Marinette und Menominee sind Zwillingsstädte an der Grenze zwischen Wisconsin und Michigan mit zusammen etwa 20.000 Einwohnern. Ein kleiner Schlenker durch den historischen **First Street District** (zw. 4th bis 10th Ave) von Menuminee und evtl. ein Besuch des **Historical Museums** (Geschichte der Holzindustrie) auf der Stephenson Insel (US 41, zwischen beiden Städten) sollte hier genügen.

Als **Übernachtungsempfehlung** möchte ich hier noch nennen
Lauerman Guest House $$: 1975 Riverside Ave., Marinette, WI, Tel.: (715) 732-7800. B&B-Haus (1910) mit Antiquitäten eingerichtet

Escanaba ist eine wenig eindrucksvolle Hafenstadt, die ihren Wohlstand der Eisenerzverschiffung zu verdanken hat.

Übernachtungsempfehlung
The Historic House of Ludington $$-$$$: 233 Ludington St., Escanaba, MI 49829, Tel.: (906) 786-7714 od. 786-4000. Kleines Stadthotel in historischem Gebäude (1865) am Little Bay de Noc. Individuell eingerichtete Zimmer.

Hiawatha National Forest

Nördlich und nordöstlich von Escanaba erstreckt sich der 3.600 qkm große Hiawatha Forest, der in östlicher Richtung fast bis Sault Ste. Marie reicht. Das Gebiet ist ein Eldorado für Outdoorfans: Kanufahren, Reiten, Wandern und im Winter Snowmobiling bieten einen Anreiz für ein paar aktive Tage. Entlang des H 13, des MI 94 und in Blaney Park sowie Gerfarsk am MI 77 finden Sie einige Ausleihstationen für Boote. Am besten aber ist es, Sie informieren sich zuerst im Hauptquartier des Parks und wählen sich danach Ihre Route aus.

Information
Hiawatha Nat. Forest: Supervisor, 2727 N. Lincoln St. (am US 2), Escanaba, MI 49829, Tel.: (906) 786-4062.

Kanuverleih
Falls Sie auf "eigene Faust" ein Kanu ausleihen möchten: Die Flüsse Manistique und Fox gelten als die schönsten Kanustrecken.
Northland Outfitters: P.O.Box 65, Germfask, MI 49836, Tel.: (906) 586-9801. Vermietung von Booten und begleitete Touren von 2 Std. bis 7 Tagen Länge.

Fahren Sie weiter entlang des US 2. Mehrere **Picknickplätze** auf dem Weg nach Manistique laden zu einer Pause ein. Denken Sie aber daran, sich bereits in Escanaba mit Lebensmitteln einzudecken. 39 Meilen östlich von Escanaba führt die MI 183 in südlicher Richtung zu der Geisterstadt **Fayette**. Von der zwischen 1869-90 blühenden Stadt mit Eisenindustrie und Handelskontoren stehen heute nur noch die Ruinen der Steingebäude, u.a. das Opera House, das Hotel und das Eisenwerk. Im Visitor Center gibt es Karten für eine "Self-guided-Tour". Sie können aber auch an einer Führung teilnehmen. Es gibt zudem einen schönen Campingplatz.

Der rote Leuchtturm der kleinen Stadt **Manistique** bietet ein gutes Fotomotiv (aus westl. Richtung), und der nahe **Indian Lake State Park** hat einen Sandstrand am gleichnamigen See sowie einen Campingplatz (Zelte können gemietet werden!). Der Indian Lake ist auch ein beliebtes Angelgebiet, und wer einmal sein Glück auf Wasserskiern probieren möchte: Hier ist die Gelegenheit dazu!

Blaney Park

Fahren Sie durch **Gulliver** und biegen Sie 9 Meilen weiter vom US 2 ab auf die WI 77 in nördliche Richtung. Nach 2 Meilen erreichen Sie Blaney Park. Das verschlafene Nest vermittelt bereits beim ersten Anblick den Eindruck, als wenn es einmal aufregendere Zeiten erlebt haben muß.

Stimmt! Hier endete einst die Eisenbahnlinie, die eigentlich ausgebaut werden sollte bis zum 15 Meilen nördlich gelegenen Seney. Blaney Park war zu Beginn des 20. Jahrhunderts nämlich der Hauptsitz einer der größten Holzfirmen Amerikas. Große Pläne wurden damals geschmiedet, aber mit der Einrichtung des State Forest und der Ausweisung lukrativerer Einschlaggebiete verlor der Ort über Nacht an Bedeutung. Die Eisenbahnlinie wurde auch stillgelegt. Heute können Sie im Umkreis von Blaney Park wandern, Kanu fahren, und als Übernachtungstip möchte ich Ihnen das **Celibeth House** ans Herz legen. Es wurde 1895 als vornehme Residenz erbaut und diente von 1911 an als Hauptsitz der Wisconsin Land & Lumber Company. Diese wiederum wandelte nach der Einstellung des Holzeinschlages den Ort in ein Resort um. 1985 aber wurde das Haus umgebaut zu einer Bed & Breakfast-Unterkunft mit 8 Zimmern:

Übernachtung

- **Celibeth House B&B $$:** P.O.Box 58A, Germfask, MI 49836, aber in Blaney Park gelegen, Tel.: (906) 283-3409.

Und falls dort ausgebucht sein sollte:

- **Blaney Cottages $$-$$$:** R.R. 1, Box 55, Blaney Park, MI 49836, Tel.: (906) 283-3163. Die ehemaligen Cottages des alten Resorts wurden 1990 vollkommen restauriert und bieten heute neben Platz vor allem ein echtes "Holzfäller-Ambiente".

Seney National Wildlife Refuge

In dem Naturpark können Sie Kanufahren, Mountain-Biken oder einfach wandern. Im Visitor Center in **Germfask** erhalten Sie alle nötigen Informationen, und Northlands Outfitters (Adresse oben) stellt für alles die Ausrüstung.

Hinweis

Wenn Sie dem MI 28 nach Osten folgen, erreichen Sie nach ca. 2 ½ Stunden Sault Ste. Marie. Lesen Sie von dort weiter in den Kapitel 9.4.5, 9.5.3 und 9.5.5.

Grand Marais

Übernachtung

Budget Host-Welker's Resort $$: Box 277, Canal St. (neben dem Leuchtturm und dem Museum), Grand Marais, MI 49839, Tel.: (906) 494-2361. Einfaches Motel, sowohl mit Zimmern als auch mit Hütten (Kitchenettes), direkt am Lake Superior Strand.

Grand Marais ist ein verträumtes Fischerdorf, das, bedingt durch seine geographische Lage, einen "hier-ist-die-Welt-zu-Ende-Charme" bewahrt hat. Kleine Bretterbuden-Restaurants, ein paar Holzhütten und eine Tankstelle, die auch als Supermarkt fungiert, unterstreichen dieses. Doch langsam scheint der Ort wohl aus seinem Dornröschenschlaf zu erwachen.

Die Zufahrt zum Pictured Rocks Nat. Lake Shore ist kein Geheimnis mehr! Trotzdem können Sie hier z.B. einen Ausruhetag am Lake Superior einlegen. Kaum etwas wird Sie abhalten können vom romantischen Strandspaziergang. Nur das kleine **Maritime Museum** (geöffnet: Mo-Fr 13h00-16h00) vielleicht.

Pictured Rocks National Lake Shore

Information
● **Grand Sable Visitors Center:** Geöffnet nur von Mo-Fr., Superintendent, P.O.Box 40, Munising, MI 49862, Tel.: (906) 387-3700. Am östl. Parkeingang.
● **Visitor Information Center:** In Munising, Ecke H 58 und MI 28.

Übernachtungen (außer Grand Marais)
● **Pinewood Lodge Bed & Breakfast $$-$$$:** Au Train, MI 49806, Tel.: (906) 892-8300, 17 Meilen westl.von Munising. Wunderschön, direkt am Lake Superior gelegene 8-Zimmer-Lodge mit Blick auf die Au Train Bay. Bezaubernde Sonnenuntergänge und auf Wunsch ein Champagner-Frühstück machen diese Lodge zur besten Unterkunft im Umkreis von Pictured Rocks.
● **Days Inn $$:** MI 28, P.O.Box 403, Munising, MI 49862, Tel.: (906) 387-2493, Fax: (906) 387-5214. Motel mit Sauna.
● **Sunset Resort $-$$:** 1315 Bay St., P.O.Box 521, Munising, MI 49862, Tel.: (906) 387-4574. Einfaches Hotel mit eigenem Strand. Einige Zimmer mit Miniküche.

Camping
Im Park gibt es 3 schöne **Campingplätze**.

Restaurant
Sydney's: Südöstl. am MI 28, Tel.: (906) 387-4067. Süßwasserfisch, Steaks und Salatbar. Empfehlenswert: der Sonntags-Brunch.

Pictured Rocks

Der Pictured Rocks National Lake Shore zieht sich entlang dem Lake Superior über 40 Meilen von Munising bis nach Grand Marais. Bedenken Sie bei seiner Durchquerung, daß die Straße großenteils nicht asphaltiert und 55 Meilen lang ist. Alleine die Fahrtzeit durch den gesamten Park nimmt also fast 2 Stunden in Anspruch.

Der Park trägt seinen Namen aufgrund der einzigartigen Felsenküste im Westabschnitt. Hier haben die Wellen faszinierende Löcher, Höhlen und Skulpturen in die Felswände gespült, die im Spiel des Sonnenlichtes zu jeder Tageszeit anders erscheinen. Bemerkenswert sind aber auch die Küstenwälder und vor allem der nordöstliche Parkabschnitt mit den großen Dünen, den "Grand Sable Dunes". Ihr Entstehen verdanken sie den Gletschern aus der Eiszeit. Als diese sich nämlich zurückzogen, hinterließen sie vornehmlich Schotterflächen in dieser Region, und aus dem Schotter hat der Wind den Sand ausgeblasen, der heute die Dünen bildet – geologisch vergleichbar mit der Lüneburger Heide und der "Streusandbüchse" Mecklenburg in Norddeutschland.

Hier im Nordosten gibt es somit auch schöne Strände, die im Sommer zum Sonnenbaden einladen. Die Wassertemperatur des Lake Superior überschreitet selten einmal 17°C und liegt selbst im Sommer meist bei 13-14°C.

Eine gute Möglichkeit, das Farbenspiel der Felsen zu erleben, bieten die Bootstouren, die von Ende Mai bis Anfang Oktober mehrmals täglich von Munising ausgehen. Infos u. Reservierung: (906) 387-2379

Von **Munising**, einem verträumten Hafenstädtchen aus, führt Ihre Route nun entlang nach Westen auf dem WI 28. **Christmas**, das seinem Namen mit ganzjähriger Weihnachtsdekoration und -reklame alle Ehre macht, dient den Einheimischen eher als Spielerhöhle. Es liegt in einem Indianerreservat, und dort sind Glücksspiele erlaubt.

Beschwerliche Übung: das Erklimmen einer Düne

Marquette

Information
Marquette Country Conv. & Visitors Bureau: 2552 US 41 West, Suite 300, Marquette, MI 49855, Tel.: (906) 228-7749 od. 1-800-544-4321. **Die** Anlaufadresse in der UP für Informationen und Tourenpakete. Z.B. gibt es ein Bed & Breakfast-Paket für ca. 500 $ (4 Nächte in B&Bs + Führer und Fahrzeug).

Vermietung von Fahrrädern und Outdoor-Ausrüstungen
- **Quiet Sports:** 514 N. Third St., Marquette, Tel.: (906) 226-7112
- **Wilderness Sports:** 107 E. Division St., Ishpeming, Tel.: (906) 485-4565.

Übernachten in und um Marquette
- **Thunder Bay Inn $$$:** Box 286, Big Bay (32 Meilen nordw. von Marquette), MI 49808, Tel.: (906) 345-9376 od.1-800-732-0714. Ehemals ein Lagerhaus und Geschäft, kaufte Henry Ford das Gebäude und wandelte es in ein Erholungsheim für seine Familie und einige Mitarbeiter um. Auch heute noch können Sie in Henry Fords Zimmer schlafen (Blick auf den Lake Independence).
- **Michigamme Lake Lodge Resort $$$:** P.O.Box 97, Champion, MI 49814, 30 Meilen westlich von Marquette gelegen am Lake Michigamme, Tel.: (906) 339-4400 od. 1-800-358-0058. Traumhaft am See gelegene Lodge. Das rustikale, aber gemütliche Holzhaus wurde 1931 gebaut und diente früher einem reichen Geschäftsmann als Sommerresidenz. Outdooraktivitäten vor der Tür! Die Lodge kann auch einfach nur besichtigt werden. Touren: tägl. um 14h00.
- **Big Bay Point Bed & Breakfast $$:** #3 Lighthouse Rd, Big Bay (34 Meilen nordwestl. von Marquette), MI 49808, Tel.: (906) 345-9957. Die Unterkünfte sind in einem Leuchtturm untergebracht, direkt an der Küste. Die Zimmer sind daher zwar klein, aber ausgesprochen individuell – außerdem: Wann hat man schon die Gelegenheit, so zu wohnen. Der Leuchtturm kann auch einfach nur besichtigt werden.
- **Ramada Inn $$-$$$:** 412 W. Washington St., Marquette, MI 49855, Tel.: (906) 228-6000. Modernes Mittelklassehotel im Zentrum von Marquette.
- **Tiroler Hof $$:** 150 Carp River Hills, Marquette, MI 49855, Tel.: (906) 226-7516 od. 1-800-892-9376. Eine Familie aus Salzburg hat hier ein schnuckeliges Motel, ganz im Alpenstil, errichtet.

Restaurants
- **Northwood Supper Club:** am Westrand von Marquette. Achten Sie auf die Zeichen am US-41, Tel.: (906) 228-4343. Rustikales Restaurant mit guten Fischgerichten – besonders die Forelle ist lecker! Bekannt auch für den Brunch am Sonntag und das Buffet am Dienstag. Der Pub ist abends ein beliebter Treff!
- **Vierling:** 119 S. Front St., Tel.: (906) 228-3533. Historischer Pub in der Innenstadt. Eigene Microbrewery.

Marquette wurde nach dem gleichnamigen Missionar benannt, der um 1670 mit einem Kanu entlang dem Ufer des Lake Superior gezogen ist. Die Stadt selbst, mit 21.000 Einwohnern die größte in der Upper Peninsula, wurde aber erst 1849 gegründet, 4 Jahre nachdem Erze in der umliegenden Region entdeckt worden waren. Vor allem Geschäftsleute aus Massachusetts waren die ersten Investoren. Marquette dient seither als Erzhafen. Große Kaianlagen für die Erzfrachter bestimmen auch heute noch das Bild der Stadt. Der Reiz einer nordischen Stadt ist dabei aber nicht verloren gegangen, und die Bucht, die historische Innenstadt und vor allem das schöne Umland machen Marquette zu einem lohnenden Ziel. Zu keiner Zeit erhält man hier den Eindruck, daß man sich in der "Wirtschaftsmetropole" der Upper Peninsula befindet.

Sie können hier z.B. Kanus oder Kajaks mieten und entlang dem Seeufer paddeln, in den nördlich gelegenen **Sugarloaf Mountains** wandern oder im Hinterland den Spuren der Elche folgen.

Sehenswertes im Marquette County

◆ **Aussicht vom Mount Marquette**. Südlich der Stadt führt ein Weg auf den Mount Marquette. Von hier haben Sie einen herrlichen Ausblick auf Stadt und Hafen. Sollten Sie sich fragen, was das dunkle Kuppelgebäude in Marquette darstellt: Es ist der **Superior Dome**, die größte Holzkuppelhalle der Welt.

◆ **Marquette Maritime Museum**, Ecke E. Ridge/Lakeshore Blvd., geöffnet: Memorial Day - September, täglich 11h00-17h00. Kleines Schiffahrtsmuseum, das sich vornehmlich mit der maritimen Geschichte des Lake Superior beschäftigt. Neben dem Shipwreck Museum in Whitefish Point das interessanteste seiner Art. Der **Leuchtturm von Marquette**, gleich hinter dem Museum, bietet ein schönes Fotomotiv.

Blick auf Marquette

◆ **Presque Isle Park**. Der kleine Erholungspark nördlich der Stadt bietet eine gute Gelegenheit für ein Picknick. Zudem besticht der Ausblick auf die Bucht, und ein großer Pool bietet die Gelegenheit zum Baden. Hier können Sie gut entspannen, und ein paar halbzahme Rehe bekommen Sie auch zu sehen. Übrigens wurde der Park von demselben Landschaftsarchitekten angelegt, der den Central Park in New York geplant hat.

Das Thunder Bay Inn

■ **Big Bay**

Der kleine Ort liegt gut 30 Meilen nordwestlich von Marquette. Einst war er ein bedeutender Holzhafen, und Henry Ford hatte hier 1940 sogar eine Fabrik errichten lassen, in der Holzpaneele und -rahmen für die Ford-Company gefertigt worden sind. Henry Ford kam sehr gerne in den Sommermonaten nach Big Bay und wurde dabei des öfteren begleitet von den Industriebossen Firestone und Edison. Die drei Männer sind dann in den Huron Mountains auf Jagd gegangen. Sehenswert in Big Bay sind vor allem das **Thunder Bay Inn**, die ehemalige Residenz der Fords, und der **Leuchtturm**, der zu besichtigen ist (Adressen siehe oben).

Folgen Sie von Marquette aus dem US 41. 8 Meilen westlich kommen Sie nach **Negaunee**, einem kleinen Ort, dessen **Michigan Iron Industry Museum** einen kurzen Stop wert ist. Das Museum ist von Mai bis Oktober täglich von 9h30 bis 16h30 geöffnet. Das Museum beschäftigt sich vor allem mit der geologischen Geschichte der Peninsula und bietet einen guten Überblick über die wirtschaftliche Entwicklung der UP im Zuge des Erzabbaus.

Skihasen sollten sich die Zeit nehmen, in **Ishpeming** das **US National Ski Hall of Fame and Museum** anzusehen. Geöffnet: täglich 10h00-16h00, im Winter an Wochenenden nur 13h00-16h00.

Wenn Sie 26 Meilen westlich von Marquette dem MI 95 nach Süden folgen, kommen Sie nach **Republic**, wo Sie von einer Aussichtsplattform einen Überblick über das riesige, von Menschenhand geschaffene Loch einer ehemaligen Eisenerzmine (Tagebau) haben.

Weiter auf dem US 41 erreichen Sie den Van **Riper State Park**. Eine kleine Ausstellung im Informations Center erläutert das Leben der Elche in der Upper Peninsula und zeigt vor allem, wie denn überhaupt die Elche, nachdem sie bereits fast ausgerottet worden waren, wieder hierher gekommen sind: Und zwar wurden zwischen 1985 und 1987 59 Elche per Hubschrauber aus Kanada eingeflogen. Im Austausch dafür erhielt Kanada 59 (wilde) Truthähne. Mittlerweile ist die Elchpopulation wieder auf 350 Tiere angewachsen. Wo Sie Elche finden können, wird Ihnen im Info Center erläutert, und hier erhalten Sie auch den sog. **"Moose Locator Guide"**.

INFO

Was ist ein "Moose", was ein "Elk"?

Beide gehören zur uns bekannten Elchfamilie, wobei zoologische Unterschiede im allgemeinen Sprachgebrauch in den USA kaum gemacht werden. Grundsätzlich aber ist der "Elk" das europäische Pendant zum amerikanischen "Moose" – im Wörterbuch heißt es dann aber bei beiden: "amer. Elch". Kaum glaubt man, alles begriffen zu haben, beginnt ein Ranger plötzlich wieder, von einem "Elk" zu sprechen, und die Verwirrung beginnt von neuem. Als Grundregel aber: Ein Moose ist das, was wir uns unter einem Elch vorstellen.

Moose oder Elk

Zoologische Auflösung des Rätselspiels: *Ein "Moose" ist die größte Gattung der amerikanischen Hirschfamilie (Alces americanus), bei der das Männchen das große Geweih besitzt. Ein in Amerika als "Elk" titulierter Hirsch ist die kleinere Gattung, wird aber als "Wapitihirsch" (Cervus canadensis) bezeichnet und ähnelt eher einem Hirsch als unserem Bild eines Elches. "Elk" ist aber auch das amerikanische Wort für den europäischen Elch (Alces machlis, bzw. Alces alces), der etwas kleiner als der amerikanische Elch ("Moose") ist.*

Verstanden? Falls jemand unter Ihnen eine besser verständliche Auflösung bieten kann, bin ich gerne bereit, diese im nächsten Buch zu übernehmen.

Sollten Sie einmal die absolute Abgeschiedenheit in einer sehr schönen Waldhütte genießen wollen, bietet sich die Gelegenheit dazu am nördlich von Three Lakes gelegenen **Craig Lake**. Mit dem Auto kommen Sie aber nicht an die Hütte! Da heißt es Canoeing oder Wandern – es lohnt aber! Mehr Infos und Reservierungen (bereits früh unternehmen – von Europa aus) gehen übers Marquette Country CVB.

Vorbei an dem Fischerdorf **L'Anse** und dem Spielcasino des Indianerreservates bei **Baraga** führt der US 41 Sie nun auf die Keweenaw Peninsula.

Keweenaw Peninsula

Als 1843 auf der Keweenaw Peninsula Kupfer entdeckt wurde, setzte in den Folgejahren der erste große "Mining Rush" Amerikas ein. Minenarbeiter kamen zu Tausenden hierher, viele wurden sogar direkt aus Europa rekrutiert (vor allem Finnen und Engländer). Die erste bedeutende Mine war die Phoenix Mine, in der man 1848 mit der Förderung begann. Der Kupfergehalt der Region war hoch, und alleine 1 der über 100 Minenfirmen setzte mehr um, als der gesamte Gold Rush in Kalifornien an Wert hatte. Binnen 3 Jahren lebten in dieser abgeschiedenen Ecke über 70.000 Menschen. Städte, wie Calumet und Houghton/Hancock, blühten auf. Opernhäuser, Kirchen und unzählige Kneipen zogen die Menschen an.

Natürlich hatten es die Minenfirmen schwer, Arbeiter für diese Gegend zu finden. Hohe Löhne und ein für damalige Zeit ausgezeichnetes Sozialsystem – die Firmen trugen alle Krankenhauskosten, legten Rentenfonds an und bauten den verschiedenen ethnischen Gruppen Kirchen – lockten dann aber viele Menschen an. Das Geld holten sich die Firmen dann wieder auf unkonventionelle Weise zurück: Sie belegten die Bars und Restaurants mit hohen Alkoholsteuern.

Der Boom währte nur 4 Jahrzehnte. Die Kupferadern in dieser, geologisch betrachtet, ältesten Gesteinsformation der Welt, waren sehr dünn. Zwar enthielten sie mit 1,5% einen einzigartig hohen Kupferanteil, doch lagen die Adern z.T. sehr tief, und das Erreichen war schwierig (lesen Sie zur Geologie auch den entspr. Abschnitt im Kapitel "Isle Royale NP").

Heute wird fast gar kein Kupfer mehr gefördert, und die alten Minenstädte fristen großenteils ein tristes Dasein bzw. sind reine Ghosttowns. Das einst blühende Calumet wirkt verschlafen, und die Ruinen der Fabrikanlagen machen einen düsteren Eindruck.

Viele der Nachfahren ehemaliger Minenarbeiter sind aber geblieben, und ein für diese Region einzigartiges Völkergemisch lebt auf der Halbinsel. Und auch heute noch stehen sich die einzelnen Volksgruppen wie Fremde gegenüber. Kleine Ortschaften, wie z.B. Laurium, sind in drei eigenständige Verwaltungseinheiten aufgeteilt, und so sollte es Sie nicht wundern, wenn Sie unter den Einheimischen die Frage hören: "You are from Laurium, which part?"

Die größte verbliebene Volksgruppe auf der Peninsula sind die Finnen: Zahlreiche Straßenschilder und Namen weisen darauf hin.

Relikt aus den Boomjahren: Eisenbrücke in Houghton

Die Halbinsel bietet für Sie als Reisenden heute einige schöne und interessante Seiten:

- **die Geschichte der Minenstädte** wird in Calumet, das zum National Historical Park erklärt wurde, deutlich,
- Sie können **die Delaware Mine**, eine alte Kupfermine, besichtigen,
- Sie finden echte **Ghosttowns** überall dort, wo es einmal eine Mine gegeben hat,
- ein wunderschöner **Scenic Drive**, der entlang dem Westufer und auf einen Bergkamm führt, lädt zu einer Rundfahrt ein, und
- es bietet sich die Gelegenheit, zum **Isle Royale Nationalpark** überzusetzen.

Information
Keweenaw Peninsula Chamber of Commerce: 326 Shelden Ave., P.O.Box 336, Houghton, MI 49931, Tel.: (906) 482-5240.

Vermietung von Fahrrädern und Outdoorausrüstungen aller Art
Quiet Sports: 520 Shelden St., Houghton, Tel.: (906) 485-2500

Ballon-Flüge
Superior Balloons: R2 Box 296, Chassel, MI 49916, Tel: (906) 334-2904. Mindestens einen Tag im voraus buchen.

Übernachtung

● **Keweenaw Mountain Lodge $$-$$$:** 1 ½ mi südl. am US 41, Copper Harbor, MI 49918, Tel.: (906) 289-4403. Rustikale Lodge mit Zimmern und einfachen Cottages. Mitten im Wald, auf dem Berg oberhalb von Copper Harbor gelegen.

● **Sand Hills Lighthouse Inn $$$:** Five Mile Point, P.O.Box 414, Ahmeek, MI 49901, Tel.: (906) 337-1744. In einem sandfarbenen Leuchtturm untergebrachtes B&B-Haus. Direkt am Wasser. Hier können Sie ausspannen.

● **Astor House-Minnetonka Resort $$-$$$:** Kreuzung US 41 & MI 26, Copper Mountain, MI 49918, Tel.: (906) 289-4449 od. 800-433-2770, **im Winter**: (906) 672-1887. Cottages. Sauna. Kleines Museum auf dem Gelände.

● **Laurium Manor Bed & Breakfast $$-$$$:** 320 Tamarack St., Laurium, MI 49913, Tel.: (906) 337-2549. Wunderschöne Bed & Breakfast-Unterkunft in alter viktorianischer Villa, die man eher in den Südstaaten erwarten würde. Die größten Zimmer sind die "Laurium" und "Calumet Suites".

● **Best Western Copper Crown $$:** 235 Hancock Ave., Hancock, MI 49930, Tel.: (906) 482-6111, Fax: (906) 482-0185. Motel mit Pool, Whirlpool und Sauna.

● **Chippewa $$:** P.O.Box 470, Chassel, MI 49916 (7 mi südöstl. am US 41), Tel.: (906) 523-4611. Einfaches, aber akzeptables Hotel. Zimmer mit Blick auf den Portage Lake.

Restaurants
● **Onigaming Supper Club:** Südl. von Houghton am US 41, Tel.: (906) 482-2714. Gute Fisch- und Steakgerichte in nachgebautem Clubhaus eines Yachtclubs (von 1894)
● **Keweenaw Mountain Lodge:** Adresse siehe oben. Rustikales Restaurant mit landestypischen Gerichten.
● **Harbor Haus:** am Hafen in Copper Harbor, Tel.: (906) 289-4502. Deutsche Küche mit Blick auf den Hafen von Copper Harbor.

Infos und Fähren zum Isle Royale Nationalpark
Sowohl von Houghton als auch von Copper Harbor verkehren zwischen Juni und Ende September Fähren zum Nationalpark (Rock Harbor). In Houghton gibt es an der Hauptstraße ein **Informationsbüro für den Nationalpark** (800 E. Lakeshore Dr., Tel.: (906) 482-0984).
● **Von Houghton:** Infos zum Parkbesuch und Reservierungen für die "Ranger" über: Superintendent, Isle Royale Nat. Park, 87 North Ripley St., Houghton, MI 49931, Tel.: (906) 482-0984, bzw. über o.g. Informationsbüro. Fahrtdauer: 6 ½ Std.
● **Von Copper Harbor:** Reservierungen über: "Isle Royale Queen", Copper Harbor, MI 49918, Tel.: (906) 289-4437 (Sommer), (906) 482-4950 (Sept.-Anf. Juni), Fahrtdauer: 4 ½ Stunden

Mit dem Wasserflugzeug zum Isle Royale Nationalpark
Isle Royale Seaplane Service fliegt von Houghton (westl. der Stadt). Ein Hin- und Rückflug kostet mit ca. 200$ das 3- bis 4-fache einer Schiffspassage, lohnt aber wegen des Zeitgewinnes und der Aussicht. Reservierung und Infos: Isle Royale Seaplane Service, P.O.Box 371, Houghton, MI 49931, Tel.: (906) 482-8850.

Sehenswertes auf der Keweenaw Peninsula:

Hancock-Houghton
Die beiden Städte mit zusammen 14.000 Einwohnern bilden das wirtschaftliche Zentrum der Halbinsel und sind nur durch den Portage Lake voneinander getrennt. Eine auffällige große Hebebrücke verbindet sie.

In Houghton können Sie sich das **Historical Museum** (5500 Highway M-26, geöffnet: Juni-Sept. Mo-Sa 10h00-16h30) anschauen.

In Hancock, oberhalb der Stadt an der US 41, lohnt besonders der Besuch der **Quincy Mining Company/Quincy N° 2 Mine Shaft** (geöffnet: Mem. Day-Oktober, tägl. 10h00-16h00). Hier können Sie die Mine besichtigen. Hauptattraktion im Museum ist aber der größte dampfgetriebene Minenaufzug der Welt, mit dem ehemals die Arbeiter und die Erze in und aus der Mine heraus befördert worden sind.

Folgen Sie im weiteren dem US 41.

Calumet
Calumet galt als die "Coppertown USA", und hier lebten einst an die 30.000 Menschen. Zum Ende des letzten Jahrhunderts war es die größte und bedeutendste Stadt der UP. Heute zeugen noch die vielen Kirchen und die alten Gebäude von dieser Zeit. Von den 10 Zeitungen, die damals

Ehemals eine pulsierende Stadt: Calumet

Calumet vor 100 Jahren

in verschiedenen Sprachen hier veröffentlicht worden sind, gibt es heute nur noch das Halbinselblatt, die "Mining Gazette", welches mittlerweile in Houghton/Hancock gedruckt wird. Die Innenstadt und die Industrieanlagen sind zum **Keweenaw National Historical Park** zusammengefaßt worden, und das **Coppertown USA Mining Museum** in der Calumet Avenue (geöffnet Mo-Sa 10h00-18h00) bietet einen ersten Überblick über die Minengeschichte der Halbinsel. Anschließend können Sie wahlweise auf eigene Faust die Walking Tour (Prospekt dazu im Museum oder Touristenbüro in Houghton) unternehmen oder mit einem Trolley-Bus durch die Stadt fahren – alles nur während der Sommermonate!

Übrigens ist nur noch eine Minengesellschaft auf der Halbinsel geblieben und die betreibt heute ausschließlich Holzwirtschaft.

Fahren Sie nun erst einmal weiter auf dem US 41 nach Norden und zweigen Sie bei **Ahmeek** ab auf die Five Point Road (Wegweiser). Nach wenigen Meilen passieren Sie das **Sand Hill Lighthouse**.

In **Eagle River** gelangen Sie dann auf die MI 26, die entlang dem Seeufer nach Copper Harbor führt und wunderschöne Uferlandschaften bietet. Zwischendurch passieren Sie das maleriche **Eagle Harbor** (Leuchtturm/Museum), das früher als Erzhafen für die Delaware Mine diente.

Sollten Sie sich bei der Anfahrt nach Copper Harbor für den US 41 entscheiden, passieren Sie 9 Meilen hinter **Phoenix** die **Delaware Mine** (geöffnet: tägl. 10h00-16h30). Sie können hier selbst (oder mit Führungen) in eine ehemalige Kupfermine absteigen. Es ist kühl dort unten, nehmen Sie also eine Jacke mit. Das Kupfer hier war so rein, daß nach der Entnahme der ersten Proben die Richtwerte für Kupfer neu formuliert werden mußten. Sie zeigten nämlich nach alter Meßmethode 104% an. Trotzdem aber wirtschaftete die Mine nicht profitabel, denn das Kupfer befand sich in 9 verschiedenen Lagen (Adern), und der Abbau war entsprechend aufwendig.

Blick auf Copper Harbor

Copper Harbor

Die kleine Stadt am Nordende der Halbinsel war zur Minenzeit ebenfalls ein Erzhafen. Heute jedoch ist sie ein idyllisches Nest, das vorwiegend vom Tourismus lebt. Lohnenswert wäre der Besuch des **Copper Harbor Lighthouse**, welches nur mit einem Boot zu erreichen ist, und die z.T. wiederhergerichtete Anlage des **Fort Wilkens** (geöffnet: Mitte Mai - Mitte Oktober: 8h00 - Sonnenuntergang), welches 1844 zum Schutze des Minengürtels angelegt worden ist.

Fahren Sie von Copper Harbor entlang dem **Brockway Mountain Drive**. Ein Aussichtspunkt 4 Meilen südwestlich bietet ein unvergeßliches Panorama über Küste und Binnenland. Besonders beliebt zur Zeit des Sonnenuntergangs!

Isle Royale Nationalpark

Highlights

- **Kanutouren** entlang der Uferzonen
- mehrtägige **Wanderungen**
- das kleine Museum im **Rock Harbor Lighthouse** und die **Fisherie** dort

Überblick

Der Isle Royale Nationalpark zählt zu den schönsten, aber auch am wenigsten besuchten Parks der USA. Nur 19.000 Besucher fanden 1995 den Weg hierher. Das mag zum einen an der mühsamen Anreise liegen, aber auch daran, daß nur begrenzte touristische Einrichtungen vorhanden sind. Außer der Lodge in Rock Harbor und einem kleinen Visitor Center in Windigo bestimmt im wesentlichen die Natur das Geschehen hier. Das aber ist gerade das Reizvolle an diesem Nationalpark. Sollten Sie also vorhaben hierherzufahren, planen Sie Ihre Anreise genau:
- nehmen Sie **Verpflegung**
- sowie eine vernünftige **Wanderausrüstung** mit,
- denken Sie an ein **wasserdichtes Zelt** und
- rechnen Sie mit einem **mindestens 3-tägigen Aufenthalt**, um das wesentliche genießen zu können,
- zudem müssen Sie eine **Unterkunft in der Lodge im voraus buchen**.

Die einzigartige Natur wird Sie dann für Ihre Mühen und Umstände belohnen.

Die Isle Royale wurde im letzten Jahrhundert von Minenprospektoren aufgesucht, doch der Erzabbau erwies sich als wenig lohnenswert, und auch die hier angesiedelten Fischer sind mittlerweile alle verschwunden.

Die Landschaft der 45 Meilen langen und zwischen

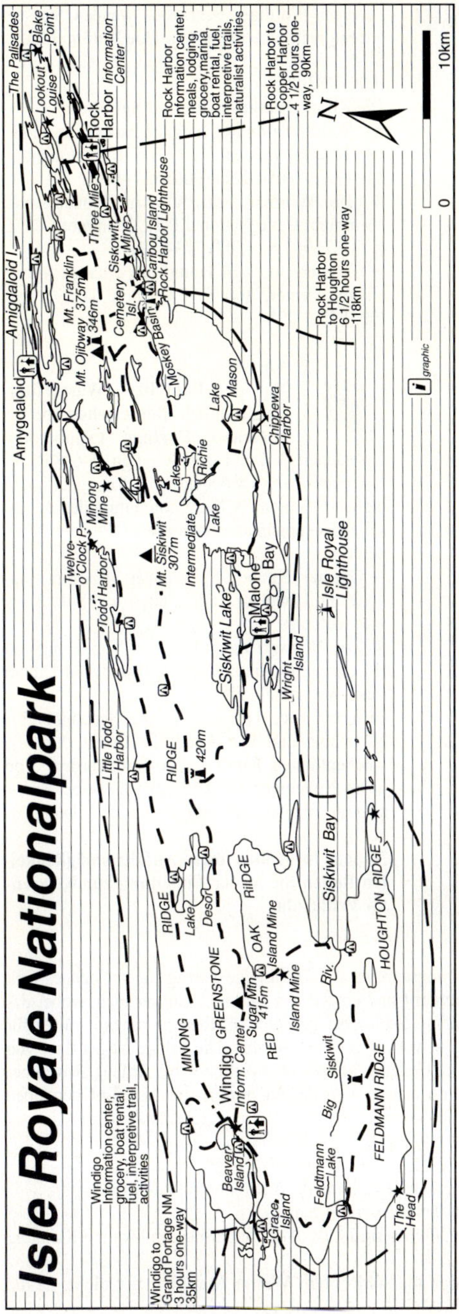

5 und 9 Meilen breiten Hauptinsel bietet somit Natur vom Feinsten und an den meisten Stellen vom Reinsten. Die Isle Royale ist umgeben von über 200 kleinen und kleinsten Inseln, die z.T. als Schutz gegen die Brandung dienen.

Klimageographisch bedingt, bildet sie den südlichsten Zipfel auf dem amerikanischen Kontinent, wo es noch den borealen Nadelwald gibt, der bei uns typisch ist für Skandinavien und Nord-Rußland.

Die Tierwelt ist geprägt durch die Insellage: Nur wer fliegend, schwimmend bzw. übers Eis wandernd den Weg hergefunden hat, bevölkert heute die Inseln. Vornehmlich sind dieses Biber, Füchse und Elche. Zudem gibt es noch ein paar Wölfe, deren Vorfahren im kalten Winter 1948/49 hierherfanden (übers Eis!).

Für die Erkundung des Parkes stehen zahlreiche Wanderwege und überall verstreute (einfache) Campingplätze zur Verfügung. Eine gute Methode, den Park zu erkunden, bieten aber auch die Boote. So können Sie z.B. bestimmte Strecken mit dem Boot zurücklegen und dann zu Fuß weiterwandern. Wer nicht mehr ganz so sportlich ist, kann anstelle eines Kajaks oder Kanus auch ein Motorboot mieten. Für die Durchquerung der Insel zu Fuß benötigen Sie ca. 3-4 Tage. Auf der anderen Seite, in Windigo, aber auch an bestimmten Stellen zwischendurch, können Sie von dem Parkboot, das in Minnesota abgeht, aufgesammelt werden. Denken Sie dabei an die Schiffszeiten (siehe unten unter "Anreise").

Autos verkehren auf der Insel überhaupt nicht!

Information

Das (Haupt-) Visitor Center befindet sich in der **Rock Harbor Lodge** und ein klei-

Redaktions-Tips

- **Übernachten** Sie in **Rock Harbor in der Lodge**. Der schönen Landschaft um Rock Harbor wegen sollten Sie auch mindestens 2 Nächte hier bleiben. Andere Unterkünfte gibt es nicht – nur zahlreiche Campingplätze. Am empfehlenswertesten sind die Hütten hier.
- Unternehmen Sie **nicht** die schnelle 1-Tagestour zum Park, dann 2 Stunden dort und wieder zurück zum Hotel auf dem Festland. Das lohnt Zeit und Geld kaum!
- Der Anflug mit dem **Wasserflugzeug** ist zu empfehlen wegen des Zeitgewinns.
- Buchen Sie Ihre Unterkunft, **bevor** Sie übersetzen. Häufig ist die Lodge voll.
- Denken Sie an **Verpflegung**, die Sie besser vom Festland aus mitnehmen sollten.
- Für **längere Wanderungen** empfiehlt sich eine sorgfältige Vorbereitung, speziell auch was die Kleidung angeht.
- **Zeiteinteilung:**
  1 voller Tag: Mieten Sie ein Motorboot für eine Fahrt zum Rock Island Lighthouse. Am späten Nachmittag dann unternehmen Sie einen Spaziergang in der Nähe der Lodge, wobei Sie die Ranger fragen sollten, wo Sie Elche sehen können. Unsere Erfahrung war: am liebsten kommen sie zu den Hütten – wahrscheinlich wurden sie hier verbotenerweise gefüttert.
  2 und mehr Tage: Wie oben. Mieten Sie für eine andere Strecke ein Boot bzw. unternehmen Sie eine 1-tägige Wanderung.
  4 und mehr Tage: wie oben, aber unternehmen Sie mehrtägige Wanderungen, bei denen Sie unterwegs campieren. Schön ist die Inseldurchquerung.

neres in **Windigo**. Schriftlich wenden Sie sich an: **Superintendent, Isle Royale National Park:** 87 North Ripley St., Houghton, MI 49931, Tel.: (906) 482-0984.

Die Zimmerreservierung erfolgt über:

- **Sommermonate:** National Park Concessions, Isle Royale National Park, Box 405, Houghton, MI 49931-0405, Tel.: (906) 337-4993.
- **Im Winter:** National Park Concessions, Mammoth Cave National Park, Mammoth Cave, KY 42259, Tel.: (502) 773-2191.
- Weitere Infos **in Houghton** erhalten Sie im Visitor Center, 800 E. Lakeshore Drive, Tel.: (906) 482- 0984.

Anreise

Nur per Boot bzw. Wasserflugzeug möglich. Boote gehen ab:

- **Grand Portage** (Minnesota). Fahrtdauer: 3 ½ Std. bis Windigo, 5-6 Std. bis Rock Harbor, 3 x wöchentlich ("Voyageur") und täglich ("Winona"). Die Boote umrunden die Insel und sammeln an verschiedenen Punkten Wanderer ein.
- **Copper Harbor** (Fahrtdauer: 4 ½ Std., täglich) und Houghton (Fahrtdauer: 6 ½ Std., 2-3 x wöchentlich)
- **Ein Wasserflugzeug** startet von Houghton (Flugzeit: 30 Minuten, täglich) und von Duluth (nach Voranmeldung).

Beachten Sie, daß von Anfang September bis November und von April bis Anfang Juni die wöchentlichen Fahrten reduziert werden. Von Mitte November bis April gibt es keine Anreisemöglichkeiten. Erkundigen Sie sich also rechtzeitig.

Nähere Infos über diese Anfahrtsmöglichkeiten finden Sie in der Einleitung zur Keweenaw Peninsula.

Übernachtung

Rock Harbor Lodge $$: Buchungsadresse s.o. Die Lodge verfügt über Cottages (mit Küche) und Zimmer. Ein **Restaurant** und ein kleines Geschäft gibt es auch, wobei das Restaurant nur von Juni bis Anfang September geöffnet ist. Reservierungen sollten für die Sommermonate unbedingt einen Monat im voraus gemacht werden. Die Lodge ist geöffnet von Juni bis September (Randdaten variieren). Die Cottages können ab April bzw. bis Anfang November gebucht werden. Dann müssen Sie aber Ihre eigene Verpflegung mitbringen. Es gibt den oben erwähnten kleinen Store, der aber nur die wichtigsten Lebensmittel führt (kleine Auswahl!!)

Camping

Es gibt eine Reihe einfacher Campingplätze im Park. Auch hier gilt natürlich:

- Ausreichend **Verpflegung mitbringen** vom Festland.
- Außerdem bedenken Sie: Die **Nächte sind kalt**. Also Schlafsack und warme Kleidung mitbringen.
- Ein **spontanes "Umsiedeln" in die Lodge bei schlechtem Wetter klappt meist nicht**, da die Lodge in der Regel ausgebucht ist.

Trinkwasser
Trinkwasser gibt es nur in Windigo und an der Rock Harbor Lodge. Die Campingplätze auf dem Weg durch den Park haben kein fließend Wasser, und Sie müssen sich dort Ihr Trinkwasser abkochen bzw. ausreichend Getränke mitnehmen.

Angellizenz
1-Tageslizenzen gibt es bei der Parkverwaltung.

Kanus, Kajaks und Motorboote mieten
Sowohl für die "Binnensee"-Strecken als auch für die Küstenlinien des Lake Superior gibt es spezielle Boote bei der Parkverwaltung zu mieten.
Hinweis: Überschätzen Sie Ihre körperliche Leistungsfähigkeit nicht. Was auf der Karte wie ein "Kinderspiel" aussehen mag, kann Ihre Oberarme bereits nach halber Strecke zur Aufgabe zwingen. Die Wege sind weit, und die Wellen stellen Paddler und Kanuten auf eine schwere Probe. **Übrigens: Motorboote mit Begleiter** stellt ebenfalls die Parkverwaltung.

■ **Größe:** 2.184 qkm

■ **Beste Jahreszeit:**

Der Park ist nur vom 16. April bis zum 31. Oktober geöffnet, wobei voller "Service" (Lodge, Shop, ausführliche Ranger-Programme) nur von Mitte Juni bis Anfang September geboten werden. April, Mai und Oktober sind noch recht kühl, während die anderen Sommermonate Tagestemperaturen von bis zu 28°C aufweisen können – dabei weht aber ein erfrischender Wind. Die Nächte aber sind relativ kalt. Mit Regen und Wind müssen Sie immer rechnen.

■ **Tierwelt**

Die Tierwelt war lange Zeit alleine von der Insellage bestimmt. Nur Kleintiere und Luchse sowie Kojoten lebten hier. Zu Beginn des 20. Jahrhunderts dann kamen Elche über den zugefrorenen See herbeigewandert bzw. auch geschwommen. Sie hatten aber keine natürlichen Feinde, und nach wenigen Jahrzehnten bestand eine Überpopulation, und die Nahrung wurde knapp. Erst als in dem kalten Winter 1948/49 Wölfe über das Eis ihren Weg auf die Insel fanden, änderte sich das. Ein gesundes Wolf/Elchverhältnis ist seitdem eine vielbeachtete und wissenschaftlich diskutierte Folge. Heute gibt es an die 2.400 Elche und 20 Wölfe. Ein Virus hat die bis auf 60 Wölfe angewachsene Population während der 80er Jahre stark dezimiert.

Weitere Tiere im Park sind Schneehasen, Schildkröten, (harmlose) Schlangen und zahlreiche Kleintierarten (Mäuse, Schnecken, Frösche). Auch die Vogelwelt beeindruckt besonders im Sommer: Buntspechte, See- und Fischadler, Waldsänger und eine Reihe von Seevögeln sind die auffälligsten.

■ **Pflanzenwelt**

Auf der Insel überwiegt der boreale, immergrüne Nadelwald, wobei sich hier natürlich auch zahlreiche Laubbäume ihren Lebensraum geschaffen haben. Isle Royale ist eine der südlichsten Regionen des amerikanischen Kontinents mit diesem Waldtyp. Gut erläutert wird

Borealer Nadelwald

dieser Wald auf dem kleinen Lehrpfad auf der Raspberry Island gegenüber von Rock Harbor.

Stellen, wo ein Feuer ausgebrochen ist, die Gebiete, wo ehemals nach Erzen gesucht worden ist, aber auch natürliche Biotope, wie z.B. Sümpfe, sorgen für botanische Abwechslung. Aber grundsätzlich gilt auch für die Flora: Nur die Pflanzen, die irgendwann einmal ihren "Weg hergefunden" haben, kommen hier vor – und das begrenzt die Variationsbreite. Viele Samen werden übrigens von Vögeln vom Festland herübergebracht – meist "versteckt" in deren Exkrementen. Die Nahrung haben sie dabei natürlich noch am Festland aufgenommen. Wenige Pollen finden im Wind ihren Überträger.

Häufigste Baumarten sind: verschiedene Kiefernarten, Schwarztannen, Espen (Birkenart), Pappeln, Ahorn und Fichten.

Eine auffällige Pflanzenart ist der Sonnentau, aber auch die verschiedenen Moose, Flechten und Gräser.

■ Geologischer Überblick

Vor gut einer Milliarde Jahren brach im Gebiet des heutigen Lake Superior eine große Spalte auf, durch die in der Folgezeit Lavamassen an die Erdoberfläche gelangten, die sich zu Basalt umwandelten. Dieser überdeckte ein Areal von schätzungsweise 1.500 km Länge (O-W) und 100-200 km Breite (N-S). Die so aufgeworfene geologische Erscheinung hatte den Charakter einer Kuppe. Doch durch weiteren Auswurf an Lava und dem damit stetig anwachsenden Eigengewicht begann sich diese Decke zu senken, und die Folge war eine Muldenbildung ("Bowl"). Nur die Ränder blieben als bereits durch chemische Prozesse umgewandelte Gesteinsformen erhalten, und ihr Verwitterungsmaterial bedeckte sogar einen Teil der Mulde. Diese Ränder aber, heute als Keweenaw Peninsula und Isle Royale erhalten, heben sich wieder. Die Eiszeiten haben zu dem gesamten geologischen Geschehen nur wenig beigetragen. Das Eis hatte also nur oberflächliche Veränderungen und den Abschliff der Steine bewirkt, und sein Gewichtseinfluß auf das Gestein ist geologisch von geringer Bedeutung gewesen.

■ Aktivitäten

- **Kanu-/Kajakfahrten:** Kanus, Kajaks (und auch Motorboote) können in Rock Harbor ausgeliehen werden. Lohnenswert sind Touren:
  - zur **Raspberry Island** (Kajak: 1 Stunde Anfahrt), wo es den Lehrpfad für den borealen Nadelwald gibt
  - zum **Rock Harbor Lighthouse** (Kajak 1- 1 ½ Tage hin und zurück), in dem ein kleines **Schiffahrtsmuseum** untergebracht ist und bei dem in der Nähe auch **Edisens Fisherie**, ein altes Fischerhaus, zu besichtigen ist. Das Fischerhaus wird im Sommer bewohnt, und ein Parkangestellter führt Sie herum und erläutert Ihnen die Fischerei, wie sie um die Jahrhundertwende betrieben worden ist.
  - **weitere schöne Kanustrecken** bieten sich entlang der Uferzonen, in **Tobin's Harbor** und entlang der Seenketten im Binnenland, wobei hier häufiges Umtragen vonnöten ist.

Bevor Sie ein Boot mieten, fragen Sie zuerst, welches Boot für die von Ihnen gewählte Strecke am geeignetsten ist.

Rock Harbor Lighthouse

- **Wandern:** Es gibt einen Wanderweg, der Sie durch die Insel **nach Windigo** an der Westseite führt. Für die Strecke benötigen Sie 3-4 Tage. Kürzere Wanderungen von Rock Harbor führen Sie zum **Scotville Point** oder um die **Tobin Harbor Bay**. Am besten aber ist eine Mischung aus: Boot fahren und Wandern. So können Sie über Wasser den gewünschten Startpunkt erreichen, von wo aus Sie Wanderungen unternehmen können. Und sparen Sie sich noch etwas Energie auf für einen **"Elch-Beobachtungsspaziergang"** am Abend!

Der Westen der Upper Peninsula

Verlassen Sie die Keweenaw Peninsula entlang des MI 26 und fahren Sie bei **Greenland** auf der MI 38 an die Küste. Von dem Hafenstädtchen **Ontonagon** aus führt der MI 64 nach **Silver City** und zum **Porcupine Mountains State Park**. Der Park bietet hervorragende Wandermöglichkeiten, und der Ausblick auf den **Lake of the Clouds** ist ebenfalls den kleinen Umweg wert. Der Bergrücken gehört zu den südlichen Ausläufern der Keweenaw Halbinsel, und auch seine Gesteinsformationen zählen zu den ältesten der Welt. Im Park gibt es einfache Hütten (kein fließend Wasser), die Sie aber nur zu Fuß erreichen können, genauso wie den **Mirror Lake**, ein weiteres beliebtes Ziel hier. (Porcupine = Stachelschwein)

Buchung der Parkhütten $:
Tel.: (906) 885-5275. Ein schöner **Campingplatz** steht auch zur Verfügung.

Silver City eignet sich hervorragend für einen erholsamen Aufenthalt in Abgeschiedenheit.

Übernachtungsempfehlung
- **Mountain View Lodges $$$:** 237, M-107, Silver City, MI 49953, Tel.: (906) 885-5256 od. 1-800-435-5256, Fax: (906) 885-5205. Sehr geräumige, modern eingerichtete Selbstversorgungshütten direkt am Lake Superior. Selbst die Geschirrspüle fehlt nicht. **Der Tip** für diese Region!
- **Best Western Porcupine Mountains $$:** 120 Lincoln St. (M-107), Silver City, MI 49953, Tel.: (906) 885-5311, Fax: (906) 885-5847. Motel direkt am Lake Superior.
- **Konteka Motel $$:** Mineral River Plaza, White Pine (6 Meilen von Silver City), MI 49971, Tel.: (906) 885-5616. Modernes Motel mit sehr geräumigen Zimmern. Die Bar und die angeschlossene Bowlingbahn sind der gesellschaftliche Treffpunkt der Region. Das Restaurant ist das beste im Umkreis von 50 Kilometern, und besonders beliebt ist das Fischbuffet am Freitagabend.
- Es gibt noch **weitere Cottageunterkünfte** in Silver City.

Strand unterhalb der Porcupine Mountains

Entlang des MI 64 geht es nun wieder nach Süden. Vorbei an der Minenstadt **White Pine**, deren trostloses

Lake of the Clouds

"Papphaus-Ambiente" charakteristisch ist für eine amerikanische Minenstadt. Die White Pine Mine gehört übrigens einer Tochtergesellschaft der deutschen Metallgesellschaft und wurde 1995 zum viertenmal geschlossen. Reiche Vorkommen lassen aber mit einer erneuten Öffnung rechnen.

Bergland dagegen ist ein verschlafenes Straßennest – mit immerhin einer Blinkampel (!), einem als Supermarkt fungierenden Hardwarestore ... und einem ausgefallenen Motel:

Übernachtung

Eadie's $: Box 83, 100 Railroad, Bergland, MI 49910, Tel.: (906) 575-3909. Eadie's ist fürwahr kein luxuriöser Platz: 10 Räume teilen sich einen gemeinsamen Bathroom, dafür aber erleben Sie hier einmal die Atmosphäre der alten UP. Die Restaurantbar ist Treffpunkt aller Generationen, und falls Sie etwas über Land und Leute hören möchten – hier ist die Chance –, und das auch noch bei Zimmerpreisen unter 20 $.

Südlich von Bergland erstreckt sich der 18 Meilen lange **Lake Gogebic**, den Sie umfahren können.

Zwei **Unterkunftsempfehlungen** für eine Hütte bzw. ein Zimmer am See:

- **Gogebic Lodge $$-$$$:** MI 64, 14 Meilen südl. d. MI 28, HCI Box 125, Rt. 64, Marenisco, MI 49947, Tel.: (906) 842-3321. Es gibt kleine und große Hütten sowie Hotelzimmer in rustikalem Stil. Vom Restaurant haben Sie einen Überblick über den See. Sauna am See!
- **Roat Cellar $$$:** Südliches Ostufer des Sees, HC 1, Box 600, Marenisco, MI 49947, Tel.: (906)842-3534 od. 3535. Moderne Lodge, rustikal gehalten, mit 5 schönen Cottages. Restaurant.

Kanutouren um Watersmeet: Falls Sie eine Kanutour planen, sollten Sie etwas vom Weg abfahren nach Watersmeet ("Wo die Wasser sich treffen"). Der kleine Ort liegt am Nordrand der großen Seenfläche, die sich bis weit nach Wisconsin hineinzieht. Obwohl Watersmeet selbst nicht viel aufzuweisen hat, ist es ein Eldorado für Outdoorfans, und die es umgebende Seenlandschaft bietet paradiesische Eindrücke.

Unterkunft
- **Vacationland Resort $$$:** am Thousand Island Lake (WI 535), Watersmeet, MI 49969, Tel.: (906) 358-4380. Sieben 1-3-Bedroom Cottages, direkt am See.
- **Sunset Motel $$:** Ecke Hwys 2/45, Watersmeet, MI 49969, Tel.: (906) 358-4450. Einfaches Motel. Gut geeignet, um von hier die bevorstehenden Outdoortouren zu planen.

Outdoor-Ausrüstung und -Vermietung
Sylvania Outfitters: E23423 US 2 (westl.), Watersmeet, MI 49969, Tel.: (906) 358-4766. Täglich geöffnet von 7h00-20h00.

Zurück auf der vorgegebenen Route nach Duluth haben Sie die Möglichkeit, gleich hinter Bessemer, entlang dem **Black River National Scenic Byway** ans Ufer vom Lake Superior zu fahren. Auf halber Strecke besteht die Gelegenheit, eine **Pferderanch** zu besichtigen, und im nördlichen Abschnitt dieser schönen, 15 Meilen langen (Sackgassen-) Straße können Sie einige kleine Stromschnellen bewundern. Unterkünfte finden Sie im südlichen Abschnitt sowie in Bessemer und Ironwood.

Ironwood

Die kleine Stadt mit 7.000 Einwohnern erhielt ihren Namen dank des "Iron"-Barons John R. Wood, der hier einer der ersten Prospektoren gewesen ist. Heute ist die Umgebung ein beliebtes Skiresort, bietet während der Sommermonate aber nicht viel mehr als die 15 m hohe **Statue des Indianers Hiawatha** (Houk St., durch die Innenstadt durchfahren), der seinen Blick gen Norden richtet auf das "glitzernde große Wasser" (= Gitchee Gumee), den Lake Superior.

Übernachtungsempfehlung
Black River Lodge $$$: N12390 Black River Rd, 2 Meilen östl. auf dem US 2, dann 4 Meilen nach Norden auf der Powderhorn Rd, Ironwood, MI 49938, Tel.: (906) 932-3857. Suiten, Condos und Camping am Black River. Der angeschlossene Valley Pub & Grill hat auch gutes Essen.

Reisetelegramm für das Seengebiet von Nord-Wisconsin

Die Strecke durch die ausgedehnten Seengebiete von Nord-Wisconsin hat durchaus ihren Reiz. Wie aber bereits im Überblick angedeutet, empfehle ich Ihnen die Strecke durch Michigan's Upper Peninsula, vor allem der schönen Uferzone des Lake Superior wegen und auch wegen der interessanteren Besiedlungsgeschichte.
Sollten Sie sich trotzdem für den Norden von Wisconsin entscheiden, hier ein paar Anhaltspunkte:

Informationen
- **in Rhinelander:** Chamber of Commerce, 135 S. Stevens St., Tel.: (715) 362-7464
- **in Minocqua:** Chamber of Commerce, Tel.: (715) 356-5266
- **in Hayward:** 121 W. 1st St., Tel.: (715) 634-8662

Streckenhinweise

● **Fahren** Sie von Green Bay über die Co 29 und 32 nach Norden über Lakewood, Cranden nach **Three Lakes** und **Eagle River**. Von dort über die Co 70 nach Westen bis **Woodruff**, von wo aus Sie auf dem US 51 nach **Montreal/Ironwood** und damit auf die im folgenden beschriebene Strecke gelangen.

● Neben den o.g. Orten sind zudem **Laona, Tomahawk, Rhinelander** (der zentrale Ort der Region), **Boulder Junction**, **Minocqua** und **Manitowish** von Interesse.

● Landschaftliche Höhepunkte bieten neben den wunderschönen Seen auch hier die Wälder. Im Gebiet um Eagle River und Three Lakes befindet sich die berühmte **"Eagle Chain",** eine Aneinanderreihung von 28 Seen.

Outdoor-Aktivitäten

wie z.B. Kanufahren und Wandern im Sommer bzw. Snowmobiling und Skilanglauf im Winter werden auch hier groß geschrieben, und Ausrüster bzw. Bootsverleihe gibt es in größeren Orten.

Übernachtungsmöglichkeiten

● **in Rhinelander: Holiday Acres $$:** (715)369-1500. Zimmer u. Cottages mit Küchen; **Best Western Claridge Inn $$**: (715) 362-3883. Motel der Mittelklasse

● **in Three Lakes: Oneida Village Inn $-$$:** (715) 546-3373. Sauberes Motel mit günstigen Preisen und Zimmern mit Miniküche ($$)

● **in Eagle River: Eagle River Inn $$$:** (715) 479-2000. Geräumige Zimmer und Suiten mit Küchen ($$$-$$$$)

● **Lac du Flambeau: Dillman's Sand Lake Lodge $$-$$$:** (715) 588-3143. Cottages und Suiten in Indianerreservat.

Restaurants

● **in Rhinelander: Pied Pipe Supper Club**: (715) 369-2700. Steaks und Hühnchen mit Waldblick

● **in Minocqua: Stresing Red Steer**: (715) 356-6332. Steaks und Fisch über Holzkohle gegrillt.

Bedeutendste Sehenswürdigkeiten

● **in Laona:** "Lumberjack Special and Camp Five Museum" (hist. Eisenbahnfahrten, Holzfällermuseum)

● **in Rhinelander:** "Logging Museum" (Holzfällergeschichte u. Pionierdorf)

● **um Three Lakes:** Outdoor-Aktivitäten und landschaftliche Höhepunkte im Nicolet Nat. Forest.

● Eine weitere Streckenalternative nach Duluth führt über Parks Falls zu dem ebenfalls schön zwischen Seen gelegenen **Hayward**, das für seine Hechtangelei ("Muskies") und das "Historyland" (nachgebautes Holzfällerlager) bekannt ist. **Übernachtung in Hayward: Northern Pines $$**: Tel.: (715) 634-4959), **Edelweiss Inn $-$$**: (715) 634-4679), **Restaurant: Chippewa Inn** (deutsche Spezialitäten)

Ashland, die erste kleine Stadt auf Wisconsin-Seite, ist – und war vor allem – ein wichtiger Eisenerz- und Kohlenhafen. Die meisten Hafenanlagen sind aber mittlerweile nicht mehr in Betrieb. Ein kleiner Abstecher zum **2nd Street Historic District** lohnt sich.

Übernachtungsempfehlung

Hotel Chequamegon $$$: 101 W. Front St. (US 2), Ashland, WI 54806, Tel.: (715) 682-9095, Fax: (715) 682-9410. Historisches Hotel in großem Holzhaus, direkt am See (schöne Veranda). Es gibt auch Zimmer mit Kitchenettes.

Hinweis
Der folgende Umweg über Bayfield lohnt sich vor allem dann, wenn Sie zum Apostle Island Nat. Lakeshore übersetzen möchten. Zudem sollten Sie bedenken, daß die Landschaft auf den Inseln ohne Zweifel sehr schön ist, aber die Höhepunkte, wie z.B. die Felsformationen, denen der im Pictured Rocks Nat. Lakeshore in der UP sehr ähnlich sind. Ist dieser Park somit für Sie nicht mehr von Interesse, können Sie auch auf dem US 2 bleiben und nach Duluth durchfahren.

Kurz hinter Ashland biegen Sie nach Norden ab auf den WI 13. Der erste kleine Ort ist **Washburn** (mehrere kleine Motels, Restaurants und Giftshops). Interessanter dagegen ist **Bayfield**, eine kleine Stadt mit auffallenden vielen historischen Gebäuden. Einige von ihnen sind aus Sandstein erbaut: In der Umgegend wird nämlich der Sandstein abgebaut, der auch für die großen Häuser in Chicago und New York verwandt wird, und diesen haben die Einheimischen natürlich auch verwandt. Im u.g. **Visitor Center** erhalten Sie eine Wegbeschreibung zu den einzelnen Häusern. Ansonsten ist Bayfield ein (touristisiertes) Fischerdorf mit unzähligen Giftshops und vor allem Ausgangspunkt für die Schiffstouren zu den Apostle Islands.

Apostle Islands National Lakeshore

Information
Es gibt **3 Infozentren**:
- Apostle Islands National Lakeshore Visitor Center: 415 Washington St., Bayfield, Tel.: (715) 779-3397. Von Juni-Sept. tägl. 8h00-18h00, Rest des Jahres: Mo-Fr 8h00-16h30. Ein Interpretationszentrum erläutert die Naturkunde der Inseln.
- in Bayfield: Chamber of Commerce, 42 S. Broad St., Tel.: (715) 779-3334 – ganzjährig geöffnet.
- 13 Meilen nördlich von Bayfield (nur von Memorial Day bis Mitte September)

Übernachtung
Old Rittenhouse $$$: 301 Rittenhouse Ave. (WI 13), Bayfield, WI 54814, Tel.: (715) 779-5111. Individuell eingerichtete Zimmer in 3 viktorianischen Häusern. Antiquitäten. Auch das Restaurant ist zu empfehlen (Süßwasserfisch-Gerichte, eigene Bäckerei).

Bootstouren
- **zu den Apostle Islands**: Die **Island Princes** verkehrt täglich zwischen Juni und Anfang Oktober vom City Dock an der Rittenhouse Avenue. Reservierungen sind empfehlenswert: Tel.: (715) 779-3925. Falls das Boot ausgebucht sein sollte, bieten sich evtl. private Bootsbesitzer an.
- **zur Madeline Island**: **Madeline Island Ferries:** Täglich von April bis Dezember, Reservierung: (715) 747-2051.

Als die ersten Missionare in die Gegend kamen, dachten sie, es gäbe nur 12 Inseln und gaben der Inselgruppe ihren Namen. Erst später stellte sich heraus, daß es sich um 22 Inseln handelte. Die Inseln sind ein Naturparadies mit vielen Wanderwegen. Im Sommer werden von der Parkverwaltung Naturprogramme angeboten. Zudem gibt es auf 18 Inseln sehr einfache Campingplätze. Also etwas für Naturliebhaber.

Apostle Islands National Lakeshore

Einzig die **Madeline Island**, die nicht zum Park gehört, ist bewohnt. Bereits 1618 besiedelten französische Forscher die Insel und 1693 wurde hier ein Handelsposten eingerichtet. Im Winter fahren die Bewohner heute übrigens mit den Autos über eine markierte Route auf dem Eis an Land. Im Sommer gibt es 1-stündige Bustouren durch den Ort La Point. Infos: Tel.: (715) 747-2051. Ein kleines **Museum** (geöffnet täglich von Juni bis Anf. Okt.) bietet einiges zur frühen Besiedlungsgeschichte der Region. Der **Big Bay State Park** verfügt über 60 Campingplätze ((715) 747-6425). Ein weiterer einfacher Campingplatz befindet sich im **Big Bay Island Park**.

13 Meilen vor Superior passieren Sie den **Amnicon Falls State Park**, der ein paar schöne Felsformationen und zahlreiche kleine Wasserfälle aufweist. Es gibt einen Campingplatz.

Minnesota-Telegramm

Abkürzung	MN
Beiname	"Gopher State" bzw. "Star of the North"
Namensherleitung	von "minisota", was "himmelfarbener Fluß" bedeutet. So nämlich bezeichneten die Dakotas den heutigen Minnesota River.
Staat seit	11. Mai 1858 (32. Staat)
Staatsbaum	Norwegische Kiefer
Staatsvogel	Seetaucher
Fläche	217.735 qkm
Einwohner	4,378 Mio. E.
Einwohnerdichte	20,1 E./qkm
Hauptstadt	St. Paul (275.000 E.)
Weitere Städte	Minneapolis (370.000 E., Metr. Area "Twin Cities": 2,4 Mio. E.), Bloomington (87.000 E.), Duluth (86.000 E.), Rochester (71.000 E.)
Wichtigste Wirtschaftszweige	Landwirtschaft (Viehhaltung, Milch, Getreideanbau); Abbau von Eisenerz (mittlerweile fast erschöpft), Nahrungsmittelindustrie, Papierherstellung, Tourismus.
Touristisches Potential	12.000 große und kleine Seen; Outdooraktivitäten – besonders zwischen Grand Rapids und Bemidji sowie im Norden um den Voyageurs Nationalpark und im BWCA – auch als BWCAW bezeichnet ("Boundary-Waters-Canoe-Area-Wilderness")-Gebiet; die "Twin-City" Minneapolis/St.Paul; der Voyageurs Nationalpark; deutsche Traditionen in New Ulm; Besichtigung alter Bergwerke, Pipestone Nat. Monument
Informationen	Angeln (+ Lizenzen): Minnesota Dep. of Natural Resources, License Bureau, Box 26, 500 Lafayette Rd, St. Paul, MN 55146, Tel.: (612) 296-4506.
	Wandern: Minnesota Dep. of Natural Resources, 500 Lafayette Rd, Box 40, St. Paul, MN 55155, Tel.: (612) 296-6157
	Fahrradfahren: State Bicycle Coordinator, State Bicycle Advisory Board, St. Paul, MN 55155, Tel.: (612) 297-1838
	Kanufahren: a) Outdoor Recreation Information Center: Box 40, 500 Lafayette Rd, St. Paul, MN 55146, Tel.: (612) 296-4776. Hier erhalten Sie eine Kanuroutenkarte und Infos über die erforderlichen Kanulizenzen; b) Minnesota Canoe Association, Box 13567, Dinkytown Station, Minneapolis, MN 55414, Tel.: (612) 521-1656
	Camping in den State Parks: Reservierungen über Tel.: 1-800-246-2267, aus Minneapolis/St.Paul: 922-9000. Sie benötigen vorher einen State Park Sticker (erhältlich in den Parks)

9.4 DULUTH, DER NORDOSTEN VON MINNESOTA UND AUF KANADISCHER SEITE ENTLANG DEM LAKE SUPERIOR NACH SAULT STE. MARIE

Highlights

- **Aerial Lift Bridge** und **Corps of Engineer Canal Park Marine Museum** in Duluth
- **Forest History Museum** in Grand Rapids
- der **Itasca State Park** – die Quelle des Mississippi
- Mit einem Kanu oder einem Hausboot durch den **Voyageurs Nationalpark**
- die dramatische **Uferlandschaft** des Lake Superior in Ontario mit den einzelnen **Parks**
- mit der Eisenbahn in den **Agawa Canyon**

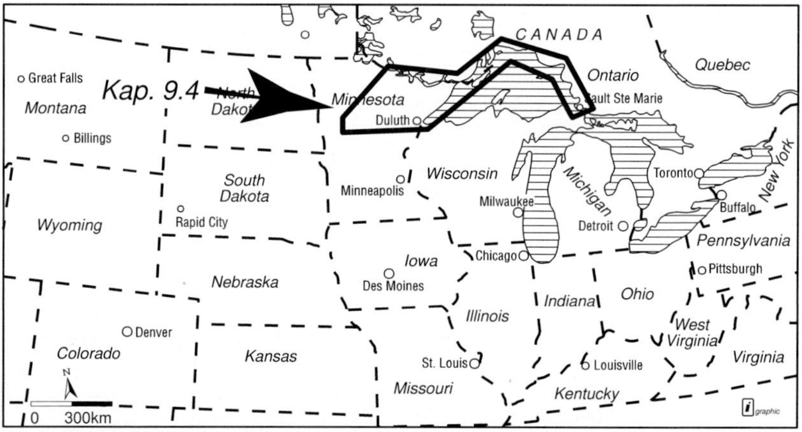

9.4.1 ÜBERBLICK

Das in diesem Kapitel beschriebene Reisegebiet läßt sich folgendermaßen charakterisieren: Die Seenlandschaft von Nord-Minnesota sucht ihresgleichen, bietet aber im Grunde "nur" landschaftliche Reize. Die über 12.000 Seen hier sind umgeben von Hunderten von Motels und Resorts, die sich zwar gut in die Landschaft einpassen, aber eine Abgeschiedenheit, wie Sie sie in der Upper Peninsula von Michigan erlebt haben, oft vermissen lassen. Diese Region wird vornehmlich von Anglern aufgesucht. Falls Sie aber gerne wandern, eine Kanutour unternehmen oder viel fotografieren möchten, rate ich Ihnen zu der direkten Anfahrt auf den Voyageur Nationalpark bzw. dem Boundary Waters Canoe Area (BWCA bzw. BWCAW) im äußersten Norden von Minnesota. Dieses Gebiet im äußersten Norden, auch als Voyageurland bezeichnet, bietet wirklich mehr. Sollten Sie nun trotzdem die Gebiete um den Leech Lake aufsuchen, werden Sie mit schönen **Seenlandschaften**, der **Quelle des Mississippi** und im Spät-September auch mit dem **Indian Summer** belohnt.

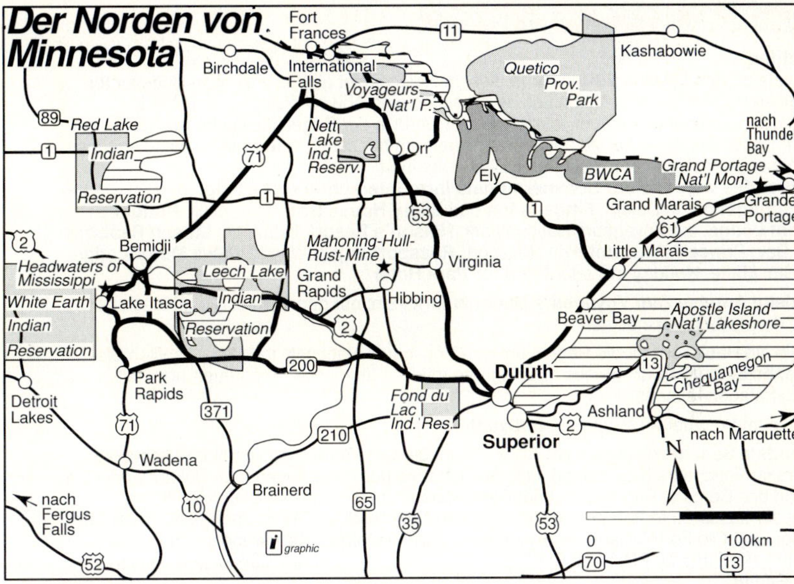

Duluth, die größte Stadt im Norden Minnesotas, wartet mit einem skandinavischen Charakter auf und bietet eine Seehafenromantik Tausende von Meilen entfernt vom nächsten Ozean.

Die Strecke entlang dem Lake Superior beeindruckt natürlich durch die Landschaft. Riesige Waldflächen, dramatische Uferpartien und auf kanadischer Seite, nur wenige Meilen entfernt vom Highway, eine willkommene Einsamkeit, geben diesem Streckenabschnitt eine herausragende Note. In Kanada überwiegt, ganz im Gegensatz zur amerikanischen Seite, eine sehr felsige Szenerie.

9.4.2 REISEPRAKTISCHE HINWEISE

Entfernungen

- Duluth - Bemidji: 143 mi/230 km
- Duluth - Voyageurs Nat. Park: 145-170 mi/233-274 km
- Crane Lake am Voyageurs NP - Grand Portage: 240 mi/386 km
- Duluth - Thunder Bay: 185 mi/298 km
- Thunder Bay - Sault Ste. Marie: 441 mi/710 km (ohne Umwege in die Parks)
- Sault Ste. Marie - Chicago (Interstate über Grand Rapids, MI): 435 mi/700 km (entlang dem Lake Michigan: ca. 500 mi/801 km)

Das könnten Sie sein

Redaktions-Tips

- **Übernachten**
  Ein Hinweis zu den Übernachtungen: In diesem Reisegebiet gibt es unzählige Hüttenunterkünfte. Diese Holzhäuser sind schön und versprechen eine Abwechslung zu den Motels. Während der Sommermonate aber werden diese Hütten in der Regel nur wochenweise vermietet. Daher bieten sie für Sie höchstwahrscheinlich nur selten eine Unterkunftsgelegenheit, und ich habe sie deshalb nur in seltenen Fällen aufgeführt.
  Reservieren Sie während der Sommermonate Ihre Unterkünfte rechtzeitig!
  Übernachtungstips: In Duluth: **Fittger's Inn** und **Ellery House B&B**; in Bemidji: **Ruttger's Birchmont Lodge**; am Voyageurs Nationalpark: **Nelson's Resort**; in Lutsen: **Lutsen Resort**; in Thunder Bay: **Prince Arthur Hotel**; in Rossport: **Rossport Inn**; in Wawa: **Wawa Motor Lodge**; in Sault Ste. Marie: **Holiday Inn** oder **Windsor Park Hotel**
- Eine **gezielte Anreise zum Voyageurs Nationalpark** lohnt nur dann, wenn Sie mindestens 3 Nächte dort verbringen möchten.
- Mieten Sie ein **Hausboot** für die Region um den Voyageurs Nationalpark! Dieses sollten Sie bereits **rechtzeitig von Europa** aus machen. Sie müssen für dieses "Abenteuer" aber mit einigen Extratagen rechnen.
- Denken Sie im Sommer an **Mückenschutzmittel**!
- **Bedeutendste Sehenswürdigkeiten:** Allem voran: die Seenlandschaft von Nord-Minnesota, besonders im Voyageurs Nationalpark und die Uferzone des Lake Superior; in Duluth: Aerial Lift Bridge und das Corps of Engineers Canal Park Museum; in Grand Rapids: Forest History Museum; der Itasca State Park; Kanuwandertouren in der BWCA; Grand Portage Nat. Hist.Site; in Thunder Bay: Old Fort William; die Küstenlandschaft in Ontario; Kanuwandern im Pukaskwa NP und im Lake Superior PP; Sault Ste. Marie: die Schleusen und das Canadian Bushplane Heritage Center
- Der **Indian Summer** ist am schönsten im Gebiet zwischen Grand Rapids und Voyageurs Nationalpark sowie in Ontario zwischen Wawa und Sault Ste. Marie und im Agawa Canyon; jeweils Ende September.
- **Vorschlag für die Zeiteinteilung:**
  2 Tage: Hier bleibt Ihnen nichts anderes, als auf schnellstem Wege um den Lake Superior zu fahren. Übernachtung entw. in Thunder Bay, Nipigon oder Marathon.
  4 Tage: 1. Tag: Morgens Duluth, danach zum Itasca State Park, dort oder in Bemidji übernachten. **2. Tag:** Über Grand Rapids und Ely nach Grand Marais oder Grand Portage. **3. Tag:** Über Thunder Bay nach Marathon oder Wawa. **4. Tag:** Nach Sault Ste. Marie.
  7 Tage: 1. Tag: Duluth und mittags weiter zum Crane Lake am Voyageurs Nationalpark. Dort im Nelson Resort übernachten. **2.-4. Tag:** den Voyageurs Nationalpark per Boot und Flugzeug erkunden. Hausboote können Sie in der Regel aber nur wochenweise mieten – was sich aber lohnen würde; **alternativ 2.-4. Tag:** mit dem Kanu durch die BWCA. **5. Tag:** über Ely, Grand Marais nach Grand Portage oder Thunder Bay. **6. Tag:** Nach Wawa. **7. Tag:** nach Sault Ste. Marie
  Sollten Sie noch 2 weitere Tage Zeit haben, fahren Sie auch nach Bemidji und dort zur Quelle des Mississippi.

Streckenalternativen

❶ Von Duluth direkt nach Sault Ste. Marie: Sie folgen in nördlicher Richtung dem US 61, der diese Nummer trägt bis ins kanadische Thunder Bay. Für die Grenzformalitäten sollten Sie 20 Minuten einplanen. Von Thunder Bay bis Sault Ste. Marie geht es weiter auf dem Hwy. 17.

❷ Von Duluth zu den Seen Minnesotas: Folgen Sie einfach in westlicher Richtung dem US 2, der über Grand Rapids nach Bemidji führt. Die Quelle des Mississippi liegt 30 Meilen südlich von Bemidji im Itasca State Park. In dieser Seenregion sollten Sie aber des öfteren von den Hauptstraßen abweichen auf die schöneren County Roads.

❸ Von Bemidji zum Voyageurs Nat. Park: Dem US 71 von Bemidji folgen bis International Falls. Dort müssen Sie sich entscheiden, wie Sie in den Park reisen möchten. Falls Sie wissen, daß Sie nach Kabetogama oder Crane Lake wollen, können Sie bereits 20 Meilen vor International Falls nach

Osten abzweigen auf den MN 217, der Sie nach ca. 17 Meilen bei Ray auf den US 53 führt. Von hier folgen Sie dem US 53 nach Südwesten bis zum Abzweig nach Kabetogama bzw. in Orr nach Crane Lake

❹ **Von Duluth zum Voyageurs Nationalpark:** Einfach dem US 53 in nördlicher Richtung folgen und in Orr zum Crane Lake oder ca. 13 Meilen hinter Ash Lake nach Kabetogama abbiegen bzw. bis International Falls fahren, um dort zu übernachten bzw. andere Wege in den Park zu nutzen.

❺ **Vom Voyageurs Nationalpark nach Thunder Bay:** Fahren Sie erst einmal zurück auf den US 53, dem Sie bis zur Sherman Corner folgen. Von dort auf dem MN 1 – Achtung, der Abzweig kann leicht übersehen werden! Der MN 1 führt Sie über Ely bis zum Lake Superior. Hier nehmen Sie dann den US 61 nach Norden.

Hinweis
Aufgrund der unzähligen Möglichkeiten, das Gebiet Nord-Minnesotas zu bereisen, habe ich auf eine zielgerichtete Ordnung der im folgenden beschriebenen sehenswerten Punkte weitgehend verzichtet. Grundsätzlich aber beginnt das Kapitel mit Duluth, danach die Orte um den Chippewa National Forest. Ihnen folgen die Orte auf dem Weg zum Voyageurs Nationalpark, anschließend wird der Nationalpark selbst beschrieben. Von hier aus geht es dann über Ely zurück zum Lake Superior bei Little Marais. Erst von hier folgen die Beschreibungen wieder einer geordneten Reiseroute.

9.4.3 DULUTH UND SUPERIOR

Überblick

Die Schwesterstädte Duluth (90.000 E.) und Superior (30.000 E.) bilden wesentliche städtische Zentren für den Norden der Staaten Wisconsin und Minnesota. Die Trennungslinie zwischen den Städten bildet der St. Louis River.

Die geographische Lage am äußersten Ende des westlichsten der Großen Seen sorgte früh für regen Schiffsverkehr. 1660 wurden hier bereits 60 große Kanus mit Fellen für die Ostküste beladen. 1679 war es der französische Entdecker, Daniel Greysolon, Sieur **Du Luth**, der hier die erste Siedlung errichten ließ. Mit dem ersten Ausbau des St. Lawrence-Wasserweges 1855 begann dann die große Zeit des Seeverkehrs, dessen Volumen nochmals deutlich zunahm mit dem endgültigen Ausbau dieser Wasserstraße 1957.

Heute zeigen sich die Schwesterstädte dem Reisenden vornehmlich als bedeutende Seehäfen – übrigens die größten Binnenhäfen der Welt mit über 3.000 Schiffen jährlich. Riesige Getreidesilos und Erzverladestationen unterstreichen dieses eindrucksvoll.

Die interessantere Stadt ist ohne Zweifel Duluth, das einen deutlichen skandinavischen Charakter aufweist und durch seine Hanglage schöne Ausblicke auf den Lake Superior gewährt. Bedeutendste Attraktion ist die Waterfront in Duluth mit dem weithin erkennbaren Wahrzeichen, der Aerial Lift Bridge. In diesem Stadtgebiet hat man mehrere Museen und andere Sehenswürdigkeiten angesiedelt.

Duluth bietet sich auch für den Einkauf von Textilien an, denn wer nicht in Minnesota lebt, braucht auf diese Waren keine Mehrwertsteuer zu entrichten.

Information
- **Duluth Area Convention & Visitors Bureau:** 100 Lake Place Dr., Duluth, MN 55802, Tel.: (218) 722-4011 od. 800-4-DULUTH.
- weitere **Informationsstände** finden Sie im **Depot** und am **Vista Dock** beim William A. Irvin-Ship-Museum.

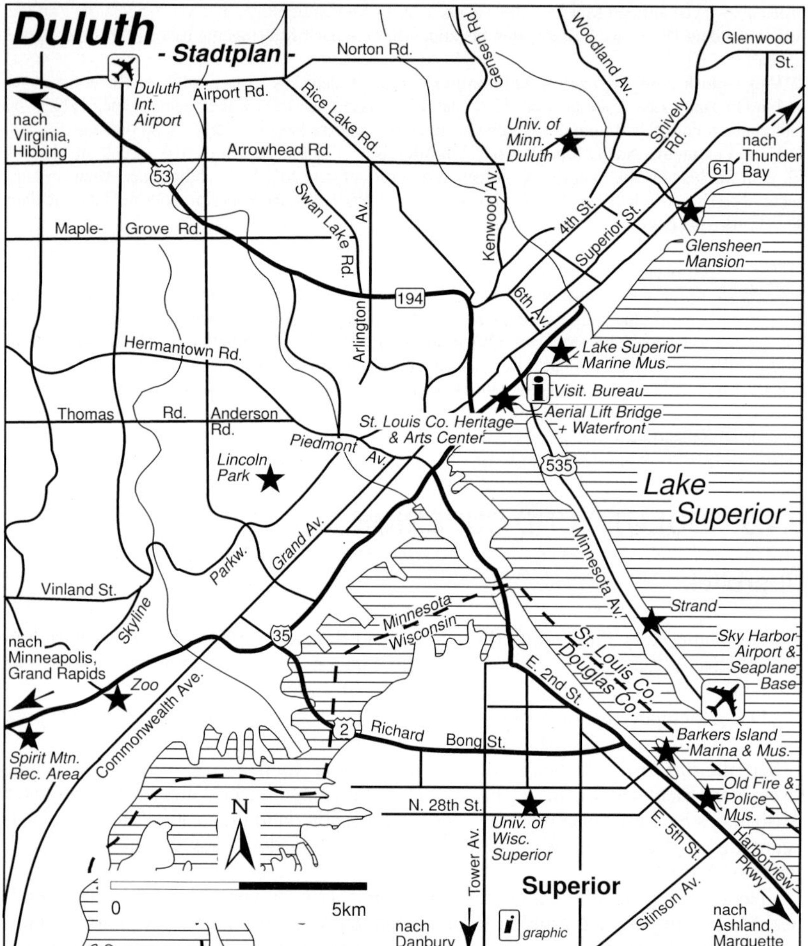

Kajak-/Kanufahren im Hafen
An Sommerwochenenden werden begleitete Kanutouren durch den Hafen von Duluth unternommen. Infos: Kayak & Canoe Institute: Ecke 15th St./Minnesota Ave., Tel.: (218) 726-6533.

Helikopterflüge
Während der Sommermonate startet täglich ein Hubschrauber vom Bayfront Festival Park (südwestl. des Congress Zentrums an der Waterfront). Der Ausblick auf die Hafenanlagen ist beeindruckend.

Hafenrundfahrten
Vista Fleet: Abfahrt am Dock beim William Irvin-Ship Museum. Von Mai bis Oktober 4 Fahrten täglich, Dauer: 1 ¾ Std., Infos: (218) 722-6218. In Superior fahren Schiffe ab dem Barker Island Museum, 3 x tägl., Infos: (715) 394-6846, Dauer: 1 ¾ Std.

Scenic Railroad
North Shore Scenic Railroad: Abfahrt während der Sommermonate vom Amtrak Bahnhof am Depot. 26 Meilen lange Fahrt mit Essen, Infos: (218) 722-1273.

Outdoor-Ausrüstung
Minnesota Surplus & Clothing: W. Superior St., Tel.: (218) 727-3133. Hier können Sie sich relativ günstig mit Kleidung für die evtl. bevorstehenden Outdoor-Vergnügungen eindecken.

Strand
Am Park Point auf der vorgelagerten Landzunge, zu erreichen über die Aerial Lift Bridge.

Übernachtung
● **Fitger's Inn $$-$$$:** 2400 London Rd, Duluth, MN 55812, Tel.: (218) 722-8826 od. 800-726-2982, Fax: (218) 727-8871. Altes Brauereihaus (von 1884), renoviert. Restaurant (Micro Brewery) und Einkaufsmall im Gebäude. Viele Zimmer mit Blick auf den Lake Superior. 1 ½ Meilen zur Waterfront.
● **The Inn On Gitche Gumee $$-$$$:** 8517 Congdon Blvd., Duluth, MN 55804, Tel.: (218) 525-4979 od. 800-317-4979. Hotel mit geräumigen Suiten direkt am See. Es gibt auch kleine Küchen. Kinder sind sehr willkommen. Die Innenstadt und Waterfront sind aber nicht zu Fuß zu erreichen!
● **Barnum House Bed & Breakfast $$$:** 2211 E. Third St., Duluth, MN 55812, Tel.: (218) 724-5434 od. 800-879-5437. Haus von 1910 inmitten des Historic District. Großzügige Räume, geschmackvoll eingerichtet. Viele Kamine. Nichtraucher!
● **The Ellery House $$-$$$:** 28 S. 21st Ave. E., Duluth, MN 55812, Tel.: (218) 724-7639 od. 800-ELLERYH. Queen Anne Victorian Haus von 1890. Im Historic District, nahe dem See. Schöne Zimmer, einige mit Balkon und Seeblick. Eine Porch zum Ausruhen gibt es auch. Das 3-gängige Frühstück ist ebenfalls empfehlenswert. Nichtraucher!
● **Comfort Suites $$-$$$:** 408 Canal Park Drive, Duluth, MN 55802, Tel.: (218) 727-1378. Mitten im Waterfront Distrikt gelegenes Suitenhotel.
● **Prime Rate $$:** 4197 Haines Rd, Duluth. MN 55811, Tel.: (218) 722-5522. Motel mit gutem Preis-Leistungsverhältnis.

Restaurants
● **Grandma's Canal Park:** 552 Lake Ave. S. (am Fuß der Brücke), Tel.: (218) 727-4192. Im Saloon & Deli-Shop gibt es gute Sandwiches zum Lunch. Im Restaurant selbst bestechen die Fischgerichte und die auf Holzkohle gegrillten Steaks. In der nahe gelegenen **Sportsarena**, die zum Restaurant gehört, können Sie fritierte Kost genießen und dabei einem Volleyballspiel zusehen ... bzw. mitmachen.
● **Top of the Harbor:** Radisson Hotel, 505 W.Superior St., Tel.: (218) 727-8981. Die Fischgerichte sind in Ordnung und der Brunch am Sonntag auch, doch ist es vor allem die Aussicht auf Duluth vom 16. Stockwerk (Dreh- Restaurant), was Sie herführen sollte.

Pubs/Livemusik/Nightlife
An der **Waterfront** gibt es zahlreiche Pubs und Kneipenrestaurants.

Sehenswertes in Superior

Bereits bei der Anfahrt von Osten passieren Sie zahlreiche **Erzverladestationen**, die z.T. nicht mehr in Betrieb sind. Ansonsten ist Superior im Gegensatz zu Duluth ein verschlafenes Städtchen. Sehenswert sind hier einzig:

◆ **Firehouse & Police Museum**: Ecke Hwy. 2/23rd St., geöffnet Juni-August täglich von 10h00-17h00. Verschiedenste Relikte aus den unterschiedlichsten Epochen der Feuerwehrgeschichte sind hier ausgestellt. Die "Polizei-Abteilung" ist eher dürftig.

◆ **S.S. Meteor-Barkers Island Marine Museum:** Auf der Barkers Insel direkt am US 2, geöffnet Mai bis Ende September, tägl. 10h00 - 17h00, Rest des Jahres an Wochenenden zu diesen Zeiten. Das mit Sicherheit interessanteste Ziel in Superior. Hauptattraktion ist die S.S.Meteor, ein auf Land gelegtes, für die frühe Seefahrt der Großen Seen typisches "Whaleback"-Schiff. Der Rumpf wirkt aus der Entfernung wie ein aufgeblasenes Schlauchboot. Dieser Schiffstyp wurde im 19. Jahrhundert entwikkelt, um den Schiffen mehr Laderaum und vor allem Stabilität zu geben. Die S.S.Meteor wurde 1896 gebaut und dient heute als Schiffahrtsmuseum.

◆ **Fairlawn House**: Am US 2 gegenüber der Barkers Insel, geöffnet während der Sommermonate: 9h00 - 17h00. Eine 1890 im viktorianischen Stil erbaute Villa. Beherbergt Antiquitäten und Wanderausstellungen.

Sehenswertes in Duluth

■ **Waterfront**

Hauptattraktion ist das **Waterfront-Gebiet** an der weithin sichtbaren Aerial Lift Bridge. Im Umkreis von etwa 1 Meile hat man die wesentlichen Sehenswürdigkeiten von Duluth konzentriert. **Trolleys** und **Pferdekutschen** fahren Sie durch das Areal, und die **Hafenrundfahrten** gehen hier ab. Hauptsehenswürdigkeiten sind:

Auf dem Wege zum Atlantik

◆ die **Aerial Lift Bridge**: diese Brücke wird immer dann geöffnet, wenn ein Schiff passiert. In weniger als einer Minute hebt sich dabei das Straßensegment um über 40 Meter! Die Passierzeiten der Schiffe erfahren Sie in den Informationsbüros, im Canal Park Museum und per Telefon: (218) 722-6489. Ein Schiff benötigt übrigens von hier bis zum Atlantik 7-9 Tage. **Tip**: Der Blick von der gegenüberliegenden Seite bietet weniger "Zuschauer auf dem Foto".

◆ **Corps of Engineer Canal Park Marine Museum**: an der Aerial Lift Bridge, geöffnet: Ende Mai bis Anfang Sept.: tägl. 9h00-21h00, April-Mai u. Sept.-Dez.: tägl.: 10h00-16h30, Rest des Jahres: Fr-So: 10h00-16h30. Eines der besten Schiffahrtsmuseen entlang der Großen Seen. Gute Erläuterungen zur Schiffahrt, Schiffsmodelle, nachgebaute Schiffskabinen und ein interessantes Relief der Großen Seen, das die geologischen Strukturen hervorragend verdeutlicht. Es läßt erkennen, warum der tiefe Lake Superior so kalt ist und daß er durch seine Tiefe bedingt auch mehr Wasser faßt als alle anderen Seen gemeinsam.

◆ **"S.S. William A. Irvin" - Ship Museum**: geöffnet: April-Oktober, tägl. 10h00-16h00 (im Sommer 9h00-18h00). Hier können Sie einen für die Großen Seen typischen Erzfrachter besichtigen.

◆ **Omnimax**: geöffnet: Mai-Oktober täglich. Auf einer überdimensionalen IMAX-Leinwand werden Filme und Fotos geboten, die sich vornehmlich mit der Geschichte von Duluth und der der Schiffahrt auf den Großen Seen beschäftigt.

◆ **The Depot**, gelegen auf der anderen Seite des Highways, geöffnet: täglich 10h00-17h00, im Winterhalbjahr So erst ab 13h00. In dem alten Bahnhof von Duluth sind heute Kunstausstellungen (Duluth Art Institute), ein paar alte Gebäude (Depot Square) aus der Gründerzeit und Eisenbahnrelikte (Lake Superior Transportation Museum) ausgestellt. Zudem gibt es ein kleines Children's Museum.

◆ **Lake Superior Center:** geöffnet Ende Mai bis Anfang September täglich 10h00-16h00. Interessante Ausstellung über den Lake Superior und im Vergleich dazu der russische Baikal See.

"S.S. William Irvin"

Die **Innenstadt von Duluth** ist mit der Waterfront durch einen **Skywalk** verbunden, und auch in der Stadt führen überdachte Gänge zu den wesentlichen Gebäuden. Die Innenstadt ist nicht besonders interessant. Zum **Shopping** eignet sich die Superior Street. Ein Unikum ist das **Casino** in der Superior Street: Um das Verbot des Glücksspieles zu umgehen, wurde der entsprechende Häuserblock einfach zu einem Indianerreservat erklärt – und dort darf man ja bekannterweise spielen!

■ **Glensheen Mansion**, 3300 London Road, Touren: Während der Sommermonate täglich 10h00-16h00, Mitte Okt.- Mai: Mo-Fr 11h00 + 12h00, Sa+So 11h00 & 14h00 (Febr.+März: nur an Wochenenden). Eindrucksvolle Villenanlage am Lake Superior. Innen: Antiquitäten und Geschichten aus dem "Alten Duluth", außen: ein schöner, 9 ha großer Park direkt am See.

Falls Sie einen **schönen Blick auf Duluth** genießen möchten, fahren Sie einmal auf den Berg, dabei lernen Sie auch noch etwas über die Stadtstruktur. Ein weiterer **Scenic Drive**, falls es nicht sowieso Ihrer weiteren Fahrtroute entspricht, wäre der **alte** US 61 in nördlicher Richtung. Bis Two Harbors sind es 26 Meilen.

Streckenalternative
Direkt entlang dem Lake Superior nach Thunder Bay. Lesen Sie dazu weiter im Kapitel 9.4.5.

9.4.4 DAS GEBIET DER 12.000 SEEN, DIE IRON ANGE UND DAS VOYAGEURSLAND

Überblick

Das **Gebiet der 12.000 Seen** bietet landschaftliche Höhepunkte, die kaum zu überbieten sind. Trotzdem fehlen für einen kurzen Besuch die Möglichkeiten, dieses zu genießen. Da wäre natürlich der Itasca State Park mit der Quelle des Mississippi, aber die Seen selbst liegen z.T. sehr versteckt und dienen vor allem Anglern als Ausflugsziel. Für Outdoor-Aktivitäten aber eignet sich der Norden, das sog. **Voyageurs-**

land, um so mehr. Höhepunkt ist hier der Voyageurs Nationalpark und die Boundary Water Canoe Area (BWCA).

Sollten Sie trotzdem den Wunsch haben, das Gebiet der 12.000 Seen zu besuchen, hier in Stichworten die Höhepunkte:

- das **Forest History Museum** in Grand Rapids,
- die Quelle des Mississippi im **Itasca State Park** und
- der **Indian Summer** (Ende September) entlang des MN 38 nördlich von Grand Rapids.

Weitere herausragende Sehenswürdigkeiten gibt es in den Orten selbst nicht, und nur die **Iron Range**, die sich nordöstlich von Grand Rapids hinzieht, wartet mit einigen Minen und entsprechenden Museen auf.

Beachten Sie aber auch, daß die Hauptstrecke entlang des US 2 nach Bemidji der bezaubernden Landschaft nicht gerecht wird. Sie ist die Wirtschaftsachse der Region. **Die wirklich schöne Seenlandschaft können Sie aber nur entlang der kleinen Nebenstrecken erleben.**

Touristische Zentren der Seenplatte sind vor allem Grand Rapids, Bemidji und Park Rapids sowie die beiden hier nicht weiter erläuterten Orte Detroit Lakes und Brainerd. Für den äußersten Norden nehmen International Falls und Ely diese Stellung ein.

Der Norden Minnesotas ist vor allem geprägt durch die skandinavischen Einwanderer, was nicht nur an den typisch dunkelrot gestrichenen Holzhäusern und -scheunen deutlich wird, sondern vor allem an der auf ihren Ursprung stolzen Finnen, die ihre Fahrzeuge noch heute gerne mit dem Nationalitätenkennzeichen "SF" schmücken.

Hinweis
Möchten Sie in Minnesota auf "gut Glück" ein abgelegenes Resort bzw. eine Lodge suchen, weisen die blauen Schilder an den Straßen darauf hin. Es handelt sich hierbei aber nicht immer um eine große Anlage, manchmal versteckt sich nur ein einfaches Motel hinter den Bäumen.

a) Die 12.000 Seen von Minnesota

Nicht 10.000, wie die Nummernschilder verraten, sondern 12.000 Seen gibt es in Minnesota – und das sind nur diejenigen, die mehr als 4 ha bedecken. Diese alleine wiederum haben eine Wasserfläche von mehr als 11.000 Quadratkilometern! Daß es schwierig war, für so viele Seen Namen zu finden, versteht sich von selber. Da verwundert es also nicht, daß es alleine 156 Long, 122 Rice, 91 Mud, 83 Bass und 72 Twin Lakes gibt.

Eine Legende behauptet, die Seen seien entstanden durch die Huftritte des Ochsen "Babe", mit dem der Holzfäller Paul Bunyan durch das Land gezogen ist. Geologen setzen dagegen, daß die Gletscher der Eiszeit diese Moränenlandschaft geschaffen haben – ähnlich wie die Seenplatten entlang der deutschen Ostseeküste.

Die auffälligen Red Lakes sind übrigens Überreste des Lake Agassiz, der einstmals den gesamten Norden Minnesotas und Dakotas sowie weite Teile in Kanada bedeckt hat. Wäre dieser See heute noch vorhanden, wäre er in Europa mit der geologischen Formung der Ostsee zu vergleichen. Und das seen- und flußreiche Gebiet an der Grenze zu Kanada käme der Schärenküste in Schweden gleich. Beachten Sie einmal die Strukturen der kleinen Inselchen dort.

Grand Rapids

Information
Grand Rapids Area Chamber of Commerce: 1 NW Third St., Grand Rapids, MN 55744, Tel.: (218) 326-6619 od. 1-800-472-6366.

Kanuverleih
God's Country Outfitters: 6 Meilen nördlich an der MN 38, Tel.: (218) 326-9866. Verleih, Lizenzen und Tips für Kanutouren.

Übernachtung
- **Sawmill Inn $$ (Suiten $$$):** 2301 S. Pokegama Ave. (1 ½ Meilen südlich am US 169), Grand Rapids, MN 55744., Tel.: (218) 326-8501 od. 800-235-6455 (nur MN) od. 1-800667-7508, Fax: (218) 326-1039. Hotel mit 124 Räumen, das alle denkbaren Annehmlichkeiten zu einem vernünftigem Preis bietet (Pool, Sauna, Whirlpools, Restaurant, Lounge)
- **The Best Western Rainbow Inn $$ (Suiten:$$$):** 1300 East Highway US 169, Grand Rapids, MN 55744, Tel.: (218) 326-9655 od. 800-528-1234, Fax: (218) 326-9651. Modernes Motel der Mittelklasse. Familien mit Kindern sind mit den größeren Suiten gut beraten.
- **Judge Thwing House $$:** 1604 Co. Rd. A (ca. 1 Meile nordöstlich der Innenstadt), Grand Rapids, MN 55744, Tel.: (218) 326-5618. B&B mit 4 Zimmern in Haus von 1910. Antiquitäten. Fragen Sie nach einem Raum mit eigenem Bad.

Judy, wie sie alle mögen

Grand Rapids liegt am Mississippi, und **Kanutouren** von hier in Richtung Mississippiquelle sind möglich. **Judy Garland** Fans wird es verwundern, daß die berühmte Schaupielerin hier als Frances Gumm aufgewachsen ist. Südlich der Stadt kann ihr Geburtshaus besichtigt werden, und im Heimatmuseum von Grand Rapids, der **Central School** (Ecke US 2/Pokegama Ave.) können Sie sich während der Sommermonate neben den historischen Relikten auch einen Film über das Leben von Judy Garland ansehen.

Für jeden von Interesse sollte aber das **Forest History Museum** (3 Meilen südwestl der Stadt, geöffnet: tägl. 12h00-16h00, im Sommer 10h00-17h00) sein. Ein kleines Museum erläutert die Geschichte der Holzfällerei, die auch heute noch den wirtschaftlichen Stützpfeiler der Seenregion bedeutet. Zudem gibt es auch einiges über die Wälder und die einzelnen Baumarten zu lernen. Auf dem Gelände des kleinen Waldareals ist dann noch ein altes Holzfällerdorf aufgebaut worden, und Techniken des Baumfällens sowie Lebensweisen der Holzfäller werden vorgeführt.

Forest History Museum

Hinweis
Lesen Sie zu den 12.000 Seen bitte weiter im Anschluß an die Beschreibung der Iron Range.

b) Die Iron Range

Die (Mesabi-) Iron Range erstreckt sich von Grand Rapids in nordöstliche Richtung bis hin nach Ely. Reichhaltige Eisenerzvorkommen (Tagebau) bestimmen das wirtschaftliche Leben hier, und es gibt scheinbar kaum ein Fleckchen Erde, das nicht mindestens einmal umgepflügt worden ist. Während des 2. Weltkriegs hat alleine eine Mine in Hibbing 26% des gesamten amerikanischen Eisenerzbedarfes gedeckt. Sie können in dieser Region einige Museen und vor allem Minen besichtigen. Hauptaugenmerk sollten Sie aber auf die Orte Hibbing und Chisholm legen. Im folgenden in Stichworten die Sehenswürdigkeiten, beginnend von Grand Rapids, endend in Soudan:

Hill Annex Mine State Park: Ehemalige Mine bei **Calumet**. Von Ende Mai bis Anfang Oktober werden täglich von 10h00-16h00 Touren mit einem Trolleybus durch eine Eisenerzmine angeboten. Infos: (218) 247-7215. Die Touren dauern ca. 1 ½ Stunden.

Hibbing/Chisholm

Information
Hibbing Chamber of Commerce: 211 E. Howard St., P.O.Box 727, Hibbing, MN 55746, Tel.: (218) 262-3895.

Übernachtung
● **McNair's Bed & Breakfast $$-$$$:** Am Side Lake (ca. 20 Meilen nördl. – fahren Sie die County Rd 5), P.O.Box 155, Side Lake, MN 55781, Tel.: (218) 254-5878. Dieses 4-Zimmer B&B liegt zwischen 2 Seen und nahe schöner Waldregionen. Das Haus ist im franz. Kolonialstil gehalten und mit viel Liebe herausgeputzt worden (Kamine, Antiquitäten, Blumengarten). Das Frühstück ist üppig. Ein idealer Platz zum Ausspannen. Wenn Sie weiterfahren zum Voyageurs Nationalpark, können Sie in nördlicher Richtung über die County Roads 5 und 74 zum US 53 gelangen.
● **Kahler Park Hotel $$:** 1402 E. Howard St., Hibbing, MN 55746, Tel.: (218) 262-3481 od. 800-262-3481, Fax: (218) 262-1906. Hotel mit Pool, Sauna und Whirlpool.

Hibbing wurde 1883 als Holzfällersiedlung gegründet und erlebte seinen Aufschwung vor der Jahrhundertwende mit dem Fund der Eisenerzvorkommen. Als die Tagebaugruben sich immer weiter ausdehnten, mußte die alte Stadt 2 Meilen nach Süden verlagert werden. Interessant ist übrigens, daß das Busunternehmen, welches die Arbeiter zu den Gruben fuhr, die später landesweit operierende **Greyhound-Gesellschaft** gewesen ist und noch etwas: **Bob Dylan**, Rockstar und Idol der Blumenkinder, wuchs in Hibbing auf.

Hull Rust Mahoning Mine

Sehenswert in Hibbing ist die **Hull Rust Mahoning Mine**, die Sie nördlich der Stadt von einem Aussichtspunkt einblicken können. Es ist die größte Tagebau-Eisenerzmine der Welt, und Sie können auf markierten Wegen auch in der Mine herumlaufen. Kurz bevor Sie die Aussichtsplattform erreichen, führt die Straße durch die alten Anlagen der Stadt Hibbing.

"Wächter" am Ironworld

In **Chisholm**, 5 Meilen nordöstlich von Hibbing, wurde eine ehemalige Mine zu einem Freizeitpark umgewandelt, der **Ironworld**. Im Sommer täglich von 10h00-19h00, werden hier eine Pionierstadt, ein kleines Museum, eine Fahrt mit einer historischen Straßenbahn um die Grube und verschiedenste Vergnügungen (Karussells etc.) geboten.

Interessant ist in Chisholm auch das kleine **Minnesota Museum of Mines**, das sich ebenfalls mit dem Erzabbau beschäftigt (nur im Sommer: tägl. 9h00-17h00)

In **Virginia** können Sie südlich der Innenstadt (US 53) den **Mine View in the Sky** genießen, eine Einsicht in eine Tagebaumine.

Ein Besuch des **Soudan Underground Mine State Park** (bei Soudan) würde einen weiteren Höhepunkt entlang der Iron Range bilden: Hier können Sie mit einem Fahrstuhl 800 m tief in den Stollen fahren. Unten dann erwartet Sie eine 900 m lange Lorenfahrt. Die Mine ist geöffnet von Mai bis Ende September täglich von 9h30 bis 16h00. In der Mine ist es kalt, nehmen Sie also eine Jacke mit. Die Minentour dauert ca. 1 ½ Stunden. Infos: (218) 753-2245.

a) Fortsetzung: 12.000 Seen-Gebiet

Park Rapids

Information
Chamber of Commerce: S. Park Ave. (US 71), P.O.Box 249, Park Rapids, MN 56470, Tel.: (218) 732-4111 od. 1-800-247-0054.

Übernachtung
● **Dickson Viking Huss B&B $$:** 202 E. Fourth St., Park Rapids, MN 56470, Tel.: (218) 732-8089. Kleines B&B-Haus (3 Räume) inmitten von Park Rapids. Nur der Kingsize-Bedroom hat ein eigenes Bad.
● **Super 8 Motel $:** MN 34 E. (1st St.), Box 388, Park Rapids, MN 56470, Tel.: (218) 732-9704. Sauberes Motel für den kleinen Geldbeutel.
● **Timberlane Lodge $$$:** am östlichen Ufer des Long Lake (westl. von Park Rapids), P.O.Box 168H, Park Rapids, MN 56740, Tel.: (218) 732-8489 od. 800-662-0262. Schöne Lodge ganz aus Holz. Geräumige Zimmer, "Villas" mit Seeblick, rustikale Atmosphäre.

Park Rapids ist ein kleines Nest mit 3.000 Einwohnern und bietet sich an als Übernachtungsbasis für die Erkundung der Umgegend. Entscheidende Sehenswürdigkeiten gibt es nicht.

Itasca State Park

Information
Superintendent, Lake Itasca: Itasca State Park, MN 56460, Tel.: (218) 266-3654.

Übernachtung
● **Douglas Lodge $$:** HCO 5, Box 4, Lake Itasca, MN 56460. Auf dem MN 200 2 Meilen westl. von der Kreuzung mit dem US 71 (Park-Straße im Park), Tel.: (218) 266-3654 od. 1-800-246-2267. 28 Zimmer sowie 22 Cabins (davon aber nur 6 für Selbstversorger/Küche ($$$)). Ansonsten einfach gehalten, aber sauber. Restaurant von 8h00-20h00.
● **Lake George Pines Motel $$:** HCR 70, Box 309, Lake George, MN 56458, Tel.: (218) 266-3914. Kleines, einfaches Motel mit 6 Zimmern.
● **AYH-Youth Hostel $:** im Park, Postanschrift: Itasca State Park, HC05 Box 5A, Lake Itasca, MN 56460, Tel.: (218) 266-3415. Jugendherberge.

Der Itasca State Park verdient einen Besuch, da sich hier die Quelle des Mississippi befindet. Aber auch der Park als solches ist wunderschön gelegen und bietet schöne Campingplätze, Bootstouren, Fahrradwege (Ausleihen möglich), ein Museum und zahlreiche Wanderwege.

Die Quelle des Mississippi liegt im Nordabschnitt des Parks. Sie wurde am 13. Juli 1832 von Henry Schoolcraft mit Hilfe des Ojibwe Chiefs Ozawindib als solche definiert. Das führte damals zu einigen wissenschaftlichen Streitereien, denn vorher hat im Jahre 1798 David Thompson den Turtle Lake bei Bemidji als Quelle angegeben, und ihm folgten 3 weitere Entdecker mit anderen Standpunkten. Eine Relieftafel und einige Erläuterungen am Anfang des 100 m langen Fußweges zur Quelle erläutern die Entstehung und Geschichte des Mississippi. Ein Überqueren der Mississippi-Quelle soll Glück bringen ... mit Sicherheit aber nasse Füße. Um den See gibt es viele Insekten – sorgen Sie vor!

Unspektakulär: die Quelle des Mississippi

INFO

Einige Zahlen und Fakten zum Mississippi

Der Name Mississippi enstammt einem alten Indianerwort und bedeutet so viel wie "großer alter Vater".

Länge: 3.778 km. Zusammen mit dem Missouri erreicht der Flußlauf eine Länge von 6.021 km, womit er nach dem Nil und dem Amozanas der drittlängste Fluß der Erde ist.

Die Quelle des Mississippi bildet der Lake Itasca in Minnesota.

Jedes Jahr wird das Delta um ca. 50 m (andere Angaben behaupten sogar um 200 m) vorgelagert.

Der sogenannte Dammfluß (Lower Mississippi), der mit dem Einfluß des Ohio bei Cairo beginnt, ist etwa 1.400 m breit, wobei er weiter südlich wieder schmaler wird (bei New Orleans etwa 600 m).

Das Einzugsgebiet des Mississippi und seiner Nebenflüsse ist 3,21 Mio. qkm groß und erreicht in diesem Gebiet 31 US-Bundesstaaten und 2 kanadische Provinzen.

Der Mississippi hat über 40 bedeutende Nebenflüsse. Die bekanntesten sind: Missouri, Arkansas, Ohio, Tennessee, Yazoo und Illinois.

Den Mississippi fließen jährlich ca. 380 Billionen Liter Wasser hinunter (25mal so viel wie den Rhein), und dabei führt er täglich 365.000 Tonnen Sedimente mit sich. Das reicht aus, um einen 150 Meilen langen Güterzug zu beladen!

Der Nebenfluß Ohio führt fünfmal soviel Wasser wie Mississippi und Missouri zusammen.

Obwohl der Mississippi als "Schlammsuppe" bezeichnet wird, gilt der Missouri als zehnmal schlammiger.

Die Spanier nannten den Mississippi "Rio del Espirito Santo", den Fluß des "Heiligen Geistes".

Während der letzten 150 Jahre wurde der Flußlauf des Mississippi zwischen New Orleans und Memphis durch Dämme um 150 Meilen verkürzt. Doch davon hat sich der Fluß bereits 75 Meilen wieder zurückgeholt.

*? **Welche Flüsse sind länger als der Mississippi (mit Missouri)?** Nil und Amazonas.*

*? **Welche Flüsse führen mehr Wasser?** Amazonas, Zaire, Ganges, Jangzekiang und Jenissei.*

*? **Welche Flüsse haben ein größeres Einzugsgebiet?** Amazonas, Zaire und Nil.*

Bemidji

Information

Bemidji Area Information Center: 300 Bemidji Ave., P.O.Box 850, Bemidji, MN 56601, Tel.: (218) 751-3540 od. 1-800-458-2223.

Übernachtung

● **Ruttger's Birchmont Lodge $$$-$$$$:** 530 Birchmont Beach Rd NE (4 Meilen nördl. auf der Bemidji Ave. = County Rd 21), Bemidji, MN 56601, Tel.: (218) 751-1630 od. 800-726-3866. Schönes Resorthotel am Ufer des Lake Bemidji. Zimmer und Cottages. Ein ausgedehntes Freizeitangebot (Wasserski, Kinderprogramme, Sandstrand, Bootsverleih etc.) verspricht ein paar schöne Tage hier.

● **Holiday Inn $$-$$$:** 3 Meilen westl. am US 2, Box 307, Bemidji, MN 56601, Tel.+ Fax: (218) 751-9500. Mittelklassehotel mit 123 Zimmern.

● **Meadowgrove Inn Bed & Breakfast $$:** 13661 Powerdam Rd NE, Bemidji, MN 56601, Tel.: (218) 751-9654. In 1917 errichtetem Country-Haus, inmitten hoher Kiefernbestände. Die Möbel sind großenteils handgemacht (rustikal). Nur 2 Zimmer – also rechtzeitig buchen. 20 Minuten in die Stadt.

● **Super 8 $-$$:** 1815 Paul Bunyan Dr. NW, Bemidji, MN 56601, Tel.: (218) 751-8481, Fax: (218) 751-8481 ext.301. Wie fast immer: einfach, aber preisgünstiges und sauberes Franchise-Motel.

Restaurant
Union Station: in der Union Station Mall, Ecke Bemidji Ave./1st St. Feines Restaurant in altem Bahnhof von Bemidji. Steaks und Fischgerichte bei Kerzenschein.

Bemidji wurde als Holzfällersiedlung gegründet und ist heute die wichtigste Stadt für Ausflüge in dieser Region der Seenplatte. Es ist am großen Lake Bemidji gelegen und bietet eine gute Ausgangsbasis für Unternehmungen in alle Richtungen. Einzige "Sehenswürdigkeit" in der Stadt ist die große Statue des Paul Buyant und seines blauen Ochsen "Babe" direkt am Visitor Center. Sie gehört zu den meistfotografierten Objekten Minnesotas! Bemidji ist übrigens Ausgangspunkt des bis International Falls reichenden **Paul Buyant Trail**, der für Wanderungen und Fahrradtouren empfohlen wird – Sie müssen ja nicht die gesamte Strecke absolvieren.

Nordöstlich und östlich von Bemidji erstreckt sich der **Chippewa National Forest** über 10.700 qkm. 1.321 Seen und eine Vielzahl an Flüssen laden zum Baden, Kanufahren und Fischen ein. Besonders eindrucksvoll ist es, wenn im Spätsommer der Indian Summer einkehrt. Das Waldgebiet kann auch von Grand Rapids aus erkundet werden.

c) Das Voyageursland

International Falls

Information
Chamber of Commerce: Ecke 2nd Ave./4th St., Tel.: (218) 283-9400 od. 1-800-FALLS-MN.

Übernachten
Lesen Sie bitte unter Voyageurs Nationalpark im folgenden

International Falls ist zugleich Grenzstadt, Ausgangspunkt zum westlichen Abschnitt des Voyageurs Nationalparks und Standort einer der größten Papierfabriken des Landes. Für Sie lohnt ein Aufenthalt **in** der Stadt kaum. Fahren Sie lieber auf die östlich der Stadt gelegene Halbinsel am Rainy Lake (MN 11 nach Osten) oder weiter nach Süden nach Crane Lake, von wo aus Sie den Nationalpark am besten erkunden können.

Sehenswertes in und um International Falls:

- **Grand Mounds**, 19 Meilen westl. am MN 11, geöffnet: Anfang Mai - Anfang September: tägl. 10h00-16h30, Rest des Jahres nur am Wochenende. Die Laurel Indianer haben zwischen 200 v.Chr. und 800 n.Chr. in dieser Region gelebt, und der Mound (künstl. angelegter Hügel) diente ihrem Häuptling als Basisstation. In einem Interpretations-Center erfahren Sie mehr über die Geschichte dieser Indianer, und ein kleiner Trail führt zum Mound, dem größten in Minnesota. Kommen Sie von Bemidji, sollten Sie bereits vor dem Besuch von International Falls hier vorbeischauen.
- Im Municipal Park von International Falls steht die Statue von **Smokey the Bear**, Symbol der Kampagne gegen Busch- und Waldfeuer. Ebenfalls im Park gibt es noch das **Giant Thermometer**, ein 7 Meter hohes Thermometer.

◆ Die große Papierfabrik, die **Boise Cascade Paper Mill**, kann während der Sommermonate besichtigt werden. Vor allem die Ausmaße der Fabrik sind eindrucksvoll. Vorherige Anmeldung unabdingbar: Tel.: (218) 285-5660.

Voyageurs Nationalpark

Highlights

- Übernachten im **Nelson Resort** und von dort aus Unternehmungen in den Nationalpark machen
- Eine **Angeltour mit Lakeshore-Lunch** unternehmen
- Einen **Rundflug** über den Nationalpark unternehmen
- Die **Biberdämme** besuchen
- Mit einem **Hausboot** oder **Kanu** den Nationalpark erkunden

Überblick

Der Voyageur Nationalpark gehört, ebenso wie der Isle Royale Nationalpark, zu den weniger besuchten Parks in den USA. Das liegt vor allem an der geographischen Lage abseits der touristischen Hauptrouten, aber auch daran, daß Sie die bezaubernden Seiten des Parks nur mit einem Boot, einem Wasserflugzeug bzw. zu Fuß erleben können. Nur am südlichen Ufer, das nur teilweise zum eigentlichen Parkgelände zählt, finden Sie Unterkünfte, Lodgen und Resorts. Diese bieten alle Touren mit dem Boot in den Park an. Im Park selber gibt es keine Straßen, sieht man einmal ab von den Zugangsstraßen zu den Visitor Centers am Südufer des Kabetogama Lake.

Der Nationalpark profitiert natürlich von der geringen Besucherzahl. Selbst im Sommer treffen Sie auf nur wenige Menschen – zumeist Outdoor-Fans.

Unbeschreiblich schön: die Landschaft desVoyageurs Nationalparks

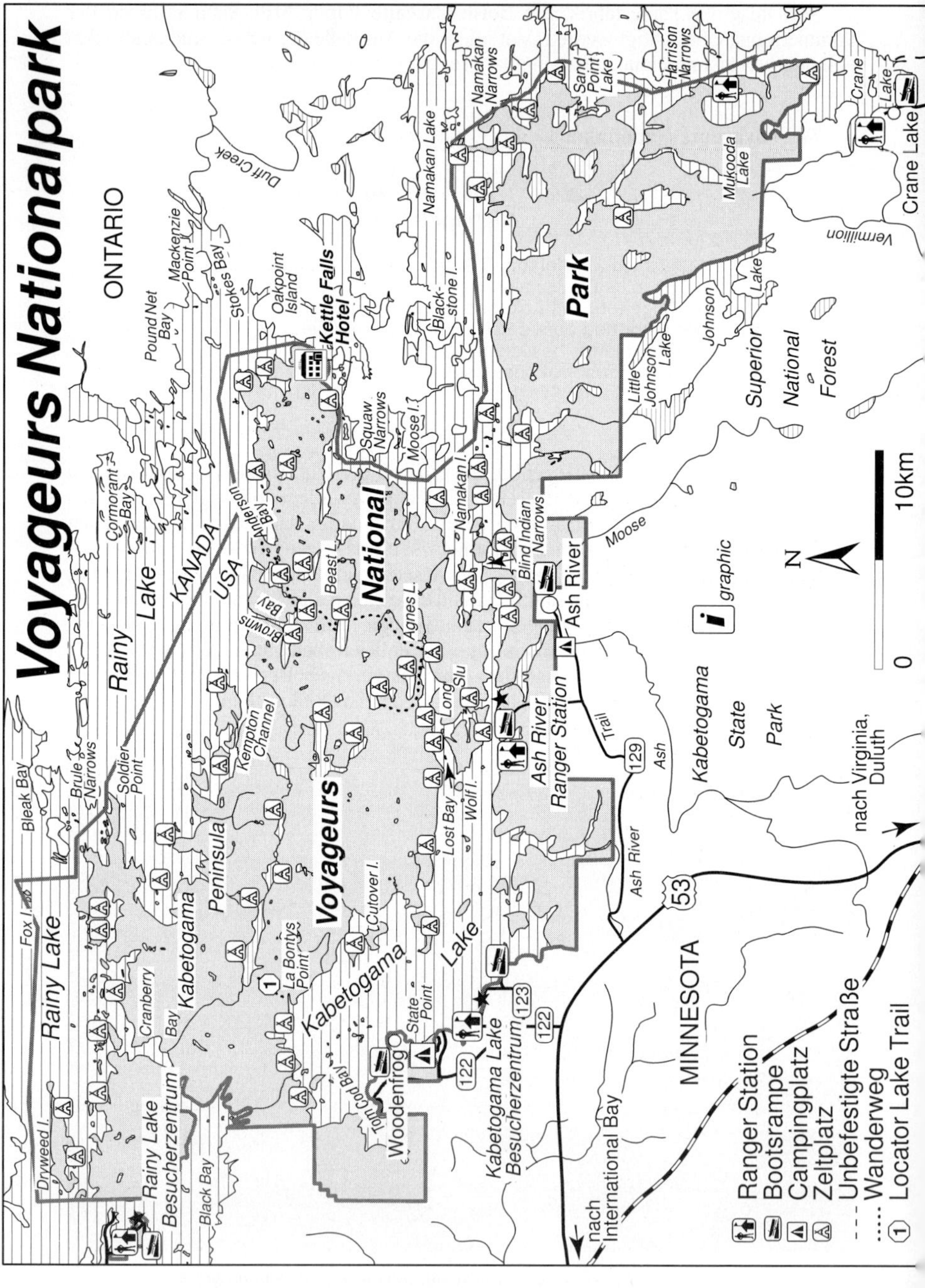
Voyageurs Nationalpark
ONTARIO
KANADA
USA
MINNESOTA
Rainy Lake
Kabetogama Lake
Namakan Lake
Sand Point Lake
Crane Lake
Mukooda Lake
Johnson Lake
Little Johnson Lake
Voyageurs National Park
Kabetogama Peninsula
Kabetogama State Park
Superior National Forest
Kettle Falls Hotel
Rainy Lake Besucherzentrum
Kabetogama Lake Besucherzentrum
Ash River Ranger Station
Ash River
Woodenfrog
Tom Cod Bay
State Point
La Bontys Point
Cutover I.
Lost Bay
Wolf I.
Long Slu
Agnes L.
Beast L.
Browns Bay
Anderson Bay
Kempton Channel
Cranberry Bay
Black Bay
Dryweed I.
Fox I.
Bleak Bay
Brule Narrows
Soldier Point
Cormorant Bay
Pound Net Bay
Mackenzie Point
Stokes Bay
Oakpoint Island
Duff Creek
Squaw Narrows
Moose I.
Blackstone I.
Namakan I.
Namakan Narrows
Blind Indian Narrows
Harrison Narrows
Moose
Vermillion
Ash
Trail
53
122
123
129
nach Virginia, Duluth
nach International Bay
N
0
10km
graphic
Ranger Station
Bootsrampe
Campingplatz
Zeltplatz
Unbefestigte Straße
Wanderweg
Locator Lake Trail

30 größere und unzählige kleinere Seen befinden sich hier, und der Park selbst bildet einen Teil des ehemals von den Voyageurs (lesen Sie zu den "Voyageurs" im Kapitel 9.4.5 – "Grand Portage") benutzten Wasserweges zwischem dem Lake of the Woods und dem Lake Superior. Das Gebiet ist definiert durch Wasserwege, Seen, kleine Inselchen und einer zentralen, großen Halbinsel, der Kabetogama Peninsula zwischen Rainy Lake im Norden und Kabetogama Lake im Süden. Endlose Waldflächen – zumeist borealer Nadelwald –, unterbrochen von nur wenigen Lichtungen, eine artenreiche Tierwelt mit Elchen, Bibern, unzähligen Vogelarten und sogar einigen Wölfen, versprechen ein unvergeßliches Naturerlebnis.

Wer einmal in Skandinavien gewesen ist, kann die Vegetation und Seenlandschaft mit den Seen in Finnland und die kleine Inselwelt mit der Schärenküste vor Schweden vergleichen – geologisch sind sowohl Skandinavien als auch die Grenzregion zu Kanada gleichermaßen von den sich zurückziehenden Gletschern geformt worden. Berge gibt es also nicht.

Als Fazit bleibt für Sie: Der Voyageurs Nationalpark ist etwas für Outdoor-Freunde. Wandern, Kajaken, Schwimmen und Tierbeobachtungen könnten kaum besser sein, und eine Tour mit einem Hausboot durch die Inselwelt – über Nacht in einer einsamen Bucht garantiert! – würde dieses Erlebnis noch abrunden. Aber Achtung! Hausboote können im Sommer nur wochenweise gebucht werden und sind mit ab 1.000$ nicht ganz billig. Besondere navigatorische Vorkenntnisse sind nicht nötig. Die Einweisungen sind gut und die Handhabung einfach.

Mit dem Hausboot durch den Nationalpark

Sollten Sie nun aber glauben, eine Anfahrt würde sich bereits lohnen, nur um einmal mit dem Auto zum Visitor Center zu fahren, um von dort Wanderungen zu unternehmen und dann am folgenden Tag wieder abzureisen, dann kann ich Ihnen davon nur abraten! Dieser Park ist nicht der Grand Canyon! Sie müssen den Park erkunden, er bietet sich Ihnen nicht einfach so an. Landschaftlich ist das mit dem Auto zu erreichende Südufer gleichzusetzen mit anderen Seen auf Ihrer Reise.

Um die Organisation vor Ort müssen Sie sich keine besonderen Gedanken machen. Bootsausleiher, Resorts, Hotels und viele andere bieten alle erdenklichen Dienste an, und die Parkverwaltung selbst stellt auch Kanus, die z.T. an Binnenseen im Park liegen und dort nur auf Sie warten. Eine Anmeldung dafür ist aber wichtig und im Hochsommer sollte diese rechtzeitig erfolgen.

Ein Besuch des Nationalparks lohnt also eigentlich nur dann, wenn Sie mindestens 2 volle Tage (3 Nächte) vor Ort bleiben möchten.

i

Information (schriftlich)

- **Superintendent, Voyageurs Nationalpark:** HCR 9, Box 600, International Falls, MN 56649, Tel.: (218) 283-9821.
- **Buchungen für parkeigene Kanus:** am Kabetogama Visitor Center, Tel.: (218) 875-2111.

Redaktions-Tips

- **Übernachten** Sie auf einem **Hausboot**, im **Nelson Resort** bzw. im **Kettle Falls Hotel**.
- **Das beste Essen** gibt es im **Nelson Resort**
- **Für den besten Ausgangspunkt, um in den Park zu kommen**, halte ich **Crane Lake** und das **Lake Kabetogama Visitor Center**.
- **Ein Flug mit einem Wasserflugzeug** bietet einen besseren Überblick
- Wer viel Zeit hat, sollte sich ein **Hausboot** mieten und den Park vom Wasser aus genießen.
- Nehmen Sie an einem **Lakeshore-Lunch** teil
- Denken Sie an **Anti-Mückenmittel**
- **Zeiteinteilung**:

  2 Tage: Einen Tag wandern zum Locator Lake, den zweiten mit einer längeren Kanutour bzw. mit Angeln verbringen.

  3-4 Tage: erster Tag wie oben, dann 3 Nächte im Nelson Resort verbringen und von dort Wanderungen und Kanutouren unternehmen, einen Rundflug machen und ein Lakeshore-Lunch einplanen.

  7 Tage: Mit einem Hausboot herumfahren und an verschiedenen Plätzen Wanderungen unternehmen

● **Visitor Center**

- Es gibt mehrere Informationsstellen entlang den Anfahrtswegen und auch in den privaten Resorts erhalten Sie Tips und Hilfen.
- Die eigentlichen Infocenter der Nationalparkverwaltung aber befinden sich in Crane Lake (südlich), Kabetogama (halbe Strecke) und am Rainy Lake (bei International Falls). Nur letzteres ist das ganze Jahr über geöffnet. Hier gibt es auch ein kleines Museum, und ein 15-minütiger Film bietet eine allgemeine Übersicht über den Park.

Anreise per **Auto**

Es gibt vier Anfahrtsmöglichkeiten (alle abgehend vom US 53):

● von **Orr** über die **County Rte. 23-24** zum Crane Lake,

● über die **County Rte. 129** ("Ash River Trail") zum Namakan Lake,

● nur wenige Meilen nördlich davon über die **County Rte. 122** nach Kabetogama und

● von **International Falls über den MN 11** zum Black Bay (Rainy Lake)

Parkerkundung

● **Boote:**

Hausboote, Motorboote und Kanus können von privaten Anbietern gemietet werden in Crane Lake, Kabetogama und International Falls. Hier einige Empfehlungen:

- **Crane Lake:**

Anderson's Canoe Outfitters: 7255 Crane Lake Rd, Crane Lake, MN 55725, Tel.: (218) 993-2287 vermietet Kanus. Hausboote gibt es u.a. bei **Voyagaire Lodge & Houseboats** (Adresse unter Crane Lake-Übernachtungen unten).

Kanus und Motorboote bietet zudem das Nelson Resort an.

- **International Falls:**

Northernaire Floating Lodges: Rainy Lake, Route 8, Box 510, International Falls, MN 56649, Tel.: (218) 286-5221 od. 1-800-854-7958 und

Rainy Lake Houseboats: Rte. 8, Box 408, International Falls, MN 56649, Tel.: (218) 286-5391 od. 1-800-554-9188. Hausbootvermietung.

Im Grunde aber vermitteln und **organisieren fast alle Hotels und Resorts um den Nationalpark herum kleine Boote**. Nur eines sollten Sie bedenken: Wenn Sie sich ein Hausboot mieten möchten, müssen Sie dieses bereits **rechtzeitig von Europa** aus tun, denn während der Sommermonate sind die Boote häufig ausgebucht.

● **Touren mit den Parkbooten (Watertaxis)**: Abfahrten: Vom Rainy Lake Visitor Center (Nordroute, Reserv.: (218) 286-5470) sowie vom Lake Kabetogama Visitor Center (Südroute, Reserv.: (218) 875-2111. Es werden auch "Overnight-in Kettle-Falls-Touren" angeboten.

● **Wasserflugzeug:** Ein Flugzeug kann in Crane Lake bei **Scotts Seaplane** gebucht werden. Infos über das dortige Touristenbüro: Tel.: (218) 993-2901.

Übernachtungen

● **Im Park:**

Kettle Falls Hotel $$-$$$: Buchung über das Parkoffice. Das kleine Hotel liegt mitten im Park und kann nur mit dem Wassertaxi des Hotels bzw. dem des Parks sowie einem Wasserflugzeug erreicht werden. Das Hotel hat historischen Charakter, und die "schiefe" Lounge

Nelson's Resort

verdeutlicht dieses. Die Zimmer sind einfach, aber durchaus reizvoll. Badezimmer müssen geteilt werden. Restaurant vorhanden.

● **Crane Lake**

- **Nelson's Resort $$$$:** 7632 Nelson Rd, Crane Lake, MN 55725, Tel.: (218) 993-2295, Fax: (218) 993-2242. 28 Hütten (einige mit kl. Küchen) – wunderschön gelegen am Crane Lake – bieten einen geruhsamen Aufenthalt mit Entspannungscharakter. Die Hütten können auch **tageweise** gebucht werden. Erstklassiges Freizeitprogramm: Wanderungen, Motorboot- und Kanuverleih, Sandstrand, Wasserski, Fahrradverleih, Angeln (Ausrüstung + Lizenzen werden gestellt), Sauna, Münz-Waschautomaten und ein kleines Geschäft. Die Lodge wurde bereits 1931 von der Familie Nelson übernommen und ist nun in 3. Generation in ihrem Besitz. Besonders die alten – aber komfortablen – Hütten sind lohnenswert: **TIP**: Die Hütte "Ranger" bietet einen schönen Sonnenuntergang! Diese Lodge ist zwar nicht ganz billig (DZ-Hütte ca. 200 $, inkl. 2 Mahlzeiten), doch bieten sich von hier aus erstklassige Möglichkeiten, den Nationalpark und das ebenfalls faszinierende Umland zu erkunden. Fachkundige Leitung und Führungen sowie unvergeßliche "Lakeshore Lunches": Es wird einfach alles geboten und jeder Wunsch abgedeckt. Hier können Sie auch gut ein paar Tage ausspannen. Auch die Selbstversorgerhütten werden täglich gereinigt. Das Restaurant ist Spitze (Gemüse und Gewürze stammen aus dem eigenen Garten) und die Weinkarte erlesen. Donnerstags gibt es ein ausgezeichnetes Buffet, für das Sie sich rechtzeitig anmelden müssen! Mit weitem Abstand: **Der Tip** für die Region! Schade ist, daß die Lodge nur von Mai bis Ende September geöffnet ist.

- **Voyagaire Lodge and Houseboats $$$-$$$$:** Dept. C95, Box MA93 am Crane Lake, Crane Lake, MN 55725, Tel.: (218) 993-2266 od. 1-800-882-6287. Hotel der Mittelklasse. Der Clou hier sind die Hausboote, die Sie auch mieten können für Touren in den Voyageurs Nationalpark.

INFO

Was ist ein Lakeshore-Lunch?

Diese beliebte Outdoor-Aktivität im Voyageurs Land beginnt mit einem frühen Aufstehen! Zusammen mit einem Führer fahren Sie dann – nach nur kleinem Frühstück – per Boot auf den See zum Angeln. Alles Notwendige dazu wird gestellt, und der Führer gibt Anfängern natürlich Hilfestellung. Sollten Sie es schaffen, bis 11h00 ein paar Fische gefangen zu haben, haben Sie schon fast gewonnen! Denn dann wird an einem Strand angelegt und es geht ans Holzsammeln und Feuer entfachen. Auf diesem Feuer werden die frisch gefangenen und ausgenommenen Fische gebraten. Ein schmackhaftes Mahl, zu dem es frisches Brot, Salate und andere Leckereien gibt, die der Führer natürlich mitgebracht hat. Aber keine Angst: Sollten Sie nichts fangen, ist immer eine "Notreserve Fisch" im Korb, und Ihr Führer hat vielleicht auch mehr Glück gehabt als Sie. Eine spaßige und kulinarisch empfehlenswerte Unternehmung!

● **Andere Übernachtungsempfehlungen außerhalb des Parks:**
Es gibt Hotels, Hütten und Resorts um den ganzen Park herum, so z.B. in Crane Lake (s.o.), Kabetogama, Orr und International Falls. Hier ein paar Tips:
- **Northernaire Floating Lodges $$$$:** am Jackfish Bay am Rainy Lake (erst 7 Meilen von International Falls nach Osten auf dem MN 11, dann 2 Meilen nach Norden auf der County Rte.94), Box 510, International Falls, MN 56649, Tel.: (218) 286-5221. Unterkünfte auf 21 Hausbooten. Mal etwas anderes! Mindestaufenthalt während des Sommers 3 Tage.
- **Ash River Trail Lodge $$$:** am Ash River Trail (County Rte. 129), Postanschrift: Orr, MN 55771, Tel.: (218) 374-3131 od. 800-777-4513. 11 Hütten. Organisation verschiedenartigster Outdoor-Touren. Restaurant und Lounge.
- **Thunderbird Lodge $$-$$$:** Rte. 8 am Rainy Lake, Postanschrift: Box 407, International Falls, MN 56649, Tel.: (218) 286-3151. Direkt am See gelegen. Hütten und Zimmer. Organisation von Outdoor-Touren und Fahrten in den Park. Ansprechendes Restaurant mit Seeblick.
- **Island View Lodge $$-$$$:** Rte. 8 am Rainy Lake, 12 Meilen östl. von Int. Falls. Postanschrift: Box 411, International Falls, MN 56649, Tel.: (218) 286-3511 od. 800-777-7856. Am Rainy Lake gelegen. Hütten und Motelzimmer.
- **Arrowhead Lodge $$-$$$:** Lake Kabetogama Ray, hinter dem Kabetogama Visitor Center, MN 56669, Tel.: (218) 875-2141. Rustikale Lodge mit einfachen, aber ansprechenden Zimmern sowie Selbstversorgungshütten für 4-6 Personen. Die Lodge (dunkelrot gestrichenes Holz, erinnert an Skandinavien. Besonders Angler erhalten hier beste Infos und "Hilfestellungen fürs erste Mal".
- **Day's Inn $$:** 1 3/4 Meilen südl. von Int. Falls am US 53. Postanschrift: Drawer O, South International Falls, MN 56679, Tel.: (218) 283-9441, Fax: (218) 283-9441 ext. 303. Motel mit 60 Zimmern. Günstiges Preis-Leistungsverhältnis.

Camping
Campingplätze finden Sie zur Genüge im gesamten Gebiet **um den Park**, vor allem aber in Kabetogama, Orr und International Falls.
Im Park gibt es über 140 einfache, aber sehr schöne Plätze. Trinkwasser bzw. einen Wasserfilter müssen Sie mitnehmen, es gibt dort kein fließendes Wasser. Die meisten Plätze verfügen über eine einfache Toilette und einen bärensicheren Abfalleimer. Feuerholz dürfen Sie sammeln.

Restaurants
Alle Resorts und Hotels haben ein eigenes Restaurant, hervorheben möchte ich aber die gute Küche im **Nelson Resort**.

◆ **Größe:** 890 qkm
◆ **Nationalpark seit:** 1975
◆ **Beste Jahreszeit:** Jede Jahreszeit bietet etwas: Der Sommer ist warm, und selbst das Baden in den Seen macht Spaß. Der Indian Summer (ca. Ende September) hat natürlich seine ganz eigenen Reize. November und Dezember sind kalt, feucht und ungemütlich, also weniger geeignet. Die Wintermonate sind bitterkalt, aber Ski-Langlauf, Schlittschuhlaufen, Schneeschuhlaufen, Snowmobiling u.a. Aktivitäten mögen einige erfreuen. Der Frühling kehrt dann ab April ein, und die saftigen grünen Farben sind ab Mai eindrucksvoll. Es ist aber bis in den Juni hinein noch ziemlich kalt.
◆ **Geschichte:** Bereits vor 10.000 Jahren haben nomadisierende Indianer in dem Seengebiet gelebt. Die ersten Siedlungen aber werden erst um 1000 v.Chr. datiert. Es waren Vorfahren der heutigen Ojibwa Indianer. Um 1620 dann kamen die ersten Weißen in die Region – zumeist Trapper –, denen dann die Voyageurs gefolgt sind, um die gefangenen Pelze mit ihren Kanus zu den Handelsstationen im Osten zu befördern. 1893 entdeckte man Gold auf der Little American Island im Nordwesten, und ein kleiner Goldrush setzte ein. Innerhalb eines Jahres fanden die Prospektoren gerade einmal Gold im Werte von 10.000 Dollar, so daß der Rush schnell abflaute. Fischer folgten den Prospektoren, die für die Landanbindung gesorgt hatten, doch

Der Ranger "überwacht" den Park per Wasserflugzeug

hatten diese auch nicht viel Erfolg. Anders dagegen die Holzindustrie, die ab 1907 in großem Stile mit der Rodung der Wälder begann. Noch heute finden sich alte "Log-Trecks" im Park. Der Ausbau der Eisenbahnlinie nach International Falls verstärkte den Einschlag. Ab 1920 aber entwickelte sich auch der Tourismus, wenn auch, wie z.T. noch heute, im kleinen Rahmen. Zwar finden sich jetzt zahlreiche Hotels und Resorts entlang der südlichen Seeufer, aber die Weite und die großen Seenflächen lassen in keiner Weise einen "Sardineneffekt" aufkommen.

◆ **Geographie und Geologie:** Das Ausgangsgestein wird gebildet von mindestens 1,5 Mrd. Jahren altem Tiefengestein, das durch Vulkaneruptionen an die Oberfläche befördert worden ist. Geomorphologisch betrachtet, ist die heutige Oberfläche geformt worden von den Gletschern, die vor 2,2 Mio. Jahren hier das erstemal den Boden bedeckten und vor 11.000 Jahren zum letztenmal ihren Rückzug angetreten sind. Durch sie sind die Granitfelsen abgerundet worden. Die dünne Humusschicht ist bezeichnend für das nordische Klima und den geringen Blattabwurf eines borealen Nadelwaldes. Geologisch betrachtet, zählt das Voyageursland zum Kanadischen Schild, das sich von den polaren Inseln im Norden bis weit hinein in die USA erstreckt.

Die meisten Seen haben sich in Mulden gebildet, die die Gletscher einst geformt haben. Zahlreiche kleine Seen aber, die sich besonders durch ihre Schwarzfärbung herausheben, sind auf Biberdämme zurückzuführen. Biber haben zum Schutze ihres "Biberhauses" Dämme an Bächen gebaut, die sich zu Seen aufgestaut haben. Das Biberhaus befindet sich damit inmitten des Sees, dort wo die Feinde, u.a. die Wölfe, nicht so einfach hingelangen können. Man zählt über 90 Biberseen im Park.

◆ **Tierwelt:** Beeindruckend ist die Vogelwelt im Park. Hervorzuheben sind da die verschiedenen Adlerarten, wobei der Weißkopfseeadler am typischsten ist. Es gibt zudem: Haubentaucher, Möwen, verschiedene Reiherarten und auch Kormorane. In den Wäldern leben Spechte, Eulen, Falken und Drosseln.

Biber, Schwarzbären, Waschbären und Weißedelhirsche sind naturbedingt im Park erhalten geblieben, während Wölfe und Elche zwischenzeitlich ausgestorben waren. Doch auch letzteren beiden Arten hat man wieder zur Ansiedlung verholfen, und somit haben Sie besonders auf der Kabetogama Peninsula wieder die Gelegenheit, auch diese anzutreffen. Bei Bären sollten Sie vorsichtig sein: Sie sind aber nur dann wirklich gefährlich, wenn sie sich angegriffen fühlen. Machen Sie bei einer Begegnung mit ihnen also keine ruckartigen Bewegungen, sondern bleiben Sie einfach ruhig stehen. Wölfe treffen Sie kaum an. Diese hören Sie so früh, daß sie bereits verschwunden sind, ehe Sie sie wahrnehmen.

◆ **Pflanzenwelt:** Die Flora ist bestimmt durch das nordische Klima und die dünne Bodenschicht. Fichten, Kiefern, Tamaracke, Lärchen, Birken und Espen sind als Bäume hauptsächlich anzutreffen, wobei die niedrigen Pflanzen rar sind. Weit verbreitet sind aber die Moose und Farne, sowie fliegenfressende Blütenpflanzen, wie z.B. der Sonnentau. Typisch für die leicht moorigen Uferzonen ist zudem der Wilde Reis, den Sie mit Sicherheit einmal zu einem Essen gereicht bekommen. Er ist dunkler

Hier wächst "Wilder Reis"

und "würziger" als der Reis, den wir sonst kennen.

◆ **Aktivitäten:** Grundsätzlich läßt sich sagen: Alle Aktivitäten, die mit Wasser zu tun haben, wie z.B. Kanufahren, Schwimmen, Angeln etc., sind möglich. Zudem sind natürlich Wanderungen, vor allem auf der Kabetogama Peninsula, eine lohnenswerte Aktivität.

- **Angeln:** Lizenzen und Boote erhalten Sie bei den Parkbehörden bzw. über die meisten Hotels/Resorts. Geangelt werden vornehmlich Barsch, Hecht und seltener Forelle.

- **Kanufahren:** Hierfür benötigen Sie selbst im Sommer wärmere Kleidung. Denken Sie immer an eine 2. Garnitur und Handtücher, die natürlich wasserdicht verpackt sein müssen. Eine nie zu vergessende Regel: Selbst nach dem Kentern: Geben Sie niemals Ihr Boot auf! Gute Kanustrecken wären z.B. die kleinen Binnenseen sowie die Strecke vom Crane Lake zur Kettle Falls Lodge. Fahren Sie niemals zu weit aufs offene Wasser, soweit sich dieses natürlich mit Ihrem Ziel vereinbaren läßt. Auf dem offenen Wasser können der Wind und die Wellen zu unangenehmen Begleitfaktoren werden. Und erkundigen Sie sich selbst bei Halbtagestouren immer nach dem Wetter – sonst fristen Sie unerwarteterweise eine Nacht ein "Robinson Crusoe-Dasein". Am besten, Sie paddeln nicht alleine und informieren Ihre Lodge, welche Route Sie einschlagen wollen.

- **Wandern:** Es gibt ein paar kurze Wanderwege an den Visitor Centers. Der schönste Halbtageswanderweg ist der Trail zum **Locator Lake** auf der Kabetogama Peninsula. Er führt an einem Bibersee vorbei und bietet den borealen Wald von allen seinen Seiten. Am Locator Lake dann können Sie ein parkeigenes Kanu nutzen für eine Tour auf dem See. Im Visitor Center gibt es eine Broschüre mit Erläuterungen zu diesem Trail.

- **Organisierte Aktivitäten:** Die Parkverwaltung bietet täglich kürzere und längere Touren (Kanu, Wandern, Motorboote) an, die von einem Ranger begleitet werden. Gut geeignet für einen ersten Überblick.

- **Mehrtägige Trips:** Für längere Touren in den Park empfiehlt sich dringend eine vorherige genaue Planung, bei der ein Ranger konsultiert werden sollte. Außerdem wichtig: Container für die wasserdichte Verwahrung aller Dinge, warme Kleidung, Ersatzbekleidung, Zelt, Lebensmittel, Wasserfilter, alles zum Feuer anzünden, gute Karten, Wetterbericht einholen, abmelden beim Start und ... eine gesunde Einschätzung der eigenen Leistungsfähigkeit. So schnell kommt Hilfe nicht herbei!

Einsame Zeltplätze empfehlen sich

Auf dem Weg zum Lake Superior treffen Sie 20 Meilen vor Ely auf die **Soudan Mine**, die Sie besichtigen können. Lesen Sie dazu im Abschnit b) Iron Range.

Ely

Information
Ely Chamber of Commerce: 1600 E. Sheridan St., Ely, MN 55731, Tel.: (218) 365-6123 od. 1-800-777-7281.

Übernachten
Neben den hier angeführten Unterkünften finden Sie in der zentralen Sheridan Street eine Reihe anderer Mittelklassehotels.

- **Timber Bay Lodge & Houseboats $$$$:** Box 248, Babitt, MN 55706, Tel.: (218) 827-3682. Anfahrt: Fahren Sie 15 Meilen nach Süden auf der County Rd 21, dann 3 Meilen östlich auf der County Rd 70. Für Reservierungen zw. Okt. und April schreiben Sie an: 10040 Colorado Rd, Bloomington, MN 55438. Hausboote (mind. 3 Tage) aller Größen und schöne Hütten (mind. 1 Woche) bieten einen schönen Aufenthalt. Angeln, Kanutouren, Segelboote etc. sorgen für das Freizeitprogramm.
- **Silver Rapids Lodge $$$:** HC 1, Box 2992, Ely, MN 55731, Tel.: (218) 365-4877. Zimmer und Suiten. Besonders die Suiten mit ihren Küchen bieten die Gelegenheit zum Selberkochen und Platz für Kinder. 6 Meilen von Ely entfernt und nicht am HC 1 gelegen (nur Postanschrift), sondern östlich an der County Rd 16.
- **Motel Ely-Budget Host $-$$:** 1047 E. Sheridan St., Ely, MN 55731, Tel.: (218) 365-3237. Kleines und sauberes Motel. Sauna. Gutes Preis-Leistungsverhältnis.

Restaurant
Cranberry's Saloon & Restaurant: 47 E. Sheridan St. (MN 1), Tel.: (218) 365-4301. "Saloon"-Restaurant mit amerikanischen und Tex-Mex-Gerichten. Die Lounge ist abendlicher Treffpunkt für die Outdoor-Fans.

Ely ist eine ansprechende, ehemalige Minenstadt, die sich heute ganz dem Kanutourismus in die BWCA verschrieben hat. Besuchenswert in Ely ist das

◆ **International Wolfe Center**, 1369 Highway 169 (1 Meile östl. der Stadt), Ely, MN 55731-8129, geöffnet: von Ende Mai bis September täglich 10h00-17h00, Rest des Jahres am Wochenende. Das eindrucksvolle Museum erläutert das Leben des Wolfes, einer Tierart, die auch in Amerika vom Aussterben bedroht ist. Filme, verschiedene Wölfe in einem Freigehege und zahlreiche "Spiele" versprechen eine interessante Stunde. Vornehmlich beschäftigt sich das Institute aber mit der Erforschung der einzelnen Wolfsrudel im Norden von Minnesota, und eine ständig aktualisierte Karte zeigt, wo diese sich gerade aufhalten. Das Institut führt im Sommer auch ein- bis mehrtägige Touren zu den Wolfsrudeln durch. Eine rechtzeitige Anmeldung dafür ist notwendig und kann schriftlich oder telefonisch erfolgen: Adresse: siehe oben, Tel.: (218) 365-4695 od. 1-800-ELY-WOLF.

INFO

Kanutouren in die BWCA

Ely ist einer der wichtigsten Ausgangspunkte in die einzig für Kanutouren designierte Grenzregion, im allgemeinen ***BWCA*** *oder* ***BWCAW*** *(Boundary-Waters-Canoe-Area-Wilderness) genannt. Hier können Sie sich also vorbereiten und ausrüsten für Kanutouren in das o.g. Gebiet. Die BWCA ist die größte Kanuregion in den USA. Ausrüstungsläden gibt es genug. Die meisten sind in Ely oder am nahen Moose Lake. Empfehlungen:*

- ***Tom and Wood's Moose Lake Wilderness Canoe Trips:*** *P.O.Box 358, Ely, MN 55731, Tel.: 1-800-322-5837.*
- ***Beland's Wilderness Canoe Trips:*** *Box 808, Ely, MN 55731, Tel.: (218) 365-5811. Kanutrips aller Art. Start: am Moose Lake.*
- ***Wilderness Outfitter Guide Service:*** *1 E. Camp St., Dept. VG 95, Ely, MN 55731, Tel.: (218) 365-3211. Sie fliegen in ein Camp, 30 Meilen nordöstlich im Quetico Park gelegen. Von hier stehen Kanuten und Anglern "alle Türen offen". Straßen gibt es dort nicht!*

Die Kanu-Touren können alles beinhalten: Vom 2-stündigen Paddeln über Tagestouren bis hin zu aufwendig durchgestylten Mehrtagestouren mit: Bootziehen, Einfliegen zu den Start-/Endpunkten, Zelten in der Wildnis usw. Eine Mehrtagestour wäre schon ein unvergeßliches Erlebnis ... kostet aber auch einiges.

Tips bzw. worauf Sie achten müssen, bevor Sie starten:

- *Sie benötigen ein* ***Permit*** *vom Ranger: US Forest Service Kawishiwi Ranger District, 118 S. 4th Ave., Ely, MN 55731, Tel.: (218) 365-7600. Diese Permits erhalten Sie aber auch im Wolfe Center oder an jeder anderen Rangerstation der Region bzw. über die meisten Ausrüster! Erkundigen Sie sich hier*

Einsame Seen und Flüsse

auch gleich über Grenzformalitäten, denn bei längeren Touren ist ein Grenzübertritt kaum zu vermeiden und verspricht zudem den Besuch sehr abseits gelegener Indianersiedlungen.

- ***Sie wollen über die Grenze:*** *Vorher noch beim US Customs Office melden, Tel.: (218) 365-3262.*

- ***Stimmt Ihre Ausrüstung?*** *Haben Sie genug zu trinken, Lebensmittel, Vitamintabletten, Moskitomittel, 1. Hilfe-Tasche, Regenschutz, Sonnenschutz, Sonnencreme, Karten, Zelte, Schlafsack? Erkundigen Sie sich vorher genau beim Ranger oder Ausrüster, was alles nötig ist.*

Besorgen Sie sich ***vernünftige Karten****!*

Am besten, Sie ***arrangieren alles über einen Ausrüster*** *(Outfitter)*

Vor der Abfahrt gilt es, den ***Wetterbericht*** *einzuholen.*

Die "BWCA" wird mit ihren über 4.000 qkm als die "Canoe Capitol of the World" bezeichnet. Es gibt hier an die 2.500 km Kanuwanderwege. Die Landschaft bietet alles, was das Herz begehrt: Wälder, Seen, große und kleine Flüsse, zahlreiche Tiere (auch Ornithologen werden auf ihre Kosten kommen) und vor allem Ruhe und Einsamkeit ... (Sie müssen halt ein wenig von den südlichen Gebieten wegpaddeln). Die BWCA ist übrigens das größte geschützte Wildnis-Areal östlich der Rocky Mountains.

Motorboote sind nicht erlaubt!

Tip
Während der Sommermonate empfiehlt sich ein rechtzeitiges Vorausbuchen!

Die Strecke führt nun von Ely weiter entlang des MN 1 an die Küste südlich von **Little Marais**. Die atemberaubende Waldlandschaft und die Chance, einen Elch zu sehen, macht sie zu einer der schönsten Streckenabschnitte in diesem Reisegebiet. Zahlreiche Kurven und eine teilweise schmale Straße verlangen eine vorsichtige Fahrweise. Planen Sie das zeittechnisch ein! Lesen Sie ab hier weiter im folgenden Kapitel.

9.4.5 VON DULUTH UM DEN LAKE SUPERIOR NACH SAULT STE. MARIE

Zwischen Duluth und Two Harbors sollten Sie sich für die schönere Strecke entlang des **alten US 61** entscheiden.

Two Harbors erhielt seinen Namen durch seine 2 Häfen, Agate Bay und Burlington Bay. Es war der erste Erzhafen Minnesotas. Zu besichtigen gäbe es hier das **Depot Museum** (am Fuße des Waterfont Drive), das sich mit der Geschichte der Stadt beschäftigt.

Der 14 Meilen nördlich von Two Harbors (am US 61) gelegene **Gooseberry Falls State Park** bietet 5 kleine Wasserfälle, Wanderrouten und einen Campingplatz.

Einen Stop sollten Sie einlegen am **Split Rock Lighthouse** (20 Meilen hinter Two Harbors). Der 1910 errichtete Leuchtturm steht auf einer 30 Meter hohen Klippe und mißt selbst 22 Meter. Somit dient er auch heute noch der Seefahrt. Ein kleines Museum erläutert Bau und Geschichte dieses eindrucksvollen Leuchtturms, und der gleichnamige State Park bietet zudem das Nebelhorn-Haus und andere Relikte aus früheren Zeiten. Geöffnet: Mai - Oktober: tägl. 9h00-17h00, während der Wintermonate ist nur das Museum an Wochenenden von 12h00-16h00 geöffnet (Dez.: geschl.).

Schöne Resorts und Hotels
finden Sie in Little Marais und Schroeder. Die meisten liegen am Seeufer des Lake Superior.
An dieser Stelle hervorheben möchte ich das Lutsen Resort im gleichnamigen Ort. Der Ort entwickelte sich um dieses älteste Resort in Minnesota. Neben dem Resort finden Sie hier zahlreiche andere Resorts, Hotels und Motels. Die Berglandschaft oberhalb von Lutsen ist ein beliebtes Wintersportgebiet, die sog. **Lutsen Mountains Ski Area** (Abfahrt und Langlauf).
Lutsen Resort $$$$: 1 ½ Meilen südlich des eigentlichen Ortes am US 61, P.O.Box 9, Lutsen, MN 55612, Tel.: (218) 663-7212 od. 1-800-346-1467. Ältestes Resort in Minnesota. Zimmer, Condos und Selbstversorgerhäuser. Besonders zu empfehlen sind die Villen, die größtenteils über Whirlpools und Kamine sowie oft über einen Balkon mit Seeblick verfügen.

Der **Cascade River State Park** bietet Wanderwege und Campingplätze.

Grand Marais

Information
Grand Marais Chamber of Commerce: P.O.Box 1048, Grand Marais, MN 55604, Tel.: (218) 387-2524 od. 1-800-622-4014.

Übernachten
● **Cascade Lodge $$$:** 10 Meilen südwestl. am US 61 – im Cascade State Park, P.O.Box 490M, Grand Marais, MN 55604, Tel.: (218) 387-1112. 14 Zimmer in der Lodge, dazu kleine und größere Holzhütten, z.T. mit Küche. Verschiedene Outdoor-Aktivitäten werden angeboten. Am Lake Superior.
● **Harbor Inn $-$$:** Am US 61, P.O.Box 669, Grand Marais, MN 55604, Tel.: (218) 387-1191 od. 800-245-5806, Fax: (218) 387-1872. Günstiges Motel am Lake Superior.

Restaurant
Birch Terrace: W 6th Ave. (1/2 westl. am US 61), Tel.: (218) 387-2215. Altes Wohnhaus (1898). Bei Ausblick auf den Lake Superior gibt es leckere Fischgerichte.

Grand Marais ist das wirtschaftliche Zentrum des nördlichen Küstenabschnittes und für viele Reisende Ausgangspunkt für Kanutouren in der BWCA. Hier beginnt außerdem der landschaftlich bezaubernde **Gunflint Trail** (County Rd. 12, Sackgasse), der über 60 Meilen bis zum Saganaga Lake an der kanadischen Grenze hinaufführt. Skigebiete, zahlreiche Lodgen, schöne Campingplätze und Hunderte von Seen sprechen für diesen Abstecher, der aber mindestens einen Extratag wert sein sollte. Ausrüster für Kanutouren und Wanderungen finden Sie entlang der Strecke.

Eine **Übernachtungsempfehlung** am Gunflint Trail wäre
Bearskin Lodge $$$-$$$$: 26 Meilen von Grand Marais, 275 Gunflint Trail (an der E. Bearskin Rd), Grand Marais, MN 55604, Tel.: (218) 388-2292 od. 1-800-338-4170. Condos und mit Küchen eingerichtete Cottages. Verleih von Kanus, Fahrrädern u.a.

Grand Portage und Grand Portage National Monument

Information
Superintendent: P.O.Box 668, Grand Marais, MN 55604.

Fähre zum Isle Royale Nationalpark
Von Anfang Mai bis Ende Oktober verkehrt vom Boat Dock an der Great Hall ein Boot zum Nationalpark. Infos: Grand Portage/Isle Royale Transportation Lines, Grand Portage, MN 55605, Tel.: (218) 392-2100. Die Fahrt dauert zwischen 3 (bis zur Westspitze) und 6 ½ Stunden (Rock Harbor). Preis: ab 35 $ return.

Hinweis
Lesen Sie zum **Isle Royale Nationalpark** im Kapitel 9.3.3.

Übernachten
Grand Portage Lodge & Casino $$: Marina Rd & US 61, Grand Portage, MN 55612, Tel.: (218) 475-2401 od. 1-800-543-1384. Wie der Name bereits besagt: ein Casino! Dafür aber der Vorteil der günstigen Zimmer – Sie müssen ja die preisliche Differenz nicht in den einarmigen Banditen "nachzahlen". Pool und Sauna. Restaurant mit Blick auf den Lake Superior.

Grand Portage liegt in einem Indianerreservat, und der Ort selber ist kaum zu entdecken, so klein ist er. Das Casinohotel ist der Hauptanziehungspunkt und besonders beliebt bei den Kanadiern. Sehenswert ist hier aber das

■ **Grand Portage National Monument**, geöffnet: Mitte Mai bis Mitte Oktober täglich 8h00-17h00, Rest des Jahres nur an Wochenenden bzw. in den "Randmonaten" zu reduzierten Zeiten. Infos: Tel.: (218) 387-2788. Der Name "The Grand Portage" (der große Umtrageplatz), bezieht sich auf das 8 ½ Meilen-Landstück, auf dem die "Voyageurs" ihre Kanus vom Pigeon River zum Ufer des Lake Superior tragen mußten. Bereits um 1722 wurde diese Strecke, alternativ zu einer nördlicheren, von den Voyageurs gewählt, und im Jahre 1779 hat die North West Company hier an der Mündung des Pigeon River eine Handelsniederlassung gegründet. Alljährlich im Sommer fanden sich die Voyageurs ein und handelten die Felle, die sie weiter aus dem Westen Kanadas (Lake of the Woods-Gebiet) mit ihren Kanus herangeschafft hatten. Damit war dieser Handelsposten die erste weiße Siedlung in Minnesota.

Grand Portage Nat. Monument

Zu besichtigen sind heute das rekonstruierte Handelshaus (inkl. Requisiten aus dem 18. Jhd.), eine Gemeinschaftsküche und der Versammlungsraum. Ranger führen alte Handwerkskünste vor und geben nähere Auskünfte.

Die Grand Portage kann auf einem Wanderweg abgelaufen werden.

INFO

Wer waren die Voyageurs?

Zumeist handelte es sich um französische Abenteurer. Diese übernahmen weiter im Westen von den Trappern Felle, die sie dann in 8 m langen Kanus aus Birkenrinde (8 Paddler) bis in die großen Städte im Osten der Großen Seen bzw. bis nach Montreal beförderten. Später aber verkauften sie die Felle bereits, wie hier an der Grand Portage, an den westlichen Ausläufern des Lake Superior, von wo aus größere Schiffe den weiteren Transport übernahmen. Die große Zeit der Voyageurs war während des 18. Jahrhunderts, danach übernahmen Pferdekutschen und später auch die Eisenbahn ihre Aufgabe, wobei selbst im ausgehenden 19. Jahrhundert einige von ihnen noch auf abgelegenen Strekken Waren transportierten.

Für die Erschließung und den Handel mit den Außenposten des weitgehend unerschlossenen Westens Kanadas aber hatten sie eine große Bedeutung und gaben dem Landstrich entlang des von ihnen hauptsächlich frequentierten Wasserweges zwischen dem Lake of the Woods und dem Lake Superior seinen Namen.

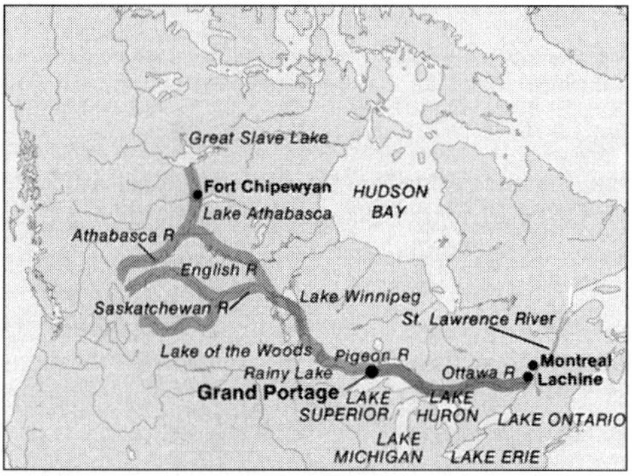

Route der Voyageurs

Die Voyageurs galten als friedliche und vor allem fröhliche Menschen. Sie liebten die Natur und die Einsamkeit, und nur an wenigen Tagen im Jahr trafen sie zusammen, wie z.B. hier am Grand Portage. Dabei wurde viel gesungen. Nicht selten wurde auch alles Geld verspielt und in Alkohol umgesetzt, bevor es spätestens im August wieder zurückging in die Wildnis.

In Kanada entlang dem Lake Superior

Der Kanada-Teil ist teilweise übernommen aus dem Reisehandbuch "Kanada/ Osten" von Leonie Senne

Hinweis
Geld wechseln können Sie an der Grenze im Touristenbüro von Ontario (bis 17h00 = 16h00 amerik. Zeit!). Banken gibt es ansonsten in Thunder Bay, und auch in den Hotels können Sie zu einem etwas ungüstigeren Kurs eine kleine Menge Geld tauschen.

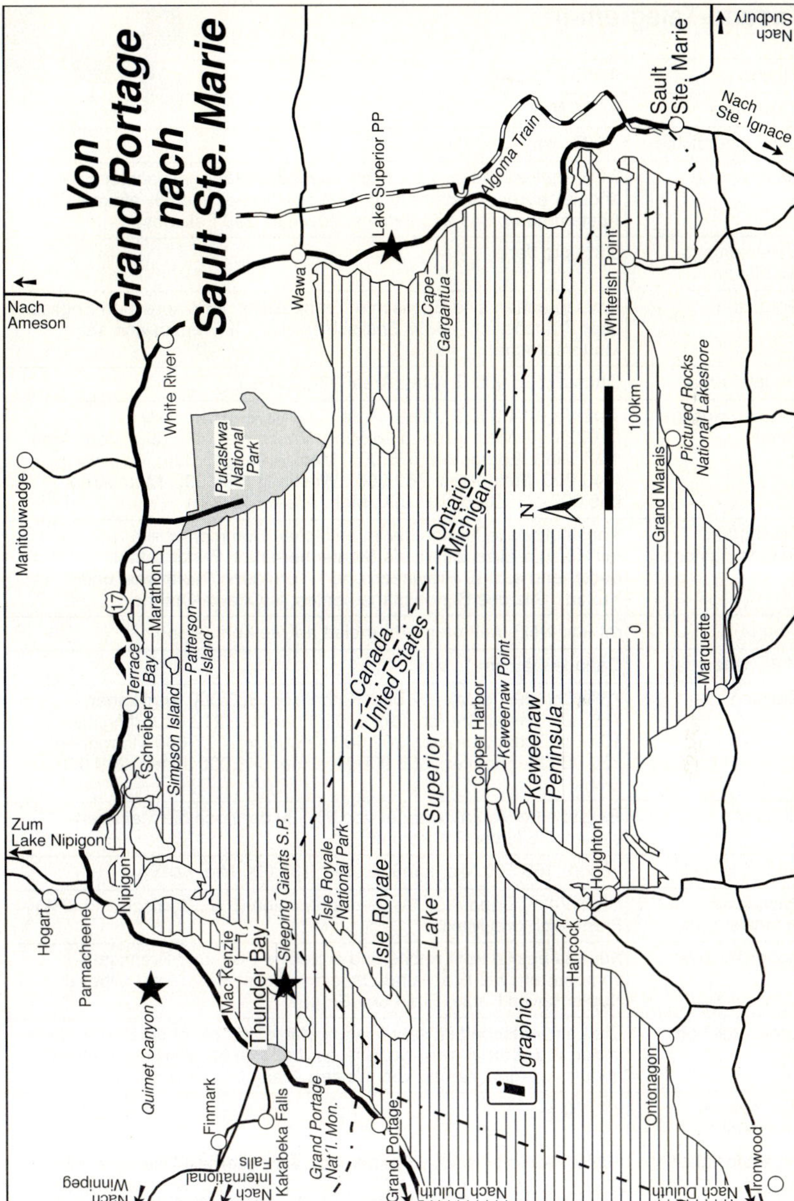
Von Grand Portage nach Sault Ste. Marie
Nach Ameson
Zum Lake Nipigon
Manitouwadge
White River
Wawa
Lake Superior PP
Algoma Train
Sault Ste. Marie
Nach Sudbury
Nach Ste. Ignace
Pukaskwa National Park
Marathon
17
Terrace Bay
Schreiber
Simpson Island
Patterson Island
Nipigon
Hogart
Parmacheene
Quimet Canyon
Mac Kenzie
Thunder Bay
Sleeping Giants S.P.
Finmark
Kakabeka Falls
Nach Winnipeg
Nach International Falls
Grand Portage Nat'l. Mon.
Grand Portage
Nach Duluth
Isle Royale National Park
Isle Royale
Lake Superior
Canada
United States
Ontario
Michigan
Cape Gargantua
Whitefish Point
100km
0
N
Copper Harbor
Keweenaw Point
Keweenaw Peninsula
Houghton
Hancock
Grand Marais
Pictured Rocks National Lakeshore
Marquette
Ontonagon
Ironwood
graphic

Kanada-Telegramm

Fläche	9.958.319 qkm
Einwohner	27,91 Mio.
Einwohnerdichte	2,8 E./qkm
Bevölkerung	34% Anglokanadier, 24% Frankokanadier, 18% gemischter bzw. anderer europ. Abstammung, 16% asiatischer und 3% afrikanischer Abstammung. 345.975 Indianer sowie 27.290 Eskimos.
Bevölkerungs-wachstum	0,8% pro Jahr
Sprachen	Amtssprachen sind Englisch u. Französisch. 98% sprechen Englisch oder Französisch – 68% Englisch sowie 23% Französisch als Muttersprache.
Hauptstadt	Ottawa (326.000 E., Metr.Area: 924.000 E.)
Andere wichtige Städte	Toronto (614.000 E., Metr. Area: 3,9 Mio. E.), Montreal (1.022.000, Metr. Area: 3,16 Mio.), Vancouver (433.000, Metr. Area: 1,63 Mio.), Edmonton (576.000, Metr. Area: 843.000), Calgary (640.000, Metr. Area: 760.000), Winnipeg (598.000, Metr. Area: 655.000), Québec (167.000, Metr. Area: 649.000)
Staats- und Regierungsform	Konstitutionelle Monarchie im britischen Commonwealth (seit 1931) mit Königin Elizabeth II. als Staatsoberhaupt; Bundesstaat, bestehend aus 10 Provinzen und 2 Territorien (Northwest und Yukon), Sitz des Bundesparlamentes: in Ottawa/Ontario
Flagge	rot und weiß, mit rotem Ahornblatt auf weißem Grund
Nationalfeiertag	Canada Day am 1. Mai
Religion	76% Christen, davon 12 Mio. Katholiken, 803.000 Anglikaner, 786.000 United Church, 299.000 Lutheraner, 212.000 Pfingstler, 153.000 Presbyterianer, 232.000 Orthodoxe, 127.000 Mormonen, 120.000 Mennoniten, 353.000 Muslime, 341.000 Juden, 249.000 Sikhs.
Steuern	Es gibt eine Verkaufssteuer von 8%, zu der noch die Mehrwert-steuer (GST) von 7% kommt.
Außenhandel	Import: 169.300 Mio. kan$, Export: 181.000 Mio. kan$
Wichtigste Handelspartner	USA (74%), Japan (5,5%), Großbritannien (3%), Deutschland (2%), Frankreich und Mexico.
Bodenschätze	Kanada besitzt sehr reiche und ergiebige Roh- und Brennstoff-vorkommen, wie Uran- und Zinkerze, Nickel, Blei, Gold, Silber und Kupfer sowie Kohle, Erdöl und Erdgas
Landwirtschaft	Die Landwirtschaft ist sehr leistungsfähig und besonders ertragreich in den Prärieprovinzen, wo 80% der Landfläche landwirtschaftlich genutzt werden, Anbau von Weizen, Mais, Obst, Kartoffeln, Tabak
Bruttosozial-produkt/Kopf	20.710 $
Arbeitslosigkeit	10,4% (saisonal stark schwankend). Jugendarbeitslosenrate: 16,5%!
Klima	Kanada liegt in den gemäßigten bis arktischen Breiten; im größten Teil des Landes herrscht typisches Kontinentalklima mit trockenen, heißen Sommern und langen, sehr kalten und schneereichen Wintern
Währung	1 kan$ = 1,02 DM

Ontario-Telegramm

Abkürzung	Ont. bzw. ON
Provinz seit	1867
Fläche	891.190 qkm
Einwohner	9.8 Mio.
Einwohnerdichte	11 E./qkm
Bevölkerung	60% britischer, 10% französischer, 6% deutscher sowie 19% and. europ. Abstammung. 3% Schwarze und 2% Abstammung anderer Staaten (Asien, Australien, Ozeanien)
Hauptstadt	Toronto
Weitere Städte	Ottawa, Hamilton, London, Kitchener, Windsor, Thunder Bay, Sault Ste. Marie.
Wichtigste Wirtschaftszweige	Industrie: Holz- und Papierverarbeitung, Fahrzeugbau, Elektro-, Chemie-, Nahrungsmittel- sowie High-Tech Industrien. Eisen- und Stahlgewinnung. Landwirtschaft: besonders im Süden (Lake Ontario und Lake Erie): Gemüse, Getreide, Zuckerrüben, Futterpflanzen u.a. sowie Vieh- und Geflügelhaltung. Bodenschätze: Nickel-, Kupfer-, Eisen-, Silber-, Uran- und Goldvorkommen.
Touristisches Potential	Bizarre Uferzonen der Lake Ontario, Erie, Huron und Superior. Outdoor-Aktivitäten. Die Weltstadt Toronto. Die Hauptstadt Ottawa, Die Nationalparks: Point Pelee, Georgian Bay Island, Pukaskwa sowie zahlreiche bezaubernde Provincial (Natur-) Parks. Die Niagara-Fälle.
Touristische Information	Ministry of Tourism & Recreation, Communications Branch, 77th Bloor St., W. Queen's Park, Toronto, Ontario, M7A 2R9, Tel.: (416) 314-0944 od. 1-800-668-2746
	24-Std.-Informationen/Ansagedienst zu Herbstfarben, Campingplatzbelegung, Frühlingsblumen: (416) 314-0998.
	zu Kanufahren und Angeln: Natural Resources Information Center (NRIC): Room M1-73, Macdonald Block, 900 Bay Street, Toronto, Ont. M7A 2C1, Tel.: (416) 413-2000, Fax: (416) 314-1593. Hier erhalten Sie auf Anfrage eine fachkundige Infobroschüre, die es aber auch in einigen Touristenbüros gibt. Für die Parks sind die Ranger zuständig.
	zu Wintersport: Das NRIC gibt auch Broschüren zum Wintersport aus. Beliebteste Sportarten sind dabei: Langlauf, Snowmobiling, Curling und Schlittenhundfahrten. Für Skiabfahrten bieten sich die Berge um Thunder Bay an.

Hinweise zu Kanada

- Die **Straßenentfernungen** in Kanada werden in Kilometern angegeben.
- Das Benzin wird in **Litern** abgemessen.
- **Zeitumstellung**: In Ontario gilt Eastern Time – Uhr vorstellen (aus 12h00 wird 13h00).
- **Einheimische nennen Entfernungsangaben** immer noch gerne in Meilen, meinen dabei aber Kilometer. So z.B. werden Ihnen 10 Meilen genannt, aber die Entfernung beträgt nur 10 Kilometer. Vergewissern Sie sich also und fragen Sie gezielt nach.

Die Landschaft ändert sich auf kanadischer Seite: Felsige Uferzonen, z.T. Berge, geformt von den Gletschern vor 12 Millionen Jahren, prägen jetzt das Bild. Die Felsen bildeten übrigens ehemals die Grundfläche eines 300 Meter höher gelegenen

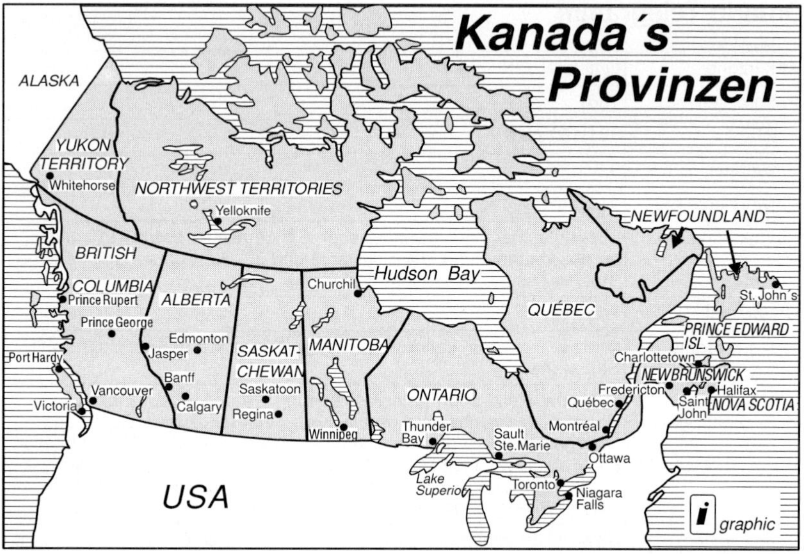

voreiszeitlichen Sees. Die willkommene landschaftliche Abwechslung verursacht einige Fotostops. Planen Sie das ein, ebenso wie eine angepaßte Fahrweise auf der kurvenreichen Straße.

Kanada weist auch noch andere Eigenarten auf: die **Reklameschilder** – wenn auch immer noch größer als in Europa, sind doch um einiges weniger auffällig als auf amerikanischer Seite. Das Tankstellennetz ist dünner gesät und besonders auf der ersten Teilstrecke nach Sault Ste. Marie sollten Sie immer für mindestens 150 km Benzin im Tank haben, denn gerade die wenigen Tankstellen zwischen Thunder Bay und Marathon haben manchmal kein Benzin bzw. schließen früh. Im Ganzen wirkt Ontario, mit Ausnahme von Toronto natürlich, provinzieller als die USA, was sich sowohl bei den Hotels aber auch in der Kleidung bemerkbar macht.

Auch in Kanada erreicht man viele Punkte nur mit dem Wasserflugzeug

Thunder Bay

Thunder Bay zählt seit 1970, als die 2 umliegenden Gemeinden Port Arthur und Fort Williams eingemeindet worden sind, mehr als 110.000 Einwohner. Auffällig ist die ethnische Spannbreite in der Bevölkerung. Es leben 43 verschiedenen Volksgruppen hier, die 112 Kirchen besuchen. Am stärksten vertreten sind die Finnen. In und um Thunder Bay lebt die größte finnische Gemeinde außerhalb des Mutterlandes.

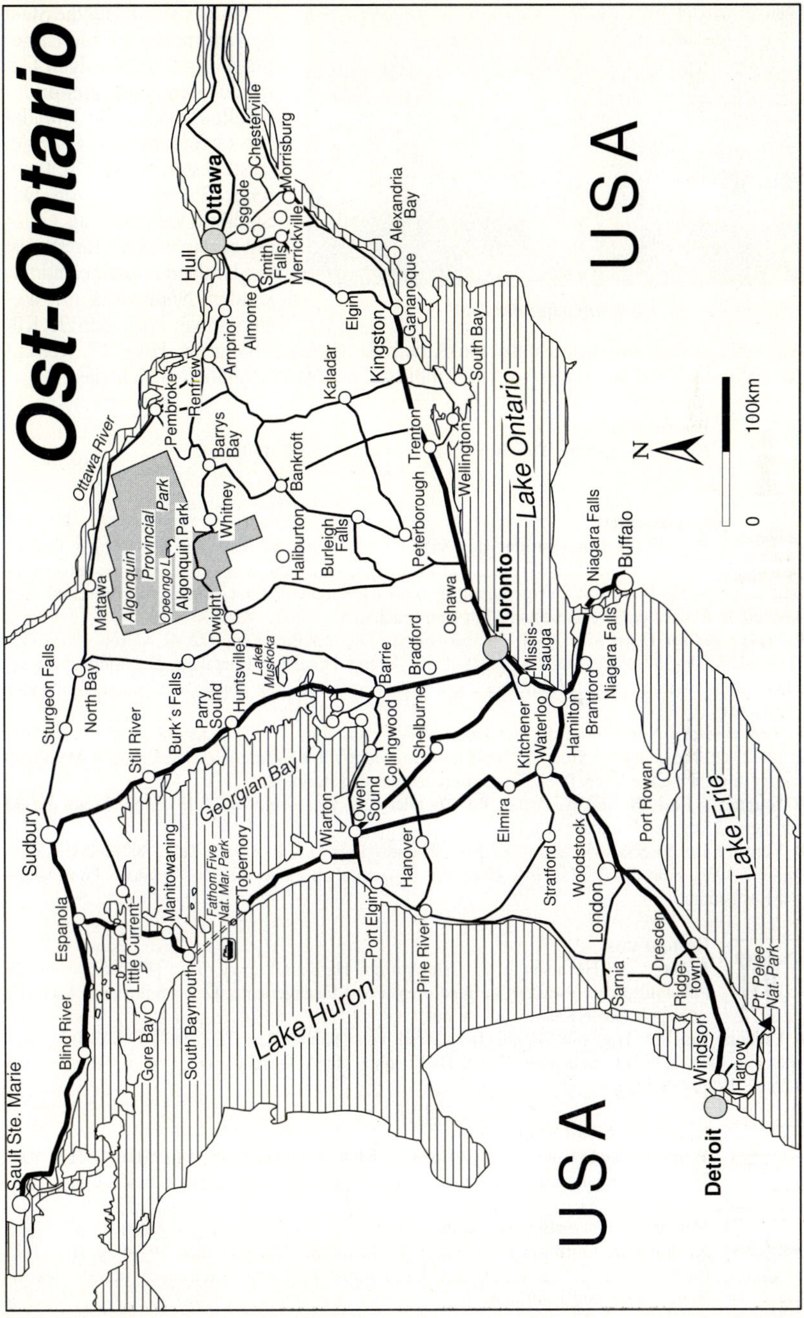

Ost-Ontario
Ottawa
Hull
Osgode
Chesterville
Morrisburg
Smith Falls
Merrickville
Alexandria Bay
Almonte
Elgin
Gananoque
Arnprior
Kingston
South Bay
Renfrew
Kaladar
Pembroke
Ottawa River
Barrys Bay
Bankroft
Trenton
Wellington
Lake Ontario
N
0
100km
Algonquin Provincial Park
Opeongo L.
Algonquin Park
Whitney
Haliburton
Burleigh Falls
Peterborough
Niagara Falls
Buffalo
Matawa
Dwight
Oshawa
Toronto
Sturgeon Falls
North Bay
Huntsville
Lake Muskoka
Bradford
Barrie
Missis-sauga
Niagara Falls
Brantford
Parry Sound
Burk´s Falls
Still River
Collingwood
Shelburne
Kitchener Waterloo
Hamilton
Georgian Bay
Sudbury
Manitowaning
Owen Sound
Wiarton
Hanover
Elmira
Port Rowan
Lake Erie
Tobernory
Fathom Five Nat. Mar. Park
Stratford
Woodstock
Espanola
Little Current
London
Port Elgin
Pine River
Dresden
Sarnia
Ridge-town
Pt. Pelee Nat. Park
South Baymouth
Gore Bay
Lake Huron
Blind River
Windsor
Harrow
Sault Ste. Marie
USA
USA
Detroit

Blick auf Thunder Bay

Ansonsten bietet die Stadt an sich nicht viel. Sie ist geprägt durch den riesigen Getreidehafen und kleinindustrielle Betriebe, die Thunder Bays geographische Lage am westlichsten Teil des St. Lawrence Waterway nutzen. Das Stadtbild kann man als eintönig bezeichnen. Dafür aber ist das Umland um so beeindrukkender. Naturparks im Westen sowie bezaubernde Küstenlandschaften und eine Reihe von Amethyst-Minen entlang des Hwy. 17. Reisenden dient die Stadt somit als Ausgangspunkt zu den Naturschönheiten Kanadas.

Information

North of Superior Tourism: 79 North Court St., Tel.: (807) 345-3322

Übernachten

● **Valhalla Inn-Thunder Bay $$$:** 1 Valhalla Inn Rd (Kreuzung ON11/17 & ON61), Thunder Bay, Ont. P7E 6J1, Tel.: (807) 577-1121 od. 800-268-2500, Fax: (807) 475-4723. Hotel mit 267 geräumigen, schönen Zimmern, Pool, Sauna, Fahrradverleih und Restaurant. Abends täglich Barbecue. 2 km vom Flughafen.

● **Prince Arthur Hotel $$$:** 17 N. Cumberland St., Thunder Bay, Ont. P7A 4KA, Tel.: (807) 345-5411 od. 1-800-267-2675, Fax: (807) 345-8565. Älteres Hotel mit Charakter. Die Einrichtung erscheint zwar etwas abgenutzt, dafür aber erhalten Sie "Ambiente zum Sonderpreis" und z.T. übergroße Zimmer.

● **Best Western Nor'Wester Resort Hotel $$-$$$:** am Hwy. 61, Thunder Bay, Ont., Tel.: (807) 473-9123. Ruhig gelegenes Hotel in ländlicher Umgebung mit 65 Zimmern, einem großen Amethyst-Kamin in der Eingangshalle, Pool, Sauna, Fitnessraum und Restaurant.

● **Journey's End $$:** 660 W. Arthur Rd, Thunder Bay, Ont., Tel.: (807) 475-3155. Motel mit 80 Zimmern, 2 km vom Flughafen entfernt.

● **Venture Inn $$-$$$:** 450 Memorial Ave., Thunder Bay, Ont. P7B 3Y7, Tel.: (807) 345-2343 od. 800-387-3933, Fax: (807) 345-3246. Hotel mit 93 gemütlich eingerichteten Zimmern, Pool, Sauna und Restaurant.

Restaurants

● **Keg:** 735 Hewitson Ave., Balmoral am Harbour Expwy, Tel.: (807) 623-1960. In Pubatmosphäre erwarten Sie gute Steaks und Fischgerichte. Dazu: **Salatbar!** Auch der selbstgebackene Käsekuchen ist gut.

● **Unicorn Inn:** Am Hwy 608, 36 km (!) südwestl. von Thunder Bay, Tel.: (807) 475-4200. Ausgezeichnete Fleischgerichte und gute Weine. Dafür lohnt die Anfahrt. Übrigens ist das Unicorn Inn auch ein Hotel ($$-$$$).

Kanuverleih und Kanutouren

White Water Discovery: Site 3, Comp 23, RR # 16, Thunder Bay, Ont. P7B 6B3, Tel.: (807) 768-8522. Organisierte Kanutouren für alt und jung. Auch Ausleih an Individualisten.

Mit einem Wasserflugzeug in die Natur

Kashabowie Outposts Ltd.: 312 S. Catherine St., Thunder Bay, Ont. P7E 1K6, Tel.: (807) 926-2852. Sightseeingflüge, Flüge direkt zu einem abgelegenen Resort oder gezielte Angel- und Jagdflüge.

Einkaufen
Die besten Einkaufsmöglichkeiten finden Sie in der **Intercity Mall**, 1000 William Rd, mit 80 Shops und einem Kaufhaus.

Sightseeingtouren
● **Bustouren: Bayway Tours**: 10th Ave., Tel.: (807) 345-3673. 2-stündige Bustouren zu den Sehenswürdigkeiten der Stadt.
● **Bootstouren: Thunder Bay Harbour and Fort Cruises:** North Marina Dock am Hwy. 102, Tel.: (807) 344-2512. 2-stündige Touren, die durch den größten Getreidehafen der Welt mit riesigen Silos und Verladebrücken führen (Ende Mai - Anf. Oktober).
● Außerdem gibt es 1 ½-stündige Fahrten zum **Old Fort Williams** (Ende Juni - Anf. Oktober)

Sehenswürdigkeiten in der Stadt:

■ **Thunder Bay Art Gallery**, Confederation College Campus, geöffnet: Di - Do: 12h00 - 20h00, Fr - So: 12h00 - 17h00, Tel.: (807) 577-6427l. Wechselnde Ausstellungen zeitgenössischer indianischer Künstler, z.B. Webarbeiten, Töpfereien, Bilder und Skulpturen.

■ **International Friendship Garden**, Ecke Victoria/Hyde Park Avenues, Tel.: (807) 625-3166. Der Garten wurde von den Angehörigen der verschiedenen in Thunder Bay lebenden ethnischen Gruppen (u.a. Slowaken, Deutsche, Polen, Italiener, Franzosen, Finnen, Dänen, Ukrainer, Ungarn und Chinesen) entworfen und angelegt.

■ **Centennial Park**, Centennial Park Rd, in der Nähe des Boulevard Lake, geöffnet: täglich 10h00 bis zum Einbruch der Dämmerung; das Holzfällerlager ist von Juni bis Oktober täglich von 10h00 bis 20h00 geöffnet, Tel.: (807) 683-6511. Der Park erstreckt sich im Norden der Stadt über 57 ha am Current River. Neben einer kleinen Tierfarm und einem Museum gibt es Rekonstruktionen eines Holzfällercamps des frühen 20. Jahrhunderts mit Blockhütten, einer Schmiede und einer "Küche".

■ **Amethyst Centre**, 400 E. Victoria Ave., Tel.: (807) 622-6908. Geschäft, in dem Amethyste und auch andere Edelsteine angeboten werden. Interessant ist aber auch die Vorführung des Edelsteinschleifens. Im Gebiet um Thunder Bay gibt es eine Reihe von Amethyst-Minen.

■ **Paipoonge Museum**, 14 km westl. am Hwy. 130 (Ecke Rosslyn Rd), geöffnet von Mai bis Oktober täglich 13h00-17h00, Tel.: (807) 939-1262. Das Museum informiert über das Leben der Pioniere, die das Land gegen Ende des 19. Jahrhunderts besiedelten. Es gibt eine alte Dampflok, eine Farmküche, ein Nähzimmer und einen Schulraum zu sehen.

■ **Old Fort Williams**, Bradway Ave., 8 km außerhalb der Stadt, Tel.: (807) 577-8461. Geöffnet von Mitte Mai bis Anfang Oktober täglich von 10h00-17h00. Das Gebiet um das Fort Williams war bereits vor 200 Jahren ein wichtiger Handelsposten für Indianer und Pelzhändler, die hier ihre Waren austauschten. 1801 bauten die Engländer ein Fort, das schon bald von der "Northwest Company" als Hauptumschlagplatz genutzt wurde. In jedem Sommer trafen sich hier Indianer und Trapper, die ihre Felle und Pelze gegen die Waren austauschten, die die Voyageure aus Montréal mitbrachten.

"Old Fort Williams" ist die Rekonstruktion der britischen Festung und besteht aus 40 Gebäuden, die von mächtigen Palisaden umgeben sind. In der Festung wird das

Leben jener Zeit wieder lebendig, wenn Indianer, Trapper, Pelzhändler, Soldaten, Angestellte der Northwest Company, Frauen und Kinder in der Kleidung jener Zeit ihren alltäglichen Beschäftigungen nachgehen. Sie fertigen Kanus aus Birkenrinde an, beschlagen die Pferde, putzen ihre Waffen, wiegen die Felle und packen sie in Ballen, sie säubern die Häuser, backen Brot oder bereiten das Essen zu.

■ **Kakabena Falls**, ca. 25 km westlich von Thunder Bay am Hwy 11/17. Camping, Visitor Center, Strand. Infos: Tel.: (807) 473-9231 (Sommer) bzw. 475-1535 (Winter). Die Wassermassen des Kaministiquia River donnern hier fast 40 m in die Tiefe. Die "Legend of Greenmantle" besagt, daß eine von den Sioux gekidnappte Ojibwa-Prinzessin, diese, anstatt sie zu ihren Leuten zu führen, statt dessen über die Fälle geleitet hat, wobei alle Sioux starben.

Bis Sault Ste. Marie folgen Sie nun grundsätzlich dem Hwy. 17. Hier und da biegen Sie natürlich, je nach Wunsch, zu den einzelnen Sehenswürdigkeiten ab.

■ **Sleeping Giant (Sipley) Provincial Park**, 35 km nordöstlich von Thunder Bay zweigt der Ont. 587 nach Süden in den Park ab. Nur Camping.

Der Park verfügt über fast 80 km Wanderwege, und in seinen schluchtenreichen Wäldern leben noch Bären, Luchse, Füchse, Biber, Hirsche sowie über 200 Vogelarten. Vom 335 m hohen Sleeping Rock hat man eine schöne Aussicht auf den Lake Superior.

Die Legende besagt, daß lange bevor die Weißen dieses Gebiet besiedelten, hier die Ojibwa Indianer lebten und den Gott Nanibijou, den "Großen Geist", verehrten. Er lebte auf dem Mt. McKay und beobachtete und beschützte die Indianer von dort, auf daß sie immer heil den "Gitchie Gumee" (Lake Superior) überquerten. Als Dank für die Opfergaben gab Nanibijou den Indianern eine reiche Silbermine, sagte aber, daß wenn die Weißen diese Mine finden sollten, würde er zu Stein werden. Ein geldgieriger Ojibwa erzählte aber den Weißen von dem Silber. Als diese dann in ihren Kanus heranfuhren, kam ein großer Sturm auf, und alle ertranken. Am Morgen danach stieg die Halbinsel aus dem See in Form eines großen, schlafenden Giganten – Nanibijou hatte sich in einen großen Stein gewandelt.

Redaktions-Tips

- Für die **700 km von Thunder Bay nach Sault Ste. Marie** benötigen Sie mindestens 8 ½ Stunden. Rechnen Sie auch noch die Stops unterwegs ein, schaffen Sie es kaum an einem Tag. Übernachten Sie also entweder in Marathon oder in Wawa am Lake Superior Provincial Park, die schöne Landschaft ist es außerdem wert.
- Nehmen Sie sich von Thunder Bay etwas zu essen mit. Ein **Picknick** auf einem der vielen Rastplätze am See lohnt sich.
- Suchen Sie sich **rechtzeitig** eine **Unterkunft**. Die nächste Möglichkeit könnte noch weit entfernt sein.

■ **Amethyst Mine Panorama**, East Loon Rd: zweigt 56 km nordöstl. von Thunder Bay vom Hwy. 11/17 ab, geöffnet: Mitte Mai bis Mitte Oktober, täglich 10h00-17h00, Touren um 11h00, 12h30, 15h00 und Juli/Aug. um 17h00.

In dieser größten Amethysten-Mine Nordamerikas können Sie selber Steine sammeln. Entsprechende Ausrüstung wird gestellt. In Kanada geht übrigens der Glaube um, wer sich einen Amethysten umhängt, bekäme nach durchzechter Nacht keinen Kater!

Bei **Dorion** führt eine kleine Straße zum bis zu 107 m tiefen **Quimet Canyon**, der 11 km westlich des Hwy. 17 beginnt. Von Aussichtsplattformen können Sie hinunter in die Tiefe schauen, wo arktische Pflanzen wachsen, denn die Sonne dringt nur selten in die Schlucht. Sogar im Sommer sehen Sie noch winterliche Eis- und Schneereste.

Auch das Hinterland hat etwas zu bieten

Von dem Ort **Nipigon**, der an der Mündung des gleichnamigen Flusses in den Lake Superior liegt, werden **Bootsfahrten** zu den Inseln angeboten. Wer weniger Zeit hat, sollte zumindest einmal vom **Kama Lookout** (östl. am Hwy 17) auf den Lake Superior schauen. 1915 wurde in Nipigon die größte Forelle der Welt geangelt. Sie wog 6,58 kg! Nach **Red Rock** führt von Nipigon ein 21 km langer Wanderweg ... und natürlich eine Straße. In diesem kleinen Fischerort wurden 1940/41 1.150 deutsche Kriegsgefangene kaserniert.

Unterkunft
Red Rock Inn $$: Red Rock, Ont., Tel.: (807) 886-2622. Historisches kleines Hotel mit Restaurant.

Der Hwy 17 folgt weiter dem Küstenverlauf des Lake Superior; die zerklüftete Küste mit vielen vorgelagerten Inseln wird durch die **Algoman Hills** gebildet.

Auffallend sind die vielen ungewöhnlichen Felsformationen, die zu den ältesten der Welt zählen, und die roten Klippen. Die zahlreichen Rastplätze entlang der Straße bieten wunderschöne Ausblicke auf den Lake Superior (Picknick eingepackt ???)

Die Orte auf der Strecke bis Sault Ste. Marie verdanken alle ihre Existenz den Minen. Eisenerz, Steine und Gold werden hier gefördert.

■ Rossport

Der kleine Fischerort – geschützt durch eine natürliche Felsenbucht – ist eine Idylle für sich, und das ehemalige Bahnhofshotel wurde zu einer schnuckeligen Landherberge umgebaut:

Unterkunft
Rossport Inn $$: Bowman St., Rossport, Ont. P0T 2R0, Tel.: (807) 824-3213. 6 Zimmer, die sich 2 Bäder teilen müssen (ist es aber wert). Sehr persönliche Atmosphäre und gute Küche (oft frisch gefangener Fisch). Wer Trubel erwartet, ist hier aber falsch. Rossport ist ein verschlafenes Nest!

Schreiber und **Terrace Bay** haben ein paar kleine Motels und Restaurants sowie Tankstellen.

Der **Neys Provincial Park** 55 km östlich von Terrace Bay empfiehlt sich mit einem schönen Campingplatz und reizenden Wanderwegen.

Marathon

Der kleine Minenort (+ Papierfabrik) mit 5.000 Einwohnern ist Ausgangspunkt für Touren in den nahen Pukaskwa Nationalpark. Das Visitor Center befindet sich am Hwy. 17, wenige Kilometer östlich des Abzweigs nach Marathon.

In Marathon gibt es mehrere **Motels**, wie z.B.:

- **Best Western Motor Inn $$:** Hwy. 17 am Abzweig des Hwy. 626, Marathon, Ont., Tel.: (807) 229-1213, Fax: (807) 229-1704
- **Zero-100 Motor Inn $-$$:** Peninsula Rd, Marathon, Ont., Tel.: (807) 29-0100, Fax: (807) 229-2517.

Kanus verleiht sowie organisiert geführte Touren in den Nationalpark
Pukaskwa Country Outfitters: P.O.Box 603, Marathon, Ont. P0T 2E0, Tel.: (807) 229-0265. 1- bis 5-Tages-Trips, auch Schlauchboottouren auf dem White River.

Pukaskwa Nationalpark

Highlight

- Eine **Kanutour** entlang dem White River in den Park hinein

Information
Schriftlich an: **Superintendent, Pukaskwa National Park**: Hwy 627, Hattie Cove, Heron Bay, Ont. P0T 1R0, Tel.: (807) 229-0801.
Das **Visitor Center** befindet sich am Hwy 627 (Tel.: (807) 229-2151).

Karten und Bücher
gibt es bei: **The Friends of Pukaskwa**, General Delivery, Heron Bay, Ont. P0T 1Ro, Tel.: (807) 229-0801.

Übernachten
Im Park gibt es keine Lodge. Übernachten müssen Sie in Heron Bay bzw. Marathon (siehe dort).

Camping
Es gibt einen Campingplatz mit 67 Plätzen im Park (geöffnet von Anfang Juni bis Ende September). Die Plätze im Park sind rudimentär eingerichtet.

◆ **Beste Jahreszeit**: Der Park ist zwar ganzjährig geöffnet, doch empfehlen sich des Klimas wegen nur die Sommermonate, zu denen auch nur die wesentlichen touristischen Einrichtungen geöffnet sind.

Der Gegensatz zwischen dem rauhen Lake Superior und der wilden, 128 km langen Uferlinie mit dem Kanadischen Schild "im Nacken" machen den Reiz dieses 1878 qkm großen Nationalparks aus. Es führt keine Straße durch den Park, und eine Erkundung kann nur per Kanu oder zu Fuß erfolgen und ist nur wildniserfahrenen Reisenden zu empfehlen. Am schönsten ist der 60 km lange **"Coastal Hiking Trail"**. Hier verbinden sich rauhe "Urwaldgebiete" mit felsigen Küstenabschnitten und dichten Wäldern.

Am Visitor Center gibt es auch kürzere Trails und einen Sandstrand.

Der kleine Ort **White River** ist die Geburtsstätte von A.A.Milne's **"Winnie the Pooh"**, den viele von uns sicherlich aus Kindertagen erinnern (dt.: "Winnie der Bär"). Ein kanadischer Soldat hat ihn hier 1914 gesichtet und ihn nach seiner Heimatstadt Winnipeg benannt. Eine Statue am Hwy. 17 erinnert an den Bären, der später in einen Londoner Zoo gebracht wurde, wo er Milne zu seinen Geschichten inspiriert hatte. Es gibt mehrere einfache **Motels** und Tankstellen in White River.

Winnie the Pooh

Wawa

Information
Travel Information Center: am Hwy 17, Kreuzung Hwy 101.

Übernachten
- **Wawa Motor Inn $$:** 100 Mission Rd, Wawa, Ont. P0S 1K0, Tel.: (705) 856-2278 od. 1-800-561-2278, Fax: (705) 856-2171. Sauberes Motel mit geräumigen Zimmern unter deutscher Leitung.
- **Bristol Motel $$:** 46 Mission Rd, Wawa, Ont. P0S 1K0, Tel.: (705) 856-2385, Fax: (705) 856-2241. Ebenfalls ein empfehlenswertes Motel.

Restaurant
Wally's: Mission Rd, Tel.: (705) 856-4424. Kleines Familienrestaurant unter österreichischer Leitung.

Wawa bedeutet in der Ojibwa-Sprache "Wildgans" – und für Ontario typisch – steht eine 9 Meter hohe Wildgans-Statue unübersehbar am Ortseingang. Wawa ist Ausgangspunkt für die Erkundung des Lake Superior Provincial Parks, für Kanutouren in der weiteren Umgebung und für **Fly-in-Fishing-Camps** in die nördlich angrenzenden Gebiete: Sie werden dabei mit einem Wasserflugzeug in eine einsam gelegene Lodge geflogen, wo Sie in Ruhe fischen bzw. einfach entspannen können.

Eine **Übernachtungs-Empfehlung** wäre:
Kaby Lodge & Pine Portage Lodge $$$$: P.O.Box 1129-A, Wawa, Ont. P0S 1K0, Tel.: (705) 856-2223, Fax: (705) 856-1049. 70 Meilen nördlich von Wawa am Bid Kaby Lake gelegen. Es gibt hier Strände und über 140 Inselchen. Ein schönes, wenn auch nicht ganz billiges Erlebnis!

Kanutouren
im Provincial Park sowie auf den umliegenden Flüssen unternimmt:
Black Bear Wilderness: P.O.Box 1917, Wawa, Ont. P0S 1K0, Tel.: (705) 856-1043.

Lake Superior Provincial Park

Der Park hat eine Fläche von ca. 1.200 qkm. Naturpfade, Wanderwege (Längen: 2 Std. bis mehrere Tage) und Kanurouten erschließen die rauhe Wildnis, in die kleine Waldseen mit schönen Sandstränden eingebettet sind; das Wasser des Lake Superior ist jedoch auch im Sommer recht kalt.

Vom **Informationszentrum** (34 km südlich von Wawa am Hwy. 17) aus werden geführte Wanderungen und Naturbeobachtungen angeboten; so sind z.B. Elche im Park zu beobachten. Ein ausgeschilderter Wanderweg führt zu interessanten **indianischen Felszeichnungen** am Agawa-Felsen. Außerdem gibt es im Park Camping- und Picknickplätze, einen Kanuverleih und Angelmöglichkeiten. Der Park ist von Mai bis Oktober geöffnet.

Der **Agawa Canyon**, der östlich des Parks liegt, kann nur mit der Eisenbahn von Sault Ste. Marie aus erreicht werden. Lesen Sie dazu bitte dort.

Der Hwy. 17 führt von Wawa zuerst durch den oben beschriebenen Lake Superior Provincial Park und anschließend auf einer atemberaubend schönen Strecke entlang dem Lake Superior. Planen Sie hier mehrere Fotostops ein!

Sault Ste. Marie

Information

● **Travel Information Center:** 360 Great Northern Rd, Sault Ste. Marie, Ont. P6B 4Z7, Tel.: (705) 949-7152. Ein **Informationsstand** befindet sich auch in der **Station Mall**.

● **Chamber of Commerce:** 2581 I-75 Business Spur, Sault Ste. Marie, MI (USA), Tel.: (906) 632-3301.

Besichtigungen/Führungen

● **Hiawathaland Sightseeing Tours:** Bay St./Dennis St., Tel.: (705) 759-6200. Bustour durch Sault Ste. Marie sowie durch die Zwillingsstädte. Abfahrten von Juni bis Oktober zu jeder halben Stunde.

● **Lock Tours Canada:** Tel.: (705) 253-9850. 2-stündige Schiffsfahrten auf dem St. Mary River und durch die "Amerikanischen Schleusen". Abfahrt: am Norgoma Dock (hinter dem Holiday Inn), Foster Drive. Von Juni bis Oktober tägliche Fahrten um 10, 12h30, 15 und 18h00. Abends gibt es zudem noch eine Dinner-Cruise.

Übernachten

● **Kanadische Seite:**

- **Windsor Park Hotel $$$$:** 617 Queen St. E., Sault Ste. Marie, Ont. P6A 2A6, Tel.: (705) 759-3363, Fax: (705) 759-2529. Luxuriöses, z.T. historisches Hotel in der Innenstadt. Die Suiten haben Jacuzzis und z.T. Kamine. Versuchen Sie, ein Zimmer in den oberen Etagen zu bekommen (Aussicht!).
- **Algoma's Water Tower Inn $$:** 360 Great Northern Rd, Sault Ste. Marie, Ont. P6A 5N3, Tel.: (705) 949-8111, Fax: (705) 949-1912. Hotel mit 180 sehr ansprechend eingerichteten Zimmern, Pool, Sauna, Whirlpools in Suiten ($$$-$$$$). Einige Zimmer mit Kühlschrank.
- **Holiday Inn $$ (Suiten: $$$$):** 208 St. Mary's River Drive, Sault Ste. Marie, Ont. P6A 5V4, Tel.: (705) 949-0611, Fax: (705) 945-6972. Hotel mit 195 Zimmern, viele mit Blick auf den

Redaktions-Tips

- Die **kanadische** Stadt ist im allgemeinen ansprechender und hat eine größere Vielfalt an Attraktionen zu bieten, während die **amerikanische** Stadt mehr zu bieten hat zum Thema Schleusen und Seeverkehr.
- **Übernachten** Sie entweder im **Holiday Inn** auf kanadischer Seite oder im **Ojibway** auf amerikanischer Seite.

Fluß. Schöner Pool, Sauna, Fitnessraum. In einigen Suiten Kühlschränke und Whirlpools. Das Hotel liegt günstig zu den Innenstadtsehenswürdigkeiten.

- **Ramada Inn $$ (Suiten $$$):** 229 Great Northern Rd (Hwy 17 N), Sault Ste. Marie, Ont. P6B 4Z5, Tel.: (705) 942-2500, Fax: (705) 942-2570. Hotel mit 214 gut eingerichteten Zimmern, Restaurant und großem Sportangebot: Pool, Sauna, Riesenwasserrutsche (über 3 Stockwerke), Indoor-Minigolf und Bowling. In den Suiten teilweise Kühlschränke und Whirlpools.

Blick zur amerikanischen Seite

- **Glenview Vacation Homes $$$:** 2611 Great Northern Rd, Sault Ste. Marie, Ont., Tel.: (705) 759-3436. 30 Ferienhäuser mit 1 bzw. 2 Schlafräumen in ruhiger Umgebung. Spielplatz, Fahrradverleih, Volleyballfelder, Reitmöglichkeit. 9 km zur Innenstadt!
- **Ambassador Hotel $-$$:** 1275 Great Northern Rd, Sault Ste. Marie, Ont., Tel.: (705) 759-6199. Kleines Hotel mit 16 großen, aber einfachen Zimmern.

● **Amerikanische Seite:**

- **Ojibway $$$:** 240 W. Portage St., Sault Ste. Marie, MI 49783, Tel.: (906) 632-4100 od. 1-800-654-2929 (nur aus MI), Fax: (906) 632-4100 ext.107. Erbaut 1928, nahe an den Schleusen gelegen. Fragen Sie nach einem Zimmer mit Blick auf die Schleusen. 71 Zimmer. Einige Zimmer mit Kühlschrank. Whirlpool, Pool, Sauna. Im **"Freighter's Restaurant"** gibt es Fleisch- und Fischgerichte, dazu eine große Auswahl an Bieren und sonntags einen leckeren Brunch (11h00-14h30) – das ganze auch mit Ausblick auf die Schleusen.

Restaurants

● **Kanadische Seite:**

- **Giovanni's:** 516 Great Northern Rd, Tel.: (705) 942-3050. Gute italienische Küche, aber auch amerikanische Gerichte.
- **New Marconi:** 480 Albert St. W, Tel.: (705) 759-8250. Italienische Küche (selbstgemachte Pasta), aber auch amerikanische Fleischgerichte.

● **Amerikanische Seite:**

- **Antler's:** 804 E. Portage Ave., Tel.: (906) 632-3571. Leckere Fisch- und Fleischgerichte in irischer Pubatmosphäre. Das Haus ist übrigens von 1800.

Einkaufen

Die **Station Mall** (kanad. Seite) zwischen Bay Street und St. Mary's River Drive bietet über hundert Geschäfte. In einigen können Sie sogar zollfrei einkaufen (also keine Tax! Paß mitbringen!).

An beiden Ufern des St. Mary River liegt die Zwillingsstadt Sault Ste. Marie, die eine auf amerikanischer Seite (15.000 E.) im Bundesstaat Michigan, die andere im Staate Ontario (83.000 E.). Der St. Mary River bildet die Grenze zwischen Kanada und den USA und ist zugleich die Verbindung zwischen dem Lake Superior und dem Lake Huron. Die Einheimischen nennen ihre Stadt auch kurz "The Sault" oder einfach "Sault" (sprich: Suuh).

Schon die Indianer hatten diese Gegend wegen ihrer günstigen Lage als Handelsplatz genutzt; als erste Europäer kamen zu Beginn des 17. Jahrhunderts französische Voyageurs, Pelztierjäger und Händler in das Land der Indianer, mit denen sie regen Handel trieben. 1669 wurde die erste Missionsstation von französischen Jesuiten gegründet (daher das "Saint" im Namen). 1671 wurde das Gebiet für Frankreich in Besitz genommen.

Nachdem in den Jahren 1797/98 die starken Stromschnellen durch den Bau eines Kanals umschifft werden konnten, ließen sich viele französische und englische Siedler am St. Mary River nieder. Bis 1842 war der Ort ein wichtiger Pelzumschlagplatz. Sault Ste. Marie, das 1887 die Stadtrechte erhalten hatte, gewann durch den Anschluß an die Eisenbahnstrecke der Canadian Pacific Railway weiter an Bedeutung. Wichtige Firmen und Industriebetriebe siedelten sich an und schufen weitere Arbeitsplätze. Von großer Bedeutung ist der Hafen, der zum St. Lawrence-Seeweg gehört. Über die großen Schleusen, die 1895 auf kanadischer Seite angelegt wurden, gelangten die Schiffe vom Lake Huron in den Lake Superior. Heute sind neuere Schleusen in Betrieb (amerikanische Seite). Während der eisfreien Zeit passieren täglich 80 Schiffe die Schleusen mit einem Höhenunterschied von 7 Metern. Dabei transportieren sie jährlich über 100 Mio. t. Fracht.

Sehenswürdigkeiten in Sault Ste. Marie:

■ **Kanadische Seite**

◆ **Ermatinger Old Stone House**, 831 Queen Str., Tel.: (705) 759-5443. Geöffnet: Juni - September täglich 10h00-17h00; April/Mai und Oktober/November: nur an Wochenenden 13h00-17h00. Das Haus wurde 1814 für den prominenten Pelzhändler Charles Oakes Ermatinger gebaut und kürzlich restauriert. Es wurde mit Möbeln aus jener Zeit eingerichtet und mit vielen Haushaltsgegenständen ausgestattet. In der rekonstruierten Sommerküche werden allerlei Arbeiten ausgeführt, so daß man einen guten Eindruck vom Alltagsleben jener Zeit bekommt.

◆ **Sault Ste. Marie Museum**, 609 Queen St. E., Tel.: (705) 759-7278. Geöffnet: ganzjährig Mo - Sa: 10h00-17h00, So: 13h00-17h00. Das Museum zeigt anschaulich die regionale Geschichte; außerdem gibt es Wechselausstellungen und einen "Entdekkungsraum" mit "Hands-on"-Ausstellungsstücken für die Kinder.

◆ **Art Gallery of Algoma**, 10 East St., Tel.: (705) 949-9067. Geöffnet: ganzjährig Mo - Sa 10h00-17h00, Do - 21h00, So 13h30-16h30. Monatlich wechselnde Kunstausstellungen, Filme und Konzertaufführungen.

◆ **Forestry Canada - Great Lakes Forestry Centre**, 1219 Queen St., Tel.: (705) 949-9461. Geöffnet: Juli/August Mo-Fr 14h00-16h00 (Zeiten wechseln öfter, also bitte vorher nochmal erkundigen). Größtes forstwirtschaftliches Forschungszentrum in Kanada. Sie können an einer 1 ¼-stündigen Führung teilnehmen und eine Diavorführung anschauen sowie Gewächshäuser und Laboratorien besichtigen.

◆ **M.S. Norgoma Museum Ship**, Foster Drive, Tel.: (705) 942-6984. Geöffnet: Juni - September täglich 10h00 - 18h00. Die "Norgoma" war das letzte Passagierschiff, das für die Fahrten auf den Großen Seen gebaut wurde. Es befuhr die Strecke von Owen Sound nach Sault Ste. Marie in den Jahren 1950 - 1963 und diente dann noch bis 1974 als Autofähre nach Manitoulin Island.

◆ **Canadian Bushplane Heritage Center**, am östlichen Ende der Bay Street, geöffnet: täglich 10h00-16h30. Das Museum widmet sich den Piloten und Flugzeugen, die seit 1910 in den entlegenen Gebieten Nord-Kanadas bzw. für Notdienste und

Löschunternehmungen im Einsatz waren. Ohne die Fliegerei wäre Kanada heute nicht so erforscht bzw. besiedelt. Flugzeuge aller Art (Wasser-, Schneekufen-, Lösch-, Passagier- und andere Flugzeuge) sind ausgestellt sowie zahlreiche Memorabilia und Fotos der Buschfliegerei. Auf einem Motorenteststand wird vorgeführt, wie ein Flugzeugmotor gestartet und auf Leistung durchgecheckt wird.

Im Bushplane Heritage Center

◆ **Ausflug mit der Eisenbahn zum Agawa Canyon**

Agawa Canyon Wilderness Tours/Algoma Train: Algoma Central Railway Terminal, 129 Bay St. (an der Station Mall), Sault Ste. Marie, Ont. Tel.: (705) 254-4331 oder direkt über Algoma Central Railway, Tel.: (705) 946-7300. Abfahrten: Anfang Juni - Mitte Oktober: 8h00, Rückkehr um 17h00. Im Winter (Jan.-März) fahren an den Wochenenden die "Snow Trains" – auch um 8h00.

Der Ausflug in diese eindrucksvolle, unberührte Gebirgs- und Canyonlandschaft lohnt sich. Die 183 km lange Bahnfahrt dauert 3 Stunden je Richtung und bietet herrliche Ausblicke auf Berge, Wälder, Seen und Wasserfälle. Am Agawa Canyon, einer tiefen Schlucht mit tobendem Wildwasser, haben Sie gut 2 Stunden Aufenthalt und Gelegenheit, kurze Wanderungen zu unternehmen. Der Zug hat einen Speisewagen. Besonders reizvoll ist die Tour übrigens während des Indian Summer (Ende September). Eine frühzeitige Buchung ist empfehlenswert!

■ **Amerikanische Seite**

◆ **"Soo" Locks**. Die Schleusen können von den oberen und unteren Parks eingesehen werden. Der obere Park ("Upper Park") hat 3 Aussichtstürme. Am östlichen Ende des MacArthur Lock gibt es ein Modell der Schleusen und ein Besucherzentrum mit weiteren Infos. Tel.: (906) 632-3311. Geöffnet: Täglich von Mai bis Mitte November.

◆ **Tower of History**, 362 326 E. Portage Ave. Geöffnet: Täglich von Mitte Mai bis Mitte Oktober. Tel.: (906) 632-3658. 21-stöckiger Aussichtsturm. Eine gute Gelegenheit, die Twin-Städte von oben zu sehen und sich ein Bild über die Schleusenanlagen zu machen.

◆ **Museums-Schiff "Valley Camp" und Great Lakes Maritime Museum**, 5 Blocks östlich der Schleusen, Tel.: (906) 632-3658. Geöffnet: Täglich von Mitte Mai bis Mitte Oktober 10h00-18h00. Eindrucksvolles Seefahrtsmuseum mit dem alten Steamer "Valley Camp", Schiffsmodellen, der "Marine Hall of Fame" und zahlreichen Ausstellungsstücken zur Geschichte der Seefahrt auf den Großen Seen. Ein Muß für alle "Seebären"! Das Schiff liegt weiter östlich, und gleich hinter seinem letzten Ankerplatz beginnen auf amerikanischer Seite die "Soo Lock Tours".

9.5 VON SAULT STE. MARIE NACH TORONTO BZW. CHICAGO

Highlights

(auf dem Weg nach Toronto und der Südwesten von Ontario)
- **Minenbesichtigung** in Sudbury
- **Georgian Bay Islands**
- Erholungstage einlegen auf **Manitoulin Island**
- Vögelbeobachten im **Point Pelee Nationalpark**

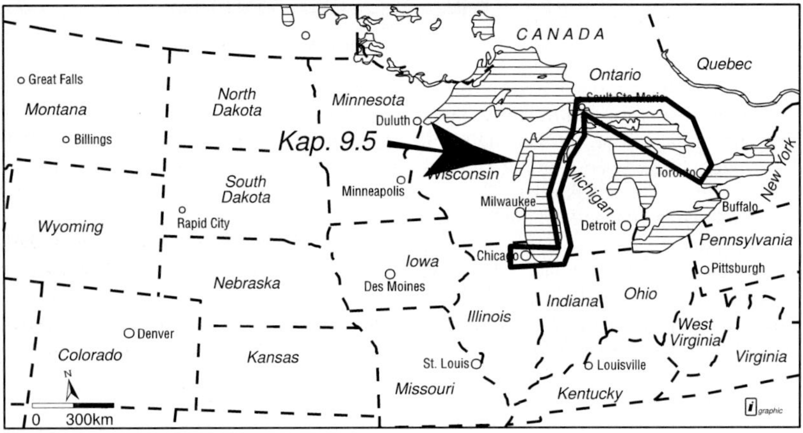

9.5.1 ÜBERBLICK

Beide Routenempfehlungen in diesem Kapitel haben ihren Reiz. Die Strecke nach Toronto weist natürlich mehr landschaftliche Höhepunkte auf, wie z.B. den Georgian Bay Nationalpark oder die Manitoulin Island. Das Ziel Toronto ist neben Chicago die eindrucksvollste Stadt in diesem Reisegebiet und bietet zudem den "Leckerbissen" Niagara Falls auf der nachfolgenden Route. Die Wegbeschreibung durch den Südwesten von Ontario habe ich für Sie mitaufgenommen, falls Sie von Toronto aus eine Abkürzung nach Detroit und Chicago wählen möchten.

Aber auch die direkte "Abkürzung" nach Chicago (Kap. 9.5.5) ist sehr schön. Neben der Mackinac Island mit ihren historischen Gebäuden möchte ich hier als landschaftlichen Anreiz die Uferstraße am Lake Michigan im allgemeinen und das Sleeping Bear National Lakeshore im speziellen nennen.

9.5.2 REISEPRAKTISCHE HINWEISE

Entfernungen (kürzeste Strecken)
- Sault Ste. Marie - Sudbury: 188 mi/303 km
- Sault Ste. Marie - Chicago: 470 mi/758 km (entlang der Uferstraße)

- Sudbury - Toronto: 255 mi/410 km
- Sault Ste. Marie - Manitoulin Island - Toronto: ca. 440 mi/708 km

Streckenführung

❶ Von Sault Ste. Marie folgen Sie dem Hwy 17 bis Sudbury, danach dem Hwy 69 nach Süden, der bei Victoria Harbour in den Hwy 400 übergeht. Dieser führt bis Toronto.

❷ Möchten Sie über die Manitoulin Island fahren, biegen Sie bei Espanola vom Hwy 17 ab nach Süden auf die ON 6/68. Nach der Fährfahrt zur Bruce Peninsula nehmen Sie ab Tobermory weiter den ON 6, der bis auf den Hwy 401 (östl. von Kitchener trifft. Dem Hwy 401 folgen Sie dann in östlicher Richtung nach Toronto. Ab Owen Sound haben Sie natürlich auch zahlreiche Alternativen, so z.B. über den ON 26 nach Osten fahren und dann auf dem ON 24 nach Toronto weiter. Lesen Sie hierzu in den einzelnen Kapiteln bzw. lassen Sie sich treiben.

❸ Die Strecke nach Chicago würde folgendermaßen aussehen: Fahren Sie erst auf dem I-75 nach Süden. Kurz hinter Mackinaw City nehmen Sie den US 31 bis Benton Harbor (ab Holland: I-196/ US 31), und von dort führt der I-94 nach Chicago. Zahlreiche Abzweige zu den einzelnen Sehenswürdigkeiten sind natürlich einzuplanen.

9.5.3 SEHENSWERTES AUF DEM WEG NACH TORONTO

Hinweis

Wenn Sie keinen besonderen Wert auf die Stadt Sudbury bzw. die Strekke östlich entlang des Georgian Bay legen, biegen Sie bereits bei Espanola (64 km vor Sudbury) nach Süden ab auf den ON 6.

46 km südöstlich von Sault Ste. Marie zweigt eine Straße ab auf die **St. Joseph Island** (Hwy. 548). Ein Besuch des **Fort St. Joseph Nat. Hist. Site** (Ende Mai - Ende Sept. tägl.) bietet einen Eindruck über ein englisches Fort um 1800. Sie können durch die Ruinen wandern, und ein kleines Museum erläutert die Geschichte, die auch von den Voyageurs beeinflußt war.

Bruce Mines mit seinem Minen-Museum und **Blind River** mit einem Holzfäller-Museum wären evtl. einen kurzen Stop wert.

Ansonsten ist das Gebiet zwischen Sault Ste. Marie und Sudbury eher von geringerem Interesse. Kleine Farm- und wiederaufgeforstete, ehemalige Minengebiete prägen diesen Streckenabschnitt.

Der Distrikt **Walden** kurz vor Sudbury ist wegen seiner guten Fischgründe und dem **Anderson Farm Museum**, einer restaurierten finnisch-kanadischen Farm bekannt. Einen Abstecher

Redaktions-Tips

(nur Strecke nach Toronto sowie der Südwesten von Ontario)

- **Übernachten**: in Sudbury: im neuen **Sheraton Hotel**; auf der Manitoulin Island: **Rockgarden Terrace Resort**; in Owen Sound: **Best Western Inn on the Bay**; südl. der Nottawasaga Bay: **Nottasawaga Inn**; in Kitchener: **Walper Terrace Hotel**; in Stratford: **The Queens Inn**; in London: **Idlewyld Inn**
- **Buchen** Sie die **Fähre** von der Manitoulin Island zur Bruce Peninsula ein paar Tage **im voraus** (bei Anruf Kreditkarte bereithalten)!
- **Bedeutendste Sehenswürdigkeiten:** die Minen in und um Sudbury; die Manitoulin Island; der Georgian Bay Nationalpark, die Nationalparks auf der Spitze der Bruce Peninsula
- Zeiteinteilung für die Strecke nach Toronto:

  2 Tage: 1. Tag: fahren Sie bis Sudbury und machen Sie dort eine Minentour. **2. Tag:** Anfahrt auf Toronto mit kurzem Zwischenstop am Georgian Bay NP

  4 Tage: 1. Tag: bis Sudbury und dort eine Minentour unternehmen; **2. Tag:** nach Pary Sound fahren und dort eine Bootstour unternehmen um die 30.000 Inseln (Abfahrtszeiten vorher erkunden!); **3. Tag:** bis Kitchener mit dem Besuch des Mennoniten-Gebietes; **4. Tag:** nach Toronto fahren

  alternativ 4 Tage: über die Manitoulin Island fahren; **2 Tage** auf der Insel entspannen; **3. bzw. 4. Tag:** über die Bruce Peninsula nach Toronto fahren

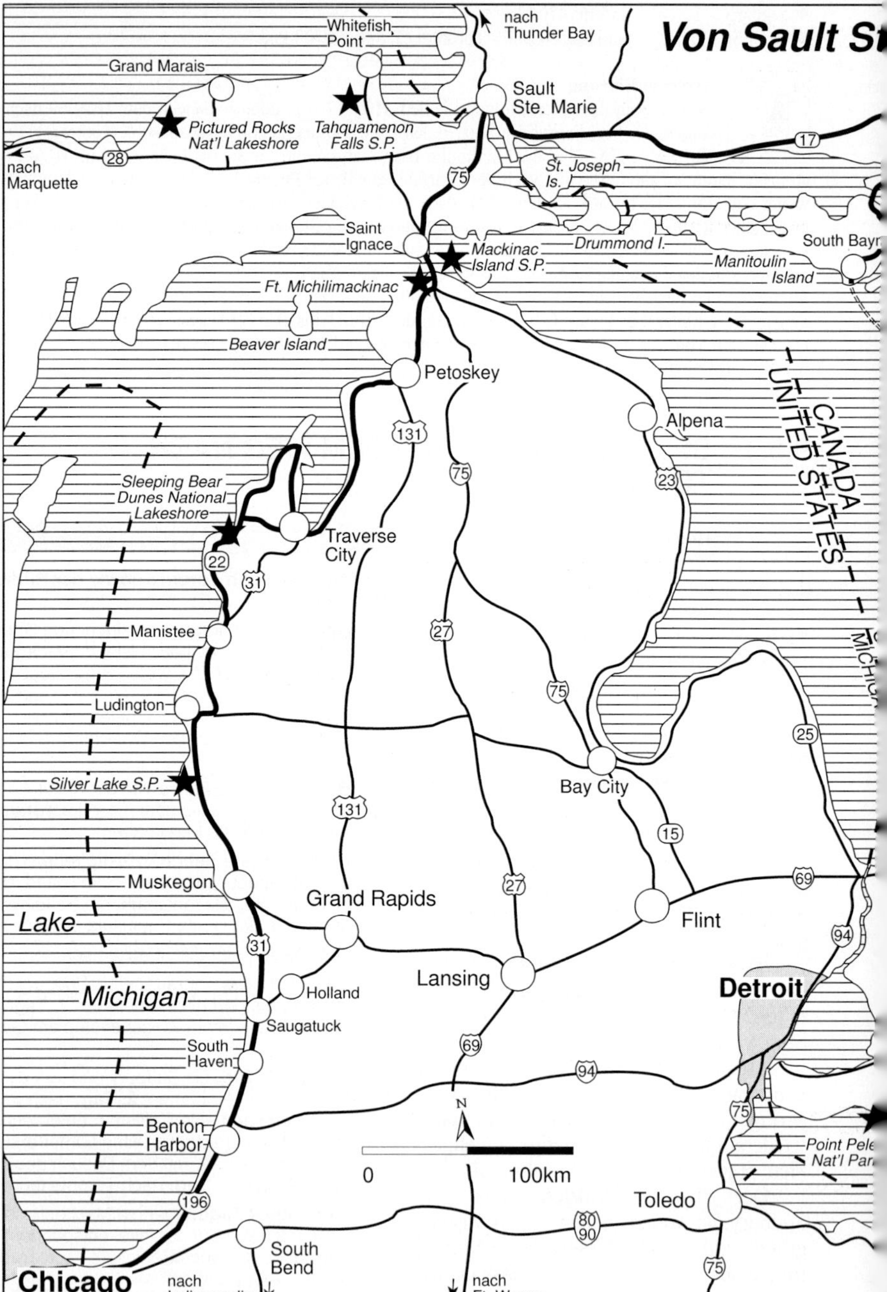
Von Sault St
nach Thunder Bay
Whitefish Point
Grand Marais
Sault Ste. Marie
Pictured Rocks Nat'l Lakeshore
Tahquamenon Falls S.P.
nach Marquette
St. Joseph Is.
Saint Ignace
Mackinac Island S.P.
Drummond I.
South Bayn
Manitoulin Island
Ft. Michilimackinac
Beaver Island
Petoskey
Alpena
CANADA
UNITED STATES
Sleeping Bear Dunes National Lakeshore
Traverse City
Manistee
Ludington
Silver Lake S.P.
Bay City
Muskegon
Grand Rapids
Flint
Lake
Michigan
Lansing
Holland
Saugatuck
Detroit
South Haven
Benton Harbor
Point Pele Nat'l Par
0
100km
Toledo
South Bend
Chicago
nach Indianapolis
nach Ft. Wayne
N
28
17
75
131
23
22
31
27
25
15
69
94
196
80
90

können Sie zum **Centennial Park** machen, 2 km östlich von Sudbury am Hwy 17, wo Sie einen schönen Picknick- und Campingplatz am Vermilion River finden, im kleinen See baden und sich an einem Wasserfall unter einer Fachwerkbrücke erfrischen können.

Sudbury

Reisepraktische Hinweise

Wichtige Anschriften und Telefonnummern

Vorwahl: 705

- **Convention and Visitors Bureau**, Civic Square, Tel.: (705) 674 3141
- **Information Sudbury** 66 Elm St., Tel.: (705) 674 4636
- **Polizei/Medizinischer Notdienst**: 911
- **Canadian Automobile Association CAA North-eastern Ontario**, The Oaks, 2140 Regent St., Tel.: (705) 522 0000
- **Wetterinformation**: 693 2717

Busse

- **Sudbury Bus Terminal**, 854 Notre Dame, Tel.: 524 9900
- **Sudbury Handi Transit**, 1299 Lorne, Tel.: 674 3763
- **Sudbury Transit**, 1700 Kingsway, Tel.: 675 3333

Hotels

- **Sheraton Caswell Inn $$$:** 1696 Regent Street, Sudbury, Tel.: (705) 522 3000, ca. 5 km außerhalb gelegenes Hotel mit Atrium Centre, Pools und Restaurant
- **Holiday Inn $$-$$$:** 85 St. Anne Road, Sudbury, Tel.: (705) 675 1123, Mittelklassehotel mit 146 Zimmern, Restaurant, Pool, Sauna, die Sudbury City Centre Mall ist zu Fuß zu erreichen
- **Howard Johnson-Senator Hotel $$:** 390 Elgin St., Sudbury, Tel.: (705) 675 1273, empfehlenswertes Hotel in zentraler Lage, das kürzlich vollständig renoviert wurde, geräumige, ansprechend eingerichtete Zimmer, Restaurant, Swimmingpool
- **Belmont Inn $$:** 340 York St., Sudbury, Tel.: (705) 688 1784, Hotel mit 36 gut ausgestatteten Zimmern in der Nähe des Science North
- **Travelway Inn $$:** 1200 Paris Street, Sudbury, Tel.: 522 1122, Hotel mit 87 geräumigen Zimmern in der Nähe des Science North
- In der Umgebung Sudburys gibt es zahlreiche gute Ferienlodges und Campingplätze.

Restaurants
- **Larch Street Grill:** im Peter Piper Inn, 151 Larch St., Tel.: (705) 673-7801. Gute Steaks.
- **Magic Wok:** 1788 Regent St., Tel.: (705) 523-2828. Einfaches chinesisches Restaurant mit einem ausgiebigen Dinner-Buffet.
- **Apollo:** 844 Kingsway, Tel.: (705) 674-0574. Kleines griechisches Lokal mit auffallend typischen und guten Gerichten. Dazu ausgesuchter Retsina!

Ich lerne Bergsteigen und Freeclimbing!
Cliffhangers Climbing Gym: 580 Notre Dame Ave., Tel.: (705) 673-6793. Falls Sie Mut, Zeit und Lust haben, bietet diese Schule Einführungen in das Freeclimbing – und das um einges billiger als in Europa!

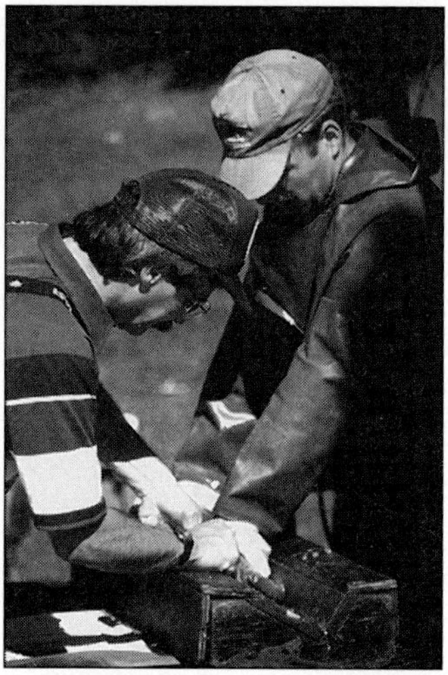
Im September werden Lachse gefangen und ausgenommen

Sudbury ist mit knapp 90.000 Einwohnern eine moderne, geschäftige Stadt, die Touristen und Geschäftsleute gleichermaßen anzieht und Zentrum des größten kanadischen Bergwerksgebietes ist, in dem alljährlich Bodenschätze im Werte von einer Milliarde Dollar gefördert werden. Den Wohlstand der Stadt machen die Gold-, Silber-, Nickel-, Kobalt- und Platinvorkommen aus, die im Boden des Kanadischen Schildes aufgefunden wurden. Dabei kommt den Nickelfunden besondere Bedeutung zu, denn in der Umgebung Sudburys findet sich die weltweit größte Konzentration von Nickelvorkommen, die 80% der Weltproduktion ausmachen. Die Bodenschätze stammen entweder von einer Vulkaneruption oder von einem 60 mal 27 km großen Meteoriten, der hier vor über 2 Millarden Jahren einmal heruntergekommen sein muß. Die Wissenschaftler sind sich aber bis heute über den wahren Ursprung nicht einig.

Die Sudbury-Region ist in Kanada bekannt für neue, umweltbewußte, wirtschaftliche Vorgehensweisen mit der Zielsetzung, das Land, das jahrzehntelang durch Umweltschäden, die durch zu starken Holzabbau, Emissionen von Hüttenwerken und Erosionen verursacht worden waren, durch geeignete Bodenbehandlung und sorgfältig ausgewählte Anpflanzungen zu regenerieren. Heute zeigen sich erste Resultate, denn das Ökosystem ist auf dem Wege der Gesundung. Die Stadt Sudbury ist weltweit als Zentrum für Umweltstudien im Zusammenhang mit dem Bergbau bekannt geworden und hat mehrere Auszeichnungen für ihr Engagement im Umweltschutz erhalten, wie z.B. die Auszeichnung durch den "United Nations Local Government Award".

Sudbury bietet dem Besucher mit Museen, Galerien, Theatern und einer Universität ein breites kulturelles Angebot, wie z.B. die Freiluftkonzerte im Bell Park, die klassischen und modernen Theateraufführungen im Sudbury Theatre Centre und die Kunstausstellungen in der Galérie du Nouvel Ontario oder im Laurentian University Museum and Art Centre. An der **Laurentian University**, einer modernen, zweisprachig geführten und naturwissenschaftlich-technisch orientierten Universität, die am Lake Ramsey liegt, werden im Sommer Führungen angeboten, die den Besuch des **Doran Planetariums** einschließen.

Besonders interessant ist der Besuch des schön am Ramsey Lake gelegenen, sehr modernen **Science North Museums**, Ramsey Lake Road, Tel.: 522 370. Sie betreten das Museum durch einen langen Tunnel, der in das uralte Gestein des Kanadischen

Schildes getrieben wurde. Im unterirdischen "Höhlentheater" können Sie sich den sehr eindrucksvollen 3-D-Film (IMAX-Theater) "Shooting Star" anschauen, der einen lebendigen Eindruck von der Landschaft und Kultur Nordontarios vermittelt. Neu im Programm ist ein Film zu dem Thema "Biber". Außerdem gibt es sehr gut präsentierte Ausstellungen zum arktischen Lebensraum und viele technische Objekte, die zum Anschauen, Anfassen und Experimentieren auffordern. Öffnungszeiten: von Ende Juni bis Anfang September täglich 9 - 19 Uhr, in der übrigen Zeit 10 - 16 Uhr,

Auf die Bedeutung des Nickels für die Entwicklung der Stadt weist auch das Wahrzeichen "**The Big Nickel**" hin, die 9 m hohe Nachbildung der 1951 herausgegebenen kanadischen 5 Cent-Nickelmünze, die oberhalb der Big Nickel Mine aufgestellt wurde.

In der **Big Nickel Mine**, Lasalle Blvd/Big Nickel Mine Road, Tel.: 522 3701, können Sie mit einem Aufzug 20 m in die Tiefe fahren und dort an einer halbstündigen Führung durch die Mine teilnehmen und vielleicht in den einzigen, unterirdischen Briefkasten Kanadas Ihre Post einwerfen.

Öffnungszeiten: von Ende Juni bis Anfang September täglich 9 - 19 Uhr, in der übrigen Zeit von 9 - 17 Uhr. Die Führungen finden von Mai bis Oktober täglich statt.

Außerdem können Sie an der interessanten Busrundfahrt **The Path of Discovery** teilnehmen, die Sie 2 ½ Stunden am Rande eines Meteoritenkraters entlangführt und einen Einblick in die geologischen Formationen dieser Region vermittelt. Da Sie verschiedene Bergwerke besichtigen, ist festes Schuhwerk nötig. Fahrzeiten: Abfahrt an der Big Nickel Mine, von Ende Juni bis Anfang September täglich um 10 und 14 Uhr.

Der "Big Nickel"

Tip
Es gibt eine kombinierte Eintrittskarte für die drei großen Sehenswürdigkeiten der Stadt Science North, Big Nickel Mine und Path of Discovery.

Die schöne Umgebung der Stadt, die sich mit zahlreichen Seen und bewaldetem Hügelland für viele Freizeitaktivitäten eignet, können Sie nicht nur zu Lande, sondern auch durch Schiffsausflüge und Rundflüge kennenlernen.

Schiffstouren
Lake Ramsey Cruise, Tel.: 673 7844, einstündige Kreuzfahrten mit der "Cortina" auf dem Lake Ramsey, Abfahrten von Ende Mai bis September mehrmals täglich vom Dock am Science North.

Rundflüge
Heli North, Tel.: 673 5659, Hubschrauber-Rundflüge von der Big Nickel Mine, Flugzeiten: von Ende Juni bis Anfang September täglich zwischen 10 und 16 Uhr, Flugpreis: Erwachsene $ 22, Kinder bis 18 Jahren $ 20
Außerdem werden Rundflüge mit einem Wasserflugzeug angeboten, das bei guten Wetterbedingungen ganzjährig an der Ramsey Airways Base, 1 km nördlich vom Science North startet.

Von Sudbury nach Toronto

Von Sudbury führt der Weg nach Süden an der Georgian Bay entlang; dabei können Sie zwischen der westlichen und der östlichen Strecke wählen:

❶ die **westliche** Strecke führt über das vorwiegend von Indianern bewohnte Manitoulin Island nach Tobermory und den Unterwasser-Nationalpark Fathom Five, weiter über die Bruce Peninsula nach Owen Sound und nach Toronto.

Entfernung
445 km

❷ die **östliche** Strecke führt über Parry Sound, die Welt der 30 000 Inseln, den Georgian Bay NP, Barrie und dann nach Toronto. Alternativ dazu: über die Midland Halbinsel und entlang der Nottawasaga Bay bis Collingwood und weiter nach Kitchener und Toronto.

Entfernung
420-480 km

Die **Georgian Bay**, eine tiefeingeschnittene Bucht des riesigen Huron-Sees, ist ein beliebtes Ausflugsziel der Bevölkerung aus dem südlichen Ontario, denn die südlichen Ausläufer der Georgian Bay sind nur etwa 1 ½ Fahrstunden von Toronto entfernt. Besonders reizvoll ist die Welt der 30 000 Inseln, die verstreut in der Georgian Bay liegen und von denen einige zum Nationalpark erklärt wurden.

Die Georgian Bay ist ein optimales Feriengebiet für Wassersportler und Naturfreunde; für Tauchsportler sind die versunkenen, auf dem Meeresgrund deutlich sichtbaren Schiffswracks besonders interessant, Kanufahrer entdecken einsame, unbewohnte Inseln, Segler und Windsurfer haben günstige Winde, und Schwimmer freuen sich am

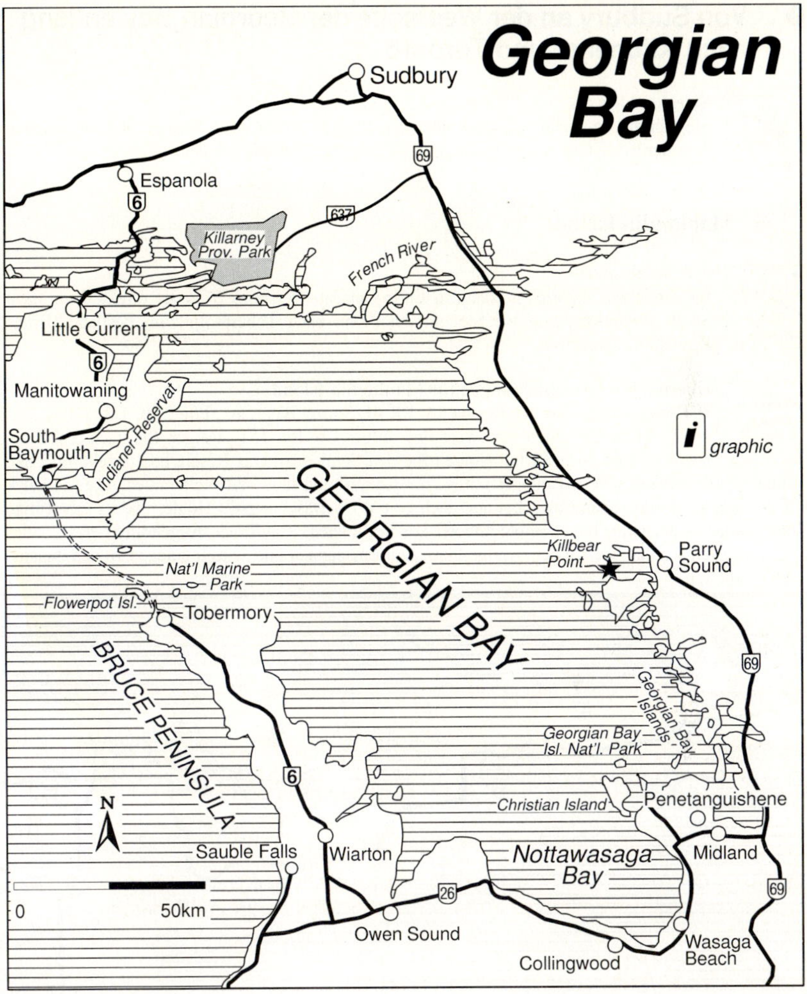

warmen, klaren Wasser. Die Ferienorte eignen sich bestens für einen geruhsamen Ferienaufenthalt oder für ein paar Tage Entspannung nach einer anstrengenden Rundfahrt.

Küsten und Inseln der Georgian Bay gehören zum ehemaligen Stammland der Huronen, die **Etienne Brulé** im Jahre 1610 als erster Weißer besuchte. Ihm folgten Pelztierjäger, Händler und Missionare, die 1639 die erste Missionsstation gründeten. In den folgenden Jahren kam es immer wieder zu Kämpfen zwischen den Stämmen der Huronen und der von Süden kommenden Irokesen, bei denen auch Missionare und Jesuitenmönche getötet wurden. 1649 gaben die Weißen deshalb ihre Niederlassungen wieder auf.

❶ Von Sudbury an der Westseite der Georgian Bay entlang nach Kitchener und Toronto

Streckenhinweis
Sie fahren von Sudbury zurück über den Hwy 17 64 km nach Westen und fahren dann über den Hwy 6/68 nach Espanola und weiter zur Manitoulin Island.

Manitoulin Island

Streckenhinweis
Sie erreichen Manitoulin Island in Little Current. Der Hwy 6 ist der direkte Weg nach South Baymouth, von wo Sie mit der Fähre nach Tobermory zum Festland (Bruce Peninsula) übersetzen.

Übernachtungsempfehlungen für Manitoulin Island
- **Rockgarden Terrace Resort $$:** RR #1, Spring Bay, Ont., P0P 2B0, Tel.: (705) 377-4652. Anfahrt: Südlich von West Bay an der Co. Rd. 551 zweigen Sie nach rechts ab. Dann sind es noch 13 km (folgen Sie den Schildern). Das Resort liegt direkt am Lake Mindemoya und bietet schöne Cottages (einige mit Kamin) und saubere Hotelzimmer. Alle mit Blick auf den See. Auf dem Grundstück befindet sich eine ("Überraschungs-") Höhle, und es gibt einige Wanderwege in der Umgebung. Boote können Sie hier mieten. Rundflüge, Angeltouren etc., ... alles kann arrangiert werden. Genau der richtige Platz zum Entspannen und zentral gelegen zu den meisten

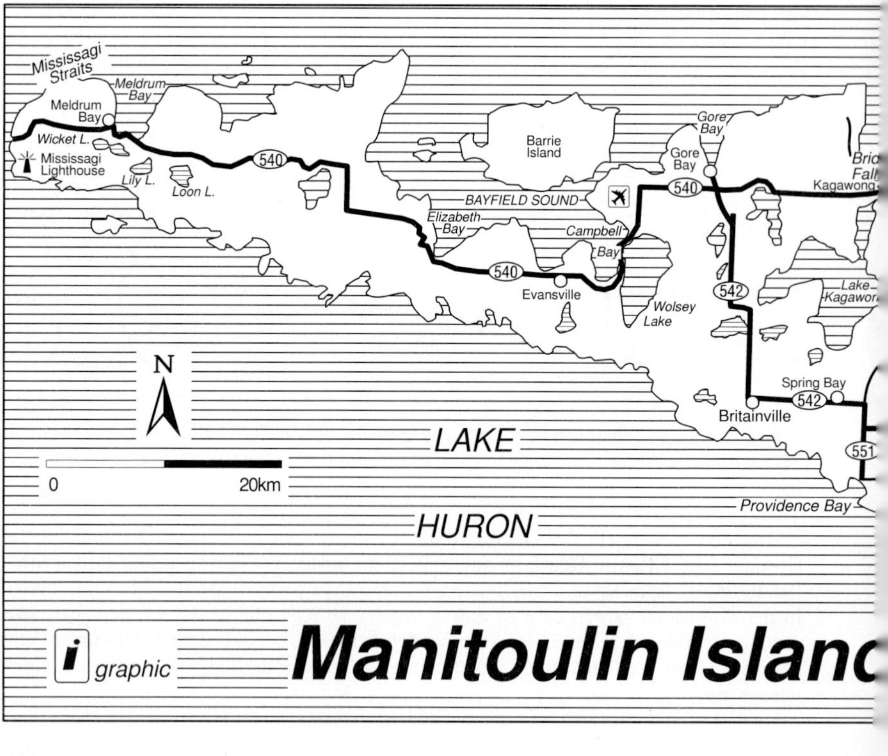

Sehenswürdigkeiten der Insel. Im Restaurant gibt es zudem gutes Essen – z.B. Salzkartoffeln!!! Es wird deutsch gesprochen.

● **Red Lodge Resort $$:** RR i, Sheguiandah, Ont. P0P 1Wo, Tel.: (705) 368-3843. Ebenfalls Cottages und Zimmer – am Lake Manitou gelegen. Anfahrt über die Bidwell St. (Abzweig von der Co. Rd. 540 – Cup Saucer Trail-Abfahrt).

Manitoulin Island ist 176 km lang und zwischen 3 und 65 km breit; es ist die größte Insel der Welt in einem Süßwassersee! Im Inselinneren liegen mehr als 100 Seen, von denen fast jeder zum Kanufahren, Tauchen, Angeln und Fischen einlädt. Am besten lernen Sie die Insel mit ihrer 1.600 km langen, buchtenreichen Küste, mit den feinen Sandstränden und den kleinen, verträumten Ortschaften bei einem mehrtägigen Aufenthalt kennen.

Das beliebteste Ausflugsziel auf Manitoulin Island sind die **Bridal Veil Falls** in Kagawong, wo in schöner, waldreicher Umgebung ein Wasserfall wie ein "Schleier" hinunterfällt. Im Spätsommer springen die Lachse auf dem Flußabschnitt unterhalb der Fälle.

Weitere lohnenswerte Ziele auf Manitoulin Island sind:
Am Hwy. 6:

◆ der mit 1.500 Einwohnern größte Inselort **Little Current**, der aus einem Handelsposten der Hudson's Bay Company entstand und heute ein beliebter Treffpunkt für Segler und Wassersportler ist,

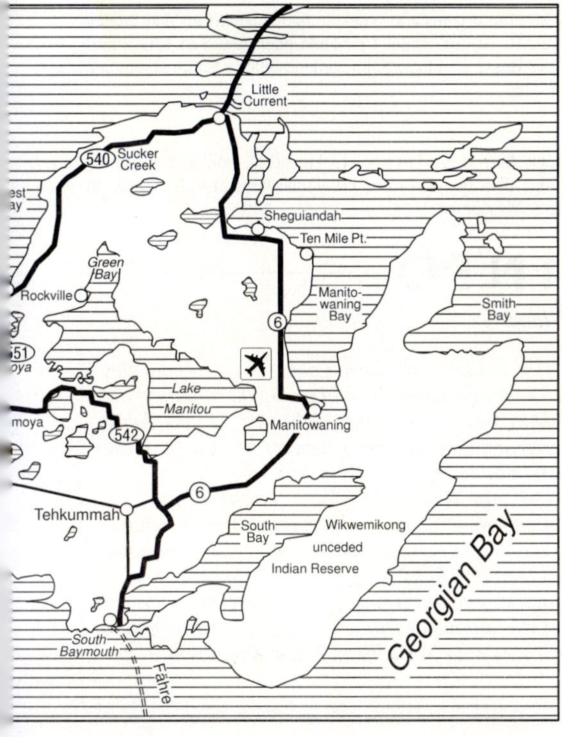

◆ der Aussichtspunkt **Ten Mile Point**, 16 km südlich von Little Current, wo Sie einen herrlichen Panoramablick über die Georgian Bay und auf die Bay of Islands bis hinüber nach Killarney haben,

◆ der kleine Ort **Manitowaning** mit dem **Assiginack Museum**, Tel.: (705) 859 3905, das im ehemaligen Gefängnis eingerichtet wurde und Alltagsgegenstände der Pionierzeit und eine Schmiede jener Zeit zeigt, und dem **S.S. Norisle and Heritage Park**, wo eine alte Mühle und ein Fährschiff der Großen Seen zu besichtigen sind. Öffnungszeiten von Juni bis September täglich 10 - 17 Uhr, **kombinierte Eintrittskarte für das Museum und den Park.**

◆ die **Blue Jay Creek Fish Culture Station** in Tehkummah am Hwy 6, wo Sie Entwicklung und Aufzucht von Forellen besichtigen können,

◆ der Hafenort **South Baymouth**,

Mississagi Lighthouse

Entlang des Hwy. 540 nach Westen:

- die 3-stündige Wanderung über den **Cup and Saucer Trail**, der 19 km südwestlich von Little Current beginnt und zum 351 m hohen Aussichtspunkt mit schönem Blick auf den Inselsüden führt,
- der kleine Ferienort **Gore Bay** an der Nordküste mit guten Wassersportmöglichkeiten und einem interessanten Heimatmuseum,
- das **Mississagi Lighthouse Museum**, Tel.: (705) 866 2682, 11 km westlich von Meldrum Bay, mit einer Ausstellung über Leben und Arbeit der Leuchtturmwärter in der Vergangenheit. Öffnungszeiten: von Anfang Mai bis Anfang September täglich von 9 - 21 Uhr.

Im Süden der Insel:

- die langen, feinen Sandstrände von **Providence Bay** und der **Lake Mindemoya**

Busfahrt
In den Sommermonaten gibt es eine organisierte, vierstündige Busfahrt zu den interessantesten Orten der Insel, wie z.B. zu den Bridal Veil Falls oder zum Ten Mile Point-Aussichtspunkt. Die Abfahrt der Busse ist an der Schiffsanlegestelle in South Baymouth, Juli/August von Mo - Sa jeweils um 13.15 Uhr.

Rundflüge
Air Killarney: Manitoulin East Airport am Hwy. 6, 13 km nördl. von Manitowaning, Tel.: 1-800-461-1117. Rundflüge über den Killarney Provincial Park bzw. über die Manitoulin Island mit einmotorigen Maschinen.

INFO

Indianer auf Manitoulin Island

Manitoulin Island ist, wie der indianische Namen sagt, die "Heimat des großen Geistes"; von den etwa 12.000 Einwohnern sind ca. 4.000 Indianer, die in Reservaten auf der Insel leben. Ihre Geschichte reicht fast 12.000 Jahre zurück, wie archäologische Ausgrabungen bei Sheguiandah beweisen; diese Siedlungen zählen zu den ältesten indianischen Stätten in Nordamerika.

Die Indianer sind stolz darauf, daß Manitoulin Island "unceded land" ist, was bedeutet, daß dieses Gebiet zu keiner Zeit von den Indianern in Verhandlungen oder durch Verträge an die Weißen abgetreten wurde, daß die Indianer besondere Rechte haben und jederzeit ihre Unabhängigkeit erklären könnten.

Die Mehrzahl der Indianer auf Manitoulin Island gehört zum großen Stamm der Ojibwa-Indianer, die genau wie die außerdem noch im Reservat lebenden Indianer der Ottawa und Pottowotomie zur Sprachfamilie der Algonquin-Indianer gehören.

Verwaltungsgebäude der Ojibwa-Indianer

Die größte Siedlung im Reservat ist Wikwemikong mit dem Verwaltungszentrum und dem Stammeshaus. In Zusammenarbeit mit der Regierung in Ottawa wird ein langfristiges Projekt zur Verbesserung der Lebensumstände der Indianer durchgeführt; Ziel ist dabei vor allem der Kampf gegen Arbeitslosigkeit sowie Alkohol- und Drogenabhängigkeit.

Alljährlich findet am ersten Wochenende im August auf Manitoulin Island das große ***Pow Wow*** *statt. Zu diesem traditionellen Volksfest kommen Indianer aller benachbarten Stämme, um für einige Tage das gemeinsame Erbe wieder lebendig werden zu lassen und die alten kulturellen Bräuche zu bewahren. Auch immer mehr Besucher kommen nach Manitoulin Island, hören auf den Klang der Trommeln, schauen den Tänzern, die Federschmuck und Kriegsbemalung tragen, bei den komplizierten Schrittfolgen der Stammestänze zu und beobachten Kanurennen und Schießwettbewerbe, die mit Pfeil und Bogen ausgetragen werden.*

Tip
Da von Jahr zu Jahr immer mehr Besucher zum Pow Wow auf Manitoulin Island kommen, ist eine frühzeitige Fähr- und Zimmerreservierung in dieser Zeit unbedingt notwendig.

Von Manitoulin Island nach Owen Sound

South Baymouth ist mit Tobermory durch regelmäßigen Fährverkehr verbunden. Das große, sehr moderne Fährschiff mit dem Indianernamen "Chi-Cheemaun" (in der Objiwa-Sprache = "Großes Kanu") durchquert den Main Channel, der die Georgian

Bay vom Huron-See trennt. Die Fähre befördert 4 x täglich 115 Autos und ca. 600 Passagiere; seit 1989 fährt zusätzlich noch die "Nindawayma" (Kleine Schwester).

Diesen Leuchtturm passiert die Fähre

Fährpassagen zwischen Manitoulin Island (South Baymouth) und der Bruce Peninsula:

- **Manitoulin Island Car Ferry Service**, Tel.: (519) 596 2510 in Tobermory oder (705) 859 3161 in South Baymouth,
- **Chi-Cheemaun**, von Mitte Juni bis Anfang September 4 x täglich, Mai/Juni und September/Oktober 2 x täglich;
- **Nindawayma**: von Mitte Juni bis Anfang September 2 x täglich.

Reservierungen sind empfehlenswert. Die Überfahrt dauert knapp 2 Stunden.

Tobermory

Wichtige Anschriften und Telefonnummern
(Vorwahl 519)

- **Tobermory Chamber of Commerce**: Tel.: 596 2452
- **Ontario Northlands Ferry Terminal**/Tobermory Information Centre: Tel.: 596 2510
- **Medizinischer Notdienst**: 596 2305

Hotels

- **Bruce Anchor Motel $$:** Tel.: (519) 596 2555, 1989 gebautes Hotel mit ansprechender Ausstattung, Kinderspielplatz
- **Blue Bay Motel $$:** Tel.: (519) 596 2392, ruhiges Mittelklassehotel in zentraler Lage mit geräumigen Zimmern und schönem Blick auf den Little Tub Hafen und die Fähranlegestelle
- **Coach House Inn $$:** Tel.: (519) 596 2361, Hotel mit 37 Zimmern am Hwy 6, etwa 2 km vom Hafen entfernt
- **Tobermory Lodge & Motel Resort $$-$$:** Tel.: (519) 596 2224, Mittelklassehotel mit 53 Zimmern und Apartments, ca. 1,5 km vom Hafen entfernt, Bootsverleih, 2 Tennisplätze, Swimmingpools
- **Hidden Valley Lodge $$-$$$:** Hidden Valley Road, Tel.: (519) 596 2322, 18 km südlich von Tobermory liegendes Motel und Bed & Breakfast-Haus in ländlicher Umgebung

Tobermory liegt an der Nordspitze der Bruce-Halbinsel und hat sich in den letzten Jahren zu einem beliebten Ferienort entwickelt. Schon in der Mitte des vergangenen Jahrhunderts war Tobermory ein wichtiger Hafenort, da die beiden Häfen Little Tub und Big Tub den Schiffen Schutz vor den heftigen Herbststürmen auf der Georgian Bay boten, die immer wieder Schiffe stranden ließen. Heute werden Ausflugsfahrten zu den Schiffswracks durchgeführt, die im ungewöhnlich klaren Wasser der Georgian Bay gut auf dem Grund zu erkennen sind.

Schiffstouren
Es werden Fahrten auf Glasbodenbooten angeboten. Die 1 ½- bis 2-stündige Fahrt geht nach

- **Flowerpot Island**, wo Sie einen kurzen Aufenthalt einlegen können, und führt an einigen der in Stürmen gestrandeten Schiffen vorbei.

● **M.V. Seaview III Cruises**, Tel.: (519) 596 2224, Abfahrt am Fährhafen von Mitte Juni bis Anfang September täglich um 9, 10.45, 12.30, 14, 15.30 und 17 Uhr, Mai/Juni und September/Oktober 4 x täglich,
● **Blue Heron V**, Tel.: (519) 596 2250, Abfahrt am Little Tub Hafen von Mitte Juni bis Anfang September um 9, 10.30, 12, 13.30, 16.30 und 18 Uhr,
● **True North II Cruises**, Tel.: (519) 596 2600, Abfahrt vom Little Tub Hafen täglich von Mitte Juni bis Anfang September um 9.30, 11.30, 13.30, 15.30 und 17.30 Uhr, täglich um 15.30 Uhr wird eine ½-stündige Fahrt zu den Schiffswracks durchgeführt.

Tobermory ist der beste Ausgangsort für Ausflüge zu den beiden nahegelegenen Nationalparks **Bruce Peninsula National Park** und **Fathom Five National Marine Park**.

Bruce Peninsula National Park

Information und Öffnungszeiten
Im Visitorcenter in Tobermory erhalten Sie Informationsmaterial und Auskünfte über Sehenswürdigkeiten, Veranstaltungen, Campingplätze und Wintersportbedingungen. Der Park ist ganzjährig geöffnet; Tel.: (519) 596 2233.

Der Park ist der neueste Nationalpark Ontarios, der sich über 270 qkm auf beiden Seiten der Bruce-Halbinsel erstreckt und eines der letzten Wildnisgebiete des südwestlichen Ontario ist. Das Rückgrat des Parks ist Teil des Niagara Escarpments.

An der Ostseite des Parks haben die Wasser der Georgian Bay eine abwechslungsreiche Klippen- und Höhlenlandschaft geschaffen, während sich das Land im Westteil mit Marschen, sanften Buchten und Sanddünen zum Lake Huron neigt.

Der Park ist bekannt für seinen Orchideenreichtum; es wurden 42 verschiedene Orchideenarten entdeckt. Der Park wird von dem sehr abwechslungsreichen und eindrucksvollen Wanderweg **Bruce Trail** durchzogen, der von Tobermory im Norden nach Owen Sound im Süden der Halbinsel Bruce über 720 km an der Küste entlang und dann durchs Landesinnere bis zu den Niagarafällen führt.

Fathom Five National Marine Park

Camping
Die sechs nahe beieinander liegenden Zeltplätze auf Flowerpot Island sind jeweils für ein Zelt vorgesehen; dazu gehören je eine Feuerstelle und eine Bootsanlegestelle. Da es keine Platzreservierung gibt, gilt die Regel, daß der zuerst Kommende sein Zelt aufstellen kann.

Der Park ist Kanadas erster "Marine Park"; er liegt nördlich von Tobermory und nimmt eine Wasserfläche von 130 qkm am Lake Huron und an der Georgian Bay ein. In diesem Bereich liegen mindestens 20 Schiffswracks, die im vergangenen Jahrhundert in den heftigen Stürmen, die in jedem Herbst über der Georgian Bay tobten, beschädigt und gegen die gefährliche Felsküste geschleudert wurden.

Um den Einstieg zu den Wracks für Taucher zu erleichtern, wurden eine Plattform und ein Plankenweg angelegt; das außergewöhnlich klare Wasser wird auch von Schnorchlern und Unterwasserfotografen sehr geschätzt.

Tip
Taucher müssen sich vor ihrem Tauchgang im "Diver Registration Centre" in Tobermory anmelden.

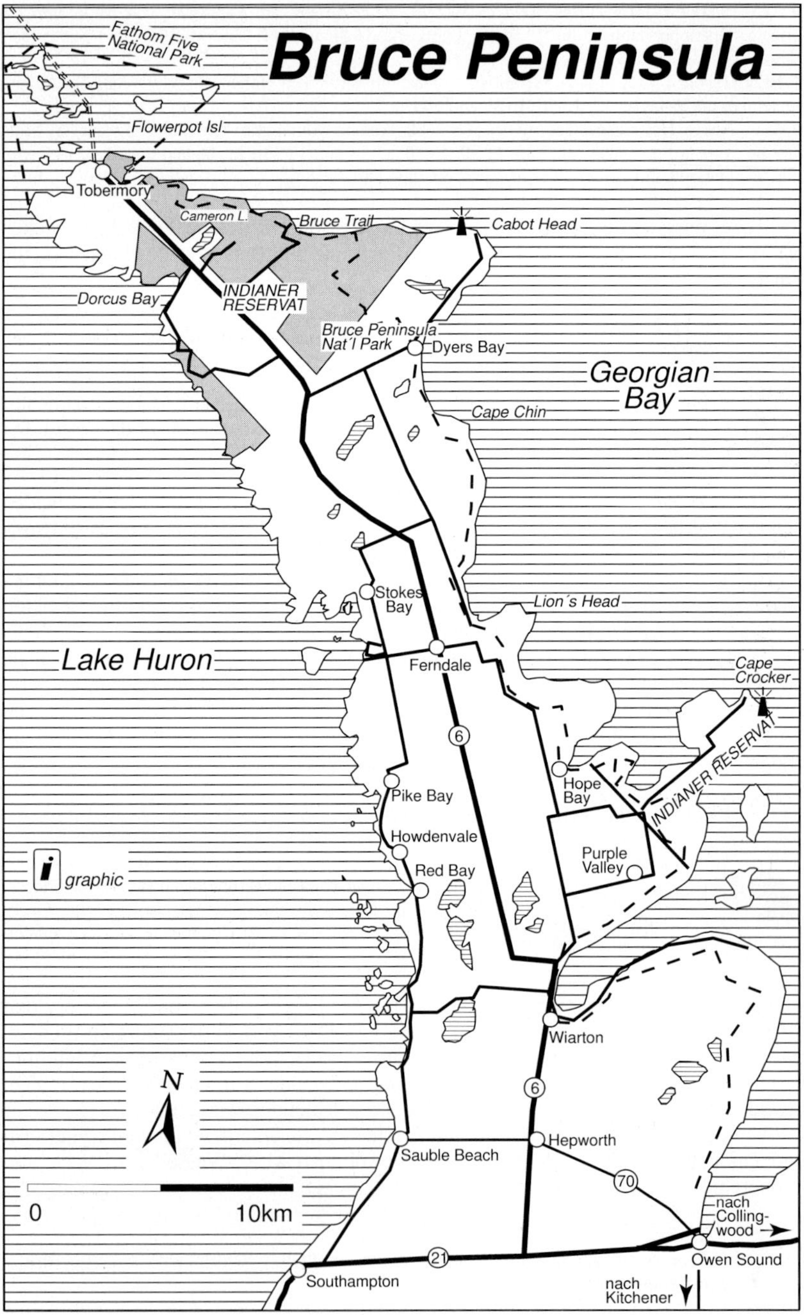
Bruce Peninsula
Fathom Five National Park
Flowerpot Isl.
Tobermory
Cameron L.
Bruce Trail
Cabot Head
Dorcus Bay
INDIANER RESERVAT
Bruce Peninsula Nat'l Park
Dyers Bay
Georgian Bay
Cape Chin
Lion's Head
Stokes Bay
Lake Huron
Ferndale
Cape Crocker
6
Hope Bay
INDIANER RESERVAT
Pike Bay
Howdenvale
Red Bay
Purple Valley
graphic
Wiarton
N
6
Hepworth
Sauble Beach
70
0
10km
nach Colling-wood
21
Owen Sound
Southampton
nach Kitchener

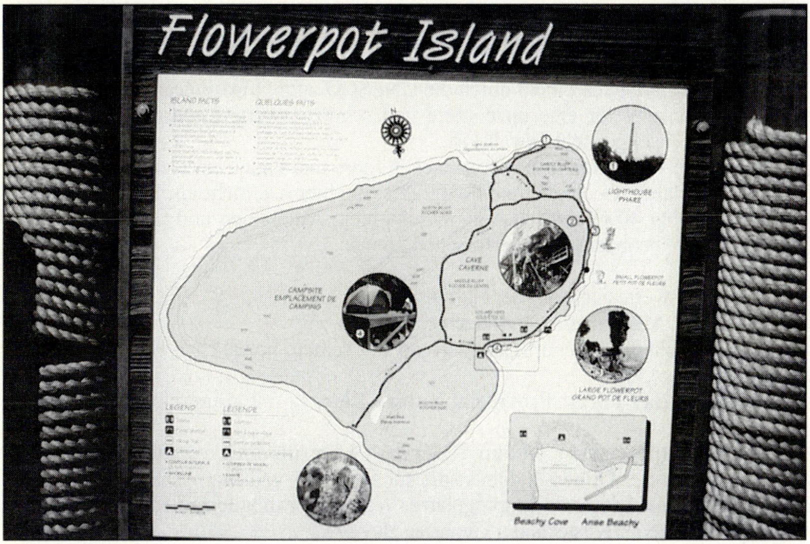

Flowerpot Island

Zum Nationalpark gehören 19 Inseln, darunter auch **Flowerpot Island**, eine kleine Insel mit hoch aufragenden Kalksteinfelsen, die von Wind und Wasser wie "Blumentöpfe" geformt sind.

Von Mitte Mai bis Mitte Oktober fahren mehrmals täglich die Boote von Tobermory nach Flowerpot Island, wo es Bootsanlegestellen, einen Picknickplatz mit Feuerstellen, sechs Zeltplätze und viele Wanderwege, jedoch kein Gasthaus oder Geschäft gibt.

Mindestens zwei Stunden Zeit sollten Sie sich nehmen, um die verschiedenen "Flowerpots" zu besuchen und den kleinen, ausgeschilderten Rundwanderweg über die Insel zu machen; Sie können sich aber auch gut einen Tag dort aufhalten und schwimmen, sonnenbaden, tauchen, wandern und fotografieren.

Streckenhinweis
Von Tobermory folgen Sie dem Hwy 6 über die Bruce-Halbinsel nach Owen Sound.
Entfernung: 110 km

Südlich von Tobermory erstreckt sich die **Bruce-Halbinsel**, die den Lake Huron und die Georgian Bay voneinander trennt. Der Hwy 6 verläuft von Tobermory über die ganze Länge der Bruce-Halbinsel; kleine Straßen führen vom Hwy 6 nach Westen zum Lake Huron, nach Osten zur Georgian Bay. Die Bruce-Halbinsel ist der Ausläufer des Niagara Escarpments, ei-

Auf "Flowerpot Island"

ner 725 km langen Gesteinsstufe, die aus massiven Kalkablagerungen durch Erosion entstanden ist und sich von Queenston Heights am Niagara River bis nach Tobermory zieht und an der äußersten Spitze der Insel Manitoulin im Huron-See endet. 1990 wurde das Niagara Escarpment durch die UNESCO zum **"biosphere reserve"** erklärt; es gilt als Beispiel für eine unzerstörte und schützenswerte Landschaft, in der das ökologische Gleichgewicht gewahrt ist.

Die Bruce-Halbinsel ist mit ihrer reichen Flora und Fauna ein ideales Feriengebiet für Naturliebhaber, Geologen und Fotografen, die hier u.a. mehr als 170 verschiedene Vogelarten, über 40 Orchideenarten, Wildblumen, Amphibien und Gesteinsformationen entdecken, beobachten und erforschen können.

Besuchenswerte Ziele auf der Halbinsel Bruce sind:

- die **St. Margaret's Chapel** am Cape Chin,
- der lebhafte Ferienort **Lion's Head** mit seinem natürlichen Hafen und feinen Sandstränden,
- **Hope Bay Forest Provincial Nature Reserve** mit ausgezeichneten Wandermöglichkeiten,
- das **Cape Croker Indian Reserve**, 19 km nördlich von Wiarton, ist eine große Siedlung der Ojibwa-Indianer, die für Besucher geöffnet ist. Es gibt Kunstgewerbeläden, Picknick- und Campingplätze, Wassersportmöglichkeiten und gute Wanderwege entlang der Küste an der Georgian Bay,
- **Creig's Scenic Caves**, Wiarton, Tel.: (519) 534 2881, ein Gewirr aus 12 Höhlen, die durch mehrere Tunnels miteinander verbunden sind,
- der **Sauble Falls Provincial Park** nördlich des Ferienortes Sauble Beach mit vielen Hotels und Campingplätzen am 11 km langen, feinen Sandstrand.

Owen Sound

Übernachtungen

- **Best Western Inn on the Bay $$-$$$:** 1800 2nd Ave. East, Owen Sound, Ont., Tel.: (519) 371-9200, Fax: (519) 371-6740. Modernes Mittelklassehotel direkt am Bay. Der Tip für Owen Sound!
- **Hospitality Inn Owen Sound $$:** 950 6th St. E., Tel.: (519) 376 1551, modernes Hotel mit 79 Zimmern, Swimmingpool, Sauna, Spielplatz und Restaurant
- **Journey's End $$:** 955 9th Ave. E., Tel.: (519) 371 5500, Motel mit 60 geräumigen Zimmern
- **Crystal Motel $$:** 672 10th St. W., Tel.: (519) 376 8665, kleineres Motel mit 28 ansprechend eingerichteten Zimmern

Restaurants

- **The Mill:** Highway 6, Williamsford, 20 Minuten südlich, Tel.: (519) 794-3333. Historische Mühle mit gutem Restaurant. Im Sommer können Sie im Patio sitzen und auf den Saugeen River schauen.
- **Norma Jean's:** 243 8th St., Tel.: (519) 376-2232. Kleines Bistro-Restaurant mit (guter) amerikanisch-kanadischer Küche und leckeren Süßspeisen.

Feste

In der dritten Augustwoche findet das Summer Folk Festival mit Musik-, Tanz- und Gesangsaufführungen statt.
Im Winter finden regelmäßig Snowmobilrennen statt.

Owen Sound hat gut 20.000 Einwohner und liegt im schönen Sydenham River Valley am südlichen Ende der Georgian Bay. Es ist ein beliebtes Feriengebiet mit guten Wassersportmöglichkeiten und, wie Tobermory, ein geeigneter Ausgangsort zum Besuch der Bruce-Halbinsel und der Blue Mountains. Angler (z.B. Lachse im September), Fahrradfahrer und Wanderer kommen gerne hierher.

Owen Sound war um die Jahrhundertwende der Ausgangshafen für die Siedler, Prospektoren und Abenteurer, die von hier mit dem Schiff nach Thunder Bay gefahren sind, um den Westen zu entdecken. Dieses macht sich noch heute an den alten Gebäuden in der Innenstadt und den kleinen Villen bemerkbar.

Heute sind es vor allem der Tourismus und die kleinen Hafenbetriebe, die der Stadt zu einem bescheidenen Wohlstand verhelfen.

Wasserfälle bei Owen Sound

Im **County of Grey-Owen Sound Museum**, 975 6th Street East, Tel.: (519) 376 3690, lernen Sie in fünf restaurierten Häusern und auf einem 8 m langen Pelzhandelskanu die regionale Geschichte kennen. Öffnungszeiten: Juli/August Mo - Sa von 9 - 17 Uhr, So 13 - 17 Uhr; die übrigen Monate Di - Fr von 9 - 17 Uhr, Sa/So 13 - 17 Uhr; von Ende November bis Anfang April sind die Häuser geschlossen.

In der **Tom Thomson Memorial Art Gallery**, 840 1st Avenue W., Tel.: (519) 376 1932, sind u.a. Werke des hier geborenen Malers Tom Thomson ausgestellt, der zur "Group of Seven" gehört (siehe auch Kapitel 9.6.5 – McMichael Art Gallery, Toronto). Kennzeichnend für die Arbeiten dieser Künstlergruppe ist die bildliche Darstellung der rauhen Landschaften des kanadischen Nordens. Öffnungszeiten: Di - Sa von 10 - 17 Uhr, von Juli - Oktober auch Mo von 10 - 17 Uhr und So von 12 - 17 Uhr.

Das **Marine Rail Museum** neben dem Visitor Center in der 1st Ave. West bietet einen kurzen Einblick in die Geschichte von Owen Sound und verdeutlicht seine Bedeutung als Hafenstadt für die Erschließung des Westens. Das Museum ist während der Sommermonate täglich geöffnet, in der Zwischensaison nur Di-Sa und ab Mitte Oktober bis Ende Mai nur Dienstagnachmittag. Aber im Visitor Center gibt man Ihnen (mit etwas Glück) auch zu anderen Zeiten den Schlüssel.

Besonders beliebt ist der am Sydenham River gelegene **Harrison Park** an der 2nd Avenue. In dem 46 ha großen Park gibt es gepflegte Anlagen, Bäche und Flüsse, Picknick- und Campingplätze und einen 24 m hohen Wasserfall, wo sich die Wasser des Sydenham River über den Niagara-Abhang stürzen. Die schönsten Wasserfälle bei Owen Sound sind die 5 km südlich gelegene **Inglis Falls**.

Sollten Sie zwischen Ende August und Anfang Oktober in der Stadt sein, dürfen Sie das Lachsspringen an der **Mill Dam Fish Ladder** nicht versäumen. So eindrucksvoll wie hier bekommen Sie das sonst nicht zu sehen.

Streckenhinweis

Wenn Sie genügend Zeit haben, können Sie von Owen Sound zur Midland-Halbinsel fahren. Dort können Sie das Museumsdorf "Sainte-Marie among the Hurons" besuchen und anschließend die Strände an der Nottawasaga Bay genießen (lesen Sie im übernächsten Abschnitt).

Von Owen Sound nach Kitchener und Toronto

Streckenhinweise

- Von Owen Sound können Sie direkt über den Hwy 6 bis Guelph und weiter über den Hwy 7 nach Kitchener (151 km) bzw. südlich von Guelph über den Hwy 401 nach Toronto (195 km) fahren.
- Alternativ können Sie von Owen Sound über den Hwy 21 nach Port Elgin und weiter bis Goderich gelangen. Von dort folgen Sie dem Hwy 8 nach Waterloo und Kitchener. Entfernung: 246 km Kitchener bzw. 340 km nach Toronto.
- Sollten Sie es eiliger haben, bietet sich der Hwy 10 als schnellste Alternative nach Toronto an (2 ½ Std.) bzw. wäre ein kleiner Umweg über das östlich davon gelegene landschaftlich schöne Beaver Valley auch zu empfehlen (4 Std. bis Toronto).

Hinweis

Zu Kitchener lesen Sie bitte im Kapitel 9.5.4

Sehenswertes an dieser Strecke:

Kleine Stichstraßen führen vom Hwy 21 ans Ostufer des Huron-Sees, wo Sie gute Erholungs- und Wassersportmöglichkeiten finden, z. B. in den Provinzparks **Inverhuron** in der Nähe des gleichnamigen Ortes oder **Point Farms**, 8 km nördlich von Goderich.

Nördlich von Tiverton liegt das **Bruce Nuclear Power Development**. Die Anlage umfaßt 8 Reaktoren, die sowohl elektrische Energie als auch Kobalt 60 für medizinische Einrichtungen erzeugen. Im Informationszentrum können Sie sich durch Filme und Ausstellungen über das kanadische Kernforschungsprogramm informieren. Einstündige Busfahrten führen zu zwei Nuklearstationen. Öffnungszeiten: von Mitte April bis Mitte Oktober täglich von 9 - 16 Uhr, in der übrigen Zeit Mo - Fr 9 - 16 Uhr.

Goderich ist ein kleiner Hafenort am Huron-See mit 7.500 Einwohnern. Sehenswert sind:

- das **Huron County Museum**, 110 North St., Tel.: (519) 524 2686, das die Geschichte dieser Region, z.B. eine rekonstruierte Straßenszene aus der Pionierzeit zeigt, Öffnungszeiten: von Mai bis Anfang Oktober Mo - Sa von 10 - 16.30 Uhr, So von 13 - 16.30 Uhr,
- das **Huron Historic Goal and Governor's House**, 181 Victoria St., Tel.: (519) 524 6971, ein achteckiges, dreistöckiges Steinhaus aus dem Jahre 1842, das bis 1972 als Gefängnis diente. Öffnungszeiten: von Mai bis Anfang Oktober Mo - Sa von 10 - 16.30 Uhr, So von 13 - 16.30 Uhr.

❷ Von Sudbury an der Ostseite der Georgian Bay entlang nach Kitchener

Von Sudbury nach Parry Sound

Streckenhinweis
Von Sudbury folgen Sie dem Hwy 69 nach Süden, auf dem Sie nach etwa 170 km Parry Sound erreichen.

An dieser Strecke liegen einige besonders schöne und interessante Ausflugsziele; kleine Stichstraßen führen an die Georgian Bay oder zu einem der zahllosen Seen.

Ausflugsziele an dieser Strecke:

Killarney und der Killarney Provincial Park

Hotels
Alle Hotels bieten gute Wassersportmöglichkeiten in nächster Umgebung.

- **Killarney Mountain Lodge $$$:** 3 Commissioner Street, Tel.: (705) 287 2242, Tennisplatz
- **Mahzenazing River Lodge $$:** Tel.: (705) 287 2089
- **Rock House Inn $$:** 4 Channel Street, Tel.: (705) 287 2331
- **The Sportsman's Inn $$:** Channel Street, Tel.: (705) 287 2411

Geschäfte
Killarney Outfitters: 5 km östlich von Killarney am Hwy 637, Tel.: (705) 287 2828; hier finden Sie Informationsmaterial zu den Routen im Killarney Provincial Park, einen Kanuverleih, komplette Ausrüstungen für mehrtägige Fahrten und Zubringerdienste zum Park.

Rundflüge
Air Killarney: Killarney Municipal Airport, Tel.: 1-800-461-1117. Rundflüge über den Provincial Park bzw. auch über die Manitoulin Island mit einmotorigen Maschinen.

Südlich der Ortschaft Estaire zweigt der Hwy 637 nach Killarney und zum Killarney Provincial Park ab, den Sie nach 67 km erreichen. Dies ist die einzige Straßenverbindung nach Killarney, sonst sind Ort und Park nur mit Boot oder Wasserflugzeug zu erreichen.

Killarney, das früher ein wichtiger Pelzhandelsposten war, ist heute ein ruhiger Ferienort, wo Sie sich mit Proviant für den Besuch des Killarney Parks ausrüsten und Kanus mieten können. Das kleine **Killarney Museum (geöffnet: von Juli bis Anfang September von Di - So nachmittags und abends geöffnet)**, Commissioner's Street, zeigt Interessantes aus der lokalen Geschichte.

Killarney Provincial Park

Information
Das Park Office, Tel.: (705) 287 2368, liegt am George Lake und bietet Informations- und Kartenmaterial, geführte Wanderungen und Lehrveranstaltungen an.

Öffnungszeiten
Der Park ist mit Ausnahme des Monats April ganzjährig geöffnet.

Übernachtung
Übernachtungsmöglichkeiten im Park gibt es auf den Campingplätzen; für die Sommermonate sind Platzreservierungen empfehlenswert. Telefonische Anmeldungen sind von Mitte Juni bis Anfang September wochentags von 8 - 16.30 Uhr unter der Nummer (705) 287 2800 möglich.

Wandern
Kurze Tageswanderungen sind vom Lake George aus möglich; mehrtägige Trecks führen Sie in das unberührte Hinterland mit ganz unterschiedlichen Landschaftsformen.

Der Park liegt 10 km nordöstlich der Straße und ist mit einer Fläche von 363 qkm und Dutzenden von Seen ein Paradies für Wanderer und Kanufahrer; seinen ganz eigenartigen, sehr ursprünglichen Reiz haben viele Maler, darunter auch Mitglieder der "Group of Seven", in ihren Bildern einzufangen versucht.

French River
Zwischen dem Lake Nipissing und der Georgian Bay liegt das wasserreiche, von vielen Nebenflüssen durchzogene Gebiet des **French River,** das schon im 17. Jahrhundert Missionare und Voyageure zu erforschen suchten. Der **Lake Nipissing** ist mit 775 qkm größer als der Bodensee und für Angler mit seinen reichen Beständen an Hechten, Zander, Forellen und Barschen ein bevorzugtes Reiseziel.

Der **Grundy Lake Provincial Park** ist bei Wanderern und Kanufahrern besonders beliebt.

Parry Sound

Entfernungen
Parry Sound - Toronto: 233 km
Parry Sound - Ottawa: 427 km
Parry Sound - Niagara Falls: 346 km
Parry Sound - North Bay: 145 km
Parry Sound - Sudbury: 170 km

Hotels
- **Sunny Point Cottages-Inn $$$$:** Rousseau Road, Parry Sound, Ont., Tel.: (705) 378 2505. Sehr ruhige Anlage am Otter Lake mit 16 Ferienhäusern verschiedener Größen, vielseitige Sportmöglichkeiten, wie Schwimmen, Fischen, Kanufahren, Surfen, Wasserski, Tennis und Wandern
- **Winnetou Resort $$$:** 11 km nördlich am Hwy 69, Parry Sound, Ont., Tel.: (705) 342 9967. Schöne Lage an der Georgian Bay, 10 Ferienhäuser mit 1 - 3 Schlafzimmern, alle Wassersportarten, Tennis, Wandern, Spielplatz, nur wochenweise buchbar
- **Georgian Inn $$-$$$:** 48 Joseph St., Parry Sound, Ont., Tel.: (705) 746 2118, Hotel mit 53 Einheiten in der Nähe der Parry Sound Mall, mit Restaurant, Innen-Swimmingpool, Sauna, Spielplatz und Fitnessraum
- **Glenn-Burney Lodge & Motel $$:** Seguin River Bridge, Parry Sound, Ont., Tel.: (705) 746 5943. Kleines ResortHotel mit 13 Zimmern und 1- und 2-Zimmer Cottages, teilweise mit Blick auf die Georgian Bay, Strand, Bootsverleih, Gelegenheit zum Segeln und Surfen
- **Jolly Roger Inn $$:** Am Hwy 69, 9 km südlich von Parry Sound, Tel.: (705) 378 2461. Hotel mit 53 ansprechend eingerichteten Zimmern, Restaurant, Swimmingpool, Sauna, Tennis- und Squashplätzen

• **Journey's End Motel $-$$:** 118 Bowes St., Tel.: (705) 746 6221. Standardisiertes Kettenhotel mit 61 freundlichen Zimmern

Restaurants

• **Burton's Fine Dining**: Little Beaver Road, Tel.: (705) 746 7122. Gemütliches Restaurant in einer alten Holzscheune, gute Küche mit frischen Fischgerichten, Sonntagsbrunch

• **Trapper's Choice Restaurant & Tavern**: 70 Joseph St., Tel.: (705) 746 9491. Ansprechendes Restaurant in der Parry Sound Mall

Bootsfahrten

30.000 Islands Cruise, 9 Bay St., Parry Sound Government Wharf, Tel.: (705) 746 2311. Dreistündige Kreuzfahrten durch die Welt der 30.000 Inseln, **Abfahrtzeiten**: im Juni um 14 Uhr, im Juli/August um 10 und 14 Uhr, im September/Oktober um 14 Uhr,

Der Ort Parry Sound wurde nach dem britischen Polarforscher William E. Parry (1790 - 1855) benannt, der seit 1811 Fahrten in die arktischen kanadischen Gewässer unternahm. Heute ist der Ort, in dem knapp 6.000 Menschen leben, ein beliebter Ferienort mit dem Beinamen "Tor zu den 30.000 Inseln". Parry Sound bietet ausgezeichnete Möglichkeiten für alle Wassersportler; außerdem können Sie auf einem Kreuzfahrtschiff durch die Inselwelt fahren oder das Inselgewirr mit dem eigenen Boot erforschen.

Die **"30.000 Inseln-Kreuzfahrt"** ist ein besonderes Erlebnis. Auf Kanadas größtem (Binnenwasser-) Kreuzfahrtschiff, der "The Island Queen", fahren Sie durch die wunderschöne Inselwelt; nirgend sonst auf der Welt liegen so viele Inseln so dicht

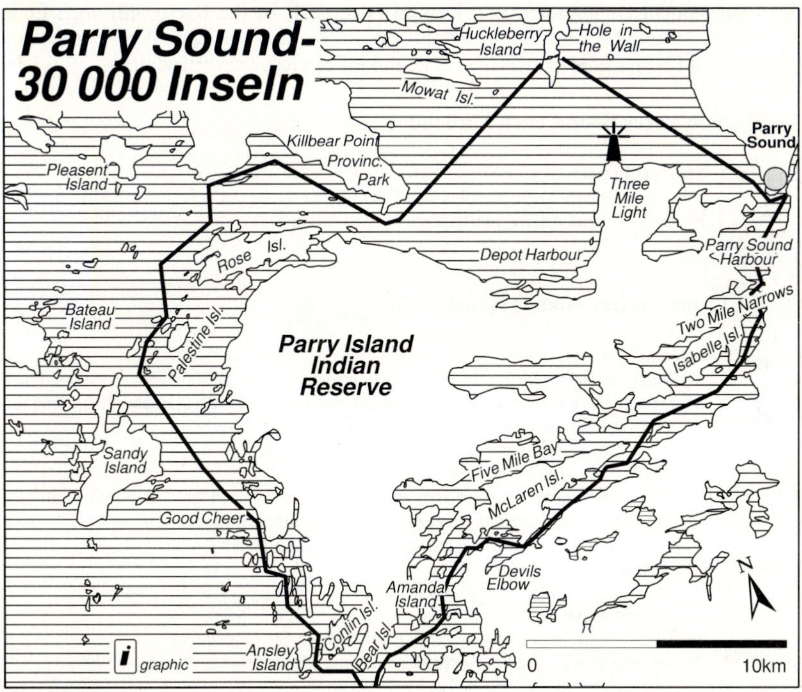

Die "Island Queen"

beisammen. Das Schiff fährt durch enge Kanäle und seichte Wasserstraßen, führt an Leuchttürmen und Kaps vorbei, umrundet die Inseln und ermöglicht immer wieder schöne Ausblicke auf die reizvollen Inseln. Diese unterscheiden sich stark voneinander: Es gibt winzige Eilande, auf deren felsigem Boden nur ein paar Bäume stehen, Inseln mit kleinen Ferienhäuschen, an deren Bootsstegen Kinder im Wasser spielen, Inseln mit schönen, baumbestandenen Buchten und feinem Sandstrand, Inseln mit luxuriösen Villen und großen Motorbooten und menschenleere Inseln mit steilen Felsabbrüchen.

Auf Ihrer Fahrt kommen Sie an der Südspitze des **Killbear Provincial Parks** vorbei, der ausgezeichnete Wassersportmöglichkeiten bietet und vor allem bei Tauchern sehr beliebt ist. Am felsigen Ufer sind vom Gletschereis geglättete Granitbrokken und tiefe Rillen im Felsgestein als deutliche Spuren der Eiszeiten erkennbar.

Die "Island Queen" umrundet **Parry Island**, auf dem ein Indianerreservat der Huronen liegt, und kehrt dann in den Hafen von Parry Sound zurück. Dabei passieren Sie eine Insel, deren Besitzer die vorbeifahrenden Kreuzfahrtpassagiere mit einem Spiel auf seinem Dudelsack grüßt. Besonders reizvoll ist die Kreuzfahrt auch Ende September/Anfang Oktober, wenn sich im Indian Summer das Laub der Ahornbäume verfärbt und rot und golden zwischen den dunklen Kiefern hervorleuchtet.

Von Parry Sound nach Midland

Streckenhinweis

Von Parry Sound fahren Sie über den Hwy 69, bis dieser auf den Hwy 12 trifft, dem Sie bis nach Midland folgen. Entfernung: 110 km

Georgian Bay Islands National Park

Information

In Honey Harbour gibt es ein **Informationszentrum**, Tel.: (705) 756 2415, das Ihnen Kartenmaterial zur Verfügung stellt und Sie mit kleinen Ausstellungen, Diapräsentationen und Einführungsveranstaltungen gründlich informiert.

Anfahrt

- Etwa 10 km hinter Crooked Bay zweigt der Hwy 5 vom Hwy 69 ab und führt nach Honey Harbour und zum Georgian Bay Islands National Park.
- Die Inseln sind nur mit Privatbooten oder mit Wassertaxis erreichbar, die in **Honey Harbour** am Hwy 5 bereitliegen.

Übernachtungen

- **Hotels** finden Sie zur Genüge in Midlands (lesen Sie bitte unten)
- **Campen** können Sie von Mitte Mai bis Mitte Oktober auf der Beausoleil Island.

59 Inseln an der Ostküste der Georgian Bay wurden zum **Georgian Bay Islands National Park** zusammengefaßt. Die größte der Inseln ist **Beausoleil Island**, wo es ebenfalls ein Informationszentrum und einen Campingplatz gibt. Im Sommer ist Beausoleil Island ein beliebtes Ferienziel für Wanderer, und im Winter zieht die Insel viele Langläufer an. Die Insel weist unterschiedliche, von der Eiszeit geprägte Landschaftsformen auf: Während auf der Nordhälfte nur anspruchslose Kiefern im felsigen Grund mühsam ihre Wurzeln verankern, dehnen sich im Süden Wiesen, Moore und kleine Wälder aus, Überreste der riesigen Waldgebiete, die einst ganz Ostkanada bedeckten.

Die kanadischen Maler der "Group of Seven" (s. Kapitel 9.6.5) haben die Inseln der Georgian Bay oft besucht und in ihren Bildern häufig dargestellt. Viele Landschaftsmaler suchen auch heute noch hier ihre Motive.

In **Port Severn** passieren Sie die Schleusen des Trent-Severn-Waterways. Lesen Sie über diese Wasserstraße bitte in Kapitel 9.7.3.

Midland

Information
Travel Information Center: 208 King Street, Midland

Hotels
- **The Highland Inn Resort & Conference $$$:** King St., Midland, Ont., Tel.: (705) 526 9307. Modernes Hotel im Ortszentrum mit 120 ansprechenden Zimmern, Restaurant, Swimmingpool, Sauna und Whirlpool
- **Journey's End $$:** 980 King St., Midland, Ont., Tel.: (705) 526 2909. An der Kreuzung mit dem Hwy 12 liegendes Motel mit 60 freundlich eingerichteten Zimmern
- **Panorama Motel $-$$:** 1,5 km nördlich der Kreuzung der beiden Hwys 12 und 93, Midland, Ont., Tel.: (705) 526 5441. Kleines Motel mit 20 teilweise sehr geräumigen Zimmern

Restaurant
The Original Mom's Restaurant: 200 Taylor Drive, Tel.: (705) 527 0700. Gemütliches Restaurant mit ungezwungener Atmosphäre, täglich gibt es eine Auswahl frischer Pasteten

Bootsfahrten
Midland 30.000 Island Cruises: Town Dock, Tel.: (705) 526 0161, 2 ½-stündige Fahrten durch die Inselwelt der 30.000 Inseln. Abfahrtszeiten: von Mitte Juni bis Anfang September täglich 10.45 und 13.45 Uhr, außerdem Di/Do/Sa/So um 16.30 Uhr.

Midland ist ein historisch bedeutsamer Ort in der Huronia-Region, ist heute ein lebhafter Hafenort und ein beliebtes Feriengebiet an der südlichen Georgian Bay mit ausgezeichneten Wassersportmöglichkeiten.

Die Region Huronia zählt zu den ältesten Siedlungsgebieten Ontarios, wo die ersten weißen Missionare und Siedler auf den hier ansässigen Indianerstamm der Huronen trafen.

Im Ort gibt es interessante historische Sehenswürdigkeiten:

◆ **Huronia Museum**, King St., Tel.: (705) 526 2844. Geöffnet von Mai bis Anfang November Mo - Sa 9 - 17.30 Uhr, So 10 - 17.30 Uhr, sonst Mo - Fr 9 - 17 Uhr. Es gibt eine kombinierte Eintrittskarte für das Museum und das Huron Indian Village. Zu sehen gibt es Gebrauchsgegenstände, Kleidung und Töpferwaren der Huronen sowie eine Ausstellung zur Geschichte der östlichen Georgian Bay.

◆ **Huron Indian Village**, King St., Tel.: (705) 526 8757, Öffnungszeiten: siehe Huronian Museum. Das Dorf liegt am Eingang des Little Lake Park und ist die mit großer Sorgfalt ausgeführte Rekonstruktion eines Indianerdorfes, das das Leben im 16. Jahrhundert widerspiegelt.

◆ **Sainte-Marie among the Hurons**, Anfahrt: 5 km östlich von Midland am Hwy 12, Tel.: (507) 526 7809, geöffnet von Anfang Mai bis Anfang September täglich 10 - 18 Uhr, in der übrigen Zeit 10 - 16 Uhr. Diese interessanteste Sehenswürdigkeit der Region ist eine Rekonstruktion einer Missionsstation, die von Jesuitenmönchen im 17. Jahrhundert gegründet worden war.

Sainte-Marie wurde **1639** von den französischen Jesuiten Jean de Brébeuf und Gabriel Lallemant gegründet und war für ein Jahrzehnt ein wichtiger Stützpunkt der Europäer, in dem **1648** ein Fünftel der europäischen Bevölkerung von Neufrankreich lebte. Die ersten Begegnungen zwischen den seßhaften Huronen und den weißen Neuankömmlingen, bei denen Indianer und Franzosen ihre Kenntnisse und Fertigkeiten austauschten, verliefen friedlich, doch kam es aus Glaubensgründen auch zu Unstimmigkeiten und Zerwürfnissen. Zahlreiche Huronen erkrankten und starben zudem an von Weißen eingeschleppten Krankheiten, wie Grippe, Masern und Pocken.

Im Museumsdorf Sainte-Marie among the Hurons

Die weiter südlich lebenden, mit den Huronen befehdeten Irokesen versuchten mehrfach, die zahlenmäßige Schwächung ihrer Feinde auszunutzen, und überfielen **1648** die Missionsstation, bei der mehr als 2.000 christianisierte Huronen und weiße Geistliche und Siedler gefangengenommen und getötet wurden. Im Juli **1649** gaben die Jesuiten ihre Niederlassung auf. Zusammen mit einigen getauften Huronen steckten sie die Missionsstation in Brand und zogen sich auf die heutige Insel Christian Island zurück, wo sie Sainte-Marie II gründeten. **1650** kehrten sie endgültig zusammen mit einigen hundert christlichen Indianern nach Québec zurück.

Die Missionsstation wurde von **1964 - 1967** rekonstruiert und vermittelt jetzt einen sehr guten Eindruck von dieser frühen europäischen Siedlung. Bei Ihrem Rundgang werden Ihnen kostümierte "Dorfbewohner" und Indianer begegnen, die den Alltagsbeschäftigungen jener Zeit nachgehen und ihr Leben schildern.

Die befestigte Missionsstation Sainte-Marie war von Palisaden umgeben, hinter denen sich drei abgeteilte Bereiche befanden. Zum nördlichen Gebiet der Geistlichen und Europäer gehörten eine Kapelle, die Residenz der Jesuiten, Wohnhäuser, Getreidespeicher, die Missionsküche und Handwerkerquartiere; im mittleren Bereich lagen weitere Werkstätten und die St. Josephskirche, an deren Südseite der von christianisierten Indianern bewohnte Teil begann. Hier gab es ein Langhaus, ein Wigwam und eine Krankenpflegestation mit Kräutergarten und Apotheke. Vor dem Palisadenzaun, aber noch im Schutze der Festung, lebten ebenfalls Indianer, die aber noch nicht den christlichen Glauben angenommen hatten.

Tips

● Besuchen Sie zunächst das moderne, sehr eindrucksvoll gestaltete **Museum**, das die Arbeit der Archäologen verdeutlicht und die Geschichte der Missionsstation darstellt.

● Nach dem Rundgang können Sie im Café kleine Speisen des 17. Jahrhunderts probieren oder, im Juli und August, eine Kanufahrt auf dem Isaraqui-(Wye-)Fluß machen, die Sie an der Missionsstation vorbeiführt.

Weitere Sehenswürdigkeiten in Midland:

◆ Die Kirche **"The Martyr's Shrine"** wurde 1926 zu Ehren der acht französischen Jesuitenmönche errichtet, die in den Jahren 1642 - 1649 von den Indianern getötet worden waren und später selig gesprochen wurden. Im Kircheninneren befindet sich der geweihte Schrein der Märtyrer. Die Kirche wurde zu einem Wallfahrtsort für die kanadischen Katholiken, an dem 1984 Papst Johannes Paul II. vor vielen Pilgern eine Messe zelebrierte.

◆ Der Kirche gegenüber, am Hwy 12, beginnt das **Wye Marsh Wildlife Centre** (von Mai bis September täglich von 10 - 18 Uhr, in der übrigen Zeit 10 - 16 Uhr), Tel.: (705) 526 7809, eine für Botaniker und Vogelkundler sehr interessante Sumpflandschaft, die sich am Wye River entlangzieht. Naturlehrpfade, Plankenwege und Wanderwege durchziehen das Gelände, das Sie am besten von der Höhe des Aussichtsturms überblicken können; Kanutouren führen Sie zur Stelle der ehemaligen Missionsstation.

Ausflug von Midlands

Penetanguishene ist ein hübscher Ort, 7 km nördlich von Midland. Der Ort ist geprägt durch das französische und englische Erbe; Einwanderer aus beiden Ländern ließen sich in der Nähe der ehemaligen britischen Garnison nieder. Zwei am südlichen Ortseingang aufgestellte Engel sollen die Harmonie zwischen den beiden Kulturen symbolisieren.

Die "**Historic Naval and Military Establishments**" in Penetanguishene waren nach dem Krieg mit den Amerikanern im Jahre 1812 gebaut worden und wurden bis 1856 genutzt. Heute sind in den 15 rekonstruierten Gebäuden Schreibstuben, Offiziersquartiere, Lagerhäuser und Soldatenunterkünfte zu besichtigen. Eine Diapräsentation und kostümierte Führer informieren über die Bedeutung der Garnison. An der King's Wharf liegt das einem Schoner des 19. Jahrhunderts nachgebaute Segelschiff Bee. Öffnungszeiten: von Anfang Mai bis Anfang September täglich 10 - 17 Uhr.

Von Midland an der Nottawasaga Bay entlang nach Kitchener

Streckenhinweis

Von Midland fahren Sie zur Nottawasaga Bay, folgen der Küstenstraße über Wasaga Beach nach Collingwood und von dort dem Hwy 24 bis in die Kitchener-Region. Entfernung: ca. 225 km

Nottawasaga Bay

Information

Travel Tourist Information Center finden Sie in:

● Collingwood: 155 Hurontario Street bzw. 601 First Street

● Wasaga Beach: 35 Dunkerron Street

● sowie in Meaford

Hotels

Da an der Nottawasaga Bay vor allem Familien ihre Ferientage verbringen, sind viele Hotels und Privathäuser schon lange im voraus ausgebucht. Am besten erkundigen Sie sich bei der Touristeninformation, Tel.: (705) 445 0748, die Ihnen Auskünfte über die aktuelle Situation in den Ortschaften Wasaga Beach, Beaver Valley, Collingwood, Meaford und Stayner gibt.

● **Blue Mountain $$$-$$$$:** Collingwood, Tel.: (705) 445 0231. Ausgezeichnete Hotelanlage mit 102 Hotelzimmern und Ferienhäusern mit 1, 2 oder 3 Schlafräumen, großes Sportangebot mit Swimmingpool, Squash- und Tennisplätzen, Fitnessraum, Golf, Privatstrand
● **Nottawasaga Inn Convention Centre and Golf Course $$$:** Alliston, Tel.: (705) 435 5501. Schöne Anlage im Nottawasaga Valley mit guten Sport- und Unterhaltungsmöglichkeiten, Golfkurse und Inklusiv-Angebote. Alliston liegt knapp 40 km südlich der Bay!
● **Hotel Waldhorn $$-$$$:** Mosley St/32. St., Tel.: (705) 429 7160. Gut ausgestattete Räume, Dachgarten und gutes Restaurant mit europäischer und kanadischer Küche, 3 Gehminuten zum Strand
● **The Dyconia Resort Hotel $$-$$$:** 381 Mosley St., Wasaga Beach, Tel.: (705) 429 2000. Sehr schöne Räumlichkeiten mit offenem Kamin und Terrasse, Swimmingpool, Restaurant, Strände, Tennis, Golf und Reitmöglichkeiten in der Nähe
● **Luau $$$:** 231 Mosley St., Tel.: (705) 429 2252. Ganzjährig geöffnetes Motel am Nottawasaga River mit komfortablen Zimmern und gut ausgestatteten Ferienhäusern mit Kamin und Whirlpool, Swimmingpool und Bootsanlegestelle
● **Angel's Motel $$:** 159 Main St., Wasaga, Tel.: (705) 429 2535. Zentral gelegenes Motel mit neuem, beheiztem Swimmingpool, Sonnenterrasse, in Strandnähe
● **The Highwayman Inn $$:** 1 Balsam St., Collingwood, Tel.: (705) 444 2144. Hotel mit 67 freundlich eingerichteten Zimmern, Swimmingpool, Sauna, Tennisplatz und Restaurant

Sport und Sightseeing

In allen Orten gibt es neben den ausgezeichneten Wasser- und Wintersportmöglichkeiten ein vielseitiges Sport- und Unterhaltungsprogramm für alle Altersstufen:
● Kanufahren auf dem Beaver River und dem Nottawasaga River mit geführten Touren zur Tierbeobachtung, Tel.: (705) 445 7722,
● Tennis, Squash und Badminton auf öffentlichen Plätzen,
● Fahradtouren auf ausgeschilderten Wegen zwischen Meaford und Collingwood,
● Rasenbowling in Meaford, Stayner und Collingwood,
● Reiten, Reitturniere und die "Collingwood Horse Show" in Collingwood, Informationen erhalten Sie unter der Rufnummer (705) 445 0893,
● Georgian Bay Summer Dance, ein Sommercamp mit Ballettunterricht für Jugendliche von 12 - 17 Jahren, Tel.: (705) 444 2329,
● einstündige, geführte Spaziergänge durch die historischen Viertel von Collingwood,
● Golfkurse in Collingwood, Wasaga Beach, Meaford und Cranberry Village
● und die beiden großen Wasservergnügungsparks Wasaga Landing und Wasaga Waterworld.
● Wasaga Landing, Beach Road, Wasaga Beach, Tel.: (705) 429 3711, Vergnügungspark mit einer 107 m langen Wasserrutsche und einem Minigolfplatz, Öffnungszeiten: von Mitte Juni bis Anfang September täglich 10 - 22 Uhr.
● Wasaga Waterworld, am Hwy 92, Tel.: (705) 429 4400, Wasserpark mit Wellenbad, Wasserrutschen, Paddelbooten, Whirlpool und Kinderplanschbecken, Öffnungszeiten: Mitte Juni bis Anfang September täglich 10 -19 Uhr.

Die kleinen Ortschaften an der Nottawasaga Bay zählen zu den beliebtesten Ausflugszielen Ontarios. Während im Sommer die kilometerlangen, feinsandigen Strand- und Dünenlandschaften vor allem Familien mit Kindern anlokken, sind es im Winter die ausgezeichneten Skisportmöglichkeiten in den Blue Mountains, die Urlauber und Wochenendausflügler anziehen.

14 km Sandstrand an einem Süßwassersee

Da Toronto mit seinen Vorstädten nur etwas mehr als eine Autostunde von der Nottawasaga Bay entfernt liegt, ist der Besucherandrang in diesem Naherholungsgebiet zu allen Jahreszeiten entsprechend groß. Alle Ortschaften haben sich mit einem großen Angebot an Übernachtungsmöglichkeiten, Restaurants und Geschäften völlig auf den Fremdenverkehr eingestellt.

An der Ostseite der Nottawasaga Bay sind die Ferienorte wie Perlen an einer Kette aufgereiht: Wahnekewaning Beach, Nottawasaga Beach, Cavaja Beach, Balm Beach, Ossossane Beach, Wendake Beach, Bluewater Beach, Deanlea Beach, Woodland Beach und **Wasaga Beach**, das sich eines 14 km langen Sandstrandes rühmt, der zu den längsten Süßwasserstränden der Welt gehört.

Collingwood ist mit 13.500 Einwohnern der größte Ort an der Nottawasaga Bay, ein beliebter Ferienort mit Ontarios größtem Skizentrum.

Zwischen der Nottawasaga Bay und Kitchener gibt es nichts Zwingendes zu sehen.

9.5.4 KITCHENER / WATERLOO UND DER SÜDWESTEN ONTARIOS

Kitchener / Waterloo

Überblick

Nur eine Autostunde von Toronto entfernt liegt in der Region um die Doppelstadt Kitchener/Waterloo das größte Siedlungszentrum deutscher Einwanderer in Kanada, was sich leicht an den Namen der umliegenden Ortschaften ablesen läßt: New Hamburg, Wartburg, Neustadt, Holstein oder Hanover, und das heutige Kitchener trug noch bis zum 1. Weltkrieg den Namen Berlin. Im Jahre 1799 wurde der Ort von deutschstämmigen Mennoniten gegründet, die während des amerikanischen Unabhängigkeitskrieges von Pennsylvanien nach Kanada zogen und sich dann in dieser fruchtbaren Region Südwest-Ontarios niederließen. Im frühen 19. Jahrhundert gab es weitere Einwanderungswellen, die vorwiegend Schotten und Engländer in das Gebiet um Kitchener und Waterloo brachten.

Die Orte entwickelten sich zu einem wichtigen Wirtschaftszentrum; heute sind die Lebensmittel- und Getränkeindustrie die Haupteinnahmequellen der Doppelstadt, die rund 200.000 Einwohner hat.

Reisepraktische Hinweise

Information
Vorwahl: 519

- **Kitchener-Waterloo Area Visitor & Convention Bureau**, 2848 King St. E., Tel.: 748 0800
- **Medizinischer Notdienst**, Tel.: 911
- **Canadian Automobile Association CAA**, 875 Highland Rd. W., Tel.: 741 1160
- **Kitchener Transit**, Tel.: 741 2573

Hotels

- **Holiday Inn $$$:** 30 Fairway Rd. S., Kitchener, Ont. N2A 2N2, Tel.: (519) 893 1211, Fax: (519) 894-8518. Hotel mit 181 Zimmern, Swimmingpools, Sauna, Spielplatz, am Stadtrand

● **Walper Terrace Hotel $$-$$$:** 1 King St. W., Kitchener, Ont. N2G 1A1, Tel.: (519) 745 4321, Fax: (519) 745-3625. Im Stadtzentrum gelegenes Hotel mit schönen 112 Zimmern in einem viktorianischen Haus, Restaurant mit klassischer italienischer Küche

● **Valhalla Inn Kitchener $$:** Ecke King St./Benton St., Kitchener, Ont., Tel.: (519) 744 4141. Modernes Hotel mit 199 ansprechend eingerichteten Zimmern, gute Lage gegenüber dem Farmer's Market, Swimmingpool, Sauna und Sportangebot

● **Travelodge Hotel $$:** 2960 King St., Kitchener, Ont., Tel.: (519) 894 9500. Etwas außerhalb gelegenes Hotel mit 172 Zimmern, Swimmingpool, Fitnessraum und Restaurant

● *Etwas günstigere Unterkünfte gibt es übrigens in Cambridge, ca. 10 Meilen südöstlich von Kitchener, so z.B. die Motels* ***"Astoria Inn"*** *(Tel.: (519) 622-1070) und* ***"Journey's End"*** *(Tel.: (519) 658-1100). Beide $-$$.*

Restaurants

● **Rathskeller**: 151 Frederick St., Kitchener, Tel.: (519) 578-6670. Wie der Name schon verrät, deutsche Küche. Spezialität: die Ratskellerplatte. Am Wochenende Entertainment mit Akkordeon.

● **Charcoal Steak House**: 2980 King St. E., Kitchener, Tel.: (519) 893-6570. Erstklassige Steaks und Spare Ribs.

● **Elora Mill**: 77 Mill St., Elora (12 Meilen nördlich), Tel.: (519) 846-5356. Mischung aus französischer und amerikanischer Küche. Spezialität: Châteaubriand. Untergebracht in alter Mühle. Das Inn hier ist übrigens auch eine lohnende Übernachtungsstätte.

Einkaufen

Das größte Einkaufszentrum der Stadt ist Fairview Park mit den Kaufhäusern The Bay, Sears und Woolco.

Der Farmer's Market, 49 Frederick St., findet jeden Mittwoch und Samstag statt.

Sehenswürdigkeiten in der Stadt

◆ Der **Pioneer Tower** wurde 1926 zur Erinnerung an die ersten Siedler gebaut, die auf dem nahegelegenen Friedhof beigesetzt sind.

◆ Der **Market Square**, Ecke King St./Frederick St., ist ein moderner Gebäudekomplex aus Glas und Stahl mit zahlreichen Geschäften und Dienstleistungsbetrieben.

◆ **Woodside National Historic Parc**, 528 Wellington St. N., Tel.: 742 5273 (**geöffnet von Mai bis Oktober täglich von 10 - 17 Uhr**), ist das Elternhaus des späteren kanadischen Premierministers William Lyon Mackenzie King, der von 1886 - 1893 hier lebte. Das Haus wurde 1853 auf einem 4 ha großen bewaldeten Grundstück gebaut; die 14 Räume wurden nach der Restaurierung der damaligen Zeit entsprechend wohnlich eingerichtet.

◆ Das **Seagram Museum**, Waterloo, 57 Erb St. W., Tel.: 885 1857, (**geöffnet von Mai bis Dezember täglich von 10 - 18 Uhr, von Januar bis April Di - So von 10 - 18 Uhr**), wurde in den alten Lagerräumen der ersten Schnapsbrennerei Seagram eingerichtet, der ein neues Ausstellungsgebäude angegliedert wurde. Sie können an einer Führung teilnehmen und sich über Weinanbau, Alko-

Das Seagram Museum

holherstellung und die verschiedenen Stadien des Destillierungsprozesses informieren; außerdem gibt es interessante, ergänzende Filmvorführungen und eine bemerkenswerte Sammlung von Trinkgefäßen aus drei Jahrtausenden.

Zu den **Attraktionen** der Region gehören zwei regelmäßig stattfindende Veranstaltungen: der "**Farmer's Market**" und das "**Oktoberfest**"!

◆ Der **Farmer's Market in Kitchener** findet im Market Square, Ecke Frederick St./Duke St. statt; jeden Sa von 6 - 14 Uhr und Mi von 7 - 13 Uhr. Dazu kommen seit 1839 die Bauern der Umgebung, darunter viele Mennoniten, nach Kitchener und bringen Obst, Gemüse, Blumen, Kräuter, Honig, selbstgemachte Marmeladen, Geflügel, Produkte aus Ahornsirup, junge Pflanzen und Handarbeiten mit. Seitdem der Markt in Kitchener im modernen Market Square abgehalten wird, ziehen viele der konservativen Mennoniten den Markttag in Waterloo vor.

◆ Der **Farmer's Market in Waterloo**, Weber St., findet traditionsgemäß jeden Sa von 6 - 14 Uhr statt und von Juni bis Anfang Oktober zusätzlich jeden Mi von 8 - 13 Uhr. Die Bauern bieten hausgemachten Schinken, Wurstwaren, Käse und Brot an, ebenso Obst, Gemüse und Eingemachtes, aber auch junge Hunde und Kätzchen sowie Handarbeiten. Hier werden Sie viele Mennonitenfamilien sehen, die in ihrer altmodisch anmutenden Kleidung sofort auffallen; die Männer tragen schwarze Anzüge und Hüte, die Frauen lange, schmucklose Kleider mit Hauben, und auch die Kinder sind ähnlich gekleidet. Im Sommer bauen die Mennonitenfrauen häufig auch an den Rändern der Landstraßen kleine Stände auf und bieten frisches Obst und Gemüse an.

◆ Das **Oktoberfest** ist das zweitgrößte Oktoberfest der Welt. Es findet in jedem Jahr Anfang Oktober statt und dauert 9 Tage. 20 Festzelte werden aufgebaut, in denen mehr als 50 Veranstaltungen unter dem Motto "Gemütlichkeit" mit bayrischer Blasmusik, Jodelwettbewerben und bayrischen Volkstänzen durchgeführt werden. Dazu werden Sauerkraut, Weißwürste und deutsches Bier von Kellnerinnen und Kellnern in bayrischen Volkstrachten serviert.

Weitere Informationen zum Oktoberfest und Veranstaltungshinweise erhalten Sie unter der Rufnummer 567 0571.

Sehenswürdigkeiten, die an die frühen Siedler erinnern:

◆ das **Joseph Schneider-Haus**, 466 Queen St. S., Tel.: 742 7752 (**geöffnet: von Anfang Mai bis Anfang Oktober täglich von 10 - 17 Uhr, in der übrigen Zeit von Di - Sa von 10 - 17 Uhr, So 13 - 17 Uhr**), ist das renovierte Haus der Mennonitenfamilie Schneider, die um 1850 in diesem Haus lebte. "Hausbewohner" in altdeutscher Tracht zeigen Ihnen das Haus und berichten Ihnen in deutscher Sprache vom Alltag jener Zeit.

◆ das Museumsdorf **Doon Heritage Crossroads**, Homer Watson Boulevard, Tel.: 748 1914 (**geöffnet: von Anfang Mai bis Anfang Oktober täglich von 10 - 16.30 Uhr, in der übrigen Zeit von 13.30 - 16.30 Uhr**), veranschaulicht das Leben in einem Dorf am Ende des 19. Jahrhunderts. Zu den 30 Gebäu-

Doon Heritage Crossraods

den, die alle aus der Kitchener/Waterloo-Region stammen, gehören ein Bahnhof, ein Krämerladen, eine Sattlerei, eine Druckerei, eine Weberei, eine Schmiede, eine Post, eine Mühle, eine Kirche und verschiedene Wohnhäuser.

Eine Beschreibung in deutscher Sprache erhalten Sie auf Wunsch am Eingang.

◆ das **Brubacher House**, auf dem Campus des Universitätsgeländes von Waterloo, Tel.: 886 3855 **(geöffnet: von Mai bis Oktober Mi - Sa von 14 - 17 Uhr)**, wurde um 1850 von einer Mennonitenfamilie gebaut. In einer 12minütigen Diashow erfahren Sie, wie die frühen Siedler gelebt und gearbeitet haben.

Sehenswertes in der Umgebung von Kitchener und Waterloo

Wenn Sie durch das fruchtbare Farmland mit weiten Weizen- und Roggenfeldern fahren, werden Ihnen die vielen schmucken Bauernhäuser auffallen, die von kleinen, gepflegten Gärten umgeben sind, und Bauern, die ihre Pferde vor den Pflug spannen und das Feld bestellen. An den Straßen sehen Sie Hinweisschilder "Achtung Pferdewagen", und vielleicht werden Ihnen solche Pferdefuhrwerke mit Mennoniten auf dem Kutschbock begegnen.

"Wer sind die Mennoniten?" – diese Frage wird Ihnen in dem Mennonitenort **St. Jacobs** (nördl. von Waterloo) beantwortet. "The Meetingplace", 33 King St., Tel.: (519) 664 3518, ist ein Zentrum der Mennoniten, das eingerichtet wurde, um Fremde über ihre Geschichte, den Glauben und die Lebensweise zu informieren. Öffnungszeiten: von Mai bis Oktober Mo - Fr 11 - 17 Uhr, Sa 10 - 17 Uhr, So 13.30 - 17 Uhr, von November bis April Sa 11 - 16.30 Uhr, So 14 - 16.30 Uhr

INFO

Informationen über die Mennoniten

Die Mennoniten gehören einer Religionsgemeinschaft an, die nach strengen Vorschriften lebt, alte Traditionen bewahrt und sich modernen Einflüssen verschließt.

Die Geschichte dieser Glaubensgemeinschaft reicht bis in das Zeitalter der Reformation zurück, als in den Niederlanden der katholische Priester Menno Simons sich gegen die Lehrmeinung der katholischen Kirche wandte und sich wiedertaufen ließ. Er sammelte andere Gläubige um sich, die wie er der Ansicht waren, daß der Mensch nicht einer weltlichen Obrigkeit, sondern nur Gott verantwortlich sei. Sie nannten sich Mennoniten und zogen auf der Suche nach Glaubens-

Große Bauernhöfe im Mennonitenland

freiheit von Holland über Deutschland und die Schweiz bis nach Ostpreußen. In der Mitte des 17. Jahrhunderts wanderten viele von ihnen nach Nordamerika und nach Rußland aus.

Die Glaubensgemeinschaft der Mennoniten, die im Laufe der Jahrhunderte vielen Verfolgungen ausgesetzt war, zählt zu den Friedenskirchen; sie vertritt die Grundsätze der Wehrlosigkeit und der Feindesliebe. Sie richtet sich streng nach der "Bergpredigt" aus und lehnt staatlichen Zwang, Krieg und Eidesleistung ab. Sie versteht die Erwachsenentaufe als Zeichen der Wiedergeburt und als einen verpflichtenden Glaubensbund. Die Mennoniten haben keine allgemein verbindliche Kirchenverfassung. Jede Gemeinde ist autonom; jedoch werden grundsätzliche Fragen auf landesweiten Konferenzen diskutiert.

Hinweis auf die Pferdefuhrwerke der Mennoniten

Innerhalb der Mennonitischen Glaubensgemeinschaft gibt es viele Gruppierungen. Etwa 170.000 Mennoniten leben in ganz Kanada, davon ca. 40.000 in Ontario; diese gehören 17 verschiedenen Gruppen an, die je nach Einstellung als eher konservativ, gemäßigt oder progressiv bezeichnet werden können.

Während die traditionsverhafteten Alt-Mennoniten auch heute noch überwiegend in der Landwirtschaft tätig sind, eine einfache Schulbildung für ausreichend halten und Errungenschaften der modernen Zivilisation, wie Elektrizität, Telefon, Fernsehen und Autos, ablehnen, arbeiten die progressiven Mennoniten in allen Berufszweigen der freien Wirtschaft und des öffentlichen Dienstes, treten für eine bessere Schulbildung ein und leben mit den technischen Neuerungen unserer Zeit.

Elora und Elmira

Auch Elmira und Elora sind Mennoniten-Ortschaften inmitten fruchtbaren Farmlandes.

Reizvoll ist ein Ausflug zum **Elora Gorge Park**, am Hwy 21, Tel.: 846 9742, mit kleinen, romantischen Wasserläufen, dem Grand River, einem Bade-See, kleinen Wasserfällen, ungewöhnlichen Felsformationen und einer tiefen Schlucht mit zahlreichen Höhlen.

Fest
Am ersten Sonntag im April wird in Elmira das "Maple Syrup Festival" gefeiert. Dazu gehören Heuwagenfahrten, Vorführungen alter Handwerkskunst und die Zubereitung traditioneller Gerichte, wie Pfannkuchen mit Ahornsirup.

Von Kitchener durch den Südwesten Ontarios nach Detroit bzw. Niagara Falls

Entfernungen
- Kitchener - Detroit: 186 mi/300 km
- "Rundtour" Kitchener - Windsor - Niagara Falls (wie beschrieben): 472 mi/760 km

Wegstrecke
Fahren Sie von Kitchener über den Hwy 7/8 nach Stratford, von dort über den Hwy 7 bis Elginfield und weiter über den Hwy 4 nach London. Von London führen der Hwy 2 und der schnellere Hwy 401 nach Windsor (hier fahren Sie über den Detroit River nach Detroit).
Nach Niagara Falls: Von Windsor können Sie über den Hwy 3 fahren, bei Leamington einen Abstecher zum Point Pelee National Park machen und entweder über den Hwy 3 zurück nach London fahren oder die Fahrt auf dem Hwy 3 über Simcoe und Port Colborne fortsetzen. An der kanadisch-amerikanischen Grenze stoßen Sie auf den QEW (Queen Elizabeth Way), der Sie nach Niagara Falls führt.

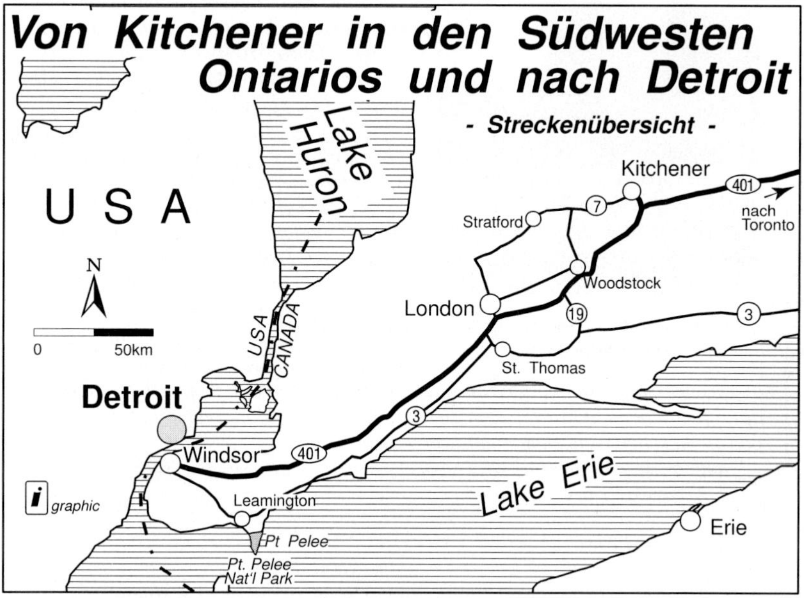

Stratford

Überblick

Stratford wurde im 19. Jahrhundert von Einwanderern aus dem englischen Städtchen Stratford gegründet. Seit 1953 findet hier alljährlich das **Stratford Festival** statt, das von Jahr zu Jahr mehr Besucher anzieht. Das Stratford Festival gehört zu den bekanntesten Theaterfestspielen Nordamerikas. Von Mai bis Oktober werden in drei Theatern, von denen das Shakespeare-Festival-Theater mit 2.262 Plätzen das größte ist, klassische und moderne Stücke aufgeführt. Zu den Höhepunkten zählen die sehr guten Shakespeare-Inszenierungen mit international bekannten Künstlern.

Reiseprakische Hinweise

Telefon
Vorwahl: 519

Information
Tourism Stratford: 88 Wellington St., Stratford, Ont. N5A 2L2, Tel.: (519) 271-5140

Hotels
- **The Queen's Inn $$$:** 161 Ontario St., Stratford, Ont., Tel.: (519) 271 1400. Sehr schön restauriertes und geschmackvoll eingerichtetes Landgasthaus aus dem Jahre 1853
- **Adlon House $$:** 157 Church St., Stratford, Ont.,Tel.: (519) 273 3613. Das viktorianische Haus aus dem Jahre 1890 wurde in ein sehr ansprechendes Bed & Breakfast-Haus umgewandelt
- **Festival Motor Inn $$:** 1144 Ontario St., Box 811, Stratford, Ont. N5A 6W1, Tel.: (519) 273 1150, Fax: (519) 273-2111. Komfortables Motel mit Tennisplätzen und Swimmingpool
- **Woods Villa $$$:** 62 John St., Stratford, Ont., Tel.: (519) 271 4576. Liebevoll restauriertes Herrenhaus aus dem Jahre 1875, großer Garten, beheizter Swimmingpool, Veranda

Restaurants
Stratfords Theaterdistrikt zieht jedes Jahr sehr viele Besucher an. Deshalb hat Stratford für eine Stadt dieser Größenordnung eine sehr große Zahl an Restaurants und Pubs, so daß der Gast die Wahl zwischen allen Preiskategorien hat. Die Pubs eignen sich besonders für kleine, leichte, schnelle Mahlzeiten, wie Salate, Sandwiches oder Fish and Chips.
- **Rundles**: 9 Coburg St., Tel.: (519) 271 6442. Gutes Speiserestaurant am Wasser, Spezialität sind Lachsgerichte
- **The Church**: 70 Brunswick St., Tel.: (519) 273 3424. Eine alte Kirche aus dem Jahre 1874 wurde in ein elegantes Restaurant mit sehr guter internationaler Küche umgewandelt
- **The Keystone Alley Café**: 34 Brunswick St., Tel.: (519) 271 5645, beliebtes Café, in dem leichte Gerichte, gute Sandwiches, Muffins, Salate und Nudelgerichte serviert werden
- **The Old Prune**: 151 Albert St., Tel.: (519) 271 5052. Das Restaurant ist in einem schönen, viktorianischen Haus untergebracht, Spezialitäten sind Lamm- und Fischgerichte sowie jahreszeitlich abgestimmte Tagesgerichte
- **Woolfy's**: 127 Downie St., Tel.: (519) 271 2991. Zuerst gab es hier nur "fish and chips", inzwischen gibt es auch sehr gute Tintenfisch- und Lachsgerichte

Pubs
In Stratford gibt es viele nette Orte für einen Drink, sei es vor oder nach einem Theaterbesuch!
- **Bentley's**: 107 Ontario St., Tel.: (519) 271 1121. Beliebter Pub im britischen Stil mit einer schönen Sommerterrasse
- **The Belfry**: 70 Brunswick St., Tel.: (519) 273 3424. Der Pub liegt über dem Restaurant The Church, hier treffen sich vor allem Theaterfreunde
- **The Olde English Parlour**: 101 Wellington St., Tel.: (519) 271 2772, gemütlicher englischer Pub
- **The Taylor and Bate Brewing Pub**: 161 Ontario St., Tel.: (519) 271 1400. Angenehmer Pub, wo das an Ort und Stelle gebraute Bier ausgeschenkt wird

Einkaufen
Stratford hat viele kleine, originelle Geschäfte und Boutiquen, von denen die meisten an der York Street und an der Ontario Street liegen.
- **Bradshaws**: 129 Ontario St., Tel.: (519) 271 6283. Sehr gute Kristallwaren, feines China-Porzellan und Geschenkartikel
- **Kator's Artswear**: 11 York St., Tel.: (519) 273 7051. Originelle T-Shirts mit Shakespeare-Zitaten und Theaterszenen

- Originals: 80 Ontario St., Tel.: (519) 272 1234. Kunstgewerbe, Bilder und Tonarbeiten von kanadischen Künstlern
- Pottery Five Studios: 5 York St., Tel.: (519) 271 4420. Sehr schöne Töpferwaren und Handarbeiten

Stratford Festival
Tel.: (519) 273 1600, die Theaterkarten kosten zwischen $ 22,50 und $ 47,50; Spielpläne, Broschüren und Reservierungsformulare können Sie ab 1. Februar anfordern: Stratford Festival, P.O. Box 520, Stratford, Ont., N5A 6V2.

London

Überblick

Wie die englische Hauptstadt liegt auch die kanadische Stadt London am Fluß Thames. Die Industriestadt, die 1792 durch John Graves Simcoe gegründet wurde, hat 254.300 Einwohner und ist das wirtschaftliche Zentrum Südwestontarios. Im Stadtbild fallen Ihnen die vielen schönen, alten Bäume auf, die gepflegten Parkanlagen und die roten Doppeldeckerbusse, die ebenso wie zahlreiche Straßenschilder an die englische Hauptstadt erinnern, z.B. Hyde Park oder Trafalgar Square.

Reisepraktische Hinweise

Information
Vorwahl: 519
- **Visitor Center**, in der City Hall, 300 Dufferin Avenue, Tel.: (519) 661 5165
- **Canadian Automobile Association CAA**, London Mall, 530 Oxford St. W., Tel.: 473 3055, Öffnungszeiten: Mo- Fr von 9 - 17.30 Uhr, Sa 10 - 13 Uhr

Hotels
- **The Sheraton Armouries Hotel $$$-$$$$:** 325 Dundas St., London, Ont. N6B 1S2, Tel.: (519) 679 6111, Fax: (519) 679-3957. Elegantes Hotel mit 250 schönen Zimmern, Restaurant und großem Sportangebot
- **Idlewyld Inn $$-$$$:** 36 Grand Avenue, London, Ont., Tel.: (519) 433 2891. Sehr schön mit alten Möbeln und Antiquitäten eingerichtetes viktorianisches Haus aus dem Jahre 1878 mit 27 Zimmern und schönem Garten
- **Howard Johnson Hotel $$:** 1150 Wellington Rd S., London, Ont., Tel.: (519) 681 0600. Hotel mit 115 Zimmern, Swimmingpool, Sauna und Restaurant
- **Radisson Hotel London Centre $$$:** 300 King St., London, Ont. N6B 1T9, Tel.: (519) 439 1661, Fax: (519) 439-9672. Empfehlenswertes Hotel in zentraler Lage mit 322 geräumigen Zimmern, Swimmingpool, Sauna, Fitnessraum und Restaurant
- **Travelodge Hotel London $$:** 855 Wellington Rd S., London, Ont., Tel.: (519) 668 7900. Hotel mit 147 ansprechend eingerichteten Zimmern, Swimmingpool, Whirlpool, Restaurant

Restaurants
- **Auberge du Petit Prince**: 460 King St. E., Tel.: (519) 433-9394. Exquisite franz.-ital. Küche in ehemaligem Botschaftsgebäude von 1900. Terrasse, wechselnde Kunstausstellungen, eigener Kräutergarten.
- **Marienbad**: 122 Carling St., Tel.: (519) 679-9940. Deutsche Küche. Im Hof kann man draußen speisen.

Einkaufen
London hat vier große Einkaufszentren, von denen "The Galleria", 355 Wellington St., mit den Kaufhäusern The Bay und Eaton's in der Innenstadt liegt.
Viele kleine Geschäfte und Boutiquen finden Sie an der Richmond Row und Richmond

Street. Der Covent Garden Market, 130 King St., ist ein offener Marktplatz mit Obst, Gemüse, Fleisch und regionalen Spezialitäten.

Sehenswürdigkeiten in der Stadt

◆ das elegante **Eldon House**, 481 Ridout St. N., Tel.: 661 5165 (**geöffnet: Di - So 12 - 17 Uhr**), das 1834 von einem englischen Marinekapitän gebaut wurde. Es ist das älteste Wohnhaus der Stadt, das stilvoll mit Möbeln des 19. Jahrhunderts eingerichtet wurde.

◆ das **London Museum of Archaeology**, 1600 Attawandaron Road, Tel.: 473 1360 (**geöffnet: Mai bis September täglich 10 - 17 Uhr**), liegt neben einer prähistorischen, indianischen Ausgrabungsstätte und informiert in einer großen Ausstellung und mit einem 12minütigen Film über die indianische Siedlungsgeschichte in Ontario.

◆ das 1980 gebaute **London Regional Art and Historical Museum**, 421 Ridout St. N., Tel.: 672 4580 (**geöffnet: Di - So 12 - 17 Uhr**), liegt am Ufer des Thames River und ist wegen seiner modernen Architektur und der großen Ausstellung mit Werken kanadischer und internationaler Künstler bekannt.

◆ die 1832 gebaute **St. Paul's Cathedral**, 472 Richmond St., Tel.: 434 3225, mit sehenswerten Glasmalereien.

Sehenswürdigkeiten in der Umgebung von London

◆ das 8 km außerhalb gelegene **Fanshawe Pioneer Village**, in der Fanshawe Conservation Area, Tel.: 457 1296 (**geöffnet: Mai bis Anfang Oktober täglich 10 - 17 Uhr, Oktober bis Weihnachten Mi - Fr 13 - 17 Uhr, Sa/So 10 - 17 Uhr**), das einen Eindruck vom Leben in einer Siedlung des 19. Jahrhunderts vermittelt. In den 20 Häusern, von denen einige nachgebildet, andere sorgfältig restauriert wurden, führen kostümierte Angestellte die alten Handwerkskünste jener Zeit vor.

◆ das **Indianerdorf Ska Nah Doht**, ca. 30 km südwestlich in der Longwoods Road Conservation Area, Tel.: 264 2420 (**geöffnet: Mai bis Oktober täglich 9 - 16.30 Uhr, in der übrigen Zeit Mo - Fr 9 - 16.30 Uhr**), die Rekonstruktion eines Irokesendorfes aus dem 10. und 11. Jahrhundert mit drei Langhäusern, Vorrichtungen zum Trocknen von Fisch und Fleisch und zahlreichen Gegenständen des täglichen Lebens. Im Besucherzentrum wird eine Diavorführung angeboten.

■ Windsor

Überblick

Windsor liegt auf der Südseite des Flusses Detroit, der amerikanischen Stadt Detroit gegenüber. Die beiden Städte sind durch den "Detroit-Windsor-Tunnel" und durch die "Ambassador Bridge" miteinander verbunden. Windsor wurde um **1830** von Franzosen gegründet, nachdem Antoine de Lamothe de Cadillac bereits **1704** einen Handelsposten am Nordufer des Detroit River, das heutige Detroit, eingerichtet hatte. Diese Handelsstation war in der Folgezeit für den französischen Pelzhandel von großer Bedeutung. Im Jahre **1760** eroberten die Briten beide Siedlungen, mußten aber Detroit nach dem amerikanischen Unabhängigkeitskrieg den Amerikanern überlassen. Seit dieser Zeit bildet der Fluß die Grenze zwischen Kanada und den USA.

Die Städte Windsor und Detroit pflegen gute nachbarliche Beziehungen; Zeichen dafür sind der "Friedensbrunnen" im Coventry Gardens Park und das "International Freedom Festival", das anläßlich der beiden Nationalfeiertage vom 1. Juli (dem Canada Day) bis zum 4. Juli (dem amerikanischen Unabhängigkeitstag) gemeinsam mit Konzerten, Tänzen, Paraden und Feuerwerken gefeiert wird.

Zu Detroit lesen Sie bitte im Kapitel 9.9.

Reisepraktische Hinweise

Telefon
Vorwahl: 519

Information
● Tourist Bureau of Windsor and Essex County: Place Goyeau, 80 Chatham St. E. und
● Convention & Visitors Bureau: 333 Riverside Dr. W., City Center Mall, Suite 103, Windsor, Ont. N9A 5K4, Tel.: (519) 255-6530.
● Canadian Automobile Association CAA: 1726 Huron Church Rd., Tel.: 255 9400, Öffnungszeiten: Mo - Fr von 9 - 17 Uhr, Sa von 9 - 12 Uhr

Hotels
● Hilton International Windsor $$$: 277 Riverside Drive W., Windsor, Ont. N9A 5K4, Tel.: (519) 973 5555, Fax: (519) 973-1600. Verkehrsgünstig gelegenes Hotel mit 303 Zimmern, Swimmingpool, Sauna und Fitnessraum
● Ramada Windsor $$-$$$: 480 Riverside Drive W., Windsor, Ont., Tel.: (519) 253 4411. Hotel mit 238 Zimmern am Detroit River, Swimmingpool
● Ivy Rose Motel $-$$: 2885 Howard Avenue, Windsor, Ont., Tel.: (519) 966 1700. Motel mit 91 gut eingerichteten Zimmern unterschiedlicher Größe, Swimmingpool, Restaurant
● Journey's End Suites $$: 250 Dougall Ave., Windsor, Ont., Tel.: (519) 977 9707. In der Innenstadt gelegenes Motel mit 127 Suiten

Restaurants
● **L'Auberge de la Bastille:** 149 W. Chatham St., Tel.: (519) 256-2555. Neben guten französischen Gerichten sind vor allem die Südstaatengerichte (Acadian) zu empfehlen.
● **Tunnel Bar-B-Q's Other Place:** 3067 Douglas Ave., Tel.: (519) 969-6011. Leckere Fleischgerichte und auch Seafood. Mittags: Salatbar!

Livemusik
Can-Usa - Windsor's Original Home of the Blues: 400 Tecumseh Rd East, Tel.: (519) 253-0488. Neighborhood Bar mit häufigen Bluesabenden.

Einkaufen
Eines der größten Einkaufszentren der Stadt mit über 150 Geschäften und den Kaufhäusern The Bay und Sears ist die Windsor's Devonshire Mall, Howard Avenue. Mit Reisepaß können Sie hier z.T. steuer-/zollfrei einkaufen.

Sehenswertes in der Stadt

Zu den Sehenswürdigkeiten der Stadt, die ca. 195.000 Einwohner zählt und ein wichtiges Wirtschafts- und Industriezentrum ist, gehören:

◆ die **Art Gallery of Windsor**, 3100 Howard Avenue (Devonshire Mall), Tel.: (519) 969-4494 (geöffnet: Di - Sa von 11 - 17 Uhr, So von 11.30 bis 17 Uhr), mit einer großen Gemäldesammlung kanadischer Künstler vom 18. Jahrhundert bis zur Gegenwart und einer Ausstellung der Inuitkunst. Hinweis: Zwischenzeitlich wurde in einem Teil der Art Gallery ein Casino eingerichtet und die Ausstellung verlagert. Dieses sollte nur vorübergehend so gehalten werden. Bevor Sie aber gezielt zu dem Museum fahren, erkundigen Sie sich vorher nochmals beim Touristenamt, wo sich das Museum befindet.

◆ die schönen **Parkanlagen**, wie z.B. der Dieppe Park, der sich am Detroit River entlangzieht, und der Rosengarten im Jackson Park.

Ausflüge von Windsor

❶ Detroit

Getreidehafen in Ontarios Südwesten

Falls Ihre Reiseroute weiterführt in Richtung Toronto oder zu den Niagara Falls, machen Sie einen Abstecher hinüber in die amerikanische Millionenstadt Detroit mit dem Renaissance Center, einem architektonisch interessanten Gebäudekomplex am Flußufer, dem Henry Ford Museum, das einen Überblick über die Geschichte der Autoindustrie gibt, und dem großen Freilichtmuseum Greenfield Village. Lesen Sie dazu in Kapitel 9.9.

❷ Insel Boblo

Anfahrt: Über die Fähre von Amherstburg (18 Meilen südlich). Geöffnet: von Mai bis Mitte September täglich ab 10 Uhr, abends wird zu unterschiedlichen Zeiten geschlossen. Sie erreichen den Park mit der Fähre, die ab 10 Uhr am Amherstburg Dock abfährt. Dauer der Überfahrt: 5 Minuten. Eintrittspreis gilt für Fähre, Park und alle Shows und Fahrgeschäfte.

Der Vergnügungspark auf der **Insel Boblo**, Tel.: (519) 252 4444, die im Detroit River zwischen Ontario und Michigan liegt. Im 110 ha großen Vergnügungspark gibt es über 75 Attraktionen, Shows und Unterhaltung sowie ein altes britisches Blockhaus und einen der ersten Leuchttürme der Großen Seen.

❸ Amherstburg

Ebenfalls lohnenswert ist ein Besuch von **Amherstburg** (18 Meilen südlich), einer der ältesten Siedlungen im Südwesten Ontarios, die 1796 von den Loyalisten gegründet wurde. Sehenswert sind hier:

- der **Fort Malden National Historic Park**, 100 Laird Avenue, Tel.: (519) 736 5416 (**geöffnet: täglich von 10 - 17 Uhr**); das Fort wurde 1796 - 1799 von den Briten zur Sicherung ihrer Grenze gebaut und war im Krieg von 1812 von großer militärischer Bedeutung. Im Informationszentrum wird die Geschichte des Forts durch Diavorführungen erläutert; an den Wochenenden finden Paraden und Exerzierübungen statt.
- **The North American Black Historical Museum** (geöffnet: April-November: Mi-Fr 10 - 17 Uhr, Sa+So 13 - 17 Uhr), in dem eine interessante Ausstellung über die "Underground Railroad", den Fluchtweg der schwarzen Sklaven aus den USA, zusammengestellt worden ist. Lesen Sie dazu auch im Geschichtskapitel.

Von Amherstburg können Sie auch direkt weiterfahren zum Point Pelee National Park.

■ Point Pelee National Park

i

Information

- **Schriftlich an: Chief of Visitor Services:** RR 1, Leamington, Ont. N8H 3V4, Tel.: (519) 322-2365.
- **Tonbanderläuterung** vorab erhalten Sie unter: Tel.: (519) 322-2371.
- Im **Besucherzentrum**, das 7 km im Park liegt, gibt es interessante, halbstündige Dia- und Film-

vorführungen sowie gutes Informations- und Kartenmaterial. Dort können Sie von Mai bis Oktober auch Fahrräder und Kanus mieten. Eine kleine Bahn fährt von Mai bis Oktober durch den Südteil des Parks.

Öffnungszeiten

Der Park ist ganzjährig geöffnet. Das Besucherzentrum ist von Anfang April bis Mitte November täglich von 10 - 17 Uhr geöffnet, in der übrigen Zeit Mo - Fr von 12.30 - 16.30 Uhr, Sa/So 13 - 17 Uhr, Eintritt: von April bis Oktober $ 5 pro Tag pro Fahrzeug, Wanderer und Radfahrer haben freien Zugang

Campen

Im Park gibt es nur Campingmöglichkeiten für Gruppen, nicht für Individualreisende

Hotels

Es gibt keine Übernachtungsmöglichkeiten im Park, dafür aber in **Leamington**, das sich – aufgrund seiner Ketchup-Fabriken – selbst zur "Welt-Hauptstadt der Tomaten" gekrönt hat. Einige Motels finden sich in der Talbot Street, so. z.B. das **Wigle's Colonial Motel** (Tel.: 519) 326-3265). Weitere Unterkünfte finden Sie auch in **Kingsville**, das im Gegensatz zu Leamington auf den Weinanbau gesetzt hat.

Der Point Pelee National Park liegt 10 km südlich von Leamington. Er ist mit einer Fläche von 20 qkm einer der kleinsten kanadischen Nationalparks und zugleich einer der beliebtesten. Der Park liegt auf der südlichsten Landspitze Kanadas, einer sandigen Landzunge, die 20 km in den Erie-See hineinragt. Charakteristisch für den Park ist das Marschland, das mehr als die Hälfte der Parkfläche einnimmt. Daneben gibt es große Dünenlandschaften, an die sich dichte Mischwälder mit Bergahorn, Walnuß- und Maulbeerbäumen, Eichen, Zuckerahorn und Zedern anschließen.

Der Park gehört zu den besten Vogelbeobachtungsstellen in Kanada, denn die Marschgebiete dienen vielen Wasservögeln als Brutstätte, und im Frühjahr und Herbst ist die Landzunge Rastplatz für Tausende von Zugvögeln. Mehr als 100 verschiedene Zugvogelarten können in dieser Zeit beobachtet werden; im Laufe eines ganzen Jahres wurden mehr als 340 verschiedene Vogelarten gesichtet.

Der Nationalpark wird von vielen Wanderwegen durchzogen. Außerdem wurde ein 1,5 km langer Plankenweg angelegt, der am Rande der Marschgebiete entlangführt; am Anfang dieses Weges steht ein Aussichtsturm, der gute Beobachtungsmöglichkeiten bietet.

Vom Point Pelee Nationalpark entlang dem Lake Erie nach Niagara Falls

Der Hwy 3 führt am Nordufer des Erie-Sees entlang; kleine Stichstraßen führen zu reizvollen Provinzparks, die direkt am Erie-See liegen und ausgezeichnete Wassersport- und Wandermöglichkeiten bieten, wie z.B. der **Wheatly-Provinzpark**, der **Rondeau-Provinzpark**, der **John E. Pearce-Provinzpark**, der **Port Bruce-Provinzpark**, der **Port Burwell-Provinzpark**, der **Long Point-Provinzpark**, der **Turkey Point-Provinzpark**, der **Selkirk-Provinzpark** und der **Rock Point-Provinzpark**. In den Provinzparks können Sie nur zelten.

Der Hwy 3 führt weiter bis nach **Port Colborne**, einem Binnenhafen am Erie-See mit einem Zugang zum Welland-Kanal.

INFO

Informationen zum Welland-Kanal

Der Welland-Kanal verbindet den Ontario-See mit dem knapp 100 m höher liegenden Erie-See. Er durchquert die Niagara-Halbinsel und verläuft 13 km westlich der Niagara-Fälle.

Der erste Welland-Kanal mit 40 kleinen Schleusen wurde bereits 1829 eröffnet und in den folgenden Jahrzehnten weiter ausgebaut. Da der Kanal für das wachsende Verkehrsaufkommen nicht mehr ausreichte, wurde 1932 ein neuer Kanal gebaut; 1973 wurde für ein 13 km langes Teilstück bei Welland eine neue Trasse angelegt. Der neue Kanal ist 43,5 km lang und 8,2 m tief. Um den Höhenunterschied zwischen den beiden Seen zu überwinden, wurden acht große Schleusenanlagen gebaut, in denen die Frachtschiffe auf ihrer ca. 12-stündigen Fahrt vom Ontario-See zum Erie-See um 99,5 m gehoben werden; dabei dauert jeder Hebe- bzw. Absenkungsvorgang etwa 10 Minuten.

Schiffe, die die Schleusen passieren wollen, dürfen nicht länger als 222 m und nicht breiter als 23 m sein. Besonders interessant sind die Doppelschleusen 4, 5 und 6, die südlich von St. Catherines unmittelbar hintereinander liegen; hier können die Schiffe in beiden Fahrtrichtungen durchgeschleust werden.

Am Ausgang des Kanals zum Erie-See liegt bei Port Colborne die Schleuse 8, die eine der größten Schleusen der Welt ist. Vom nahegelegenen Aussichtsturm können Sie die Durchfahrt der Schiffe beobachten.

Durch den Welland-Kanal werden jährlich mehr als 5.000 Hochsee- und Binnenschiffe geschleust, die vor allem Getreide, Eisenerz und Kohle transportieren.

Da die alte Kanalstrecke bei Welland seit 1973 für die Binnenschiffahrt nicht mehr benötigt wird, ist dieses Teilstück, der Welland Recreational Waterway, nun ein beliebtes Gebiet für Wassersportler aller Art.

9.5.5 SEHENSWERTES AUF DEM WEG VON SAULT STE. MARIE NACH CHICAGO

Highlights

- Besuch des **Shipwreck Museum** in Whitefish Point
- Besuch der **Mackinac Island**
- Die Dünenlandschaft des **Sleeping Bear Dunes National Lakeshore**
- Die **Strände** nahe dem romantischen Städtchen **Saugatuck** (hierzu mehr im Kapitel 9.10.3)

Überblick

Die Strecke führt zuerst durch flaches Farmland bis nach St. Ignace. Von dort können Sie mit dem Schiff übersetzen zur Mackinac Island, einer Insel mit vielen historischen Gebäuden sowie einer sehenswerten Fortanlage. Leider ist die Insel im

Die Brücke

Sommer vom Tourismus stark strapaziert, aber einen Halbtagesausflug ist sie allemal wert. Von dort geht es weiter über die 4 Meilen lange Brücke, die sich eindrucksvoll über die Mackinac Street spannt. Die Brücke verbindet die Upper Peninsula mit der Lower Peninsula von Michigan und verleitet die Bewohner des Staates dazu, die jeweils auf der anderen Seite von ihr lebenden Bewohner als "living below/above the bridge" zu bezeichnen. Von Mackinaw City, dem Ort südlich der Brücke, verkehren auch Boote zur Mackinac Island. Danach fahren Sie entlang der schönen Uferstraße entlang des Lake Michigan nach Traverse City, einem zentralen Urlaubsort, der sich mit seinen Hotels aller Preisklassen hervorragend dazu eignet, Ausflüge in die landschaftlich schöne Umgebung zu unternehmen. Von hier erreichen Sie auch den Sleeping Bear Dunes National Lakeshore, eine faszinierende Dünenlandschaft.

Auch die weitere Strecke entlang des östlichen Ufers des Lake Michigan verspricht großenteils eine bezaubernde Landschaft: Sandstrände am Ufer und Waldlandschaften landeinwärts. Diese Alternativroute zur "großen" Umrundung der Great Lakes also ist in keiner Weise zu unterschätzen und verbirgt noch so einige von europäischen Reisenden unentdeckte Gebiete.

Hinweis
Von Muskegon ab südwärts lesen Sie bitte weiter im Kapitel 9.10.3.

Reisepraktische Hinweise

Entfernungen (kürzeste Fahrtstrecken)
Sault Ste. Marie - Mackinaw City: 58 mi/93 km
Mackinaw City - Traverse City: 101 mi/162 km
Traverse City - Ludington: 91 mi/146 km

Ludington - Muskegon: 56 mi/90 km
Muskegon - Saugatuck: 41 mi/66 km
Saugatuck - Benton Harbor: 47 mi/75 km
Benton Harbor - Chicago: 78 mi/126 km

Streckenführung
Zum Tahquamenon Falls State Park fahren Sie erst auf dem I-75 bis zum Exit 386. Dort geht es dann in westlicher Richtung 30 Meilen auf dem MI 28 weiter. Dann auf dem MI 123 28 Meilen nach Norden – vorbei an Paradise. Von den Fällen können Sie dann über den MI 123 nach Süden fahren, bis Sie beim Exit 352 wieder auf den I-75 stoßen.

Geradewegs nach St. Ignace nehmen Sie von Sault Ste. Marie den I-75. Hier geht die Fähre ab zur Mackinac Island. Weiter auf dem I-75, vorbei an Mackinac City, verlassen Sie diesen am Exit 336. Bis Benton Harbor im Süden Michigans bleibt nun der US 31 (ab Holland I-196/ US 31) Ihre Leitlinie entlang der Küste des Lake Michigan, wobei zahlreiche Abstecher direkt ans Ufer und zu den Sehenswürdigkeiten entlang der Strecke einzuplanen sind. Von Benton Harbor bis Chicago fahren Sie auf dem I-94.

Von Sault Ste. Marie nach Mackinaw City sowie Mackinac Island

■ Tahaquamenon State Park

Information
Über das **Paradise Area Chamber of Commerce** (P.O.Box 82, Paradise, MI 49768, Tel.: (906) 492-3972), bzw. bei der Parkverwaltung, Tel.: (906) 492-3415.

Redaktions-Tips

- **Übernachten:** Falls Sie auf der Mackinac Island eine Nacht bleiben möchten, ist das historische **Grand Hotel** der Tip – aber sehr teuer! Alternativen dort bieten zahlreiche **Bed & Breakfasthäuser;** Traverse City bietet sich an als zentraler Übernachtungsort für die Nordwestecke der Lower Peninsula: Tip hier: **Park Place Hotel** oder **Bayshore Resort**;
- Die **Reservierung der Übernachtung in Chicago** sollten Sie bereits mindestens einen Tag im voraus unternehmen, ansonsten bleibt evtl. als Alternative nur ein teures bzw. abgelegenes Hotel.
- **Restaurants:** Das Restaurant im **Grand Hotel** auf Mackinac Island; **The Bowery** und **Bowers Harbor Inn** in Traverse City
- Nehmen Sie eine **Fähre von St. Ignace**, um so früher sind Sie auf der Mackinac Island.
- **Bedeutendste Sehenswürdigkeiten:** Mackinac Island, die Landschaft um Traverse City, der Sleeping Bear Dunes National Lakeshore
- **Zeiteinteilung:**

2 Tage: 1. Tag: Früh los in Sault Ste. Marie, für 3 Stunden auf die Mackinac Island übersetzen und nachmittags dann bis in das Gebiet von Traverse City fahren. **2. Tag:** Sleeping Bear Dunes NLS. besuchen und dann auf geradem Weg nach Chicago fahren (langer Tag!)

4 Tage: 1.Tag: Sie fahren auf die Mackinac Island und übernachten dort. **2. Tag:** Fahren Sie bis Traverse City, schauen Sie sich am Nachmittag noch die Halbinsel (Mission Peninsula) an und übernachten Sie in Traverse City. **3. Tag:** Fahren Sie von Traverse City nach Leland und zum Sleeping Bear Dunes Nat. Lakeshore. Am Nachmittag fahren Sie noch weiter nach Süden, so weit Sie halt kommen. **4. Tag:** Baden Sie an einem Ihnen genehmen Strand, schauen Sie sich Holland, aber mit Sicherheit Saugatuck an und fahren Sie anschließend nach Chicago.

Zusatztage: Übernachten Sie in Saugatuck. Vorgelagert finden Sie hier auch sehr schöne Strände.

Übernachten
- **Campinggelegenheiten** gibt es im Park, Tel.: (906) 492-3415
- **Hotels** und **Hüttenunterkünfte** finden sich zahlreich in Paradise. Hier 2 Adressen:

\- **Howard Johnson Lodge $$:** P.O.Box 134, Paradise, MI 49768, Tel.: (906) 492-3940. Modernes Motel. In den Suiten ($$$) gibt es sogar Jacuzzis!

\- **Weaver Sunrise Cottages $$$:** 2 Meilen nördlich von Paradise, P.O.Box, Paradise, MI 49768, Tel.: (906) 492-3378. Saubere, voll ausgestattete Hütten. Blick auf Whitefish Bay. Strand und Kanuverleih. 2 Tage Minimum!

Es gibt 2 Hauptwasserfälle ("Little Niagara") im State Park: Der Upper Fall fällt 15 Meter tief, während der Lower Fall über mehrere Stufen geht. Aber nicht nur die Wasserfälle sind sehenswert, sondern auch die Naturlandschaft im zusammen 140 qkm großen Park. Sie können im Park wandern, rudern, angeln und baden. Eine Schmalspurbahn, Trolleys und ein Ausflugsschiff verkehren im Park. Besonders die Dampferfahrt lohnt sich! Infos: (906) 876-2311)! Abfahrtszeiten: von Mitte Juni bis Mitte September täglich 10h30 (Juli/August: Mo-Fr 9h30 u. 14h00); Rest des Jahres: täglich 12h00. Es gibt auch Kombitickets für Trolley, Bahn und Dampfer.

Nördlich von Paradise, in **Whitefish Point**, gibt es zudem noch das ausgesprochen lohnende **Great Lake Shipwreck Museum** (Tel.: (906) 635-1742, geöffnet: Mai - Mitte Oktober, täglich 10h00-18h00) zu besuchen. Hier können Sie einiges über die Seefahrtsgeschichte (und deren Tragödien) auf den Großen Seen erfahren. In Whitefish Point wurde übrigens auch der erste Leuchtturm am Lake Superior errichtet.

St. Ignace/Mackinaw City

Information

- **St. Ignace Area Tourist Ass.:** 11 S. State Street, St. Ignace, MI 49781, Tel.: (906) 643-8717 od. 800-338-6660
- **Mackinaw Area Tourist Bureau:** 708 Huron St., Mackinaw City, MI 49701, Tel.: (616) 436-5664 od. 800-666-0160.

Übernachten

- **Colonial House Bed & Breakfast $$:** 90 N. State St., St. Ignace, MI 49781, Tel.: (906) 643-6900. Im Herzen der Stadt gelegen, gleich gegenüber dem Fähranleger. 8 gemütliche Zimmer, mit Antiquitäten eingerichtet. Die Badezimmer müssen geteilt werden.
- **Bayview Beachfront Resort $$:** 1133 N. State St., St. Ignace, MI 49781, Tel.: (906) 643-9444. Motel-Resort mit 18 Zimmern. Am Lake Huron gelegen, kleiner Privatstrand.
- *Weitere Motels finden Sie entlang der N.State Rd (Blocks 700-1200), wobei folgende neu und empfehlenswert sind: Best Western, Holiday Inn und Comfort Suites (alle $$-$$$)*

Restaurant

Wally's Zodiac: 912 W. US 2, Tel.: (906) 643-7569. Nettes Familien-Restaurant mit guten Fischgerichten und einer Salatbar.

St. Ignace eignet sich gut für die Fährüberfahrt nach Mackinac Island. Machen Sie sich keine Gedanken, welches die beste Fährlinie ist und welche am schnellsten fährt. Alle sind "Hydro-Power-Equiped", und jede Linie verkehrt zu Spitzenzeiten im 20-30-Minutentakt. Sehenswert in St. Ignace wäre einzig der **Marquette Mission Park and Museum of Ojibwa Culture** (I-75, Exit 339, geöffnet im Sommer täglich), das die Geschichte der Ojibwa Indianer erläutert sowie an Vater Marquette, den französischen Ortsgründer, erinnert.

Die Überfahrt über die 4 Meilen lange, 1957 erbaute **Mackinac Bridge** ist atemberaubend. Die Brücke ist in der Mitte 60 Meter hoch (Schiffsdurchfahrtshöhe: 49 m), die Türme sogar 170 Meter.

In **Mackinaw City**, ebenfalls von den Franzosen gegründet – aber als Handelsplatz – lohnen folgende Sehenswürdigkeiten, die Sie beide mit einem Kombinationsticket (das auch für das Fort Mackinac auf der Mackinac Insel gilt!) vergünstigt besichtigen können zu folgenden Zeiten: Mitte Mai bis Mitte Oktober, täglich 10h00-16h00, Juni-Anfang September 10h00-19h00:

◆ **Colonial Michilimackinac Fort:** Das alte Fort können Sie bereits von der Bücke aus rechter Hand sehen. Es wurde rekonstruiert nach den alten Plänen und stellt den ersten Handelsposten, der von 1715 bis 1781 hier existierte, dar. Vorführungen untermalen die alten "Voyageur-Traditionen", und im Visitor Center gibt es interessante Filme und Replika.

Old Mill Creek State Park

◆ **Old Mill Creek State Park:** 3 Meilen südöstlich an der Rte. M-23. Eine Sägemühle aus dem 18. Jahrhundert, eine alte Wassermühle, historische Gebäude und ein Museum zur industriellen Geschichte der Region gibt es hier zu besichtigen.

Mackinac Island

Fähren

Von Mai bis November (teilw. Dez.) bedienen 3 rößere Unternehmen die Fährverbindung nach Mackinac Island:

- **Arnold Transit Co.:** (906) 847-3351 (von St. Ignace)
- **Star Line Ferry:** (906) 643-7635 (von St. Ignace)
- **Shepler's:** (616) 436-5023 (von Mackinaw City)

Die Fahrtdauer beträgt zwischen 20 und 30 Min., und die Abfahrten sind in der Regel halbstündlich.

Übernachten

- **Grand Hotel $$$$:** Mackinac Island, MI 49757, Tel.: (906) 847-3331. 319 Zimmer. Gilt als das größte Sommer-Resort der Welt. Historisches Ambiente und eine atemberaubende Veranda von 220 m Länge (Blick aufs Wasser). Das ausladende, weiße Holzgebäude beherrscht die gesamte Szenerie. Im Restaurant gibt es ein üppiges Lunch-Buffet.
- **Chippewa Hotel $$$-$$$$:** Main St., Mackinac Island, MI 49757, Tel.: (906) 847-3341, Fax: (906) 847-6416. Innenstadt. Viktorianisches Gebäude. Blick auf die Straits of Mackinac. Im "Harborview"-Restaurant gibt es leckere Fischgerichte – und auch den Ausblick auf das Wasser.
- **The Metivier B&B $$$-$$$$:** Market St., Mackinac Island, MI 49757, Tel.: (906) 847-6234. 1877 erbautes viktorianisches Haus mit heimeliger Atmosphäre.
- **Cloghaun Bed & Breakfast $$$:** Market St., Mackinac Island, MI 49757, Tel.: (906) 847-3885. Historisches Gebäude.

Tips

- Die Unterkünfte auf der Insel mögen schön sein, sind aber auch sehr teuer. Eine Nacht im DZ im "Grand" kann z.B. 400 $ kosten, während das gleiche in einem B&B auch schon bei 150 $ liegt! Die wenigen relativ billigen Unterkünfte lohnen nicht: entweder oder!
- Überlegen Sie sich vielleicht erst auf der Insel, ob Sie bleiben möchten. Nehmen Sie eine Reisetasche mit dem Nötigsten mit, die können Sie nämlich gleich bei den Anlegern in ein Schließfach stellen. Ihr Auto steht am Festlandshafen über Nacht sicher!

Rundflüge

Lohnenswerte Rundflüge werden während der Sommermonate vom Flugplatz in St. Ignace und dem auf der Insel aus angeboten. Es wird zudem ein Lufttaxiverkehr zwischen Insel und Festland angeboten (= 2 Fliegen mit einer Klappe). Tel.: (906) 643-7165.

Kutschen bieten sich auf Mackinac Island an

Die ersten Einwohner hier waren Ojibwa-Indianer, die die Insel "Michilimackinac" (= Schildkröte) nannten. Makkinac Island war dann im 18. Jahrhundert ein ständiges Streitobjekt der rivalisierenden Kolonialmächte England und Frankreich, die es beide als Handelsstation nutzen wollten. Bis 1760 blieb es aber französisch. Danach wurde es nach dem Sieg von Quebec britisches und später automatisch amerikanisches Hoheitsgebiet.

Mit dem Niedergang des Pelzhandels wurde die Insel zu einem beliebten Ferienziel für reiche Plantagenbesitzer aus dem Süden und nach dem Bürgerkrieg für die Industriebosse aus Chicago.

Heute zeigt sich die Insel dem Besucher mit dem Charme des 19. Jahrhunderts. Alte Villen oberhalb des Hauptortes und ein Fort bilden den Rahmen dazu. Aber auch die Natur, vor allem die schöne Felsenküste, sind sehenswert. Übrigens sind 80% der Insel im Mackinac Island State Park zusammengefaßt.

Leider aber haben den Reiz dieser Insel mittlerweile viele Reisende entdeckt, und jährlich strömen in nur 7 Monaten über 700.000 Touristen ein. Das blieb natürlich nicht ohne Folgen, und die Main Street erwartet Sie gleich nach dem Anlegen mit Souvenirshops, Fahrradverleihen, unzähligen Nougatbäckern, Restaurants und, und, und ...

Machen Sie am besten gleich einen Bogen darum und gehen Sie zum Visitor Center (Tel.: (906) 847-3783) am Nordostende der Main Street, unterhalb des Forts. Hier erhalten Sie Kombi-Tickets für eine Reihe der historischen Gebäude. Nachdem Sie das Fort und die historischen Gebäude im Ort (hptsl. in der Market Street) besichtigt haben, können Sie sich dann ein Fahrrad mieten, mit dem Sie die 8 Meilen um die Insel fahren können. Wer es lieber bequemer mag, kann auch eine der überall angebotenen Kutschenfahrten (mit Erläuterungen) mitmachen. Autos sind auf der Insel nicht erlaubt!

Majestätisch: das Grand Hotel

Sehenswertes

In der Regel sind alle Sehenswürdigkeiten von Mai bis Oktober täglich von 10h00-16h00 und von Juni bis Labor Day von 9h00-18h00 geöffnet.

◆ **Old Fort Mackinac:** Fort aus der Zeit 1780-1885 am Hang des Berges über der Stadt. 14 Gebäude sind hier erhalten. Im o.g. Kombi-Ticket sind dann noch ein paar andere historische Gebäude in der Stadt eingeschlossen sowie die o.g. Attraktionen in Mackinaw City.

◆ **The Stuart House Museum:** Ehemaliger Sitz der Astor-Pelzgesellschaft.

◆ Das **Grand Hotel**: Eindrucksvolles Holzgebäude mit der längsten Veranda der Welt. Von ihr haben Sie einen Ausblick auf die Mackinac-Brücke. Das Hotel wurde ursprünglich für Zugreisende gebaut, die in Mackinaw City keine Unterkunft gefunden haben. Für die "Besichtigung" des Hotels wird Eintritt erhoben – einzige Ausnahme: Sie ziehen Schlips und Jackett bzw. Abendkleid an und dinieren im Restaurant.

◆ Die **8-Meilen-Rundtour** um die Insel lohnt der schönen Landschaft (Klippen, Felsen) und des Ausblicks auf das Festland mit Brücke (am **British Landing**) wegen. Achten Sie vor allem auf den schönen **Arch Rock** im Osten der Insel. Sie können natürlich – neben der Fahrradalternative – auch herumwandern bzw. sich auf den Rücken eines Pferdes begeben (der Pferdeverleih ist Ecke Market St./Cadotte Ave.)

Von Mackinaw City nach Traverse City und die Sehenswürdigkeiten auf der Leelanau Peninsula

Fahren Sie südlich von Mackinaw City weiter auf dem US 31, wobei ein Abstecher über Cross Village (C 66 u. MI 119) eine schöne Uferlandschaft verspricht. **Cross Village**, **Harbor Springs** und **Petoskey** weisen einige Hotels/Motels entlang des Ufers auf, ebenso der beschauliche Ort **Carlevoix**, von wo aus im Sommer Boote zur **Beaver Island**, einer 20 Meilen entfernten, naturbelassenen Insel fahren. Die Überfahrt dauert 2 ¼ Stunden (Infos: Tel.: (616) 547-2311)

Auf der Weiterfahrt nach Traverse City sollten Sie gfs. einen kurzen Abstecher zum **Torch Lake** – eine kleine Straße führt herum – machen, der als einer der schönsten Seen von Michigan gilt. In **Clam River** gibt es 2 kleine Restaurants direkt am Ufer, und der Flecken **Alden** hat sich herausgeputzt mit weiteren kleinen Restaurants und einigen Souvenirläden bzw. Boutiquen.

■ Traverse City und die Leelanau Peninsula

Information

Traverse City Conv. & Visitors Bureau: 415 Munson Ave., Suite 200, Traverse City, MI 49684, Tel.: (616) 947-1120 od. 1-800-940-1120.

Übernachten

• **Park Place Hotel $$$-$$$$:** 300 E. State Rd., Traverse City, MI 49684, Tel.: (616) 946-5000 od. 1-800-748-0133, Fax: (616) 946-2772. 10-stöckiges Hotel von 1930. Eine Renovierung 1994 hat dem Hotel wieder den ehemaligen Charme verliehen. Das Dachrestaurant im 10. Stock serviert erstklassiges Essen mit Blick auf Stadt, Bucht und Umland. Die Bar, gleich nebenan, serviert Cocktails, und am Wochenende gibt es in der Lounge im Erdgeschoß Jazzmusik. Das weithin sichtbare Lichthaus auf dem Hoteldach diente nicht der Seefahrt, sondern den Schaulustigen im Hotel. Man strahlte von hier Schiffe im Hafen an.

• **Bayshore Resort $$$-$$$$:** 833 E. Front St., Traverse City, MI 49684, Tel.: (616) 935-4400 od. 800-634-4401. Schönes Resorthotel direkt am Lake Michigan. Eigener Strand. Fast alle Zimmer haben Seeblick. Die Suiten ($$$$) haben Kamine.

• **Leelanau Country Inn $$:** 149 East Harbor Highway, Maple City, MI 49664 (8 Meilen nordwestlich), Tel.: (616) 228-5060. Über hundert Jahre altes Inn mit einem guten Restaurant. Günstige Lage zu Leland und zum Sleeping Dunes S.P.

• **Pine Crest Motel $$-$$$:** 360 Munson Ave., Traverse City, MI 49684, Tel.: (616) 947-8900 od. 800-223-4433, Fax: (616) 947-8900 ext. 49. Modernes Motel mit 34 Zimmern. Einige Zimmer mit Whirlpool. Viele Zimmer mit Kühlschrank.

• **Fox House Motor Lodge $$:** 704 Munson Ave., Traverse City, MI 49684, Tel.: (616) 947-4450. Modernes Motel. 80 Zimmer, davon 8 Suiten im Bayern-Look.

Restaurants

● **Embers on the Bay:** 5555 US 31 N., Acme (6 Meilen nordöstl.), Tel.: (616) 938-1300. Süßwasserfischgerichte, Salatbar und Blick auf die Bay.

● **The Bowery:** 13512 Peninsula Dr. (entlang MI 37 fahren), hinter Bower's Harbor Inn, Tel.: (616) 223-4333. BBQ und eine reichhaltige Bierauswahl in rustikaler Atmosphäre.

● **Bowers Harbor Inn:** Adresse wie "The Bowery", Tel.: (616) 223-4222. Fischgerichte in Gebäuden von 1880. Blick auf die Bay.

Traverse City wurde 1847 als Handelsposten für die Pelzhändler gegründet. Es lag verkehrsgünstig an der "Traverse" zwischen dem Lake Michigan über die Leelanau Halbinsel ins Binnenland.

Als der Pelzhandel an Bedeutung verlor, waren es vor allem der Holzeinschlag in den riesigen Wäldern um die Stadt herum und die Landwirtschaft, die der kleinen Stadt zu einem bescheidenen Wohlstand verhalfen. Heute finden besonders die Obstplantagen weithin Beachtung. Alleine 45.000 Tonnen Kirschen werden jährlich im Umland geerntet.

Wichtigster "Industriezweig" ist mittlerweile aber der Tourismus. Eine große Zahl an Hotels, Motels und Resorts in und um Traverse City bieten sich dem Reisenden an, und zahlreiche Souvenirgeschäfte und Boutiquen in der historischen Altstadt (entlang der Front Street) laden zudem zum Shopping ein. Die Stadt selbst hat zwar wenig Sehenswürdigkeiten – und die können Sie getrost auslassen, sieht man einmal ab von dem alten **Schoner "Madeleine",** der im Sommer in der Clinch Park Marina zu besichtigen ist –, dafür aber ist das Umland um so schöner, und Tagestouren in die Wälder, zu einsamen Binnenseen, entlang den Uferzonen des Lake Michigan und vor allem zum Sleeping Bear Dunes National Lakeshore machen Traverse City zu einem lohnenden Ziel bzw. zu einer empfehlenswerten Ausgangsbasis. Und auch die Kirschplantagen sowie die Weingüter der Region verdienen Ihre Aufmerksamkeit.

Ein auffälliges Farmprodukt der Region möchte ich Ihnen hier noch vorstellen: die **Cherry Pecan Sausage** – richtig, es ist eine Schweinewurst ... und die ist mit Sauerkirsch- und Nußaroma angereichert worden. Ziel dieser Wurst ist es, wenig Cholesterin, Fett und Kalorien zu haben!

Traverse City ist auch bekannt für seine **Morcheln** (Pilze), die besonders im Mai gerne gepflückt werden. Ein extra vom Touristenbüro herausgegebenes Infoblatt gibt Ihnen weitere Tips zum Sammeln.

Im folgenden möchte ich einige lohnenswerte Ziele im Umkreis eines Tagesausfluges von Traverse City vorstellen. Beachten Sie auch im Anschluß daran den Abschnitt "Aktivitäten in und um Traverse City".

◆ **Touren durch eine Obstplantage:** "Amon Orchard Tours" in Acme, 8 Meilen östlich von Traverse City, unternimmt Trolley-Touren durch die eigenen Plantagen. Infos: (616) 938-1644

◆ **The Music House:** 7377 US 31 North, Acme. Hier ist eine eindrucksvolle Sammlung selbstspielender Musikinstrumente zusammengestellt. Hören Sie einen deutschen "Umtah-Marsch" oder Gershwin's "Rhapsody in Blue".

◆ **Dennos Museum Center (Northwestern Michigan College):** 1701 East Front Road in Traverse City. Kunstmuseum, dessen interessanteste Abteilung die mit Kunstwerken von Inuit Indianern (Eskimos) ist. Zudem erfahren Sie auch etwas über das Leben der Eskimos.

◆ **Mission Peninsula:** Die Halbinsel, die direkt nördlich von Traverse City über den MI 37 zu erreichen ist, bietet eine bezaubernde Landschaft mit Ausblicken auf die East und West Bay. Am Nordende, das geographisch gesehen gleich weit entfernt ist vom Nordpol wie vom Äquator, steht ein alter Leuchtturm. 2 Meilen südlich davon führt eine Seitenstraße zur **Old Mission**, einer kleinen Holzkirche, die 1839 als erste Missionsstation von dem irischen Pater Dougherty hier eingerichtet worden ist. Am eindrucksvollsten auf der Halbinsel aber sind die großen **Kirschbaumplantagen** und die **Weingüter**, von denen folgende zu besichtigen sind:

- **Chateau Chantel:** 15900 Rue-de-Vin, von der MI 37 ab. Erst 1993 angelegt, sind die Weine bereits von erstklassiger Qualität. Eine Probierstube, in der Do und Sa während der Sommermonate Musik geboten wird, lohnt einen Stop am Ende eines langen Tages. Touren und Probierstube im Sommer täglich von 9h00-18h00. Eine auf dem Weingut eingerichtete Bed & Breakfast-Unterkunft (Tel.: (616) 223-7355 oder 223-4110) erlaubt "ein Glas zuviel".
- **Chateau Grand Traverse:** 12239 Center Rd, von der MI 37 ab. Von Juni bis Ende August beginnen die Touren durch das Weingut täglich zur vollen Stunde. Zu anderen Jahreszeiten finden auch Touren statt: Infos: (616) 223-7355.

■ Fahrt um die Leelanau Peninsula:

◆ **Grand Traverse Lighthouse Museum:** nördlich von Northport im Leelanau State Park. In einem der ältesten Leuchttürme der Großen Seen (1858) befindet sich heute ein kleines Leuchtturm-Museum.

◆ **Leland:** Der kleine Fischerort ist ein beliebtes Ziel für Reisende, die gerne einmal in Boutiquen und Souvenirshops "stöbern". Kleinhandwerkliche Souvenirs, Keramiken und Lederwaren werden vornehmlich angeboten. Von Leland fahren zudem die Boote zu den beiden **Manitou Islands**. Eine Hin-und Rückfahrt dauert gut 3 Stunden, hinzu kommen 4 Stunden, die Ihnen für Wanderungen auf den Inseln zur Verfügung stehen. Die Südinsel wurde bereits um 1830 besiedelt, und ein Leuchtturm zeugt von ihrer Bedeutung für die Seefahrt, während die Nordinsel unbewohnt blieb. Sie dürfen auf der Nordinsel zelten, benötigen dazu aber ein Permit von der Parkverwaltung des National Lakeshore. Die Boote fahren vom 1. Juni bis Labor Day täglich ab 10h00 und kommen gegen 17h00 zurück. Buchungen und Infos: Manitou Island Transit, Tel.: (616) 256-9061

◆ **Northwest Michigan Maritime Museum:** 11712 Lake Street, Empire. Kleines Museum mit Memorabilia zur Seefahrtsgeschichte von Nord-Michigan. Nur von Memorial Day bis Labor Day geöffnet.

◆ **Sleeping Bear Point Coast Guard Maritime Museum:** Im Nordteil des Sleeping Bear Dunes Nat. Lakeshore. In der ehemaligen Rettungsstation der Küstenwache ist heute ein Museum untergebracht, welches die Geschichte der Rettung Schiffbrüchiger in dieser Region erläutert.

■ Sleeping Bear Dunes National Lakeshore

Information

● **Chief Naturalist:** Sleeping Bear Dunes N.L., P.O.Box 277, Empire, MI 49630, Tel.: (616) 326-5134.

● Im Visitor Center in Empire gibt es eine 15-minütige Diashow sowie ein kleines Interpretationszentrum, in welchem die verschiedenen Eiszeiten und ihre Wirkungen auf die Formung des gesamten Gebietes der Großen Seen erläutert werden. Sehr eindrucksvoll ist das Relief des Küstenabschnittes um den Park.

Bootstouren zu den Manitou Islands

Die **"Mishe-Mokwa"** fährt im Sommer täglich von Leland zu den Inseln. Es werden auch Dinner-Cruises und Übernachtungstouren organisiert (einfaches Campen!). Info: (616) 256-9061. Siehe auch Leland oben.

Übernachten

- Im Park gibt es **2 Campingplätze**, Hotels finden Sie in Glen Arbor (3 Meilen), Leland (18 Meilen), Maple City (20 Meilen) und Traverse City (30 Meilen). Siehe auch dort.
- **The Homestead $$$:** Wood Ridge Rd, Glen Arbor, 49636, Tel.: (616) 334-5000. Schönes Resort mit allen Annehmlichkeiten (Pool m. Rutsche, Golfanlage, Fahrradverleih, ital. Restaurant etc.). Es gibt auch geräumige Suiten und Selbstversorger-Apartments ($$$$).

Die Dünenlandschaft dieses Parks kann mit Recht als eine der schönsten in der Welt bezeichnet werden. 33 Meilen zieht sich der National Lakeshore entlang der Uferlinie des Lake Michigan, und auch die beiden Manitou Inseln gehören dazu. Die Dünen sind bis zu 150 Meter hoch und gelten damit als die höchsten außerhalb der Sahara – eine Maximierung, die aber auch andere Dünenlandschaften für sich in Anspruch nehmen. Anders als andere Dünen präsentieren sich diese mit einer Vegetationsdecke, die sie z.T. ganz "verstecken". Einige Dünen aber liegen frei, und an den Uferzonen bestechen die Sandstrände.

Es gibt einen Süd- und einen Nordabschnitt, die durch den kleinen Ort Empire voneinander getrennt sind. Eine Straße, die MI 22, führt durch beide Abschnitte, wobei der südliche Teil weniger touristische Einrichtungen aufweist, während im nördlichen besonders die kleine Rundstrecke des **Pierce Stokking Scenic Drive** und die **"Besteigung" einer Düne** sowie der Besuch des bereits oben angesprochenen **Sleeping Bear Point Coast Guard Maritime Museum** unbedingt auf Ihrem Plan stehen sollten.

Der "schlafende Bär"

Zum **Kanufahren** eignen sich im Nordteil der Crystal River und im Südteil der Platte River. Boote können ausgeliehen werden direkt an der Flußüberquerung des MI 22.

◆ Wie kommt der Park zu seinem Namen?

Eine Legende der Chippewa Indianer erzählt von einer Bärenfamilie, die vor einem großen Waldbrand auf der gegenüberliegenden Seite des Lake Michigan fliehen mußte. Vater Bär ging verloren, während sich die Mutter und zwei ihrer Jungen in den See retten konnten. Sie schwammen und schwammen, bis die Jungen erschöpft zurückblieben. Mutter Bär aber erreichte die Dünen auf der Ostseite und bestieg alsdann die höchste. Von hier aus schaute sie tagein, tagaus auf das Wasser in Erwartung ihrer Jungen. Die aber ertranken. Die Düne, auf der die Mutter wartete, ist heute die "Sleeping Bear Dune" im Nordabschnitt, die beiden Jungen aber sind als Manitou Islands in die Geographie des Sees eingegangen.

◆ Geologische Entstehung der Dünen und der Küstenformationen der Region um Traverse City:

Die Großen Seen sind bekanntermaßen durch Gletscher geformt worden. Die letzte Eiszeit, die vor 11.800 Jahren zu Ende ging, sorgte für die heutige Küstenform am Lake Michigan. Vor dieser Eiszeit war die Uferlinie noch bestimmt durch viele

Buchten in Ost-Westrichtung. Der letzte Gletscher aber hinterließ vor allen Sandbarrieren vor den Buchten, so z.B. auch am Glen Lake östlich des Parks, und bildete so zahlreiche Binnenseen. Die Sande stammen von den Abschürfungen, die der Gletscher bei seinem "Vormarsch" aufgenommen hat und beim Tauen schließlich zurückließ. Bedingt durch die meist von Westen her wehenden Winde, blieb dieser Sand am Ufer liegen und wurde nicht ins Wasser geblasen. Die beiden Buchten nördlich von Traverse City, die eine auffällige Nord-Südrichtung aufweisen, waren vor dieser letzten Eiszeit kleine Flußtäler, die die Eismassen weiter ausgeschabt haben.

◆ **Es gibt heute zwei Dünenformationen im Park:**

- die **Stranddünen** direkt auf Uferniveau, von denen die Aral Dünen im Südteil (Platte Bay) die markantesten sind, und
- die **Hochdünen**, die mit weiter ins Inland eingewehten Sanden zu erklären sind. Ihr Sand ist feiner, denn der Wind konnte nur diesen auf die Plateaus wehen.

Auch heute noch verändern sich die Dünen stetig und begraben ganze Baumgruppen unter sich. Selbst die Küstenwachstation am Sleeping Bear Point mußte – beinahe eingeweht – deshalb 1931 nach Glen Haven umgelagert werden.

Die **Vegetation** ist übrigens auch interessant. Besonders die Beobachtung erster Pionierpflanzen auf neu geformten Dünen ist beachtenswert: Strandgras und Sandkirsche gedeihen als erste und sorgen damit, als kleine Windbarrieren, für die Stabilisierung der Düne. Hinter ihnen bleibt der angewehte Sand hängen. Erst wenn starke Winde aufkommen, reichen diese Barrieren nicht mehr aus, und eine erneute Dünenbildung setzt sich in Gang.

◆ **Schöne Wanderwege im Park:**

Es gibt mehrere Wanderwege im Park, von denen

- der Teil des **Dunes Trail** am Glen Lakes Beach der beliebteste ist, da man hier eine 40 Meter hohe Düne erklimmen kann. Ein weiterer Teil dieses Trails führt von der Düne an die Küste (3 Meilen hin und zurück). Eine Verkürzung dieses Trails bietet der Beginn des Weges am Sleeping Bear Point.
- Weitere Wanderwege durch Dünenlandschaften befinden sich vor allem im Südteil, allgemein als **Platte Trails** bezeichnet. Zusammengenommen sind die Platte Trails 15 Meilen lang, doch kürzere Abschnitte können gewählt werden.
- Einen guten Überblick über die Dünenlandschaften und die Kultivierung durch Menschenhand bietet schließlich der 0,8 Meilen lange **Empire Bluff Trail** direkt südlich von Empire.
- Auf den Spuren der Indianer, die auf diesem Weg ans Seeufer gelangten, befinden Sie sich auf dem **Old Indian Trail** ganz im Süden des Südteils.

Aktivitäten in und um Traverse City

Wie bereits erwähnt, bieten sich Ihnen in dieser Region unzählige Möglichkeiten für Outdoor-Aktivitäten:

● **Schwimmen:** Um Traverse City gibt es zahlreiche Bademöglichkeiten. Die schönsten und beliebtesten Strände finden Sie in Elk Rapids, in Acme, im Clinch Park in Traverse City, am Lighthouse auf der Mission Peninsula und vor allem im Sleeping Bear Dunes National Lakeshore. Aber auch andere Uferzonen laden zum Baden ein. Nehmen Sie also bei einer Rundfahrt auf alle Fälle Badezeug mit und vergessen Sie auch die Picknicktasche nicht!

● **Fischen:** Angeln ist ein Nationalsport in Michigan, und diese Region gilt als sehr forellenreich – es gibt aber auch andere Fischarten. Entsprechend groß ist das Angebot (Plätze, Boote etc.). Lizenzen gibt es in fast allen Ausstatterläden. Generelle Infos erteilt der Ansagetext der "Fishing News Line", (517) 373-0908, sowie "Northwest Michigan Fishing, (616) 775-9727.

● **Kanutouren:** 7 Flüsse in der Region bieten sich für Kanutouren verschiedenster Längen und Schwierigkeitsgrade an. An jedem der Flüsse steht ein Verleihunternehmen zur Verfügung, und wer sich zudem direkt an einem Fluß einquartieren möchte, kann dieses auf der **"Ranch Rudolf" ($-$$)**, einem einfachen 16-Zimmer-Motel am Bordman River, tun. Hier können Sie Boote sowie Autoschläuche mieten: Brown Bridge Rd, Anfahrt: Fahren Sie die Garfield Road nach Süden und messen Sie ab der Airport Road 7 Meilen ab. Dann geht es nach links ab. Von hier folgen Sie auf 5 Meilen den Schildern. Tel.: (616) 947-9529. An Wochenenden ist in der Countrybar des Motels viel Stimmung. Weitere Infos zu Kanustrecken erfragen Sie in der Touristeninformation.
● **Golf:** Es gibt einige gute Golfplätze. Besonders beliebt ist der **A-Ga-Ming**-Platz an der Route 1 in Ellsworth, nordöstlich des Torch Lake (44 Meilen von Traverse City). Infos: (616) 938-2660.
● **Wandern und Fahrradtouren:** Die schönsten Wanderrouten finden Sie im Sleeping Bear Nat. Lakeshore, und fürs Mountainbiking sind in der gesamten Region Wege angelegt. Auch für bequemes Fahrradtouring bieten sich Gelegenheiten. Fahrräder verleiht u.a.: Great North Sports: 104 E. Front St., Traverse City, Tel.: (616) 946-3290.
● **Rundflüge:** Cherry Capital Aviation bietet Rundflüge ab 15 Minuten Länge. Es lohnt sich, denn von oben können Sie hervorragend die geologischen Formen der Region erkennen, und die Dünenlandschaft des Sleeping Bear Dunes Nat. Lakeshore ist kaum zu überbieten. Infos: (616) 941-1740.
● Weitere Angebote schließen **Tauchkurse, Ballonfahrten, Rollerblading, Paragliding** und im Winter **Snowmobiling** ein.

Von Traverse City nach Muskegon

Dieser 160 Meilen lange Uferabschnitt fasziniert durch schöne Waldabschnitte, reizende Binnenseen und kleine Orte, die ehemals als Holzhäfen gedient haben, heute aber eher – in begrenztem Umfang – vom Tourismus leben. Die wunderschönen Sandstrände laden nicht selten zum Baden ein, doch müssen Sie in der Regel vom US 31 abfahren ans Ufer bzw. südlich von Ludington auf die "Old 31" ausweichen, die direkt am Ufer entlangführt.

Trotz der schönen Landschaft ist diese Region Michigans in keiner Weise vom Tourismus überlaufen, und Sie werden immer wieder Nischen auftun, die Ihren Zuspruch finden. Folgen Sie hier und dort auch Ihrem Gefühl bzw. Spürsinn, denn herauszuhebende Sehenswürdigkeiten sind es nicht, die Ihnen hier geboten werden, es ist allein der landschaftliche Eindruck als Ganzes, der dieses Reisegebiet zu einem Highlight werden lassen kann.

Sehenswertes auf diesem Streckenabschnitt:

Nachdem Sie südlich des Sleeping Bear Dunes National Lakeshore den schönen Crystal Lake passiert haben, kommen Sie nach **Frankfort** und **Elberta**, zwei kleinen Hafenstädtchen, die einst Bedeutung als Holzverladestation und Fährhafen hatten. Heute tickt die Uhr hier langsamer, dafür aber macht es Spaß, einmal die Relikte aus der früheren Zeit aufzuspüren, so z.B. eine alte Fähre und die zugewachsene Fährstation in Elberta.

Unterkunftsempfehlung
Chimney Corners Resort $$: 1602 Crystal Drive, nördlich der Stadt am MI 22, Frankfort, MI 49635, Tel.: (616) 352-7522. Kleine Lodge (Hütten und Zimmer) mit eigenem kleinen Strand, Bootsverleih und Picknickplätzen.

Südlich des kleinen Ortes **Arcadia** durchqueren Sie zahlreiche Obstplantagen (Äpfel und Pfirsiche), deren Produkte an kleinen Straßenständen angeboten werden.

Manistee erlebte seinen wirtschaftlichen Aufschwung bereits Mitte des 19. Jahrhunderts, als es hier alleine über 100 Holzfabriken und -kontore gab. Das Holz übrigens kam vorwiegend aus dem Westen, z.B. Wisconsin und der Upper Peninsula und wurde mit Schiffen hier und an anderen Häfen entlang des Lake Michigan angelandet. Später war es dann aber der Salzabbau, der Manistee ungeahnten Reichtum bescherte und dieses immer noch tut. Die schöne historische Innenstadt zeugt davon und lohnt einen kurzen Stop. Um Manistee herum gibt es zahlreiche schöne Strände.

Alter Steamer im Hafen von Elberta

Am Flugplatz, den Sie vor der Ortseinfahrt passieren, werden Rundflüge angeboten.

Unterkunftsempfehlung
Manistee Inn & Marina $$-$$$: 378 River Street, Manistee, MI 49660, Tel.: (616) 723-4000 od. 1-800-968-6277, Fax: (616) 723-0007. Ferienhotel mit 25 geräumigen Zimmern.

Ludington

Information
Ludington Area Conv. & Visitors Bureau: 5827 W. US 10, P.O.Box 160, Ludington, MI 49431, Tel.: (616) 845-0324 od. 800-542-4600.

Übernachten
- **Ramada Inn $$$:** 4079 W. US 10, Ludington, MI 49431, Tel.: (616) 845-7311, Fax: (616) 843-8551. Motel mit 116 Zimmern, Pool und Sauna.
- **Nader's Lake Shore Motor Lodge $$:** 612 N. Lakeshore Dr., Ludington, MI 49431, Tel.: (616) 843-8757 od. 800-968-0109. Ansprechendes Motel mit 26 Zimmern.
- *Weitere Motels finden Sie entlang des US 10 am Stadteingang, während sich in der Stadt und am Hafen auch kleinere Hotels und Bed & Breakfast-Unterkünfte anbieten.*

Dank der Fährverbindung nach Manitowoc in Michigan ist Ludington heute der bedeutendste Ort zwischen Traverse City und Muskegon. Die Autofähre, ein alter Steamer der Großen Seen und extra für diese "Kreuzfahrten" hergerichtet, fährt im Sommer täglich über den Lake Michigan. Die Fahrzeit pro Strecke beträgt 4 Std. Infos: (616) 843-2521. Lesen Sie dazu auch im Kap. 9.3.3: "Von Milwaukee nach Duluth".

Der alte Hafen von Ludington wird heute nur noch wenig genutzt, und die nördliche Mole dient besonders Anglern als Betätigungsfeld.

Auch am Flugplatz von Ludington (am US 10) werden Rundflüge entlang der Küste angeboten.

Fahren Sie von hier möglichst auf dem "Old US-31" und der "B 15" ufernah weiter nach Whitehall und Muskegon.

In **Whitehall** zeigt die größte Wetterfahne der Welt die Windrichtung an. Sie steht direkt am nördlichen Ende der Hafenbrücke (US-31 Business), wiegt 1,6 Tonnen und ist 15 Meter hoch. Oben "thront" ein altes Segelschiff.

Besuchenswert ist ebenfalls das kleine **White River Light Station Museum** in einem 1875 erbauten Leuchtturm, welches nicht nur einige Relikte aus der früheren Geschichte der Leuchttürme birgt, sondern von dessen Turm man einen schönen Ausblick auf die Uferzone hat. 6199 Murray Rd, südl. des White Lake, geöffnet: April bis Anfang September: täglich: 10h00-16h00, danach nach Info: (616) 894-8265.

Muskegon

Information
Muskegon County Conv. & Visitors Bureau: 349 W. Webster St., P.O.Box 1087, Muskegon, MI 49443-1087, Tel.: (616) 722-3751 od. 800-235-FUNN.

Übernachten
- **Holiday Inn Muskegon Harbor $$$:** 939 3rd St., Muskegon, MI 49440, Tel.: (616) 722-0100, Fax: (616) 722-5118.
- **Seaway $$:** 631 Norton Ave., Muskegon, MI 49441, Tel.: (616) 733-1220 od. 800-972-5092.

Die Stadt mit 40.000 Einwohnern gilt als "Lumber Queen of the World" bzw. auch als "Sawdust Capital". Beides beschreibt deutlich, daß die Sägewerke hier das wirtschaftliche Leben bestimmen. So sieht es dann auch aus in Muskegon: Die Innenstadt ist uninteressant, und die 2 alten Villen, die zu besichtigen sind, lohnen nicht den Abstecher.

Dafür aber empfiehlt sich auch hier das Umland mit seinen Stränden und Dünenlandschaften. Im "Doppelpack" erleben Sie beides im **P.J. Hoffmaster State Park** südlich der Stadt. Im **Gillette Visitor Center** (tägl. außer Mo) des Parkes gibt es Erläuterungen sowie eine Diashow und eine kleine Ausstellung zum Thema Dünenbildung. 11 Meilen Wanderwege befinden sich im Park.

Lesen Sie zu der weiteren Streckenführung bis Chicago bitte in Kapitel 9.10.3.

Leuchttürme säumen das Ufer des Lake Michigan

9.6 TORONTO UND UMGEBUNG

Highlights

- Fahrt auf den **CN-Tower** und Besuch des Sky Dome
- Besuch des **Royal Ontario Museums**
- Einkaufsbummel durch das **Eaton Centre**
- Fahrt zu den **Toronto Islands**
- Besuch eines **Musicals**
- Besuch in **"Canadas Wonderland"**
- Übernachten im **Royal York**

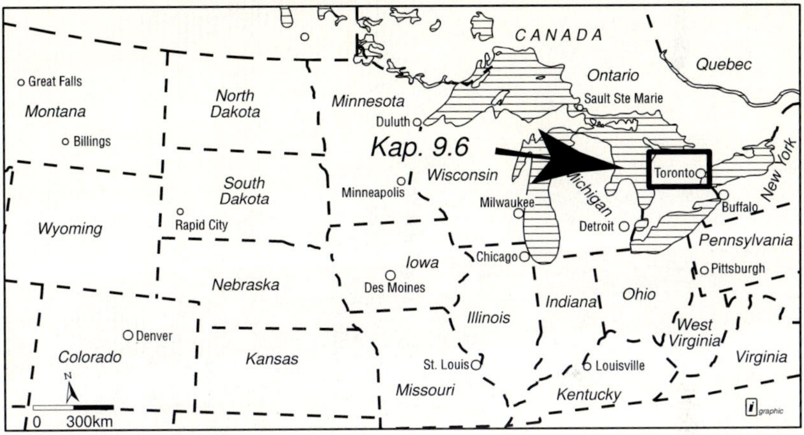

9.6.1 ÜBERBLICK

In einer Informationsbroschüre wird Toronto, die Metropole am Ontariosee, "Action City, eine Stadt zum Leben und Erleben" genannt, denn die größte Stadt Kanadas ist eine der lebendigsten Städte Nordamerikas mit einem reichen Kulturleben und vielen touristischen Attraktionen, die der Bedeutung ihres indianischen Namens "Treff- und Sammelpunkt" durchaus gerecht wird.

Toronto ist die Hauptstadt der Provinz Ontario und mit fast 4 Millionen Einwohnern (Metr. Area) die größte Stadt Kanadas. Die Stadt liegt am Nordufer des Ontario-Sees, durch den die Grenze zwischen Kanada und den USA verläuft, und ist ein bedeutendes Industrie-, Handels- und Wirtschaftszentrum mit der viertgrößten Börse Nordamerikas und einem hochmodernen Banken- und Versicherungsviertel; zum wirtschaftlichen Aufschwung der Stadt trug wesentlich die Fertigstellung des St. Lawrence-Seeweges im Jahre 1959 bei. Ein Fünftel aller in Kanada hergestellten Waren stammt aus Toronto, zu dessen wichtigsten Industriezweigen u.a. Maschinen- und Fahrzeugbau, Elektronik, Druck und Papier und die Lebensmittelproduktion zählen; die Betriebe sind vor allem in der Nähe des Hafens und der Flughäfen angesiedelt.

Toronto hat sich nach dem 2. Weltkrieg zu einer kulturellen Metropole entwickelt mit zwei hervorragenden Universitäten und mehreren sehr guten Hochschulen, einigen ausgezeichneten Museen und Galerien sowie bekannten Theater- und Orchesterensembles.

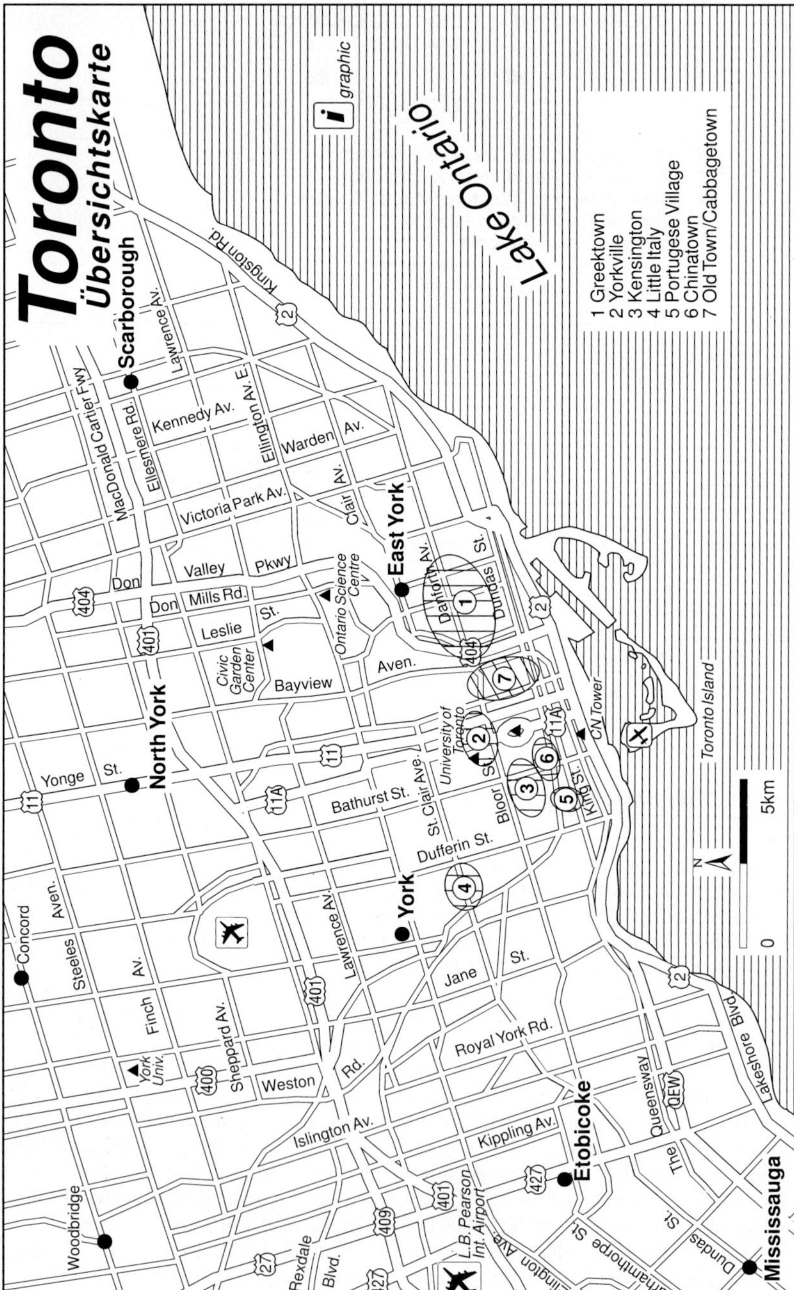
Toronto
Übersichtskarte
Lake Ontario
1 Greektown
2 Yorkville
3 Kensington
4 Little Italy
5 Portugese Village
6 Chinatown
7 Old Town/Cabbagetown
0
5km
N
Scarborough
East York
North York
York
Etobicoke
Mississauga
Concord
Woodbridge
Kingston Rd.
Lawrence Av.
Kennedy Av.
Ellington Av. E
Warden Av.
MacDonald Cartier Fwy
Ellesmere Rd.
Victoria Park Av.
St. Clair Av.
Don Valley Pkwy
Don Mills Rd.
Leslie St.
Ontario Science Centre
Civic Garden Center
Bayview Aven.
Danforth Av.
Dundas St.
University of Toronto
CN Tower
Toronto Island
Yonge St.
Bathurst St.
St. Clair Ave.
Bloor St.
King St.
Dufferin St.
Lawrence Av.
Steeles Aven.
Finch Av.
Sheppard Av.
Jane St.
Royal York Rd.
York Univ.
Weston Rd.
Islington Av.
Kipling Av.
Queensway
The
Lakeshore Blvd.
L.B. Pearson Int. Airport
Ellington Ave.
Burnhamthorpe St.
Dundas St.
Rexdale Blvd.
graphic

1953 schloß sich die City of Toronto mit 12 umliegenden Ortschaften zu einer gemeinsamen Verwaltung zusammen und bildete damit die erste Metropole dieser Art in Nordamerika. Sie breitet sich auf einer Fläche von etwa 634 qkm aus und setzt sich nun aus 6 Gemeinden zusammen: City of Toronto, City of North York, City of Scarborough, City of Etobicoke, City of York und Borough of East York. Ein sehr gut ausgebautes Verkehrsnetz verbindet die Gemeinden mit der Innenstadt.

1988 wurde Toronto von der UNO zur multikulturellsten Stadt der Welt erklärt, in der jede Kultur ihre eigene Identität bewahren kann. Torontos internationale Gastronomie und die ganz unterschiedlichen Wohnbezirke, die noch die Herkunftsländer der Menschen erkennen lassen, sind ein Beweis dafür.

Toronto bietet eine hervorragende Lebensqualität und ist sehr touristenfreundlich; die Stadt verfügt über zahlreiche Sehenswürdigkeiten, gute Hotels, vielfältige Restaurants und Straßencafés, ein variationsreiches Musicalangebot, elegante Boutiquen, große Einkaufszentren und die berühmte unterirdische Einkaufsstadt "Underground Toronto". Alle wichtigen Einrichtungen sind mit öffentlichen Verkehrsmitteln sehr gut zu erreichen.

Zu den besonderen Vorzügen zählen die auffallende Sauberkeit und die sehr geringe Kriminalitätsrate, die deutlich niedriger ist als in anderen Städten dieser Größenordnung in Nordamerika.

Redaktions-Tips

- **Übernachtung:** Je nach Preisklasse, im **Chamberley Club**, im **Royal York**, im **King Edward Hotel**, im **Holiday Inn on King** oder im **Bond Place Hotel**
- **Restaurantbesuch**: Im **Baberian's** oder im **North 44**, oder suchen Sie sich eines der zahlreichen **ethnischen Restaurants** aus
- Essen Sie unbedingt einen selbst zusammengestellten **Hot Dog** an einem Straßenstand
- **Abendprogramm:** Versuchen Sie, gleich nach Ihrer Ankunft ein Ticket für ein **Musical** zu bekommen. Falls es klappt: Vorher einen Snack einnehmen, danach Musical und anschließend dinieren, entweder im Barberian's oder im Moevenpick. Den Abend ausklingen lassen bei Jazzmusik im Top O' The Senator
- **Bedeutendste Sehenswürdigkeiten**: Fahrt auf den CN-Tower, Besuch des Sky Dome, Besuch des Royal Ontario Museums oder des Ontario Science Museums, Bummel durch Chinatown, Little Italy und Kensington Market, Bootstour zu den Toronto Islands
- **Einkaufsbummel:** Durch das Eaton Centre und "Toronto Underground", am Wochenende dann noch den Antikflohmarkt an der Harbour Front.
- Falls Sie beabsichtigen, die Tour um den Lake Ontario zu machen, bzw. wenig Lust verspüren, in **Niagara Falls** zu übernachten, bietet sich die Gelegenheit, eine eintägige Tour mit Gray Line von Toronto aus zu unternehmen
- Wenn Sie nach den vielen kulturellen Besichtigungen eine kleine Pause brauchen, schauen Sie sich eines der schönen Viertel der Stadt mit eleganten und luxuriösen Villen und Herrenhäusern an. Halten Sie nach Ihrem Traumhaus Ausschau in Rosedale, nördlich der Bloor St., in Forest Hill, nördlich und südlich der Eglinton Avenue, zwischen Bathurst St. und Avenue Road oder am Bridle Path, nördlich der Lawrence Avenue.

Wenn Sie die bekannten Sehenswürdigkeiten aufgesucht und die reichhaltigen Auslagen in den über- und unterirdischen Einkaufsstraßen bestaunt haben, können Sie einen Bummel durch die kleinen Stadtviertel mit ihren Bewohnern unterschiedlichster Herkunft machen. Besuchen Sie die engen Gassen mit den fremdartigen Gerüchen in **Chinatown**, das sich südlich vom Kensington Market ausdehnt, oder **Little Italy** an der St. Clair Avenue West, wo sich vor allem an Sonntagen die Menschen in den Straßen drängen oder in einem der zahllosen Eiscafés ausruhen, oder **Greektown**, wo Sie an der Danforth Avenue die Volta, eine griechische Promenade des Sehens- und Gesehenwerdens kennenlernen und in einem griechischen Restaurant essen können.

Toronto trägt seit einigen Jahren den Spitznamen "Hollywood des Nordens", denn seit den 80er Jahren wurden hier viele international erfolgreiche Filme und Fernsehserien gedreht, wie z.B. "Drei Männer und ein Baby" oder "Degrassi Junior High". So werden Sie bei Ihren Spaziergängen sicherlich auch auf ein Aufnahmeteam stoßen.

Bei Ihren Stadtgängen werden Sie überraschend viele Parkanlagen und Grünflächen entdecken, die von den Bewohnern zu allen Tageszeiten gerne für kleine Pausen und Familienpicknicks aufgesucht werden.

Besonders beliebt ist der **High Park** im Westen der Stadt an der Bloor St.W. und Parkside Drive, den Sie mit der U-Bahn erreichen (Haltestellen Dundas West oder High Park). Im größten Park der Stadt mit den Hillside Gardens, dem Grenadier Pond und der Colbourne Lodge finden Sie schön angelegte Beete und Naturpfade, einen Streichelzoo, Ententeiche und Pferdekoppeln, einen Bootsverleih, schöne Picknickplätze und Sommerkonzerte.

ZEITEINTEILUNG

◆ **Vorschlag für einen zweitägigen Aufenthalt**

1. Tag:
- Besuch des CN-Tower, wo Sie vom höchsten Turm der Welt einen großartigen Blick auf die Stadt haben und bei gutem Wetter bis zu den Niagara-Fällen sehen können
- Stadtrundgang oder Stadtrundfahrt mit Trolley-Bussen zu den wichtigsten Sehenswürdigkeiten
- Besuch des Royal Ontario Museums, das als eines der wichtigsten kanadischen Museen gilt
- Bummel durch das Einkaufsparadies Eaton Centre, durch die unterirdische Geschäftswelt und Abendspaziergang zur Harbourfront mit zahlreichen Restaurants

2. Tag:
- Besuch der Royal Ontario Art Gallery oder des Ontario Science Centre mit interessanten naturwissenschaftlichen und technischen Ausstellungen
- Besichtigung von Fort York, wo im Sommer Paraden abgehalten werden

◆ **Vorschlag für einen mehrtägigen Aufenthalt**

1. Tag:
- Besuch des CN-Tower, der Parlamentsgebäude, des Universitätsgeländes und am Abend ein Bummel durch Chinatown

2. Tag:
- Besuch des Royal Ontario Museums
- Einkaufsbummel durch Eaton Centre, The Bay oder Yorkville

3. Tag:
- Besuch der Royal Ontario Art Gallery oder alternativ des Ontario Science Centre
- Spaziergang zur Harbourfront

4. Tag:
- Besuch von Ontario Place, einem großen Freizeit- und Vergnügungspark oder
- Überfahrt zum Toronto Islands Park mit schönen Badestränden, Spielplätzen, Fahrrad- und Wanderwegen

9.6.2 REISEPRAKTISCHE HINWEISE

Entfernungen
Toronto - Montréal: 545 km
Toronto - Ottawa: 430 km
Toronto - Niagara Falls: 130 km
Toronto - Kingston: 256 km

Information

- Metropolitan Toronto Convention & Visitors Association, 207 Queen's Quay W, Tel.: (416) 368 9990. Außerdem gibt es einen Informationsstand an der Ecke Yonge Street/ Dundas Street vor dem Eaton Centre, der täglich von 9.30 - 17.30 Uhr geöffnet ist.
- Ontario Travel Information Centre: im 2. Untergeschoß des Eaton Centre mit ausführlichem Informationsmaterial

Weitere Informationen erhalten Sie bei den Concierges der größeren Hotels.

- Travellers Aid Society: Im Union Station, Raum 23B (Untergeschoß), Tel.: (416) 366-7788. Non-Profitable-Organisation, um Reisenden Hilfe und Tips für Restaurants und Hotels anzubieten.

Veranstaltungspläne

finden Sie in den kostenlosen Wochenzeitungen "Now" und "Eye Weekly".
Die Tageszeitungen "Toronto Star" und "Toronto Sun" informieren ebenfalls über aktuelle Veranstaltungen, besonders in der Freitagsausgabe. Die Tageszeitung "The Globe and Mail" ist eher als politisch interessante Zeitung anzusehen.

Wichtige Telefonnummern

- Vorwahl: 416 (Stadtgebiet), 905 (Vororte)
- Touristeninformation: 368-9821 oder (800) 363-1990
- Polizei, Feuer, Medizinischer Notdienst: 911
- General Hospital: 340-4611
- Behinderten-Notruf: 326-0111
- Canadian Automobile Association: 966-3000
- Wetterbericht: 676 3066

Rundfahrten/Touren/Besichtigungen

- **Gray Line Sightseeing Tours** bietet mehrmals täglich 2 ½-stündige Stadtrundfahrten und zweistündige Fahrten in die Umgebung Torontos an. Abfahrtsstelle ist der Metro Toronto Coach Terminal, 610 Bay Street, Tel.: 393 7911; außerdem können Sie an den großen Stadthotels einsteigen. **Falls Sie nicht beabsichtigen, selbst zu den Niagarafällen zu fahren, bietet Gray Line auch eintägige Touren dorthin an.**

Hauswände dienen als Gestaltungsfläche

- **Toronto Trolley Car Tours**, 134 Jarvis St., Tel.: 393 7911, mit Trolley-Bussen können Sie von Anfang Juni bis Anfang September täglich um 10, 11.30, 13 und 14.30 Uhr, in der übrigen Zeit 10, 11.30 und 13 Uhr 1 ½-stündige Besichtigungsfahrten machen. Abfahrten an der Kreuzung York St./Wellington St. oder York St./Queen St.
- **Gray Line Boat Tours**, 5 Queen's Quay West, Tel.: 364 2412, führt Fahrten durch den Hafen und zu den Inseln durch. Die Schiffe fahren von Ende Juni bis Anfang September jede volle Stunde von 10 - 19 Uhr, sonst von 12 bis 17 Uhr, Abfahrtsstellen am Harbour Castle Westin Dock und am Queen's Quay Terminal Dock
- **Oriole**, Tel.: 599 5666, einstündige Rundfahrten durch den Hafen und zu den Toronto Islands mit einem Flußdampfer, tägliche Abfahrten am Queen's Quay von Juni bis Oktober um 11.30, 12.45, 14, 15.15 und 16.30 Uhr
- **Ste. Marie**, Tel.: 599 5666, einstündige Fahrten entlang der Hafenfront auf einem Schoner für 72 Passagiere, Abfahrten am Queen's Quay von Mitte Mai bis Mitte September täglich von 10 - 17 Uhr
- **Canadian Lake Express**, Yonge St., östlich vom Harbour Castle Westin Hotel, Tel.: 363 4433, Tragflügelboote verkehren täglich zwischen Toronto und der Niagara-Region und bieten sehr schöne Ausblicke über den Ontariosee

Spaziergänge

● **Explore Historic Toronto**, vom "Toronto Historical Board" werden sonntags um 13.30 Uhr verschiedene geführte Spaziergänge angeboten

● **Chinatown Tours**, in einer kleinen Gruppe mit maximal 12 Personen werden Sie durch das Chinesenviertel geführt und machen einen Besuch in einer Kunstgalerie, in einem Kräuterladen und in einem chinesischen Restaurant; die Voranmeldung ist unter der Rufnummer 773 1997 erwünscht

Fahrradfahren

Zwischen High Park im Westen und Balmy Beach im Osten erstreckt sich der 22 km lange Martin Goodman Trail, eine Fahrradstrecke, die entlang der Uferlinie führt. Infos und Karten zum Fahrradfahren in Ontario: **Ontario Cycling**: Tel.: (416) 495-4141.

Veranstaltungen

Toronto ist wegen seiner ausgezeichneten Theateraufführungen international bekannt. Besonderer Beliebtheit erfreuen sich auch hier die bekannten, teilweise spektakulär inszenierten Musicals.

● **Phantom of the Opera** wird nun seit 1990 in dem wunderschön renovierten **Pantages Theatre**, 263 Yonge St., in der Nähe des Eaton Centre, aufgeführt

● Erst 1993 wurde das **North York Performing Arts Centre**, 5 100 Yonge St., mit einer Aufführung des Broadway Musicals **Show Boat** eröffnet

● Ganz neu ist auch das **Princess of Wales Theatre**, das eigens für die Aufführungen des Musicals "Miss Saigon" gebaut wurde. Eintrittskarten werden mit Hotelarrangements pauschal angeboten; telefonische Vorbestellungen unter der Nummer (416) 203 2500.

● Die **Canadian Opera Company** ist in eine ehemalige Lagerhalle an der 227 York Street East gezogen, 2 Blocks östlich vom St. Lawrence Market. Aufführungen finden sowohl im Elgin Theatre als auch im O'Keefe Centre statt. Infos: (416) 363-6671.

Tips

● Eintrittskarten für die Aufführungen können Sie telefonisch bestellen bei: The Live Entertainment Line, Tel.: 872 2222

● Ein besonderer Tip: Tageskarten zum halben Preis für die besten Theater-, Musik- und Tanzveranstaltungen erhalten Sie am Five Star Tickets Kiosk (- T.O.TiX: Tel. (416) 596-8211), Ecke Yonge/Dundas St., vor dem Eaton Centre, wenn Sie dort die Karten persönlich abholen.

Eishockeyspiele

Eishockey ist der Volkssport Nummer 1 in Kanada, und nichts liegt da näher, als während der Saison (leider nur zwischen Oktober und Ende April) ein Spiel der **Toronto Maple Leafs** anzuschauen. Infos und Tickets: (416) 977-1641. Das Stadion (Maple Leaf Gardens) befindet sich in der Carlton Street, 1 Block östlich der Yonge Street.

Flüge

Torontos wichtigster Flughafen ist der Lester B. Pearson International Airport, der ca. 32 km nordwestlich vom Stadtzentrum entfernt liegt. Der Flughafen hat drei Terminals, zwischen denen regelmäßiger Busverkehr besteht; in allen Terminals gibt es Informationsstellen, Banken, Restaurants und Läden. Alle Flüge von Air Canada werden in Terminal 2 abgewickelt; in Terminal 3, dem neuen, sehr modernen Komplex, werden die Flüge von Lufthansa, British Airways, Condor und anderen europäischen Fluggesellschaften abgefertigt, und Terminal 1 ist für den nordamerikanischen und den übrigen internationalen Flugverkehr bestimmt.

Tip: Nehmen Sie sich etwas Zeit und schauen Sie sich im Terminal 3 um, der wegen seiner modernen Architektur, der aufwendigen Innengestaltung mit Glas und Stahl und der eleganten Geschäfte, wie z.B. Harrods in London, einen Besuch wert ist.

Der $ 520 Millionen teure Gebäudekomplex ist der erste in Kanada, der in privater Trägerschaft geplant und gebaut wurde.

● Air Canada: Tel.: (416) 925 2311

● Lufthansa: Tel.: (416) 368 4777

● Air Ontario: Tel.: (416) 203-3887

● American Airlines: 1-800-368-1955

Für die Fahrt vom Flughafen ins Zentrum und in Gegenrichtung gibt es:
- Taxis und Kleinbusse (limousine service), Fahrzeit ca. 30 - 45 Minuten, Fahrpreis $ 35-40 pro Strecke,
- Flughafenbusse (airport bus), die regelmäßig von und zu den großen Hotels der Innenstadt fahren, z.B. Delta Chelsea Inn, Harbour Castle Westin, Holiday Inn Downtown, Royal York Hotel, Sheraton Centre und L'Hotel, Fahrpreis $ 14 pro Fahrt/pro Person, Kinder unter 11 Jahren kostenlos,
- Schnellbusse (express bus), die vom Flughafen direkt zu den U-Bahnstationen Islington, York Mills oder Yorkdale fahren, wo Sie dann in die U-Bahn zum Zentrum umsteigen können; Fahrpreis ca. $ 7.

Außerdem gibt es am Flughafen direkte Busverbindungen zu anderen Städten Ontarios, z.B. Kingston und Niagara Falls.

Öffentliche Verkehrsmittel

- **Nahverkehr**: Das öffentliche Verkehrssystem in Toronto ist vorbildlich organisiert. Dazu gehören drei U-Bahnlinien in Nord-Süd- bzw. West-Ost-Richtung, die in kurzen Zeitabständen fahren. Umsteigebahnhöfe sind Bloor/Yonge Street, St. George und Spadina. Zur Ergänzung des U-Bahnsystems gibt es ein weites Netz von Bussen, Trolley-Bussen und Straßenbahnen. Die Buslinien versorgen den Großraum Toronto und haben Anschluß an die U-Bahnstationen. **Tip**: Mehrfahrtenkarten sind preiswerter; außerdem gibt es einen preisgünstigen "family transit pass" und einen "day pass", der für alle Tagesfahrten gilt. Vor dem Einstieg müssen Sie eine Fahrkarte oder einen Token am Schalter der U-Bahnstation kaufen oder passendes Fahrgeld (exact change) bereithalten. Die U-Bahnen verkehren Mo - Sa von 6 - 1.30 Uhr, So von 9 - 1.30 Uhr. Informationen erhalten Sie bei Toronto Transit Commission (TTC), Tel.: 393 4636; beim CAA-Büro, 2 Carlton Street, bekommen Sie Fahrpläne und Kartenmaterial.

Go Transit versorgt den öffentlichen Nahverkehr zwischen Toronto Downtown und den Vororten.
- **Eisenbahn**: Torontos Hauptbahnhof ist der berühmte Union Station im Stadtzentrum an der Front Street. Von hier aus unterhalten die kanadische Eisenbahngesellschaft VIA RAIL Zugverbindungen zu allen Großstädten Kanadas und die amerikanische Eisenbahngesellschaft Amtrak zu den Städten an der amerikanischen Ostküste. Infos: (416) 366-8411
- **Überlandbusse**: Der Metro Toronto Coach Terminal, der Busbahnhof der Linien Gray Coach, Greyhound und Voyageur, befindet sich 610 Bay Street (Ecke Dundas St.), Tel.: (416) 393 7911.

Es gibt mehrmals täglich Verbindungen mit allen größeren kanadischen Städten und mit einigen Großstädten der USA.

Mietwagen

Alle großen Autovermietungen haben Stationen sowohl direkt am Flughafen als auch in der Innenstadt.
- **Avis** Tel.: 964 2051
- **Budget** Tel.: 673 3322
- **Hertz** Tel.: 620 9620
- **Thrifty** Tel.: 868 0300
- **Tilden** Tel.: 925 4551

Taxis

Co-Op Cabs: (416) 364-8161 od. 364-7111

Pedicabs/Rickshaws

In der Innenstadt von Toronto, besonders im Bereich Queens Street West, gibt es eine ganz untypische Art der Beförderung: **Pedicabs**, Fahrradrickshaws und **Rickshaws**, die einfach gezogen werden von einem Läufer, dienen hier als beliebtes Beförderungsmittel. Zumeist sind es Studenten, die ihre Dienste anbieten und ihr Studium damit finanzieren.

Konsulate

- **Deutsches Generalkonsulat**, 77 Admiral Rd., Toronto, Ontario, M5R 2L4, Tel.: 925 2813
- **Österreichisches Honorargeneralkonsulat**, 390 Bay St., Suite 2080, Toronto, Ontario, M5H 2Y2, Tel.: 863 0649

● **Schweizer Generalkonsulat**, 100 University Avenue, Suite 1000, Toronto, Ontario, M5J 1V6, Tel.: 593 5371

Einkaufen

Toronto zählt zu den besten Einkaufsstädten der Welt. Nicht nur das Superkaufhaus **The Eaton Centre** lädt zum Shopping ein, sondern auch Chinatown Centre mit fernöstlichen Kuriositäten, einige große Einkaufszentren und zahlreiche originelle und exquisite Geschäfte, Galerien und Boutiquen.

Überblick über einige der interessantesten Einkaufsgegenden

● **Bloor Street**, westlich der Yonge Street, exklusive, teure Einkaufsstraße, auch Kanadas "Fifth Avenue" genannt. Hier finden Sie Designer-Geschäfte, wie Holt Renfrew, Birk's, Chanel oder Tiffany's

● Torontos **Chinatown** wächst von Jahr zu Jahr und zieht sich an der Dundas und Spadina Street entlang. Hier können Sie Fernöstliches aller Art erstehen, auch am Sonntag. Camper können hier z.B. ihre Lebensmittelvorräte mit Gemüse und Gewürzen aus Asien "auffrischen".

● **Harbourfront**, am Queen's Quay, renovierte Handelshäuser mit interessanten Verkaufsständen, Geschäften und Boutiquen

● **Harbourfront Antique Market**, 390 Queen's Quay West, Tel.: 340 8377, Kanadas größter Antiquitätenmarkt mit mehr als 100 Händlern, die Möbel, Porzellan, Bücher und Schmuck anbieten. Besonders am Sonntag wird hier viel angeboten.

● **Hazelton Lanes**, Avenue Rue/Yorkville Avenue, wahrscheinlich Torontos exklusivste und teuerste Einkaufsgegend

● **St. Lawrence Market**, Jarvis Street zwischen King und Wellington (täglich). Lebensmittelmarkt in historischem Marktgebäude. Besonders am Sonnabendmorgen ist hier etwas los

● **Markham Street Village**, in der Nähe von Bloor Street und Bathurst Street, in den eleganten viktorianischen Häusern finden Sie kleine Kunstgalerien, Buchhandlungen und Boutiquen

● **Queen Street West**, zwischen University Avenue und Bathurst Street, Gegend mit künstlerischem, avantgardistischem Anstrich wie New Yorks Greenwich Village. Hier finden Sie gebrauchte Bücher, topmodische Kleidung und Galerien

● **Vorortmalls**: **Square One** mit 350 Geschäften in Mississauga, westlich von Toronto am Hwy 10 und Burnhamthorpe Road, und **Woodbine Centre**, ein großes Einkaufszentrum am Hwy 27 in der Nähe des Flughafens mit einem Vergnügungspark im Inneren und einem Riesenrad

● **The Eaton Centre**, Yonge Street/Dundas Street, wöchentlich besuchen über eine Million Menschen dieses riesige, aufwendig mit Glas, Pflanzen und Wasserspielen gestaltete Einkaufszentrum, zu dem das berühmte kanadische Kaufhaus Eaton's und mehr als 300 Geschäfte gehören. Das Eaton Centre ist durch eine verglaste Fußgängerpassage mit dem **The Bay-Kaufhaus** verbunden

● **Yonge Street Strip**, von der Dundas Street zur Bloor Street, zahlreiche Straßenhändler und winzige Geschäfte, in denen alles nur Denkbare gehandelt und verkauft wird

● **Yorkville**, in der Nähe von Bloor Street und Avenue Road, ultra-chice, teure Einkaufsgegend mit Designer-Boutiquen, Juweliergeschäften und privaten Kunstgalerien; in den kleinen Seitenstraßen können Sie manche Rarität entdecken

Interessante Geschäfte

● **Guild Shop**, 140 Cumberland Avenue, Tel.: 921 1721, gutes kanadisches Kunsthandwerk und Kunst der Inuit und Indianer

● **HMV**, 333 Yonge St., Tel.: 596 0333, große Auswahl an Kassetten und CDs zu günstigen Preisen

● **Lichtman's News and Books**, 595 Bay St., im Atrium-Gebäude an der Dundas St., internationale Zeitungen und Zeitschriften

● **Mountain Equipment CO-OP**, 35 Front St. East, Tel.: 363 0122, ausgezeichnetes Geschäft für Wanderer und Camper

● **Nicholas Hoare Books**, 45 Front St., Tel.: 777 2665, gute Buchhandlung mit schöner Inneneinrichtung

● **Open Air Books and Maps**, 25 Toronto St. an der Adelaide St.E., gute Reisebuchhandlung mit fachkundigem Personal

● **Sam the Record Man**, 347 Yonge St., ohne Telefonnummer, Torontos ältestes Musikgeschäft, große Auswahl an Schallplatten, Kassetten und CDs, auch alte Aufnahmen und Raritäten

● **The Toy Shop**, 62 Cumberland Avenue, Tel.: 961 4870, eines von Torontos ältesten und besten Spielwarengeschäften

● **World's Biggest Bookstore**, 20 Edward Street, Tel.: 977 7009, Mo - Sa von 9 - 22 Uhr geöffnet; nur einen Block nördlich vom Eaton Centre liegt die Buchhandlung mit einem riesigen Sortiment

Hotels

Für die Hauptreisezeiten im Sommer und Herbst sowie während der Messen empfiehlt sich eine rechtzeitige Zimmerreservierung.

Gleich am Flughafen können Sie sich an einer Schautafel über die freien Hotelkapazitäten informieren und eine telefonische Reservierung vornehmen.

- Die **Hotel Association Metro Toronto**, 34 Ross Street, Toronto, Ontario, M5T 1Z9, bietet während der Sommermonate einen kostenlosen Reservierungsservice an, werktags von 9 - 21 Uhr unter der Rufnummer (416) 596 7117; außerdem können Sie sich informieren und reservieren bei der
- **Metropolitan Toronto Convention and Visitors Association**, 207 Queen's Quay West, Toronto, Ontario, M5J 1A7, Tel.: 1-800 363 1990.

Viele der großen Hotels in der Innenstadt bieten bei vorheriger Reservierung reduzierte Wochenendpreise an.

● **Hotels in Flughafennähe**

Im Umkreis des Flughafens gibt es zahlreiche Hotels, die alle einen kostenlosen Zubringerdienst zum Flughafen anbieten, z.B.

- The Best Western Carlton Place Hotel $$-$$$: 3 km entfernt, Tel.: (416) 675 1234
- The Bristol Place Hotel $$$: 1,6 km entfernt, Tel.: (416) 675 9444
- Holiday Inn Crowne Plaza Toronto Airport $$$-$$$$: 1 km entfernt, Tel.: (416) 675 7611.
- The Cambridge Motor Hotel $$: 3,2 km entfernt, Tel.: (416) 249 7671
- Comfort-Inn Airport $$: 4,8 km entfernt, Tel.: (416) 241 8513
- Day's Inn Toronto Airport, 1,6 km entfernt, Tel.: (416) 678 1400

● **Hotels im Zentrum**

- **Royal York Hotel $$$-$$$$:** 100 Front St., Toronto, Ont. M5J 1E3, Tel.: (416) 368-2511 od. 1-800-828-7447, Fax: (416) 368-2884. Dieses historische (1929), ehemals für die Zugreisenden errichtete 1.300 Zimmer-Hotel ist alleine von seiner Architektur her sehenswert. Als es fertiggestellt war, war es mit damals 1200 Zimmern das größte Hotel im gesamten englischen Empire. Hier stiegen und steigen auch heute noch die Könige, Präsidenten und Stars ab, und die Gästeliste liest sich wie das "Who is Who". Eine plüschige Lobbyhalle, gute Restaurants im Hause, ein schönes Schwimmbad und geschmackvoll eingerichtete Zimmer bringen einen in Versuchung, das Hotel nicht zu verlassen. Sind Sie bereits ab 150 $ für ein Doppelzimmer zu bezahlen, sollte dieses das Hotel Ihrer Wahl sein. Das Royal York ist an "Toronto Underground" angeschlossen und liegt zentral zu vielen Sehenswürdigkeiten der Stadt, besonders auch zu den Musicaltheatern.

Lobby des Royal York

- **Four Seasons Hotel $$$$:** 21 Avenue Road (Bloor St.), Toronto, Ont. M5R 2G1„ Tel.: (416) 964 0411 od. 800-268-6268, Fax: (416) 964-2304. Luxushotel in Yorkville, elegantes, ausgezeichnetes Restaurant
- **King Edward Hotel $$$$:** 37 King St. East, Toronto, Ont. M5C 1E9, Tel.: (416) 863 9700 od. 800-225-5843, Fax: (416) 367-5515. Traditionsreiches, 1903 gebautes Hotel, das stilvoll mit Marmorsäulen und Glaskuppel renoviert wurde, luxuriös ausgestattete Räume
- **The Camberley Club Hotel $$$$:** 40 King St. West, Toronto, Ont. M5H 3Y2, Tel.: (416) 947 9025 od. 800-866-ROOM, Fax: (416) 249-3561. 55 Luxus-Suiten im 28. und 29. Stockwerk des Scotia Plaza Office Towers. Jede Suite verfügt über einen eigenen Whirlpool und Videorecorder, im Preis eingeschlossen sind Frühstück, Nachmittagstee und Hors d'oeuvres

- **The Westin Harbour Castle $$$-$$$$:** 1 Harbour Square, Toronto, Ont. M5J 1A6, Tel.: (416) 869 1600, Fax: (416) 869-0573. Luxushotel mit knapp 1.000 Zimmern in Zwillingstürmen, von denen sich ein herrlicher Blick über den Hafen und den Ontariosee bietet, alle Annehmlichkeiten, Sportanlagen, ausgezeichnete Restaurants
- **Radisson Plaza Hotel Admiral $$$:** 249 Queen's Quay West, Toronto, Ont. M5J 2N5, Tel.: (416) 364 5444, Fax: (416) 364-2975. Elegantes Hotel mit nur 157 Zimmern an der Harbour Front mit Blick auf den Ontariosee
- **Delta Chelsea Inn $$$-$$$$:** 33 Gerrard St. West, Toronto, Ont. M5G 1Z4, Tel.: (416) 595 1975 od. 800-268-1133, Fax: (416) 585-4362. Luxushotel mit Zimmern und Apartments, Pools, Saunas, Restaurants, außerdem wird ein abwechslungsreiches Kinderprogramm mit Beaufsichtigung angeboten
- **Toronto Marriot Eaton Centre $$$-$$$$:** 525 Bay St., Toronto, Ont., Tel.: (416)597 9200. Sehr komfortables Hotel, das mit dem Eaton Centre verbunden ist, Innen-Swimmingpool und Fitness-Club
- **Park Plaza Hotel $$$:** 4 Avenue Road, Toronto, Ont. M5R 2E8, Tel.: (416) 924 5471 od. 800-268-4972, Fax: (416) 924-4933. Sehr gutes Hotel gegenüber dem Royal Ontario Museum in Yorkville, von der Bar auf der Dachterrasse bietet sich ein sehr schöner Blick auf die Skyline von Toronto
- **Ramada Toronto Downtown $$$:** 89 Chestnut St., Toronto, Ont., Tel. (416) 977 0707. Modernes Hotel mit 715 Zimmern, Pools, Sauna, Fitnessraum, nahe beim Sky Dome
- **Holiday Inn on King $$$:** 370 King St. West, Toronto, Ont. M5V 1J9, Tel.: (416) 599 4000, Fax: (416) 599-8889. 462 komfortabel eingerichtete Räume, Innen-Swimmingpool, Sauna, Fitness-Zentrum, günstig gelegen zum Sky Dome, CN-Tower und dem Theaterdistrikt
- **Bond Place Hotel $$:** 65 Dundas St. East, Toronto, Ont. M5B 2G8, Tel.: (416) 362 6061 od. 800-268-9390, Fax: (416) 360-6406. Angenehmes, modernes Haus mit ansprechend eingerichteten Zimmern und Restaurant ganz in der Nähe des Eaton Centre. Gutes Preis-Leistungsverhältnis.
- **Journey's End Hotel $$:** 111 Lombard St., Toronto, Ont. M5C 2T9, Tel.: (416) 367-5555 od. 800-668-4200, Fax: (416) 367-3470. Ordentliches Hotel im Zentrum. 194 Zimmer.
- **Venture Inn Yorkville $$:** 89 Avenue Road, Toronto, Ont. Tel.: (416) 964 1220. Kleines, freundliches Hotel in der Nähe der Yorkville-Boutiquen

● Außerdem gibt es viele Hotels und Motels aller Preiskategorien im Nordosten der Stadt, die am Hwy 401 ausgeschildert sind.

Bed & Breakfast

Informationen über private Unterkünfte in Toronto und der Umgebung erhalten Sie bei:

● **Toronto Bed & Breakfast**, P.O. Box 269, 253 College Street, Toronto, Ont. M5T 1R5, Tel.: (416) 961 3676

● **Bed and Breakfast Homes of Toronto**, P.O. Box 46093, College Park Post Office, 444 Yonge St., Toronto, Ont. M5B 2L8, Tel.: (416) 363 6362

Hotel "Off the beaten track"

Spadina Hotel $$: Ecke King St. W./Spadina, Tel.: (416) 703-2864. Dieses historische, von außen (und auch von innen) ziemlich heruntergekommene Hotel ist wirklich nur etwas für die Hartgesottenen. Doch wer nicht soviel Geld ausgeben (DZ ab 60 $) und zentral wohnen möchte, dazu mit einem Gemeinschaftsbad auf dem Flur und karg eingerichteten Zimmern auskommen kann, der wird dafür mit einem einzigartigen, exzentrischen Flair belohnt. Hier steigen junge Leute, Künstler und Arbeitssuchende ab, und der Kontakt ist schnell hergestellt. Die Hotelbar ist Treffpunkt aller: Banker, Künstler, Studenten, Rentner etc. Hier wurde 1973 auch eine Szene des Films "The Last Detail" mit Jack Nicholson gedreht. Also selbst wenn Sie den Unterkünften "entgehen" wollen, lohnt zumindest der Besuch auf ein Bier hier – und Raucher sollten sich dazu eine der handgedrehten Cuba-Zigarren spendieren (gibt es an der Hotelrezeption), die in der einzigen kanadischen Zigarrenfabrik hergestellt werden – und die liegt gleich gegenüber dem Hotel. Diese (besonders guten) Zigarren rauchen auch Steven Spielberg und Arnold Schwarzenegger. Geplant ist übrigens, die Zimmer von verschiedenen Künstlern neu einrichten und gestalten zu lassen.

Jugendherbergen

● **Toronto International Youth Hostel**, 223 Church St., Toronto, Ont., Tel.: (416) 368 0207, Jugendherberge und Familienunterkunft mit 94 Betten, Gemeinschaftsraum, Küche

● **YMCA of Metro Toronto**, 40 College St., Toronto, Ont. Tel.: (416) 921 5171

● Die **Victoria University**, 140 Charles St. West, Tel.: (416) 585 4524, bietet während der Semesterferien einfache Unterkünfte in den Studentenwohnheimen an, Frühstück und die Benutzung der Sporteinrichtungen sind im Preis enthalten

Restaurants

Mehr als 20 Seiten des Branchenverzeichnisses umfaßt die Übersicht über die Restaurants der Stadt, die die große ethnische Vielfalt widerspiegelt.

Neben den folgenden Einzeltips möchte ich Ihnen auch empfehlen, in einem kleinen **vietnamesischen Restaurant** eine "Beef Noodle Soup" zu essen. Die meisten vietnamesischen Restaurants sind sehr unscheinbar und befinden sich im Kreuzungsbereich Spadina Ave./Dundas St.W.

● **Allen's**: 143 Danforth Avenue, Tel.: 463 3086, herzhafte Küche in zwangloser Umgebung

● **Bangkok Garden**: 18 Elm St., Tel.: 977 6748, authentische thailändische Küche in gepflegten Räumlichkeiten

● **Barberian's**: 7 Elm St., Tel.: 597 0335, eines der besten Steakrestaurants Torontos wurde in einem viktorianischen Haus eingerichtet. Auch die Fondues sind lecker. Die Dekoration besteht aus amüsantem, antiken Schnickschnack aus ganz Kanada – schauen Sie sich einmal um. Das Restaurant ist besonders auf Theaterbesucher eingestellt. Ab 22h00 kann es also voll werden!

● **Bistro 990**: 990 Bay St., Tel.: 921 9900, Restaurant im Landhausstil mit exquisiter französischer Küche

● **Country Style Hungarian**: 450 Bloor St. West, Tel.: 537 1745, das Restaurant ist bekannt für seine hausgemachten Suppen, Strudel und vielerlei Schnitzel

● **Filet of Sole**: 11 Duncan St., Tel.: 598 3256, sehr beliebtes Fischrestaurant im Theaterdistrikt, sehr große Auswahl an gut zubereiteten Seafood-Gerichten

● **Kit Kat Bar and Grill**: 297 King St. West, Tel.: 977 4461, Restaurant im Theaterdistrikt, Spezialitäten sind Knoblauchribs und gute Fleischgerichte

● **Metropolis**: 838 Yonge St., Tel.: 924 4100, ausgezeichnete kanadische Gerichte aus frischen Zutaten

● **Mövenpick of Switzerland,** 165 York Street, Tel.: 366-5234. Elegantes "In"-Restaurant. Frische Austern, Züricher Geschnetzeltes und eine ausgesuchte Salatbar erfreuen besonders die Theaterbesucher. Hier können Sie also auch noch nach 23h00 essen. Sa+Fr-abend gibt es ein reichhaltiges Buffet, und der Sonntagsbrunch ist ebenfalls Klasse! **Ein Ableger des Mövenpick** befindet sich im BCE-Center (Ecke Front W./ Yonge Sts.) – siehe unten.

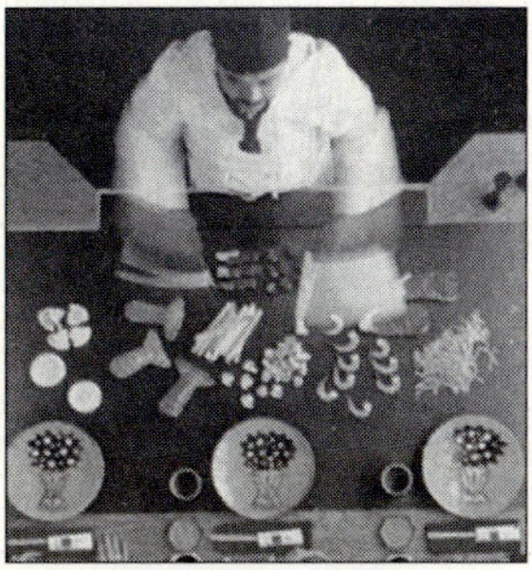

"Zack, zack, zack ..."

● **Montreal Restaurant**, 65 Sherbourne St., Tel.: 363 0179, preiswertes Restaurant mit französischer Küche im Québec-Stil

● **North 44**, 2537 Yonge St., Tel.: 487 4897, eines der besten Restaurants von Toronto, Spezialitäten sind sehr gut zubereitete kalifornische Gerichte

● **Alice Fazooli's:** 249 Adelaide St. W., Tel.: 979-1910. Eine gute Mischung aus Dining auf weißem Tischtuch und gemütlicher Bar mit altem Holztresen. Die Küche ist vornehmlich italienisch, und das Restaurant befindet sich nur eine Parallelstraße hinter den Theatern an der King Street.

● **Peppinellos**, 180 Pearl St., Tel.: 599 6699, ein "New Yorker" Restaurant mit erstklassigen Pizzas im Theaterdistrikt

● **Scaramouche**, 1 Benvenuto Place, Tel.: 961 8011, exklusives Restaurant mit spektakulärem Blick auf das Zentrum Torontos

● **The Real Jerk**, 709 Queen St. East, Tel.: 463 6906, preiswertes Restaurant mit Gerichten aus Jamaica und Reggae-Musik in einer farbenfrohen Umgebung

● **Wah Sing**, 41 Baldwin St., Tel.: 596 1628, einfaches Restaurant im Bereich des Kensington Market mit köstlichen Hummer- und Krabbengerichten

● **Whistling Oyster**, 11 Duncan St., Tel.: 598 7707, lebhaftes, im New Yorker Stil eingerichtetes Restaurant im Theaterbezirk mit ausgezeichneten, frischen Seafood-Gerichten

Kleine Köstlichkeiten für zwischendurch und für's Picknick

Tip: Wenn Sie nicht viel Zeit für den Lunch verwenden möchten, sollten Sie unbedingt einen **Hot Dog** von einem der Straßenstände kaufen. Nicht nur die Wurst ist gut, sondern vor allem auch die Tatsache, daß Sie aus bis zu 20 verschiedenen Zutaten und Saucen als "Bei-/Auflage" selbst wählen können, spricht für diesen Imbiß.

Auf dem **Yonge Street Strip**, dem Abschnitt der Yonge Street zwischen Dundas Street und College Street, gibt es Fast Food-Restaurants aller Art. In der **Underground City** unter den Bürohäusern des Zentrums finden Sie viele Lebensmittelmärkte; ein sehr guter asiatischer Lebensmittelmarkt ist im Tiefgeschoß von **Dragon City** in Chinatown. Eine reiche Auswahl frischer Lebensmittel für ein Picknick bieten **St. Lawrence Market** (Front St. und Jarvis St.) und **Kensington Market** (bei der Sadina und Dundas St.). Unter den verschiedenen Imbiß-Ständen im **Eaton Centre** sind Le Marché, Aida's Falafel, Michel's Baguette und Kwinter's Gourmet Hot Dogs besonders beliebt.

● **Ace Bakery**, 548 King St. West, Tel.: 601 6781, gute Sandwiches, ofenfrisches Brot, guter Cappuccino

● **Greg's Ice Cream**, 200 Bloor St. West, Tel.: 961 4734, hausgemachtes Eis mit ausgefallenen Geschmacksrichtungen

● **Marché Mövenpick**, BCE Place, Yonge St. und Wellington St., Stände mit internationalen frischen Spezialitäten

● **Village by the Grange**, 71 McCaul St., in der Nähe der Kunstgalerie, internationaler Lebensmittelmarkt mit Ständen aus aller Welt

Pubs/Livemusik/Nighlife

Eine Stadt wie Toronto bietet für jeden Geschmack etwas. Falls Sie in der Innenstadt wohnen und sich unter die Gruppe "below 40" (unter 40-jährige) mischen möchten, ist die **Queen St.**, westlich der University Avenue, Ihre Wahl. Straßencafes, Rock- und Jazzläden, gemütliche Pinten und verschiedene Restaurants mischen sich hier mit Boutiquen und "In"-Geschäften. Die **Yonge Street** im Bereich Elm Street bietet zwar auch ein paar nette kleine Pinten, ist aber in erster Linie immer noch eher als Rotlichtdistrikt anzusehen. Im Stadtteil **Old Town York** finden Sie zahlreiche Yuppie-Lokale, in **Cabbagetown** eher multikulturelle, z.T. heruntergekommene Pinten.

● **Allen's**: 143 Danforth Avenue, Tel.: 463 3086, beliebte Bar im New Yorker Stil mit schönem Garten unter alten Weiden

● **Amsterdam Brew Pub**: 133 John St., Tel.: 595 8201, reiche Auswahl an importierten und an Ort und Stelle gebrauten Bieren

● **Aquarius 51 Lounge**: 55 Bloor St. West, Tel.: 967 5525, gemütliche Piano-Bar auf dem Dach des Manulife Centre mit sehr schönem Blick auf das nächtliche Toronto

● **Berlin**: 2335 Yonge St., Tel.: 489 7777, beliebter, moderner Tanzclub

● **C'est What**: 67 Front St. East, Tel.: 867 9499, in einem historischen Warenhaus, lokale und importierte Biere vom Faß, offene Weine

● **Duke of York**: 39 Prince Arthur Avenue, bequemer britischer Pub, Auswahl von 25 verschiedenen Bieren

● **Hard Rock Café Skydome**: Gate 1, Skydome, Tel.: 341 2388, beliebter Pub im Skydome mit Blick auf das Spielfeld, die Wände sind mit Erinnerungsstücken der Rock and Roll-Zeit dekoriert, z.B. mit einer Gitarre von Elvis Presley oder einem Anzug von John Lennon – hier gibt es natürlich auch, wie in allen Hard Rock Cafes, leckere Fleischgerichte.

● **Library Bar**: 100 Front St. West, Tel.: 368 6175, Lounge mit ruhiger, entspannter Atmosphäre im Royal York Hotel. Sie sitzen in bequemen Armsesseln in einer Bibliothek

● **Montreal Jazz Club**: 65 Sherbourne St., Tel.: 363 0179, jede Nacht gibt es Jazz live

● **The Rotterdam Brewing Company**: 600 King St. West, Tel.: 868 6882, 15 verschiedene Biere vom Faß

● **The Saloon**: 901 King St. West, Tel.: 360 1818, große Country- und Western-Bar mit Tanz und Live-Musik

● **Vines Wine Bar**: 38 Wellington St. East, Tel.: 869 0744, Torontos erste Weinbar mit großer Auswahl

● **Wayne Gretzky's**: 41 Peter St., Tel.: 979 7825, Sportbar, die dem beliebten kanadischen Hockeystar Wayne Gretzky gehört

- **Wheatsheaf Tavern**: 667 King St. West, Tel.: 364 3996, Torontos ältester Pub mit Bieren vom Faß
- **Top O'Senator:** 249 Victoria Street, Tel.: 489-7931. Unten befindet sich ein Yuppie-Restaurant, oben spielen in einer alten Bar erstklassige Jazzmusiker.
- In der **Queen Street West** empfehlen sich für Jüngere 3 Pubs:

- **Bamboo:** 312 Queen St. W., Karibisches Dekor mit Livemusik (Jazz, Rock Caribian)
- **The Black Bull:** (Ecke Sohr St.) Motorradfahrer-Kneipe, in der sich aber die unterschiedlichsten Menschen aus Toronto treffen. Vom Schlips bis zur zerfetzten Biker-Weste gibt es alles. Rock-Livemusik.
- **Rex Hotel:** Ecke Quenns St. W./St. Patricks. Distinguierter Pub mit guter Jazzmusik.

9.6.3 GESCHICHTLICHER ÜBERBLICK

Als erster Europäer erreicht der französische Forscher Etienne Brulé **1615** das Land der Huronen.

1749 gründen französische Pelzhändler das Fort Rouillé.

1763 wird Französisch-Kanada durch den Vertrag von Paris zum englischen Territorium erklärt. Nach der Unabhängigkeitserklärung der USA von England kommen viele "Loyalisten", Anhänger der britischen Krone, an das Nordufer des Ontariosees.

1793 läßt der englische Gouverneur Simcoe an der Stelle eines Indianersammelplatzes eine Siedlung nach europäischem Vorbild anlegen, der er zu Ehren des Herzogs von York den Namen York gibt.

1813 wird die Siedlung in die Auseinandersetzungen zwischen England und den USA einbezogen.

1834 erhält York die Stadtrechte; die ca. 9.000 Einwohner wählen William Makkenzie zum ersten Bürgermeister der Stadt, die nun den indianischen Namen Toronto übernimmt. Die verkehrsgünstige Lage der Stadt und der Bau der Eisenbahn begünstigen Handel und Wirtschaft; der Hafen wird ausgebaut; Handwerksbetriebe werden angesiedelt.

1879 findet die erste Industriemesse statt.

Um **1900** leben etwa 200.000 Menschen in der Stadt, 20 Jahre später zählt die Stadt bereits eine halbe Million Einwohner.

Auch die beiden Weltkriege regen das Wirtschaftswachstum weiter an; nach dem 2. Weltkrieg suchen mehr als 400.000 Menschen aus Europa in Toronto eine neue Heimat. 1953 schließt sich Toronto mit mehreren Vorstädten zum Metropolitan Toronto zusammen; in diesem Großraum leben jetzt fast 4 Millionen Einwohner.

9.6.4 SEHENSWERTES IM STADTBEREICH

Orientierungshilfe für Toronto

Das Zentrum der Stadt ist nach einem schachbrettartigen Grundriß angelegt. Die von Norden nach Süden verlaufende Yonge Street gliedert die Stadt in einen Ost- und einen Westteil.
Lassen Sie Ihr Fahrzeug am Hotel. Die Parkgebühren im Stadtgebiet sind immens hoch. In der Innenstadt können Sie vieles zu Fuß bzw. mit den öffentlichen Verkehrsmitteln erreichen. Nur, sobald Sie aus dem Quadrat Parliament Street im Osten, Bloor Street im Norden, Spadina Avenue im Westen und Lake Ontario im Süden heraus wollen, sollten Sie die Nutzung Ihres Fahrzeuges in Erwägung ziehen.

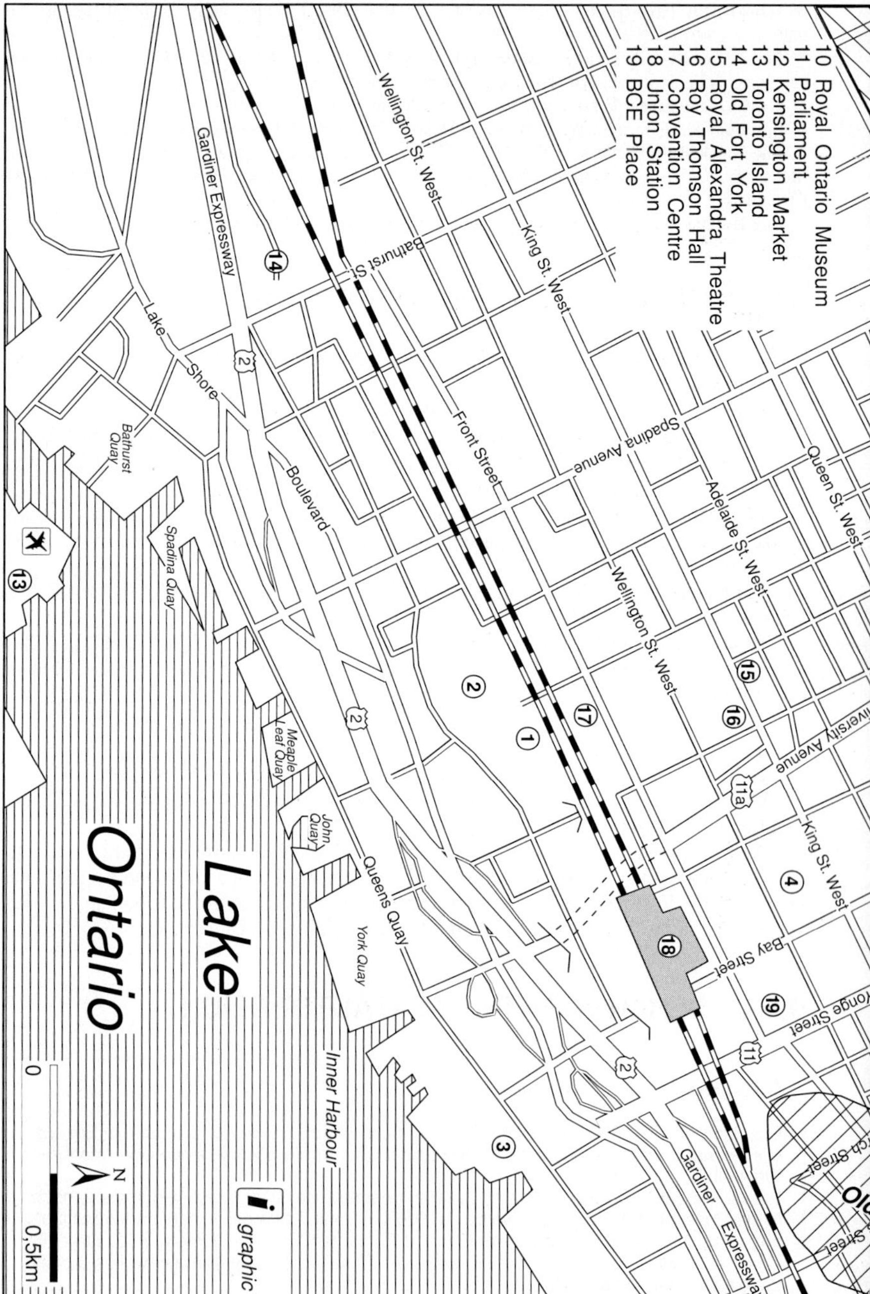
10 Royal Ontario Museum
11 Parliament
12 Kensington Market
13 Toronto Island
14 Old Fort York
15 Royal Alexandra Theatre
16 Roy Thomson Hall
17 Convention Centre
18 Union Station
19 BCE Place
Wellington St. West
King St. West
Bathurst St.
Gardiner Expressway
Lake Shore Boulevard
Front Street
Spadina Avenue
Queen St. West
Adelaide St. West
Wellington St. West
University Avenue
King St. West
Bay Street
Yonge Street
Bathurst Quay
Spadina Quay
Meaple Leaf Quay
John Quay
Queens Quay
York Quay
Inner Harbour
Lake Ontario
Gardiner Expressway
graphic
0
0,5km
N

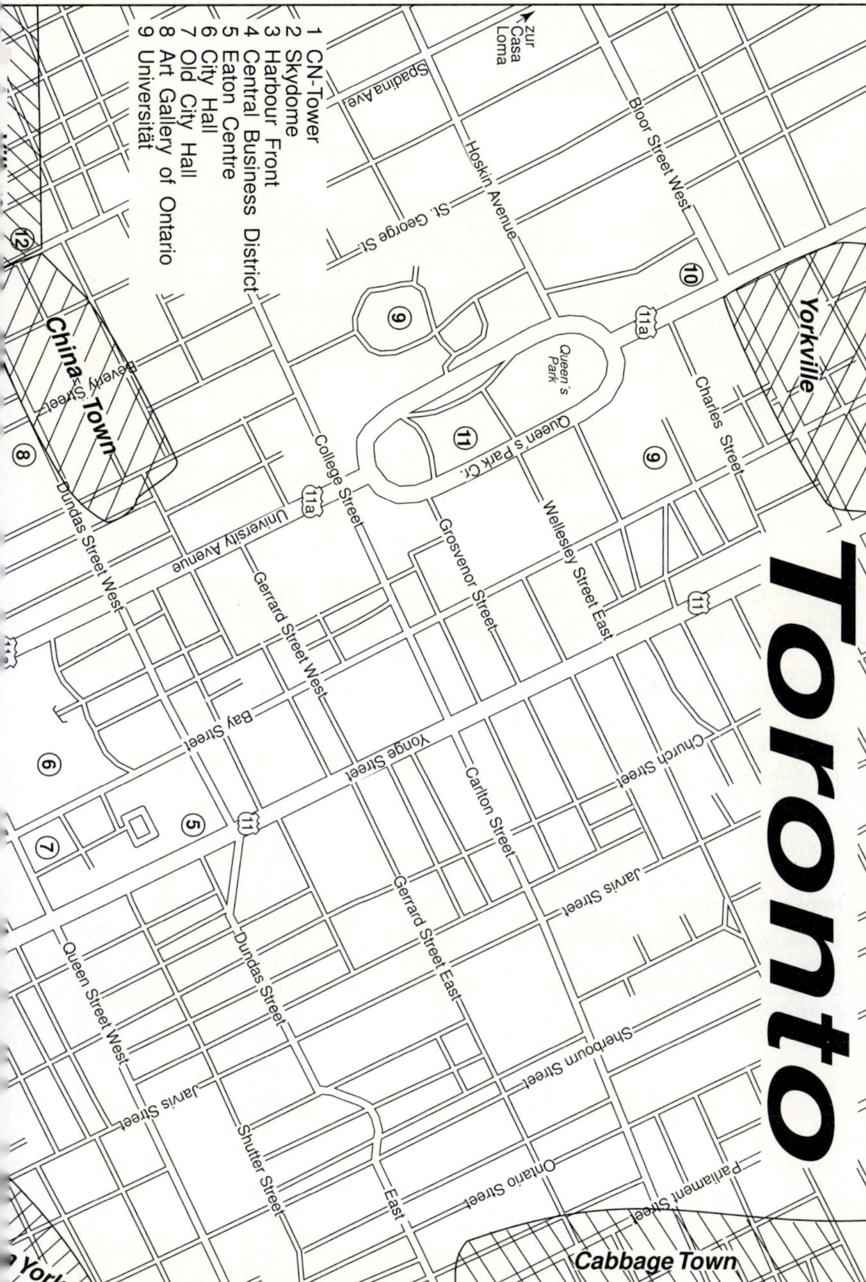
Toronto
1 CN-Tower
2 Skydome
3 Harbour Front
4 Central Business District
5 Eaton Centre
6 City Hall
7 Old City Hall
8 Art Gallery of Ontario
9 Universität
zur Casa Loma
Yorkville
China Town
Cabbage Town
Queen's Park
Spadina Ave
Hoskin Avenue
St. George St.
Bloor Street West
Charles Street
Queen's Park Cr.
Wellesley Street East
College Street
University Avenue
Grosvenor Street
Beverly Street
Dundas Street West
Gerrard Street West
Bay Street
Yonge Street
Church Street
Carlton Street
Jarvis Street
Gerrard Street East
Dundas Street
Queen Street West
Sherbourn Street
Shutter Street
Ontario Street
Parliament Street
East

CN Tower

Technische Daten:

Baubeginn 6.2.1973

Einweihung 26.6.1976

Höhe 553,33m
(höchstes Bauwerk der Erde)
vergl. Daten s.u.

Gewicht 132 080t

Baumasse 48463 m^3

Aussichtsplattformen
Space Deck 447m
Sky Pod 342m

Aussicht (bei guter Witterung)
120km

Sendeanlagen 6 Fernsehsender
8 Radiosender

Drehrestaurant
Durchm.45,75m
Radius 137,15m
Umlaufzeit 90 Min.

Aufzug
Höhe 340m
Fahrzeit 58 Sek.

Ausschlag bei Starkwinden
Spitze 2,5m
Schaft 0,25m

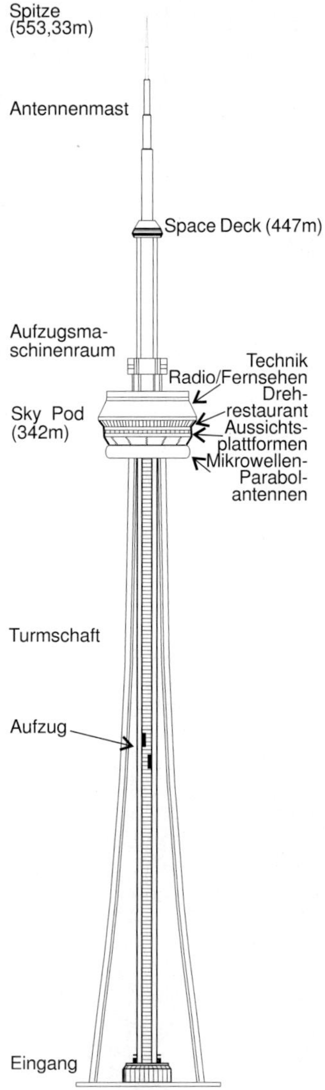

Höhenvergleiche:

Empire State Building, New York = 443m
Eiffelturm, Paris = 320m
Olympischer Turm, München = 290m
Donauturm, Wien = 252m
Euromast, Rotterdam = 185m

i *graphic*

Die **Skyline** von Toronto gehört zu den schönsten Nordamerikas. Fahren Sie hinüber zu den vorgelagerten Toronto Islands, schauen Sie von dort auf den reizvollen Harbourfront Park mit luxuriösen Hotels, Büros, Galerien, Boutiquen, Theatern und Restaurants, hinter dem supermoderne Wolkenkratzer mit Aluminium- oder spiegelnden Glasfassaden emporwachsen, die ihrerseits vom höchsten Turm der Welt, dem 553 m hohen CN-Tower, überragt werden, an dessen Fuß sich die riesige Kuppel des Skydome wölbt.

Rund um den CN-Tower

■ **Der CN-Tower** 1, 301 Front St. W., Tel.: 360 8500, ist vom 1. Juli bis Anfang September täglich von 9 - 23 Uhr, sonst von 10 - 22 Uhr geöffnet. Restaurantbesucher haben kostenlosen Zutritt.

Beginnen Sie die **Stadtbesichtigung** mit dem Besuch des CN-Tower; von der 447 m hoch gelegenen Plattform können Sie einen großartigen Blick auf die Stadt genießen und sich zugleich einen sehr guten Überblick über die Stadtanlage verschaffen. Dabei können Sie unterscheiden:

- die Toronto Islands und die Hafenfront Harbour Front Park,
- die Hochhäuser des Central Business District, dem Verwaltungs- und Geschäftszentrum der Stadt,
- die beiden in Nord-Süd-Richtung verlaufenden Verkehrsachsen Yonge Street und University Avenue, in deren Nähe viele der Sehenswürdigkeiten liegen,
- den Skydome und das Convention Centre zu Füßen des CN-Tower.

Der CN-Tower

Der zwischen 1972 und 1976 gebaute **CN-Tower** ist mit 553,35 m das höchste freistehende Gebäude der Erde. 40 Monate arbeiteten 1.537 Menschen an diesem Bauwerk, das am 26. Juni 1976 eingeweiht wurde. Während der Treppengang über 1.760 Stufen nach oben führt, bringt ein gläserner Aufzug Sie in nur 58 Sekunden hinauf zum 342 m hohen Skypod mit einer Außen- und einer Innenaussichtsplattform, 6 Fernseh- und 8 Radiosendeanlagen, einer Ausstellung zur Baugeschichte des Turms, einem Nightclub und dem Restaurant Top of Toronto, das das größte und höchste Drehrestaurant der Welt ist. Hier können Sie in 90 Minuten das ganze Stadtpanorama an sich vorbeiziehen lassen.

Von der Innenplattform können Sie noch einmal einen Aufzug besteigen, der Sie zum 447 m hohen Space Deck bringt. Von hier aus können Sie sich mit Hilfe der Hinweistafeln einen guten Überblick über die 4-Millionen-Stadt am Ontariosee verschaffen und bei klarem Wetter sogar nach Süden bis zu den Niagara-Fällen und nach Norden bis zum Lake Simcoe schauen.

Im unteren Teil des CN-Tower wartet eine weitere Attraktion auf Sie: Die **"Tour of the Universe"** ist die Simulation einer Reise ins Weltall zum Planeten Jupiter, die

Sie an Bord einer Hermes-Shuttle-Nachbildung erleben können. Der "Anflug" anderer Planeten wird übrigens vorbereitet! **Öffnungszeiten**: von Mitte Juni bis Anfang September täglich von 10 - 22 Uhr geöffnet, sonst ab 11 Uhr.

Tip
Um lange Wartezeiten zu vermeiden, sollten Sie Karten unter der Rufnummer 363 TOUR vorbestellen oder schon früh morgens dorthin gehen.

■ **Skydome** 2 . Am Fuße des CN-Tower wurde 1989 der **Skydome** eingeweiht; dies ist eine riesige Sportarena, in der bis zu 65.000 Zuschauer Platz finden. Das Stadion, das eine halbe Milliarde Dollar gekostet hat, bietet auf seinen 5 Ebenen 161 Logen, Restaurants, Cafés, Fitnessräume, Medientrakte und ein luxuriöses Hotel. Die besondere Attraktion aber ist das bewegliche, 32.000 qm große Kuppeldach, das bei gutem Wetter innerhalb von 20 Minuten geöffnet werden kann, so daß Sportveranstaltungen und Pop-Konzerte unter freiem Himmel stattfinden können.

Das Kuppeldach des Skydome kann bei schönem Wetter geöffnet werden

Der Skydome ist das Heimatstadion der Footballspieler der "Argonauts" und der Baseballmannschaft der "Blue Jays". Die "Blue Jays" sind sehr populär. Sie tragen alle Heimspiele, die immer lange im voraus ausverkauft sind, im Skydome aus. Mehr als 4 Millionen Zuschauer pro Jahr nehmen an den Baseballspielen teil, und nachdem die Blue Jays 1992 und 1993 World Champions wurden, kennt die Begeisterung der Fans erst recht keine Grenzen.

Tip
Skydome Tour Experience, Tel.: (416) 341 2770, mehrmals täglich ab 10 Uhr finden einstündige Führungen durch den Skydome statt. Zuvor können Sie den eindrucksvollen Film "The Inside Story" anschauen.

■ **Union Station** 8 , Torontos Hauptbahnhof, ist einen Besuch wert. Der Bahnhof liegt zwischen Bay und York Street; mit der Planung des historischen Gebäudes wurde bereits 1907 begonnen, zu einer Zeit also, als die Eisenbahn noch aufregend und eine Fahrt noch ein kleines Abenteuer war. 1927 weihte der Prinz von Wales das Gebäude mit der riesigen, lichtdurchfluteten Halle auf 22 Pfeilern feierlich ein. Neben der Union Station entstanden auf dem riesigen, ehemaligen Gelände der Canadian National-Eisenbahngesellschaft einige der interessantesten modernen Bauwerke Torontos, wie z.B. der CN-Tower, der Skydome, Opern- und Konzerthäuser und das Convention Centre.

Tip
Für einen Snack bietet sich nun im **BCE-Center** (Ecke Front St. W./Yong St.) das "Mövenpick" an. Gleich nebenan können Sie hinterher noch die **Hockey Hall of Fame & Museum** besuchen (siehe unter Museen).

Auf Ihrem Weg weiter nach Westen sollten Sie durch die Lobby des historischen **Royal York Hotel** (gegenüber der Union Station – siehe auch "Hotels") gehen. Falls Sie übrigens einen größeren Lunchhunger verspüren, können Sie im **Acadian Room Restaurant** im Hotel auch speisen.

■ **Convention Centre** 17. Das **Convention Centre** ist das moderne Kongreßzentrum Torontos. Zwei Straßenblöcke vom CN-Tower entfernt liegen das neue Opernhaus und die **Roy Thomson Hall**. Diese Konzerthalle wurde 1982 nach Plänen des bekannten Architekten Arthur Erickson errichtet und ist wegen ihrer kreisrunden Form ebenso berühmt wie wegen ihrer außergewöhnlich guten Akustik. Künstler und Orchester von internationalem Ruf sind häufig zu Gast.

■ **Old Fort York** 14, Garrison Rd, Tel.: 392-6907. Öffnungszeiten: Von Mai bis September täglich geöffnet von 9.30 - 17 Uhr, sonst täglich Mo - Sa von 9.30 - 17 Uhr, So von 12 - 17 Uhr.

Westlich des CN-Tower liegt **Old Fort York**, die älteste noch bestehende Verteidigungsanlage Kanadas, die 1793 von Gouverneur Simcoe errichtet wurde. 1813 wurde das Fort von amerikanischen Truppen zerstört, aber schon bald wieder aufgebaut. Ein kleines Museum informiert über die Militärgeschichte von Upper Canada. In den Sommermonaten paradieren Soldaten in den historischen Uniformen des 8. Königlichen Regiments.

■ **Harbour Front** 3. Der CN-Tower und der Skydome sind die herausragenden Projekte bei der Neugestaltung der **Harbour Front**. Im Laufe der Jahre wurden die alten Schuppen und Lagerhäuser abgerissen und an ihrer Stelle Sport- und Parkanlagen, Theater und Hochhäuser gebaut. So präsentiert sich jetzt Torontos Harbour Front Park auf einer 38 ha großen Fläche mit modernen Hotels, teuren Wohn- und Apartmenthäusern, Kunstgalerien und Theatern, eleganten Boutiquen, Restaurants und Cafés sowie einem Yachthafen, einem Eisenbahnmuseum und einem französischen Kulturzentrum.

Torontos "Harbour Front"

■ **Exhibition Place und Ontario Place**. An den modernen Harbour Front Park schließt sich nach Westen das riesige Messegelände, **Exhibition Place**, an; hier findet bereits seit 1879 in jedem Jahr eine der größten Industriemessen der Welt statt. Dem Messegelände ist der Vergnügungspark **Ontario Place** vorgelagert, der auf drei künstlichen Inseln im Lake Ontario gebaut wurde. Es ist ein multifunktionaler Unterhaltungskomplex mit dem Imax-Kino und seiner 6 Stockwerke hohen Leinwand, einer Open Air-Bühne und einem Schiffsmuseum; besonders beliebt bei Kindern ist Children's Village mit Wasserspielen, Riesentrampolin, Hängebrücken und Rutsche und das LEGO-Spielzentrum.

Im Zentrum der Stadt/Central Business District 4

Das Herz der Stadt, der **Central Business District (CBD),** liegt in dem Viereck zwischen der Yonge Street im Osten und der Spadina Avenue im Westen, zwischen der College Street im Norden und der Front Street im Süden. Dieser Bereich wird von den modernen Wolkenkratzern dominiert, die zwischen 28 und 76 Stockwerke hoch aufragen, z.B. das

◆ **Toronto Dominion Centre**, ein Komplex mit mehreren Wolkenkratzern, der nach Plänen u.a. von Mies van der Rohe entstand, und

◆ **First Canadian Place** mit der 72 Stockwerke hohen Bank of Montréal.

Hier, wo in den Hochhäusern des **Central Business District** überwiegend Versicherungen, Banken, Börsen, Verwaltungen, Behörden und Hotels konzentriert sind, spielt sich das Leben auf drei Ebenen ab:

Während die **oberen Stockwerke** von Handels-, Finanz- und Dienstleistungsunternehmen genutzt werden, finden Sie in den **unteren Geschossen** Geschäfte aller Art, Banken, Arztpraxen, Cafés und Restaurants; **unter der Erde** liegen nicht nur die U-Bahnstationen und zahlreiche Parkhäuser, sondern auch ein großes Geschäftsviertel mit zahllosen Geschäften, Boutiquen und den größten Kaufhäusern Torontos.

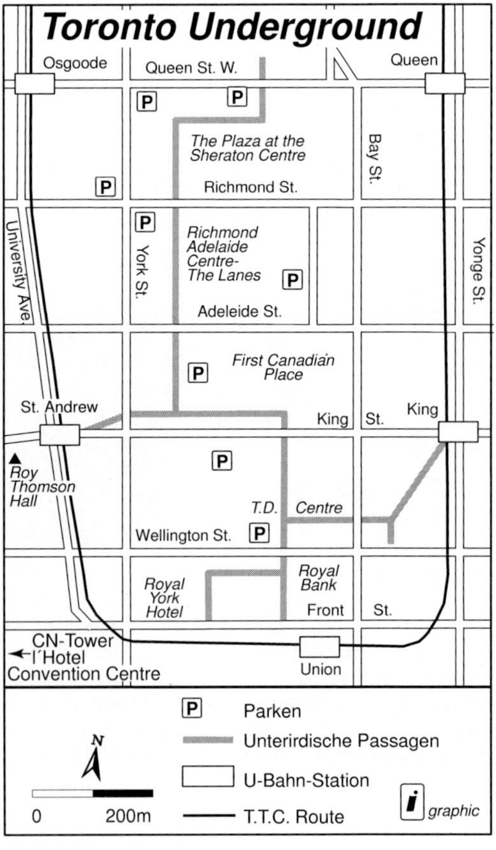

■ **Toronto Underground.** "Underground Toronto" hat für Einheimische und Touristen gleichermaßen große Anziehungskraft. Das Tunnelnetz mit mehr als 12 Kilometer Länge durchzieht die gesamte Innenstadt und verbindet die Bürokomplexe miteinander, so daß die Menschen auch bei schlechtem Wetter oder in den kalten Wintermonaten in den mehr als 1.100 Geschäften bequem ihre Einkäufe machen, Ämter, Ärzte oder Banken aufsuchen, in den zahllosen Restaurants essen oder sich in einem der vielen Kinos und Theater unterhalten lassen können.

Tip
Wenn Ihnen trotz der überall neu aufgestellten Hinweisschilder die Orientierung in der Untergrundstadt schwerfällt, wird Ihnen sicherlich die bei der Touristeninformation erhältliche Karte "Toronto Underground" eine große Hilfe sein.

■ **Yonge Street**. Zu ebener Erde haben die Straßen ein ganz unterschiedliches Gesicht. Die wichtigste Nord-Süd-Achse ist seit Bestehen der Stadt die **Yonge Street**, die mit 170 km Länge als “die längste Straße der Welt” gilt. Auf dem 3 km langen Abschnitt zwischen der Bloor Street im Norden und der Hafenfront im Süden herrscht bei Tag und Nacht reges Treiben.

Die Yonge Street ist eine Straße voller Gegensätze, die sich in ihrem unteren Bereich mit den überwiegend zwei- und dreistöckigen Häusern recht merkwürdig zwischen den hohen Wolkenkratzern ausnimmt.

An dieser Straße treffen sich die wichtigsten Linien der öffentlichen Verkehrsmittel; hier bieten die großen Einkaufszentren ebenso wie zahllose kleine Geschäfte und Straßenhändler ihre Waren an; hier finden Sie Kinos, Restaurants, Bars, Diskotheken und Spielsalons, aber auch kleine Parkanlagen, Hotels, Kirchen, Rundfunksender und Zeitungsverlage.

“Verbindungswege”

■ **Queen Street**. Ein ganz anderes Gesicht hat die **Queen Street** in ihrem westlichen Abschnitt zwischen der Universität und Spadina Street mit ihren Antiquitätenläden, Antiquariaten, Buchhandlungen, Boutiquen und Galerien. An dem Straßenblock Queen Street/Bay Street sehen Sie am Nathan Philips Square vor den Gebäuden der Stadtverwaltung die Bronzeskulptur “Der Bogenschütze” von Henry Moore.

Queen Street

■ **Old and New City Hall** 6 + 7. Neben der **Old City Hall**, dem aus dem Jahre 1891 stammenden Rathaus mit Giebeln und Türmchen, wurde 1965 die **New City Hall (täglich von Mo - Fr finden Führungen durch die New City Hall statt)** gebaut.

Dieses bemerkenswerte Bauwerk entstand nach den Plänen des berühmten finnischen Architekten Viljo Revell: Zwischen zwei halbrunden Hochhäusern mit 20 und 27 Stockwerken liegt ein flacher Kuppelbau, in dem das Parlament der Stadt und des Großraums Toronto tagt.

■ **Museum for Textiles,** 55 Centre Street. Öffnungszeiten: Di - Fr von 11 bis 17 Uhr, an Wochenenden von 12 - 17 Uhr. Das sehenswerte **Museum for Textiles** liegt recht versteckt. Hier finden Sie eine Sammlung einzigartiger Textilien und Wandbehänge aus aller Welt. Besonders schön sind die Ausstellungsstücke aus Tibet und Indonesien.

Ganz in der Nähe des Rathauses sehen Sie zwei schöne Häuser aus der Anfangszeit der Stadt. Westlich der City Hall liegt inmitten eines schönen, alten Parks der ehemalige Sitz des Obersten Gerichtshofes, **Osgoode Hall**.

In der 160 Queen Street liegt das **Campbell House**, in dem von 1825 - 1829 Sir William Campbell lebte, der in jener Zeit Oberster Richter von Upper Canada war. Das Haus ist mit schönem Mobiliar des 19. Jahrhunderts ausgestattet; auch hier werden von Mo - Fr Führungen angeboten. Nicht weit entfernt finden Sie die Art Gallery of Ontario.

■ **Art Gallery of Toronto** 8 **,** 317 Dundas St. W., Tel.: 977 0414, Öffnungszeiten: von Di - So von 11 - 17.30 Uhr. Im Eintrittspreis ist der Besuch von "The Grange" bereits enthalten. Die **Art Gallery of Ontario**, eine der wichtigsten Kunstsammlungen Kanadas mit über 15.000 Ausstellungsstücken, wurde nach umfangreichen Restaurierungsarbeiten im Januar 1993 wiedereröffnet. Neben regelmäßig wechselnden Ausstellungen gibt es hervorragende Sammlungen europäischer Meister vom 15. Jahrhundert bis zur Gegenwart, eine Ausstellung früher und zeitgenössischer kanadischer Malerei sowie eine Kollektion von Wandteppichen, Grafiken und Skulpturen der Inuits. Besondere Beachtung gilt dem Trakt, der den Skulpturen, Lithographien und Skizzen Henry Moores vorbehalten ist. Dem Museum neu angefügt wurden die "George Western Hall" und das gläserne "Sculpture Atrium".

■ **The Grange**. Gleich neben dem Museum liegt das ehemalige Galeriegebäude "**The Grange**". Sie können an Führungen durch dieses alte Herrenhaus teilnehmen, das aus dem Jahre 1817 stammt und das älteste Ziegelsteingebäude Torontos ist.

Bevor Sie zur Yonge Street zurückkehren, sollten Sie unbedingt einen Bummel durch das Einkaufszentrum **"The Eaton Centre"** machen 5 ! **In dem Straßenviereck zwischen Yonge Street, Queen Street, Bay Street und Dundas Street** dehnt sich über und unter der Erde eine riesige, supermoderne **Einkaufslandschaft** aus, zu der die beiden großen kanadischen Warenhausketten The Bay und Eaton's sowie mehrere 100 Einzelhandelsgeschäfte gehören. Der ganze Komplex liegt unter einer großen Glaskuppel; die hellen Ladenstraßen sind mit Blumenbeeten, Baumgruppen, Springbrunnen, Wasserspielen, Sitzgruppen und Kinderspielplätzen freundlich ausgestaltet; Cafés und Restaurants laden zum Ausruhen ein, und zur Entspannung gibt es 17 Kinos mit unterschiedlichen Anfangszeiten, Diskotheken und ein Luxushotel, das sich für einen längeren Aufenthalt anbietet.

Old Town

Nördlich des Central Business Districts liegen **Queen's Park, Universität** und **Royal Ontario Museum**.

Am nördlichen Rand der Innenstadt liegt am Ende der University Avenue der gepflegte Queen's Park mit dem Regierungssitz der Provinz Ontario und den Regierungsgebäuden. Das **Parliament Building** 11 wurde zwischen 1885 und 1892 im neugotischen Stil erbaut. In den Sommermonaten werden Führungen angeboten.

■ **University of Toronto** 9 . Westlich des Queen's Parks liegt seit 1827 die traditionsreiche **Universität** von Toronto, an der zur Zeit etwa 50.000 Studenten eingeschrieben sind. Die Colleges sind inzwischen in mehr als 170 Gebäuden untergebracht, von denen die ältesten im viktorianischen Stil erbaut wurden. Da die University of Toronto sich in den letzten Jahren ständig vergrößerte, wurden in den beiden Vororten Scarborough und Mississauga zwei weitere Einrichtungen geschaffen. Die "U of T" hat international einen hervorragenden Ruf; an dieser Forschungsstätte entdeckten 1921 Frederick Banting und Charles Best den Wirkstoff Insulin, hier wurde der erste Herzschrittmacher entwickelt.

■ **Royal Ontario Museum** 10, 100 Queen's Park, Ecke Bloor St./Avenue Road, Tel.: 586 5549, Öffnungszeiten: im Sommer täglich geöffnet von 10 - 18 Uhr, Di und Do 10 - 20 Uhr, in der übrigen Zeit Mo geschlossen.

Tip
Die Eintrittskarte des ROM ist auch für das Gardiner Museum und das Planetarium gültig.

Nur wenige Schritte weiter liegt das **Royal Ontario Museum**, eines der interessantesten Museen Kanadas mit archäologischen, geologischen, mineralogischen und paläontologischen Ausstellungen. Mehr als 6 Millionen Exponate besitzt das Museum, das damit eines der größten Museen der Welt ist. Besondere Beachtung verdient die fernöstliche Sammlung mit chinesischen Kunstwerken aus 4 Jahrtausenden, die die größte außerhalb Chinas ist; sehenswert sind auch die 1992 eröffnete Ausstellung altägyptischer und nubischer Kunst, Musikinstrumenten- und Edelsteinsammlungen sowie eine Ausstellung zur Vor- und Frühgeschichte Ontarios. Großes Interesse findet auch die spektakuläre Ausstellung über die Geschichte des Lebens auf der Erde; in Dioramen sind verschiedene Lebensräume nachgebildet und Saurierskelette zusammengesetzt. Besonders bei Kindern beliebt ist die "Discovery Gallery", wo Kinder ab 7 Jahren Museumsobjekte selbst untersuchen und erforschen können.

Zum Museumskomplex gehören auch das **Gardiner Museum of Ceramic Art** mit Keramikgegenständen aus 4 Jahrtausenden und das **McLaughlin Planetarium** mit seinem "Sternentheater", informativen Einführungen und spektakulären Lasershows. Außerdem können Sie in einer ca. 50-minütigen, aufwendigen Projektion die neuesten astronomischen Forschungen kennenlernen.

Tip
Sie brauchen nur die hinter dem ROM verlaufende Bloor Street zu überqueren, um in das sehenswerte Viertel Yorkville zu kommen.

Yorkville

Vor etwa 20 Jahren wurde mit der mustergültigen Renovierung des Stadtteils begonnen, so daß sich Yorkville heute mit seinen viktorianischen Häusern, blumengeschmückten Innenhöfen, gepflegten Gärten und den zahlreichen Straßencafés als eleganter, beliebter und attraktiver Bezirk präsentiert. Yorkville ist eines der teuersten Einkaufsviertel Torontos; hier finden Sie vor allem exklusive Boutiquen, teure Pelzgeschäfte, Juweliere, Antiquitätenläden und Galerien, aber auch die angesehenen Ladenkomplexe Hazelton Lanes und Cumberland Court.

Sehen und Gesehenwerden ist das Motto der Besucher Yorkvilles, die durch die Geschäfte bummeln und sich anschließend in den Cafés oder in den ausgezeichneten Restaurants verwöhnen lassen.

Im Osten wird Yorkville durch die Yonge Street begrenzt, wo Sie an der Kreuzung mit der Bloor Street das große Kaufhaus der bekannten Kaufhauskette Hudson's Bay finden; im Westen Yorkvilles verläuft die Spadina Avenue, an der in einem gepflegten Park die vielbesuchte Sehenswürdigkeit Casa Loma liegt.

Sollten Sie Lust haben auf einen **längeren Spaziergang mit Schaufensterbummeln und Stöbern in urigen Geschäften** und Boutiquen, dann empfehle ich Ihnen, die Bloor Street von Yorkville aus nach Westen zu laufen. Secondhandbuchläden, Ramschläden, kleine Pinten und vieles mehr erwartet Sie hier. Vornehme Modegeschäfte und Upscale-Malls finden Sie hier aber keineswegs. Das Motto hier lautet: Immer der Nase nach!

■ **Casa Loma** 19, 1 Austin Terrace, Tel.: 923 1171, täglich geöffnet von 10 - 16 Uhr. Casa Loma ist eine Kuriosität, die sich der kanadische Finanzier und Multimillionär Sir Henry Pellatt zwischen 1911 und 1914 für 3 Millionen Dollar nach dem Vorbild einer mittelalterlichen Burg bauen ließ. Nach der Fertigstellung hatte das Schloß nicht nur Türme, Zinnen und unterirdische Gänge, sondern auch 98 mit kostbaren Möbeln und Kunstgegenständen eingerichtete Zimmer, prachtvolle Ballsäle, 30 Badezimmer mit vergoldeten Wasserhähnen, 25 offene Kamine, einen Swimmingpool, eine Orgel und den angeblich größten Weinkeller Nordamerikas. Sir Pellatt lebte nur wenige Jahre in seiner Burg; da er 1920 aufgrund der Weltwirtschaftskrise Teile seines Vermögens verlor, konnte er die hohen Grundsteuern für die Casa Loma nicht mehr bezahlen und mußte den Besitz an die Stadt Toronto abtreten.

Das Schloß wurde für kurze Zeit als Hotel geführt; heute ist es nicht nur eine Touristenattraktion, sondern wird von den Einheimischen und besonders von Brautpaaren gerne als Ort für private Festlichkeiten angemietet.

Nur ein paar Schritte entfernt liegt ein herrschaftliches Anwesen aus dem Jahre 1866, das **Spadina Mansion**. Das Haus wurde vor einigen Jahren vollständig restauriert und mit antikem Mobiliar eingerichtet; nun kann es mit seinen schönen Gartenanlagen besichtigt werden; besonders einladend ist die im edwardianischen Stil eingerichtete Küche, wo manchmal Kostproben nach Rezepten jener Zeit hergestellt werden.

Kensington Market und Chinatown 12

Westlich der Spadina Avenue, zwischen Queen St. West und College Street, liegen der Kensington Market und Torontos Chinatown.

Im **Kensington Market (der Markt findet Mo - Sa von 7 - 19 Uhr statt)** können Sie das multikulturelle Toronto mit seiner ethnischen Vielfalt am besten kennenlernen; hier treffen Sie Menschen aller Rassen, Hautfarben und Nationalitäten, die in allen Sprachen der Welt alle nur denkbaren Waren, vom lebenden Kaninchen bis zum Computer, kaufen und verkaufen.

In der Anfangszeit ließen sich in diesem Teil der Stadt zunächst europäische Juden und Einwanderer aus Süd- und Südosteuropa nieder, denen später Menschen aus allen Ländern der Welt folgten. Sie brachten ihre eigenen, ganz unterschiedlichen Sitten, Lebens- und Glaubensformen mit und versuchten, diese in der neuen Heimat zu bewahren.

So sind es bis heute vor allem jüdische, italienische, portugiesische und aus der Karibik stammende Händler, die dem täglich stattfindenden Markt, zu dem Einheimische und Schaulustige sich gleichermaßen einfinden, vor den alten, manchmal grell bemalten Häusern und in den schmalen Gassen sein lautes, buntes und sehr geschäftiges Gepräge geben. Zwischen den gestapelten Waren, den Fischhändlern und Metzgern, den Blumenständen und Schallplattenläden gibt es kleine Cafés und Snackbars, und am Abend laden alte Kneipen zur Live-Musik ein.

■ **Chinatown**. Südlich vom Kensington Market, nur durch die Dundas Street W. getrennt, breitet sich in den kleinen Straßen zwischen Beverley Street und Bathurst Street sowie entlang der Spadina Avenue Torontos **Chinatown** aus. Während in der ersten Hälfte dieses Jahrhunderts nur etwa 4.000 Chinesen in Toronto lebten, wuchs die Zahl nach dem 2. Weltkrieg rasch an. Heute leben hier zwischen 80.000 und 100.000 Chinesen; hinzu kommen noch Einwanderer aus anderen Ländern Südostasiens, darunter auch viele **Vietnamesen**, die alle auf engem Raum zusammenleben.

Einen Hauch von Fernost vermitteln die vielen Menschen, die bunten Reklameschilder mit den chinesischen Schriftzeichen, die zweisprachig abgefaßten Straßenschilder, die aus den Häusern nach außen dringende fremdartige Musik und die exotischen Gerüche, die aus den vielen Garküchen und Restaurants stammen.

Chinatown Centre in der Spanida Avenue ist das größte chinesische Einkaufszentrum in Nordamerika; daneben gibt es zahllose kleine Lebensmittelgeschäfte mit asiatischen Obst- und Gemüsesorten, Kräutern, Fischen und Meeresfrüchten und bereits zubereiteten Delikatessen; Sie finden winzige Läden mit fernöstlichen Alltagsgegenständen: Koch- und Eßgeschirr, Eßstäbchen, Bambuskörbe, Rattanmöbel, aber auch Geschäfte mit kostbarem Porzellan, kunstvollen Elfenbeinschnitzereien, reizvollem Jadeschmuck und reich bestickter Seidenkleidung.

Old Town York/Cabbagetown und Greektown

Der Stadtteil, der sich östlich vom Central Business District erstreckt, heißt Old Town York, wobei ihn die Einheimischen gerne auch "Cabbagetown" (Kohlkopfstadt) nennen, da hier ehemals zahlreiche Gemüsemärkte abgehalten worden sind, die sich heute aber nur noch auf die eindrucksvolle St. Lawrence Market Hall beschränken.

Doch auch heute noch ist die **St. Lawrence Market Hall** (Ecke Front/ Church Streets) der beliebteste Wochenmarkt Torontos. Besonders an Sonnabenden kommen Menschen aus der ganzen Stadt hierher, um für die Woche frische Ware zu erstehen. Old Town York ist aber auch zum Tummelplatz der Yuppie-Szene geworden, was sich in vielen Bistros, "Upscale-Kneipen", kleinen Fine-Dining-Restaurants und Boutiquen ausdrückt. Zum Bummeln lädt dieser Stadtteil also ein, besondere Sehenswürdigkeiten gibt es aber nicht.

Grenzrechtlich betrachtet aber ist **Cabbagetown** ein wirklich uriger Stadtteil, der nördlich an Old Town York grenzende Bezirk entlang der Parliament Street. Der Name bezieht sich auch hier auf die Gemüsemärkte, die sich hier vor Jahrzehnten an jeder Straßenecke befanden. Heute besticht Cabbagetown durch sei-

Werbung für eine Tanzschule in der Cabbagetown

ne multikulturelle Bevölkerung, die wohl in keinem anderen Stadtteil so ausgeprägt ist. Indische Gemüsehändler, chinesische Friseure, italienische Deli-Shops, afrikanische Schmuckgeschäfte ..., was es auch sein mag, die Straßenzeile der Parliament Street entlang der 400er- und 500er Blocks hat ihre eigenen Reize. Die Sozialstruktur kann aber eher als niedrig bezeichnet werden. Erlesene Lokale werden Sie hier also kaum finden, dafür aber internationale Snacks in kaum als solche zu identifizierenden Lokalen.

Die **Greektown** erreichen Sie, indem Sie die Parliament Street in nördlicher Richtung weiterfahren. Dort macht diese 2 Rechtskurven, um dann in die Bloor Streeet East überzugehen. Sobald Sie die Talbrücke überquert haben, heißt die Straße Danforth Avenue, und Sie befinden sich bereits am westlichen Ausläufer der Greektown. Viele griechische Lokale und zweisprachige (griech./engl.) Straßenschilder unterstreichen die ethnische Struktur. Die Straßencafés und -restaurants laden zu einem Kaffee oder sogar einem Gyros- oder Moussaka Dinner mit Retsina ein. Kleine Geschäfte bieten sich zudem zum Windowshopping an.

Toronto Islands

Fähren
Die Abfahrtsstelle der Fähren liegt hinter dem Westin Harbour Castle.

Nur 3 km vom Hafen entfernt liegen die Toronto Islands, das beliebteste Ausflugsziel der Einheimischen. Vom Queen's Quay Island Ferries Terminal fahren die Fähren in wenigen Minuten hinüber zu den Inseln, die für die Großstädter mit Schwimmbädern, Wasserrädern, Stränden, Dünen, Lagunen, Spiel-, Sport- und Picknickplätzen, Wander- und Fahrradwegen ein beliebtes Erholungsgebiet sind. Im Sommer locken Reggae-, Folk- und Jazz-Festivals noch mehr Besucher an, die dann im Schein der untergehenden Sonne den prächtigen Blick auf die Skyline von Toronto genießen. Höhepunkt des Jahres ist die Anfang August stattfindende "Caribana" mit Musik, Tänzen und Paraden aus der Karibik.

"Toronto Islands" - ein beliebtes Ausflugsziel

Toronto als Kulturstadt

Übersicht über die Museen in Toronto

- **Art Gallery of Ontario,** 317 Dundas St. West, Tel.: 977 0414 bzw. 979-6648, geöffnet: täglich 10h00-16h30 (Zeiten variieren). Eines der berühmtesten Kunstmuseen Kanadas.
- George R. Gardiner Museum of Ceramic Art, 111 Queen's Park, Tel.: 586 8080, geöffnet: Di 10h00-19h30, Mi-So 10h00-17h00. International bekannte Sammlung mit Keramiken aus 4

Jahrtausenden, dazu gehören z.B. englisches Porzellan, italienische Majolika oder präkolumbianische Töpfereien.

● Royal Ontario Museum, 100 Queen's Park, Tel.: 586 5549 bzw. 5551, geöffnet: Mo-Sa 10h00-18h00, Di bis 20h00, So 11h00-18h00, ist eines der größten Museen der Welt. Naturkundliches und Geschichte.

● Hockey Hall of Fame and Museum/Canada's Sports Hall of Fame: BCE.Center, zwischen Bay und Yonge Sts an der Front St. W., Tel.: (416) 360-1501, geöffnet: Mo-Mi+Sa 9h00-18h00, Do+Fr 9h00-21h30, So 10h00-18h00. Zwei kleine Museen für Sportinteressierte und Sportbegeisterte auf dem Gelände der Canadian National Exhibition. Die Hockeyausstellung ist die größte der Welt.

● Bata Shoe Museum Collection: 327 Bloor St.W., Tel.: (416) 924-7463, geöffnet: Di-So 11h00-18h00. Mit 9.000 Paar Schuhen das größte Schuhmusem der Welt. Beginnend bei den alten Ägyptern bis hin zu den modernsten High-Heels gibt es alle Stilvarianten.

● Museum of Textiles: 55 Centre Ave., Tel.: (416) 599-5321, geöffnet: Di-So 11h00-17h00 (Sa+So erst ab 12h00). Textilien aus allen Zeitepochen und aus verschiedenen Ländern der Erde.

● Fort York: Garrison Rd und Fleet St., Tel.: (416) 392-6827, geöffnet: Di-So 10h00-16h00. Altes Fort aus der Zeit des Krieges von 1812.

● Casa Loma: 1 Austin Terrace, Tel.: (416) 923-1171, geöffnet: täglich 10h00-16h00. Elegante "Burg"-Villa mit schöner Gartenanlage.

● Ontario Science Center: 770 Don Mills Rd, Don Mills, Tel.: (416) 429-4100, geöffnet: täglich 10h00-18h00, Fr. bis 21h00. Großes technisches Museum mit vielen "Hands-on"- Versuchsstationen

● Marine Museum of Upper Ontario: Stanley Barracks, Tel.: (416) 392-1765, geöffnet: Di-So 10h00-16h00. Geschichte der Seefahrt auf den Großen Seen und die des Hafens von Toronto.

● McMichael Canadian Art Collection: 10365 Islington Ave. in Kleinberg, Tel.: (905) 893-1121, geöffnet: Juni-Okt. täglich 10h00-17h00, Rest des Jahres Di-So 10h00-16h00. Kunstmuseum mit der größten Ausstellung von Werken der berühmten "Group of Seven".

Übersicht über Theater und Konzerthallen

● O'Keefe Centre, 1 Front St. East, Tel.: 872 2262, das Kulturzentrum ist mit 3 220 Plätzen Torontos größtes Theater. Es stammt aus dem Jahre 1960 und ist für seine modernen Shows und Broadway-Musicals ebenso bekannt wie für die Vorstellungen des "National Ballet of Canada" und der "Canadian Opera Company".

● Royal Alexandra Theatre, 260 King St., Tel.: 872 3333, das Theater wurde sorgfältig restauriert und erinnert mit seinen Plüschsitzen, dem barocken Schmuck, zwei großen Logen und hohen Rängen an die großen europäischen Theater. Im Theater werden Musicals und moderne Shows aufgeführt.

● Elgin & Winter Garden Theatres, fast drei Jahre dauerten die Restaurationsarbeiten an den beiden historischen Theatern, die jetzt sehr viel Atmosphäre haben. Es lohnt sich, an der einstündigen Führung teilzunehmen, die jeweils Do um 17 Uhr und Sa um 11 Uhr stattfindet.

● Pantages Theatre, 244 Victoria St., Tel.: 872 2222, wurde schon in den Zwanziger Jahren gebaut, dann als Kino benutzt und 1989 mit der sehr erfolgreichen Aufführung des "Phantom of the Opera" wiedereröffnet.

● Massey Hall, 178 Victoria St., Tel.: 593 4828, die im Jahre 1894 gebaute Konzerthalle bietet 2 757 Zuschauern Platz und wird wegen ihrer außergewöhnlich guten Akustik sehr geschätzt; wie in der Vergangenheit, treten hier viele große, international bekannte Künstler auf.

● Roy Thomson Hall, 60 Simcoe St., Tel.: 872-HALL, das bekannte "Toronto Symphony Orchestra" ist in der sehr modernen Konzerthalle aus dem Jahre 1982 ebenso zu Hause wie der "Toronto Mendelssohn Chor"; neben klassischen Konzerten mit erstklassigen Solisten findet alljährlich im Juni das "du Maurier Downtown Jazz Festival" statt. Führungen finden Mo - Fr um 12.30 Uhr statt, Informationen erhalten Sie unter der Rufnummer 593 4822.

9.6.5 SEHENSWERTES IN DER UMGEBUNG VON TORONTO

■ **Ontario Science Centre,** 770 Don Mills Road, Tel.: (416) 429-4100, täglich geöffnet von 10 - 18 Uhr, freitags von 10 - 21 Uhr. Im Nordosten der Stadt liegt das **Ontario Science Centre**. Das Museum wurde 1969 zur Erinnerung an die 100jährige Geschichte Kanadas gebaut und zeigt auf anschauliche Weise Interessantes aus allen Bereichen der Naturwissenschaften; viel Raum wird durch die Installation moderner Versuchsstationen und Computer auch dem eigenen Forschen und Entdecken durch die Besucher eingeräumt.

■ **Metro Toronto Zoo**, Hwy 401 und Meadowvale, Tel.: (416) 392 5900, im Sommer täglich geöffnet von 9.30 - 19.30 Uhr, im Winter von 9.30 - 16.30. Etwa 40 km nordöstlich vom Stadtzentrum dehnt sich auf einer Fläche von 283 Hektar der weitläufige **Metro Toronto Zoo** aus. Der Park wurde nach Erdteilen und Klimazonen gegliedert, so daß die Tiere der über 4.000 Tierarten in einer natürlich wirkenden Umgebung leben.

Besonders interessant sind der nordamerikanische Lebensraum mit Grizzlybären und Bisons, die acht tropischen Pavillons, die vier "Entdeckerpfade" und die Fahrt durch den Zoo mit dem Zoomobile oder dem Monorail.

■ **Black Creek Pioneer Village**, Steeles Avenue/Jane Street, Tel.: (416) 736 1733, Juli/August täglich geöffnet von 10 - 18 Uhr, sonst 9.30 - 17 Uhr. Etwa 30 km nordwestlich der Innenstadt liegt das Freilichtmuseum **Black Creek Pioneer Village**, die authentische Rekonstruktion eines Dorfes aus der Zeit von 1790 bis 1860. In Wohnhäusern, Handwerksbetrieben, einer Mühle und einer Schmiede zeigen originalgetreu gekleidete "Pioniere" Szenen aus dem täglichen Leben und lassen so die Vergangenheit lebendig werden.

■ **Paramount Canada's Wonderland**, am Hwy 400, Tel.: (905) 832 7400, täglich geöffnet im Juni von 10 - 20 Uhr, von Juli bis September von 10 - 22 Uhr. Besonders bei Kindern beliebt ist der Freizeit- und Vergnügungspark **Canada's Wonderland** mit vielen Karussells, Achterbahnen und Shows, der ca. 30 km nordwestlich vom Stadtzentrum liegt.

Der Park ist nach acht Themenbereichen aufgebaut, zu denen z.B. ein mittelalterlicher Markt und Wildwasser-Canyon gehören.

■ **McMichael Art Collection**, Kleinburg, Islington Avenue, Tel.: (905) 893 1121. Öffnungszeiten vom 1. April bis 31. Oktober täglich von 10 - 17 Uhr, vom 1. November bis 31. März Di - So von 11 bis 16.00 Uhr. Etwa 40 km nordwestlich vom Stadtzentrum liegt der Ort **Kleinburg** mit der sehr sehenswerten **McMichael Art Collection**. Es ist eine Stiftung von Robert und Signe McMichael, die 1952 das Land in der Hügellandschaft des Humber Tales kauften. Sie bauten unter alten Bäumen ein Haus aus Holz und Stein und sammelten Landschaftsbilder kanadischer Künstler. Ihre Sammlung wurde so bekannt, daß sie sich 1965 entschlossen, Haus und Gemäldesammlung der Provinz von Ontario zu schenken.

Die einzigartige Sammlung kanadischer Kunstwerke, die inzwischen auf über 5.000 Werke angewachsen ist, umfaßt Arbeiten der kanadischen Maler Tom Thomson, David Milne, Emily Carr, der Group of Seven und zeitgenössischer Künstler sowie Skulpturen, Schnitzarbeiten und Lithographien von Indianern und Inuits.

INFO

Informationen zu den Malern der Group of Seven

Zur "Group of Seven" zählen jene kanadischen Maler, die erstmals eine eigenständige kanadische Kunstrichtung schufen.

Der Maler Tom Thomson war durch lange Aufenthalte im Algonquin Park und Norden Ontarios so von der Natur beeindruckt, daß er diese Landschaft in seinen Bildern darzustellen versuchte. Die Maler Lawren Harris, A.Y. Jackson, J.E.H. MacDonald, Franklin Carmichael und gelegentlich auch Frederick Varley nahmen oft an seinen Ausflügen in die unberührte Natur teil und suchten wie Thomson nach eigenen Ausdrucksformen zur Darstellung der rauhen kanadischen Landschaft.

"White Pine" – A.J. Casson

Nach dem Tode Thomsons schlossen sich die Künstler mit Arthur Lismer und Frank Johnston zur "Group of Seven" zusammen und stellten erstmals 1920 gemeinsam in Toronto aus.

Diese Ausstellung löste starke Kritik aus, da kanadische Künstler sich bis dahin weitgehend darauf beschränkt hatten, europäische Szenen und Motive aufzugreifen; die Maler der "Group of Seven" stellten nun die rauhe, von Menschen unberührte Wildnis Kanadas dar, geleitet von einer Idee, die Jackson so formulierte: "Nur durch die Pflege einer eigenständigen kanadischen Kunst können wir uns zu einem Volk entwickeln". Die Arbeiten der "Group of Seven" wurden in Toronto, Montréal und in Städten der USA mit wechselnden Erfolgen ausgestellt; seit 1932 wurden sie dann als Vertreter einer der "größten Schulen der Landschaftsmalerei" anerkannt.

9.7 ALTERNATIVROUTE: VON TORONTO UM DEN LAKE ONTARIO NACH BUFFALO

Highlights

- Eine **Hausboottour** auf dem Trent-Severn-Waterway unternehmen
- Einen "Extratag" in der schönen Stadt **Kingston** verbringen
- Fahrt zu den **Thousand Islands**
- Besuch des **George Eastman House** in Rochester

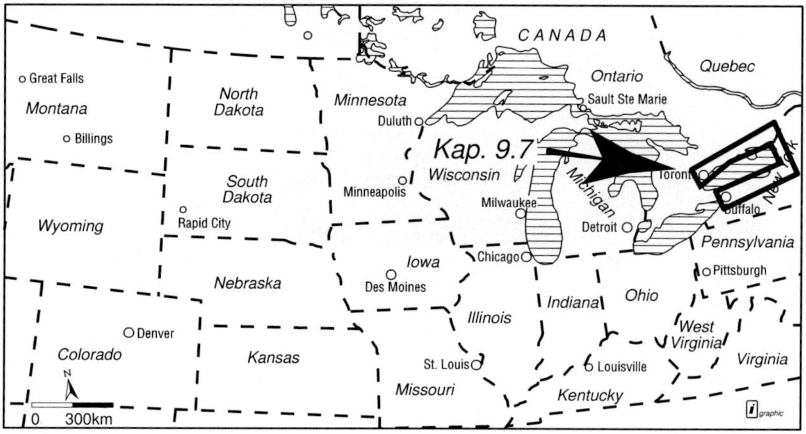

9.7.1 ÜBERBLICK

"Getaway Country" wird diese Region genannt, die von den Ausläufern der Metropole Toronto in fruchtbares Farmland führt und einige sehr reizvolle Provinzparks und zahlreiche Sehenswürdigkeiten besitzt. Erwarten Sie aber am Lake Ontario nicht dramatische Naturerlebnisse, wie Sie sie vom Lake Superior her kennen. Die Landschaft am See ist sehr schön, aber auf dieser Strecke ist es eher die Stadt Kingston, der Loyalist Parkway, das nördliche Hinterland in Kanada sowie die 1000 Islands, die beeindrucken – letztere aber sind fürwahr atemberaubend.

Auf amerikanischer Seite sieht es ähnlich aus, wobei auch hier zahlreiche kleine State Parks Naturerlebnisse bzw. Picknickpausen bieten und die Uferzone - besetzt von Wäldern und Sümpfen – schöne Ausblicke verspricht. Hier werden besonders Angler ihre Freude haben. Vergessen Sie aber nicht: Die Staaten (Südost-) Ontario und New York zählen zu den dichter besiedelten Regionen Amerikas, womit Sie die ewige Weite und die riesigen Wälder wie in Upper Michigan, Minnesota und West-Ontario nicht erwarten dürfen.

Rochester ist zwar eine Industriestadt, die aber reizvolle Ecken aufweist und deren Umland landschaftlich sehr schön ist. Rochester ist auch Sitz der Kodakfabrik, deren Riesenwerk hier 25% aller Filmrollen der Welt produziert.

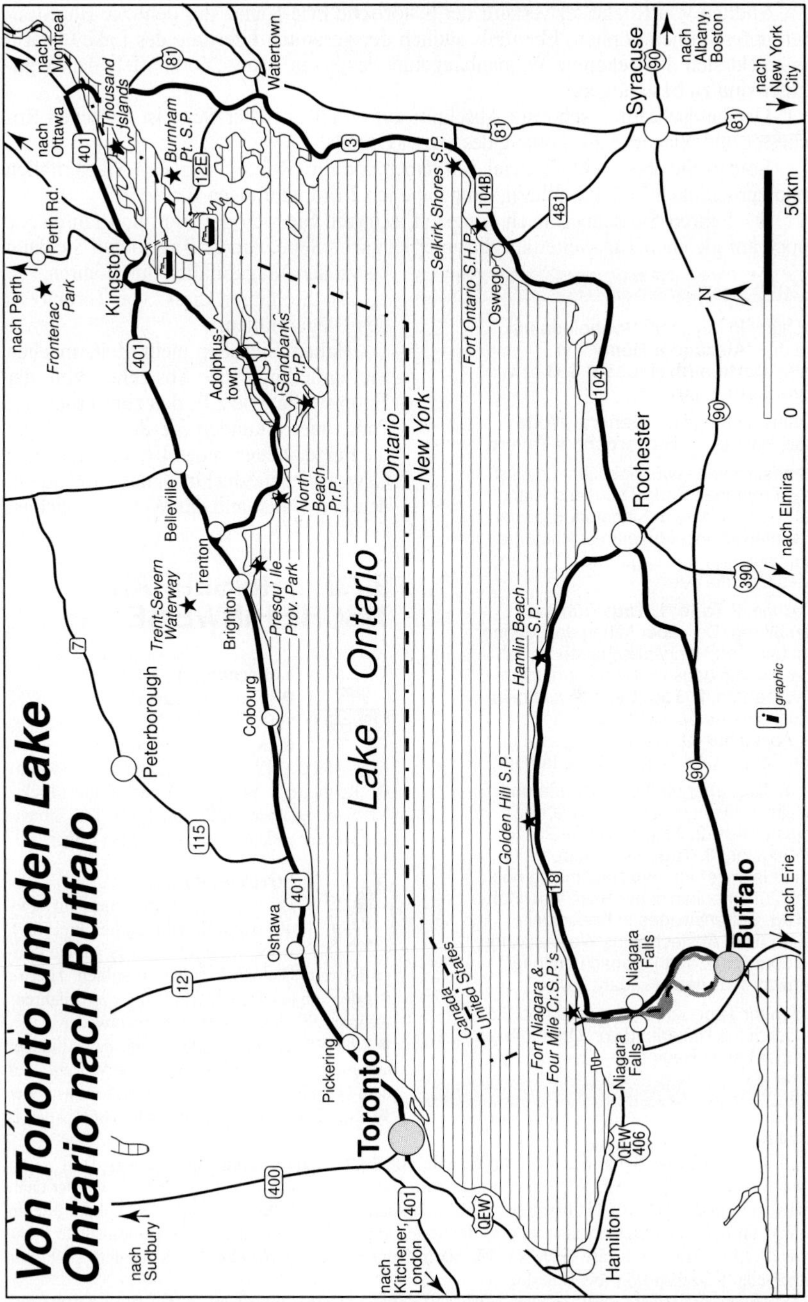
Von Toronto um den Lake Ontario nach Buffalo
nach Sudbury
nach Kitchener, London
401
400
QEW
Toronto
Pickering
12
Oshawa
401
115
Peterborough
7
Cobourg
Brighton
Trent-Severn Waterway
Trenton
Belleville
Adolphus-town
401
Kingston
Frontenac Park
nach Perth
Perth Rd.
nach Ottawa
401
Thousand Islands
nach Montreal
Burnham Pt. S.P.
12E
81
Watertown
3
Presqu' Ile Prov. Park
North Beach Pr.P.
Sandbanks Pr.P.
Lake Ontario
Ontario
New York
Canada
United States
Hamilton
QEW 406
Niagara Falls
Niagara Falls
Fort Niagara & Four Mile Cr.S.P.'s
18
Golden Hill S.P.
Hamlin Beach S.P.
104
Fort Ontario S.H.P.
Oswego
104B
Selkirk Shores S.P.
81
Syracuse
90
481
Buffalo
nach Erie
90
Rochester
390
nach Elmira
90
nach Albany, Boston
nach New York City
81
N
0
50km
graphic

Südlich von Rochester verläuft der historische Erie-Kanal, auf dem Sie Bootstouren unternehmen können. Ebenfalls südlich der gesamten Uferlinie des Lake Ontario erstreckt sich das bekannte Weinanbaugebiet des Staates New York. Viele der Weingüter sind zu besichtigen.

Der landschaftlich schönste Abschnitt auf amerikanischer Seite ist zwischen Rochester und Niagara Falls entlang des Seaway Trails.

Sollten Sie aber nicht allzuviel Zeit haben und Ihre Route Sie zu den Niagarafällen und zurück nach Chicago führen, dann habe ich 2 Empfehlungen für Sie:

◆ Fahren Sie schnell nach Kingston, schauen Sie sich dort um, und fahren Sie noch am gleichen Tag weiter auf die amerikanische Seite. Am 2. Tag sollten Sie dann bis zu den Niagarafällen durchfahren.

◆ Sie fahren direkt von Toronto zu den Niagarafällen.

Haben Sie aber mehr Zeit, machen Sie unbedingt die Abstecher von der Hauptstraße, wie z.B. den zum Frontenac Park, oder erkunden Sie die Gebiete um die Finger-Lakes in den USA (südlich von Oswego/Rochester) bzw. das Umland um den Erie Canal und das Weinanbaugebiet.

Redaktions-Tips

- Übernachten: In Kingston: **Hochelaga Inn** bzw. auf der **"Alexander Henry"**; in Rochester: **Dartmouth House B & B** bzw. das **Oliver Loud's Inn**
- Restaurants: in Kingston: **General Wolfe Hotel**, bei Rochester: **Richardson's Tavern**
- Bedeutendste Sehenswürdigkeiten: Loyalist Parkway, Frontenac Park, Thousand Island Kreuzfahrt, Fort Henry in Kingston, Eastman House & International Museum of Photography in Rochester, Fort Niagara, die Uferlandschaft des Ontario-See
- Zeiteinteilung: **2 Tage**: **1. Tag**: Früh nach Kingston fahren. Dort über Mittag das Marine Museum und Fort Henry anschauen. Lunch in Kingston. Nachmittags weiter auf amerikanische Seite fahren. **2. Tag**: Sehenswürdigkeiten in Rochester anschauen. Anschließend, evtl. mit Abstecher ins Weinanbaugebiet und zum Erie Canal, nach Niagara Falls fahren.

  4 Tage: **1. Tag**: über die Küstenstraße und den Loyalist Parkway bis Kingston fahren. Dort übernachten. **2. Tag**: Nehmen Sie sich Zeit für Kingston. **3. Tag**: Fahrt zu den "Thousand Islands" und am Nachmittag noch ein Stück auf amerikanischer Seite weiterfahren. **4. Tag**: Sehenswertes in Rochester anschauen (inkl. Abstecher ins Weinanbaugebiet und zum Erie Canal), danach entlang dem Seaway Trail nach Niagara Falls.

  Falls Sie mehr Tage Zeit haben, machen Sie die Abstecher ins Hinterland von Ontario bzw. in die Finger Lakes Region).

9.7.2 REISEPRAKTISCHE HINWEISE

Entfernungen

- Toronto - Kingston: 159 mi/256 km
- Kingston - Rochester (Fähre - NY 12E - NY 3 - NY 104): 170-220 mi/274-354 km
- Rochester - Buffalo: 73 mi/118 km (direkte Verbindung über I-490 und I-90). Die Strecke am Seeufer entlang ist ca. 60 Meilen länger.

Streckenführung

Bis Kingston folgen Sie dem Hwy 401 (MacDonald Cartier Freeway), wobei Sie einen Umweg auf die Prince Edward Halbinsel einplanen sollten. Hierfür würden Sie bei Trenton vom Highway abfahren. Nehmen Sie dann von Kingston entweder

- die Fähren zur Wolfe Island, dann hinüber auf amerikanische Seite nach Cape Vincent. Auf dem NY 12E geht es dann nach Watertown, oder
- Sie fahren über die Interstate-Brücke des I-81 bis Watertown.

Auf amerikanischer Seite folgen Sie im Grunde nur der Uferstraße, dem sog. "Seaway Trail". Von Watertown weiter auf dem NY 3 bis Port Ontario. Dieser geht dann über in den NY 13 und der dann wiederum in den NY 104 bis Rochester. Letzteren können Sie hier und dort verlassen und des öfteren direkt an den Lake Ontario fahren. Von Rochester folgen Sie weiter dem Lake Ontario State Parkway/Seaway Trail (teilweise auch NY 18) bis Niagara Falls, und von dort ist es auf dem I-190 nur noch ein "Katzensprung" bis Buffalo.

Die schnellste Variante führt natürlich entlang den Highways und Interstates: 401, I-81 und I-90.

9.7.3 SEHENSWERTES

Von Toronto nach Kingston

■ Pickering

Zum Museumsdorf Pickering Museum Village (geöffnet: Juli - August, Mittwoch bis Sonntag, Juni und September an den Wochenenden), Greenwood, Highway 7 East, gehören 13 historische Häuser aus den Jahren 1830 bis 1900.

Interessant ist das Pickering Nuclear Generating Station and Energy Information Centre, Brock Road, wo Sie ausführliche Informationen erhalten. Ganzjährig geöffnet.

■ Oshawa

Alte Gebäude erinnern daran, daß Oshawa früher ein kleiner Hafenort war. Heute ist es ein Zentrum der kanadischen Automobilindustrie. Sehenswert sind:

- das Canadian Automotive Museum, 99 Simcoe St. South, ganzjährig geöffnet, mit Ausstellungen zur Geschichte der Automobilherstellung;
- das Oshawa Sydenham Museum, das aus drei historischen Häusern aus den Jahren 1835 - 1849 besteht;
- das Herrenhaus Parkwood Estate, 270 Simcoe St. North, von April - Dezember geöffnet. Hier lebte R.S. McLaughlin, der "Mr. General Motors" von Kanada.

■ Brighton

Der kleine Ort liegt zwischen Obstplantagen an der Zufahrt zum Presqu'Ile Provincial Park. Der ca. 800 ha große Park ist vor allem im Frühjahr und im Herbst ein ideales Revier für die Vogelbeobachtung und hat eine schöne Badebucht, weitläufige Campingplätze, ein Museum und ein Aquarium.

■ Trenton

Am westlichen Ende des Loyalist Parkway liegt die kleine Stadt Trenton mit knapp 15.000 Einwohnern, die nicht nur gute Wasser- und Wintersportmöglichkeiten bietet, sondern auch ein interessantes Museum besitzt:

RCAF Memorial Museum, Canadian Forces Base Trenton: Das Museum wurde 1984 anläßlich des 60jährigen Bestehens der kanadischen Luftwaffe eröffnet und zeigt Ausstellungsstücke und Bilddokumentationen zur Geschichte der Luftfahrt und der kanadischen Luftwaffe. Geöffnet: ganzjährig von Mo - Fr, von Mitte Juni bis Mitte September täglich.

In Trenton beginnt das Trent-Severn-Kanalsystem (Waterway), das über 386 km vom Ontario-See (Trenton) in die Georgian Bay (Midland-Area) führt.

INFO

Informationen über den Severn-Waterway

Als der französische Forscher Samuel de Champlain 1615 das Land zwischen Ontario-See und Georgian Bay bereiste, folgte er einer alten Wasserstraße. Dabei mußten die Strecken zwischen den Seen und Flüssen zu Fuß zurückgelegt werden!

Da die rasch wachsende Wirtschaft Ontarios im 19. Jahrhundert gute und schnelle Verkehrs- und Transportwege benötigte, wurde der Bau eines Kanal-

Im Land der "Kawarthas"

systems zwischen dem Ontario-See und der Georgian Bay geplant. Als die Arbeiten nach 87jähriger Bauzeit endlich fertiggestellt waren, waren längst andere, schnellere Transportwege gefunden worden.

Das Trent-Severn-Waterway-System ist nun ein touristischer Anziehungspunkt. Zahllose Seen sind durch das Kanalsystem miteinander verbunden, wie z.B. der Rice Lake, der Stony Lake, der Pigeon Lake, der Balsam Lake und der Lake Simcoe.

Mit einem Ausflugsschiff, dem eigenen Motorboot oder geruhsamer noch mit dem Kanu oder mit einem gemieteten Hausboot können Sie durch das Land der "Kawarthas" fahren, vorbei an stillen Wäldern, über klare Flüsse und Seen. Dabei müssen Sie auf der Gesamtstrecke 44 Schleusen passieren, darunter auch das 1905 gebaute Hebewerk bei Peterborough, bei dem eine Geländestufe von 20 m bewältigt werden muß.

Technisch besonders interessant, für den Anfänger in der Praxis auch aufregend, ist die "Wassertreppe" bei Campbellford, wo durch sieben nahe beieinanderliegende Schleusen ein Höhenunterschied von 24 m überwunden wird.

Bootstouren auf dem Trent-Severn-Waterway:

● Ontario Waterway Cruises Inc., Box 6 Orilla, ON, Tel.: (705) 327 5767, mit dem Schiff

● Kawartha Voyageur bietet mehrtägige Fahrten für 24 Passagiere auf dem Trent-Severn-Waterway und auf dem Rideau-Kanal auf folgenden Strecken:

- von Peterborough nach Big Chute und zurück und
- von Kingston nach Peterborough und zurück.

● Egan Marine's Sunburst Houseboat Rentals: RR 4, Omemee, Ont. K0L 2WO, Tel.: (705) 799-5745, Fax: (705) 799-5790. Hausboote, bei denen Sie selbst der Käpitän sind! Eine genaue Einweisung genügt ... und ab geht's. An Bord ist Platz für mind. 6 Personen. Rechtzeitiges Buchen ist aber wichtig. Dafür gibt es in Deutschland ein Reisebüro, das dieses organisiert: Wolter's Reisen: Bremer Str. 48, 28816 Stuhr, Tel.: (0421) 89990, Fax: (0421) 801447.

Was muß ich bedenken beim Mieten von Hausbooten?

● das Mindestalter zum Mieten ist 21,

● es ist kein Bootsführerschein erforderlich,

● Übernachtung an Bord bereits eine Nacht vor Übernahme möglich,

● vor der Übernahme erfolgt ein ausführliches Trainingsprogramm über die Handhabung direkt an Bord und per Video über das Fahrgebiet,

● Bettwäsche kann vor Ort gemietet werden,

● Pkw-Abstellplätze stehen zur Verfügung,

● Bei der Übernahme ist eine Kaution (z.Zt. Can$ 250) zu hinterlegen,

● der Vermieter garantiert mit seinem "Problem-Fall-Service" technische Hilfe innerhalb einer Stunde nach Eingang der Meldung bei ihm,

- Übernachtungsempfehlung in Peterborough: Elizabeth Davidson House Bed & Breakfast $$-$$$: 520 Dickson Street, Peterborough, Ont., Tel.: (705) 749-6960. Sehr persönlich geführtes B&B. Sie werden zu den Hausbooten gebracht.
- Übernachtungsempfehlung in Midland: siehe in Kapitel 9.5.3

Lesetip
In den Touristeninformationsbüros erhalten Sie ein Faltblatt mit Informationen, Vorschriften und Anweisungen für richtiges Verhalten beim Passieren der Schleusen mit dem eigenen Boot:
"Locking Through Safely – Trent-Severn Waterway, Rideau Canal".

Streckenhinweis
Von Trenton können Sie weiter den beiden Highways 401 oder 2 in Richtung Kingston folgen; reizvoll ist jedoch auch die Fahrt über den "Loyalist Parkway" (Highway 33), der über Wellington, Picton und Bath nach Kingston führt.

Von Trenton nach Kingston

INFO

Informationen über den Loyalist Parkway

Der Reisende auf dem "Loyalist Parkway" folgt den Spuren der britischen Loyalisten, die zwei Jahrhunderte zuvor die USA verließen und das Land besiedelten. An der 94 km langen Strecke zwischen Trenton und Kingston liegen inmitten fruchtbaren Farmlandes reizvolle Ortschaften mit historischen Gebäuden, alten Kirchen und kleinen Museen, mit zahlreichen Geschäften und Handwerksbetrieben. Etwa auf der Hälfte der Strecke verlassen Sie in Glenora die Halbinsel Prince Edward und fahren in 15 Minuten kostenlos mit der Fähre hinüber nach Adolphustown. Von dort geht es über Bath, Millhaven und Amherstview nach Kingston.

Dabei durchquert der Loyalist Parkway die buchtenreiche Halbinsel Prince Edward, deren Zentrum die kleine, reizvolle Stadt Picton mit dem Prince Edward County Museum ist.

Übernachten auf der Prince Edward-Halbinsel

- **Isaiah Tubbs Resort $$$-$$$$:** RR1, West Lake Rd (CO 12), Picton, Ont.KOK 2TO, Tel.: (613) 393 2090 od. 800-267-0525, Fax: (613) 393-2812. Ferienanlage mit 35 Wohneinheiten, Wassersportangebot, Tennis, Golf.
- **Merrill Inn $$$:** 343 Main St E, Picton, Ont. K0K 2TO, Tel.: (613) 476 7451 od. 800-567-5969, Fax: (613) 476-8283. Das restaurierte viktorianische Haus (von 1870) verfügt über 15 stilvoll eingerichtete Zimmer mit Kamin oder Whirlpool.
- **York Farms Cottages $$$:** RR2, Milford, Ont., Tel.: (613) 476 3849. Die Anlage liegt 11 km südöstlich von Picton bei Milford am Black River
- **Picton Bay Familiy Restaurant & Motel $-$$:** 33 Bridge Street, Tel.: (613) 476 2186. Einfache Anlage an der Picton Bay
- **Sandbanks Beach Resort $$$-$$$$:** RR1, Picton, Ont. KOK 2TO, Tel.: (613) 393 3022, Anlage mit 10 Cottages am West Lake

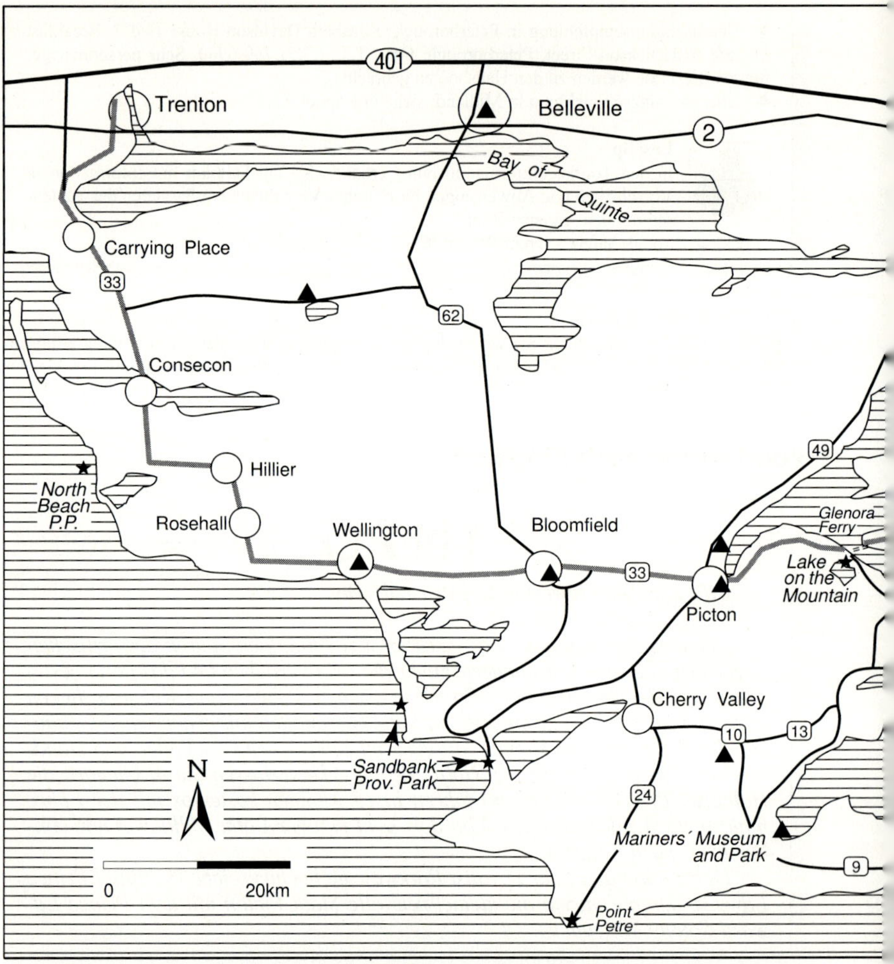

■ **Sehenswertes auf der Prince Edward-Halbinsel**

◆ das **Ameliasburgh Historical Museum**, in Amaliasburg, County Road 19, kleines Museumsdorf mit einer Kirche aus dem Jahre 1868, in der jetzt das Museum eingerichtet ist, mit einer Schmiedewerkstatt, Webstuben und alten landwirtschaftlichen Geräten; Öffnungszeiten: täglich von 10 - 16.30 im Juni, Juli und August, im Mai, September und Oktober nur an Wochenenden.

◆ das **Reptilienzentrum in Cherry Valley**, 80 verschiedene Reptilien und Amphibien aus aller Welt werden in ihren natürlichen Lebensräumen gezeigt; Öffnungszeiten: täglich von Mitte Mai bis Oktober, sonst nur an Wochenenden

◆ das **Mariner's Museum Lighthouse Park**, South Bay, südlich von Milford, 1966 gegründetes Museum mit Ausstellungsstücken aus dem Privatbesitz ortsansässiger Familien. Öffnungszeiten: täglich von 9 - 17 Uhr im Juli und August, vom 24. Mai bis Mitte Oktober nur an Wochenenden

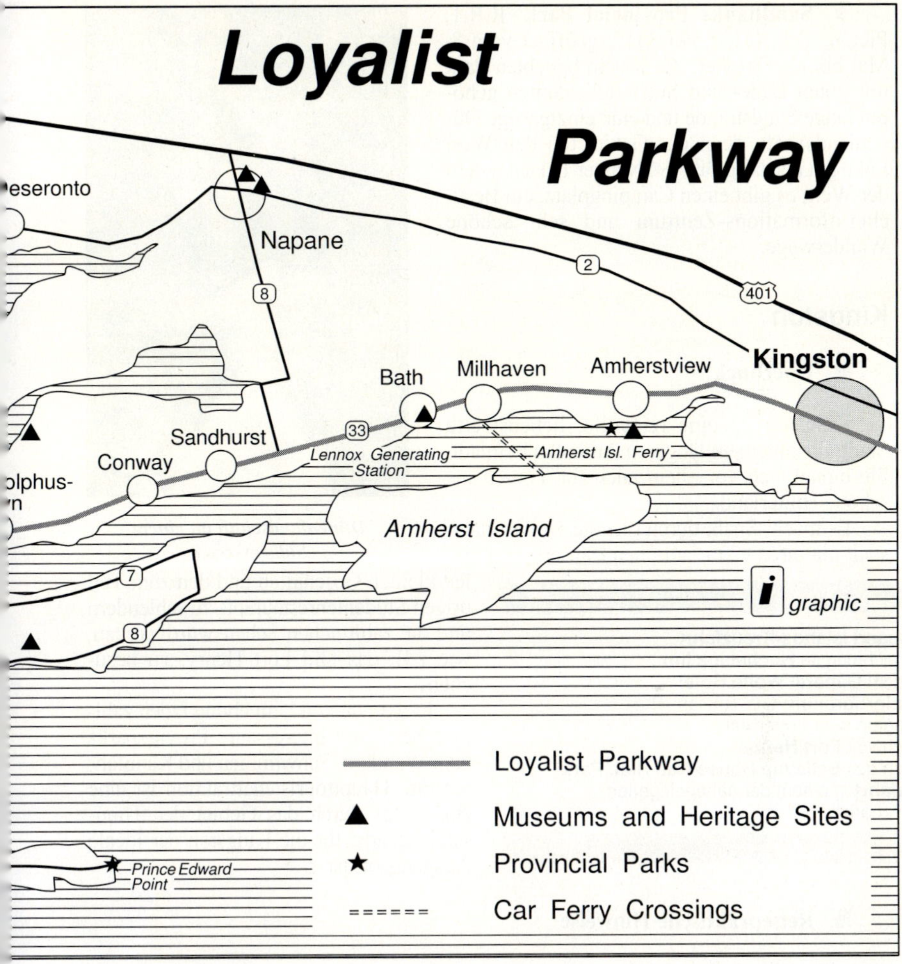

◆ **Birdhouse City**: südlich von Picton wurde eine Ausstellung mit 85 verschiedenen Vogelhäusern eingerichtet, die von Schulklassen, Jugendgruppen und Privatleuten gebaut und gestiftet wurden, Besuch jederzeit möglich.

■ **Beliebte Ausflugsziele auf der Halbinsel sind die drei Provinzparks:**

◆ **Lake on the Mountain**: R.R.1, Picton, Tel.: (613) 293 3319, geöffnet vom 1. Mai bis 12. Oktober. Der kleine, sehr klare See ist ein beliebtes Ausflugsziel. Der See liegt 61 m über dem Ontario-See; eine Fähre verbindet die beiden Seeufer.

Oberhalb des Sees gibt es Picknickplätze und Bootsanlegestellen, jedoch keine Übernachtungsmöglichkeiten.

◆ **North Beach**: R.R.3, Consecon, Tel.: (613) 399 2030, geöffnet vom 19. Juni bis 7. September. Kleiner Park mit Picknickplätzen, Badestrand, nahegelegenem Bootsverleih, aber ohne Übernachtungsmöglichkeiten.

◆ **Sandbanks Provincial Park**: R.R.1, Picton, Tel.: (613) 393 3319, geöffnet vom 8. Mai bis 12. Oktober. Zu diesem beliebten Park mit guten Bade- und Surfmöglichkeiten gehören lange Sandstrände und eine einzigartige Dünenlandschaft, denn das Gebiet um den West Lake gilt als das größte Süßwasser-Dünensystem der Welt; es gibt einen Campingplatz, ein Besucherinformations-Zentrum und sehr schöne Wanderwege.

Dünenlandschaft an einem Süßwassersee

Kingston

Überblick

Kingston ist eine reizvolle, liebenswerte Stadt, die zu einem längeren Aufenthalt einlädt. Sie eignet sich vor allem auch für Touren ins schöne Hinterland.

Es macht Spaß, durch die alte Universitätsstadt mit ihren viktorianischen Häusern, den vielen kleinen Geschäften und den zum Teil urigen Studentenrestaurants zu schlendern und die zahlreichen Sehenswürdigkeiten, wie z.B. das Old Fort Henry, zu besuchen.

In der näheren Umgebung laden zahllose Seen und interessante Provinzparks zum Wandern, Schwimmen und Kanufahren ein. Haupttouristenattraktion ist eine Bootsfahrt durch das Gebiet der Thousand Islands, für die Kingston der ideale Ausgangsort ist.

Redaktions-Tips

- **Thousand Islands-Kreuzfahrt**
- Übernachtung im **Hochelaga Inn**
- Essen im **General Wolfe Hotel**
- **Abendprogramm**: The Toucan, The Wellington oder Lone Star
- Besuch von **Fort Henry**
- Besuch des **Bellevue House Nat. Hist. Park**
- **Kanufahrt** in einem der nahegelegenen Provinzparks

Reisepraktische Hinweise

Information
Visitor Information Office, 209 Ontario Street, Kingston, Ontario K7L 2Z1, in der alten Bahnstation am Hafen, Tel.: (613) 548 4415. Auf Wunsch wird auch Informationsmaterial nach Deutschland geschickt.

Telefonnummern
- Vorwahl: 613
- Polizei, Feuer, Medizinischer Notdienst: 911
- Wetterinformation: 389 3252
- Canadian Automobile Association: 546 2679

Flüge
Der Flughafen von Kingston liegt etwa 10 km außerhalb der Stadt. Flüge gehen in westlicher Richtung über Toronto bis nach British Columbia, nach Osten nach Montréal und zu den Atlantikprovinzen. Canadian Airlines: 1-800-268-4910 oder (613) 384 7072

Öffentliche Verkehrsmittel

- Überlandbusse: Tel.: 547 4916
- Zugverbindungen: Tel.: 544 5600

Es bestehen mehrmals täglich Bus- bzw. Zugverbindungen zwischen Kingston - Ottawa, Kingston - Montréal, Kingston - Toronto

Fähren

- Wolfe Island Ferry: Tel.: 544 2231. Die Fähren zwischen Kingston und Wolfe Island verkehren stündlich zwischen 6 und 24 Uhr, in den Sommermonaten werden zusätzliche Fahrten eingefügt.
- Cape Vincent Ferry: Tel.: 385 2291. Die Fähren zwischen Wolfe Island und Cape Vincent/USA verkehren von Mai bis Oktober etwa stündlich zwischen 8 und 19 Uhr. Dauer der Überfahrt: ca. 10 Minuten; Paßkontrolle

Mietwagen

- Avis: 624 Princess St., Tel.: 549 2847 oder 1-800-879-2847
- Budget: 875 Counter St., Tel.: 546 3231 oder 1-800-268 8900
- Hertz: 361 Montréal St., Tel.: 542 2222 oder 1-800-263-0600
- Tilden: 2212 Princess St., Tel.: 546 1145 oder 1-800-361-5334
- HOJ: 1 Princess St., im Holiday Inn, Tel.: 530 2098 oder 1-800-387-4926

Outdoor-Ausrüstung/Kanumieten

- North Ridge Wilderness: Ecke Wellington/Queen Sts. Hier können Sie sich die nötige Ausrüstung für Wanderungen bzw. Kanufahrten zulegen. Am schwarzen Brett im Geschäft hängen zudem Kontaktadressen für Kanuverleihe etc. aus.
- Frontenac Outfitters: P.O.Box Sydenham (nördl. von Kingston), Ont., K0H 2TO, Tel.: (613) 376-6220. Der Kanuverleih befindet sich am Eingang zum Frontenac Park (siehe dort). Im Sommer ist frühzeitige Reservierung empfehlenswert!

Hotels

Kingston verfügt über ein breites Angebot an Übernachtungsmöglichkeiten.

- **Holiday Inn $$$-$$$$:** 1 Princess St., Kingston, Ont. K7L 1A1, Tel.: (613) 549 8400, Fax: (613) 549-3508. Direkt am Hafen gelegenes Hotel mit 197 geräumigen Zimmern und schönem Blick, Dachgartenrestaurant, Swimmingpools
- **Ramada Inn $$$-$$$$:** 1 Johnson St., Kingston, Ont., Tel.: (613) 549 8100. Gepflegtes Hotel mit 127 gut möblierten Zimmern und schönem Blick auf den Ontario-See, Swimmingpool
- **Howard Johnson $$$:** 237 Ontario St., Kingston, Ont. K7L 2Z4, Tel.: (613) 549 6300, Fax: (613) 549-1508. Zentral gelegenes Hotel mit Blick auf den Hafen, Swimmingpool
- **Best Western Fireside $$$:** 1217 Princess St., Kingston, Ont. K7M 3E1, Tel.: (613) 549 2211, Fax: (613) 549-4523. Geräumige Zimmer, Swimmingpool und vier "Fantasie-Suiten", die einem Thema entsprechend eingerichtet sind, z.B. orientalische Suite, Mondsuite
- **Hochelaga Inn $$$:** 24 Sydenham South, Kingston, Ont. K7L 3G9, Tel.: (613) 549 5534. Bed & Breakfast Unterkunft mit 23 elegant eingerichteten Zimmern in einem großen, alten viktorianischen Haus mit Garten. Auch das kleine "Schloßgebäude" nebenan hat Zimmer.
- **First Canada Inn $:** Division St., südlich vom Hwy 401, Kingston, Ont., Tel.: (613) 541 1111. Preiswertes Haus mit 75 einfachen Zimmern
- **Donald Gordon Centre $:** 421 Union St., Kingston, Ont., Tel.: (613) 545 2221. Preiswerte Unterkunft in 75 ordentlich ausgestatteten Zimmern im Konferenzzentrum der Queen's Universität

Bed & Breakfast

siehe auch Hochelaga Inn oben.

- Von Mitte Mai bis Anfang September gibt es ein Bed & Breakfast-Angebot auf der **Alexander Henry**. Information und Reservierung: Tel.: (613) 542 2261
- **Kingston Area Bed and Breakfast Association**: P.O. Box 37, Kingston, Ontario, K7L4V6, Tel.: (613) 542 0214.
- **Limestone City Bed and Breakfast Registry**: 39 Glenaire Mews, Kingston, Ontario K7M7L3, Tel.: (613) 545 1741.

Jugendherbergen
Kingston International Hostel: 210 Bagot St., Kingston, Ontario K7L3G1, Tel.: (613) 546 7203

Restaurants
Da mehr als eine Million Besucher alljährlich nach Kingston kommen, bietet die Stadt ein breites Spektrum an Restaurants und Cafés. Kleine preiswerte Restaurants und die bekannten Kettenrestaurants konzentrieren sich auf die Division Street, südlich vom Hwy 401, und auf die Bath Road im Westen.
Im Zentrum der Stadt gibt es zahlreiche kleine Restaurants und Snackstuben (um die Princess Street), die – Studentenstadt sei Dank – durch sehr eigenwillige bzw. ausgefallene Speisekarten hervorstechen.
- **Curry Village**: 169 a Princess St., Tel.: 542 5010, beliebtes und sehr gelobtes indisches Spezialitätenrestaurant
- **Don Cherry's Grapevine Restaurant**: 303 Bagot St., Tel.: 544 7951, Familienrestaurant und Sportbar
- **Edelweiß Restaurant**: Highway 2/Collins Bay Road, Tel.: 384 5291, von Deutschen geführtes Restaurant mit "deutscher" (gemütlicher) Atmosphäre und deutschen Gerichten, Tischreservierung empfehlenswert
- **Lone Star**: 251 Ontario St., Tel.: 548 8888, beliebtes texanisch-mexikanisches Familienrestaurant mit origineller Einrichtung und Außenterrasse. Im Obergeschoß ist die Bar, welche meist von Studenten besucht wird und am längsten geöffnet ist.
- **The River Mill**: 2 Cataraqui Street off Rideau, Tel.: 549 5759, vom Restaurant in der historischen Mühle haben Sie einen herrlichen Blick auf den Hafen, während Sie die frischen Fisch- oder Lammgerichte genießen
- **General Wolfe Hotel**: auf Wolfe Island, Tel.: 385 2611, die Überfahrt nach Wolfe Island lohnt sich für ein Abendessen in einem der besten Restaurants der Region, Gourmet Dinner, Tischreservierung empfehlenswert
- **Clark's by the Bay**: 4085 Bath Road, Tel.: 384 3551, ca. 15 Minuten vom Zentrum entfernt im Westen der Stadt, das Restaurant wurde in einem alten Backsteinhaus aus dem Jahre 1832 eingerichtet und ist bekannt für seine ausgezeichnete französische Küche, sehr schön ist auch der Blick auf Collins Bay, Tischreservierung erbeten

Kleine Köstlichkeiten für zwischendurch und für's Picknick
- **Braytee's Kitchen**: 508 Macdonnell St., Tel.: 542 5753, winziges Geschäft mit sehr guten indischen Curries zum Mitnehmen
- **Ho Lee-Chow**: 689 Princess St., Tel.: 547 1133, chinesische Gerichte, "Picnic plan" mit Hinweisen zu nahegelegenen Picknickplätzen
- **Morrison's Restaurant**: 318 King St.E., Tel.: 542 9483, altmodisches Restaurant gegenüber dem Marktplatz, in dem an Markttagen ein herzhaftes Frühstück serviert wird
- **Pasta Genova**: 234 Wellington St., Tel.: 542 6414, italienische Gerichte; probieren Sie das täglich frische "focaccia bread"
- **Stuart's Place Deli**: 320 King St.E., Tel.: 546 4461, reichhaltiges Frühstück, sehr gute Muffins
- **Windmill's Café and Bakery**: 184 Princess St., Tel.: 544 3948, Café im New Yorker Stil mit Sandwiches, Salaten und vegetarischen Gerichten

Pubs/Nightlife/Livemusik
- **Chez Piggy**: 68 Princess St., Tel.: 549 7673, die Bar wurde im Stall eines restaurierten, aus dem Jahre 1810 stammenden Backsteinhauses eingerichtet, Sommergarten
- **Dr. Girdy's**: 172 Ontario St., Tel.: 547 2169, Sport- und Tanzbar auf drei Stockwerken, Strand-Volleyball
- **Le Caveau Wine Bar**: 354 King St. E., Tel.: 547 1617, die Weinkarte offeriert über 30 offene Weine
- **Stoney's**: 189 Ontario St., Tel.: 546 9255, beliebter Treffpunkt mit großer Außenterrasse zum Sehen und Gesehenwerden
- **The Kingston Brewing Company Pub**: 34 Clarence St., Tel.: 542 4978, hier wird das Dragon's Breath Ale an Ort und Stelle gebraut, großer Innenhof hinter dem Gebäude aus dem 19. Jahrhundert

- **The Pilot House**: 265 King St. E., Tel.: 542 0222, freundlicher Pub mit importierten Bieren vom Faß
- **The Wellington**: 207 Wellington St., Tel.: 544 8526, Club im britischen Stil, gelegentlich abends Konzerte mit irischer und kanadischer Volksmusik
- **The Toucan**: 76 Princess St., Tel.: 544-1966. Ebenfalls ein Pub im englischen Stil. Die Küche bietet z.B. Kartoffelpüree und Leber. Die Gäste sind meist Studenten oder Uni-Angehörige.

Einkaufen

Es gibt drei große Einkaufszentren:

- Cataraqui Town Centre mit 111 Geschäften, Gardiners Road/Hwy 2,
- Frontenac Mall mit Fachgeschäften und Restaurants, 300 Bath Road,
- Kingston Centre mit 80 Geschäften, Macdonald Boulevard/Bath Road.

Im Stadtzentrum finden Sie viele kleine, originelle Läden und Boutiquen, wenn Sie durch die Ontario St., die Princess St. und deren Nebenstraßen bummeln:

- **Roots**, 34 Princess St., Tel.: 546 7668, in Kanada gefertigte Kleidung, Schuhe und Sportartikel
- **Printed Passage Books**, 50 Princess St., Tel.: 546 7650, sehr gut sortierte Buchhandlung mit kundigem Personal
- **Odyssey Travel**, 186 Princess St., Tel.: 549 3561, gutes Reisebüro und Reisebuchhandlung
- **Beaver Variety**, 213 Princess St., Tel.: 546 1616, kleines Geschäft mit überregionalen Zeitungen und Zeitschriften
- **The Brown Bear**, 135 Clergy St., Tel.: 549 2191, Kunsthandwerk und Skulpturen der Indianer und Inuits
- **North Ridge Wilderness**, 80 Queen St., ausgezeichnetes Geschäft für Wanderer und Camper, komplette Ausrüstungen vom Schlafsack bis zum Zelt werden vermietet
- **L.C.B.O. Store**, 34 Barrack St., Tel.: 549 5092, neues Geschäft mit großer Auswahl an Likören, importierten Bieren und Weinen; hier können Sie auch kanadischen Wein aus der Niagara-Region finden
- **The Doll Attic & Co.**, 60 Brock St., Tel.: 545 1085, Puppen, alte Puppenhäuser und Teddybären

Ausflugsfahrten mit dem Schiff

1000 Islands-Kreuzfahrt, dreistündige Fahrten zur Inselwelt des St. Lawrence-Stroms mit den Schiffen Island Queen und Island Belle, Abfahrtszeiten: Mai/Anfang Juni/September/Oktober täglich 12.30 Uhr; Mitte Juni bis Anfang September täglich 11 Uhr, 12.30, 14.30 Uhr.

- **Historische Hafenrundfahrt**, 1 ½stündige Fahrt, Abfahrtszeiten von Juni bis September täglich 10.30 und 16 Uhr.
- **1000 Islands Dinner-Kreuzfahrt**, abendliche Schiffsfahrt durch die Inselwelt mit Dinner-Buffet und Unterhaltung, Abfahrtszeiten von Ende Juni bis Anfang September um 18.30 Uhr, Reservierung erforderlich.

Abfahrt der Schiffe im Hafen von Kingston, kostenlose Parkmöglichkeiten mit dem Tourmobil

Sightseeing

Confederation Tour Train: Die etwa einstündige Fahrt mit den offenen Wagen führt an der Hafenfront und dem Universitätsgelände entlang zu den Museen der Stadt und bietet einen Blick auf Fort Henry und Fort Frontenac. Die Fahrten beginnen am Confederation Park gegenüber dem Rathaus. Abfahrtszeiten von Ende Mai bis September stündlich zwischen 10 und 17 Uhr.

Feste und Veranstaltungen

- **Farmer's Market**: seit 1801 findet der Markt am Rathaus statt. Jeden Dienstag, Donnerstag und Samstag von 6 - 18 Uhr werden hier alle landwirtschaftlichen Produkte der jeweiligen Saison angeboten; außerdem finden Sie hier auch ein großes Sortiment handwerklicher Erzeugnisse.
- **Crafters Market**: 7 Princess St., von Mittwoch bis Sonntag bieten 20 Handwerker ihre Waren zum Verkauf an.
- **Sunday Antique** and **Flea Market**: 7 Princess St., der Flohmarkt findet jeden Sonntag von 9 - 13 Uhr statt.

Während der Sommermonate gibt es in der Stadt zahlreiche Veranstaltungen für Einheimische und Besucher, wie z.B.
- **Buskers Rendezvous**, das viertägige Festival mit Straßenkünstlern – Zauberern, Musikanten, Jongleuren, Tänzern und Schauspielern – findet Mitte Juli statt;
- **Kingston Summer Festival**, den ganzen Sommer über gibt es Schauspiele, Konzerte, Kunstausstellungen, Märkte;
- **Free Noon Time Concerts**, jeden Dienstag, Donnerstag und Samstag gibt es Konzerte im Confederation Park;
- **Olympic Training Regatta Kingston**: wie die Kieler Woche zieht im August auch die Segelregatta von Kingston Segler und Sportbegeisterte aus aller Welt an.

Geschichtlicher Überblick

Die Geschichte Kingstons beginnt im Jahre 1673. In dem Gebiet, das von den Indianern Cataraqui genannt wird, gründen die Franzosen eine Pelzhandelsstation, die durch den Bau des Fort Frontenac erweitert und geschützt wird. 1758 wird das Fort von den Briten unter Colonel Bradstreet erobert, 1784 kommen die ersten Loyalists.

Um ihre Treue zu Georg III. zu zeigen, nennen sie den Ort King's Town, aus dem sich seit 1788 der offizielle Name Kingston herleitet. In der Zeit der kriegerischen Auseinandersetzungen zwischen England und Amerika wird 1812 das Fort Henry gebaut. Es dient dem Schutz der Handelsschiffahrt auf dem St. Lawrence-Strom und dem Rideaukanal, der 1832 zwischen Ottawa und Kingston fertiggestellt wurde.

Um die Mitte des 19. Jahrhunderts beginnt die Blütezeit der Stadt. Kingston ist in den Jahren 1841 bis 1844 die Hauptstadt der "Vereinigten Provinzen Kanadas"; in dieser Zeit entstehen viele der viktorianischen Häuser, die den Charme der heutigen Stadt ausmachen.

1841 wird auch der Grundstein für eine der besten kanadischen Universitäten gelegt: Durch ein königliches Dekret wird das "Queen's College at Kingston" gegründet, das seit 1912 als Queen's University bekannt ist. Heute leben etwa 56.000 Menschen verschiedenster Herkunft, Kultur und Sprache in Kingston, zu dessen Haupterwerbsquelle sich immer mehr der Fremdenverkehr entwickelt.

Sehenswertes in Kingston

Tip
Wenn Ihnen nur wenig Zeit zur Verfügung steht, sollten Sie zumindest das Fort Henry und das Bellevue House besuchen.

■ **Old Fort Henry**, gegenüber von Kingston, Tel.: (613) 542 7388, Öffnungszeiten: ganzjährig Mi - So 10 - 18 Uhr, von Mitte Mai bis Mitte Oktober werden täglich von 14 - 16 Uhr Paraden abgehalten; im Juli/August findet bei gutem Wetter Mi und Sa um 19 Uhr der Zapfenstreich statt. Das 1812 gebaute Fort Henry war einst Kanadas mächtigste Befestigungsanlage und dient heute als Museum mit Ausstellungen zur britischen und kanadischen Militärgeschichte.

Da Kingston auch heute noch mit seinen berühmten Militärschulen eine wichtige Ausbildungsstätte für das kanadische Militär ist, wirken die Kadetten in historischen Uniformen bei den täglichen Vorführungen mit. Dabei sind Exerzierübungen, Wachablösungen, Salutschüsse aus den alten Kanonen und Militärparaden beim Publikum besonders beliebt.

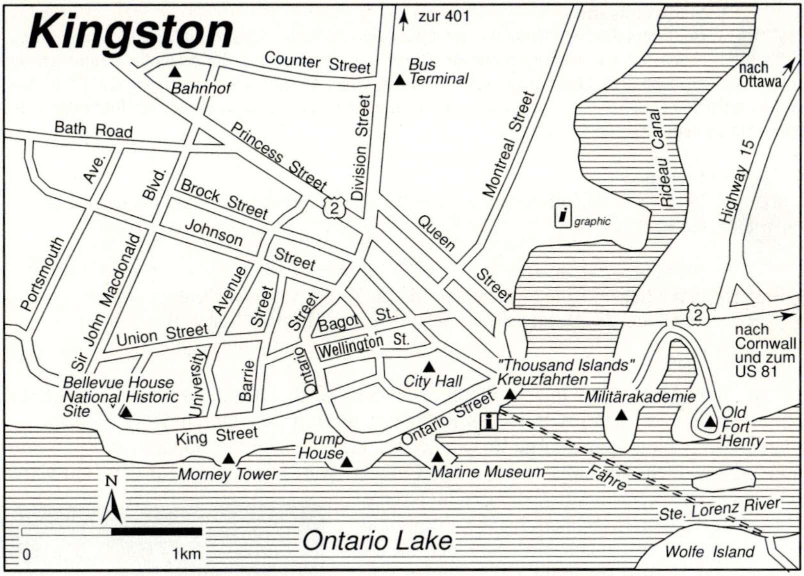

Wegbeschreibung
Sie erreichen Fort Henry vom Zentrum aus über den Lasalle Causeway und folgen der Ausschilderung zum Fort. Parkplätze sind ausreichend vorhanden.

Exerzieren im Fort Henry

Stadtrundgang
Bei Ihrem Stadtrundgang werden Ihnen viktorianische Häuser mit Veranden und schmiedeeisernen Geländern, gepflegte Gärten und Parkanlagen, die reizvolle Hafenfront und die lebhaften Geschäftsstraßen auffallen; einen Besuch wert sind auch die 17 Museen und historischen Stätten, die Sie auf einem Rundgang kennenlernen können, der am Informationsbüro am Hafen beginnt.

Lesetip
In der Touristeninformation erhalten Sie eine Beschreibung des Stadtrundganges in englischer Sprache.

Hinweis
In der Nähe des Informationsbüros finden Sie die Abfahrtsstelle des Confederation Tour Trains und die Anlegestelle der Schiffe für die "Thousand Islands-Bootsfahrten".

■ **City Hall**, 216 Ontario Street, Tel.: 546 4291. Öffnungszeiten: Mo - Fr von 8.30 - 16.30 Uhr, Eintritt frei. Das Rathaus wurde in den Jahren 1841/43 nach den Plänen des Architekten George Brown gebaut, als Kingston die Hauptstadt der "Vereinigten Provinzen von Upper and Lower Canada" war. Die Kosten für den Bau waren sehr hoch, entsprechend groß die Erschütterung, als bald nach der Fertigstellung die Regierung nach Montréal überwechselte. Seit der Renovierung des Hauses im Jahre 1975 werden von Juni bis August Führungen durchgeführt.

Das Rathaus von Kingston

■ **Marine Museum of the Great Lakes**, 55 Ontario Street, Tel.: 542 2261. Öffnungszeiten von Januar bis März täglich 10 - 16 Uhr, von April bis Dezember täglich von 10 - 17 Uhr. Im Museum wird die Geschichte der Schifffahrt auf den Großen Seen seit 1678 in wechselnden Ausstellungen dargestellt. Besonders sehenswert ist der 3.000 t große Eisbrecher Alexander Henry.

Übernachtungstip
Von Mitte Mai bis Anfang September gibt es ein Bed & Breakfast-Angebot auf der Alexander Henry. Information und Reservierung: Tel.: (613) 542 2261

■ **Pump House Steam Museum**, 23 Ontario Street, Tel.: 546 4696. Öffnungszeiten: von Juni bis Anfang September täglich von 10 - 17 Uhr

Die Pumpstation aus dem Jahre 1849 wurde vollständig restauriert; ausgestellt sind riesige Pumpen und viele dampfbetriebene Maschinen. Außerdem gibt es eine Modell-Eisenbahnanlage mit 20 Zügen aus aller Welt.

■ **Murney Tower Museum**, King Street/Barrie Street, Tel.: 544 9925. Öffnungszeiten: 16. Mai bis 7. September täglich von 10 - 17 Uhr

Der 1846 erbaute Turm gilt als einer der besterhaltenen Verteidigungstürme Nordamerikas. Seit 1925 dient er als militär- und kulturgeschichtliches Museum.

Das "Bellevue House"

■ **Bellevue House National Historic Site**, 35 Centre Street, Tel.: 545 8666. Öffnungszeiten: von Juni bis Anfang September täglich 9 - 18 Uhr, September bis Mai 10 - 17 Uhr. 1848/49 lebte der erste kanadische Premierminister Sir John A. Macdonald mit seiner Familie in diesem Haus, das als besonders gelungenes Beispiel für den toskanischen Stil in Kanada gilt und im Stil der Mitte des vergangenen Jahrhunderts eingerichtet wurde. In den Sommermonaten geben kostümierte Angestellte Auskünfte über Leben und Arbeit jener Zeit. Beginnen Sie mit dem Rundgang im angeschlossenen Besucherzentrum, wo Sie in Bild und Ton über die Geschichte des Hauses und das Leben Macdonalds informiert werden.

■ **Portsmouth Olympic Harbour**. Beim Portsmouth Olympic Harbour wurden 1976 die olympischen Segelwettbewerbe ausgetragen. An den Hafen schließt sich der Lake Ontario Park mit Minigolfplatz und hübschen Plätzen zum Picknicken und Zelten an.

■ **Kingston Penitentiary Museum**, 555 King St. West. Öffnungszeiten: von Mitte Mai bis August Mo - Fr 10 - 17 Uhr. Das Gefängnis-Museum ist in einem schönen Verwaltungsgebäude inmitten einer gepflegten Gartenanlage untergebracht und zeigt über 500 Gegenstände aus kanadischen Gefängnissen.

■ **Agnes Etherington Art Centre**, University Ave/Queen's Cres., Tel.: 545 2190. Öffnungszeiten: Mo geschlossen, Di - Fr 10 - 17 Uhr, Sa/So 13 - 17 Uhr. Das Kunstmuseum mit dem aus dem 19. Jahrhundert stammenden Haus der Agnes Etherington, einer Kunstmäzenin, und sieben angeschlossenen Galerien gilt als eines der besten von Kanada und zeigt kanadische, europäische, afrikanische und Inuit-Kunst.

■ **Miller Museum of Geology and Mineralogy**, Miller Hall, Union/Division St., Tel.: 545 6767. Öffnungszeiten: Mo - Fr 8.30 - 16.30 Uhr. Das naturwissenschaftliche Museum liegt auf dem Universitätsgelände und zeigt neben Mineralien und Fossilien ein Labor des 19. Jahrhunderts und eine seismographische Station.

■ **Frontenac County Schools Museum**, 559 Bagot St., Tel.: 544 9113. Öffnungszeiten: von Februar bis Dezember Mo - Fr 9 - 16 Uhr. Das Museum in der alten Kingston Public School von 1853 verdeutlicht mit vielen Ausstellungsstücken das Schulleben des vergangenen Jahrhunderts.

Sehenswertes in der Umgebung von Kingston

Wolfe Island, nur wenige Minuten von Kingston entfernt, ist zwar die größte Insel unter den "Thousand Islands", dennoch aber eine kleine Insel von 36 km Länge und 12 km Breite, die nicht nur Angler und Fischer zu einem geruhsamen und beschaulichen Ausflug einlädt.

Auf der Insel leben 1.400 Menschen, von denen viele schottischen, irischen oder holländischen Ursprungs sind. Sie leben von der Landwirtschaft und dem Fremdenverkehr, vermieten Ferienhäuschen, Motor- und Fischerboote und Fahrräder und fühlen sich heute alle als "Wolfe Islanders".

Fähre
Wolfe Island Ferry, Tel.: (613) 544 2231. Die Fähren zwischen Kingston und Wolfe Island verkehren etwa stündlich zwischen 6 Uhr und 24 Uhr, in den Sommermonaten werden zusätzliche Fahrten eingefügt. Die Überfahrt dauert von Kingston nach Marysville/Wolfe Island ca. 25 Minuten.

Restaurant und Hotel

- **The General Wolfe Hotel $$$:** in der Nähe der Schiffsanlegestelle, Tel.: (613) 385 2611, das Hotel verfügt über ein sehr gutes Restaurant, das mehrfach ausgezeichnet wurde. Tischreservierung empfehlenswert
- **The Wolfe Island Inn $$-$$$:** direkt am See, Tel.: (613) 385 2533, zwangloses Ferienhotel mit beliebtem Ausflugsrestaurant, Ferienhäuser, sehr gute Angelmöglichkeiten direkt am Haus, Bootsverleih

Mac Lachlan Museum, 16 km östlich von Kingston. Öffnungszeiten: Ende Mai bis Mitte Oktober täglich von 10 - 17 Uhr, sonst von Mi - So von 12 - 16 Uhr.

Im Grass Creek Park in Pittsburgh Township, Tel.: (613) 542 0543; das Museum wurde unter dem Motto "Holz im Dienste des Menschen" in einem Blockhaus eingerichtet. Die Ausstellung zeigt, wie vielfältig Holz in der Pionierzeit genutzt wurde; in einem neuen Haus wird über Wachstum, Bedeutung und Nutzung des Waldes informiert.

Thousand Islands

Bootsfahrt (Abfahrt am Hafen in Kingston)
1000 Islands-Kreuzfahrt, dreistündige Fahrten zur Inselwelt des St. Lawrence-Stromes mit den Schiffen Island Queen und Island Belle. Abfahrtszeiten: Mai/Anfang Juni/September/Oktober – täglich 12.30 Uhr; Mitte Juni bis Anfang September – täglich 11 Uhr, 12.30, 14.30 und 18.30 Uhr. Bei den meisten Ausflugsfahrten ist ein Zwischenhalt auf Heart Island vorgesehen, wo Sie Boldt Castle besichtigen können.

INFO

Informationen zu den Thousand Islands

Die "Tausend Inseln" liegen im Ausfluß des Ontario-Sees und im Oberlauf des St. Lawrence-Stroms. Zu ihrer Entstehungsgeschichte gibt es zwei Erklärungen:

❶ *Die naturwissenschaftliche Version besagt, daß vor mehr als 900 Millionen Jahren sich große Gebirge an der Stelle des heutigen St. Lawrence-*

Fahrt zu den "Tausend Inseln"

Stroms befanden, deren Spitzen von Gletschern und Wassermassen geglättet wurden, bis nur die Inseln und Sandbänke zurückblieben.

❷ Die Geschichte der Indianer lautet anders. Das ganze Gebiet war einst eine große Wasserfläche, an deren Ufer der Große Geist einen wunderschönen Garten geschaffen hatte. In diesem Paradiesgarten sollten alle verfeindeten Stämme in Frieden miteinander leben. Als die Menschen aber weiter kämpften, bündelte der Große Geist den Garten in eine große Decke und flog zurück in den Himmel. Aber die Decke riß, das Paradies brach in tausend Stücke und stürzte in das große Wasser!

Der heutige Name "Tausend Inseln" stammt von den ersten französischen Einwanderern – heute wird die Zahl der Inseln mit 1.753 angegeben, von denen etwa 2/3 zu Kanada gehören. Inseln aller Größen zählen dazu, und unter der Wasseroberfläche liegen nochmals Hunderte als Sandbänke oder Riffe verborgen.

Die Inseln sind mit Pinien, Fichten, Birken oder Zedern bewachsen, viele von ihnen sind bewohnt.

Auf Ihrer Kreuzfahrt passieren Sie Inseln mit unterschiedlichster Bebauung: mit kleinen Holzhäuschen, rustikalen Blockhütten, niedrigen Wohnhäusern, eleganten Villen und sogar mit einem Schloß.

■ **Boldt Castle**. Das Schloß erinnert mit seinen spitzen Giebeln, den wehrhaften Rundtürmen und der Burgmauer an die Burgen am Rhein. George C. Boldt, der als Junge in Deutschland aufwuchs, mittellos nach Amerika auswanderte und dort erfolgreicher Besitzer berühmter Hotels, wie z.B. des Waldorf Astoria in New York, wurde, war der Bauherr dieses Schlosses. Er ließ es als Zeichen seiner Liebe für seine Frau bauen, die jedoch verstarb, bevor das Haus bezugsfertig war. Boldt ließ alle Bauarbeiten abbrechen, verließ die Insel für immer und ließ das Schloß unbewohnt auf Heart Island zurück.

Schloß Boldt auf Heart Island

Mitten durch die Inselwelt der Thousand Islands verläuft die Grenze zwischen Kanada und den USA. Am deutlichsten können Sie die-

Eine kanadisch-amerikanische Insel

sen Verlauf an der kleinen Insel erkennen, auf der das Wohnhaus auf amerikanischer Seite steht, der Fahnenmast des Hauses aber schon zu Kanada gehört.

Die "Tausend Inseln" zählen zu einem der beliebtesten Feriengebiete Kanadas mit vielfältigem Angebot zum Bootsfahren, Wandern, Fischen, Wassersport und zu Naturbeobachtungen.

■ Frontenac-Provinzpark.

Der "Frontenac Provincial Park" bietet trotz seiner Nähe zu Kingston ein Stück Wildnis, das es zu Fuß oder mit dem Kanu zu erforschen und zu erleben gilt. Der Park ist 6.000 Hektar groß, hat 22 Seen und ein Wanderwegenetz von mehr als 250 km Länge.

Streckenhinweis
Von der Princess Street biegen Sie auf die Sydenham Road (Hwy 9) in Richtung Elginburg ab und folgen dann der Ausschilderung nach Sydenham und zum Frontenac Provincial Park über die Landstraßen 10 oder 19. Anfahrtszeit von Kingston: ca. 45 Minuten

Information
Das Informationsbüro (Trail Centre) liegt am Otter Lake und ist von April bis Oktober täglich von 8 - 16.30 Uhr geöffnet. Von November bis März ist es in der Regel nur an Wochenenden geöffnet. Hier erhalten Sie Informationsmaterial, topographische Karten, Veranstaltungshinweise und Camping-Genehmigung; Tel.: (613) 376 3489.

Camping
Im Frontenac-Park gibt es 13 Campingplätze, die ganzjährig geöffnet sind. Die Zufahrtswege sind ausgeschildert. Die Anmeldung erfolgt im Informationszentrum, Reservierungen können telefonisch erfolgen. Wenn das Trail Centre geschlossen ist, können Sie sich an der Self-Serve Registration eintragen. Autos, Wohnmobile und Wohnwagen sind im Park verboten. Die Aufenthaltsgenehmigung gilt für jeweils zwei aufeinanderfolgende Nächte.

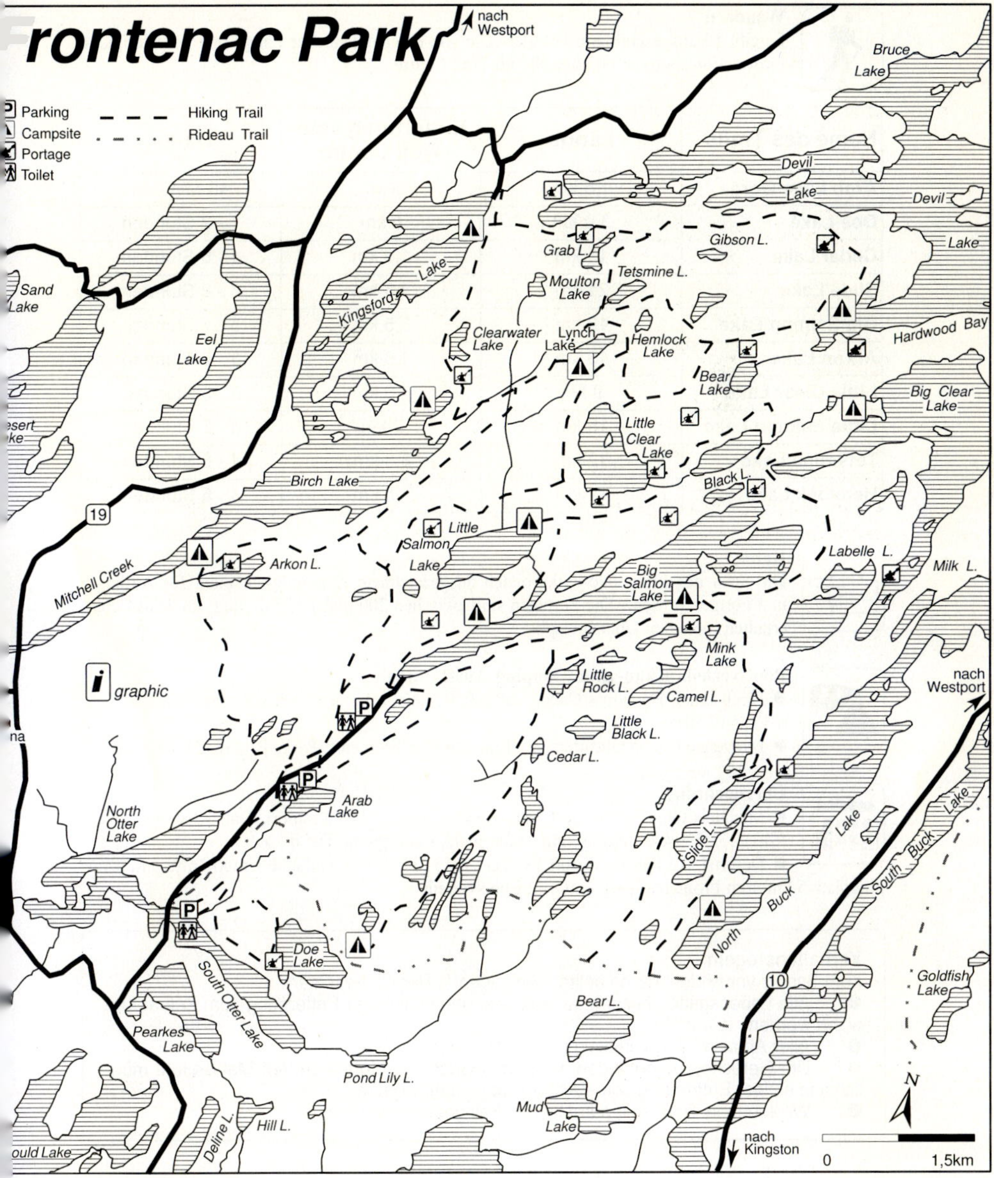

Auto

Am Eingang des Provinzparks gibt es ausreichend Parkplätze. Vom 1. April bis 31. Oktober ist die einzige Straße des Parks geöffnet; sie führt vom Otter Lake zum Big Salmon Lake. Die Permits für Autos gibt es im Trail Centre.

Wandern
Es gibt 10 ausgeschilderte Wanderwege von unterschiedlicher Länge und Schwierigkeit. Informationsmaterial erhalten Sie im Trail Centre.

Name des Trails	Länge	Entfernung vom Trail Centre	Dauer
Arab Lake Gorge	1,5 km	0 km	40 Minuten
Doe Lake	3,0 km	0 km	1 - 2 Stunden
Cedar Lake	15 km	1,6 km	4 - 6 Stunden
Slide Lake	21 km	2,3 km	6 - 8 Stunden
Big Salmon Lake	19 km	3,5 km	5 - 7 Stunden
Arkon Lake	13 km	1,6 km	3 - 5 Stunden
Little Clear Lake	9 km	6,5 km	3 - 5 Stunden
Little Salmon Lake	15 km	2 km	3 - 5 Stunden
Tetsmine Lake	12 km	8,6 km	4 - 6 Stunden
Hemlock Lake	11 km	7,5 km	3 - 5 Stunden

Kanu
Die Seen des Frontenac-Parks bieten ausgezeichnete Kanumöglichkeiten für Anfänger und Fortgeschrittene. Die Portagen sind zwischen 200 und 1.625 m lang; im Trail Centre erhalten Sie einen Übersichtsplan.

Bootsverleih, Kanu- und Camping-Ausstattung
- Birch Lake, Hawkin's Canoe Sales & Rentals, 8 km nördlich vom Parkeingang, Tel.: (613) 549 5019
- Frontenac Canoe Outfitters, am Eingang zum Frontenac-Park, Tel.: (613) 376 6220

Übernachtung
- Michaels Olde Frontenac Landing $$$: P.O.Box 13, Westport, Ont. KOG 1X0, Tel.: (613) 273 5294, Camping- und Trailerplatz, Cottages am Devil Lake
- Desert Lake Family Resort $$: Tel.: (613) 374 2196, einfache Unterkünfte und Campingplatz 5 km vom Frontenac-Park entfernt, Bootsverleih

Verhaltensregeln
Zum Schutz vor wilden Tieren sollten Sie folgende Regeln beachten:
❶ Alle Lebensmittel müssen gut verpackt und in sicherer Entfernung vom Zelt aufbewahrt werden.
❷ Aller Abfall muß zuverlässig beseitigt werden.
❸ Um Gerüche zu vermeiden, sollte das Geschirr sofort nach den Mahlzeiten, möglichst in einiger Entfernung vom Zeltplatz, abgespült werden.
❹ Wildlebende Tiere sollen auf keinen Fall gefüttert werden!

Von Kingston nach Rochester

Es bieten sich jetzt 2 Möglichkeiten, nach Rochester weiterzufahren:

❶ Sie fahren zuerst zu den weiter oben beschriebenen Thousand Islands und fahren danach über den I-81 nach Watertown. Diese Streckenführung ist bis Watertown schneller und bietet die Gelegenheit, von den Brücken über den St. Lawrence-Strom auf die Thousand Islands zu schauen.

❷ Sie nehmen die Strecke über die Wolfe Island (Fähren). Auch die Insel ist sehenswert.

Bei beiden Strecken überqueren Sie den St. Lawrence-Seaway.

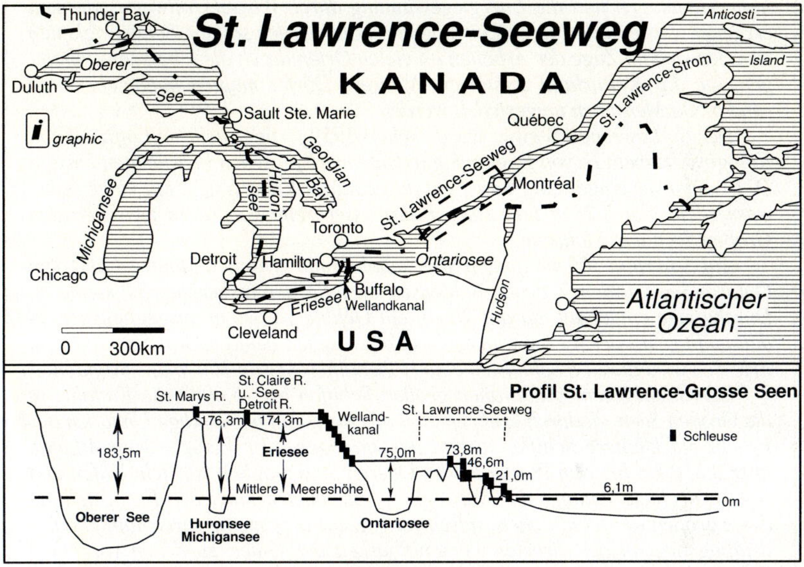

INFO

Informationen zum St. Lawrence-Strom und zum St. Lawrence-Seeweg

Der 3.000 km lange St. Lawrence-Strom ist der Abfluß der großen nordamerikanischen Seen. Er erschließt die rohstoffreichsten Gebiete des Landes und ist die Hauptverkehrsachse Kanadas. An seinen Ufern liegt das älteste kanadische Siedlungsgebiet, in dem heute ca. 60% aller Kanadier leben. Vom Ontario-See bis nach Montréal bildet der Strom die Grenze zwischen Kanada und den USA.

Unterhalb seines Ausflusses erweitert er sich zu dem von vielen kleinen Inseln durchsetzten "Lake of the Thousand Islands". Bei Québec beginnt der lange Mündungstrichter. Obwohl der St. Lawrence-Strom in den Wintermonaten von dicken Eisschichten bedeckt ist und nur von April bis Dezember befahren werden kann, ist er einer der verkehrsreichsten Binnenwasserstraßen der Welt.

*Dazu trägt ganz wesentlich der **St. Lawrence Seaway** bei. 1951 initiierte Kanada den "St. Lawrence Seaway Authority Act", obwohl zu der Zeit in den Vereinigten Staaten noch eine starke Opposition gegen das Projekt bestand. 1954 wurde auch in Washington der entsprechende "St. Lawrence Seaway Act" erlassen, und wenig später wurde mit dem Bau begonnen.*

Problembereiche des Projekts waren vor allem die großen Höhenunterschiede, die z.B. an den Niagarafällen und bei Sault Ste.-Marie überwunden werden mußten. Zu den erforderlichen Maßnahmen gehörten die Anlage von Seitenkanälen und leistungsfähigen Schleusen sowie der Straßen- und Brückenbau; zu den begleitenden Maßnahmen gehörten der Ausbau von Häfen und Industrieanlagen und die Energiegewinnung durch Wasserkraftwerke, die neu errichtet wurden oder deren Leistungen erhöht werden sollten. Schwierigkeiten ergaben sich im Zuge der Arbeiten an vielen Orten durch die Überschwemmungen, die das Kulturland zerstörten. Mehrere Dörfer mußten aufgegeben und rund 6.500 Menschen umgesiedelt werden.

Der St. Lawrence-Seeweg wurde schon 1959 fertiggestellt und offiziell von Königin Elizabeth II. von England und dem amerikanischen Präsidenten Dwight D. Eisenhower eingeweiht. Es ist ein ausgebautes Kanalsystem mit einer Fahrwassertiefe von 8,23 m und einer Fahrwasserbreite von 61 m zwischen den Großen Seen und Montréal.

Auf dem rund 300 km langen Streckenabschnitt zwischen Montréal und dem Ontario-See wurden 7 große Schleusen anstelle der bisherigen 22 kleineren Durchgänge eingebaut, da auf 70 km ein Gefälle von 70 m ausgeglichen werden mußte; auf der 43 km langen Strecke zwischen dem Ontario-See und dem Erie-See wird durch 8 Schleusen eine Höhendifferenz von 100 m überwunden.

Der Seeweg ermöglicht auch großen Schiffen bis 15.000 t die Einfahrt in die Großen Seen; dadurch erübrigt sich das bis dahin notwendige Umladen der Fracht auf kleinere Schiffe, so daß ein durchgehender Verkehr vom Atlantik über 3.650 km bis zum Westende des Oberen Sees möglich ist. Viele Häfen und Industriegebiete entlang des Seeweges verzeichneten nach der Fertigstellung einen großen wirtschaftlichen Aufschwung. Seine allgemeine wirtschaftliche Bedeutung liegt in der direkten Verschiffbarkeit der Güter, zu denen vor allem Weizen, Eisenerze, Eisen und Stahl gehören.

Falls Sie den Weg entlang der I-81 wählen, sollten Sie noch auf kanadischer Seite vorher auf den Parkway abbiegen. Die Ausblicke auf die Thousand Islands lohnen sich. Ebenfalls lohnt sich der Blick von der Brücke, wobei Sie auf der Brücke nicht stoppen dürfen. Hinter der Brücke aber können Sie auf einen Aussichtsturm hinauffahren, von dem aus Sie auch auf die Landschaft hinabsehen können.

Der nun folgende Uferabschnitt bis Oswego war Schauplatz mehrerer kleiner Schlachten während des Englisch-Amerikanischen Krieges um 1812. Einige State Parks und Inschriften erinnern daran.

Die Landschaft ist schön. Sie ist geprägt von Wäldern, kleinen Dörfern und wird gerne besucht von Anglern, Kanuten und Schlauchbootenthusiasten aus den Großstädten. Die Farmwirtschaft wirkt ausgesprochen "geordnet", ganz anders, wie man es von den vorherigen Gebieten her kennt.

Falls Sie nur durchfahren durch dieses Gebiet, ist der Tip: Packen Sie Picknicksachen ein. Die kleinen Stateparks entlang der Strecke bieten schöne Plätze dafür.

Watertown. Diese kleine Stadt inspirierte Frank W. Woolworth 1878 – während einer kleinen Country-Fair –, ein kleines Geschäft zu eröffnen, in dem er Waren zu Einheitspreisen von 5 und 10 Cent angeboten hat. Später entwickelte sich daraus die allen bekannte Warenhauskette, die heute selbst im tiefsten Afrika Niederlassungen hat. Ansonsten ist Watertown Ausgangspunkt für Schlauchbootfahrten.

Sackets Harbor

Übernachten
Ontario Place $$-$$$: 103 General Smith Dr., Sackets Harbor, NY 13685, Tel.: (315) 646-8000, Fax: (315) 646-2506. Motel mit 38 Zimmern. Die Suiten ($$$-$$$$) sind geräumig.

Der Ort ist bekannt durch 2 Schlachten im Krieg von 1812, welche im Sackets Harbor Battlefield State Historic Site und seinem Besucherzentrum näher erläutert werden. Heute ist der Ort für viele Ausgangspunkt für Touren entlang der Uferzone.

Pulaski bietet einige Motels sowie alles, was mit Fisch zu tun hat. Ob Sie nun Lachs geräuchert kaufen möchten, gute Angelausrüstung benötigen (günstiger als in Europa) oder gedenken, selbst die Route auszuschmeißen, hier sind Sie richtig dafür.

Oswego

Information
Oswego Chamber of Commerce: 156 W. 2nd Street, Oswego, NY 13126, P.O.Box 3046, Tel.: (315) 343-7681.

Übernachten
Best Western Captain's Quarters $$-$$$: 26 E. First St., Oswego, NY 13126, Tel.: (315) 342-4040, Fax: (315) 342-5454.

Campinggelegenheiten (und Cabins)
finden Sie hier im **Fair Haven Beach State Park** (15 Meilen südwestl., Tel.: (315) 947-5205 und im Selkirk State Park (18 Meilen vor der Stadt – nordöstl.)

Die kleine Stadt mit 20.000 Einwohnern ist die bedeutendste Hafenstadt der USA am Lake Ontario. Sehenswert hier ist vor allem das Fort Ontario (E. 7th St.), welches 1755 von den Engländern erbaut wurde. Heute sind vor allem die Relikte aus der Zeit um 1860 zu besichtigen.

Im Sommer ist ebenfalls das kleine Lee White Marine Museum zu besichtigen.

30 Meilen südlich der Linie Oswego-Rochester liegen die reizvollen Finger Lakes – ein beliebtes Ausflugsziel – und das Weinanbaugebiet des Staates New York, übrigens nach Kalifornien das zweitgrößte der USA.

Rochester

Information
- **Rochester Visitor Information Center**: 126 Andrews Street, Rochester, NY, Tel.: (716) 546-3070. Geöffnet: Mo-Fr 8h00-18h00, Sa 9h00-17h00, So 10h00-15h00.
- **2 weitere Visitor Centers** befinden sich am New York State Thruway (I-90).
- Die **Info-Hotline** für Veranstaltungen lautet: (716) 546-6810.

Weinanbau im Staate New York

Touren/ Besichtigungen

In der Umgebung von Rochester gibt es eine Reihe von Weingütern, die Sie besichtigen können – so z.B.:

Casa Larga Vineyards: 2287 Turk Hill Rd, Fairport (9 Meilen südöstlich). Touren: Mo-Sa:10h00-18h00, So: 12h00-18h00.

Übernachten

● **Hyatt Regency – Rochester Riverside $$$-$$$$:** 125 E. Main St., Rochester, NY 14604, Tel.: (716) 546-1234, Fax: (716) 546-6777. Modernes Luxushotel mit 337 Zimmern auf insgesamt 25 Stockwerke verteilt.

● **Strathallan $$$-$$$$:** 550 East Ave., Rochester, NY 14607, Tel.: (716) 461-5010 od. 800-678-7284, Fax: (716) 461-3387. Im Museums- und Kulturviertel gelegen. Also für den Besuch des Eastman House gut geeignet. Das Frühstücksbuffet ist im Preis inbegriffen

● **Oliver Loud's Inn $$$-$$$$:** Bushnell's Basin, Pittsford, NY 14534, Tel.: (716) 248-5200, Fax: (716) 248-9970. Ca. 8 Meilen südlich der Stadtgrenze gelegenes Bed & Breakfast-Haus, direkt am Erie Kanal. Das Haus ist historisch und wurde bereits während der Blütezeiten des Kanals gerne besucht. Fahren Sie auf dem I-490 nach Osten bis zur Ausfahrt Bushnell's Basin, dann nach rechts noch ca. 500 m.

● **Days Inn-Downtown $$:** 384 East Ave., Rochester, NY 14607, Tel.: (716) 325-5010 od. 800-329-7466. Typisches Days Inn, aber günstig gelegen zu den Museen und preislich akzeptabel.

● **Dartmouth House Bed & Breakfast $$$:** 215 Dartmouth St., Rochester, NY 14607, Tel.: (716) 271-7872. Tudor-Stil-Haus (1905) mit Antiquitäten in historischem Wohngebiet. Das Frühstück ist super und besticht vor allem durch ausgefallene Leckereien. Nur Nichtraucher! Nicht weit von den Museen. Sehr persönliche Betreuung.

Restaurants

● **Richardson's Canal House**: 1474 Marsh Rd, Pittsford. 8 Meilen südöstlich entlang des NY 31 oder Bushnell Basin's Exit vom I-490. Tel.: (716) 248-5000. Alte Kanal-Taverne von 1818. Kerzenlicht-Dinner, Gartenterrasse, antike, rustikale Einrichtung, ehrliche amerikanische Küche mit teilweise französischem Einschlag. Die Anfahrt lohnt. Neben o.g. Oliver Loud's Inn.

● **Brasserie Restaurant:** 387 East Main Street am Eastman Place, Tel.: (716) 232-3350. Gute Steaks und Fischgerichte. Franz. Landatmosphäre.

Abendprogramm

Rochester ist bekannt für seine Theatertruppen und das Symphonieorchester. Falls Sie Zeit und Lust haben, schauen Sie sich etwas an. Die Saison geht aber nur von Oktober bis Mai.

● **Newport Bay Inn**: Newport Rd. am Westufer des Irondequoit Bay unterhalb der Co.-Rd-104-Brücke. Restaurant und Bar, die sich sowohl für den Mittagssnack als auch für das abendliche Bier eignen. Direkt an der Marina mit Blick auf die Bay!

● **Rohrbach Brewing Company**: 315 Gregory Street, Tel.: (716) 244-5680. Microbrewery mit amerikanischer Küche.

● **Milestones**: 50 East Ave., Blues- und Rockkneipe mit fast täglicher Livemusik. Hier gehen auch ältere Leute hin.

Rochester fällt einem im ersten Moment auf der Karte kaum auf. Doch ist es mit 230.000 Einwohnern (Metr. Area 1,1 Mio.) die drittgrößte Stadt im Staate New York. Bedeutender aber noch ist die Tatsache, daß sie bekannte Industrielle hervorgebracht hat, so z.B. George Eastman, den Pionier der Filmentwicklung und Gründer der Kodak-Werke. Xerox, eine uns bekannte Kopiererfabrik, wurde ebenfalls in Rochester gegründet. Auch politisch wurde hier Geschichte geschrieben: 30 Jahre lang kämpfte die Bürgerrechtlerin Susan Anthony in und um Rochester für das Wahlrecht der Frauen in Amerika, welches 1920, lange nach ihrem Tod, dann auch eingeführt wurde.

Immer noch ist Rochester eine Industriestadt, die die drittgrößte Optikindustrie der Welt aufweist – nach Los Angeles und Tokio. Die Industrie bestimmt also das wirtschaftliche Leben, doch von den einst großen Werken in der Innenstadt ist nicht mehr viel zu sehen, und man kann behaupten, daß es der Stadt gelungen ist, aus einem "Häßlichen-Entchen-Dasein" zu einer ansprechenden Stadt mittlerer Größe zu werden. Die City hat einen gewissen Charme, und Alt und Neu verknüpfen sich gut. Die Kulturszene hat auch einiges zu bieten, so z.B. Theater- und Ballettaufführungen sowie ein gutes Symphonieorchester – nicht zu vergessen ein paar ansprechende Museen. Alte Lagerhallen und Fabrikanlagen werden im Bereich des High Falls-Distriktes wieder aufpoliert und mit Restaurants sowie Aufführungsorten bestückt.

Rochester kann somit durchaus als Vorbild für andere, ehemalige Industriestandorte entlang der Uferzone der Großen Seen – allgemein als "Rust Belt" bezeichnet – angesehen werden.

Das Umland bietet den Erie-Kanal, auf dem Sie Bootstouren unternehmen können, ein großes Weinanbaugebiet und das landschaftlich schöne Fingerlakes-Gebiet.

Sollte Ihnen mittags nach einer kleinen Lunchpause zumute sein, empfehle ich Ihnen einen "White Hot Dog" von einem Straßenstand. Das ist die Spezialität hier, und Süddeutsche mögen bei Aussehen und Geschmack an die beliebte Weißwurst erinnert werden.

Sehenswertes

◆ **George Eastman House & International Museum of Photography**, 900 East Avenue, geöffnet: Di-Sa 10h00-16h30 und So 13h00-16h30. Das hochherrschaftliche Haus in einem Villendistrikt diente George Eastman von 1905 an bis zu seinem Tod als Residenz. Eastman liebte Gartenanlagen und Musik, so daß das Musikzimmer wie auch der Garten von besonderer Großzügigkeit zeugen. Für den Bau dieses 50-Zimmer-Domizils (3.500 qm) benötigte man 4 Jahre. Führungen durch Haus und Garten werden angeboten.

George Eastman House

Angeschlossen an das Haus ist das International Museum of Photography, in dessen permanenter Ausstellung vieles über die geschichtliche Entwicklung des Fotografierens geboten wird sowie historische Fotografien ausgestellt sind. Zudem gibt es Wanderausstellungen bekannter moderner Fotografen.

Für Haus und Museum sollten Sie sich mindestens 1 ½ Stunden Zeit nehmen.

INFO

Kurzbiografie von George Eastman

George Eastman wurde 1854 in Waterville, NY, geboren. Mit 14 Jahren – nachdem sein Vater starb – mußte er bereits die Schule verlassen, um für den Unterhalt seiner Familie zu sorgen.

Mit Anfang 20 arbeitete Eastman als Buchhalter in einer Bank in Rochester, widmete sich aber in seiner Freizeit ganz der Fotografie. Die umständliche Handhabung der Apparate und die hohen Preise veranlaßten ihn dazu, selbst kreativ zu werden auf dem Fotosektor, und er setzte sich das Ziel, Fotoapparate zu entwickeln, die für jederman zu bedienen sind. 1881 gründete er die Eastman Dry Plate Company – Vorgänger der Kodak-Werke – welche ab 1888 Apparate produzierte, die sich ganz dem Motto "Sie drücken den Knopf, wir erledigen den Rest" hingaben. Der "bewegliche " Film – im Gegensatz zu den alten Filmplatten – wurde ebenfalls zu dieser Zeit von Eastman entwickelt. Mit dieser revolutionären Erfindung bereitete Eastman den Weg zum Film.

George Eastman

George Eastman liebte Musik und Blumen, was sich deutlich an Haus und Garten erkennen läßt. Aber er war auch sozial eingestellt und bot seinen Angestellten ein "Profit-Share-Program" an. Auf diesem Wege hat er seinen Angestellten Werte von ca. 100 Mio. Dollar zukommen lassen.

George Eastman starb 1932.

◆ **Rochester Museum & Science Center**, 657 East Avenue, geöffnet Mo-Sa 9h00-17h00, So 12h00-17h00. Historische, naturgeschichtliche und technische Ausstellungen sowie das angeschlossene Strasenberg Planetarium mit dem ersten Zeiss-Sternenfernrohr lohnen für Technik-Interessierte.

◆ **Strong Museum**, One Manhattan Square, geöffnet Mo-Sa 10h00-17h00, So 13h00-17h00. Dieses Museum bietet interessantes "Allerlei". Von der größten Puppensammlung Amerikas (5.000 Puppen!), über eine interessante Zusammenstellung von Modellen verschiedenster Transportmittel bis hin zu einer mit ausgesprochen viel Liebe zusammengstellten Kinderabteilung mit "Hands-on-Versuchen" – die auch Erwachsenen Spaß bereiten wird – wird hier vieles geboten. Wanderausstellungen zu Zeitthemen gibt es auch.

◆ **Susan Anthony House**, 17 Madison Street, geöffnet Do-Sa 13h00-16h00. Zu besichtigen ist hier das Wohnhaus von Susan B. Anthony. Susan Anthony kämpfte während der 2. Hälfte des 19. Jahrhunderts für die Rechte der Frauen. Besonders am Herzen lag ihr das Wahlrecht für Frauen. 1872 wurde sie verhaftet, als sie zur Stimmabgabe ging. Zusammen mit anderen Bürgerrechtlern der Region war sie es aber, die letztendlich dafür gesorgt hat, daß Frauen ab 1920, 14 Jahre nach ihrem Tod, wählen durften in Amerika. Falls Sie sich näher mit der Frauenrechtsbewegung beschäftigen

Bootstour um Rochester

möchten, empfehle ich Ihnen ebenfalls den Besuch der National Women's Hall of Fame in Seneca Falls, etwa 70 Meilen südöstlich von Rochester.

Rochester bietet sich nun noch an für einen Spaziergang durch die Stadt, die Stilelemente aus allen Zeitepochen (Amerikas) aufweist, wobei Sie den Besuch des Brown's Race/High Falls-District auf dem westlichen Ufer des Genesee River (Innenstadtbereich) nicht auslassen sollten. Der alte Lagerhaus- und Fabrikdistrikt wird z.Zt. umgewandelt in ein historisches Kulturviertel. Von einigen Aussichtspunkten, Restaurantterrassen und vor allem einer Fußgängerbrücke haben Sie hier auch Ausblick auf die Wasserfälle, die größten in einer amerikanischen Stadt.

Von Rochester nach Niagara Falls

Der landschaftlich besonders hier sehr schöne Seaway Trail führt nun von Rochester weiter entlang dem Ufer des Lake Ontario. Hier gibt es einige State Parks mit Camping- und Badegelegenheiten. Für den einen oder anderen Fotostop sollten Sie sich auch Zeit nehmen bzw. für einen Abstecher zu einem der Leuchttürme an der Uferzone. Auffallend sind zudem die vielen Apfelplantagen und die Gemüsefelder. An kleinen Straßenständen können Sie so Ihre Campingküche auffrischen. Sollten Sie etwas mehr Zeit haben, empfehle ich Ihnen einen kleinen Umweg über Medina, einer historischen kleinen Stadt am Erie Kanal. Von hier gehen auch Bootstouren auf dem Kanal ab. Infos zum Erie Kanal entnehmen Sie bitte dem Kapitel 9.8.5 (Buffalo).

◆ **Old Fort Niagara**, 14 Meilen nördlich von Niagara Falls. Info: Tel.: (716) 745-7611. Geöffnet: täglich: im Sommer 9h00-19h30, im Winter nur bis 16h00.

Das 1726 erbaute Fort wurde in seinem ursprünglichen Stil wieder aufgebaut. An der Mündung des Niagara River in den Lake Ontario hatte es zu allen Zeiten eine herausragende Bedeutung. Indianerkriege, Auseinandersetzungen während des Unabhängigkeitskriegs und Schlachten während des englisch-amerikanischen Konfliktes von 1812 fanden hier statt. 3 Flaggen wehten über dem Fort: die französische, die englische und die amerikanische. Von außen betrachtet, ist am Haupthaus am Uferabhang der französische Charakter noch deutlich zu erkennen – man fühlt sich fast an die Normandieküste erinnert. Relikte aus der alten Zeit sind zu besichtigen, und während der Sommermonate bieten "maskierte" Studenten in historischen Uniformen zahlreiche Vorführungen, wie z.B. Wachablösungen, Märsche und Kanonenschießen.

Gleich neben dem Fort steht ein (neuerer) Leuchtturm der Coast Guard, um den Sie auch einmal herumlaufen sollten.

Nach Niagara Falls folgen Sie jetzt einfach dem Robert Moses Parkway und weiter nach Buffalo dem I-190.

Zu Niagara Falls lesen Sie bitte weiter in Kapitel 9.8.3

9.8 VON TORONTO AM SÜDUFER ENTLANG DEM LAKE ERIE NACH DETROIT

Highlights

- die **Niagarafälle** von kanadischer Seite aus bewundern
- einen Schlenker machen durch die Innenstadt von **Buffalo**
- **Rock'n Roll Hall of Fame** und andere **Museen in Cleveland** besuchen

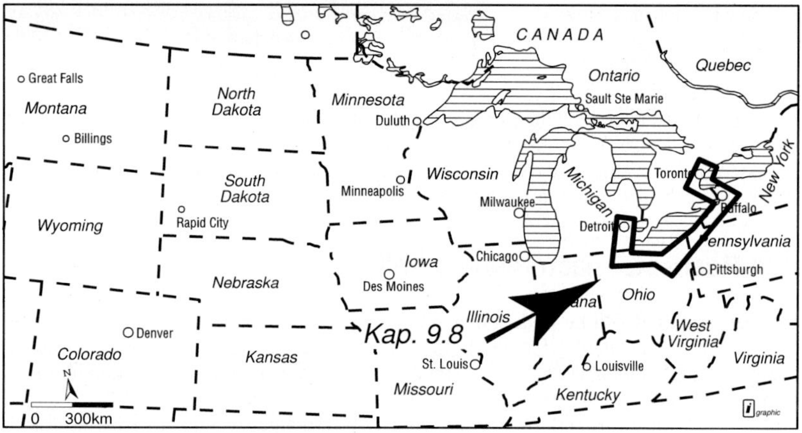

9.8.1 ÜBERBLICK

Das erste Teilstück ist wenig interessant, und die Straße führt entlang der am meisten industrialisierten Zone Kanadas. Daher empfehle ich Ihnen –, sollten Sie nicht gerade einem der Weingüter auf diesem Abschnitt einen Besuch abstatten wollen – auf schnellstem Wege zu den Niagarafällen durchzufahren. Die sagenhaft schönen Niagarafälle sind natürlich das Highlight. Wenn auch extrem touristisiert und weit entfernt von dem romantischen Klischeebild des verträumten "Honeymoon-Zieles", wie wir es noch aus 50er-Jahre-Filmen her kennen, sollten Sie hier ein paar Stunden verweilen und die Naturgewalten so richtig genießen. Übrigens sind die Fälle auf kanadischer Seite weitaus beeindruckender. Für die Übernachtung aber rate ich Ihnen, eher nach Buffalo zu fahren. Obwohl Buffalo eine Großstadt ist, werden Sie hier mehr Ruhe finden.

Herausragende Sehenswürdigkeiten gibt es in Buffalo zwar nicht, dafür aber bietet Ihnen die Stadt eher die Gelegenheit, schön essen zu gehen, ein Theater oder Musical anzuschauen und vielleicht auch ein paar lange aufgeschobene Einkäufe zu erledigen. Am nächsten Morgen können Sie dann noch eine Rundfahrt durch die Stadt machen, die eine ganz interessante Stadtarchitektur aufzuweisen hat.

Von Buffalo bis Erie fahren Sie durch Weinanbaugebiete bzw. bieten sich ein paar Strände für den kurzen Sprung ins Wasser an. Aber grundsätzlich gilt auch hier: Fahren Sie zügig durch. In Erie können Sie sich eine Rekonstruktion einer alten amerikanischen Brigg anschauen, die im Krieg von 1812/14 eine bedeutende Rolle gespielt hat. Ansonsten ist Erie eher uninteressant. Fahren Sie besser weiter auf dem Interstate nach Cleveland, Ihrem nächsten Übernachtungsstop und der mit Abstand interessantesten Stadt auf dieser Route. Zahlreiche gute Museen aller Art erwarten Sie in Cleveland und versprechen hier auch zwei und mehr abwechslungsreiche Tage. Südlich von Cleveland liegt das Amish Country, und ein Tagesausflug dorthin verspricht einen interessanten Einblick in die ganz eigene Kultur der Amishe.

Auch auf dem letzten Abschnitt nach Detroit gibt es nicht mehr vieles zu erleben. Einzig die Sandusky und Port Clinton vorgelagerten, landschaftlich schönen Inseln bieten sich für einen Besuch an. Fahren Sie ansonsten schnell durch und halten Sie höchstens am Museum of Arts in Toledo, das aber nicht an die Kunstmuseen in Detroit und Chicago heranreicht.

9.8.2 REISEPRAKTISCHE HINWEISE

Entfernungen

Toronto - Niagara Falls: 88 mi/142 km
Niagara Falls - Buffalo: 20-27 mi/32-43 km
Buffalo - Erie: 90 mi/145 km
Erie - Cleveland: 99 mi/159 km
Cleveland - Toledo: 112 mi/180 km
Toledo - Detroit: 59 mi/95 km

Streckenführung
Folgen Sie von Toronto aus dem Highway QEW, der Sie bis in die Vororte von Niagara Falls bringt. Am Exit 30 geht es dann über den Hwy 420 zu den Fällen. Bis Buffalo geht es weiter auf dem I-190 (alternativ am Fluß entlangfahren). Von hier bildet der I-90 bis Toledo Ihre Leitlinie, wobei Sie des öfteren ruhig auf die ufernahen Straßen ausweichen sollten. Dieses gilt vor allem für die Strecke ab Cleveland. Hier ist es erst der US 6, der Sie bis Sandusky begleitet, und von dort geht es weiter auf dem OH 2. Von Toledo bis Detroit nehmen Sie den I-75.

9.8.3 DIE STRECKE BIS NIAGARA FALLS

Sehenswertes an dieser Strecke

- die Stadt **Burlington** in reizvoller Lage am Westufer des Ontario-Sees und
- die **Webster-Wasserfälle**, die in einem Naturschutzgebiet bei Dundas liegen.

Hamilton

Hamilton ist ein wichtiger Standort der kanadischen Stahlindustrie und eine bedeutende Hafenstadt. Der Ort wurde um 1812 gegründet und gewann nach der Fertigstellung des Welland-Kanals im Jahre 1829 rasch an Bedeutung.

Zu den geschäftigen Hafenanlagen und den großen Stahlwerken bilden die **Royal Botanicals Gardens**, Tel.: (416) 527 1158, an der nördlichen Stadtgrenze einen reizvollen Kontrast.

Zu den Sehenswürdigkeiten der Stadt zählen

- das Altstadtviertel **"Hess Village"**, Hess St./George St., mit restaurierten, schönen Häusern des 19. Jahrhunderts, in denen Restaurants, Boutiquen, Galerien und Antiquitätengeschäfte eingerichtet wurden,
- das **Dundurn Castle**, York St., am Dundurn Park, Tel.: (416) 522 5313, ist ein renoviertes, viktorianisches Herrenhaus mit 35 im Stil der damaligen Zeit eingerichtete Zimmern, das dem kanadischen Premierminister Sir Allan Napier McNab gehörte, und
- das **Whitehern Historical House**, McNab St./Jackson St., Tel. (416) 522 5664, das als gutes Beispiel der georgianischen Architektur im 19. Jahrhundert gilt.

St. Catherines ist das Zentrum des Obst- und Weinanbaus. Alljährlich im September findet das "Niagara Grape

Redaktions-Tips

- **Übernachten**: Niagara Falls: **Sheraton Fallsview** bzw. **Hotel Renaissance Fallsview**; Buffalo: **Hyatt Regency** bzw. **Asa Ransom House**; Erie: **Avalon Hotel**; Cleveland: **Stouffer Renaissance**
- **Bedeutendste Sehenswürdigkeiten:** die Niagarafälle; die Innenstadtarchitektur und der Naval & Servicemen Park in Buffalo; die Stadt Cleveland mit ihren Museen; das Land der Amish People; Kelley's Island und Put-in-Bay
- **Zeiteinteilung:**

  2 Tage: 1. Tag: Sie fahren zu den Niagarafällen, bleiben dort bis zum frühen Nachmittag und fahren dann über die Interstates auf schnellstem Wege durch bis Cleveland. Bedenken Sie, daß Sie auf dem Interstate von Niagara Falls bis Cleveland 4-5 Stunden benötigen. **2. Tag:** Vormittags einige Sehenswürdigkeiten in Cleveland anschauen und dann auf den Interstates bis Detroit.

  4 Tage: 1. Tag: Bis Niagara Falls fahren. Dort Besichtigungsprogramme. Am späten Abend bzw. **nächsten Morgen** fahren Sie nach Buffalo, für das Sie sich ein paar Stunden Zeit nehmen sollten. Am Nachmittag dann weiter nach Erie/Cleveland, wobei Sie, je nach Zeit, auch mal zu einem Weingut bzw. ans Ufer abzweigen sollten. Übernachten in Erie oder besser in Cleveland. **3. Tag:** Dieser Tag sollte vornehmlich Cleveland gewidmet werden. Übernachten in Cleveland. **4. Tag:** Über den US 6 und die OH 2 nach Toledo und von dort über den Interstate nach Detroit.

& Wine Festival" mit Paraden, Konzerten und vielen Weinproben statt.

Am Südrand der Stadt kann man von einer Plattform an der Canal Road aus die Schleuse 3 des Welland-Kanals und den Schiffsverkehr beobachten.

Weinanbau in Südwest-Ontario

Niagara-Wein-Route

Hinweis
Bereits hinter Hamilton besteht die Möglichkeit, vom QEW auf die Weinroute abzuzweigen. Achten Sie auf die Ausschilderung.

Nicht weit von den spektakulären Wasserfällen entfernt liegt eine ruhige, grüne Landschaft, in die sechzehn Weingüter eingebettet sind. Im milden Klima dieser Region, das wesentlich vom Niagara Escarpment und vom Ontario-See bestimmt wird und ganzjährig gemäßigte Temperaturen aufweist, wurden große Weingärten angelegt, in denen die sehr gute Traubensorte Vitis vinifera gedeiht.

Die hiesigen Winzer, die über die Erfahrungen vieler Generationen verfügen, verstehen es, die gute Traube in ausgezeichnete Weine zu verwandeln. Unter den Weinbauern sind auch einige deutschstämmige Winzer und Kellermeister. Dies zeigte sich nicht zuletzt bei Weinproben, in deren Verlauf die Weine der Niagara-Region viele Auszeichnungen erhielten und bei "Blindproben" mit den besten Weinen der Welt mithielten.

Auf einer kleinen "Wein-Rundfahrt" können Sie einige der Weingüter besuchen, z.B.:

◆ **Brights Winery**, 4887 Dorchester Road, Niagara Falls, Tel.: (905) 357 2400, in Kanadas ältestem Weingut können Sie an den kostenlosen Führungen teilnehmen, die mit einer kleinen Weinprobe abschließen, **Treffpunkt**: von Mai bis Oktober täglich 10.30, 14 und 15.30 Uhr, von November bis April Mo - Fr 14 Uhr, Sa/So 14 und 15.30 Uhr,

Die Niagarafälle von USA-Seite aus betrachtet

◆ **Chateau des Charmes**, Tel.: (905) 262 4219, Winzer der fünften Generation bauen hier den Wein an, **Führungen** finden von Mai bis September von Di - Sa um 11, 13.30 und 15 Uhr statt,

◆ **Hillebrand Winery**, Niagara Stone Road (Hwy 55), Niagara-on-the-Lake, Tel.: (905) 468 7123, **Führungen** und Weinproben finden ganzjährig um 11, 13, 15 und 16 Uhr statt,

◆ **Inniskillin Wine Inc.**, 66 Service Road, Tel.: 468 3554, in einer restaurierten Scheune aus dem 19. Jahrhundert zeigt eine Ausstellung die verschiedenen Stadien der Weinerzeugung.

9.8.4 NIAGARA FALLS

Highlights

- Bootsfahrt mit der **"Maid of the Mist"**
- Besuch der **Table Rock Tunnels**
- **Beleuchtungsshow** der Niagara-Fälle **bei Nacht**
- Auffahrt auf den **Skylon Tower**
- Fahrt mit der **Spanish Aero Car**
- Besuch der **"Windhöhle"** und des **"Hurrican Deck"** auf der amerikanischen Seite der Wasserfälle

Überblick

Die Niagara-Fälle zählen zu den bekanntesten und meistbesuchten Natursehenswürdigkeiten Amerikas; mehr als 12 Millionen Besucher fahren jährlich dorthin, um die eindrucksvollen Wasserfälle zu erleben. Es sind zwei Wasserfälle:

◆ der kanadische **"Horseshoe-Fall"**, Hufeisen-Fall, der den Namen seiner Form verdankt, ist 640 m breit und stürzt 54 m tief;

◆ der **amerikanische Wasserfall** ist 328 m breit und stürzt in 2 Stufen 55 m tief; sein südlicher Teil wird "Bridal Veil Fall", Brautschleier-Fall, genannt.

Aber Niagara Falls ist nicht nur der Name der Wasserfälle, sondern auch der Name der beiden Städte, die an den Ufern des Niagara River, jeweils auf kanadischer und amerikanischer Seite, liegen. Die **kanadische Stadt** (ca. 72.500 Einwohner) am Westufer des Niagara River ist wegen ihrer spektakulären Ausblicke auf die Wasserfälle ein bedeutendes Touristenzentrum mit gepflegten Parkanlagen, sehr guten touristischen Einrichtungen und vielen interessanten Sehenswürdigkeiten.

Niagara Falls ist durch die "Rainbow Bridge" und die "Whirlpool Rapids Bridge" mit der gleichnamigen amerikanischen Stadt verbunden. Von beiden Brücken bieten sich sehr schöne Ausblicke auf die Wasserfälle. Die **amerikanische Stadt** (ca. 70.000 Einwohner) am Ostufer gehört zur Metropolitan Area von Buffalo; sie hat Wasserkraftwerke und eine ausgeprägte elektrizitätsabhängige Industrie. Der Fremdenverkehr konzentriert sich auf die nähere Umgebung der Wasserfälle.

Kanadische Seite: Reisepraktische Hinweise

i

Information

Vorwahl: 905

- **Touristeninformation**: Niagara Tourist Board, Rainbow Bridge, Tel.: (905) 356 6061
- **Niagara Falls Visitor & Convention Bureau**, 5433 Victoria Avenue, Tel.: (905) 356 6061

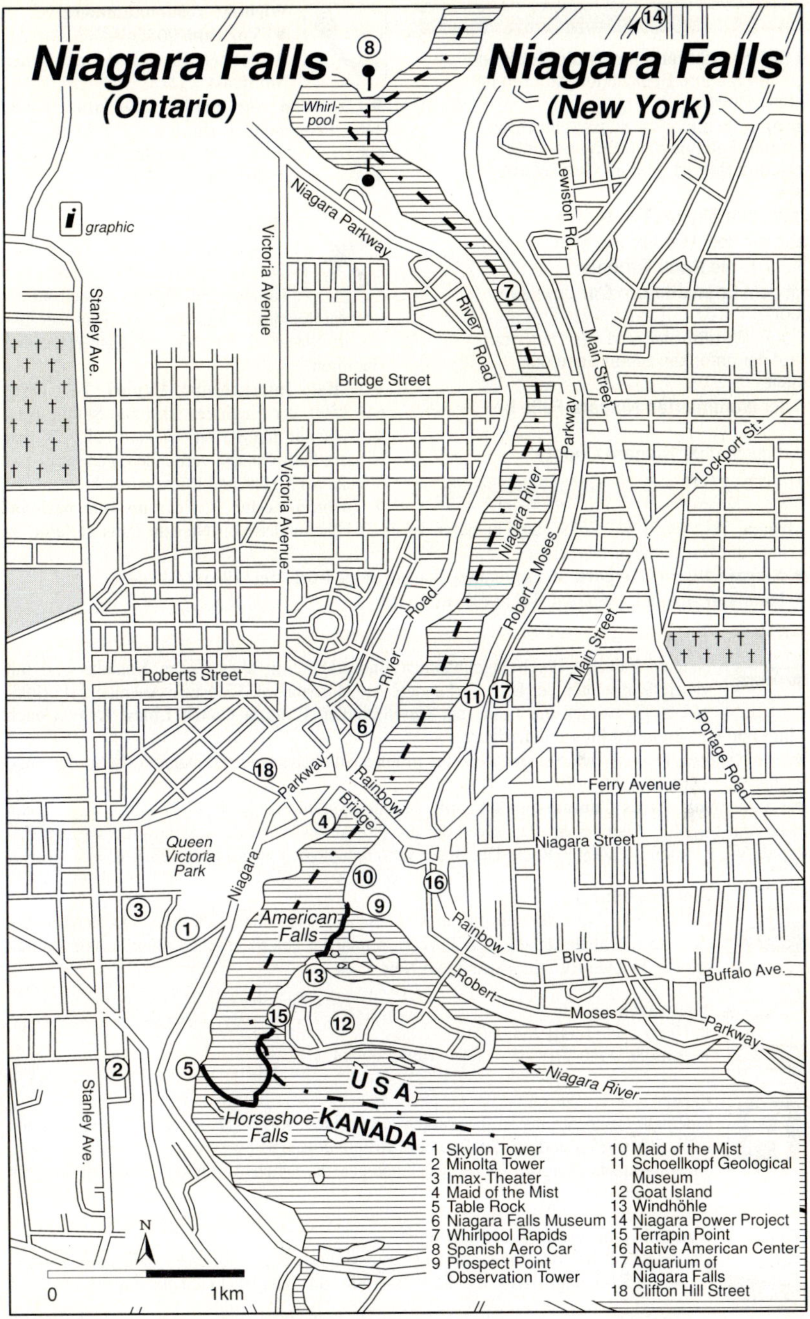
Niagara Falls (Ontario)
Niagara Falls (New York)
Whirlpool
Niagara Parkway
Victoria Avenue
Stanley Ave.
Lewiston Rd.
River Road
Main Street
Bridge Street
Parkway
Lockport St.
Niagara River
Robert Moses
Roberts Street
Rainbow Bridge
Portage Road
Ferry Avenue
Niagara Street
Queen Victoria Park
Niagara Parkway
American Falls
Rainbow Blvd.
Buffalo Ave.
Robert Moses Parkway
Niagara River
USA
KANADA
Horseshoe Falls
N
0
1km
1 Skylon Tower
2 Minolta Tower
3 Imax-Theater
4 Maid of the Mist
5 Table Rock
6 Niagara Falls Museum
7 Whirlpool Rapids
8 Spanish Aero Car
9 Prospect Point Observation Tower
10 Maid of the Mist
11 Schoellkopf Geological Museum
12 Goat Island
13 Windhöhle
14 Niagara Power Project
15 Terrapin Point
16 Native American Center
17 Aquarium of Niagara Falls
18 Clifton Hill Street

Redaktions-Tips

- **Parken Sie Ihr Fahrzeug am Table Rock** und unternehmen Sie Ihre Besichtigungstouren mit dem People Mover
- **Übernachten:** je nach Preisklasse, im **Hotel Renaissance Fallsview**, im **Skyline Brock**, im **Americana Resort** oder im **Quality Inn Fallsview**
- Auffahrt auf den **Skylon Tower**
- Bootsfahrt mit der **"Maid of the Mist"**
- Besuch der **Table Rock Tunnels**
- Fahrt mit dem **Spanish Aero Car** über den "Whirlpool"
- Besuch der **"Windhöhle"** und des **"Hurrican Deck"** auf der amerikanischen Seite der Wasserfälle
- Erleben der **illuminierten Niagara-Fälle bei Nacht**
- Rundfahrt durch das **"Niagara County"**

Wichtige Telefonnummern

- **Vorwahl**: 905
- **Polizei, Feuer, Medizinischer Notdienst**: 911
- **Canadian Automobile Association** CAA: 4465 Drummond Road, Tel.: 357 0001, Öffnungszeiten: Mo - Fr 9 - 17 Uhr, Sa 9 - 12 Uhr
- **Wetterbericht**: Tel.: 227 3393

Flüge

Niagara Falls ist per Flugzeug über die internationalen Flughäfen von Toronto und Buffalo schnell zu erreichen. Regionale Flughäfen gibt es darüber hinaus in Niagara Falls, NY, St. Catherines und Hamilton.

- **Buffalo International Airport**, Tel.: (716) 648 1500, der Flughafen ist durch Shuttle-Bus-Verkehr mit den Städten Niagara Falls/NY und Niagara Falls/Ontario verbunden. Fahrpreis: pro Strecke $ 17, Hin- und Rückfahrt $ 30
- **Toronto Lester B. Pearson International Airport**, Tel.: (905) 247 7678, der Flughafen ist ca. 2 Fahrstunden von Niagara Falls entfernt; es besteht direkter Linienbusverkehr
- **Niagara District Airport**, St. Catherines, Niagara Stone Road, Tel.: (905) 684 9449
- **Hamilton Airport**, Hamilton, Tel.: (905) 679 4151

Busse

Niagara Falls ist durch regelmäßigen Busverkehr mit allen Teilen Kanadas und mit vielen Großstädten der USA verbunden. Am Busbahnhof, 4555 Erie Avenue, Tel.: (905) 357 2133, werden die Busse der Gesellschaften **Canada Coach Lines**, **Gray Coach Lines** und **Greyhound Lines** abgefertigt.

- Der **Niagara Transit Bus Service** verkehrt in allen Stadtteilen; der Busbahnhof ist in der 4320 Bridge St., Tel.: (905) 356 1179.
- Das **Niagara Parks Commission's People Mover System**, Tel.: (905) 357 9340, bedient von Mitte Mai bis Mitte Oktober im Pendelverkehr die Strecke zwischen der Rainbow Bridge und den Rapids View-Parkplätzen/Table Rock. Die Busse verkehren täglich zwischen 9 - 23 Uhr;

Zugverbindungen

Es bestehen Zugverbindungen der kanadischen Eisenbahngesellschaft **VIA RAIL** über Toronto mit allen kanadischen Provinzen und der amerikanischen Gesellschaft Amtrak mit den Städten Buffalo, Boston und New York.

Mietwagen

- **Hertz**, Tel.: (800) 263 0600
- **Budget**, 4960 Victoria Avenue, (905) 356 1431

Parken

Innerhalb des Zentrums ist das Parken ein Problem. Große Dauerparkplätze wurden am Table Rock ((5)) und an der Rainbow Bridge angelegt. Für Wohnwagen ist der Rapid View Parkplatz geeignet. Es ist zweckmäßiger, die Sehenswürdigkeiten zu Fuß oder mit dem Shuttle-Bus aufzusuchen.

Rundfahrten/Touren/Besichtigungen

Da Niagara Falls vollständig auf Tourismus eingestellt ist, gibt es ein sehr großes Angebot an Besichtigungstouren, die die Wasserfälle aus allen Blickwinkeln zeigen:

● **mit dem Boot**

- **Maid of the Mist**: Tel.: (905) 358 0311, die Boote fahren bis dicht an die Horseshoe Falls heran. Abfahrt: Clifton Hill St. und River Road auf der kanadischen Seite, am Prospect Point auf amerikanischer Seite. Abfahrtszeiten: von Ende Juni bis Mitte August von 9 - 19.45 Uhr alle 15 Minuten, von Mitte August bis Anfang Oktober von 9 - 19.15 Uhr, in der übrigen Zeit werktags 9.45 - 16.45 Uhr, an Wochenenden 9.45 - 17.45 Uhr, Fahrpreis ist einschließlich Regenmänteln
- **Whirlpool Jetboat**: 61 Melville St., Tel.: (905) 468 4800, rasante Fahrt durch die Stromschnellen, stündliche Abfahrten von Mai bis Oktober in Niagara-on-the-Lakes.

● **mit dem Bus**

- **Double Deck Tours**: Tel.: (905) 295 3051, die Doppeldeckerbusse starten im Juli/August um 9.30 Uhr und fahren im 20-Minuten-Takt, in der übrigen Zeit alle 30 Minuten. Ein- und Ausstieg nach Belieben bei allen Sehenswürdigkeiten. Die Fahrt dauert ohne Halt etwa 90 Minuten.
- **Gray Line Sightseeing Tours**: Tel.: (905) 694 3600, bietet die beiden ca. 3-stündigen Fahrten "Canadian Rainbow Tour" und "American Adventure Tour" an. Abfahrtszeiten: Ganzjährig, jeweils um 9, 13.30 und 18.30 Uhr
- **Double Deck Package Tour**: Tel.: (905) 374 7423, kombinierte Tagestour mit dem Bus, der "Maid of the Mist" und der Spanish Aerocar.

● **mit dem Hubschrauber**

- **Niagara Helicopter Rides**: 3731 Victoria Avenue, Tel.: (905) 357 5672, 15 minütige Flüge über die Wasserfälle und den Niagara River, in allen Hubschraubern können Sie Erläuterungen über Kopfhörer hören. Starts von Februar bis Dezember täglich von 9 Uhr bis zum Einbruch der Dämmerung. Flugpreis: Erwachsene $ 70, Kinder von 2 - 11 Jahren $ 17, Paare $ 120.

Hotels

Als eines der weltweit beliebtesten Reiseziele bietet Niagara Falls natürlich Hunderte von Übernachtungsmöglichkeiten, die von einfachen Hotels über Landgasthäuser und Bed & Breakfast-Häuser bis zu Luxushotels reichen. Je nach Jahreszeit, Lage und Aussicht des Hotels gibt es große Preisunterschiede. In vielen Hotels werden Sonderkonditionen eingeräumt, so daß sich die Nachfrage lohnt.

● **Niagara Falls Renaissance Fallsview $$$-$$$$:** 6455 Buchanan Avenue, Niagara Falls, Ont. L2G 3V9, Tel.: (905) 357-5200 od. 1-800-363 3255, Fax: (905) 357-3422. Sehr komfortables Hotel in der Nähe des Minolta Tower, 262 Zimmer, teilweise mit sehr schönem Blick auf die Fälle, Fitnessräume, Swimmingpool, Sauna, Squash- und Tennisplätze, Dachgartencafé mit schöner Aussicht

● **Holiday Inn by the Falls $$$:** 5339 Murray St., Niagara Falls, Ont. L2G 2J3, Tel.: (905) 356 1333. Modernes, komfortables Hotel in der Nähe der Wasserfälle, des Skylon Towers und des IMAX-Theaters, Außenschwimmbad

● **Ramada Coral Inn Resort $$-$$$:** 7429 Lundy's Lane (ON 20), Niagara Falls, Ont. L2H 1G9, Tel.: (905) 356 6116, Fax: (905) 356-7204. 130 ansprechend eingerichtete Zimmer und Suiten, Innen- und Außenschwimmbäder, Minigolfplatz und Wasserpark ganz in der Nähe. 3 km westlich der Fälle.

● **Sheraton Fallsview $$$:** 6755 Oakes Drive, Niagara Falls, Ont., Tel.: (905) 374 1077. 295 sehr geschmackvoll eingerichtete Zimmer, viele von ihnen mit großartigem Blick auf die Fälle, Innenswimmingpool, Fitnessraum

● **Skyline Brock Hotel $$$-$$$$:** 5685 Falls Avenue, Niagara Falls, Ont. L2E 6W7, Tel.: (905) 374 4444 od. 800-263-7135, Fax: (905) 357-4804. Traditionsreiches Hotel aus dem Jahre 1929, viele der elegant ausgestatteten Räume bieten schöne Ausblicke auf die Fälle.

● **Americana Resort $$:** 8444 Lundy's Lane, Niagara Falls, Ont., Tel.: (905) 356 8444. Freundliches Familienhotel mit Innen- und Außenschwimmbad, Fitnesszentrum, Tennis- und Squashplatz, nur wenige Minuten von den Fällen entfernt.

● **A Rose and Kangaroo $$:** 5239 River Road (Niagara River Parkway), Niagara Falls, Ont., Tel.: (905) 374 6999. Sehr ansprechende Bed & Breakfast-Gästezimmer in einem großen Haus aus dem Jahre 1910, von der umlaufenden Veranda hat man einen Blick auf die Niagara Gorge.

● **Michael's Inn Overlooking the Falls $$-$$$:** 5599 River Road, Niagara Falls, Ont. L2E 3H3, Tel.: (905) 354 2727 od. 800-263-9390, Fax: (905) 374-7706. Angenehmes Hotel mit 130 Zimmern, die einen schönen Blick auf die amerikanischen Wasserfälle bieten, InnenSwimmingpool, Sauna und Wasserrutsche

- **Quality Inn Fallsview $$:** 6663 Stanley Avenue, Niagara Falls, Ont., Tel.: (905) 354 2322. 58 einfache Zimmer, nur wenige Fußminuten von den Fällen entfernt
- **Surfside Inn $$:** 3665 Macklem St., Niagara Falls, Ont. L2G 6C8, Tel.: (905) 295 4354 od. 800-263-0713. Haus mit 30 einfachen Zimmern, 2 km südlich der Wasserfälle.

Restaurants

- **Happy Wanderer**: Stanley Ave., Tel.: (905) 354 9825. Deutsches Restaurant im bayrischen Stil, zu den Spezialitäten gehören Rouladen, Sauerbraten, Schnitzel und deutsche Biersorten
- **Hungarian Village Restaurant**: 5329 Ferry St., Tel.: (905) 356 2429. Ungarische Atmosphäre mit authentischer Musik und landestypischen Gerichten, wie z.B. Paprikahuhn, Gulasch oder Kohlrouladen, sehr gute Kuchen und Desserts
- **Rolf's**: 3840 Main St. in Chippawa, Tel.: (905) 295 3472. Gepflegtes Restaurant mit sehr guter kontinentaler Küche in einem eleganten Stadthaus; probieren Sie auch die "estate wines" genannten örtlichen offenen Weine!
- **Skylon Tower's Revolving Dining Room**: Genießen Sie den Blick aus der Höhe des Drehrestaurants, das sich in einer Stunde vollständig dreht, auf die tosenden Wasserfälle
- **Suisha Gardens**: 5705 Falls Avenue, Tel.: (905) 357 2660. Japanisches Restaurant, wo die Speisen direkt vor Ihren Augen zubereitet werden
- **Table Rock Restaurant**: neben den "Horseshoe Falls", Tel.: (905) 354 3631. Schon beim Frühstück können Sie den spektakulären Blick auf die Wasserfälle und die Stromschnellen genießen, kanadische Küche
- **The Embers open Hearth**: 5599 River Road, Tel.: (905) 354 2727. Vor Ihren Augen, am Herd der offenen Küche, werden köstliche Steaks und andere Fleischgerichte zubereitet, in der Nähe der Rainbow Bridge in "Michael's Inn"
- **Victoria Park Restaurant**: Tel.: (905) 356 2217, direkt gegenüber den American Falls im Victoria Park, mit schönem Blick auf die Fälle. Amerikanische Küche. Spezialität: Prime Rib.

Einkaufen

Als vielbesuchter Touristenort hat sich die Stadt mit zahllosen Souvenirgeschäften auf die Käuferwünsche eingestellt; das Angebot ist groß, jedoch sind originelle Dinge eher selten.

ZEITPLANUNG für einen ausgiebigen Besuch von Niagara Falls

◆ **Planung für einen eintägigen Aufenthalt**
- Besuch der Sehenswürdigkeiten auf der kanadischen Seite
- Fahrt auf den Skylon Tower
- Bootsfahrt mit der "Maid of the Mist" zu den Horseshoe Falls
- Spaziergang zu den Table Rock Tunnels und Aufzugfahrt in die Tiefe der Horseshoe Falls
- Fahrt mit dem Spanish Aero Car über den "Whirlpool"
- Schauen Sie sich am Abend die illuminierten Wasserfälle an

◆ **Planung für einen zweitägigen Aufenthalt**

1. Tag: wie oben

2. Tag:

Besuch der Sehenswürdigkeiten auf der amerikanischen Seite
- Fahrt über die Rainbow Bridge in die USA
- Überblick über die Wasserfälle von der Höhe des Observation Tower
- Spaziergang oder Viewmobile-Fahrt über die Pedestrian Bridge zum Bridal Veil Fall, zur Windhöhle "Cave of the Winds" und zum Terrapin Point mit großartigem Blick auf die kanadischen Horseshoe-Falls

◆ **Planung für einen drei- bis viertägigen Aufenthalt**

1. und 2. Tag:
wie vorher beschrieben

3. Tag:
- Spaziergang durch den Victoria Park
- Bummel über Clifton Hill
- Besuch der Museen und Kuriositäten im Clifton Hill-Viertel
- Besuch des Maple Leaf Village oder
- Fahrt zum Marineland Park

4. Tag
- Rundfahrt durch das "Niagara County" oder
- Wanderung oder Radtour über den Niagara River Recreation Trail

Geschichtlicher Überblick

Indianer, französische Entdecker, Forscher und Missionare erkundeten zuerst das Land bei den Wasserfällen.

Nach den amerikanischen Freiheitskriegen wurde bei Niagara-on the-Lake das Fort George angelegt, um die Niagara-Region vor den Angriffen der amerikanischen Truppen zu schützen, die sich von der englischen Vorherrschaft befreit hatten. **1812** kam es zur entscheidenden Schlacht, **1814** wurde durch den Vertrag von Gent die Grenzlinie festgelegt, womit die Geschichte der beiden Schwesterstädte begann.

Der Bau der Eisenbahn brachte um **1840** die ersten Touristen zu den Wasserfällen, deren Zahl schnell anstieg. **1846** gab es die ersten Bootsausflüge mit der "Maid of the Mist". **1885** wurde die Niagara Parks Commission zum Schutz der Natur und der Wasserfälle gegründet, **1888** wurden die Niagara Parklands für die Öffentlichkeit freigegeben. Zu Beginn des 20. Jahrhunderts wagten "Daredevils", wagemutige, tollkühne und sensationslüsterne Männer und Frauen, immer wieder, sich die Niagara-Fälle hinunterzustürzen oder den "Whirlpool" zu durchschwimmen. Nicht alle überlebten! Heute sind solche Versuche verboten!

1941 wurde der Bau der Rainbow Bridge beendet; **1951** wurde der Vertrag "Niagara Diversion Treaty" zwischen Kanada und den USA abgeschlossen, der die gemeinsame Nutzung der Wasserfälle zur Stromerzeugung beinhaltete.

INFO

Informationen zu den Niagara-Fällen und ihrer Entstehungsgeschichte

Die Niagara-Fälle liegen im Süden der Provinz Ontario und gehören zu den größten, berühmtesten und eindrucksvollsten Wasserfällen der Welt.

Als der französische Franziskanermönch ***Louis Hennepin*** *(1640 - um 1700) im Jahre* ***1678*** *das Gebiet um den Ontario-See bereiste und erforschte, staunte er über "lautes Donnern"; er folgte dem Getöse und entdeckte die Wasserfälle, von denen er eine gute Beschreibung ablieferte, deren Angaben z.T. von seinen Zeitgenossen aber bezweifelt wurden.*

Die Wasserfälle sind Überreste der Eiszeit, als vor etwa 50.000 Jahren riesige Gletscher den amerikanischen Kontinent bedeckten. Als durch die fortschreitende Erwärmung die Eismassen schmolzen, blieben große Binnenmeere

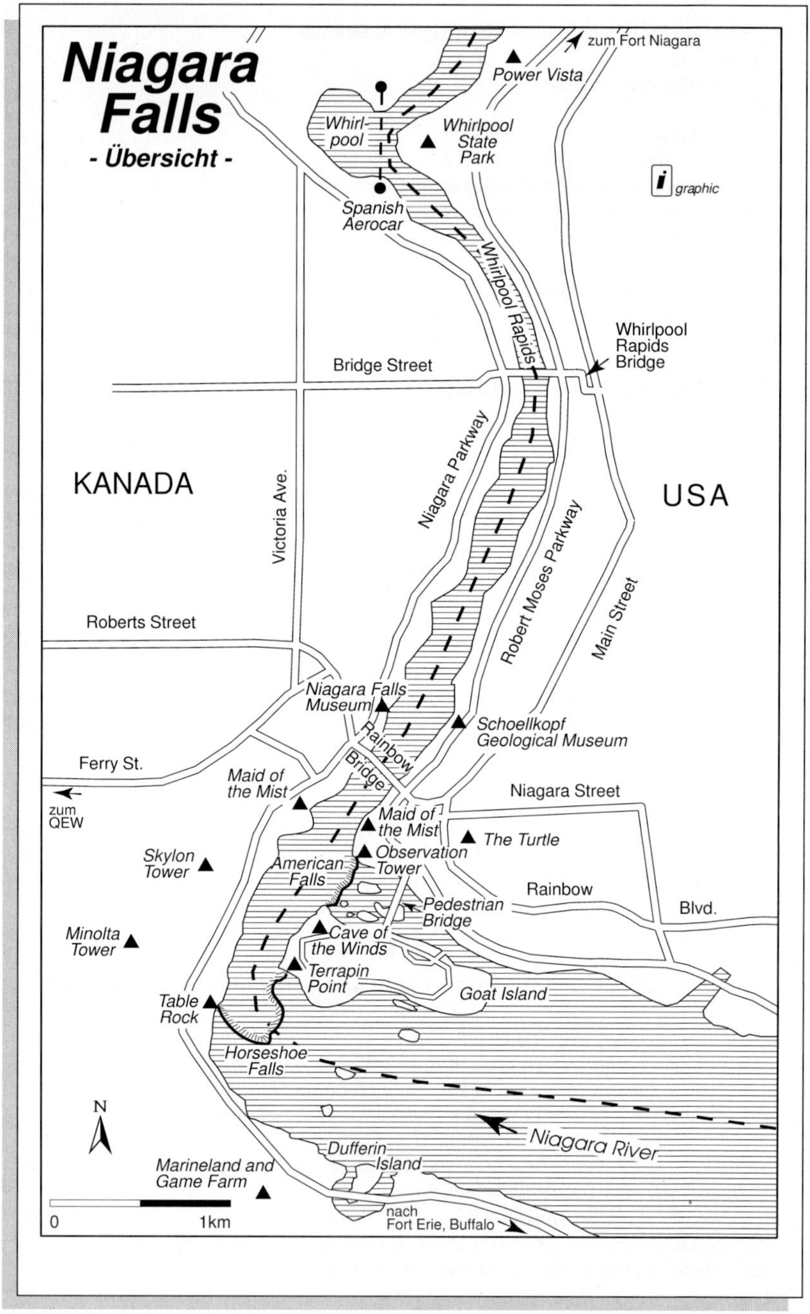

Niagara Falls
- Übersicht -
zum Fort Niagara
Power Vista
Whirlpool
Whirlpool State Park
Spanish Aerocar
graphic
Whirlpool Rapids
Whirlpool Rapids Bridge
Bridge Street
Niagara Parkway
KANADA
Victoria Ave.
USA
Robert Moses Parkway
Main Street
Roberts Street
Niagara Falls Museum
Schoellkopf Geological Museum
Rainbow Bridge
Ferry St.
zum QEW
Maid of the Mist
Niagara Street
Maid of the Mist
The Turtle
Skylon Tower
Observation Tower
American Falls
Rainbow
Blvd.
Pedestrian Bridge
Minolta Tower
Cave of the Winds
Terrapin Point
Goat Island
Table Rock
Horseshoe Falls
N
Niagara River
Dufferin Island
Marineland and Game Farm
0
1km
nach Fort Erie, Buffalo

zurück, deren Überreste die fünf "Großen Seen" zwischen den USA und Kanada sind. Von denen sind der Erie-See und der Ontario-See durch den Niagara River miteinander verbunden.

In seinem Verlauf zwischen Erie- und Ontario-See muß der Niagara River einen Höhenunterschied von 109 m überwinden. Auf halbem Weg liegt eine Felsbarriere, über die der Fluß in die Tiefe stürzt – das sind die Niagara-Fälle, die "donnernden Wasser".

Wie entstanden die Wasserfälle?

Die Entstehung der Niagara-Fälle gleicht der anderer Wasserfälle, die dadurch verursacht wird, daß eine härtere und eine weichere Gesteinsschicht aneinanderstoßen. Das Wasser gräbt sich in das weichere Gestein ein tiefes Tal, so daß sich eine Stufe zwischen den beiden Gesteinsschichten bildet. Über diese Stufe stürzt das Wasser in die Tiefe – also in das in die weichere Schicht eingegrabene Tal. Der Niagara River strömt bei seinem Ablauf aus dem Erie-See zunächst über hartes Kalkgestein, bis er bei der Mündung in den Ontario-See auf weichen Sandstein und Mergel trifft.

An dieser Stelle entstand einst auch der Wasserfall; im Laufe der Zeit aber schritten die Wasserfälle durch die Auswaschung der weichen Mergelschicht von ihrer ursprünglichen Lage zurück. Gegenwärtig beträgt dieser "Rückzug" jährlich ca. 107 cm.

Unterhalb der Wasserfälle hat sich der Niagara River bei diesem Zurückschreiten eine mehr als 11 km lange Schlucht zwischen über 100 m hohen Felswänden eingegraben; dabei hat er bei den "Whirlpool Rapids" ein sehr starkes Gefälle.

In der Mitte des Flusses und der "Hufeisen-Fälle" verläuft die Staatsgrenze zwischen Kanada und den USA. 1951 schlossen die beiden Staaten einen Vertrag zur gemeinsamen Nutzung der Wasserkraft ab. Von der Gesamtwasserkraft der Niagara-Fälle werden etwa 30% für industrielle Zwecke genutzt. Das ***"Niagara Power Project"*** *ist das größte Wasserkraftwerk der westlichen Welt, Erweiterungspläne werden zur Zeit kontrovers diskutiert.*

Der Niagara River wird nach dem Austritt aus dem Erie-See durch die Ziegen-Insel, ***Goat Island****, in zwei Flußarme geteilt:*

- *Zwischen Goat Island und der kanadischen Stadt liegt der mächtige* ***Horseshoe Fall****, der Hufeisen-Fall, über den etwa 90% der Wassermassen in die Tiefe stürzen.*
- *Zwischen Goat Island und der amerikanischen Stadt liegen der* ***American Fall*** *und nahe dabei der kleinere Wasserfall* ***Bridal Veil****, der Brautschleier-Fall.*

Anstrahlzeiten der Niagarafälle

Ein einzigartiges, manche mögen auch sagen kitschiges, Schauspiel bietet sich allabendlich, wenn die Wasserfälle in buntesten Farben angestrahlt werden. Je nach Jahreszeit wechseln diese Zeiten:

Januar + Februar: 18h30 - 21h00
März: 19h00 - 22h00
April: 20h30 - 23h00
Mai: 21h00 - 0h00
Juni + Juli: 21h15 - 0h00
August: 21h00 - 0h00
September: 20h00 - 23h00
Oktober: 19h00 - 23h00
November: 18h30 - 21h00
Dezember: 17h00 - 22h00

Sehenswertes auf der kanadischen Seite der Niagara-Fälle

Orientierung auf kanadischer Seite

Der **Niagara Parkway** verläuft parallel zum Niagara River, während die anderen Hauptstraßen, wie Clifton Hill, Victoria Avenue und Landy's Lane, senkrecht auf den Fluß zulaufen.

Die meisten Sehenswürdigkeiten liegen am Niagara Parkway im Streckenabschnitt zwischen dem Table Rock und der Rainbow Bridge und in dem Clifton Hill-Viertel.

Der gepflegte Ferienort Niagara Falls bietet Ihnen eine ganze Palette von eindrucksvollen und ungewöhnlichen Ausblicken auf die Wasserfälle, die am Abend in verschiedenen Farben angestrahlt werden.

Beginnen Sie Ihren Besuch der Niagara-Fälle mit einem Blick von der Rainbow Bridge oder von der Höhe der beiden Aussichtstürme **Minolta Tower Centre** und **Skylon Tower**.

Der "Skylon Tower"

■ **Der Skylon Tower** 1 , 5200 Robinson Street, Tel.: (905) 356 2651, **Öffnungszeiten** täglich von 8.30 - 1 Uhr nachts. Der Skylon Tower liegt am Rande der sehr schönen Queen Victoria-Parkanlagen, den Wasserfällen direkt gegenüber. Auf den unteren Ebenen des Turmes finden Sie zahlreiche Geschäfte, Ausstellungen, kleine Restaurants und ein großes, lautes und meistens sehr volles Vergnügungszentrum mit Spielautomaten aller Art.

Es ist ein Erlebnis, zu den Aussichtsterrassen mit einem der drei gelben Aufzüge "Yellow Bugs" hochzufahren, die in 52 Sekunden **außen** am 236 m hohen Turm in die Höhe steigen. Von der Höhe haben Sie einen großartigen Blick auf die Wasserfälle, den Niagara River und die Stadt; bei gutem Wetter können Sie fast 130 km weit schauen.

Restaurants

In den beiden Restaurants des Skylon Towers können Sie gutes Essen und eine schöne Aussicht zugleich genießen.

- **Revolving Dining Room**, etwa eine Stunde dauert eine Umdrehung des Restaurants, in dem Sie ausgezeichnet essen können
- **Summit Suite Dining Room**, große Buffetauswahl, Sonntagsbrunch, ganztägig geöffnet

■ **Niagara Falls Imax Theatre & Daredevil Adventure** 3 , **Öffnungszeiten**: von Juli bis Anfang September 10 - 21 Uhr, von März bis Ende Juni und September bis Anfang Oktober 11 - 20 Uhr, in der übrigen Zeit werktags nach Anfrage, Sa 11 - 20 Uhr, So 11 - 16 Uhr.

1990 wurde gleich angrenzend an die Parkplätze des Skylon Tower das **Niagara Falls IMAX-Theatre & Daredevil Adventure**, 6170 Buchanan Avenue, Tel.: (905) 358 3613, eröffnet. Auf einer sechs Stockwerke hohen Leinwand können Sie den mitreißenden Film "Niagara: Miracles, Myths and Magic" erleben.

■ **Minolta Tower Centre** 2 . Das **Minolta Tower Centre**, 6732 Oakes Drive, Tel.: (905) 356 1501, liegt in der Nähe der Hufeisen-Fälle. Der 99 m hohe Turm hat drei Restaurants, drei Aussichtsterrassen, eine Fotoausstellung und als besondere Attraktionen ein **Aquarium**, eine **Reptilschau** und die von 972 Wasserdüsen gestalteten Wasserspiele "**Waltzing Waters**".

Restaurant
Das Restaurant **"Top of the Rainbow"** auf der Höhe des Turmes wurde mehrfach wegen seiner hervorragenden Küche ausgezeichnet. Tischreservierung ist empfehlenswert.

■ **Zwischen Rainbow Bridge und Horseshoe Falls** 4 - 5

Parken
Parkplätze gibt es am Niagara Parkway und an den großen Aussichtstürmen. Von hier aus können Sie das Zentrum und die südlich von der Rainbow Bridge liegenden Sehenswürdigkeiten bequem zu Fuß erreichen. Zu den nördlich gelegenen Attraktionen Whirlpool Rapids und Whirlpool Aerocar können Sie dann mit dem Wagen fahren; auch dort gibt es ausreichend Parkplätze.

Das touristische Zentrum der Stadt mit vielen interessanten Sehenswürdigkeiten und Attraktionen liegt zwischen der "Regenbogenbrücke" und den "Hufeisen-Fällen". Beginnen Sie Ihren Besuch der Wasserfälle gleich mit einem besonderen Erlebnis: gehen Sie an Bord eines der "**Maid of the Mist"-Boote** 4 , und erleben Sie die Niagara-Fälle auf der 30-minütigen Bootsfahrt "hautnah"!

INFO

Informationen zur "Maid of the Mist" 4 + 10

Im Jahre 1846 wagte der Kapitän des hölzernen Dampfschiffes "Maid of the Mist" zum ersten Mal die Fahrt in das Becken der Horseshoe Falls. Inzwischen haben Millionen Besucher, zu denen auch Könige, Präsidenten, Filmstars und Sportler zählen, die Wasserfälle besucht.

Die Kartenkasse liegt am Fuß von Clifton Hill am Niagara Parkway; von dort führt eine Schienenbahn hinunter zur Bootsanlegestelle der "Maid of the Mist". Auf der Anlegebrücke ziehen Sie zum Schutz einen der bereitgelegten blauen Regenmäntel an. Der Kapitän steuert das Schiff, auf dem 150 - 200 Passagiere Platz finden, zu den "American Falls", wo das Wasser auf die Felsen donnert, und weiter zum "Bridal Veil Fall". Dann nähert sich das Schiff dem Becken der großartigen "Horseshoe Falls" und immer weiter dem Halbrund mit seinen tosenden Fluten und der hoch aufschäumenden Gischt, die bis zu den Passagieren hinaufspritzt. Nur durch Wasserschleier hindurch können Sie sehen, wie der Kapitän das Schiff sicher durch das brodelnde Wasser wieder hinaussteuert.

Tip
Richten Sie sich in der Hauptreisezeit auf lange Warteschlangen an allen Abfahrtsstellen der Schiffe ein.

■ **Table Rock** 5 . Nach dem Bootsausflug können Sie durch den sehr schön angelegten **Queen Victoria Park** ca. 1,5 km am Fluß entlang zum **Table Rock** gehen, einem Felsvorsprung an den "Horseshoe Falls". Tel.: (905) 358 3268, **Öffnungszeiten**: von Mitte Juni bis Anfang September täglich von 9 - 21.30 Uhr, in der übrigen Zeit Mo - Fr 9 - 16.30 Uhr, Sa/So 9 - 17.30 Uhr. In Regenmäntel gehüllt, können Sie mit einem Aufzug 38 m in die Tiefe der Hufeisen-Fälle hinunterfahren. Dort führen drei Tunnels zu drei verschiedenen Aussichtspunkten: das Observation Deck liegt nur knapp 8 m über dem Niagara River, fast "greifbar" nahe. Die beiden anderen Tunnel führen Sie **hinter** die Wasserfälle, und auch hier können Sie die Fälle aus nächster Nähe fotografieren.

Tip
Preisgünstig ist der "Explorer's Passport", mit dem Sie ermäßigten Zutritt zu den drei Sehenswürdigkeiten Table Rock Scenic Tunnels, Great Gorge Adventure und Niagara Spanish Aero Car haben. Der Paß ist von Mitte Mai bis Mitte Oktober in den Informationszentren erhältlich und ist zeitlich nicht begrenzt. Preis: Erwachsene $ 12,60, Kinder von 6 - 12 Jahren $ 6,35, Kinder unter 6 Jahren kostenlos.

Auf Ihrem Rückweg zur Rainbow Bridge können Sie das Getümmel in der **Clifton Hill Street** 18 und den angrenzenden Straßen kennenlernen. Nicht umsonst trägt die Straße den Beinamen "Clifton Hill – where the action is"! Auf engem Raum drängen sich hier Geschäfte, Restaurants, Bars und Hotels, aber auch Vergnügungsstätten und originelle und interessante Museen.

Dazu gehören u.a.:

◆ das **Guinness World of Records**, 4943 Clifton Hill, Tel.: 356 2299, mit nachgebildeten oder originalen Ausstellungsstücken aus dem "Guinness-Buch der Rekorde", Öffnungszeiten: von Juni bis September täglich von 9 - 24 Uhr, von März bis Mai und Oktober/November täglich von 10 - 20 Uhr, in der übrigen Zeit Mo - Fr 11 - 17 Uhr, Sa/So 11 - 19 Uhr.

◆ das **Louis Tussaud's Waxworks Museum**, Clifton Hill/Falls Ave., Tel.: 374 6601, zeigt bekannte Persönlichkeiten als lebensgroße Wachsfiguren, Öffnungszeiten: von Juli bis Anfang September täglich von 9 Uhr - 1 Uhr nachts, Mai/Juni und September/Oktober täglich von 10 - 20 Uhr, in der übrigen Zeit täglich 10 - 17 Uhr.

◆ **Ripley's Believe it or not! Museum**, 4960 Clifton Hill, Tel.: 356 2238, ein Museum mit mehr als 550 "unglaublichen" Ausstellungsstücken, Öffnungszeiten: von April bis Oktober täglich 9 Uhr bis Mitternacht, sonst 10 - 17 Uhr.

◆ **Houdini Museum Magic of Niagara**, 4983 Clifton Hill, Tel.: 356 4869, Sie sehen die Originalkostüme und Ausrüstungen des berühmten Zauberers Houdini, Videopräsentationen, Zaubertricks und Lasershows, Öffnungszeiten: von Mai bis Oktober täglich von 9 Uhr bis Mitternacht, sonst 10 - 17 Uhr.

Ganz in der Nähe liegt auch **Maple Leaf Village** (5685 Falls Ave., Tel.: 357-7676), ein Komplex mit einem 107 m hohen Aussichtsturm, Geschäften, Restaurants, Diskotheken und Vergnügungsstätten, darunter viele Fahrgeschäfte, Spielautomaten, ein **Elvis Presley-Museum** und ein **Museum der "Niagara Daredevils"**. Der Eintritt ist frei, die einzelnen Attraktionen müssen jedoch bezahlt werden. Tagespaß $ 10.

Sehenswürdigkeiten nördlich der Rainbow Bridge

■ Nördlich der Rainbow Bridge liegt das **Niagara Falls Museum** 6 , 5651 River Road, Tel.: 356 2151, **Öffnungszeiten**: täglich 10 - 18 Uhr. Das 1827 gegründete Museum ist eines der ältesten Nordamerikas. Besonders interessant ist die Ausstellung "Niagara's Original Daredevil Hall of Fame". In dieser "Ruhmeshalle der Teufelskerle" sehen Sie, mit welchen teilweise abenteuerlichen Hilfsmitteln immer wieder Versuche von Männern und Frauen unternommen wurden, die Niagara-Fälle zu bezwingen.

Die Fahrt über den **Niagara Parkway** weiter nach Norden führt am Niagara River entlang, der unterhalb der Fälle zunächst recht gemächlich durch eine tiefe Schlucht fließt. Wo diese sich verengt, nach etwa 3 km, stürzen die Wassermassen nun in heftigen Stromschnellen, den **"Whirlpool Rapids"** 7, weiter dem Ontario-See entgegen. An der schmalsten Stelle des Niagara River können Sie das "Great Gorge Adventure" erleben, wenn Sie mit dem Aufzug vom oberen Rand der Schlucht zu den "Whirlpool Rapids" hinunterfahren. **Öffnungszeiten**: von Ende April bis Ende Juni Mo - Fr 9 - 17 Uhr, Sa/So 9 - 18 Uhr, von Ende Juni bis Anfang September täglich 9 - 20 Uhr, von September bis Mitte Oktober täglich 9 - 17 Uhr. Ein Pfad führt Sie über Holzstege und Stufen ein Stück an den Stromschnellen entlang. Eine kleine Ausstellung informiert darüber, wie immer wieder versucht wurde, die "Whirlpool Rapids" zu durchqueren.

■ **Whirlpool und Niagara Spanish Aero Car** 8. Nach weiteren 2 km über den Niagara Parkway erreichen Sie den **"Whirlpool"**. Hier geraten die "Whirlpool Rapids" in einen tosenden, kreisrunden Strudel. Etwa 400 m Durchmesser hat der gewaltige "Whirlpool", der von 90 m hohen Felswänden umschlossen ist.

Die **Niagara Spanish Aero Car**, Tel.: (905) 354-5711, eine Art Schwebebahn, überquert mit ihrer offenen Gondel den "Whirlpool" auf 550 Meter Länge in luftiger Höhe. Auf der etwa 10-minütigen Fahrt über das Wasser können Sie noch einmal die tosenden "Whirlpool Rapids" sehen und gut fotografieren. Fahrzeiten: von Mitte Mai bis Ende Oktober täglich von 9 Uhr bis zur Dämmerung.

Weiter nach Norden fließt der Niagara River dann über die "Lower Rapids" in den Ontario-See.

■ **Niagara-on-the-Lake** liegt im Norden der Niagara-Fälle, an der Mündung des Niagara River in den Ontario-See. Es ist ein beschaulicher, gepflegter Ort mit schönen Häusern aus dem 19. Jahrhundert. Von 1791 - 1796 war Niagara-on-the-Lake die erste Hauptstadt von Upper Canada, der heutigen Provinz Ontario, und entwickelte sich aufgrund seiner verkehrsgünstigen Lage bald zu einer geschäftigen Hafenstadt und zu einem Zentrum des Schiffsbaus.

Besondere Anziehungskraft hat der Ort heute durch das **Shaw Festival**, das alljährlich von Ende April bis Mitte November stattfindet und zu den großen Theaterereignissen Kanadas zählt.

Mehr als 250.000 Besucher kommen jährlich zu den Aufführungen im Festival-Theater, im Courthouse und im Royal George-Theater; dabei stehen Stücke von George Bernard Shaw und anderen Autoren seiner Zeit auf dem Programm. Spielpläne und Eintrittskarten erhalten Sie durch Shaw Festival Box Office, P.O.Box 774, Niagara-on-the-Lake, LOS 1J0, Tel.: (905) 468 2172.

Zu den Sehenswürdigkeiten des Ortes zählen:

◆ das 1797-1799 von den Engländern zum Schutz gegen die aufständischen Amerikaner errichtete **Fort George National Historic Site**, Tel. 468-3938, das heftig umkämpft und bis 1820 mehrfach zerstört wurde. Nach den Restaurierungsarbeiten sind die Offiziersquartiere, einige Soldatenunterkünfte, die Küche und ein Handwerksladen geöffnet. In den Sommermonaten führen Soldaten in historischen Kostümen Übungen vor und informieren über die Geschichte des Forts. Öffnungszeiten: von Juli bis Anfang September täglich 10 - 18 Uhr, von Mitte Mai bis Ende Juni und Anfang September bis Ende Oktober täglich 10 - 17 Uhr, in der übrigen Zeit 10 - 16 Uhr.

◆ **Niagara Historical Society Museum**, 43 Castlereagh St., Tel.: 468-3912, mit Ausstellungen zur Geschichte der Stadt von der Zeit der Indianer bis zum Ende des 19. Jahrhunderts. Öffnungszeiten: von Mai bis Oktober 10 - 17 Uhr, sonst von 13 - 17 Uhr.

Weitere Sehenswürdigkeiten in der Umgebung von Niagara Falls (Kanada)

■ **Niagara Parks Botanical Gardens**. 8 km nördlich am Niagara Parkway, Tel.: (905) 356 8554. Sehr schöne Anlagen, die von den Studenten der namhaften Gartenbauschule "Niagara Park School of Horticulture" gepflegt werden. Dem Parkway folgend, kommen Sie zur **Floral Clock**, einer im Durchmesser 12 m großen Blumenuhr, die mit fast 20.000 Pflanzen gestaltet wurde.

■ **Marineland Theme Park**, 7657 Portage Road, Tel.: (905) 356-8250, **Öffnungszeiten**: von Ende Juni bis Anfang September von 9 Uhr bis zur Dämmerung, in der übrigen Zeit von 10 Uhr bis zum Einbruch der Dämmerung. Wasserpark mit Rutschen, Fahrgeschäften, einem kleinen Zoo, einem Aquarium und einer Aqua-Theater-Show mit dressierten Delphinen, Seehunden und Killerwalen.

■ **Niagara River Recreation Trail**. Ein schöner, gut markierter, 56 km langer Wander- oder Fahrradweg, der vom Fort George in Niagara-on-the-Lake am Niagara River entlang zum Fort Erie gegenüber von Buffalo führt.

Tip

Da die Fälle von kanadischer Seite schöner anzusehen sind, und falls Sie deswegen nicht unbedingt nach Niagara Falls auf amerikanische Seite überwechseln wollen, bietet sich als Streckenalternative nun der **Niagara Parkway** an, eine kleine Straße, die auf kanadischer Seite direkt entlang des Flusses und durch einen historischen Ort bis nach Fort Erie führt. Hier können Sie zudem dann noch das historische **Fort Erie** besichtigen, bevor Sie über die Peace Bridge direkt nach Buffalo hinüberfahren.

Sehenswürdigkeiten auf der amerikanischen Seite der Niagara-Fälle

Die Rainbow Bridge verbindet Kanada mit den USA; wenn Sie die Brücke bei sonnigem Wetter überqueren, können Sie über den Wasserfällen schillernde Regenbögen erkennen, die durch die aufschäumende Gischt entstehen und der Brücke ihren Namen gaben.

Tip

Sie können über die Rainbow Bridge in die USA fahren. Am Grenzübergang müssen Sie nur Ihren Reisepaß vorzeigen; wegen des starken Besucherverkehrs sollten Sie in der Hochsaison jedoch mit Wartezeiten an der Grenze rechnen.

Die Rainbow Bridge verbindet Kanada mit den USA

Amerikanische Seite: Reisepraktische Hinweise

Information
Vorwahl: 716
Information Center: Ecke 4th und Niagara Streets, Tel.: (716) 285-2400

Flughafen
Der internationale Flughafen liegt im Osten der Stadt; es gibt Flugverbindungen u.a. mit New York City, Washington, Boston, Toronto und Montreal.

Hotels
Die Mehrzahl der günstigeren Motels von Niagara Falls liegt dicht beieinander an der Kreuzung von I-190 und US-62. Sie liegen ca. 5 mi/8 km von den Wasserfällen entfernt und sind in der Regel preiswerter als die Hotels in der Nähe der Wasserfälle.

● **Hotels in der Nähe der Wasserfälle:**

- **Days Inn Falls View $$-$$$:** 201 Rainbow Boulevard, Niagara Falls, NY 14303, Tel.: (716) 285 9321, Fax: (716) 285-2539. Hotel mit Blick auf die Fälle. Besonders von den oberen Stockwerken ist der Ausblick gut. Die 1993 beendete Renovierung spricht für sich.
- **Howard Johnson Downtown $$-$$$:** 454 Main Street, Niagara Falls, NY 14301, Tel.: (716) 285 5261, Fax: (716) 285-8536. Nahe den Fällen, aber ohne Ausblick darauf.
- **Quality Inn $$$:** 443 Main Street, Niagara Falls, NY 14301, Tel.: (716) 284 8801, Fax: (716) 284-8633. Motel mit 68 Zimmern. Nicht an den Fällen.
- **Red Coach Inn $$$:** 2 Buffalo Avenue, Niagara Falls, NY 14303, Tel.: (716) 282 1459, Fax: (716) 282-2650. Kleines Inn mit Blick auf die Upper Falls. Erbaut 1923 – alt-englische Atmosphäre. Das angeschlossene, gleichnamige Restaurant lohnt auch: Veranda mit Blick auf die Upper Falls.
- **Holiday Inn at the Falls $$$-$$$$:** 114 Buffalo Avenue, Niagara Falls, NY 14303, Tel.: (716) 285-2521, Fax: (716) 285-0963. 200 Zimmer. Pool, Whirlpool, Sauna.
- **Ramada Inn Niagara $$-$$$:** 219 4th St., Niagara Falls, NY 14303 Tel.: (716) 282-1734. Modernes Hotel mit 112 Zimmern.

● **Entfernt von den Fällen:**

Budget Host-Americana $$: 9401 Niagara Falls Blvd., Niagara Falls, NY 14304, Tel.: (716) 297-2660, Fax: (716) 297-3188. 50-Zimmer-Motel. Einfach, aber sauber und günstig. Liegt etwas außerhalb.

Parken
Zentrale Parkmöglichkeiten gibt es am **Visitor Center** und in der **Prospect Street**. Wenn Sie hier den Wagen abstellen, können Sie die Hauptsehenswürdigkeiten im Niagara Reservation State Park gut zu Fuß bzw. von dort mit dem Trolley andere Punkte erreichen.

Trolleys
Auf der amerikanischen Seite können Sie sich vom Viewmobile bequem zu den Sehenswürdigkeiten fahren lassen. Die kleinen (bereiften) Züge verkehren von Mitte Mai bis Mitte Oktober täglich zwischen 8.45 und 22 Uhr.
Sie befahren die Strecke vom Prospect Point nach Goat Island mit Haltestellen an: "Cave of the Winds", Terrapin Point, Schoellkopf-Museum, Aquarium und "Three Sister Islands".

Rundfahrten/Touren/Besichtigungen

● **Bedore Tours**: 454 Main Street, in der Lobby des Howard Johnson-Hotels, Tel.: (716) 285-7550
● **Boat'n Bus**: 542 Main Street, Tel.: (716) 285 2211
● **Gavin Tours**: 1111 Walnut Avenue, Tel.: (716) 282 3715
● **Bridal Veil Tours**: 9470 Niagara Falls Boulevard, am US-62, Tel.: (716) 297 0329
● **Gray Line**: 3466 Niagara Falls Boulevard, North Tanawanda, Tel.: (716) 694-3600

Einkaufen

Niagara Falls, N.Y., hat drei große Einkaufszentren:

- **Rainbow Centre Outlet Mall**, 302 Rainbow Blvd. North, Tel.: (716) 285 9758, die Mall mit mehr als 50 Geschäften liegt nur wenige Gehminuten von den Niagara-Fällen entfernt; Designermode wird recht günstig angeboten.
- **Summit Park Mall**, 6929 Williams Road, Tel.: (716) 773 7638, Einkaufszentrum mit über 100 Geschäften, 3 großen Kaufhäusern und 10 kleinen Restaurants.
- **Factory Outlet Mall**, 1900 Military Road, Tel.: (716) 886 2269, hier werden viele Artikel bekannter Markenhersteller und Designer zu besonders günstigem Preis angeboten

Souvenirs/Kunsthandwerke:

Artisan Alley, 10 Rainbow Boulevard, ist ein Geschäfts- und Galeriezentrum für Kunst und Kunstgewerbe

Souvenirgeschäfte und Boutiquen finden Sie auch in der Nähe der Wasserfälle

■ Der **Niagara Reservation State Park** umfaßt das ganze Gelände der amerikanischen Wasserfälle mit allen Sehenswürdigkeiten, den besten Aussichtspunkten, mit Parkanlagen, Spazier- und Wanderwegen, Restaurant und Informationscenter. Er gilt als der älteste Park Amerikas, dessen 100. Geburtstag im Jahre 1985 gefeiert wurde.

Im Niagara Reservation State Park liegen die folgenden Sehenswürdigkeiten und Attraktionen:

◆ Im **Prospect Park Visitor Center** erhalten Sie Informations- und Kartenmaterial; beliebt und interessant sind die Wasserspiele im Inneren und vor dem Eingang des Visitor Centers.

◆ Der **Prospect Point Observation Tower** 9, ein Aussichtsturm aus Aluminium und Glas, erhebt sich 86 m hoch am Fuße der Niagara-Fälle und überragt diese um 30 m. Sie können mit dem Aufzug hinauffahren und einen ersten Eindruck von den amerikanischen und kanadischen Wasserfällen gewinnen.

Eine Fahrt mit der "Maid of the Mist" sollten Sie nicht verpassen

Bootstour
Am Fuß des Observation Towers ist eine der Bootsanlegestellen der "Maid of the Mist" 10; ein Aufzug bringt Sie dorthin. Die Fahrt mit der "Maid of the Mist" ist ein Erlebnis, das Sie auf jeden Fall mitmachen sollten!

Tip
In der Hauptreisezeit bilden sich lange Warteschlangen an allen Abfahrtsstellen der Schiffe. Im allgemeinen ist die Wartezeit am Observation Tower am kürzesten.

■ **Schoellkopf Geological Museum** 11, Tel.: (716) 278 1780, **Öffnungszeiten**: von Ende Mai bis Ende Oktober täglich 10 - 17 Uhr, sonst von Mi - So 10 - 17 Uhr. Im Museum lernen Sie durch eine audiovisuelle Show Entstehung und Geschichte der Niagara-Fälle kennen.

Wanderung
Vom Museum führt ein ca. 2 km langer Naturlehrpfad bis zu den "Whirlpool Rapids" 7.

■ **Goat Island** 12. Die Insel im Niagara River trennt die amerikanischen und kanadischen Fälle. Auf der Insel, zu der Sie über eine Fußgängerbrücke oder mit dem Viewmobile gelangen, gehen Sie durch gepflegte Parkanlagen bis zur Nordspitze der Insel. So kommem Sie ganz nah an die Wasserfälle und die Stromschnellen heran. Zu den "Three Sister Islands" und zu "Luna Island" führt wiederum eine Fußgängerbrükke.

Tip
Nicht versäumen sollten Sie den Besuch der "Windhöhle" am amerikanischen Wasserfall "Bridal Veil Fall".

Bevor Sie mit einem Aufzug zur **"Windhöhle"** 13 (**"Cave of the Winds"**) fahren, erhalten Sie am Eingang wasserfestes Ölzeug und Filzschuhe, denn in der Tiefe ist es recht naß und rutschig. Unten angekommen, gehen Sie durch einen Tunnel und weiter über Holztreppen und -planken bis zum **Hurrican Deck** unter dem donnernd herabstürzenden Wasserfall. Hier sind Sie ganz dicht an diesem grandiosen Naturereignis: Es herrscht ein ohrenbetäubender Lärm, das Wasser spritzt hoch – Sie spüren ganz eindringlich die Allgewalt der Natur!

"Hurrican Deck"

Der **"Terrapin Point"** liegt an der Westspitze von Goat Island. Von hier aus haben Sie einen großartigen Blick auf den kanadischen Wasserfall, auf die sehr eindrucksvollen "Horseshoe Falls", über die 90% des Wassers stürzen.

■ **Native American Center for the Living Arts** 16, 25 Rainbow Mall, Tel.: (716) 284 2427, **Öffnungszeiten**: von Mai bis September täglich 10 - 20 Uhr. Das dreistöckige Gebäude wird **"The Turtle"** genannt, weil es in seiner Konstruktion unverkennbar einer Schildkröte ähnelt. Diese Form wurde für das interessante Museum für indianische Kunst und Kultur gewählt, da nach indianischer Überlieferung die Schildkröte das Symbol für alles Leben auf der Erde ist.

Sie brauchen wasserfestes Ölzeug beim Besuch der "Windhöhle"

■ Im **Aquarium of Niagara Falls** 17, 701 Whirlpool Street/Pine Avenue, Tel.: (716) 285 3575, **Öffnungszeiten**: täglich 9 - 17 Uhr, leben mehr als 2.000 Meerestiere, u.a. Seelöwen, Delphine und Haie.

■ **Niagara Power Project** 14. Im **Niagara Power Project Visitor Center**, 5777 Lewiston Road (NY-104), Tel.: (716) 285 3211 (**Öffnungszeiten**: täglich 10 - 17 Uhr), erfahren Sie durch interessante Filme, Diavorführungen und Demonstrationen, wie aus den Wassermassen elektrische Energie gewonnen wird.

Vom Power Vista haben Sie einen großartigen Ausblick auf den Niagara River und die "Lower Rapids".

9.8.5 Entlang dem Südufer des Lake Erie nach Cleveland

Buffalo

■ **Überblick und Geschichte**

Bereits im 17. Jahrhundert gab es ein kleines Dorf an der Stelle, wo sich heute die Peace Bridge über den Niagara River spannt. Von hier segelte der französische Entdecker La Salle als erster Weißer über die Großen Seen.

Das war 1679. Bis 1812 nahmen aber nur wenige Trapper und Händler von der kleinen Hafenstadt Notiz. Das änderte sich 1803 schlagartig, als der Bau des Erie Kanals als Verbindungsweg zwischen den Großen Seen und New York beschlossene Sache war.

Joseph Ellicott, Bruder von Major Andrew Ellicott, der für die Stadtanlage von Washington zeichnete, wurde mit der Aufgabe betraut, Buffalo in ähnlicher Weise wie die Hauptstadt zu strukturieren. Seither bildet der Niagara Square das logische Zentrum der Stadt, und Buffalo erhielt den Spitznamen "Queen City". Trotz fast totaler Zerstörung während des Englisch-Amerikanischen Krieges, florierte der Handel nach Eröffnung des besagten Kanals. Buffalo war nun Durchgangsstation für Waren, die zwischen New York und dem Mittleren Westen verschifft wurden.

New York-Telegramm

Abkürzung	NY
Beiname	Empire State
Namensherleitung	Die Stadt New York wurde 1664 (vorher: New Amsterdam) nach dem englischen Duke of York benannt. Von der Stadt erhielt der Staat den Namen.
Staat seit	26. Juli 1788 (13. Staat)
Höchster Berg	Mt. Marcy (1.630 m)
Staatsblume	Rose
Motto	Immer aufwärts
Fläche	127.100 qkm
Einwohner	18,01 Mio. E. – die geringere Einwohnerzahl in Verbindung mit der u.g. Einwohnerzahl von New York City ergibt sich aus der Tatsache, daß zur N.Y.-Metropolitan Area auch Teile der Staaten Connecticut und New Jersey gezählt werden.
Einwohnerdichte	140 E/qkm
Hauptstadt	Albany (102.000 E.)
Weitere Städte	New York 7,35 Mio. E (Met. Area: 18,1 Mio. E.), Buffalo (330.000 E., Met. Area: 900.000 E.), Rochester (232.000 E., Met. Area: über 1 Mio. E.)
Wichtigste Wirtschaftszweige	Industrie: fast alle Produktionszweige vorhanden. 55% der bundesstaatlichen Produktionswerte werden in New York City erzielt. Landwirtschaft: Viehhaltung, Getreide, Gemüse
Touristisches Potential	Niagara Fälle, Stadterlebnis New York City, Berglandschaften mit Wintersportorten (z.B. Lake Placid), Bootstouren auf dem Erie Kanal, Seenlandschaft der "Finger Lakes", Outdoor-Aktivitäten (Angeln, Jagen, Wandern u.a.)
Touristische Information	State Department of Economic Development, Division of Tourism: One Commerce Plaza, Albany, NY 12245, Tel.: (518) 474-4116 od. 800-CALL-NYS.

1901 fiel ein Schatten auf die ansonsten friedliche Stadt, als während eines offiziellen Besuches der US Präsident William McKinley hier einem Attentat zum Opfer fiel. Theodore Roosevelt übernahm dann hier das hohe Amt.

Noch vor dem 1. Weltkrieg begann der Boom der Schwerindustrie, und Buffalo wurde eine der bedeutendsten Stahlstädte der USA. Der Boom endete fast abrupt in den 70er Jahren, und die Stadt vegetierte 15 Jahre dahin als Hafenstadt mit großen Verschiebebahnhöfen und stillgelegten und "verrosteten" Stahlfabriken.

Seit Anfang der 90er Jahre aber hat sich Buffalo wieder berappelt. Besonders die Kulturszene mit ausgezeicheten Theatern, Off-Broadway-Shows und einigen ansehnlichen Museen trägt seither wieder zu ihrem guten Ruf bei. Wirtschaftlich stehen neben den Hafenanlagen besonders die zahlreichen Getreidemühlen im Vordergrund. Buffalo ist der größte Mehlproduzent der Welt!

Besonders eindrucksvoll aber ist die Architektur, die die wirtschaftlich über 150 Jahre prosperierende Stadtgeschichte hervorragend widerspiegelt. Hochhäuser aller "Epochen" des 20. Jahrhunderts, 5 Häuser des berühmten Architekten Frank Lloyd Wright und ein Parksystem, für das der bekannte Landschaftsarchitekt Frederick Law Olmstedt zeichnet, stellen Buffalo architektonisch in die vordere Reihe, wenn auch die

Bauwerke in Chicago doch um einiges eindrucksvoller sind.

Für Sie als Reisenden hat die Stadt mit 330.000 Einwohnern (Metr. Area: 900.000) zwar keine besonderen Highlights zu bieten, aber eine Rundfahrt durch die Innenstadt, die Kunstausstellung in der Albright-Knox Art Gallery oder einfach das Stadterlebnis mit den Theatern, Restaurants und Kneipen für den Abend bieten eine willkommene Übernachtungsalternative nach dem Besuch der übermäßig touristisierten Niagarafälle.

City Hall

Tips
Buffalo empfiehlt sich auch als **zentrale Übernachtungsalternative** für den Besuch der Niagarafälle, der Forts Erie und Niagara, des Erie Kanals und des nahegelegenen Weinanbaugebietes.
Sollten Sie übrigens Glück mit dem Spielplan (und natürlich Interesse) haben, schauen Sie sich in Buffalo ein Spiel der **Buffalo Bills** an, einem der besten Footballteams der USA (Saison: Sept.-Januar, Karten + Infos: Tel.: (716) 649-0015

Reisepraktische Hinweise

Information
Greater Buffalo Convention & Visitors Bureau: 107 Delaware Ave. (am Niagara Square), Buffalo, NY 14202, Tel.: (716) 852-0511 od. 800-283-6979.

Touren/Sightseeing
- **Buffalo & Erie County Historical Society:** 25 Nottingham Court, Tel.: (716) 873-9644. Professionell geführte Touren zu den historischen und architektonisch interessanten Plätzen in Buffalo.
- **Trolley Tours:** Sightseeingtouren durch die historischen Stadtbezirke. Infos: Tel.: (716) 885-8825
- **Für Touren auf dem Erie-Kanal** lesen Sie im Anschluß an Buffalo ("Informationen zum Erie-Kanal")
- Noch etwas Besonderes wird in Buffalo geboten: **Touren durch Industrieunternehmen,** wie z.B. zu den Getreidemühlen, zu speziellen Hafenanlagen und ganz besonders interessant: zur einzigen Fabrik, die selbstspielende Pianos produziert. Da es sich dabei nicht um regelmäßige Touren handelt, empfehle ich Ihnen, sich beim Visitor Center genauer zu erkundigen.

Redaktions-Tips

- **Übernachten:** Im **Hyatt Regency** oder im **Asa Ransom House**.
- **Essen:** Im **Asa Ransom House** oder im **Old Red Mill Inn**
- **Abendprogramm:** Wenn das Theaterprogramm etwas bietet, versuchen Sie, eine Karte zu bekommen. Ansonsten schauen Sie einmal in eine Sportsbar hinein – z.B. der im Hyatt Regency oder dem Sport City Grill. Eine andere Alternative: ein "Late-Night-Buffalo-Chicken-Wing" in der Anchor Bar.
- **Bedeutendste Sehenswürdigkeiten:** Die Stadtarchitektur im allgemeinen, der Naval & Serviceman Park und Albright-Knox Art Gallery

Öffentliche Verkehrsmittel
- **Flughafen:** Der International Airport liegt im Osten der Stadt (8 Meilen vom Zentrum). Es gibt Flüge in

alle größeren Städte des Ostens. Information: Tel.: (716) 632-3115

- **Überlandbusse:** Greyhound, Ecke Ellicot/N.Division, Tel.: 1-800-231-2222
- **Stadtbusse/Metro:** Tel.: (716) 855-7211. Von besonderem Interesse wäre hier die "Rideline", eine Straßenbahn, die entlang der Main Street fährt und dabei die meisten Sehenswürdigkeiten zumindest peripher passiert.
- **Eisenbahn:** Amtrak, Ecke Exchange/ Washington Sts., Tel.: (716) 865-2075 od. 1-800-872-7245

Hotels und andere Unterkünfte

- **Hyatt Regency $$$$:** Two Fountain Plaza (Ecke Paerl & Huron Sts.), Buffalo, NY 14202, Tel.: (716) 856-1234, Fax: (716) 856-6734. Zentral (Theaterdistrikt) gelegenes Luxushotel mit allen Annehmlichkeiten (in den ab 200$ teuren Suiten gibt es z.B. Whirlpools). Die Lobby ist in einer schönen, gläsernen Atriumhalle.
- **Asa Ransom House $$$-$$$$:** 10529 Main St., Clarence, NY 14031, Tel.: (716) 759-2315, Fax: (716) 759-2791. Clarence liegt 12 Meilen nordöstlich des Zentrums (County Rd 5). Aber die Anfahrt lohnt! Das Inn ist in einem Farmgebäude von 1853 untergebracht. Die Atmosphäre: gediegen. Eingerichtet mit ausgesuchten Antiquitäten; mehrere Kamine; Bibliothek; jedes Zimmer ist anders eingerichtet. Ebenfalls empfehlenswert ist das Restaurant. Absolut Nichtraucher!
- **Best Western Downtown $$$:** 510 Delaware Ave., Buffalo, NY 14202, Tel.: (716) 886-8333, Fax: (716) 884-3070. Zentral gelegenes Innenstadthotel mit 61 Zimmern.
- **Journey's End Suites $$:** 601 Main Street, Buffalo, NY, Tel.: (716) 854-5500 od. 1-800-668-4200, Fax: (716) 854-4836. Einfache und günstige Suiten in der Innenstadt. Besonders am Wochenende Spartarife.
- **Bed & Breakfast-Unterkünfte** in und um Buffalo vermittelt der "International Bed & Breakfast Club", 504 Amherst St., Buffalo, NY 14207-2914, Tel.: (716) 874-8797 od. 1-800-373-8797.
- **Weitere, günstigere Motels** ($-$$) finden Sie z.B. im Stadtteil Amherst, direkt am I-290. Auch am Flughafen gibt es einige Hotels (ab $$).

Restaurants

- **Asa Ransom House:** Adresse s.o. Elegant und genau das richtige, um auszuspannen von dem Rummel an den Niagarafällen. Gute Fisch- und geräucherte Gerichte. Die Gewürze stammen aus dem eigenen Kräutergarten.

Rezept für die Buffalo-Style-Chicken-Wings

- **Zutaten für die Hähnchenflügel**: 24 Hähnchenflügel, Salz, frischer Pfeffer (grob gemahlen), 4 Tassen Sonnenblumenkernöl, ¼ Tasse Butter, 4 TL scharfe Sauce (bei Tabasco reichen 2-3 TL!) und 1 TL Essig.
- **Zubereitung der Hähnchenflügel:** Hähnchenflügel säubern und die Spitzen abschneiden. Die Flügel dann mit Salz und Pfeffer bestreuen. Das Speiseöl in einer Friteuse bzw. einem großen Topf erhitzen. Packen Sie nun die Hälfte der Flügel in das heiße Öl und kochen Sie diese darin für ca. 10 Minuten (zwischendurch umrühren). Wenn die Hähnchenflügel goldbraun sind, nehmen Sie sie aus dem Topf und lassen Sie das Öl gut abtropfen. Während Sie nun die 2. Ladung Flügel in den Topf tun und die Prozedur wiederholen, erhitzen Sie in einem anderen Topf Butter, die scharfe Sauce und den Essig. Ist diese Sauce fertig, gießen Sie sie über die Flügel, so daß diese gut bedeckt sind. Anschließend wiederholen Sie diesen Vorgang mit der 2. Ladung.
- **Zutaten für den Schimmelkäse-Dip:** 1 Tasse Mayonnaise, 2 kleingeschnitte Zwiebeln, 1 TL Knoblauchgewürz, ¼ Tasse kleingeschnittene Petersilie, ½ Tasse Saure Sahne (Rahm), 2 cl. Zitronensaft, 2 cl. Essig, ¼ Tasse Schimmelkäse (kleingeraspelt/ zerstampft), mit Salz und Pfeffer abschmecken.
- **Zubereitung des Schimmelkäse-Dips:** Mindestens eine Stunde vor dem Essen zubereiten, damit er durchziehen kann. Alles in eine Schüssel tun und umrühren bzw. zerstampfen, so daß es eine "feste" Sauce ergibt.
- **Servieren:** Die Hähnchenflügel tauchen Sie zum Essen in die Schimmelkäse-Sauce. Reichen Sie zum Essen frische Selleriestangen oder/und einen Salat.

- **Old Red Mill Inn:** 8326 Main St., Williamsville (8 Meilen vom Zentrum), Tel.: (716) 633-7878. Country Inn von 1858. Leckere Combi-Platten (Fleisch+Fisch). Alte Eisenbahnwaggons dienen auch als Speiseraum.
- **Crawdaddy's:** 2 Templeton Terrace (Erie Basin Marina am Erie Blvd.) Restaurant, Bar und am Wochenende auch Disco. Für jeden ist etwas dabei – auch die Generation über 40 geht hier hin!
- **Siena:** 4516 Main St., Tel.: (716) 839-3108. Pizza und Pasta zu günstigen Preisen.
- In der **Innenstadt** essen Sie am besten in den Hotel-Restaurants, z.B. im Hyatt Regency.

Pubs/Livemusik/Nightlife

Das **Theater-/Musicalprogramm** in Buffalo lohnt sich. Tip: Eine Off-Broadway Show im **Alleyway Theatre** (One Curtain Up Alley, Tel.: (716) 852-2600.

- **Sportsbar im Hyatt Regency:** Ecke Pearl/Huron Sts. Sportsbar mit Monitoren, auf denen immer irgend eine amerikanische Sportart gezeigt wird. Dazu Billard.
- **Anchor Bar & Grill:** 1047 Main St., Tel.: (716) 886-8920. Seit 1964 eine Institution in Buffalo. Berühmt für die mittlerweile in ganz Amerika beliebten "Buffalo-Style-Chicken-Wings". Grund für die Einführung der Wings: Freitags dürfen die zum großen Teil katholischen Bewohner Buffalos kein Fleisch essen. Daher kamen Frank und Theresa auf die Idee, diese (scharfen) Hühnchenflügel auch zu später Stunde anzubieten, d.h. nach Mitternacht. Am Wochenende auch Jazz-Livemusik.
- **Sport City Grill:** 100 Main Place Tower (Ecke Min/Church Sts., Tel.: (716) 849-1201. Sportbar, die von dem berühmten Buffalo Bills Quarterback Jim Kelly geleitet wird. Memorabilia verschiedenster Größen des Sports und TV-Sets überall dekorieren die Restaurant-Kneipe. Besonders, wenn die "Bills" spielen, ist hier etwas los.

Sehenswertes

Machen Sie zuerst einen kurzen **Rundgang durch die Innenstadt**. Die alten und neuen Hochhausbauten mit den vielen Kirchen dazwischen haben ihren Reiz. Beginnen Sie Ihre Tour am Convention & Visitors Bureau am **Niagara Square**.

Gleich gegenüber befindet sich die eindrucksvolle, 30-stöckige **City Hall**, welche 1931 im Art Deco Stil errichtet worden ist. Im 28. Stockwerk befindet sich eine Aussichtsplattform, die Mo-Fr. von 9h00-17h00 geöffnet ist. Von oben können Sie sich ein Bild machen, welche Gebäude in der City Sie sich nun zu Fuß erlaufen möchten. Direkt vor der City Hall beeindruckt das **McKinley Monument**, eine Säule, die an das Attentat auf Präsident McKinley erinnern soll.

Naval & Servicemen's Park

Möchten Sie sich näher mit der Stadtgeschichte und der Architektur beschäftigen, sollten Sie die **Buffalo & Erie County Historical Society** (25 Nottingham Square) aufsuchen, wo ein Museum (geöffnet: Di-Sa 10h00-1700, So 12h00-17h00) und eine Bibliothek näheren Einblick gewährt, und von wo aus auch Architekturtouren unternommen werden.

Fahren Sie nun mit dem Auto auf die der Stadt vorgelagerte Halbinsel. Von hier aus haben Sie einen guten Ausblick auf die vielseitige Skyline und die moderne Marina im Vordergrund. Auf dem Rückweg zur Stadt befindet sich ein Marinemuseum:

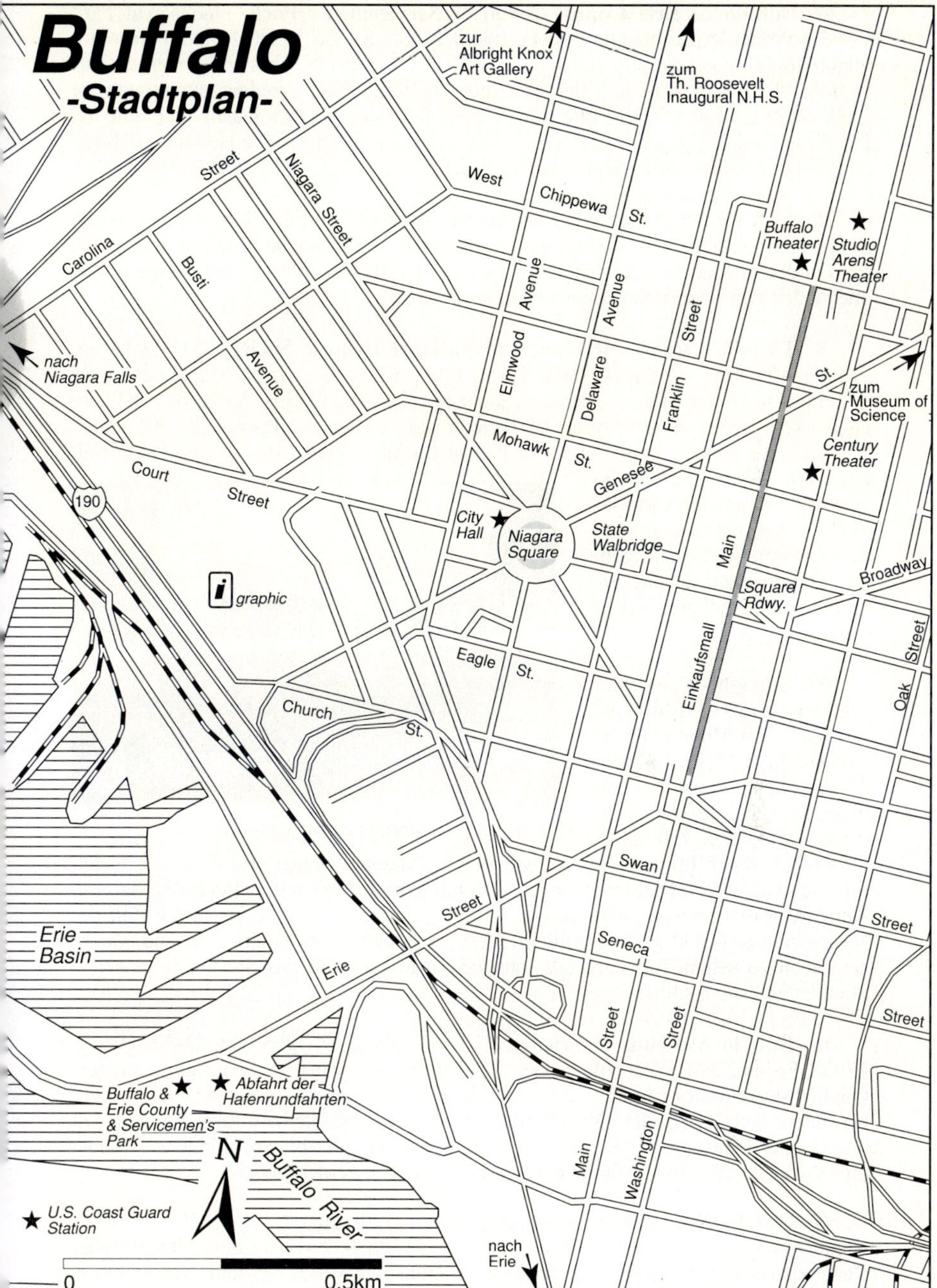
Buffalo
-Stadtplan-
zur
Albright Knox
Art Gallery
zum
Th. Roosevelt
Inaugural N.H.S.
West
Chippewa
St.
Street
Niagara Street
Carolina
Busti
Avenue
Elmwood
Avenue
Delaware
Avenue
Street
Franklin
Buffalo
Theater
Studio
Arens
Theater
St.
zum
Museum of
Science
Century
Theater
nach
Niagara Falls
Mohawk
St.
Genesee
Court
Street
190
City
Hall
Niagara
Square
State
Walbridge
Main
graphic
Square
Rdwy.
Broadway
Einkaufsmall
Eagle
St.
Oak
Street
Church
St.
Swan
Street
Seneca
Street
Erie
Basin
Erie
Street
Street
Street
Buffalo &
Erie County
& Servicemen's
Park
Abfahrt der
Hafenrundfahrten
N
Buffalo River
Main
Washington
U.S. Coast Guard
Station
nach
Erie
0
0,5km

■ **Buffalo & Erie County Naval & Servicemen's Park**, One Naval Park Cove, geöffnet: April bis Okt. Mo-Fr 10h00-17h00, Sa+So 10h00-18h00, November 10h00-16h00. Zwei Schiffe aus dem 2. Weltkrieg können hier besichtigt werden: das U-Boot "USS Croaker" und der Zerstörer "USS Sullivan", zudem der modernere Lenkwaffenzerstörer "USS Little Rock". Falls Sie nicht viel Zeit haben, empfehle ich Ihnen die Besichtigung des U-Bootes. Gleich nebenan beginnen die Hafenrundfahrten (Juli/August täglich, Juni+September an Wochenenden, Tel.: (716) 856-6696)

Nördlich der Innenstadt lohnt ein kurzer Abstecher in die **Allentown** (zwischen Main, North, Richmond, Cottage und Edward Sts.). Zahlreiche Villen aus dem 19. Jahrhundert zeugen von dem großen Reichtum der Stadt zu dieser Zeit. Einige Boutiquen laden zudem zum Schaufensterbummeln ein.

■ **Theodore Roosevelt Inaugural National Historic Society**, 641 Delaware Ave., geöffnet: Mo-Fr 9h00-17h00, Sa+So 12h00-17h00, Januar bis März aber am Sa geschlossen. In der Wilcox Mansion, einer hochherrschaftlichen Villa, die 1837 im Greek-Revival-Stil erbaut worden ist, legte Präsident Theodore Roosevelt 1901 seinen Amtseid ab, nachdem sein Vorgänger hier in Buffalo einem Attentat zum Opfer fiel. Die Villa und die Gartenanlage, eingerichtet mit viktorianischen Antiquitäten, können Sie selbständig besichtigen. Ein Film erinnert an das Attentat und seine politischen Folgen.

Albright Knox Art Gallery

■ **Albright-Knox Art Gallery**, 1285 Elmwood Avenue, geöffnet: Di-Sa 11h00-17h00, So 12h00-17h00. Dieses Kunstmuseum bietet in erster Linie Kunstwerke der letzten 120 Jahre. Neben bekannten Impressionisten, wie Renoir, Matisse, Monet und Cézanne, finden Sie auch Bilder von Dali und Chagall. Die moderne Kunst ist u.a. durch Pop Art von Andy Warhol vertreten, während die wenigen ganz alten Werke bis in die Zeit der Mesopotamier (1000 v.Chr.) zurückführen. Skulpturen von Rodin, Arp und Moore sind auch zu sehen. Ein durchaus lohnendes Museum, für das Sie mindestens 1 ½ Stunden einplanen sollten.

■ **Buffalo Museum of Science**, 1020 Humbold St., geöffnet: Di-So 10h00-17h00, Fr bis 22h00. Wie jede größere Stadt Amerikas, weist auch Buffalo ein naturkundlich-technisches Museum auf – und die sind in Amerika immer sehr interessant, besonders auch für Kinder. Die naturwissenschaftliche Ausstellung führt zurück bis in die Zeit der Dinosaurier, und die technische Abteilung hier bietet zahlreiche "Hands-on"-Versuche, die physikalische Gesetze hervorragend verdeutlichen.

■ **Our Lady of Victory Basilica & National Shrine**, 767 Ridge Road, Lackawanna (südlich von Buffalo) geöffnet: tägl. 7h00-19h30. Basilika, in der italienischer Renaissance- und französischer Barockstil miteinander verknüpft sind. Vater Nelson Baker, Pfarrer in den 20er Jahren in der kleinen Stahlstadt Lackawanna, hat sich mit dem Bau dieser Kirche 1926 einen Traum erfüllt. Hätte er ahnen können, daß der abgeflaute Stahlboom bereits 50 Jahre später die meisten Gläubigen wegziehen ließ, hätte er das Geld mit Sicherheit anders verwandt. Trotzdem ist diese Basilika eine von nur zweien in den USA und auf der Fahrt nach Süden einen kurzen Stop wert.

INFO

Informationen zum Erie Canal

1783 zeigte General George Washington Interesse an einem Kanalbau zwischen Hudson River und den Großen Seen.

Bereits zu Beginn des 19. Jahrhunderts beauftragte der New Yorker Gouverneur DeWitt Clinton dann Techniker damit, eine Wasserstraße von New York zu den Großen Seen zu planen und entwickeln. Zu umständlich war der Landweg geworden und vor allem aber zu teuer. Für die Landstrecke zwischen New York City und Buffalo mußten 100$ Transportkosten pro Tonne aufgebracht werden. Besonders bei den landwirtschaftlichen Produkten erwies sich das als zu hoch. 1815 war der Plan ausgearbeitet, und ein Kanal zwischen Albany am Hudson River und Buffalo am Erie-See sollte das Problem lösen. Zwar verhinderte der Krieg zu dieser Zeit den sofortigen Baubeginn. Aber 1817 begann man schließlich mit den Arbeiten für den 524 Meilen langen Kanal, der 1825 eröffnet werden konnte. Die Gesamtkosten für den Bau beliefen sich damals auf 7,7 Mio. $. Allein der Bau dieser Wasserstraße zog Tausende von Einwanderern aus Europa an. Sie fanden anschließend dann ausreichend Arbeit in der, bedingt durch den Kanalbau, aufstrebenden Stadt Buffalo. Buffalo wurde zur Getreidemetropole des Ostens und versorgte wiederum New York City mit den dort erforderlichen Lebensmitteln, die über die Seen bis aus Minnesota und Wisconsin kamen. New York als Hafenstadt erlangte durch den Kanal eine noch größere Bedeutung, und sein Hafen wurde nun unumstritten zum bedeutendsten Umschlagplatz der USA.

Erie Canal

Die Kosten für den Transport einer Tonne fielen auf 5 $!

Zwischen 1903 und 1918 wurde das Kanalsystem im Staate New York erweitert, und der Erie Canal wurde Teil des New York State Barge Canal.

Als 1957 die Verbindung zwischen dem Erie-See und dem Ontario-See ausgebaut wurde (lesen Sie auch im Kapitel 9.5.4: Welland Kanal), verlor der mittlerweile zu kleine Erie Canal an Bedeutung. Heute wird er ausschließlich für touristische Zwecke genutzt.

Sollten Sie Interesse an einer Tour auf dem Erie Canal haben, wenden Sie sich an: ***Miss Apple Grove Erie Canal Cruise:*** *Medina, NY 14103, Rte. 31 (ca. 30 Meilen nordöstlich) Tel.: (716) 798-2323. Die Boote werden noch, wie in alter Zeit, von Mauleseln gezogen.*

Falls Sie nähere Infos über den gesamten Kanalverlauf benötigen bzw. ein Boot mieten möchten, mit dem Sie den Kanal entlangfahren können, wenden Sie sich an: ***New York State Canal Corporation:*** *200 Southern Blvd., P.O.Box 189, Albany, NY 12201-0189, Tel.: (518) 471-5011.*

Die Weiterfahrt nach Erie ist wenig ereignisreich. Die Küstenstraße (US 5) ist denjenigen zu empfehlen, die etwas mehr Zeit haben und einmal einen Sprung in den Lake Erie machen wollen. Hier und dort bieten sich dazu Strände an, wobei der **Evangola State Park** sowie die kleine Stadt **Dunkirk** am ehesten dazu einladen. In Dunkirk können Sie zudem den Leuchtturm (Dunkirk Lighthouse) besichtigen, in dem auch ein kleines Museum zur Geschichte der Seefahrt auf den Großen Seen eingerichtet ist. Nehmen Sie dagegen den Interstate (New York Thruway), passieren Sie Obst- und Gemüsefelder sowie zahlreiche Weingüter. Kleine Marktstände in den umliegenden Orten bieten an beiden Streckenalternativen frisches Obst an.

Pennsylvania-Telegramm

Abkürzung	PA
Beiname	Keystone State
Namensherleitung	Charles II. übertrug die Konzession des heutigen Staatsgebietes 1681 dem Quäker William Penn. Für den zweiten Teil des Wortes stand das lateinische Sylva = der Wald Pate.
Staatsbaum	Östliche Hemlocktanne
Motto	Tugend, Freiheit und Unabhängigkeit
Staat seit	12. Dezember 1787 (2. Staat)
Höchster Berg	Mt. Davis (980 m)
Fläche	119.251 qkm
Einwohner	11,9 Mio. E.
Einwohnerdichte	99,7 E/qkm
Hauptstadt	Harrisburg (53.000 E.)
Weitere Städte	Philadelphia (1,7 Mio. E.), Pittsburgh (370.000 E.), Erie (110.000 E.)
Wirtschaft	Reste von Eisen- und Stahlwerken vor allem um Pittsburgh, Erdölraffinerien, Nahrungsmittel- und Genußmittelindustrie, Textilfabriken, Papierherstellung. An Bodenschätzen Steinkohle, Erdöl, Erdgas, Eisenerze, Kalksteine, Anthrazit. Vielseitige Landwirtschaft: Gemüse-, Obst- und Gemüseanbau, Milchwirtschaft, Geflügel, Viehzucht.
Touristisches Potential	Die Städte Philadelphia und Pittsburgh und das Pennsylvania Dutch Country um Lancaster.
Touristische Information	Pennsylvania Bureau of Travel Marketing, Department of Commerce, 453 Forum Building, Harrisburg, PA 17120, Tel.: (717) 787-5453 od. 800-VISIT-PA.

North East

Auch die kleine Stadt North East 5 Meilen hinter der Staatsgrenze sticht hervor duch ihre vielen Weingüter.

Eine **Besichtigungsempfehlung**
Presque Isle Wine Cellars: 99440 Buffalo Rd, North East (US 20 in Richtung Buffalo), Tel.: (814) 725-1314. Auch am Lake Erie wird Wein angebaut. Qualität: mittel. Besichtigung: Zeiten erfragen.

Eisenbahnfans mögen ebenfalls Interesse finden an dem **Lake Shore Railway Museum** (Wall Street an der Robinson Street, geöffnet Ende Mai bis Anf. September Mi-Sa 13h00-17h00), in dem eine alte Dampflokomotive, ein Pullmanwagen, ein Speisewagen samt edelstem Besteck und Geschirr und andere Wagons zu besichtigen sind.

Übernachtungstip für North East
Great Arbor Inn $$: 51 East Main Street, North East, PA 16428, Tel.: (814) 725-5522, Fax: (814) 725-8471. Sehr schöne B&B-Unterkunft in ehemaliger Pferdekutschenstation (und -Taverne). Persönlich geführt.

Erie

Reisepraktische Hinweise

Information
Erie Area Tourist & Convention Bureau: 1006 State St., Erie, PA 16501, Tel.: (814) 454-7191.

Hotels und andere Unterkünfte
- **Bel-Aire $$$:** 2800 W. 8th St., Erie, PA 16505, Tel.: (814) 833-1116 od. 800-888-8781, Fax: (814) 838-3242. Das beste Hotel am Platze. Elegant eingerichtet, ohne dabei überladen zu wirken.
- **Avalon Hotel $$$:** 16 W. 10th St., Erie, PA 16501, Tel.: (814) 459-2220 od. 800-822-5011, Fax: (814) 459-2322. Relativ modernes Innenstadthotel.
- **Best Western Presque Isle Country Inn $$:** 6467 Sterrettania Rd, Fairview, PA 16415, Tel.: (814) 838-7647. Schönes Motel mit gutem Preis-Leistungsverhältnis. Fairview liegt ca. 7 Meilen südwestlich von Erie.
- **Knights Inn $-$$:** 7455 Schultz Rd (PA 97, Exit 7 vom I-90), Erie, PA 16509, Tel.: (814) 868-0879. Sauberes Motel für die Preisbewußten.

Restaurants
- **Pufferbelly:** 414 French St., Tel.: (814) 454-1557. In restauriertem Feuerwehrhaus von 1907. Leckere regionale Küche. Steaks, Seafood. Man kann auch draußen sitzen.
- **Dry Dock:** 3122 Westlake Rd, Tel.: (814) 833-6135. Nudelgerichte und vieles, was auf Holzkohle zubereitet wird.

Erie ist trotz seiner 110.000 Einwohner eine ziemlich verträumte "Großstadt", deren Leben sich einzig um den Hafen und die General Eletric Werke zu drehen scheint. Besucher aus dem "Inland" nutzen hier zudem die zahlreichen Marinas, wo einige von ihnen ihre Motorboote liegen haben. Für Sie lohnt sich ein längerer Aufenthalt aber nicht.

Interessant ist einzig die Besichtigung der "Brigg Niagara", die während des Englisch-Amerikanischen Krieges von 1812/14 als Flaggschiff der ameriknischen Erie-

See-Flotte diente. In der historischen Schlacht am Lake Erie, bei der 9 kleine amerikanische Briggs am 10. September 1813 bei Sandusky (Ohio) 6 überlegene englische Kriegsschiffe besiegt haben, kommandierte von ihr aus der amerikanische Commander Oliver Hazard Perry seine Flotte. Der Sieg verlieh dem amerikanischen Selbstbewußtsein einen ordentlichen Schub. Die **Brigg "Niagara"** wird seit 1990 in mustergültiger handwerklicher Feinarbeit wiederhergestellt und ist am Fuße der Holland Street am Pier zu besichtigen (Di-Sa 11h00-17h00, So 13h00-17h00). Zudem gibt es hier ein kleines Museum, das sich mit der Geschichte der Seeschlacht beschäftigt.

Flaggschiff "Niagara"

Weitere Aufschlüsse zur Schlacht und zur Geschichte von Erie im allgemeinen erhalten Sie im **Erie Historical Museum** in der 356 West 6th Street (geöffnet: Di-So 13h00-17h00, im Sommer bereits ab 10h00).

Zum **Baden und Spazierengehen** können Sie nun noch auf die vorgelagerte Halbinsel **(Presque Isle State Park)** fahren.

Ohio-Telegramm

Abkürzung	OH
Beiname	Buckeye State (Buckeye = Roßkastanie)
Motto	Mit Gottes Hilfe ist alles machbar
Namensherleitung	Bedeutet in der Irokesensprache: "Etwas Großes"
Staat seit	1. März 1803 (17. Staat)
Höchster Berg	Campbell Hill (470 m)
Staatsbaum	Ohio Roßkastanie
Fläche	106.770 qkm
Einwohner	10,851 Mio. E.
Einwohnerdichte	101,6 E/qkm
Hauptstadt	Columbus (633.000 E.)
Weitere Städte	Cleveland (520.000 E., Metrop. Area: 2,8 Mio. E.), Cincinnati (365.000 E.), Toledo (333.000 E.) Akron (223.000 E.), Dayton (183.000 E.)
Wichtigste Wirtschaftszweige	Industrie: Eisen- und Stahlerzeugung sowie Maschinen- und Fahrzeugbau; Bodenschätze: Anthrazitkohle, Erdöl und Erdgas; Landwirtschaft: hochentwickelt. Besonders im Westen Mais-, Weizen-, Soja- und Gemüseanbau. Ansonsten Viehwirtschaft aller Art.
Touristisches Potential	Stadtkultur in Cleveland, die Küstenlandschaft am Lake Erie, Landschaft entlang dem Ohio River – hier vor allem auch das Städtchen Marietta, die Stadt Cincinnati, das Amish Country.
Touristische Information	Ohio Division of Travel and Tourism: 77 S. High St., P.O.Box 1001, Columbus, OH 43266-0001, Tel.: (614) 297-2300 od. 800-BUCKEYE

Auch auf der Weiterfahrt von Erie nach Cleveland sollten Sie sich nicht zu lange aufhalten. Die Sehenswürdigkeiten, die Sie in Cleveland erwarten, sind den Zeitverlust im Grunde nicht wert.

Sollten Sie trotzdem einmal vom Interstate abfahren wollen:

◆ **Geneva-on-the-Lake** ist ein alter Ferienort, der bereits zur Jahrhundertwende gerne besucht wurde und der für seine Strände, Angelgelegenheiten und besonders seinen “Entertainment-Strip” bekannt ist.

◆ **am Exit 193** kommen Sie nach **Kirtland**, wo die Mormonen 1836 ihren ersten Tempel errichtet haben (zu besichtigen) und wo zudem ein großer botanischer Garten, das **Holden Arboretum**, die Pflanzenliebhaber ansprechen mag.

Der erste Mormonentempel

9.8.6 CLEVELAND UND DIE STRECKE NACH DETROIT

Cleveland

Highlights

- **Rock'n Roll Hall of Fame** besichtigen
- Besichtigung des **Health Education Museum**
- Spaziergang über den **Lake View Cemetery**

Überblick und Geschichte

1796 wurde General Moses Cleaveland damit beauftragt, eine Hafenstadt am Südufer des Lake Erie anzulegen. Die Mündung des Cuyahoga River hielt er für angemessen. Doch bereits nach einem Jahr waren alle Bewohner wieder verschwunden, vertrieben durch Krankheiten und Insektenplagen. Doch 1799 war es schließlich Lorenzo Carter, ein Händler, der sich hier permanent niederließ.

Mit der ersten Zeitung änderte sich der Name Cleaveland in Cleveland – denn für die Titelspalte der "Cleveland Gazette" war das "a" zuviel.

Der Hafen begann, sich langsam zu entwickeln und erhielt 1832 bedeutenden Auftrieb mit der Eröffnung des Ohio Canals, der den Lake Erie und den Ohio River miteinander verband. Andere, kleinere Kanalprojekte und Eisenbahnlinien folgten, und während des Bürgerkrieges entwickelte sich die Eisenindustrie.

Soldiers & Sailors Monument

Nach diesem Krieg begannen die Boomjahre. Neben der Bedeutung als Verkehrsknotenpunkt waren es von nun an die großen Industriemagnaten, die die Geschicke der Stadt lenkten, allen voran John D. Rockefeller, der in Cleveland 1870 die Standard Oil Company gründete. Aus der Standard Oil wurde im 20. Jahrhundert die Exxon Company, der größte Konzern der Welt. Übrigens: Bei uns ist Exxon als Esso bekannt. Und wie kam es zu diesem Namen? Das doppelte "X" erschien für das deutsche Sprachempfinden ungeeignet, und so erinnerte man sich an den alten Namen Standard Oil, dessen Anfangsbuchstaben sich sprachlich "S"- "O" lesen.

Rockefeller folgten auch andere Industriebarone, wie z.B. Thomas L. Johnson und Mark Hanna. 1880 zählte Cleveland 161.000 Einwohner und wuchs rasant. Im besonderen Zuwanderer aus Süd- und Osteuropa kamen hierher: Polen, Slowenen, Ukrainer, Serben, Litauer, Italiener, Griechen, aber auch viele Deutsche waren unter ihnen. Auch heute noch wird dieses deutlich an den vielen ethnischen Restaurants.

Die beiden Weltkriege verschafften Cleveland den Ruf als Waffenschmiede der Nation. Überall entlang des Cuyahoga River rauchten die Schornsteine, und der Fluß war eine einzige Drecksbrühe. Es floß soviel verbrauchtes Öl in ihn, daß er 1969 sogar in Flammen stand!

1967 wählte Cleveland den ersten Schwarzen zum Bürgermeister einer amerikanischen Großstadt, Carl Stokes. Stokes hatte keine leichte Aufgabe, denn die Stahlwirtschaft begann, sich aufzulösen, und Ende der 70er Jahre war Cleveland alles andere als eine lebens- und besuchenswerte Stadt. Zählte sie 1970 noch 900.000 Einwohner, waren es 1982 nur noch 500.000. Wer etwas Geld hatte, zog sich in die Randgemeinden zurück oder ging nach Kalifornien. Übrig blieben ungelernte Arbeiter und alte Leute. Aus einer blühenden Industriestadt – deren ehemaliger Reichtum sich noch heute in monströsen Prachtbauten zeigt – wurde innerhalb von nur 15 Jahren das Armenhaus der Nation, zudem heimgesucht von zahlreichen Rassenunruhen. 1985 lebten über 40% der Familien unterhalb der Armutsgrenze.

Das Powerhouse in den "Flats"

Zu Beginn der 80er Jahre aber begann sich das Blatt wieder zu wenden. Dieses ist besonders dem damaligen Bürgermeister George V. Voinovich und seinem City Council Präsident George L. Forbes zu verdanken, die rigorose Sparmaßnahmen eingeleitet haben. Hilfs- und Entwicklungsprogramme mit vielversprechenden Namen, wie "New Cleveland Campaign", "Cleveland Tomorrow" und "Cleveland Advanced Manufacturing Program", wurden ins Leben gerufen und verfolgten in erster Linie das Ziel, den Mittelstand zu fördern. Seither wurden die Lagerhäuser in den Flats umgewandelt zu Restaurants, der North Cost Harbor vollkommen umgekrempelt – welcher nun im Begriff ist, ein sehr interessantes Museumsviertel zu werden – sowie die Innenstadt komplett saniert. Cleveland kann heute mit Sicherheit wieder zu den attraktiven Städten in dem hier beschriebenen Reisegebiet gezählt werden und ist für andere ehemalige Industriestädte, wie z.B. Detroit, ein Vorbild. Neben den Innenstadtsehenswürdigkeiten – allen voran die "Rock and Roll Hall of Fame" – sind vor allem auch die Museen um den University Circle, besonders das Kunstmuseum, hervorzuheben.

Das soziale Problem aber ist bis heute nicht gelöst. Zwar hat sich wieder eine gesunde Mittelschicht gebildet, doch partizipieren von dem bescheidenen neuen Reichtum nur wenige, und die leben und zahlen ihre Steuern in den Randgemeinden. Cleveland selbst aber gilt auch heute noch – nach Chicago – als die Stadt mit den größten Einkommensunterschieden zwischen den einzelnen Stadtteilen.

Tip

Von Erie kommend, können Sie, soweit es die Tageszeit zuläßt, zuerst in das Museengebiet des **University Circle** fahren. Nehmen Sie dazu den I-90-Exit 178, von wo aus Sie zuerst durch ein typisches Wohngebiet von Cleveland kommen. Hier erkennt man, wie reich der "normale" Mittelstand gewesen sein muß, und wie heute die Sozialstruktur der Stadt aussieht.

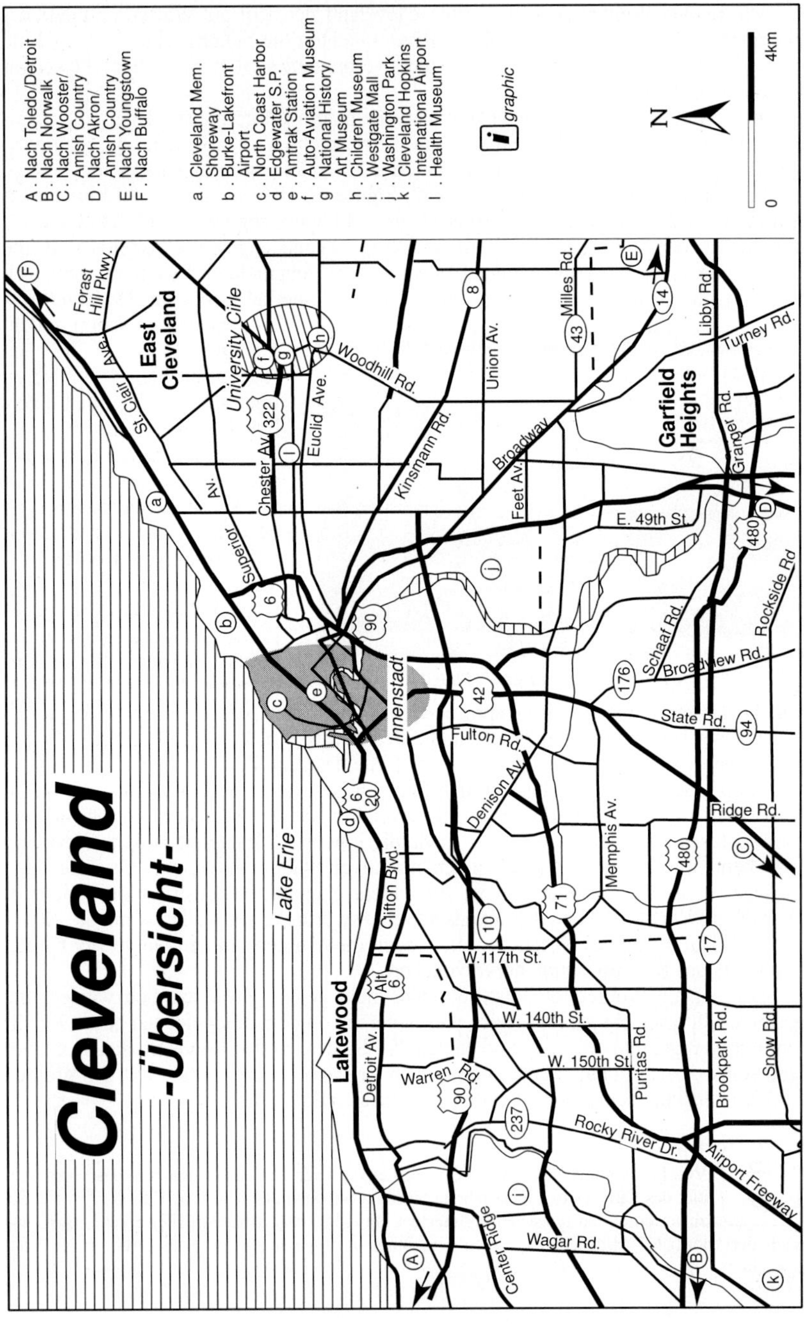
Cleveland
-Übersicht-
A. Nach Toledo/Detroit
B. Nach Norwalk
C. Nach Wooster/ Amish Country
D. Nach Akron/ Amish Country
E. Nach Youngstown
F. Nach Buffalo
a. Cleveland Mem. Shoreway
b. Burke-Lakefront Airport
c. North Coast Harbor
d. Edgewater S.P.
e. Amtrak Station
f. Auto-Aviation Museum
g. National History/ Art Museum
h. Children Museum
i. Westgate Mall
j. Washington Park
k. Cleveland Hopkins International Airport
l. Health Museum
graphic
N
0
4km
Lake Erie
East Cleveland
University Cirle
Garfield Heights
Innenstadt
Lakewood
Forast Hill Pkwy.
St. Clair Ave.
Superior Av.
Chester Av.
Euclid Ave.
Woodhill Rd.
Kinsmann Rd.
Union Av.
Broadway
Feet Av.
E. 49th St.
Milles Rd.
Libby Rd.
Turney Rd.
Granger Rd.
Rockside Rd
Schaaf Rd.
Broadview Rd.
State Rd.
Ridge Rd.
Fulton Rd.
Denison Av.
Memphis Av.
Clifton Blvd.
W.117th St.
W. 140th St.
W. 150th St.
Puritas Rd.
Brookpark Rd.
Snow Rd.
Detroit Av.
Warren Rd.
Rocky River Dr.
Airport Freeway
Center Ridge
Wagar Rd.
322
6
90
42
176
94
6 20
480
71
10
17
Alt 6
237
43
14
8

Reisepraktische Hinweise

Information

● Schriftlich bzw. telefonisch: **Convention & Visitors Bureau of Greater Cleveland:** 3100 Tower City Center, Cleveland, OH 44113, Tel.: (216) 621-4110 od. 800-321-1004.

● Vor Ort: Im Terminal Tower Building am Public Square ist ein **Informationsstand** untergebracht, Tel.: (216) 621-7981. Geöffnet: Mo-Fr 9h30-16h30, nur im Sommer: Sa+So 11h00 - 16h00. Auch am **Flughafen** gibt es einen Infoschalter. Sie erhalten hier u.a. eine lohnenswerte Broschüre über eine Wanderung durchs historische Cleveland.

● **Wöchentliche Veranstaltungen** werden über das **Fun Phone** bekanntgegeben: (216) 621-8860. Die **Hotline** bietet dazu aktuelle Infos zu Restaurants, Sehenswürdigkeiten, Nachtleben etc., ebenso finden Sie Ankündigungen in der Tageszeitung "Cleveland Gazette".

● **Tickets für Veranstaltungen** vermitteln: Advantix (348-5323) sowie Ticketmaster (241-5555)

Wichtige Telefonnummern

● **Vorwahl:** 216

● Notruf Polizei, Feuer, Krankenwagen: 911

Sightseeingtouren/Besichtigungen

● **"Nautica Queen":** Dock am Powerhouse (Main Avenue Bridge), Tel.: (216) 696-8888. Dampfertouren auf dem Cuyahoga River. Lunch-, Dinner-, Sunday-Brunch-Cruises.

● **Cuyahoga Valley Line Railroad:** Tel.: (216) 657-2000. Eisenbahnfahrten mit alten Zügen entlang des Flusses – teilweise bis Akron. Abfahrten: Von der Station der südlich von Cleveland gelegenen Gemeinde Independence.

● **Trolley Tours:** Burke Lakefront Airport (wo Sie auch in einem Parkhaus parken können), Tel.: (216) 771-4484. Sightseeingtouren durch Cleveland mit einem Trolley-Bus.

Öffentliche Verkehrsmittel

● **Nahverkehr:** Greater Cleveland Regional Transit Authority (RTA). Es gibt drei Schnellbahnlinien (Rot/Grün/Blau) und ein gut ausgebautes Busnetz. Mit Bussen und Bahnen kommen Sie zu allen wesentlichen Sehenswürdigkeiten der Stadt. Es gibt zudem "Familyfares". Infos: Tel.: 621-9500.

● **Überlandbusse:**

- Greyhound: E. 15th St., Tel.: (216) 781-1400.
- Ein weiterer Busbahnhof befindet sich am Amtrak Station

● **Eisenbahn:** Amtrak: 200 Cleveland Memorial Shoreway NE, Tel.: (216) 696-5115 od. 800-872-7245

Redaktions-Tips

- **Übernachten:** je nach Preisklasse: das **Ritz Carlton** als die vornehmste Adresse, das **Stouffer Renaissance** mit historischem Ambiente und das **Red Roof Inn** als günstige Variante
- **Essen: Sammy's** für Fischgerichte und italienische Küche, ein Restaurant Ihrer Wahl im **Warehouse District**
- **Abendprogramm:** Grundsätzlich finden Sie für alle Geschmäcker etwas im "The Flats-District". Gediegenere Atmosphäre mit allabendlichem Jazz im "Sammy's" und interessante Livemusik jeglicher Couleur im "Grog Shops" (Studentenatmosphäre!!)
- **Zeiteinteilung:**

1 Tag: Verbringen Sie den Vormittag in der Innenstadt, ohne den Besuch der Rock n' Roll Hall of Fame auszulassen und suchen Sie sich für nachmittags 2 Museen im University Circle/East Side aus. Am frühen Abend empfiehlt sich ein Spaziergang über den Lake View Cemetery.

2 Tage: 1.Tag: Zuerst auf den Observation Tower (Terminal Tower). Danach spazieren Sie etwas durch die Innenstadt und nehmen hier einen kleinen Lunch ein, bevor Sie zum North Coast Harbor District laufen und sich neben der Rock'n Roll Hall of Fame auch noch einige der anderen Sehenswürdigkeiten hier anschauen. Den Abend verbringen Sie im "The Flats-District". **2. Tag:** Fahren Sie in den University Circle/East-Side District und besuchen Sie dort 3 Museen Ihrer Wahl: Meine Empfehlung: Museum of Art, African-American-Museum und Health Museum. Alternative: Western Reserve Historical Society Museum. Für die Lunchpause bietet sich ein italienisches Restaurant in der Mayfield Rd ("Little Italy") an. Am späten Nachmittag unternehmen Sie dann einen Spaziergang über den Lake View Cemetery und abends gehen Sie "auf eigene Faust" das Uni-Viertel erkunden.

Taxis
Americab: 429-1111 Yellow Cab: 623-1550

Flughafen
● Der **Hopkins International Airport** liegt im Südwesten der Stadt und kann mit der **Red Line** des Rapid Transit Systems erreicht werden. Mit dem Auto fahren Sie über die I-71 und I-480.
Flughafeninfos: (216) 265-6030
● Der kleinere **Burke Lakefront Airport** dient vor allem Charterfirmen und Kurzstreckenfliegern als Basis. Infos: (216) 781-6411.
● **Airlines**
- Air Canada: 1-800-776-3000
- American: 1-800-433-7300
- Continental: 1-800-231-0856
- Delta: 777-0591
- Northwest: 1-800-225-2525
- United: 1-800-241-6522
- USAIR: 1-800-428-4322

Mietwagen
Alle größeren Mietwagenfirmen haben ihre Stationen am Flughafen.
● Avis: 265-3702
● Dollar Rent-A-Car: 267-3133
● Hertz: 267-8900
● Thrifty: 267-6811

Einkaufen
● **The Avenue** im Tower City Center ist eine schöne Einkaufspassage. Zudem unterhält **Dillard's** (100 Public Square) gleich nebenan ein Warenhaus, das den üblichen Standard der Kette deutlich übertrifft. Ein Atrium mit Marmorbrunnen bildet das Kernstück hier.
● Eine sehr schöne alte Shopping Mall mit gußeisernen Verzierungen ist die **Arcade** (zwischen Superior Ave., Euclid Ave. und 6th Street). Eine neue, hochmoderne Mall ist die **Galleria** (E.9th St., zwischen Lakeside und St. Clair Ave.)

Sport
Sport wird in Cleveland groß geschrieben. Besonders die "Cleveland Indians" (Baseball, Infos: 420-4200) lohnen einen Besuch. **HINWEIS**: Typisch Amerika, wurde die gesamte Mannschaft der "Cleveland Browns" (Football) Ende 1995 nach Baltimore verkauft und tritt dort nun als "Baltimore Browns" an.

Hotels und andere Unterkünfte
● **The Ritz Carlton $$$$:** 1515 W. Third St., Cleveland, OH 44113, Tel.: (216) 623-1300, Fax: (216) 623-0515. Luxushotel in der Innenstadt. Erst 1990 als Hotel eröffnet, hat man sich bei der Einrichtung viel Mühe gegeben. Alle Zimmer sind mit Antiquitäten eingerichtet und die Gesellschaftsräume mit ausgesuchtem Porzellan "geschmückt".
● **Stouffer/Renaissance Tower City Plaza Hotel $$$-$$$$:** 24 Public Square, Cleveland, OH 44113, Tel.: (216) 696-5600, Fax: (216) 696-3102. Das ehemalige Grand Hotel. Der Brunnen im 10-stöckigen Atrium ist aus Marmor. Die Zimmer mit ausgesuchten Möbeln eingerichtet. Ein Hotel, das seinen Preis wert ist und mit Ambiente aufwarten kann!
● **Baricelli Inn $$$:** 2203 Cornell St. (Cornell & Murray Hill – University Circle), Cleveland, OH 44106, Tel.: (216) 791-6500, Fax: (216) 791-9131. Edle Bed & Breakfast-Adresse in Brownstone-Haus von 1910. Jedes Zimmer anders eingerichtet. Mo-Sa auch Dinner.
● **Holiday Inn-Lakeside $$$:** 1111 Lakeside Ave., Cleveland, OH 44114, Tel.: (216) 241-5100, Fax: (216) 241-7437. Am Burke Lakefront Airport, günstig zu den Attraktionen des North Coast Harbor gelegen – mit Country-Club-Atmosphäre.
● **Residence Inn by Mariott $$$:** 17525 Rosbough Dr., Middleburg Heights, OH 44130, Tel.: (216) 234-6688, Fax: (216) 234-3459. 16 Meilen südlich am I-71-Exit 235. Suiten mit Miniküche. Gut geeignet für Familien. 15 Meilen zur Innenstadt.
● **Red Roof Inn $-$$:** 17555 Bagley Rd., Cleveland, OH 44130, Tel.: (216) 243-2441, Fax: (216) 243-2474. Günstige Motelalternative, 15 Meilen von der City.

● Weitere **günstige Motels** finden Sie entlang des I-71 in den Stadtteilen Brook Park und Middleburg Heights.

● **Brooklyn YMCA $:** 3881 Pearl Rd, Cleveland, 44109, Tel.: (216) 749-2355. Günstige und einfache 1-3-Bettenräume. Nur für Männer.

Restaurants

● **Jim's Steak House:** 1800 Scranton Rd (Cuyahoga River), Tel.: (216) 241-6343. Alteingesessenes Steakrestaurant (es gibt auch Fischgerichte). Blick auf den Fluß.

● **Sammy's:** 1400 W. 10th St., Tel.: (216) 523-5560. Auf Fisch und italienische Küche spezialisiert. Untergebracht in altem Lagerhaus. Jackett erwünscht – zu späterer Stunde aber lockerer und gute Musik (häufig Jazz) – live und vom Plattenteller.

● **Hecks Café:** 2927 Bridge Ave., Tel.: (216) 861-5464. Klasse Hamburger und andere kleinere Gerichte – wobei auch volle Mahlzeiten geboten werden. Historisches Gebäude.

● **Great Lakes Brewing Co.:** 2516 Market St (gegenüber West Side Market), Tel.: (216) 771-4404. Microbrewery in historischem Brauhaus von 1860. Selbstgebrautes Bier, Kleinigkeiten und typische amerikanische Pubgerichte.

● **Otto Moser's:** 2044 E. 4th St., Tel.: (216) 771-3831. Bar aus dem letzten Jahrhundert mit erstklassigen Corned-Beef-Gerichten. Alte Fotos an den Wänden. Nur Lunch!

● **Burgess Grand Café:** 1406 W 6th St., Tel.: (216) 574-2232. In altem Lagerhaus von 1874. Pasta und andere einfache Gerichte. Bar. An Wochenenden abends Jazzmusik.

● **The Natural Salad Bar:** 230 Huron Rd, The Avenue at Tower City, Tel.: (216) 861-3450. Für die gesund Denkenden! Große Salatbar, bei der nach Gewicht abgemessen wird. Ausgesprochen lecker und genau das Richtige für den Lunch.

● **Hofbrau Haus:** 1400 East 55th St., Tel.: (212) 881-7773. In einem etwas unheimlichen Bezirk "verbirgt" sich dieses große deutsche Restaurant mit typischen Gerichten in einer burgartigen Anlage. Die Küche ist gut und deftig, ebenso das Ambiente.

Pubs/Livemusik/Nightlife

Im ehemaligen Industriegebiet von Cleveland, den **Flats/Warehouse Districts** (an den Ufern des Cuyahoga River, westl. der West 9th) finden Sie in alten Lagerhäusern zahlreiche Pubs und Restaurants.

Jüngere Leute treffen sich in Lokalen im Stadtteil **University Circle/Little Italy** (5 Meilen östl. der Innenstadt).

● **Burgess Grand Café:** Adresse s.o.

● **Odeon:** 1300 Old River Rd., Livemusikkneipe. Meistens Rock oder Blues.

● **O'Connor's St. Pats:** 1017 Old River Rd, Tel.: (216) 771-6782. Irisches Bier vom Faß. Auch irische Gerichte. Musik Mi-Sa.

● **Jillian's Billiard Club:** 1148 Main Ave., Tel.: (216) 575-0300. Bar, Darts, Kleinigkeiten zu essen – aber Billard (30 Tische) steht im Vordergrund.

● **Metropolis Night Club:** 2325 Elm St., Tel.: (216) 241-1444. Große Disco mit moderner Musik. Nur etwas für Jüngere.

● **Taverne of Richfield:** One Park Place (Rte. 303 &176), in Ritchfield (15 Meilen südlich), Tel.: (216) 659-3155. Jazz von Do-Sa. Ansonsten bekommen Sie hier auch gute Country-Küche vorgesetzt. Untergebracht in alter Postkutschenstation.

● **Grog Shop:** Ecke Coventry/Mayfield Sts., Tel.: (216) 321-5588. Livemusikkneipe (Rock und Blues), die von jüngeren Leuten besucht wird. Die Musik ist gut, das Ambiente aber ist "verraucht".

Theater/Ballett/Oper

Cleveland verfügt über ein berühmtes Symphonieorchester, welches in der **Severance Hall** (11001 Euclid Ave., Tel.: (216) 231-1111) auftritt, sowie über gute Tanz- und Opernensembles, die in der Regel in einem der 4 Bühnen (Ohio-, Allen-, State- und Palace-Theatres) im **Playhouse Square Center** (Ecke Euclid Ave./17th St., Tel.: (216) 241-6000) auftreten. Tickets gibt es auch über Ticketmaster: (216) 241-5555.

Orientierung in Cleveland

Interessant sind in Cleveland im wesentlichen der **Innenstadtbereich** sowie die **East Side** und der **University Circle**, welche ca. 5 Meilen östlich der Innenstadt zu finden sind.

Die Innenstadt unterteilt sich in:

I. den Kernbereich um den Public Square,

II. den sich nördlich daran anschließenden Bereich um das North Coast Harbor Basin und

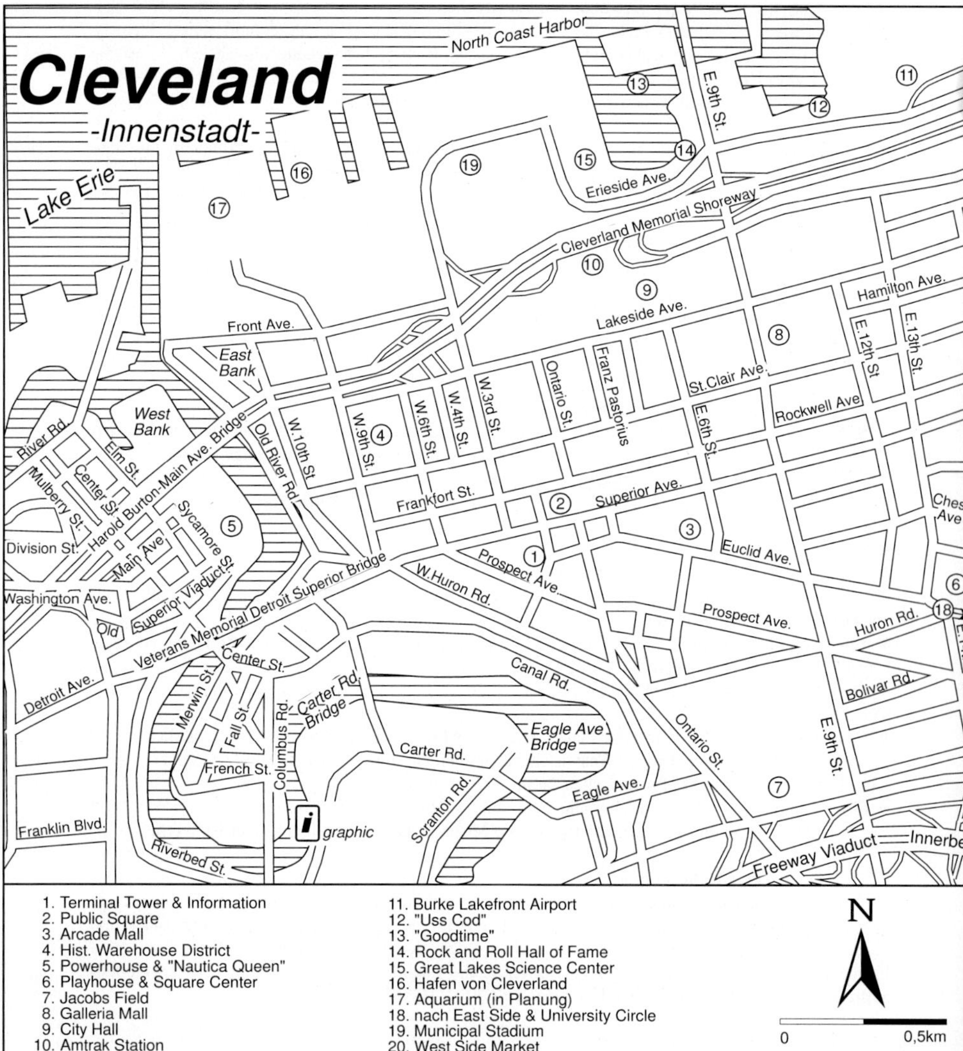

III. The Flats, das ehemalige Lagerhaus- und Industrieareal am Cuyahoga River westlich des Kernbereiches.

Die East Side und der University Circle, wo sich die meisten Museen befinden, erreichen Sie über die Euclid Avenue, der Sie aus der Innenstadt kommend, einfach nach Osten folgen. Interessant wird es ab der 89th St., wo sich das Health Museum befindet. Für das Gebiet des University Circle sollten Sie sich unbedingt vorher einen Lageplan im Visitor Center besorgen.

"The Arcade"- Einkaufszentrum

Sehenswertes im Innenstadtbereich

I. Innenstadt/Kernbereich

Die Innenstadt von Cleveland befindet sich seit Anfang der 90er Jahre im Umbruch. Überall wird gebaut bzw. renoviert. So verwundert es nicht, daß majestätische Säulengebäude aus den 20er Jahren – als die Stadt in voller Blüte stand – neben hochmodernen Glaspalästen zu finden sind. Und gerade das hat eine eigene Faszination. Es sind also nicht die Gebäude im einzelnen, sondern die wilde Stilmischung der Architektur, die einen Spaziergang durch die Straßen um den zentralen Public Square lohnenswert macht. Beginnen Sie Ihren Rundgang somit am Terminal Tower, wo sich auch das **Visitor Center** (nur ein Stand) befindet, und wandeln Sie dann im "Zickzack", der eigenen Nase folgend, zum North Coast Harbor. Anschließend gehen Sie dann zum "The Flats-District", wo Sie etwas essen bzw. trinken können.

Eine Anregung für einen Rundgang:

■ **Tower City Center und Terminal Tower** 1, am Public Square. Ehemals der Bahnhof, wurde das 1890 erbaute Gebäude in den 80er und 90er Jahren komplett umgestaltet und renoviert. Heute befindet sich in den unteren 3 Etagen dieses Wahrzeichens von Cleveland die beliebte **Shopping Mall "The Avenue"** und eine Haltestation der RTA-Bahn. Schön ist die Aussicht vom **Observation Deck** 42. Stockwerk des 1930 erbauten, zentralen Terminal Tower. Leider ist die Auffahrt dorthin nur Sa+So von 11h00-16h30 möglich, aber dieses soll geändert werden (Info: (216) 621-7981).

Vor dem Tower City Center breitet sich der **Public Square** aus, in dessen Mitte ein imposanter Springbrunnen steht.

Gehen Sie nun weiter auf der Superior Avenue nach Osten. Nach ca. 200 m. passieren Sie den Eingang der **Arcade Shopping Mall** 3. Weniger die kleinen Geschäfte als vielmehr die Architektur dieser ersten Einkaufsmall von Cleveland imponieren. Gußeiserne Verzierungen und Geländer, über mehrere Stockwerke verteilt, zeugen von dem einstigen Reichtum dieser Stadt.

An der Euclid Avenue, zwischen E. 14th und E.17th Street, befindet sich das **Playhouse Square Center** 6. Einst traten auf den Bühnen dieses Theaterkomplexes berühmte Stars auf. Ende der 70er Jahre verwahrloste die Anlage. Seit der kompletten Renovierung Anfang der 90er Jahre aber finden wieder Musical-, Tanz- und Theatervorführungen in den 4 Theatern statt. Sa+So zwischen 10h00 und 12h00 werden 1-stündige Touren durch die eleganten Gebäude angeboten. Eine Abendvorstellung könnte Ihren Besuch in Cleveland übrigens gelungen abrunden!

Gehen Sie nun zurück zur Superior Avenue und schlendern Sie dann durch die Franz Pastorius Street. Rechter Hand steht das massive Gebäude der **Public Library**. Der Platz dahinter würde vielen Königsstädten Europas alle Ehre bereiten. Weit ausladend und flankiert von weiteren Säulengebäuden sowie dem höchsten Gebäude der Stadt, dem modernen **Society Center**, wird man abermals an die reichen Stahljahre und den "amerikanischen Sinn für Überdimensionales" erinnert.

An der nun vor Ihnen liegenden Lakeside Avenue erstaunen das **Court House** (Westen) und die **City Hall** 9 (Osten). Letzterem Gebäude wurde als künstlerische Spielerei ein überdimensionaler Stempel in den Vorgarten gelegt.

Der Stempel

An der Kreuzung E.9th Street und Lakeside Avenue gelangen Sie nun zu einem architektonischen Wunderwerk der "Neuzeit", der **Galleria Shopping Mall** 8, deren schöne gläserne Atriumanlage leicht zum Geld ausgeben verführen kann.

II. Am North Coast Harbor und entlang der Hafenlinie

Seit 1993 ist man bemüht, die Hafenfront von Cleveland umzuwandeln in ein Freizeitgebiet. Nach der endgültigen Fertigstellung, die für ca. 1998 geplant ist, werden neben den unten aufgeführten Museen auch Restaurants, Picknickplätze und Spazierwege zur Verfügung stehen.

Hinweis
Die Öffnungszeiten vieler der hier angegebenen Museen werden sich in den folgenden Jahren immer wieder ändern, je nach Ausbaustand. Daher habe ich sie hier nicht aufgeführt.

■ **Rock and Roll Hall of Fame and Museum** 14, North Coast Harbor-District, Ecke E.9th St./I-90, geöffnet: Mo+Di 10h00-17h30, Mi-So 10h00-21h00. Von Labor Day bis Memorial Day nur Mi bis 21h00.

Dieses 1995 eröffnete Museum beschäftigt sich ausschließlich mit der Geschichte der Rockmusik. Über 7 Stockwerke verteilt erfahren Sie z.B., daß die Rockmusik aus dem Jazz und Blues entstanden ist, und alle amerikanischen sowie viele europäische Rockgrößen werden hier vorgestellt. An zahlreichen Computern können Sie spezielle Fragen stellen, mehrere Kinos und Multimediashows untermalen das ganze. Memorabilia fehlen natürlich auch nicht. Kleidungsstücke und Musikinstrumente von Jimmy Hendrix, Elvis Presley, John Lennon u.a. sind zu bewundern. Die Wahl der Aufteilung

Rock and Roll Hall of Fame and Museum

bzw. die Erläuterungen sind z.T. sehr wild zusammengestellt, aber ist die Geschichte der Rockmusik nicht auch ziemlich wild ...? **Schade ist**, daß die Darstellung der Rockmusikentwicklung sehr "Amerika-lastig" ist. Englische Bands, mit Ausnahme der unumgänglichen Beatles und Rolling Stones natürlich, werden kaum besprochen und sind im Musikladen unter der Rubrik "English Invaders" zu finden. Bekannte englische Bands, wie z.B. Queen, Deep Purple oder Uriah Heep, werden zudem im Museum gar nicht angesprochen. Auch deutsche Gruppen, wie die Skorpions, finden keine Beachtung. Trotzdem lohnt es sich, für dieses einzigartige Museum mindestens 2 Stunden einzuplanen. Selbst wer kein Anhänger dieser Musikrichtung ist, kann nicht leugnen, daß sie eine tragende Rolle in unserem modernen Gesellschaftssystem und auch für die Politik eingenommen hat bzw. einnimmt. Denken wir z.B. nur zurück an die Anti-Vietnambewegung.

Im Museum gibt es ein Café, und am Ausgang werden Sie unweigerlich durch den Museumshop geleitet. Die CD-Auswahl ist riesig – die Preise sind aber auch gesalzen!

Federführend für die architektonische Planung des 8-geschossigen, dreieckigen "Glaszeltes" war der Architekt I.M. Pei, der auch die National Gallery of Arts in Washington entworfen hat sowie für die Erweiterung des Louvre in Paris zeichnet.

■ **William G. Mather Museum**, am Nordende der E. 9th Street. Ein ehemaliges Frachtschiff der Großen Seen wurde zu einem Museum umgewandelt.

■ **Great Lakes Science Center** 15, Erieside Avenue, neben der Rock and Roll Hall of Fame. Dieses technische Museum, dessen Mittelpunkt ein großes IMAX-Kino ist, wird vor allem die Kinder beeindrucken, denn viele technische Raffinessen können selbst ausprobiert werden ("Hands on").

■ **"USS Cod"** 12, Erieside Avenue, östlich von der Rock and Roll Hall of Fame. Hier können Sie ein U-Boot aus dem 2. Weltkrieg besichtigen sowie 3 Landungsboote, wie sie auch bei der Landung der Alliierten in der Normandie 1944 verwandt wurden.

■ **Great Lakes Aquarium** 17. Am westlichen Ausläufer des North Coast Harbor-Districts soll bis Ende 1997 ein großes Aquarium errichtet werden.

III. Warehouse District, The Flats und Ohio City

Das Gebiet westlich der Innenstadt, am Cuyahoga River und südlich des alten Seehafens, war einst das wirtschaftliche Herz von Cleveland. Hier stehen große Lagerhäuser, in denen Waren aus allen Himmelsrichtungen umgeschlagen wurden, um weiter auf den Großen Seen nach Norden und nach Übersee bzw. auf dem Ohio Kanal nach Süden verschifft zu werden. Diesen Bezirk nennt man auch heute noch den **(Historic) Warehouse District** 4, der im wesentlichen von der West 3rd und der West 10th Street begrenzt wird. Schicke Restaurants und zahlreiche Boutiquen laden hier zum Bummeln und Speisen ein.

Gleich westlich davon beginnen **The Flats**, am rechten Flußufer – **East Bank** genannt und dort noch Teil des o.g. Warehouse Districts, in dem heute Bars und Kneipen vorherrschen, in denen sich die Clevelander gerne nach Büroschluß treffen.

Auf der gegenüberliegenden Flußseite schließlich – dem sog. **West Bank** – standen früher die Stahlwerke und andere Fabriken. Noch bevor die Schwerindustrie sich hier niederließ, wurde auf diesem Gebiet eine eigene Stadt gegründet: **Ohio City**, welche in starker Konkurrenz zu Cleveland stand. Dieses führte 1836 sogar zum sog. "Bridge War", der erst 1854 beigelegt wurde und zum Zusammenschluß der Städte führte. Eine Fußgängerbrücke, die 1901 erbaute **Center Street Bridge** unterhalb der majestätischen und schönen **Veterans Memorial Bridge**, führt Sie dorthin. Auch auf der West Bank finden Sie zahlreiche Restaurants und Kneipen, und das Areal direkt um das **Powerhouse** 5 ist zum beliebten Treffpunkt aller Generationen geworden. Hier am ehemaligen Elektrizitätswerk, das Mark (Marcus) Hanna eigens für die Stromversorgung der Straßenbahnen erbaut hatte, finden heute auf einer Freichlichtbühne Konzerte statt, stürmt die junge Generation am Freitagabend die Bars und legen die Hafenrundfahrten ab.

Tip
Wie das Gebiet der Flats in den 30er Jahren einmal ausgesehen hat, können Sie z.B. anhand alter Fotos an den Wänden des "Longhorn Steakhouse" in der Old River Road (East Bank) gut nachvollziehen.

Reste von **Ohio City** werden mittlerweile wieder restauriert, und der Bezirk westlich der 25th Street, zwischen Church und Franklin Street wird in naher Zukunft einen Spaziergang lohnen.

Der **West Side Market** 20 (Ecke Lorain Ave und W.25th Street) fällt durch seinen markanten Uhrenturm auf und bietet ein buntes Marktleben. Hier können Sie Ihren Vitaminbedarf auffrischen. Leckeres Obst, Gemüse und Blumen gibt es in Fülle.

Sehenswertes in der East Side und um den University Circle 18

4-5 Meilen östlich von der Innenstadt verteilt sich die Universität über einen ganzen Stadtteil, in dessen Umkreis Sie zahlreiche Museen besuchen können. Besorgen Sie sich zuerst eine Karte, um die ausgewählten Museen hier leichter zu finden. Fahren Sie dann aus der Innenstadt entlang der Euclid Avenue. Alte Lagerhäuser, riesige Kirchen- und Tempelgebäude und heruntergekommene Wohnviertel erinnern bei der Anfahrt an die wirtschaftlichen Hochjahre.

Dazwischen macht sich die **Dunham Tavern** (6709 Euclid Ave., geöffnet: Mi-So 13h00-16h00) ganz eigenartig aus. Während der ersten Hälfte des 19. Jahrhunderts diente das kleine Haus als Zwischenstation für die Pferdekutschenroute zwischen Detroit und Buffalo.

Interessante Museen in der East Side und am University Circle:

■ **African American Museum**: 1765 Crawford Rd., geöffnet: Mo-Do+Sa 12h00-15h00, Fr 12h00-20h00. Dieses kleine Museum, angesiedelt in einem sozial schwachen Stadtteil und selbst auch nicht in bestem Zustand, bietet ein paar interessante Einsichten in die dornenreiche Geschichte der Schwarzen in Amerika. Ambiente und Umgebung zeigen auch heute, daß noch nicht alle Barrieren überwunden sind.

■ **Health Museum**: 8911 Euclid Avenue (Einfahrt von der 89th Street), geöffnet: Mo-Fr 9h00-16h30, Sa 10h00-17h00, So 12h00-17h00. Ein ausgesprochen interessantes Museum zum Thema Gesundheit und menschliche Anatomie. An übergroßen Plastikmodellen werden die menschlichen Körperteile erläutert, Objekte zum Anfassen fordern zur näheren Betrachtungsweise auf, und Filme sowie Programme erläutern z.B. die Funktion des Ohres oder die der Augen. Aufschlußreich ist auch, in welch ausführlicher Weise – und mit welcher Tendenz gegen die Abtreibung – die Entwicklung eines Fötus im Mutterleib dargestellt wird.

Besonders in jüngster Zeit treibt die z.T. vehement und militant geführte Diskussion um die Abtreibungsrichtlinien in den USA einen tiefen Keil zwischen die streitenden Parteien.

■ **Cleveland Center of Contemporary Art**: 8501 Carnegie Avenue, geöffnet: Di+Mi 11h00-18h00, Do+Fr 11h00-20h30, Sa 12h00-17h00 und So 13h00-16h00. Ausstellungshalle für Wanderausstellungen. Achten Sie auf besondere Ankündigungen.

Im Museum of Art

■ **Cleveland Museum of Art**: 11150 East Boulevard, geöffnet: Di, Do+Fr 10h00-1745, Mi 10h00-21h45, Sa 9h00-16h45, So 13h00-17h45. Dieses große Kunstmuseum gehört zu den umfangreichsten und besten dieses Reisegebietes. An die 30.000 Objekte schließen Kunstwerke aus der Antike (Ägypten, Rom und Griechenland), aus dem Nahen Osten, der Indianerkulturen und aus dem europäischen Mittelalter ein. Auch modernere Werke finden Sie hier. Für das ganze Museum würde ein Tag kaum ausreichen. Entscheiden Sie sich somit besser vorher für ein bis zwei Abteilungen.

■ **Cleveland Botanical Gardens**: 11030 East Boulevard, geöffnet: Mo-Fr 9h00-17h00, So 14h00-17h00. Verschiedene Gärten mit Pflanzen aus allen Teilen der Welt laden zu einem Spziergang ein. Im angeschlossenen Besuchergebäude finden Ausstellungen statt und können Sie Literatur einsehen bzw. erwerben. Achten Sie auch auf spezielle "Blumenshows".

■ **Western Reserve Historical Society & Crawford Auto-Aviation Museum**: 10825 East Boulevard, geöffnet Di-Sa 10h00-17h00, So 12h00-17h00. Neben einigen Ausstellungen mit Kleidungsstücken sowie amerikanischer Kunst und zum Thema Luftfahrt ist es aber vor allem das Automuseum, dem Sie hier Ihre Aufmerksamkeit schenken sollten. Die Geschichte der Automobilentwicklung – besonders im Mittleren Westen – wird hier gut erläutert. Ein Ford "Model-T" und viele andere Autos sind ausgestellt.

■ **Dittrick Museum of Medical History:** 11000 Euclid Avenue (im 3. Stock der Medical Library), geöffnet Mo-Fr 10h00-17h00, Sa 12h00-17h00. Interessantes Museum zur Geschichte der Medizin. Alte Arztzimmer, Ausstellungen zur Geschichte des Röntgenapparates und des Mikroskops lohnen einen kurzen Besuch.

Weitere Museen in und um den University Circle wären: **"The Cleveland Museum of Natural History"** (Wade Oval am University Circle), **"Clevelands Children Museum"** (10730 Euclid Avenue) und das **"Temple Museum of Religious Art"** (University Circle am Silver Park).

Einige Blocks weiter östlich von der Universität befindet sich der **Lake View Cemetery** (12316 Euclid Avenue). Die prachtvolle Friedhofsanlage bietet sich an als "Enzyklopädie der Industriellen". John D. Rockefeller, Marcus Hanna, Präsident James A.Garfield und viele andere Persönlichkeiten sind hier begraben, und an vielen Gräbern erläutern Tafeln die Biographien der Verstorbenen, die nicht selten mit bahnbrechenden Erfindungen verknüpft sind. Die baumreiche Anlage bietet sich zudem für einen Spaziergang an.

■ **Little Italy**

Sollten Sie zur Mittagszeit Hunger verspüren, bietet sich das italienische Viertel an. Ganz nach dem Motto "Pizza, Pasta, Parmesan" bieten sich vor allem in der Mayfield Road zahlreiche Restaurants an. Hier finden Sie, wie auch in der Murray Hill Road, zudem noch einige Gallerien und Kleinkunsthandwerksläden.

Westlich der Innenstadt

■ **NASA Lewis Visitor Center**, 21000 Brookpark Road, geöffnet Mo-Fr 9h00-16h00, Sa 10h00-15h00, So 13h00-17h00. Wie der Name bereits verrät, widmet sich das Museum der Raumfahrt. Im Besucherzentrum gibt es eine Ausstellung zur Geschichte der Raumfahrt und verschiedene Modelle, wie z.B. das von einem Space Shuttle, das einer Mondraketenkapsel, dem Skylab 3 und anderer Geräte. Ebenfalls interessant ist die Abteilung zum Thema Satelliten und Kommunikation.

Im NASA Lewis Research Center selbst befaßt man sich mit der Entwicklung neuer Technologien zur Raumfahrt.

Abstecher in das Amish Country

Entfernungen

- Cleveland - Akron: 40 mi/64 km
- Akron - Berlin: 56 mi/90 km

Tip

Für eine umfassende Rundtour durchs Amish Country müssen Sie mindestens 150 km einplanen (+ Fahrt von Cleveland). Sie sollten sich nach vorheriger Erkundigung im u.g. Information Center in Berlin selbst treiben lassen. Es sind weniger die "Sehenswürdigkeiten", als vielmehr die Menschen und ihre Art zu leben, was interessant ist. Falls Sie also einen Tagesausflug von Cleveland hierher machen möchten, sollten Sie früh starten. Als grober Anhaltspunkt dient: Millersburg kann als das wirtschaftliche und geographische Zentrum des Amish-Country bezeichnet werden, während Sie die besten Infos in Berlin erhalten.

■ **Akron**

Möchten Sie in **Akron** übernachten bzw. essen gehen, habe ich hier ein paar Adressen für Sie aufgelistet. Akron ist übrigens ehemals die bedeutendste "Reifen-Stadt" der USA gewesen, in der die Firma Goodyear auch heute noch ihren Sitz hat. Die meisten Produktionsstätten sind aber mittlerweile in die kostengünstigeren Südstaaten verlagert worden. Eine Tour durch die Werke können Sie aber trotzdem unternehmen (1201 East Market Street, Mo-Fr, Tel.: (216) 796-6546 – Anmeldung erwünscht)

Ebenfalls interessant und besonders für Kinder ein Vergnügen ist in Akron die **Inventors Hall of Fame** (221 S. Broadway) mit unzähligen "Hands-on-Stationen". Auch Erwachsene mögen es lieben, den Erfindern "auf die Schliche zu kommen".

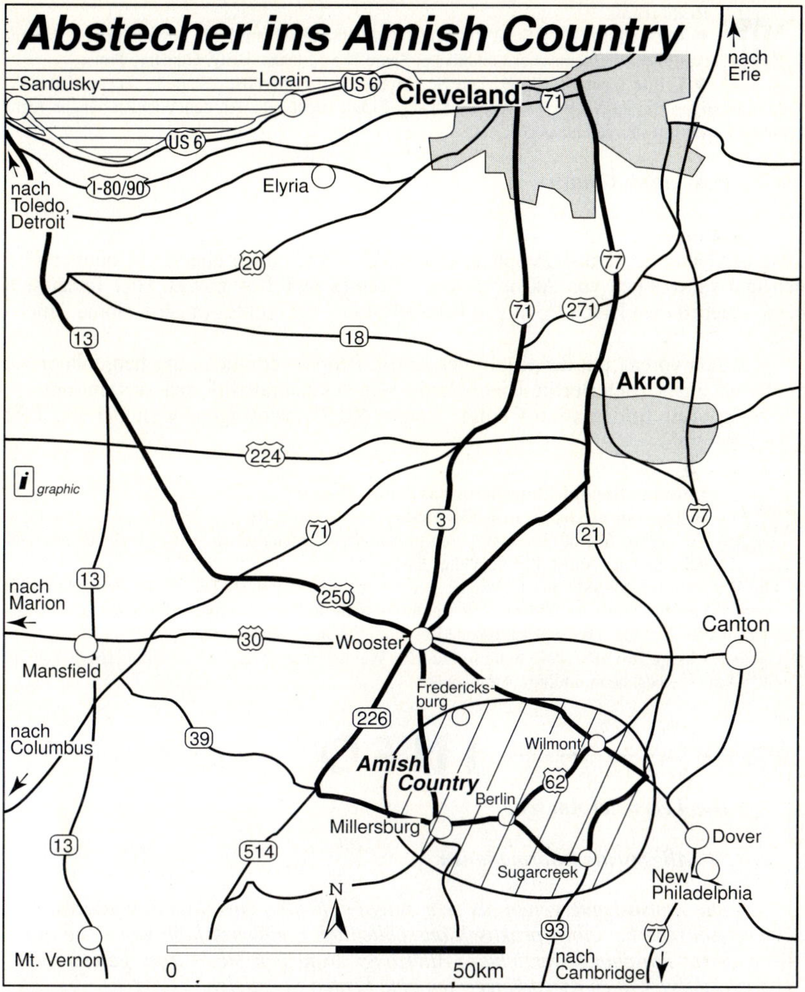

Information

Akron Convention & Visitors Bureau: Cascade Plaza, Untergeschoß, Akron, OH 44308, Tel.: (216) 376-4254 od. 800-245-4254.

Hotels und andere Unterkünfte

- **Hilton Quaker Square $$$-$$$$:** 135 S. Broadway, Akron, OH 44308, Tel.: (216) 253-5970, Fax: (216) 253-2574. Historisches Bauwerk. Alle Zimmer befinden sich in einem 1932 erbauten Silo.
- **Radisson Inn $$$:** 200 Montrose West Ave., Akron, OH 44321, Tel.: (216) 666-9300, Fax: (216) 668-2270. Hotel der gehobenen Mittelklasse mit allen Annehmlichkeiten. 130 Zimmer.
- **Red Roof Inn $-$$:** 99 Rothrock Rd (Kreuzung I-77 und OH 18), Akron, OH 44321, Tel.: (216) 666-0566, Fax: (216) 666-6874. Günstige Motelalternative.

Restaurants

- **Art's Place:** 2225 State Rd, Cuyahoga Falls, nördl. am I-77. Restaurant und Bar mit typischer amerikanischer Landküche: Spare Ribs, Steaks, BBQ. Günstige Preise.
- **Triple Crown:** 335 S.Main St., Munroe Falls (nordöstl. Statteil), Tel.: (216) 633-5325. Gutbürgerliche amerikanische Küche. Steaks, Fischgerichte etc. An den Wänden hängen Erinnerungsstücke vom Pferderennsport.

Das Amish Country

Überblick

Das Gebiet der Amish-People erstreckt sich vornehmlich über drei Counties südlich und südwestlich von Akron: Wayne, Holmes und Tuscarawas. Hier findet sich heute – neben dem Dutch County in Pennsylvania – die größte Amish-Kolonie Amerikas.

Um sich vorerst mit der Kultur der Amish People vertraut zu machen, fahren Sie am besten zuerst nach **Berlin**. Hier befindet sich das zentrale Informationszentrum:

Mennonite Information Center: County Rd 77, abzweigend vom OH 39., Tel.: (216) 893-3192.

Unterkunftsempfehlungen für das Amish Country

- **The Inn at Honey Run $$$-$$$$:** 6920 Country Rd 203, Millersburg, OH 44654, Tel.: (216) 674-0011. Country Inn in schöner Farmlandschaft. Viele Artifakte und Möbelstücke der Amish People. Gutes Essen.
- **The Wooster Inn $$-$$$:** 801 E. Wayne Ave., Wooster, OH 44691, Tel.: (216) 264-2341. B&B in einem Kolonialgebäude in schöner Landschaft. Aussicht auf den Golfplatz des Wooster College. Unter deutscher Leitung. Das angeschlossene Restaurant ist auch erstklassig.
- **Carlisle Village Inn $$$:** 4949 State Route 515, Walnut Creek, OH 44687, Tel.: (216) 893-3636. Country Inn – gediegene und ruhige Atmosphäre.

INFO

Das Leben der Amische

Allgemeine Informationen

Die Amish-Leute gelten als sehr religiös, fleißig, zuverlässig, konservativ. Die Amische betreiben praktisch ausschließlich Landwirtschaft, wobei sie auf moderne Maschinen verzichten. Allerdings brauchen sie – trotz geschickter Fruchtfolge – auch Kunstdünger, um gute Ernten zu erzielen.

Besondere Aspekte des Lebens

Schule und Ausbildung

Nach Ansicht der Amische ist eine Bildung nur in dem Grade notwendig, um sicherzustellen, daß ein junger Mensch ein guter Farmer oder eine gute Hausfrau wird. Schon in den dreißiger Jahren wandten sich die Amische vom öffentlichen Schulsystem ab und schufen ihr eigenes. In diesem gibt es ausschließlich einklassige Schulen. Die religiöse Gemeinde kauft das Land, die Bücher und baut das Schulhaus, welches immer in Fußweite vom elterlichen Haus liegt (in ganz Amerika gibt es heute 672 Amish-Schools). Zwar zahlen die

Amische wie jeder Amerikaner auch die Schulsteuer (die zusammen mit der Grundsteuer eingezogen wird), doch sie lehnen jede offizielle finanzielle Unterstützung ihres Bildungswesens ab. Die Unterrichtsfächer umfassen Rechnen, Schreiben, Lesen, Englisch, Gesundheitslehre, Geschichte, Geographie, Aufsatzlehre und Kunst. Lebenspraktische Dinge stehen im Vordergrund, Anwendbarkeit hat Priorität. Manchmal lassen Lehrer sogar die Postleitzahlen der Umgebung auswendig lernen ...

Disziplin wird groß geschrieben. Wenn ein Lehrer einen Schüler in der Schule bestraft, muß der arme Sünder mit einer zusätzlichen Strafe daheim rechnen. In dieser Beziehung verstehen sich Eltern und Lehrer kompromißlos.

Als Lehrer arbeiten gewöhnlich Mädchen, die eine 8-klassige Schule absolviert haben. Jede Schule hat nur einen Lehrer, jede Klasse besteht aus durchschnittlich 20 - 40 Schülern a l l e r Altersstufen (wie früher bei uns die einklassige Dorfschule).

"Pausenhof" einer Amish-Schule

Insgesamt gehen die Amish-Kinder nur 8 Jahre zur Schule, im 15. Lebensjahr verbringen sie eine Art Praktikumsjahr auf einer Farm: Während die Jungen im Umgang mit landwirtschaftlichem Gerät perfekt werden, bauen die Mädchen ihre Koch- und Nähkünste aus.

Im handwerklichen Bereich beispielsweise – insbesondere als Zimmerleute und Schreiner – sind die Amische sehr begehrte Arbeitskräfte, da sie hervorragend arbeiten können. Alles das geschieht immer unter Einbezug des tiefen Glaubens: "The fear of the Lord is the beginning of knowledge" (Die Furcht vor dem Herrn ist die Wurzel zur Erkenntnis).

Die relativ bescheidene kognitive Bildung der Schüler hat Untersuchungen zufolge keinen Einfluß auf ihren IQ, der vergleichbar mit anderen Schülern ist. Zuviel Bildung, so die Befürchtung der Amische, würde den Nachwuchs von Eltern und Scholle entfremden.

◆ ***Alltags-Leben***

Amische leben durchaus in "dieser" Welt. Sie gelten als sehr hilfsbereite Nachbarn. Trotzdem sind ihre Außenkontakte eingeschränkt, denn allem, was von "außen" kommt, entzieht man sich sorgsam. So vermeiden sie es peinlichst,

Amish-Junge beim Pflügen

ihr Haus an das öffentliche Telefonnetz, an das Elektrizitätsnetz oder an die Gasversorgung anzuschließen: All das würde der Außenwelt einen Vorstoß in ihre Privatsphäre gewähren. So benutzen sie z.B. zwar Gas, aber nur aus Gasflaschen. Dieselgeneratoren zur Stromerzeugung vertragen sich mit ihrer Lebensphilosophie, da keine Leitungen ihre Häuser mit der Außenwelt verbindet. Sie telefonieren, aber nur von einer Telefonzelle oder von einem "weltlichen" Nachbarn aus. Sie haben Kühlschränke und Herde, die mit Gas betrieben werden.

Amische haben keine Sozial- und Krankenversicherung. Ein Krankheitsfall, der den Besuch eines Krankenhauses nötig macht, kann sie in eine ernste finanzielle Krise führen.

Ein großes Problem wird langsam ihr Kinderreichtum. Jede Familie hatte statistisch gesehen 1990 8.3 Kinder. Die daraus resultierende Erbteilung des Besitzes schmälert für die nachkommende Generation die Lebensgrundlage, so daß immer mehr junge Amische gezwungen sind, ihren ureigenen Lebensstil aufzugeben.

Einen Bauernhof der Amische kann man leicht von außen identifizieren:

***Nie** führen **Elektroleitungen** zu ihm, stets sieht man ein **Windrad**, das Wasser fördert.*

Amische gelten als friedvolle Menschen, die nie einen Rechtsanwalt einschalten. Nur einmal, als sie ihr eigenes Schulsystem einführen wollten, erkämpften Rechtsanwälte für sie beim Bundesgerichtshof ihr Recht.

Amische haben keine eigens gebauten Gotteshäuser. Stattdessen finden 14-tägig Sonntagsgottesdienste bei einem Gemeindemitglied statt. Die notwendigen Bänke werden dann zu dem Mitglied, das gerade "dran" ist, gebracht. Er ist dann Gastgeber, und zum Lunch gibt es einen kleinen Imbiß. Sonntags wird nie warmes Essen zubereitet: Am Samstag wird vorgekocht.

Hochzeiten finden stets erst nach der Ernte, also Ende Oktober, meist November statt. Hochzeitstage sind nur Dienstag und Donnerstag. 300 - 400 Hochzeitsgäste kommen zur Feier, und solche "Massen" können nur beköstigt werden, wenn alle Freunde, Bekannten und Nachbarn aktiv mithelfen. Der Hochzeitsgottesdienst dauert etwa von 08.30 h bis 12.00 h. Es gibt mehrere "Essenssitzungen", denn für so viele Gäste bieten die Räumlichkeiten keinen Platz. Nach der Hochzeit, während der Winterwochenenden, werden die Verwandten und Freunde von dem jungen Paar besucht. Während dieser Besuche erhalten sie die Hochzeitsgeschenke, zumeist Küchenutensilien oder nützliche Werkzeuge.

■ Die Amish People aus eigener Sicht

***Selbst-Darstellung** eines Mennoniten-Führers, der vom Standpunkt der Amish People aus schreibt:*

"Ihr Aufenthalt im Amish Country wird Sie wahrscheinlich mit einigen der sog. "Amischen Leute" alter Ordnung in Berührung bringen. Wenn Sie ihnen noch nicht persönlich begegnet sind, haben Sie sie doch sicher schon in ihren Kutschen auf den Landstraßen gesehen.

Sie sind ein überraschender Anblick für alle, die nicht gewohnt sind, Bauern mit Pferden in den Feldern arbeiten zu sehen. Andere Bauern, die vielleicht die gleiche Tracht tragen, sitzen vielleicht auf einem Schlepper mit Stahlrädern, wo Sie Gummireifen erwartet hätten. Heupressen und Mähaufbereiter werden von kleinen Verbrennungsmotoren angetrieben, werden von Pferden gezogen. Das hängt mit der Gemeindeordnung zusammen.

Sicher wird Sie das seltsam anmuten, vielleicht sogar unsinnig. Wenn Sie aber die Geschichte dieser Leute betrachten, werden Sie verstehen, warum sie es tun.

Ihre Geschichte beginnt in der Reformationszeit zu Beginn des 16. Jahrhunderts. Diese Bewegung wurde in Italien zum größten Teil ausgerottet – mit Ausnahme der Waldenser. Aber in der Schweiz, in Deutschland und in den Niederlanden wuchs diese Bewegung erheblich, vielleicht weil sie nützlich war als politischer Widerstand in der damaligen schweren Zeit zwischen dem Mittelalter und der Neuzeit. Sicher hat auch die Renaissance in Italien zum Beginn des Endes der Feudalherrschaft und der Neuzeit beigetragen.

Am Anfang des 16. Jahrhunderts zog Italien mit neuen Ideen voran, während der Rest Europas noch in veralteten sozialen und wirtschaftlichen Formen lebte. Nördlich der Alpen funktionierte der Hauptstrom der Reformationsbewe-

gung als Oppositionspartei in mancher Hinsicht. Die Reformatoren erwarteten nicht, das bestehende System viel zu ändern. Stattdessen wollten sie es übernehmen und es nach ihren eigenen Ideen weiterführen. Zumindest könnte dies von Calvin in Frankreich, Zwingli in der Schweiz und Luther in Deutschland behauptet werden. Aber es gab auch andere Radikale.

Eine kleine Gruppe war vielleicht ihrer Zeit 400 Jahre voraus. In der Schweiz wurden sie Brüder genannt. In den Niederlanden nannte man sie Mennoniten. Sie unterschieden sich von allen anderen, indem sie auf der vollständigen Trennung von Kirche und Staat bestanden. Sie bestanden auch auf dem Pazifismus als Grundlage für das Christentum. Sie hielten an der damals ketzerischen Idee fest, daß jede Person ihre eigene Entscheidung treffen sollte im Glauben oder im Unglauben, und deswegen weigerten sie sich, ihre Kinder taufen zu lassen. Sie wollten diese Entscheidung lieber den Kindern selbst überlassen, wenn die Kinder einmal alt genug wären, diese Entscheidung selbst zu treffen.

Amish-Mädchen bei der Kartoffelernte

Gegen die Politik waren sie – und sind es noch – teilnahmslos. Diese Ideen waren vor 400 Jahren zu radikal, um toleriert zu werden. Damals erhielt der Staat die Genehmigung zum Regieren von der Kirche. Der König wurde vom Bischof oder vom Papst gekrönt. Wer die herrschende Kirche ablehnte, verneinte die Grundlage des Staates. Das konnte man deswegen nicht erlauben, weil es staatsgefährdend war (das wurde damals für schlimmer angesehen als der Kommunismus im 20. Jahrhundert).

Also wurden die Mennoniten hin- und hergetrieben. Wenn sie Glück hatten, durften sie vielleicht hier oder da eine kurze Zeit ruhig leben, aber man suchte überall, sie zu vertreiben. Manchmal mußten sie ins Gefängnis oder wurden durch Schwert, Brand oder Ertränken umgebracht. Viele Jahrzehnte flohen sie hin und her, bis sie vielleicht eine sichere Zuflucht fanden.

Offiziell geduldet wurden sie zuerst in den Niederlanden und dann später auch in Deutschland. Gegen Ende des 17. Jahrhunderts, gleich nach der Gründung des Staates, kamen viele nach Pennsylvanien in Amerika. Anfang des 18. Jahrhunderts kamen sie in größerer Anzahl und siedelten sich in diesem Teil von Pennsylvanien an. Die konservativere, schweizerische Fraktion der Mennoniten unter der Leitung von Jakob Amonn hatte sich bereits in Europa als eigenständige Gruppe abgesondert. Dies waren die Leute, die wir heute die Amischen nennen. Später zogen größere Gruppen der Amische dann weiter und siedelten sich vornehmlich im heutigen Amish Country in Ohio an. Dieses wurde vornehmlich bedingt durch die "Verrohung" der Gesellschaft in Pennsylvania, aber auch durch die dortige Landknappheit.

Die ehemaligen Amischen waren natürlich Mennoniten. Der Hauptunterschied bestand darin, daß sie am Brauchtum der schweizer Bauern festhielten. Alle Änderungen im Hinblick auf moderne Ideen schienen ihnen zu weltlich zu sein, und alle Christen sind sich einig, daß die Weltlichkeit zu verwerfen sei. Die Frage bleibt immer noch: Was ist eigentlich weltlich?

Die Amischen und die Mennoniten sind vollkommen demokratisch in ihrer religiösen Organisation. Jede örtliche Gruppe entscheidet selber über ihre eigenen Fragen. Sie haben keine zentrale Autorität, wie etwa das Papsttum in der katholischen Kirche. Aber wenn sie sich einmal über etwas geeinigt haben, dann sind sie alle dazu verpflichtet, der Gruppenentscheidung treu zu bleiben, solange sie in der Gruppe bleiben wollen. Da die Mitgliedschaft freiwillig ist, können sie die Gruppe jederzeit verlassen, wenn ihnen die Zustände in der Gruppe nicht zusagen.

Da sie aber schweizer Abstammung sind, haben sie ein sehr ausgeprägtes Bedürfnis, alle Dinge miteinander zu teilen und in der Gruppe aufzugehen. Ein Einzelgänger ist eine Seltenheit unter diesen Leuten. Von Natur aus lieben sie, Dinge zusammen zu unternehmen. Und wenn sie einmal ihrer Gruppe die Treue versprochen und sich der Gruppenentscheidung unterstellt haben, dann würde es eine Sünde des Ungehorsams sein, wenn man der Gruppenpolitik nicht folgen würde; sei es, daß man kein Auto haben oder daß man zum Pflügen keinen Schlepper benutzen darf.

Kutsche der Amischen

Die Amischen werden Ihnen nicht sagen, daß sie das Auto oder den Schlepper als ein Übel ansehen. Ihre Haltung kann man mehr mit den Katholiken vergleichen, die seit Jahrhunderten schon am Freitag kein Fleisch essen. Keiner glaubte, daß das Fleisch ein Übel sei, aber es wäre eine Tat des Ungehorsams sowie ein Mangel an Selbstzucht, es am Freitag zu essen. Das ist die Art der Logik, die die Amischen benutzen, um ihre Lebensgewohnheiten zu rechtfertigen, wenn sie darüber nachdenken. Aber meistens denken sie nicht darüber nach, denn das ist eben, wie sie leben. Sie halten es einfach als ihre Norm.

Vielleicht ist das nicht einmal so schlecht. Den Kindern unter den Amischen geht es wahrscheinlich besser als vielen anderen jungen Amerikanern. Das kommt daher, weil die Kindererziehung als Hauptaufgabe von den amischen Eltern angesehen wird. Berufspläne werden oft der Kinder wegen geopfert. Die meisten Amischen wollen Bauern sein, damit sie den ganzen Tag mit ihren Kindern verbringen können. In der wenig mechanisierten Lebensweise der Amischen gibt es viele kleine Aufgaben für die Kinder, und deshalb lernen sie sehr

Jungvermähltes Amisch-Paar

früh, selbständig zu sein und ihren eigenen Wert als Personen zu erkennen. Das ist etwas, was den Kindern in der großen amerikanischen Gesellschaft manchmal nicht zuteil wird.

Auch kann man unter den Amischen kaum von einer Kluft zwischen den Generationen sprechen. Kinder und Eltern haben gewöhnlich ein sehr gutes Verhältnis miteinander, und der Vater ist meistens für seine Söhne ein Held. Das sieht man selten woanders in Nordamerika. Auf jeden Fall kommt es kaum vor, daß die Eltern ihre Kinder zum Besten halten wollen, wie es doch manchmal unter anderen Amerikanern zu sehen ist. Auch ist das krampfhafte Streben, jung zu bleiben, kaum unter den Amischen zu beobachten.

Die Eltern der Amischen sehen dem Altwerden mit Gelassenheit entgegen. Ihr tiefer Glaube an den auferstandenen Heiland bewahrt sie größtenteils vor der Furcht vor dem Sterben – verglichen mit vielen anderen in der amerikanischen Gesellschaft. Als ältere Leute werden sie besonders respektiert und geehrt, wie es älteren Leuten zusteht.

Von Natur aus sind die Amischen immer noch Schweizer, selbst wenn sie schon über 200 Jahre in Amerika sind, und als Schweizer haben sie zwei Haupteigenschaften: Sie können schlechte Manieren nicht vertragen, und sie dulden keine Pfuscharbeit.

Ihr Leben wird durch ihr eigenes System von Etikette geregelt, das sich von unserem modernen System unterscheidet. Fremde erscheinen ihnen manchmal schroff oder unhöflich, obwohl sie es gar nicht so meinen. Und die Amischen erscheinen den anderen wunderlich, altmodisch und seltsam, wenn man sie in der übrigen Gesellschaft sieht. Aber die Entfremdung, die in der heutigen Gesellschaft vorherrscht, ist in ihren Kreisen fast unbekannt. Und ihr Leben scheint ihnen sehr befriedigend zu sein, denn ihre Anzahl wächst erheblich, obwohl sie keinen Werbedienst betreiben, und viele ihrer Kinder nicht bei ihrem Glauben bleiben.

Es gibt viele verschiedene Gruppen unter den Amischen und den Mennoniten. Man muß sich da vor Augen halten, daß jede Gruppe ihre eigenen Entscheidungen trifft, was ihr Leben und ihre Arbeitsweise anbetrifft. Wenn man unter den Gruppen Unterschiede sieht, so gibt es aber auch gemeinsame Eigenarten, die in allen Gruppen vorhanden sind. Sie sind alle friedlich und Pazifisten. Obwohl sie das Privateigentum und die freie Wirtschaft für richtig halten, so haben sie doch eine andere Einstellung zu materiellen Gütern als die meisten anderen Amerikaner. Ihnen erscheint das Recht des Bedürfnisses gleich oder höher als das Recht des Eigentums. Das führt dazu, daß sie jeden Verlust oder jedes Unglück miteinander tragen, wenn durch einen Unfall finanzielle Probleme auftauchen. Und sie bestehen unbedingt auf der Trennung zwischen Staat und Kirche. Sie lehnen z.B. jede Staatshilfe für ihre eigenen Schulen ab, obwohl sie selbst die üblichen Steuern für die staatlichen Volksschulen und Oberschulen zahlen. Andere Amerikaner finden diesen Mangel an Interesse an "Geschenken" von der Regierung sehr charmant, aber nur wenige scheinen es ihnen nachzutun.

Diese unschematische Lebensweise mag Sie seltsam anmuten. Doch ist sie für die Amischen sehr befriedigend, die mehr daran interessiert sind, sie beizubehalten als sie in Richtung auf größere "Freiheit" zu ändern. Wie dem auch sein mag, so sind sie doch ein Teil der Verschiedenheit und Pluralität des modernen nordamerikanischen Lebens. Es ist eben eine Sondergruppe, die dem amerikanischen Schmelztiegel schon über 250 Jahre lang erfolgreich widerstanden hat."

Bodenständige Küche – ein kleiner Leitfaden

Vielleicht begegnen Ihnen folgende Gerichte, die typisch für die Küche der "Plaine People" sind:

Seven Sweets & Seven Sours	Dazu können gehören Quittengelee, Honig, gekochter und gesüßter Rhabarber, gewürzte Pfirsiche, Apfelbutter, Käse, marinierter Kürbis, Kohlstücke, Melonen
Geschmelte Nudle	Nudeln in zerlassener Butter, mit Semmelbröseln bestreut
Schnitz Pie	Pastete aus Mürbteig mit gewürztem Dörrobst
Shoe-fly Pie	Mürbteigstücke mit braunem Zucker und mit Muskat und Ingwer versetzt
Flaish un Kais	leckeres Gebäck mit Fleischfüllung
Schnitz un Knepp	warmer geräucherter Schinken mit Klößen und Dörrobst

Buchtip
Merle und Phyllis Good; 20 Most Asked Questions about Amish and Mennonites, Lancaster 1979. Sehr lehrreich, wenn Sie mehr über die Amische und Mennoniten erfahren wollen.

Von Cleveland nach Detroit

Die Landschaft auf diesem Streckenabschnitt hat nichts Besonderes aufzuweisen. Einzig interessant sind:

- die kleine Stadt **Sandusky** mit einigen viktorianischen Häusern,

- Bootstouren zur **Kelleys Island**, wo Sie am Glacial States Memorial einige aufschlußreiche Gletscherformationen sowie am Inscription Rock State Memorial prähistorische Indianerzeichnungen sehen können. Für Wanderungen eignet sich diese Insel auch. Die Fähren (mit Auto) gehen mehrmals täglich von der kleinen Hafenstadt **Marblehead** ab. Infos: Kelleys Island Ferry Boat Lines, Tel.: (419) 798-9763. Weitere Bootstouren (ohne Auto), aber mit geringerer Frequenz, gehen auch von Sandusky ab, Infos: Neumann Cruise, Tel.: 1-800-876-1907. Falls Sie nicht mit dem Auto übersetzen möchten: Im Sommer gibt es Shuttlebusse auf der Insel.

- **South Bass Island** mit der kleinen Stadt **Put-in-Bay** ist touristisierter. Hier können Sie am **Perry's Victory and International Peace Memorial** die Seeschlacht von 1813 nachverfolgen, in der die amerikanische Erie-See-Flotte unter Commodore Oliver Hazard Perry eine stärkere englische Flottille geschlagen hat. Die Schlacht fand in den Gewässern vor der Insel statt. Zudem gibt es ein paar Höhlen auf der Insel zu besichtigen. Auch auf dieser Insel verkehren Trolleybusse. Fähren nach South Bass Island gehen von Port Clinton (Put-in-Bay-Line, Infos: Tel.: 1-800-245-1538, keine Autos) und Catawba Point (Miller Boat Line, Infos: Tel.: 1-800-500-2421, mit Autos) ab.

Perry's Victory I.P.M.

- **Port Clinton** ist eine wenig attraktive Touristenhochburg und Ausgangspunkt für Touren zu den Inseln.

- **Toledo**, eine Industrie- und Hafenstadt mit über 300.000 Einwohnern, befindet sich zur Zeit im Umbruch. Die Innenstadt, jahrelang halbverfallen, wird langsam wieder hergerichtet, und ein Lagerhausdistrikt südwestlich wird in absehbarer Zukunft ein paar kleine Restaurants für die Mittagspause bieten. Ansonsten ist in dieser Stadt nur das große **Toledo Museum of Art** (2445 Monroe Street/ Scottwood Ave.) erwähnenswert. Neben Kunstwerken von der frühen Antike bis hin zu den Impressionisten des ausgehenden 19. Jahrhunderts sowie einigen Ausstellungen mit afrikanischen und orientalischen Werken ist vor allem die eindrucksvolle Glassammlung sehenswert. Das Museum ist geöffnet: Di-Sa 10h00-16h00 und So 13h00-17h00.

Reisepraktische Hinweise für diesen Streckenabschnitt

Sandusky

Information
Convention & Visitors Bureau: 231 W. Washington Row, Sandusky, OH 44870, Tel.: (419) 625-2984 od. 800-255-ERIE

Übernachten
- **Radisson Harbour Inn $$$-$$$$:** 2001 Cleveland Rd am Cedar Point Causeway, Sandusky, OH 44870, Tel.: (419) 627-2500, Fax: (419) 627-0745. Großes Hotel für Urlauber. 237 Zimmer. Viele Zimmer mit Blick auf die Sandusky Bay.
- **Wagner's 1844 Inn $$-$$$:** 230 E. Washington St., Sandusky, OH 44870, Tel.: (419) 626-1726. 1844 konstruiert als Holzhütte, wurde das Gebäude mehrmals umgebaut und zu einem Steinhaus umgewandelt. Es gibt einen Billardraum! Zu den Kelly-Island-Fähren können Sie laufen.

Restaurant
Bay Harbor Inn: Causeway Drive, gerade außerhalb des Cedar Point Park, Tel.: (419) 625-6373. Familienrestaurant und Bar. Seafood, Steaks und selbstgemachte Pasta.

Bootstouren zu den Kelly Islands
Fährdienste auch mit Autos bieten:
- **MV Pelee Islander:** Abfahrt am Ende der Jackson Street, Tel.: (419) 724-2115
- **The Neuman Boat Line:** Abfahrt am Ende der Francis Street, Tel.: (419) 626-5557. Diese Gesellschaft bietet auch Dampfertouren um die Inseln an. Abfahrt hierfür: am Ende der Columbus Avenue.

Port Clinton

Information
Ottawa County Visitors Bureau: 127 W. Perry St., Suite 103, Port Clinton, OH 43452, Tel.: (419) 734-4386.

Übernachten
The Island House Hotel $$-$$$: 102 Madison St., Port Clinton, OH 43452, Tel.: (419) 734-2166 od. 800-233-7370. Über 100 Jahre altes Gebäude. 37 Zimmer. Zudem ein gutes Restaurant.

Restaurant
The Garden at the Lighthouse: 226 E. Perry St., Tel.: (419) 732-2151. Das Gebäude in viktorianischem Stil wurde erbaut für den Leuchtturmwärter. Fisch- und Hühnchengerichte bei Kerzenlicht.

South Bass Island

Information
Put-in-Bay: Chamber of Commerce, P.O.Box 250-BN, Put-in-Bay, OH 43456, Tel.: (419) 285-2832

Übernachten
Park Hotel $$$: Box 60, Put-in-Bay, OH 43456, Tel.: (419) 285-3581. Schönes Hotel in viktorianischem Gebäude von 1870. 26 Zimmer. Badezimmer müssen geteilt werden.

Restaurant
The Crecent Tavern: Delaware Ave., Tel.: (419) 285-4211. **Das** Restaurant am Platze. Untergebracht in viktorianischem Gebäude.

Toledo

Information
Convention & Visitors Bureau: Seagate Convention Center, 401 Jefferson Ave., 2nd Floor, Toledo, OH 43604, Tel.: (419) 321-6404.

Hotels und andere Unterkünfte
● **Toledo Mariott Portside $$$-$$$:** 2 Seagate, Toledo, OH 43604, Tel.: (419) 241-1411 od. 800-289-1411, Fax: (419) 241-8161. Modernes Innenstadthotel. Direkt am Maumee River.
● **Hilton $$$:** 3100 Glendale Ave., Toledo, OH 43614, Tel.: (419) 381-6800, Fax: (419) 389-9716. Hotel der oberen Mittelklasse mit 213 Zimmern.
● **Mansion View $$-$$$:** 2035 Collingwood Blvd., Toledo, OH 43620, Tel.: (419) 244-5676. Gemütliche Bed & Breakfast-Unterkunft in Queen Anne House (1887 - National Historical Register). Der marmorene Eingang führt direkt in eine schöne große Halle mit vielen Holzschnitzereien.

Restaurants
● **Tony Packo's Cafe:** 1902 Front St. (I-280, Exit 9), Tel.: (419) 691-6054. Ungarische Hot Dogs unter Tiffany Lampen – lassen Sie sich überraschen!
● **Cuck Muer's Roadhouse:** 1435 Baronial Plaza (am OH 2, 1 Meile östl. des I-475 Airport Hwy. Exit), Tel.: (419) 866-8877. Gute Fisch- und Steakgerichte. Auch BBQ. Sie können auch draußen sitzen.

Toledo Museum of Art

9.9 DETROIT UND UMGEBUNG

Highlights

- ein ausgiebiger Besuch des **Henry Ford Museum** und des historischen **Greenfield Village**
- die Kunstschätze des **Detroit Institute of Arts**
- Besuch einer Livemusik-Veranstaltung in einem **Jazz- oder Blueslokals, dazu Cocktail und Shrimps**
- der Ausblick vom Turm des **Renaissance Center**

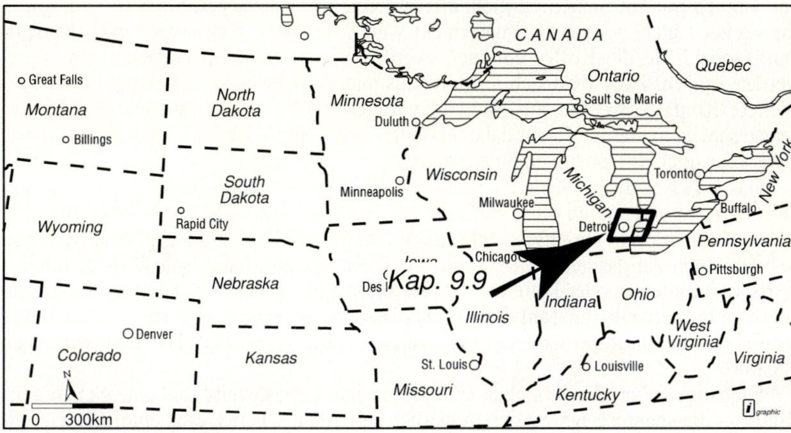

9.9.1 ÜBERBLICK UND GESCHICHTE

Überblick

"The Wealth of the Mind is the only true Wealth" – diese Worte, an die Außenwand der Public Library gemeißelt, mag man sich zu Herzen nehmen, wenn man den ersten Eindruck von der 4,5 Millionen-Einwohner-Metropole Detroit gewinnt. Sieht man einmal ab von der modernen Fassade direkt am Detroit River, wirkt der Rest der Innenstadt trist, und am Abend scheint niemand mehr hier zu Fuß herumzulaufen – und davor wird man sogar gewarnt.

Dabei hat man doch Detroit als **die** Automobilmetropole der Welt im Sinn, als Sitz riesiger Firmen, wie General Motors, Ford oder Chrysler – und dann dieses Bild der Verwahrlosung, der geschlossenen Warenhäuser, der heruntergekommenen Wohnhäuser ...

Detroit – oft auch geschmäht in Publikationen – bietet sich Ihnen (zur Zeit) wirklich nicht an, und der erste Eindruck verleitet dazu, am nächsten Tag wieder das Weite suchen zu wollen.

Ohne Zweifel, diese Stadt ist nicht Chicago oder Toronto. Aber gerade das kann einen Besuch auch interessant machen. Keine Großstadt an den Großen Seen bietet Ihnen eine Gelegenheit – anders ausgedrückt: zwingt Sie sogar dazu, sie auf eigene

Faust zu erkunden, ihren wahren Charme herauszukitzeln und **Sie** zum "Entdecker" zu machen. Aufregung und Kitzel werden garantiert!!

Im Grunde könnte man einen Reiseführer so gestalten: Man beschreibt das weltberühmte Henry Ford Museum in Dearborn und das Detroit Institute of Art und lotst Sie danach so schnell als möglich wieder heraus. Das wäre aber zu einfach, denn es gibt so einiges zu erleben hier!

Zuerst einmal wäre da der Kontakt zu den Menschen; und das verspricht bereits das erste Erlebnis: Die Menschen in Detroit erscheinen einem zu Beginn unfreundlicher als in anderen Teilen der USA, und schon das erste Zusammentreffen könnte beispielsweise so aussehen: Der Hotelpage weist Sie unfreundlich zurecht und hat einiges an Ihren Fahrkünsten auszusetzen beim Einparken vor der Lobby. Diese Situation kennen Sie mit Sicherheit nicht aus anderen amerikanischen Städten – wir kannten sie auch nicht –, und so ungeschickt waren wir beim Einparken wirklich nicht! Doch sobald Sie die Koffer entladen, werden Sie bereits vom Gegenteil überzeugt werden, und Ihr Page wird sich als durchaus interessanter Gesprächspartner erweisen. Weitere Kontakte werden mit Sicherheit folgen, und so einige aufschlußreiche Lebensgeschichten werden Ihnen dabei erzählt. Eine wenig vom Tourismus frequentierte Stadt kann auch ihre positiven Seiten haben.

Das Leben in dieser Stadt, die mehr als alle anderen Städte – besonders in jüngster Zeit – Höhen und Tiefen durchgemacht hat, hat einen ganz eigenen Menschenschlag hervorgebracht und eine unverwechselbare Gangart. Bedenken Sie, daß die Mehrheit der jetzt noch Ansässigen dieser Stadt die Treue bewahrt hat ... selbst als es mit der Wirtschaft Ende der 60er Jahre und vor allem ab Anfang der 80er Jahre rapide bergab ging und mittlerweile die Zahl der Arbeitsplätze in der Automobilbranche auf weniger als 300.000 geschrumpft ist – 1917 (!) waren es über 1 Million, 1968 immerhin noch 900.000!

Diejenigen aber, die geblieben sind, haben ihre Lebensweise und eine ganz eigene Kultur – die mehrere Seiten der modernen amerikanischen Geschichte und Gesellschaft widerspiegelt – dieser Stadt aufgeprägt. So wundert es einen nicht, daß bereits Ende der 60er Jahre Rassenunruhen, aber auch Musikrichtungen ("Techno", "Motown-Sound" und früher schon der "Detroit Blues") Wegweiser für kulturelle Entwicklungen in den USA geworden sind.

Detroit war bereits von Beginn an seiner Geschichte eine Stadt der Offenheit und "Schmelztiegel aller Hautfarben". Vor dem Bürgerkrieg fanden Sklaven entlang der "Underground Railroad" nach Kanada hier Unterschlupf, und während des 2. Weltkrieges erwarb sich Detroit sogar den Ruf als "Arsenal of Democracy" (eine Anerkennung, die aber mehr auf die Produktion von Waffen zurückzuführen ist). Heute erfährt man – wie in kaum einer anderen Stadt der USA -, wie verschiedene Hautfarben gut miteinander zurechtkommen können: Das Stadtgebiet von Detroit wird zu 76% von Schwarzen bewohnt. Negativ macht sich bemerkbar, daß der Mittelstand und die Oberschicht seit Anfang der 60er Jahre die Stadtgrenzen verlassen und sich in den Vororten angesiedelt haben. Selbst von 1980 bis 1986 verlor Detroit noch 10% seiner Bevölkerung – vor allem aber Steuerzahler. Das durschnittliche Haushaltseinkommen in Detroit liegt bei 35.000 $ im Jahr, während das im reichen Vorort Bloomfield bei 150.000 $ liegt! Über 20 Jahre waren die Stadtkassen somit leer, so daß Straßen nicht einmal geflickt werden konnten, und das, wo täglich 1,9 Millionen Menschen mit dem Auto zur Arbeit fahren und nur 50.000 ein öffentliches Verkehrsmittel benutzen. Anfang der 90er Jahre sah es dann so schlimm aus, daß man damit beginnen mußte, fast alle Straßen komplett neu zu grundieren und zu asphaltieren – ein Unterfangen, das Straßenbauer noch bis zur Jahrtausendwende beschäftigen wird. Und das in der "Autohauptstadt der Welt", in der 1901 die erste Asphaltstraße der Welt – die Wood-

Verlassene Fabrikanlage

ward Avenue – für Aufsehen gesorgt hat.

Die ethnischen Probleme geht man hier aber auch ganz anders an: So z.B. gibt es hier das bedeutendste African-American Museum Amerikas, und im Vorort Oak River hat man eine ethnisch gemischte Wohnsiedlung errichtet, in der Juden, Philippinen, Inder, Polen, Japaner und viele andere Angehörige verschiedenster Herkunftsländer Tür an Tür leben. Nach kurzer Zeit gab es natürlich erste Konfliktpunkte, wie z.B. die Art der Gartenpflege, die unterschiedlichen Spiele der Kinder auf dem Spielplatz oder die "Geruchsentwicklung" beim beliebten Barbeque. Doch haben die Bewohner damit gelernt, zu leben und Lebensweisen der anderen zu respektieren, ja sogar zu übernehmen.

Doch wie kam es zu dem Niedergang der Autoindustrie, der dieser Stadt soviel Leid zugefügt hat? Zuerst einmal war bereits Ende der 60er Jahre der stetige Autoboom, wie auch in Europa, zu Ende. Der Bedarf war abgesättigt, und jährliche Produktionssteigerungsraten von über 10% gehörten der Vergangenheit an. Rationalisierungsmaßnahmen kappten die ersten Arbeitsplätze. Ausschlaggebend war zu dieser Zeit aber auch das Vordringen ausländischer Automarken, besonders aus Deutschland (VW) und Japan (Toyota). Die Amerikaner verlangten kleinere Fahrzeuge, zumindest als Zweitwagen, und darauf haben sich die "Big Three" (GM, Ford und Chrysler) zuerst nicht einstellen wollen. Dieses rächte sich natürlich um so mehr, als 1974 und dann wieder 1981 die Ölkrisen tiefe Narben hinterließen. Und genau zu dieser Zeit setzten die Autofirmen Japans zum großen Sprung über den Pazifik an. Die amerikanische Automobilindustrie, die einst über 11 Millionen Fahrzeuge produziert hatte, davon über die Hälfte alleine in und um Detroit, baute Mitte der 80er Jahre gerade mal noch 6 Millionen Autos, von denen etwa 10% noch nicht einmal einen Käufer gefunden hatten und z.T. als Neuwagen verschrottet wurden! Riesige Unternehmen, wie Chrysler, galten in den 80er Jahren als "klinisch tot". Nur ein immenser Einsatz von allen Seiten, vor allem aber radikale Lohnkürzungen und Arbeitsplatzrationalisierungen sowie Hilfen von Staatsseite, Qualitätsverbesserungen und eine Straffung der Angebotspalette führten die Branche letztendlich aus der Talsohle heraus. Heute werden immerhin noch 26% aller US-Fahrzeuge in und um Detroit hergestellt, und die "Big Three" haben noch immer ihren Firmensitz hier bzw. ihre Planungsbüros. Der Ruf der "Automobilhauptstadt der Welt", der um die Jahrhundertwende aufkam mit Namen, wie Henry Ford, und sich fortsetzte mit der Einführung der Fließbandarbeit 1913, hat also auch heute noch Geltung.

Welche Modelle gehören in Amerika zu welchen Automarken?

- **General Motors:** Chevrolet, Pontiac, Buick, Oldsmobile, Cadillac, Saturn und GMC-Truck
- **Ford:** Ford, Lincoln, Mercury
- **Chrysler:** Chrysler, Dodge sowie die aufgekaufte AMC (American Motors Corp.) mit Jeep und Eagle

Detroit erlebt seit 1990 wieder einen langsamen Aufstieg, nicht nur dank der wiedererstarkten Automobilbranche, sondern auch durch Geldgeber von außerhalb, die in moderne Bauten entlang des Detroit River investieren. Auch der Bürgermeisterwechsel hatte positive Folgen. Coleman Young, lange an der Spitze während der 70er und 80er Jahren verdiente sich zwar einiges Lob und hatte alle Hände voll zu tun in dieser schwierigen Zeit, doch sagte man ihm zum Ende seiner Amtszeit nach, zu sehr in die Bürokratie verstrickt gewesen zu sein. Korruptionsvorwürfe sowie Kontakte zum Untergrund konnte er auch nicht alle widerlegen. Seit Anfang der 90er Jahre ist es dann vor allem dem schwarzen Bürgermeister Dennis W. Archer zu verdanken, daß die Straßen wieder repariert werden, die Kriminalitätsrate in der Innenstadt deutlich gesenkt wurde und daß mehrere Gebiete, wie z.B. die Greektown und die Rivertown, touristisch aufpoliert worden sind.

Die Kriminalitätsrate ist übrigens deutlich gesunken und entspricht nicht mehr den Vorurteilen, die Ihnen immer wieder begegnen. Chicago, New Orleans und selbst Städte, wie El Paso und San Francisco, gelten – auf die Einwohnerzahl bezogen – als gefährlicher. Das ist aber kein Grund, unvorsichtig zu sein!

Für Sie als Reisenden hat Detroit nun einiges zu bieten. Die "eigenartige" Herzlichkeit der Menschen ist bereits angesprochen worden. Die Automobilbranche hat natürlich die tiefsten Spuren hinterlassen. So darf ein Besuch des Henry Ford Museums nicht ausbleiben, genausowenig wie die Besichtigung zumindest eines der ehemaligen Wohnhäuser der Autobarone. Auch kulturell hat Detroit etwas vorzuweisen. Das Kunstmuseum, das sog. Detroit Institute of Arts, gehört zu den besten Kunstmuseen im Lande, und das Cranbrook Museum of Arts bietet moderne Kunst vom Feinsten. Ebenso sind Museen, wie z.B. das African-American Museum, das sich mit der Geschichte der Schwarzen in Amerika beschäftigt, und das Detroit Historical Museum einen Besuch wert. Musikfreunde, vor allem die des Jazz und Blues, werden in Detroit ebenfalls nicht enttäuscht werden. Diese Musik scheint das "Lebenselixier" der Detroiter zu sein, und täglich finden in den unzähligen Restaurants, Kneipen und selbst in den letzten Schuppen erstklassige Konzerte statt. Dort trifft sich jeder, ob mit Schlips und Kragen oder gerade von der Werkbank kommend. Und die Musik ist echt. Keine allabendlich wiederholten Shows in aufgemöbelten Lagerhäusern, sondern reiner Blues, über den anschließend an den Tischen diskutiert wird. Die Musiker kennen sich untereinander, die Zuhörer gehen in den Rhythmen auf, und die Atmosphäre ist familiär. So und nicht anders wird sich diese Musikrichtung auch in Zukunft immer noch weiterentwickeln.

Parken in der Innenstadt ist auffallend günstig

Metro-Detroit ist auch Schmelztiegel verschiedenster Ethnien: Neben 900.000 Schwarzen leben hier 400.000 Polnischstämmige und fast 300.000 Araber aus dem gesamten Nahen und Mittleren Osten (davon alleine 55.000 Irakis!). Die belgische sowie die bulgarische Gemeinde sind die jeweils größten außerhalb Europas. Auch viele Deutsche, Schweizer und Österreicher wohnen im Großraum von Detroit, von denen die meisten sich im Westen, im Raum um Ann Arbor angesiedelt haben.

Um diese Stadt wirklich zu erleben und vor allem zu verstehen, ist Ihr Engagement gefragt. Sollten Sie alleine Lust auf Sehenswürdigkeiten haben, genügen 1 bis 2 Tage. Beschäftigen Sie sich in diesem Fall vornehmlich mit der Geschichte der Automobilindustrie, besuchen Sie die Kunstmuseen und fahren Sie danach weiter.

Sollten Sie aber tiefer eintauchen wollen, dann "leben Sie diese Stadt so richtig aus"! Erkunden Sie Detroits Eigenarten: Besuchen Sie die Jazz- und Bluesclubs, frei nach dem Motto: "Kick into the Blues bei Shrimps im Plüschsessel"; verbringen Sie den Morgen auf dem Eastern Market, "shoppen" Sie im General Motors und im Fisher Building, besuchen Sie die Kunstausstellung im Cranbrook Institute und unternehmen Sie auch etwas, was in keinem Reiseführer beschrieben ist. Detroit bietet sich Ihnen nicht an, Sie müssen sich die Rosinen herauspicken!

Wie hieß es so schön auf einem T-Shirt eines in rosa Radlerhose gekleideten, einsamen Skaters inmitten der vereinsamten Kaufhausblöcke in der Innenstadt:
"Shut up and skate Detroit"

Geschichte

1701: Stadtgründung: Antoine de la Mothe Cadilliac trifft mit 50 Soldaten und 50 Siedlern ein und eröffnet eine Pelzhandelsstation. Das Fort Pontchartrain **d'Etroit** ("Fort an der Straße") dient als Schutz.

1760: Im Krieg mit Frankreich und den Indianerstämmen um die Großen Seen fällt Detroit an die Engländer.

1783: Im Frieden von Paris wird Michigan den USA zugesprochen, doch erst **1796** übergeben die Briten, unter dem Druck von George Washington, die Stadt den Amerikanern.

1805: Ein großes Feuer zerstört alle Gebäude – bis auf ein Warenhaus. Detroit zählt zu dieser Zeit 2.250 Einwohner.

1812: Im Englisch-Amerikanischen Krieg fällt Detroit erneut in die Hände der Engländer, die es aber nach der verlorenen Seeschlacht auf dem Lake Erie 1813 wieder zurückgeben.

1815: Detroit erhält Stadtrechte. Durch den Bau des Erie Canals sowie das Aufkommen der Dampfschiffahrt gewinnt die Stadt in den folgenden Jahrzehnten an wirtschaftlicher Bedeutung. 1837 zählt man bereits 10.000 Einwohner.

ab 1850: Die ersten wirtschaftlichen Boomjahre brechen an. Bierbrauereien, Handelsstationen und die Produktionsstätten von Öfen sowie von anderen Küchengeräten ziehen jährlich Tausende von Einwanderern, vornehmlich aus Ost- und Mitteleuropa, an.

um 1885: Die Tüftler Thomas und John Clegg entwickeln das erste dampfgetriebene Automobil in Memphis, Michigan.

1894: Ransom E. Olds entwickelt das erste amerikanische – benzingetriebene – Automobil

1896: Olds gründet die Olds Motor Vehicle Company (später Oldsmobil), und Henry Ford baut sein erstes Auto. Ebenso in dieses Jahr fällt die Eröffnung des ersten Convention & Visitors Bureau der Welt in Detroit.

1901: Die erste Asphaltstraße der Welt – die Woodward Avenue – wird in Detroit angelegt.

1903: Die Ford Motor Company wird gegründet.

1913: Henry Ford führt die Fließbandarbeit ein.

1920: Detroit zählt bereits 2,2 Millionen Einwohner, von denen 1 Million in der Autoindustrie arbeitet.

1927: General Motors verkauft das erstemal mehr Autos als Ford. GM's Strategie der größeren Produktpalette und der jährlich neu entworfenen Modelle hat sich durchgesetzt.

1940-45: Detroits Autofabriken bauen ausschließlich für die Rüstung, u.a. auch Waffen.

1954: Die erste Shopping Mall Amerikas wird eröffnet (Northland Mall in Southfield). Damit wird bereits ein Zeichen neuer Stadtentwicklung gesetzt: der Auszug des Mittelstandes aus der Innenstadt.

1959: Berry Ground legt den Grundstock für die in den 60er und 70er Jahren berühmt gewordene "Motown-Musik". Bekannteste Vertreter dieser Musikrichtung sind: Michael Jackson, Smokey Robinson, Diana Ross, Lionel Ritchie und Stevie Wonder.

1966-70: Zahlreiche Rassenunruhen und Arbeiterstreiks sind Vorboten für die nahende Wirtschaftsmisere in Detroit.

1972-1985 Detroit erlebt wirtschaftlich harte Jahre, die Arbeitslosenrate steigt z.T. auf über 20%, an die 50% des Mittelstandes wandert aus in die Vorstädte oder ganz weg, und die Automobilbranche produziert nur noch halb so viele Fahrzeuge wie Ende der 60er Jahre.

1977: Das Renaissance Center wird – unter der Federführung von Henry Ford II. – gebaut. Das erste Signal der "wirtschaftlichen Wiedergeburt" wird damit gegeben.

Anfang der 90er Jahre: Mit der Neuanlage der Straßen und dem Versuch, der Innenstadt ein akzeptables Image und dem Ziel, Sicherheit auf den Straßen zu gewähren, wird eine nächste Hürde genommen.

Weitere interessante Fakten zu Detroit

Wußten Sie, ...
- daß Detroit die **"Hauptstadt der Kartoffelchips"** ist,
- daß der Eastern Market der **größte Blumenmarkt der Welt** ist,
- daß das Westin Hotel mit 73 Stockwerken das **höchste Hotel in Nordamerika** ist,
- daß jährlich über **30 Millionen Tonnen** im Hafen von Detroit umgeschlagen werden,
- daß alljährlich zum 4. Juli die größte **Feuerwerksshow der Welt** über Detroit gezündet wird,
- daß alljährlich das größte **Wohltätigkeitsessen der Welt**, das NAACP Freedom Fund Dinner, mit über 10.000 Gästen hier abgehalten wird,
- daß die **erste Schreibmaschine** hier 1829 von William Austin Burt erfunden worden ist,
- daß in Detroit 1879 **die ersten individuellen Telefonnummern** in Amerika eingerichtet worden sind,
- daß die **Musiker und Sänger** Alice Cooper, Aretha Franklin, Smokey Robinson, Madonna, Diana Ross, Bob Seger und Stevie Wonder aus Detroit stammen,
- sowie auch die folgenden **Persönlichkeiten**: Francis Ford Coppola (Regisseur), Charles Lindbergh (Pilot), Joe Louis (Boxer) und Tom Selleck (Schauspieler)?

9.9.2 REISEPRAKTISCHE HINWEISE

Information

● **Detroit Convention & Visitors Center:** 100 Renaissance Center, Suite 1900, Detroit, MI 48226, Tel.: (313) 259-4333.

● Über aktuelle Veranstaltungsprogramme informieren die Tageszeitungen: "Detroit Free Press" und "Detroit News" sowie die kostenlose Wochenzeitung "Metro Times", die überall ausliegt.

A. Innenstadt
11. Rivertown
12. Belle Isle
13. Eastern Market
14. University Cultural Center
15. Gen. Motors Headquarters
16. Fisher Bldg.
17. Motown Museum
18. Detroit Zoological Gardens
19. Cranbrook Institute
20. Holocaust Memorial Center
21. Meadow Brook Hall
22. Pewabic Pottery
23. Fisher Mansion
24. Edsel & Eleanor Ford Mansion
25. Fort Wayne
26. Ford Museum/Dearborn
27. Detroit Wayne County Airport & Ann Arbor
28. Detroit City Airport
29. Detroit - Windsor Tunnel
30. Windsor Airport
31. Ontario Travel Bureau
32. Dieppe Park
33. nach Amherstburg & Ft. Malden
34. Art Gallery of Windsor

Redaktions-Tips

- **Übernachten:** Edel im **Ritz Carlton Dearborn**, der Aussicht von den oberen Etagen wegen im **Westin Plaza** und der Atmosphäre wegen im **Blanche House Inn**
- **Essen:** Vornehm im **Van Dyke** oder im **Whitney**. Der Aussicht wegen im **Summit** und der Küche wegen im **Rattlesnake**. Ungezwungen und gute griechische Küche im **Olympia**
- **Abendprogramm:** Unbedingt einen Jazz- bzw. Bluesclub aufsuchen. Z.B. "Floods", "Rhinoceros", "Soup Kitchen" oder "Baker's Keyboard Lounge"
- **Abendprogramm à la "Detroit-Style":** Gehen Sie dort essen, wo es zudem auch Jazz und Blues live gibt. Vornehm: Pegasus (Fisher Bldg.), Snacks im Club Penta im Fisher Building; gemütlich, aber unkompliziert: Rhinoceros; schlicht und urig: Bert's Marketplace oder Soup Kitchen
- **Bedeutendste Sehenswürdigkeiten:** Ausblick vom 73. Stock des Renaissance Center, Detroit Institute of Arts, Detroit Historical Museum, African American Museum, Edsel und Eleanor Ford House, Cranbrook Institute, Henry Ford Museum und Greenfield Village
- **Zeiteinteilung:**

  1-2 Tage: Am Ankunftsabend lassen Sie sich von der Küche im Rattlesnake Club verwöhnen und gehen dann in das Rivertown-Gebiet, entweder in die Soup Kitchen oder ins Rhinoceros. Am Folgetag besichtigen Sie das Renaissance Center, fahren ins University Culture Center, wo Sie zumindest dem Detroit Institute of Arts und dem African American Museum einen Besuch abstatten sollten. Anschließend, alternativ: Detroit Historical Museum oder Edsel und Eleanor Ford House. Abends essen Sie in der Greektown und hören Jazz im Floods. Am Abfahrtstag sollten Sie mindestens noch 3 Stunden für das Henry Ford Museum und das angeschlossene Greenfield Village in Dearborn übrig haben.

  3-4 Tage: Ankunftstag und **Tag 1** wie oben. **2. Tag:** Sie fahren entlang der Woodward Avenue und schauen sich das General Motors Building und das Fisher Building an. Anschließend besuchen Sie das nahe Motown Museum. Lunch in einem Coney Island Imbiß an der Woodward Street. Nachmittags besuchen Sie die Cranbrook Estate, bei der Sie vor allem dem Kunstmuseum die meiste Zeit schenken sollten. Am Abend halten Sie wieder am Fisher Building und speisen im Pegasus. Anschließend schauen Sie mal, was im Club Penta im Keller los ist. **3. Tag:** Dieser Tag sollte ganz Dearborn gehören: 3 Stunden im Henry Ford Museum und mind. 2 Stunden im Greenfield Village (Lunch in der Taverne dort) und 1-2 Stunden für die Henry Ford Estate genügen für das Tagessoll an Kultur. Abends fahren Sie in die Greektown und schauen danach einmal im Floods oder Bo Mac herein. **4. Tag:** Alternativ entweder "off the beaten track" oder entlang der Jefferson Avenue (später Lakeshore Drive) nach Osten. Besichtigen Sie dort die Pewabic Pottery, die Belle Isle (dort ein Picknick als Lunch ?) und schließlich das Edsel und Eleanor Ford House. Ein Spaziergang am Lakeshore Drive bietet sich auch an. Abends speisen Sie im 73. Stock des Ren-Cen im Summit und genießen die Aussicht.

Die Monatszeitschrift "Detroit Monthly" gibt Einblicke in aktuelle Tendenzen und hat auch einen Veranstaltungsplan.

● **Informationsstand für Kanada:** In einem kleinen Pavillon im Renaissance Center wurde 1995 ein Infostand für Kanada eingerichtet. Ob dieser Stand erhalten wird über die Jahre, mag ich bezweifeln, aber versuchen Sie es erst einmal hier.

Wichtige Telefonnummern

● **Vorwahl:** 313

● Notruf/Polizei/Feuer: 911

● Krankenhaus: Harper Hospital, 3990 John R. Street/Alexandrine Rd, Tel.: (313) 745-8040

● Wetter:252-2200 code 6735

Jährlich wiederkehrende Veranstaltungen

● **North American International Auto Show:** Im Januar in der Cobo Hall. Größte Autoshow der USA. Infos: (313) 643-0250.

● **International Freedom Festival:** 22 Juni bis 4 Juli. "Freundschaftsfest" für die Partnerstädte Detroit und Windsor mit einem abschließenden riesigen Feuerwerk am 4. Juli. Infos: (313) 923-7400.

● **The African World Festival:** 3. Wochenende im August. Auf dem Hart Plaza. Kunsthandwerkliches und viel afrikanische Livemusik. Infos: (313) 833-9800.

● **Montreux Detroit Jazz Festival:** Anfang September/Labor Day. Größtes Open-Air-Jazzfestival der USA mit mehr als 100 Jazzkonzerten. Infos: (313) 963-7622.

Sightseeingtouren/ Besichtigungen

● Ein **Shuttle Bus** verkehrt zwischen den interessanten Punkten (Renaissance Center/Univerity Cultural Center/ Fisher Building/Motown Museum) in Detroit sowie zum Henry Ford Museum und zur Henry Ford Estate in Dearborn. Infos: (313) 259-8726 od. 1-800-DETROIT. Verschiedene **Trolleybusse** fahren auch durch Detroit.

● **Diamond Jack's River Tours:** Bootstouren auf dem Detroit River und um die Belle Isle. Abfahrten: am Hart Plaza und an der St. Aubin Park Marina, Tel.: (313) 843-7676

● **Grayline Tours:** Sightseeingtouren mit Bussen, Tel.: (313) 935-3808.

● **Detroit Upbeat:** Touren in die ethnischen Viertel von Detroit, zu den historischen Plätzen der "Underground Railroad" sowie "Industrietouren". Infos: (313) 341-6808.

Sonnenuntergang über einer kämpfenden Stadt

Öffentliche Verkehrsmittel

● **Überlandbusse:** Greyhound: 1000 W. Lafayette St., Tel.: (313) 963-9840 od. 800-528-0447

● **Eisenbahn:** Amtrak:

- 2601 Rose, Detroit – der Bahnhof befindet sich Ecke Vernor Hwy. und Michign Ave., Tel.: (313) 964-5335;
- 16121 Michigan Ave., Dearborn, Tel.: (313) 336-5407;
- VIA Rail (Kanada), Tel.: (800) 387-1144

● **Nahverkehr:**

- **SMART** (Tel.: 962-5515) betreibt den Busverkehr in der Stadt und in die Vororte – zentrale Haltestelle ist am Cadillac Square; DOT (Tel.: 833-1195 od. 933-1300) ist für Innenstadt- sowie Vorortbusse zuständig;
- der **PEOPLE MOVER** ist eine Hochbahn, die um die Innenstadt fährt und dabei an 13 Stellen hält. Infos: (313) 224-2160
- Nach Windsor verkehrt der **Tunnel Bus** (Tel.: (519) 944-4111.

Taxis

Checker: 963-7000 City Cab: 833-7060

Flughafen

● Der **Detroit Metropolitan Airport** befindet sich in Romulus, 26 Meilen südwestlich der Innenstadt (über I-94). Infos: (313) 942-3550. Taxi in die City: ab 30 $, Shuttle Bus: ab 15 $. Der Flughafen ist Drehkreuz von "Northwest Airlines".

● Der **Detroit City Airport**, der Regionalflughafen und regionales Drehkreuz von "Southwest Airlines", liegt 6 Meilen nordöstlich der Innenstadt (über I-94 und Gratiot Ave.). Infos: (313) 267-6400.

● Die **Commuter Transportation Company** (Tel.: (313) 946-1000) betreibt einen Shuttle-Bus-Service zu den großen Innenstadthotels. Die Innenstadtzentrale ist am Westeingang des Westin Hotel.

● **Airlines**

- American: 800-433-7300
- Continental: 800-525-0280
- Delta: 800-221-1212
- Northwest: 800-225-2525
- Southwest: 800-435-9792
- TWA: 800-221-2000

Einkaufen

● Das **Renaissance Center** (kurz "Ren Cen" genannt), Ecke W. Jefferson und Beaubien beherbergt die "World of Shops" (80 Geschäfte und Boutiquen aller Art). Im **Trackside Trends Shop** finden Sie Detroit-Souvenirs.

● Nicht weit vom Ren Cen und von dort über einen Skyway zu erreichen, befindet sich das **Millender Center** (340 E. Congress St.) mit weiteren Geschäften
● Außerdem interessant: **Trapper's Alley** (508 Monroe St. in Greektown). Warenhaus mit verschiedenen z.T. ungewöhnlichen Shops.
● Fans von **Stetson (und anderen) Hüten** können sich in Detroit günstig eindecken, so z.B. bei **"Henry the Hatter"** (1307 Broadway).

Hotels und andere Unterkünfte

● **Omni International $$$$:** 333 E. Jefferson Ave., Detroit, MI 48226, Tel.: (313) 222-7700, Fax: (313) 222-6509. Modernes Luxushotel neben dem Renaissance Center. Die Zimmer sind hell und geräumig.
● **Westin Hotel-Renaissance-Center $$$$:** Jefferson Ave. (Randolph St.), Detroit, MI 48243, Tel.: (313) 568-8000, Fax: (313) 568-8146. 73-geschossiges Luxushotel. Viele Zimmer mit Blick auf den Fluß und das gegenüberliegende Windsor sowie auf die Stadt. Die hohen Preise rechtfertigen sich aber nur, wenn Sie einen Ausblick von mindestens dem 30. Stockwerk genießen können.
● **Radisson Hotel Pontchartrain $$$$:** 2 Washington Blvd., Detroit, MI 48226, Tel.: (313) 965-0200, Fax: (313) 965-9464. Luxuriöses 420-Zimmer-Hotel, 1994 renoviert, an der Stelle, wo einst die erste Siedlung von Detroit angelegt worden ist. Achten Sie darauf, ein Zimmer mit Blick auf den Fluß zu bekommen.
● **Ritz Carlton Dearborn $$$$:** 300 Town Center Dr., Dearborn, MI 48126 (im Fairlane Town Center), Tel.: (313) 441-2000, Fax: (313) 441-2051. Mit Sicherheit das eleganteste Luxushotel der Stadt. Altenglisches Flair (Afternoon-Tea, Antiquitäten etc.).
● **Athenum Suite Hotel $$$:** 1000 Brush Ave. (in Greektown), Detroit, MI 48226, Tel.: (313) 962-2323 od. 800-772-2323, Fax: (313) 962-2424. 175 geräumige Suiten. Ideal für Familien.
● **The Blanche House Inn $$-$$$:** 506 Parkview Dr., Detroit, MI 48214, Tel.: (313) 822-7090. Bed & Breakfast-Unterkunft in viktorianischem Gebäude. In den Zwanzigern war in dem Haus eine Jungenschule untergebracht, in der auch Henry Ford II Schüler war.
● **Dobson House $$-$$$:** 1439 Bagley St., Detroit, MI, Tel.: (313) 965-1887. B&B mit nur einem Zimmer, dafür aber in historischem Gebäude von 1887 in dem charmanten Stadtteil Corktown (2 km von der Innenstadt)
● **Heaven on Earth Inn $$:** 231 Michigan Ave., Detroit, MI, Tel.: (313) 965-0318. 1993 renoviertes Hotel, nicht weit von der Innenstadt. Zielgruppe: Gesund denkende Reisende (80% der Zimmer sind für Nichtraucher, beim Frühstück wird Wert gelegt auf gesunde Kost)
● **Shorecrest Motor Inn $$:** 1316 E. Jefferson Ave., Detroit, MI 48207, Tel.: (313) 568-3000 od. 800-992-9616, Fax: (313) 568-3002. Motel mit 54 Zimmer. Nur 3 Blocks östlich des Renaissance Center. Gutes Preis-Leistungsverhältnis.
● **Quality Inn Detroit Hazel Park $$:** One W. Nine Mile Rd, Detroit-Hazel Park, MI, Tel.: (810) 399-5800. Günstiges 146-Zimmer-Motel. Nicht weit vom I-75. 9 Meilen in die Stadt.

Restaurants

Gut essen gehen ist in einer Großstadt meistens nur eine Frage des Geldes. Doch in Detroit können Sie auch für weniger Geld einige schmackhafte Überraschungen erleben.
Typisch für die Arbeiterstadt sind die kleinen Imbiß- und Fastfood-Buden und -Restaurants. Sollten Sie einmal "hinter die Kulissen" schauen wollen, bieten sich zwei charakteristische Varianten an: Entweder Sie essen einen **Coney Island**, einen Hot Dog mit polnischer Wurst und Chilisauce, oder Sie suchen sich eine Lokalität mit **Soulfood** aus. Soulfood ist ein weiter Begriff, beinhaltet in der Regel aber gut Gewürztes aus der Friteuse (z.B. Shrimps oder Hähnchenstücke), dazu gibt es eine ebenfalls scharfe Sauce und "Greens", ein Oberbegriff für Gemüse, das meist aber aus gekochten Spinatblättern besteht.
● **Van Dyke Place:** 649 Van Dyke Ave., Tel.: (313) 821-2620. Elegantes Restaurant in Jahrhundertwende-Haus. Kristalleuchter, Antiquitäten und Wandgemälde schmücken die Räumlichkeiten. Das Dinner wird im Erdgeschoß im Speisesaal eingenommen, während man zum Dessert bzw. Kaffee ins Obergeschoß gebeten wird. Teuer!
● **Rattlesnake Club:** 300 Stroh River Place (River City), Tel.: (313) 576-4400. Frisch zubereitete Gerichte der Saison. Jimmy Smith, der Chefkoch, gilt als einer der besten Köche im Mittleren Westen. Schöner Blick auf den Detroit River. Die moderne Inneneinrichtung wird von Marmor und

Rosenholz bestimmt. Man kann auch draußen speisen. An Wochenenden Jazz Livemusik.

● **Tres Vite:** 2203 Woodward Ave., Tel.: (313) 964-4144. Gute Pizza und Pasta im ehemaligen Fox Theater.

● **El Zocalo:** 3400 Bagley St., Tel.: (313) 841-3700. Gute, typische und bodenständige – also scharfe – mexikanische Küche.

● **Maxie's Left Field Deli:** 1266 Michigan Ave., Tel.: (313) 961-7968. Super-Sandwiches und viele andere Leckereien für zwischendurch. Ein echter amerikanischer Deli-Shop. Kein Dinner!

● **Fishbone's Rythm Kitchen Café:** 400 Monroe St. (Ecke Brush St.) in Greektown. Louisiana-Küche. Alligatorfleisch, Krabben, Austern – z.T. scharf gewürzt. Dazu die rauhe Stimmung eines Südstaatenlokals.

● **Pegasus Taverna:** 558 Monroe St., Greektown, Tel.: (313) 964-6800. Allerlei griechische (und amerikanische) Spezialitäten – auch welche, die Sie aus griechischen Lokalen in Mitteleuropa nicht kennen.

● **Pegasus Taverna im Fisher Building:** 3011 W.Grand Blvd. (im Fisher Bldg.), Tel.: (313) 875-7400. In locker-vornehmem Ambiente gibt es nicht nur griechische Leckereien, sondern am Wochenende oft auch Livemusik. Dazu: Ein Treffpunkt der Oberen 10.000: "Sehen und gesehen werden". Anschließend sollten Sie einmal in den Club Penta im Keller schauen.

● **The Whitney Restaurant:** 4421 Woodward Ave., Tel.: (313) 832-5700. Fine Dining in ehemaliger Villa eines Holzindustriellen. Die Küche bietet vor allem gute Fischgerichte. Teuer, aber sein Geld wert!

● **The Summit:** 71. Stock im Renaissance Center, Tel.: (313) 568-8600. Weniger die amerikanische Küche, als vielmehr der Ausblick sprechen für dieses Restaurant. Innerhalb einer Stunde dreht es sich einmal um 360°. Falls Sie auf das Essen verzichten möchten, bietet sich im 72. Stockwerk die Cocktail Lounge an.

Pubs/Livemusik/Nightlife

Detroit ist ein Mekka für Jazz- und Bluesfreunde. Die Musik ist vom Feinsten und die Atmosphäre noch "echt". Eine Musikveranstaltung ist für Detroiter ein Happening – gleich wie dick die Brieftasche ist.

Autofahrer sollten einmal auf Kanal 98,5 FM schalten, dem beliebtesten Blues- und Jazzsender der Stadt. Auch auf den Kanälen 93,9 FM und 89,1 FM wird häufig Blues gespielt.

Neben der "Metro Times" informieren das "Jazz Quarterly" und "The Blues Review" über aktuelle Auftritte und Trends

● **Baker's Keyboard Lounge:** 20510 Livernois (Eight Mile Rd), Tel.: (313) 345-6300. Behauptet von sich, der "älteste Jazzclub der Welt" zu sein. Das mag man bezweifeln, aber nach 50 Jahren kann man diesen Ort durchaus als etabliert und empfehlenswert bezeichnen. Gelegentlich auch Kabarett. Livemusik Fr+Sa.

● **Bo Mac's:** 381 Gratiot Ave., Tel.: (313) 961-5152. Jazzclub mit persönlicher Atmosphäre. Eine der Topadressen für Jazz, Big Band-Gigs und Bebop. Livemusik von Do-Mo. Jeden 1. und 3. Montag im Monat haben Sie die Chance, hier an einer TV-Show teilzunehmen. Kleine Küche – Soulfood.

● **O'Halloran's Tipperary Pub:** 8297 Southfield Rd, Tel.: (313) 271-5870. Origineller irischer Pub mit frisch gezapftem Guiness und echtem Detroiter Publikum. Fr+Sa irische Folkmusik.

● **Rattlesnake Club:** Adresse siehe Restaurants. Fr+Sa Jazz live.

● **Woodbridge Tavern:** 289 St. Aubin, Ecke Woodbridge, Tel.: (313) 259-0578. Alter Pub, der alle Höhen und Tiefen Detroits miterlebt hat. Livemusik an Wochenenden. Öfter auch (Piano-) "Sing-alongs"

● **Bert's Marketplace:** 2027 Russell St. am Eastern Market, Tel.: (313) 567-2030. Live-Jazz von Do-So. Fr+Sa bis morgens 6h00 geöffnet. Besonders Sonnabend morgen, wenn

Jazz wird groß geschrieben

Sie als einer der letzten Gäste das Lokal verlassen sollten, können Sie das Treiben auf dem beginnenden Gemüse- und Blumenmarkt auf dem Eastern Market bewundern. Essen: Amerikanische Küche, solange der Club geöffnet ist.

● **Music Menu:** 511 Monroe St. (Greektown), Tel.: (313) 964-MENU. Lokal mit Blues, Jazz und R&B. Das Publikum ist gemischt. Livemusik von Sa-Do. Fr vom Plattenteller.

● **Floods:** 731 St. Antoine St., Tel.: (313) 963-1090. Moderner Jazz- und Soulclub, der vor allem die schwarze Oberschicht anspricht ("sehen und gesehen werden"). Am Wochenende voll, aber gute Stimmung. Kleine Küche – Soulfood. Das Motto hier lautet: "Dress to impress and enjoy"

● **Alvin's:** 5756 Cass, Tel.: (313) 832-2355. Bar mit Atmosphäre und fast täglich Jazz Livemusik. Auch Rythm & Blues. Die Jam Session am Montag (manchmal auch dienstags) lohnt sich. Kleine Küche.

● **Club Penta:** 3011 W. Grand Boulevard (New Center – Fisher Bldg.), Tel.: (313) 972-3760. Kellerclub mit Livemusik (alles von Dixie bis Modern Jazz) Do-Sa. Gemischtes Publikum. Das Motto: "Upbeat sophistication".

● **Moby Dick's:** 5452 Schaefer Rd, Dearborn, Tel.: (313) 581-3650. Fr+Sa erstklassige Blues-Gigs in maritimem Dekor. Kleine Südstaaten-Küche.

● **Attic Bar:** 11667 Joseph Campau Ave. (Hamtramck), Tel.: (313) 365-4194. Blues und Rock von Do-So. Häufig Jam Sessions. Nur etwas für absolute Bluesfans und diejenigen, die auf das Äußere nicht so viel Wert legen.

● **Soup Kitchen:** 1585 Franklin St. (Rivertown), Tel.: (313) 259-2643. Einst Seemannsbar, Schmugglernest, Treffpunkt der Unterwelt, ist der Club heute eine der Topadressen in Detroit, was Bluesmusik angeht. Livemusik Do-So. Amerikanische Kneipenküche.

● **Rhinoceros:** 265 Riopello St. (Rivertown), Tel.: (313) 259-2208. Restaurant und Musikclub. Shrimps, Austern, Lachs und andere "Snacks" im Plüschsessel. Montags gibt es 2 Gerichte/Getränke zum Preis von einem. Am Wochenende unbedingt einen Tisch reservieren. Das Motto lautet: "Intimate, urban sophistication".

● **Rivertown Saloon:** 1977 Woodbridge St. (Rivertown), Tel.: 146 verschiedene Biersorten zu fast täglicher Jazz-Livemusik.

Musik- und Theaterveranstaltungen

Die Qualität der Aufführungen in Detroit erreicht z.Zt. nicht die von Toronto oder Chicago. Häufig gastieren Musicalensembles für 4-5 Tage. Kleine Theateraufführungen lohnen aber, besonders, da die "Provinzialität" auch ihren Charme hat. Für das "große" Theater-und Schauspielerlebnis ist dieses nicht die richtige Stadt.

Fünf Aufführungsorte möchte ich hier hervorheben:

● **Fox Theatre:** 2211 Woodward Ave., Tel.: (313) 567-6000 od. 965-7100. Aufführungsort für Musicals, Rockbands und Theatertruppen. Ständig wechselndes Programm. Alleine die Architektur verspricht ein Erlebnis. Siamesische, orientalische, europäische und amerikanische Stilelemente mischen sich zu einem bunten und plüschigen Allerlei.

● **Fisher Theatre:** Fisher Bldg., W. Grand Ave., Tel.: (313) 872-1000. Broadwaystücke und Komödien. Das Ambiente ist vornehm, und "sehen und gesehen werden" bestimmt auch hier das Motto.

● **Second City:** 2301 Woodward Ave., Tel.: (313) 965-2222. Von Studenten eingerichtet, werden hier im wesentlichen Komödien und Schauspielstücke gezeigt – moderne Inszenierungen eingeschlossen.

● **The Gem Theatre:** 58 E. Colombia, gegenüber dem Fox Theatre, Tel.: (313) 963-9800. Kleines Theater, das 1928 gegründet wurde. Während der Vorstellung können Sie Cocktails trinken und speisen. Broadwayshows sowie Kabarets und Rührstücke werden hier aufgeführt.

● **Masonic Temple:** 500 Temple Ave., Tel.: (313) 832-7100. Drei Theater unter einem 8.000 qm großen Kupferdach (4.600, 1567 und 950 Sitze). Aufgeführt werden Broadwaymusicals und Konzerte.

● Weitere Aufführungsorte sind das **Music Hall Center of Performing Arts** (350 Madison Ave., Tel.: (313) 963-7622 und die **Orchestra Hall** (Ecke Woodward Ave./Parsons St., Tel.: (313) 833-3700)

9.9.3 SEHENSWERTES IM INNENSTADTBEREICH

1. In der Innenstadt

Die Innenstadt von Detroit ist ein Widerspruch in sich: moderne Hochhausbauten strotzen voller Impulse neben verlassenen Warenhäusern, und aufreizende Reklamen werben über verwahrlosten Geschäften. Dazu gesellen sich am Innenstadtrand Lagerhäuser, die zum einen "In-Lokale" beherbergen, zum anderen aber in sich zusammenfallen. Detroit hat eben seinen persönlichen Charme! Aber gerade deswegen sollten

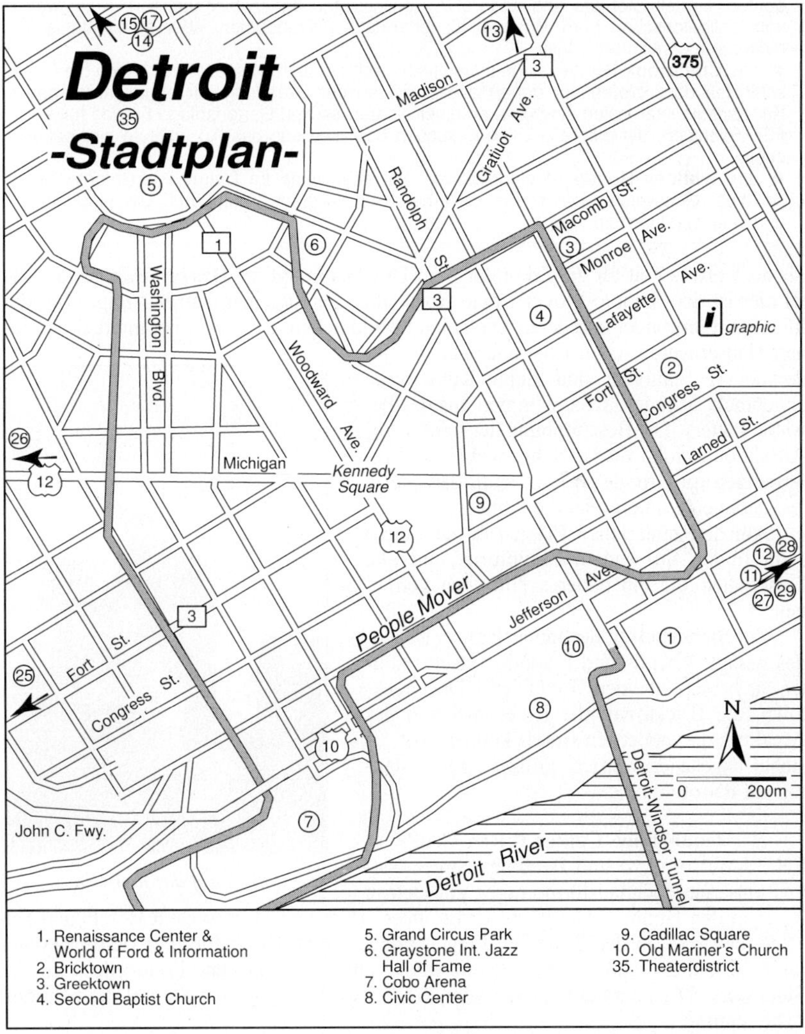

1. Renaissance Center & World of Ford & Information
2. Bricktown
3. Greektown
4. Second Baptist Church
5. Grand Circus Park
6. Graystone Int. Jazz Hall of Fame
7. Cobo Arena
8. Civic Center
9. Cadillac Square
10. Old Mariner's Church
35. Theaterdistrict

Hilfe für die Auswahl eines Besuches nur einer Villa eines Industriellen in Detroit:

- das **Edsel and Eleanor Ford House** bietet die interessantesten Antiquitäten, ist aber auch weit entfernt von der Innenstadt. Für die Nostalgiker.
- die **Fisher Mansion** bietet eine außergewöhnliche Westküstenarchitektur und die Tatsache, daß es eine Sekte beherbergt, die zudem auch noch ein hervorragendes vegetarisches Restaurant leitet. Für Abenteuerlustige.
- die **Meadow Brook Hall** ist die größte aller Villen, wobei die Geschichte der Dodge-Familie hier nicht mehr von Bedeutung war und zudem der Anfahrtsweg sehr weit ist. Für diejenigen, die mehrere Villen besuchen möchten.
- die **Henry Ford Estate** ist am "naturverbundensten" und sticht hervor durch seine Schlichtheit und interessante Geschichten, die auf der Rundtour erzählt werden. Präsidenten, Luftfahrtpioniere und andere Persönlichkeiten haben hier verkehrt. Nicht weit vom obligatorischen Ford Museum für jedermann mitzunehmen, aber architektonisch nicht die interessanteste Villa.
- das **Cranbrook House** ist innenarchitektonisch am uninteressantesten. Auch die Geschichten dazu bieten nur denen etwas, die an der Gründung der angeschlossenen Kunstschule interessiert sind bzw. an einer eindrucksvollen Gartenanlage Freude haben. Für diejenigen, die mehrere Villen besuchen bzw. sowieso das Art Institute hier besuchen.
- das **Whitney House** ist eindrucksvoll, hat aber keine für Detroit interessante Geschichte aufzuweisen. Dafür aber beherbergt es ein gutes Restaurant. Der einfachste und innenstadtnächste Weg.

Sie auch etwas Zeit für die Erkundung der Downtown opfern. Das beste Transportmittel hier ist der "People Mover", eine Hochbahn, die entgegen dem Uhrzeigersinn die Innenstadt umrundet und deren Erscheinungsbild neben den vielen heruntergekommenen Häusern utopischen Charakter hat. An jeder der 13 Stationen sind kleine Kunstwerke angebracht. Einige davon stammen aus der Pewabic Pottery. Die Beschreibung der Innenstadt-Attraktionen folgt dieser Bahn, wobei die Entfernungen im Grunde so kurz sind, daß Sie in 1 ½ Stunden gut herumlaufen können.

Auf den zahlreichen Plätzen in der Innenstadt finden Sie zudem Skulpturen und alte Denkmäler, die ein näheres Hinsehen verdienen.

Zur **Sicherheit** in der Innenstadt sei folgendes gesagt: Abends und besonders nachts sollten Sie besser mit einem Taxi fahren. Die Greektown, die Bricktown, die Rivertown und das Areal um die modernen Hotels können aber als sicher angesehen werden. Polizei ist hier ständig auf Patrouille.

Blick auf das Ren-Cen

■ **Renaissance Center ("Ren-Cen")** 1, Ecke Jefferson Ave und Beaubien Street. Sieben gläserne Hochhaustürme ragen am Detroit River in den Himmel. Der höchste von ihnen beherbergt das "Westin Hotel" und hat 73 Stockwerke. In den 2 unteren Etagen finden Sie 80 Geschäfte und kleine Restaurants. Besonders schön aber ist der Ausblick vom Restaurant- und Loungedeck im 73. Stockwerk. Die Fahrstühle gehen vom 3. Stockwerk ab – achten Sie auf die Schilder "The Summit".

Das Renaissance Center wurde 1977 eingeweiht und gilt bis heute mit 380 Millionen Dollar Baukosten als das teuerste, privat finanzierte Projekt in den USA. Besonders Henry Ford ist es zu verdanken, daß dieser Komplex zu einer Zeit in Detroit gebaut wurde, in der die Stadt in größten finanziellen Nöten steckte. Im Renaissance Center (Level 2) gibt es das **World of Ford Product & Technology Center**, in dem Sie neueste Produkte dieser Automarke bewundern können.

Gleich nebenan, und ein Anachronismus in sich, steht die kleine **Old Mariner's Church** 10, eine Seefahrerkirche, deren Glasfenster maritime Themen beinhalten.

Unterhalb des Ren-Cen schraubt sich der Verkehr in die Tiefe, um durch den **Detroit Windsor Tunnel** nach Kanada zu gelangen.

■ Die **Bricktown** 2 – zwischen E.Fort und E.Congress Streets – findet häufig Aufmerksamkeit in den Touristenbroschüren, ist im Grunde aber nur ein größerer Häuserblock mit renovierten Backsteingebäuden, wie man sie aus allen Städten der USA kennt. Hier gibt es ein paar Restaurants und Bars.

■ **Greektown** 3 , Monroe Street (500er-Block), zwischen Randolph Ave. und I-375. In diesem kleinen Stadtteil siedelte sich während des 1. Weltkrieges eine griechische Gemeinde an. Heute ist dieses Viertel ein beliebtes Abendziel: griechische Restaurants, Livemusikclubs und ein paar Souvenirshops werden geboten sowie die **Trappers Alley** ("The Alley"), ein 5-geschossiges Einkaufs- und Freizeitcenter. Falls Sie also am Abend sowieso hierher möchten, brauchen Sie tagsüber nicht unbedingt hier auszusteigen.

Ebenfalls an der Monroe Street befindet sich die **Second Baptist Church** 4 , die älteste schwarze Kirchengemeinde Detroits, die im Laufe der jüngeren Geschichte des öfteren Schauplatz von Protestveranstaltungen gewesen ist. Sonntags um 10h00 findet hier ein Gottesdienst statt – und wie bei den Baptisten üblich, wird dabei viel Gospel gesungen.

Der People Mover verläßt jetzt die bereits wieder "aufpolierten" Stadtgebiete und windet sich nun um alte Warenhäuser und verlassene Geschäftsviertel. Am **Grand Circus Park** 5 sollten Sie allemal aussteigen. Dieser Platz sollte eigentlich das Zentrum der Stadt werden und dabei einen Vollkreis bilden. Doch nur die Hälfte des Kreises wurde ausgebaut. Ein paar Monumente, Inschriften und Denkmäler in seinem Umfeld sind ehemaligen Bürgermeistern, Christoph Columbus und Thomas Edison gewidmet.

Fox Theatre

Vom Grand Circus Park sollten Sie einmal ein paar Blocks die **Woodward Avenue** heruntergehen und sich dabei einige der ehemals vornehmen Kaufhäuser im Gedächtnis behalten. Später, im Historical Museum, können Sie dann anhand alter Fotos Vergleiche aufstellen. Spätestens am **Kennedy Square**, unverkennbar durch die riesige Nike Reklame an der gegenüberliegenden Hauswand, drehen Sie dann um. Passieren Sie den Grand Circus und gehen Sie nun die Woodward Avenue nach Norden. Nach wenigen Häuserblocks erreichen Sie den **Theaterdistrict** 35, dessen **Fox Theatre** (2211 Woodward Ave.) das markanteste Gebäude ist. Leider kann man z.Zt. nur während der Vorstellungen in dieses Theater gelangen. Die Innenarchitektur und Einrichtung ist sehenswert: Stilelemente aus Siam, Burma, China, Persien und dem Nahen Osten sind hier zu einem "rauschenden und bunten Augenschmaus" zusammengefaßt. Mit Leder bezogene Fahrstühle, Marmorsäulen, Goldblattverzierungen und ein 2 Tonnen schwerer und 4 Meter hoher Kandelaber bilden nur einige der Highlights des Gebäudes.

■ **Graystone International Jazz Hall of Fame** 6 . Dieses Museum widmete sich der Geschichte des Jazz und galt bis 1994 als das beste Museum seiner Art. Hier wurde auch geforscht. Kein Wunder bei der interessanten Jazzszene in Detroit. Leider wurde das Museum 1994 geschlossen, und seitdem heißt es immer wieder, es würde neu eröffnet. Bis heute gibt es aber keine konkreten Pläne, und selbst, was den zukünftigen Standort angeht, werden 2 Adressen genannt:

- 1521 Broadway, im Cadillac Building (im Plan eingezeichnet) und
- Ecke Washington Avenue/Grnd River Street im Brook Building

Ob das Museum also existieren wird, wenn Sie Detroit besuchen, steht in Frage, aber erkundigen sollten Sie sich allemal.

Laufen Sie nun den **Washington Boulevard** hinunter, ebenfalls eine ehemals vornehme Einkaufsstraße. "Wiederbelebungsversuche" zu Beginn der 90er Jahre scheinen gescheitert zu sein, und noch immer gibt es hier mehr geschlossene als geöffnete Geschäfte.

... trotz allem für die Freiheit

Nehmen Sie nun wieder den People Mover, der Sie zurückbringt zum modernen Uferdistrikt. Die Bahn passiert dabei zuerst das moderne Konferenzzentrum, die **Cobo Hall** sowie die **Cobo Arena** 7 , eine Veranstaltungshalle mit 12.000 Plätzen. Das Center beherbergt zudem die kleine **Michigan Sports Hall of Fame**, an deren Eingang eine Statue des Boxers Joe Louis steht, der sich in den 30er Jahren – bekannt als der "Braune Bomber" – zwei mitreißende Weltmeisterschaftskämpfe mit Max Schmeling geliefert hat.

Gleich nebenan steht das **Civic Center** 8 , welches auf verschiedenen Bühnen Konzerte, Schauspiele und andere Veranstaltungen beherbergt. Eine der beiden Außenarenen wird im Winter zu einer Eisbahn umgewandelt. Hauptanziehungspunkt hier ist die **Hart Plaza**, ein zentraler Platz mit dem computergesteuerten Dodge Fountain.

Gegenüber dem Civic Center, an der Einmündung der Woodward Avenue, "hängt" eine Skulptur eines Armes mit geballter Faust: die gefürchtete Rechte von **Joe Louis** und Symbol für eine Stadt im stetigen Kampf mit sich selbst.

Hinweis
Für weitere Erkundungen in Detroit nehmen Sie am besten Ihr Fahrzeug. Die Entfernungen sind groß und die öffentlichen Verkehrsmittel unzureichend. Einzige Alternative wäre für einige Attraktionen höchstens der Trolleybus.

2. Direkt östlich der Innenstadt

■ **Rivertown** 11. Eine knappe Meile östlich des "Ren-Cen" erstreckt sich ein ehemaliges Lagerhausviertel am Detroit River, das dem alten Hafen als wirtschaftliches Kernstück diente. Der Hafen wurde umgelagert, und die Lagerhäuser verödeten. Nicht so aber die Restaurants und Kneipen hier, von denen einige auf die Jahrhundertwende zurückblicken können, so die einstige Seemanns-Spelunke, die "Soup Kitchen". Viele der Lagerhäuser sind auch heute noch verlassen, doch haben die Lokale diesem Viertel eine neue Existenzberechtigung verliehen und werden gerne frequentiert von Einheimischen und Besuchern. Guter Jazz und Blues, amerikanische Pub-Küche und anderes stehen auf dem Programm.

Eine weitere Meile östlich wurde 1988 die **Rivercity** ins Leben (zurück-) gerufen. Hier hat man große Lagerhäuser zu Wohnungen und Büros umgebaut, und ein paar Lokalitäten runden das Bild ab. Besonders empfehlenswert hier ist der Rattlesnake Club mit seiner niveauvollen Küche. Hamburger werden sich an die Speicherstadt erinnert fühlen.

■ **Belle Island** 12, 3 Meilen östlich der Innenstadt, zu erreichen über die MacArthur Bridge. Diese Insel wurde bereits 1879 von der Stadt Detroit für 200.000 $ von einer reichen Familie gekauft, um auf ihr einen Freizeitpark anzulegen. Mit der Planung dieses Parkes wurde der bekannte Landschaftsarchitekt Frederick Law Olmstead beauftragt, der auch den Central Park in New York entworfen hat.

Idylle auf Belle Island

Auch heute noch ist die Insel ein beliebtes Ausflugsziel. Zahlreiche Wiesen laden zum Picknicken ein, wobei die Südseite die beliebtere ist, denn hier kann man die Frachter vorbeifahren sehen. Am Nordufer aber gibt es einige kleine Strände.

Die Insel hat auch einige Attraktionen zu bieten, die Sie auf einer Rundfahrt alle passieren (gegen den Uhrzeigersinn):

◆ **Dossin Great Lakes Museum:** geöffnet Mi-So 10h00-17h30. Interessantes Schiffahrtsmuseum.

◆ **Belle Isle Aquarium:** täglich geöffnet 10h00-17h00. 1904 erbaut, ist eines der ältesten Aquarien der USA.

◆ **Belle Isle Nature Center:** geöffnet Mi-Sa 10h00-16h00. Eine Ausstellung erläutert die Tier- und Pflanzenwelt, wie sie einst auf der Insel existiert hat. Audiovisuelle Erläuterungen und wechselnde Naturausstellungen werden ebenfalls geboten.

◆ **Belle Isle Zoo:** Mai-Oktober, Mo-Sa 10h00-17h00, So 9h00-18h00. Kleiner Freigehege-Zoo. Eher etwas für Kinder.

■ **Eastern Market** 13, um die Russell Street, im Nordostviertel des Autobahnkreuzes I-75/I-375. Marktzeiten: Mo-Fr 5h00-12h00, Sa 5h00-17h00. Der 1891 eröffnete Markt ist einer der größten seiner Art, wobei der Blumenmarkt als der größte der Welt gilt. Täglich kommen landwirtschaftliche Produkte aus dem ganzen Land und – bedingt durch die ethnische Vielfalt Detroits – aus der ganzen Welt hier an. Besonders in den frühen Morgenstunden ist das Treiben kaum zu überbieten, und auch die besonders ausgesuchten Lebensmittelgeschäfte im Umkreis haben dann alle Hände voll zu tun mit Restaurantbesitzern und Großhändlern für Supermärkte. Alleine der Stimmung wegen lohnt das frühe Aufstehen. Sollten Sie aber vorhaben, hier etwas einzukaufen, müssen Sie sich auf große Mengen einstellen oder aber zu den Einkaufszeiten für die Öffentlichkeit erscheinen: Di 5h00-15h00 und Sa 5h00-17h00.

DETROIT OFF THE BEATEN TRACK

Kaum eine andere Stadt in diesem Reisegebiet lädt so zu einer Erkundung "abseits der Touristenroute" ein. Haben Sie ewas Mut, achten Sie aber darauf, daß Sie abends nicht in "No-Go-Areas" landen. Fragen Sie sicherhaltshalber noch einmal Einheimische, welche Regionen Sie besser aussparen sollten.
Was kann man also anderes machen? Hier ein paar Vorschläge:

- Gehen Sie in einen der kleinen **Imbisse** entlang der großen Ausfallstraßen, so z.B. der Woodward Avenue nördlich des I-94. Die, welche **Coney Island** oder **Soulfood** angeschrieben haben, sind die eindrucksvollsten.
- Im **General Motors Building** zeigt sich bei den Textilgeschäften deutlich die **modische "Rückständigkeit"** von Detroit – probieren Sie mal etwas an.
- Schalten Sie beim Herumfahren das **Radio** ein auf Wellenlänge 98-98,5 FM. Guter Jazz und Blues werden hier gespielt.
- Ebenfalls im **GM-Building** finden Sie **"The American Hair Center"**, eine Friseur für Damen und Herren. Auf 50-er Jahre Barbierstühlen werden Sie von allen Seiten einbalsamiert, besprüht und mit Rasiermessern und den urigsten Schneideapparaten aus vergangenen Tagen "geschoren". Qualität und Behandlung sind exzellent. Vielleicht wird es Ihnen wie mir gehen: Nach vollzogener Komplettbehandlung finden Sie sich für die folgenden 24 Stunden in eine Duftwolke getaucht, die Sie an Ihren Großvater (oder an Ihre Großmutter) erinnern läßt und diesen sicherlich gefallen hätte.

Von außen wenig attraktiv: das GM-Building

- Gehen Sie am Sonntag in einen **Baptisten-Gottesdienst** ("Sunday Worship"). Gospelgesänge und mitreißende Predigten werden Sie fürs frühe Aufstehen am Wochenende belohnen. Wo z.B.: Second Baptist Church (441 Monroe St., Innenstadt, Tel.: (313) 961-0920)
- Erleben Sie ein **vegetarisches Candle Light Dinner** bei einer Sekte in hochherrschaftlicher Atmosphäre in der Fisher Mansion
- Die **Bluessessions** ("Jamsession") in den Clubs finden an weniger besuchten Tagen statt, so z.B. am Sonntag oder Montag, wobei auch der Donnerstag häufig gewählt wird. Dafür kommt an solchen Tagen gerade echte Bluesstimmung auf. Z.B. in der Soup Kitchen, in Bert's Marketplace oder im Bo Mac's.
- Unternehmen Sie eine Tour mit **Upbeat** und entdecken Sie dabei Plätze und Winkel, die Sie sonst nicht finden würden.
- **Frühaufsteher** sollten ihre 2. Tasse Kaffee in einem "Restaurant" am Eastern Market einnehmen. Eine rauhe aber herzliche Stimmung verspricht eine interessante Unterhaltung mit Einheimischen.
- **Leseratten** werden sich in **John K. Kings Bookstore** (W. Lafayette Blvd.), einem Antiquariat mit über 750.000 Büchern, für Stunden "vergraben".

- **Henry the Hatter** (1307 Broadway) bietet eine große Auswahl an günstigen Stetson-Hüten. Die Farben und modischen Formen sind z.T. antiquarisch, aber es gibt auch moderneres.
- **Sydney Bogg Chocolates** (3584 W. Mple Rd, Bloomfield Hills und 1205 S. Main, Royal Oak) verwöhnt seit 1936 Süßmäuler mit leckeren Candies und Schokoladen.
- Über 10 Millionen **Kowalski Sausages** (Kielbasas) werden jährlich in der 2270 Hoolbrook Street in Hamtramck hergestellt – zu erkennen an der großen "Neon Wurst" an der Hauswand. Ein Fabrikladen (Eingang: Jos Campau Ave.) verkauft auch Einzelwürste für die Campingküche oder den Imbiß zwischendurch.
- Ein **Picknick** am späten Nachmittag bzw. am Wochenende auf einer der vielen Wiesen auf der **Belle Isle** könnte leicht zu einer Einladung zum Familiengrillen nebenan führen.
- Ein **"Detroit-Style-Dinner"** gehört eigentlich zum Pflichtprogramm: Zu lockerem Blues oder Jazz, z.B. in Bert's Marketplace oder im Rhinoceros, verzehren Sie zahlreiche "Kleinigkeiten" (Sandwiches, Shrimps, Hummer etc.) – dazu einen Cocktail – und lassen sich ganz von der Musik mitreißen.
- Eine Tour entlang der **Grand Avenue** bzw. auf der **Woodward Avenue** (fahren Sie auf dieser mehrere Meilen aus der Innenstadt heraus) zeigt Ihnen Sonnen- und Schattenseiten der Stadt. Tagsüber können Sie auch einmal von den Hauptstraßen abweichen.
- Besuchen Sie eine Sportveranstaltung: Die **"Detroit Tigers"**, die professionelle Baseballmannschaft, spielt im Tiger Stadium (2121 Trumbull Ave./Michigan Ave.), dem ältesten Stadion im Lande. Die **"Detroit Lions"**, die professionelle Footballmannschaft – meist auf der Verliererseite – spielt trotzdem vor vollen Rängen im Pontiac Silverdome (1200 Featherstone, Pontiac). Beide Teams versprechen Spiele mit viel Stimmung. Der Silverdome war übrigens die erste Indoor-Arena, in der eine Fußballweltmeisterschaft ausgetragen worden ist – 1994.

9.9.4 SEHENSWERTES IM GROSSRAUM VON DETROIT

Hinweis
Zu **Windsor, Ontario** und zur **Boblo Island** lesen Sie bitte im Kapitel 9.5.4.

1. Nördlich der Innenstadt

Alle hier beschriebenen Sehenswürdigkeiten liegen dicht an der Woodward Avenue, die sich über mehr als 20 Meilen bis in die nördlich gelegene Gemeinde Pontiac zieht. Fahren Sie ruhig einmal die ganze Strecke ab. Alle Seiten Detroits spiegeln sich hier wider.

University Cultural Center 14. Um die Woodward Avenue und entlang deren Nebenstraßen befindet sich das University Cultural Center der Wayne University. Hier wird für jeden Museumsgeschmack etwas geboten:

Detroit Institute of Arts (DIA): 5200 Woodward Ave., geöffnet: Mi-Fr 11h00-16h00, Sa+So 11h00-17h00. Dieses Kunstmuseum zählt mit Recht zu den besten der USA, und der Wert seiner Kunstschätze wird auf 1 Milliarde Dollar geschätzt! Besonders während der Blütezeit Detroits haben sich die Autobarone und andere wohlhabende Bürger der Stadt immer wieder um den Zukauf neuer Kunstwerke bemüht. In über 100 Galerien, die Sie mit Sicherheit nicht alle an einem Tag bewältigen können, finden Sie – geographisch und nach Epochen gut gegliedert – Gemälde von Van Gogh

Detroit Institute of Arts

(Selbstportrait), Diego Riviera, flämischer Landschaftsmaler, spanischer Meister, französischer Impressionisten, deutscher Expressionisten, asiatische Meisterwerke, schwarzer amerikanischer Künstler und, und, und. Besonders interessant, wenn auch von uns weniger bekannten Künstlern getragen, ist die amerikanische Abteilung. Hier erhalten Sie einmal einen Eindruck, wie die amerikanische Geschichte von Malern gesehen wird und wie z.B. auch die Möbeldesigner Stilelemente aus aller Welt in die wohlhabenden Haushalte Amerikas gebracht haben. Das Gesamtbild wird abgerundet durch Ausstellungen graphischer Werke, einer Fotoausstellung und interessanter Wanderausstellungen. Um nicht gleich erschlagen zu werden von der Vielfalt, empfiehlt sich der 10-minütige Einführungsfilm im Information Center des Museums. Im Museum gibt es eine Cafeteria und ein Restaurant.

■ **Detroit Historical Museum**, 5401 Woodward Avenue, geöffnet: Mi-Fr 9h30-16h00, Sa+So 10h00-17h00. Das historische Museum befaßt sich ausschließlich mit der Geschichte von Detroit. Höhepunkte sind:

- die Fotos aus allen Epochen, die deutlich machen, wie sich eine Stadt wandeln kann. Hätten Sie gedacht, daß Detroit einmal eine der beliebtesten Touristenziele gewesen ist oder daß auf dem Detroit River majestätische Schaufelraddampfer Ausflügler zur Boblo Island gebracht haben?
- die Ausstellungen zur Geschichte der Schwarzen in Detroit, so z.B. eine kurze Erläuterung zur "Underground Railroad" und eine über "Schwarze Kaufleute",
- Möbel und Einrichtungen in Detroits Haushalten während der letzten 200 Jahre,
- eine rekonstruierte Straße im Detroit des 19. Jahrhundert und ein Modell der Stadt um 1800,
- eine Ausstellung zur Geschichte der Autoindustrie,
- eine große Modelleisenbahnsammlung,

Tip
Bevor Sie dieses Museum besuchen, sollten Sie vieles in Detroit bereits gesehen haben, um so mehr können Sie Vergleiche bekannter Punkte aufstellen.

■ **Science Center**, 5020 John R. Street, geöffnet: Mo-Fr 10h00-17h00. Technisches und naturwissenschaftliches Museum mit zahlreichen Stationen zum Ausprobieren. Im OMNIMAX-Kino werden verschiedene Filme gezeigt, die besonders die Kinder begeistern werden.

■ **Museum of African-American History**, Ecke Warren Ave./Brush Street, geöffnet: Mi-Sa 9h30-17h00, So 13h00-17h00. Die Ausstellung in diesem Museum – die größte ihrer Art in der Welt – befaßt sich mit der Geschichte der Schwarzen in

Amerika. Mit viel Aufwand wurde das neue Gebäude erbaut, das nun mittlerweile der dritte Standort seit Einrichtung dieses Museums durch den schwarzen Physiker Dr. Charles Wright ist. Gezeigt werden Fotos, Gemälde und handwerkliche Kunstwerke schwarzer Künstler in Amerika, sowie – als Vergleich gedacht – die afrikanischer Künstler. Immer wieder wird auf die "Wurzeln" zurückverwiesen, die zumeist in Westafrika zu finden sind. Beeindruckend und zugleich beschämend ist die Abteilung, in der über den Transport von Sklaven über den Atlantik informiert wird. Eine alte Skizze zeigt, wie eng die Menschen beim Transport über den Atlantik auf dem niedrigen Zwischendeck zusammengepfercht wurden.

Tip

Möchten Sie sich z.B. mit der Geschichte Detroits, der Automobilindustrie oder der Schwarzen in Amerika näher befassen, gibt es keine bessere Adresse als die **Detroit Public Library**, untergebracht in einem sehenswerten Bau im italienischen Renaissance-Stil, gleich gegenüber dem Institute of Arts. Hier können Sie in 1,3 Millionen Büchern stöbern und Ihr Wissen vervollkommnen. Ausleihen dürfen Sie zwar nichts als nicht Ortsansässiger, aber der Zutritt ist für jeden frei. Geöffnet: Di, sowie Do-Sa 9h30-17h30, Mi 9h00-21h00.

■ **The New Center/Detroit "Motown"**, West Grand Avenue, ein Block westlich der Woodward Avenue. Zwei Gebäude fallen bereits von weitem auf, das eine durch seinen roten Schriftzug "General Motors", das andere durch die Höhe und die Art-Deco-Architektur:

◆ **General Motors Headquarters** 15. 1918 beauftragte der damalige GM-Chef William C. Durant den bekannten Architekten Albert Kahn mit dem Bau des größten Bürogebäudes der Welt. Wesentliches Ziel sollte es sein, daß jedes der 2.000 Büros ein eigenes Fenster haben sollte. 2 Jahre, 8.79 Mio. Backsteine und 5.100 Fenster später war das Gebäude vollendet. 19 Bowlingbahnen und 20 Billardtische sowie eine Cafeteria mit 1.000 Plätzen sollten die GM-Offiziellen dazu motivieren, Ford den Rang als größten Autoproduzenten abzulaufen. Von außen wirken die vier 12-geschossigen Bürotürme wenig eindrucksvoll, doch betritt man die Eingangshalle, wird man von Fresken, Stuckarbeiten und anderen Verzierungen im Art Deco-Stil beinahe erschlagen. Edle Boutiquen und Geschäfte finden auch heute noch Käufer aus den Chefetagen des größten Automobilkonzerns der Welt.

INFO

Eine amerikanische Geschichte: General Motors

Gründungsfirma war 1902 die Buick Motor Car Company unter David Buick. Buick verlagerte seine Produktionsstätten bald danach nach Flint, wo William Carpo Durant die Kontrolle übernahm. Durant war ein Vordenker der amerikanischen Automobilindustrie und prognostizierte bereits für das Jahr 1915 einen Jahresbedarf von mehr als 1 Million Automobile. Dieses im Hinterkopf, gründete er 1908 General Motors, damals noch mit Sitz in New Jersey, und ermutigte andere Firmen der Autobranche, ebenfalls nach Michigan zu kommen. In den Folgejahren kaufte GM acht weitere Firmen auf, von denen wir heute neben Buick noch Oldsmobile, Pontiac (damals Oakland) und Cadillac kennen.

1916 wurde die General Motors Corporation gegründet, in der Geschäftsform, wie sie heute auch noch existiert. 1918 schließlich wurde Chevrolet zuge-

GM General Motors.

kauft, und bis 1920 waren es 20 Autohersteller, die sich unter dem GM-Dach zusammengefunden hatten. Bedenkt man, daß es zu dieser Zeit bereits 200 Automobilproduzenten gab, die Fahrzeuge auf dem Markt **verkauften** *– neben weiteren 8.000, die bereits mit dem Prototyp scheiterten – bedeutete dieses noch nicht viel.*

Bis in die Anfänge der 20er Jahre hatte GM schwer zu kämpfen. Die Konkurrenz war groß, und der Automarkt wurde immer wieder überschwemmt mit neueren Produkten. Ab 1923 war es dann schließlich Alfred P. Sloan, dem neuen Konzernchef, zu verdanken, daß GM bis 1927 zum größten Automobilproduzenten Amerikas und später auch der Welt aufstieg. Sein Konzept war einfach: Optimierung der Produktion und dabei eine weitreichende Produktpalette anbieten, die jedem Kaufwilligen etwas zu bieten hatte. Noch entscheidender aber war, daß GM jedes Jahr seine Typen änderte – während Ford an 3-4 Typen über Jahre festhielt und damit immer wieder den Wunsch nach einem noch neueren Auto enttäuschte.

Der Zukauf von bzw. die Beteiligung an Zulieferbetrieben, wie z.B. die Karosserie- und Fahrgestellfabrik von Fisher sicherte GM ab 1928 die Dekkung des Bedarfes und machte den Konzern unverletzlicher gegen Intrigen von seiten der Konkurrenz.

Die Depressionsjahre machten zwar auch GM zu schaffen, doch war die Firma mittlerweile zu groß, um ins Wanken zu geraten. Der finanzielle Schub während der Kriegsjahre, als ausschließlich Kanonen und andere Waffen die Fließbänder verließen, machte den Verlust der Vorjahre wett. Die 50er und 60er Jahre waren erneute Boomjahre. Mittlerweile konnte sich fast jeder ein Auto leisten, und der Ausbau des Straßennetzes machte das Auto zudem zum wichtigsten Fortbewegungsmittel. Die Techniker tüftelten an den aberwitzigsten Modellen herum und fanden damit immer wieder bewundernde Augen und offene Ohren. Doch eines haben sie dabei 2 Jahrzehnte lang vergessen: Daß nicht nur das äußere Erscheinungsbild entscheidend ist oder der starke Motor ("Muscle Cars"), sondern daß die Käufer auch auf Rationalität aus sind. Der Boom des VW-Käfer als Kleinwagen Ende der 60er Jahre hat das bereits aufgezeigt.

Mit den Ölkrisen 1974 und 1980/81 wurde GM neben Ford, Chrysler und American Motors (gehört heute zu Chrysler) somit von großen wirtschaftlichen Problemen geschüttelt. Die Produktion sank auf fast die Hälfte. Es dauerte bis in die ausgehenden 80er Jahre, bevor die "Big Three" eine Modellpalette anbieten konnten, die den umwelt- und preisbewußteren Käuferwünschen genügten – und das war Zeit genug für die japanischen Kleinwagenhersteller, um sich auf dem amerikanischen Markt mit heute über 25% Anteil zu etablieren. Viele Arbeitsplätze in der Autobranche gingen in dieser Zeit verloren und wurden durch die gleichzeitige Automatisierung auch nicht wieder zurückgewonnen.

Mittlerweile hat sich der Automarkt konsolidiert, machen die "Big Three" ausreichend Gewinne und stagniert der Anteil der importierten Fahrzeuge auf einem konstanten Niveau zwischen 27 und 30%. Der Jahresumsatz von General Motors lag 1994/95 bei 165 Mrd. Dollar (ca. 250 Mrd. DM, zum Vergleich: Mercedes Benz mit allen seinen branchenfremden Tochterfirmen brachte es auf 105 Mrd. DM)

◆ **Fisher Building** 16 1928 ließ die Fisher Company – bereits zu 60% zu GM gehörend – dieses schöne, 28-geschossige Art-Deco-Gebäude bauen. Auch hier war der Architekt Albert Kahn. Für seine Leistung, das "schönste Bürogebäude der Welt" konzipiert zu haben, erhielt er mehrere Auszeichnungen. Von innen übertrifft die Eleganz der Ladenzeilen die des GM-Buildings noch um einiges. Restaurants, Boutiquen, Herrenausstatter und das eindrucksvolle **Fisher Theatre** bieten eine weitere Gelegenheit für einen "Indoor-Spaziergang".

Art-Deco der Superlative: das Fisher Building

■ **Motown Historical Museum** 17, 2648 W. Grand Avenue, geöffnet: Mo-Sa 10h00-17h00, So 14h00-17h00. Dieses Gebäude wurde 1959 vom späteren Mitinitiator der "Motown-Musikrichtung", Berry Gordy Jr., erworben. Gordy versuchte sich als Sänger, hatte in den 60er Jahren aber mehr Erfolg mit dem Managen anderer Musiker, mit denen er schließlich den weltberühmten "Motown-Sound" populär machte. Heute können Sie in dem Museum das erste Musikstudio bewundern sowie zahlreiche Memorabilia (Fotos, goldene Schallplatten, Kostüme etc.) der Motown-Stars.

■ **Detroit Zoological Garden** 18, 8450 W. Ten Mile Road, Royal Oak. Nahe der Kreuzung Woodward Avenue/I-696, geöffnet: Mai-September täglich10h00-17h00, Rest des Jahres Mi-So 10h00-16h00. Mit über 1.200 Tieren (290 Arten) ist dieser Zoo einer der größten Amerikas. Hier war es auch, wo bereits sehr früh damit begonnen wurde, Tiere frei herumlaufen zu lassen, ohne sie hinter Gittern einzusperren. Jährlich neu gestaltete Sonderausstellungen lohnen eine besondere Beachtung.

■ **Cranbrook Institute** 19, 500 Lone Pine Road in Bloomfield Hills. Das Institute liegt in einer großen Parkanlage, die 1904 von dem Detroiter Zeitungskönig George Booth und seiner Frau Ellen Scripps Booth angelegt worden ist. 1932 beauftragte Booth den berühmten Architekten Eliel Saarinen, hier eine Kunstakademie zu entwerfen nach skandinavischem Muster. Später kam noch ein technisches Museum hinzu. Bereits die Parkanlage begeistert, und unter vielen Bäumen versammeln sich die Kunststudenten zum Wissensaustausch. Auch zum Picknicken eignen sich die Parkanlagen. Zu besichtigen gibt es:

◆ **Cranbrook House & Gardens:** Die Öffnungszeiten variieren so stark, daß ich Ihnen empfehlen würde, sich telefonisch zu erkundigen: (313) 645-3149. Das Haus wurde 1908 von dem Architekten Albert Kahn entworfen im Stil eines englischen Landhauses mit vielen Bleiglasfenstern. Neben einigen Antiquitäten und Kunstobjekten ist es aber vor allem der Garten, der die Besichtigung lohnenswert machen würde. Heute finden in dem Haus Seminare und Vorlesungen für die Studenten statt, was die unsicheren Öffnungszeiten mit sich führt.

◆ **Cranbrook Academy of Art Museum:** geöffnet: Mi-So 13h00-17h00. Bereits am Eingang weisen, für amerikanische Kunstgeschmäcker ausgesprochen freizügige, Skulpturen auf den skandinavischen Einfluß hin. Im Museum selbst sind Kunstwerke von Elie und Eero Saarinen (der den Bogen in St. Louis geplant hat) sowie Charles Eames und anderen Künstlern und ehemaligen Studenten der Akademie ausgestellt. Durchaus eine Abwechslung zu anderen amerikanischen Kunstmuseen. Die Kunstakademie zählt heute zu den besten des Landes, und jährlich werden nur 200 ausgewählte Studenten zugelassen. Eine von ihnen war Yoko Ono, spätere Gattin von John Lennon.

◆ **Cranbrook Institute of Science:** geöffnet: Mo-Do 10h00-17h00, Fr+Sa 10h00-22h00, So 13h00-17h00. Vielseitiges naturwissenschaftliches Museum, das zu Recht mit dem Motto wirbt: “Here you can travel from pow-wows to planets”. Es wird einiges zur Indianerkultur des Mittleren Westens geboten, aber vor allem zwei Punkte sind von besonderem Interesse: das Planetarium und die Erläuterungen zur wissenschaftlichen Arbeit mit vorzeitlichen Skelettfunden.

Skandinavischer Einfluß: Freizügigkeit in der Kunst

■ **Holocaust Memorial Center** 20, 6602 West Maple Rd., West Bloomfield, geöffnet: So-Do 10h00-15h30, Mi bis 19h30. Touren So 13h00 und nach Bedarf. Infos: (810) 661-0840. In mehreren Ausstellungen wird die Geschichte der Judenverfolgung im Dritten Reich dargestellt. Zudem bieten Videofilme näheren Einblick in diese für alle unfaßbare Zeit. Eine Abteilung befaßt sich zudem mit der Geschichte und Verfolgung der Juden seit der Gründung ihrer Religion. Wer sich für jüdische Gemeinden in Europa interessiert, dem wird auf Wunsch für jede dieser Gemeinden eine kurze Zusammenfassung geboten. Eine Bibliothek kann ebenfalls eingesehen werden.

■ **Meadow Brook Hall/Dodge-Wilson Estate** 21, Oakland University, 3 Meilen westlich von Rochester nahe Adams Road und Waltons Boulevard, geöffnet: Juli+August Mo-Sa 10h30-16h00, Rest des Jahres So 13h00-16h00. Das schloßähnliche Gebäude (Tudor-Stil) wurde zwischen 1926 und 1929 für 4 Millionen Dollar gebaut. Auftraggeber waren der Autobaron John Dodge und seine Frau Matilda. John Dodge starb aber während des Baues. Doch Matilda heiratete erneut und bezog das Haus mit ihrem neuen Ehemann Alfred Wilson 1930. Dieses Anwesen ist das architektonisch imponierendste und aufwendigste im Raum Detroit. 100 Zimmer mit 24 Kaminen, 39 Schornsteinen und unschätzbaren Antiquitäten verdienen die weite Anfahrt. Die Führung dauert etwa 1 ¼ Stunden. Heute wird das Haus u.a. für Konferenzen und Tagungen genutzt.

2. Östlich und nordöstlich der Innenstadt

Nehmen Sie als Richtlinie die Jefferson Avenue, die weiter nordöstlich in den Lakeshore Drive übergeht.

■ **Pewabic Pottery** 22, 10125 E.Jefferson Ave., geöffnet: Di-Sa 10h00-18h00. Diese 1903 gegründete Keramikmanufaktur ist berühmt für seine Tonglasuren, Tonkessel und andere Keramikarbeiten, die Sie über ganz Detroit verteilt immer wieder finden, so z.B. in 4 der Stationen des People Mover. Das Arts Center arbeitet ohne Gewinn, und die Fabrik sowie ein kleines Museum können besichtigt werden.

■ **Fisher Mansion** 23, 383 Lenox Street; die Straße liegt hinter dem Einkaufszentrum, so daß Sie von der Stadt kommend bereits in die Dickerson Street abbiegen müssen. Geöffnet: Mo-Fr 9h00-17h00. Touren: Fr-So 12h30, 14h00,15h30 und 18h00, von Mai bis September auch Di-Do. 1927 von Lawrence Fisher, dem Gründer der Fisher Company, und Cadillac erbautes Wohnhaus. Für den Bau hat Fisher 200 Künstler und Architekten engagiert, und Stilelemente aus aller Welt sind hier zu finden. Während das Haus von außen eher einer Villa in Kalifornien gleicht und spanisch-mexikanische Chrakteristika aufweist, ist das Interieur stark an asiatische Kulturen angelehnt. Auf der Rückseite des Hauses befindet sich ein Kanal, und das Haus hat einen eigenen Dock. Mit Sicherheit die ungewöhnlichste Villa, die in Detroit zu besichtigen ist.

Heute beherbergt das Gebäude die Bhaktivedanta Sekte, die im ehemaligen Speisesaal das vegetarische Feinschmecker-Restaurant "Govinda's" eingerichtet hat. Speisen Sie hochherrschaftlich in spiritueller Atmosphäre! Reservierungen für Lunch und Dinner: (313) 331-6740.

E & E Ford Mansion

■ **Edsel und Eleanor Ford Mansion** 24, 1100 Lakeshore Drive in Grosse Pointe Shores (30 Minuten von der Innenstadt. Touren: Jan-April Mi-So 13h00-16h00, von Mai bis Dezember beginnen diese bereits um 12h00. Touren starten zur vollen Stunde. Edsel Ford, der einzige Sohn von Henry Ford, ließ hier, mit Blick auf den Lake St. Clair, ein Haus errichten, dessen Architektur stark angelehnt ist an die vornehmen Villen in Worchestershire, England, und die als Cotswolds Stil bezeichnet wird. Die Fenster bestehen großenteils aus Bleiglas und die Außenfassade aus Sandstein. Die Steinplatten für das Dach wurden eigens aus England importiert. Im Innern des 60-Zimmer-Hauses bestechen ausgesuchte Antiquitäten aus allen Teilen der Welt, von denen einige sogar eine 2000-jährige Geschichte aufweisen! Häufig finden hier Konzerte und andere Veranstaltungen statt, bei denen meist die Öffentlichkeit keinen Zutritt hat, aber manchmal halt doch ... achten Sie auf Ankündigungen.

3. Westlich der Innenstadt

■ **Historic Fort Wayne** 25, W.Jefferson Ave., am Südende der Livernois St., I-75-Exit Livernois. Fort aus der Mitte des letzten Jahrhunderts. Alte Kasernen und Befestigungsanlagen verdeutlichen, wo sich damals das wirtschaftliche Leben der Stadt abgespielt hat und wo es etwas zu beschützen gab. Die Anlagen sind fast alle verlassen, und seitdem das Museum im März 1995 endgültig seine Tore geschlossen hat, können Sie nur noch auf dem Gelände herumfahren. Der Wachposten am Eingang läßt Sie durch!

■ **Dearborn** 26. Der weltberühmte Museumskomplex mit dem Henry Ford Museum und dem Greenfield Village verdeutlicht wie kaum ein zweiter im Lande, wie wichtig in der Geschichte Amerikas die industrielle Entwicklung gewesen ist. Als Henry Ford das Museum 1929 eröffnete, hatte er im Sinn, genau dieses aufzuzeigen. Seither werden immer neue technische Errungenschaften – besonders aus amerikanischer Sichtweise – eingebracht. Doch nicht nur Liebhaber von Entwicklungen aus dem 20. Jarhundert werden hier ihre Freude haben, auch Nostalgiker kommen auf ihre Kosten: alte landwirtschaftliche Geräte, historische Flugzeuge, alte Autos und Dampflokomotiven sowie Küchengeräte aus dem 19. Jahrhundert werden vorgestellt. Für diese beiden Museen können Sie getrost einen ganzen Tag (... oder mehr) einplanen.

Tip
Besorgen Sie sich das günstigere Kombi-Ticket und beginnen Sie Ihre Tour im Greenfield Village. Dort nehmen Sie Ihren Lunch in der historischen Eagle Tavern ein und wechseln dann hinüber zum Henry Ford Museum.

◆ **Greenfield Village**, 20900 Oakwood Blvd. in Dearborn, geöffnet: täglich 9h00-17h00. Dieses Freilichtmuseum bietet Replika vieler der in der amerikanischen Geschichte wichtigen Gebäude. Besorgen Sie sich zuerst die Übersichtskarte, damit Sie sich nicht verlaufen. Möchten Sie nicht soviel laufen, empfiehlt sich eine Kutschenfahrt bzw. eine Umrundung des Geländes mit einer Eisenbahn. 80 Gebäude können Sie hier (auch von innen) besichtigen. Unter ihnen befinden sich Wohn- und Arbeitsstätten von folgenden Pionieren und Persönlichkeiten: Lincoln (Präsident), Edison (Elektropionier), Gebrüder Wright (Luftfahrtpioniere), Firestone (Reifen), Heinz (Ketchup) und Henry Ford (Automobile) – u.a. seine erste Fabrik.

Aber auch andere, "normale" Gebäude, wie Kirchen, alte Farmhäuser, historische Stadthäuser, Schulen sowie Bäckereien, Schmieden und Handwerksbetriebe, sind zu besichtigen. In letzteren finden handwerkliche Vorführungen statt bzw. werden die hergestellten Produkte verkauft.

Auch Ford hat klein angefangen

Für die **Lunchpause** gilt folgender Tip: Die "Eagle Tavern", ein historisches Rasthaus, bietet deftige Landkost (bereits die Suppe sättigt), Mais-Whiskey (dieser ist weiß!) aus dem letzten Jahrhundert – ein Glas ist genug für 2! – und nach alten Rezepten gebrautes Bier. Die Kellner/innen sind in zeitgenössischen Trachten gekleidet, und ganz nach altem Stil werden Sie von dem Wirt an einen Gemeinschaftstisch begleitet: Damals hat niemand alleine am Tisch gesessen – und das gibt Ihnen auch heute die Gelegenheit zu einem Kontakt zu Einheimischen.

◆ **Henry Ford Museum**, gleich neben dem Greenfield Village, gleiche Öffnungszeiten. Bevor Sie einen Rundgang durch dieses riesige Museum unternehmen, sollten Sie sich zuerst den Museumsplan genau anschauen und sich überlegen, was Sie besonders interessiert, sonst werden Sie bald feststellen, daß Sie immer wieder an Interessantem "festhängen" und die Zeit plötzlich abgelaufen ist.

FÜHRER DURCH DAS HENRY-FORD-MUSEUM

Auf der fast 20 Morgen großen öffentlichen Ausstellungsfläche innerhalb des Henry-Ford-Museums sehen Sie eine unendliche Vielfalt von Gegenständen, die von erfinderischen Männern und Frauen auf den Gebieten Beförderungsmittel, Kommunikation, Landwirtschaft, Industrie, heimisches Leben und dekorative Künste geschaffen wurden.

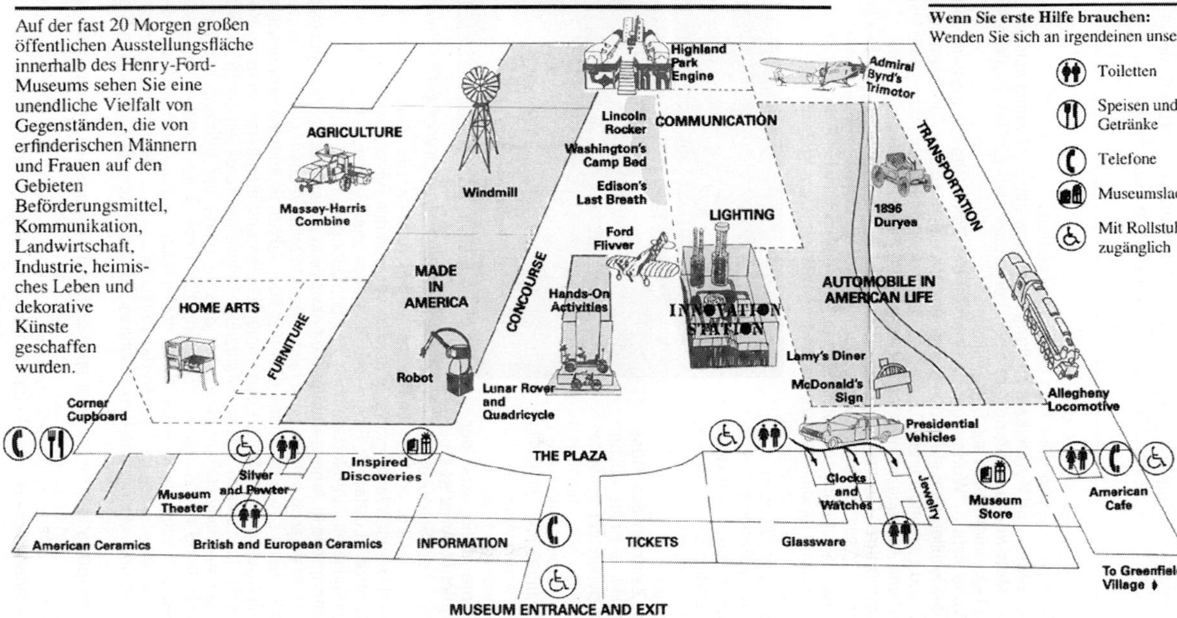

LEGENDE:

Wenn Sie erste Hilfe brauchen:
Wenden Sie sich an irgendeinen unserer Angestellten

- Toiletten
- Speisen und Getränke
- Telefone
- Museumsladen
- Mit Rollstuhl zugänglich

Mein Tip dazu lautet
Konzentrieren Sie sich auf die "Motown"- sowie die Automobilabteilung. Dann haben Sie noch genügend Zeit für einige Punkte des Ausgesparten.

Es ist kaum möglich, hier das ganze Museum vorzustellen, daher möchte ich in Stichworten nur kurz anreißen, was Sie alles sehen können.

Im Uhrzeigersinn durchs Museum:
- Besorgen Sie sich einen Plan an der **Information**,
- die **Silber- und Keramikausstellung** ist ausgewählt, aber wenig aufschlußreich,
- die **Motown-Ausstellung** gibt einen hervorragenden Einblick in diese Musikrichtung, die ja bekanntermaßen aus Detroit stammt,
- **Home Arts – "Wohnungen im Wandel der Zeit":** Alte Staubsauger (ab 1908!) sind hier der Knüller. Man stelle sich einmal vor, mit einem solchen Ungetüm durch die eigene Wohnung zu manövrieren! Zudem sind verschnörkelte Badewannen sowie Nähmaschinen, Möbel und Kücheneinrichtungen der letzten 200 Jahre zu bewundern.
- **Agriculture:** Die ersten Mähdrescher von 1866 lassen ihre wahre Bestimmung kaum erkennen. Weiterhin: Eggen und andere Feldgeräte.
- **Made in America:** Mit Stolz wird auf die amerikanische Erfindung der Windräder als Unterstützung für die Wasserpumpen hingewiesen. Dem Weg dieser Ausstellung folgend gelangen Sie vorbei an monströsen Dampfmaschinen zu modernen Industrierobotern. Ein 15-minütiger Film über die Entwicklung der Fließbandarbeit ist sehenswert.
- **Im Zentrum des Museums** gibt es einige Ausprobierstationen und die Kinderabteilung mit Spielzeug (Motto: "Spiele und lerne"). Der Mittelpunkt aber ist Ford's erstes Auto, der Lunar Rover von 1896.
- **Memorabilia aus der Geschichte Amerikas** beinhalten den Schaukelstuhl Lincolns, in dem er 1865 im Theater einem Attentat zum Opfer fiel und ein Feldbett General George Washington's, in dem er während des Revolutionskrieges geschlafen hat.

Die alten Autos waren doch schöner

- **Aviation (Luftfahrt):** Einige alte Flugzeuge machen deutlich, warum das Fliegen zu Beginn unseres Jahrhunderts noch als Abenteuer galt.
- **Automobile in American Life:** Die Entwicklung der amerikanischen Automobilgeschichte wird chronologisch anhand verschiedenster Modelle erläutert. Dabei fehlen auch die japanischen Autos sowie die in den 60er und 70er Jahren in Amerika sehr beliebten VW-Käfer und VW-Busse nicht. Neben den unmöglichsten und atemberaubendsten Konstruktionen finden Sie hier zudem "Allerweltsfahrzeuge" sowie die Karossen der Präsidenten Eisenhower und Kennedy. Offensichtlich ist, daß im Sinne der Effizienz und der technischen Vereinfachung das äußere Erscheinungsbild eines Autos gelitten hat. Die Ausstellung widmet sich auch auf kritische Weise der Bedeutung des Automobils im Leben der Menschen. 6 Unterabteilungen geben dazu Aufschlüsse, u.a. eine über die Arbeiterbewegung und eine über ökologische Entwicklungen. Für diese Autoabteilung sollten Sie sich alleine mindestens 1 Stunde Zeit nehmen.
- **Transportation**: Es gab aber auch andere Transportmittel während der letzten 2 Jahrhunderte: Straßenbahnen, Kutschen und Eisenbahnen. Mittelpunkt ist ohne Zweifel die imposante Allegheny Dampflokomotive, ein 600-Tonnen-Koloß, der ehemals bis zu 160 voll beladene Kohlewaggons über die Berge von West Virginia gezogen hat.

Im Museum gibt es einen Souvenirshop und ein Restaurant-Café.

◆ **Henry Ford Estate-Fair Lane**, Evergreen Road, ca. 1,5 Meilen vom Ford Museum entfernt. Folgen Sie der Ausschilderung, geöffnet: April-Dezember Mo-Sa 10h00-15h00, So das ganze Jahr 13h00-17h00. Die 90-minütigen Touren beginnen zur vollen Stunde. Gelegentliche Uni-Veranstaltungen im Gebäude können zu Engpässen führen: Infos (313) 593-5590. Henry Ford ließ das Haus zwischen 1913-15 für 2 Millionen Dollar erbauen und benannte die gesamte Anlage nach der Straße im irischen Cork, in der sein Vater gelebt hat.

Im Gegensatz zu den anderen Villen der Industriebarone beeindruckt hier die schlichte und rustikale Einrichtung. Neben den Wohnräumen sind vor allem das Power Haus, die Energiequelle des Gebäudes, die Ford mit seinem besten Freund, dem Erfinder Thomas Edison, entwickelt hat, und der große Saal des ehemaligen Schwimmbades, in dem heute ein Restaurant untergebracht ist, sehenswert. U.a. werden im Restaurant Sojabohnengerichte sowie polnisches Mineralwasser angeboten – ganz nach Henry Ford's Diätvorstellungen. Henry und Clara Ford liebten zudem die Natur, was sich auch im Garten widerspiegelt, der nur wenig Typisches von einer Parkanlage aufweist. Hier können Sie auch entlang einiger kurzer Wanderwege spazierengehen. Die Fords bewohnten das Haus bis 1947.

Auf dem Rundgang durch Haus und Garten werden interessante Geschichten aus dem Leben Ford's erzählt, gespickt mit denen einflußreicher Gäste. Zu ihnen zählten u.a. Präsidenten, Luftfahrtpioniere und Industriebarone aus ganz Amerika.

Tagesausflüge von Detroit

Detroit eignet sich gut für folgende Ausflüge in die Umgebung:

■ **Windsor**, **Amherstburg** und der **Point Pelee Nationalpark** sind alle gut auf einem Tagesausflug zu erreichen. Eine Rundfahrt zu allen drei Punkten würde sich anbieten und ist an einem Tag zu schaffen. Lesen Sie dazu bitte im Kapitel 9.5.4.

■ **Port Huron** ist die "Brückenstadt" an der Mündung des Detroit River in den Lake Huron. Neben der eindrucksvollen **Blue Water Bridge** sind vor allem das **Huron Feuerschiff** ("Lightship") in der 1115 6th Street und einer der ältesten Leuchttürme an den Großen Seen, das **Fort Gratiot Lighthouse**, einen Ausflug wert.

Übernachtungsempfehlung
Victoria Inn $$: 1229 Seventh St., Port Huron, MI 48060, Tel.: (313) 984-1437. Schöne und gemütliche Bed & Breakfast-Unterkunft in viktorianischem Haus (1896). Ausgesuchte Antiquitäten und zeitgenössische Tapeten. Nur 2 der 4 Zimmer haben ein eigenes Badezimmer. Im Restaurant gibt es alt-englische Spezialitäten.

■ **Ann Arbor** 27 ist eine interessante Universitätsstadt mit dem entsprechenden akademischen Ambiente. Lesen Sie dazu im folgenden Kapitel.

9.10 VON DETROIT NACH CHICAGO

Highlights

- **R.E.Olds Museum** und **Michigan Museum of Surveying** in Lansing
- **Baden** im Lake Michigan am **Oval Beach** bei Saugatuck
- Einen **Erholungstag** einlegen in einem Bed & Breakfast-Haus in dem kleinen Ort **Saugatuck**
- Eine Wanderung durch die Dünenwelt des **Indiana Dunes National Lakeshore**

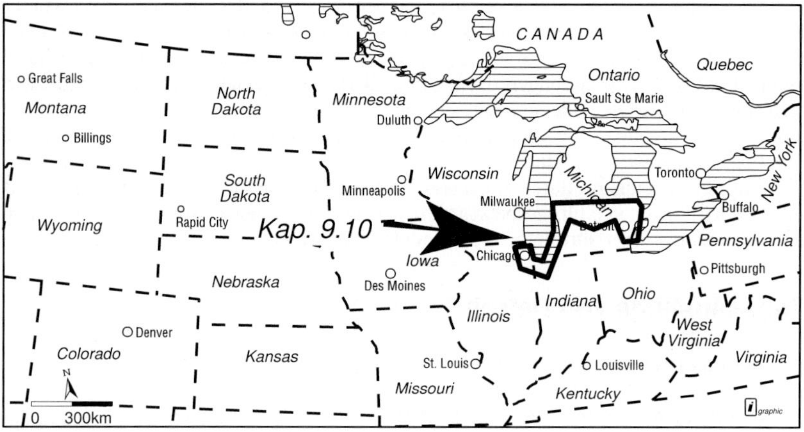

9.10.1 ÜBERBLICK

Die hier beschriebene Strecke verläuft großenteils durch flaches bis leicht hügeliges Farmland und verspricht wenig eigentliche Höhepunkte. Ein paar Museen in den Städten, das State Capitol in Lansing sind bereits alles, was Sie auf dem ersten Teilstück zu erwarten haben.

An und nahe den Ufern des Lake Michigan wird es dann sehr viel schöner: endlose Sandstrände, Obstplantagen und Weingüter sowie kleine anheimelnde Orte, wie vor allem Saugatuck, locken Reisende von ganz Michigan und auch Chicago an.

Saugatuck ist eine "Perle" unter den Touristenorten, denn hier sind viele alte Häuser zu bezaubernden Bed & Breakfast-Unterkünften umgewandelt worden, und Boutiquen, Galerien sowie verschiedene Bootstouren sorgen für den "Zeitvertreib".

Tip
Saugatuck bietet sich geradezu an als letzter erholsamer Zwischenstop, bevor Sie von Chicago wieder zurückfliegen.

Lohnenswert ist kurz vor Chicago noch der Indiana Dunes National Lakeshore mit hohen Sanddünen, schönen Wanderwegen und einladenden Ständen.

Tip
Haben Sie aber eher Lust auf Großstadt, fahren Sie getrost auf schnellstem Wege von Detroit durch bis Chicago (ca. 7 Stunden). Sollte Ihnen aber der Sinn nach etwas Beschaulichem stehen, können Sie auch 2-3 Tage für die Strecke einplanen, besonders wenn Sie diese Tage am Lake Michigan verbringen.

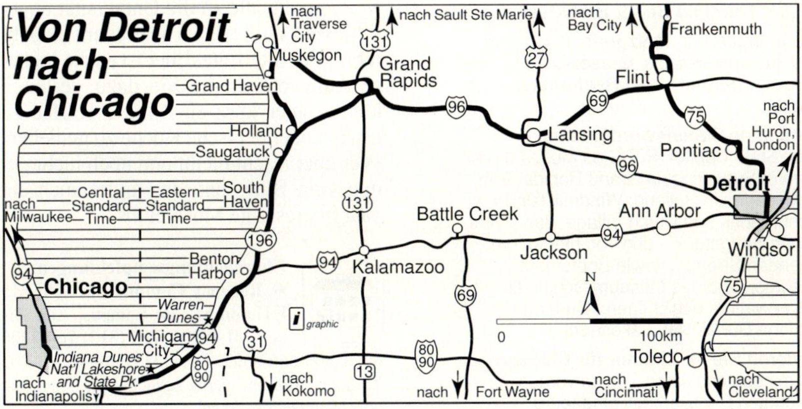

9.10.2 REISEPRAKTISCHE HINWEISE

Entfernungen

- Detroit - Chicago (direkt über den Interstate): 266 mi/428 km
- Detroit - Flint: 57 mi/92 km
- Flint - Lansing: 51 mi/82 km
- Lansing - Grand Rapids: 66 mi/106 km
- Grand Rapids - Benton Harbor: 83 mi/134 km
- Benton Harbor - Chicago: 78 mi/126 km

Streckenalternativen

- Der **schnellste Weg** geht über den I-94, der Sie von Detroit bis nach Chicago begleitet.
- Auch für die **längere Strecke** sollten Sie sich an die Interstates halten und nur am Ufer des Lake Michigan das eine oder andere Mal direkt ans Wasser fahren. Detroit - Flint: I-75; Flint - Lansing: I-69; Lansing - Grand Rapids: I-96; Grand Rapids - Holland - Saugatuck - Benton Harbor: I-196; Benton Harbor - Chicago: I-94.

Hinweis
Zeitumstellung: Vor Chicago müssen Sie die Uhr zurückstellen. Michigan/Indiana: 12h00 = Chicago: 11h00

9.10.3 SEHENSWERTES

I. Entlang des I-94

■ 60 Meilen westlich von Detroit passieren Sie die Stadt **Ann Arbor**, deren University of Michigan (38.000 Studenten) bereits während der 60er Jahre aufgrund progressiver Einstellungen in die Schlagzeilen gekommen ist. Auch heute noch be-

Redaktions-Tips

- **Übernachten:** Bei Frankenmuth: **Bonnymill**; in Lansing: **Dusty's English Inn Bed & Breakfast**; in Grand Rapids: **Amway Grand Plaza**; in Holland: **Dutch Colonial Inn**; in Saugatuck: **Fairchild Bed & Breakfast**
- **Essen:** In Ann Arbor: **Metzger's**; in Lansing: **Clara's**, in Grand Rapids: **Gibson's**; in Saugatuck: **Chequers** oder **Restaurant Toulouse**
- **Bedeutendste Sehenswürdigkeiten:** In Lansing: State Capitol, R.E.Olds Museum und Museum of Surveying; in Grand Rapids: Van Andle Museum; in Holland: Windmill Island, Holzschuhfabrik und Dutch Village; das kleine Städtchen Saugatuck – und von hier an die umliegenden Strände, sowie Bootstouren unternehmen und das Museumsschiff, die "S.S. Keewatin", besichtigen; Dünenwelt des Indiana Dunes Nat. Lakeshore
- **Reservieren Sie Ihr Zimmer für Chicago** bereits mindestens einen Tag im voraus – sonst könnten Sie eventuell eine teure Überraschung erleben.
- Mit **Verkehrsstaus** auf den Interstates vor und in Chicago müssen Sie rechnen = mind. 1 "Extrastunde".
- **Zeiteinteilung: 2 Tage: 1. Tag:** Fahren Sie durch bis Lansing und besichtigen Sie hier die für Sie interessanten Sehenswürdigkeiten. Essen Sie hier zu Mittag und fahren Sie dann weiter nach Grand Rapids, wo Sie evtl. das Van Andle Museum besuchen sollten. Fahren Sie anschließend noch bis Saugatuck. **2. Tag:** Schlendern Sie durch Saugatuck und verbringen Sie eine Weile am Oval Beach. Planen Sie aber noch genügend Zeit für den Indiana Dunes National Lakeshore ein.

stimmt die Uni das Leben. Secondhand-Buchläden, Körnerläden, kleine Boutiquen und einige kleine Kneipen finden Sie hier sowie ein paar schnuckelige Kleinstadthäuser in den Seitenstraßen. Die wenigen Museen, die alle an die Universität angeschlossen sind, lohnen aber kaum die Abfahrt vom Interstate. Eher ist es die lockere Atmosphäre, die Sie dazu verleiten könnte, hier kurz eine Tasse Kaffee zu trinken oder deutsche Küche zu genießen. Wer über Nacht bleibt und noch nicht genug vom Blues hat, der findet auch ein paar interessante Musikclubs.

Übernachtungsempfehlungen

● **Regency Campus Inn $$$:** 615 E.Huron St., am Campus, Ann Arbor, MI 48104, Tel: (313) 769-2200 od. 1-800-666-8693. Fax: (313) 769-6222. 202 Zimmer, Pool und gerne besucht von Unigästen und "Kurzzeitdozenten".

● **Best Western Wolverine Inn $$:** 3505 S. State St., Ann Arbor, MI 48108, Tel.: (313) 665-3500. Sauberes Motel mit 120 Zimmern.

Restaurants

● **Gandy Dancer:** 401 Depot St., Tel.: (313) 769-0592. Gute amerikanische Küche – Fine-Dining – in altem Bahnhofsgebäude.

● **Metzger's:** 203 E. Washington St., Tel.: (313) 668-8987. Deutsches Traditionsrestaurant, seit Jahrzehnten in Familienbesitz. An der Bar treffen sich auch gerne die Einheimischen.

■ **Jackson**, 30 Meilen westlich von Ann Arbor, wurde berühmt dadurch, daß hier im Juli 1854 die **Republikanische Partei** gegründet worden ist. Aus Platzgründen – so groß war der Andrang damals – fand die Gründungszeremonie unter einem Baum statt: Ecke W.Franklin/2nd Streets. Das **Michigan Space Center** (2111 Emmenson St., geöffnet Mo-Sa 10h00-17h00, So 12h00-17h00) bietet einiges zum Thema Raumfahrt. Besonders Kinder würden die Raketentriebwerke und vor allem die "Hands-on"-Versuche begeistern.

■ **Battle Creek**, weitere 30 Meilen westlich, ist Heimat der berühmten **Kellogg's Cornflakes**. Eine Fabrikbesichtigung wird aber nicht angeboten.

■ **Kalamazoo** bietet ein **Aviation History Museum** mit einigen Flugzeugen aus dem 2.Weltkrieg: 2101 E.Milham Rd (I-94, Exit 78, geöffnet: Mo-Sa 10h00-17h00, So 13h00-17h00). Westlich der Stadt erstreckt sich ein **Weinanbaugebiet**, in dem Sie einige Weinkellereien besichtigen können, so z.B. die **Frontenac Vinery** (39149 Red Arrow Hwy.). Diese und andere machen durch mehrere Reklametafeln auf sich aufmerksam.

Für den weiteren Verlauf der Strecke entlang des I-94 lesen Sie bitte am Ende des folgenden Abschnittes weiter.

II. Entlang des I-96 und des I-196

Ein Umweg über Flint und Frankenmuth hätte folgendes zu bieten:

■ In der Industriestadt **Flint** können Sie sich das **Crossroads Village/Huckleberry Railroad** anschauen. 28 Gebäude von 1860-80 wurden hier restauriert, inkl. einiger alter Eisenbahngebäude. Eine Reihe von Handwerksbetrieben sind wieder in Betrieb genommen (Vorführungen und Besichtigungen), und eine Schmalspurbahn fährt über das Gelände. Adresse: G-6140 Bray Rd, 10 Meilen nördlich von Flint auf dem I-475 (Carpenter Rd). Infos: Tel. (313) 736-7100. Geöffnet von Ende Mai bis Labor Day: Mo-Fr 10h00-17h30, Sa+So 11h00-18h00, Sept.- Dezember Fr-So 15h30-21h30

Daneben würden Autoenthusiasten an dem **Alfred P. Sloan Museum** (1221 E. Kearsley St., Tel.: (313) 762-1169) ihre Freude haben. Das Museum ist der Firma General Motors gewidmet, die in Flint gegründet worden ist. Verschiedene GM-Fahrzeuge, auch Prototypen, sind hier ausgestellt. Geöffnet: Di-Fr 10h00-17h00, Sa+So 12h00-17h00.

■ Das kleine Städtchen **Frankenmuth**, ca. 30 Meilen nördlich von Flint, greift auf eine deutsche Vorgeschichte zurück. Gegründet wurde Frankenmuth von 15 deutschen lutherischen Missionaren, und heute zeigt sich die Gemeinde in deutschem Klischeebild: bayrische Architektur, deutsche Gemütlichkeit, "germanische" Küche – zu der, wie überall in Amerika, auch der (Schweizer) Lochkäse gezählt wird – und ein Glockenspiel darf natürlich auch nicht fehlen. Dieses und vieles mehr ziehen alljährlich mehr als 3 Millionen Besucher an – soviele wie keine andere Destination in Michigan! Mitte Juni findet eine Woche lang das **Bavarian Festival** mit Tanz, Paraden, bayrischen Leckereien etc. statt. Übrigens: Eine der kulinarischen Besonderheiten von Frankenmuth ist der **"Schokoladen-Käse"**, hergestellt und verkauft im Frankenmuth Cheese Haus (561 South Main Street).

"Umtah" für Little Germany

Information in Frankenmuth
Conv. & Visitors Bureau: 635 S. Main St., Frankenmuth, MI 48734, Tel.: (517) 652-6106 od. 800-FUN-TOWN.

Übernachtungsempfehlungen für Flint und Frankenmuth

- **Radisson Riverfront $$-$$$:** One Riverfront Center West (Saginaw St.), Flint, MI 48502, Tel.: (313) 239-1234, Fax: (313) 239-5843. Konferenzhotel mit 370 Zimmern. Am Fluß gelegen.
- **Bonnymill $$$:** 710 Broad St., Chesaning, MI 48616, Tel.: (517) 845-7780. Schöne Landunterkunft in ehemaliger Kornmühle. Anfahrt: Von Flint über den I-75 nach Norden. Gut 10 Meilen nördlich über den MI 57 18 Meilen nach Westen.

● **Bavarian Inn Lodge $$$:** 1 Covered Bridge Lane, Frankenmuth, MI 48734, Tel.: (517) 652-2651, Fax: (517) 652-6711. 200-Zimmer-Motel im Bayernlook. Das dem Hotel angeschlossene und gleichnamige Restaurant befindet sich auf der anderen Seite der Holzbrücke und bietet in 7 (großen) Gaststuben deutsche und amerikanische Spezialitäten. Laut dem Inhaber des Restaurants, William "Tiny" Zehnder, ist der Renner das "panierte, filetierte und gegrillte Hühnchen, ganz so wie es die Deutschen mögen" (Anm. des Autors: wirklich ?). 75 % aller Bestellungen beinhalten diese Leckerei.

Lansing

Information
Convention & Visitors Bureau: 119 Pere Marquette St. (6 Blocks östl. der Innenstadt, Lansing, MI 48901, Tel.: (517) 487-6800 od. 800-648-6630. Ab Ende 1996 plant das CVB umzuziehen. Die Telefonnumer bleibt aber erhalten.

Hotels und andere Unterkünfte
● **Radisson $$$:** 111 N. Grand Ave., Lansing, MI 48933, Tel.: (517) 482-0188, Fax: (517) 487-6646. Großes Konferenzhotel mit allen Annehmlichkeiten. Innenstadt.
● **Days Inn Downtown $$:** 500 S. Capitol Ave., Lansing, MI 48933, Tel.: (517) 482-1000, Fax: (517) 482-7455. Günstiges und sauberes Motel nahe der Innenstadt.
● **Dusty's English Inn $$$:** 728 S. Michigan Rd. in Eaton Rapids, 15 Meilen südlich von Lansing, Tel.: (517) 663-2500 od. 1-800-858-0598. Schöne und komfortable Bed & Brekfast-Unterkunft in ehemaligem Wohnhaus eines Oldsmobile-Präsidenten. Gute Küche im angeschlossenen English Pub (Fine Dining), und hier können Sie auch Touren in die Umgegend von Lansing buchen, so z.B. Wanderungen, Kutschenfahrten und Kanutouren.
● **Maplewood $$:** 15945 Wood St., Lansing, MI 48906, Tel.: (517) 372-7775 od. 485-1426. B&B-Unterkunft in altem Farmhaus (1890). Nur 3 Zimmer. Tip: Der "Governor Luce Room" hat eine eigene Veranda mit Blick auf das Capitol.

Restaurants
● **Jim's Tiffany Place:** 116 E. Michigan Ave., Tel.: (517) 372-4300. Gutes Seafood und Fleischgerichte unter Tiffany-Lampen.
● **Fratelli's:** 7216 W. Saginaw Rd (MI 43), Tel.: (517) 886-1330. Pizza, Pasta und amerikanische Küche zu günstigen Preisen.
● **Clara's:** Michigan Ave., Ecke Pere Marquette St., Tel.: (313) 372-7120. Schönes Restaurant in altem Bahnhof. Die 16-seitige Speisenkarte bietet sicherlich für jeden Geschmack etwas.

Lansing wurde 1847 an Stelle von Detroit zur Hauptstadt von Michigan erklärt. Es war eine Kompromißlösung, und die Wahl fiel damals auf diese relativ zentral gelegene "Siedlung" – die Upper Peninsula von Michigan zählte zu dieser Zeit noch nicht. Lansing bestand zu dieser Zeit aus nicht mehr als einer Sägemühle und einem Holzhaus.

1896/97 entwickelte Ransom E. Olds hier eines der ersten benzingetriebenen Autos Amerikas und löste damit eine Phase der Industrialisierung aus.

Heute ist die Stadt mit knapp 130.000 Einwohnern, wie viele Hauptstädte im Mittleren Westen, eine Beamten- und Unistadt und zudem eine der größten Autoproduzenten des Landes. Die touristischen Highlights beschränken sich auf ein paar Museen und das State Capitol. Einen Umweg bzw. eine gezielte Anreise lohnt also keineswegs. Dafür aber verspricht Lansing die verträumte Ruhe und langsame Gangart einer solchen Stadt, die für manch einen – zwischen den Metropolen Toronto, Cleveland, Detroit und Chicago – einen willkommenen Anlaß für einen Übernachtungsstop bieten könnte.

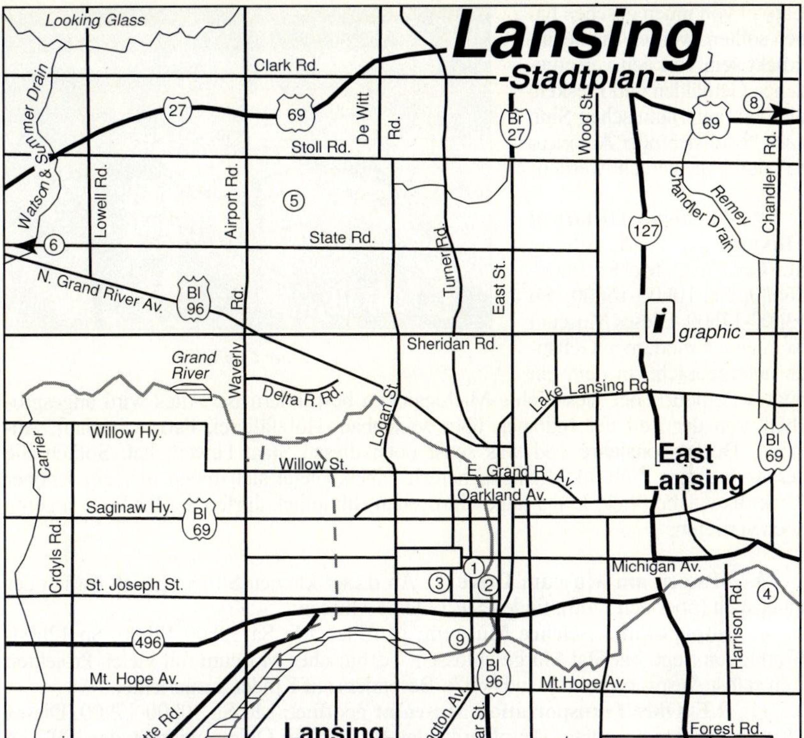

1. State Capitol
2. Museum Drive
3. Michigan Historical Museum
4. Campus der Michigan State University
5. Capital City Airport
6. Nach Grand Rapids
7. Nach Detroit
8. Nach Flint
9. Oldsmobile-Fabrik

Sehenswertes in Lansing

◆ **State Capitol** 1 , Ecke Capitol und Michigan Ave. Geöffnet: Mo-Fr 9h00-16h00, Sa 10h00-16h00. Erbaut zwischen 1873 und 1879, kann dieses Regierungsgebäude zu den schöneren seiner Gattung gezählt werden. Das Kuppeldach, nachempfunden dem auf dem Capitol in Washington, war eines der ersten seiner Art in den USA. Seine Form ist "schlanker" als die der meisten anderen Capitole – und das steht ihm gut! Touren durch das Gebäude werden angeboten, und falls Sie noch kein

Capitol von innen gesehen haben sollten, werden Sie beeindruckt sein von den verschiedenen Gemälden und Fresken, die dem amerikanischen Sinn nach "heroisierender Americana" durchaus gerecht werden.

State Capitol

◆ **Michigan Historical Museum** 3 , 717 W. Allegan St. Geöffnet: Mo-Fr 9h00-16h30, Sa 10h00-16h00, So 13h00-17h00. Dieses Museum ist in einem modernen Gebäude untergebracht, in dem ein buntes Potpourri der Geschichte Michigans zu bewundern ist. Alles wird angesprochen, von der Zeit der Indianer, über Minenbau, Holzfällerei, Farmwirtschaft, Autobau, Depressionsjahre und was sonst noch diesen Staat bewegt hat. Sollten Sie bereits mehrere Ziele in Michigan bereist haben, bietet sich Ihnen hier ein schöner Rück- bzw. Überblick. In der angeschlossenen Bibliothek dürfen Sie Ihr Wissen gerne noch vertiefen.

◆ **Museen am Museum Drive** 2 . An dieser kleinen Straße, gleich östlich der Innenstadt (über den Fluß), finden Sie 3 kleine Museen:

- **Impression 5 Science Museum:** geöffnet: Mo-Sa 10h00-17h00, So 12h00-17h00, von Sept. bis Mai Mo geschlossen. Technisches Museum mit vielen Projekten zum selbst Ausprobieren ("Hands-on"). Besonders auf Kinder ausgerichtet.
- **R.E. Olds Transportation Museum:** geöffnet: Mo-Sa 10h00-17h00. Dieses Museum ist dem bekannten Autofabrikanten Ransom Eli Olds gewidmet, der 1897 die Olds Motor Company in Lansing gegründet hat, aus der später die GM-Tochter Oldsmobile hervorging. Zahlreiche Oldsmobile, von den Anfängen bis in die Neuzeit, sind zu bewundern. Besonders die Fahrzeuge aus den 20er und 30er Jahren sind sehenswert. Hätten Sie gedacht, daß damals ein Sportwagen 2,2 Tonnen gewogen und dabei nur 90 PS gehabt hat? Sportlich war da wohl nur das Äußere.
- **Michigan Museum of Land Surveying:** geöffnet Di-Fr 13h00-17h00, Sa 12h00-16h00. Dieses kleine Museum ist etwas Besonderes für Reisende, denn ohne Karten reist es sich schlecht. Haben Sie sich aber einmal Gedanken darüber gemacht, wieviel Arbeit in der Erstellung einer Karte steckt. Hier erfahren Sie mehr darüber. Zudem sind Meßgeräte der letzten 2 Jahrhunderte ausgestellt. Ein 25-minütiger Videofilm erläutert die Geschichte der Kartographie und die Arbeit eines Landvermessers.

◆ **Museen auf dem Unicampus in East Lansing** 4 . Es sind eigentlich weniger die Museen, die hier von Interesse sind, als vielmehr der Eindruck von der Größe einer amerikanischen Staatsuniversität. Auf einer Fläche, die doppelt so groß ist wie die ganze Stadt Marburg, erstreckt sich die Michigan State University. Um sich hier zurechtzufinden, sollten Sie sich entweder einen Plan im Visitor Center besorgen oder zumindest sich die Campuspläne an den jeweiligen Zu- und Einfahrten genau ansehen. Zu besichtigen sind hier:

- **Kresge Art Museum:** Auditorium Rd, geöffnet: Mo-Mi+Fr 9h30-16h30, Do 12h00-20h00, Sa+So 13h00-16h00. Kleines Kunstmuseum mit einer "wilden" und aufregenden Mischung aller Stilrichtungen – von antiken Vasen bis hin zu modernen

Skulpturen. Mittelpunkt ist ein kleines Gemälde von Dali. Im Grunde ist das Museum aber nur wirklichen Kunstfreunden zu empfehlen. Die angekündigten 5.000 Ausstellungsstücke errechnen sich z.T. an winzigsten Scherben.

- **MSU Museum:** West Circle Drive, geöffnet: Mo-Fr 9h00-17h00, Do -21h00, Sa 10h00-17h00, So 13h00-17h00. Naturkundliches Museum, u.a. mit Dinosaurierskeletten.

Zudem gibt es noch ein Gewächshaus (**MSU Greenhouse**) mit über 3.000 Spezies und eine Milchfarm **(MSU-Dairy-Plant)**, in der u.a. vorgeführt wird, wie Eiskrem und Joghurt hergestellt werden.

Und zu guter Letzt:
Kanufreunde können auf dem Grand River paddeln.

Grand Rapids

Information
Grand Rapids CVB: 140 Monroe Center, NW, Suite 300, Grand Rapids, MI 49503-2832, Tel.: (616) 459-8287 od. 800-678-9859.

Hotels und andere Unterkünfte
● **Amway Grand Plaza $$$-$$$$:** Pearl St. (Ecke Monroe Ave.), Grand Rapids, MI 49503, Tel.: (616) 774-2000 od. 800-253-3590, Fax: (616) 776-6496. Restauriertes Luxushotel von 1913. Direkt am Grand River gelegen. Antiquitäten, Kandelaber, Ölgemälde u.ä. gehören zur Einrichtung.
● **Red Roof Inn $-$$:** 5131 28th St. SE, Kentwood, MI 49512, Tel.: (616) 942-0800, Fax: (616) 942-8341. Sauberes und günstiges Motel. Außerhalb gelegen.

Restaurants
● **Gibson's:** 1033 Lake Dr., Tel.: (616) 774-8535. In ehemaligem Franziskaner Mönchskloster (1860) untergebracht. Spezialität: Wildfleisch, aber auch Steaks und Lamm.
● **José Babushka's:** 1820 44th St.SW, Wyoming (ca. 6 Meilen südlich), Tel.: (616) 534-0704. Die leckeren Tex-Mex-Gerichte lohnen die Anfahrt. Mein Tip: Burritos oder Mixed Fajitas.

Grand Rapids ist mit 190.000 Einwohnern die zweitgrößte Stadt Michigans, aber touristisch noch wenig auffällig. Man bemüht sich aber um ein Aufpolieren des Images. Das neue Van Andle Museum und die Fußgängerzone in der Innenstadt, das sog. **Monroe Center**, sind erste Anzeichen dafür. Wesentlicher Wirtschaftszweig ist die Holzindustrie, allen voran die Möbelmanufaktur. Zahlreiche alte Villen im **Heritage Hill District** östlich der Innenstadt gehörten ehemals den Holzbaronen. Die interessantesten davon sind die beiden Häuser, welche Frank Lloyd Wright entworfen hat:

- das **Amber House**: 505 College Avenue SE un
- das **May House**: 450 Madison Ave. SE. Zu besichtigen: Di + Do 10h00-14h00 u. So 13h00-17h00

Weitere Infos zu diesem Stadtteil sowie Tips für einen Rundgang erhalten Sie im **Heritage Hill Ass. Office** in der 126 College Street SE.

Weitere Sehenswürdigkeiten in Grand Rapids sind:

◆ **Gerald R. Ford Presidential Museum**, 303 Pearl St. NW (gleich über die Brücke von der Innenstadt), geöffnet: Mo-Sa 9h00-16h45, So 12h00-16h45. Gerald Ford, 38. Präsident der USA von 1974-76, stammte aus Grand Rapids. Das Präsidentenamt übernahm er als Vizepräsident von Nixon nach dem Aufdecken des Watergate

Skandals, doch währte Ford's Zeit nur gute 2 Jahre. Zu sehr belasteten ihn bei der folgenden Wahl noch Watergate und die Tatsache, daß Südvietnam 1975 an die Kommunisten fiel – ohne Zutun der USA. Im Museum sind Andenken aus seiner politischen Zeit, die er vor allem in Michigan verbrachte, und das rekonstruierte Oval Office in Washington zu sehen. Ein halbstündiger Film imformiert zudem über Ford's Leben.

◆ **Van Andel Museum Center**, 272 Pearl St. NW, schräg gegenüber dem Ford Museum, geöffnet: täglich 9h00-17h00. 1994 neu eingerichtetes Museum mit folgenden Schwerpunkten: Planetarium, naturhistorische Ausstellungen und der Nachbau einer Straßenszene aus dem Jahre 1890. Zudem gibt es noch Wanderausstellungen. Besonders für Kinder interessant. Es gibt ein Café mit Snacks.

Spaß für alle Generationen im Van Andel Museum

Holland

Information

Holland Area CVB: 100 8th St., Suite 120, Holland, MI 49423, Tel.: (616) 394-0000 od. 800-506-1299.

Hotels und andere Unterkünfte

- **Holiday Inn $$$:** 650 E. 24th St., Holland, MI 49423, Tel.: (616) 394-0111, Fax: (616) 394-4832. 170-Zimmer Hotel der Mittelklasse.
- **Dutch Colonial Inn $$-$$$:** 560 Central Ave., Holland, MI 49423, Tel.: (616) 396-3664. Romantisch angehauchte B&B-Unterkunft. Das Haus (von 1928) hat einen holländischen Charakter. Tip: Der "Hideaway Room" hat einen Whirlpool.
- **The Old Holland Inn $$-$$$:** 133 W. 11th St., Holland, MI 49423, Tel.: (616) 396-6601. Der Besitzer stammt von einer der 10 holländischen Gründerfamilien ab. Das Gebäude ist von 1895 und im National Register eingetragen. Holländische Handwerkskünste sind überall bei der Inneneinrichtung zu bewundern. Leider haben nur 2 der 5 Räume ein eigenes Badezimmer.
- Holland bietet auch weitere zahlreiche **Bed & Brekfast-Unterkünfte**, so z.B. eine im alten Leuchtturm: **"Big Red Lighthouse Bed & Breakfast".**

Restaurants

- **Alpenrose:** 4 E. 8th St., Tel.: (616) 393-2111. Österreichisches Restaurant mit Schweinebraten, Bratwurst u.ä. Ausgesuchte Weinliste. Absolut Nichtraucher.
- **Old Schoolhouse:** 9354 Port Sheldon Rd, Borculo (9 Meilen nordöstl.), Tel.: (616) 875-7200. Fleischgerichte und Salatbar (nur Fr+Sa) in altem Schulgebäude. Die Speisekarte ist auf die alten Schultafeln geschrieben.

Der Name verrät es bereits: Holländische Calvinisten gründeten dieses Städtchen 1847 auf der Suche nach religiöser Freiheit. Die Landschaft erinnerte sie an ihre Heimat, und heute sieht sich Holland, USA, als das kulturelle Zentrum aller niederländischen Einwanderer. Ganz im Stile Amerikas, wird dieses heute für den Tourismus ausgenutzt und kein Klischeebild dabei ausgelassen: Bereits in der Schule lernen die Kinder, mit Holzschuhen zu tanzen, so daß sie sich im Teenageralter in die Reihen der

1.800 Holzschuhtänzer einbringen können, die alljährlich zum **Tulpen Festival** Anfang Mai auftreten.

Die Sehenswürdigkeiten lassen dann auch kein niederländisches Thema aus:

◆ **Dutch Village:** 1 Meile nördlich der Innenstadt am US 31. Nachgebaute holländische Kleinstadt aus dem 19. Jahrhundert mit Ziehbrücke, Glockenturm, Souvenirgeschäften und Darbietungen, wie Holzschuhtanz und Drehorgelmusik – alles wohlplaziert neben einer großen Outletmall.

◆ **Netherlands Museum:** Ecke Central Ave./ 12th St., geöffnet: Mo-Sa 10h00-16h00 (im Sommer 9h00-17h00, sowie So 11h30-17h00). Kleines Museum mit Artifakten und Kostümen aus dem Holland des 19. Jahrhundert.

◆ **Windmill Island:** Ecke 7th/Lincoln Sts., geöffnet: im Sommer Mo-Sa 9h00-18h00, So 11h30-18h00, Rest des Jahres variiert: Info (616) 396-5433. Die 230 Jahre alte Windmühle wurde aus Holland importiert, und heute können Sie sich in eine lange Schlange einreihen, um Erläuterungen zu hören sowie Vorführungen des Getreidemahlens zu erleben. Angeschlossen ist eine holländische Miniaturstadt, und Kinder können Karussell fahren.Im **Post House** wird ein 20-minütiger Film zum Thema Windmühlen in Holland gezeigt.

Die echte Windmühle

◆ **DeKlomp Wooden Shoe and Delft Factory:** Veldheer Tulip Farm, 12755 Quincy St. (US 31), geöffnet täglich 8h00-16h30. Hier können Sie sowohl bei der Produktion der Klompen, den holländischen Holzschuhen, als auch bei der Herstellung von Delfter Prozellan zusehen.

Erwarten Sie in Holland kein "echtes Holland". Dies ist Amerika, und somit müssen Sie sich auf das gefaßt machen, was man hier dafür hält.

Saugatuck

Information

Saugatuck-Douglas CVB: P.O.Box 28, Saugatuck, MI 49090, Tel.: (616) 857-1701 bzw. 857-3133. Eine kleine **Info-Bude** befindet sich Ecke Butler/Culver Street. Sie ist aber nur im Sommer an den Wochenenden besetzt.

Hotels und andere Unterkünfte

Es gibt in und um Saugatuck 13 Hotels und über 30 B&B-Häuser. Einige Empfehlungen:

● **Fairchild House Bed & Breakfast $$$:** 606 Butler St., Saugatuck, MI 49453, Tel.: (616) 857-5985. Wunderschön eingerichtetes Haus mit 3 individuell eingerichteten Zimmern. 1 Zimmer hat ein Jacuzzi, ein anderes eine Veranda und eine Queen Victoria Badewanne. Das Frühstück ist excellent – fragen Sie nach dem Rührei mit Krabbensorbet! Felicia kann Ihnen zudem erstklassige Tips geben, was in und um Saugatuck zu unternehmen ist.

● **Park House $$$:** 888 Holland St., Saugatuck, MI 49453, Tel.: (616) 857-4535 od. 800-321-4535. B&B, untergebracht in dem ältesten Haus des Ortes (von 1857). 8 Räume (3 DZ und zu $$$$: 3 Suiten, 1 Cottage und 1 Gästehaus). Von außen besticht das weiß gestrichene Holzschindelwerk, innen sind es die ausgesuchten Antiquitäten.

● **Maplewood Hotel $$$:** 428 Butler St., Saugatuck, MI 49453, Tel.: (616) 857-1771. Das historische Hotel steht inmitten des Ortes und fällt auf durch seine vier 8 m hohen Säulen am Eingang. Innen finden sich alte Möbel aus dem letzten Jahrhundert und Kristalleuchter.

● **The Harbor House/Bayside Inn $$$:** 618 Water St., Saugatuck, MI 49453, Tel.: (616) 857-4321. Komfortable Zimmer und Condos direkt am Hafen. Zimmer 6 hat eine Porch!

● **Shangrai-La $$:** Blue Star Hwy. (County A2), 1 Meile nördlich, Saugatuck, MI 49453, Tel.: (616) 857-1453 od. 800-877-1453. Die günstige Motelalternative.

● Weitere schöne Bed & Breakfast-Unterkünfte in und um Saugatuck wären (alle $$$-$$$$): **The Rosemont Inn**, (616) 857-2637; **The Kirby House** in Douglas, (616) 857-2904; **The Porches** in Fennville, (616) 543-4162; **The Wickwood Country Inn**, (616) 857-1465; **The Crane House**, ein Landhaus auf Obstfarm in Fennville, (616) 561-6931

Restaurants

● **Loaf & Mug:** 236 Culver St., Tel.: (616) 857-2974. Gute, einfache Gerichte – besonders die Sandwiches sind empfehlenswert. Sie können draußen sitzen. Nur bis 20h00 geöffnet.

● **Chequers:** 220 Culver St., Tel.: (616) 857-1868. Englisch-irische Küche. Spezialität: Shepherd's Pie. (Gehobene) Pubatmosphäre.

● **Restaurant Toulouse:** 248 Culver Street, Tel.: (616) 857-1561. Französische Landküche und gemütliche Atmosphäre. Am Wochenende Live-Jazz.

Saugatuck wurde als Fährhafen für die Überquerung des Kalamazoo River und als Holzausfuhrhafen 1830 gegründet. Besonders 1871 und in den Jahren danach nutzten viele Holztransporteure auf dem Weg in das abgebrannte Chicago die Fähre. Doch kurze Zeit später – der Bedarf in Chicago war so groß – waren alle Wälder in der Umgegend abgeholzt. Um die Jahrhundertwende dann entwickelte sich das kleine Städtchen zu einem beliebten Wochenendausflugsziel für die Oberschichten aus Chicago und Detroit. Die vielen schmucken viktorianischen Häuser in den baumbestandenen Alleen boten willkommene Ruhe – zumindest für diejenigen, die es sich leisten konnten. Viele richteten sich hier zudem ein Domizil ein. Künstler folgten den Erholungssuchenden, so daß eine Atmosphäre wie in Cape Cod (bei Boston) entstand.

Auch heute noch besticht Saugatuck durch sein Ambiente und den "Charme des Unberührten", womit es zu Recht den Neid aller Nachbargemeinden auf sich zieht. Gemütliche Bed & Breakfast-Häuser, in denen wirklich ein unwiderstehliches Frühstück serviert wird, ausgesuchte kleine Boutiquen und feine Restaurants sowie weiße Sandstrände geben Ihnen hier, wie nirgendwo sonst in der Region, die letzte Möglichkeit, sich noch einmal zu erholen, bevor Sie in den Großstadttrubel zurückgelangen bzw. sich dem Streß des Rückfluges aussetzen.

Saugatuck ist aber auch nicht ganz billig. Auch heute noch ist es beliebt bei reichen Städtern und um es auf den Punkt zu bringen: Wenn Sie nicht in einem Bed & Breakfast-Haus oder einem der **schönen** Hotels wohnen wollen, haben Sie bereits die Hälfte verpaßt. Vielleicht sollten Sie also nicht so sehr aufs Geld achten und den Rest der Reisekasse hier "verbraten". Sie werden es nicht bereuen, und es ist sein Geld wert!

Saugatuck eignet sich auch hervorragend als Basis für die Erkundung der Südwestecke von Michigan. Beachten Sie aber, daß viele Programme nur während der Sommermonate von Memorial Day bis Labor Day stattfinden und während der übrigen Zeit nur an Wochenenden oder gar nicht!

Sehens- und Erlebenswertes wären:

◆ **"Schaufensterln"** in der Butler und der Culver Street,

◆ **Spaziergänge** durch die schattigen Alleen der Stadt,

◆ testen Sie den Wein der **Tabor Hill Vinery** in deren Probierstube: 214 Butler Street,

◆ **S.S. Keewatin Marine Museum:** südlich der Brücke, in Douglas. Ein 1907 gebauter Passagierdampfer der Großen Seen wurde hier konserviert als Museum – schwimmt aber noch! Touren durch die holzvertäfelten Offiziersstuben, das Mannschaftsdeck und in den Maschinenraum. Nur im Sommer täglich 10h00-17h00,

S.S. Keewatin

◆ gleich neben der S.S.Keewatin legen **Rundfahrtboote** ab: "City of Douglas" (616) 857-2107 od. 2151 ext.33,

◆ die **"Queen of Saugatuck",** (616) 857-4261, beginnt ihre Bootsrundfahrten an der 716 Water Street und fährt u.a. zu den vom Sand bedeckten Ruinen der ehemaligen Stadt **Singapore**,

◆ fahren Sie mit der historischen Fähre von der **alten Fährstation** (an der Brücke) über den Fluß,

◆ die Einrichtung der Sommerschule des Art Institute of Chicago im **Ox-Bow Art Workshop** in einem alten Farmhaus bietet mehr als 400 Kunststudenten Muße und die freie Natur als Objekt (Infos: 1-800-232-7242. Viele der hier entstandenen Kunstwerke finden ihren Weg in die 15 erstklassigen Galerien bzw. zu den Kunst- und Antiquitätenauktionen, die jeden Freitagabend im Auction Center (Ecke Blue Star Highway/64th St.) stattfinden – Infos zu den Auktionen: (616) 857-1548,

◆ der **Oval Beach** bietet kilometerlangen Sandstrand, der zum Baden und Spazierengehen einlädt,

◆ genießen Sie den Ausblick auf die Uferlandschaft vom Mount Bald Head im **Saugatuck Park**. Vorher aber müssen Sie 282 Stufen erklimmen,

◆ spielen Sie **Golf** im Clearbrook Golf Club (Ecke 65th St./135th Ave. Hinterher können Sie hier im Restaurant speisen. Infos: (616) 857-1766,

◆ unternehmen Sie eine **Tour durch die Dünen** (Dune Ride) mit einem Pickup. Dieser Spaß ist ökologisch (verhältnismäßig) vertretbar, denn nach jeder Fahrt werden die Dünen "geglättet". Abfahrt nördlich von Saugatuck nahe dem I-196 Exit 41, Infos: (616) 857-2253,

◆ mieten Sie sich ein **Kanu** für eine Tour auf dem Kalamazoo River. Bis zu 5-stündige Trips sind möglich. Start ist an der 2722 Old Allegan Road in Fennville, Infos (616) 561-5481,

◆ machen Sie einen **Segeltörn** mit einer Jacht, z.B. der "Jubilee", Infos: (616) 921-2939, Abfahrt in South Haven,

◆ die **Fenn Valley Vineyards** (122th Ave. kurz vor Fennville) bieten erstklassige Weine – auch trockene – mit und ohne Alkohol. Sie können auch Ihren Namen auf ein Label drucken lassen,

◆ **Obstfarmen** besichtigen ist ein ganz neues Erlebnis bzw. selber pflücken ein um so größeres! Blaubeeren, Äpfel und Pfirsiche gehören zu den wesentlichen Früchten des Umlandes. Wie wäre es also mit Blaubeeren: Krupka's Blueberry Plantation am Blue Star Highway (2647 68th St.), Infos: (616) 857-4278,

◆ unternehmen Sie **Ausflüge**, z.B. nach Grand Rapids oder Holland

◆ **oder lassen Sie es sich einfach gut gehen** in Saugatuck und "nehmen Sie die Beine hoch" auf einer der Bänke am Hafen!

Von Saugatuck aus sollten Sie der A2 ("Blue Star Highway") nach Süden folgen. Diese führt zuerst durch ein großes Obstanbaugebiet und nähert sich vor South Haven wieder der Küste. **South Haven** ist ein kleiner Küstenort mit Strand und Leuchtturm sowie einer unauffälligen Innenstadt.

■ **Benton Harbor/St. Joseph**, eine Zwillingsstadt mit knapp 10.000 Einwohnern, ist bei Chicagoern beliebt als Badeziel fürs Wochenende, erreicht aber in keiner Weise Saugatuck's Charme.

Falls die **Unterkünfte** in Saugatuck aber ausgebucht sein sollten oder Sie lieber in einem Hotel anstelle eines Bed & Breakfast-Hauses übernachten möchten, hier ein paar Empfehlungen:

- **Holiday Inn $$-$$$:** 100 Main St. (I-94 Business), St. Joseph, MI 49085, Tel.: (616) 983-7341, Fax: (616) 983-0650. 156-Zimmer-Hotel in der Innenstadt. Pool, Sauna, Whirlpool.
- **The Pebble House $$$:** 15093 Lakeshore Rd, Lakeside, MI 49116, Tel.: (616) 469-1416. Lakeside liegt 25 Meilen südlich. Ehemals ein Sommerhaus (von 1912) der orthodoxen Juden. Gleich am Ufer des Lake Michigan. Die 7 Zimmer sind auf 3 Gebäude verteilt. 2 Suiten haben auch eine kleine Küche.
- **Best Western Golden Link Lodge $$:** 2723 Niles Avenue (MI 63), St. Joseph, MI 49085, Tel.: (616) 983-6321. Sauberes, kleines Motel mit unwesentlich teureren Suiten (Mini-Küchen).

Restaurant

Schuler's of Stevensville: 5000 Red Arrow Hwy., Stevensville (5 Meilen südlich von Benton Harbor)., Tel.: (616) 429-3273. BBQ, Steaks und Fischgerichte in englischem Ambiente. Der Sonntags-Brunch ist gut!

■ **Warren Dune State Park**, Red Arrow Hwy., 15 Meilen südlich von Benton Harbor bei Sawyer, Tel.: (616) 426-4013. 600 ha großer Dünenpark am Lake Michigan mit Sandstrand, Picknickplätzen und Campingmöglichkeiten. Ein kleiner Wald (Warren Woods) ist in seiner Urform erhalten worden, und die massiven Sanddünen laden zum Aufstieg ein.

Dünen säumen die südlichen Ufer des Lake Michigan

■ Indiana Dunes Nat. Lakeshore

Information

Superintendent: 1100 N. Mineral Springs Rd, Porter, IN 46304, Tel.: (219) 926-7561.

Drei Visitor Center bieten Informationen, wobei das **Dorothy Buell Memorial Visitor Center**, Ecke US 12/Kemil Rd, 7 Meilen westlich des Zentrums von Michigan City, am informativsten ist: kleines Museum sowie 20-minütige Diashow über Entstehung und heutige Struktur der Dünen. Täglich geöffnet.

Unterkunftsempfehlungen in der Umgebung des Parks

In Michigan City, Chesterton und Portage gibt es ausreichend Unterkünfte, die aber an Sommerwochenenden bzw. während der Ferienzeit von erholungssuchenden Städtern überlaufen sein können. Dann also rechtzeitig vorbuchen!

● **Creekwood Inn $$$:** US 20/35 am I-94, Michigan City, IN, Tel.: (219) 872-8357. Das Gebäude wurde wiederaufgebaut aus Teilen einer Handelsstation des letzten Jahrhunderts. Umgeben von einem kleinen Wäldchen. Es gibt kleine Wanderwege.

● **Holiday Inn $$-$$$:** 5820 S. Franklin St., Michigan City, IN 46360, Tel.: (219) 879-0311.

● **Duneland Beach Inn $$-$$$:** 3311 Potawatomi Trail, Michigan City, IN 46360, Te.: (219) 874-7729. Bed & Breakfast am Strand.

● Ein **Campingplatz** befindet sich gleich an der Kreuzung des US 12 mit dem Broadway (Ostteil), ein weiterer im State Park.

Dieser 6.000 ha große Dünenpark am südlichen Ende des Lake Michigan ermöglicht Ihnen ein eindrucksvolles Naturerlebnis. Die Kräfte der Gletscher haben hier bis vor 12.000 Jahren eine Dünen- und Moränenlandschaft geformt, die sowohl zum Wandern, Baden als auch zu naturkundlichen Touren einlädt. Anders als im Sleeping Bear Dunes National Lakeshore, liegen hier die Stranddünen frei, und nur wenige Bäume, z.T. halb bedeckt durch die immer noch wandernden Dünen, versuchen, sich unter schwierigsten ökologischen Bedingungen zu behaupten. Bereits hinter den vordersten Seedünen aber, die vor allem Windschutz gewähren, hat sich eine Waldlandschaft entwickelt, die wiederum den Sand vollends bedeckt. Auf verschiedenen Wanderwegen, die z.T. mit Erläuterungen versehen sind bzw. zu denen es Infoblätter gibt, können Sie diese faszinierende Landschaft entdecken ... und selbst bei diesigem Wetter hat diese Landschaft etwas aufzuweisen: einen gespenstischen Eindruck!

Falls Sie nicht viel Zeit haben, fahren Sie an der Abfahrt Chesterton vom I-94 ab und zielen Sie von dort direkt geradeaus auf den im National Park liegenden **Indiana Dunes State Park** (**Informationscenter**: Tel.: (219) 926-4520), wo Dünen, Wald und Strände auf Sie warten.

Haben Sie mindestens 4 Stunden Zeit, empfehle ich Ihnen:

◆ Fahren Sie am westlichen Michigan City Exit ab (US 421/ also 2. Ausfahrt von Detroit kommend) und durchqueren Sie den Park von Osten nach Westen, wobei Sie folgende Punkte aufsuchen/unternehmen sollten:

◆ Besteigung des **Mt.Baldy** im Osten, der höchsten Düne im Park,

◆ besuchen Sie das **Dorothy Buell Memorial Visitor Center**,

◆ fahren Sie an den **Strand im State Park** und gehen Sie baden,

◆ wandern Sie zumindest einen Teil des **Cowles Bog Trails**, der alle ökologischen Varianten des Parkes aufweist (Marsch, Sumpf, Dünen, Strand, Wald) – der gesamte Trail ist 4 Meilen lang,

◆ die **Chellberg Farm** bietet Einblick in das Leben der ersten Siedler hier – Infocenter.

◆ der **westliche Abschnitt** ermöglicht nochmals Badefreuden und den Besuch des Paul H. Douglas Center mit einem Infocenter zum Thema Ökologie bzw. ökologische Forschung.

Hinweis
In Illinois müssen Sie die Uhr auf Central Time zurückstellen: Michigan/Indiana: 12h00 = Illinois: 11h00

10. ALTERNATIVSTRECKE: STÄDTE UND LANDSCHAFTEN SÜDLICH DER GROSSEN SEEN

Highlights

- Die **ethnische Vielfalt von Pittsburgh** aufnehmen
- eine **Fahrt mit einem Schaufelraddampfer** auf dem Ohio unternehmen
- eine Nacht im **Omni Netherland Plaza Hotel** in Cincinnati verbringen
- **Conners Prairie Village** und den **Speedway in Indianapolis** besuchen
- die **Museums of Art** in Cincinnati und Indianapolis anschauen
- **Bluesmusik** in St. Louis hören
- Aussicht vom **Gateway Arch** in St. Louis
- Eine Höhlentour im **Mammoth Cave Nationalpark**

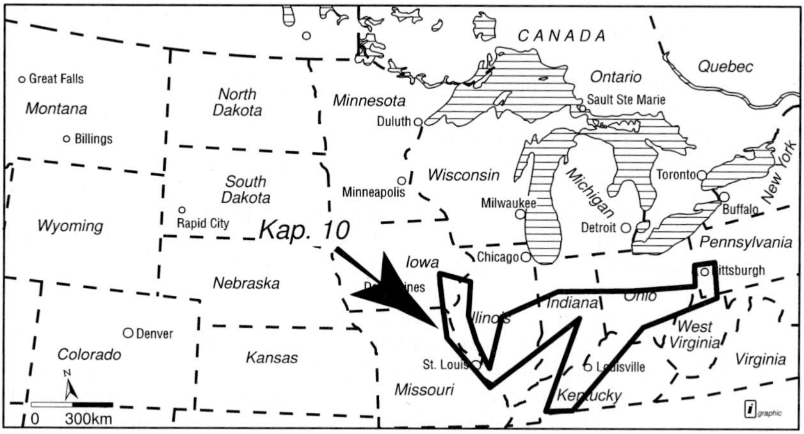

10.1 ÜBERBLICK

Dieser Routenvorschlag mag nicht gespickt sein mit zahlreichen Highlights, doch gibt er Ihnen die Möglichkeit, Amerika auch von seiner "normalen" Seite kennenzulernen, und zu sehen gibt es natürlich trotzdem etwas. Selbst wenn Ihnen vielleicht die hier vorgestellte Dampferfahrt auf dem Ohio nicht zusagen sollte, bieten Städte wie Pittsburgh, Cincinnati, Indianapolis und St. Louis einen guten Eindruck über den geschichtlichen Werdegang des Amerika des 19. Jahrhunderts.

Je weiter Sie nach Westen gelangen, desto jünger sind die Städte (Ausnahme: St. Louis). Während Pittsburgh sich als Stadt bereits zu Beginn des 19. Jahrhunderts etabliert hatte, mußten z.B. Indianapolis und St. Louis zu dieser Zeit noch die Abenteurer und Siedler auf ihrem Weg in den Westen "ertragen". Und das bedeutete rauhes Leben und z.T. "bleihaltige Luft".

Außerdem lassen sich auf dieser Route drei Merkmale amerikanischer Wirtschaftsstrukturen erkennen: im Osten Aufstieg und Niedergang der Schwerindustrie, in Süd-Ohio und Kentucky – in Amerika oft als Hilli-Billie-Region ("Hinterwäldler") bezeichnet – die "kleine" Farmwirtschaft, und schließlich weiter im Westen, besonders in Indiana und Zentral-Illinois, die Gebiete der großen kommerziellen Farmen der Plains, der endlosen Ebenen.

Landschaftlich am reizvollsten mögen das hügelig-bergige Pennsylvania, das Ohiotal, die Wälder und Flußlandschaften von Kentucky und das Mississippital sein, während Ohio, Indiana, Zentral-Illinois und Missouri geprägt sind durch eintönige Ebenen mit Wäldern und vor allem riesigen Feldern.

Einen landschaftlichen Höhepunkt bietet nach Durchquerung dieser Region dann der majestätisch anmutende Mississippi River bei St. Louis. Der 200 m hohe Gateway Arch, ein riesiger Stahlbogen, setzt hier dem Eindruck im wahrsten Sinne des Wortes die Krone auf. St Louis überzeugt zudem mit zahlreichen mittleren und kleinen Museen und vor allem mit einer erstklassigen Jazz- und Bluesszene.

Hannibal, die Stadt Mark Twains, Nauvoo, die ehemals prosperierende Mormonenstadt, Springfield, die "Stadt Abraham Lincolns" und die Quad Cities als "Prärie-Metropole" mit den John Deere Traktorenwerken, bieten weitere besuchenswerte Punkte, die Sie kurz anreisen können.

Ein Abstecher von dieser Route zum Mammoth Cave Nationalpark ist nur den Höhlen-Liebhabern zu empfehlen. Wer hier aber märchenhafte Tropfsteinhöhlen erwarten sollte, wird enttäuscht sein. Die Höhlen sind zwar die größten bekannten der Welt, aber als "trockene" Höhlen von innen z.T. etwas eintönig. Dafür aber sind die geologische und anthropologische Geschichte eindrucksvoll.

Redaktions-Tips

- **Übernachten** Sie in Pittsburgh im **Hilton**, **Priory** oder im **Appletree B & B**, in Cincinnati im **Omni Netherlands Plaza** bzw. dem **Amos Shinkle Town B & B**, in Louisville im **The Brown**, in Indianapolis im **Frederick-Talbot B & B**, in St. Louis im **Drury Inn** bzw. im **Majestic**, in Springfield im **Holiday Inn-East**, in Nauvoo im **Hotel Nauvoo**.
- **Restaurants**: In Pittsburgh das **Mallorca;** in Cincinnati das **Celestial** bzw. **Orchids** im Omni Netherlands Plaza, in Louisville ein Restaurant im **Brown**- bzw. **Seelbach Hotel**, in Indianapolis das **Illousion**, in Springfield **Alexander's**, in St. Louis **Dierdorf & Harts** bzw. eine Pizza bei **Joanie**.
- **Bedeutendste Sehenswürdigkeiten:** Die verschiedensten ethnischen Neighbourhood-Areas von Pittsburgh; eine Schaufelraddampferfahrt von Pittsburgh nach Cincinnati; der Carillan Historical Park in Dayton; Kunstmuseen in Cincinnati und Indianapolis, die Abraham Lincoln Gedenkstätten in Springfield, in St. Louis der Gateway Arch und die verschiedenen Neighbourhood-Areas, allen voran Soulard mit seinen Bluesknejpen, die Mark Twain-Museen in Hannibal, die Überreste der ehemals reichen Stadt Nauvoo, Jim Beam's American Outpost und der Mammoth Cave Nationalpark.
- **Buchen Sie eine Fahrt mit dem Schaufelraddampfer rechtzeitig** von Europa aus und planen Sie Ihre weiteren Touren im Reisegebiet danach.
- **Buchen Sie die Höhlentouren im Mammoth Cave NP im voraus.**
- **Zeiteinteilung und Routenvorschlag:** Nehmen Sie sich mehr Zeit für Pittsburgh und St. Louis. Der Umweg zum Mammoth Cave Nationalpark lohnt nur für Höhlen-Enthusiasten.

  Insgesamt 7 Tage: 1. Tag: Früh los. Anfahrt nach Pittsburgh. Nachmittags bereits Pittsburgh erkunden. **2. Tag:** Pittsburgh und nachmittags weiter nach Columbus. Dort übernachten. **3. Tag:** Vormittags weiter bis Cincinnati. Nachmittags Cincinnati. **4. Tag:** Anfahrt nach St. Louis. **5. Tag:** St. Louis. **6. Tag:** Früh aufbrechen und über Hannibal nach Springfield. **7. Tag:** Springfield und dann weiter nach Chicago. Für den Umweg über den Mammoth Cave Nationalpark müßten Sie mit 2 weiteren Tagen rechnen. **Einsparen** könnten Sie einen Tag, wenn Sie von Pittsburgh über Indianapolis nach St. Louis fahren (2 Tage) unter Auslassung von Cincinnati. Schauen Sie sich in diesem Fall das Conner Prairie Village in Indianapolis an.

Hinweise

● In diesem Kapitel bietet sich für Sie eine Reihe verschiedenster Streckenalternativen, zwischen denen Sie wählen können. Daher habe ich der Übersicht halber dieses Kapitel grundsätzlich geographisch von Osten nach Westen aufgebaut.

● Das hier beschriebene Reisekapitel bietet zudem nicht so viele Highlights. Abgesehen von der Fahrt mit einem Schaufelraddampfer, Pittsburgh, St. Louis und dem Mammoth Cave Nationalpark lohnen längere Aufenthalte bzw. Touren nicht. Es handelt sich in dieser Region einfach nur um das typische "Prärien- und Farmen-Amerika" ... und das gilt es, zu erleben und in sich aufzunehmen. Um das "echte" Leben in Amerika kennenzulernen, eignet sich diese Strecke also hervorragend, aber das verlangt von Ihnen auch, daß Sie das eine oder andere Mal vom Interstate ab- und auf Landstraßen weiterfahren sollten.

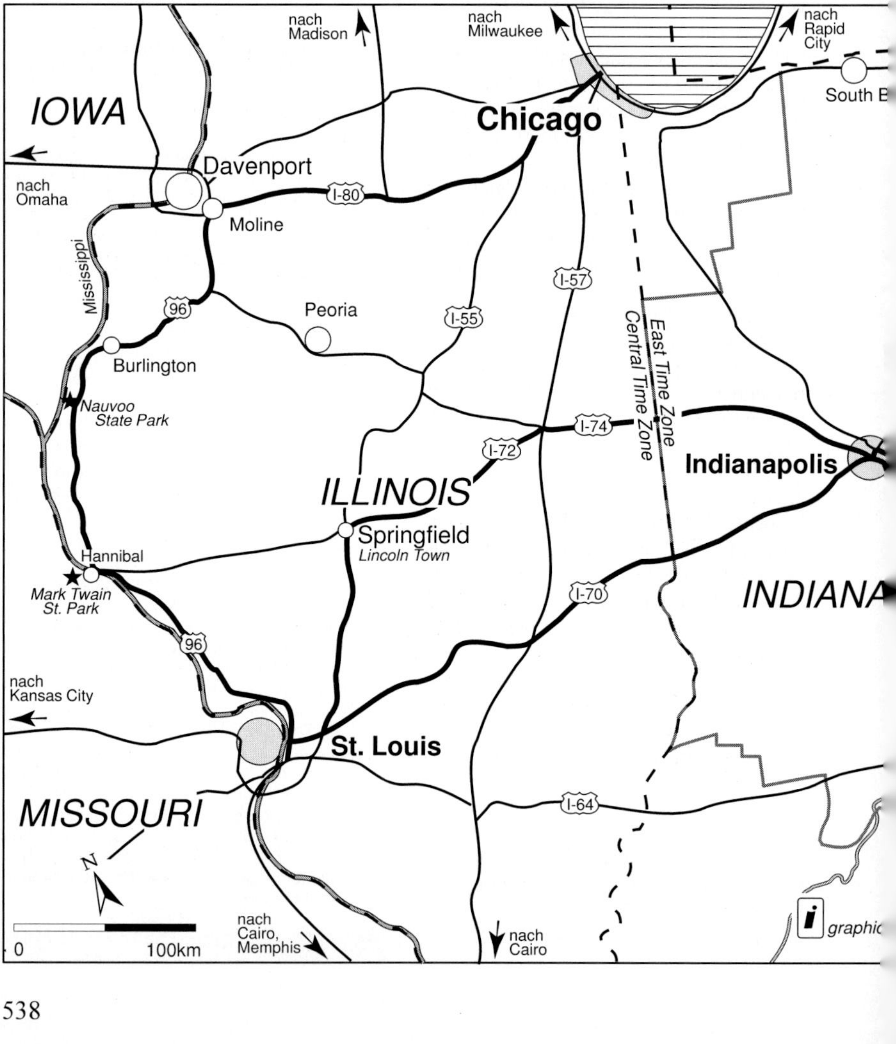

10.2 REISEPRAKTISCHE HINWEISE

Entfernungen (jeweils die kürzeste Strecke):

Buffalo - Pittsburgh: 219 mi/353 km
Pittsburgh - Columbus: 184 mi/296 km
Columbus - Cincinnati: 109 mi/175 km
Cincinnati - Mammoth Cave NP: 200 mi/322 km
Mammoth Cave NP - Indianapolis: 210 mi/338 km
Mammoth Cave NP - St. Louis: 320 mi/515 km
Cincinnati - Indianapolis: 106 mi/171 km
Indianapolis - St. Louis: 244 mi/393 km
St. Louis - Hannibal: 116 mi/187 km
Hannibal - Springfield: 107 mi/172 km
Springfield - Chicago: 200 mi/322 km

Wie oben bereits angedeutet, verzichte ich hier auf eine genaue **Streckenführung**. Im Grunde folgen Sie aber einfach den großen Highways, wobei Abstecher auf Landstraßen das eine oder andere Mal nicht unterbleiben sollten! ... des echten Amerika wegen.

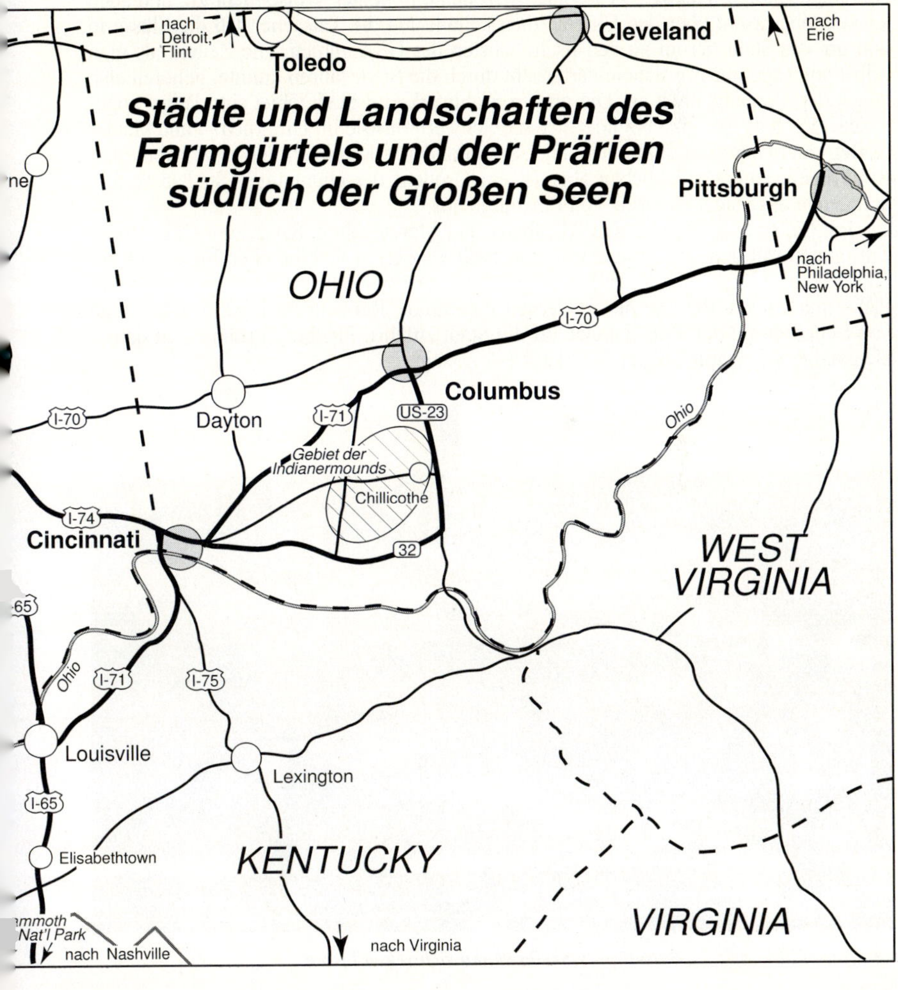

10.3 SEHENSWERTES

Pittsburgh

Überblick

Vielen von Ihnen wird Pittsburgh nur als die Stahl- und Eisenstadt der USA bekannt sein. Dank riesiger Kohlefelder in und um das Stadtgebiet wurde in der Pittsburgh-Region während des 2. Weltkrieges mehr Stahl erzeugt als in Deutschland und Japan zusammen. Und auch auf dem Sektor der Glasindustrie war Pittsburgh führend.

Man erwartet somit auch jetzt noch rauchende Schornsteine, graue Häuser und eine ungebändigte Hektik. Dieses aber trifft heute in keiner Weise mehr zu, und auch ich war überrascht über den Charme dieser Stadt und die Tatsache, daß die Flüsse in und um die Stadt herum zu den fischreichsten der USA zählen. Die Zeiten, als man selbst am Tage nur mit Scheinwerferlicht durch die Stadt fahren konnte, gehören also längst der Vergangenheit an. Die großen Stahlwerke im Stadtgebiet sind längst abgerissen – auch in Amerika befindet sich die Schwerindustrie im Umbruch –, und kleinere Betriebe weiter unterhalb des Ohio und in anderen Regionen der USA haben ihre Rolle übernommen. Geblieben aber ist ein Großteil der ehemaligen Stadtstruktur – und genau das macht den Reiz von Pittsburgh aus.

Im Zentrum vereinigen sich Allegheny und Monongahela River zum Ohio River. Zusammen mit den unzähligen, z.T. kunstvoll verzierten Stahlbrücken bietet sich so, von den die Flüsse umrahmenden Berghängen, ein einzigartiges und unvergeßliches Panorama auf die Skyline der modernen Innenstadt. Reizvoll auch dann, wenn man von Süden durch den Pitts-Tunnel auf die Stadt zufährt. Pittsburgh rühmt sich damit, die einzige Stadt "mit Eingang" in den USA zu sein.

Pittsburgh's Skyline kann sich sehen lassen

Die Stadt hatte mit dem Niedergang der Schwerindustrie in den 60er und 70er Jahren über die Hälfte seiner Einwohner verloren. Waren es 1957 noch 740.000 im Stadtgebiet, so zählte man 1989 nur noch knapp 300.000 Einwohner. 1995 aber stieg die Zahl wieder auf 370.000 (Metr. Area: 1,4 Mio. E.), vornehmlich bedingt durch die Neuansiedlung von Dienstleistungsbetrieben. Pittsburgh zählt heute zu den führenden Software-Zentren des Landes. Aber auch andere Unternehmen, wie z.B. der Elektronik-Konzern Westinghouse und die legendäre Ketchupfabrik H.J. Heinz, haben ihren Sitz hier. Alleine 9 Konzerne mit einem Umsatz von mehr als 1 Mrd. DM haben ihr Stammhaus in dieser Stadt. Bemerkenswert ist auch die Tatsache, daß fast alle großen Stahlkonzerne ihren Sitz in Pittsburgh behalten haben, auch wenn die Produktionsstätten mittlerweile ganz woanders liegen.

Für Sie als Reisenden bieten sich neben dem außergewöhnlichen Stadtbild an den Flüssen und entlang der Berghänge:

- ein interessantes Kulturprogramm mit mehreren Theatern und Orchestern,
- eine Reihe sehr interessanter Museen – u.a. dem größten Andy Warhol Museum,
- eine multikulturelle Gesellschaft und
- eine sehr vielseitige Abend-/Nacht-Szene in umgebauten Lagerhäusern und in alten Arbeitervierteln.

Bemerkenswert ist zudem die ethnische Struktur der Stadt. In 90 – z.T. sehr unterschiedlichen – Neighbourhood-Areas (Stadtvierteln) leben Menschen, deren Vorfahren aus über 50 Nationen stammten (ein Blick ins Telefonbuch ist durchaus aufschlußreich!). Viele von ihnen kamen aus Osteuropa, aber auch die deutschen und jüdischen "Communities" sind sehr groß.

Ohne Zweifel läßt sich sagen, daß Pittsburgh alle Sonnen- und Schattenseiten der amerikanischen Geschichte und Gesellschaft hervorragend verdeutlicht.

Geschichte

1753: George Washington (als Abgesandter des Gouverneurs von Virginia) besucht das Gebiet und beschließt, hier ein Fort gegen die Franzosen errichten zu lassen.
1754: Die Franzosen errichten aber als erste ein Fort (Ft. Duquesne)
1758: Fort Duquesne wird zerstört und Pittsburgh von den Engländern gegründet, benannt nach dem englischen Premierminister.
um 1800: Englische Einwanderer gründen die ersten Eisen- und Glasfabriken.
1811: Das erste Flußschiff verläßt Pittsburgh.
1812: Der Krieg von 1812 puscht die Schwerindustrie.
1845: Ein großer Brand zerstört ein Drittel der Innenstadt.
1852: Die Eisenbahnlinie von Philadelphia erreicht Pittsburgh.
1861-65: Der Amerikanische Bürgerkrieg verschafft der Schwerindustrie riesige Aufträge.
1869: Henry J. Heinz erfindet den berühmten Tomatenketchup, dessen besonderes Merkmal in der Einbringung von Merrettich liegt.
1873: Der Carnegie-Clan errichtet die erste große Stahlfabrik.
1870-1900: Zahlreiche weitere Gründungen von Stahlwerken, Glasfabriken und Elektrokonzernen. Dieses bedingt einen Zuzug vieler Einwanderer aus den verschiedensten Ländern. Aber auch zahlreiche Streiks und Arbeiteraufstände überschatten diese Zeit.
1901: Die Carnegie Company schließt sich mit 8 weiteren Stahlkonzernen zusammen zur United Steel Company.
1905: Das erste Kino Amerikas wird eröffnet.

Redaktions-Tips

- **Übernachten** Sie erstklassig im **Hilton Towers** oder im **Westin William Penn**. Günstiger ist es im **Appletree Bed & Breakfast**.
- **Gut essen** können Sie im **Mallorca**, in einem Restaurant am **Boardwalk** oder typisch (aber nicht vornehm) in der **Bloomfield Bridge Tavern**.
- **Abendprogramm:** Jazz im **Balcony**, ein Streifzug durch die **South Side** (Carson Street an der Birmingham Bridge), amerikanische Kneipenatmosphäre am **Strip** oder gediegener im **Station Square**.
- Eine **Reihe von Museen hat am Montag und am Dienstag geschlossen**. Bedenken Sie dieses bei Ihrer Planung.
- **Bedeutendste Sehenswürdigkeiten:** Mit der Duquesne-Incline-Bahn auf den Berg fahren und die Aussicht genießen; durch die urigen Geschäfte der South Side streifen; das Andy Warhol Museum; das Frick Art & Historical Center sowie die geographische und ethnische Struktur "erkunden".
- **Zeiteinteilung: 1 Tag:** Fahren Sie mit der Duquesne-Incline-Bahn auf den Berg und bewundern Sie das Stadtpanorama. Danach fahren Sie zum Warhol Museum. Lunch am Strip. Nachmittags fahren Sie durch ein paar ethnische Neighbourhoods. Eine Routenplanung ist nicht nötig, lassen Sie sich einfach treiben. Den Abend im Station oder entlang der Carson Street verbringen. **Ein 2. Tag** sollte Sie zum Frick Art & Hist. Center führen und eine Bootstour auf den Flüssen sowie den Besuch des Point State Park einschließen. Den Rest des Tages im Kunstmuseum (Carnegy Museum of Art) verbringen.

1907: Pittsburgh und das eingemeindete Allegheny (heute North Side) zählen 521.000 Einwohner. Damit ist die Stadt zu dieser Zeit die sechstgrößte in den USA.

1913: Das erste Drive-In-Restaurant der USA wird eröffnet.

1920: Die erste (angekündigte) Radiosendung wird vom Sender KDKA ausgestrahlt.

1941-45: Während des Krieges werden in Pittsburgh 95 Mio. Tonnen Stahl sowie Waffen und Munition im Werte von 19 Mrd. US$ produziert.

1945: Erste Industriebetriebe am Point werden abgerissen, und der Slogan "Smoke Must Go" bestimmt die Folgejahrzehnte. Pittsburgh erhält, langsam aber sicher, ein neues Antlitz.

Reisepraktische Hinweise

Information

● **Downtown Visitor Center:** Liberty Avenue beim Point State Park (neben dem Four Gateway Center), Tel.: (412) 281-9222. Geöffnet: Mo-Fr: 9h30 - 17h00, Sa+So: 9h30 - 15h00

● **3 Weitere Visitor Center** gibt es am Flughafen, in der 315 Grandview Ave. und in der Forbes Ave. (in der Holzhütte vor dem Hochhaus (Cathedrale) des Uni-Campus)

Öffentliche Verkehrsmittel

● **U-Bahn + Busse:** Die U-Bahn wird "T" genannt und ist in der Innenstadt kostenlos. Das Bussystem untersteht der "PAT". Infos: Tel. 231-5707.

● **Eisenbahn:** Der Amtrak-Bahnhof befindet sich Ecke Liberty Ave. und Grant St., Infos: Tel. 800-872-7245.

● **Überlandbusse:** Der Greyhound/Trailways-Busbahnhof befindet sich gegenüber dem Bahnhof (Liberty Ave.), Infos: Tel. 391-2300.

Taxis

● Yellow Cab: 665-8100

● People's Cab: 681-3131

Einkaufen

● Das Shoppingcenter **Station Square** am Monongahela River, gegenüber der Innenstadt, bietet für jeden etwas, und die Atmosphäre in dieser alten Bahnhofshalle ist ebenfalls reizvoll. Auch sonntags geöffnet (von 12h00-17h00)

● **Record-Rama Archives:** Ecke McKnight & Sieberts Roads (Pittsburgh North Hills). Großer Platten- und CD-Laden, der von sich behauptet: "Was es hier nicht gibt und hier nicht bestellt werden kann, existiert nicht."

● In der **South Side** (East Carson Street) und dem **Strip District** gibt es zudem zahlreiche Pawnshops, Ramsch- und Antiquitätenläden, in denen es einiges zu finden gibt.

Obststand im Strip-Distrikt

Hotels und andere Unterkünfte

● **Pittsburgh Hilton & Towers $$$$:** 600 Commonwealth Place (Beim Point State Park), Pittsburgh, PA 15222, Tel.: (412) 391-4600, Fax: (412) 391-0927. Zentral gelegenes, modernes Luxushotel mit allen Annehmlichkeiten und großen, hellen Zimmern. In den Suiten (ab 200$) gibt es Kühlschränke mit Getränken und eine Mini-Küche. Das Gebäude sieht von außen unpersönlicher aus, als es von innen ist! Versuchen Sie, ein Zimmer mit Blick auf den Point State Park zu bekommen.

● **Westin William Penn $$$$:** 530 William Penn Place (Mellon Square), Pittsburgh, PA 15230, Tel.: (412) 281-7100, Fax: (412) 281-3498. Historisches Luxushotel, zentral gelegen, mit dem Charme der 20er Jahre. Wunderschöne Lobby mit Palmen und Kerzenleuchtern. Alle Annehmlichkeiten.

● **The Priory $$$:** 614 Pressley St., Pittsburgh, PA 15212, Tel.: (412) 231-3338, Fax: (412) 231-4838. Haus von 1888 und 1986 zu einem kleinen Hotel mit 24 Zimmern umgebaut. Die Zimmer sind mit viktorianischen Antiquitäten ausgestattet. Zu empfehlen sind die um ca. 20$ teureren Suiten. Im Innengarten gibt es einen Springbrunnen und Blumen.

● **Ramada All-Suites Hotel $$$:** One Bigelow Square, Pittsburgh, PA 15219, Tel.: (412) 281-5800, Fax: (412) 281-8467. Zentral gelegenes Hotel der oberen Mittelklasse.

● **Appletree Bed & Breakfast $$:** 703 S. Negley Ave., Stadtteil Shadyside, Tel.: (412) 661-0631. Kleines, unauffälliges, aber sehr persönlich geführtes B&B. Ca. 10 Autominuten in die Innenstadt.

● **Hampton Inn $$:** 555 Trumbull Dr., Pittsburgh, PA 15205, Tel.: (412) 922-0100, Fax: (412) 922-0100 ext. 109. Ansprechendes Motel mit gutem Preis-Leistungsverhältnis.

● **Red Roof Inn $-$$:** 6404 Steubenville Pike, Pittsburgh, PA 15205, Tel.: (412) 787-7870, Fax: (412) 787-8392. Unauffälliges Motel mit 120 Zimmern. Kein besonderer Tip, dafür aber günstig.

Restaurants

● **Top of the Triangle:** USX Tower, 600 Grant Street, Tel.: (412) 471-4100. Dinner im 62. Stock. das Essen ist etwas überteuert, aber die Aussicht lohnt sich.

● **1902 Landmark Tavern:** 24 Market St., Tel.: (412) 471-1902. Restaurierte Taverne (von 1902) mit typisch amerikanischem Menue.

● **Station Square Cheese Cellar:** # 25 Freight House Shops, Station Square (Smithfield & Carson Sts.), Tel.: (412) 471-3355. Wie der Name schon sagt: gute Käseauswahl. Das Käsefondue lohnt sich!

● **Max's Allegheny Tavern:** Middle & Suisman Sts., Tel.: (412) 231-1899. Deutsche Spezialitäten auf der North Side. Alte Bar mit einem schönen Tresen. Die Gerichte werden sogar in deutsch angekündigt.

● **Mallorca:** 2228 East Carson Street (gegenüber der Birmingham Bridge), Tel.: (412) 488-1818. Gute spanische Küche zu annehmbaren Preisen. Die Paella ist Klasse und die Weinkarte ausgesucht!

Was ist ...

● ein **Pirogie** ? Eine kleine Teigtasche, gefüllt mit zerstampftem Gemüse und Fleisch. Sieht aus und klingt wie ein Ravioli, schmeckt aber anders. Dieses Gericht haben die polnischen Einwanderer eingebracht. 3-5 Pirogies mit Salat eignen sich gut für einen Snack.

● ein **Hoagie** ? Ein langes Brötchen, belegt mit 2-4 Fleischklopsen. Beides wird mit einer Tomaten-Fleischsauce übergossen und häufig noch mit Käse überbacken. Ebenfalls ein typischer, aber mächtiger Snack in Pittsburgh.

Pubs/Livemusik/Nightlife

Kaum zu glauben, aber Pittsburgh hat so einige bekannte Jazzmusiker hervorgebracht. Leider spiegelt sich das heute nicht mehr so wider in der Musikclub-Szene, aber wer es trotzdem mal mit einem Jazz-Abend versuchen möchte, sollte zuerst in die kostenlose Wochenzeitungen "In Pittsburgh" bzw. "City Paper" schauen oder alternativ in die Freitagsausgabe der "Pittsburgh Post-Gazette".

- **Stolen Moments:** 3239 Brighton Rd, North Side, Tel.: (412) 766-4770. Jazz mit (an 2-3 Abenden) dem Pianisten Carl Arter. Livemusik: Mi-Sa. Restaurant.
- **Bloomfield Bridge Tavern:** Ecke Liberty Street und Bloomfield Bridge, Tel. (412) 682-8611. Urige Neighbourhood-Kneipe unter polnischer Leitung. Die Pirogies hier (und auch andere polnische Gerichte) gelten als die besten in Pittsbugh. Öfters Livemusik (versch. Stilrichtungen).
- **Shadyside Balcony:** 5520 Walnut St., Shadyside, Tel.: (412) 687-0110. Jazz, Blues, Swing u.a. Livemusik: Mo-Sa, So Brunch. Restaurant. Mittwochnachmittag: Jazz für Kinder!
- **The Decade:** 223 Atwood Street, Oakland, Tel.: (412) 682-1211. Blues und Rock in Uni-Nähe. Etwas "schmuddelig", aber gute Musik. Livemusik: jede Nacht.
- **Rosebud:** 1650 Smallman Street (Strip), Tel.: (412) 261-2221. Livemusikbühne (versch. Richtungen), Nightclub, Disco und amerikanische Pub-Küche. Livemusik: Mi-Sa.
- Im Gebiet der **Southside (East Carson Street)** finden Sie die unterschiedlichsten Kneipen: mal Live-Jazz, mal Rockmusik, mal Studenten beim Bier, mal Yuppy-Szene.
- **The Strip by the Riverside:** Unterhalb der 16th Street Bridge, in alten Lagerhäusern des Hafens, befinden sich Lokale mit Livemusik und Stimmung. Eher geeignet für die "bis 35-jährigen". Mittags aber treffen sich hier auch viele Leute aus den Büros der Stadt.
- **Pennsylvania Brewing Company:** Ecke Troy Hill Rd & Vinial Street (North Side). Penn Pilsener Brauerei mit Restaurant und öfters deutscher Volksmusik. Es gibt auch einen Biergarten. Sie können durch eine große Scheibe den Bierbrauprozess beobachten.

Sehenswertes

Pittsburgh läßt sich am besten in vier interessante Gebiete einteilen:

- die **Innenstadt**, den "Golden Triangle" am Zusammenfluß von Allegheny und Monongahela River,
- das Gebiet **östlich der Innenstadt** mit Universität und verschiedenen Neighbourhood-Areas,
- die **North Side**, ehemals die selbständige Stadt Allegheny und
- die **South Side**, dort wo noch vor 40 Jahren die Hochöfen und Schwerindustrien angesiedelt waren.

Innenstadt

Die Innenstadt als solche bietet zwar keine ausgefallenen Highlights, doch trotzdem lohnt es sich, einmal für 1 Stunde hier herumzulaufen. Unterschiedlichste Epochen amerikanischer Stadtarchitektur mischen sich hier, und die verschiedenen alten Brücken, die sich schwungvoll von hier über die beiden Flüsse spannen, geben dem Ganzen einen gelungenen Rahmen. Ein Blick von einer dieser Brücken auf die Skyline bietet zudem ein eindrucksvolles Fotomotiv. Beeindruckend ist auch ein Besuch in einem der beiden alten großen Kaufhäuser ("Joseph Horne": Ecke Stanwyck/Penn; "Kaufmann's": 5th/Smithfield Sts).

■ **Point State Park** 5. An dieser Stelle wurde 1864 das Fort Pitt errichtet. Heute sind nur noch Reste dieses Forts erhalten, und ein altes **Block House** aus dieser Zeit wurde nachgebaut. Der Park liegt direkt an der Spitze, wo sich Allegheny und Monongahela zum Ohio River vereinigen. Ein großer Springbrunnen bietet ein gutes Fotomotiv. Der Park wird als Freizeitpark genutzt. Das kleine **Fort Pitt Museum**

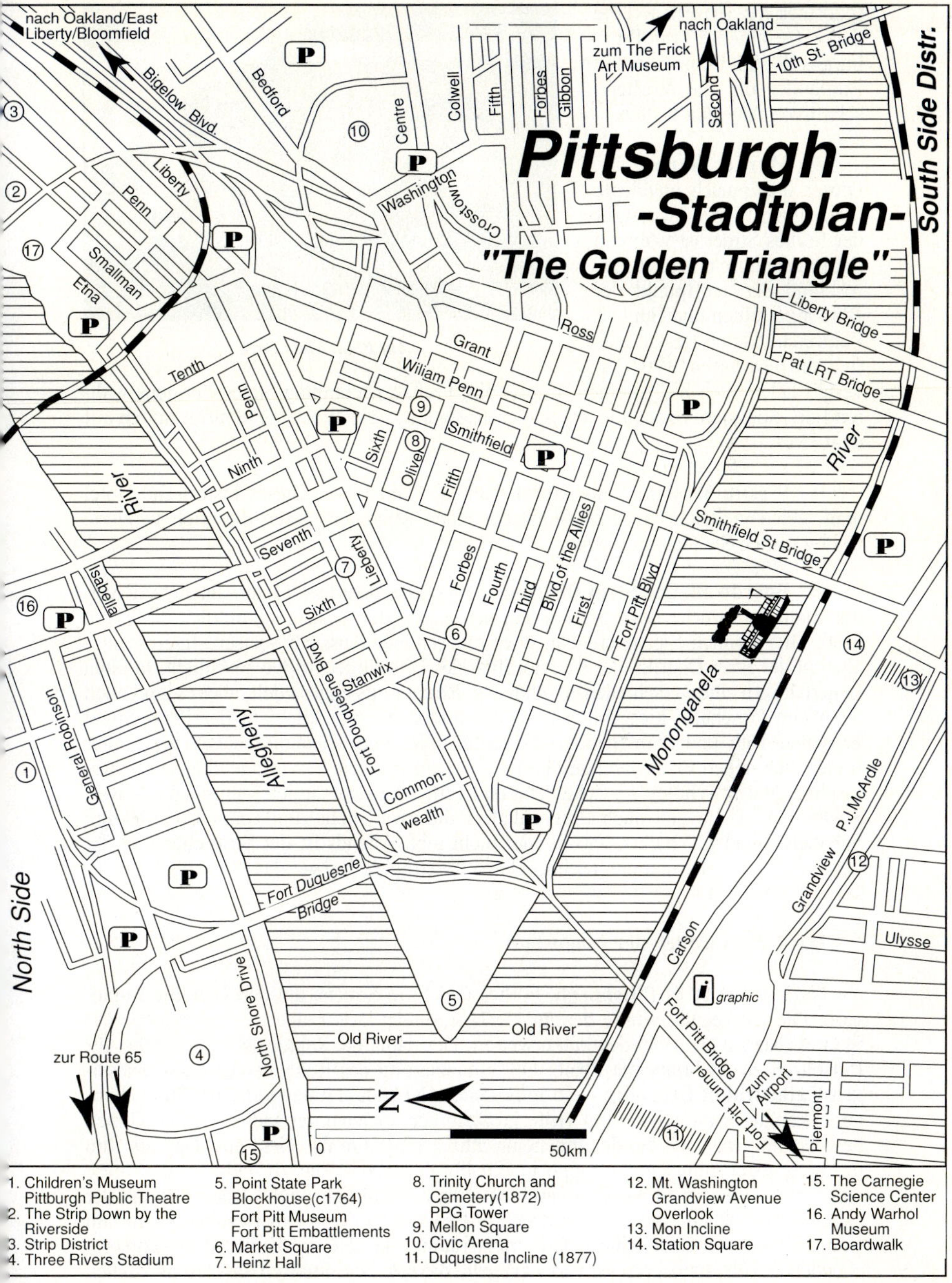

1. Children's Museum Pittsburgh Public Theatre
2. The Strip Down by the Riverside
3. Strip District
4. Three Rivers Stadium
5. Point State Park Blockhouse(c1764) Fort Pitt Museum Fort Pitt Embattlements
6. Market Square
7. Heinz Hall
8. Trinity Church and Cemetery(1872) PPG Tower
9. Mellon Square
10. Civic Arena
11. Duquesne Incline (1877)
12. Mt. Washington Grandview Avenue Overlook
13. Mon Incline
14. Station Square
15. The Carnegie Science Center
16. Andy Warhol Museum
17. Boardwalk

(geöffnet: Mi-So) erläutert die frühe Geschichte von Pittsburgh, als sich Franzosen und Engländer um die Vorherrschaft von Amerika stritten.

Am Point State Park

■ **Market Square** 6. Dieser quadratisch angelegte Platz am östlichen Ausläufer der Forbes Street ist während der Lunchpause und nach Büroschluß der Treffpunkt der Büroangestellten und Banker. Zahlreiche kleine Restaurants (u.a. die historische “1902 Tavern”) laden auch Sie zu einem Imbiss ein. Freitag nachmittag bieten übrigens während der Sommermonate alle ansässigen Restaurants ein Wochenendbuffet mitten auf dem Platz.

■ **Westin William Penn Hotel**, 530 W. Penn Place. Dieses historische Hotel mag vielen vielleicht zu teuer sein, aber einen Rundgang durch die reich verzierte Lobby sollten Sie nicht auslassen.

■ **Boardwalk** und **Strip District** 2 + 17. Der Boardwalk (am Allegheny River, unterhalb der Brücke des I-579) ist ein neu angelegter Restaurantkomplex direkt am Fluß. Hier können Sie, überdacht, aber mit schöner Aussicht speisen. Interessanter aber ist der Strip-Distrikt, der sich nördlich der 16th Street Bridge anschließt. In alten Lagerhäusern sind verschiedenste ethnische Restaurants angesiedelt, aber es sind auch noch alte Geschäfte hiergeblieben. Diese finden Sie vor allem in der Penn Street zwischen 16th und 25th Street. Käsegroßhändler und orientalische Gewürzhändler finden sich neben Eisenwarengeschäften, und ein riesiges, hervorragend ausgesuchtes Fischgeschäft (“Wholey’s”, Ecke Penn und 17th Sts.) zieht täglich Menschen aus allen Stadtteilen an. Es gibt auch Ramschläden, die zwar nicht zum Kaufen, dafür zum Schauen einladen – nichts, was es hier nicht gibt. Abends ist der Strip eher Ziel der jüngeren Leute, die u.a. die Techno-Disco “Metropole” sowie das “Rosebud” bevölkern.

Das Gebiet östlich der Innenstadt

■ **University of Pittsburgh**, Forbes und Fifth Streets, um den Bigelow Boulevard. Die Universität wurde bereits 1787 gegründet. Als Folge des Reichtumes der Stadt wurde sie um 1935 deutlich erweitert. Der damalige Rektor hatte aber selbst für Pittsburgh zu hochtrabende Pläne: Die Finanzierung des Rohbaus der 42-geschossigen **Cathedral of Learning** – ein imposantes Gebäude mit neugotischen Stilelementen – konnte er zwar noch mit Hilfe großzügiger Spenden der Industrieunternehmen bewerkstelligen, doch bei der Inneneinrichtung ging ihm das Geld aus. Da kam ihm die Idee, jeder ethnischen Gruppe in Pittsburgh einen Raum zu widmen, den diese dann nach eigenem Ermessen einrichten sollten. Natürlich wollte keine Gruppe der anderen nachstehen, und man legte sich ordentlich ins Zeug. Das Resultat waren und sind 23 völlig unterschiedliche Unterrichtsräume, die alle die Kulturen der entsprechenden Bevölkerungsgruppen widerspiegeln, die sog. **Nationality Classrooms**. Stellen

Sie sich einmal vor, Sie haben eine Mathematikvorlesung in einem afrikanischen "Ashanti-Kral", um anschließend Ihre Sozialkunde-Stunden im Ambiente des französischen "Grand Empire" fortzusetzen. Eine durchaus eigenwillige Vorstellung. Die Räume sind Mo-Sa von 9h00-16h30 und So von 11h00-16h30 zu besichtigen. Auch der zentrale Gothic Commons Room im Gebäude ist sehenswert. Ohne natürliches Licht – im Stile einer alten Ritterburg – sitzen hier die Studenten und lernen. Fahren Sie auch einmal mit dem Fahrstuhl in eines der oberen Stockwerke. Von dort haben Sie eine schöne Aussicht auf Pittsburgh, wenn auch ein Blick auf die Downtown nicht gewährleitet ist.

Syrisch-libanesisches Klassenzimmer

■ **The Carnegie Museum of Art and Natural History**, 4400 Forbes Ave., geöffnet: Di-Sa: 10h00-16h30, So: 11h00-17h00. Das imposante Gebäude wurde von dem Industriellen Andrew Carnegie gestiftet und beherbergt neben dem Kunst- und Naturkundlichen Museum auch noch eine große Bibliothek und eine Musikhalle.

Das Kunstmuseum bietet ein aufregendes "Potpourrie" verschiedenster Stilelemente, welche von antiken Tempelresten über französische Impressionisten bis hin zu moderner "Eisenkunst" reichen. Zudem gibt es eine Architekturabteilung, die sich u.a. mit dem bekannten amerikanischen Architekten Frank Lloyd Wright beschäftigt. Trotz der Unüberschaubarkeit werden sich Kunstinteressierte hier nicht langweilen.

Das Naturkundemuseum bietet eher etwas für die Kinder, da es sich sehr auf didaktische Grundelemente konzentriert. Für Erwachsene mögen nur die Abteilung über die Arktisgebiete des amerikanischen Kontinents und die Ausstellung der amerikanischen Tierwelt von Interesse sein.

■ **The Frick Art and Historical Center**, 7227 Reynolds Street, geöffnet Di-So 10h00-17h30, So 12h00-18h00. Henry Clay Frick war vor und um die Jahrhundertwende einer der einflußreichsten Industriebarone in Pittsburgh. Sein Reichtum basierte auf der einfachen Tatsache, daß er bereits 1870 erkannte, daß die Produktion von Stahl die der Eisenerzeugung in den Folgejahren überflügeln würde. Und noch wichtiger: als Konzessionär verschiedener Kohlefelder konnten Frick und einige Partner das Überangebot an Kohle, das zu dieser Zeit herrschte, mit der Errichtung mehrerer Bessemer-Koks-Öfen und der eige-

Die Frick-Villa

nen Stahlproduktion umgehen. Binnen weniger Jahre hatte Frick ein riesiges Stahlimperium errichtet – 1879 besaß er alleine 1000 Hochöfen. Frick's Einfluß bei den Kohleproduzenten zwang den Carnegie-Clan dazu, gemeinsam mit ihm die Geschäfte fortzuführen. Dieses ging bis zur Jahrhundertwende sehr gut, und eine Freundschaft entwickelte sich zwischen beiden Familien. Frick stieg ins Management der Carnegie Company auf und verhalf ihr zu hohen Gewinnen. Als Gegenleistung erhielt er Anteile am Carnegie Konzern. Doch als Frick um 1900 aussteigen und seinen Anteil ausgezahlt haben wollte, weigerte sich Carnegie strikt. Schließlich zahlte er ihm 4,9 Mio. US$, wobei der Wert von Fricks Anteilen das Sechsfache betrug. Die Freundschaft zerbrach daran. **Zu besichtigen sind:**

- das **Clayton House**, das ehemalige Wohnhaus der Fricks. Die vornehme viktorianische Einrichtug und die vielen technischen "Raffinessen" seiner Zeit sind sehenswert. Ebenso das große "Orchestreum" auf der Veranda.
- das **Carriage House**: Hier sind einige Kutschen und zwei wunderschön restaurierte Autos (ein Rolls Royce (1914) und ein Lincoln (1931)) ausgestellt.
- das **Frick Art Museum** zeigt hochkarätige, ständig wechselnde Kunstaustellungen.

Im angeschlossenen Café gibt es gute Kuchen!

Zurück in die Stadt sollten Sie nun über die **Liberty Street** durch **Bloomfield** fahren. Dieser kleine Stadtteil ist sehr eigenwillig. Die Geschäfte und Restaurants hier lohnen einen kurzen Stop.

North Side

Die ehemals eigenständige Stadt Allegheny, eingemeindet 1907, hat sich als "North Side" bis heute noch ihren eigenen Charakter bewahrt, und die Bewohner sehen Pittsburgh immer noch als "die andere Stadt" an. Abgesehen von den u.g. Sehenswürdigkeiten lohnt noch ein kurzer Schlenker durch die East Ohio Street, wo sich mehrere Ramschläden und ein paar wenig einladende Pinten finden. Zur Ansicht zu empfehlen, aber mehr auch nicht.

Andy Warhol Museum

■ **Andy Warhol Museum** 16, 117 Sandusky Street, geöffnet Mi+So 11h00-18h00, Do,Fr+Sa 11h00-20h00. Andy Warhol (1928-1987) wurde in Pittsburgh geboren und war einer der berühmtesten Pop-Art und Werbe-Künstler. Über 2.000 Bilder und Gemälde, 500 Drucke, 400 Fotos und zahlreiche andere seiner Kunstwerke sind in einem 7-geschossigen Gebäude untergebracht. Durchaus lohnenswert, aber nur, wenn Sie mindestens 1 ½ Stunden für das Museum einplanen.

■ **The Carnegie Science Center** 15, One Allegheny Avenue, geöffnet: Mo-Sa 10h00-17h00, So 12h00-18h00. Dieses technische Museum ist vorwiegend für Kinder konzipiert, die an unzähligen Geräten physikalische Gesetze ausprobieren und erlernen können. Erwachsene können ein U-Boot aus dem 2. Weltkrieg besichtigen (Tourdauer 40 Minuten) bzw. sich an einer großen Modelleisenbahn erfreuen. Zudem gibt es ein Omnimax-Kino, in dem Sie über eine Kuppelleinwand ein dreidimensionales Raumbild erleben können.

■ **The Mattress Factory**, 500 Sampsonia Way, geöffnet nach Ankündigung. In dieser ehemaligen Matratzenfabrik leben und arbeiten heute Künstler aus aller Welt und stellen ihre Kunstwerke vor. Die Ausstellungen wechseln ständig. Ein wichtiger Aspekt dieser Kunstwerke ist es, den Wohn- und Lebensbereich menschenfreundlicher zu gestalten.

South Side

Die South Side unterhalb des Mt. Washington war bis in die 60er Jahre hinein eines der bedeutendsten Industrieareale der Stadt gewesen. Kein Wunder also, daß auf dem Berg, trotz der einmaligen Lage, keine großen Villen stehen. Vor 40 Jahren hätte man von dort oben noch einen Ausblick durch rauchgeschwängerte Luft gehabt. Dieses ist eine der Eigenarten Pittsburghs. Heute hat sich am Fuße des Berges ein sehr eigenwilliger Stadtteil entwickelt, in dem alle sozialen Klassen zu finden sind und zudem urige Geschäfte und Restaurants, besonders weiter östlich im Bereich um die Birmingham Bridge.

■ **Duquesne Incline** 11, 1220 Grandview Avenue. Fahrtzeiten: 9h00-21h00. Die Zahnradbahn ist die letzte historische Bahn in Pittsburgh. Ehemals gab es 12 solcher Bahnen im Stadtgebiet. Sie dienten als Transportmittel für die Arbeiter zwischen Wohngebiet (auf dem Berg) und Fabrik (am Fluß).

In der Bergstation hängen viele **alte Fotos** aus, die Ihnen einen atemberaubenden Eindruck über das "Pittsburgh der Hochöfen" verschaffen. Gleich neben der Bergstation befinden sich eine Aussichtsplattform und ein Restaurant. Von hier aus können Sie übrigens entlang der Grandview Street bis zur anderen Zahnradbahn, der **Monongahela Incline** laufen (ca. 20 Minuten) und dabei die Aussicht genießen. Die Mon-Incline hat zwar nicht so alte Wagen, aber die Abfahrt lohnt sich auch, und Sie kommen bei der Talstation gleich zum Station Square.

Anschauungsobjekt aus vergangenen Tagen

■ **Station Square** 14, 450 Landmarks Bldg., One Station Square. In dem alten Bahnhofsgebäude der Stadt sind heute zahlreiche Boutiquen, Geschäfte und Restaurants untergebracht. Auf dem offenen Gelände davor stehen ein paar Eisen- und Straßenbahnwaggons, in denen sich heute auch Geschäfte befinden. In der sehenswerten Haupthalle des Bahnhofs befindet sich ein Restaurant.

Gleich hinter dem Sheraton Hotel legen die **Flußdampfer** (1- bis 3stündige Rundfahrten) ab. Infos: Gateway Clipper Fleet, Tel.: (412) 355-7980.

■ **East Carson Street**. Der Distrikt, der sich zwischen 10th und 23rd Street erstreckt, lohnt allemal einen Besuch. Schlendern Sie hier ruhig ein bis zwei Stunden herum und bewundern Sie alte Häuser, verstaubte Ramschläden, In-Coiffeure, Kunsthandlungen, heruntergekommene Pinten, chice Kaffeehäuser, zwei 50er-Jahre Kinos und, und, und ... Nichts, was es hier nicht gibt. Auch die Restaurants hier lohnen einen Besuch – egal, ob es spanische Top-Cuisine oder nur ein Burger an der Ecke sein soll.

Außerhalb der Stadt

■ **Tour Ed Mine & Museum**. Bull Creek Rd., in Tarentum. Montags geschlossen. Anfahrt: Rt. 28 N., Exit 14, Tel.: (412) 224-4720. Hier können Sie in eine alte Kohlemine einfahren und alles über den Kohleabbau und die damit verbundene frühe Geschichte von Pittsburgh erfahren.

Mit dem Schaufelraddampfer von Pittsburgh nach Cincinnati

Highlights

- **Nachts auf dem Oberdeck sitzen** und die Atmosphäre des Ohio genießen
- Besuch des **Ruderhauses**
- Das **Rivermuseum in Marietta** besichtigen
- Ein ruhiges Plätzchen suchen und **Mark Twains "Life on the Mississippi" lesen**

Überblick

Die Schaufelraddampfer! Wer kennt sie nicht, die schwimmenden Holzkisten mit der riesigen Walze am Heck und den markanten Schornsteinen, deren "zerfranste" Kronen den Dampf gleichmäßig verteilen in die schwül-heiße Luft.

Wer hat nicht, ob Kind, ob Greis, Mark Twains Tom Sawyer gelesen oder zumindest im Fernsehen gesehen. Und immer wieder waren es diese majestätisch wirkenden Schiffe, die Leben in die kleinen Orte entlang der großen Flüsse brachten. Während des 19. Jahrhunderts versorgten die Schaufelraddampfer fast alle Städte zwischen New Orleans und Chicago. Ob Baumwolle, Getreide, Vieh oder Jazzmusiker, Glücksritter oder Industriearbeiter – alles und jeder war auf sie angewiesen. Ohne diese Dampfer wäre der Mittlere Westen (und auch der Westen) – nicht in diesem Stile besiedelt worden. Entlang des Mississippi und seiner zahlreichen Nebenflüsse dampften sie bedächtig, unermüdlich und scheinbar ohne Pause. Viele Geschichten wurden über und um sie herum geschrieben, unzählige Wettfahrten – nicht selten mit überhitzten und explodierten Kes-

"Mississippi Queen" und "Delta Queen"

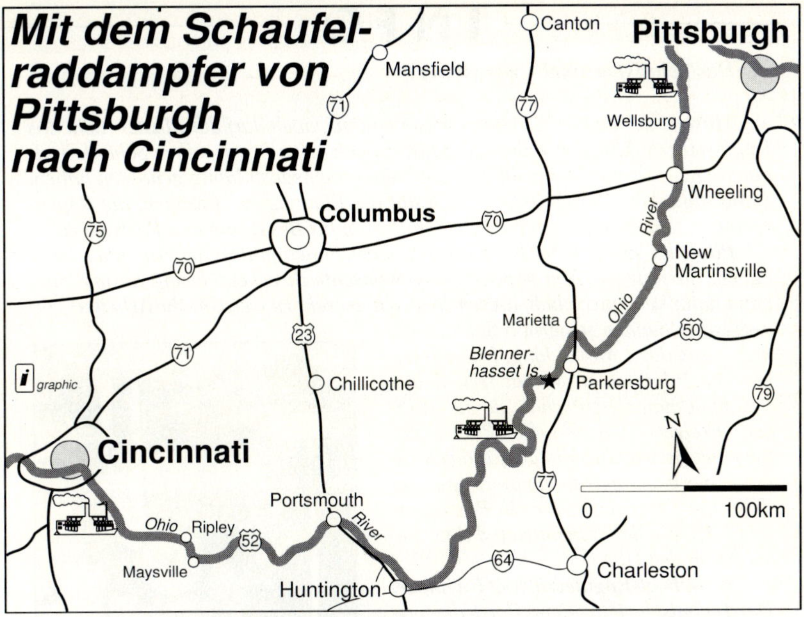

seln als Folge – fanden statt, und die Faszination, die von ihnen ausging, sitzt noch heute tief in aller Herzen. Als ihre kurze, aber heftige Zeit mit dem ausgehenden 19. Jahrhundert zu Ende ging und die Eisenbahnen schneller und zuverlässiger verkehrten, ging eine Ära zu Ende.

Zwar haben diese Schiffe heutzutage ausgedient und moderne, überdimensionale Schubschiffe haben ihren Platz eingenommen bzw. gewährleisten Flugzeuge und Autos die Personenbeförderung, doch gibt es drei dieser Dampfer, die Passagiere auf eine unvergeßliche Kreuzfahrt auf dem Mississippi und seinen Nebenflüssen mitnehmen und die Zeit des Mark Twain noch einmal aufleben lassen. Sie gehören alle der **"Delta Queen Steamboat Company"**.

Eines ihrer Schiffe, die "Delta Queen" ist sogar noch übriggeblieben aus der Zeit, als es noch viele dieser Steamer gab. Sie gilt als "Historical Landmark" und ist meines Erachtens das schönste Schiff, da es das echte Flair ausstrahlt. Die "Delta Queen" fuhr übrigens in den 20er bis 40er Jahren auf dem Sacramento River in Kalifornien und wurde auf abenteuerliche Weise 1947/48 von dort zum Missippi-Gebiet gebracht. Die Überführung ging durch den Panama-Kanal. Doch auch die beiden moderneren Schiffe haben ihren Reiz, und sie wurden nach alten Mustern nachgebaut, so daß sie einen guten Eindruck vermitteln über die alte Steamboat-Zeit.

Die Fahrten sind heute aufgezogen im Stil einer Kreuzfahrt, doch gibt es ausreichend Gelegenheit, sich mit der Geschichte der Schaufelraddampfer zu beschäftigen und sie im Sinne einer "Showboat-Cruise" zu erleben. Informationen und themenbezogene Programme werden an Bord geboten.

Auch früher, als die meisten Schaufelraddampfer zwar für den Transport von Baumwolle und Waren eingesetzt worden sind, gab es diese Kreuzfahrten, und selbst die einfachen Passagierdampfer waren schwimmende Vergnügungsschiffe. Das mußten sie auch sein, denn eine Fahrt vom Mittleren Westen nach New Orleans konnte 2-4 Wochen dauern, und die Menschen an Bord wollten beschäftigt werden.

INFO

Das Schiffspersonal – wer ist wer?

Master: *Er hat die Funktion eines Kapitäns, doch darf der Master nicht das Schiff steuern. Meistens haben die Master auch keine Lizenz, einen Schaufelraddampfer zu steuern – obwohl sie eine Steuermannsausbildung genossen haben. Seine Aufgaben "beschränken" sich auf die Planung der Etappen, die Repräsentation und die der verantwortlichen Person für Besatzung und Passagiere.*

Pilot: *Es gibt 2-3 Pilots an Bord, die die Funktion des Steuermannes innehaben. Sie nehmen vom Master die gewünschte Streckenführung an und sind dann dafür verantwortlich, diesem Wunsch gerecht zu werden. Ihr Arbeitsrhythmus ist: 6 Stunden steuern, 6 Stunden ruhen ... und das 1 Monat lang. Danach haben die Pilots einen Monat frei. Selten bekommt man sie zu sehen, da sie in ihrer "Freizeit" schlafen. Ein Pilot benötigt eine spezielle Ausbildung für das Steuern eines Schaufelraddampfers und zudem eine Zusatzlizenz für ein Passagierschiff. Es gibt daher nicht viele Pilots dieser Art in den USA.*

Maschinist sein erfordert Disziplin und Geduld

Steamboat-Engineer/Chief Engineer: *Der Technische Offizier an Bord, der eine Spezialausbildung für die einzigartigen Dampfmaschinen an Bord der Schiffe genossen hat. Er hat auf der kleineren "Delta Queen" zudem auch den Rang des 1. Offiziers. Auf den größeren Schiffen gibt es zudem einen* ***Ersten Offizier****.*

Mate: *Unteroffiziere, die für den technischen Ablauf an Bord zuständig sind.*

Purser: *Zuständig für die Rezeption und die Abrechnung.*

Riverlorian: *Er/sie unterhält die Passagiere, stellt das Entertainmentprogramm vor und organisiert zudem das Landprogramm. Immer eine gute Anlaufstelle für grundsätzliche Fragen.*

Bus-Boy: *Kellner/innen, die nur für das Abräumen des Geschirrs zuständig sind. Der Ausdruck Bus-Girl hat sich noch nicht etabliert.*

Watchman: *24 Stunden lang werden Ihnen 2-3 Personen auffallen, die unentwegt mit einer altmodischen Uhr durch das Schiff streifen. Sie müssen bis zu 40 Stationen auf dem Schiff ablaufen sowie kontrollieren (pro Rundgang ca. 40 Minuten) und die dortigen Stechuhren einrasten.*

Neben den nun oben genannten – Ihnen wahrscheinlich weniger bekannten – Personen gibt es natürlich noch zahlreiche andere Angestellte, wie die ***Kellner****, das* ***Deckspersonal****, die* ***Maschinisten****, den* ***Chef der Entertainment-Abteilung****, die* ***Musiker*** *und, und, und ... Häufig haben diese auch zwei bis drei verschiedene Aufgaben an Bord.*

Die Coast Guard verlangt: Schwimmwestenanprobe, bevor es losgeht

Auch heute kommt in keiner Weise Langeweile auf: Tägliche Stops an Sehenswürdigkeiten (historische Städte, Bürgerkriegs-Schauplätze etc.). Verschiedenste Shows, Veranstaltungen und Erläuterungen zum Thema Steamboatin' bilden das Rahmenprogramm an Bord. Auf dem Deck können Sie aber auch einfach nur entspannen, sonnenbaden und die Atmosphäre der vorbeiziehenden Landschaft auf sich wirken lassen. Eines ist allemal sicher: Eine Fahrt mit einem dieser Schiffe wird für Sie ein unvergeßliches Erlebnis mit sich bringen.

Weitere interessante Strecken mit dem Schaufelraddampfer im Mittleren Westen sind:

- **St. Paul nach St. Louis**: ca. 7 Tage (gilt neben dem beschriebenen Ohioabschnitt als schönste Strecke im Mittleren Westen)
- **Cincinnati - St. Louis:** ca. 4-5 Tage
- **Alternativ:** Eine abschließende Fahrt von **St. Paul bzw. Pittsburgh nach New Orleans** wäre natürlich ein Klassiker!!

Reisepraktische Hinweise

Buchungsadressen

- **In den USA:**

- Delta Queen Steamboat Co., 30 Robin Wharf, New Orleans, LA 70130-1890, Tel.: 1-800-543-1949, (504) 586-0631, Fax: (504) 585-0630.
- Jedes größere Reisebüro in den USA übernimmt ebenfalls die Buchung.

- **In Deutschland:** Schuch Beckers Touristic Services GmbH: Alt Erlenbach 25, 60437 Frankfurt, Tel.: (06101) 48333/34, Fax: (06101) 4524.

Weitere Schiffsrouten in den USA

Die Delta Queen Steamboat Co. bietet einen Fahrplan, der bis auf Januar das ganze Jahr Fahrten beinhaltet. Die Fahrtziele reichen:

- im Norden bis Minneapolis/St. Paul,
- im Westen bis Little Rock, Tulsa und in die Swamps von Louisiana sowie Galveston in Texas,
- im Osten bis Pittsburgh bzw. Nashville/Chattanooga
- und im Süden bis New Orleans.

Da es sich bei den Schaufelraddampfern um kein regelmäßig verkehrendes Transportmittel handelt, müssen Sie sich unbedingt rechtzeitig informieren, wann eine in Ihren Reiseplan passende Fahrt stattfindet.

Preise

Die Fahrten sind nicht ganz billig, doch beinhaltet der Preis 5 Mahlzeiten am Tag und die Teilnahme am Entertainment-Programm an Bord (Touren an Land gehen extra). Verglichen mit Kreuzfahrtpreisen in Europa, liegen die Preise aber durchaus im akzeptablen

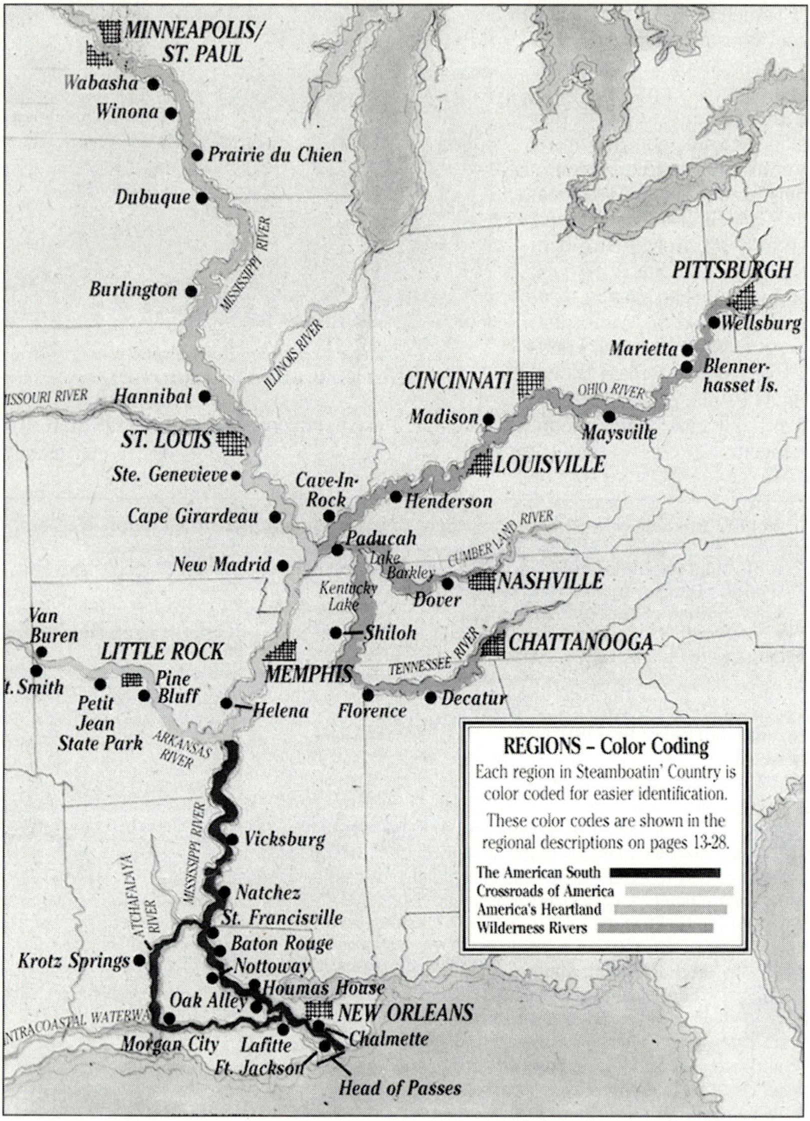

Rahmen – außerdem bedenken Sie den Aufwand der Unterhaltung solcher Schiffe. Sie variieren je nach Kabinenklasse. Mit mindestens 320 DM pro Tag pro Person in einer Doppelkabine (innen) sollten Sie rechnen (plus Getränke, Ausflüge etc.). Die ganz teuren Kabinen erreichen dann sogar 900 DM pro Tag und Person. **Mein Tip**: die C-Stateroom-Kategorie: Für ca. 600 DM pro Person und Tag haben Sie eine gut eingerichtete Außenkabine. Auf der "Mississippi Queen" und der "American Queen" besteht in einigen Kabinen auch die Möglichkeit, mit 3 Erwachsenen zu wohnen, wobei die dritte Person nur einen Zusatzbetrag von z.Zt. 100 $/Tag bezahlen muß.

Die Delta Queen Steamboat Co. bietet zudem eine Reihe von Kombinationstarifen an. Z.B. Hotel und Schiffspassage, aber auch Spezialtarife in Verbindung mit Inlandsflügen ("Steamboatin ... Plus Air") werden geboten. Erkundigen Sie sich vorher.

Der Preis für die Fahrt von Pittsburgh nach Cincinnati beträgt **pro Person** in einer Doppelkabine (Stand 1996):

- **F- Inside-Stateroom** (billigste Kabine auf der "Mississippi Queen", nur Einzelkabine): ca. 960 DM
- **C-Outside-Stateroom** (Außenkabine): ca. 2250 DM
- **AA Luxury Suite** (Außenkabine, meist eigene Veranda): ca. 3100 DM

Sonderpreise für Kinder: Kinder unter 17 Jahren fahren auf der "Mississippi Queen" und der "American Queen" in manchen Staterooms frei mit, wenn sie mit 2 Erwachsenen in einer Kabine übernachten.

Redaktions-Tips

- **Buchen Sie Ihre Tour unbedingt und rechtzeitig von Europa aus.** Das erspart Ihnen Mühe, und Sie gehen nicht das (große) Risiko ein, daß das Schiff ausgebucht ist.
- **Planen Sie erst Ihre Fahrt mit dem Schaufelraddampfer** und richten Sie danach Ihre weitere Reiseplanung ein. Die Schiffs-Routen im Mittleren Westen werden nur in begrenzter Zahl angeboten.
- **Vor der Buchung** sollten Sie sich zudem noch über die angebotenen **Kombinationstarife** informieren (z.B. Hotel im Abfahrtshafen und Schiffspassage sowie die Kombitickets: Schiffsfahrt hin, Flug/Mietwagen zurück).
- **Übernachten Sie in Pittsburgh** vor Ihrer Abreise in einem Innenstadthotel (z.B. das Hilton bzw. das William Penn). Damit ersparen Sie sich eine weite Anfahrt zum Ableger. Auch für diese teureren Hotels gibt es vergünstigte Tarife über die Delta Steamboat Company.
- Als **Kleidung** empfiehlt sich: Gemütliches und festes Schuhwerk für das Laufen an Deck und die Erkundung der Orte. Ansonsten, wegen der Hitze: Leichte Stoffe. Für abends aber sollten Sie mindestens eine gute Garderobe (Anzug/Abendkleid) mitbringen – z.B. für das Captain's Dinner!
- Verpassen Sie nicht die **Besichtigung des Ruderhauses**. Hierbei erhalten Sie einen guten Einblick über die Navigation eines Schaufelraddampfers.
- Das **beste Feeling** für den Fluß erhalten Sie auf dem oberen, hinteren Außendeck, wo das Geräusch des Schaufelrades die Stimmung eindrucksvoll untermalt. Besonders schön (und erheblich ruhiger) ist die Zeit nach Mitternacht.

Hinweise

● **Kleidung:** Während des Tages ist lockere Kleidung zu empfehlen, da es sehr warm wird. Abends erwartet man eine ordentliche Garderobe, aber in der Regel keinen Anzug/Kleid ("casual","more formal") – dieser/s ist aber angesagt zum "Captains Dinner" (keine Teilnahmepflicht).

● **Diäten:** Nach Voranmeldung werden spezielle Diätgerichte zubereitet.

● **Medizinische Einrichtungen:** Es gibt weder einen Arzt noch eine Apotheke an Bord. Aber die Schiffe sind über eine Funktelefon-Anlage mit dem Ufer verbunden, so daß in kürzester Zeit ärztliche Versorgung gewährleistet werden kann.

● **Behinderte:** Die "American Queen" und die "Missippi Queen" verfügen über ausreichende Einrichtungen für Behinderte. Auf der "Delta Queen" – wegen des Alters – gibt es keinen Fahrstuhl.

● **Landbesuche:** Die Schiffe halten an allen wesentlichen Attraktionen entlang dem Ufer. Dort werden Touren angeboten, für die Sie bereits Tickets an Bord erwerben können.

Buchtip

● Graham Philip: "Showboats, an American Institution". Das wohl beste Buch zum Thema Schaufelraddampfer.

● Weitere interessante Bücher finden Sie im Giftshop an Bord. Verpassen Sie auf keinen Fall, ein Buch von Mark Twain zu lesen.

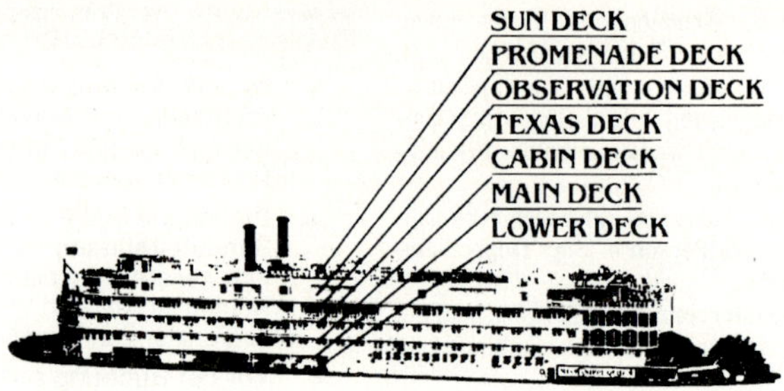

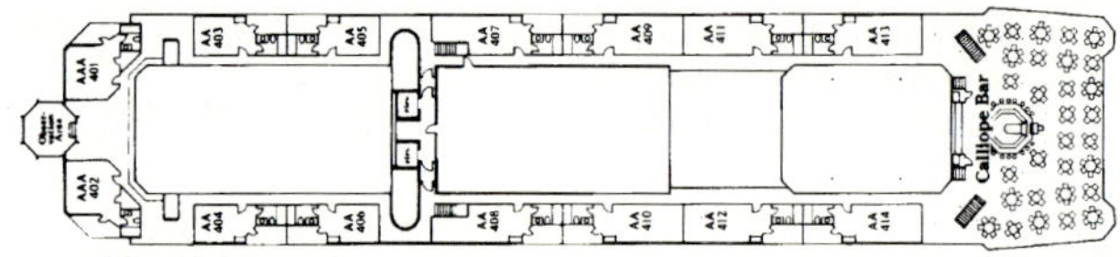

PROMENADE DECK

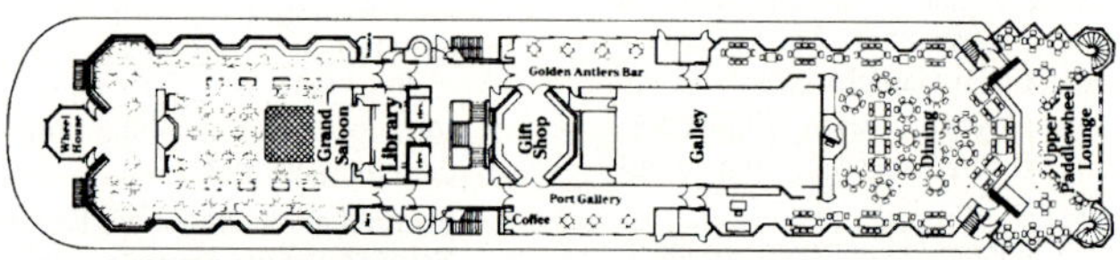

OBSERVATION DECK

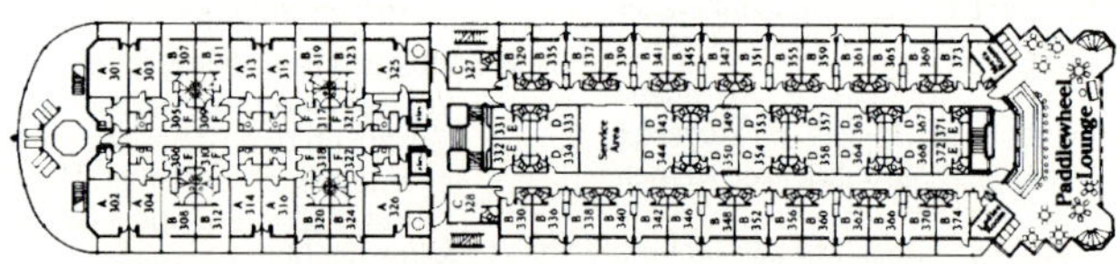

TEXAS DECK

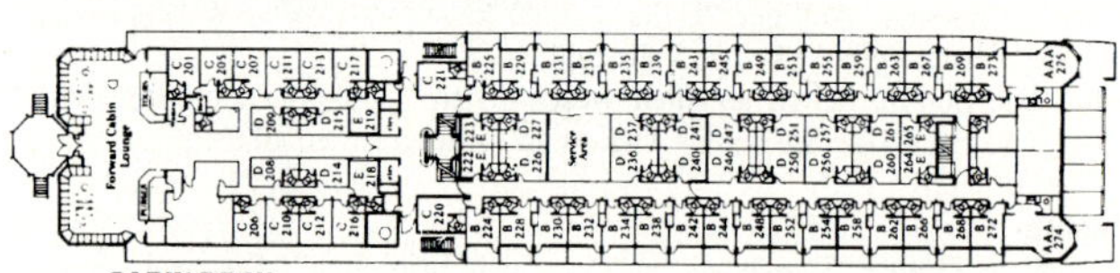

CABIN DECK

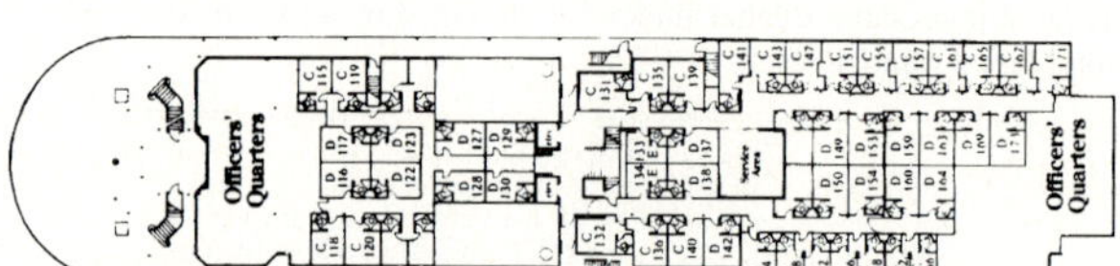

MAIN DECK

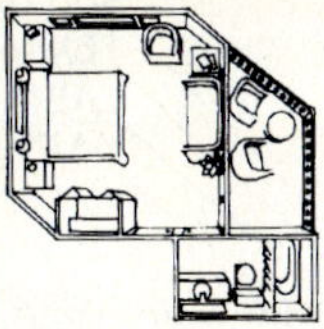

AAA Superior Veranda Suites. These spacious suites offer an expansive private veranda, single beds that can be converted to a king or a queen-size bed, sofa-bed conversational group, ample closet space, wall-to-wall carpet, and a large private bathroom with tub and shower. Two suites are situated to the right and left of the Steamboat Pilot House with picture windows facing forward and to the side providing a steamboat captain's view of America. From the gracious Paddlewheel suites you'll have a magnificent view of the giant red paddlewheel, whose rhythmic lullaby will send you off to dreamland for a good night's sleep.

• 2 "AAA" Suites are on the Promenade Deck and 2 on the Cabin Deck.

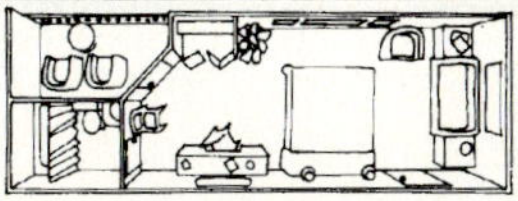

AA Luxury Veranda Suites. These extra-spacious suites offer large windows and a private veranda for a magnificent river view, twin beds that may be joined to make a king-size bed, sofa-bed conversational group, ample closet and storage space, wall-to-wall carpet, and private bathroom with tub and shower.

• 12 "AA" Suites are on the Promenade Deck.

Note: Suites 403, 404, 405, and 406 do not have a sofa-bed conversational group.

A Deluxe Veranda Suites. These superb accommodations offer large windows and a private veranda for a wonderful view of the river, two single beds, a day-bed, stateroom entrance foyer, ample closet and storage space, wall-to-wall carpet and a private bathroom with tub and shower.

• 10 "A" Suites are on the Texas Deck.

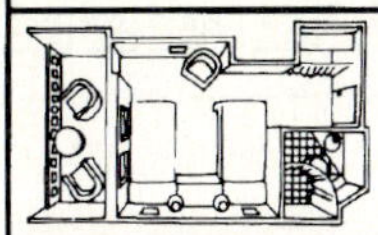

A double bed is available in staterooms No. 224, 225, 329 and 330.

B Deluxe Veranda Staterooms. These outstanding staterooms offer windows and a private veranda to view the ever-changing scenery, two single beds (some have a lower double bed with a single upper berth), large mirrors, ample storage space, wall-to-wall carpet and a private bathroom with shower.

• 36 "B" Staterooms are on the Texas Deck and 32 on the Cabin Deck.

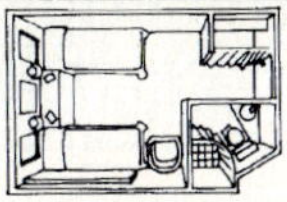

A double bed is available in staterooms No. 131, 132, 141, 143, 148, 152, 156, 158, 162, 166, 220, 221, 327 and 328.

C Outside Staterooms. These staterooms offer an expansive river view through a large window or port hole. Each stateroom has two single beds or a double bed (some have an additional single upper berth that folds away for extra space), large mirrors, ample storage space, wall-to-wall carpet and a private bathroom with shower.

• 2 "C" Staterooms are on the Texas Deck and 12 on the Cabin Deck and 27 on the Main Deck.

Note: Staterooms 131, 132, 220, 221, 327 and 328 have a partially obstructed river view.

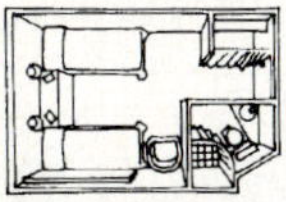

D Inside Staterooms. These inside staterooms offer comfortable accommodations, with two single beds, (some have an additional single upper berth that folds away for extra space), large mirrors, ample storage space, wall-to-wall carpet and a private bathroom with shower.

• 14 "D" Staterooms are on the Texas Deck and 18 on the Cabin Deck and 20 on the Main Deck.

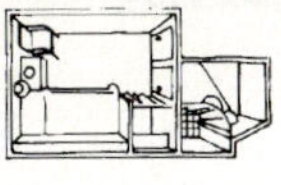

E Inside Staterooms. These inside staterooms offer comfortable accommodations each with a lower single bed and a single upper berth that folds away for extra space, mirrors, storage space, wall-to-wall carpet and a private bathroom with shower.

• 4 "E" Staterooms are on the Texas Deck,
2 "E" Staterooms are on the Main Deck, and
6 "E" Staterooms are on the Cabin Deck.

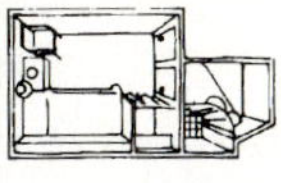

F Inside Staterooms. These inside staterooms offer cozy accommodations, each with a lower single bed and a single upper berth that folds away for extra space, mirrors, storage space, wall-to-wall carpet and a private bathroom with shower.

• 8 "F" Staterooms are on the Texas Deck.

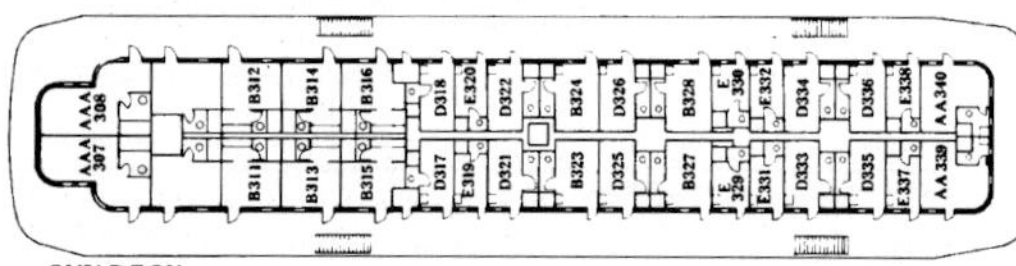
SUN DECK

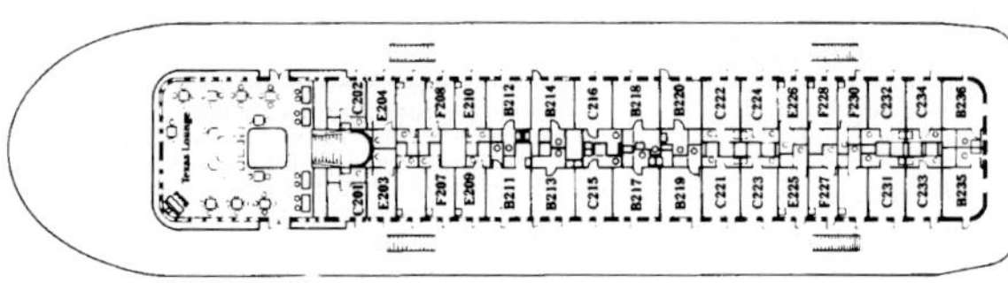
TEXAS DECK

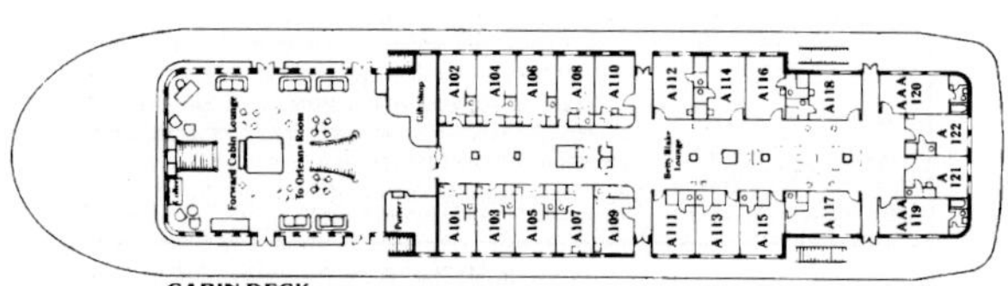
CABIN DECK

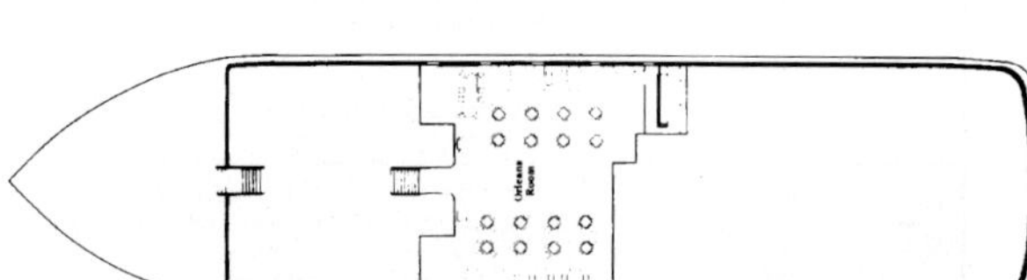
MAIN DECK

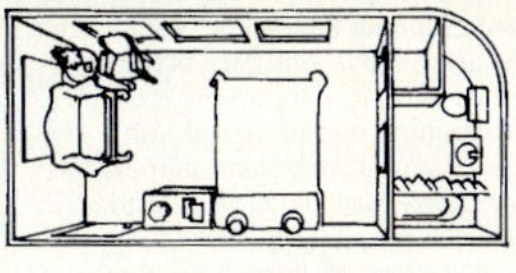

AAA Outside Superior Suites. The best of Steamboatin' accommodations, these richly furnished suites are reminiscent of an earlier day. Each suite offers windows to view America, queen-size bed, a sitting area, large mirrors, ample storage space, wall-to-wall carpet and a private bathroom with shower. Two have an inside entrance from the Betty Blake Lounge and two are situated right up front, adjacent to the pilot house.

• 2 "AAA" Suites are on the Cabin Deck and 2 are on the Sun Deck.

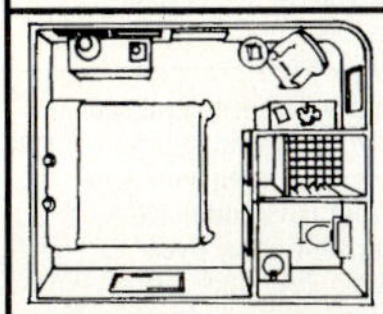

AA Outside Luxury Suites. These luxurious accommodations are graciously furnished and reminiscent of times gone by. Each suite offers windows for viewing America, a queen-size bed, a comfortable chair and desk, large mirrors, ample storage space, wall-to-wall carpet and a private bathroom with shower.

• 2 "AA" Suites are on the Sun Deck.

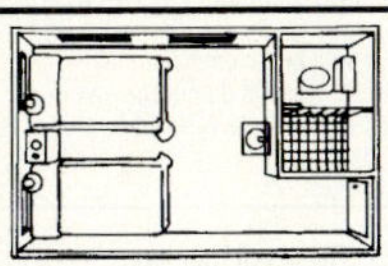

A queen-size bed is available in staterooms No. 117 and 118.

A Outside Superior Staterooms. These outstanding staterooms are distinguished by splendid antique style furnishings. Each stateroom offers an inside entrance from the Betty Blake Lounge, large windows topped with stained-glass, two twin beds (some have a queen-size bed), large mirrors, ample storage space, wall-to-wall carpet and a private bathroom with shower.

• 20 "A" Staterooms are on the Cabin Deck.

Note: Staterooms 117, 118, 121 and 122 have a partially obstructed river view.

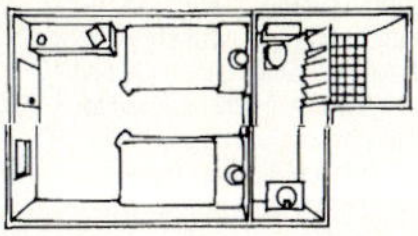

B Outside Deluxe Staterooms. These extra-spacious staterooms feature wooden-shuttered windows which frame your view of America from your steamboat. Handsomely furnished, each stateroom offers two twin beds or a double bed (No. 235 and 236), large mirrors, ample storage space, wall-to-wall carpet and a private bathroom with shower.

• 10 "B" Staterooms are on the Sun Deck and 10 on the Texas Deck.

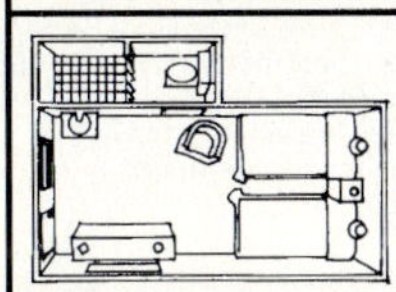

C Outside Deluxe Staterooms. These spacious staterooms feature an expansive river view through a wooden-shuttered window. Each stateroom offers two twin beds (some have a double bed), large mirrors, sufficient storage space, wall-to-wall carpet and a private bathroom with shower.

• 12 "C" Staterooms are on the Texas Deck.

A double bed is available in staterooms No. 201 and 202.

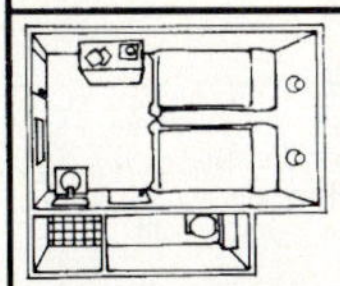

D Outside Staterooms. These charming staterooms feature an impressive river view from atop your steamboat, framed by a wooden-shuttered window. Each stateroom offers two single beds, large mirrors, sufficient storage space, wall-to-wall carpet and a private bathroom with shower.

• 10 "D" Staterooms are on the Sun Deck.

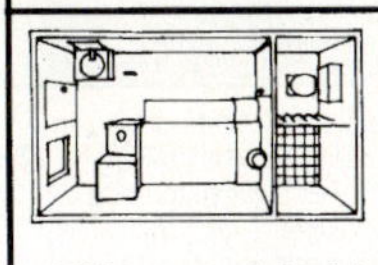

E Outside Staterooms. These popular outside staterooms feature a wooden-shuttered window from which to view the ever-changing scenery. Each stateroom offers either a single lower bed with a single upper berth or an extra wide single lower bed with a single upper berth, large mirrors, sufficient storage space, wall-to-wall carpet and a private bathroom with shower.

• 6 "E" Staterooms are on the Texas Deck and 8 "E" Staterooms are on the Sun Deck.

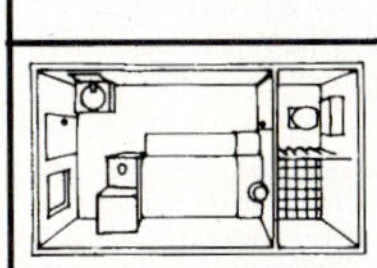

F Outside Staterooms. These popular outside staterooms feature a wooden-shuttered window from which to view the ever-changing scenery. Each stateroom offers an extra wide single lower bed with a single upper berth, large mirrors, sufficient storage space, wall-to-wall carpet and a private bathroom with shower.

• 5 "F" Staterooms are on the Texas Deck.

Note: "F" category staterooms have a partially obstructed. river view.

		Number of Staterooms and Deck
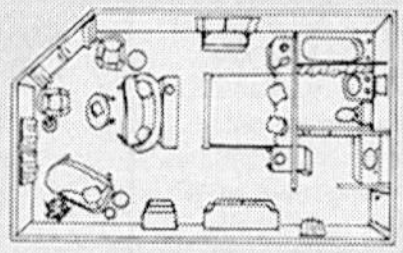	**AAA Outside Superior Suites.** The best of Steamboatin' accommodations, each of these richly furnished suites features a sweeping view of the river, an antique queen-size bed with a sofa-bed conversational group, large mirrors, ample storage space, wall-to-wall carpet and a private bath including a tub and shower. Beautiful windowed French doors open from the two pilot house suites onto deck, and from two gracious paddlewheel suites to an expansive private veranda.	Promenade-2 Texas-2
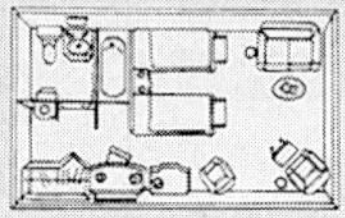	**AA Outside Luxury Suites.** These exceptional suites are finely appointed. They feature beautiful windowed French doors that open onto deck or to a private veranda; four have additional windows to enhance your view of the river. They offer large mirrors, ample storage space, wall-to-wall carpet and a private bath including a tub and shower. ***Note:*** Accommodations are two single beds with a loveseat sofa bed conversational group and a dressing area with additional sink; except 385, 386 and 508 do not have a sofa bed or dressing area. Stateroom 519 has a partially obstructed river view. Four suites can connect to an adjoining category E stateroom.	Promenade-17 Texas-3
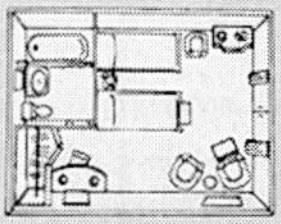	**A Outside Superior Staterooms.** These outstanding staterooms all either open onto deck or lead to a private screened veranda via beautiful windowed French doors; four have additional windows to enhance your view of the river. All offer large mirrors, ample storage space, wall-to-wall carpet and a private bath including tub with shower. ***Note:*** Accommodations are two single beds, except 401 and 402 have a queen-size bed that folds away for extra space. Staterooms 520, 521 and 522 are specially designed for wheelchair accessibility; 520 also has a loveseat sofa bed conversational group and a partially obstructed river view. Staterooms 453, 455, 456, 535 and 536 also have a sofa bed conversational group. Rooms 403 and 404 each have a private screened veranda; 401 and 403 can connect and 402 and 404 can connect.	Promenade-17 Observation-9
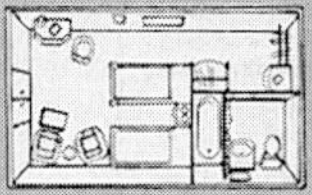	**B Outside Deluxe Staterooms.** These extra-spacious staterooms feature a marvelous view of the river from a bay window, or from beautiful windowed French doors that either open onto deck or lead to a private veranda. All offer two single beds, large mirrors, ample storage space, wall-to-wall carpet and a private bath including a tub and shower. ***Note:*** Staterooms 201 and 202 are specially designed for wheelchair accessibility. Staterooms 301, 302, 427 and 430 have a partially obstructed river view. Some staterooms can connect to an adjoining category D stateroom.	Observation-25 Texas-25 Cabin-22
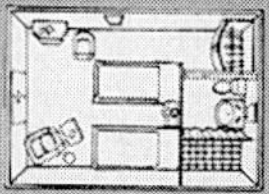	**C Outside Deluxe Staterooms.** These spacious staterooms open onto deck via beautiful windowed French doors, and feature two single beds, large mirrors, ample storage space, wall-to-wall carpet and a private bath with shower. ***Note:*** Staterooms 305 and 306 are specially designed for wheelchair accessibility, and have a tub with shower.	Observation-22 Texas-24
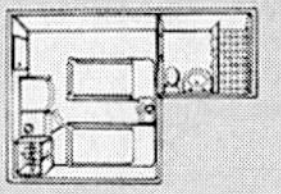	**D Inside Staterooms.** These comfortable staterooms feature large mirrors, ample storage space, wall-to-wall carpet and a private bath with shower. Eight staterooms have one single bed; all others have two single beds, and 20 of those have an additional single upper berth. ***Note:*** Staterooms 381 and 457 are specially designed for wheelchair accessibility, and have a tub with shower. Some staterooms can connect to an adjoining category B stateroom.	Observation-19 Texas-31
	**E Inside Staterooms.** These cozy staterooms feature two single beds, a mirror, storage space, wall-to-wall carpet and a private bath with extra-large shower. ***Note:*** Each of these staterooms can connect to an adjoining category AA stateroom.	Promenade-4

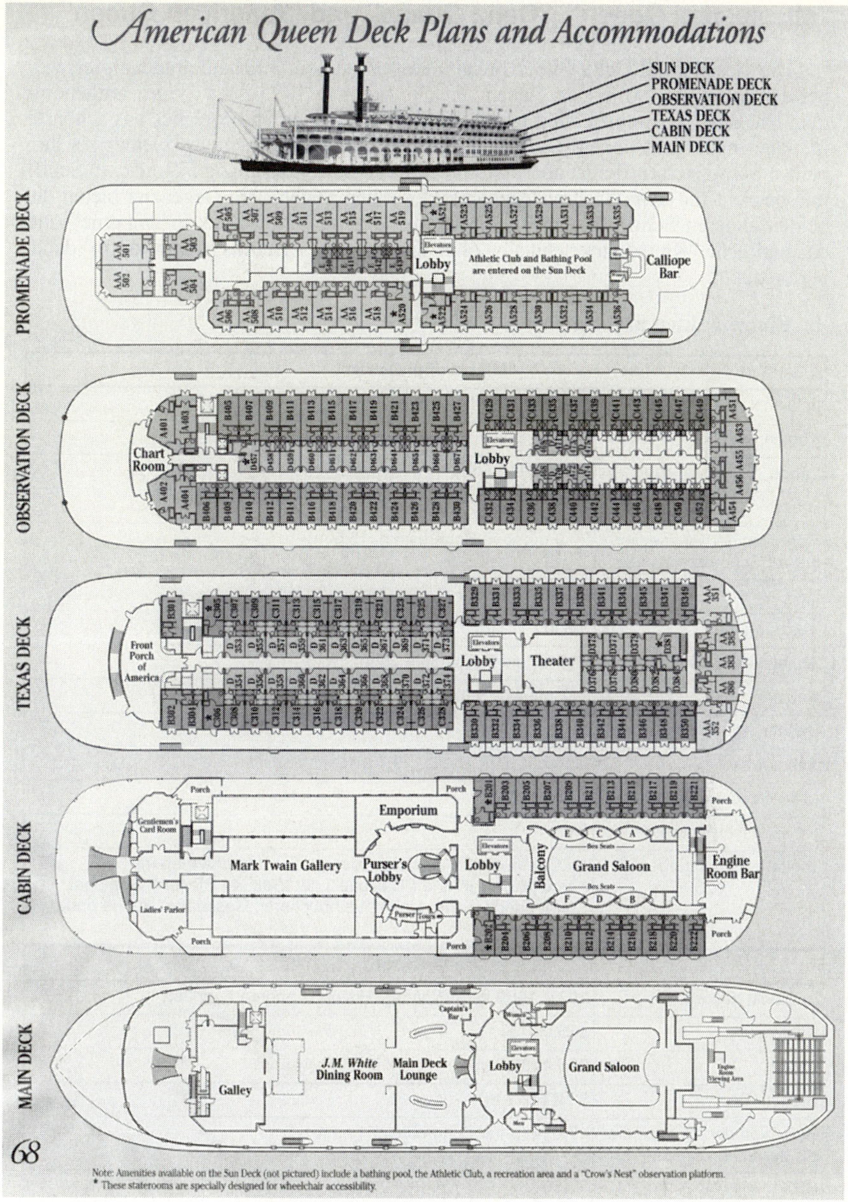
American Queen Deck Plans and Accommodations
SUN DECK
PROMENADE DECK
OBSERVATION DECK
TEXAS DECK
CABIN DECK
MAIN DECK
PROMENADE DECK
Lobby
Elevators
Athletic Club and Bathing Pool are entered on the Sun Deck
Calliope Bar
OBSERVATION DECK
Chart Room
Elevators
Lobby
TEXAS DECK
Front Porch of America
Elevators
Lobby
Theater
CABIN DECK
Porch
Gentlemen's Card Room
Ladies' Parlor
Mark Twain Gallery
Emporium
Purser's Lobby
Purser
Elevators
Lobby
Balcony
Box Seats
Grand Saloon
Engine Room Bar
MAIN DECK
Galley
J.M. White Dining Room
Main Deck Lounge
Captain's Bar
Elevators
Lobby
Grand Saloon
Engine Room Viewing Area
68
Note: Amenities available on the Sun Deck (not pictured) include a bathing pool, the Athletic Club, a recreation area and a "Crow's Nest" observation platform.
* These staterooms are specially designed for wheelchair accessibility.

"Mississippi Queen", "Delta Queen" und "American Queen"

Die Gesellschaft Delta Queen Steamboat verfügt über 3 Schaufelraddampfer, wobei der dritte, die "American Queen" erst im Sommer 1995 ihren Dienst aufgenommen hat. Alle drei Schiffe sind unterschiedlich, und einen Tip, welches das schönste ist, kann man nicht geben. Die "Delta Queen" ist zwar um einiges kleiner als ihre beiden Schwesterschiffe, ist aber dafür auch das älteste (und einzig historische) Schiff und besticht mit dem "wahren Ambiente des Alten Süden". Im Gegenzug bieten die beiden anderen Schiffe mehr Gemeinschaftsräume und "On-Deck-Programme" und das wirkliche "Kreuzfahrterlebnis" – ohne daß aber das **Erlebnis Steamboatin'** dabei verlorengeht.

Einige Fakten und Daten:

"Mississippi Queen"	
In Dienst gestellt:	25. Juli 1976
Kosten:	27 Mio. $
Länge:	382 ft. (116,5 m)
Breite:	68 ft. (20,7 m)
Höhe von der Wasserlinie bis zur Schornsteinspitze:	21,9 m (ohne Schornstein: 15,5 m)
BRT:	3.364
Verdrängung:	5.300 t
Anzahl der Decks:	7 (6 für die Passagiere zugänglich)
Kabinen:	207 mit 420 Betten
Besatzung:	165
Schaufelrad:	Gewicht: 70 t, Breite: 10,7 m, Durchmesser: 7,6 m
Max. Geschwindigkeit:	12 kn
Reisegeschwindigkeit:	8 kn
Weitere Einrichtungen:	Air Condition, 2 Fahrstühle, das größte dampfbetriebene (Orgelpfeifen-)Piano ("Calliope") der Welt (44 Pfeifen), Spa pool, Sonnendeck, Fitnessraum, Leihbücherei, Geschäfte, Bühne und Filmtheater

"Delta Queen"	
In Dienst gestellt:	1927; 1989 zum "National Historic Landmark" erklärt
Kosten:	875.000 $
Länge:	285 ft (86,9 m)
Breite:	58 ft (17,7 m)
Höhe von der Wasserlinie bis zur Schornsteinspitze:	17,5 m (ohne Schornstein: 13,1 m)
BRT:	3.360
Verdrängung:	2.700 t
Anzahl der Decks:	5 (4 für die Passagiere zugänglich)
Kabinen:	91 mit 182 Betten

Besatzung:	75
Schaufelrad:	Gewicht: 44 t, Breite: 8,5 m, Durchmesser: 8,8 m
Max. Geschwindigkeit:	12 kn
Reisegeschwindigkeit:	8 kn
Weitere Einrichtungen:	Air Condition, dampfbetriebenes Piano, Geschäfte, antike Holzeinrichtung
Weitere Einrichtungen:	Air Condition, dampfbetriebenes (Orgelpfeifen-)Piano ("Calliope"), Sonnendeck, Leihbücherei, Geschäfte, Bühne

"American Queen"	
In Dienst gestellt:	1995
Kosten:	60 Mio. $
Länge:	420 ft. (128 m)
Breite:	89,3 ft. (27,2 m)
Höhe von der Wasserlinie bis zur Schornsteinspitze:	16,5 m
BRT:	knapp 4.000 t
Anzahl der Decks:	6
Kabinen:	206 mit 420 Betten
Besatzung:	300
Schaufelrad:	Gewicht: 60 t, Breite: 9 m
Max. Geschwindigkeit:	12,5 kn
Reisegeschwindigkeit:	8 kn
Weitere Einrichtungen:	Air Condition, verschiedene Aufenthaltsräume, Kartenraum mit den wesentlichen Karten der "Heartland-Flüsse", Fahrstühle, großes "Theater" mit täglichen Programmen (im Design eines Stadttheaters des 19. Jahrhunderts), Filmvorführraum, Kabinen mit Telefon und großen Bädern

Die Entwicklung entlang des Mississippi und seiner Nebenflüsse

"League after league, it still pours its chocolate tide along, between it's solid forest walls, ... and so the day goes, the night comes, and again the day – and still the same – majestic, unchanging sameness of serenity, repose, tranquillity."

aus "Life on the Mississippi"; Mark Twain

Bereits um 700 n.Chr. lebten Indianer der Spät-Wald-Periode beidseits der Mississippi-Ufer. Es waren Vorfahren der heutigen Cherokees. Ihre Blütezeit erlebte diese Kultur um 1200, bevor sie dann um 1550 ihr jähes Ende fand. Die ersten Europäer, die den großen Fluß gesehen haben, waren 1541 die Spanier unter dem Conquistadoren Hernando de Soto. Doch erst 1773 erforschten die Franzosen Jolliet und Marquette den südlichen Flußverlauf. Durch ihre Berichte ermutigt, begannen die europäischen Siedler mit der weiteren Erkundung. Sein unschätzbarer Wert für die Bewässerung von Feldern und vor allem als Transportweg in die abgelegenen Gebiete des Nordens und Westens war ohne Zweifel.

Dem Käpitän kommt eine besondere Rolle zu

Bevor es zu Streitereien gekommen wäre, wurde der Fluß 1783 als Grenze zwischen amerikanischem und spanischem Machtbereich eingesetzt. 1812 begann dann die Zeit der Schaufelraddampfer, die ihren Höhepunkt um 1850 erreichte. Auf Dampfern aller Größen wurden nun Waren und Menschen in die bis dahin noch weitestgehend unerschlossenen Gebiete der nördlichen USA befördert. Doch auch in anderer Richtung waren die Schiffe beladen: Mit Agrarprodukten aus dem Mittleren Westen, Bodenschätzen aus dem Westen (später auch aus Tennessee und Kentucky) und "Hinterwäldlern", die einmal das Großstadtleben von New Orleans sehen und erleben wollten. Der Mississippi bildete zu dieser Zeit ohne Zweifel die Lebensader für die Erschließung "Rest-Amerikas". Viele Städte, wie z.B. St. Paul, Cincinnati und Memphis, verdanken ihre Gründung bzw. Entwicklung der Flußschiffahrt und waren bedeutende Häfen und Umschlagplätze.

Um 1875 war es dann vorbei mit der großen Zeit der Schaufelraddampfer. Die ersten Eisenbahnlinien parallel zum Fluß wurden gebaut, und mit der Flußregulierung – und damit seiner Vertiefung an gefährlichen Stellen – wurden die flachen Dampfer überflüssig, und modernere Schubkähne nahmen ihren Platz ein. Den letzten "Todesstoß" gab den majestätischen Schiffen schließlich die Einführung des Dieselmotors, der die großen Dampfmaschinen überflüssig machte und der um einiges leistungsfähiger war und ist.

Das moderne Steuerhaus der "Mississippi Queen"

Probleme bereiten den Farmern und Flußanwohnern bis in die heutige Zeit die häufigen Überflutungen. Durch unkontrollierte Dammbauten – bis 1928 war jeder Bundesstaat für seinen Abschnitt zuständig und handelte entsprechend egoistisch – kam es zu immer größeren Überflutungskatastrophen. Dort, wo nämlich keine ausreichenden Dämme existierten, suchten sich die Wassermassen ihren Weg ins Hinterland und richteten verheerende Schäden an. Aber auch die Dämme hielten den Wassermassen nicht immer stand, was 1927 zu einer der größten Überflutungskatastrophen der USA führte.

Mit den Dämmen wurde aber auch verhindert, daß nährstoffreiche Schlammablagerungen die Felder erreichten, womit die meisten Böden nach wenigen Jahren unbrauchbar wurden. Seit 1928 gibt es nun ein Gesetz, das die Flußregulierung in die Hand der Bundesregierung gelegt hat. Die Zahl der Überschwemmungen hat seitdem zwar abgenommen, doch wird man sie nie ganz in den Begriff bekommen, was uns die letzte große Überflutung im mittleren Westen im Winter 1993/94 wieder einmal gezeigt hat.

Mittlerweile sorgen an vielen Abschnitten Seitenkanäle zwischen Minneapolis und New Orleans für den reibungslosen Ablauf der Flußschiffahrt. Durch diese Kanalbauten können heute Schiffe von den großen Seen bis New Orleans fahren.

Einige Zahlen und Fakten zum Mississippi:

- Der Name Mississippi enstammt einem alten Indianerwort und bedeutete soviel wie "großer alter Vater".
- Länge: 3.778 km. Zusammen mit dem Missouri erreicht der Flußlauf eine Länge von 6.021 km, womit er nach dem Nil und dem Amozanas der drittlängste Fluß der Erde ist.
- Die Quelle des Mississippi bildet der Lake Itasca in Minnesota.
- Jedes Jahr wird das Delta um ca. 50 m (andere Angaben behaupten sogar um 200 m) vorgelagert.
- Der sogenannte Dammfluß (Lower Mississippi), der mit dem Einfluß des Ohio bei Cairo beginnt, ist etwa 1.400 m breit, wobei er weiter südlich wieder schmaler wird (bei New Orleans etwa 600 m).
- Das Einzugsgebiet des Mississippi und seiner Nebenflüsse ist 3,21 Mio. qkm groß und erreicht in diesem Gebiet 31 US-Bundesstaaten und 2 kanadische Provinzen.
- Der Mississippi hat über 40 bedeutende Nebenflüsse. Die bekanntesten sind: Missouri, Arkansas, Ohio, Tennessee, Yazoo und Illinois.
- Den Mississippi fließen jährlich ca. 380 Billionen Liter Wasser hinunter (25mal soviel wie den Rhein), und dabei führt er täglich 365.000 Tonnen Sedimente mit sich. Das reicht aus, um einen 150 Meilen langen Güterzug zu beladen!
- Der Nebenfluß Ohio führt fünfmal soviel Wasser wie Mississippi und Missouri zusammen.
- Obwohl der Mississippi als "Schlammsuppe" bezeichnet wird, gilt der Missouri als zehnmal schlammiger.
- Die Spanier nannten den Mississippi "Rio del Espirito Santo", den Fluß des "Heiligen Geistes".
- Während der letzten 150 Jahre wurde der Flußlauf des Mississippi zwischen New Orleans und Memphis durch Dämme um 150 Meilen verkürzt. Doch davon hat sich der Fluß bereits 75 Meilen wieder zurückgeholt.

Wußten Sie,

? daß Fried Chicken, der Pecan Pie und die Chocolate Brownies zuerst auf den Schaufelraddampfern serviert worden sind,

? daß Schaufelraddampfer den Namen von unbedeutenden Ansiedlungen maßgeblich verändert haben. So z.B. wurde aus Mudville Memphis und aus Pigtown St. Paul,

? daß das Wort "Hillibilly" von den ersten Mitfahrern der Dampfer entstammt. Diese siedelten nämlich in der Hügellandschaft ("hills") des Nordens, und viele von ihnen hießen William, Wilhelm oder Wilburn, dessen Kurzform Bill ist,

? daß der Ausdruck "I cotton to you" ("Ich mag Dich") auf den Transport von Baumwolle auf den überladenen Mississippidampfern zurückzuführen ist. Baumwolle war nämlich die wesentliche Frachtware auf dem Fluß und hatte die Eigenschaft, an Kleidern haftenzubleiben,

? daß zur Einrichtung der Schaufelraddampfer große Hotelarchitekten aus aller Welt herangezogen worden sind,

? daß das Wort "Cabin" auf einem Schaufelraddampfer auch für die Gesellschaftsräume verwandt wird,

? daß Räume und Decks auf den Flußdampfern die Namen der einzelnen Bundesstaaten tragen, da die "Steamboaters" sich eher als Geographen denn als Mathematiker ansahen,

? daß das “Texas-Deck” seinen Namen erhielt durch die Tatsache, daß seine Einführung zu jener Zeit stattfand, als Texas als Bundesstaat in die Union aufgenommen wurde,

? daß die Reisegeschwindigkeit der Schaufelraddampfer von 5–7 Knoten häufig nicht ausreicht, um gegen die Strömung anzukommen (besonders noch bei Gegenwind), so daß sie dann kreuzen müssen zu Flußflächen, wo die Strömung geringer ist (meist die Innenkurve),

? daß der Steuermann in einer Innenkurve zwar auch sein Radar zu Hilfe nimmt, um entgegenkommenden Verkehr zu orten, sich in der Regel aber auf sein Gespür verläßt,

? daß ein Steuermann auf einem Mississippi-Passagierschiff für seine Lizenz den gesamten Flußlauf, den er befahren möchte, **aus dem Gedächtnis** aufzeichnen muß (inklusive aller Lichter, Kabel, Seitenkanäle etc.),

? daß sich der Flußverlauf und besonders seine Tiefen jährlich so verändern, daß die Wasserbehörde nicht nachkommt mit der Kartographie und auf Tiefenangaben auf den Karten grundsätzlich verzichtet. Nur die Erfahrung und der aktuelle Informationsaustausch zwischen den Steuermännern gewährleistet, daß die Schiffe nicht auflaufen,

? daß nachts mit einem 1,5-Meilen-Radar geortet wird und daraufhin Bojen und andere Gegenstände mit einem Suchscheinwerfer lokalisiert werden,

? daß die hölzernen Schaufelräder laufend in den Häfen erneuert werden müssen, da treibende Baumstämme und anderes Treibgut sie immer wieder beschädigen,

? daß die “Mississippi Queen” pro Stunde 1.320 Liter Treibstoff (Mischung aus Benzin und Wasserdampf) verbraucht,

? daß das Schaufelrad pro Minute ca. 12 Umdrehungen macht?

INFO

Der Ohio-River

Der längste linke Nebenfluß des Mississippi entsteht durch den Zusammenfluß von Monongahela und Allegheny River in Pittsburgh. Er mündet bei Cairo in den Mississippi. Der Ohio ist ein wichtiger Transportweg von den Industriegebieten um Pittsburgh und Cincinnati in den Mississippi und weiter nach New Orleans. Zahlreiche Schleusen sorgen für den geregelten Schiffsverkehr. Ohne den Ausbau dieses Flußweges wäre der Industriestandort Pittsburgh als wesentlichster Stahlproduzent der USA während der ersten Hälfte des 20. Jahrhunderts nicht in so einem Umfang gewachsen.

Auf und am Ohio fanden übrigens während des Unabhängigkeits- und auch während des Bürgerkrieges verschiedenste Schlachten statt.

Länge: 1579 km

Streckentelegramm: von Pittsburgh nach Cincinnati

Hier gebe ich Ihnen nur einen groben Überblick über das, was Sie erwartet entlang dem Ohio bis Cincinnati. Genauere Beschreibungen von Pittsburgh und Cincinnati entnehmen Sie bitte den entsprechenden Buchkapiteln bzw. nehmen Sie sich an Bord die ausgelegten Flußkarten ("Navigation Charts") zu Hilfe, die Ihnen wirklich alles aufzeigen, was es links und rechts der Ufer zu sehen gibt. Weitere Infos erhalten Sie an Bord durch die täglich erscheinende "Steamboatin' Times", die neben dem Tagesplan zusätzlich auf den Innenseiten über die zu besuchenden Sehenswürdigkeiten informiert.

Allgemeiner Überblick über die Strecke

Der erste Eindruck mag noch nicht so berauschend sein. Abgesehen von der Skyline von Pittsburgh gibt es nur wenig Schönes zu sehen, bis Sie Wheeling erreichen. Zahlreiche Industrie- und E-Werke säumen das Ufer. Danach wird es schöner. Kleine Städte, wie z.B. Wheeling, vor allem aber Marietta sowie Ripley und Pomerey, haben ihren eigenen, beschaulichen Charme. Zum Teil wirken die Orte etwas verschlafen und zeugen von einer bedeutsameren, vergangenen Flußschiffszeit. Die Landschaft westlich von Marietta ist einmalig! Ein von Wäldern bestandenes Flußtal, dünn besiedelt (vorwiegend kleine Farmen), dazu mehrere kleine Flußinseln bilden einen der schönsten Flußläufe des gesamten Mississippi-Systems. Eine besonders **empfehlenswerte Reisezeit** wäre hierfür der **Indian Summer**, wenn die Blätter sich alle bunt färben.

Zahlreiche Schleusen werden passiert

Besonders beeindruckend auf diesem Streckenabschnitt sind auch die zahlreichen, riesigen Schleusenanlagen.

Streckentelegramm (Locks and Dam = Schleuse)

Flußmeile	***Sehenswertes***
0	**Pittsburgh**, Skyline – besonders schön, wenn der Springbrunnen am Points Park seine Fontäne hochspritzt.
5-10	Neville Island. Auf dieser Insel, ehemals Standort verschiedenster Stahl- und Werftbetriebe, wurde die "Delta Queen" nach der Überführung aus San Francisco 1948 überholt
6,2	**Emsworth Locks and Dam**
13,8	**Dashields Locks and Dam**
31,7	**Montgomery Locks and Dam**
40	Staatengrenze PA/OH und PA/W.VA.
54,4	**New Cumberland Locks and Dam**
68	Steubenville, OH. Kleinstadt mit zahlreichen Betrieben der Schwerindustrie. Benannt nach dem preußischen General.
74	Wellsburg, W.VA. Liebliche, verschlafene Kleinstadt mit einigen Antiquitätengeschäften.
84,2	**Pike Island Locks and Dam**

90,8 **Wheeling, W.VA.** Eine Stadt mit heute noch 34.000 Einwohnern. Ehemals hatte sie Bedeutung als Industriestandort (Stahlwerke und Glasbläsereien), und größere Gebäude aus dieser Zeit (z.B. der Bahnhof) zeugen noch davon. Während des Unabhängigkeitskrieges fand am Fort Henry (nur noch ein Schild erinnert daran) eine bedeutsame Schlacht statt. Der nahe **Oglebay Park** ist ein beliebtes Ausflugsziel mit schönen Grünanlagen, einem Glasbläsershop, einem Zoo, einer großen Golfanlage und dem ehemaligen Wohnsitz der Oglebays, einem wunderschönen – zu besichtigenden – Herrenhaus.

126,4 **Hannibal Locks and Dam**

161,7 **Willows Island Locks and Dam**

171,8 **Marietta, OH.** Marietta war einst einer der bedeutendsten Flußhäfen entlang des Ohio. Heute besticht die kleine Stadt durch ihr historisches Zentrum, die vielen Grünflächen und das Flair eines verschlafenen Provinznestes, in dem scheinbar vor 100 Jahren die Zeit stehengeblieben ist. Das **"Lafayette Hotel"** (Tel.: (614) 373-5522) ist übrigens eines von ca. 80 als historisch klassifizierten Hotels in Amerika. Hauptattraktion aber sind das **Ohio River Museum** (Flußgeschichte und ein alter Schaufelraddampfer) sowie das **Museum of the Northwest Territory** – Marietta war nämlich in jungen Jahren einmal die Hauptstadt des westlichen Ausläufers der USA.

Zum Stadtbesichtigungsprogramm gehört schließlich noch die **Fenton Glass Factory**, wobei ich persönlich eher zu einem Bummel durch die alten **Antiquitätenläden** in der Front Street raten würde. Hier gibt es alte Schilder und auch viel – erschwinglichen – Ramsch aus der Zeit des aufstrebenden Amerika. Sollte Ihr Schiff über Nacht bleiben, dürfen Sie eine Musik- und Tanzaufführung auf der **Showboat Becky Thatcher** nicht verpassen.

Auf Blennerhasset Island

184,4 Parkersburg, W.VA. Kleine Industriestadt. Interessant ist einzig das **Blennerhasset Museum**.

186 -189,6 **Blennerhasset Island.** Auf dieser Insel haben sich im beginnenden 19. Jahrhundert der reiche Ire Harman Blennerhasset und Aaron Burr zusammengetan, um einen konspirativen Plan zu verwirklichen, nämlich ein eigenes Empire im Westen und Südwesten der USA zu gründen. Der Plan flog 1806 auf. 1811 brannte dann das Herrenhaus ab. In jüngerer Zeit wurden einige ehemalige Gebäude (-reste) freigelegt, das Herrenhaus wieder aufgebaut und ein Rundweg auf der Insel angelegt.

Mit Pferdekutschen werden Sie zu den bedeutendsten Punkten dieser geheimnisvollen Insel gebracht. Das Herrenhaus ist zu besichtigen. Auch nur zum Spazierengehen eignet sich die Insel mit ihren schattenspendenden Bäumen.

203,9 **Bellville Locks and Dam**

237,5 **Racine Locks and Dam**

249,5 **Pomeroy, OH.** Liebliche Kleinstadt direkt am Fluß. Gutes Fotomotiv.

279,2 **Robert C. Byrd Locks and Dam**

307-311 **Huntington, W.VA.** Mit 55.000 Einwohnern die zweitgrößte Stadt West Virginias. Hier wird selten angehalten. Interessant das **Heritage Village** (alter Bahnhof und Eisenbahnwaggon), das **Museum of Art** und Führungen durch **Glasfabriken**. Die Stadt wird durch einen 1 Meile langen Wall vor den Wassern des Ohio geschützt.

317 Big Sandy River-Einmündung und Grenze W.VA./KY

341 **Greenup Locks and Dams**

355,7 Portsmouth,OH. Reizende Kleinstadt mit einer schönen, historischen Innenstadt (u.a. ehem. Brauerei). Zudem ein kleines Heimatkundemuseum **(Southern Ohio Museum and Cultural Center)**

408,6 Maysville, KY. An einer Flußbiegung gelegen, ist die Stadt die erste Landungsstelle am Ohio gewesen, denn hier kreuzt der legendäre Natchez Trace, die erste Landverbindung zwischen dem schiffbaren Unterlauf des Mississippi (bei Natchez) und Pittsburgh.

417,5 Ripley, OH. Kleinstadt, die ein gutes Fotomotiv abgibt.

436,2 Captain Anthony Meldahl Locks and Dam

470,2 Landungssteg von Cincinnati.

• • •

Die Fahrt nach Columbus bietet keine besonderen Höhepunkte. Wälder und Felder wechseln sich ab in einer hügeligen Landschaft. Eindrucksvoll ist eigentlich nur die Ohio-Brücke bei Wheeling. Einen kurzen Stop würde das kleine Städtchen **Zanesville** lohnen, wo der amerikanische Autor Zane Grey (Cowboygeschichten) geboren wurde. Zanesville fällt bereits durch mehrere (der Größe der Stadt nicht angemessen) Kirchen auf. Zu besichtigen wären das **Zane Grey Geburtshaus** (705 Convers Ave.) und das **National Road Zane Grey Museum** (US 22/40, 10 Meilen östlich, via I-70, Exit 164), welches an eine wichtige alte Straßenverbindung zwischen Maryland und Illinois erinnert.

Vor Columbus empfehlen sich einige kleinere **Outlet Malls**, in denen Sie amerikanische Markenwaren zu günstigen Preisen erhalten.

Columbus

Überblick und Geschichte

Columbus wurde 1812 einzig angelegt, um als Hauptstadt von Ohio zu fungieren. Seine Vorgänger, Chillicothe und Zanesville, boten weniger günstige geographische Lagen. 1812 wurde mit dem Bau der Regierungsgebäude am Scioto River begonnen, und bereits 1816 tagte hier die erste Versammlung. Seither wuchs die Stadt stetig, erhielt 1850 Anschluß an die Eisenbahnlinie und entwickelte sich nicht nur zum Zentrum der regionalen Agrarindustrie, sondern konnte auch – dank ihrer geographisch günstigen Lage in den USA und der verhältnismäßig niedrigen Grundstückspreise – eine Reihe von Konzernen anlocken.

Viele Einwanderer aus Deutschland und der Schweiz haben sich hier bereits früh niedergelassen, was am deutlichsten wird im German Village südlich der Innenstadt. Im Grunde aber ist Columbus äußerlich eine Verwaltungs- und Universitätsstadt geblieben – es gibt alleine 7 Universitäten und verschiedene wissenschaftliche Forschungsanstalten.

Es bietet für Sie als Reisenden nur wenig. Columbus mag angenehm sein zum Leben, aber lohnt für Reisende keinen Umweg. Städte wie Pittsburgh, Cincinnati und St. Louis sind weitaus faszinierender. Falls Sie nun aber am Nachmittag "in der Nähe" sein sollten, bietet sich trotzdem das eine oder andere hier.

Reisepraktische Hinweise

Information
Greater Columbus Convetion & Visitors Bureau: One Columbus Bdlg., 10 W.Broad St., Suite 1300, Columbus, OH 43215-3454, Tel.: (614) 221- CITY od. 800-345-4FUN.

Redaktions-Tips

- **Übernachten: Victorian B & B** oder das **Worthington Inn**.
- **Essen**: Deutsche Küche in **Juergen's Restaurant** oder amerikanische Gerichte im **Brewery District** bzw. im **Engine House N° 5**
- **Abendprogramm:** Ein **Columbus Beer** im Brewery District probieren, danach im **German Village** essen gehen, und wer dann noch abenteuerlustig ist, sollte entlang der High Street durch die **Short North Area** bummeln.
- **Bedeutendste Sehenswürdigkeiten:** Der Nachbau der "Santa Maria", das Ohio Historical Center and Village, das German Village und für Kinder und Junggebliebene das Center of Science and Industry (COSI)

Touren/Sightseeing

German Village Tours: German Village Society, 588 S. 3rd St., Tel.: (614) 221-8888. Während der Sommermonate geführte Touren durch das "Deutsche Dorf". Abfahrt am German Village Meeting Haus.

Taxi

Yellow Cab: 221-3800 od. 444-4444

Einkaufen

The Book Loft: 631 S. 3rd St., Tel.: (614) 464-1774. Über 32 Räume verteilt finden Sie hier günstige Bücher im Sinne eines "Modernen Antiquariates". Das Geschäft ist unter der Woche bis 23h00 geöffnet.

Hotels und andere Unterkünfte

● **Hyatt on Capitol Square $$$$:** 75 E. State St., Columbus, OH 43215, Tel.: (614) 228-1234, Fax: (614) 469-9664. 400 Zimmer, 21 Stockwerke. Modernes Luxushotel.

● **The Worthington Inn $$$:** 649 High St. (Ecke Victorian Ave.), Columbus, OH 43085, Tel.: (614) 885-2600. Renoviertes viktorianisches Inn. Alle 26 Zimmer individuell eingerichtet. Gutes Restaurant (s.u.).

● **German Village Inn $$:** 920 S. High St., Columbus, OH 43206, Tel.: (614) 443-6506. 2-geschossiges Motel im German Village. Sauber und gutes Preis-Leistungsverhältnis.

● **157 on the Park $$:** 157 E. Deshler Ave., Columbus, OH 43206, Tel.: (614) 443-6935. Ansprechende Bed & Breakfast-Unterkunft im German Village. Das Haus stammt von 1890.

● **Victorian Bed & Breakfast $$:** 78 Smith Place, Columbus, OH 43201, Tel.: (614) 299-1656. B&B in Haus von 1880. Ruhig und mit Antiquitäten eingerichtet.

● **Red Roof Inn-Morse Road $-$$:** 750 Morse Rd (I-75 nach Norden, exit 16 – Morse Rd/ Sinclair), Columbus, OH 43229, Tel.: (614) 846-8520, Fax: (614) 846-8526. Sauberes und günstiges Motel mit 107 Zimmern, ca. 6 Meilen nördl. der Innenstadt.

Restaurants

● **Worthington Inn Dining Room:** im Worthington Inn, 649 High St., Tel.: (614) 885-2600. Fine Dining

● **Schmidt's Sausage Haus:** 240 E. Kossuth St. (German Village), Tel.: (614) 444-6808. Untergebracht in einem alten, umgebauten Stall. Selbstgemachte Würstchen und leckere Desserts bei deutsch-amerikanischer "Bierhaus-Gemütlichkeit". Sehr belebt – nichts für ein geruhsames Dinner.

● **Engine House N° 5:** 121 E. Thurman Ave., Tel.: (614) 443-4877. Amerikanische "Haute Cuisine" in altem Feuerwehrhaus. Besonders das Gebäude lädt zu einem Besuch ein.

● **Plank's Bier Garten:** 888 S. High St., Tel.: (614) 443-4570. Ältester und größter Biergarten in Columbus. Gut für den Snack zum Lunch.

● **Juergen's Restaurant:** 525 S. Fourth St., Tel.: (614) 224-6858. Deutsche Spezialitäten (Schnitzel, Sauerbraten etc.) und importiertes Bier. Angeschlossen ist eine Bäckerei mit guten Broten und leckeren Kuchen.

Pubs/Livemusik/Nightlife

Hierfür empfehlen sich zwei Gebiete:

● Im **Brewery District** (500er-Block S. Front Street) wurden in einer ehemaligen Brauerei mehrere Kneipen und kleine Restaurants angesiedelt, in denen es u.a. das lokale Columbus Beer gibt und gelegentlich auch Livemusik (meist Rock-Musik) angeboten wird.

● In der **Short North Area** finden sich chice und weniger ansprechende Restaurants und Kneipen. In meinen Augen das interessanteste Viertel der Stadt, wobei nicht alle Lokalitäten den gewünschten Ansprüchen standhalten. Faustregel: je innenstadtnäher, desto vornehmer.

Sehenswertes

Innenstadtbereich

Die Innenstadt ist bestimmt durch zahlreiche Regierungs- und Bürogebäude, von denen nur ein älterer Wolkenkratzer ("Union Citadel") optische Reize bietet. Parken Sie am besten Ihr Fahrzeug im Bereich des State Capitol, von wo aus Sie die Sehenswürdigkeiten im zentralen Innenstadtbereich zu Fuß erreichen können.

■ **Ohio State Capitol** 1 , Ecke Broad/High Sts., geöffnet Mo-Fr 9h00-15h00, Sa+So 12h00-16h00. Erbaut im griechisch-dorischen Stil, wirkt dieses State Capitol weniger imposant als die anderer Staaten. Sehenswert ist aber die Kuppel, die mit 24-karätigem Goldfarben bemalt wurde.

Im gegenüberliegenden **State Office Building** können Sie vom 40. Stockwerk aus das Panorama auf die Stadt genießen.

■ **Center of Science and Industry (COSI)** 2 , 280 E. Broad St., geöffnet Mo-Sa 10h00-17h00, So 12h00-17h30. Verschiedenste technische "Hands on"-Geräte mögen vor allem die Kinder begeistern. Besonders beeindruckend sind die chemischen Vorführungen, das Planetarium und die Ausstellung über Kohleabbau.

■ **Columbus Museum of Arts** 3 , 480 E. Broad St., geöffnet Di-So 10h00-17h30. Hier sind verschiedene europäische und amerikanische Kunstwerke ausgestellt. Lohnend aber sind eher die wechselnden Ausstellungen. Infos: Tel.: (614) 221-6801

■ **"Santa Maria"** 8 , Batelle Riverfront Park nördlich der Columbus Bridge (W.Broad St.), geöffnet (nur April-Dezember) Di-Do 10h30-18h00, Fr+Sa 10h30-19h00, So 12h00-18h00. Dieser originalgetreue Nachbau der "Santa Maria", dem Segelschiff, mit dem Columbus 1492 Amerika entdeckte, ist sicherlich einen Besuch wert. Erstaunlich vor allem, wie klein das Schiff ist. Auf Führungen werden Ihnen Geschichten und Einzelheiten zur "Seefahrerromantik" der Entdeckerzeiten geboten.

Die "Santa Maria" vor der Skyline

■ **German Village** 4 , südlich der Innenstadt: südlich der Livingstone Ave. und eingerahmt von 3rd. St. und Grant Ave. Dieser kleine Stadtteil wurde im 19. Jahrhundert von deutschen Einwanderern gegründet, wobei die Architektur in diesem Falle nicht die für deutsch-amerikanische Bauweisen typische bayrisch-schweizerische Merkmale trägt. Es handelt sich eher um kleine und mittel-

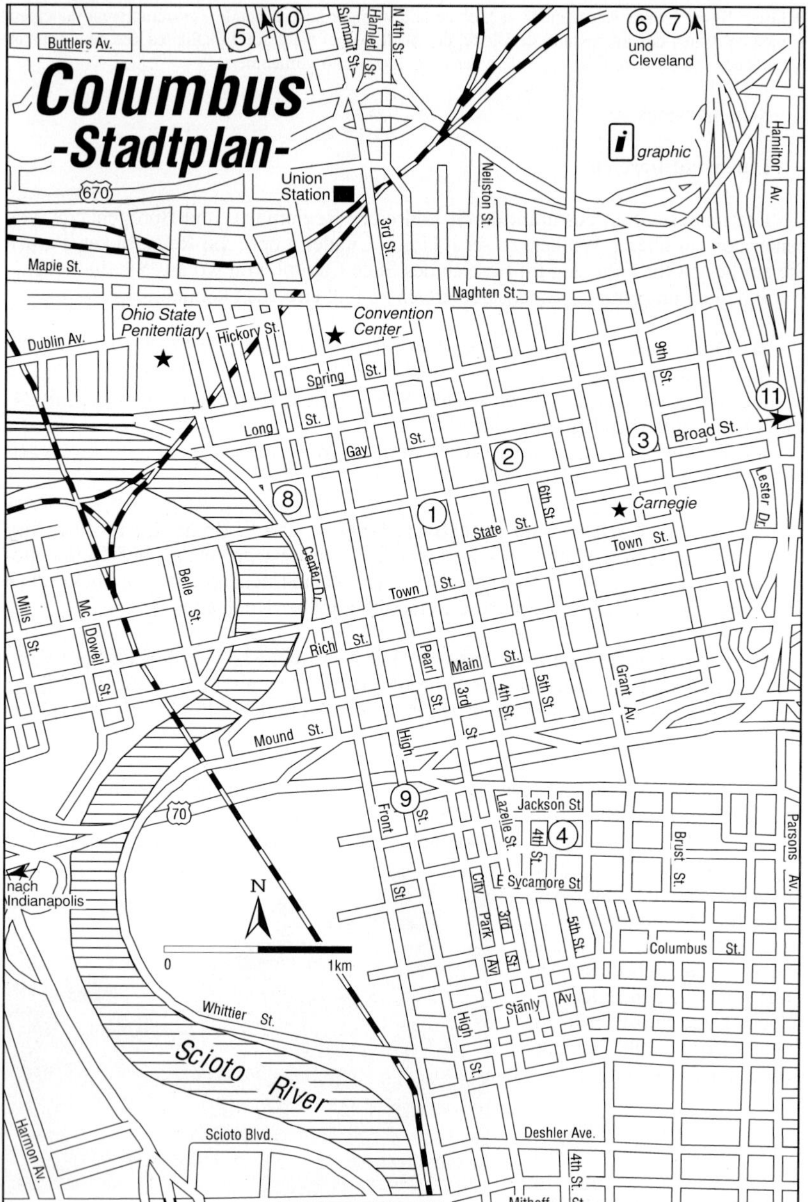

1 State Capitol
2 Mus. of Science and Industry (COSI)
3 Museum of Arts
4 German Village
5 Short North
6 Ohio Historical Center
7 Motorcycle Heritage Museum
8 "Santa Maria"
9 Brewery District
10 Park of Roses
11 Franklin Park Conservatory & Bot. Gardens

große Häuser mit norddeutschem Charakter, die aber an mehreren Stellen von englisch-amerikanischen Gebäuden unterbrochen sind. Die kleinen Häuser aber bieten einen angenehmen Kontrast zu anderen Baustilen in Amerika und erinnern z.T. an kleine Puppenhäuschen. Ein paar kleine Restaurants bieten eine gute Gelegenheit für einen Snack. Um die Geschichte dieses Stadtteils besser verstehen zu können, empfiehlt sich eine Tour (Adresse siehe oben).

■ **Short North Area** 5 , entlang der N. High Street, zwischen Spring St. und 6th Ave. Dieser Stadtteil befindet sich zur Zeit im Umbruch. Neben alten Pinten und heruntergekommenen Ramschläden (die auch einen Besuch wert sind) sprießen mittlerweile Kunstgalerien, chice Kaffeehäuser, Antiquitätenläden u.ä. aus dem Boden. Die Häuserfassaden der Jahrhundertwende bieten dazu einen gelungenen Rahmen. Das beste hier wäre, Sie parken Ihr Fahrzeug im unteren Abschnitt der High Street und wandern gemütlich die Straße auf und ab. So mancher kleine Laden lädt dann zum "Schnuppern" ein. Je weiter Sie nach Norden kommen, desto heruntergekommener sind die Geschäfte und Häuser ... und genau das spiegelt hervorragend die Entwicklung bzw. Veränderung einer amerikanischen Großstadt wider.

Hinterhofkunst in der Short North Area

Östlich der Innenstadt

■ **Franklin Park Conservatory & Botanical Gardens** 11, 1777 E. Broad St., geöffnet Di-So 10h00-17h00. Ein lohnenswertes Ziel für botanisch Interessierte. Verschiedenste botanische Biotope werden in mehreren Gewächshäusern vorgestellt. U.a.: Tropischer Regenwald, Himalaya-Region, Farngewächse und Orchideen.

Nördlich der Innenstadt

■ **Ohio Historical Center und Ohio Village** 6 , 17th Ave., I-70 Exit 111, geöffnet Di-Sa 10h00-17h00, So 12h00-18h00. Das Ohio Village ist Mo+Di geschlossen! Das Museum beschäftigt sich mit der Geschichte von Ohio, wobei viel Wert gelegt wurde auf die landwirtschaftliche Entwicklung. Aber auch naturkundliche Gesichtspunkte und die Geschichte der Indianer werden berücksichtigt. Um einiges interessanter aber ist das angeschlossene Ohio Village, das einem typischen Landstädtchen von 1860 nachempfunden worden ist. Handwerkliche Vorführungen vervollständigen das Bild vom alten Ohio. Im "Colonel Crawford Inn" im Village können Sie speisen.

■ **Park of the Roses** 10, Acton und Hight Sts (nördlich) im Whetstone Park. Täglich geöffnet. 10.000 Rosenbüsche (350 Spezien) mögen den einen oder anderen begeistern, besonders im Juni, wenn fast alle Rosen blühen. Im Sommer finden Sonntagabend Musikveranstaltungen im Park statt.

■ **Motorcycle Heritage Museum** 7 , 33 Collegeview Rd. in Westerville. Fahren Sie auf der Rt.3 (I-270, Exit 29) nach Westerville hinein und biegen Sie dann links in die Main Street ein. Nach ca. 1 Meile liegt das Museum linker Hand. Geöffnet Mo-Fr 9h00-16h30 und von März bis Oktober auch: Sa 10h00-16h00, So 12h00-16h00. Dieses kleine Museum ist mit Sicherheit für jeden Motorradliebhaber den Umweg wert. Über 60 Motorräder, von den frühesten Modellen aus dem 19. Jahrhundert bis zur Sportmaschine der heutigen Zeit, sind hier ausgestellt.

Eine "Indian Four, Modell 402" von 1930

Zur Weiterfahrt nach Cincinnati bieten sich nun drei Alternativen:

- Sie fahren über **Chillicothe** im Süden, wo es einige Indianer Mounds zu besichtigen gibt.
- Sie fahren über die Interstates 70 und 75, wobei Sie Stops in **Dayton** (Wrights Museum) und in der **Weinregion** nördlich von Cincinnati einplanen sollten, oder
- Sie wählen die **schnelle Variante** entlang des I-71, die Sie in knapp 2 Stunden nach Cincinnati führt und Ihnen erlaubt, dort nachmittags bereits mit der Erkundung der Stadt zu beginnen. Am Exit 65 befindet sich übrigens eine große Outlet-Factory-Store-Mall mit 75 Geschäften, u.a. gibt es hier günstige Levis Jeans. Auch bei dieser Streckenalternative können Sie einen Abstecher in die **Weinregion** (bei Lebanon) machen.

Mound City Group National Monument

4 Meilen nördlich von Chillicothe, am OH 104. Besucherzentrum und Museum sind täglich geöffnet. Infos: Tel. (614) 774-1125.

Hinweis
Sollten Sie sich für die Indianer Mounds interessieren, lohnt allemal ein Besuch im Ohio Historical Center in Columbus, wo Erläuterungen zu der Geschichte der Indianer und ihrer Siedlungsstrukturen geboten werden.

Übernachtung
In Chillicothe gibt es eine Reihe von Motels und ein Bed & Breakfast-Haus: **Old McDill-Anderson Place $$:** 3656 Polk Hollow Rd, Chillicothe, OH 45601, Tel.: (614) 774-1770.

Restaurant
Harvester: 9 S. Paint St. (Ecke Main St.), Tel.: (614) 773-4663. Steaks, Spare Ribs und Salatbar im alten Carlisle Building (1885).

Chillicothe wurde übrigens 1803 zur ersten Hauptstadt des Staates Ohio erklärt, und ein paar alte Häuser lohnen einen kurzen Schlenker durch die Stadt.

In dem Gebiet um Chillicothe hat man eine Reihe Indianer Mounds gefunden, von denen es im gesamten Staate Ohio an die 10.000 gibt. Was ist übrigens ein Mound? Die Indianer des Südostens lebten von ca. 200 v.Chr. bis 500 n.Chr in geschlossenen

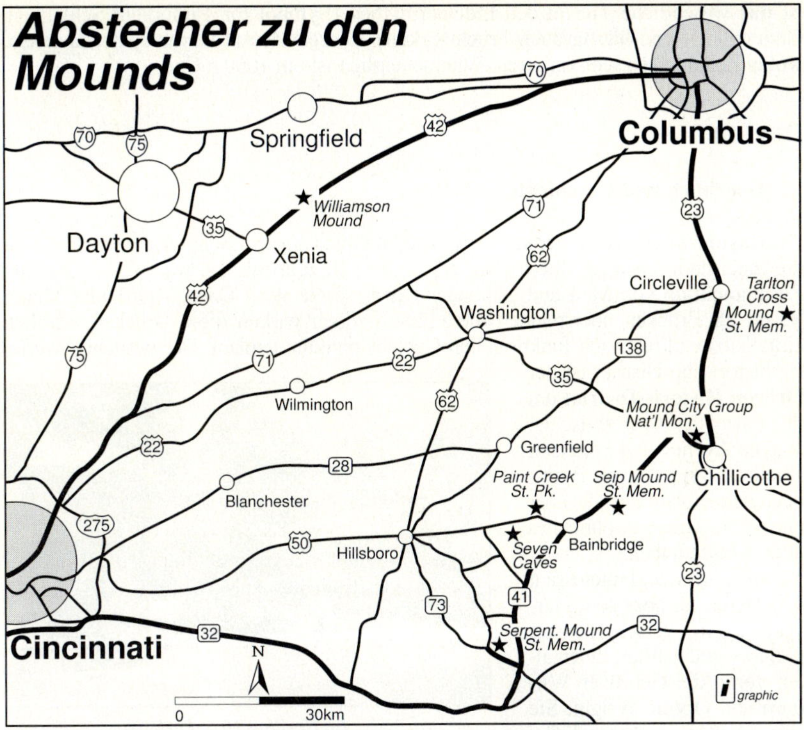

Siedlungsverbänden, die einer Art Stadtstruktur sehr nahe kamen. Zum Schutze gegen Feinde haben sie ihre Wohnanlagen auf Hügel, den "Mounds", gesetzt, wobei der höchste dieser Hügel dem Häuptlingskraal vorbehalten war. Aus nicht sicher geklärten Gründen, höchstwahrscheinlich aber klimabedingt, verließen die Indianer ihre Hügelsiedlungen, und als ab dem 16. Jahrhundert Spanier und Engländer in die Region eindrangen, wurden die Indianer vollkommen aus dieser Region vertrieben bzw. ihre Stammesstrukturen aufgerieben.

Indianer Mounds

Neben dem Mound City Group National Monument bei Chillicothe, wo ein Museum einführende Erklärungen bietet, wäre der Besuch der größten Mounds, der **Serpent Mound Group** zu empfehlen. Fahren Sie dazu weiter auf dem US 23, biegen Sie dann ab auf den OH 32 nach Westen, um nach weiteren 20 Meilen bei Locust Grove über die Rt 73 nach Norden zu den Mounds zu gelangen. Ein über 400 m langer, schlangenförmig angelegter Wall beeindruckt hier. Die Schlange ist **das** wesentliche Tier in den Indianermythen (Symbol für Tapferkeit, Schlauheit, Ungewißheit und häufig auch Fruchtbarkeit). Dieser Mound wurde später angelegt, wobei Zeitangaben sehr variieren. Wahrscheinlich ist um 1000 n.Chr.

Dayton

Überblick und Geschichte

Dayton wird als eine der schönsten Städte Ohios angepriesen, was, betrachtet man die Innenstadt, ziemlich übertrieben erscheint. Schön anzusehen wäre seine Lage am Zusammenfluß von Mad und Stillwater River, sowie Wolf Creek zum Great Miami River: 28 Brücken überspannen die Flüsse – doch wirken diese Brücken ziemlich einfallslos und nur nach funktionellen Gesichtspunkten geplant. Der besuchenswerteste historische Distrikt ist der **Oregon Historic District** um die East 5th Street zwischen Wayne Avenue und Patterson Boulevard mit einigen Boutiquen und Restaurants, die aber alle nichts Außergewöhnliches aufzuweisen haben.

Im Carillon Hist. Park

Bedeutend und interessant an Dayton ist aber sein Hervorbringen verschiedenster Erfinder und Tüftler. Ihnen allen voran die Gebrüder Wilburn und Orville Wright: Sie entwickelten in ihrem Fahrradladen ein motorisiertes "Flugzeug", das am 17. Dezember 1903 erfolgreich in die Lüfte stieg. Wenn auch diesem Flugobjekt nur ein kurzer Flug gestattet war, gelten die Wrights als eine der wichtigsten Pioniere der Fliegerei und als die Erfinder des Motorfluges. In den Folgejahren trieben sie die Entwicklung ihres Flugzeuges soweit voran, daß bereits 1908 das Miltär ihre Flugzeuge kaufte. Aber auch Registriermaschinen, Autoanlasser, Rennautos und andere technische Errungenschaften fanden ihren Ursprung in Dayton.

Reisepraktische Hinweise

Information
Dayton Convention & Visitors Bureau: Ecke 5th & Main St., Chamber Plaza, Dayton, OH 45402-2400, Tel.: (513) 226-8211 od. 800-221-8234 (innerhalb von Ohio).

Hotels und andere Unterkünfte

- **Stouffer Center Plaza $$$-$$$$:** Ecke 5th & Jefferson Sts., Dayton, OH 45402, Tel.: (513) 224-0800, Fax: (513) 224-3913. Modernes Luxushotel im Zentrum. Auf Geschäftsleute eingestellt, aber aller Komfort.
- **Price's Steamboat House Bed & Breakfast $$-$$$:** 6 Josie St., Dayton, OH 45403, Tel.: (513) 223-2444. 3- Zimmer B&B.
- **English Manor Bed & Breakfast $$-$$$:** 505 E. Linden Ave., Miamisburg, OH 45342, Tel.: (513) 866-2288. Nette und ruhige B&B-Unterkunft 12 Meilen südwestlich (an Nebenstrecke nach Cincinnati). Fahren Sie auf dem OH 4.

● **Fairfield Inn by Mariott $$:** 6960 Miller Ln, Dayton, OH 45414, Tel.: (513) 898-1120, Fax: (513) 898-1120 ext. 520. Gutes Motel mit 135 Zimmern. Nördlich der Stadt.

Restaurants

● **Amber Rose:** 1400 Valley St., Tel.: (513) 228-2511. Litauische Gerichte in schöner viktorianischer Residenz von 1906.

● Weitere Restaurants finden Sie im **Oregon Historic District**.

Pubs/Livemusik/Nightlife

Gilly's: Ecke 5th & Jefferson Sts., Tel.: (513) 228-8414. Blues- und Jazz-Club (manchmal auch Rock). Nur geöffnet bei Konzerten!

Sehenswertes

■ **Wright Cycle Co. Shop**, 22 S. Williams St., geöffnet: Mo-Fr 8h00-16h30, Sa 10h00-16h00, So 12h00-16h00. In diesem Geschäft verkauften die Gebrüder Wright um die Jahrhundertwende Fahrräder, und im Hinterzimmer tüftelten sie über den Plänen ihres Motorflugzeuges. Die ersten Flugversuche führten die Wrights übrigens auf einem Feld östlich der Innenstadt aus, dort wo heute das **Wrights Brothers Memorial** (Kreuzung OH 444/Old OH 4) steht. Die entscheidenden – ersten – Flüge fanden aber in der Dünenlandschaft North Carolinas statt.

Gleich neben dem Cycle Shop, der sich in einem alten Industrie- und Lagerhausdistrikt befindet, ist ein Fallschirmmuseum (Parachute Museum) eingerichtet. Ein Besuch hier lohnt auch.

■ **Citizens Motorcar Co., Packard Museum**, 420 S. Ludlow St., geöffnet Mo-Fr 12h00-17h00, Sa+So 13h00-17h00. Ausstellung verschiedener Packard-Automobile in einem Geschäft, das dem Ambiente der 30er Jahre nachempfunden worden ist. Packards waren bis in die 50er Jahre hinein die "Rolls-Royce's" der amerikanischen Autoproduktion, die somit nur wenigen, gutbetuchten Käufern zugänglich waren. Entsprechend einzigartig und beeindruckend sind diese Fahrzeuge. Die Produktion der Packards wurde im Jahre 1956 eingestellt. Die vielen, kostenaufwendigen Raffinessen, die die Konstrukteure in den Bau der Autos einplanten, hielten im Sinne der Kostenrechnung in der Zeit der Massenproduktion nicht mehr mit.

Bekannt aus Gangsterfilmen: Packards

■ **Carillon Historical Park**, 2001 S. Patterson Blvd. (südlich, I-75 Exit 51), geöffnet Di-Sa 10h00-18h00, So 13h00-18h00. Schöner Park südlich der Stadt. 30 Gebäude aus den verschiedensten Epochen der Stadtgeschichte sind hier – originalgetreu – nachgebaut. Besonders sehenswert: der Wright Cycle Shop und Wirtschaftgebäude aus der Zeit der Jahrhundertwende. In der Wright Hall ist der Höhepunkt des Parkes untergebracht: der Nachbau des ersten Wright-Flugzeuges. Auch alte Lokomotiven und Waggons finden Sie im Park und eine kleine Ausstellung der Computerfirma

NCR, die ihren Sitz in Dayton hat – aber 1994 von AT&T aufgekauft worden ist. Nehmen Sie sich für den Park 1 ½ bis 2 Stunden Zeit.

■ **United States Airforce Museum**, 10 Meilen nordöstlich der Stadt am OH 444 OH 4 Exit Harshman Rd, Sektion B der Air Force Base, geöffnet täglich 10h00-17h00. Dieses Museum gilt mit über 200 Flugzeugen als das größte Museum der militärischen Luftfahrt in der Welt. Neben Flugzeugen und Ausstellungsstücken lohnt auch der Besuch des IMAX-Kinos.

Das kleine Städtchen **Lebanon** (I-71, Exit 32) empfiehlt sich für einen Lunchstop im legendären **"The Golden Lamb"**, der ältesten Herberge Ohios (1803). Die alten Quäker-Möbel alleine lohnen den Besuch. Übrigens können Sie hier auch übernachten ($$, Tel.: (513) 932-5065).

Für den Besuch der **Weingüter** im Ohio River Valley nördlich von Cincinnati sollten Sie sich einen Prospekt in einem der Touristenbüros von Columbus oder Dayton besorgen, der Sie genau führt und die einzelnen Weingüter auflistet. Ein empfehlenswertes Weingut wäre: **The Valley Vineyards Winery** (I-71, Exit 28. Dort 4 Meilen nach Süden auf dem US 48, dann 3 Meilen nach Nordwesten auf dem US 22). Hier gibt es nämlich auch, im Gegensatz zu den z.T. übersüßen Weinen Ohios, eine Reihe halbtrockener und trockener Weine.

Am Exit 25 passieren Sie schließlich **Kings Island**, den größten Vergnügungs- und Freizeitpark der Region. Wasserrutschen, Karussells, Achterbahnen etc., nichts, was es hier nicht gäbe ...

Cincinnati

Highlights

- Besuch des **Museum of Arts**
- eine Nacht im **Omni Netherland Plaza**
- **Dinner am Covington Landing** mit Ausblick auf die Skyline
- Bluesmusik im **Over-the-Rhine-District**

Überblick und Geschichte

Die ersten Siedler gründeten hier am Ohio River 1788 drei Stützpunkte: North Bend, Columbia und Losantiville. Zu dieser Zeit lebten noch viele Indianer in der Region, die nicht selten Angriffe auf die kleinen Orte unternahmen. Aber auch Krankheiten, Mißernten und vor allem Überflutungen machten das Leben hier nicht einfach. Trotzdem war man sich der strategisch und wirtschaftlich günstigen Lage bewußt, und bereits 1790 wurde Losantiville zur Countyhauptstadt erklärt, in Cincinnati umbenannt sowie mit den beiden Schwesterstädten vereint. Bereits um 1810 zählte man fast 20.000 Einwohner, zumeist landhungrige Siedler und Wirtschaftsspekulanten aus dem Osten. Später kamen – besonders zahlreich aus Deutschland – auch Neueinwanderer nach Cincinnati. Die Bürger von Cincinnati gelangten bald zu Wohlstand, besonders da die Stadt als Zulieferer und Umschlaghafen für Getreide und Industrieprodukte, die auf dem Ohio und Mississippi in die Südstaaten gebracht wurden, eine große Rolle spielte. Nicht selten trafen sich in der Mitte des 19. Jahrhunderts Hunderte von Schaufelraddampfern auf dem Ohio, und des öfteren war der Andrang so groß, daß die Schiffe

Schaufelraddampfertreffen: Vor 130 Jahren landeten täglich über 100 Steamer an – heute treffen sie sich einmal im Jahr

einige Tage auf Reede liegen mußten, bevor sie anlegen konnten. Zu dieser Zeit spielte Cincinnati auch die Rolle des Tors zum Westen und bezeichnete sich Stolz als die "Queen City of the West", selbst dann noch, als St. Louis längst diese Rolle übernommen hatte. Bereits nach dem Bürgerkrieg begann man mit der Einrichtung verschiedener Museen und Galerien – eine Einzigartigkeit für den Mittleren Westen zu dieser Zeit.

Als zum Ende des 19. Jahrhunderts die Korruption in der Stadt unüberschaubar wurde, entschlossen sich die Stadtväter zu einem für damalige Zeiten wahnwitzigen Schritt: Anstelle von einem Bürgermeister wurde die Stadt von nun an von einem City-Manager geführt. Ein Schachzug, der sich auszahlte.

Übrigens haben weltbekannte Firmen, wie z.B. Avon-Cosmetics und der Seifenproduzent Procter & Gamble, ihren Sitz in Cincinnati.

Heute zeigt sich die Stadt dem Reisenden in einem schönen Antlitz: Viele Grünflächen, die Lage am Ohio River und eine Reihe interessanter Neighbourhoods, die sich z.T. eher kleinstädtisch über die umliegenden Hügel verteilen, erfreuen das Auge. Besonders aber die Kulturszene mit zahlreichen hochkarätigen Museen, wechselnden Kulturprogrammen das ganze Jahr über, einer guten Livemusikszene sowie eine Reihe guter Geschäfte locken viele Besucher an. Zudem bieten sich an lauen Sommerabenden eine Reihe von Flußrestaurants am Südufer des Ohio (bereits Kentucky) an für ein Dinner mit Blick auf die Skyline. Nicht nur der Lage wegen, sondern auch wegen der niedrigeren Alkoholsteuern in Kentucky, finden sich die unterschiedlichsten Lokalitäten auf dieser Flußseite.

Wer aber in Cincinnati das amerikanische Großstadtleben erwartet, der wird eher enttäuscht sein. Die "Dramatik" von Pittsburgh bzw. St. Louis, ganz zu schweigen von Chicago, fehlt hier gänzlich. Die Stadt liegt halt doch im ländlich orientierten Süd-Ohio. Wer also wenig Gefallen an Museen bzw. Livemusik findet, der sollte nur auf den Mt. Adams fahren (der Aussicht wegen), die Innenarchitektur des Omni Netherland Plaza Hotels bewundern und, wie oben angedeutet, das Dinner am Ohio-River einnehmen, um dann nach einer Übernachtung sein nächstes Ziel anzusteuern.

Reisepraktische Hinweise

Information

• **Greater Cincinnati Convention & Visitors Bureau:** 300 W. 6th St., Cincinnati, OH 45202, Tel.: 800-344-3445. Zudem gibt es eine Info-Bude am Fountain Square.

• **Telefonische Infos** über Attraktionen, Veranstaltungen etc. erhalten Sie über die **Greater Cincinnati Activity Line**: (513) 528-8380.

Touren/Sightseeing

BB Riverboats: Covington Landing (KY) am nördlichen Ende der Madison Ave., südliches Ohio-Ufer. Verschiedene Flußfahrten (Lunch, Dinner, Moonlight etc.). Infos: (606) 261-8500.

Redaktions-Tips

- **Übernachten:** Im **Omni Netherlands Plaza Hotel** (mit etwas Glück können Sie hier sogar Zimmer in der $$-Kategorie erwischen), ansonsten bietet sich das **Embassy Suites Hotel** wegen seiner Aussicht an oder des Preises wegen das **Prospect Hill B & B**.
- **Essen:** Ein Dinner am Fluß am **Covington Landing** oder elegant im **Orchids** im Omni Netherlands Plaza Hotel.
- **Abendprogramm:** Dinner und Aussicht an der **Covington Landing**, Bluesmusik bzw. Kneipenbummel durch **Over-the-Rhine**.
- **Bedeutendste Sehenswürdigkeiten:** Union Station, Taft Museum, Museum of Art, Aussicht vom Carew Tower, Oldenberg Brewery, Omni Netherlands Plaza Hotel.
- **Zeiteinteilung:** Versuchen Sie, mittags anzukommen. Erkunden Sie zuerst Mt. Adams, die Museen dort und genießen Sie den Eden Park sowie die Aussicht von dort. Am späteren Nachmittag können Sie dann in die Innenstadt fahren, sich dort das Omni Netherlands Plaza und den Skywalk ansehen. Am Abend dann speisen Sie am Covington Landing, um später evtl. noch in den Over-the-Rhine District zu fahren. Der folgende Morgen steht zur freien Verfügung bzw. Sie fahren früh los, um noch Zeit zu haben für Ihr nächstes Ziel.

Öffentliche Verkehrsmittel

● **Stadtbusse**: Das unübersichtliche Einbahnstraßensystem, besonders hinauf zum Mt. Adams, sollte Sie dazu bewegen, dorthin mit dem Stadtbus zu fahren. Oben angekommen, müssen Sie dann aber mit einem etwas längeren Spaziergang rechnen, wenn Sie Geschäfte und Museen besuchen wollen.

Zentrale Haltestation in der Innenstadt ist an der Ecke 5th /Walnut Sts. Infos: Tel.: (513) 621-4455.

● **Überlandbusse:** Der Greyhound Station befindet sich in der Court St. Infos: Tel. 1-800-231-2222

● **Eisenbahn**: Der Amtrak-Bahnhof befindet sich in der 1301 Western Ave., Infos: Tel. (513) 651-3337

● Der große **Cincinnati/Northern Kentucky Int. Airport** liegt 13 Meilen südlich und befindet sich im Ausbau zu einem "Hub" von Delta Airlines. Eine Taxifahrt hierher kostet ca. 25 $.

Taxi

Yellow Cab: 241-2100

Einkaufen

In der Innenstadt bieten sich verschiedenste, ausgesuchte, aber nicht ganz billige Geschäfte entlang des Skywalk an (vornehmlich Modeshops).

Hotels und andere Unterkünfte

● **Cincinnatian $$$$:** 601 Vine St., Cincinnati, OH 45202, Tel.: (513) 381-3000 od. 800-332-2020 (nur in OH), Fax: (513) 651-0256. Historisches, aber komplett restauriertes Luxushotel von 1882. Die Fassade ist alt geblieben, aber innen geschmackvoll und modern eingerichtet. Sauna, Pool, gutes Restaurant (s.u.), Minibar im Zimmer, Fitnessraum ... der Luxus reicht bis zum Telefon im Badezimmer.

● **Omni Netherland Plaza $$$$:** 35 W. 5th St., Cincinnati, OH 45202, Tel.: (513) 421-9100 od. 1-800-THE-OMNI, Fax: (513) 421-4291. Historisches Luxushotel im Art-Deco-Stil der 30er Jahre. Die Architektur alleine ist sehenswert – besonders die des Cafe-Restaurants auf der Lobbyebene ("Orchids" s.u.). Zentral gelegen. Shopping Arkade, Pool, Fitnessraum, einige Zimmer mit Kühlschränken und Dampfbädern.

● **Embassy Suites at River Center $$-$$$:** 10 E. River Center Blvd., Covington, KY 41011, Tel.: (606) 261-8400. Hotel der oberen Mittelklasse mit zahlreichen Zimmern mit Blick auf den Fluß und die Skyline (melden Sie den Wunsch auf Aussicht gleich bei der Buchung an!).

Das Omni Netherland Plaza

● **Amos Shinkle Townhouse Bed & Breakfast $$-$$$:** 215 Garrard St., Covington, Kentucky 41011, Tel.: (606) 431-2118. Schöne B&B-Unterkunft in Covington's historischem Riverside-District. 15 Minuten zu Fuß in die Innenstadt von Cincinnati.

● **Prospect Hill Bed & Breakfast $$:** 408 Boal St., Cincinnati, OH 45210, Tel.: (513) 421-4408. Kleine B&B-Unterkunft (3 Zimmer) in viktorianischem Haus von 1867 in historischem District. Schöne Aussicht auf die Innenstadt. Eingerichtet mit Antiquitäten. Erstklassiges Frühstück! Ca. 20 Minuten zu Fuß in die Innenstadt.

● **Budget Host Inn Town Center $-$$:** 3356 Central Pkwy, Cincinnati, OH 45225, Tel.: (513) 559-1600 od. 1-800-283-4678, Fax: (513) 559-1616. Günstiges und sauberes Motel – gut zu erreichen von der Innenstadt (6 Min. mit dem Auto).

Restaurants

● Die Restaurants am Ohio River im Bereich **Covington Landing** möchte ich hier nicht gesondert auflisten – es gibt genügend –, und sie bestechen weniger durch ihr Essen als durch die eindrucksvolle Aussicht auf die Skyline von Cincinnati. Sollten Sie trotzdem nicht wissen, wo Sie dort essen sollen, hier ein Tip: **Gumbo Charlie's** mit gut gewürzten Cajun-Gerichten.

● **Orchids:** im Omni Netherlands Plaza Hotel, Tel.: (513) 421-9100. Fine Dining in einer riesigen 2-geschossigen Atriumhalle, deren Wandverzierungen und Deckenmalereien gerne vom Essen ablenken. Falls Sie es etwas ungezwungener (und billiger) bevorzugen, besteht die andere Hälfte dieser Halle aus einer Bar mit zahlreichen Sitzgelegenheiten, wo es auch Kleinigkeiten zu essen gibt.

● **The Palace:** Im Cincinnatian Hotel, 601 Vine St., Tel.: (513) 381-6006. Fine Dining bei Pianomusik. Fleisch- und Fischspezialitäten. Jackett erwünscht. Teuer!!

● **Iron Horse Inn:** 40 Village Square in Glendale (I-75 nach Norden bis Exit 15/Sharon Rd, dann nach Westen), Tel.: (513) 771-2050. Altes Inn (1839) mit entsprechender Atmosphäre und leckeren Fleisch- und Fischgerichten.

● **Black Forest:** 8675 Cincinnati-Columbus Rd, West Chester. Nehmen Sie den Exit 46 vom I-275, dann noch 3 ½ km nach Norden, Tel.: (513) 777-7600. Der Weg ist weit, aber wem mal wieder nach einem guten Schnitzel oder Sauerbraten ist, der sollte hierher fahren. Fr+Sa deutsche "Umtah-Band". Dekorationsankündigung: "Old World German".

● **House of Tam:** 889 W. Galbraith Rd, Tel.: (513) 729-5566. Wie in vielen chinesischen Restaurants in Cincinnati, ist auch hier das Hühnchen mit Nüssen die Spezialität.

Pubs/Livemusik/Nightlife

"Unkomplizierte" Lokalitäten finden Sie zur Genüge an der **Covington Landing** und entlang des Ohio Rivers in Kentucky. Gesetzter und in Form von Neighbourhood Pubs gestaltete Kneipen finden Sie in **Mt. Adams**, während es am urigsten zugeht in **Over-the-Rhine**, dem Stadtteil um die Main Street (1200er Block). Direkt an der Main Street gibt es Galerien, Kaffeehäuser, Bluesclubs und kleine Pinten, während Sie gleich in den Seiten- und Parallelstraßen in eine sog. "No-Go-Area" geraten. Das heißt nicht gleich "Überfälle vorprogrammiert", aber um mich abzusichern, muß ich es hier so schreiben. Andererseits haben wir dort interessante Lokale, gute Musikclubs und ein bemerkenswertes Straßenleben vorgefunden – entscheiden Sie selbst! Trotz allem eignet sich diese Gegend nur für jüngere Leute.

Veranstaltungszeitungen: Der "City Beat" (hierin finden sich weitere Adressen zahlreicher Musikkneipen) sowie die Freitagsausgabe der Tageszeitung "Cincinnati Enquirer" (Beilage "Weekend").

● **Flanagan's Landing:** 212 W. Pete Rose Way, Tel.: (513) 421-4055. Irische Pubatmosphäre. Auch Biergarten.

● **Cory's:** 1 East McMillian Street (nördlich der Innenstadt in Corryville), Tel.: (513) 712-6339. Ältester Blues-Club der Stadt. Der Barraum ist gemütlich, der neue Musikraum dagegen etwas unpassend. Aber immer noch **die** Bluesadresse in Cincinnati. Das Publikum spiegelt alle Schattierungen Cincinnatis wider. Es wurde aber gemunkelt, daß Cory's evtl. geschlossen wird. Fragen Sie besser vorher nochmal nach.

● **Mansion Hill Tavern:** 502 Washington Street (Newport, KY), Tel.: (606) 431-3538. 80 Jahre alter Saloon. Vornehmlich Blues. Livemusik an Wochenenden.

● **Local 1207:** 1207 Main Street (westlich der Innenstadt in Over-The Rhine), Tel.: (513) 651-1207. Ebenfalls bester Blues in über 100-jährigem Gebäude. Livemusik Do-Sa. Kurz nach Redaktionsschluß wird dieser Club seinen Namen wechseln, die Adresse bleibt aber erhalten!

● **Blue Wisp:** 19 Garfield Place (Ecke Race/8th St.), Tel.: (513) 721-9801. Schummriger Kellerclub in der Downtown. Do-So Jazzmusik. Rest der Woche nach Ankündigung.
● **Babe Bakers:** 3128 Reading Rd., Tel.: (513) 751-9272. Jazz- und Bluesclub, wobei unter der Woche meist nur der Plattenteller kreist. Wenn aber etwas läuft, ist es "vom Feinsten".
● **Coyote's:** 75 at Buttermilk Pike, Ft. Mitchell, KY – bei der Oldenberg Brewery. I-71/75 Exit 186. Großer Country-Saloon im Brauerei-Gebäude. Oft Liveveranstaltungen!

Sehenswertes

In der Innenstadt

Gehen Sie erst einmal zum Infostand am Fountain Square. Nachdem Sie sich dort mit Infomaterial eingedeckt haben, können Sie Ihren Rundgang beginnen. Entscheiden

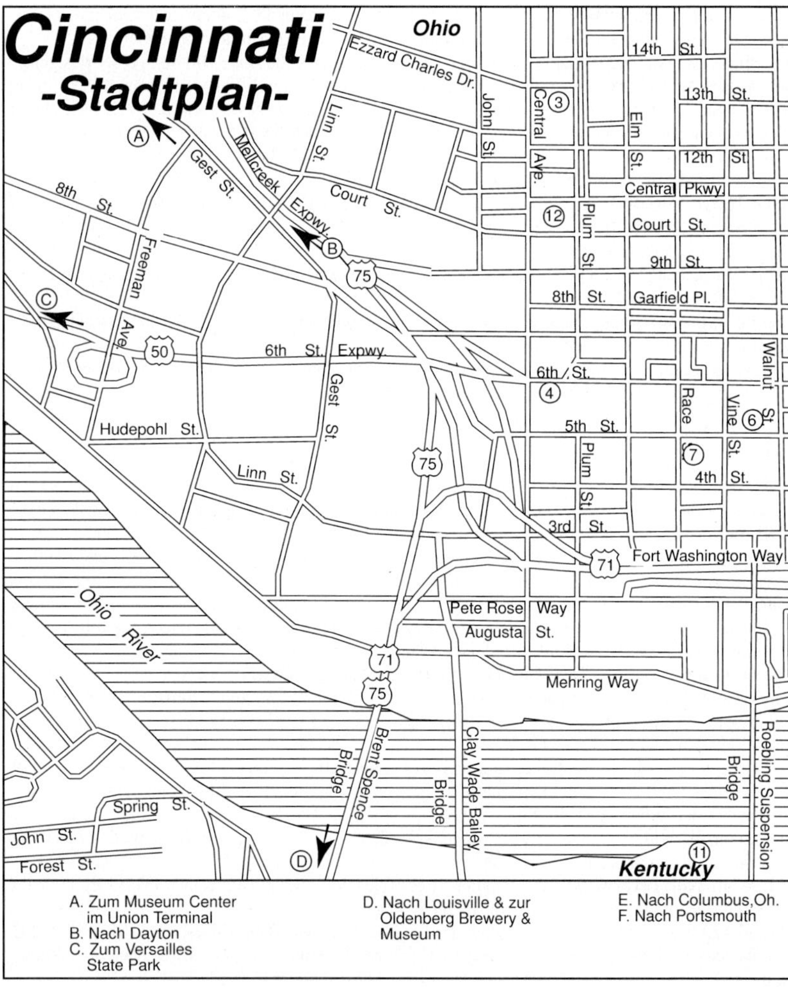

A. Zum Museum Center im Union Terminal
B. Nach Dayton
C. Zum Versailles State Park
D. Nach Louisville & zur Oldenberg Brewery & Museum
E. Nach Columbus,Oh.
F. Nach Portsmouth

Sie sich nur rechtzeitig, ob Sie den Weg bei den Museen im Osten beenden möchten oder eher im Norden beim Fire Museum. Abgesehen vom Union Terminal können Sie alle hier aufgeführten Sehenswürdigkeiten zu Fuß erreichen, wobei Sie – ohne die Besichtigungszeiten eingerechnet – mit ca. 1 ½ bis 2 Stunden **reiner Laufzeit** kalkulieren sollten. Sehr hilfreich bei schlechtem Wetter ist der **Skywalk**, ein überdachter und klimatisierter Fußweg im "1. Stockwerk" der Innenstadt, der Sie zu allen Gebäuden, Hotels und zu den meisten Geschäften der Innenstadt begleitet.

■ **Fountain Square Plaza** 6. Auffälliger Mittelpunkt des Platzes ist der Springbrunnen, der 1871 in München erworben und hier errichtet worden ist. Er symbolisiert die mannigfache Bedeutung des Wassers für Cincinnati, beeindruckt heute aber eher als Kontrast zu den ihn umgebenden modernen Hochhäusern. Hier am Platz beginnen

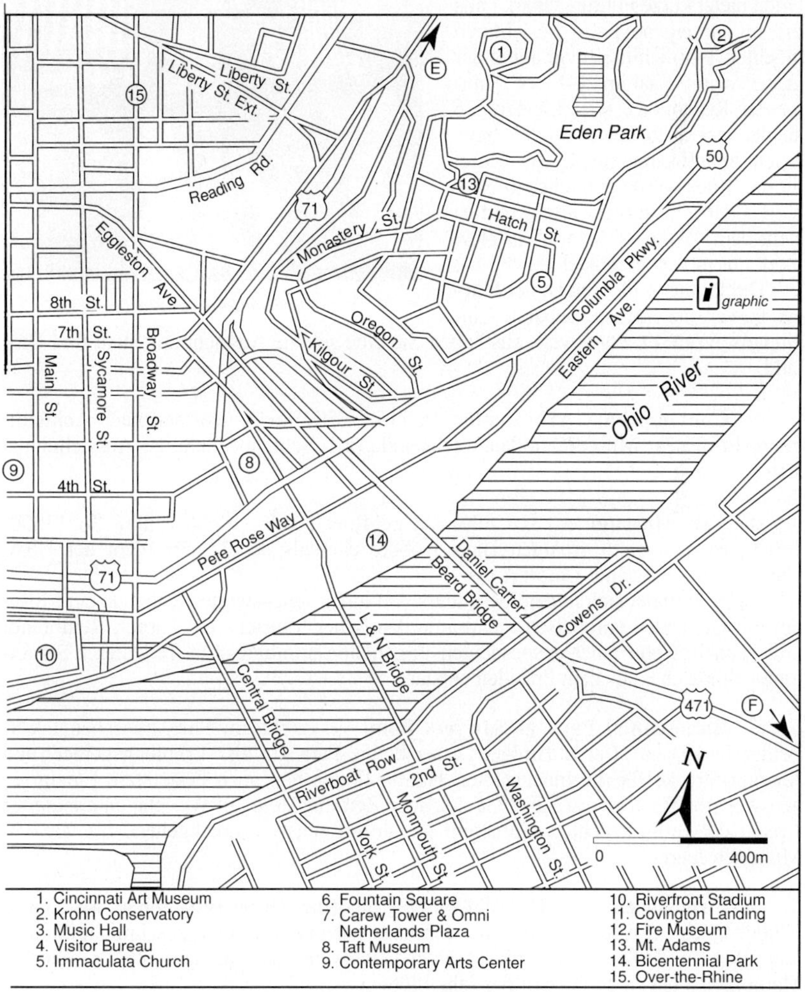

auch Pferdekutschenfahrten, die aber, betrachtet man das Stadtbild, wenig lohnenswert erscheinen.

Fountain Square

■ **Omni Netherlands Plaza Hotel und Carew Tower** 7 , 35 W. 5th Street. Dieses Hotel im Art-Deco-Stil (der 30er Jahre) ist eine Sehenswürdigkeit für sich. Besonders, wenn Sie über den modernen Skywalk hierher gelangen, fällt die Innenarchitektur um so mehr aus dem Rahmen. Das Hotel bietet kurze Führungen an. Falls Sie es auf eigene Faust besichtigen möchten, empfiehlt sich vor allem der große Atrium-Saal im "L-Floor" (hinter der Rezeption). Hier können Sie an der Bar auch etwas trinken bzw. einen Snack einnehmen. Ein Hotel diesen Stiles würde man eher in New York oder Chicago erwarten, und es steht dem "Waldorf Astoria" in New York nur in wenigem nach.

Direkt angeschlossen ist der **Carew Tower**, das höchste Gebäude Cincinnatis. Vom 49. Stockwerk aus haben Sie eine schöne Aussicht auf Stadt und Umland.

■ **Contemporary Arts Center** 9 , 115 E. 5th Street, geöffnet: nach Ankündigung. In diesem Museum finden wechselnde, z.T. sehr hochkarätige Ausstellungen statt.

■ **Taft Museum** 8 , 316 Pike St., geöffnet Mo-Sa 10h00-17h00, So 13h00-17h00. In dem 1820 erbauten Haus wohnte ehemals der 27. Präsident der USA, Charles Taft, mit seiner Gattin Anna.

Heute befindet sich in dem besonders von innen sehenswerten Gebäude ein Museum mit Gemälden europäischer und amerikanischer Meister (u.a. Turner, Rembrandt und Whistler) und einer ausgesuchten Porzellan-Sammlung. Ein Teil dieser Sammlung gehörte ehemals dem Präsidentenpaar.

■ **Bicentennial Park at Sawyers Point** 14, direkt am Fluß, zwischen L&N-Bridge und Daniel Carter Bridge. Dieser kleine Park gilt als "Erholungsgebiet" und Jogging-Strecke für die Innenstädter. Häufig finden hier auch Feste statt. Einzig sehenswert für Sie aber wäre die "Geologische Zeitlinie", ein auf Wegplatten erläuterter Ablauf der Erdgeschichte – aufgeteilt in Jahrmillionen – zurückgehend bis vor 450 Millionen Jahren.

■ **Fire Museum** 12, 315 W. Court St., geöffnet Di-Sa 1h00-16h30, So 13h00-17h00. In einem restaurierten Feuerwehrhaus hat man hier eine ansehnliche Sammlung über die Aufgaben und Einsätze der Feuerwehr zusammengestellt. Die ältesten Memorabilia gehen zurück auf das Jahr 1808.

■ **Union Terminal and Museums** A, 1301 Western Ave. In dem immer noch benutzten Bahnhof von Cincinnati hat man Museen und Geschäfte sowie ein OMNI-MAX-Kino untergebracht. Am sehenswertesten aber ist die Bahnhofshalle selbst: Erbaut im Art-Deco-Stil, weist sie die größte Halbrotunda der Welt auf. Neben dem **Museum of Natural History** befindet sich noch das **Historical Society Museum & Library Museum** in dem Komplex, welches u.a. die Stadtgeschichte beleuchtet – also durchaus einen Besuch wert ist. Wer gerne Süßes ißt, sollte sich im **Rockwood Ice Cream Parlor**, untergebracht im alten Teesalon des Bahnhofes, ein großes Eis bestellen.

Union Terminal

■ **Over-the Rhine-District** 15, um die Main Street zwischen den Blocks 1000-1400. Dieser Stadtteil befindet sich zur Zeit im Umbruch. Öffnen in der Main Street immer mehr Galerien, In-Coffee-Shops und kleine Boutiquen – die damit kleine Pawn-Shops und Gemischtwarenläden verdrängen –, sieht das Bild in den Seitenstraßen noch ganz anders aus: heruntergekommene Spelunken, unsortierte Ramschläden und am Abend ein Straßenleben wie in mediterranen Ländern (mit der Ausnahme einer ganz anderen – eben amerikanischen Stadtarchitektur) bieten einen guten Eindruck von der "Kehrseite der Medaille" amerikanischen Wohlstandes. Sollten Sie sich abends trotz des Hinweises auf eine "No-Go-Area" in die Seitenstraßen "verirren", seien Sie nicht zu ängstlich, sondern bleiben Sie auf den beleuchteten Hauptstraßen und trauen Sie sich – schon einmal hier – in eine der kleinen Bars hinein. Vielleicht spielt ja gerade eine gute Blues-Band, oder Sie finden Kontakt zu den hier Ortsansässigen.

In Over-the-Rhine

Tip
Kaldi's Coffee House (1204 Main Street) bietet besten Kaffee und Snacks inmitten einer riesigen Buchsammlung, die zum Stöbern einlädt. Die gebrauchten Bücher stehen auch zum Verkauf! Abends finden hier auch Lesungen und Jazz-Liveauftritte statt.

■ **Mount Adams** und **Eden Park** 13. Die Einheimischen bezeichnen den Stadtteil Mt. Adams als ihr Montmartre. Der Vergleich liegt nahe, betrachtet man die Ansammlung kleiner Straßen, die sich auf und um den Berg winden, dessen Häuser eng beieinander stehen und dessen Cafes, Boutiquen sowie kleine Galerien für das nötige Flair sorgen. Kernpunkt und Orientierungshilfe für die mühsame Anfahrt (unzählige Einbahnstraßen!) ist die **Immaculata Church** 5, deren Besichtigung aber nicht weiter von Bedeutung für Sie sein sollte. Parken Sie Ihren Wagen im "Zentrum" und erlaufen Sie sich den Rest. Hier und dort bieten sich gute Fotomotive - auch mit der Skyline im Hintergrund als Kontrast.

Oberhalb von Mt. Adams liegt der Eden Park, ein schöner Park mit dem Cincinnati Arts Museum, dem Krohn Conservatory und einem großen künstlichen See in einer hochgelegenen Lichtung. In ihm können Sie baden. Das Motto lautet: "Baden mit Aussicht".

■ **Cincinnati Art Museum** 1, geöffnet Di-Fr 10h00-16h30, Sa 11h00-17h00, So 13h00-17h00. Dieses Kunstmuseum kann als eines der besten in den USA bezeichnet werden. In über 100 Räumen finden sich Gemälde, Skulpturen, Textilien, Tonwaren, Fotografien u.a. aus fast jeder Zeitepoche. Hervorzuheben ist vor allem die Sammlung antiker Kunstgegenstände. Zudem gibt es wechselnde Ausstellungen. Für dieses Museum benötigen Sie entweder viel Zeit oder den "Mut zur Lücke".

■ **Krohn Conservatory** 2, Öffnungszeiten wie im Arts Museum. In diesem riesigen Gewächshaus finden Sie an die 5000 verschiedenen Pflanzen aus allen klimatischen Zonen. Beeindruckend vor allem der tropische Regenwald, der über "5 Stockwerke mißt", und die Wüstenflora. Sechsmal im Jahr steht eine der Vegetationszonen in Blüte.

Südlich des Ohio River

■ **Covington Landing** 11. Am schönsten wäre es, wenn Sie über die alte eiserne Roebling Suspension Bridge zu Fuß gehen. Covington Landing besticht durch seinen Ausblick auf die Skyline von Cincinnati, nicht durch besondere Sehenswürdigkeiten. Von der Pier aus fahren Flußdampfer, z.B. auch als Lunch- bzw. Dinnertouren. Gehen Sie anschließend vom Flußufer die 500 Meter weiter zum Main Street Village von Covington. Ein paar nette Geschäfte bieten sich hier an.

■ **Devou Park**. Der Park (I-71/75, Exit 191) bietet einen schönen Ausblick auf das alte Covington, die Ohio River Brücken und dahinter die Skyline von Cincinnati.

■ **Oldenberg Brewery and American Museum of Brewing History & Arts** D, 75 at Buttermilk Pike, Ft. Mitchell, KY, I-71/75, Exit 186. Führungen täglich. Das Museum bietet fast 1 Million Ausstellungsstücke zum Thema Bier und Bierbrauen und kann sich damit als das größte seiner Art auf der Welt bezeichnen – wenn auch jeder Kronkorken in die Aufzählung aufgenommen worden ist. Natürlich wird in der Brauerei auch Bier gebraut, und auf stündlichen Führungen erfahren Sie alles, was Sie wissen möchten. Angeschlossen ist auch ein Restaurant mit großenteils deutschen (bayrischen) Gerichten.

Hinweis
Zeitumstellung zwischen den Staaten Ohio und Indiana während der Sommermonate: Aus 13h00 in Ohio wird 12h00 in Indiana. Also eine Stunde zurückdrehen. Während der Wintermonate liegt die Zeitzonengrenze zwischen Indiana und Illinois.

Indianapolis

Highlights

- Besuch der Anlage des **Museum of Art**
- Besuch des **Speedway** und des **Speedway Motor Hall of Fame and Museum**
- Erkunden des Farmlebens im 19. Jahrhundert im **Conner Prairie Village**
- Bluesmusik im **"Slippery Noodles Inn"** bzw. Jazz in der **"Chatterbox Taverne"**

Überblick und Geschichte

Die Stadt wurde 1820 gegründet, da der Staat Indiana einen Sitz für die Regierung suchte. Vorbild für die Stadtanlage war Washington – daher auch der Monument Circle, der den Kreissystemen der Hauptstadt abgeschaut wurde. 1825 siedelte die Regierung um von Corydon. Während der nächsten 90 Jahre bestimmten einzig Regierungssitz und Landwirtschaft das Geschehen in Indianapolis. Das änderte sich 1911, als das erste große Autorennen hier ausgetragen wurde. Seitdem fanden immer zahlreiche Rennen statt, und die Autoindustrie begann, sich speziell auf die "Indy"-Rennen einzustellen. Dies geschah z.T. aus Prestigegründen, aber auch um ihre Produkte und die neuen Technologien zu testen.

Im Grunde aber blieb Indianapolis über ein halbes Jahrhundert eine verschlafene Großstadt, und bis heute hängt ihr der Ruf der Provinzialität an. Zugegeben ist die Stadt mit ca. 1,3 Millionen Einwohnern (inkl. Umland) nicht gerade als kosmopolitisch anzusehen, doch haben sich die Stadtverwaltung und die Wirtschaft seit dem Ende der 80er Jahre verstärkt bemüht, diesem Vorurteil entgegenzutreten. In der Innenstadt herrscht ein Bauboom wie in kaum einer anderen Stadt der USA. Fast jedes größere Gebäude ist nach 1985 gebaut worden. Daß dabei die Grünanlagen etwas zu kurz gekommen sind, ist schade, aber gläserne Shopping Malls, Bankentürme und moderne Regierungsgebäude haben in Amerika halt Vorrang. Trotzdem kann das Stadtbild faszinieren, denn die alten Gebäude, wie z.B. der Union Station, das State Capitol und die Theater sind mit viel Liebe wiederhergerichtet worden. Und die Museen von Indianapolis, allen voran das Museum of Art und das Eiteljorg Museum, können sich durchaus mit Museen in Chicago messen. Vorbei ist also die Zeit des "Dornröschen-Schlafes" (Indianapolis trägt den Spitznamen "Cinderella-City"), fragt sich nur, wann das bekannt wird.

Moderne Shoppingmalls entstehen in der Innenstadt

Woher das ganze Geld für die rasante Stadtentwicklung der letzten Jahre stammt, kann keiner so richtig sagen. Aus der seit Jahrzehnten stagnierenden Landwirtschaft

Redaktions-Tips

- **Übernachten:** Im **Frederick Talbott Inn B & B** am Conner Prairie Village (ca. 14 Meilen in die Innenstadt) oder in der Innenstadt im **Canterbury** bzw. dem **Holiday Inn Union Station**
- **Essen:** Die Zauberkünstler im **Illusions** bestechen ebenso wie die Steaks im **St. Elmo** bzw. die Snacks in **Shapiro's Deli**.
- **Bedeutendste Sehenswürdigkeiten:** Indianapolis Motor Speedway Hall of Fame & Museum, Museum of Art, Union Station und das Conner Prairie Village
- **Zeiteinteilung: 1-2 Tage (1 Übernachtung):** Möglichst mittags ankommen. Fahren Sie über den I-465-West zuerst zum Speedway Racecourse und besichtigen Sie dort das Museum. Am späteren Nachmittag haben Sie dann Zeit für die Innenstadt, wobei ein Snack im Union Station bzw. im Shapiro Deli drin sein sollte. Den Abend verbringen Sie entweder im Broad Ripple District, oder besser: Sie fahren hinaus zu Ihrer Unterkunft, dem Frederick-Talbott Inn, und machen sich dort einen ruhigen Abend. Restaurants befinden sich dort draußen in einer wenige Meilen entfernten Shopping Mall. Am folgenden Morgen gehen Sie dann zum Conner Prairie Village, für das Sie ca. 2 Stunden benötigen. Danach Abreise. Sollten Sie auch das Museum of Art bzw. das Eiteljorg Museum besichtigen wollen, können Sie dieses am ersten Nachmittag mit einfügen bzw. am folgenden Morgen.

scheint es nicht zu kommen, und auch die bereits seit Jahrzehnten ansässige Zulieferindustrie für die Automobil- bzw. Elektronikwirtschaft können dafür alleine nicht Rechnung tragen. Am plausibelsten klang die Erläuterung der typischen amerikanischen Stadtentwicklung: Günstige Grundstückspreise, eine zentrale Lage für die USA und eine relativ niedrige Kriminalitätsrate haben viele Dienstleistungsfirmen, wie z.B. Versicherungen und Transportunternehmen, dazu veranlaßt, ihren Sitz oder zumindest eine große Verwaltungsbasis hier anzusiedeln.

Reisepraktische Informationen

Information

● **The Indianapolis City Center:** 201 S. Capitol Ave., Suite 100, Indianapolis, IN 46225, Tel.: (317) 237-5206 od. 800-323-INDY. 24-Stunden-Hotline: (317)684-2450.

● **Convention & Visitors Ass.:** 1 Hoosier Dome (gegenüber der Sportarena), Tel.: (317) 639-4282.

Öffentliche Verkehrsmittel

● **Stadtbusse:** METRO, Tel.: (317) 632-1900

● **Überlandbusse:** Greyhound Station: 127 N. Illinois St., Tel.: (317) 267-8800

● **Eisenbahn:** Amtrak: Indianapolis Union Station, 350 S. Illinois St., Tel.: 800-872-7245 od. (317) 263-0550.

● **Der Intern. Airport** liegt im Südwesten der Stadt und dient als "Hub" für USAir. Eine Taxifahrt in die Innenstadt kostet ca. 16$.

Taxi

Yellow Cab: 487-7777

Einkaufen

Die erst 1995 neu eingerichteten Shopping Malls in der Innenstadt, z.B. zwischen Union Station und Monument Circle, bieten für jeden etwas.

Hotels und andere Unterkünfte

● **Canterbury $$$$:** 123 S. Illinois, Indianapolis, IN 46225, Tel.: (317) 634-3000 od. 800-538-8186, Fax: (317) 685-2519. Luxushotel in historischem Gebäude von 1926. Die Zimmer sind mit Chippendale-Möbeln eingerichtet. Innenstadt.

● **Holiday Inn-Union Station $$$-$$$$:** Box 2186, 123 W. Louisiana St., Indianapolis, IN 46206, Tel.: (317) 631-2221, Fax: (317) 236-7474. Luxushotel in ehemaligem Eisenbahn-Depot (von 1853). In den Pullman-Schlafwagen (von 1920 – restauriert) sind die ca. 50 $ teureren Suiten untergebracht.

● **Embassy Suites Downtown $$$:** 110 W. Washington St., Indianapolis, IN 46204, Tel.: (317)

236-1800, Fax: (317) 236-1816. Geräumige Suiten mit Miniküchen und separatem Schlafzimmer. Eindrucksvolle Atriumhalle mit zahlreichen tropischen Pflanzen. Zentral gelegen.
● **Frederick-Talbott Bed & Breakfast $$$:** 13805 Allisonville Rd., Fishers, IN 46038, Tel.+ Fax: (317) 578-3600 od. 1-800-566-2337. Kleines B&B mit 12 sehr schönen Zimmern in altem Farmhaus. Die Zimmer haben z.T. Jacuzzis bzw. einen Kamin. Besonders lecker sind die selbstgebackenen Muffins sowie die Butterscotch Cookies und die "Pigs in the Blanket". Das Inn liegt direkt gegenüber dem Conner Prairie Village. Ohne Zweifel eine der schönsten Unterkünfte im Mittleren Westen.
● **Knights Inn $-$$:** 7101 E. 21st St., Indianapolis, IN 46219, Tel.: (317) 353-8484. Einfaches, aber sauberes Motel. Die unwesentlich teureren Kitchen-Units haben eine Miniküche.
● Um den Speedway herum finden Sie – in der Zeit ohne Rennen – **günstige Motels**.

Restaurants

● **Benvenuti:** 36 S. Pennsylvania St., Tel.: (317) 633-4915. Norditalienische Gourmet-Küche. Der Sonntags-Brunch ist übrigens auch zu empfehlen. Zum Dinner Jackett erwünscht. Teuer!
● **Provincial Kitchen:** 1001 Broad Ripple Ave., in Broad Ripple (7 Meilen nördl. der Innenstadt). Hier können Sie die verschiedensten lokalen Spezialitäten probieren. Sonntags Brunch.
● **St. Elmo Steak House:** 127 S. Illinois, Tel.: (317) 637-1811. Steaks und Fischgerichte in Einrichtung der Jahrhundertwende. An den Wänden hängen alte Fotografien. Nehmen Sie sich die Zeit, sie zu studieren.
● **City Taproom:** 28 S. Pennsylvania St., Tel.: (317) 637-1334. Innenstadt-Taverne. Hier treffen sich die Büroangestellten, Banker und Makler zur Lunchpause. Aber auch abends eine locker-gepflegte Atmosphäre und gute Steaks.
● **Shapiro's Delicatessen:** 808 S. Meridian St. Großer Deli-Shop. Hier trifft sich alles, was Hunger hat. Alleine die Mischung der Gäste lohnt den Besuch. Eine Institution seit über 90 Jahren mit leckeren (Kosher-) Snacks. Gut für den Mittags-Imbiß.
● **Illusions:** 969 Keystone Way, Carmel, INN (nordöstl. der Innenstadt), Tel.: (317) 575-8312. Während des Essens unterhalten Sie ein Magier und auch die Kellner/innen mit Zauberkunststücken. Wirklich ein besonderes Erlebnis. Lassen Sie sich überraschen in der "Disappearing Nightly Lounge"!

Pubs/Livemusik/Nightlife

Übrigens: Kaum einer weiß, daß Indianapolis eine der Wiegen des Blues gewesen ist und daß viele bekannte Musiker von hier stammen.
● **Slippery Noodle:** 373 S. Meridian St., Tel.: (317) 631-6968. In der ältesten Bar Indianas finden täglich Jazz- und Bluesveranstaltungen statt. Die Bar wurde 1850 eröffnet, und der schöne Holztresen stammt noch von 1890. Die Geschichte dieses Etablissements ist wechselhaft gewesen: Versteck entflohener Sklaven, Bordell, Mordschauplatz und Stammkneipe berühmter Gangster, wie z.B. John Dillinger. Einfache Küche.
● **Chatterbox Tavern:** 435 Massachusetts Ave., Tel.: (317) 636-0584. Kleine (Zimmer-)Bar in altem Gebäude. Häufig finden in dieser Jazz-Bar spontane "Jam-Sessions" (verschiedene Musiker bringen ihre Instrumente mit und tun sich zusammen – ohne je vorher miteinander gespielt zu haben) statt. Die Kühlschranktür an der Bar ist von verschiedenen Jazz-Größen signiert! Livemusik: Mo-Sa. Kleine Küche.
● **Barrel House Supper Club:** 8702 Keystone at the Crossing (15 Meilen nördl. der Innenstadt), Tel.: (317) 846-6500. Große Cocktail-Bar über zwei Geschosse. Modern eingerichtet. Täglich Blues-Livemusik. Cajun-Restaurant.
● **Rick's Café Americaine:** 39 Jackson Place (im Union Station, obere Etage), Tel.: (317) 634-6666. Jeden Abend Jazzmusik, dazu Steaks, Seafood und Pubgerichte. Mo-Sa bis 2 Uhr morgens geöffnet! Auch für den Mittags-Snack geeignet.
Weitere Lokale und Restaurants sowie eine Micro-Brewery finden Sie im **Broad Ripple District** (Ecke 62thSt. und College Ave. nördlich der Stadt).

Sehenswertes

Hinweis
Auch wenn die Auflistung der Sehenswürdigkeiten hier mit der Innenstadt beginnt, gebe ich Ihnen den Tip, entweder den Speedway oder das Conner Prairie Village zuerst zu besichtigen.

In der Innenstadt

Neben den hier aufgeführten Sehenswürdigkeiten sollten Sie auf die zwischen den modernen Bauten erhalten gebliebenen Theaterhäuser achten sowie auf verschiedene

A. Nach Chicago
B. Nach South Bend
C. Zum Conner Prairie Village
D. Nach Louisville,KY
E. Nach St. Louis & zum Airport
F. Nach Dayton/Cincinnati
G. Zum Speedway & Museum of Arts

1. State Capitol
2. Scottish Rite Cathedrale
3. Indiana State Museum
4. Christ Church Cathedrale
5. Zum Children's Museum
6. City Market
7. Eiteljorg Museum
8. Monument Circle
9. Circle Theater
10. Hoosier Dome
11. Union Station
12. Canal Walk

Kirchenbauten im neo-gotischen Stil. Parken Sie Ihr Fahrzeug in der Nähe des Union Square und beginnen Sie Ihren Rundgang (ca. 1 ½ - 2 Stunden – ohne Museumszeiten) dort. Ab hier verkehren übrigens auch Pferdekutschen.

■ **Union Station** 11, 39 W.Jackson Place. Der 1888 erbaute Bahnhof wurde vor wenigen Jahren umgebaut zu einem Freizeit-, Shopping- und Restaurantkomplex. Ob Sie nun schicke Kleider suchen, in einer Restaurantbar Minigolf spielen oder einfach nur am großen Fenster von Rick's American Cafe auf die Einkaufsstraßen von Indianapolis schauen möchten ... hier können Sie es tun. Der Umbau ist fürwahr gelungen, und trotz der Verfremdung sind die alten Strukturen des Bahnhofes erhalten geblieben. Im 1. Stock hängt übrigens eine bemerkenswerte "Familien-Skulptur". Nördlich des Union Station befinden sich die erst kürzlich eröffneten Shopping Malls.

■ **Monument Circle** 8 . Eine 90 m hohe Säule bildet hier das Zentrum der Stadt und für Sie ein gelungenes "Fotoobjekt der Gegensätze", denn mittlerweile sind an und um den Platz mehrere moderne Bürohäuser angesiedelt. Das **Circle Theater** am Platz ist aber erhalten geblieben aus frühen Jahren. Hier spielten einst Jazzgrößen, und später befand sich das erste Kino des Mittleren Westens in diesem Gebäude. Heute ist es Bühne für verschiedene Musikaufführungen, meist klassische Musik.

■ **City Market** 6 , 222 E. Market St., geöffnet Mo-Fr 6h00-18h00, Sa 6h00-16h00. Die Markthalle wurde 1886 errichtet, und auch heute noch können Sie hier frisches Gemüse, Obst und Fleisch kaufen. Für die Einheimischen ist es ein beliebter Lunch-Treffpunkt für frische Sandwiches und Leckereien aus allen Teilen der Welt.

■ **Indiana State Museum** 3 , 202 N. Alabama St., geöffnet Mo-Sa 9h00-16h45, So 12h00-16h45. Das Museum beschäftigt sich vornehmlich mit der Geschichte Indianas. Am interessantesten sind die Ausstellungen über die Indianer und die über die Geschichte der Straßen in Indiana um 1910.

Downtown Indianapolis

■ **Scottish Rite Cathedral** 2 , 650 N. Meridian St. Touren Mo-Fr 10h00-15h00. Auffälliger Kirchenbau im Tudor-gotischen Stil, errichtet für die schottischen Einwanderer. Sie zelebrieren hier auch heute noch landestypische Feste und Bräuche. Für das Gebäude wurde vornehmlich Marmor verwandt, und die Stützbalken bestehen aus russischer Eiche. Es gibt zudem eine riesige Orgel mit 7.500 Pfeifen und einen Glokkenturm mit 54 Glocken zu bewundern.

■ **Canal Walk** 12, parallel verlaufend zwischen West St. und Senate Avenue. Der ehemalige Kanal sollte eigentlich zwischen Ohio und Erie Canal einen schiffbaren Verbindungsweg bilden. Als der Staat Indiana aber 1837 den Bankrott erklären mußte, blieb der Ausbau unvollendet, und nur eine kleinere Ausführung wurde später in Betrieb genommen. Heute veranschaulicht der in jüngster Zeit vorgenommene Aus-

und Umbau, wie man Stadtplanung **nicht** betreiben sollte. Eingefaßt in Beton und Mauerwerk, fehlt dem "Wasserweg" jegliches Flair. Einzig die Bootstouren (Ausleih am südlichen Ende an der West Street) mögen den Bewegungshungrigen ein kleiner Trost sein.

Eiteljorg Museum

■ **Eiteljorg Museum** 7, 500 W. Washington St., geöffnet Di-Sa 10h00-17h00, So 12h00-17h00. Bereits das Gebäude im Adobe-Baustil (bekannt aus dem Südwesten der USA) fällt auf. Die Ausstellung beinhaltet vor allem Kunst aus dem Südwesten sowie Indianerkunstwerke. Zudem gibt es regelmäßig wechselnde Ausstellungen. Bekannteste ausgestellte Künstler sind Georgia O'Keefe und Frederic Remington. Interessant sind auch die wechselnden Filmvorführungen.

■ **State Capitol** 1, zwischen Washington und Ohio Sts. und Capitol und Senate Aves., geöffnet Mo-Fr 10h00-16h30. Das imposante Capitol wurde 1878-88 erbaut, und man hat nur Kalksteine aus Indiana verwandt. Die Kuppel ist mit Kupfer überzogen. Eindrucksvoll ist auch das Innere des Baues mit seinen überladenen Strukturen und den heroisierenden Gemälden. Man kann dieses Capitol neben denen in Springfield und Lansing wohl mit recht als das schönste in dem hier beschriebenen Reisegebiet bezeichnen.

Eine weitere Sehenswürdigkeit in der Innenstadt ist das **Madame Walker Urban Life Center** (617 Indiana Ave., Tel.: (317) 236-2099), das sich in wechselnden Ausstellungen mit der Geschichte der Schwarzen in Amerika beschäftigt. Madame Walker war die erste schwarze Millionärin Amerikas. Wenig aufschlußreich dagegen ist der Besuch des **Benjamin Harrison Home** (1230 N. Delaware St.). Harrison, 23. US-Präsident, blieb politisch weitgehend unbedeutend. In der viktorianischen Villa gibt es vornehmlich Antiquitäten und Porzellan zu sehen.

Nordwestlich der Innenstadt

■ **The Children's Museum** 5, 3000 N. Meridian St., geöffnet Di-So 10h00-17h00 (im Sommer auch Mo). Dieses "Kindermuseum" (ab 12 Jahre!) gilt als das größte seiner Art auf der Welt. Ob Planetarium, ein handgeschnitztes Karussell, ein Rennwagen, ein alter Handelsposten oder das "Ausgraben" eines Dinosauriers - nichts, was es hier nicht gibt. Erwachsene werden auch ihren Spaß haben - vielleicht an der riesigen Modelleisenbahn-Sammlung?

■ **Indianapolis Museum of Art** G, 1200 W. 38th St (Ecke Martin Luther King Blvd.), geöffnet Di-Sa 10h00-17h00 (Do bis 20h30), So 12h00-17h00. Eindrucksvoll ist nicht nur das Museum, sondern die gesamte Parkanlage, in die die Gebäude integriert sind. Schattenspendende Bäume versprechen einen geruhsamen Spaziergang (oder sogar ein Picknick?). Außer einem botanischen Garten mit einem interessanten Gewächshaus und einige Pavillons laden viele Skulpturen die Besucher zu einem

Rundgang ein. Das Museum selbst bietet mit seinen ständigen Ausstellungen sowohl den Freunden der älteren asiatischen, als auch denen der moderneren und älteren europäischen Kunst so manchen "Leckerbissen". Marc Chagall, Henri Matisse und Pablo Picasso sind ebenso vertreten wie Jan Brueghel der Ältere und Pieter Huys. In Europa ebenfalls recht bekannte Künstler des nordamerikanischen Kontinents, wie z.B. Georgia O'Keefe, die nicht zuletzt aufgrund ihrer Arbeiten für Elizabeth Arden bekannt wurde, oder wie Edward Hopper, sind aber ebenso sehenswert wie z.B. unbekannterer Impressionisten, wie Louis P. Ritman oder Frederick Carl Frieseke, die stark durch Claude Monet beeinflußt waren.

■ **Indianapolis Motor Speedway Hall of Fame and Museum** G, 4790 W. 16th St., geöffnet täglich 9h00-17h00. Wer hat nicht gehört vom berühmtesten Autorennen der Welt, dem "Indy 500", wenn am Memorial Weekend im Mai 33 erstklassige Fahrer 250mal die 2,5 Meilen lange Rennstrecke umkreisen und über 400.000 Besucher (240.000 auf den Rängen, der Rest auf dem Open Field) nicht nur das Rennen verfolgen, sondern vor allem eine große Party feiern. Damit gilt dieses Rennen als die meistbesuchte Sportveranstaltung der Welt! Und nicht nur der Tag des Rennens ist von Bedeutung: bereits Wochen vorher (und auch danach) sorgen Qualifikationen, kleinere Rennen und Vorbereitungsveranstaltungen für einen immensen Andrang. Das "Indy 500" gibt es bereits seit 1911, und seine harten Bedingungen veranlassen alle Automobilfirmen, hieran teilzunehmen, um Aufschlüsse über neue und zukünftige Entwicklungen zu gewinnen. Tickets aber sind schwer zu bekommen, wenn Sie es trotzdem versuchen möchten: Tel.: (317) 248-6747.

Speedway Hall of Fame

"Indy 500"

Seit 1994 wird nun ein zweites großes Rennen Anfang August hier ausgetragen: Das "400 NASCAR", an dem Stock-Cars (verbeulte und aufgemotzte "Serienfahrzeuge") teilnehmen. Dazu gibt es eine kurze Geschichte: Die ersten Stock-Car-Rennen fanden Anfang der 30er Jahre in Indianapolis statt. Teilnehmer waren vor allem die Fahrer der Alkohol-Schmuggler mit ihren frisierten Fahrzeugen, die auf der Straße denen der Polizei weitaus überlegen waren. Die großen Bosse suchten sich dann hier ihre Fahrer aus bzw. ließen diese gegen die Konkurrenz antreten und wetteten auf sie.

Neben dem Besuch des **Hall of Fame Museum**, in dem Relikte und vor allem Rennautos aller Generationen ausgestellt sind, lohnt auch eine **Bustour** auf der berühmten Rennbahn.

Nordöstlich der Stadt

■ **Conner Prairie Village Museum** c, 13000 Allisonville Rd., Fisher, IN, ca. 14 Meilen nordöstlich, geöffnet Di-Sa 10h00-17h00, So 12h00-17h00 – das historische Village ist nur von Anfang April bis Ende November geöffnet! Beginnen Sie Ihre Besichtigung mit dem aufschlußreichen Film im Eingangsgebäude. Danach sollten Sie sich mindestens 1 ½ Stunden Zeit nehmen, um das rekonstruierte Dorf (aus dem Jahre 1836) zu besichtigen. Zahlreiche Handwerks-Vorführungen geben einen guten Eindruck über das Leben der ersten Farmer und Siedler in Indiana. Neben den ländlichen Dorfstrukturen sind auch Gebäude aus dem kleinstädtischen Bereich wieder aufgebaut worden. Ohne Zweifel können Sie in diesem Freilichtmuseum den besten Eindruck über das Leben im Mittleren Westen im letzten Jahrhundert erleben. Angeschlossen ist auch ein Restaurant (kein Dinner!).

Im Conner Prairie Village

Auf dem Weg nach Springfield erwartet Sie eine recht eintönige, ebene Farmlandschaft. Sie können also im Grunde zügig über die Interstates durchfahren. Und falls Sie wenig Interesse an dem Lebensweg von Abraham Lincoln haben, können Sie von Indianapolis entweder St. Louis oder Chicago direkt anfahren. Falls Ihr Zeitplan aber nicht so eng gesetzt sein sollte, empfehle ich Ihnen noch folgende Sehenswürdigkeiten:

■ Im Gebiet um **Arcola** befindet sich ein wenig berührtes Siedlungsgebiet der Amish-People. Fahren Sie dazu von Champaign aus auf dem I-87 ca. 25 Meilen nach Süden.

■ Bei **Monticelli**, zwischen Champaign und Decatur am I-72 gibt es ein recht interessantes **Railroad Museum**. An Wochenenden können Sie sogar eine Fahrt mit einer Museumsbahn unternehmen.

■ **Decatur** bietet das **Macon County Historical Museum** (5580 North Fork Rd, Di-So) mit einem rekonstruierten Präriedorf.

Springfield

Überblick und Geschichte

Springfield wurde 1821 von drei Siedlerfamilien gegründet und erhielt seinen Namen nach einer nahegelegenen Quelle. Am 25. Februar 1837, aufgrund einer von Abraham Lincoln geführten Kampagne, wurde Springfield zur Hauptstadt von Illinois erklärt. Kurze Zeit später siedelte Lincoln vom 20 Meilen entfernten New Salem nach Springfield über und eröffnete eine Anwaltskanzlei. Auch in der Zeit nach Lincoln prosperierte die relativ kleine Stadt. Ein guter Farmboden und spätere Kohlefunde brachten ein erträgliches Einkommen, wozu im 20. Jahrhundert auch noch kleinere Ölfunde beitrugen. Trotzdem sieht man der Stadt heute diesen Wohlstand kaum mehr an. Wie in vielen amerikanischen Städten, zogen die wohlhabenderen Bewohner in die Vororte, und die Innenstadt begann zu verwaisen. Nur die Lincoln-Gedenkstätten und alles, was mit der Regierung zu tun hat, bilden da eine Ausnahme. Ein Hotelhochhaus und das sehenswerte State Capitol überragen die z.T. sogar verfallenen 3-geschossigen Stadthäuser aus der ersten Hälfte des 20. Jahrhunderts.

Sollten Sie also wenig Interesse am Leben Abraham Lincolns haben, dürfen Sie getrost einen Bogen um Springfield machen. Da Lincoln aber mit Recht als einer der berühmtesten Präsidenten der USA bezeichnet werden kann, sollten Sie Springfield zumindest ein paar Stunden schenken.

Lincoln's Grab

Reisepraktische Hinweise

Information

- **Convention & Visitors Bureau:** 109 N. 7th St., Springfield, IL 62701, Tel.: (217) 789-2360 od. 800-545-7300.
- **Capitol Complex Visitors Center:** Capitol Ave. zwischen Edwards & Monroe Sts., Tel.: (217) 524-6620.

Hotels und andere Unterkünfte

- **Ramada Renaissance $$$-$$$$:** 701 E. Adams St., Springfield, IL 62701, Tel.: (217) 544-8800. Hotel der gehobenen Klasse mit 316 Zimmern.
- **Holiday Inn-East $$-$$$:** 3100 South Dirksen Parkway, Springfield, IL 62703, Tel.: (217) 529-7171, Fax: (217) 529-5063. Von außen wenig auffällig, bietet dieses relativ moderne Hotel eine Reihe von "Attraktionen in den eigenen Räumen": großer Pool, Whirlpool, Computer-Spiele, Tischtennis, Billard, Livemusik in der Lounge und, und, und ... Alles im großen Rahmen, so wie es amerikanische Familien lieben. Eine Erfahrung ganz eigener Art! Nicht jeder wird es mögen, aber dafür eine bleibende Erinnerung behalten – und das zählt auch. Und falls Sie etwas mehr ausgeben möchten: Die 2-Zimmer-Suiten mit Jacuzzi sind eine Wucht!
- **Capital Plaza $$:** 418 E. Jefferson St. (Ecke 5th St.), Springfield, IL 62701, Tel.: (217) 525-1700, Fax: (217) 525-9037. Kleineres Hotel in restauriertem Gebaüde von 1890. Sehr empfehlenswert, da gutes Preis-Leistungsverhältnis.
- **The Oaks Bed & Breakfast $$-$$:** 510 West Sheridan Rd, Petersburg, IL 62675, Tel.: (217) 632-4480. Schönes B&B-Haus im 25 Meilen nordwestlich von Springfield gelegenen Petersburg (Lincoln's New Salem State Hist. Site). Sehr persönlich geführt. Auch Dinner.
- **Red Roof Inn $:** 3200 Singer Ave., Springfield, IL 62703 (I-55 nach Süden, dann Exit 96B), Tel.: (217) 753-4302, Fax: (217) 753-4302. Einfaches und günstiges Franchise-Motel.

Restaurants

- **Chesapeake Seafood House:** 3045 Clear Lake Ave., Tel.: (217) 522-5220. Neben Fischgerichten auch Steaks. Untergebracht in einem alten Haus von 1860. Sonntags geschlossen.

- **Alexander's:** 620 Bruns Lane, Tel.: (217) 793-0440. Hervorragende Riesen-Steaks! Und der Clou dabei: Sie braten auf Wunsch Ihre Steaks selbst auf dem Rost! Bringen Sie genügend Hunger mit.
- **Baur's:** 620 S 1st St., Tel.: (217) 789-4311. In einem restaurierten und ausgebauten, mit Antiquitäten eigerichteten Stallgebäude gibt es Hühnchen- und Fleischgerichte. Mi-Sa wird dazu noch auf dem Piano aufgespielt.
- Für einen kleinen Lunch (Sandwiches etc.) eignet sich **Robbies** (4 Old State Capitol, Plaza South) sehr gut.

Sehenswertes

In der Innenstadt

Die Innenstadt bietet außer den u.g. Sehenswürdigkeiten nicht viel. Um diese zu erkunden, sollten Sie Ihr Fahrzeug am Lincoln Home parken, von wo aus Sie alles – bis auf den Lincoln Tomb – in ca. 2 Stunden erkunden können. Sollten Sie sich überall genauer umschauen, benötigen Sie aber mindestens 3-4 Stunden!

■ **Lincoln Home**, zwischen Capitol Ave. und Edwards St., sowie 7th und 9th Sts., geöffnet täglich im Winterhalbjahr 8h30-17h00, im Sommerhalbjahr 8h00-18h00 und von Juni bis Mitte August sogar bis 20h00. Als Springfield 1837 zur Hauptstadt von Illionois erklärt wurde, siedelte Abraham Lincoln auch hierher und erwarb 1844 dieses Haus (genaue Lage: Ecke 8th und Jackson Sts.). Hier lebte er bis 1861, als er nach Washington umzog. Führungen durch das Haus werden von Park Rangern angeboten. Interessant ist aber auch das 4 Blocks einschließende Gebiet um Lincolns Wohnhaus, welches zeitgetreu wieder hergerichtet worden ist und in etwa dem entspricht, wie es Lincoln auch kannte.

■ **Lincoln Depot**, Ecke 10th und Monroe Sts., geöffnet täglich von April bis August 10h00-16h00. Von diesem Eisenbahndepot aus verließ Lincoln Springfield, um 1861 seine Präsidentschaft in Washington anzutreten. Hier hielt er eine Abschiedsrede. Eine kurze Diashow erläutert seine Fahrt nach Washington. Interessant auch die Rekonstruktion des alten Bahnhofsgebäudes: Es gab einen Warteraum für die Frauen sowie einen für die Männer und das Gepäck. Man wollte damals den Frauen den Anblick der Tabak-spuckenden Männer nicht zumuten.

■ **Lincoln-Herndon Law Offices**, Ecke 6th und Adams Sts., geöffnet täglich 9h00-17h00 (Wintermonate bis 16h00). Von 1843 bis 1861 hatte Lincoln hier seine Anwaltskanzlei, die er mit Stephen Logan eröffnet, aber die meiste Zeit mit William Herndon geführt hatte. Sie war günstig gelegen zum Old State Capitol und zur Post. Hier können Sie u.a. Lincolns Arbeitszimmer auf einer Tour (30-45 Min.) besichtigen.

■ **Old State Capitol**, Downtown Mall an der Adams Street, geöffnet wie o.g. Law Office. Von 1837 bis 1877 befand sich in diesem Gebäude der Regierungssitz von Illinois. Lincoln hat hier an über 200 Gerichtsfällen im Supreme Court teilgenommen, und in der Capitol Hall of Representatives hat er 1858 die berühmte Rede gehalten, die letztendlich zur Aufsplittung der Regierungsparteien in Demokraten und die neu hinzugekommenen Republikaner geführt hat. Die Touren dauern ca. 45 Minuten.

■ **State Capitol**, Ecke 2nd Street und Capitol Avenue, geöffnet Mo-Fr 8h00-16h00, Sa+So 9h00-15h30. Die 45-minütigen Touren beginnen halbstündig. Bereits von weitem können Sie den 130 m hohen Dome des State Capitols erkennen. Das

INFO

Über das Leben Abraham Lincolns

Abraham Lincoln wurde am 12.2.1809 in Hardin/Kentucky als Sohn einer armen Grenzerfamilie geboren, die sich als Farmer und Handwerker verdingte. Er verbrachte den größten Teil seiner Jugend in Illinois. Schon seine jungen Jahre waren geprägt durch harte Arbeit und starken Glauben. Sehr früh wurde seine rednerische Begabung offenkundig. Als Demokrat wurde er schon frühzeitig politisch in Illinois aktiv, widtmete sich aber gleichzeitig seinem Rechtsanwalt-Studium.

Wegen seiner Überzeugung, daß die Sklaverei unvereinbar mit den Grundsätzen von Gleichheit und Freiheit sei, trat er 1856 zur Republikanischen Partei über. Hier machte er bald Karriere, denn seine rednerische und taktische Begabung war auffallend. Schließlich wurde er 1860 in Chicago zum Präsidentschaftskandidaten nominiert. 1861 wurde er zum 16. US-Präsidenten gewählt. Seine Wahl löste den Sezessionskrieg aus, den er hauptsächlich im Sinne der nationalen Einheit führte. In seiner berühmten "Gettysburg Address" auf dem Schlachtfeld von Gettysburg bekräftigte er die Grundsätze seiner Politik, indem er für eine "Regierung des Volkes durch das Volk und für das Volk" eintrat.

Lincoln Statue

Nachdem der Bürgerkrieg durch die Nordstaaten gewonnen worden war und alle Sklaven für frei erklärt worden waren, wollte er für eine rasche Aussöhnung und Wiedereingliederung der rebellierenden Südstaaten sorgen. Das stieß auf den Widerstand radikaler Republikaner, die jedoch seine Wiederwahl als Präsident nicht verhindern konnten. Kurz nach dem Antritt seiner 2. Amtsperiode wurde er von dem fanatischen Schauspieler John Wilkes Booth im Washingtoner Ford's Theater erschossen.

Die Amerikaner haben Lincoln ein ehrenvolles Andenken bewahrt, denn seine politischen Tugenden sind zeitlos. Seine große politische Bedeutung liegt in der Abschaffung der Sklaverei (seit 1865 durch die 13. Verfassungsnovelle gesetzlich verankert) sowie im steten Eintreten für die Einheit der Union begründet. Lincoln ist in Springfield/Illinois bestattet.

Gebäude wurde zwischen 1868 und 1888 erbaut, und bereits 1877 tagte hier die erste Versammlung. Man kann dieses State Capitol als eines der imposantesten in den USA bezeichnen. An nichts wurde gespart: Marmor, einheimischer Granit, Bronze und schwarzes Walnußholz bildeten die wesentlichen Baumaterialien. Aber auch die zahlreichen Gemälde, die Glasarbeiten und die eindrucksvoll gestaltete Rotunda sind sehenswert.

■ **Dana-Thomas House**, 301 E.Lawrence St., geöffnet Mi-So 9h00-17h00, Touren: ca. 45-60 Minuten. Als Susan Lawrence Dana sich 1902 für den damals noch relativ unbekannten Architekten Frank Lloyd Wright entschied, hatte dieser bereits mehrere junge Architekten in seinem 1893 gegründeten Büro um sich versammelt. Diese Gruppe entwickelte den sogenannten Präriestil mit Wright als herausragendem Vertreter dieser Stilrichtung. Die Intention der jungen, ambitionierten Architekten war die "Romance of the Horizontal" (die Romanze des Horizontalen), die die flache, weite Landschaft der Prärie in ihr Konzept integrierte. Herausragende Merkmale dieser Richtung sind, abgesehen von der Aufnahme landschaftlicher Strukturen, die innenarchitektonische Öffnung der Räume über mehrere Ebenen und der Gebrauch indirekten Lichts. Bemerkenswert im Zusammenhang mit dem Licht sind auch die kunstvoll gestalteten Fenster. Das Dana-Haus ist jedoch nicht nur im Hinblick auf Entwicklung eines neuen amerikanischen, durch die Landschaft beeinflußten Architekturstils, charakteristisch, sondern es zeigt auch japanische Einflüsse. Dieser Umstand ist insofern bemerkenswert, als Wright erst ein Jahr nach Fertigstellung des Dana-Hauses nach Japan fuhr. In jedem Fall ist dieses Haus als eines der besterhaltenen Wright-Häuser ein Juwel der Architekturgeschichte und darüber hinaus auch für Besucher mit wenig Interesse für dieses Fachgebiet einen Besuch wert.

■ **Oliver Parks Telephone Museum**, 529 S. 7th St., geöffnet Mo-Fr 9h00-16h30. Eine interessante Sammlung von 120 Telefonen aus allen Zeitepochen mag eine kleine Abwechslung bieten.

Weitere Sehenswürdigkeiten in der Innenstadt sind die **Lincoln Kirchenstühle** (= "Pew", Ecke 7th St./Capitol Ave.) und das **Illinois State Museum** (südlich angeschlossen an das State Capitol).

■ **Lincoln Tomb**, Oak Ridge Cemetery, 5th St. nördlich der Innenstadt, geöffnet 9h00-17h00 (Di von Juni bis August 20h00) und während der Wintermonate bis 16h00. In einem 1874 errichteten, riesigen Säulenmonument wurde Abraham Lincoln zusammen mit seiner Frau und 3 seiner 4 Söhne beigesetzt. Das Monument ist heute Pilgerstätte abertausender Besucher. Auf dem großzügig angelegten Friedhof finden Sie auch Gräber früherer Gouverneure von Illinois.

Außerhalb der Stadt

■ **Lincoln's New Salem**, 20 Meilen nordwestlich von Springfield an der Rt. 97 bei Petersburg, geöffnet täglich von März bis Oktober 9h00-17h00, Rest des Jahres 8h00-16h00. Lincoln lebte von 1831 bis 1837 in New Salem, einem kleinen Landdorf. Hier studierte er nicht nur für sein Juraexamen, sondern lebte, wie die anderen Bewohner, ein ganz normales Leben. Er begann als Verkäufer im Lebensmittelladen, war dann als Holzfäller und Postmeister tätig, bevor er hier zum "Dorfrichter" ernannt wurde. Heute ist Lincoln's Dorf in seinen alten Strukturen wiederhergerichtet worden, und verschiedene Gebäude des letzten Jahrhunderts können besichtigt werden. Vorführungen alter Handwerkskünste runden das Bild ab.

Während der Sommermonate können Sie auch mit einem nachgebauten kleinen Schaufelraddampfer, dem "Talisman", auf dem Sangamon River herumfahren. Abends bietet die "Great American People Show" Theatervorführungen an, die sich um das Leben Abraham Lincolns drehen. Infos und Reservierungen: Tel.: (217) 632-7754.

Vorbereitung zur "Great American People Show"

Im Park gibt es einen **Campingplatz**, und gegenüber dem Eingang befindet sich das **River Ridge Restaurant**.

Saint Louis

Highlights

- Der Blick vom **Gateway Arch** und das **Museum of Westward Expansion** sind ein Muß in St. Louis
- **Blues-Livemusik** dürfen Sie in St. Louis nicht verpassen
- Besichtigung der **Anheuser-Busch Brauerei**

Überblick

St. Louis kann mit Recht als eine der interessantesten, aber mit Sicherheit nicht schönsten Städte des in diesem Buch beschriebenen Reisegebietes bezeichnet werden. Die Geschichte der Stadt ist sehr wechselhaft gewesen, und das schlägt sich im Stadtbild deutlich nieder: Verkommene Innenstadtdistrikte finden sich direkt neben dem wieder errichteten historischen Laclede's Landing Distrikt; 50-stöckige Glasfassaden überschatten öde Parkplatzflächen, und nachts gelten einige Innenstadtgebiete als "No Go Areas". Auch die verschiedenen Neighbourhoods (Stadtteile) haben z.T. bessere Zeiten gesehen. Vergleicht man einmal die alten Fotografien im Museum of History mit dem derzeitigen Stand der Dinge, stellt man fest, daß z.B. unterhaltsaufwendige Dachkonstruktionen der alten Häuser einfachen Flachdächern gewichen sind. Wie viele Städte Amerikas wurde auch St. Louis in den 60er und 70er Jahren Opfer der Flucht in die Vororte, und nur die sozial schwachen Einkommensschichten blieben im Stadtzentrum. Zwar beginnt sich die Stadt, langsam wieder zu regenerieren, doch bis zur endgültigen "Genesung" ist es wohl noch ein langer Weg.

St. Louis hat aber trotzdem vieles zu bieten: so z.B. den wiederhergerichteten, historischen Laclede's Landing Distrikt am Mississippi; den 200 m hohen Gateway Arch, einen alles überragenden Stahlbogen, von dessen Aussichtsplattform Sie einen schönen Ausblick haben; zahlreiche Museen; Parkanlagen und vor allem eines: neben Chicago und Detroit die beste Blues- und Jazzmusikszene im Mittleren Westen. Viele Bluesmusiker haben hier ihre ersten Lieder gespielt und kommen immer wieder gerne zurück. Aber auch neue Talente bekommen ihre Chance, und nicht selten besteht eine Bluesband aus Bankern und Kaufleuten, die ihre Freizeit auf den Bühnen der zahlreichen Clubs und Kneipen der Stadt verbringen. Die Einwohner der Stadt wissen um die wirtschaftlichen Probleme, haben aber halt gelernt, damit zu leben und trotzdem das Leben zu genießen.

Blick auf die Downtown von St. Louis

St. Louis ist also weniger eine sehenswerte als viel mehr eine **erlebenswerte Stadt.** Doch ein Großstadtflair, wie man es bei seinen 2,5 Millionen Einwohnern erwarten würde, kommt hier nicht auf. Sie müssen diese Stadt "selbst in die Hand nehmen". Beschäftigen Sie sich mit der Stadtgeschichte, die maßgeblich auch die Weiterentwicklung des Westens bestimmt hat, und genießen Sie Blues und Stimmung hier. Wenn dieses beides Sie nicht interessieren sollte, dann lohnen die Anreise bzw. ein Umweg eigentlich nicht.

Geschichte

Bereits früh haben sich in der Region um den Zusammenfluß von Mississippi und Missouri Indianerstämme niedergelassen. Man schätzt die ersten Siedlungen in einigen Quellen auf 300 n.Chr., wobei die angegebenen Zahlen sehr widersprüchlich sind (700 n.Chr. erscheint mir glaubwürdiger). Ertragreiche Böden versprachen eine gute Ernte, und die strategische Lage war auch damals nicht zu unterschätzen.

Diese Lage erkannten aber auch die französischen Kolonialherren, und so war es Pierre Laclede, der hier bereits 1764 einen Handelsposten für Pelze einrichtete, eine der ersten Bastionen der weißen Siedler am Mississippi. Laclede benannte die Stadt nach dem damaligen französischen König Louis IX.

Mit dem legendären Louisiana Purchase von 1804, in dem Frankreich den gesamten Nordwesten an die amerikanische Regierung verkauft hat, begann der wirtschaftliche Aufschwung. Binnen 20 Jahren verzehnfachte sich die Einwohnerzahl. Es kamen nun vor allem auch Siedler aus Deutschland (und später Irland), landete 1817 der erste

Schaufelraddampfer an, wurde 1817 die St. Louis University gegründet und traf sich 1820 die erste Abgeordnetenversammlung von Missouri hier. St. Louis wurde zudem das "Tor zum Westen". Selbst für Siedler auf dem Weg nach Kalifornien ging kein Weg an der Stadt vorbei. Die Eisenbahn löste in den 50er Jahren des 19. Jahrhunderts die Trecks ab, und der Bahnhof von St. Louis war bald der passagierreichste der Welt. Mit den Menschen kam auch die Industrie: Bierbrauereien, Wollspinnereien, Eisenwerke u.a. siedelten sich an.

Straßenbahn im 19. Jahrhundert

1904 fanden gleich zwei internationale Höhepunkte in St. Louis statt: Die Weltausstellung und die erste Olympiade auf amerikanischem Boden. Zu dieser Zeit erreichte die Stadt ihren wirtschaftlichen Zenit.

Mit dem Niedergang des Eisenbahnverkehrs und dem gleichzeitigen Einsetzen der Flugzeugära, dem Niedergang der Schwerindustrie und dem Abwandern der Facharbeiter während der 30er bis 50er Jahre begann der stete wirtschaftliche Abstieg der Stadt, der seine Talsohle erst Anfang der 80er Jahre erreicht hatte. Seither wird wieder verstärkt investiert – auch in den Innenstadtbereich – und die verbliebenen Industrien begannen sich gesundzuschrumpfen. Bekannte Firmen, wie z.B. McDonell Douglas (Flugzeugbau), TWA (Airline) und Anheuser-Busch (Bierbrauerei), haben ihren Sitz in St. Louis. Der Ausbau des internationalen Flughafens (das Drehkreuz der Fluggesellschaft TWA ist), die zentrale Lage auf dem amerikanischen Kontinent, die immer noch wichtige Flußschiffahrt und letztendlich die auch heute nicht zu unterschätzende Bedeutung als Eisenbahnknotenpunkt sind und werden auch in Zukunft ausschlaggebende Wirtschaftsfaktoren für die Stadt bleiben.

Reisepraktische Hinweise

Information

● **St. Louis Visitor & Convention Bureau:** 10 S. Broadway, Suite 1000 (3. Stock), St. Louis, MO 63102, Tel.: (314) 421-1023 od. 800-247-9791.

● **St. Louis Visitor Center:** 308 Washington Ave., St. Louis, MO 63102, Tel.: (314) 241-1764.

● Weitere Infos gibt es über das 24-Stunden-Telefon: (314) 421-2100. Zudem steht im **St. Louis Magazine** - erhältlich an Zeitungsständen - alles über aktuelle Veranstaltungen. Noch besser aber ist es, Sie erwischen eine kostenlose, in Lokalen ausgelegte **Riverfront Time**.

Sightseeingtouren/Besichtigungen

● **Gray Line Tours:** Stadtrundfahrten (mit Bus) aller Art. Tel.: (314) 241-1224 od. (618) 271-3056.

● **Anheuser-Busch Brauerei:** 13th & Lynch Sts. Mo-Sa Brauereitouren. Tel.: (314) 577-2626.

● Im Gebiet von Laclede's Landing und am Arch verkehren abends **Pferdekutschen**. Der Kutscher erzählt bei der Fahrt einiges über die Stadt.

Schaufelraddampfertouren

Auch von St. Louis beginnen mehrtägige Fahrten mit der **"Delta Steamboat Company"**, so z.B. nach New Orleans oder nach Minneapolis. Buchungsinfos entnehmen Sie bitte dem entsprechenden Abschnitt in diesem Kapitel ("Mit dem Schaufelraddampfer von Pittsburgh nach Cincinnati")

Redaktions-Tips

- **Übernachten:** Vornehm wohnen Sie im **Majestic**, etwas günstiger im **Drury-Inn** und nahezu preiswert im **Lafayette House B&B**
- **Essen:** Gepflegt dinieren können Sie im **Dierdorf & Hart**, günstige und leckere Pizzen gibt es bei **Joannie**.
- **Blues-Livemusik:** 1860 Saloon, Great Grizzly Bear, Mike & Min's, Broadway Oyster Bar, Missouri Bar & Grill, sowie für **Jazz**: Jazz at the Bistro
- **Bedeutendste Sehenswürdigkeiten:** Der Gateway Arch, das Museum of Westward Expansion, der historische District Laclede's Landing, das Museum of History, die Anheuser-Busch Brewery, der Union Station und die Neighbourhood-Areas Soulard sowie Tower Grove und Central West End
- **Zeiteinteilung: 2 Nächte** sollten Sie mindestens bleiben: Kommen Sie bereits am frühen Nachmittag, sollten Sie zuerst ins Museum of History gehen (Stadtgeschichte). Abends dann wandern Sie durch Laclede's Landing District und essen dort auch. Danach noch ein kleiner Spaziergang am Mississippi. Dann per Taxi zu einer Bluesveranstaltung. Am Folgetag zuerst zum Gateway Arch und dort zuerst die Tickets für die Auffahrt besorgen – die Wartezeit für den Fahrstuhl mit dem Besuch des angeschlossenen Museums überbrücken. Mittags mit dem Auto in den Soulard District und dort speisen. Danach Anheuser-Busch Brauerei besuchen. Von dort zum Venice Cafe auf einen "eklektischen Kaffee". Abends wieder Bluesmusik.

Öffentliche Verkehrsmittel

● **Stadtbusse/-bahnen:** Die **MetroLink** (S-Bahn) verkehrt zwischen East-St. Louis, Laclede's Landing, dem Union Station, dem Forest Park und dem Flughafen. Damit haben Sie bereits einiges abgedeckt. Die Bahn wurde übrigens von Siemens gebaut – Infos: 231-2345. Der **Shuttle-Bug** (nur bis 18h00), ein in den Farben eines Marienkäfer angemalter Bus, bedient ebenfalls die o.g. Route und bietet zudem noch Strecken in/und um den Forester Park an – Infos: 982-1400. Auch das normale Busnetz ist in Ordnung.

● **Überlandbusse:** Der Greyhound Station befindet sich in der 1450 N. 13th St., Tel.: (314) 231-4485

● **Eisenbahn:** Der Amtrak-Bahnhof ist heute in der 550 S. 16th St., Tel.: (314) 331-3300

● Der **Lambert-St. Louis Intern. Airport** liegt im Nordwesten der Stadt am I-70. Ein Taxi dorthin kostet ca. 20$. Mit dem o.g. Shuttle-Bug Bus ist es um einiges günstiger. Größere Hotels bieten auch einen Shuttle-Service an.

Taxi

Yellow Cab: 361-2345 County Cab: 991-5300

Einkaufen

● **St. Louis Union Station:** Market St. zw. 18th & 20th Sts. Im ehemaligen Bahnhof gibt es heute mehr als 100 Geschäfte und Restaurants, dazu an Wochenenden auch des öfteren Kulturprogramme.

● Das **St. Louis Centre** zwischen Locust & 6th Sts ist eines der größten Shopping Center in einer amerikanischen Innenstadt.

● Die kleinen Geschäfte im **Laclede's Landing** bieten nettes Windowshopping.

● Es lohnt der Besuch der Kaufhäuser in der Innenstadt (z.B. **Stix Bear & Fuller** oder **Famous Barr**).

● Im 6400er Block des Delmar Blvd., also dem Uni-Viertel und direkt gegenüber des Tivoli-Theater gibt es einen riesigen **Secondhand-Buchladen**, der zum Stöbern einlädt. Das Geschäft ist auch abends geöffnet.

Sportveranstaltungen

Die **St. Louis Cardinals** gelten als eines der besten Baseball-Teams der USA. Während der Saison (April-Oktober) finden im Bush Stadium Spiele statt. Selbst wenn Sie kein Freund dieses Sports sein sollten, sollten Sie die Atmosphäre bei so einem Spiel ruhig einmal erleben. Infos: (314) 421-3060

Hotels und andere Unterkünfte

● **Mariott Pavilion $$$$:** 1 Broadway, St. Louis, MO 63102, Tel.: (314) 421-1776, Fax: (314) 331-9269. 25-geschossiges Hotel des gehobenen Standards. Günstige Innenstadtlage und ein guter Ausblick von den oberen Etagen.

● **Hyatt Regency at Union Station $$$$:** One Union Station, St. Louis, MO, Tel.: (314) 231-1234, Fax: (314) 436-6827. Untergebracht im alten Bahnhofsgebäude (von 1894) des "Crossroads of America". Beeindruckend ist vor allem die Grand Hall – die ehemalige Eingangshalle des Bahnhofs –, die heute als Lobby dient. Leider sind die erschwinglichen Zimmer in diesem Hotel in einem nur leidlich ansprechenden neuen Trakt untergebracht. Die teuren befinden sich z.T. aber im historischen Trakt 2 km zum Gateway Arch.

● **Hotel Majestic $$$$:** 1019 Pine St., St. Louis, MO 63101, Tel.: (314) 436-2355 od. 800-451-2355, Fax: (314) 436-2355. Europäische Elegance der 20er Jahre mit Marmor-Fußböden und Orientteppichen. Geschmackvoll eingerichtete Zimmer. 1994 renoviert.

● **Holiday Inn Riverfront $$$:** 200 N 4th St., St. Louis, MO 63102, Tel.: (314) 621-8200, Fax: (314) 621-8073. Mittelklasse-Hotel in günstiger Lage.

● **Drury Inn-Union Station $$$:** 201 S. 20th St. (1 Block südl. des Union Station), St. Louis, MO 63103, Tel.: (314) 231-3900, Fax: (314) 231-3900 ext. 477. Mittelklassehotel **in der Nähe** des ehemaligen Bahnhofs. Durchaus ansprechend für seine Preisklasse. 2 km zum Gateway Arch.

● **Embassy Suites $$-$$$:** 901 N. 1st St., St. Louis, MO 63102, Tel.: (314) 241-4200, Fax: (314) 241-6513. Modernes Hotel nahe Laclede's Landing mit geräumigen Zimmern.

● **Days Inn at the Arch $$:** 333 Washington Ave., St. Louis, MO 63102, Tel.: (314) 621-7900, Fax: (314) 421-6468. Franchise-Hotel der unteren Mittelklasse. Auffällig preiswert für die günstige Stadtlage, dafür aber auch renovierungsbedürftig.

● **Geandaugh House Bed & Breakfast $$:** 3835-37 S. Broadway, St. Louis, MO 63118, Tel.: (314) 771-5447. In einem "Prärie-Haus" von 1790. Zahlreiche Antiquitäten. Leider hat nur eines der 4 Zimmer ein eigenes Bad.

● **Lafayette House $$:** 2156 Lafayette Ave., St. Louis, MO 63104, Tel.: (314) 772-4429. Haus von 1876. Mit Antiquitäten eingerichtet. Blick auf den Lafayette Park. 2 der 5 Zimmer mit eigenem Bad. Die Suite ($$$) hat eine eigene Küche!

Restaurants

Wenn Sie es unkompliziert mögen, gehen Sie einfach **zur Laclede's Landing** bzw. in den **Union Station**. Hier finden Sie zahlreiche Restaurants und Bars – und die Stimmung ist gut hier.

● **Joanie's Pizza:** Ecke Russel Blvd./Menard St., Tel.: (314) 865-1994. Das kleine Restaurant ist einfach eingerichtet und auch der Patio wenig ansprechend. Dafür aber trifft man hier die "Locals", und die krosse "Thin-Pizza" ist eine Wucht! An Wochenenden gibt es öfters Livemusik.

● **Dierdorf & Harts:** im Union Station (1820 Market St), Tel.: (314) 421-1772. Englische Pubatmosphäre und Fine Dining in richtiger Kombination. Gute Steaks und gegrillte Fischgerichte. Di-Sa Pianomusik. Jackett erwünscht. Aber sehr teuer!

● **J.F. Sanfillipo's:** 705 N. Broadway, Tel.: (314) 621-7213. Gute Pasta-Küche. Die angekündigte Trattoria-Atmosphäre kennen wir aber eindrucksvoller, selbst aus Deutschland.

● **Norton's Cafe:** 808 Geyer Ave., Tel.: (314) 436-0828. Cajun-Küche, aber auch anderes in ansprechendem Neighbourhood-Restaurant von Soulard.

● **Hunan Manor:** 606 Pine St., Tel.: (314) 231-2861. Gute chinesische Küche in der abgewetzten Atmosphäre der 60er Jahre. Kein Fine Dining, aber leckere Speisen.

● **Ted Drewes Frozen Custards** ist eine Institution in St. Louis. Nun mag nicht jeder gefrorenen Pudding (der spezielle "Concrete" fällt noch nicht einmal aus einer umgedrehten Schale), aber falls doch, sind **die Adressen** dafür: 4224 S. Grand St. und 6726 Chippewa, der ehemaligen Route 66.

● Fast alle u.g. **Musikkneipen** bieten zudem eine einfache Speisekarte.

● Außerdem gut essen bzw. einen Cappucino trinken in Straßencafés können Sie im **Central West End District** (Euclid Ave. 500er Block)

Pubs/Livemusik/Nightlife

St. Louis ist für gute Bluesmusik bekannt, und seine Clubs können sich durchaus messen mit denen in Chicago. Neben den neueren Clubs im **Laclede's Landing District** gelten eher die Clubs im **Soulard District** als die besuchenswertesten. Auch

Livemusik wird groß geschrieben in St. Louis

im **Uni-Viertel** (6500er Block des Delmar Blvd.) gibt es gute Gigs. Sollten Sie aber nur ein bis zwei Abende haben, halten Sie sich einfach an den Soulard District.

- **Just Jazz/Jazz at the Bistro:** 3536 Washington Ave., Tel.: (314) 534-3663. Jazzmusik (häufig Modern/Free-Jazz) in gehobener Atmosphäre. Gäste sind meist die Theaterbesucher aus den umliegenden Häusern. Restaurant. Livemusik Mi-So.
- **Great Grizzly Bear:** 1027 Geyer Ave., Tel.: (314) 231-0444. Guter Blues von Do-So in einer "2-Zimmer-Bar".
- **1860 Saloon:** 1860 S. 9th Street (Ecke Geyer Ave.), Tel.: (314) 231-1860. Bluesclub mit Neighbourhood-Bar-Charakter. Hier trifft sich jede Altersgruppe.
- **Mike & Min's:** 925 Geyer Ave., Tel.: (314) 421-1655. Neighbourhood-Pub mit fast täglichen Blues-Gigs.
- **Broadway Oyster Bar:** 736 S.Broadway, Tel.: (314) 621-8811. Bluesbar mit Südstaatenküche südlich der Innenstadt. Häufig voll, keine Supergigs, dafür aber immer Stimmung. Das Haus sieht von außen so schief aus, das man meinen würde, es fällt gleich um. Alter: bis 40.
- **Missouri Bar & Grill:** 701 N. Tucker, Tel.: (314) 231-2234. Die Restaurant-Kneipe gehört einem Griechen, die Einrichtung ist ideenlos und die Besucher nicht immer ganz "geheuer". Trotzdem gilt dieses Lokal als eines der besten, was Livemusik angeht. Außerdem: Es ist bis 3h00 geöffnet, und die Küche serviert Hamburger und andere Snacks bis 2h30!!
- **Blueberry Hill:** 6504 Delmar Blvd., Tel.: (314) 727-0880. Großes Kneipenlokal mit Darts-Raum, großem Tresen und 2 Eßräumen, zudem einer von bekannten Musikern (Rock, Rhythm&Blues) gern besuchten Bühne. Diese Kneipe ist wirklich urig. Joe Edwards, der Besitzer, läßt sich gerne mit den Stars fotografieren (achten Sie auf die Fotos im Darts-Room). Eine ansehnliche Sammlung an Elvis-Memorabilia gibt es auch. Das Publikum ist gemischt: Werfen ältere Herren ihre Dartspfeile, sind es die Studenten, die den Tresen bevölkern.
- **Venice Cafe:** 1903 Pestalozzi St., Tel.: (314) 772-5994. Die Einrichtung wird bestimmt durch die zahlreichen Mosaiken an den Wänden, schiefen Bilder, bunten Klecksereien und merkwürdig dekorierten Stofftiere. Ein Sammelsurium an Merkwürdigkeiten. Oft Bluesmusik.

Sehenswertes

Wie im Redaktionstip bereits angedeutet, empfiehlt sich für die Erkundung von St. Louis **zuerst der Besuch des Museum of History** (im Forest Park), um die Geschichte der Stadt besser verstehen zu können. Der Übersicht halber aber beginne ich mit der Beschreibung der Sehenswürdigkeiten in der Innenstadt.

Immer auf den Beinen: die Bewohner von St. Louis

Innenstadt

Parken Sie Ihr Fahrzeug in der Nähe des Gateway Arch bzw. am Laclede's Landing.

■ **Laclede's Landing** 13, Mississippiufer, zwischen King Jr. Memorial Bridge und Eads Bridge. An der Stelle, wo einst der Stadtgründer Laclede angelandet sein soll, hat man sich bemüht, die Gebäudestrukturen der Jahrhundertwende zu erhalten bzw. wiederherzurichten. Kopfsteinpflasterstraßen, Kellerlokale, Pferdekutschenfahrten, eine Reihe kleiner Souvenirgeschäfte und 2 kleine Museen (Video Game Museum und Wax Museum) bestimmen hier das Bild. Direkt am Mississippi befindet sich eine Aussichtsplattform, von der aus Sie die Flußschiffahrt beobachten können.

■ **Jefferson Expansion Memorial National Historic Site** 8 , am Mississippi-Ufer zwischen Eads und Polar Street Bridge, geöffnet: Mitte Mai bis Anfang Sept. tägl. 8h00-22h00, Rest des Jahres 9h00-18h00

■ **Gateway Arch** 10 und **Museum of Westward Expansion**: Schon von weitem fällt der riesige, 200 m hohe Stahlbogen auf, der sich so eindrucksvoll als Wahrzeichen von der Skyline von St. Louis absetzt. In den 40er Jahren wollten die Stadtväter ein Symbol der historischen Bedeutung in St. Louis errichten lassen. Bei der darauffolgenden Ausschreibung gewann die Idee des finnischen Architekten Eero Saarien die Herzen der Bevölkerung – ein zeitloser, überdimensionaler Bogen, immerwährend und nichtrostend, sollte das "Gateway to the West" symbolisieren. Doch es dauerte noch bis 1963, bevor mit dem Bau begonnen werden konnte, der schließlich Ende 1965 fertiggestellt war.

Unterhalb des Bogens, auf den übrigens ein Fahrstuhl fährt (Aussicht!), befindet sich das **Museum of the Westward Expansion**, das sich mit der Besiedlung des Westens beschäftigt. Eine eindrucksvolle Gestaltung! Hier gibt es auch einen Film über den Bau des Bogens zu sehen.

Tip
Besonders im Sommer kann es vorkommen, daß der Fahrstuhl auf den Bogenkamm 1-2 Stunden im voraus ausgebucht ist. Besorgen Sie sich also Ihr Ticket gleich als erstes, bevor Sie dann das Museum besichtigen.

■ **Old Courthouse** 7 : 11 N. 4th St., Ecke Market St., geöffnet: täglich 8h00-16h30. Das Gerichtsgebäude wurde zwischen 1839 und 1862 errichtet, und in einer kleinen Ausstellung wird die Geschichte von St. Louis dargestellt. Zudem ist das Gebäude mit der Kuppel auch sonst recht sehenswert, und eine Führung auf den Rundgang des Domes bietet eine schöne Aussicht auf St. Louis.

Im Union Station

■ **Union Station** 2 , 1800 Market Street. Der ehemalige Bahnhof von St. Louis, fertiggestellt 1894, war einst der größte Bahnhof der Welt. Jährlich frequentierten ihn Millionen von Reisenden, viele auf dem Weg von der Ostküste bzw. dem Mittleren Westen nach Kalifornien. Heute spielt der Personentransport bei der Eisenbahn nur noch eine untergeordnete Rolle, und der Bahnhof wurde umgelagert. Das Gebäude aber wurde 1985 komplett restauriert und dient jetzt als Erlebniscenter mit 120 Shops und Restaurants sowie einem Hotel.

Der Besuch hier lohnt. Ein großes Geschäft z.B. verkauft nur Modelleisenbahnzubehör verschiedenster Firmen und wird gerne von Kindern aufgesucht (mehrere Bahnen sind aufgebaut). Überall in der Halle stehen Erläuterungstafeln zur Geschichte des Bahnhofs, und ein Erfrischungsgetränk in der **Grand Hall** dürfen Sie sich nicht entgehen lassen. Am hinteren Ausgang des Bahnhofes befindet sich ein kleiner künstlicher See, an dem öfters Musikgruppen auftreten. **Bahnhofstouren** finden nur an Wochenenden statt.

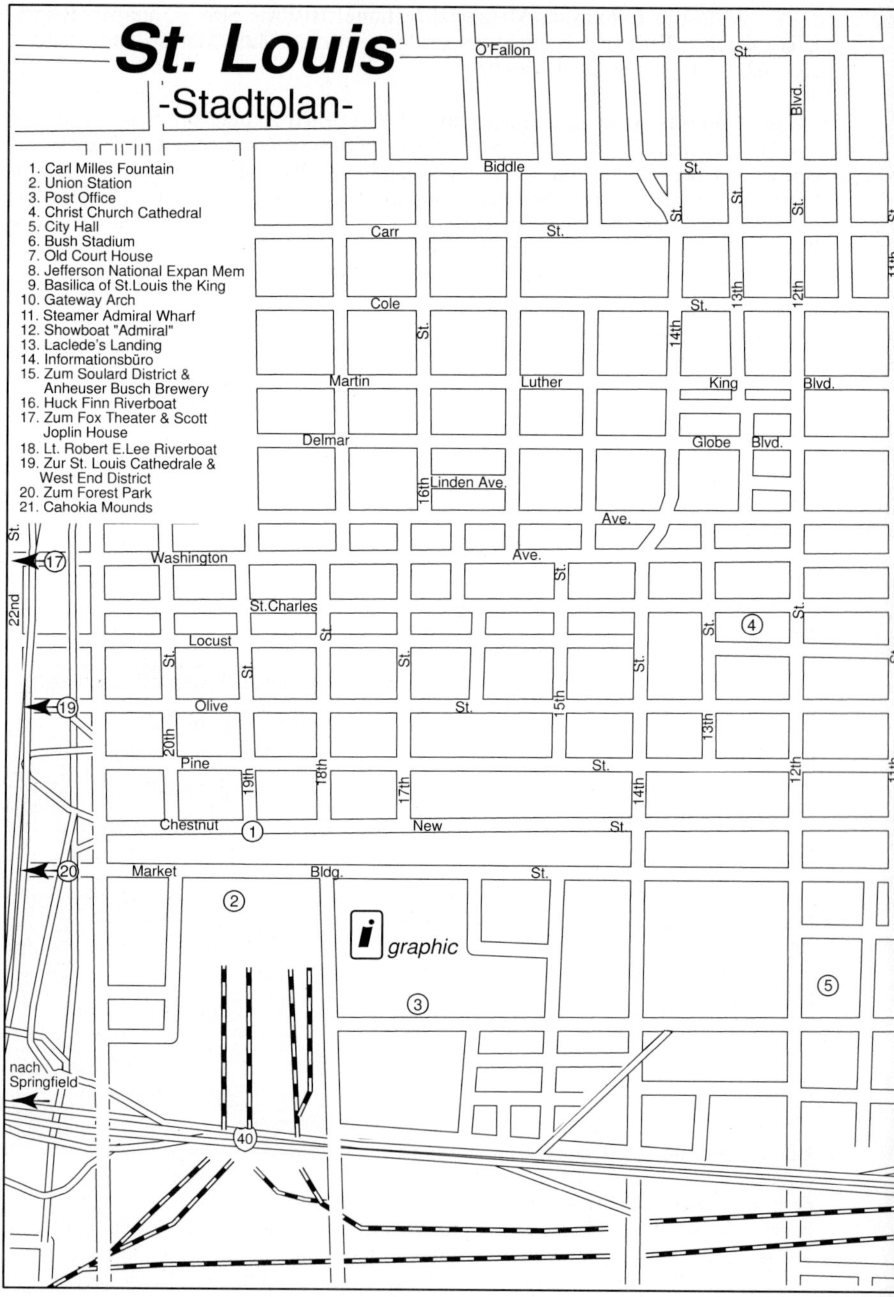
St. Louis
-Stadtplan-
1. Carl Milles Fountain
2. Union Station
3. Post Office
4. Christ Church Cathedral
5. City Hall
6. Bush Stadium
7. Old Court House
8. Jefferson National Expan Mem
9. Basilica of St.Louis the King
10. Gateway Arch
11. Steamer Admiral Wharf
12. Showboat "Admiral"
13. Laclede's Landing
14. Informationsbüro
15. Zum Soulard District & Anheuser Busch Brewery
16. Huck Finn Riverboat
17. Zum Fox Theater & Scott Joplin House
18. Lt. Robert E.Lee Riverboat
19. Zur St. Louis Cathedrale & West End District
20. Zum Forest Park
21. Cahokia Mounds
O'Fallon St.
Biddle St.
Carr St.
Cole St.
Martin Luther King Blvd.
Delmar Blvd.
Globe Blvd.
Linden Ave.
Washington Ave.
St.Charles
Locust St.
Olive St.
Pine St.
Chestnut
New St.
Market St.
Bldg.
22nd St.
20th
19th
18th
17th
16th
15th
14th
13th
12th
11th
Blvd.
graphic
nach Springfield
40

nach Kansas City/ Hannibal
O'Fallon St
22
Biddle St.
Mississippi River
9th St.
8th St.
7th St.
6th St.
Broadway
Cole St.
2nd St.
Commercial St.
Franklin Ave
Martin L. Mem. Bridge
Globe Blvd.
4th St.
Lucas Ave.
13
Eads Bridge Toll
11
14
8
12
Olive St.
3rd St.
10
7
N
16
9
Walnut St.
6
0
500m
Spruce St
18
nach Chicago
Indianapolis
Louisville
15
55
70
40
61
21
nach Memphis
Cerre St.

Südlich der Innenstadt

▪ **Soulard District** 15, zwischen Broadway und I-55, südlich der Innenstadt. Dieser kleine Stadtteil wurde Ende des 19. Jahrhundert gebaut für die immer zahlreicher einströmenden Einwanderer. Liebliche kleine, 2- bis 3-geschossige Ziegelhäuser säumen die z.T. mit Bäumen besetzten Straßen. Alleine ein Durchstreifen dieses idyllischen Stadtteiles verspricht ein paar schöne Eindrücke und auch Fotoaufnahmen. Aber auch der Lebensstil der Bewohner ist ganz eigen – "laissez faire" würde man sagen –, und das drückt sich in den kleinen Bluesknеipen sowie dem umtriebigen Leben auf dem kleinen **Soulard Market** (Ecke Broadway/Marion St.) aus.

▪ **Anheuser-Busch Brewery** 15, Ecke 9th/Arsenal Sts., Führungen Mo-Sa 9h00-16h00.

Bekanntermaßen ist der Anheuser-Busch-Konzern der größte Bierproduzent der Welt. Marken wie Budweiser, Michelob, Busch, Red Wolf u.a. werden gebraut. Neben dieser größten Braustätte des Konzerns gibt es noch 13 weitere im Lande. Hier in St. Louis werden täglich alleine 14 Mio. Dosen, 7 Mio. Flaschen und 40.000 Fässer abgefüllt. Und was macht die meistgetrunkene Marke, Budweiser, so beliebt? Es wird u.a. Reis (aber auch Weizen) verwandt, und als Geschmacksbeigabe wird jedes Alterungsfaß mit Buchenrinde ausgelegt. Die Führung dauert ca. 1 ¼ Stunden, und am Ende dürfen Sie ein frischgezapftes Bier probieren, übrigens auch ein leckeres dänisches "Carlsberg", für das Anheuser-Busch der Alleinimporteur ist.

Zeichen amerikanischen Trinkgenusses

Westlich der Innenstadt

▪ **Scott Joplin House** 17, 2658 Delmar Blvd., geöffnet Mo-Sa 10h00-16h00, So 12h00-17h00. In diesem kleinen Stadthaus wohnte der berühmte Ragtimekomponist 7 Jahre lang, und hier entfaltete sich sein Enthusiasmus für den Ragtime. 1-stündige Führungen.

▪ **Fox Theatre** 17, 527 Grand Blvd., Touren Di, Do u. Sa um 10h30. Ansonsten bieten erstklassige Aufführungen ebenfalls eine Gelegenheit, das eindrucksvolle Gebäude "zu erleben". Das reich geschmückte und mit unzähligen Schnörkeln und Ornamenten verzierte Gebäude wurde 1929 als Filmtheater der berühmten Fox Pictures eröffnet, bevor es in den 80er Jahren als Theaterbühne – erstklassig renoviert – seine Türen wieder öffnete. Ein Theaterbesuch hier würde Ihren St. Louis-Aufenthalt abrunden.

▪ **St. Louis Cathedral (New Cathedral)** 19, Ecke Lindell Blvd. und Newstead Ave., geöffnet täglich 7h00-20h00 (im Sommer bis Sonnenuntergang). Von außen wirkt dieses monumentale Kirchengebäude eher protzig als einladend. Innen aber werden Ihnen die Augen aufgehen: 41.500.000 Mosaiksteine haben 20 Künstler über 75 Jahre zusammengetragen und an allen Kirchenwänden und -decken angebracht. In der heutigen Zeit eine einmalige Leistung. Ein Mosaik-Museum im Keller ist täglich von 9h00-16h00 geöffnet.

■ **Central West End District** 19. Die Straßenzüge, die sich östlich des Forest Park und um die Euclid Avenue ziehen.

Dieser kleine Stadtteil besticht mit seinem Charme. Alleen, alte Herrschaftshäuser, kleine Boutiquen und Straßencafés bestimmen das Bild dieses "Upscale"-Stadtteils.

■ **Forest Park** 20. Der Forest Park erinnert etwas an den Central Park in New York. Jogger und erwachende Vögel geben sich morgens ein Stelldichein, während tagsüber Familien über die kilometerlangen Wege flanieren. Der Park hat aber auch ein paar interessante Museen zu bieten:

- **The Missouri History Museum:** Am Nordende des Parkes, geöffnet Di-So 9h30-17h00. Eine ausführliche Ausstellung über das Leben im St. Louis bis ins beginnende 20. Jahrhundert ist mit Sicherheit der interessanteste Part hier, aber auch die Abteilung, die dem Flugpionier Charles Lindbergh gewidmet ist (Lindbergh lebte damals in St. Louis) sowie die der Musikgeschichte von St. Louis sind sehenswert.
- **St. Louis Art Museum:** Im Westteil des Parkes. Di 13h30-20h30, Mi-So 10h00-17h00. Kunstwerke aller Stilepochen sind hier ausgetellt. Zudem gibt es wechselnde Ausstellungen.
- **St. Louis Zoo:** Im Süden des Parkes, geöffnet täglich 9h00-17h00 (Di bis 20h00). Über 6.000 Tiere sind mit Sicherheit etwas für die Kinder. Es gibt auch lehrreiche Filmvorführungen sowie eine Seelöwen-Show.
- **St. Louis Science Center:** Im Südosten des Parkes, geöffnet So-Do 9h30-17h00, Fr+Sa 9h30 -21h00. Sehr lehrreiches und interessantes Technikmuseum mit OMNIMAX-Kino, Planetarium, einer ausführlichen Flugzeug- und Raumfahrtabteilung sowie zahlreiche "Probier"- (Hands on-) Stationen.

■ **Missouri Botanical Garden**, 4344 Shaw St. (Nordende des Tower Grove Park), geöffnet 9h00-17h00 (im Sommer bis 20h00).

Höhepunkte dieses großen botanischen Gartens sind die tropische Abteilung und der größte Japanische Garten in den USA. Wer sich für Pflanzen interessiert, sollte mindestens 2 Stunden hier einplanen.

Im weiteren Umfeld der Innenstadt bzw. außerhalb von St. Louis

■ **Ulysses S. Grant Historic Site und Grant's Farm**, 10501 Gravois Rd, südwestlich des Stadtzentrums, geöffnet Mitte April bis Mitte Oktober, täglich 9h00-17h00. Freizeitpark, der sich auf dem ehemaligen Farmgelände des Nordstaaten-Generals Ulysses S. Grant befindet. Das alte Haus (1856), in dem Grant gelebt hat, kann besichtigt werden. Zudem gibt es einen kleinen Tierpark mit Büffeln, Stieren und Hirschen sowie eine alte Kutschenstation zu sehen. Ein kleiner Zug fährt Sie durchs Gelände.

■ **Cahokia Mounds** 21, Collinsville, Illinois: I-55/70 Exit 6, dann auf der IL Rt.111. und den Schildern folgen, geöffnet täglich 9h00-17h00. Hier befinden sich die Überreste der größten Indianersiedlung (nördl. Mexikos) der Zeit vor der Entdeckung Amerikas. Über 100 Mounds (Hügel, auf denen die Indianer gesiedelt haben), wovon der höchste 30 m ist, sind zu besichtigen. Indianer der Mississippi-Kultur haben hier zwischen 700 und 1400 n.Chr. gesiedelt. Nehmen Sie sich aber vor allem Zeit für das Museum, in welchem die Geschichte der Mississippi-Indianer eindrucksvoll erläutert wird.

▪ **Six Flags over Mid-America**. In Eureka, 30 Meilen südwestlich von St. Louis, I-44 Exit 261, geöffnet: täglich von Ende Mai bis Anfang September. April/ Mai sowie Sept./Okt. nur an Wochenenden. Rest des Jahres geschlossen. Riesiger Freizeitpark, der besonders an Wochenenden gerne von Familien mit Kindern aufgesucht wird. Der Park ist in 8 Themengebiete aufgeteilt, und es gibt alles, von Wasserrutschen über Achterbahnen bis hin zum Roller Coaster. Eine Super-Kirmes also!

First State Capitol

▪ **Saint Charles** 22. Die kleine Stadt am Missouri River liegt nordwestlich von St. Louis und war die erste Hauptstadt des Staates Missouri. Entlang der **South Main Street** zieht sich der historische Distrikt mit seinen kleinen Geschäften und Restaurants. Hier können Sie auch Missouri's **First Capitol House** ansehen. Der historische Distrikt ist sehr schön wiederhergerichtet, leider aber etwas zu sehr mit Nippes-Geschäften überladen.

Falls Sie Ihre weitere Route übrigens nach Hannibal führen sollte, können Sie St. Charles auch auf dem Weg dorthin "mitnehmen".

Fahren Sie nach Hannibal unbedingt auch auf den kleinen Straßen. Es bietet sich dazu vor allem die "Mississippi Road", auch als "Great River Road" bezeichnete Strecke entlang des Mississippi an. Die westliche Uferseite ist noch etwas interessanter: Kleine Städtchen, wie z.B. **Clarksville**, lohnen einen kurzen Stop. Auf den letzten Meilen vor Hannibal versprechen mehrere kleine Parkplätze schöne Ausblicke auf den Mississippi (gut geeignet für ein Picknick). Einen hervorragenden Ausblick auf Hannibal und den Fluß haben Sie vom **Lover's Leap** 2 Meilen vor der Innenstadt.

Hannibal

Information
Hannibal Visitors & Convention Bureau: 320 Broadway, Hannibal, MO 63401, Tel.: (314) 221-2477

Sightseeingtouren
Twainland Express: 400 N. 3rd St. Tram-Touren mit Erläuterung. Infos: (314) 221-5593.

Übernachten
● **Fifth Street Mansion $$-$$$:** 213 S. 5th St., Hannibal, MO 63401, Tel.: (314) 221-0445 od. 800-874-5661. Historisches Gebäude (1858) mit Veranda, Tiffany-Fenstern, einer Walnußholz-Bibliothek und einigen Kaminen. Alle Zimmer haben ein eigenes Bad.

Sehr gastfreundlich. Übrigens hat Mark Twain hier einmal im Jahre 1902 diniert.

● **Garth Woodside Mansion $$-$$$:** RR 1 (fahren Sie südlich auf dem US 61, dann den Barret Dr. hinein und den Schildern folgend), Hannibal, MO 63401, Tel.: (314) 221-2789. Italienische Renaissance Architektur von 1871. 8 Zimmer, davon 6 mit eigenem Bad. Eine über 3 Etagen "hängende" Treppe ist die Attraktion innen, aber auch das Zimmer, in dem Mark Twain öfters nächtigte. Zahlreiche Antiquitäten. Absolut Nichtraucher!

● **Holiday Inn $$$:** 4141 Market St., Hannibal, MO 63401, Tel.: (314) 221-6610, Fax: (314) 221-3840. Motel mit 241 Zimmern, Pool, Sauna und Whirlpool.

● **Super 8 $:** 120 Huckleberry Hts. Dr. (US 61 S.), Hannibal, MO 63401, Tel.: (314) 221-5863. Einfaches Franchise-Motel und nur empfehlenswert, da es in der günstigen Preisklasse bestehen kann.

Restaurant

Missouri Territory: 600 Broadway, Tel.: (314) 248-1440. Amerikanische Küche in historischem Gebäude (1888).

Sehenswertes

Das kleine Städtchen am Mississippi hätte wohl in heutiger Zeit kaum Aufmerksamkeit auf sich gezogen, wäre nicht der berühmte Schriftsteller Mark Twain hier aufgewachsen und hätten nicht seine bekanntesten Werke, "Die Abenteuer von Tom Sawyer und Huckleberry Finn", ihren Ursprung hier gefunden. Tom Sawyer übrigens personifiziert Mark Twain als Junge. Die ganze Stadt lebt von den Legenden und Geschichtchen aus diesen Werken.

Mark Twain House

Heute können Sie in Hannibal folgendes unternehmen:

- das Mark Twain Museum besuchen (es gibt zudem zahlreiche private Mark Twain Museen)
- Mark Twains und Becky Thatchers Wohnhäuser besichtigen,
- die Höhle, in der sich Tom Sawyer mit seiner Jugendliebe Becky Thatcher verlaufen hat, auf einer 1-stündigen Laternentour erkunden
- sowie zahlreiche Souvenirshops und Nippesläden durchstöbern.

Falls Sie etwas mehr Zeit mitgebracht haben sollten, machen Sie eine Tour durch die Stadt mit einem der alten Trolleys bzw. Kutschen. Die Fahrer erzählen dabei einiges aus dem Nähkästchen. Für die **eigene kurze Erkundung von Hannibal** empfiehlt es sich, das Auto nahe dem Visitor Center am Straßenkreuz unterhalb der Mississippi-Brücke zu parken und von dort die Main Street bzw. Hill Street abzulaufen.

INFO

Mark Twain

"A steamboat is as beautiful as a wedding cake – but without the complications"

Als Samuel Langhorne Clemens wurde Mark Twain am 30. November 1835 in Florida, einem Ort in der Nähe der kleinen Hafenstadt Hannibal (Missouri) geboren. Mit 12 Jahren mußte er die Schule verlassen, um sich seinen Lebensunterhalt zu verdienen. Von da an verdingte er sich mit den verschiedensten Jobs. U.a. war er Lotse auf den Schaufelraddampfern, für wenige Wochen Soldat in der Armee der Konföderierten, aber auch Schriftsteller, Journalist, Minenarbeiter und Goldsucher.

Bekannt wurde Mark Twain schließlich mit seinen Büchern, die sich mit dem Leben am Mississippi in der Mitte des 19. Jahrhunderts beschäftigen. Er galt in erster Linie als Humorist, der sich der amerikanischen Tradition des "Western Humor" verpflichtet hat. Doch durch verschiedene Vortragsreisen, die ihn auch nach Europa geführt haben, und einer Reihe von persönlichen Mißgeschicken erkannte Mark Twain bald seine eigene Neigung zum Skeptizismus und Pessimismus. Dies wird besonders in seinen späteren Werken, wie z.B. "Ein Yankee am Hofe des König Artus" und "Querkopf Wilson", deutlich, in denen er sowohl die amerikanische als auch die europäische Gesellschaft auf satirische Weise anprangert.

Mark Twain

Zu Lebzeiten wurden die Bücher von Mark Twain überwiegend in Europa verkauft, während in Amerika der Verkauf nur mäßigen Erfolg zeigte.

Sein Pseudonym entlehnte Mark Twain einem Ausdruck aus der Sprache der Flußschiffer: Ein mit einem Gewicht versehenes und in verschiedenen Längenabschnitten markiertes Band wurde nämlich damals in den Fluß geworfen, um seine Tiefe zu erkunden. Die "Mark Twain" war die 12-Fuß-Marke an diesem Band, die eine ausreichende Tiefe für die großen Schaufelraddampfer anzeigte. Mark Twain starb am 21. April 1910 in Redding (Connecticut).

In heutiger Zeit sind einige seiner Werke in Amerika in das Schußfeld der Kritik geraten. Besonders den Tom Sawyer/Huckleberry Finn-Geschichten wird ein starker Rassismus in der Wortwahl nachgesagt. So wurden diese Bücher 1995 für den Schulgebrauch verboten. Ein durchaus hartes Urteil, denn eigentlich sollte Literatur als Zeuge der Zeit gesehen werden.

Die bedeutendsten Werke:

"Leben auf dem Mississippi", "Abenteuer und Fahrten des Huckleberry Finn", "Die Abenteuer des Tom Sawyer", "Ein Yankee am Hofe des König Artus", "Querkopf Wilson", "Prinz und Bettelknabe".

Eine lohnenswerte Biografie ist: Breinig, H.: Mark Twain, München 1985.

Auch für die Weiterfahrt nach Nauvoo sollten Sie etwas Zeit für die Flußstädtchen am Wege einsparen. So z.B. für das ehemals bedeutende **Ft. Madison**, welches einmal die größte Stadt Iowas gewesen ist. Heute erinnern nur noch Bilder und Memorabilia im historischen Museum an diese Zeit.

Nauvoo

Information

Tourist Center: Ecke Mulholland & Page Sts, Nauvoo, IL 62354, Tel.: (217) 453-6648.

Übernachten

- **Hotel Nauvoo $$:** 1290 Mulholland St., Nauvoo, IL 62354, Tel.: (217) 453-2211. Kleines Hotel mit nur 8 Zimmern. Das Gebäude wurde 1840 im Mormonen-Stil als Privatresidenz gebaut. Gutes Restaurant (abends meist Buffet).
- **Mississippi Memories $$:** Riverview Hgts., Nauvoo, IL 62354, Tel.: (217) 453-2771. Bed & Breakfast-Unterkunft. Von den Gästezimmern haben Sie Ausblick auf den Mississippi! Zahlreiche Antiquitäten.
- **Village Inn $:** 1350 Parley St., Nauvoo, IL 62354, Tel.: (217) 453-6634. Einfaches 14-Zimmer-Motel.

Überblick und Geschichte

Nauvoo ist heute ein kleines, unscheinbares Städtchen. 1841 aber, nachdem der Mormonen-Führer Joseph Smith seine Gläubiger hierhergebracht hatte, standen am Flußufer über 8.000 stattliche Häuser, und ein großer Tempel befand sich im Aufbau. Für wenige Jahre hatten die Mormonen eine neue Heimat gefunden und einen eigenen autonomen Staat gegründet. Nauvoo war damals die größte Stadt von Illinois. Doch bereits 1846, Smith war bereits im Gefängnis umgekommen und Brigham Young zu seinem Nachfolger avanciert, brachen Unruhen aus, und neidische Nicht-Mormonen machten den Latter-day-Saints ("LDSs") das Leben schwer. Kurze Zeit später brach Young mit 8.000 Mormonen auf gen Westen, und Nauvoo wurde zu einer Geisterstadt.

Joseph Smith

1849 kam für kurze Zeit eine französische Gruppe aus Texas. Doch ihre Versuche, hier Wein anzubauen, fruchteten nicht. In den 1860ern dann war es eine deutsche Siedlergemeinschaft, die es letztendlich zumindest zu einigem Wohlstand brachte.

Das Museum in Nauvoo

Heute können Sie in Nauvoo die Überreste der Mormonensiedlung besichtigen, wobei Ihre erste Station das **Joseph Smith Historic Center** (Ecke Hyde/Water Sts. im Süden des Städtchens) sein sollte, wo ein Film erste Eindrücke vermittelt und Führungen und Touren zu den wiederaufgebauten Häusern arrangiert werden. Weiterhin sollten Sie das **LDS Visitor Center** (Ecke Main/Young Sts.) aufsuchen, in dem ein Mormonen-Museum untergebracht ist.

Das eigentliche Nauvoo ist einer weiten Fläche gewichen, und nur wenige der ehemaligen Häuser stehen noch bzw. wieder. Es lohnt vor allem der Besuch des **Joseph Smith Homestead** und der Gebäude entlang der **Main Street**.

INFO

Informationen zu Brigham Young und den Heiligen der letzten Tage

Der "Spitzname" der "Heiligen der letzten Tage" wird hier nur wegen der Kürze benutzt. Selbst nennt sich die Kirche "The Church of Jesus Christ of Latter-day-Saints", auch abgekürzt "LDS".

Gründer der Mormonen war der Farmerssohn Joseph Smith (1805-1844). Ihm wurde in einer Vision mitgeteilt, Jehova habe bereits in alter Zeit in Amerika gewirkt und die Ankunft des Messias verkündet. Einer der Stämme Israels soll dabei um 600 v. Chr. nach Amerika ausgewandert und zu einer Glaubensgemeinschaft mit den Indianern verschmolzen sein. Später angeblich in den Wäldern des Osten gefundene Goldtafeln sollen dieses bewiesen haben (wissenschaftlich stark angezweifelt). 1830 gründete Smith daraufhin in Fayette (Bundesstaat New York) seine Kirche, deren Grundlage neben der Bibel das Buch Mormon wurde.

Nach Auffassung der Mormonen ist Jesus Christus genauso am Leben wie die Propheten, die ihn jeweils repräsentieren. Auch Smith verstand sich als Prophet, dem es durch die Gründung seiner Kirche außerdem darum ging, die Idee der Urkirche wieder zu beleben und die 'Ämter' (= Handauflegung, Ausgießung des Heiligen Geistes) zu erneuern.

Die neugegründete Kirche erfuhr sehr bald einen ungeheuren Zulauf, vor allem durch europäische Emigranten, die vom moralischen Verfall und den mißlichen Lebensbedingungen in der Neuen Welt enttäuscht waren. Einen Großteil der Gläubigen stellten dabei skandinavische Landsleute. Die Konfrontation mit der herrschenden religiösen Auffassung war kurze Zeit später jedoch nicht die Lehre als solche, sondern die Vielweiberei. Joseph Smith hatte durch göttliche Eingebung erfahren, daß die Vielehe durch Gott wieder gewünscht sei, wie ja schon Abraham, David und Salomon laut Bibel mehrere Frauen hatten. Dabei wurde die Polygamie von den Mormonen nicht als weltlicher Genuß, sondern als Mittel der 'Arterhaltung' verstanden, insbesondere auf ihrem weiten Weg in den Westen. Es war hauptsächlich die Polygamie, die den Gläubigen an der Ostküste soziale und wirtschaftliche Benachteiligungen einbrachte und sie religiöser und politischer Verfolgung aussetzte. Der Kirchengründer Joseph Smith wurde zusammen mit seinem Bruder Hyrum aus diesem Grund 1844 in einer Gefängniszelle in Carthage (Illinois) gelyncht und damit zum ersten Märtyrer seiner Kirche.

Sein Nachfolger Brigham Young (1801-1877) kann als der eigentliche Organisator und größte Lehrer der Mormonen bezeichnet werden. Er war es, der seine Glaubensgenossen aus der feindlichen Umwelt des Ostens führte und ihnen das neue Gelobte Land, den Garten Eden zeigen wollte. Im April des Jahres 1847, drei Jahre nach der Ermordung von Joseph Smith, leitete er einen

Treck von 8.000 Menschen (für die damalige Zeit eine ungeheure Zahl!) durch ein menschenleeres Land, durch weite Steppen und Wüsten, über Berge und durch feindliches Indianergebiet. Halbtot vor Erschöpfung erreichten Young und seine Kirchenmitglieder nach viermonatiger Wanderung – z.T. nur mit Handkarren ausgerüstet – im Hochsommer 1847 endlich den Rand des Salt Lake Valley. Hier markierte er mit einem Stab den Ort der neuen Heimat und sprach den berühmten Satz "This is the Place!" Kaum vorstellbar, daß die Glaubensgenossen in dieser Auffassung ihrem Kirchenoberhaupt folgten, denn am Rande des Großen Salzsees befand sich keineswegs ein Garten Eden, sondern eine trostlose, tote Wüste.

Historiker behaupten heute, Young stand unter dem Druck seiner Gefolgsleute, endlich das Gelobte Land zu finden, und befürchtete, wenn er weiter gehen würde, noch schlechtere geographische Verhältnisse vorzufinden. Ein Zurück aber war undenkbar und hätte die Siedler noch mehr verunsichert in ihrem Glauben.

Mit der Ankunft der Mormonen begann also die Besiedlung von Utah, und in einer beispiellosen Energieleistung schafften es die Gläubigen, das Land fruchtbar zu machen. Hilfreich war dabei sicherlich die Auffassung, daß durch Fleiß erreichter Wohlstand als göttliche Belohnung für Rechtschaffenheit anzusehen sei. Kein Wunder, daß der Bienenkorb ("Beehive") das Symbol von Utah ist und das offizielle Motto "Fleiß" heißt. Im Grunde genommen kann der gesamte Staat Utah als Produkt des mormonischen Arbeitseinsatzes gesehen werden und darin wiederum eine der ganz großen Pioniertaten der amerikanischen Siedlungsgeschichte. Die vielen biblischen Namen (Orte, Berge, Seen etc.) des Bundesstaates sind ein sichtbares Zeichen für die zivilisatorische Tätigkeit der Siedler. Merkwürdig nur, daß die Hauptstadt selbst recht profan nach dem benachbarten See und der Staat nach dem Indianerstamm der Ute benannt wurde.

Hinsichtlich der Polygamie gab das Kirchenoberhaupt Young ein deutliches Beispiel: 27 Frauen soll er geheiratet haben, wobei mindestens 56 Kinder diesen Verbindungen entstammten. Nach Auffassung der Kirche bestimmt übrigens die Anzahl der gezeugten Kinder die Stellung des Mannes im Himmel. Immer noch ist dies ein Reibungspunkt zwischen fundamentalistischen Mormonen (die sich z.T. von der offiziellen Kirche in Utah abgespalten haben) und der amerikanischen Gesellschaft.

Das 1882 von der Regierung in Washington erlassene Verbot der Vielweiberei wurde zwar von den Mormonen akzeptiert, aber immer noch leben rund 20.000-30.000 Strenggläubige in Vielehe. So ist z.B. das 3.000-Seelen-Dorf Colorado City (an der Grenze zu Arizona) als größte Polygamisten-Kolonie weithin bekannt. Andererseits verweisen die Mormonen auf ihr harmonisches Familienleben und auf die Tatsache, daß Utah die geringste Scheidungsrate des Landes hat!

Der sprichwörtliche mormonische Fleiß hat aus der Kirche inzwischen ein Wirtschaftsimperium gemacht. Die Kirche selbst besitzt in der "LDS Church, Inc." Vermögenswerte von schätzungsweise 16 Milliarden Dollar. Die breit gestreuten Investitionen des Kirchenkonzerns umfassen u.a. Telefongesellschaften, Hotelketten und Ölraffinerien – und auch an den großen Hotelcasinos von Las Vegas sind Mormonen maßgeblich beteiligt. In Utah ist die Kirche der mit Abstand größte Arbeitgeber. Und da wirtschaftliche Macht gleichzeitig politi-

schen Einfluß bedeutet, darf es keinen wundern, daß über 70% der Abgeordneten im Capitol der "Kirche Jesu Christi der Heiligen der letzten Tage" angehören (gleiches gilt beispielsweise für Richter oder Polizisten).

Das alltägliche Leben zeichnet sich in Utah durch einen starken moralischen Rigorismus aus. Genüsse, wie etwa Tabak, Tee, Kaffee und Alkohol, sind für die Mitglieder der Kirche verboten. Andererseits verbietet die Gesetzgebung nicht den Ausschank von Kaffee, Tee oder Bier in den Restaurants und Hotels des Landes (Wein aber ist nur schwer zu bekommen!). Weiter ist auffallend, daß Salt Lake City und andere Orte einen friedlichen und sauberen Eindruck machen und daß es kaum zu Gewalttätigkeiten kommt.

Auf religiösem Sektor ist die Missionstätigkeit der Mormonen bekannt. Etwa 11.000 Missionare arbeiten z.Zt. in fast 100 Ländern. In Westdeutschland sind die Mormonen seit 1951 präsent (Mittelpunkt ist Frankfurt a.M.), und 1988 schafften sie es sogar, in der ehemaligen DDR Fuß zu fassen. Das gleiche Kunststück gelang in der Sowjetunion. Große europäische Mormonentempel gibt es in Bern und London.

aus: USA-Westen, U. Quack, 1993

Von Nauvoo fahren Sie nun zurück nach Chicago oder alternativ über Madison nach Minneapolis.

Hinweis
Für diejenigen von Ihnen, die noch weiter durch die Farmlandschaft des Mittleren Westens fahren möchten, bieten sich noch zwei Ziele:

1. Davenport/Moline – The "Quad Cities"

Vier Städte haben sich hier zu den "Quad Cities" zusammengeschlossen: Davenport, Bettendorf, Moline und Rock Island. Die jeweiligen Innenstädte bieten ein paar historische Gebäude sowie einige Museen mit eher regionalem Charakter. Interessant aber wären folgende zwei Punkte:

- die Besichtigung der **John Deere Company** in East-Moline, der größten Fabrik für landwirtschaftliche Geräte in der Welt. Die grünen John Deere Traktoren mit dem gelben Streifen sind auch in Europa sehr beliebt. Das Hauptquartier der Fabrik befindet sich in der John Deere Road und ist in sich schon sehenswert, da der berühmte Designer Eero Saarinen an der Konzeption beteiligt gewesen ist. Touren durch das Gebäude gibt es Mo-Fr um 10h30 und 13h30. Touren durch die Fabrik werden z.Zt. nur nach Anmeldung durchgeführt: Infos: Tel.: (309) 765-4207, -4208 od. -4235. Das Gebäude, in dem die Produkte des Konzerns ausgestellt sind, ist täglich von 9h00 bis 17h30 geöffnet.

John Deere Headquarters

- das **President Riverboat Casino** auf dem Mississippi, das erste Casino-Schiff in den USA, das heute ein "Historical Landmark" darstellt. Sie müssen ja nicht spielen, aber eine Besichtigung eines solchen Schiffes sollte zumindest einmal auf Ihrem Programm stehen.

Reisepraktische Hinweise zu den Quad Cities

Information

- **Quad Cities Convention & Visitors Bureau:** 1900 3rd Ave., P.O.Box 3097, Rock Island, IL 61201, Tel.: (309) 788-7800 od. 1-800-747-7800.
- Die **Welcome Center** des Mississippi Valleys bzw. des Staates Illinois befinden sich am I-80, jeweils an den Brückenenden über den Mississippi.

Hotels und andere Unterkünfte

- **Jumer's Castle Lodge $$-$$$:** 900 Spruce Hills Dr., Bettendorf, IA 52722, Tel.: (319) 359-7141, Fax: (319) 359-7141. Komfortables Haus der gehobenen Mittelklasse.
- **Hotel Muscatine $$-$$$:** 101 W. Mississippi Drive, Muscatine, IA 52761, Tel.: (319) 263-8231. Schönes historisches Hotel am Mississippi – noch ein Geheimtip! Muscatine liegt ca. 30 Autominuten westlich der Quad Cities.
- **Comfort Inn $-$$:** 7222 Northwest Blvd., Davenport, IA 52806 (I-80, Exit 292). 90-Zimmer Franchise Motel. Sauber und die richtige Adresse in puncto "Sparstrumpf".
- **La Quinta Motor Inn $-$$:** Airport Corners, nahe dem Flughafen der Quad Cities (Kreuzung I-74/I-280), Moline, IL 61265, Tel.: (309) 762-9008 od. 800-531-5900. Franchise-Motel. Eine weitere Empfehlung für den schmalen Geldbeutel.

Fähre über den Mississippi

Restaurants

- **O'Melia's Supper Club:** 2900 Blackhawk Rd, Rock Island, IL, Tel.: (309) 788-5635. Familienrestaurant mit deftiger amerikanischer Küche (Steaks, Fischgerichte). Es gibt aber auch eine ausladende Salatbar!
- **Tortilla Flats:** 3939 16th St., Moline, IL, Tel.: (309) 797-5296. Empfehlenswerte Tex-Mex-Küche.

Pubs/Nightlife/Livemusik

Blue Cat Brew Pub: 113 8th St., Rock Island, IL, Tel.: (309) 788-8247. Großer Pub mit Stimmung und selbstgebrautem Bier. Bis 3h00 geöffnet (So nur bis 0h00).

2. Amana Colonie

20 Meilen südwestlich von Cedar Springs in Iowa

Die Amana Kolonie geht zurück auf eine lutherische Glaubensgemeinschaft, die bereits 1714 in Deutschland gegründet worden ist. Ihr Grundgedanke beruht auf dem gemeinsamen gesellschaftlichen System: Gemeinschaftsküchen- und Essensplätze sowie z.B. eine Altersversorgung, die von der ganzen Gemeinde getragen wird, sind Grundpfeiler des Glaubens.

Mitglieder der Amana – benannt nach dem biblischen Ausdruck für "bleibe treu und gewissenhaft" – siedelten zuerst um Buffalo, NY, bevor sie schließlich 11.000 ha Land in Iowa erwarben und dort den ersten Ort, Amana, gründeten. Später gründeten sie dann West-, Middle-, High-, East- sowie South Amana und kauften als letztes noch Homestead hinzu. Heute leben in den 7 Dörfern ca. 2.000 Menschen. Zwar wurden einige der Grundideen, wie z.B. der gemeinschaftliche Besitz aller Häuser – auch der Wohnhäuser – 1932 abgeschafft, doch sind noch zahlreiche Lebensweisen dieser Religionsgemeinschaft erhalten geblieben.

Amana General Store

Die Amana lehnen, anders als die Amish People, moderne Errungenschaften nicht ab. Neben interessanten Kunsthandwerken produzieren sie auch Klimaanlagen, Kühlschränke und Radaranlagen.

Eine Rundtour, die Sie in Amana am **Visitor Center** und dem **Museum of Amana History** beginnen sollten, führt Sie auf etwa 26 Meilen durch die Kolonie. Zu sehen sind dabei Vorführungen traditioneller Handwerkskünste, eine der ehemaligen Gemeinschaftsküchen und ein altes Schulhaus.

Reisepraktische Hinweise zum Amana-Gebiet

Information
Amana Colonies Welcome Center: Ecke IA Hwys. 220 und 151, Amana, Tel.: (319) 622-6262. täglich geöffnet.

Hotels und andere Unterkünfte
- **Die Heimat Country Inn $$:** Kreuzung US 6 und IA 151, Homestead, IA 52203, Tel.: (319) 622-3937. Schöne Bed & Breakfast-Unterkunft mit 19 Zimmern (alle eigenes Bad). Das Haus wurde 1854 errichtet.
- **Rettig House $$:** Middle Amana, IA 52307, Tel.: (319) 622-3386. Im ehemaligen Küchenhaus (1893) untergebrachte B&B-Unterkunft. Die Rettigs können Ihnen einiges über die Amana Kolonie erzählen. 5 Zimmer (3 mit eigenem Bad)
- **Rawson's Bed & Breakfast $$:** Box 118, Homestead, IA 52235, Tel.: (319) 622-6035. Ehemalige Wohneinheit für Küchenpersonal. 2 große Zimmer und eine Suite bestechen durch ihre Ursprünglichkeit, die gelungen in Einklang gebracht wurde mit Gemütlichkeit und dem nötigen Komfort der heutigen Tage.

Restaurant
Brick Haus: 114 First St, Amana (östl. am IA 220), Tel.: (319) 622-3278. Typische Amana-Gerichte, die ja auch einen großen deutschen Einfluß genossen haben (Bratwurst, Schinken, Schnitzel). An den Wänden Fotos aus der Geschichte von Amana.

10.4 ABSTECHER ZUM MAMMOTH CAVE NATIONALPARK

Hinweis
Zwischen Louisville und dem Nationalpark wird die Uhr umgestellt: Aus 13h00 in Louisville wird 12h00 im Park – also eine Stunde zurückdrehen.

Anfahrt
Von Cincinnati kommend, passieren Sie, je nach Routenwahl eine der "Pferdehochburgen" Amerikas: **Lexington** bzw. **Louisville**. **Frankfort**, der Kompromiß einer Hauptstadt (Lexington und Louisville konnten sich nicht einigen), lohnt weniger einen Stop. Die Landschaft von Kentucky ist übrigens wunderschön. Bewaldete Hügel, unzählige Flüsse und Seen und die malerischen Pferdegestüte mit ihren weißen Holzzäunen bestechen das Auge. Fahren Sie ruhig einmal vom Interstate ab auf eine Countyroad.

Tip
Louisville ist interessanter als Lexington.

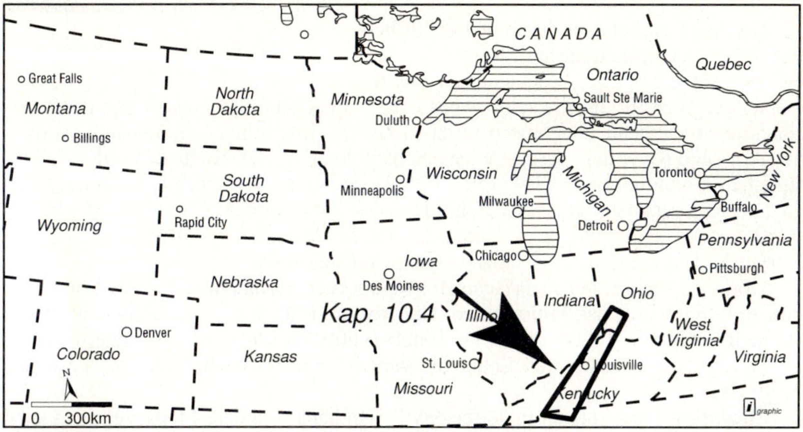

Lexington

Lexington imponiert besonders durch seine unzähligen Pferdegestüte (es sind ca. 400), die über die ganze Stadt verteilt sind und deren Herrenhäuser z.T. einzigartige Stilblüten amerikanischer Architektur aufweisen (Burgen, Wehranlagen, Rokoko-Schlößchen etc.).

Die Innenstadt hat nichts Aufregendes zu bieten, außer ein paar alten, restaurierten Stadthäusern.

Information
Lexington Convention & Visitors Bureau: 430 W. Vine St., Suite 363, Lexington, KY 40507, Tel.: (606) 233-1221.

Unterkunftsempfehlung
Gratz Park Inn $$$: 120 W.2nd St., Lexington, KY 40507, Tel.: (606) 231-1777, Fax: (606) 233-7593. Elegant möbliertes, ehemaliges "Medical House" von 1887.

Besuchenswert hier wäre der **Kentucky Horse Park** (4089 Iron Works Pike, I-75 Exit 120 nördlich der Stadt), auf dessen Gelände sich alles um Pferde dreht. U.a. gibt es hier zu sehen: das **American Saddle Museum**, Zuchtvorführungen, Farmtouren, einen Film über Pferdezucht und Dressurvorführungen. Das Museum ist Mo+Di geschlossen! Der Besuch lohnt nur, wenn Sie mindestens 2 Stunden dafür einplanen.

In Kentucky dreht sich alles um die Pferde

Louisville

Die Stadt ist bekannt durch den alljährlich seit 1875 hier ausgetragenen "Kentucky Derby" (im Mai), eines der bedeutendsten Pferderennen der Welt. Louisville selbst weist eine ansprechende Innenstadt auf, deren Architektur Stilelemente aller amerikanischen Zeitepochen gelungen miteinander verbindet. Am Ohio River liegt der historische Schaufelraddampfer **"Belle of Louisville"** für tägliche Flußfahrten bereit (Tel.: (502) 625-2355). Außerdem sehenswert ist die Anlage der Pferderennbahn in den Churchill Downs (700 Centra Ave. – südlich der Innenstadt), dessen angeschlossenes **Kentucky Derby Museum** (geöffnet täglich 9h00-17h00) für Pferdeenthusiasten einen Besuch wert sein sollte.

Übrigens stammt der mehrfache Boxweltmeister Muhammed Ali aus Louisville. Ihm zu Ehren wurde das **Muhammed Ali Museum** (4th Ave. zw. Liberty u. Muh. Ali St., geöffnet Mo-Sa 10h00-18h00, Do 10h00-19h00, So 12h00-17h00) eingerichtet.

Durch die Innenstadt von Louisville verkehrt ein **Trolleybus**, der Sie kostenlos befördert.

Steamboat-Fans können in Jeffersonville (Indiana – andere Flußseite) das kleine **Howard Steamboat Museum** (1101 E. Market St., geöffnetDi-Sa 10h00-15h00, So 13h00-15h00) besichtigen. Besonders die Schaufelraddampfermodelle mögen begeistern.

Information
Convention & Visitors Bureau: 400 S. First St., Louisville, KY 40202, Tel.: (502) 584-4500.

Unterkunftsempfehlungen
- **The Brown $$-$$$$:** 335 W. Broadway, Louisville, KY 40202, Tel.: (502) 583-1234 od. 800-866-7666, Fax: (502) 587-7006. Ein Klassiker unter den Hotels des Art-Deko-Stiles. Hier können Sie den Luxus vergangener Tage (besonders an Wochenenden) zu bezahlbaren Preisen genießen.
- **Old Louisville Inn $$-$$$:** 1359 S. 3rd St., Louisville, KY 40208, Tel.: (502) 635-1574. Ansprechendes B & B ca. 2 km südlich der Innenstadt.

Wer abends Wert legt auf gute Bluesmusik, sollte einmal in **Stevie Ray's Blues Bar** (230 W. Main St., Tel.: (502) 582-9945) reinschauen.

Zum Dinner
empfehlen sich die 2 Luxushotels am Platze ("The Brown" – Tel.: 583-1234 und "The Seelenbach" (500 W. 4th Ave., Tel.: 585-3200), wo Sie für relativ günstige Preise Fine Dining erleben können.

■ Die kleine Stadt **Bardstown** (am US 31E/150, Blue Grass Parkway Exit 25 bzw. 21), bezeichnet sich mit Recht als die "Capitol of Bourbon Whiskey". Nordwestlich der kleinen Stadt (Hwy. 245) können Sie täglich den **Jim Beam American Outpost**, das Museum der hier ansässigen Jim Beam Distillery besichtigen. Südlich davon, bei Loretto, befindet sich die **Maker's Mark Distillery**, die Sie ebenfalls täglich besuchen können. In Bardstown selbst gibt es zudem das äußerst interessante **Oscar Getz Museum of Whiskey History** (die Whiskey-Geschichte ist 500 Jahre alt!!), das gemeinsam mit dem **Historical Museum** in der Spalding Hall (North 5th St.) untergebracht ist (geöffnet: Mai-Okt. täglich, Nov.-April an Wochenenden).

Maker's Mark: ein in aller Welt beliebtes Produkt Kentuckys

Sollten Sie in Bardstown übernachten wollen, dürfen Sie eine der beiden folgenden historischen Herbergen nicht auslassen:

- **Old Tavern Inn $$-$$$:** 107 W. Stephen Foster, Bardstown, KY 40004, Tel.: (502) 348-3494 od. 1-800-4TAVERN. Ein Teil dieser bereits 1779 eröffneten Herberge befindet sich im ehemaligen Postkutschen-Gebäude, und hier haben bereits Abraham Lincoln und Jesse James übernachtet.
- **Old County Jail $$-$$$:** 111 W. Stephen Foster, Bardstown, KY 40004, Tel.: (502) 348-5551. Dieses B & B ist untergebracht im ehemaligen Gefängnis.

Beide Herbergen sind klein, und eine vorzeitige Reservierung ist empfehlenswert!

■ **Abraham Lincoln Historical Site**, US 31E/Rt 61 (I-65 Exit 81), geöffnet Juni bis Mitte September täglich 8h00-18h30, Nov.-März 8h00-16h30, März/April 8h00-17h30. In der Nähe des Städtchens Hodgenville liegt die Geburtsstätte Präsident Abraham Lincolns (12. Februar 1809). Ein kleines Museum **im** Ort erläutert Lincolns Jahre in Kentucky. 3 Meilen südlich, am US 31E, befindet sich die eigentliche Gedenkstätte. Im Visitor Center wird ein Film über Lincolns Leben gezeigt. Zudem ist ein Memorial errichtet worden, in dem eine Rekonstruktion des einfachen Blockhauses beherbergt ist, in dem Lincoln zur Welt kam.

Lesen Sie zu Abraham Lincolns Leben im Geschichtsteil bzw. auf Seite 597.

Mammoth Cave Nationalpark

Überblick

Der Mammoth Cave Nationalpark zählt zu den interessantesten Parks in den USA. Bisher wurden hier bereits 350 Meilen Höhlengänge entdeckt, und viele mehr werden mit Sicherheit hinzukommen. Damit gilt dieses Höhlensystem als das größte der Welt.

Wer bereits zahlreiche Tropfsteinhöhlen, eventuell sogar die Carlsberg Caverns im Südwesten, besucht haben sollte, wird zunächst enttäuscht sein von diesen Höhlen, denn die Mammoth Caves gelten als "trockenes" Höhlensystem. D.h. an nur wenigen Stellen (z.B. den "Frozen Niagara Falls") treffen Sie auf bizarre Formationen. Der größte Teil der Höhlen aber stellt sich einfach nur wie eine natürliche Tunnelhöhle vor. Das bedeutet aber nicht, daß ein Besuch hier nicht von Reiz ist. Ganz im Gegenteil: Nicht nur die Geologie ist interessant oder einfach die Größe, nein auch die Geschichte menschlicher Besiedlung oberirdisch, die Nutzung der Salpetervorkommen in den Höhlen, die unterirdischen Flußlandschaften und auch die einfachen Steinstrukturen bieten eine ganze Menge. Ich denke, für jeden ist etwas dabei.

Auf verschiedenen, geführten Höhlentouren, hervorragend erläutert durch die Ranger, können Sie sich das anschauen, was Sie am meisten interessiert. Für den einen mögen das die menschlich geschaffenen Bergwerksstrukturen sein, für die anderen die langen Tunnelröhren, andere wiederum haben Lust auf eine Tour tief nach unten zu den Seen.

"Underground-Lunch"

Um sich eine Vorstellung vom Höhlensystem machen zu können, sollten Sie sich zuerst einmal das Faltblatt der Parkbehörde besorgen und die Skizze darin studieren.

Falls Sie dann noch Schwierigkeiten haben, sich zu orientieren, hier eine kleine "Stütze": Stellen Sie sich eine Schale mit Spaghettis vor, über die Sauce gegossen ist. Rühren Sie die Spaghetti um und kippen Sie jetzt die Schale auf den Kopf. Die Schale selbst stellt die geologische Überdecke, den Sandstein dar. Die Spaghettis bilden das Höhlensystem – denn die Höhlen sind fürwahr kreuz und quer ineinander "verschlungen" –, nicht immer korrelieren dabei Tiefe und geologisches Alter. Die Sauce ist das Wasser, das immer weiter nach unten absickert und am Boden die Seen bildet. Und jeder, der Spaghettis gegessen hat, weiß um die Problematik der sich "unkontrolliert" verteilenden Flüssigkeit – immer läuft etwas am Rand heraus: und schon haben wir auch die Flüsse im Geiste erfaßt.

Für den Besuch dieses Nationalparkes sollten Sie sich ruhig einen ganzen Tag Zeit nehmen. Zudem sollten Sie mindestens an 2 Touren teilnehmen: an einer "echten" Höhlentour in unberührte Gänge und an einer Tour entweder in die Salpeterbergwerke oder an einer oberirdischen Tour, wie z.B. entlang des historischen Lehrpfades oder einer Schiffstour auf dem Green River.

Information
Superintendent: Mammoth Cave Nat. Park, KY 42259, Tel.: (502) 758-2328. Anfahrt: Exit 53 vom I-65, dann KY 70 nach Westen folgen und schließlich den Schildern in den Park.

Wichtig
Die Höhlen können nur unter der Leitung eines Rangers besichtigt werden. Sie müssen also unbedingt zuerst zum Visitor Center fahren und sich dort für eine Führung eintragen. Von hier werden Sie dann mit Bussen zu den entsprechenden Höhleneingängen gebracht.

Tip
Die Touren sind besonders an den Wochenenden häufig ausgebucht. Reservieren Sie sich bereits im voraus ein Ticket. Das können Sie gebührenfrei telefonisch unter 1-800-967-2283 machen.

Übernachten

- **Mammoth Cave Motel $$:** Exit 53 vom I-65, dann auf der KY 70 zum Parkeingang. Das Motel liegt 3 Meilen im Park, Mammoth Cave, KY 42259, Tel.: (502) 758-2225, Fax: (502) 758-2301. Es gibt einfache Cabins, kleine Cottages und schöne Zimmer, zudem ein Café und ein Restaurant. Falls Sie woanders essen möchten, seien Sie gewarnt: Im 10 Meilen entfernten Cave City sind fast nur Franchise-Restaurants zu finden, außerdem befinden Sie sich in einem "Dry County", also gibt es kein Bier.
- Weitere Unterkünfte verschiedenster Franchise-Ketten sowie einfache Privat-Motels finden sich in **Cave City** (I-65 Exit 53) bzw. **Horse Cave** (I-65 Exit 58).
- Ein **Campingplatz** steht im Park am Visitor Center zur Verfügung. Hier gibt es auch ein kleines **Geschäft**.

Geschichte des Parks

Man schätzt, daß bereits vor 10.000 Jahren Menschen im Gebiet der Mammoth Caves gelebt und daß die ersten sich vor ca. 4.000 Jahren auch die Höhlen zunutze gemacht haben. Der Nutzen bestand nicht nur aus dem natürlichen Schutz, sondern auch aus dem primitiven Abbau verschiedener Minerale, allen voran Salz. Der Fund einer ca. 2.400 Jahre alten Mumie belegt die frühe Nutzung. Auch später lebten Indianer in der Region.

1798 dann entdeckten die ersten Siedler die Höhlen, und bereits 10 Jahre später fanden die ersten Höhlentouren statt. Sie gingen natürlich nicht sehr tief in das System herein. Der englisch-amerikanische Krieg sorgte für eine weitere kommerzielle Nutzung: den Abbau von Salpeter, das man für die Herstellung von Schießpulver benötigte.

Nach diesem Krieg ging die touristische Nutzung weiter, die aber bereits 1850 solche Ausmaße annahm, daß es zum sog. "Cave War" kam. Die Ortsansässigen stritten sich um die unterirdischen Nutzungsrechte. Ein Gericht entschied schließlich, daß jedem Farmer das Höhlensystem unter seinem Land gehöre. Das aber wiederum hatte zur Folge, daß nicht jeder Zugang zu seinem Höhlenabschnitt hatte. Wilde Sprengungen fanden statt, um Zugänge für Touristen zu schaffen – übrigens der Grund dafür, daß es auch heute noch soviele kleine "Höhlenanbieter" um den Park herum gibt.

Redaktions-Tips

- **Buchen Sie Ihre gewünschte Tour 1-2 Tage im voraus**, besonders, wenn Sie an einem Wochenende anreisen.
- Bereits bei der Anfahrt weisen riesige Hinweisschilder auf Höhlen ("Caves") und Infostände hin. Diese Höhlen liegen aber alle außerhalb des Parkes und sind bei weitem nicht so interessant. **Fahren Sie also gleich in den Park.**
- Das Motel im Park ist zwar etwas teurer (ca. 20$ mehr) als vergleichbare in Cave City. Es lohnt aber wegen der Anfahrt und der evtl. Warterei auf den Beginn der Touren nicht, in Cave City zu übernachten. Das Park-Motel liegt direkt am Visitor Center.
- **Planen Sie ruhig einen ganzen Tag** im Nationalpark ein, denn neben den Höhlen lohnt auch die Landschaft und lädt zu Wanderungen ein.
- Wer zu **Platzangst** (Klaustrophobie) neigt, sollte sich überlegen, ob er in die z.T. sehr engen Höhlen gehen mag. Fragen Sie vorher den Ranger, welche Tour für Sie am geeignetsten ist.
- **Zeiteinteilung:** Buchen Sie 2 kürzere Touren. Mein Tip: "Frozen Niagara" und "Historic Tour", damit haben Sie die wichtigsten Dinge gesehen. Wenn dann noch Zeit ist, fahren Sie zur Green River Ferry und laufen Sie dort um die Quelle des Echo Rivers. Eine Sunset-Tour mit der "Green River" wäre ein krönender Abschluß des Besuches.

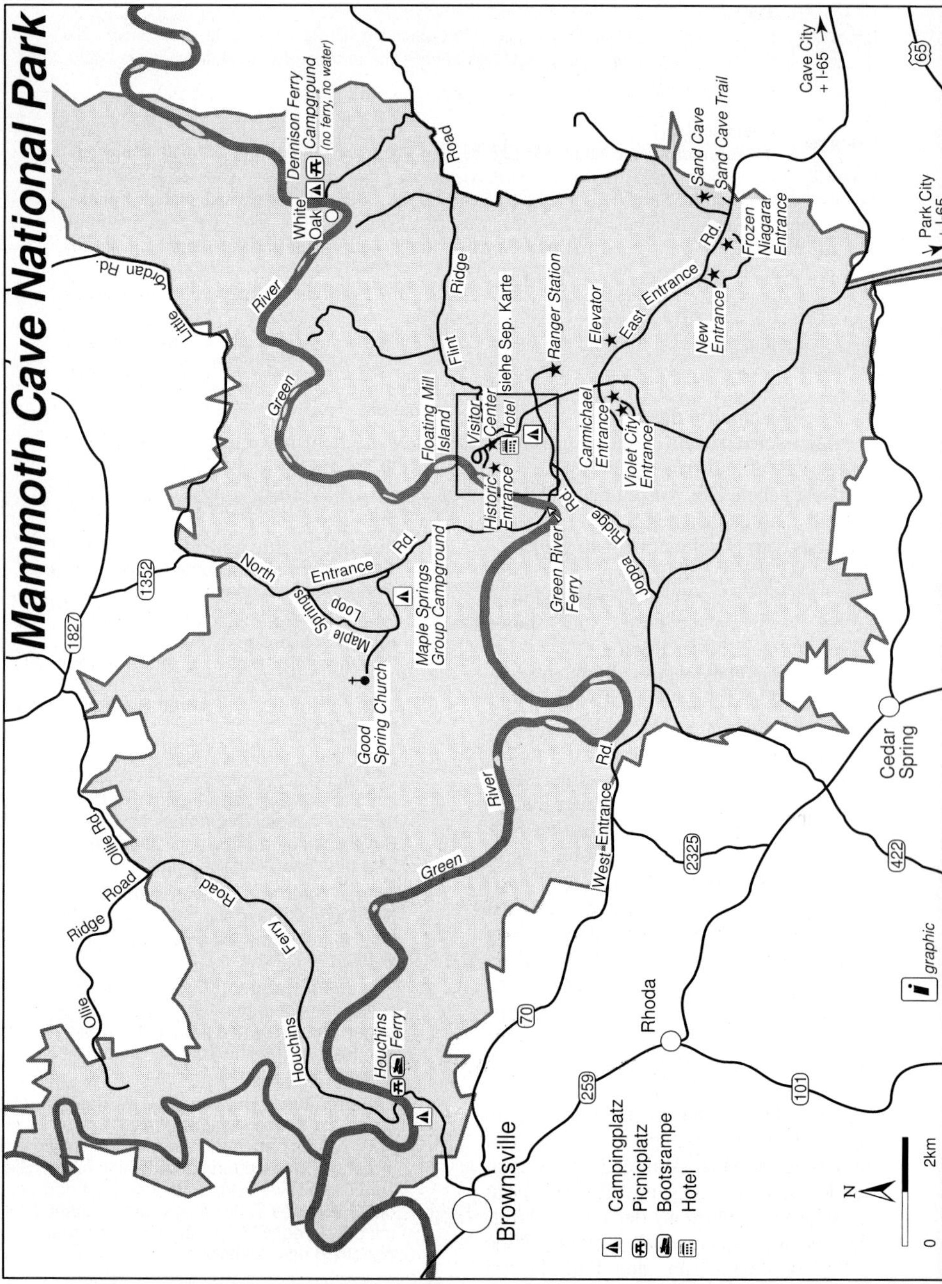
Mammoth Cave National Park
Dennison Ferry Campground
(no ferry, no water)
White Oak
Little
Jordan Rd.
Road
Flint
Ridge
Green
River
Floating Mill Island
Visitor Center
Hotel
siehe Sep. Karte
Historic Entrance
Ranger Station
North
Entrance
Rd.
Maple Springs
Loop
Maple Springs Group Campground
Good Spring Church
Green River Ferry
Joppa
Ridge
Rd.
Carmichael Entrance
Violet City Entrance
Elevator
East
Entrance
Rd.
New Entrance
Frozen Niagara Entrance
Sand Cave
Sand Cave Trail
Cave City + I-65
65
Park City + I-65
Cedar Spring
422
2325
West
Entrance
Rd.
Green
River
1827
1352
Ridge
Road
Ollie Rd.
Ollie
Ferry
Road
Houchins
Houchins Ferry
Brownsville
70
259
Rhoda
101
graphic
Campingplatz
Picnicplatz
Bootsrampe
Hotel
N
0
2km

Bemerkenswert ist übrigens, daß ein schwarzer Sklave in den 50er Jahren des 19. Jahrhunderts der erste war, der Teile der Höhlen vermessen hat.

Der "Cave War" um die Touristen dauerte über 80 Jahre, bis schließlich der Staat und einige besonnene Farmer sich entschieden, einen Nationalpark zu gründen. Mit großem finanziellen Aufwand wurden den Farmern ihre Gebiete abgekauft, und 1941 konnte der Nationalpark schließlich seine Tore öffnen.

Geologische Entstehung der Höhlen

Vor etwa 300 Millionen Jahren bedeckte das heutige zentrale Nordamerika ein großes Flachmeer, die sog. "Mississippi-Sea". Als dieses Meer dann langsam austrocknete, lagerten sich Muschel- und Knochenreste am Boden ab und verwandelten sich in eine Kalkschicht. Langsam hob sich diese Schicht über die Jahrmillionen an. Als nächste folgte dann vor ca. 70 Millionen Jahren die "Frühzeit" des Mississippi River, der damals natürlich einen anderen Lauf hatte als heute, denn wo heute Kentucky liegt, war damals das Mündungsgebiet des Flusses. Und hier lagerte sich natürlich das Sediment ab, welches der Fluß mit sich führte. Die o.g. Kalksteinschicht wurde somit mit einer Sandsteinschicht "überzogen".

Viel später dann begann sich die Erdoberfläche nochmals zu verformen, insbesondere zu heben. Und das wiederum führte nun zu kleinen Rissen in der ansonsten relativ harten Sandsteindecke. Die für diese Landschaft typischen Dolinen ("Sinkholes") entstanden und boten saurem Regenwasser "Durchschlupf". Dieses Wasser nun sickerte durch den Sandstein in die oberste Kalksteinebene. Hier formte es die ersten Höhlen. Doch war der Abfluß in jeder der einzelnen Kalksteinebenen in horizontaler Richtung mit weniger Widerstand verbunden als der vertikale. Reißende Flußsysteme

"Sinkholes"

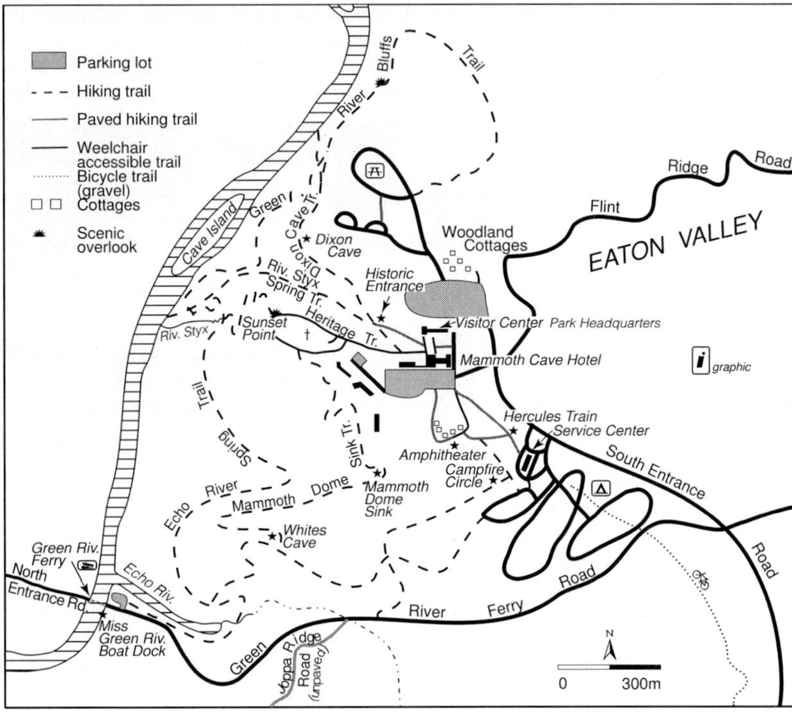

bildeten sich, die die Höhlengänge formten, die wir heute besichtigen können. Das alles fand vor ca. 50 Millionen Jahren statt. Im Laufe der Jahrmillionen aber sickerte nun trotzdem Wasser in die nächsttiefergelegene Ebene ab. Auch hier bildeten sich dann wieder Flüsse. Dieses geologische Phänomen setzte sich bis heute fünfmal fort – es gibt also mittlerweile 5 Höhlenebenen. Die unterste ist heute diejenige, in der der Green River fließt. Der vertikale Abfluß des Wasser fand übrigens durch die Schächte statt, durch die wir heute absteigen können. Natürlich kann man kein Lineal ansetzen, wo die einzelnen fünf Ebenen anzusetzen sind. Auch hier unten haben sich die Flüsse in auf- und vor allem abwärtsgerichteten Linien bewegt, und so kann es durchaus vorkommen, daß z.B. die 3. Ebene einmal oberhalb der 2. liegt. Machen Sie sich hierfür noch einmal das oben vorgestellte "Spaghetti-System" klar.

Flora und Fauna

Der vorwiegend mit Laubbäumen besetzte Wald des Nationalparkes ist nicht besonders alt. Denn bis zur offiziellen Einrichtung des Nationalparkes 1941 wurde das Land intensiv landwirtschaftlich genutzt, z.T. sogar übernutzt. Erst danach ließ man der Natur wieder freien Lauf, und vor allem Buchen, Ahorn und Eschen prägen jetzt das Bild. Es finden sich aber auch zahlreiche Eichenarten sowie in geringerem Umfang Kiefern. Besonders prachtvoll zeigt sich der Park im Frühherbst, wenn der Indian Summer einkehrt. Die Tierwelt – oberirdisch – ist vornehmlich geprägt durch typische Waldtiere, wie z.B. Rehe, Füchse und Eichhörnchen. Vereinzelt trifft man auch auf Waschbären. In unserem Fall kamen sie sogar bis an die Balkontür im Motel. Höchstwahrscheinlich wurden sie bereits von Reisenden gefüttert – nicht gerade nachahmenswert. Die Vogelwelt zählt über 200 Arten, wobei der Truthahn, der rote Kardinal und die Spechte am auffälligsten sind. In den Höhlen leben Abertausende von Fledermäusen und andere an die Dunkelheit adaptierte Tiere, wie z.B. der Höhlen-Salamander, der Blindfisch im Echo Lake, verschiedene Krebsarten und auch Grillen. Die Höhlenfauna ist durchaus interessant und einzigartig. Falls Sie mehr darüber erfahren möchten, sollten Sie sich im Museumsshop ein entsprechendes Fachbuch besorgen.

■ Aktivitäten im Park

◆ **Höhlentouren:** Die verschiedenen Touren beginnen am Visitor Center und sind zwischen 1 ½ und 6 ½ Stunden lang. Voranmeldung wird besonders während der Hochsommermonate dringend empfohlen.

- Die **Info**nummer lautet: (502) 758-2328.
- Die Anmeldung erfolgt über Mistix: 1-800-365-CAMP bzw. 1-800-967-2283

Für die Höhlentouren sollten Sie **festes Schuhwerk** und **warme Kleidung** (es sind nur 12°C in den Höhlen) mitbringen. Wer nicht so gut zu Fuß ist, sollte die schwierigen und langen Strecken meiden – sie weisen einige beschwerliche Treppenpassagen auf.
U.a. werden folgende Tourvarianten angeboten:

- **Frozen Niagara:** 2 Stunden, anstrengend. Die Tour führt durch einen langen Höhlentunnel und endet an der bizarren und wohl schönsten Tropfsteinbildung des Parkes, den "Frozen Niagara Falls".
- **Discovery Tour:** 1 Stunde, wenig anstrengend. Erläuterungen zum Abbau des Salpeters. Abstieg in eine der größten Höhlenräume.
- **Historic Tour:** 2 ½ Stunden, mittelmäßig anstrengend. Auf dieser Tour lernen Sie alles kennen über die menschliche Nutzung der Höhlen, von den frühen Indianern bis heute.
- **Gothic Tour:** 2 Stunden, mittelmäßig anstrengend. Tour zu den ehemaligen Salpeterminen und entlang verschiedener Tropfsteinbildungen.
- **Lantern Tours:** verschiedene Längen und Anstrengungsgrade. Mit Lampions, wie im letzten Jahrhundert, laufen Sie durch das Höhlensystem.
- **Wild Cave Tour:** 6 ½ Stunden, anstrengend. Die sog. "Kriechtour", denn hier müssen Sie z.T. auf allen Vieren durch enge Höhlenabschnitte krabbeln. Aber auch die Highlights werden mitgenommen. Im Snowball Room, dem unterirdischen "Restaurant" findet eine Lunchpause statt.
- **Mobility Impaired Tour:** 1 ½ Stunden, einfach. Diese Tour wurde extra für diejenigen, die nicht so gut zu Fuß sind bzw. einen Rollstuhl benötigen, zusammengestellt. Hinunter geht es mit einem Fahrstuhl.

Es gibt zu den hier genannten noch **zahlreiche andere Touren**, und jedes Jahr werden die Touren etwas anders zusammengestellt.

◆ **Bootstouren:** Die "Miss Green River", ein kleiner Nachbau eines Schaufelraddampfers, macht 60-minütige Touren auf dem Green River. Infos und Reservierungen (empfohlen): (502) 773-2563.

◆ **Wanderungen:** Es gibt ca. 115 km Wanderwege im Park. Die bewaldeten Hügel im Park laden zu Spaziergängen ein. Es gibt zwar nichts Dramatisches zu sehen, aber die kühle Luft im Schatten der Bäume hat im Sommer Erholungscharakter. Hier und dort, in einer Lichtung oder auf den Anhöhen, haben Sie eine reizvolle Aussicht auf das bewaldete Umland.

◆ **Kanufahren:** Sie dürfen auf dem Green River mit dem Kanu herumfahren. Leider müssen Sie sich aber in Cave City selbst ein Boot organisieren. Anbieter gibt es dort.

Sollten Sie nun weiterfahren wollen nach **Nashville**, sind dieses noch ca. 95 Meilen vom Mammoth Cave Nationalpark.

11. ALTERNATIVSTRECKE: DURCH DIE STAATEN WISCONSIN UND MINNESOTA VON CHICAGO / MILWAUKEE NACH DULUTH

11.1 ÜBERBLICK

Die Route führt Sie im wesentlichen durch das Farmland von Wisconsin und Minnesota, welches eindeutig geprägt ist durch Milchviehhaltung. Große Farmen mit Futtersilos unterstreichen diesen Eindruck. Die meisten dieser landwirtschaftlichen Betriebe sind ehemals von deutschen, schweizer oder norwegischen Einwanderern gegründet worden, was sich sowohl an der Bauweise der Farmhäuser und Scheunen zeigt als auch an den für den Tourismus herausgeputzten Städtchen New Glarus (Schweiz), New Ulm (Deutschland) und dem Freilichtmuseum Little Norway.

Zahlreiche "kleine" Sehenswürdigkeiten erwarten Sie entlang dieser Strecke, wobei im Grunde aber nur das Frank Lloyd Wright House und das Circus World Museum als eigentliche Höhepunkte anzusehen sind. Andere hier beschriebene Punkte dürfen eher als Angebot für speziell Interessierte angesehen werden.

Schöne Landschaften am Mississippi

Madison ist eine beschauliche, von der Universität stark beeinflußte Bundesstaatenhauptstadt, Wisconsin Dells bietet "Tourismus en gros", Rochester ist der Sitz der bekannten Mayo-Krebsklinik, und New Ulm kann als Anschauungsobjekt: "Deutschland im Bild der Amerikaner" angesehen werden. Die Streckenalternative von La Crosse entlang dem Mississippi nach St. Paul/Minneapolis ist landschaftlich ausgesprochen reizvoll.

Zu St. Paul und Minneapolis lesen Sie bitte im Kapitel 11.4.

11.2 REISEPRAKTISCHE HINWEISE

Entfernungen

- Chicago - Madison: 140 mi/225 km
- Milwaukee - Madison: 77 mi/124 km
- Madison - Wisconsin Dells: 53 mi/85 km
- Wisconsin Dells - La Crosse: 89 mi/143 km
- Wisconsin Dells - Red Wing - Minneapolis: 145 mi/232 km
- La Crosse - Rochester: 75 mi/121 km
- Rochester - Minneapolis: 102 mi/164 km
- Rochester - New Ulm - Minneapolis: 224 mi/361 km
- Minneapolis - Duluth: 148 mi/238 km
- Minneapolis - Lindbergh State Park - Duluth: 235 mi/378 km

Streckenalternativen

- **Für die Eiligen:** Folgen Sie von Chicago einfach dem I-94 bis Minneapolis. Dabei passieren Sie Milwaukee, Madison, Wisconsin Dells und Eau Claire. Alternativ dazu können Sie auch über den I-90 bis Madison fahren (teilweise Gebühr!) und von dort dem I-94 folgen. Diese Variante ist noch schneller. Von Minneapolis bis Duluth: I-35
- **Entlang der Buchroute:** den I-90 über Madison und La Crosse bis Rochester als "Leitlinie" nehmen.

Hinweis: Falls Sie New Glarus und dem Frank Lloyd Wright House einen Besuch abstatten möchten, sollten Sie (vor Madison vom I-90) in Beloit den Exit MI 81-West nehmen und auf den County Roads 81 und 11 dorthinfahren. Danach folgen Sie der MI 69, dem US 18-West und dem Mi 23. Von Spring Green aus führt der US 14 nach Madison.
Von Rochester dann auf dem US 14 bis New Ulm. Von New Ulm fahren Sie dann nach St. Peter, von wo Sie auf dem US 169 bis nach Minneapolis gelangen.

- Von Minneapolis bis Duluth geht es entweder direkt über den I-35 oder erst auf dem US 10 bis Little Falls (Lindbergh State Park), danach auf der Co 371 bis Brainerd und von dort auf der CO 210 bis zum I-35 südlich von Duluth.
- Die Strecke entlang dem Mississippi: auf der US 61 von La Crosse über Winona und Red Wing nach St. Paul.

Redaktions-Tips

- **Buchen Sie Ihre gewünschte Tour 1-2 Tage im voraus**, besonders, wenn Sie an einem Wochenende anreisen.

Hinweis
Hotels/Restaurants und Sehenswürdigkeiten in Minneapolis/St. Paul finden Sie im Kapitel 11.4

- **Übernachten:** in Madison: **Mansion Hill** od. **Edgewater Hotel**; in New Glarus: **Chalet Landhaus**; in Wisconsin Dells: **Chula Vista Resort**; in Rochester: **The Kahler Hotel**
- **Essen:** in Madison: **Essen-Haus**; in Wisconsin Dells: **Red Wagon**; in La Crosse: **The Freighthouse**; in Rochester: **The Elizabethan Room**
- **Bedeutendste Sehenswürdigkeiten:** in Madison: State Capitol; schweizer "Idylle" in New Glarus; House on the Rocks; Frank Lloyd Wright House & School; Circus World Museum in Baraboo; in Rochester: Mayo Klinik; deutsche "Idylle" in New Ulm.
- **Zeiteinteilung: 3 Tage: 1. Tag:** Fahren Sie nach Madison. Alternativen dort: a) Verbringen Sie 1-2 Stunden dort (Shopping/State Capitol); b) Frank Lloyd Wright House. Fahren Sie danach auf schnellstem Wege nach Minneapolis. **2. Tag:** Schauen Sie sich in und um Minneapolis um. **3. Tag**: Morgens Sehenswürdigkeiten in St. Paul, danach fahren Sie nach Duluth.

  4-6 Tage: Wie oben, jedoch übernachten Sie in Madison, nachdem Sie die Sehenswürdigkeiten im Einzugsgebiet der Stadt besucht haben. Am zweiten Tag das Circus Museum in Baraboo besichtigen. Die 2. Nacht bleiben Sie in Rochester, und eine zusätzliche Nacht können Sie in Minneapolis verbringen.

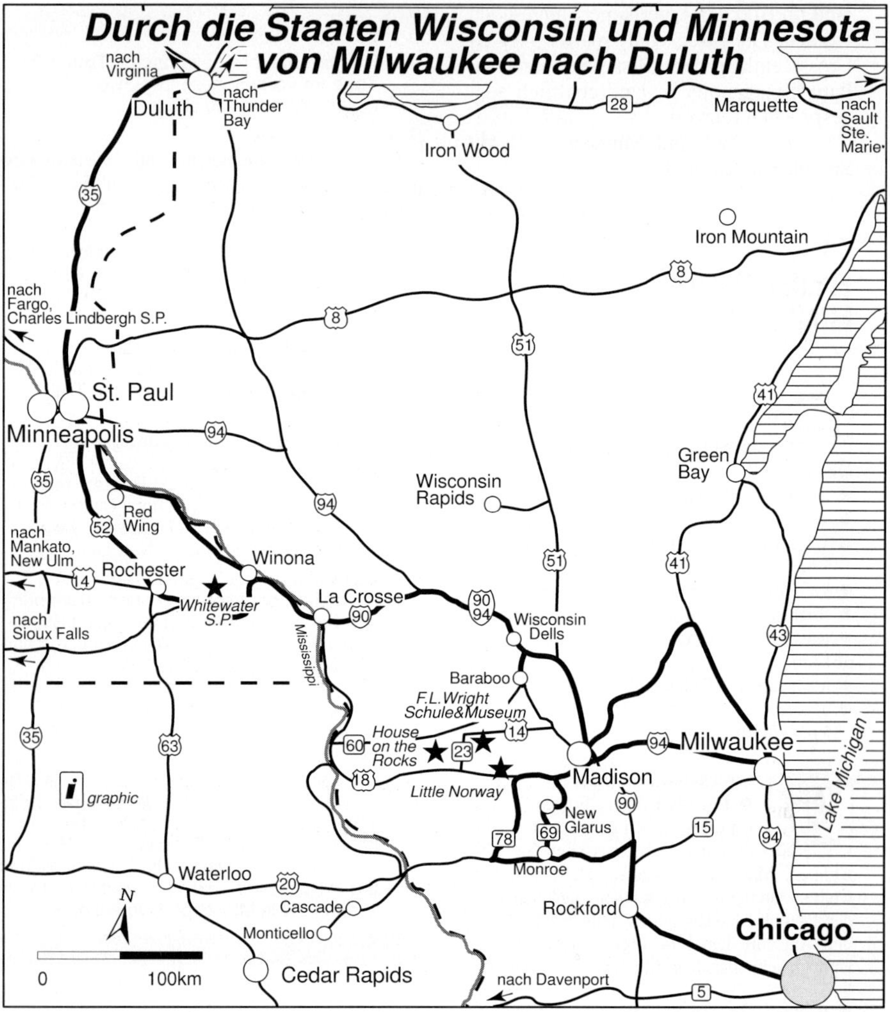
Durch die Staaten Wisconsin und Minnesota
von Milwaukee nach Duluth
nach Virginia
Duluth
nach Thunder Bay
28
Marquette
nach Sault Ste. Marie
Iron Wood
35
Iron Mountain
8
nach Fargo, Charles Lindbergh S.P.
8
51
St. Paul
Minneapolis
94
41
Green Bay
Wisconsin Rapids
94
35
Red Wing
52
nach Mankato, New Ulm
Winona
51
41
Rochester
14
Whitewater S.P.
La Crosse
90
90
94
Wisconsin Dells
nach Sioux Falls
43
Mississippi
Baraboo
F.L.Wright Schule&Museum
14
House on the Rocks
60
23
94
Milwaukee
35
63
Lake Michigan
18
Madison
graphic
Little Norway
90
New Glarus
15
78
69
94
Monroe
Waterloo
20
N
Cascade
Rockford
Monticello
Chicago
0
100km
Cedar Rapids
nach Davenport
5

11.3 SEHENSWERTES AUF DER STRECKE BIS MINNEAPOLIS / ST. PAUL

Highlights

- Besuch des **Frank Lloyd Wright House** westlich von Madison
- Das **Circus World Museum** in Baraboo
- Die Flußlandschaft des **Mississippi**

Madison

Überblick

Als die Stelle, an der heute das Capitol steht, 1837 zur Hauptstadt von Wisconsin ernannt worden ist, lebten hier gerade 3 Familien. Wie in vielen Bundesstaaten, wählte man einen – zu dieser Zeit – verkehrsgünstigen und zentralen Standort. Eigentlich aber sollte Belmont (westlich bei Platteville) 1836 zur Hauptstadt des damals auch noch die Gebiete der heutigen Staaten Minnesota, Iowa und beider Dakotas umfassenden Staates Wisconsin werden – und ein kleines Regierungsgebäude wurde dort bereits errichtet. Im letzten Moment entschied man sich aber doch für Madison.

Heute zählt die Stadt, deren Zentrum sich auf einer Landenge zwischen den Seen Monona und Mendota befindet, 190.000 Einwohner. Im wesentlichen ist Madison beherrscht von der großen University of Wisconsin mit ihren 40.000 Studenten. Zahlreiche Sehenswürdigkeiten sind an die Uni angeschlossen, und die Fußgängerzone, die State Street, dient als zweiter Campus: Boutiquen, Antiquariate, kleine Restaurants und Bistros sowie mehrere Musikläden liegen hier dicht beeinander. Letztere, die Musikläden, möchte ich hervorheben: Schallplatten und CDs sind in den USA um 40-70% billiger als in Europa, auch die europäischen Produkte. Daher bietet sich ein Kauf an. Das Sortiment ist riesig, und auch Second-Hand-CD-Geschäfte finden Sie hier.

Ansonsten sollten Sie Madison vornehmlich als Übernachtungsstop ansehen, von wo aus Sie gut die Sehenswürdigkeiten westlich der Stadt besuchen können.

Als ganz besonderer **Tip für Klassik- und Jazz-CDs** gilt folgendes Geschäft:
The Exclusive: 508 State Street, Tel.: (608) 255-2433, Fax: (608) 255-1010. Im Erdgeschoß gibt es Rock, Pop, Blues und Country, aber im Keller ist der "wahre Schatz" begraben: eine hervorragend ausgesuchte Klassikabteilung unter der Leitung von Charles Lunde. Herr Lunde kennt sich wie kein zweiter aus auf dem Klassikmarkt und wird selbst von Klassikliebhabern aus Chicago, Minneapolis und Detroit konsultiert. Sollten Sie zudem den Wunsch haben, CDs nach Europa zu verschicken, können Sie dieses über Fax und Angabe Ihrer Kreditkartennummer machen.

Reisepraktische Hinweise

Information
Madison Conv. & Visitor Bureau: 615 E. Washington Ave., Tel.: (608) 258-4950.

Hotels und andere Unterkünfte
- **Mansion Hill Inn $$$-$$$$:** 424 N. Pickney St., Madison, WI 53703, Tel.: (608) 255-3999 od. 800-798-9070, Fax: (608) 255-2217. Sehr schönes Haus im viktorianischen Stil (von 1858). Individuell eingerichtete Zimmer, einige mit Balkon.

● **Best Western Inn on the Park $$-$$$:** 22 S. Caroll, Madison, WI 53703, Tel.: (608) 257-8811, Fax: (608) 257-5995. Zentral gelegenes Hotel mit 213 Zimmern. Die geräumigeren Suiten sind nur unwesentlich teurer.

- **Edgewater $$$:** 666 Wisconsin Ave., Madison, WI 53703, Tel.: (608) 256-9071 od. 800-922-5512, Fax: (608) 256-0910. Hotel der gehobenen Mittelklasse mit 117 Zimmern, direkt am Lake Mendota. Viele Zimmer haben Blick auf den See!

● **Travelodge $$:** 910 Ann St., Madison, WI 53713, Tel.: (608) 256-8365, Fax: (608) 256-0038. 100-Zimmer-Motel. Sehr ordentlich und günstig im Preis.

Restaurants

● **Essen Haus:** 514 E. Wilson St., Tel.: (608) 255-4674. Gute deutsch-amerikanische Küche. Unzählige Biersorten - viele aus Deutschland - in echten Gläsern oder Steinkrügen. Allabendlich wird "Umtah"-Musik gespielt. Dazu können Sie tanzen. Besonders an Wochenenden ist hier viel Stimmung. Nebenan ist eine Bar, wo dieselben Biersorten den Studenten vorgesetzt werden - teilweise in Stiefeln.

● **Chi-Chi's:** 414 Grand Canyon Drive, Tel.: (608) 893-9200. Mexikanisches Restaurant mit Bar. Probieren Sie die echten Fajitas hier!

● **Ella's Deli:** 2902 E. Washington Ave., Tel.: (608) 241-5291. Erstklassige Sandwiches und Snacks bis 23h00.

● **Mariner's Inn:** 5339 Lighthouse Bay Drive, Tel.: (608) 244-8418. Erstklassiges Seafood mit Blick auf See.

Pubs/Abendprogramm

Wer sich unter die Studenten mischen möchte, sollte einen der Pubs an der **State Street** aufsuchen. Das beste Bier gibt es im **Essen-Haus** (siehe oben) bzw. in einer der 2 Microbrauereien:
Great Dane Pub (123 East Doty St.) und **Angelic Brewing Company** (322 West Johnson St.).

Sehenswertes

■ **State Capitol** 8, im Stadtzentrum, wo sich State, North und South Hamilton sowie King Street treffen. Führungen: Mo-Sa 9h00-11h00 und 13h00-15h00, So 13h00-15h00 ab dem Info-Desk im Kuppelsaal. Das Regierungsgebäude von Wisconsin ist, wie viele andere, dem Capitol in Washington nachempfunden. Das weiße Granitgebäude fällt bereits von weitem auf und übertrifft die meisten anderen Regierungsgebäude anderer Staaten an Größe.

State Capitol

Der Innenausbau ist im römischen Renaissancestil gehalten, und die überdimensionalen Wandgemälde beeindrucken durch ihre heroisierende "Geschichtsinterpretation".

Sehenswert sind die Rotunda, die Versammlungsräume und vor allem der Ausblick von der Aussichtsplattform der Rotunda auf die umliegende Seenlandschaft.

Auf dem Vorplatz findet von April bis Oktober jeden Sonnabend (6h00-14h00) der **Farmer's Market**, ein Gemüse-, Obst- und Souvenirmarkt, statt.

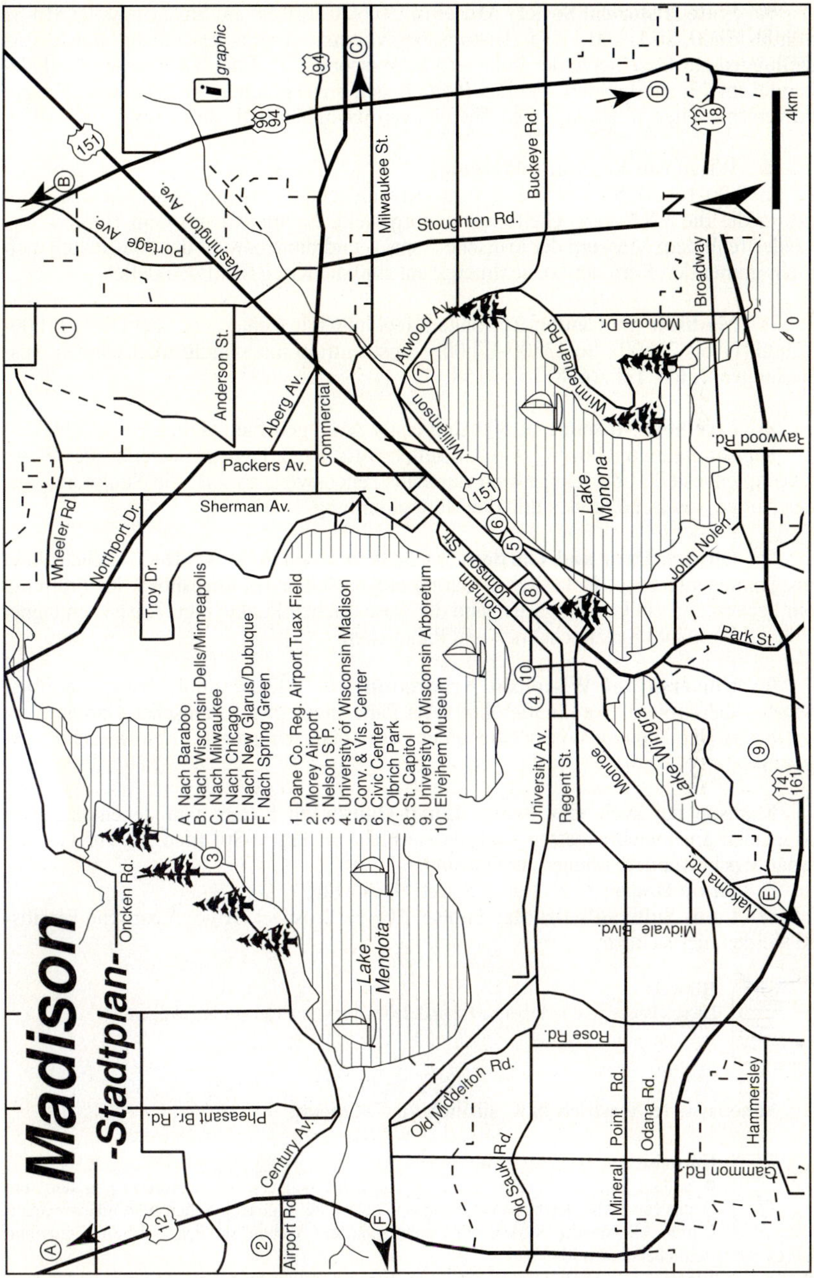
Madison
-Stadtplan-
A. Nach Baraboo
B. Nach Wisconsin Dells/Minneapolis
C. Nach Milwaukee
D. Nach Chicago
E. Nach New Glarus/Dubuque
F. Nach Spring Green
1. Dane Co. Reg. Airport Tuax Field
2. Morey Airport
3. Nelson S.P.
4. University of Wisconsin Madison
5. Conv. & Vis. Center
6. Civic Center
7. Olbrich Park
8. St. Capitol
9. University of Wisconsin Arboretum
10. Elvejhem Museum
Lake Mendota
Lake Monona
Lake Wingra
Oncken Rd.
Pheasant Br. Rd.
Century Av.
Airport Rd
Old Middelton Rd.
Old Sauk Rd.
Rose Rd.
Mineral Point Rd.
Odana Rd.
Hammersley
Gammon Rd.
Midvale Blvd.
Nakoma Rd.
Monroe
Regent St.
University Av.
Park St.
John Nolen
Raywood Rd.
Broadway
Monone Dr.
Winnequah Rd.
Atwood Av.
Williamson
Gorham St.
Johnson St.
Sherman Av.
Packers Av.
Commercial
Aberg Av.
Anderson St.
Troy Dr.
Northport Dr.
Wheeler Rd
Washington Ave.
Portage Ave.
Stoughton Rd.
Milwaukee St.
Buckeye Rd.
graphic
N
0
4km

State Historical Society Museum, 30 N. Caroll St. am State Capitole: Mo-Sa 10h00-17h00, So 12h00-17h00. Historisches Museum, dessen wesentlicher Inhalt Ausstellungen zur Geschichte der Indianer von Wisconsin ist. Ebenfalls werden der Pelzhandel im 18. Jahrhundert und das Pionierleben angesprochen. Wanderausstellungen zu verschiedenen amerikanischen Themen verdienen hier evtl. Beachtung!

Wisconsin Veteran's Museum, 30 W. Mifflin St. am State Capitol, geöffnet: Di-Sa 9h30-16h30, So 12h00-16h00. In verschiedenen Abteilungen werden die Kriege, in die die USA verwickelt waren, vorgestellt, beginnend mit dem Bürgerkrieg. Leider fehlt dem Museum der kritische Aspekt, und die Auswahl der "Artifakte" trifft nicht immer den Kern der Sache. Interessant sind die Kriegsschiffsmodelle.

Madison Art Center, 211 State Street im Civic Center, geöffnet Di-Sa 11h00-17h00 (Fr bis 21h00), So 13h00-17h00. Kunstzentrum mit ständig wechselnden Ausstellungen. Infos: Tel.: (608) 257-0158.

Elvejhem Museum 10, 800 University Ave., geöffnet: täglich 9h00-20h00.
Kunstmuseum mit über 12.000 Ausstellungsstücken, z.T. in atemberaubender Weise zusammengestellt, aber einige sind durchaus sehenswert, so z.B. die Skulpturen aus der Antike, russische Ikonen und die Münzsammlung.

Olbrich Park and Gardens 7, 3330 Atwood Ave., geöffnet: täglich 9h30 bis Sonnenuntergang. Botanischer Garten auf 6 Hektar. Blumenshows im Frühling, ein Felsen- und ein Gewürzgarten sind die wesentlichen Punkte hier. Ansonsten eignet sich der Park zum Spazierengehen und Picknicken.

University of Wisconsin Arboretum 9, 1207 Seminole Hwy., geöffnet: Mo-Sa 9h30-16h00, So 12h30-16h00. Als Park angelegter botanischer Garten. Verschiedene Habitate von Wisconsin werden dem botanisch interessierten Besucher vorgestellt.

Madison hat auch **vier Frank Lloyd-Häuser** zu bieten, von denen die zwei folgenden am interessantesten sind, da sie nicht im Prärie-Stil (den Sie zur Genüge woanders bewundern können) erbaut sind:

Lamp House: 22 N. Butler Street. "Box"-Stil.

Louis Sullivan's Bradley House: 106 N. Prospect Drive. Asiatische Einflüsse werden hier sichtbar.

Hinweis
Diese Häuser sind in Privatbesitz und daher nur von außen zu besichtigen.

Sehenswertes westlich bzw. südlich von Madison

Hinweise
- Sollten Sie von Chicago anreisen, empfiehlt sich eine frühe Abreise von dort, um gleich von Süden (siehe Streckenhinweis oben) die folgenden Sehenswürdigkeiten anzufahren. Alle werden Sie natürlich nicht schaffen. Suchen Sie sich 2 davon heraus und fahren Sie anschließend nach Madison.
- Für eine Rundtour von Madison aus sollten Sie ebenfalls mit einem ganzen Tag rechnen, an dem Sie wahlweise 3 der hier genannten Punkte "zeitlich schaffen" können.

New Glarus

Information
New Glarus Tourism: P.O.Box 713, New Glarus, WI 53574-0713, Tel.: (608) 527-2095.

Hotels und andere Unterkünfte
- **Chalet Landhaus $$-$$$:** 801 WI 69, Kreuzung mit dem WI 39, New Glarus, WI 53574, Tel.: (608) 527-5234. Motel mit einem Touch von einem Chalet. Die ca. 15 $ teureren Family-Suites sind sehr geräumig. Auch die Suiten sind nur ca. 25 $ teurer als die Doppelzimmer.
- **Swiss-Aire Hotel $$:** 1200 WI 69, Kreuzung mit dem WI 39, New Glarus, WI 53574, Tel.: (608) 527-2138. Ordentliches 30-Zimmer-Motel.

Restaurant
New Glarus Hotel: 100 6th Ave., New Glarus, Tel.: (608) 527-5244. Leckere schweizerische Küche. Das Käse-Fondue ist besonders gut.

1844, als ein schlechtes Erntejahr den Schweizer Kanton Glarus heimsuchte, wanderten 193 Bewohner nach Amerika aus und gründeten ein Jahr später eine Siedlung in einem kleinen Tal im Süden von Wisconsin und nannten dieses "Hidden Valley". Die Milchviehwirtschaft war damals und ist auch heute noch das wirtschaftliche Standbein der Region. Die knapp 2.000 Bewohner von New Glarus selbst aber haben den Tourismus als zweite Einkommensquelle entdeckt und bemühten sich bereits vor Jahrzehnten um die Erhaltung typischer schweizer Hausstrukturen. Somit finden Sie hier heute das **Swiss Historical Village** (7th Ave.), ein nachempfundenes Berg-Chalet (**"Chalet of the Golden Fleece"**) und einige Restaurants, in denen Fondue und andere Käsespezialitäten den Reisenden anlocken sollen. An Sommerwochenenden kommen viele Besucher aus dem gesamten Mittleren Westen hierher, so daß Sie diese Tage meiden sollten.

"Gruetzi"

Mt. Horeb gilt als die Stadt der Trolle. Sagen aus der Welt der Wikingermythen leben auch heute noch weiter. Eine Abwechslung bietet hier das kleine **Mustard Museum** (Senf-Museum) in der 109 East Main Street (tägl. 9h00-17h00), in dem sich alles um den beliebten und vielseitigen Wurstaufstrich dreht.

Little Norway: zwischen Mt. Horeb und Blue Mounds am CO-Hwy. JG, etwa 20 Meilen westlich von Madison. Geöffnet: 1. Mai bis Ende Oktober täglich 9h00-17h00, im Juli/August bis 19h00. Im Angedenken der vielen Einwanderer aus Norwegen, die dieses Gebiet in Wisconsin besiedelt haben, wurde im "Nissedahle", dem Tal der Elfen, ein kleines Freilichtmuseum eingerichtet mit historischen Gebäuden aus Norwegen. Hauptattraktion ist eine in Norwegen für die Weltausstellung in Chicago 1893 nachgebaute Stabkirche, deren Strukturen denen gleicher Kirchen aus dem 12. Jahrhundert nachempfunden sind. Zudem werden hier alte Handwerkskünste vorgeführt.

Dodgeville bietet mehrere Übernachtungsmöglichkeiten, so z.B.:

- **Don Quinn Hotel $$:** Hwy. 23 North, Dodgeville, WI 53533, Tel.: (608) 935-2321. Sauberes Motel, dessen Attraktion im Vorgarten steht: ein altes Boeing C-97-Flugzeug, welches Sie auch besichtigen können.
- Ein schöner **Campingplatz** befindet sich 2 Meilen nördlich von Dodgeville im Governor Dodge State Park.

Mineral Point: Die kleine Stadt am US 151 südwestlich von Dodgeville wurde 1830 als Minenstadt gegründet. Reichhaltige Bleivorkommen sorgten damals für einen bescheidenen Wohlstand, und hier begannen die ersten wesentlichen Bergbauaktivitäten in Wisconsin. Heute können Sie einige historische Gebäude und eine Mine aus dieser Zeit besichtigen. Folgen Sie dem US 151 von hier noch weiter südwärts, kommen Sie bei Platteville zum **Belmont First Capitol State Park**, wo einst die Hauptstadt von Wisconsin entstehen sollte. Überreste des ersten Regierungssitzes finden Sie hier noch heute. In Platteville gibt es das kleine **Mining Museum** in der 405 Main Street.

Übernachtungsempfehlung für Mineral Point
Chesterfield Inn $$-$$$: 20 Commerce Street, Mineral Point, WI 53565, Tel.: (608) 987-3682. Umgebaute Kutschenstation von 1834. Einige Zimmer teilen sich das Bad! Historisches Ambiente und Küche mit Spezialitäten aus Cornwall.

House on the Rocks, WI 23, zwischen Dodgeville und Spring Green, geöffnet: Ende März-bis Ende Oktober 9h00-Sonnenuntergang. Rest des Jahres auf Anfrage: Tel.: (608) 935-3639. Robert Jordan, ein bekannter Künstler, errichtete in den 40er Jahren auf einem Felsvorsprung eine atemberaubende Hauskonstruktion. Bereits aus der Entfernung wird Ihnen die "Nase" des Hauses auffallen, die weit überhängt über dem Abgrund des Wyoming Valley. Um das Haus zu errichten, schleppten Jordan und seine Helfer über Jahre die Baumaterialien in Körben auf den Felsen. Das Haus selbst beeindruckt durch seine extravagante Form, die wohl in Konkurrenz stehen sollte zu den nahen Wright-Häusern.

Interessanter aber sind die Ausstellungen hier: Selbstspielende Musikinstrumente, das mit 269 Figuren und 20.000 Lichtern bestückte, größte Karussell der Welt, eine Puppensammlung, orientalische Kunstgegenstände, ein Künstlerdorf, eine nachgebaute Straße aus dem 19. Jahrhundert und zahlreiche andere Dinge sorgen für ein aufregendes "Potpourri der Unterhaltung", welches alljährlich Tausende von Besuchern anzieht. Meiden Sie also die Sommerwochenenden. Es gibt ein Restaurant.

Frank Lloyd Wright House (Taliesin), 3 Meilen südlich von Spring Green an der WI 23. Besucherzentrum geöffnet: täglich 9h00-16h00. Touren von Mitte Mai bis Mitte Oktober: jeweils eine vormittags und eine am frühen Nachmittag. Rest des Jahres finden Touren nur an Wochendnachmittgen statt. Infos über die wechselnden Zeiten: (608) 588-7900. Bereits 1901 entwarf Frank Lloyd Wright das Gebäude der Hillside Home School, das vornehmlich als Wohnsitz für seine Tante gedacht war. Wenige Jahre später folgte sein eigenes Wohnhaus, Taliesin, das Wright bis zu seinem Tode 1959 als Hauptwohnsitz ansah, obwohl er während seines gesamten Lebens viel in Chicago arbeitete. Hillside wurde nach dem Tod seiner Tante 1933 zu einer Schule umgebaut, in der die Schüler auch gewohnt haben. Heute finden hier noch Sommercamps für Architekturstudenten statt.

Taliesin, die Hillside Home School und die Gartenanlagen können auf geführten Touren besichtigt werden. Startpunkt ist am Visitor Center. Vorherige Anmeldungen und Reservierungen sind zu empfehlen, besonders an Sommerwochenenden. Die Touren dauern zwischen 2 (jeweils Haus oder Schule) und 4 Stunden (beides), so daß Sie ausreichend Zeit mitbringen sollten. Falls Sie übrigens schon ein Wright-Haus von innen gesehen haben, empfehle ich Ihnen eher die Tour durch die Schule, da Sie hier einiges über Wright's architektonische Ideen erfahren können.

Im Visitor Center gibt es einen Souvenirshop und ein Restaurant.

Taliesin

Übernachtungsempfehlungen für Spring Green

● **Bettinger House Bed & Breakfast $$:** 855 Wachter Avenue, Spring Green, WI 53577, Tel.: (608) 546-2951. Gemütliche B&B-Unterkunft mit 5 Zimmern in viktorianischem Farmhaus von 1904. Nicht alle Zimmer haben ein eigenes Bad!

● **Prairie House $$:** Ecke US 14/Wi 23, Spring Green, WI 53557, Tel.: (608) 588-2088. Ordentliches Motel mit Whirlpool, Sauna und Pool.

Von Madison nach Rochester

Baraboo

Information

Baraboo Chamber of Commerce: 124 2nd St., Baraboo, WI 53913, Tel.: (608) 356-8333.

Hotels

● **Quality Inn $$$:** 630 W. Pine St., Baraboo, WI 53913, Tel.: (608) 356-6422. Motel mit 84 Zimmern, etwas über dem allgemein üblichen Standard der Quality Hotels.

● **Spinning Wheel $-$$:** 809 8th St., Baraboo, WI 53913, Tel.: (608) 356-3933. Kleines Motel mit ordentlichen Zimmern.

Einige kleine Häuser im Ort bieten auch **Bed & Breakfast-Unterkünfte** an.

Restaurant

The Farm Kitchen: 3 Meilen südlich an der CO 123, Tel.: (608) 356-5264. Gute Wisconsiner Landküche in ungezwungener Atmosphäre.

Baraboo ist eine kleine Stadt, die bekannt geworden ist durch die Ringling Brothers, die hier zwischen 1884 und 1912 den Hauptsitz des ehemals größten Zirkus der Welt ("Ringling Brothers and Barnum & Bailey Circus") eingerichtet haben. Ein ganzer Stadtteil im Industriegebiet diente diesem Mammutzirkus als Winterlager, und zahlreiche Gebäude deuten auch heute noch auf die Zeit der "Greatest Show on Earth" hin.

Der Zirkus ging hervor aus der 1883 zuerst aufgeführten Show "Classic and Comic Concert Company". Während der Blütezeit des Zirkus verließen jedes Frühjahr 4 Eisenbahnzüge mit jeweils 25 Waggons Baraboo, um Aufführungsstätten in allen Teilen der USA zu erreichen. Ende Oktober kamen sie dann wieder zurück.

Der Zirkus des beginnenden 20. Jahrhunderts und vor allem in den USA hatte eine für uns heute unvorstellbare Dimension. Während einer Show fanden bis zu 10 Aufführungen gleichzeitig unter einem Zeltdach statt. Zudem muß man sich vor Augen halten, daß zu dieser Zeit Tiere, wie z.B. Elefanten, eine unbeschreibliche Attraktion darstellten. Aber auch Artisten aus fernen Ländern, die ganz eigene Kunststücke vorführten, galten damals als Sensation, genauso wie "der stärkste Mann", "die kleinste Frau " und der "schnellste Geiger der Welt". Das Fernsehen und die vermehrte Reisetätigkeit haben dem Zirkus ab Mitte der 30er Jahre immer mehr die Schau gestohlen.

Sehenswert und mindestens 2 Stunden wert ist das:

◆ **Circus World Museum**: 426 Water Street in Baraboo, geöffnet: Mai-Mitte September, täglich 9h00-18h00, Ende Juli-Mitte August bis 21h30. Rest des Jahres: Nur das Museum ist dann geöffnet. Das Museum ist großenteils in den alten Stallungen und auf dem Gelände des Winterlagers untergebracht. Beginnen Sie Ihren Rundgang im modernen Hauptgebäude mit der Filmvorführung. Danach schauen Sie sich die Ausstellung mit zahlreichen historischen Bildern und Kostümen an. Hauptattraktion ist schließlich das offene Gelände, wo Artistenvorführungen geboten werden und alte Wagen und Waggons zu besichtigen sind. Jeden Tag wird ein variationsreiches Programm zusammengestellt, bei dem für jeden etwas dabei sein wird.

Wisconsin Dells

Information

Wisconsin Dells Visitors & Convention Bureau: 701 Superior St., Wisconsin Dells, WI 53965, Tel.: (608) 254-8088, 254-4636 od. 800-22-DELLS.

Hotels und andere Unterkünfte

- **Chula Vista Resort $$-$$$$:** 4031 N. River Rd. (2,5 Meilen nördlich an der River Rd), Wisconsin Dells, WI 53965, Tel.: (608) 254-8366 od. 800-388-4782, Fax: (608) 254-7653.
- **Hotel White Rose $$$:** 211 Wisconsin Ave., Wisconsin Dells, WI 53965, Tel.: (608) 254-4724. Restauriertes viktorianisches Haus, eingerichtet mit Antiquitäten.
- **Luna $$-$$$:** 1111 Wisconsin Dells Pkwy., Wisconsin Dells, WI 53965, Tel.: (608) 253-2661. Ansprechendes Motel mit gutem Preis-Leistungsverhältnis (DZ: $$). In einigen Suiten (um 100$) gibt es Whirlpools.
- **Historic Bennet House $$-$$$:** 825 Oak Street, Wisconsin Dells, WI 53965, Tel.: (608) 254-2500. Schöne B&B-Unterkunft in Haus von 1863. Liebevoll eingerichtet. Dazu ein schöner Garten mit Gazebo (Gartenlaube)
- **Black Hawk $$-$$$:** Broadway an der Race Street, Wisconsin Dells, WI 53965, Tel.: (608) 254-7770. Familienfreundliches und ansprechendes Motel – auch Hütten – mit allem Schnickschnack (Sauna, Whirlpool, Innen- und Außenpool, Waschmaschinen, Spielplatz etc.). DZ: $$-$$$, Hütten für 2-8 Personen: $$$-$$$$.
- **American Inn $$:** 400 CO A, Kreuzung US 12, Wisconsin Dells, WI 53965, Tel.: (608) 253-4451. Kein besonders herausragendes Motel, dafür aber günstige Raten und sauber.

Restaurants

- **Fischer's:** 441 Wisconsin Dells Pkwy., in Lake Delton, Tel.: (608) 253-7531. Gute amerikanische Küche. Besonders zu empfehlen sind die Steaks.
- **Red Wagon:** 2 Meilen südl. am US 12, Tel.: (608) 254-7221. In Zirkusdekoration gibt es leckere Snacks. Genau das Richtige für den Lunchimbiss. Zudem wird täglich von 8h00 bis 13h00 ein Brunch geboten.

Wisconsin Dells ist in aller Munde, und fast jeder wird Ihnen in einem Atemzug zwei Charakteristika nennen: "Schönes Urlaubsziel" und "Touristenfalle". Beides trifft den Kern. Entlang einem 3 Meilen-Straßenabschnitt gibt es die buntesten und fragwürdigsten Touristenattraktionen, von Bungee-Jumping über Wasserrutschen bis hin zum Robotermuseum. Bereits etliche Meilen vor dem Ort werben zahlreiche Bootstouren mit Fahrten im Amphibienfahrzeug oder in einem nachgebauten "historischen" Ausflugsdampfer um die Gunst der Urlauber. Zwischen all diesen Attraktionen bieten zig Motels 5.000 Zimmer an und locken Superangebote der Fastfoodketten den sparsamen Reisenden. Ganz vergessen scheint dabei die Schönheit der Wisconsin Dells selbst, einer kleinen Felsenschlucht, die einst den Reiz der Anreise ausgemacht hat. Sollten Sie also einmal Interesse haben zu sehen, wie viele Städter, vor allem aus Chicago, ihren Sommerurlaub verbringen, kann ein Besuch dieser Stadt als interessantes Abenteuer bewertet werden – langweilig wird es sicherlich nicht –, doch für einen erholsamen Aufenthalt in der Natur, wie häufig angepriesen, eignet es sich hier nicht. Outdoor-Aktivitäten können Sie mit Sicherheit woanders besser erleben.

Per Boot zu den Dells

Die Strecke führt nun durch weiteres Farmland nach **La Crosse**, einer einst bedeutenden Hafenstadt am Mississippi. Heute wirkt La Crosse aber eher verträumt, und die Auslagen in den Schaufenstern erinnern des öfteren an die 60er Jahre – als wenn hier die Zeit stehen geblieben wäre. Auffällig sind übrigens die deutschen Familiennamen, die auf vielen Schildern prangen. Sehenswert bei gutem Wetter ist die Aussicht vom 150 m hohen Felsen, **Granddad's Bluff** genannt, der über der Stadt thront. Von hier können Sie sich einen Eindruck vermitteln, wie die Landschaft im Norden des Mittleren Westens wohl überall ausgesehen hätte, wenn nicht die Gletscher vor 12.000 Jahren gewirkt hätten. Diesen Abschnitt hier haben sie zumindest ausgespart. Nachmittags steht die Sonne für Fotos nicht gut!

Information

La Crosse Convention & Visitors Bureau: Riverside Park, WI 53565, Tel.: (608) 255-0701.

Hotels und andere Unterkünfte

- **Radisson Hotel $$$:** 200 Harbor View Plaza, La Crosse, WI 54601, Tel.: (608) 784-6680, Fax: (608) 784-6680 ext. 490. Modernes Hotel mit 170 Zimmern. Direkt am Fluß gelegen. Fragen Sie nach einem Zimmer mit Flußblick!
- **Bluff View Inn $-$$:** 3715 Mormon Coulee Rd, La Crosse, WI 54603, Tel.: (608) 788-0600. Günstiges Motel. Es gibt auch eine Sauna im Hause.

Restaurants

- **Michael's:** 1815 Ward Ave., Tel.: (608) 788-1900. Super-Steaks und ein erstklassiger Sonntagsbrunch.
- **The Freighthouse:** 107 Vine St., Tel.: (608) 784-6211. In ehemaligem Lagerhaus der Eisenbahn (von 1880), ausgezeichnet als Historical Landmark, gibt es heute leckere Fleischgerichte und was die amerikanische Landküche noch so zu bieten hat.

Sie haben nun zwei Routenalternativen für die Weiterfahrt nach Minneapolis/St. Paul:

a) Sie fahren entlang dem Mississippi nach Minneapolis/St. Paul. Das verspricht eine schönere Landschaft und einen Zeitgewinn.

b) Sie fahren über Rochester und New Ulm nach Minneapolis. Hier sind es die interessante und weltbekannte Mayo Klinik in Rochester sowie das deutsche Kulturgut aus Sicht der Amerikaner, was für diese Strecke sprechen würde.

a) Entlang dem Mississippi nach Minneapolis/St. Paul

Diese Strecke führt Sie durch das landschaftlich schöne Hiawatha Valley, welches zum 90.000 ha großen Mississippi Naturpark (Mississippi River National Wildlife & Fish Refugee) gehört. Dieser Naturpark erstreckt sich von St. Paul bis Davenport (Iowa). Auffällig sind vor allem die vielen kleinen Inseln im Fluß und die Berge. Diesen Teil des Mittleren Westens haben die Gletscher während der Eiszeit nicht erfaßt, so daß eine schöne und einzigartige Landschaft erhalten geblieben ist. Kleine Parkbuchten entlang der Straße laden das eine oder andere Mal zum Anhalten ein. Nicht immer geht die Straße direkt am Fluß entlang, aber Stichstraßen führen dorthin.

Winona

Information

Winona Convention & Visitors Bureau: 67 Main St., Winona, MN 55987, Tel.: (507) 452-2272.

Hotels und andere Unterkünfte

- **Holiday Inn $$-$$$:** 956 Mankato Ave., Winona, MN 55987, Tel.: (507) 454-4390, Fax: (507) 452-2187. Standard: Mittelklassemotel.
- **Days Inn $$:** 420 Cottonwood Dr., Winona, MN 55987, Tel.: (507) 454-6930. Motel mit gutem Preis-Leistungsverhältnis.

Restaurants

- **Zach's on the Tracks:** Ecke Front/Center Sts., Tel.: (507) 454-6939. Dieses Familienrestaurant ist untergebracht in einem alten, restaurierten Lagerhaus. Salatbar, Sonntagsbrunch und häufiger ein Buffet.
- **Yesterdays:** 129 W. 3rd St., Tel.: (507) 452-5460. Amerikanische Küche in restauriertem, historischem Hotelgebäude.

Winona ist großzügig angelegt: Breite Straßen, die von monumentalen Kirchen und schönen Villen aus dem letzten Jahrhundert gesäumt sind, sowie eine historische Innenstadt und alte Lagerhäuser am Fluß zeugen von einer wohlhabenderen Vergangenheit, die zu einem großen Teil auf die einst bedeutende Holzindustrie zurückzuführen ist.

Am Mississippi (Ende der Main Street) ist ein Nachbau des alten Schaufelraddampfers **"Julius C. Wilkie"** zu besichtigen (geöffnet: Mai-Oktober täglich 9h00-17h00). Ein kleines Museum ist hier auch untergebracht.

Es fällt übrigens entlang dieses Mississippiabschnittes auf, daß die Ortsstrukturen eher vom Fluß bestimmt und von Menschen aus dem Süden entworfen worden sind. Sie sind ganz anders als nur wenige Meilen landeinwärts. Da verwundert es kaum, daß während des 19. Jahrhunderts die Farmer und die Flußleute gewisse Berührungsängste hatten und sich nur zu geschäftlichen Anlässen trafen.

In **Wabasha** bietet das 1856 eingerichtete **Anderson House Hotel** ($$, 333 W. Main St., Tel.: (612) 565-4524) historisches Ambiente, selbstgebackene Cookies und auf Wunsch eine Schmusekatze aufs Zimmer ("Rent-a-cat").

Red Wing liegt 60 Meilen flußaufwärts von Winona und besticht durch eine schöne Altstadt, deren Kernstück das historische **St. James Hotel** in der Main Street ist. Es wurde 1878 gegründet und in den 80er Jahren komplett restauriert und im Charakter des 19. Jahrhunderts eingerichtet. Eine Stunde südlich der Zentren der Twin Cities böte es eine gediegene Übernachtungsalternative zu einem annehmbaren Preis:

Übernachtung
St. James Hotel $$$: 406 Main St., Red Wing, MN 55066, Tel.: (612) 388-2846.

Eine ehemalige **Pottery** (Töpferei) am Ortsausgang, deren Wurzeln zurückgehen auf das 19. Jahrhundert, beherbergt heute eine ausgesuchte Shoppingmall sowie eine kleine Ausstellung zum Thema Töpferei im Hiawatha Tal.

b) Über Rochester und New Ulm nach Minneapolis/St. Paul

Rochester

Information
Rochester Convention & Visitors Bureau: 150 S. Broadway, Suite A, Rochester, MN 55904, Tel.: (507) 288-4331.

Hotels und andere Unterkünfte
- **Kahler Hotel $$$:** 20 2nd Ave. SW, Rochester, MN 55902, Tel.: (507) 282-2581 od. 800-533-1655, Fax: (507) 285-2775. Historisches Hotel mit viel Ambiente. Achten Sie darauf, nicht im neuen Trakt untergebracht zu werden.
- **Holiday Inn Downtown $$$:** 220 S. Broadway, Rochester, MN 55904, Tel.: (507) 288-3231, Fax: (507) 288-6602. Typisches Holiday Inn. Bei etwa gleichem Preis nur dann zu empfehlen, wenn das Kahler ausgebucht sein sollte.
- **Gas Light Inn $**: 1601 2nd St.SW, Rochester, MN 55902, Tel.: (507) 289-1824 od. 800-658-7016. Günstiges und sauberes Motel. Im Bereich 1600-1700 der 2nd St. SW finden Sie zahlreiche andere Franchise-Motels.

Restaurants
- Der **Elizabethan Room** im Kahler Hotel (Tel. oben) ist eigentlich ein Muß in Rochester, auch wenn es den Geldbeutel kneifen wird. Holzpaneele an den Wänden, verzierte Eisenkandelaber, ausladende Plüschgardinen und eine klassische Tudoratmosphäre stellen selbst die wohlschmeckenden Fleisch- und Geflügelgerichte in den Schatten. **TIP**: Wer Geld sparen möchte, kann sich in der angeschlossenen Bar nur einen Drink genehmigen.
- **Aviary:** 4320 N. US 52, Tel.: (507) 281-5141. Ausgesprochen gute Südstaaten- und Tex-Mex-Gerichte, ordentlich mit Chili "abgeschmeckt". **Tip**: Eine Margharita vorweg macht die Zunge etwas unempfindlicher.

INFO

Die Geschichte der Mayo-Klinik

Rochester wurde 1854 gegründet und fristete während der folgenden Jahrzehnte ein bescheidenes Dasein als zentraler Ort in einer von der Milchviehwirtschaft bestimmten Region. Das sollte sich aber ändern: 1863 traf nämlich der Arzt William Worrall Mayo ein; zuerst nur, um Rekruten für den Bürgerkrieg zu untersuchen. Mayo blieb aber auch nach dem Krieg, und seine beiden Söhne, William James und Charles Horace, folgten dem Vater und wurden ebenfalls Ärzte. Ende der 80er Jahre, eine kleine Klinik war bereits gegründet, führte der Vater seine Söhne in die Kunst der Chirurgie ein. Anders als bis dahin üblich, machte er dieses, indem er beiden Söhnen jeweils eine bestimmte Aufgabe am Operationstisch zuwies und alle drei auf diese Weise gemeinsam eine Operation durchführten.

Damit brach ein neues Zeitalter für die chirurgische Medizin an, die des Teamworks. Schnell sprach sich die Neuigkeit herum, und Ärzte aus aller Welt kamen nach Rochester, um die Praktiken der Mayos, bald als "Mayo Clinics" bekannt, zu erlernen.

Die Klinik vergrößerte sich schlagartig, so daß die Mayos immer mehr Ärzte heranziehen bzw. aus anderen Kliniken rekrutieren mußten. Dazu wurde u.a. im Jahre 1915 hier auch die erste Facharztausbildungsschule der Welt gegründet und 4 Jahre später die Mayo Foundation, eine nicht-profitorientierte Gesellschaft, die das Erbe der Mayos später weiterführen sollte.

Plummer Building

Seither wuchs nicht nur die Patientenzahl, sondern es wurde auch immer mehr Engagement eingesetzt für die Forschung. Sowohl in der Krebsforschung (Mitbegründung der Chemotherapie), als auch auf dem Gebiet der Behandlung von Tuberkulose machte sich die Klinik einen Namen und brachte zudem 3 Nobelpreisträger hervor. Zwei von ihnen entdeckten 1950 das Kortison.

Weitere Spezialgebiete der Mayo Klinik sind die verschiedenen Transplantationen. U.a. wurden hier eine der ersten Leber-, Lungen- sowie Herz-Lungentransplationen durchgeführt.

Heute ist die Klinik ein Stadtteil für sich, und das Wort "Mayo" prangt auf zahlreichen Gebäuden und Firmenschildern: Mayowood, Mayo Bank, Mayo Center, Mayo Bakery usw. ...

Mittlerweile haben fast 10 Millionen Patienten die Klinik konsultiert, und zwei "Ableger" in Jacksonville (Florida) und Scottsdale (Arizona) behandeln ebenfalls nach Mayo-Prinzip.

Einige Zahlen zur Mayo-Klinik	
Patienten pro Jahr	über 335.000
Medizinisches Personal	16.500, davon 1.100 Ärzte
Anderes Personal und Studenten	5.500
Operationen pro Jahr	42.000
Operationssäle	78
Herkunft der Patienten	85% aus dem Mittleren Westen (50% aus Minnesota), 12% aus dem Rest der USA und knapp 3% aus dem Ausland. Zu den letzteren zählen auch Scheichs und Staatspräsidenten
Täglich werden	16.000 Laborwerte untersucht, davon fast 10.000 Blutuntersuchungen
	183 Computertomogramme erstellt
	840 Röntgenaufnahmen von Lungen gemacht
	550 EKGs gemessen und
	110 MRTs durchgeführt.

Anders als in Europa, lassen sich in Amerika die meisten Patienten aus Kostengründen ambulant behandeln, so auch in der Mayo-Klinik, in der nur 15 % stationär aufgenommen werden. Die anderen belegen im Schnitt täglich 2.000 Hotelzimmer im Umkreis der Stadt.

Sie können die Mayo-Klinik besichtigen: **Touren** starten wochentags um 10h00 und 14h00 im Mayo Building (Ecke 2nd Ave. SE/2nd St. SW). Ein 20-minütiger Film zu Beginn gibt eine Übersicht über Geschichte und Arbeit der Klinik. Beachten Sie beim Rundgang durch und um die Klinikgebäude die verschiedenen **Kunstwerke**, besonders die Skulpturen.

Im 1928 im Art Deco-Stil erbauten **Plummer Building**, dem unübersehbaren "Herz" der Innenstadt, können Sie werktags (8h00-17h00) im 3rd Floor die ehemaligen Büro- und Sitzungsräume ("Historic Suite") der Mayo-Brüder besichtigen. Alte Fotografien und chirurgische Instrumente sind hier neben den historischen Büroeinrichtungen zu bewundern. Das Obergeschoß des Gebäudes beherbergt das 56-Glokken-Spielwerk (**Rochester Clarillon**). Es wird regelmäßig montags um 19h00, mittwochs und freitags um 12h00 sowie zu besonderen Anlässen gespielt. Klangbreite: 4 ½ Oktaven!

Mayowood, das ehemalige Wohnhaus der Mayos, steht ebenfalls für Besichtigungen offen. Touren beginnen **nur** am County Historical Museum (1195 County Rd 22 SW) und beginnen im Sommer dienstags bis samstags halbstündlich zwischen 11h00 und 14h30, im April, Mai, September und Oktober dienstags bis freitags 11h00, 12h00, 13h00 und 14h00 sowie am Samstag zu den Sommerzeiten. Infos: (507) 282-9447. Die Villa hat 55 Räume, die zum großen Teil mit Antiquitäten aus aller Welt eingerichtet sind. Hier waren bereits Franklin D. Roosevelt und der König von Arabien zu Gast.

New Ulm

Information
New Ulm Chamber of Commerce: 1 N. Minnesota St., New Ulm, MN 56073, Tel.: (507) 354-4217. Täglich geöffnet.

Hotels und andere Unterkünfte
- **Holiday Inn $$-$$$:** 2101 S. Broadway, New Ulm, MN 56073, Tel.: (507) 359-2941, Fax: (507) 354-7147. Besseres Motel mit 126 Zimmern.
- **Budget Holiday $-$$:** 1316 N. Broadway, New Ulm, MN 56073, Tel.: (507) 354-4145. Wie der Name schon sagt: günstiges Motel ohne Besonderheiten.

Restaurants
- **Veigel's Kaiserhoff:** 221 N. Minnesota St., Tel.: (507) 359-2071. Amerikanische Fleischgerichte in bayrischem Ambiente. Spezialität: Spare Ribs.
- **Glockenspiel Haus:** 400 N. Minnesota St., Tel.: (507) 354-5593. Deutsche und amerikanische Gerichte in nachgeahmter "Alte-Welt-Atmosphäre".

Der Name verrät bereits die Wurzeln aus Deutschland. 1854 siedelte hier eine Gruppe Deutscher aus Ulm und gründete eine der ersten "geplanten" Orte in Minnesota. Bereits 1862 geriet New Ulm in die Schlagzeilen, als ein Gruppe aufständischer Sioux-Indianer den Ort angriff. New Ulm wurde dabei fast gänzlich zerstört, beugte sich den Angreifern aber nicht. Ihnen zu Ehren wurde das **Defenders Monument** errichtet. Um die Jahrhundertwende trafen auch viele Einwanderer aus Böhmen ein, denen ebenfalls ein Denkmal gestiftet worden ist.

Heute ist die kleine Stadt mit 14.000 Einwohnern sowohl wirtschaftliches Zentrum der Region als auch Ausflugsziel. Bayrische Restaurants mit in der Stadt gebrautem Schell Weizenbier und Weißwürsten, ein (modernes) Glockenspiel, Wurstgeschäfte sowie eine Replik des **Hermanns-Denkmals** erinnern an die deutschen Ortsgründer.

In eigener Sache: Was wohl der germanische Haudegen dazu gesagt hätte, wenn er wüßte, daß er ethnisch in Verbindung gebracht wird mit der Weißwurst- und Hefeweizenkultur südlich der Donau?

Im **Brown County Historical Museum** (Ecke Center St./Broadway, geöffnet: Di-Fr 10h00-17h00, Sa+So 13h00-17h00) gibt es eine Ausstellung zur Geschichte der Indianer dieser Region und der ersten Siedler. Interessant ist auch die Bibliothek, in der Stammbäume von über 4.400 Familien einzusehen sind. Vielleicht finden Sie ja einen Ihrer Vorfahren hier.

Ebenfalls zu besichtigen ist die **Schell Brewery** (Mai-September, Infos: (507) 354-5528). Touren durch die Brauanlagen sowie ein kleines Museum und ein Souvenirladen empfehlen sich.

Schell Brewery

Hinweis
Zum **Pipestone National Monument** im Südwesten von Minnesota lesen Sie bitte im Kapitel 13.

11.4 MINNEAPOLIS UND SAINT PAUL – DIE "TWIN CITIES"

Highlights

- Besuch des historischen **Fort Snelling**
- **Einkaufsbummel** durch die größte Mall der Welt: **Mall of America**
- Der **Sculpture Garden** am Walker Art Center
- In Minneapolis einen **Filmklassiker** in einem Kleinkunstkino bzw. ein **Theaterstück** ansehen

Überblick

Bereits bei der Anreise auf dem Interstate wird deutlich, daß Saint Paul und Minneapolis für Auswärtige als die "Twin Cities" – die Zwillingsstädte – gelten. Auf Landkarten wird ein geographischer Unterschied auch kaum deutlich, und die Städte gehen nahtlos ineinander über.

Anders sehen es dagegen die Bewohner der Städte selbst: In vielem ziehen sie an einem Strang, so z.B. bei den Sportteams, doch letztendlich profitieren beide von der (gesunden) Konkurrenz und dem beflügelnden Wettbewerb, der überall erkennbar wird. Selbst die Touristenprospekte sparen die jeweils andere Stadt aus, und selbst die Ausschilderung zur jeweiligen Zwillingsstadt könnte ebenfalls exakter sein.

Strukturell sind beide Städte absolut verschieden. War im 19. Jahrhundert St. Paul die wichtigere Stadt und landeten dort alle Flußschiffe an, holte Minneapolis zu Beginn des 20. Jarhunderts mit der wirtschaftlichen Rückendeckung durch die Getreide-

Immer aufwärts: Minneapolis

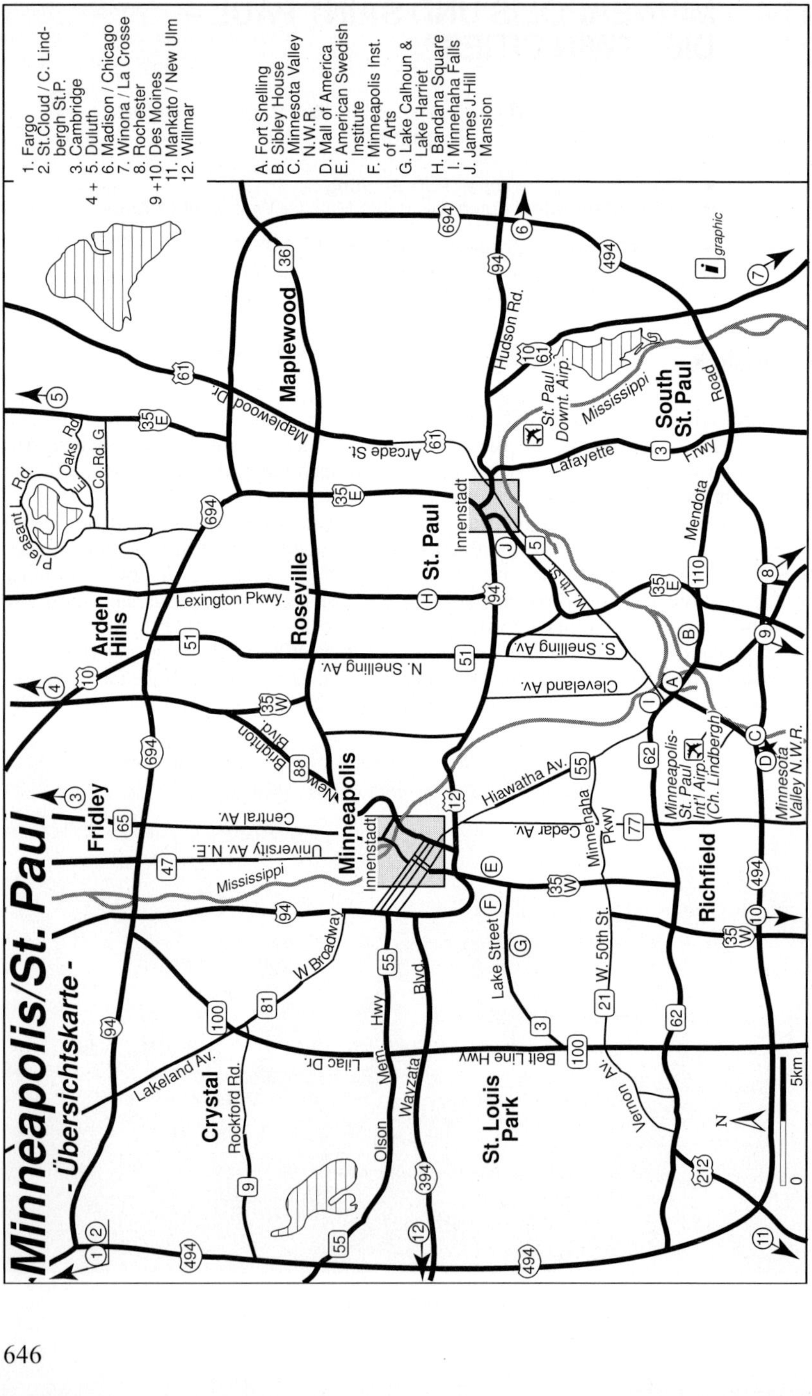
Minneapolis/St. Paul
- Übersichtskarte -
1. Fargo
2. St.Cloud / C. Lindbergh St.P.
3. Cambridge
4 + 5. Duluth
6. Madison / Chicago
7. Winona / La Crosse
8. Rochester
9 +10. Des Moines
11. Mankato / New Ulm
12. Willmar
A. Fort Snelling
B. Sibley House
C. Minnesota Valley N.W.R.
D. Mall of America
E. American Swedish Institute
F. Minneapolis Inst. of Arts
G. Lake Calhoun & Lake Harriet
H. Bandana Square
I. Minnehaha Falls
J. James J.Hill Mansion
Fridley
Arden Hills
Roseville
Maplewood
Minneapolis
Innenstadt
St. Paul
Innenstadt
South St. Paul
Richfield
Crystal
St. Louis Park
Mississippi
Lexington Pkwy.
N. Snelling Av.
S. Snelling Av.
Cleveland Av.
Central Av.
University Av. N.E.
New Brighton Blvd.
Maplewood Dr.
Arcade St.
Hudson Rd.
Lafayette
Mendota
Frwy
Road
W. 7th St.
Hiawatha Av.
Cedar Av.
Minnehaha Pkwy
Lake Street
W. 50th St.
W Broadway
Lakeland Av.
Rockford Rd.
Lilac Dr.
Belt Line Hwy
Olson Mem. Hwy
Wayzata Blvd.
Vernon Av.
Pleasant L. Rd.
E. Oaks Rd
Co.Rd. G
St. Paul Downt. Airp.
Minneapolis-St. Paul Int'l Airp. (Ch. Lindbergh)
Minnesota Valley N.W.R.
N
0
5km
graphic

mühlen auf und ist heute die treibende Kraft der Region. Minneapolis entwickelte sich in den letzten Jahren sogar zu Boomtown des Mittleren Westen, was deutlich wird an der Vielzahl an modernen sowie architektonisch durchaus gelungenen Wolkenkratzern.

◆ In Minneapolis wird investiert, probiert, verändert, aber auch gefeiert und sich der Muse hingegeben.

◆ St. Paul dagegen ist die Hauptstadt von Minnesota und muß sich (zur Zeit) mit der Rolle des Verwalters und Erhalters begnügen. Freudestrahlend verkündet es die Eröffnung hauptstadttypischer Museen, wie z.B. das Kinder Museum und das History Center, sowie die Neugestaltung des naturwissenschaftlichen Museums und hofiert die Beamten im Capitol, um noch ein paar Dollar locker zu machen für einen Spazierweg entlang dem Mississippi. Gleichzeitig vergnügt sich die Gesellschaft in Minneapolis in Techno-Tanzschuppen, in plüschigen Nachtbars, verzehrt polnische Kohlrouladen, entwickelt neue Datalines bei Honeywell oder beurteilt moderne Theaterstücke.

Schaut man also näher hin, können die Gegensätze nicht größer sein, und auch heute noch gilt die Beurteilung des 19. Jahrhunderts:

"St. Paul ist die westlichste der östlichen Städte, Minneapolis ist die östlichste der westlichen", was soviel bedeuten kann: In St. Paul bleibt die Zeit stehen, während Minneapolis die Zukunft mit offenen Armen empfängt.

Beiden Städten gemeinsam ist ihre Anziehungskraft auf die Landbevölkerung des Mittleren Westens **und** des Westens. Schaut man einmal auf die Karte, stellt man fest, daß in westlicher Richtung erst wieder Seattle in Größe und Kulturvielfalt gleichzustellen ist. Im Süden ist es Kansas City (440 Meilen) und im Südosten Chicago. Kein Wunder also, daß an Wochenenden die Hotels, Restaurants, Bars und Shopping-Malls überquellen mit Collegestudenten und vor allem den "Rednecks" – wie man die Landleute mittlerweile auch hier bezeichnet. Daß die größte Shopping Mall der Welt, die "Mall of America", südlich der Twin Cities errichtet worden ist, scheint unter diesen Umständen eine logische Konsequenz. So auch die Tatsache, daß die meisten Besucher die Twin Cities nach folgenden Kriterien einteilen – aufgelistet nach Priorität: Einkaufsvielfalt, Basis für Outoor-Unternehmungen, Kultur, Kasinobesuche und Nightlife.

Für Sie als Reisenden aus Europa bieten sich die Twin Cities folgendermaßen an: Konzentrieren Sie Ihren Besuch auf Minneapolis. Hauptstädte und die für diese typischen Museen haben Sie mit Sicherheit zur Genüge besucht. St. Paul bietet also nur wenig Neues, und Besichtigungen dort können leicht an einem halben Tag durchgeführt werden. Die schönen Villen im Bereich um die Summit Avenue, ein Blick ins neue Historische Museum und im Süden das Fort Snelling (gehört offiziell zu Minneapolis) sind die Hauptattraktionen.

Minneapolis dagegen gilt es zu erleben. Die (zwar relativ wenigen) Museen sind gut und das Abendprogramm um so reichhaltiger. Bevor Sie gen Norden oder Westen in die "Wildnis" fahren, sollten Sie noch einmal den Kulturschock auf sich wirken lassen: ein Kunstmuseum aufsuchen, ein Theaterstück genießen, einen alten Klassiker im Originalton in einem der zahlreichen Kleinkinos anschauen, die vielseitige ethnische Küche probieren, moderne Wolkenkratzer bewundern und den Tag mit einem Cocktail in einer ausgeflippten Bar oder einer Jazzsession beenden.

Verspüren Sie keinen Sinn für diese Art von Abenteuer, können Sie mit gutem Gewissen bereits nach einem Tag wieder abreisen.

Geschichte und Wirtschaft

1680 war es ein belgischer Geistlicher, Father Louis Hennepin, der als erster Weißer den Zusammenfluß von Mississippi und Minnesota River erkundete. Aber erst 125 Jahre später erinnerte man sich wieder an diesen strategisch wichtigen Punkt. Präsident Thomas Jefferson ließ hier 1807 das Fort Snelling errichten als wichtigsten Außenposten im Nordwesten, von wo aus die Regierung in Washington versuchen wollte, die Sioux-Indianer zurückzudrängen und eine Basis zu schaffen für Pelzhändler und nach Westen ziehende Siedler.

Um dieses Fort herum siedelten sich zahlreiche "Fliegende Händler" und abenteuerlustige Vagabunden an, zumeist in Zelten und einfachen Holzhütten. Für die Besiedlung des weiteren Umlandes fehlte die gesetzliche Grundlage, noch galt es als Indianerreservat. 1837 einigte man sich schließlich mit den Häuptlingen, und mehr Land wurde für die ersten Siedler freigegeben. Dieses machte sich der ehemalige Pelzhändler und Voyageur Pierre "Pig Eye's" Parrant zunutze und zog mit ein paar Freunden wenige Meilen nach Osten, um dort einen Saloon zu eröffnen. Dieser Saloon, Treffpunkt der dunkelsten Gestalten amerikanischer Pioniergeschichte, war alsbald bekannt als Pig Eye's Landing, und die Tatsache, daß von hier aus verbotenerweise Whiskey an die Indianer verkauft wurde, fand zuerst wenig Beachtung. 1841 ließ Father Lucien Galtier eine kleine Holzkirche in der Nähe des Saloons errichten und bat erfolgreich um einen Namenswechsel der kleinen Siedlung: zu Ehren des Heiligen St. Paul erhielt dieser verwegene "Outpost" selbigen Namen. St. Paul blieb ein berüchtigtes Revolvernest, entwickelte sich aber auch zu einer bescheidenen Handelsmetropole und Hafenstadt am Mississippi, wo Pelze gegen Waren aus dem Osten und Süden eingetauscht wurden. Die 1849 als Stadt anerkannte Siedlung tauchte nun auf Karten auf, erhielt den Sitz der Territoriumsverwaltung und wurde schließlich 1858 Hauptstadt des Staates Minnesota.

Zu dieser Zeit bestand Minneapolis nur aus zwei Getreidemühlen, um die sich schäbige Arbeiterhäuser gruppierten, die die Regierung immer wieder niederreißen ließ, denn bis 1885 war das Gebiet der heutigen Stadt Minneapolis zum größten Teil Indianerreservat. St. Anthony, der nördlich des Mississippi gelegene Stadtteil, war damals die einzig legale Siedlung. Außer den Getreidemühlen gab es hier aber nichts, und St. Paul als Flußhafen und politische Metropole schöpfte die Pfründe ab. Erst 1872 entschied man sich, St. Anthony mit einem kleinen Dorf südlich des Flusses zu vereinigen und diese Stadt Minneapolis zu benennen ("Minne" = Sioux-Wort für Wasser, "polis" = griech. Wort für Stadt). Mit der endgültigen Eliminierung der Reservatsgrenzen begann auch diese Stadt zu prosperieren, wobei St. Paul einen erneuten Vorsprung aufzuweisen hatte: 13 Eisenbahnlinien führten dorthin, und Holz-Barone, Banken sowie Handelsfirmen füllten mit ihren Steuerabgaben die Stadtkassen. St. Paul boomte und entwickelte sich zur Kulturmetropole des Nordwestens.

Doch die vielen Neuankömmlinge aus Europa, zuerst Deutsche, Briten und Skandinavier, später auch Polen und Südeuropäer, bevorzugten Minneapolis, bot es doch noch vielversprechende Perspektiven. St. Paul galt damals schon als zu gesetzt und die Strukturen zu eingefahren.

Zu Beginn des 20. Jahrhunderts siedelten sich dann, neben weiteren Getreidemühlen, auch Industrieunternehmen in Minneapolis an und zogen sogar einige Handelsfirmen von St. Paul ab. Dieses wurde immer mehr zur langweiligen Verwaltungsstadt, obwohl es ein weiteres düsteres Geschichtskapitel füllte. Während der 20er Jahre nämlich erwies sich der damalige Bürgermeister von St. Paul als Schlitzohr: Er gewährte den Gangsterbossen aus Chicago und dem Osten freien Einlaß, versprach ihnen, keine Strafverfolgung aufzunehmen, und erlaubte ihnen, sich hier niederzulassen. Als Gegenleistung durften diese aber auch keine dunklen Geschäfte **in** St. Paul betreiben. Damit sicherte sich die Stadt hohe Steuereinnahmen, ein buntes Kulturleben und letztendlich sogar eine außergewöhnlich niedrige Verbrechensquote. Dafür sorgten Gangster wie John Dillinger, Baby Face Nelson und all die anderen. Denn dieses Paradies mochten sie nicht in Gefahr sehen. Mit der Abschaffung der Prohibition änderte sich das aber, denn nun hatten die Gangster kein (zufriedenstellendes) Einkommen mehr und begannen ihre dunklen Geschäfte auch in St. Paul. Das führte während der 30er Jahre zu zahlreichen Verurteilungen.

Die Kriege brachten den Twin Cities wirtschaftlichen Aufschwung und weitere Industrieansiedlungen, wobei die geographische Randlage die wirtschaftliche Bedeutung in Grenzen hielt.

Während der 70er Jahre verödeten auch hier die Innenstädte, wie fast überall in Amerika. Minneapolis fand aber bald Investoren und Sponsoren, die erkannten, daß der Norden des Mittleren Westen eine richtige Metropole benötigt. Seit 1980 beginnen die Wolkenkratzer, in den Himmel zu wachsen – einer architektonisch interessanter als der andere –, wurde der internationale Flughafen ausgebaut zu einem Hub für Northwest Airlines und begannen die angeschlagenen Getreidemühlen sowie der Technologieriese Honeywell neu zu strukturieren. Viele Stadtteile wirken verwahrlost in Minneapolis, während andere den neuen Wohlstand deutlich erkennen lassen. Minneapolis befindet sich im Wandel, ist zur Boomtown der Region geworden und fährt "auf der Überholspur" – wirtschaftlich und kulturell. Einiges wird sich also in den Folgejahren hier noch tun.

St. Paul beginnt mittlerweile, auch auf diesen Zug aufzuspringen, und wie das so oft ist in Amerika, siedeln sich hier jetzt die mittleren und kleineren sowie die geographisch nicht so fest gebundenen Firmen an – der günstigeren Immobilienpreise wegen. Also auch hier tut sich etwas, wobei die Entwicklungen in St. Paul zur Zeit eher lokalen Charakter aufweisen und wenig Popularität im weiteren Umfeld finden werden. Spricht man heute außerhalb von Minnesota über die Zwillingsmetropole, heißt es nur "Minneapolis" oder höchstens "Twin Cities".

Redaktions-Tips

- **Übernachten:** in Minneapolis: **Whitney Hotel** od. **Nicollet Island Inn**; in St. Paul: **Saint Paul Hotel**
- **Essen: in Minneapolis: Black Forest Inn** (des Essens wegen), **Murray's** od. **D'Amico Cucina**; **in St. Paul: Dakota Bar & Grill**
- **Abendprogramm: in Minneapolis**: Dinner im Lagerhausdistrikt, anschließend Livemusik, Theater oder Kleinkunstkino, abschließend ins Lobby, in The Times oder in den Pacific Club auf einen Drink; Blues/Jazz/R&B: Nostalgia, The Times, Viking Bar od. Bunkers; in **St. Paul**: Dakota Bar & Grill, abschließend ein Mitternachtsimbiß in Mickey's Diner.

  Allgemein gilt fürs Abendprogramm: Minneapolis hat deutlich mehr zu bieten!
- **Bedeutendste Sehenswürdigeiten:** in Minneapolis: Fort Snelling, Institute of Arts, Mall of America, Walker Art Center und Sculpture Garden; in St. Paul: State Capitol, Häuser entlang der Summit Avenue, Twin Cities Model Railroad Club, Minnesota History Center
- **Zeiteinteilung: 2 Tage:** Verbringen Sie den **ersten Tag** in und um Minneapolis: Vormittags Innenstadt, danach alternativ: Institute of Arts oder Walker Art Center. Zum späten Nachmittag hin zur Mall of America, wo Sie evtl. auch im Planet Hollywood speisen können. Abends ein Lokal im Lagerhausdistrikt von Minneapolis. **Am zweiten Tag** fahren Sie zuerst zum Fort Snelling, danach nach St. Paul, wo Sie sich vornehmlich Zeit für das State Capitol, das Minnesota History Center und den Railroad Club nehmen sollten. Abends dann im Dakota speisen und Musik hören.

Reisepraktische Hinweise

Information

● **Minneapolis Convention and Visitors Association:** 4000 Multifoods Tower, 33 South Sixth St., Minneapolis, MN 55402, Tel.: (612) 661-4700 od. (612) 661-4742. Ein **weiteres Informationsbüro** befindet sich am Nordende der Fifth Avenue North (Stone Arch Bridge). Ganz im Stile einer aufstrebenden Metropole, können Sie sich auch (international) über **Internet** über die neuesten Dinge in Minneapolis erkundigen: http://www.designstein.com/gmcva.

● **St. Paul Convention & Visitors Bureau:** 102 Northwest Center, 55 East Fifth St., St. Paul, MN 55101, Tel.: (612) 297-6985 od. 1-800-627-6101.

● **Minnesota Office of Tourism:** 100 Metro Square, 121 7th Place East, St. Paul, MN 55101-2112, Tel.: (612) 296-5029 od. 1-800-657-3700.

● **Outdoor Recreation Information Center:** Box 40, 500 Lafayette Rd, St. Paul, MN 55155, Tel.: (612) 296-6699. Hier erfahren und erhalten Sie alles für Ihren Outdoor-Urlaub in Minnesota: Wanderwegkarten, Kanutrips, Zeltplätze, Hütten in den State Parks, Skitouren, Fahrradverleih etc. Hütten können Sie übrigens bis zu einem Jahr im voraus buchen. Falls Sie gezielt in Minnesota Urlaub machen möchten, sollten Sie dieses Büro bereits rechtzeitig von Europa aus anschreiben.

● **Info am Internationalen Airport:** Eine Infostelle befindet sich an der Gepäckausgabe #3.

● Folgende **Tageszeitungen** informieren Sie über aktuelle Veranstaltungen bzw. das Abendprogramm: "Star Tribune" (Minneapolis) und "St. Paul Pioneer Press". Weitere Veranstaltungsprogramme finden Sie im "Dispatch" und den wöchentlich erscheinenden Zeitungen "City Pages" und "Twin City Readers".

● Tickets für Veranstaltungen erhalten Sie über **Ticketmaster**: (612) 989-5151

Wichtige Telefonnummern

● Vorwahl: 612

● Allgemeine Infos zu den Twin Cities ("City Line"): 645-6060

● Zeit und Wetter: 375-0830

● Notruf/Polizei/Feuer: 911

● Ärztlicher Dienst + Infos: 863-3333

● Zahnärztlicher Dienst + Infos: 333-6532

Hinweis

Viele hier angeführte Angebote sind saisonabhängig. So z.B. fahren die Trolleys nur während der Sommermonate, Theatersaison ist eher im Winter.

Sightseeingtouren/Besichtigungen

● **Gray Line:** Das in Amerika bewährte Unternehmen bietet auch in den Twin Cities Sightseeingtouren mit Bussen. Abfahrt auch von den großen Hotels. Infos: (612) 469-5020.

● **River City Trolleys:** Trolleytouren zwischen Convention Center und Mississippi Mile Riverfront in Minneapolis, sowie Rundfahrten zu den Höhepunkten in der Innenstadt von Minneapolis. Tel.: (612) 673-5123

● **Mississippi River Cruises:** Dampfertouren auf dem Mississippi. Abfahrten jeweils um 12h00 bzw. 14h00 in Minneapolis am Anleger im Boom Island Park bzw. in St. Paul im Harriet Island Park. Auch Dinner-Cruises. Infos: (612) 227-1100.

● **Gangster Tours:** In St. Paul: Aufregende Touren zu den ehemaligen Treffpunkten der Gangsterszene der 20er und 30er Jahre: "auf den Spuren von John Dillinger und Baby Face Nelson". Infos über das Visitor Bureau.

● **Trolleytouren** zwischen den beliebtesten Sehenswürdigkeiten werden auch in St. Paul während der Sommermonate durchgeführt.

Fahrradfahren/Fahrradverleih

Minneapolis hat viele Fahrradwege, selbst in der Innenstadt. Am schönsten aber sind die Wege um die Lakes Harriet und Calhoun. Vermietung von Fahrrädern: **Bicycle Rental**: Ecke Lake St./James Ave., Tel.: 827-8231. Geöffnet: im Sommer tägl. 9h00-21h00.

Schaufelraddampfertouren auf dem Mississippi
Auch von St. Paul gehen die beliebten Schaufelraddampfertouren mit der "Delta Queen", der "Mississippi Queen" und der "American Queen" ab. Der Mississippiabschnitt zwischen St. Paul und St. Louis gilt als einer der schönsten, durchquert er doch das schöne Hiawatha Valley und werden zahlreiche Schleusen passiert. "Delta Queen Steambot Co.", Tel.: (504) 586-0631 od. 1-800-543-1949. Für weitere Infos und Buchungsadressen lesen Sie bitte im Kapitel 10.3.

Öffentliche Verkehrsmittel
● **Stadtbusse:** "Metropolitan Transit Commission" unterhält das städtische Busnetz in Minneapolis. Am MTC-Transit-Store (719 Marquette St.) und am IDS Crystal Court (Ecke Nicollet Mall/7th St.) gibt es übrigens neben Infos auch Münzen (Token), die als passendes Fahrgeld genutzt werden können. Infos: (612) 373-3333 od. 827-7733.
● **Eisenbahn:** Amtrak hat seinen Bahnhof in St. Paul, 730 Transfer Rd. Infos: (612) 644-1127 od. 800-872-7245. Kein Bahnhof in Minneapolis.
● **Überlandbusse:** Die Greyhound/Trailways-Busbahnhöfe befinden sich in:
- Minneapolis:
  29 N. 9th St., Tel.: 371-3320 (Greyhound) 400 S. 3rd St., Tel.: 332-3273 (Trailways)
- St. Paul:
  Ecke 7th/St.Peters Sts., Tel.: 222-0509 (Greyhound) 469 St. Peters St., Tel.: 222-0681 (Trailways)

Taxi
● Minneapolis:
- Town Taxi: 331-8294
- Yellow Cab: 824-4444

● St. Paul:
- Yellow Cab: 222-4433

Flughafen
Der **Minneapolis/St. Paul International Airport** befindet sich südlich der Twin Cities. Von Minneapolis fahren Sie am besten auf dem I-35W nach Süden und biegen dann auf die Route 62 nach Osten ein (ca. 10 Meilen von der Innenstadt) und folgen dann der Ausschilderung. Von St. Paul nehmen Sie aus der Innenstadt heraus den I-35E nach Süden und biegen dann nach Westen ab auf den I-494. Folgen Sie von dort der Ausschilderung (ca. 9 Meilen)
Mit dem **Taxi** kostet eine Fahrt nach St. Paul ca. 13-15 $, nach Minneapolis ca. 15-17$.
Die **MTC** unterhält auch eine Buslinie in beide Städte (Infos: (612) 373-3333.
Airportinformation: (612) 726-5555
Airlines
● Air Canada: 1-800-776-3000
● America West: 1-800-247-5692
● American: 1-800-223-5436
● Continental: 1-800-525-0280
● Delta: 1-800-221-1212
● Northwest: 1-800-441-1414
● TWA: 1-800-221-2000
● United: 1-800-241-6522
● USAir: 1-800-428-4322

Einkaufen
● Ein Muß ist die **Mall of America** in Bloomington (zwischen Cedar Avenue und 24th Avenue: I-494-Exit 24th Avenue South). Diese Mall ist mit über 400 Geschäften die größte der USA und wahrscheinlich auch der Welt. Angeschlossen ist ihr zudem ein 3 ha großer Indoor-Vergnügungspark: **Knott's Camp Snoopy**, an dem auch LEGO beteiligt ist. Um aber Mall und Park wirklich erleben zu können, müssen Sie bereit sei, Zeit zu opfern. Ein 1-2-Stundenbesuch wird sich fast ausschließlich auf Anfahrt und Einparken beschränken! Infos: (612) 883-8800.
● Ebenfalls eindrucksvoll ist das Shopping Center **Bandana Square** (St. Paul: nördl. des I-94, zw. N.Lexington Pkwy u. Snelling Ave.). Hier gibt es zwar nur einige ausgesuchte Geschäfte, dafür aber ist das Thema hier "Eisenbahn". Der Komplex ist untergebracht im ehemaligen Reparaturschuppen der Eisenbahn. Der Twin Cities Model Railroad Club ist hier auch zu finden, zusammen mit einem ausgesuchten Modelleisenbahngeschäft. Infos: (612) 642-1509.
● Im **Zentrum von Minneapolis**, das einkaufstechnisch dem von St. Paul mit Sicherheit vorzuziehen ist, befinden sich die meisten Geschäfte in der **Nicollet Mall** zwischen 5th und 12th St. Autover-

kehr ist dort verboten, doch fahren Busse durch die Fußgängerzone. Ausgefallenere Geschäfte und Boutiquen finden Sie im Kreuzungsbereich **West Lake Street/Hennepin Avenue** südwestlich des Zentrums sowie in **Dinkytown** (um die Cedar Avenue östl. des Zentrum). Beide Gebiete werden vornehmlich von jüngeren Leuten aufgesucht – entsprechend ist die Atmosphäre.

● Falls Sie zufällig auf eines der 8 Lebensmittelgeschäfte der Twin-Cities-Kette **Byerly's** treffen, sollten Sie einmal hineingehen. Byerly's ist überregional bekannt für seine exquisite Einrichtung (Wandbehänge, Kandelaber etc.). Das Hauptgeschäft befindet sich: 3777 Park Center Blvd., St. Louis Park.

Hotels und andere Unterkünfte

● in Minneapolis:

Um es vorwegzunehmen: Direkt in der Innenstadt von Minneapolis werden Sie unter der Woche kaum ein Zimmer unter 100$ bekommen. Am Wochenende können Sie hier aber evtl. ein "Schnäppchen" machen.

- **Whitney Hotel $$$$:** 150 Portland Ave., Minneapolis, MN 55401, Tel.: (612) 339-9300 od. 800-248-1879, Fax: (612) 339-1333. Eine ehemalige Getreidemühle im historischen Mississippi-Riverfront-Distrikt wurde hier zu einem kleinen, sehr schönen 100-Zimmer-Hotel umgebaut. Die architektonische Substanz ist sehenswert und bietet ein ausgefallenes Ambiente. Alle Zimmer haben Suiten-Charakter, und die Penthouse-Suiten verfügen sogar über mehrere Räume, Jacuzzis und Kamine. Leider sind diese nahezu unbezahlbar. Nicht alle Zimmer haben Blick auf den Mississippi!
- **Hyatt Regency $$$$:** 1300 Nicollet Mall, Minneapolis, MN 55403, Tel.: (612) 370-1234, Fax: (612) 370-1463. Modernes Innenstadthotel mit 550 Zimmern. Großzügig angelegt und zentral gelegen.
- **Luxeford Hotel $$$$:** 1101 LaSalle Ave., Minneapolis, MN 55403, Tel.: (612) 332-6800 od. 800-662-3232, Fax: (612) 332-8246. Luxus-Suiten nahe der Nicollet Mall. Teuer, aber durchaus sein Geld wert.
- **Park Inn International $$$-$$$$:** 1313 Nicollet Ave., Minneapolis, MN 55403, Tel.: (612) 332-0371, Fax: (612) 332-0970. Innenstadthotel, ca. 20$ günstiger als o.g. Hotels, aber dieser Preisvorteil lohnt kaum (entweder, oder!)
- **Nicollet Island Inn $$$:** 95 Merriam St., Minneapolis, MN 55401, Tel.: (612) 331-1800 od. 800-331-6528. Kleines Hotel (24 Zimmer) in ca. 100 Jahre altem Landhaus – trotzdem relativ zentral zur Stadtmitte gelegen auf der Nicollet Insel.
- **Coe Carriage House $$$:** 1700 Third Ave., Minneapolis, MN 55404, Tel.: (612) 871-4249. Schöne B&B-Unterkunft in ehemaliger Postkutschenstation. Knapp 1 Meile südlich der Innenstadt.
- **Le Blanc House $$-$$$:** 302 University Ave. NE, Minneapolis, MN 55413, Tel.: (612) 379-2570. Restauriertes viktorianisches Haus von 1896. Nördlich des Mississippi. Ca. 20 Gehminuten zur Riverfront und Innenstadt. Sehr gutes Frühstück!
- **Linné Bed & Breakfast $$:** 2645 Fremont Ave. S., Minneapolis, MN 55408, Tel.: (612) 377-4418. Kleine B&B-Unterkunft in viktorianischem Gebäude. 3 Zimmer, eine schöne Porch (Veranda) mit Schaukelstühlen, und alle Zimmer haben einen Deckenventilator. Ca. 2 Meilen zur Innenstadt.
- **Budgetel Inn $-$$:** 6415 James Circle, Brooklyn Center, MN 55430, Tel.: (612) 561-8400, Fax: (612) 560-3189. 100-Zimmer-Motel mit günstigen Preisen. 18 Meilen in die City – im Kreuzungsbereich von I-94 und I-694 sowie Shingle Peek Pkwy. Nicht weit davon befindet sich auch das ebenfalls günstige **Super 8 Motel** ($-$$, Tel.: (612) 566-8680, Fax: (612) 566-8680).
- An University Avenue SE (Blocks 2400 und aufwärts) gibt es noch eine Reihe von Mittelklasse-Franchise Hotels, die preislich zwischen $$ und $$$ liegen. Hier kann aber öfters gehandelt werden, je nach Wochentag: **Best Western University Inn** (# 2600, Tel.: (612) 379-2313), **Days Inn University** (# 2407, Tel.: (612) 623-3999), **Econo Lodge** (# 2500, Tel.: (612) 331-6000)

● in St. Paul:

- **The Saint Paul $$$$:** 350 Market St., St. Paul, MN 55102, Tel.: (612) 292-9292 od. 800-292-9292, Fax: (612) 228-9506. Das Traditionshotel der Stadt. Erbaut 1910, war es über Jahrzehnte die Anlaufstation für Politiker, Gangster, Stars oder die, die es werden wollten. Zentral gelegen zu Museen und vielen anderen Highlights von St. Paul, außerdem angeschlossen ans Skywalksystem.
- **Radisson $$$-$$$$:** 11 E. Kellogg Blvd., St. Paul, MN 55101, Tel.: (612) 292-1900 od. 800-333-3333, Fax: (612) 224-8999. Hotel der oberen Mittelklasse. 23 Stockwerke und ebenso zentral gelegen wie das Saint Paul. Versuchen Sie, ein Zimmer mit Blick auf den Fluß zu bekommen.

- **Sunwood Inn Bandana Square $$$:** 1010 Bandana Blvd., St. Paul, MN 55108, Tel.: (612) 647-1637, Fax: (612) 647-0244. Das Hotel liegt neben den ehemaligen und während der 80er Jahre zu einer Shopping Mall umgebauten Reparaturschuppen der Eisenbahn. Durch die Eingangshalle verlaufen immer noch einige alte Eisenbahnschienen.

Im Warehouse District

- **Sheraton Midway $$$:** 400 Hamline Ave. N, westl. der Innenstadt am I-94, St. Pul, MN 55104, Tel.: (612) 642-1234, Fx: (612) 642-1126. Modernes Mittelklassehotel mit geräumigen Zimmern. Verkehrsgünstig zwischen beiden Städten gelegen.
- **Days Inn Civic Center $$:** 175 W. 7th St., St. Paul, MN 55102, Tel.: (612) 292-8929 od. 800-635-4766, Fax: (612) 292-1749. Relativ zentral gelegenes Hotel mit gutem Preis-Leistungsverhältnis.

Restaurants

● in Minneapolis:

Alleine in der Innenstadt von Minneapolis gibt es 275 Restaurants, wobei im besonderen der Lagerhausdistrikt (Warehouse-District) um die 1st Avenue North für jeden etwas zu bieten hat: von Fine Dining über extravagante schicke Barrestaurants bis hin zu einfachen Pubs mit amerikanischen Standard-Hamburgern.

- **Chez Bananas:** 129 4th St., Tel.: (612) 340-0032. Eigenwillig eingerichtetes Restaurant mit karibischer und südamerikanischer Küche. Gute Salate und zahlreiche, frisch gepreßte Fruchtsäfte.
- **Black Forest Inn:** 1 E. 26th St., Tel.: (612) 872-0812. Herzhafte deutsche Küche in unkomplizierter Atmosphäre. Zu empfehlen: Kartoffelpuffer mit Apfelmus. Zahlreiche Biersorten.
- **Loring Cafe:** 1624 Harmon Place, Tel.: (612) 332-1617. Neben unzähligen, leckeren Kalorienbomben (z.B. Amaretto-Käsekuchen) gibt es aber auch herzhafte Gerichte. Gut geeignet für den mittäglichen Snack bzw. fürs Mitternachtsmahl, denn es ist lange geöffnet. Yuppie-Szene.
- **D'Amico Cucina:** Butler Square, 100 N. Sixth St., Tel.: (612) 338-1730. Italienische Küche der Spitzenklasse in exquisiter Einrichtung (Lederstühle, Marmor etc.). Das Restaurant wurde bekannt durch seine Pizza, die mit einem dünnen, krossen Teig selbst Kalorienbewußte überzeugen konnte.
- **Planet Hollywood:** Mall of America in Bloomington, Tel.: (612) 854-7827. Amerikanische, eklektische Küche inmitten von Memorabilia bekannter Leinwandstars. In der Planet-Hollywood-Kette ziehen u.a. Arnold Schwarzenegger und Sylvester Stallone die Drähte.
- **Murray's:** 26 S. 6th St., Tel.: (612) 339-0909. Vornehmes Steakrestaurant, seit 1946 in Familienbesitz. Der plüschige Speisesaal war ehemals ein Ballsaal. Reservierung empfehlenswert.
- **Nye's Polonaise Room & Chopin Room:** 112 Hennepin Ave. E. (nördl. des Mississippi), Tel.: (612) 379-2021. Polnische Küche, Pianomusik (Sing-a-long) und eine bodenständige Bar mit Polka-Livemusik bieten ein interessantes Ambiente. Anzusiedeln zwischen Fine Dining und "Kneipe-um-die-Ecke" – lassen Sie sich überraschen!
- **Tejas:** 9th St. & Nicollet Mall Ave (Lower Level), Tel.: (612) 375-0800. Südwesten- bzw. Tex-Mex-Küche. Bevorzugt werden die deftigen und/bzw. schweren Gerichte (z.B. Butterpuree mit Enchiladas, Pecan Pie) der Region angeboten. Scharfes mit Chili gibt es aber auch.
- **Goodfellows:** 800 Nicollet Mall Ave. (4th Floor des Conservatory), Tel.: (612) 332-4800. Wer glaubt, es gäbe keine gute bzw. exquisite amerikanische Küche, wird hier eines Besseren belehrt. Die Auswahl macht den Mund wässrig und reicht von gegrilltem Lachs in Honig-Senfsauce über Elchfleisch mit Avocado-Relish bis hin zu Spargel mit würziger Sauce. Bessere Kleidung erwünscht.
- **Ichiban Japanese Steak House:** 1333 Nicollet Mall, Tel.: (612) 339-0540. Japanische Gerichte am Tisch zubereitet.
- **It's Greek To Me:** 626 W. Lake St., südl. der Innenstadt, Tel.: (612) 825-9922. Kleines griechisches Restaurant-Cafe. Unkompliziert, aber ohne Zweifel die Adresse für Retsina- und Oliven-Freunde.

- **Living Room:** 256 First Ave.N., Tel.: (612) 343-0360. Pasta, Seafood und andere informelle amerikanische Gerichte. Mo-Sa Jazz- od. Blues-Livemusik.
- **Anthony's Wharf:** 201 SE Main St.unter der 3rd Ave.-Brücke, Tel.: (612) 378-7058. Fischgerichte (aber auch anderes) in historischem Gebäude am Mississippi.

● **in St. Paul:**

- **Forepaugh's:** 276 S. Exchange St., Tel.: (612) 224-5606. Beste französische Küche in alter viktorianischer Villa. 9 Räume, alle im Stil des 19. Jahrhunderts eingerichtet.
- **Toby's on the Lake:** 249 Geneva Ave. N. (am Tanners Lake), Tel.: (612) 739-1600. Englische Pubatmosphäre und auch draußen sitzen, mit Blick auf den Lake Tanner. Amerikanische Gerichte – Spezialität: Prime Ribs.
- **Tulips:** 425 Selby Ave., Tel.: (612) 221-1061. Mediterrane Küche – bereits ziemlich amerikanisch angehaucht – in junggezwungener Atmosphäre.
- **Dakota Bar & Grill:** 1021 E. Bandana, im Bandana Shopping Komplex, Tel.: (612) 642-1442. Regionale Küche, Bar und an manchen Abenden Jazzmusik. "Yuppie-Fine-Dining". Auch für den Lunch geeignet.
- **Leeann Chin:** Union Depot Place, 214 E. 4th St., Tel.: (612) 224-8814. Gute chinesische Küche – manchmal doch eine gute Abwechslung, und vor allem schont es die Reisekasse.
- **Caffe Latté Cafeteria:** 850 Grand Ave. in Summit Hill, Tel.: (612) 224-5687. Leckere Snacks und kleine Gerichte (Suppen, Sandwiches, Eintöpfe). Genau das Richtige für die Mittagspause.
- **Muffuletta in the Park:** 2260 Como Ave., Tel.: (612) 644-9116. Amerikanisch-italienische Küche im St. Anthony Park – auch draußen sitzen. Hier gilt: Auf dem Weg zwischen den Twin Cities und bei gleichzeitig gutem Wetter ist ein Stop hier lohnenswert. Für eine "Extra-Anfahrt" reicht die Qualität der Küche nicht.
- **Cecil's Deli, Bakery & Restaurant:** 651 S. Cleveland Ave., Tel.: (612) 698-0334. Super-Sandwiches, Eintopf-Gerichte, Salate und raffinierte Nachspeisen. Zwischen den Twin Cities gelegen und daher die Gelegenheit, auf dem Weg von einer Stadt zur anderen hier die Lunchpause einzulegen. Dinner bis 20h00.

Theater, Konzerte und Kinos

● Minneapolis hat pro Einwohner berechnet die zweithöchste Theaterdichte der USA (nach New York): Es gibt mittlerweile über 50 Theater. Viele sind im **West Bank Theater District** konzentriert, so z.B.: **Mixed Blood** ((612) 338-6131), **Theater in the Round House** ((612) 333-3010) und das **Southern Theater** ((612) 340-0155. Hier werden gerne moderne und experimentelle Stücke gespielt. Das bekannteste Theater aber ist das **Guthrie Theater** (725 Vineland Pl. am Walker Art Center, Tel.: (612) 377-2224). Hier wird alles geboten, von klassischen amerikanischen Komödien bis zu experimentellen Stücken. Die Theaterszene ist mittlerweile so groß und verändert sich ständig, daß ich Ihnen hier empfehle, sich aktuell in den o.g. Wochenzeitungen zu informieren.

Theater in Minneapolis

● **Konzerte** werden u.a. vom Minneapolis Symphony Chamber angeboten. Infos: (612) 339-0236.

● Auch die **Kinoszene** ist vorzeigbar. Anders, als in den meisten amerikanischen Städten, werden in Minneapolis alte Filme, Kunstfilme und experimentelle Streifen gezeigt. Zahlreiche kleine Kinos sind die Aufführungsorte. Auch hier gilt: Lesen Sie die Ankündigungen in den Wochenzeitungen. Herausheben möchte ich nur die gute Kunstfilmauswahl des **Walker Art Institute** (Tel.: (612) 375-7600 bzw. -7622) und die des **Minneapolis Institute of Arts** (Tel.: (612) 870-3131.

Sport

Das Footballteam, die "Minnesota Vikings" (Tel.: (612) 333-8828), sowie das Baseballteam, die "Minnesota Twins" (Tel.: (612) 375-1116), spielen beide im Hubert H. Humphrey Stadium und bieten bei ihren Spielen Stimmung.

Pubs/Livemusik/Nightlife

Um aktuelle Infos über die Jazz- und Bluesauftritte in den Twin Cities zu erhalten, können Sie die **Jazz-Hot-Line** anrufen: (612) 633-0329.

● **in Minneapolis:**

Zahlreiche Pubs und Livemusikclubs finden Sie zwischen 2nd Ave. N. und Hennepin Ave. (zwischen den Blocks 100 und 800), sowie in der Cedar Avenue ("Dinkytown"). Letztere Gegend ist eher etwas für Jüngere bzw. Abenteuerlustige – die Lokale sind hier einfach und meist von Studenten besucht.

- **Nostalgia:** 247 Cedar Ave. S. (Seven Corners), Tel.: (612) 330-0926. 3-geschossige Jazzbar mit Restauration. Jazz nach Ankündigung. Sonntag Jazz-Brunch.
- **Lobby:** 2nd Ave. North (zwischen 6th und 4th St.N.) im Warehousedistrict. Plüschige Sofaatmosphäre, oft bis 4h00 morgens geöffnet: Hier trifft sich die jugendliche Avantgarde.
- **Pacific Club:** 10 S. 5th St. im Lumber Exchange Bldg. (ehem. Holzbörse), Tel.: (612) 339-6100. Bereits das historische Gebäude beeindruckt. Nicht jeder wird damit einverstanden sein, daß hier heute Bars und Tanzflächen gemeinsam untergebracht sind. Abends ist es ein Platz für die Jüngeren, die sich bei Livemusik ausleben bzw. sich das Dinner-Büffet einverleiben.
- **The Times:** 1036 Nicollet Mall, Tel.: (612) 333-2762. Kleines Pubrestaurant mit tägl. Livemusik. Ein Hangout der Bürokraten und Akademiker von Minneapolis.
- **Emporium Jazz Club:** 1351 Sibley Memorial Hwy. in Mendota (südl. der Twin Cities – über den Mississippi), Tel.: (612) 452-1830. Dixie-Jazz Fr+Sa. Angeschlossen ist ein Restaurant.
- **Fine Line Music Café:** 318 1st Ave. N., Tel.: (612) 338-8100. Allabendlich Livemusik aller Stilrichtungen – dazu amerikanische Küche.
- **Viking Bar:** 1829 Riverside Ave. South, Tel.: (612) 332-4259. Alte Bar mit Atmosphäre und Bluesmusik Mi + So. Nichts für ein gemütliches Bier, dafür aber, um abseits der Trampelpfade einmal mit den Einheimischen ein Schwätzchen an der Bar zu halten.
- **Bunkers:** 761 Washington Ave. N., Tel.: (612) 338-8188. Bar und Restaurant, dessen Vorgeschichte mit Sicherheit nicht ganz ohne ist. Heute aber gibt es fast täglich guten Blues, und das Publikum ist ausgesprochen gemischt – so wie man es nur in Amerika in Pubs vorfindet.

● **in St. Paul:**

- **Blue Saloon:** 601 Western Ave., Tel.: (612) 228-9959. Offiziell heißt es: Jazz und Blues live Fr+Sa und manchmal Do+So. Aber gerade die wenig angekündigten Jam Sessions (hier treffen sich verschiedene Musiker, um unvorbereitet gemeinsam zu spielen) können so manche Überraschung bescheren. Das Lokal selbst ist aber sehr, sehr einfach – also nur für die Hartgesottenen.
- Die Bar im **Saint Paul Hotel** (350 Market St., im Rice Park, Tel.: (612) 292-9292) bietet ein gemütliches Ambiente. Hier treffen sich viele Leute nach dem Theaterbesuch.
- **Dakota Bar & Grill:** Adresse und Infos siehe Restaurants.
- **Cognac McCarthy's:** 162 N. Dale St., Tel.: (612) 224-4617. Ein typischer amerikanischer Mittelklasse-Pub. Handwerker, Banker und Handlungsreisende sind hier "regulars". Wie der Name bereits verrät, steht Cognac hier hoch im Kurs: es gibt 23 verschiedene Cognac-Sorten, und selbst einfache Gerichte werden z.T. mit Cognac "verfeinert".
- **Arnella's:** 1183 University Ave., Tel.: (612) 642-5975. Ein Geheimtip für die Twin Cities. Jazz Mo, Mi u. So. Die Atmosphäre ist etwas rauh und die Gerichte ausgesprochen deftig. Also nur für die echten Fans!
- **Champps Sports Bar:** 2431 W. 7th St. (Sibley Plaza), Tel.: (612) 698-5050. Bekannte Sportsbar. Hier kommt vor allem Stimmung auf, wenn die National Football League spielt und um die großen Bildschirme kein Platz zu finden ist. Leckere Hamburger und andere Bargerichte gibt es auch. Für ein gemütliches Abendbier ist es hier aber zu "unruhig".

Sehenswertes

Hinweis
Grundlage der hier beschriebenen Rundtour ist, daß Sie in Minneapolis übernachten. Der Aufbau in a)-c) erfolgt aus folgendem Grund: Schauen Sie sich am ersten Vormittag/Tag die Sehenswürdigkeiten im Einzugsbereich von Minneapolis-Innenstadt an. Fahren Sie dann am Nachmittag – eventuell auch am zweiten Tag – die Sehenswürdigkeiten südlich der beiden Städte ab, um schließlich Ihre Twin-City-Rundfahrt in St. Paul zu beenden.

a) Sehenswertes in Minneapolis

Die Innenstadt von Minneapolis besticht durch ihre Gegensätze: Alte Lagerhäuser und Getreidemühlen finden sich neben modernen Hochhäusern, deren architektonische Vielfalt bemerkenswert ist. Fast alle Bürogebäude sowie die Parkhäuser sind durch ein Skywalksystem miteinander verbunden. Dieses ermöglicht besonders in kalten Wintermonaten ein behagliches Umherlaufen. Auffällig in Minneapolis ist auch das gute Netz an **Fahrradwegen**. Mitten durch die Innenstadt sind markierte Strecken für die Zweiräder auf die Straßen gezeichnet.

Beginnen Sie Ihren Rundgang durch die Innenstadt im Gebiet Washington Avenue/ Whitney Hotel. Hier gibt es ausreichend Parkplätze, und nur wenige Meter entfernt, am Fuße der **Stone Arch Bridge** 3, können Sie sich im Visitor Center mit weiteren Unterlagen eindecken. Hier am **Mississippiufer** standen früher die großen Getreidemühlen, von denen nur noch wenige zu sehen sind und eine z.B. heute zum Whitney Hotel umgebaut ist.

Gehen Sie nun über die 650 m lange, 1882 erbaute Stone Arch Bridge (nur Fußgänger), von der aus Sie einen guten Ausblick auf die **Falls of St. Anthony** und die **Mississippi-Schleusen** 1 + 2 haben.

Nachdem Sie die Brücke überquert haben und auf der gegenüberliegenden Seite etwa 500 Meter nach links (Westen) gelaufen sind, kommen Sie zum **St. Anthony Wharf Main Street District** 3. Hier wurden einige alte Lagerhäuser umgebaut zu einem kleinen Restaurantdistrikt, in dem Sie auch das

Museum of Quack Medical Devices finden. Hier werden unterschiedlichste "Wunderheilmethoden" vorgestellt, so z.B. eine Maschine, die **gleichzeitig** amputierte Finger heilt und annäht sowie unbeliebte Insekten im Umkreis von 70 Meilen töten kann. Das urige Museum ist im Sommer täglich von 10h00 - 17h00 geöffnet. Für weitere Infos: (612) 379-4046.

Gehen Sie nun weiter entlang der Main Street bis zur Hennepin Avenue und biegen Sie nach links ab zurück in Richtung Innenstadt. Die Brücke führt über die Nicollet Island, auf der ein Restaurant zu einem Imbiss einlädt.

Zurück in der Innenstadt gelangen Sie zum Lagerhausdistrikt (**Warehousedistrict**), der sich zwischen 1st und 6th Street, sowie 1st und 3rd Avenue erstreckt. Hier ist man bemüht, alte La-

Foshay Tower

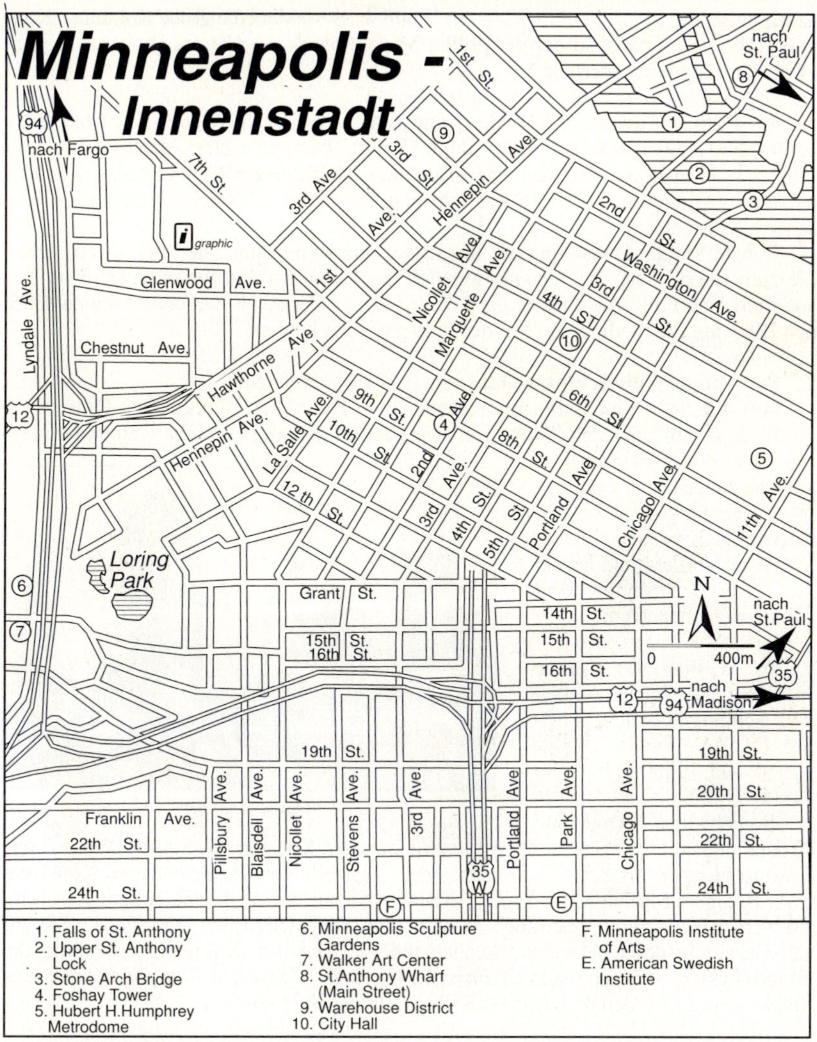

gerhäuser und Getreidemühlen umzubauen in Restaurants, Boutiquen und ausgefallene Cafés. Mit diesem Umbau wurde 1992 begonnen, und er wird wahrscheinlich 1998 fertiggestellt sein. Bereits heute lohnt das "Aufspüren" ausgefallener Lokalitäten.

Gehen Sie nun in Richtung der modernen Innenstadt. Benutzen Sie zwischendurch auch einmal einen der Skywalks. Sie kreuzen u.a. die **Nicollet Mall**, die Fußgänger- und Einkaufszone von Minneapolis. Zahlreiche Geschäfte bieten sich hier an und versprechen nach Durchquerung eine ausgedünnte Reisekasse.

■ **City Hall** 10, Ecke 5th St./3rd Ave. S., Touren Mo-Fr nach Anmeldung ((612) 673-2491). Das 1891 erbaute Rathaus paßt so gar nicht mehr in die moderne Hochhausarchitektur, lohnt aber einen kurzen Einblick. Besonders die große Rotunda- (Kuppel) Halle beeindruckt, in der der größte Marmorblock aus Carrara (Italien) in Form einer Statue zu bewundern ist.

■ **Foshay Tower** 4, 821 Marquette Ave., Aussichtsdeck geöffnet: Do 12h00-22h00, Fr 12h00-18h00, Sa 9h00-16h00. Der 1929 fertiggestellte Art-Deco-Wolkenkratzer (134 m hoch) war das erste Hochhaus in Minneapolis und lange Zeit das einzige in Minnesota. Von der Aussichtsplattform im 31. Stockwerk haben Sie eine schöne Aussicht.

Sobald Sie die Erkundung der Innenstadt von Minneapolis beendet haben, gehen Sie zum Loring Park, der sich südwestlich der Hennepin Avenue befindet. Von hier aus führt eine Fußgängerbrücke über den I-94, von der aus Sie nochmals einen schönen Blick auf die Skyline von Minneapolis genießen können.

■ **Minneapolis Sculpture Garden** 6, Vineland Square

Auf 4 ha haben internationale Künstler (u.a. Henry Moore und Claes Oldenburg) 40 der unterschiedlichsten Skulpturen ausgestellt, die durch ihre kreativen und einzigartigen Formen beeindrucken und die fantastische Fotomotive bieten. So können Sie z.B. eine riesige Kirsche auf einem Löffel als Vordergrund für ein Foto von der Skyline von Minneapolis benutzen.

"Guten Appetit"

■ **Walker Art Center** 7, Vineland Square, neben dem Sculpture Garden, geöffnet Di, Mi, Fr+Sa 10h00-17h00, Do 10h00-20h00, So 11h00-17h00.

Sowohl die permanente Ausstellung mit Werken moderner amerikanischer Künstler, wie Andy Warhol und Edward Hopper, als auch die wechselnden Ausstellungen machen dieses Kunstzentrum zu einem Muß in Minneapolis. Beachten Sie auch die Filmankündigungen. Häufig werden Kunstfilme, aber auch moderne experimentelle Filme gezeigt, die Sie aus Europa nur in der Übersetzung kennen mögen. Und der Originalton ist häufig um einiges besser. Angeschlossen ist auch das **Guthrie Theater**, in dem nicht selten gute Stücke gezeigt werden und das von Kritikern hochgelobt wird.

Zurück zu Ihrem Fahrzeug sollten Sie nun wegen der Entfernung mit einem Taxi fahren (zu Fuß ca. 45 Minuten).

Weitere Sehenswürdigkeiten in Minneapolis und St. Paul

- **In Minneapolis:**
- **Hubert H. Humphrey Metrodome:** 900 S. 5th St., Touren Mo-S 11h00-13h00, Reservierungen: (612) 333-8687. Riesige Sportarena, in der Football und Baseball gespielt wird.
- **Minnesota Zoo:** 13000 Zoo Blvd. (am Hwy.77), südlich der Stadt, geöffnet: täglich 9h00-16h00. Größter Zoo Minnesotas.

- **Bell Museum of Natural History:** Ecke University Ave. SE/17th St., geöffnet: Di-Fr 9h00-17h00, Sa 10h00-17h00, So 12h00-17h00. Naturkundliches Museum mit einer Ausstellung über das Tierleben in der Region und vielen "Hands-on"-Stationen
- **Minnesota Grain Exchange:** 400 S. 4th St. S., Touren Di-Do, Reservierung: (612) 338-6212. Eine der größten Getreidebörsen der Welt. Von einem Balkon aus können Sie beim Handeln zuschauen.

● **In St. Paul:**

- **Childrens Museum of Minnesota:** 10 W. 7th St., geöffnet: Di-So 9h00-17h00. Neues Museum, welches besonders Kindern bis 12 Jahren gefallen wird.
- **Schubert Club's Historical Instrument Museum:** Raum 301 im Landmark Center, 75 W. 5th St., geöffnet: Mo-Fr 11h00-15h00. Ausgestellt sind historische Musikinstrumente, zumeist Klaviere.

● **In Eden Prairie:**

- **Planes of Fame Air Museum:** Flying Cloud Airport, 14771 Pioneer Trail, geöffnet (Touren): Sa+So 11h30 und 14h00. Infos: (612) 941-2633. 25 Flugzeuge aus dem 2. Weltkrieg können hier besichtigt werden.

b) Sehenswertes südlich der Twin Cities

Für die Erkundung der folgenden Sehenswürdigkeiten benötigen Sie Ihr Fahrzeug.

■ **Minneapolis Institute of Arts** F , 2400 3rd Ave., geöffnet: Di-Sa 10h00-17h00, Do - 21h00, So 12h00-17h00. Riesiges Kunstmuseum mit 80.000 Ausstellungsstücken, die von einer alten ägyptischen Mumie über Werke aus dem Mittelalter bis hin zu modernen Skulpturen reichen. Überlegen Sie sich also vorher, welcher Abteilung Sie den Vorzug geben, alles ist nicht zu bewältigen. Ein Muß ist Rembrandt's "Lucretia" von 1666 und die einmalige Fotoausstellung mit fast 10.000 Bildern. Bekannte Fotografen, wie z.B. Ansel Adams, sind hier vertreten. Beachten Sie auch hier die Ankündigungen von Kunstfilmen und Vorträgen.

■ **American-Swedish Institute** E , 2600 Park Ave., geöffnet: Di, Do-Sa 12h00-16h00, Mi 12h00-20h00, So 13h00-17h00. Die auffällige Villa wurde um die Jahrhundertwende erbaut im Stile eines mediterranen Schlosses. Besonders eindrucksvoll sind die Holzarbeiten im Inneren, mit denen 18 Schnitzer über 2 Jahre beschäftigt waren und dabei z.T. exotische Hölzer verwandt haben. Ebenfalls sehenswert sind die schwedischen Antiquitäten, die Porzellan- und Glassammlung und die verschiedenen Kachelöfen. Das Haus dient auch als schwedisches Kulturzentrum mit Bücherei und Filmvorführungen.

■ **Lake Calhoun und Lake Harriet** G. Die Seen liegen südlich von Minneapolis in einer vornehmen Wohngegend. Besonders schön ist es, bei gutem Wetter hier spazieren zu gehen bzw. mit dem Fahrrad herumzufahren. Der nördliche Lake Calhoun bietet mehr Parks, während der südliche Lake Harriet durch schönere Villen besticht.

Am Nordufer des Lake Harriet gibt es eine Konzertmuschel, in der an Sommerwochenenden öfters klassische Musik gespielt wird. In dem Gebiet westlich des Lake Harriet finden Sie kleine Geschäfte und Restaurants. Zwischen beiden Seen verkehrt im Sommer eine historische Straßenbahn, die **Como-Harriet Streetcar Line** (Infos: (612) 291-7588), deren Wagen 100 Jahre alt sind. Um die Jahrhundertwende war die Straßenbahn das Hauptverkehrsmittel in den Twin Cities, und zu dieser Zeit verkehrten hier 1.000 Bahnen auf 523 Meilen Schienensträngen. Am Depot erinnert eine kleine Ausstellung an die alten Bahnen.

■ **Mall of America** D, südlich des Flughafens und des I-494, geöffnet: Mo-Sa 10h00-21h30, So 11h00-19h00. Mit mehr als 400 Geschäften ist diese Einkaufsmall die größte in Amerika und bildet für sich einen eigenen Stadtteil. Hotels, riesige Parkplatzflächen und mehrspurige Highways umringen den im Quadrat angelegten Komplex. In der Mall gibt es einen mehrere Hektar großen Vergnügungspark – Camp Snoopy – mit Karussells, Riesenrad und Wasserspielen –, alles überdacht natürlich. Bei der Gestaltung haben Fachleute der dänischen LEGO-Firma mitgewirkt. In der Mall gibt es zudem Restaurants, u.a. ein "Planet Hollywood". Von den großen Hotels in den Twin Cities wird ein regelmäßiger Shuttle-Bus-Service angeboten. Die Mall ist einzigartig, nicht alleine, um in Kaufrausch zu geraten – das Angebot ist ähnlich dem kleinerer Malls –, aber um sich einmal dem Gigantismus hinzugeben und zuzusehen, wie Amerika zum Einkaufen animiert wird.

■ **Minnesota Valley National Wildlife Refuge** C. Das Visitor Center befindet sich in der 3815 E. 80th St. am Airport Strip (südlich des I-494) nahe dem Mississippi, also nicht weit entfernt von der Mall (Ausschilderung am Highway). Auf mehreren Abschnitten des Mississippilaufes zwischen St. Paul und Jordan wurden Naturschutzgebiete angelegt, die Sie mit dem Auto erreichen können. Hier können Sie die Fauna und Flora studieren. Fahren Sie zuerst zum Visitor Center, wo ein kleines Museum und ein Film Infos bieten und Sie eine Karte erhalten. Im Buchladen des Visitor Center können Sie gute Bücher über das Habitat Mississippi erstehen. Das Gebiet lädt auch zum Picknicken ein.

■ **Fort Snelling** A, Kreuzung Hwy. 5/Post Rd, geöffnet Mai-Oktober Mo-Sa 10h00-17h00, So 12h00-17h00. Fort Snelling (erb.1819) war zu Beginn des 19. Jahrhunderts die letzte Bastion der Weißen, und von hier gingen zahlreiche Expeditionen und Feldzüge gegen die Indianer aus. Hoch gelegen auf einer Klippe über dem Zusammenfluß von Mississippi und Minnesota, war dieses massive Steinfort zu keiner Zeit gefährdet. Die Fortanlage ist im Zustand von 1827 wieder aufgebaut worden und kann besichtigt werden. Nachmittags und an Wochenenden mehrmals täglich führen in alte Uniformen gekleidete Studenten Exerzier- und Schießübungen mit Musketen vor. Für Erläuterungen stehen zudem überall Führer bereit. Sehr informativ ist auch das Museum, in dem u.a. ein Film über die Geschichte des Forts und der Eroberung des Westens gezeigt wird.

Fort Snelling: Aufspielen im Namen der Geschichte

■ **Minnehaha Falls** I, 2 Meilen nördlich des Fort Snelling nahe dem Hwy. 5. Die Fälle – eher Stromschnellen – liegen im gleichnamigen Park und können von einer Brücke (die Sie eigentlich nicht betreten dürfen ...) aus betrachtet werden. Von hier bietet sich ein schönes Fotomotiv: Mississippital mit der Skyline von Minneapolis. Das schöne aber ist das Tal selbst, durch das Sie Spaziergänge machen können bzw. von dem aus Sie entlang dem **Minnehaha Parkway** auf 15 Meilen mit dem Fahrrad oder joggenderweise bis zum Lake Harriet gelangen können

(Fahrradverleih am Lake Calhoun, siehe Reisepraktische Tips). Im Minnehaha Park sind ein paar historische Häuser wiederaufgebaut.

c) Sehenswertes in St. Paul

Hinweis
Wie bereits oben angeführt, geht die folgende Auflistung von einer Rundfahrt durch beide Städte aus. Daher beginne ich hier mit dem Südwesten von St. Paul, dort wo ich oben mit den Minnehaha Falls geendet habe, und nicht mit der Innenstadt.

Fahren Sie von den Minnehaha Falls auf den Ford Parkway und überqueren Sie den Mississippi. Nehmen Sie nach etwa einer halben Meile die Cleveland Avenue nach Norden. Diese wiederum kreuzt nach ca. 1 ½ Meilen die **Summit Avenue**, in die Sie nach rechts, Richtung Stadtmitte einbiegen. Die Summit Avenue kann wohl als die schönste Straße in St. Paul angesehen werden. Große und kleine Villen, vorwiegend aus dem 19. Jahrhundert, säumen die baumbestandene Straße und ihre Nebenstraßen. Das Haus Nummer 1006 ist die **Governor's Mansion**, die nicht zu besichtigen ist. Zwei Häuser sind in diesem Stadtteil aber zu besichtigen:

- **James J. Hill Mansion** J : 240 Summit Avenue, geöffnet: Mi-Sa 10h00-15h30. Die Villa gehörte einst dem Gründer und Besitzer der Northern Railroad Company. Schöne Holzschnitzereien, Bleiglasfenster und aufwendige Kachelöfen sind zu bewundern. In einer kleinen Kunstgalerie sind zudem Wanderausstellungen zu sehen.

- **Alexander Ramsey House** 7 : 265 S. Exchange St., geöffnet: zu verschiedenen Zeiten zwischen April und Dezember. Infos: (612) 296-8760. 1872 erbautes Haus im französischen Empire-Stil. Alexander Ramsey war Gouverneur von Minnesota, Senator und Kriegsminister. Zuerst wird ein kurzer Film gezeigt, der Ramsey's Leben schildert, danach führen Sie in historische Kostüme gekleidete Damen durch das Haus, in dem Kandelaber, Marmorkamine, schöne Holzvertäfelungen und ausgesuchte Antiquitäten auf Sie warten.

Am Ende der Summit Avenue passieren Sie die monumentale **Cathedral of St. Paul** 10, die von außen Ähnlichkeiten aufweist mit Bauwerken in Europa, vor allem dem Petersdom in Rom. Die Kathedrale wurde zwischen 1906 und 1915 erbaut und bietet bis zu 3.000 Sitzplätze. Sehenswert sind aber nur die großen Bleiglasfenster. Vom Eingangsportal haben Sie einen schönen Rundblick über die Innenstadt von St. Paul und auf das Capitol.

St. Paul's Cathedral

Die Innenstadt von St. Paul

■ **Minnesota History Center** 11, 345 Kellog Blvd.W., geöffnet: Di-Sa 10h00-17h00, Do - 21h00, So 12h00-17h00. Äußerst interessant gestaltetes historisches Museum. In der Abteilung A-Z werden Memorabilia bekannter Menschen aus Minnesota gezeigt, zu denen auch der Pop-Star Prince gehört. Ebenso aufschlußreich ist die allgemeine Ausstellung, die vom

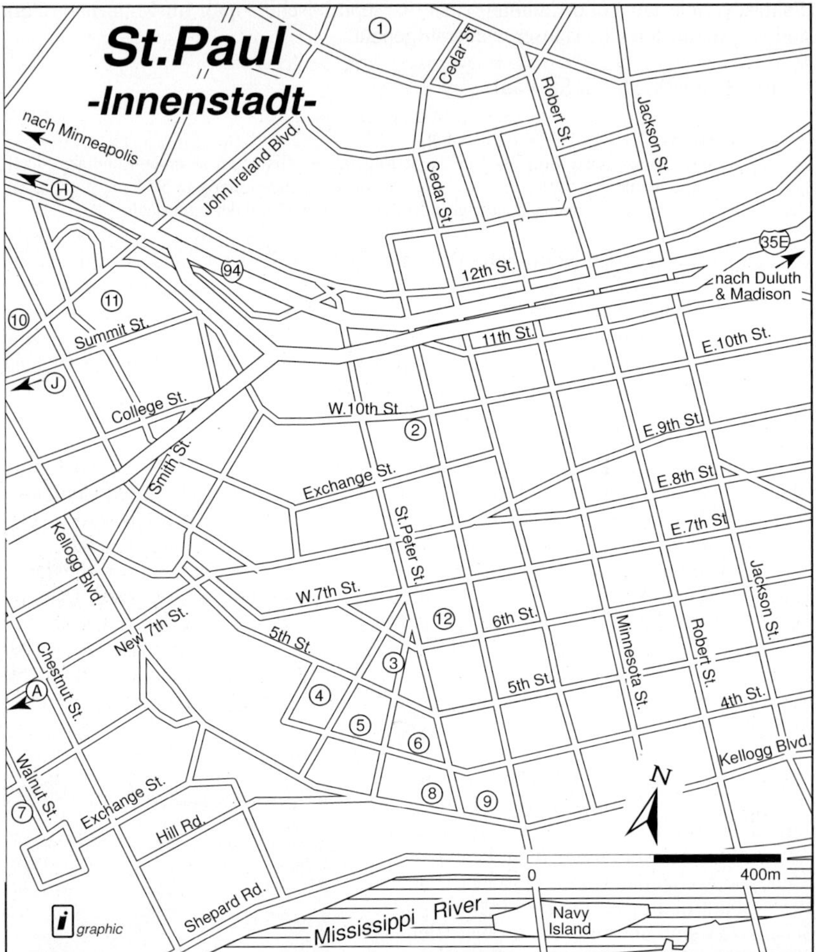

1. Minnesota State Capitol
2. Science Museum of Minnesota
3. Landmark Center
4. Ordway Music Theater
5. Rice Park
6. Saint Paul Hotel
7. Alexander Ramsay House
8. Minnesota Museum of Art
9. City Hall & Ramsay Country Courthouse
10. Cathedral of Saint Paul
11. Minnesota History Center
12. Children's Museum

A. zum Ft. Snelling
H. zum Bandana Square
J. zum James J.Hill Mansion

Farmleben des letzten Jahrhunderts bis hin zu modernster Technologie alles anspricht. Und wer Vorfahren in Minnesota vermutet, kann im angeschlossenen Research Center am Computer nach ihnen forschen.

Direkt am **Rice Park** 5 , einem für die Mittagspause beliebten kleinen Stadtpark im Zentrum von St. Paul, befindet sich das 1902 fertiggestellte **Landmark Center** 3 , ein Gebäude im romanischen Renaissance-Stil. Das 6-geschossige Atrium ist sehenswert, und es lohnt sich auch, einmal zu schauen, was im **Minnesota Museum of**

American Art im 2nd Floor gerade ausgestellt ist bzw. die Musikinstrumente im hier beheimateten kleinen **Schubert Club Musical Instrument Museum** zu bewundern, zu denen auch ein von Franz Liszt signiertes Piano gehört.

■ **Minnesota Museum of American Art** 8 , Ecke St. Peter St./Kellog Blvd., geöffnet: Di-Sa 11h00-16h00, Do -19h30, So 13h00-15h00. Gehört zu dem oben genannten Ableger im Landmark Center. Im Gegensatz zur o.g. Abteilung werden hier vorwiegend amerikanische Kunstwerke gezeigt, die nicht der Western Art angehören.

Auch die Innenstadt von St. Paul ist durch ein aufwendiges Skywalk-System verbunden, durch das den kalten Wintertemperaturen getrotzt werden kann. Ansonsten aber ist sie nicht vergleichbar mit der aufwendigen Architektur von Minneapolis und dessen lebendiger Atmosphäre. Laufen Sie die Wabasha Street einmal bis zum Südende entlang und schauen Sie von dort hinunter auf den Mississippi.

Sollte es jetzt Lunchzeit sein bzw. sollte Ihr Magen "Bedarf anmelden", müssen Sie unbedingt in **Mickey'y Diner** (Ecke 7th St./St. Peters Ave.) einen "Mulligan Stew" probieren. Die Atmosphäre in diesem 1939 eröffneten Snack-Restaurant ist zudem unbeschreiblich ... Übrigens ist der Diner 24 Stunden geöffnet!

Rice Park und Landmark Center

Einen Block östlich von hier befindet sich das neue **Children's Museum** 12, welches Eltern mit Kindern eine willkommene Abwechslung bietet (siehe Kasten S. 659).

■ **Science Museum of Minnesota** 2 : 30 E. 10th St., geöffnet: Mo-Fr 9h30-21h00, Sa 9h00-21h00, So 10h00-21h00. Aufwendig gestaltetes naturkundliches Museum, dessen Hauptattraktion das OMNIMAX-Theater mit 3-D-Filmen ist. Außerdem sind die archäologische-, die Dinosaurier- und die Computerabteilungen interessant. In letzterer können Sie sich nochmals die Geschichte und Handhabung eines Computers vorführen lassen bzw. sich selbst einarbeiten.

■ **State Capitol** 1 , Ecke Cedar/Aurora/State Sts., geöffnet: Mo-Fr 9h00-16h00, Sa 10h00-15h00, So 13h00-15h00. 45-minütige Touren. Das für amerikanische Bundeshauptstädte typische Regierungsgebäude ist mit seiner 67 m hohen Kuppel bereits von weitem sichtbar. Es wurde von dem berühmten Architekten Gilbert Cass entworfen, und für den Bau benötigte man 9 Jahre (1896-1905). Der Dome gilt als der größte selbsttragende Kuppelbau der Welt, und für die Konstruktion des Gebäudes wurden 25 verschiedene Steinarten verwandt, u.a. auch unterschiedlichste Marmorschattierungen. Die Innenräume, von denen die Rotunda der eindrucksvollste ist, sind mit heroischen Gemälden aus der Geschichte des Staates Minnesota verziert.

Fahren Sie nun auf dem I-94 wieder nach Westen. Am Exit Lexington Boulevard biegen Sie nach Norden ab und folgen diesem bis zum Emery Park Drive, auf dem Sie nach links (Westen) einbiegen. Nach einem kurzen Stück kommen Sie zum **Bandana**

Square H, einem ehemaligen Lokschuppen, der heute zu einer kleinen Shopping Mall umfunktioniert worden ist. Im Obergeschoß dieser Mall ist der **Twin Cities Model Railroad Club** untergebracht (geöffnet: Mo-Fr 10h00-20h00, Sa 10h00-20h00, So 12h00-17h00). Eine große Modelleisenbahn, z.T. mit Szenerien aus den Twin Cities, mag so manches Herz höher schlagen lassen. Im Untergeschoß befindet sich zudem für ausgesprochene Eisenbahnenthusiasten ein kleiner Laden, in dem Sie Memorabilia aus der Geschichte der amerikanischen Eisenbahn erstehen können.

Railroad Club

In der Mall befindet sich übrigens auch das empfohlene "Dakota Restaurant" mit Live-Jazz am Abend. Vielleicht verspüren Sie ja bereits Hunger ...

Fahren Sie von hier aus zurück zu Ihrem Hotel.

Von den Twin Cities nach Duluth

Der einfachste und schnellste Weg nach Duluth führt über den I-35. Sie benötigen für diese Strecke etwa 2 Stunden.

Der Umweg über Little Falls und Brainerd wäre eine sinnvolle Alternative für diejenigen, die sich zum einen das **Charles Lindbergh Center** ansehen bzw. von Süden aus die bezaubernde Seenlandschaft von Minnesota bereisen möchten. Zu diesem landschaftlich schönen Gebiet und zu den Outdoor-Möglichkeiten hier sowie zu Duluth lesen Sie bitte in Kapitel 9.4.

Hinweis

Zur Holzfällerstadt **Brainerd** finden Sie in diesem Buch keine nähere Beschreibung, da ich Orte wie Bemidji, Grand Rapids oder weiter im Norden Ely und das Gebiet um den Voyageur Nationalpark für geeignetere Ausgangsbasen halte. Sollten Sie aber trotzdem beabsichtigen, in Brainerd zu übernachten, stehen Ihnen hier ausreichend Motels und Resorts zur Verfügung, und die nachempfundene Holzfällersiedlung **Lumbertown** 12 Meilen außerhalb der Stadt an der CO 77 (nur im Sommer) bietet Einblick in die für die Region wirtschaftlich wichtige Periode des Holzeinschlages.

Little Falls

Das **Charles Lindbergh Interpretive Center** befindet sich 1 ½ Meile südwestlich von Little Falls im gleichnamigen State Park und ist von Mai bis Oktober täglich 10h00-17h00 geöffnet (Rest des Jahres: nur an Wochenenden).

Im Museum des Interpretations Center selbst wird ein Film über das Leben der Lindberghs – Charles Lindberghs Vater war ein bekannter Politiker – gezeigt, der sich auch mit dem ersten Transatlantikflug von Charles beschäftigt. Zu besichtigen sind dann ein Nachbau des legendären Flugzeugs, der "Spirit of St. Louis", sowie das ehemalige Wohnhaus der Lindberghs.

Im State Park laden Trails zu Spaziergängen ein. Es gibt auch einen Campingplatz.

INFO

Kurzinfo zu Charles Lindbergh

Glückwünsche für Lindbergh

In Little Falls verbrachte Charles August Lindbergh (geb. 4. Febr. 1902 in Detroit, gest. 26. August 1974 auf Hawaii) seine Jugendjahre. Wir erinnern uns, Lindbergh, ein Postflieger, überquerte als erster Pilot den Nordatlantik zwischen New York und Paris (20./21.5. 1927). Für den Flug mit seiner "Spirit of St. Louis" benötigte er 33,5 Stunden, und seine Ausrüstung bestand nur aus einem Kompaß und einer ziemlich ungenauen Karte. Mit dieser Pionierleistung wurde Lindbergh in den USA zum Nationalhelden.

Als 1932 sein 20 Monate alter Sohn entführt und ermordet wurde, verursachte dieses großes Aufsehen und veränderte im Nachhinein die Gesetze in bezug auf Kinder-Kidnapping. Noch einmal machte Lindbergh von sich reden, als er 1941 als Offizier zurücktrat aus Protest gegen Amerikas Beteiligung am 2. Weltkrieg.

Information

Chamber of Commerce: 200 NW First Ave., Little Falls, MN 56345, Tel.: (612) 632-5155.

Unterkünfte

- **Pine Edge $-$$:** 308 1st St. SE, Little Falls, MN 56345, Tel.: (612) 632-6681. Motel am Mississippi. Das **Coach House Restaurant** im Hotel bietet amerikanische Küche und eine Bar.
- **Clifwood Motel $:** 1201 N Cty. Rd. 76, Little Falls, MN 56345, Tel.: (612) 632-5488. Unscheinbares 18-Zimmer-Motel.

North Dakota-Telegramm

Abkürzung	ND
Beinamen	Sioux State, Flickertail State, Peace Garden State
Namensherleitung	Die Dakotas waren einer der größten Stämme der Sioux und lebten in den Prärien der heutigen Dakota-Staaten
Motto	"Freiheit und Union, nun und für immer, eins und unzertrennlich"
Staat seit	2. November, 1889 (39. Staat, zusammen mit South Dakota)
Höchster Berg	White Butte (1068 m)
Staatsblume	Wilde Prärierose
Fläche	183.119 qkm
Einwohner	640.000 E., davon 24.000 Indianer
Einwohnerdichte	3,5 E/qkm
Hauptstadt	Bismarck (50.000 E.)
Weitere Städte	Fargo (75.000 E.), Grand Forks (50.000 E.)
Wichtigste Wirtschaftszweige	Landwirtschaft steht an erster Stelle, vorwiegend Getreideanbau. North Dakato steht an erster Stelle in den USA mit seiner Gersten- und Roggenerzeugung, beim Weizen an 2. Stelle. Oft muß künstlich bewässert werden; es gibt auch Rinderhaltung; Bergbau: Erdöl- und gas, sowie Braunkohle; Industrie: unbedeutend und beschränkt sich vornehmlich auf die Herstellung und Reparatur landwirtschaftlicher Nutzfahrzeuge- und geräte. In den letzten Jahren wird aber vermehrt von außerhalb hier investiert.
Touristisches Potential	Erholungsgebiete entlang des Flußlaufes des Missouri; die Prärielandschaft, am besten zu erkunden im Theodore Roosevelt Nat. Park; Indianergeschichte; Forts aus dem 19. Jahrhundert; Cowboyleben.
Touristische Information	North Dakota Tourism Promotion: Liberty Memorial Bldg., 604 E. Blvd., Bismarck, ND 58505, Tel.: 800-435-5663
	North Dakota Parks and Recreation Department: 1835 Bismarck Expressway, Bismarck, ND 58504, Tel.: (701) 328-5357

12. SEHENSWERTES IN NORTH DAKOTA UND IM NORDEN VON MONTANA

Highlights

- Das Erlebnis der **Weite** der unendlichen Getreidefelder und Graslandschaften in North Dakota und Montana
- Die Geschichte der Indianerkriege im **Abraham Lincoln State Park** nachvollziehen
- Wandern oder Reiten im **Th. Roosevelt Nationalpark**
- Naturerlebnis **Glacier Nationalpark**

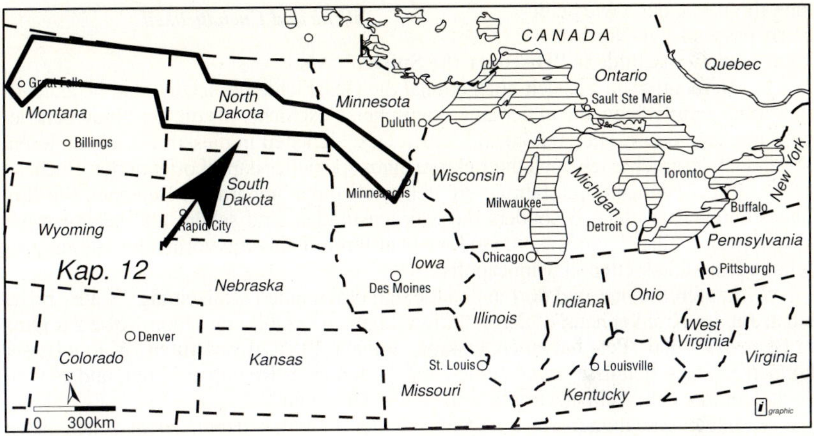

12.1 ÜBERBLICK

Das Reisegebiet, das in den nun folgenden 2 Kapiteln beschrieben ist, unterscheidet sich in vielen Punkten von den vorher angesprochenen. Hier gelten andere Maßstäbe als im Osten:

◆ die faszinierende **Weite der Graslandschaft** und **Getreidefelder** ist beeindruckend, erfordert aber auch lange Fahrzeiten zwischen den einzelnen Zielen. Diese Landschaft gilt es zu erleben, zu sehen und zu Fuß bzw. auf dem Rücken eines Pferdes zu erkunden. Sollten Sie Wert auf Kanutouren, schattige Wälder und Seenlandschaften legen, sind Nord-Minnesota, Michigan's Upper Peninsula und Ontario diesem Reisegebiet vorzuziehen,

◆ die Geschichte der **Pioniere** und vor allem der **Indianer**, die sich hier zwischen 1862 und 1885 die letzten Gefechte mit den vordringenden Weißen lieferten, deren blutiger Schlußstrich aber erst mit dem "Massaker am Wounded Knee" (siehe Kap. 13) gezogen wurde, gilt es zu erkunden,

◆ die **Höhepunkte** bestehen seltener aus Museen als vielmehr aus Landschaft und Naturerlebnis sowie Ihrer Phantasie und dem Vermögen, dieses genießen zu könnnen. Dieses gilt vor allem auch für die Nationalparks.

Weite und Unendlichkeit

◆ Das **Abendprogramm** wird geprägt durch Countrymusik und Westernbars. Fine Dining, ausgefallene Kulturprogramme bzw. Bluesclubs lassen Sie ab Minneapolis hinter sich. **Provinzialität** ist angesagt.

Dieses alles zu genießen, erfordert also eine gewisse Offenheit, eine Liebe zur Natur und vor allem eine Vorbereitung Ihrerseits, denn wie heißt es so passend auf North Dakotas Nummernschildern: **"Discover the Spirits"**. Also:

◆ Verdeutlichen Sie sich noch einmal die Geschichte der letzten und bedeutendsten Indianeraufstände, die in der amerikanischen Geschichte als die der "Indianerkriege" eingegangen ist. Hierzu können Sie den Geschichtsteil in diesem Reisebuch lesen, aber zudem empfehle ich auch die Lektüre eines spezieller darauf orientierten Buches,

◆ für die langen Autofahrten empfehle ich Ihnen außerdem: Beginnen Sie Ihre Tagestouren früh, denn besonders die Morgenstunden sind schön, und besorgen Sie sich, soweit natürlich ein Kassettenrekorder in Ihrem Fahrzeug vorhanden ist, ein paar schöne Klassikkassetten in Minneapolis,

◆ kaufen Sie hier und dort in den kleinen Orten eine Lokalzeitung: "Cathy bietet einen Job im Krankenhaus", "der 8-jährige Jonathan erzählt von seiner Reise zur Oma in Bismarck" und "Pete hat einen Traktor, Baujahr 1965 zu verkaufen". Kaum besser können Sie Geschehnisse sowie Höhen und Tiefen einer Region erfahren, und es wird auch deutlich, daß Weltkatastrophen nicht alles sind, und

◆ haben Sie immer etwas für ein kleines Picknick dabei. Nicht selten laden schöne Rastplätze zum Lunchstop ein.

Die Landschaft ist auf seiten von Minnesota noch stark geprägt von Milchviehwirtschaft. Vor Fargo dann erreichen Sie eine weite Ebene, die die kleine Skyline dieser Stadt bereits weithin sichtbar werden läßt. Um Fargo herum, entlang des Red River, liegt die "Kornkammer des Nordwestens", auch "Nile of the North" bzw. "America's Breadbasket" genannt, und hier haben sich die berühmten Großfarmen, die **Bonanzas**, entwickelt.

Von Fargo aus nach Westen steigt das Land unmerklich an:

Höhen über NN der Orte entlang der Kapitelstrecke			
	St. Paul: 260 m		
In den "Drift Prairies" zwischen Red River und Missouri:	Fargo: 270 m	Jamestown: 423 m	Bismarck: 504 m
In den Badlands:	Medora: 680 m		
In der Kamm- und Beckenlandschaft Nord-Montanas:	Wolf Point: 670 m	Glasgow: 1.071 m	Malta: 680 m
	Havre: 750 m	Great Falls: 1.000 m	

North Dakota, die Kornkammer Amerikas, verdankt seinen bescheidenen Reichtum auch großen Braunkohlen- und Erdöllagerstätten. Die ersten Siedlerströme übrigens kamen aus Norwegen und der Ukraine. Die Ukrainer ihrerseits waren Nachfahren der um 1808 aus dem damals deutschen Elsaß ausgewanderten Bauern, die vor Napoleon nach Osten geflüchtet sind. Als nun der Zar diese Aussiedler 1880 russifizieren wollte, flohen sie erneut und gründeten Siedlungen in North Dakota, wie z.B. Strasburg und Bottineau.

Der Missouri teilt North Dakota in die östlichen **Prairie Drifts** und die westlichen **Badlands**. Letztere verdanken ihren Namen französischen Pionieren, die diesem Landstrich scheinbar wenig abgewinnen konnten und die Bezeichnung der Indianer für dieses Land, "Mako Shika" (= schlechtes Land) aufgriffen. Besonders entlang des Missouri haben Sie nun mehrere Gelegenheiten, alte Forts und Indianersiedlungen zu besuchen, von denen aber häufig nur Reste bzw. Ruinen übrig sind.

Weiter westlich dann ist der Theodore Roosevelt Nationalpark einen Besuch wert. In dieser faszinierenden Landschaft versuchte sich einst der spätere Präsident Theodore Roosevelt auf dem Gebiet der Rinderzucht. Als ein Blizzard nach nur wenigen Jahren seine Farm zerstörte, entschied er sich endgültig für die politische Laufbahn, ohne seine Liebe für die Badlands zu verlieren. Die abgerundete Hügellandschaft, die hier z.T. schroff abfällt in einen vom Little Missouri geschaffenen Canyon und deren morphologischen Besonderheiten beeindrucken zu jeder Jahreszeit.

Tip
Der abgelegenere Nordteil des Nationalparkes ist weitaus weniger besucht, belohnt zudem auch mit der noch dramatischeren Canyonlandschaft.

Weiter nördlich gelangen Sie in die absolute Farmprovinz. Ein eintägiger Aufenthalt in einem der Nester, wie z.B. Watford City, könnte zu einem unvergeßlichen Erlebnis werden. Besichtigenswert im Nordwesten von North Dakota ist das restaurierte historische Fort Union.

Warum Montana den Beinamen "Big Sky Country" trägt, wird dann schnell deutlich: die scheinbare Unendlichkeit der sanften Hügellandschaft im Norden des Staates wird von einem atemberaubend blauen Himmel und dessen bizarren Wolkenformationen wie durch eine Glocke überdeckt. Der "Große Himmel" nimmt somit optisch eine wesentliche Rolle ein.

Der nahezu baumlose Norden Montanas ist noch dünner besiedelt als North Dakota. Hunderte von Hektar große Getreidefelder und Rinderweiden, unterbrochen von kleinen Erosionsformationen, wie z.B. Minicanyons, bieten einen unvergeßlichen Gesamteindruck, aber wenig Punkte für einen längeren Aufenthalt. Im Grunde also können Sie in einem Tag durchfahren von z.B. Watford City bis Havre oder Great Falls. Sie sollten dann aber früh aufbrechen: Zum einen sind die Entfernungen riesig, aber vor allem gilt: Die Landschaft strahlt ihre größte Faszination in den klaren Morgenstunden aus.

INFO

Kleine Gedächtnisstütze:
die Geschichte der Indianerkriege in Stichworten

◆ *1812-1814 englisch-amerikanischer Krieg mit Beteiligung von Indianern auf englischer Seite (Häuptling Tecumseh)*

◆ *1830 Zwangsenteignung aller Indianer westlich des Mississippi und geplante Umsiedlung nach Oklahoma ins sog. Indian Territory (Indian Removal Act)*

◆ *1832 Black Hawk War: Rückeroberungsversuch von Indianergebiet in Illinois unter Führung des Häuptlings Black Hawk; Schlacht bei Bad Axe.*

◆ *1838-1839 Trail of Tears (Zwangsumsiedlung der Cherokees als letztem der "fünf zivilisierten Stämme" unter großen Verlusten)*

◆ *1862 Heimstättengesetz führt zu massiven Siedlungsbewegungen und entsprechender Verdrängung der Indianer aus ihren Gebieten; Ausbruchsversuch der Santee Sioux aus ihrem Reservat. Angriff auf New Ulm (Minnesota).*

◆ *1863-1864 erbitterte Kämpfe der Apachen und Navahos gegen Kit Carson*

◆ *1866-1868 Auseinandersetzungen um die Black Hills (Häuptling Red Cloud handelt einen Vertrag aus)*

◆ *1876 Schlacht am Little Bighorn (unter den Häuptlingen Crazy Horse und Sitting Bull werden Custer und seine Truppen vernichtend geschlagen; Sitting Bull flieht mit seinem Stamm nach Kanada)*

◆ *1886 Kapitulation Geronimos und Deportation nach Florida*

◆ *1890 Massaker am Wounded Knee Creek; in dieser letzten Schlacht werden Häuptling Big Food und seine Sioux-Krieger getötet. Die Weißen glaubten, sie würden hier eine Konspiration beginnen mit dem Ziel, erneut einen Krieg anzufangen. In Wirklichkeit aber handelte es sich nur um ein rituelles Fest mit spirituellen Tänzen.*

Literaturtip
Silko, Leslie Marmon; "Almanach der Toten", Rogner & Bernhard Verlag. Silko ist Angehörige des Laguna Indianerstammes und kritisiert in ihrem 1.000-Seiten-Werk das Vorgehen der Weißen, die die Erde durch Übernutzung ausbeuten. Sie stellt Indianer-Mythen und -Legenden der letzten 500 Jahre vor und stellt diese dar als zukünftige Rettung für die marode weiße Gesellschaft und deren Sinn für die Ausbeutung von "Mutter Erde". Ein überaus nachdenklich stimmendes Buch, das zudem die Gedankenwelt der Indianer veranschaulicht.

12.2 REISEPRAKTISCHE HINWEISE

Entfernungen

- Minneapolis - Fargo: 225 mi/362 km
- Fargo - Bismarck: 195 mi/314 km
- Bismarck - Williston: 234 mi/377 km
- Williston - Great Falls: 420 mi/676 km
- Great Falls - Butte: 154 mi/248 km

Streckenalternativen
Von Minneapolis bis Bismarck halten Sie sich am I-94. Für den Abschnitt Bismarck - Williston haben Sie 2 Alternativen:

a) Sie entscheiden sich für den Besuch beider Teile des Th. Roosevelt Nationalparks und fahren auf dem I-94 weiter nach Westen bis Medora (südl. Abschnitt des Nat. Parks), dann zurück zum Exit 42, von wo aus Sie dem US 85 in nördlicher Richtung folgen bis Williston – dabei passieren Sie auch den nördlichen Nationalparkabschnitt.
b) Die zweite Alternative wäre, von Bismarck erst nach Norden zu fahren auf dem US 83 und dann nördlich von Washburn nach Westen abzubiegen auf die CO 200 (Sie können aber auch erst bei Underwood nach Westen abbiegen). Südlich von Grassy Butte trifft die CO 200 dann auch auf den US 85 nach Williston. Dabei passieren Sie den Eingang zum nördlichen Nationalparkabschnitt.
Von Williston bis Havre ist der US 2 Ihr Wegbegleiter. Kurz hinter Havre nehmen Sie den US 87 nach Great Falls.
Zum Glacier Nationalpark nehmen Sie von Havre den US 2 nach Westen.

Hinweis
Zeitumstellung! Westlich des Missouri-River gilt die Mountain Time. Die Uhr wird zurückgestellt: aus 12h00 wird 11h00 westlich des Flusses.

12.3 SEHENSWERTES

Hinweis
Sollten Sie Interesse am **Charles Lindbergh State Park** bei Little Falls haben, lesen Sie bitte dazu am Ende des Kapitels 11.4.

In **Alexandria** gibt es das kleine **Runestone Museum** (206 N. Broadway), das den lange Zeit heiß diskutierten Kensington Runenstein beherbergt. Er wurde in der Nähe gefunden und seine Inschrift lautet: "Wir sind 8 Gothen und 22 Norweger auf Expeditionstour nach Westen ...". Datiert ist der Stein auf das 14. Jahrhundert. Erst genauere wissenschaftliche Untersuchungen ha-

Redaktions-Tips

- **Übernachten:** In Fargo: **Radisson**; in Bismarck: **Holiday Inn**; in Medora: **Rough Riders**; am nördlichen Roosevelt NP-Abschnitt: **McKenzie Inn** in Warford City; Glacier NP: **Glacier Park Lodge**; Flathead Lake: **Goldsmith B&B**; Great Falls: **The Chalet B&B**

HINWEIS: Da die Unterkünfte teilweise weit auseinanderliegen, empfiehlt sich für diese Route eine rechtzeitige Zimmerreservierung.

- **Essen:** in Bismarck: **Peacock Alley Bar & Grill**; in Medora: **Rough Riders**
- **Bedeutendste Sehenswürdigkeiten:** Bonanzaville bei Fargo; Fort Abrahm Lincoln bei Mandan; Knife River Indian Village; Th. Roosevelt Nationalpark; Fort Union NHS; Glacier Nationalpark
- Viele der Sehenswürdigkeiten sind nur während der Sommermonate geöffnet. Erkundigen Sie sich also vorher.
- Auf zahlreichen Karten sind Forts und Schlachtfelder eingezeichnet. Das bedeutet in der Regel aber nicht, daß hier heute ein Fort oder Museum zu finden ist. Meistens erinnern nur noch Tafeln an die Geschichte. Erkundigen Sie sich vorher oder halten Sie sich an die hier beschriebenen Punkte – dann erleben Sie keine Überraschung.
- Achten Sie besonders in diesem Reisegebiet während der **Dämmerung und bei Dunkelheit auf Wild an der Straße!**
- **Zeitumstellung:** Westlich von Bismarck/Mandan gilt die Mountain Time – eine Stunde zurückstellen (12h00 wird 11h00)
- **Zeiteinteilung: 3 Tage: 1. Tag:** Von Minneapolis bis Bismarck fahren. Früh starten und und ca. 1 ½ Stunden für "Bonanzaville" einplanen. **2. Tag:** North Dakota Heritage Center in Bismarck und Fort A. Lincoln bei Mandan besichtigen. Danach bis Medora fahren und einen ersten Eindruck vom Südteil des Th. Roosevelt NP gewinnen. **3. Tag**: Früh aufstehen und den Südteil des Nationalparks erkunden. Mittags über den I-94 nach Billings fahren.

  6-7 Tage: 1. Tag wie oben. **2. Tag:** Heritage Center, State Capitol in Bismarck und Ft. A. Lincoln besichtigen. Danach zum Knife River Indian Village. Nachmittags bis Dickenson. Falls noch Zeit sein sollte, dort das Dinosaurier Museum besuchen (ansonsten am folgenden Tag). **3. Tag:** Medora und vor allem den Südteil des Th. Roosevelt NP erkunden. **4. Tag:** Kurz den Nordteil des Nationalparks besuchen, danach nach Williston fahren und evtl. dort noch das Fort Union besichtigen (ansonsten am folgenden Tag). **5. Tag:** Früh aufbrechen und bis Havre, Great Falls bzw. Shelby fahren. Lange Strecke! **6. Tag:** Entweder Great Falls und Umland erkunden oder besser: Früh aufbrechen und über 2 Tage verteilt einen Teil des Glacier NP erkunden. Anschließend über Kalipsell und den Flathead Lake bis Great Falls bzw. Billings fahren.

  Zusatztage vor allem für den Nordteil des Th. Roosevelt NP bzw. den Glacier NP nutzen.

ben ergeben, daß der Stein unmöglich echt sein kann. Die Wikinger waren zu dieser Zeit niemals so weit nach Westen vorgedrungen.

Fort Abercrombie erreichen Sie, indem Sie bei Fergus Falls auf der CO 210 nach Westen fahren und dann hinter Wahpeton nach Norden abbiegen. Das 1857 eingerichtete Fort erlangte Berühmtheit, als es 1862 für 6 Wochen von aufständischen Sioux-Indianern belagert wurde. Heute gibt es noch ein ehemaliges Blockhaus und einige rekonstruierte Gebäude und Pallisadenwände zu sehen sowie ein Museum zu erkunden. Geöffnet: 16. Mai bis 15. September täglich 8h00-17h00.

Mark Twain schrieb einst über eine Reise durch die Prärien des Mittleren Westen Amerikas: "... Ich habe einmal mit einer Postkutsche die Ebenen und Wüsten und Gebirge des Westens durchquert, von dem Gebiet um den Missouri bis nach Kalifornien, und seither müssen sich alle meine Vergnügungsreisen an dieser einzigartigen Ferienfreude messen. Zweitausend Meilen unaufhörlichen Voranstürmens und Rasselns und Klapperns, bei Tag und Nacht, und kein Augenblick des Überdrusses, kein Absinken der Aufmerksamkeit! Die ersten 700 Meilen ein ebener Kontinent mit einem Grasteppich, grüner und weicher und glatter als jedes Meer und mit seiner Größe angemessenen Mustern gezeichnet – den Schatten der Wolken. Hier gab es kein anderes Schauspiel als das der sommerlichen Natur, und es erzeugte keinen anderen Wunsch, als in der angenehmen Brise lang ausgestreckt auf den Postsäcken zu liegen und träumerisch die Friedenspfeife zu rauchen – welche sonst, wo alles Ruhe und Zufriedenheit atmete? In den kühlen Morgenstunden, bevor die Sonne richtig aufgegangen war, bedeutete es

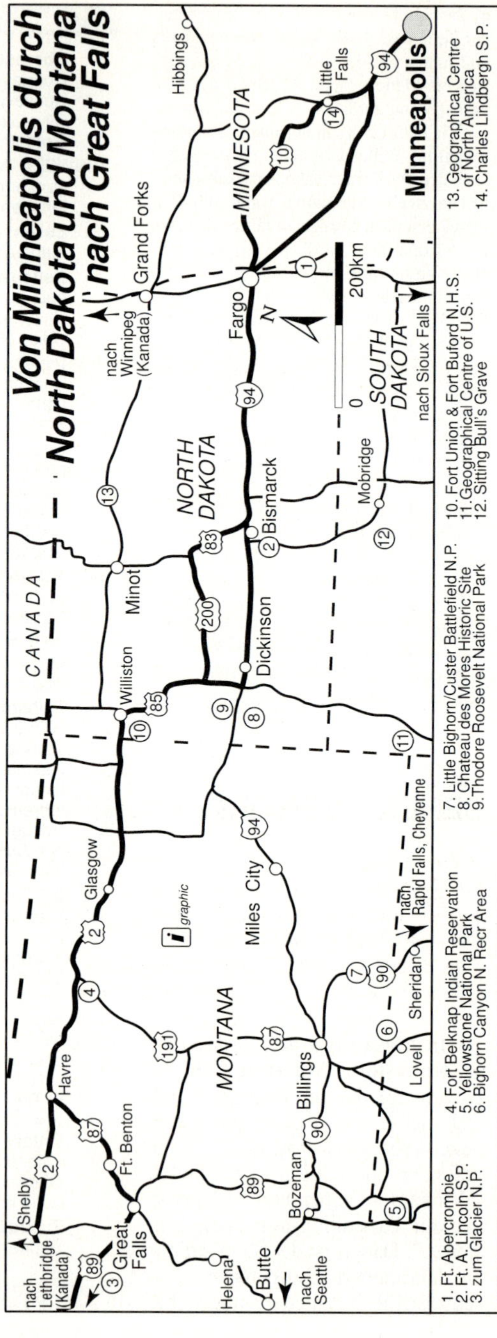

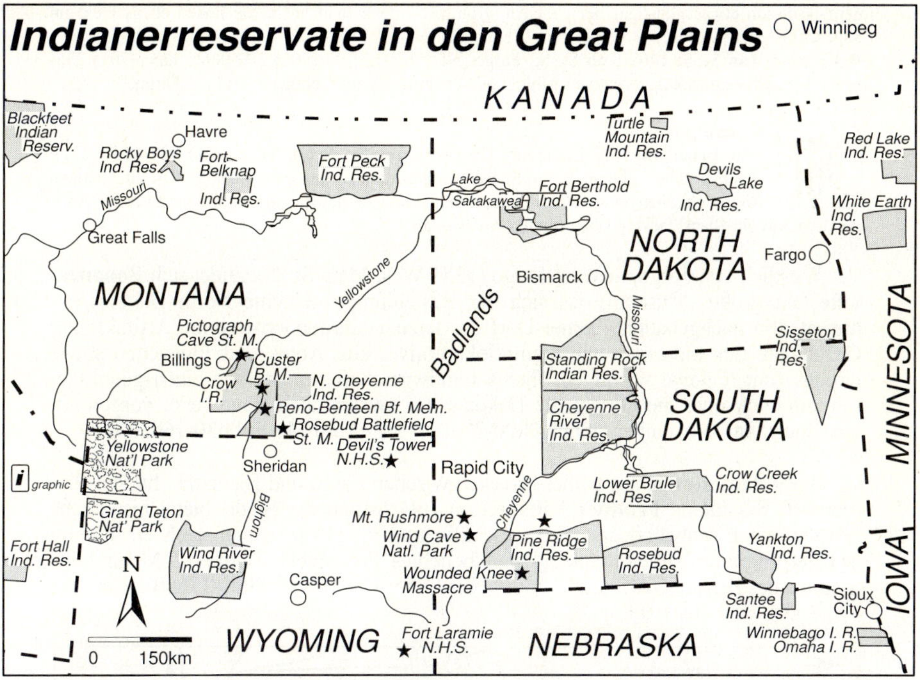

ein Erlebnis, das ein ganzes Leben voller Mühen und Plagen in der Stadt wert war, vorn beim Kutscher auf dem Bock zu thronen und die sechs Mustangs unter dem scharfen Knall der Peitsche, die sie nie berührte, dahineilen zu sehen, mit dem Blick die blauen Fernen einer Welt zu durchdringen, die keinen Herrn außer uns kannte, den Strom des Windes mit bloßem Kopf zu zerteilen und zu fühlen, wie sich der träge Puls bis zu einer Geschwindigkeit erregte, die dem unwiderstehlichen Ansturm eines Taifun nacheiferte ..."

Fargo, ein Landwirtschaftszentrum mit 75.000 Einwohnern, ist die größte Stadt in North Dakota, beeindruckt vornehmlich durch seine "Skyline", die weithin sichtbar ist auf der endlosen Ebene. Der Innenstadtbereich kann als historisch angesehen werden, bedarf aber keines Umweges.

Interessant mag für einige das **North Dakota Institute for Regional Studies and the Germans from Russia Heritage Collection** (ND-University Campus) sein, das einige Unterlagen und Fotografien der deutschstämmigen Auswanderer aus der Ukraine aufweist. Sollten Sie aber kein bestimmtes Recherchenziel haben, wird Ihnen die Sammlung hier von wenig Nutzen sein. Täglich geöffnet.

Information

Fargo-Moorhead Convention & Visitors Bureau: I-94, Exit 348, P.O.Box 2164, Fargo, ND 58107, Tel.: (701) 237-6134 od. 800-235-7654.

Unterkünfte

- **Radisson $$$:** 201 5th St.N., Fargo, ND 58102, Tel.: (701) 232-7363. Modernes 150-Zimmer-Hotel, vorn. auf Geschäftsreisende eingestellt.
- **Holiday Inn $$-$$$:** Am I-29, Exit 13th Ave. S., P.O.Box 9555, Fargo, ND 58106, Tel.: (701) 282-2700, Fax: (701) 281-1240. 310-Zimmer-Hotel der oberen Mittelklasse. Gegenüber

dem Radisson etwas günstiger bei gleichem Komfort - denn man hofft, Sie lassen etwas Geld im angeschlossenen Casino!

• **Comfort Inn $-$$:** 1407 35th St. S., Fargo, ND 58103, Tel.: (701) 280-9666, Fax: (701) 235-1174. Die günstige Motelalternative - Motels gibt es übrigens zur Genüge in und um Fargo.

Restaurant

Old Broadway: 22 Broadway (Northern Pacific Ave.), Tel.: (701) 237-6161. Gute Steakgerichte - zudem einige Südstaatenspezialitäten und eine Salatbar – in umgebauten Räumlichkeiten eines ehemaligen Bekleidungsgeschäftes der Jahrhundertwende. Antiquitäten und ein Black-Jack-Casino "runden das Bild ab".

Westlich von Fargo, in West-Fargo (1351 West Main St.), befindet sich **Bonanzaville**, ein großes Museum, das sich der Besiedlungsgeschichte North Dakotas annimmt. Ein nachgebautes Pionier-Dorf des letzten Jahrhunderts, einige Artifakte zur Geschichte der Indianer, eine Dampflokomotive, alte Autos und Flugzeuge sowie einiges zum regional wichtigen Thema Landwirtschaft verschafften einen guten Gesamteindruck über die Geschichte Dakotas. Es werden auch Handwerke vorgeführt. Geöffnet: Mai- November täglich 9h00-20h00, Dez.-April Mo-Fr 9h30-16h30.

Auch **Jamestown**, auf halber Strecke zwischen Fargo und Bismarck, hat ein Pionierdorf: das kleine **Frontier Village** (am I-94 östlich der Stadt) bietet historische Häuser, ein Eisenbahndepot, alte Geschäfte und im Hochsommer auch ein kleines Theaterprogramm. Beeindruckend und beliebtes Fotoobjekt ist die 12 Meter hohe Statue eines Bullen. Geöffnet: Memorial bis Labor Day täglich 9h00-17h00.

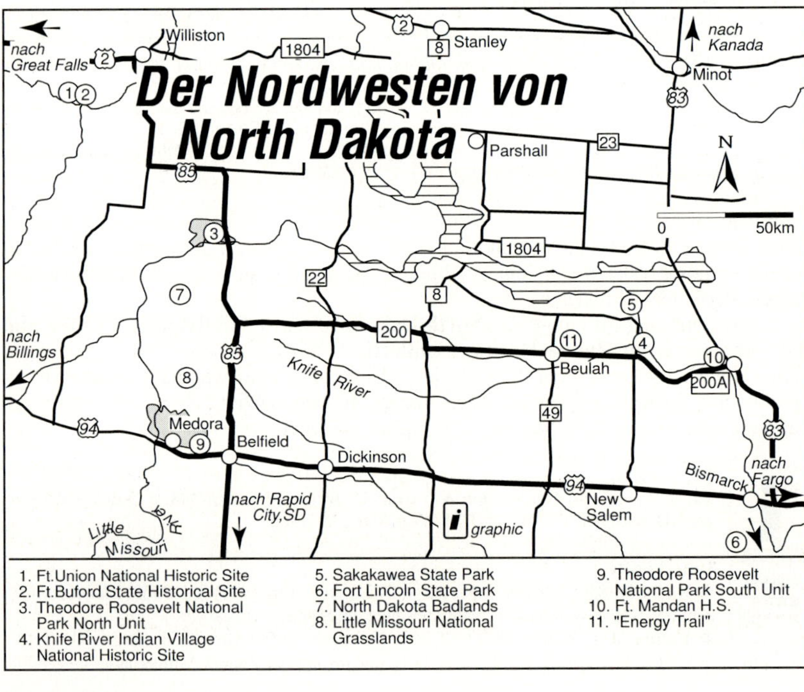

Bismarck/Mandan

Information

● **Bismarck-Mandan Convention & Visitors Bureau:** 523 N. 4th St., Bismarck, ND 58501, Tel.: (701) 222-4308. Eine **Infobude** nördlich des I-94-Exit 159 (am K-Mart) und das **Touristenamt** des Staates in der **ND-Library** am State Capitol geben ebenfalls Auskünfte.

● In **Mandan** finden Sie das Informationsbüro im alten Bahnhof an der Main Street. Hier ist auch ein kleines **Kunsthandwerkszentrum** (ND Indian Arts Ass.) der Indianer untergebracht.

Rundfahrten

● Die **Lewis & Clark**, ein nachgebauter Schaufelraddampfer, unternimmt von Memorial bis Labor Day Fahrten auf dem Missouri, am Wochenende auch Dinner Cruises. Abfahrt an der North River Rd im Port of Bismarck. Infos: (701) 255-4233.

● Eine alte Straßenbahn **(Trolley)** fährt von der 3rd Street in Mandan mehrmals täglich zum Fort Abraham Lincoln.

Unterkünfte

● **Holiday Inn Galleria $$-$$$:** Ecke 6th/Broadway, Bismarck, ND 58502, Tel.: (701) 255-6000, Fax: (701) 223-0400.

● **Radisson Inn $$$:** 800 S. 3rd st., Bismarck, ND 58504, Tel.: (701) 258-7700, Fax: (701) 224-8212. 310-Zimmer-Hotel mit relativ geräumigen Zimmern und Extras, wie Whirlpool, Sauna und abendlichem Tanzprogramm von Mo-Sa.

● **White Lace Bed & Breakfast $$:** 807 N. 6th St., Tel.: (701) 258-4142.

● **Comfort Inn $-$$:** 1030 Interstate Ave., Bismarck, ND 58502, Tel.: (701) 223-1911.

Restaurants in Bismarck

● **Crêpes on Broadway:** 419 E. Broadway, Tel.: (701) 222-3020. Leckere Crêpes, auch mit Hühnchen und Meeresfrüchten. Eine gute Lunchalternative. Geöffnet: 9h00-14h00.

● **Peacock Alley Bar & Grill:** 422 E. Main St., Tel.: (701) 255-7917. In historischem Hotelgebäude (von 1912). Hier wurden vor 60 Jahren die Geschicke des Staates North Dakota bei Bier und Plausch entschieden. Betrachten Sie auch die Photos an den Wänden. Heute: Amerikanische Küche: von Cajun bis zu regionalen Spezialitäten und ein gemütlicher Pub.

● **Borrowed Bucks Roadhouse:** Ecke Front/3rd St.. In einer alten 30er Jahre-Autogarage wurde ein Barrestaurant (mit Tanz/Disco am Wochenende) eingerichtet. Viele Relikte aus der alten Autofahrerzeit sind hier ausgestellt, und aus der Musikbox tönt zumeist der Countrysound.

Bismarck, offiziell erst 1873 gegründet, ist die Hauptstadt des Staates North Dakota und bildet mit der Nachbarstadt Mandan das geographische und wirtschaftliche Zentrum des Staates. Seinen Namen verdankt es der Tatsache, daß die Erbauer der Northern Pacific Railway Investoren aus dem Deutschland des "Eisernen Kanzlers" schmeicheln und anlocken wollten, um den teuren Schienenstrang von St. Paul nach Seattle vollenden zu können. Bereits vor seiner Gründung galt die Stelle am Missouri als beliebter Flußhafen und Fährpassage und war bekannt als "The Crossing". Der Hafen ist heu-

"Skyscraper of the West": State Capitol

te bedeutungslos, und der Nutzen der Eisenbahnlinie ist seither auch deutlich geschrumpft. Um so mehr macht sich eine Atmosphäre als Verwaltungs- und Einkaufszentrum bemerkbar. Touristisch betrachtet, sind nur wenige Punkte in und um die Städte von Interesse:

Sehenswertes in Bismarck

■ **State Capitol**, N. 6th Street, geöffnet Mo-Fr 9h00-16h30. Touren beginnen am Infoschalter im Untergeschoß. Das für ein State Capitol untypische Hochhausgebäude ("Skyscraper of the Prairies") erweist sich bei näherer Betrachtung als durchaus sehenswert. 1933 errichtet, wurde im Inneren an Art-Deco-Stilelementen nicht gespart. Vom obersten Stockwerk (18th Floor) haben Sie zudem eine schöne Aussicht über das Umland. Hier hängen an den Wänden alte Fotografien von Bismarck und dem Bau des State Capitol. Außerdem befindet sich im Gebäude eine Rekonstruktion der Freiheitsglocke ("Liberty Bell"), deren Original in Philadelphia steht.

■ **North Dakota Heritage Center**, 612 E. Boulevard (am State Capitol), geöffnet: Mo-Fr 8h00-17h00, Sa 9h00-17h00, So 11h00-17h00. Das Museum widmet sich auf gelungene Weise der Geschichte von North Dakota. Indianerhütten, alte Büros, landwirtschaftliche Geräte und einiges zur interessanten Geologie des Staates sollte Ihnen eine Stunde hier wert sein. Im Museumsladen gibt es eine gute Literaturauswahl zur Geschichte der Indianer, der Pioniere und der wirtschaftlichen Entwicklung des Staates.

Schließlich haben Sie in Bismarck noch die Möglichkeit, wenige Relikte eines 1872 hier eingerichteten Militärcamps und eine alte Dampflokomotive zu besichtigen: **Camp Hancock** (Ecke Main/1st St.), geöffnet: Mitte Mai bis Mitte Sept. Mi-So 13h00-17h00.

Sehenswertes in und um Mandan

Die kleine Stadt mit 16.000 Einwohnern hat eine ansprechendere Innenstadt als Bismarck. Besuchen Sie hier kurz das **Native American Art Center** (auch North Dakota Indian Arts Ass. genannt) im alten Bahnhof an der Main Street. Hier können Sie Kunsthandwerkliches der Indianer erstehen. Außerdem befindet sich im Gebäude das Informationsbüro von Mandan.

■ **Railroad Museum**, 3700 30th Ave. NW, geöffnet: 1. Mai bis 30. September täglich 13h00-17h00. Kleines Eisenbahnmuseum, das erkennen läßt, welche Bedeutung einst die Eisenbahn für diese Region hatte. Außer historischen Fotografien, Zeittafeln aller Linien Amerikas, einer großen Sammlung an Getreide-Modellwaggons und ein paar Kostümen ist aber für "Nicht-Eisenbahn-Enthusiasten" nicht viel zu sehen.

■ **Fort Abraham Lincoln State Park**, 4 Meilen südlich von Mandan an der CO 1806, geöffnet: Memorial bis Labor Day täglich 9h00-21h00, Labor Day bis 31. Okt. täglich bis 17h00, Rest des Jahres täglich 12h00-17h00 (nur Museum). Mehrmals täglich fährt eine alte Straßenbahn von Mandan hierher. Hier am Missouri River befand sich während der zweiten Hälfte des letzten Jahrhunderts der Stützpunkt der 7th Cavalry und einer Infantrieeinheit, die gegen aufständische Lakota und Cheyenne Indianer eingesetzt wurden. Von hier brach General George Armstrong Custer mit einem Teil der Kavallerie auf, um letztendlich am 25. Juni 1876 am Little Bighorn von

Custers letztes Haus

den Indianern geschlagen zu werden. In der 20-minütigen Schlacht ließen Custer und alle seine 256 Soldaten ihr Leben.

Heute können Sie den ehemaligen Exerzierplatz der Kavallerie, einige Blockhäuser, das letzte Wohnhaus Custers, einen Armeefriedhof und einen Aussichtsturm der Infanterie besichtigen. Ein kleines Museum, in dem auch ein Film gezeigt wird, sowie allabendliche Programme im Amphietheater geben weitere Aufschlüsse über die regionale Militärgeschichte und die legendäre Schlacht. Außerdem gibt es eine Rekonstruktion eines Erdhügeldorfes der Mandan-Indianer zu besichtigen, so wie es um 1700 ausgesehen haben mag.

Für dieses Museum, das Ihnen einen guten Überblick über die Indianerkriege und das Kasernenleben im 19. Jahrhundert vermittelt, sollten Sie mindestens 2 Stunden einplanen.

Hinweise

- Das auf vielen Karten noch eingezeichnete **Grab des Indianerhäuptlings Sitting Bull** befindet sich nicht mehr bei Fort Yates südlich am Missouri, sondern ist umgelagert worden nach Mobrige im Norden von South Dakota. Dort gibt es auch ein kleines Museum. Entfernung Bismarck - Mobridge: ca. 100 Meilen (161 km)
- Ab jetzt gilt die Mountain-Time. Die Uhr wird zurückgestellt. Aus 12h00 wird 11h00 westlich von Mandan!

Es gibt für Sie nun 2 Alternativen, um nach Williston zu fahren:

1. Die Nordroute

Diese Route führt zu einigen historischen Plätzen der Indianer- bzw. der Pioniergeschichte. Es besteht natürlich auch die Möglichkeit, die hier aufgeführten Punkte von Bismarck aus anzufahren und dann über Beulah nach Süden wieder auf den I-94 zurückzugelangen, um von dort dann der Südroute zu folgen.

Übernachten an dieser Strecke

Einfache Hotels und Motels gibt es in Stanton, Pick City, Washburn und Riverdale. Empfehlungen kann man hier kaum aussprechen, aber "zur Sicherheit" drei Adressen:

- **Scotwood Motel $:** 1323 Frontage Rd, Washburn, ND 58577, Tel.: (701) 462-8191. Einfaches 24-Zimmer-Motel
- **Cambridge House $$:** Ecke 4th/Iowa Sts., Riverdale, ND, Tel.: (701) 654-7543. 8 kleine Apartments mit Mini-Küchen.
- **Sakakawea Motel $-$$:** Pick City, ND, Tel.: (701) 487-3356. 10 Zimmer und zwei einfache Hütten.

Sehenswertes

■ **Fort Mandan**, 2 Meilen nordwestlich von Washburn, geöffnet: Memorial - Labor Day täglich 13h00-17h00, Museum: Mi-So 14h00-17h00. Rekonstruktion eines Forts aus der Zeit um 1830. Das ehemalige Fort Mandan stand wenige Meilen nördlich am Missouri River, gegenüber dem Fort Clark. An dieser Stelle überwinterten 1804/05 die beiden Pioniere Lewis und Clark. Das kleine Fort ist offen und kann das ganze Jahr über besichtigt werden. Es gibt einen guten Eindruck über die kargen Verhältnisse, mit denen die Soldaten zu dieser Zeit in dieser Region auszukommen hatten.

INFO

Kurzinfo zu den Expeditionen von Lewis und Clark

1803, mit der Unterzeichnung des Louisiana Purchase, der den Nordwesten an die USA abtrat, bedurfte es einer Erforschung dieses bis dato unbekannten Gebietes. Präsident Jefferson beauftragte somit seinen Sekretär, Captain Meriwether Lewis, mit der Aufgabe, eine Expedition durchzuführen, die von St. Louis bis zum Pazifik gehen sollte. Lewis wählte dafür seinen Freund, Captain William Clark, als ebenbürtigen Begleiter. Ende 1803 begannen sie, mit 44 Mann, den Expeditionstrip in St. Louis. Das erste Teilstück auf dem Missouri legten sie in einem Kielboot und 2 Pirogen zurück. 2 Winter mußten sie in einem Lager verbringen, einen in Illinois, den anderen am heutigen Fort Mandan. In der Nähe des Fort Mandan trafen sich Lewis und Clark im Winter 1804/05 des öfteren mit den befreundeten Mandan-Indianern des Knife River Village, von denen sie wichtige Informationen zur weiteren Duchquerung des Kontinents erhielten. Im April 1805 verließen Lewis und Clark mit 33 Mann und den beiden Pirogen Fort Mandan. In ihr Tagebuch schrieben sie über das zu erkundende Gebiet: "... on which the foot of civilized man had never trodden." Für die Strecke bis Great Falls benötigten sie 2 Monate. 250 Meilen weiter südlich davon tauschten sie bei den Sacagawea's Shoshoni-Indianern ihre Pirogen gegen Pferde ein, um die große Wasserscheide überqueren zu können. Am Clearwater River in West-Idaho baute die Expeditionstruppe, unter Anleitung der Nez Perce-Indianer, neue Kanus, mit denen sie den größten Teil auf Clearwater, Snake und Columbia River zurücklegen konnten. Im November 1805 erreichten sie schließlich den Pazifik.

Meriwether Lewis

William Clark

Die Hoffnung auf eine Entdeckung durch ein vorbeifahrendes Schiff erfüllte sich aber nicht, so daß die Expedition sich dazu entschied, auf dem Landweg wieder zurückzukehren. Dieses Mal tauschten sie bei den Nez Perces die Kanus gegen ihre Pferde ein. Am Traveler's Rest (heute Missoula, Montana) trennte sich die Gruppe. Lewis nahm die Nordroute, während Clark sich südlich durch die Berge schlug entlang der Route des Hinweges. In der Nähe des heutigen Three Forks nahm Clarks Gruppe dann auch einen neuen Weg, nämlich in Richtung Osten, wo sie vom heutigen Billings aus auf Kanus auf dem Yellowstone River bis zum Zusammenfluß mit dem Missouri weiterreiste. Am Zusammenfluß trafen sich beide Gruppen wieder und erreichten schließlich St. Louis am 23 September 1806.

Die gesamte Expedition ging über 8.000 Meilen und dauerte 2 Jahre, 4 Monate und 9 Tage. Nicht selten machten der Gruppe Krankheiten und Hunger zu schaffen, und nicht immer verliefen die Kontake mit den Indianern friedlich. Für die Erforschung dieser Region waren die Aufzeichnungen aber von äußerster Bedeutung.

■ **Fort Clark**, 1 Meile nordwestlich des Ortes Fort Clark, geöffnet: Memorial Day bis Labor Day täglich 10h00 - 16h30. Ehemalige Fortanlage, deren Überreste kärglich sind und im Grunde nur einen Eindruck über die Größe einer solchen Anlage vermitteln. Das 1831 erbaute Fort diente einst als Pelzhandelsstation, die unter der Leitung der American Fur Company stand.

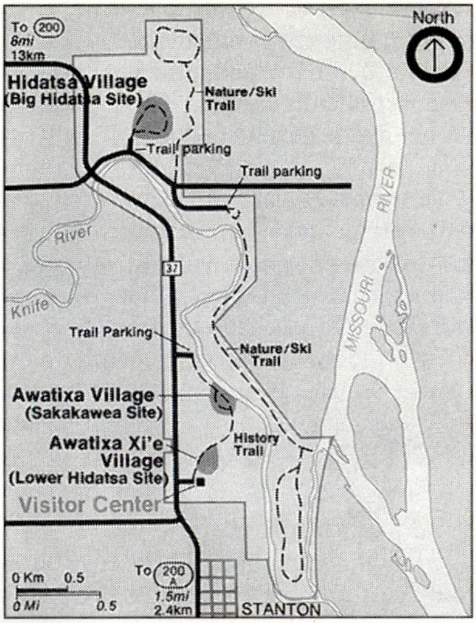

■ **Knife River Indian Village Nat. Hist. Site**, 1 Meile nordwestlich von Stanton. Geöffnet: Memorial bis Labor Day täglich 8h00-20h00, Rest des Jahres täglich 8h00-16h30. An dieser Stelle lebten einst Hidatsa- und Mandan-Indianer in 3 Dörfern, deren Häuser als "Earthlodges" bezeichnet werden, da sie in die Erde hinein gebaut und zur Isolierung mit Grasnarben überzogen sind. Die Mandans lebten hier bis zu ihrer Umsiedlung im Jahre 1885. Es wird vermutet, daß das Dorf bereits um 1300 entstanden ist, wobei die Region am Knife River eventuell schon um 11.000 v.Chr. erste Menschen gesehen haben mag.

Earthlodge

Die Mandans erwarben früh ackerbauliche Kenntnisse – eine Domäne der Frauen übrigens, während die Männer jagten und als Krieger ausgebildet wurden. Günstig am Fluß gelegen, waren die Mandans zudem gute Händler, und ihr Handelsnetz reichte damals bis ins heutige Wyoming, zu den Großen Seen und später auch zum Golf von Mexico.

Ein kleines Museum, in dem ein 15-minütiger Film gezeigt wird, sollte Ihre erste Station hier sein. Danach können Sie sich wahlweise bis zu 3 archäologische Fundorte alter Dorfsiedlungen anschauen. Am Dorf gleich neben dem Visitor Center ist eine Earthlodge rekonstruiert.

20 Meilen nördlich von Knife River liegt der **Lake Sakakawea**, einer der größten von Menschenhand geschaffenen Stauseen mit einer Uferlinie von über 1.600 Meilen. Der Staudamm liegt bei Pick City. An Wochenenden kommen viele Angler hierher, doch gilt: zum Baden zu kalt, als romantisches "Versteck" mangels Bäumen kaum geeignet und als Photoobjekt nur bei Sonnenauf- bzw. untergang aus richtigem Winkel ein Genuß.

3 ½ Meilen nördlich von **Beulah**, dem selbsternannten "Energy Center of the Northwest", bietet sich die Möglichkeit, entlang des **"Energy Trail"** eine Gasverflüssigungsanlage bzw. eine riesige Braunkohlengrube zu besichtigen. Zudem erwarten Sie entlang der CO 21 ein paar Erläuterungstafeln zum Thema Energiegewinnung und Braunkohle. Interessant ist aber vor allem eines: die Tatsache, daß man bereits in den 70er Jahren hier ein Werk für 2 Milliarden Dollar hochgezogen hat, in dem aus Braunkohle Gas gemacht werden kann – nicht zu verwechseln mit der Umwandlung von Steinkohle zu Gas oder Benzin, was in mehreren Ländern durchgeführt wird. Das hiesige Verfahren ist nahezu einzigartig auf der Welt. Für Besichtigungstermine (es gibt auch ein Visitor Center mit Erläuterungen) müssen Sie sich vorher anmelden: Tel.: (701) 873-6667.

Energie für die Erschließung des Westens

2. Die Südroute

Die Südroute bietet mehr Highlights, wie das Dinosaurier Museum in Dickenson und den Südteil des Th. Roosevelt Nationalparkes.

Hinweis

Sie können nach dem Besuch des Th. Roosevelt Nationalparks auch direkt entlang des I-94 nach Billings weiterfahren. Das erspart Ihnen einige Tage und bringt Sie direkt in weitere Gegenden mit historischen Plätzen der Indianergeschichte. Dagegen würden Sie aber eine schöne, weite Landschaft im Norden Montanas verpassen sowie den Besuch des Glacier Nationalparkes. Von Medora nach Billings sind es 290 Meilen (467 km)

In **New Salem** sollten Sie Ihren Blick kurz nach Süden wenden: Eine riesige holsteinische Milchkuh aus Beton – übrigens die größte ihrer Art in der Welt – wacht über Ort und Interstate.

In **Dickenson** gibt es einige Motels und vor allem das **Dakota Dinosaur Museum** (1226 Sims, Abfahrt vom I-94-Exit 61), welches an das Joachim Regional Museum angeschlossen ist. Vor über 100 Millionen Jahren lebten in Dakota Dinosaurier, zu einer Zeit, als das Klima feuchter war und ein großer Binnensee sich langsam begann zurückzuziehen und in Teilen des Nordwestens Sumpflandschaften hinterließ. Im Museum sind Funde ausgestellt, u.a. aber auch lebensgroße Skelette von 10 verschiedenen Dinosaurierarten und einem urzeitlichen Rhinozeros. Die meisten Funde wurden in den Badlands gemacht. Das Museum ist geöffnet: Memorial bis Labor Day Mo-Sa 8h30-19h00.

Medora sollte einst zur Rindermetropole des Mittleren Westens aufsteigen, so jedenfalls wollte es der französische Edelmann Marquis de Mores. Dieser kam 1882 in die Region und hatte den Plan, hier einen Schlachthof zu errichten und das Rindfleisch mittels Kühlwagen an die Ostküste zu verfrachten. Der Schlachthof wurde gebaut und auch eine Eisenbahnstation eingerichtet. Letztendlich scheiterte die Idee, u.a. wegen des großen Viehsterbens Mitte der 80er Jahre (harte Winter, Blizzards). Doch Medora, benannt nach der Gattin des Marquis, blieb als Ort bestehen, genauso wie das **Chateau de Mores**, das 27-Zimmer-Wohnhaus der de Mores. Das "Schloß" entpuppt sich zwar nur als große Holzvilla, doch der Prunk und die Einrichtung, u.a. Antiquitäten aus Frankreich, bilden einen solchen Kontrast in dieser Landschaft, daß eine Besichtigung empfehlenswert erscheint. Auch die Anekdoten, die auf der Führung erzählt werden, in denen des öfteren auch der häufige Gast Theodore Roosevelt vorkommt, bieten eine willkommene Abwechslung. Das Chateau befindet sich 1 Meile westlich des Ortes und ist von Mai bis Mitte September täglich auf Touren zu besichtigen. Während anderer Jahreszeiten müssen Sie sich anmelden: (701) 623-4355.

"Schloß" aus Holz

Medora ist auch so sehenswert. Man hat sich bemüht, den historischen Stadtkern zu restaurieren, und auch neue Gebäude passen sich diesem Charakter an. Zudem ist Medora Ausgangspunkt für den Besuch des Th. Roosevelt Nationalparks. Das Visitor Center befindet sich im Ort, gleich neben den Ruinen der Schlachthofanlage von de Mores. Medora ist übrigens auch Ausgangspunkt für **Ausritte in die Badlands**. Mehrere Reitställe bieten 1- bis 8-stündige Reittouren an. Vorkenntnisse sind nur bedingt erforderlich.

Theodore Roosevelt Nationalpark

Highlights

- die unvergeßlichen **Ausblicke auf die Canyonlandschaft**, z.B. von: Painted Canyon-, Skyline Vista-, North Dakota Badlands-, River Bend- und Oxbow Overlook,
- den possierlichen **Präriehunden** beim Spielen zusehen (nicht füttern!),
- **Ausritte bzw. Kanutouren** im Park unternehmen

Überblick

Nur wenige Meilen vor Erreichen des Painted Canyon Overlook westlich von Belfield läßt nichts darauf schließen, was einen hier erwartet. Ganz plötzlich aber macht sich ein großes Loch in Form eines Canyons bemerkbar, und vom o.g. Aussichtspunkt erhält man einen ersten Eindruck von dem "Riß" in der so endlos erscheinenden Hügellandschaft. Der Little Missouri hat sich hier in die Sandsteinformationen regelrecht hineingefressen. Der Canyon ist in keiner Weise so spektakulär wie der Grand Canyon in Arizona, dafür aber beeindruckt er um so mehr in dieser Landschaft. Die verschiedenen geomorphologischen Formationen und Linien, die zu jeder Tageszeit ein anderes Farbenspiel versprechen, runden das faszinierende Bild ab.

Ursprünglich galt dieser Landesteil als wenig attraktiv. Doch zwei Männer drückten ihm ihren Stempel auf: Der französische Edelmann Marquis de Mores mit seiner Idee, hier zwischen 1882 und 1886 einen riesigen Schlachthof einzurichten (siehe oben: Medora) und zwischen 1884 und 1887 vor allem der spätere Präsident Theodore Roosevelt, der nach dem fast gleichzeitigen Tod seiner Mutter und seiner Gattin, hier mit der Beteiligung an zwei Rinderranchen neue Lebenskraft und Muße suchte. Beide Männer scheiterten letztendlich mit ihren Plänen, denn keiner wollte das Fleisch aus dem Westen fertig geliefert bekommen, und Roosevelts Rinderherden wurden mehrmals von Unwettern heimgesucht, so daß er die Ranch, nachdem er dort bereits seit 1887 nicht mehr tätig gewesen war, 1898 ganz verkaufte.

Die Entfernungen sind groß

Die Landschaft aber hatte eine solche Wirkung auf Roosevelt, daß er später sagte: "I would not have been President, had it not been for my experience in North Dakota". Roosevelt war zudem ein passionierter Jäger, so daß es ihn immer wieder herzog, und hier wurde seine Einstellung zum Naturschutz gefördert.

Bekanntermaßen hat der Naturschutz in Amerika seine entscheidenden Entwicklungen Roosevelt zu verdanken, der u.a. 1906 den Devil's Tower in Wyoming als erstes Naturdenkmal schützen ließ.

Naturschutz um die Jahrhundertwende hatte andere Grundsätze, und damals lautete die Devise, schützenswerte Tiere rettet man durch die Vernichtung ihrer Feinde. Daß dieses ein Trugschluß war und eher zu Überpopulationen führte, war zu dieser Zeit unbekannt. Roosevelt setzte sich während seiner Amtszeit

Der Missouri "bei der Arbeit"

(1901-09) vehement für die Idee der Gründung von Nationalparks ein, und seine größten Erfolge waren 1906 die Einsetzung der US-Forstverwaltung und die Unterzeichnung des **Antiquities Act**, durch den bereits im selben Jahr 18 National Monuments ernannt worden sind. Dieses legte den Grundstein für immer mehr Parks und Naturschutzgebiete, ein Plan, der noch bis in die 30er Jahre hart umkämpft war, denn die Wirtschaft sah keinen Sinn darin.

Der Nationalpark bietet mehr als nur den Blick in den Canyon. Im südlichen Abschnitt führt eine 36 Meilen lange Rundstrecke durch einen weiten und offenen Abschnitt des Canyons, der mehrere Aussichtspunkte, Wanderwege, Flußlandschaften und Präriehundsiedlungen berührt.

Im weitaus weniger besuchten Nordteil (North Unit) des Parkes ist der Canyon schmaler, wirkt dadurch aber dramatischer und eindrucksvoller. Hier führt eine Stichstraße bis zum schönen Oxbow Overlook (hin und zurück 30 Meilen). Grundsätzlich läßt sich sagen: Der Südabschnitt ist vielseitiger, und hier gibt es zahlreiche Erläuterungen zur geomorphologisch einmaligen Entstehungsgeschichte des Canyons, während der Nordabschnitt (North Unit) eher für diejenigen etwas zu bieten hat, die die Abgeschiedenheit lieben und sich einfach von der Faszination einer Canyonlandschaft überwältigen lassen möchten. Einem Besuch des nördlichen Teils sollte aber schon eine kurze Stippvisite im Südteil vorausgehen, um ein besseres Verständnis für die Landschaft aufzubringen.

Die beiden Farmen von Theodore Roosevelt können ebenfalls besucht werden. Die **Malteser Cross Cabin**, sein ehemaliges Wohnhaus, befindet sich heute südwestlich von Medora, während die **Elkhorn Ranch** zwischen beiden Parkabschnitten liegt, und nur mit einem Permit (beim Parkranger erhältlich) und nur über eine einfache, z.T. Flüsse durchquerende Piste zu erreichen ist.

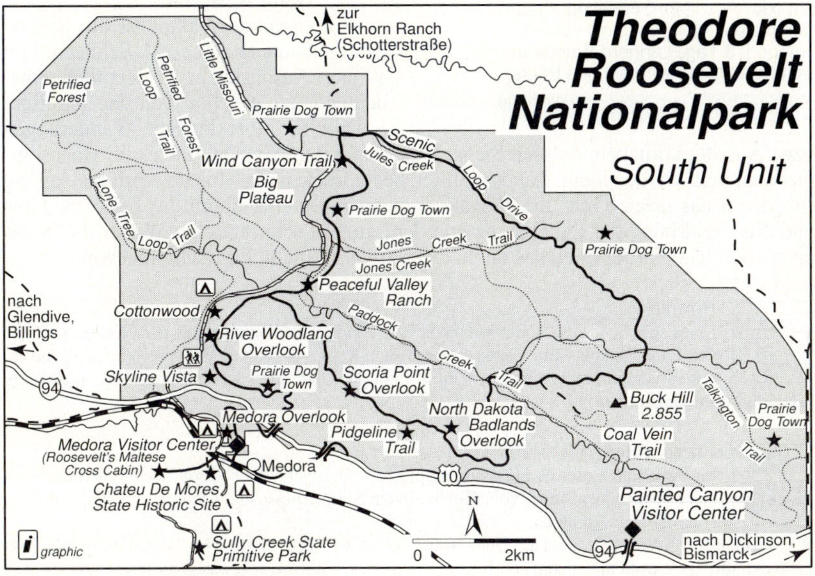

Redaktions-Tips

- **Übernachten**: Für den Besuch des Südteils: **Rough Riders** in Medora, für den Nordteil: **McKenzie Inn** in Watford City

HINWEIS: Viele Hotels der Region sind nur von Ende Mai bis Mitte September geöffnet! Außerdem empfiehlt sich eine rechtzeitige Zimmerreservierung

- **Essen: Rough Riders** in Medora, **Picknikken** im Park.
- **Die schönsten Plätze im Park:** der Canyon des Little Missouri, besonders im Nordteil, der Painted Canyon Overlook sowie der Achenbach Trail im Nordteil (North Unit)
- **Empfehlenswerte Aktivitäten:** Wandern, Reiten und Kanutouren
- Denken Sie bei Unternehmungen im Park daran, **ausreichend zu trinken und zu essen mitzunehmen** sowie angemessene Kleidung – besonders einen **Kopfschutz gegen die Sonne.**
- **Zeiteinteilung: 2 Stunden bis 1 Tag:** Beschränken Sie Ihren Besuch auf einen Parkabschnitt – eher den Südteil – und fahren Sie, je nach Zeit, die Straße ab. Halten Sie an den Präriehund-"Städten" und Aussichtspunkten und suchen Sie sich **einen** Wanderweg aus.

  2-3 Tage: 1. Tag: Erkundung des Südteils des Parks und von Medora. **2.Tag:** Alternativ: Wandern oder Ausritt im Südteil oder Fahrt durch den Nordteil des Parks mit kurzen Wanderungen. **3.Tag:** Längere Wanderungen durch den North Unit (Nordteil) des Parks.

Im Grunde lohnt der Besuch der Elkhorn Ranch nicht wegen des kleinen Holzhauses, sondern eher, um die weite Graslandschaft hier zu erleben, die einen naturbelasseneren Zustand aufweist als die des übrigen Ranchlandes in North Dakota.

Reisepraktische Hinweise

Information
Schriftlich: Th. Roosevelt Nat. Park, Box 7, Medora, ND 58645, Tel.: (701) 623-4466.
Vor Ort: Es gibt **3 Visitor Center**: Eines befindet sich in **Medora**, ein weiteres am **Painted Canyon Overlook** westlich von Medora am I-94, und das dritte liegt gleich hinter der Abzweigung vom US 85 am **Eingang des North Unit** (Nordteil). Alle 3 Visitor Center haben eine kleine naturkundliche Ausstellung, wobei die geologischen und geomorphologischen Erläuterungen am Painted Canyon am besten sind, denn hier blickt man direkt vom Canyonrand auf die beschriebenen Punkte (Erläuterungstafeln). Das Visitor Center in Medora hat die besten naturkundlichen Erläuterungen.

- **Größe:** 280 qkm
- **Beste Reisezeit**

Limitierender Faktor ist mit Sicherheit die Kälte und der evtl. Schneefall im Winter. Ansonsten ist es eigentlich unbedeutend, zu welcher Zeit Sie anreisen. Sollten Sie aber längere Wanderungen bzw. Ausritte vorhaben, müssen Sie sich im klaren darüber sein, daß es im Hochsommer sehr heiß werden kann. Landschaftlich beeindrucken die Monate April bis Anfang Juli durch das grüne Gras, die Monate September/Oktober durch das hellgelbe Gras und die Verfärbung der Laubbäume und der (zumeist schneereiche) Winter durch das ungewöhnliche Farbenspiel, das durch die glasklare Luft an Faszination gewinnt.

Hinweis
Eines spricht für die Sommermonate: Viele Hotels und Restaurants der Gegend sind nur von Ende Mai bis Mitte September geöffnet. Reisen Sie außerhalb dieser Zeit, sind Sie am besten beraten, es bereits in Dickinson mit der Unterkunft zu versuchen bzw. rechtzeitig Erkundigungen einzuholen.

Übernachten
Im Park selbst gibt es nur Campingplätze – diese sind aber schön, wenn auch an Sommerwochenenden öfters voll. Hotels finden Sie in Dickinson, Medora und Watford City. Hier ein paar Adressen:

- **Comfort Inn $-$$:** 493 Elk Dr., Dickinson, ND 58601, Tel.: (701) 264-7300, Fax: (701) 264-7300 ext. 401. Das wohl angenehmste Motel der Region. Es gibt sogar etwas größere Suiten ($$).

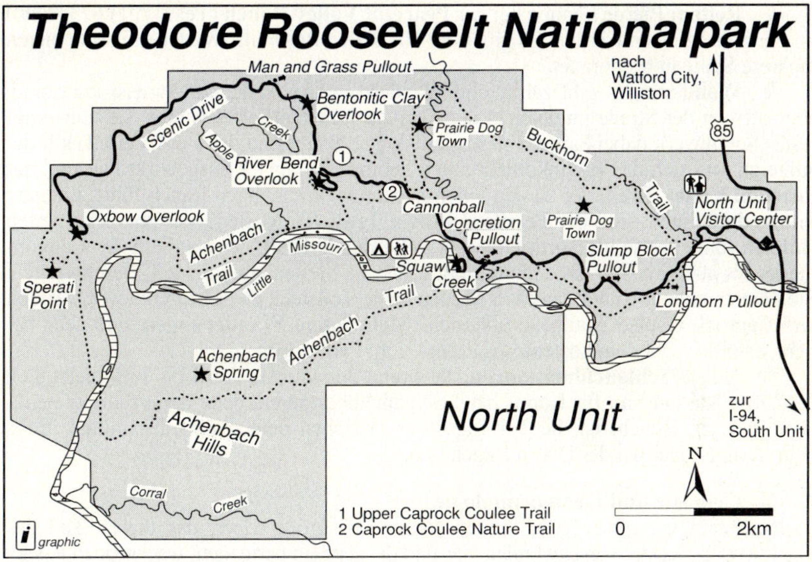

- **Rough Riders $$:** Main St., Medora, ND 58645, Tel.: (701) 623-4422. Kleines, restauriertes Hotel (von 1880). Rustikale Atmosphäre und Ambiente der Wildwest-Zeit. Das Hotel ist aber nur von Ende Mai bis Mitte September geöffnet. Das gleiche gilt für das kleine und sehr empfehlenswerte Restaurant im Hause. Es bietet eine Reihe verschiedenster Fleischgerichte, u.a. auch Elch- und Büffelsteaks.
- **Medora Motel $$:** East River Rd, ½ Meile nördl. am Exit 7 des I-94, Medora, ND 58645, Tel.: (701) 623-4444. Einfaches Motel mit 200 Zimmern.
- **Bad Lands $$:** am I-94, Medora, ND 58645, Tel.: (701) 623-4422. Einfaches Motel mit 120 Zimmern, ebenfalls nur von Ende Mai bis Mitte September geöffnet.
- **Dixon Ranch $$-$$$:** HC2, Box 40, 15 Meilen südl. von Watford City, ND, Tel.: (701) 842-3448 od. (701) 842-4627. Holzhütten. Auch Kanuvermietung.
- **McKenzie Inn $:** 120 SW 3rd St. (US 85), Watford City, ND 58854, Tel.: (701) 842-3980. Sehr sauberes und günstiges Motel, günstig gelegen zum North Unit. In Watford City gibt es 3 weitere Motels.
- **Campingplätze** befinden sich in beiden Parkteilen, wobei der im nördlichen Abschnitt (Tel.: (701) 842-2333) nur 54 Plätze hat. Beide Plätze sind sehr einfach und haben keine Duschen!
- In Medora und Watford City stehen zudem noch weitere Plätze zur Verfügung.

Restaurants

- **Rough Riders:** Adresse s.o., typische Fleischgerichte der Prärie.
- **Medoras Chuckwagon Cafeteria:** Main St., Medora. Einfaches Restaurant mit ebenfalls Fleischgerichten der Prärie, u.a. "Roasted Buffalo". Kleine Salatbar. Dinner nur bis 19h30.

Aktivitäten im Park

Tip
Ausreichende Trinkvorräte mitnehmen und auch etwas zu essen.

◆ **Reiten:** Pferde können bei der **Peaceful Valley Ranch** (Tel.: (701) 623-4496) im Park ausgeliehen werden. Es gibt über 80 Meilen Reittrails. Weitere Ausritte bieten mehrere Ställe in Medora an.

◆ **Wandern:** Es gibt zahlreiche Wanderwege im Park, die zumeist kurz sind, aber oft von der Straße hinunter in den Canyon führen. Hierfür sollten Sie unbedingt festes Schuhwerk dabei haben. Interessante kurze Trails sind der **Coal Vein Trail**, der aufzeigt, wie sich das Braunkohlebrennen geomorphologisch ausgewirkt hat, und der **Peaceful Valley Trail**, der zu den Überresten einer ehemaligen Ranch führt. Längere Trails, die lohnen, sind der **Petrified Forest Trail** (16 Meilen), der zu versteinerten Hölzern führt, sowie im North Unit der **Achenbach Trail**, der oberhalb des Canyonrandes als auch im Canyon entlangführt. Er ist 16 Meilen lang und z.T. beschwerlich. Sie können aber auch nur das ca. 6 Meilen lange Teilstück zwischen Oxbow Overlook und Caprock Coulee Trailhead ablaufen. **Mehrtägige Wanderungen** sind sehr beliebt, erfordern aber ein kostenloses Permit vom Parkranger.

◆ **Kanu-/Schlauchboottouren:** Während der Monate April bis Juni bietet sich der Little Missouri an für Kanu- bzw. Schlauchboottouren, denn dann führt er genügend Wasser. Beliebt ist die 3-4-Tagestour zwischen beiden Parkabschnitten. Infos beim Ranger oder bei der Dixon Ranch (s.o.).

Geologie und Geomorphologie

Nachdem vor etwa 70 Millionen Jahren das große Meer, das diesen Teil des Kontinents bedeckte, verschwunden war und die seitdem permanent wachsenden Rocky Mountains zum geologisch bestimmenden Faktor geworden sind, setzte auch die Entstehung der ersten heute noch sichtbaren Landschaftsformen in den Plains ein:

Vor etwa 60 Millionn Jahren erreichten die ersten Erosionsmaterialien der Rockies die heutigen Badlands – zu einer Zeit, als das Klima tropisch war und die Kontinentalmasse sich näher zum Äquator befand. Die Vegetation war dicht, und zahlreiche wasserhaltige Flüsse durchzogen die Region, und beides sorgte für die Sedimente, die den heutigen Sandstein ausmachen.

Painted Canyon

Als das Klima trockener wurde, verschwanden die Pflanzen, und nur wenige Überreste sind bis heute als versteinertes Holz ("Petrified Forest") zurückgeblieben (lesen Sie dazu auch unter: Badlands Petrified Gardens im Kapitel 13.3). Die Landschaft aber begann, ihr karges Erscheinungsbild zu entfalten. Zwischenzeitliche Vulkanausbrüche im Gebiet des heutigen Yellowstoneparkes schütteten immer wieder Aschen auf die Sedimente, die auch heute noch als graue Linien in den Abbruchkanten zu erkennen sind.

Vor 20 Millionen Jahren begann die Region, sich erneut zu heben, was vor allem für eine verstärkte Abflußtätigkeit der Flüsse sorgte, die nun noch intensiver Material abtragen konnten.

Für die letztendliche Formation des Canyons waren schließlich der Little Missouri und seine Nebenflüsse verantwortlich, wobei sie sich in früheren geologischen Perioden immer wieder einen anderen Weg gebahnt haben, womit die verschiedenen kleinen Hügel zu erklären sind. Auch diese abgerundeten Erhebungen waren einst ein flaches Tafelland mit canyonartigen Abbruchkanten und steilen Flußtälern. Doch sind sie im Laufe der Zeit zu ihrer heutigen Form wegerodiert. Auch der Canyon des Little Missouri wird einmal nur als sanftes Tal in einem Meer von Hügeln enden.

Um den geomorphologischen Verlauf besser verstehen zu können, sollten Sie zum Painted Canyon Outlook fahren und dort einmal anhand der Erläuterungstafeln die Erosionsabläufe studieren. So brechen z.B. die Kanten des Canyonrandes nicht einfach ab und fallen in die Tiefe, sondern gleiten im Laufe von vielen Jahren in hausgroßen Stücken ganz allmählich abwärts.

Dakota-Indianer um 1890

Die Gletscher haben auch mitgewirkt bei der Schaffung dieser Landschaft. Sie reichten zwar nicht ganz hier heran, veranlaßten aber den Missouri dazu, seinen ehemaligen Lauf zum Hudson Bay zu ändern und schließlich nach Süden zum Mississippi und zum Golf von Mexico zu entwässern. Das führte für lange Zeit zu einer verlangsamten Fließgeschwindigkeit und einer kleinen "Verschnaufpause" für die Sedimente auf den Ebenen. Die verschiedenen Farben der einzelnen Sedimentebenen spiegeln deutlich wider, daß die unterschiedlichen Fließrichtungen der Flüsse unterschiedlichstes Material herangeführt haben, daß aber auch die einzelnen Klimafaktoren (tropisch bis arid) immer wieder andere Verwitterungsprozesse verursacht haben. Zu vergessen sind nicht die oben bereits erwähnten Linien der Vulkanaschen.

■ Tierwelt

Von den riesigen Bisonherden, die noch bis 1870 durch den Canyon gezogen sind, ist heute nichts mehr zu sehen. Ebenfalls wurden die Antilopen (Gabelböcke), verschiedenste Hirscharten, Schwarzbären, Waschbären, Biber und viele andere Tiere durch die Jäger ausgerottet. Erst in jüngster Zeit bemüht man sich wieder um die Ansiedlung von der Ausrottung bedrohter Tierarten. Mittlerweile gibt es wieder vereinzelte kleine Bisongruppen und auch Antilopen. Aufregender aber ist heute die Suche nach den verstreuten Mustangs und Wildpferden, die sich, zurückgelassen von früheren Ranchern, besonders gerne im östlichen Abschnitt des Südteils aufhalten – entlang des Paddock Creek.

Putzig aber und mittlerweile fast einzigartig in der Prärie sind die Präriehunde, deren Siedlungen sich überall im Park befinden. Diese kleinen Nager ähneln im ersten Moment Murmeltieren, so wie sie aus ihren Bauten schauen. Im Laufe der Zeit haben sie sich auch an die zweibeinigen Besucher gewöhnt, und man könnte fast behaupten, sie stellen sich fürs Photo in Pose. Präriehunde leben in Siedlungen mit mehreren tausend Artgenossen, weswegen diese im Englischen auch als "Prairie Dog Town" bezeichnet werden. Ehemals war der gesamte Mittlere Westen mit ihren Bauten überzogen, doch haben die Farmer diese Tiere "als Futterkonkurrenten" nahezu ausgerottet (siehe auch im Kapitel "Geographie – Tiere"). Die Aufteilung der Bauten ist ebenfalls interessant:

Gleich unterhalb der Erdoberfläche befindet sich der **Hörraum**, wo sich die Tiere aufhalten, um zu horchen, ob ein Feind in der Nähe ist. Gleich darunter ist die **Toilette**, unter der sich dann der **Trockenraum** anschließt, der Raum, in dem die Präriehunde sich aufhalten, wenn der unterste, der sog. **Wohnraum**, durch Regenwasser überflutet ist.

Auch Ornithologen werden im Roosevelt Park ihre Freude haben, besonders in den Monaten der Wandervögel (April und Oktober), wenn unzählige Zugvögel gerne hier Rast machen. Ständige Bewohner des Parkes sind Drosseln, Elstern und Stärlinge, die ihre Nester meist in den Bäumen am Fluß haben, sowie die Raubvögel (Bussarde und seltener Steinadler), die in dieser wüstenartigen Landschaft immer wieder ein Aas finden bzw. sich zwischendurch mit Feld- und Wühlmäusen begnügen müssen.

Pflanzenwelt

Die Pflanzenwelt beeindruckt wohl eher botanisch versierte Besucher, die die Feinheiten zu erkennen vermögen. Lange Trockenzeiten und starke Regen verursachen klimatische Extrembedingungen, gefördert noch durch immer wieder einsetzende und zügig voranschreitende Bodenerosionen, die nur schnellwachsenden Großpflanzen eine Chance geben. Bäume gibt es fast ausschließlich in Form von Galeriewäldern (Pappeln, Ulmen und seltener Espen) entlang der Flüsse. Die weiten Grasfluren sind in wenigen Fällen unterbrochen durch Sträucher, Büsche und Kakteen.

Nur im Frühjahr, wenn zahlreiche Wildblumen das satte Grün des Grases mit ihren farbenfrohen Blüten bereichern, werden auch die Herzen der botanischen Laien höher schlagen.

Ansonsten aber gilt es, sich an dem grünen (bzw. gelben) Grasteppich zu erfreuen, der diese verwegene Landschaft wie ein Schleier überzieht. Der Anblick ist besonders im frühen Morgendunst und bei den zahlreichen schönen Sonnenuntergängen unvergleichlich.

Zwischen den beiden Parkabschnitten erstreckt sich entlang dem Little Missouri River das **Little Missouri National Grassland**, ein Naturschutzgebiet, in dem es mehrere einfache Campingplätze und Wanderwege gibt.

Hinweis
Zwischen der Brücke über den Little Missouri, nahe dem Nordeingang des Nationalparkes und der Grenze zu Montana, gilt noch einmal die Central Time. Aus 11h00 wird wieder 12h00.

Weiter durch den Nordwesten von North Dakota und den Norden von Montana

Wenn Sie geglaubt haben, Bismarck und die Mitte North Dakotas waren die absolute Provinz, dann haben Sie sich getäuscht. Die beginnt erst wirklich nördlich des Interstate 94 und setzt sich fort in Nord-Montana.

Die Orte sind geprägt von der Landwirtschaft, das allgegenwärtige Fernsehprogramm besteht aus nur 2 Sendern (denen aus Williston, ND und aus Sidney, MT), und die wichtigsten Sportnachrichten beschäftigen sich mit den lokalen Ringerwettkämpfen bzw. den B-County-Basketballteams der Schulmädchen. Eine von uns zufällig aufgeschnappte Kultursendung berichtete von einem mit dem "Golden Apple Award" prämierten Theaterstück; Hauptfigur des Stückes: eine lebensgroße Milchkuh aus Pappe.

Tip
Sollten Sie in **Watford City** ein Bier bestellen, achten Sie darauf, daß Ihnen keine Oliven ins Glas getan werden. Das lieben nämlich die Einheimischen.

Dieses alles sollte Sie aber nicht abschrecken, sondern eher dazu ermutigen, sich hier einmal “umzusehen”: Die Menschen sind überaus freundlich, die Preise in Motels (DZ ab 25$) und Restaurants (Steak 8$, Bier 1,50$) erschwinglich, und die Landschaft ist weiterhin beeindruckend.

In **Alexander**, auf halber Strecke zwischen Watford City und Williston, gibt es das **Lewis and Clark Trail Museum** mit einer kleinen Ausstellung zur Expedition der beiden Forscher und einigen Memorabilia zur lokalen Pioniergeschichte. Das Museum ist täglich zwischen Memorial und Labor Day geöffnet.

Kurz hinter Alexander bieten die CO 200 und die CO 58 eine Abkürzung zum Fort Union N.H.S.

Williston

Information
Williston Hospitality Bureau: 10 Main St., Williston, ND 58801, Tel.: (701) 774-9041.

Übernachten
In Williston finden Sie eine Reihe kleiner einfacher Motels. So z.B.:

- **Select Inn $:** 213 35th St. W., Williston, ND 58801, Tel.: (701) 572-4242 od. 800-641-1000, Fax: (701) 572-4211.
- **El Rancho Motor Hotel $-$$:** 1623 2nd Ave. W., Williston, ND 58801, Tel.: (701) 572-6321.
- **Super 8:** 2324 2nd Ave.W. (Kreuzung US82/2), Williston, ND 58801, Tel.: (701) 572-8371.

Die kleine Stadt mit 14.000 Einwohnern hat sich zum wirtschaftlichen Zentrum des Nordwestens von North Dakota entwickelt. Hierzu tragen neben der Landwirtschaft vor allem die reichen Öl- und Gasvorkommen der Region bei, die hier in der Beckenlandschaft entdeckt worden sind.

Ansonsten kann Williston als Ausgangspunkt für Angeltouren auf dem Nordabschnitt des Lake Sakakawea angesehen werden sowie für den Besuch der folgenden beiden Forts:

◆ **Fort Buford National Historical Site**: 7 Meilen westl. auf dem US 2, dann auf der ND 1804 nach Südwesten, Infos: Tel. (701) 572-9083. Fort Buford wurde 1866 als Militärposten und Versorgungslager für die umliegenden Indianerstämme eingerichtet, an einer Stelle, wo vorher bereits 2 kleine Forts standen. Bekannt wurde es durch die Tatsache, daß Sitting Bull sich hier mit 200 seiner Leute 1881 letztendlich ergeben hat. Heute sind noch das Hauptquartier, das Magazin und der Friedhof zu besichtigen. 500 m vor dem Eingang gibt es einen schönen Picknickplatz am Missouri. Dieses Fort ist nur von Mai bis September geöffnet, wobei Sie das ganze Jahr über die Anlage laufen können.

◆ **Fort Union Nat. Historic Site**: Ebenfalls auf dem ND 1804 in südwestlicher Richtung. Infos: Tel. (701) 572-9034. Täglich geöffnet von 9h00-16h00 (im Sommer bis 18h00) – Mountain Time! 1829 unter der Leitung von Kenneth McKenzie für die (Pelzhandelsfirma) American Fur Company am Missouri errichtet, war Fort Union vornehmlich ein Handelsposten. Als einer der westlichsten “Outposts” zu dieser Zeit fanden sich hier die verschiedensten Besucher ein: Pelzhändler, Priester, reiche Kaufleute, Künstler, Jäger, Abenteurer, Indianer, Naturwissenschaftler und und und ... Rauschende Feste, wie man sie hier kaum erwartet hätte zu dieser Zeit, wurden gefeiert. Mit der Einrichtung des nur 2 Meilen entfernten Fort Buford erlosch die Bedeutung von Fort Union, und es wurde bereits 1867 geschlossen.

Das Fort wurde in seinem alten Zustand wieder hergerichtet. Das alte "Bourgeois House", das Hauptquartier des Forts, sowie die Pallisadenwände und einige kleine Details sind zu besichtigen, und während der Sommermonate werden Programme vorgeführt. Interessant sind auch die alten Küchengeräte, Bestecke, Bierkrüge etc., die Ihnen einen hervorragenden Eindruck über das Leben zu dieser Zeit vermitteln.

Fort Union

Hinweis
Erneute Zeitumstellung an der Staatsgrenze: Es gilt nun wieder die Mountain Time. Aus 12h00 wird 11h00.

INFO

Dry farming

Es handelt sich hierbei um eine besondere Anbaumethode (an der Trockengrenze), die noch bei 200-300 mm Niederschlag im Jahr möglich ist. Dabei wechselt sich ein Anbaujahr mit einem Jahr der Brache ab. Während der Trokkenbrache (kurz vor der Regenperiode) wird das von Unkraut freigehaltene Land tiefgründig durchgepflügt, damit der Niederschlag in den Boden eindringen kann. Nach dem Regen wird dann geeggt, damit durch die Unterbrechung des Kapillarsystems die Verdunstung vermindert wird - d.h. das gesammelte Wasser in den tieferen Böden kann nicht nach oben steigen. Die so angesammelte Feuchtigkeit ermöglicht im folgenden Jahr den Getreideanbau. Diese Methode ist umstritten, da sie durch das Ausbrechen der Grasfluren der Abtragung durch den Wind Vorschub leistet.

Der Norden Montanas

Die Beckenlandschaft **Nord-Montanas** zieht sich über Hunderte von Meilen hin. Eine sanfte Hügellandschaft, unterbrochen von kleinen, bizarren Erosionsformationen, die manchmal nur ein kurzer Platzregen ausgelöst haben mag, ist nun Ihr Wegbegleiter bis Great Falls. In der Ferne im Süden tauchen vereinzelt kleine Bergketten und canyonartige Abbruchkanten auf, im Grunde aber "reitet" die Straße für Stunden die Flächen ab, die vor 100 Millionen Jahren als Sediment von einem großen See hinterlassen wurden (siehe auch Geologie des Th. Roosevelt NP). Die niedrige Niederschlagsmenge erlaubt nur einen spärlichen Baumbewuchs, der sich in der Regel auf den Galeriewald entlang der Flüsse beschränkt. Die Rancher müssen ihre Flächen häufig bewässern, und in so manchem regenarmen Jahr reicht auch dieses nicht, und ganze Herden müssen notgeschlachtet werden. Entsprechend der niedrigen, vom Staat festgelegten, Besatzquote (zwischen: 1 Rind auf 2 ha bis zu 1 Rind auf 17 ha) sind die Ranchen dann auch groß: 5.000 ha und mehr sind die Regel.

Montana-Telegramm

Abkürzung	MT
Beinamen	The Treasure State, Big Sky Country
Namensherleitung	vom Spanischen "montana" = gebirgig
Motto	Gold und Silver
Staat seit	8. November, 1889 (41. Staat)
Höchster Berg	Granit Peak (Park County) – 3.900 m
Staatsbaum	Ponderosa-Kiefer
Fläche	380.848 qkm
Einwohner	800.000 E., davon 38.000 Indianer
Einwohnerdichte	2,1 E./qkm
Hauptstadt	Helena (25.000 E.)
Weitere Städte	Billings (82.000 E.), Great Falls (56.000 E.), Missoula (43.000 E.), Butte (34.000 E.), Bozeman (23.000 E.)
Wichtigste Wirtschaftszweige	Landwirtschaft: Wollschaf- und Rinderhaltung, vereinzelt Ackerbau, vornehmlich Sonderkulturen auf bewässerten Flächen sowie Getreideanbau nach dem Prinzip des Dry-Farming; Bergbau: Kupfer-, Nickel-, Platin-, ferner Palladium-, Gold- und Kohleförderung. In jüngster Zeit: Erdölförderung; Industrie: Erzverhüttung, Holzverarbeitung und kleinere produzierende Betriebe für die Landwirtschaft; Tourismus
Touristisches Potential	Wintersport, Glacier Nationalpark, schöne Waldlandschaften – vor allem im Westen des Staates, Geschichte der Indianerkriege – u.a. das Custer Battlefield Nat. Memorial, Ranchleben und -aufenthalte, der südwestlich angrenzende Yellowstone Nationalpark.
Touristische Information	Travel Montana/Ski Montana: Deer Lodge, MT 59722, Tel.: 800-541-1447. Für Outdoor-Fans gibt es zudem noch ein interessantes kleines Magazin zu ordern: "Montana Outdoors", zu bestellen bei: Dept. of Fish, Wildlife & Parks, 1420 E. Sixth St., Helena, MT 59620.
Touren	Für Touren in Montana ist Jim Court die beste Empfehlung. Jim war 8 Jahre Superintendent des Little Bighorn Battlefiled NM und kennt Montana und den Norden von Wyoming wie seine Westentasche. Ob Geschichten zu den Indianerkriegen, versteckte Hotels oder echte Cowboybars, Jim kennt sie alle. Touren und Tourpakete von 4 Stunden bis zu einem Monat werden von Jim bei rechtzeitiger Buchung persönlich auf spezielle Wünsche zugeschnitten: Action Travel, 416 North Cody Ave., Hardin, MT 59034, Tel.: (406) 665-1580 od. 1-800-331-1580, Fax: (406) 665-3133

Neben der Landwirtschaft erhielt der Norden Montanas wirtschaftlichen Auftrieb durch Erdölfunde. So tauchen besonders im Nordosten immer wieder Förderpumpen auf den Weiden auf. Die größten Felder aber befinden sich südlich der hier beschriebenen Strecke.

Ein immer wieder faszinierendes Bild in dieser unendlich erscheinenden Landschaft bieten die langen Güterzüge, die sich wie Raupen aus einer anderen Welt über die Prärie bewegen, auf dem Wege von Seattle nach Chicago. Gelangweilt hängen die Lokomotivführer aus dem Fenster und freuen sich, wenn man ihnen zuwinkt ...

Orte gibt es nicht viele, und die wenigen machen bereits früh auf sich aufmerksam durch ihre markanten Getreidespeicher, die besonders im Licht der Dämmerung einen gespenstischen Eindruck vermitteln, der durch die starken, staubaufwirbelnden Abendwinde und die dann herumfliegenden Gestrüppreste noch unterstrichen wird.

Motels
gibt es fast in jedem Ort, doch sind diese ausgesprochen einfach. Die hier aufgeführten mögen noch die besten sein, aber erwarten Sie nicht zuviel. In Havre sind die Motels wieder etwas größer, aber erst Great Falls bietet wirklich die gewohnte Mittelklasse.

Tanken
ist kein großes Problem. Entlang des US 2 gibt es in der Regel alle 25 Meilen eine Tankstelle, die aber z.T. nur unter der Woche und am Tage geöffnet sind. Tanken Sie daher trotzdem rechtzeitig.

Sehenswertes entlang der Strecke

Poplar: in dem kleinen Ort, Sitz der Reservatsverwaltung des Fort Peck Indian Reservates, gibt es das kleine **Tribal Museum** (nur im Sommer geöffnet) mit einigen Artifakten zur Geschichte der Sioux Indianer. Achten Sie während der Sommermonate auch auf Ankündigungen verschiedener Indianerfeste (Pow Wows).

Wolf Point ist eine kleine Erdölstadt mit ein paar Motels und einem kleinen lokalen Museum, dem **Wolf Point Historical Society Museum**, das nur während der Sommermonate geöffnet ist.

Zwei interessante Fakten zum Erdöl in Montana

- Das Erdöl wird aus Sanden gewonnen und gilt als "sauer". Diese beiden Tatsachen machen sowohl die Förderung sehr teuer als auch das Raffinieren. Besonderes Problem beim Umwandeln in Benzin ist die hohe Luftverschmutzung.
- Viele der Erdölvorkommen gehören den Eisenbahnkonsortien. Im 19. Jahrhundert wurden diesen große Landflächen vom Staat geschenkt, damit der Ausbau der Schienenstränge und der Infrastruktur im allgemeinen gewährleistet und kontrolliert werden konnte. Später verkauften die Eisenbahnen den größten Teil dieser Landflächen, ohne dabei jedoch die Minenrechte mit abzugeben.

Glasgow ist mit knapp 4.000 Einwohnern das wirtschaftliche Zentrum der Region und, von Westen kommend, Ausgangspunkt für den 24 Meilen südöstlich gelegenen **Fort Peck Lake**, einem riesigen Stausee, dessen Uferlinie 1.600 Meilen lang ist. Die größte Erdstaumauer (eines Wasserkraftwerkes!) der Welt, nahe dem kleinen historischen Ort **Fort Peck**, ist 6,3 km lang und bis zu 84 Meter hoch. Die CO 24 führt auf der Dammkrone entlang. Ein Museum erläutert Bau und Bedeutung des Staudamms, und im Sommer werden Führungen angeboten. Für Sie, aus Osten kommend, empfiehlt sich bereits die Anfahrt von Nashua über die CO 117.

Und immer wieder Züge ...

Übernachten
Cottonwood Inn $$: 1 Meile östlich von Glasgow am US 2, Glasgow, MT 59230, Tel.: (406) 228-8213 od. 1-800-321-8213, Fax: (406) 228-8248. Sauberes Motel mit Pool und Sauna. Die ca. 25 $ teureren Studios bieten Kühlschränke und Platz für Familien mit Kindern.

8 Meilen östlich von **Malta** (am Old US 2) befindet sich am gleichnamigen See das 7.000 ha große **Bowdoin National Wildlife Refuge**, das besonders bei Ornithologen großes Interesse hervorruft. Zudem können Sie hier typische Prärietiere, wie z.B. Antilopen und verschiedene Hirscharten, sehen. Eine knapp 16 Meilen lange Rundfahrt führt durch den Park. Von Osten kommend, sollten Sie bereits hinter Saco auf den Old US 2 abbiegen (Meilenstein: 489)

Übernachten
Maltana Motel $: 138 1st Ave. W., Malta, MT 59538, Tel.: (406) 654-2610. Kleines Motel mit 19 Zimmern.

Kurz hinter Dodson führt eine Straße in südlicher Richtung in das **Fort Belknap Agency Reservat** (auch über den US 191 von Malta erreichbar), in dessen südlichem Ende die landschaftlich schönen **Little Rocky Mountains** sowie eine alte Missionsstation zu sehen sind – beides ca. 40 Meilen vom US 2. Der US 191 (später dann US 87) bietet zudem die Möglichkeit, von hier direkt nach Billings zu fahren.

16 Meilen südlich von **Chinook**, an der CO 240, befindet sich der **Chief Joseph Battleground (Bear's Paw Battleground).** Hier war es, wo Chief Joseph und seine Krieger des Nez Perce Stammes, sich ein letztes, 6 Tage andauerndes Gefecht mit den Soldaten der amerikanischen Armee lieferten und wo nach der Niederlage am 5. Oktober 1877 der Indianerhäuptling die berühmten Worte sprach: "From where the sun now stands, I will fight no more forever". Die Nez Perce stammten eigentlich aus dem Gebiet des heutigen Idaho und vertrugen sich dort lange Zeit mit den Siedlern, bis durch immer wieder geänderte ("endgültige") Verträge ihr Stammesgebiet soweit zusammengeschrumpft war, daß sich eine Reihe von ihnen auflehnte gegen die Regierung. Sie flohen, und eine 1.700 Meilen lange Verfolgung begann, die am 9. August u.a. zur Schlacht am Big Hole (im Westen von Montana) führte. Die Nez Perces konnten aber nochmals von dort fliehen, bevor sie dann letztendlich hier bei Chinook doch unterlagen und aufgeben mußten.

Übernachten
Chinook Motor Inn $-$$: 100 Indiana Ave., Chinook, MT 59523, Tel.: (406) 357-2248. Einfaches, aber sauberes 38-Zimmer-Motel.

Havre

Information
Chamber of Commerce: 518 1st St. P.O.Box 308, Havre, MT 59501, Tel.: (406) 265-4383. Hier erhalten Sie auch alle notwendigen Infos zu den Indianerstätten und Forts in der Umgebung.

Übernachten
Le Havre Townhouse Inn $-$$: 629 W 1st St., Havre, MT 59501, Tel.: (406) 265-6711 od. 800-422-4667, Fax: (406) 265-6213. Sauberes Motel mit 100 Zimmern.

Havre (sprich: Haver) ist Zentrum des umliegenden Farmlandes und erlangte Bedeutung als wichtiger Stützpunkt der Great Northern Railway sowie durch das 1889 erbaute **Fort Assiniboine**, dessen Überreste (einige Kasernengebäude) heute 8 Meilen südwestlich am US 87 zu besichtigen sind (Touren im Sommer: (406) 265-9913). Heute interessanter ist aber das (weit ausholende) kleine Heimatkundemuseum, das **Earl Clack Memorial Museum** (½ Meile westl. am US 2), welches auch archäologische Erläuterungen zur Region bietet. Archäologisch auffällig sind z.B. die **Havre Badlands** 8 Meilen nordwestlich am Hwy. 232, wo auch Fossilienreste gefunden worden sind, sowie das **Wahkpa Chu'gn Archaeology Site** westlich am US 2, einer Stelle, wo Indianer bereits vor 2.000 Jahren Bisons geschlachtet und ausgenommen haben.

In Havre gibt es mehrere Hotels, fast alle mit Mini-Casinos, und einen großen Bahnhof, vor dem eine alte Dampflokomotive zu bewundern ist.

1. Abstecher zum Glacier Nationalpark und von dort weiter bis Butte

Anfahrt
Folgen Sie einfach westlich von Havre dem US 2. Er führt Sie direkt nach Browning. Von dort nehmen Sie dann den US 89 nach Norden bis zum Visitor Center in St. Mary bzw. bleiben auf dem US 2 bis zum Visitor Center bei West Glacier.

Entfernungen
- Havre - St. Mary: 190 mi/306 km
- St. Mary - West Glacier: 51 mi/82 km
- West Glacier - Butte: 258 mi/415 km
- Butte - West Yellowstone: 150 mi/241 km
- West Yellowstone - Billings: 217 km/349 km (ohne Umwege im Yellowstone Park)
- Butte - Billings (direkt): 224 mi/361 km

In **Browning** sollten Sie einen kurzen Stop einlegen am **Museum of the Plains Indians** (nahe der Kreuzung US 2/89, geöffnet: im Sommer täglich, Rest des Jahres Mo-Fr), in dem die Geschichte der Indianer der Prärie und der nördlichen Ebenen behandelt wird. Hauptaugenmerk wird auf die Geschichte der Blackfeet (Schwarzfuß) Indianer gelegt.

Glacier Nationalpark

Highlights

- ehemalige **Gletscherlandschaft**
- Aussichtspunkte entlang des **"Going to the Sun Highway"**
- **Bootsrundfahrten** auf den Seen

Überblick

Der 410.196 ha große Nationalpark besteht aus einer zerklüfteten Gebirgslandschaft, ca. 200 kleinen und acht langgestreckten und tiefen Seen. Sie sind durch die Hobelkraft der eiszeitlichen Gletscher entstanden, denen der Park seinen Namen verdankt. Die Gletscher selbst haben sich in die hohen Lagen zurückgezogen und zu nur noch kleinen Zungen reduziert. Sehenswert ist der 1910 gegründete Nationalpark also in erster Linie seiner vielfältigen Wasserlandschaft wegen, die Erinnerungen an norwegische oder schottische Regionen wach werden läßt.

Reisepraktische Hinweise

Öffnungszeiten
Der Park als Ganzes ist nur von Ende Mai bis Mitte September geöffnet

Information
- **Schriftlich:** Superintendent; Glacier Nat. Park, West Glacier, MT 59936, Tel.: (406) 888-5441.
- **Vor Ort:** Über die vielfältigen Möglichkeiten informieren die drei Visitor Center (St. Mary, am Logan Pass und in West Glacier)

Hinweis
Der Park ist zwar nicht so überlaufen wie viele andere, aber trotzdem populär; im Juli und August kann es deshalb zu Engpässen bei den Hotels/Motels kommen.

Übernachten
- In den Ortschaften um den Park gibt es eine Reihe von Unterkünften und Campingplätzen.
- Im und um den Park stehen zahlreiche Hotels/Motels zur Verfügung, die alle zentral reserviert werden können über:

\- **Während der Sommermonate: Glacier Park Inc.,** East Glacier Park, MT 59936, Tel.: (406) 226-5551, Fax: (406) 226-4404.

\- **Rest des Jahres: Glacier Park Inc**., Dial Tower, Dial Corporate Station 210, Phoenix, AZ 85077.

- **Glacier Park Lodge $$$:** An der MT 49, in der Nähe der Kreuzung mit dem US 2. Schöne Zimmer in einer Lodge von 1913. Auch Suiten ($$$-$$$$). Gutes Steak-Restaurant.
- **Lake McDonald Lodge $$$:** Rustikales Jagdhotel am Lake McDonald im Park, umgeben von einem großen Zedernbestand.
- **Many Glacier Hotel $$$:** 12 Meilen westlich von Babb, schön gelegen am St. Mary Lake.
- **Rising Sun Motel $$:** an der "Going-to-the-Sun-Road". Saubere und billige Cabins.
- **Campingplätze** gibt es zahlreich im Park, von denen aber viele sehr rudimentär eingerichtet sind.

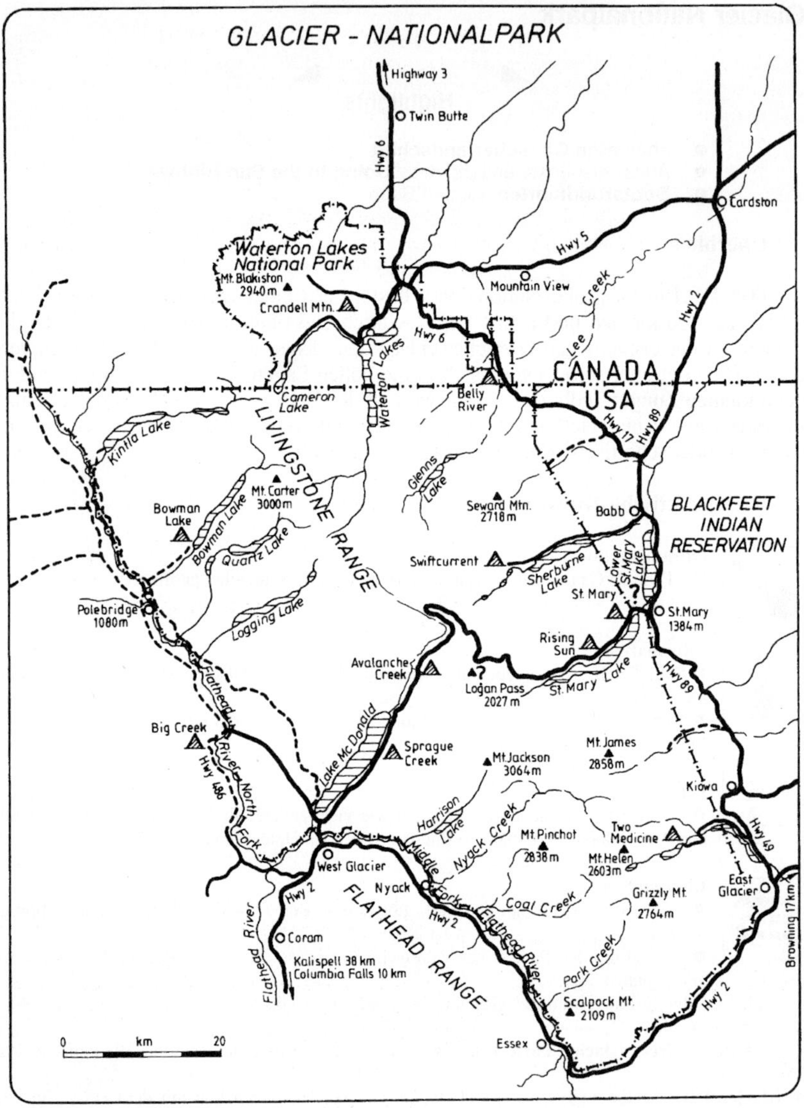

Beste Reisezeit

Da der Park nur zwischen Ende Mai und Mitte September geöffnet ist, ist die mögliche Besuchszeit begrenzt. Die ideale Besuchszeit liegt im Juli und August, wenn es warm und i.d.R. trocken ist. Ansonsten muß man mit hohen Niederschlägen rechnen (Jahresmittel 1.500 mm). Selbst im Hochsommer kann es nachts zu Kälteeinbrüchen bis zum Gefrierpunkt kommen.

Aktivitäten

◆ **Wandern:** Mit etwa 1.120 Kilometern Fußwegen ist der Park zum Wandern mehr als geeignet. Informieren Sie sich aber vorher in den Visitor Centern. Viele Wege sind lang und bedürfen einer entsprechenden Genehmigung und natürlich Ausrüstung. Selbst bei den erträglichen Temperaturen sollten Sie auf jeder Wanderung einen Tagesbedarf von 3 Litern Trinkwasser pro Person dabeihaben.

Sehr lohnend sind die kurzen Wanderwege und Lehrpfade, die vom Avalanche Campingplatz ausgehen, besonders der "Avalanche Lake Trail" (4 km).

◆ **Andere Aktivitäten:** Der Nationalpark ist wegen seiner reichen Fischbestände, besonders von Forellen (= trout) zum Angeln geeignet (Kostenlose Lizenzen in den Visitor Centern besorgen!). Beliebt sind ferner Bootsrundfahrten oder Ausflüge mit gemieteten Motor-, Segel- und Paddelbooten. Auch Reiten ist weit verbreitet. Im Winter haben sich die benachbarten Ortschaften auf Skilanglauf, Schneeschuhwandern und Snowmobiling eingestellt.

Pflanzen- und Tierwelt

Die Flora und Fauna des Nationalparks entspricht seiner nördlichen Breite und der Höhenlage. Großtiere, wie Elche, Wapitihirsche, Maultierhirsche sowie Schwarz- und Waschbären, sind oft anzutreffen. Vereinzelt treten auch Schneeziegen, Biber und Otter auf. Die wenigen Grizzlys bekommt man so gut wie nie zu Gesicht. Unter den über 200 Vogelarten sind besonders viele Wasservögel.

Die Vegetation ist von dem niederschlagsreichen Westen und dem trockenen Osten bestimmt. Der gesamte westliche Teil ist dabei stark bewaldet, vor allem mit verschiedenen Tannen-, Lärchen- und Kiefernarten. Oberhalb der Baumgrenze gibt es versteppte Gebiete und blumenbestandene Wiesen.

Rundfahrt

Hinweis
Die Straße durch den Park kann nur von Pkw und kleineren Wohnmobilen befahren werden.

Bevor Sie bei St. Mary nach Westen abbiegen, sollten Sie sich überlegen, ob Sie nicht auch den **Waterton Lakes Nationalpark** auf kanadischer Seite besuchen möchten. Dazu müssen Sie der US 89 und dann der CO 17 nach Norden folgen. Das Landschaftsbild – ebenfalls wunderschön – gleicht aber dem des amerikanischen Nachbarparks.

Im Glacier Nationalpark

Für Autotouristen gibt es vier Parkeingänge, die jeweils zu vier unterschiedlich geprägten Landschaftsbildern führen. Auf der hier beschriebenen Route gelangt man über den US 89 zur Ortschaft **St. Mary**. Ab hier können Sie die spektakulärste und gut 80 km lange Strecke des Parks befahren: Der enge und gewundene **"Going to the Sun Highway"** durchquert den gesamten Park und erreicht am **Logan Pass** eine Höhe von 2.207 m.

Von seinen zahlreichen Aussichtspunkten werden Sie grandiose Panoramablicke auf den St. Mary Lake, schneebedeckte Berge, den Lake McDonald, den Dreitausender Mt. Jackson und ausgedehnte Wälder erleben. Die Paßstraße markiert übrigens auch den Verlauf der **"Great Continental Divide"**, die große Wasserscheide der Rocky Mountains. Westlich wird der Subkontinent zum Pazifik entwässert, östlich des Grates in den Golf von Mexiko. Im östlichen Streckenabschnitt gehen zahlreiche Lehrpfade und Wanderwege von der Straße ab.

■ Weiter außerhalb des Parks

Vom westlichen Abschnitt des Nationalparks aus folgen Sie bis **Kalispell** dem US 2, danach dem US 93 in südlicher Richtung bis kurz vor **Missoula**.

Sie passieren dabei **Kalispell** (zahlreiche Hotels/Motels) und schließlich den **Flathead Lake**. Der wunderschöne See (45 km lang, 24 km breit) liegt in prächtiger landschaftlicher Umgebung und ist touristisch voll erschlossen. Es ist möglich, den See über die Straßen 82, 93 und 35 ganz zu umrunden. Man wird dabei ohne Schwierigkeiten auf eine nette Pension, ein Motel oder einen Campingplatz stoßen.

Missoula, eine kleine Stadt, in der sich alles um die Holzwirtschaft dreht, verfügt ebenfalls über zahlreiche Hotels/Motels und Pensionen.

Drei Übernachtungsempfehlungen für Flathead Lake/Missoula

- **O'Dauch'Ain Country $$$:** 675 Ferndale Dr. (4 ½ Meilen östlich von Bigfork), Bigfork, MT 59911, Tel.: (406) 837-6851. Rustikales und gemütliches Country Inn in Holzhaus. Nur 5 Zimmer, von denen 3 das Badezimmer teilen. Die Lage aber spricht für sich. Kanu- und Raftingtouren können organisiert werden.
- **Timbers Motel $$:** 8540 MT 35, Bigfork, MT 59911, Tel.: (406) 837-6200. Kleines, sauberes Motel mit Sauna und Pool.
- **Goldsmith Bed & Breakfast $$-$$$:** 809 E. Front St., Missoula, MT 59802, Tel.: (406) 721-6732. Schön am Clark Fork River gelegenes historisches Haus (von 1911). Hier lebte ehemals der Präsident der Universität. Zahlreiche Antiquitäten. Absolut Nichtraucher!

Falls Ihre Reiseroute Sie von hier weiter nach Westen führen sollte, empfehle ich Ihnen die Lektüre des Reisehandbuchs "USA/Westen" von meinem Kollegen Ulrich Quack; Iwanowski Verlag, Dormagen 1996.

2. Von Havre nach Great Falls

Loma hat ein kleines **Mineralienmuseum** (Earth Science Museum) und ist Ausgangspunkt für **Kanutouren** (Infos u. Verleih: Virgelle Mercantile (406) 378-3110)

Fort Benton

Die kleine Stadt war zwischen 1860 und 1890 ein bedeutender Flußhafen. Von hier aus war der Missouri River schiffbar. Zwei Museen, das **Museum of the Northern Great Plains** (21st St.) und vor allem das **Museum of the Upper Missouri** (Ecke Front/18th Sts.) geben Aufschlüsse über diese Zeit. Beide Museen sind nur während der Sommermonate geöffnet. Historische Gebäude und die Ruinen des ehemaligen Fort Benton (1847) am Fluß runden das Bild ab. Während der Sommermonate legen von Fort Benton kleine Rundfahrtboote ab für Touren auf dem Missouri. Am Flußufer erinnern Denkmäler, Plaketten und ein Nachbau eines der Boote von Lewis und Clark, die auch hier vorbeikamen, an die Geschichte der Eroberung des Westens.

Great Falls

Sonnenuntergang bei Fort Benton

Information
Chamber of Commerce: Box 2127 Great Falls, MT 59403, Tel.: (406) 761-4434.

Übernachten
● **Best Western Heritage Inn $$:** 1700 Fox Farm Rd, Great Falls, MT 59404, Tel.: (406) 761-1900. Großes Motel mit Mittelklassecharakter und einem schönen Pool.
● **Rainbow Hotel $$-$$$:** 20 3rd St., Great Falls, MT 59401, Tel.: (406) 727-8200 od. 800-332-9940.
● **The Chalet Bed & Breakfast $$:** 1204 4th Ave., Great Falls, MT 59401, Tel.: (406) 452-9001. Schöne B&B-Unterkunft in ehemaligem Gouverneurs-Wohnhaus von 1909.

Restaurant
Eddies Supper Club: Ecke 38th und 2nd St., Tel.: (406) 453-1616. Unkompliziertes Familienrestaurant mit amerikanischer Küche. Gute Steaks und Burger – dazu am Wochenende Unterhaltungsprogramm. Paßt in die Stimmung der Region!

Great Falls ist mit 56.000 Einwohnern die zweitgrößte Stadt Montanas und ein wirtschaftliches Zentrum des Staates. Landwirtschaftliche Klein- und Mittelindustrie sowie ein Luftwaffenstützpunkt und das Wasserkraftwerk an den Stromschnellen bilden die Stützpfeiler des Wohlstandes. Sehenswert sind hier zwei Punkte:

"May your days be better" von Russell

■ **C.M. Russell Museum Complex:** 400 13th St.N., geöffnet: täglich 10h00-16h30. Oktober-Mai Mo geschlossen. Charles M. Russell, Sohn der Stadt, gilt in Amerika als einer der bedeutendsten Künstler der Western Art. Diese Kunstrichtung stilisiert, teilweise in heroisierender Form, die Geschichte des Westens, ohne dabei die Leistungen der ersten Pioniere zu vernachlässigen. Auch die Indianer werden dargestellt. Russells Erfolg beruht vor allem auf der Tatsache, daß er die meisten Szenen selbst erlebt hat und selbst beeindruckt war von der einfachen Lebensweise im Westen. Dieses konnte er so gut auf seinen Bildern darstellen, daß wohl nur noch Remington mit seinen künstlerischen Leistungen vergleichbar ist. Achten Sie beim Betrachten der Bilder vor allem auf die Gesichtszüge. Neben Gemälden und Figuren von Russell können Sie auch eine Rekonstruktion seines Hauses und Werke anderer Künstler der Western Art bewundern. Selbst wenn Ihnen diese Kunstrichtung nicht liegt, sollten Sie ihre Bedeutung für Amerika nicht unterschätzen und das Museum besuchen.

■ **Giant Springs Heritage State Park:** 3 Meilen östlich am US 87. Eine der größten Süßwasserquellen und der kürzeste Fluß der Welt, der Roe, machen erneut das amerikanische Bewußtsein für Superlativen deutlich. Aus der Quelle sprudeln täglich 1,5 Milliarden Liter Wasser und speisen den Roe, der sich über beinahe 100 m "hinzieht" zum Missouri! Es bieten sich Ihnen hier zudem eine schöne Landschaft und ein Blick auf die Rainbow Falls (Stromschnellen). Ein Visitor Center gibt weitere Erläuterungen, und ein "Lewis & Clark Museum" am Parkeingang ist in Planung.

Zwei Routenalternativen:

❶ Folgen Sie dem I-15, der Sie auch an Montanas kleiner Hauptstadt **Helena**, einer ehemaligen Minenstadt (Gold) mit einem historischen Distrikt (**Reeder's Alley**) vorbeiführt. Interessant sind hier das **State Capitol** und das **Montana Historical Society Museum** sowie die **Cathedral of St. Helena**, die z.T. dem Kölner Dom nachempfunden ist.

Die 34.000-Einwohner-Stadt **Butte** entwickelte sich aufgrund riesiger Silberminen und späteren Kupferfunden. Auch hier gibt es einen historischen Distrikt und ein sehenswertes kleines Bergbaumuseum: **World Museum of Mining** (W. Park St., geöffnet: täglich von Mai bis November).

Von Butte aus folgen Sie dem I-90, von dem mehrere Straßen zum Yellowstone Nationalpark abgehen. Lesen Sie von dort an weiter im Kapitel 13 bzw. für Touren weiter in den Westen folgen Sie meiner Empfehlung und lesen Sie weiter im bereits oben erwähnten Reisehandbuch "USA/Westen" von Ulrich Quack.

Nördlich von Three Forks befindet sich die **Quelle des Missouri** im gleichnamigen State Park (Camping und Picknicken).

HOTEL

Als **Übernachtungstip** in Three Forks möchte ich Ihnen folgendes historische Hotel (1910) nennen:
Sacajwea Inn $$-$$$: 5 N. Main St., Three Forks, MT 59752, Tel.: (406) 285-6515 od. 1-800-821-7326.

Bozeman, eine Universitätsstadt, lockt mit dem **Museum of the Rockies** (Uni-Campus, 600 W.Kagy Blvd., geöffnet: Mo-Sa 9h00-17h00, So 12h30-17h00, im Sommer tägl. 8h00-20h00), das alle Aspekte der Rocky Mountains abdeckt.

❷ Die landschaftlich **schönere Strecke** zum Yellowstone Nationalpark bzw. nach Billings geht von Great Falls entlang dem US 89. Sie führt durch eine abwechslungsreiche Berglandschaft. Östlich von Livingstone trifft sie auf den I-90. Lesen Sie hierzu auch im folgenden Kapitel.

13. SEHENSWERTES IM SÜDEN VON MONTANA, IM NORDEN VON WYOMING UND IN SOUTH DAKOTA – ZURÜCK NACH MINNEAPOLIS BZW. CHICAGO

Highlights

- ein paar Tage auf der **Lonesome Spur Ranch** verbringen
- der Ausblick vom **Devil's Canyon Outlook** in den **Bighorn Canyon**
- Besuch des **Buffalo Bill Cody-Museum**
- die Sehenswürdigkeiten in den **Black Hills**, vor allem der Mt. Rushmore, das Crazy Horse Memorial, die Höhlen des Jewel Cave Nat. Monument und die Tierwelt im Wind Cave Nat. Park bzw. Custer State Park
- die "Mondlandschaft" des **Badlands Nationalpark**
- einen Abend in einer kleinen **Cowboy-Bar** in einem **kleinen** Ort verbringen

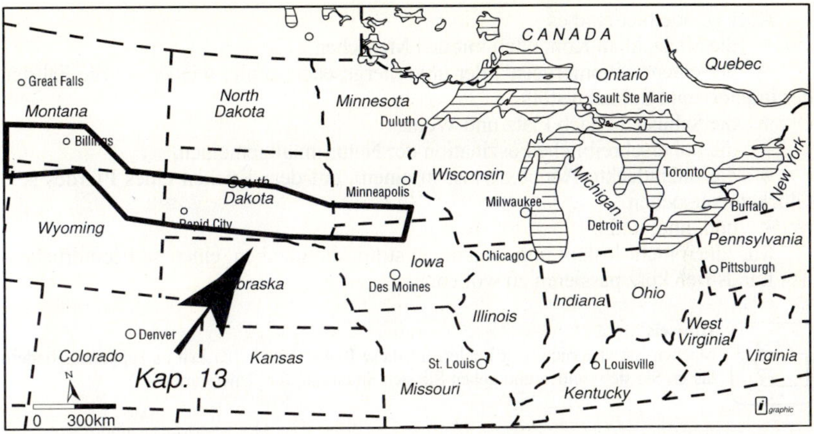

13.1 ÜBERBLICK

Entlang dieser Route erwartet Sie eine der abwechslungsreichsten und schönsten Landschaften des Reisegebietes: endlose Weiden, bewaldete Hügelketten, atemberaubende Canyons, wüstenartige Steppen, schneebedeckte Berge, bezaubernde Flußtäler und dazwischen alte Minenstädte, Indianerreservate, in Stein gehauene Präsidenten und die Geschichte der Indianerkriege. Alleine auf dieser Route könnten Sie einen ganzen Urlaub verbringen – wir haben sogar Menschen getroffen, die hier nach einer Reise hängengeblieben sind. So können Sie z.B.:

◆ einen **Ranchurlaub** in Montana verbringen,

◆ kreuz und quer durch die **Black Hills** und das **Grassland** in South Dakota fahren oder

◆ den Spuren der **Indianerkriege** folgen.

Rinderbrennen auf einer Ranch

Nicht zu vergessen sind die Höhepunkte, wie die so unterschiedlichen Nationalparks Yellowstone, Grand Teton, Wind Cave und Badlands.

Um diese Region zufriedenstellend zu bereisen, sollten Sie sich vorher darüber im klaren sein, was **Sie** hier erwarten. Ist es das Cowboyleben, die Geschichte der Indianerkriege, Naturerlebnisse in Nationalparks, das Gefühl der endlosen Weite und des "Big Sky", oder sollte auch noch Zeit sein für die großen Städte weiter östlich (Chicago etc.). Häufig wird gerade beim Bereisen so dünn besiedelter Gebiete der Fehler gemacht zu denken, das könnte man in wenigen Tagen schaffen.

Aber gerade hier sind es

◆ die Vielzahl an Kontakten mit den Menschen,

◆ der eigene "Pioniergeist", der unvorhergesehen immer wieder auf die Fährten der Indianer und Soldaten stößt,

◆ die Sehnsucht nach Platz und Weite,

◆ die unberschreibliche Faszination der Natur im allgemeinen,

◆ die unentdeckte Abenteuerlust in einem, auf dem Rücken eines Pferdes sein Glück zu versuchen

◆ und, und, und ...,

was einen nicht losläßt und diejenigen straft, die glauben, einen so beeindruckenden Landstrich kurz passieren zu wollen.

Hinweis
Machen Sie also nicht den Fehler, für diese Region nur kurze Zeit einzuplanen, sondern lassen Sie sich treiben und geben Sie sich Spielraum für "Unerwartetes"!

Außerdem erwarten Sie hier die immensen Weiden, die sich sanft über die runden Hügel ziehen und auf denen Rinder zu Hunderten grasen, die unbeschreiblichen Naturerlebnisse der Nationalparks in Form von Geysiren, hoch aufragende Bergen der Rocky Mountains, große Höhlen, Flüsse, die Ebenen zerfurcht und tiefe Canyons gefräst haben, zudem bei White Sulphur Springs eine vergessene Geisterstadt, das berühmte Schlachtfeld, auf dem General Custer und alle seine Soldaten im Kampf mit den Indianern ihr Leben ließen und damit die Gemüter der Amerikaner in Rage brachten, die Minenstädte in den Black Hills, deren Charme heute nur noch übertroffen wird durch die in den Stein gehauenen Präsidenten am Mount Rushmore und das in unabsehbarer Zukunft dieses Monument übertrumpfende Crazy Horse "Denkmal", das diesen berühmten Indianer würdigt.

Weiter östlich in South Dakota kommen Sie zurück in die von North Dakota bekannte endlose Prärienlandschaft, die zwar wenig Höhepunkte aufweist, aber einen gelungenen Ausklang bildet, bevor Sie wieder auf die großen Städte zusteuern.

Redaktions-Tips

- **Übernachten:** Auf einer Ranch: **Lonesome Spur Ranch**; in Billings: **Sheraton** oder **Olive Inn**; in Deadwood: **Historical Franklin Hotel**; in Rapid City: **Best Western Alex Johnson**; im Custer State Park (Black Hills): **State Game Lodge**; im Badlands Nationalpark: **Cedar Pass Lodge**; in Pierre: **Best Western Ramkota Inn**

HINWEIS: Da Unterkünfte teilweise weit entfernt voneinander liegen bzw. touristisch beliebte Gebiete oft früh ausgebucht sind, empfiehlt sich für diese Route eine rechtzeitige Zimmerreservierung. **Ranchen** sollten Sie auf keinen Fall ohne Anmeldung anfahren. Auch für Chicago und Minneapolis gilt: spätestens ein bis zwei Tage im voraus reservieren.

- **Essen:** Die Steaks sind fast überall gut; in Billings und in Deadwood jeweils: **Jake's**; in Hill City: **Alpine Inn**; in Sheridan: **Sheridan Inn**
- Kehren Sie in einem kleinen Ort einfach mal ein in eine der unzähligen kleinen **Cowboy-Bars**. Mit Sicherheit gehören Sie bald zur "Thekenrunde", und interessante Gespräche werden folgen.
- Achten Sie besonders in diesem Reisegebiet während der **Dämmerung und bei Dunkelheit auf Wild an der Straße!**
- **Bedeutendste Sehenswürdigkeiten:** US 212 zwischen Yellowstone NP und Red Lodge, die Nationalparks Yellowstone, Grand Teton, Wind Cave und Badlands, der Bighorn Canyon und die Wildhorse Range, Little Bighorn Battlefield NM, Minenstädte in den Black Hills, Homestake Goldmine, Mount Rushmore Memorial, Crazy Horse Memorial, Jewel Cave NM, der Corn Palace in Mitchell
- Für **Touren in Montana, vor allem zum Little Bighorn Battlefield**, ist Jim Court der beste Führer (siehe Hardin)
- **Zeiteinteilung: 4 Tage: 1. Tag:** Durchfahren bis zur Lonesome Spur Ranch und versuchen, dort früh anzukommen. **2.Tag:** Weiterfahrt über den Südteil des Bighorn Canyon zum Little Bighorn Battlefield und dann durchfahren bis Deadwood oder Rapid City (langer Tag). **3. Tag:** Alternativ 2 dieser 3 Punkte: Mount Rushmore Memorial, Crazy Horse Memorial, Badlands NP. Danach bis Sioux Falls fahren (langer Tag). **4. Tag:** nach Chicago fahren.

  7 Tage: Alternativ: **a) 1. Tag:** wie oben. **2. Tag:** auf der Ranch bleiben bzw. die Landschaft der Region erkunden und in eine Cowboy-Bar einkehren. **b) 2 Tage**: die Nationalparks Yellowstone und Grand Teton besuchen. **3. Tag:** zum Bighorn Canyon und anschließend durchfahren zum Little Bighorn Battlefield (am nächsten Tag besichtigen), übernachten in Hardin (langer Tag). **4. Tag:** Morgens Little Bighorn Battlefield, danach entlang des US 212 und weiter zum Devil's Tower NM. Anschließend bis Deadwood. **5. Tag:** Mount Rushmore und alternativ Jewels Cave NM oder Crazy Horse Memorial. **6. Tag:** zum Badlands NP und anschließend weiter nach Mitchell oder Sioux Falls. **7. Tag:** nach Chicago/Minneapolis.

  Mehrtage: Nach Präferenz aufgelistet: die Nationalparks Yellowstone bzw. Grand Teton länger besuchen, eigenem Gefühl folgen, ein weiterer Tag auf einer Ranch, ein zusätzliches Highlight in den Black Hills anschauen, Buffalo Bill Museum in Cody, wandern im Badlands NP, Abstecher nach Pierre.

13.2 REISEPRAKTISCHE HINWEISE

Entfernungen

(Umwege kaum eingerechnet, ebenso nicht die lange Route südlich um den Bighorn Canyon))

- Great Falls - Yellowstone Nat. Park: 230 mi/370 km
- Great Falls - Billings: 225 mi/362 km
- Yellowstone Nat. Park - Billings: 130 mi/209 km
- Billings - Sheridan: 128 mi/206 km (I-90)
- Sheridan - Rapid City: 254 mi/409 km (I-90)
- Sheridan - Little Bighorn Battlefield - Devil's Tower - Rapid City: 320 mi/515 km (US 212))
- Rapid City - Pierre: 171 mi/275 km

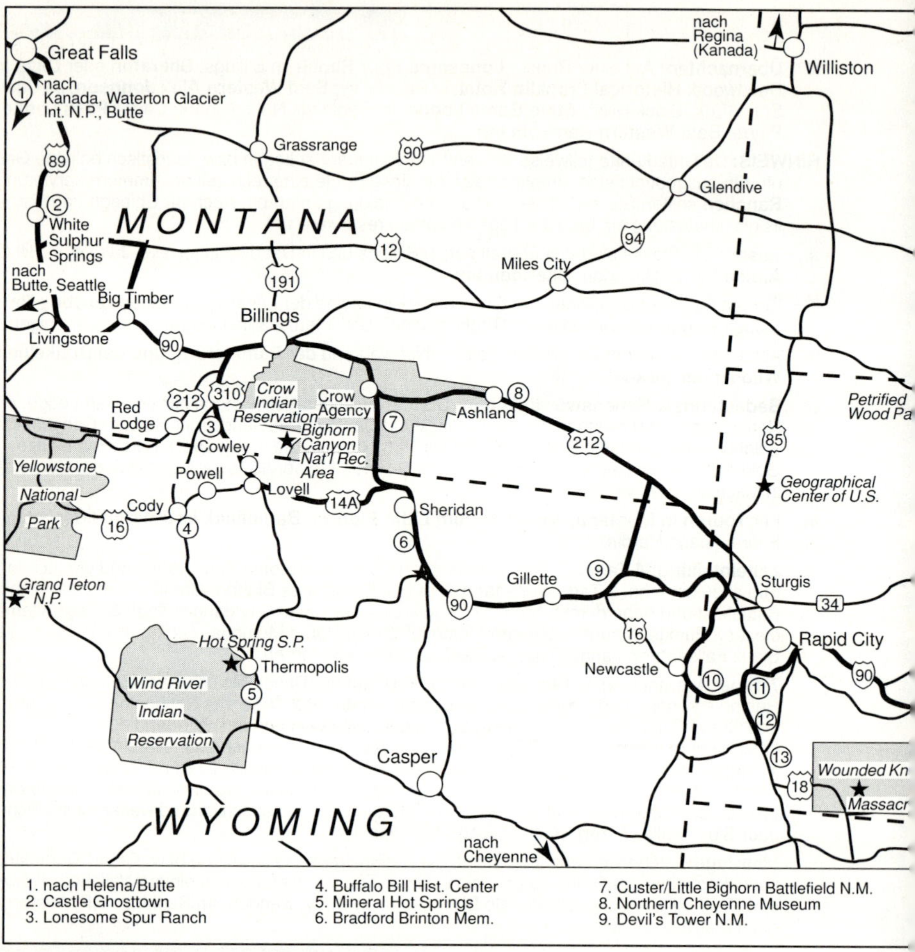

- Pierre - Sioux Falls: 223 mi/359 km
- Sioux Falls - Chicago: 540 mi/869 km

Streckenalternativen

Hinweis: Achten Sie darauf, daß bereits ab Ende Oktober bis in den April hinein viele Straßen in den Bergregionen geschlossen sind. Erkundigen Sie sich also vorher nochmals nach dem aktuellen Stand.

- Von Great Falls nehmen Sie den US 89 in südlicher Richtung bis hinter White Sulphur Springs. Von dort auf der CO 294 (wegen der Castle Ghosttown) bis zum US 12. Auf diesem bis Harlowton, danach in südlicher Richtung auf dem US 191 bis Big Timber. Von dort über den I-90 nach Billings.
- **Alternativ dazu** können Sie zum Yellowstone Nationalpark fahren: weiter westlich über den US 89 und dann noch weiter westlich über den US 191 nach Süden fahren. Der US 191 ist landschaftlich noch ansprechender, aber auch weiter. Aus dem Park führt der landschaftlich atemberaubende US 212 (geschl. im Winter!) – auch **Beartooth Scenic Bypass** genannt – nach Nordosten wieder auf den I-90.

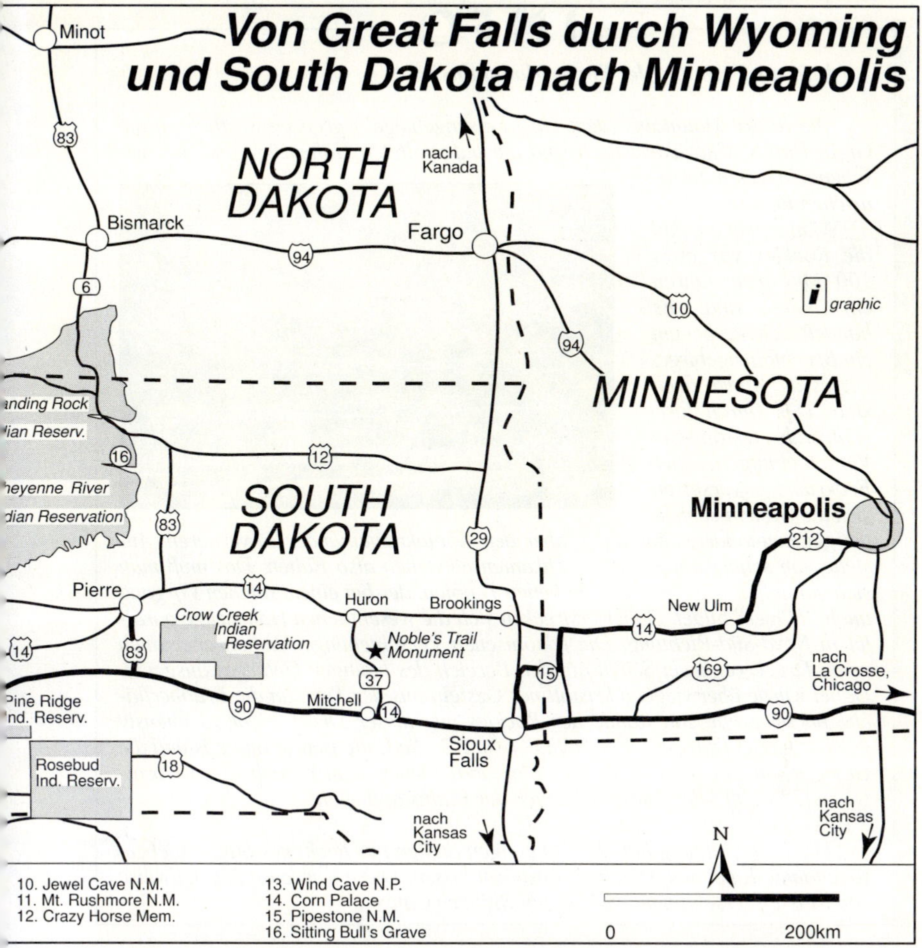

- Auch von Billings gibt es zwei Alternativen:

- entweder bleibt der I-90 Ihr Wegbegleiter bis Sturgis/Deadwood/Rapid City, oder aber, um einiges schöner
- fahren Sie von Laurel (westl. von Billings) über den US 310 und den US 14A westlich und südlich um den Bighorn Canyon herum, um schließlich nördlich von Sheridan wieder auf den I-90 zu stoßen. Diesen nach Norden nehmen und beim Little Bighorn Battlefield verlassen. Auf dem US 212 nach Osten bis Alzada (sehr kleiner Ort). Dort auf der CO 112 nach Süden und bei Hulet nach Südwesten bis zum Devil's Tower. Von dort weiter auf der CO 24 und dem US 14 zum I-90. Diesem folgen bis in die Black Hills Region. Die Black Hills erkunden Sie nach eigenem Ermessen bzw. lesen Sie bitte im entsprechenden Abschnitt. Weiter nach Osten bleibt der I-90 Ihre Leitlinie. Achten Sie auf die Ausschilderung zum Badlands Nationalpark in Wall. Nach Pierre geht es am schnellsten über den US 83. Der I-90 führt schließlich vorbei an Sioux Falls, La Crosse und Madison bis nach Chicago.

INFO

Info zur Formung der Rocky Mountains

Die Rocky Mountains (deutsch: "Felsengebirge") grenzen westlich an die Great Plains. Charakteristisch sind die aufgefalteten Höhenzüge und die zwischengelagerten tektonischen Becken.

Man nimmt an, daß die Rockies vor etwa 100 Millionen Jahren entstanden sind. Es handelt sich hierbei um ein Bruchfaltengebirge, wie es die Anden auch sind. D.h. durch fortwährende tektonische Verschiebungen der Erdkruste versetzen sich die Gesteinsschichten gegeneinander, ohne dabei aber den Kontakt zueinander zu verlieren. Anstelle von scharfkantigen Abbruchkanten entstehen also Falten. Das muß man sich vorstellen wie einen verschobenen Teppich, der bei einem solchen Vorgang auch "Hügel" bildet. Daher erstrecken sich die wesentlichen Höhenzüge parallel in Nord-Süd-Richtung. Die tektonischen Verschiebungen haben aber auch einen Druck von zwei Seiten auf den Bereich des heutigen Gebirges ausgeübt. Dabei wurde überwiegend kristallines Gestein aus der Tiefe an die Erdoberfläche hochgepreßt. Am Rande der Rockies, wo dieser Druck nicht so intensiv gewirkt hat, entstanden "Foot Hills" (wie z.B. die Little Belt Mountains und die Gebirge um Lewiston in Zentral-Montana), denen immer noch die mesozoischen (225-200 Mio. Jahre) Schichten der Plains aufliegen.

Die Faltenbildung hat aber an einigen Stellen nur leicht gewölbte Flächen, sogenannte Einebnungsflächen, entstehen lassen. Diese wurden später teilweise von Flüssen zerschnitten, wie z.B. am Bighorn Canyon.

13.3 SEHENSWERTES

1. Abstecher zum Yellowstone und zum Grand Teton Nationalpark

U.a. von Ulrich Quack

Sollten Sie den landschaftlich schöneren US 191 als Anfahrtsweg zum Yellowstone Nationalpark wählen, sollten Sie über einen Zusatzstop in **Big Sky** nachdenken. Das Sommer- wie auch Winter-Resort bietet zahlreiche schöne Hotels, aber auch eine Reihe attraktiver Outdoor-Aktivitäten, wie z.B. Rafting-Touren (Schlauchbootfahrten), Mountain-Biking, Wanderwege, Fischen, Reitgelegenheiten etc.

Übernachtung in Big Sky

• **Huntley Lodge $$$-$$$$**: 10 Meilen westlich vom US 191, Big Sky, MT 59716, Tel.: (406) 995-4211, Fax: (406) 995-4860. Komfortable Ski- und Sommer-Lodge. Alle Annehmlichkeiten. Geöffnet: Mitte Juni - Mitte Oktober und Mitte November - Mitte April.

• **Best Western Buck's T-4 Lodge $$-$$$:** 1 ½ Meilen südlich des US 191-Big Sky-Exit, Box 279, Big Sky, MT 59716, Tel.: (406) 995-4111. 41-Zimmer-Motel mit vernünftigem Preis-Leistungsverhältnis. Geschlossen: Mitte April bis Ende Mai.

• Um Big Sky gibt es zudem einige **Guest Ranches**, die in der Regel aber nur wochenweise vermieten (ab ca. $800/Person/Woche)

Weitere Infos erteilt:
Big Sky Ski & Summer Resort: P.O.Box 160001, Big Sky, MT 59716, Tel.: (406) 995-4211 od. 1-800-548-4486

Yellowstone Nationalpark

Zusammen mit dem Grand Canyon NP und dem Yosemite NP ist der Yellowstone NP der bekannteste (und viel frequentierte) Nordamerikas. Er ist nicht nur der flächenmäßig größte, sondern spielt auch eine historische Vorreiterrolle: nach den sensationellen Berichten von Trappern und besonders einem Fallensteller namens Washburn entschied man sich in Washington D.C., eine wissenschaftliche Expedition in die Wildnis zu schicken. Deren Bericht war von solchem Gewicht, daß im Jahre 1872 – zum erstenmal auf der Welt! – das Naturareal unter die Aufsicht und den Schutz des Staates gestellt wurde, "als ein öffentlicher Park, zum Nutzen und zur Freude des Volkes". Von Yellowstone aus verbreitete sich die Idee in den folgenden Jahren über die USA sowie nach Kanada und Neuseeland, später dann über die ganze Welt.

Kalkterrassen im Mammoth Country

Dies ist insofern erstaunlich, als bis auf vereinzelte Trapper kaum jemals ein Weißer die Geysire, Fumarolen und Berge des Parks gesehen hatte und außerdem das Gebiet nicht 'indianerfrei', also für eventuelle Touristen gefährlich war. Noch vier Jahre nach Installierung des Nationalparks ging hier der legendäre Sitting Bull auf Bisonjagd, und ein Jahr später versuchte der Stamm der Nez Percé-Indianer, sich hier der amerikanischen Armee zu entziehen. Trotzdem gelangte Yellowstone sehr schnell zu Berühmtheit: Erstens wurden die Indianer in der gewohnt skrupellosen Art der Armee vertrieben, zweitens war zwar die Landschaft unter Naturschutz gestellt worden, nicht aber die darin lebenden Tiere – und wegen einiger kapitaler Wapiti-Hirsche, tonnenschweren Bisons und Grizzlys waren passionierte Jäger gern bereit, die Strapazen der Anreise auf sich zu nehmen. Dies um so mehr, als im 1891 entstandenen Grand Hotel der Luxus des Fin de siècle in die Wildnis von Wyoming gebracht wurde.

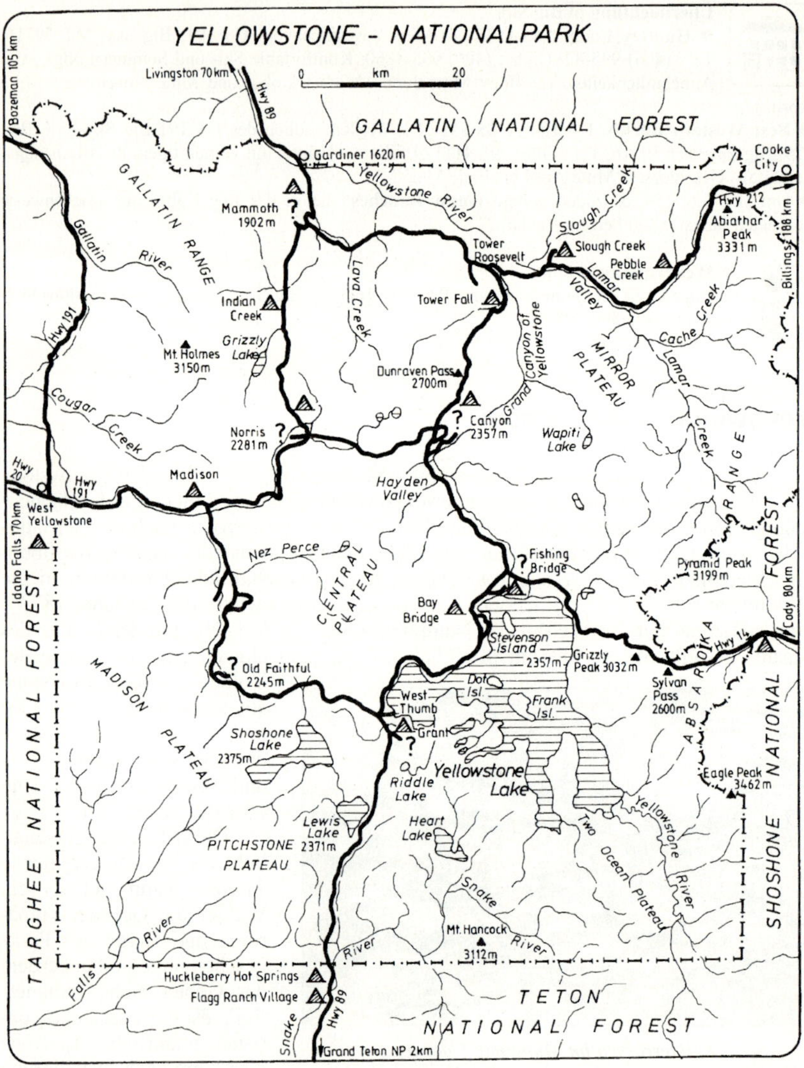

Inzwischen hat sich natürlich einiges geändert. Das Parkgelände wurde erheblich vergrößert (auf 898.350 ha), die Jagd selbstredend verboten und die Zahl der Besucher nicht nur gesteigert (etwa 2,5 Millionen sind es alljährlich!), sondern auch 'demokratisiert': Heutzutage kann sich die Fahrt fast jeder leisten. Was aber macht den Reiz dieses abgelegenen Nationalparks aus, der selbst nach den verheerenden Bränden von 1988 den Besucherstrom nicht abreißen läßt? Um es in einem Satz zu sagen: Yellowstone ist ein Märchenland von 250 aktiven Geysiren, heißen Quellen, zahlreichen Wasserfällen, schneebedeckten Bergen, Schlammvulkanen und mit einem unvergleichlichen Wildbestand (der größte in den USA).

Im Geyser Country

Die natürlichen Schätze haben ihre Ursache in einer besonderen **geologischen Situation**: Die nordamerikanische Platte schiebt sich über die pazifische, deren Material im Erdinnern aufgeschmolzen wird und nach oben dringt. Bei dem Aufprall der beiden Schollen türmten sich vor etwa 100 Millionen Jahren mächtige Gebirgsstöcke auf, zuerst die Kordilleren (Rocky Mountains). Mit dem Auffaltungsprozeß gingen eine intensive Erdbebentätigkeit und Vulkanismus einher, der enorme Mengen von Magma, Asche und Gas an die Oberfläche schleuderte. Dies geschah in erdgeschichtlich sehr junger Zeit, zuletzt vor 600.000 Jahren. Eine entleerte unterirdische Magmakammer brach dabei unter dem Gewicht ein, es entstand also eine sog. Caldera (die etwa ein Drittel des Yellowstone Parks ausmacht). Daß es unter der Oberfläche immer noch kocht und brodelt, sieht man nicht nur an den Geysiren. Das Erdbeben von 1959 (Stärke 7,1 auf der Richterskala) machte die labile Struktur der Region überdeutlich, und daran wird sich auch in Zukunft nichts ändern. Vulkanausbrüche und Erdbeben werden noch für mindestens 100.000 Jahre die Natur in Atem halten und den Yellowstone Park verändern.

Eine ganz andere Art der Gefährdung spielen die **Feuer**, die in gewissen Abständen immer wieder die Flora und Fauna beeinträchtigten und wesentliche Teile vernichteten. So grausam solche Brände sein mögen, sie sind ein natürliches Regulativ und gehören zu einem Kreislauf, in dem sich der Urwald sozusagen "selbst reinigt". Man schätzt, daß ca. 300 Großfeuer in den letzten 10.000 Jahren gewütet haben.

Letztes Beispiel ist der verheerende Brand von 1988, der auf dem Parkgelände 4.000 von insgesamt 9.000 km^2 mehr oder weniger stark erfaßte. 9.500 Feuerwehrmänner waren damals im Einsatz, und schweres Gerät sowie 60 Hubschrauber und mehrere Löschflugzeuge wurden in Anspruch genommen – die Kosten beliefen sich auf 110 Millionen Dollar! Heute zeigt sich, daß der Brand mehr genutzt als geschadet hat. Aus dem verbrannten Boden sprießen junge Triebe in ungebremster Kraft, und in wenigen Generationen wird ein junger, vitaler Wald den überalterten ersetzt haben. Zwar verbrannten damals etwa 6 Millionen Tiere (Kleinstlebewesen mitgerechnet), die großen Säugetiere jedoch konnten sich glücklicherweise fast alle retten.

Im **Aufbau** ist der Yellowstone Nationalpark fünffach gegliedert. Die einzelnen "Länder" (countries) haben dabei jeweils eigene landschaftliche Charakteristika, die z.T. durch ihre Beinamen deutlich werden: Im Nordwesten liegt das "Mammoth Country", im Nordosten das "Roosevelt Country", in der östlichen Mitte das "Canyon Country", im Südwesten das "Geyser Country" und im Südosten das "Lake Country". Alle diese Länder liegen auf einer Höhe von 2.100-2.500 m ü.d.M.

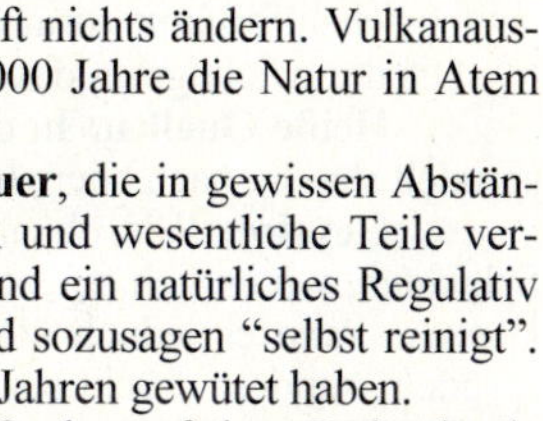

Der Nationalpark hat fünf **Zufahrtsstraßen**, die alle automatisch zu einem **Visitor Center** führen. Im einzelnen sind dies:

◆ Highway 89. Über ihn gelangt man auf der vorliegenden Streckenbeschreibung vom Grand Teton NP nach Yellowstone. Er bringt einen zum Grant Visitor Center.

◆ Highway 14. Über ihn kommt man aus dem Osten (Cody) in den Park und zum Fishing Bridge Visitor Center.

◆ Highway 212. Er kommt aus dem Nordosten (Billings) und führt zum Canyon Visitor Center.

◆ Highway 89. Der nördliche Zugang (Livingstone) führt zum Mammoth Visitor Center.

◆ Highway 20. Er ist die große Zufahrtsstraße aus dem Westen (Idaho Falls) und bringt einen zum Norris Visitor Center oder Old Faithful Visitor Center.

Für eine Besichtigung werden gemeinhin mindestens drei Tage empfohlen. Reisende mit wenig Zeit haben aber die Möglichkeit, über die beiden Rundfahrtstrecken (Loops), die zusammen eine große Acht ergeben, sich die wichtigsten Sehenswürdigkeiten überblickartig anzuschauen. Voraussetzung ist, daß sich das Nachtquartier im Park befindet und daß man auf ausgedehnte Wanderungen etc. verzichtet. Die beiden Loops zusammengenommen ("Grand Loop") haben eine Länge von über 300 km.

Am günstigsten ist es also, die beiden Rundfahrten an zwei Tagen getrennt durchzuführen. Dabei passiert man Aussichtspunkte, Wasserfälle, Schluchten und hohe Berge. Am interessantesten sind aber wohl die Naturphänomene, die direkt mit der labilen geologischen Struktur zusammenhängen.

Die drei wichtigsten davon sind:

◆ **Heiße Quellen:** In den Boden gedrungenes (Regen)Wasser wird dort erhitzt, sprudelt ständig nach oben, kühlt sich ab und wird wieder aufgekocht.

◆ **Geysire:** Wie oben dringt Regenwasser durch Spalten und Risse in tiefere Schichten, wo es sich am heißen Gestein enorm erhitzt. Wegen des darüberliegenden Wassers kann es jedoch nicht verdampfen oder wie heiße Quellen breit nach oben sprudeln, sondern drückt bei 270 ^{0}C die Wassersäule aus der engen Öffnung.

Das Wasser fließt anschließend zurück, und der Vorgang wiederholt sich. Der Name stammt vom 'Großen Geysir' in Island ab.

◆ **Fumarolen:** Aus kleineren oder größeren Löchern im Boden zischt ständig oder rhythmisch Wasserdampf heraus. Durch Fumarole entweicht der unterirdische Überdruck, mitgeführte Schwefelbestandteile sorgen für die Verfärbung.

Im folgenden sind einige der Attraktionen aufgezählt, die Sie bei der Fahrt über die Loops entdecken werden. Aus der unüberschaubaren Vielzahl an Sehenswürdigkeiten stellt diese Liste jedoch nur eine kleine Auswahl dar. Als Startpunkt ist für den südlichen Loop das Grant Visitor Center angenommen worden, für den nördlichen Loop das Norris Visitor Center. Die einzelnen Stationen sind im Uhrzeigersinn geordnet.

■ Südlicher Loop

- **West Thumb Geyser Basin**: eine Ansammlung heißer Quellen.
- **Upper Geyser Basin**: heiße Quellen und Geysire verschiedener Größe, Färbung und Aktivität. Darunter befindet sich, 10 Minuten vom Visitor Center entfernt, der
- **Old Faithful**: alle 50 bis 80 Minuten 'spuckt' der "Alte Zuverlässige", der berühmteste Geysir Amerikas, etwa 2-5 Minuten lang. Bei jeder Eruption stößt er dabei etwa 15.000 bis 30.000 Liter kochendes Wasser aus. Die Fontäne erreicht eine Höhe von 40-55 m.

- **Midway Geyser Basin**: Geysire und heiße Quellen, u.a. "Grand Prismatic Spring" mit einem Durchmesser von ca. 100 m. Verschiedene Algenarten sind für die surrealistische Färbung verantwortlich.
- **Firehole Drive**: Rundweg u.a. zum Geysir "Great Fountain", der etwa alle 9 Stunden ausbricht.
- **Fountain Paint Pot**: ein brodelnder Schlammteich.
- **Fire Hole Canyon**: Rundweg durch einen Canyon mit einem hohen Wasserfall.
- **Gibbon Falls**: eine 24 m hohe Wasserkaskade.
- **Grand Canyon of Yellowstone**: Aussichtspunkte in die tiefe Schlucht des Yellowstone River. Das schwefelverfärbte Gestein gab dem Nationalpark seinen Namen. Eindrucksvolle Wasserfälle sind zu sehen: Lower Falls (94 m) und Upper Falls (33 m).
- **Mud Volcano Geyser**: Schlammvulkan mit brodelndem, schwarzen Schlammauswurf.
- **Fishing Bridge**: ehemaliger Angelplatz, heute zur Beobachtung von Fischen geeignet.

■ Nördlicher Loop

- **Norris Geyser Basin**: Gebiet mit Fumarolen und heißen Quellen.
- **Obsidian Cliff**: Klippenformation aus schwarzem Obsidian (vulkanischem Glas).
- **Mammoth Hot Springs**: leuchtend weiße Kalksinterterrassen.
- **Petrified Tree**: versteinerter Baumstamm.
- **Tower Fall**: 42 m hoher Wasserfall.
- **Mount Washburn**: Panoramastraße auf den 3.122 m hoch gelegenen Aussichtspunkt.
- **Dunraven Pass**: Eindrucksvolle Paßstrecke, ca. 2.700 m hoch.

■ Beste Besuchszeit

Wegen des langen Winters und der kalten Übergangszeit ist der Park nicht vor Ende Mai oder nach Ende September für den Besucher zu empfehlen – es sei denn, er möchte Wintersport treiben. Letzteres wird immer populärer. Der Park ist ganzjährig geöffnet.

■ Wandern

Bei etwa 1.500 Kilometern Wanderwegen wird es nicht schwierig sein, eine passende Wegstrecke zu finden. In den Besucherzentren gibt man dazu Hinweise und hält Broschüren bereit. Beim Wandern ist im Yellowstone Nationalpark die Befolgung besonderer **Vorsichtsmaßnahmen** dringend erforderlich. Dazu gehört, daß man im Gebiet der Thermalquellen die Holzstege nicht verläßt, ansonsten könnte man im dünnen und porösen Untergrund einsinken. Schwere Verbrühungen und Verbrennungen wären dabei noch die harmloseste Folge. Bei längeren Wanderungen abseits der 'urbanisierten' Gebiete ist es ratsam, mit Glöckchen o.ä. die Tierwelt über Ihre Anwesenheit zu unterrichten.

■ Andere Aktivitäten

Die Möglichkeiten zum Forellenfischen sind ideal (man braucht dafür allerdings eine gebührenpflichtige Erlaubnis). Marinas gibt es in Bridge Bay und Lewis Lake, an denen man Ruderboote, Motorboote und Yachten mieten kann. Sightseeing-Busfahrten starten in Bridge Bay. Pferde kann man in Canyon, Roosevelt und Mammoth mieten. Im Winter besorgen etliche kommerzielle Unternehmen den Verleih diverser Wintersportausrüstungen. In West Yellowstone werden Motorschlitten vermietet, beheizte Raupenfahrzeuge starten ab Mammoth, und Skilangläufer haben im Nationalpark ein Eldorado.

Unterkunft

Im Parkgebiet gibt es viele Hotels, Motels, Cabins (= Blockhütten) und Campingplätze. Im Juli und August sind Reservierungen anzuraten: **Reservations Department**, TW Recreational Services, Inc., Yellowstone National Park, Wyoming 82190-9989, Tel.: (307)344-7311

Empfehlenswert sind u.a.:

- **"Old Faithful Inn"** $$-$$$, ein rustikal-nostalgisch mehrstöckiges 'Blockhaus' mit einer großen offenen Lobby, direkt am berühmten Geysir gelegen;
- **"Lake Yellowstone Hotel & Cabins"** $$-$$$, ein edles und stilvolles Hotel mit weißen Säulen und dicken Teppichen, Art Deco-Elementen mit zarten Pastelltönen, grundlegend renoviert und mit modernstem Komfort ausgestattet.
- An weiteren Häusern gibt es: **"Mammoth Hot Springs Hotel & Cabins"** $$-$$$, **"Roosevelt Lodge & Cabins"** $$-$$$, **"Old Faithdful Lodge & Cabins"** $$-$$$, **"Old Faithful Snow Lodge"** $$-$$$, **"Canyon Lodge"** $$-$$$, **"Grant Village"** $$-$$$,**"Lake Lodge & Cabins"** $$-$$$

Pflanzen- und Tierwelt

Wie schon erwähnt, gibt es im Yellowstone Nationalpark (zusammen mit den umgebenden Wäldern und Nationalparks) den größten Bestand wildlebender Tiere in den Vereinigten Staaten. Einige Tierarten hatten sich allerdings allzu sehr an die Anwesenheit von Menschen gewöhnt und sind mit ihnen (und besonders mit ihren Abfällen) eine Art Lebensgemeinschaft eingegangen. Diese schädliche Entwicklung versuchte man mit wechselndem Erfolg zu bekämpfen. Deswegen gilt: Essensabfälle sollten nur in die dafür vorgesehenen Abfalleimer gegeben, Tiere auf keinen Fall gefüttert werden. Wer zeltet, sollte seine Essensvorräte in luftdichten Behältern aufbewahren. Diese und andere Vorsichtsmaßnahmen, auf die in Merkzetteln hingewiesen wird, dienen nicht nur dazu, daß die Tiere nicht von Menschen abhängig gemacht werden, sondern auch dem Schutz der Besucher: Bären sind Raubtiere und unberechenbar! Viele, die einen Grizzly oder Schwarzbären mit einem possierlichen Erdhörnchen verwechselten, mußten dafür mit schlimmen Verletzungen oder dem Tod bezahlen!

Das mächtigste Raubtier ist natürlich der **Grizzly**, der einst als unumschränkter Herrscher in allen waldreichen Gebirgen des Westens bis zu den Aleuten vorkam. In "Winnetou I" beschreibt Karl May ganz anschaulich die damals wohl häufige Begegnung zwischen Trappern oder Landvermessern mit dem Giganten. Ihr Bestand wurde fast bis zur Ausrottung dezimiert, nachdem sie sich allzu oft über die leichte Beute auf den Rinderweiden hermachten. Als daraufhin verschiedene Staaten Kopfprämien aussetzten, begannen einige, von der Jagd auf die grauen Riesentiere zu leben. Heute kommen Grizzlys fast nur noch in den westlichen Nationalparks Kanadas und der USA vor.

Außer den berühmten Grizzlys leben in Yellowstone auch die etwas kleineren (aber immer noch imposanten) Schwarzbären. Beide Tiere sind am besten im September und Oktober zu beobachten, wenn sie aus dem Dickicht auftauchen, außerdem im Winter, wenn sie sich im Gebiet der heißen Quellen wärmen.

Weitere Großtiere sind der Elch, der auf amerikanisch "Moose" heißt und nicht mit dem "Elk" (= Wapitihirsch) verwechselt werden darf. Der mächtige Elch ist größer als der Wapitihirsch, welcher jedoch auch noch bis zu 1.000 Pfund schwer werden kann. Demgegenüber ist der Maultierhirsch von vergleichsweise bescheidenen Ausmaßen.

Sehr oft bekommt man Bisons zu Gesicht, jene legendären Tiere, von denen früher ganze Indianerstämme lebten. Man schätzt die ehemalige Zahl der Wildrinder, die in unvorstellbar großen Herden Prärien und Wälder durchstreiften, auf etwa 60 Millionen! Während die Indianer den getöteten Bison universell nutzten (Fleisch zur Ernährung, Fell für Kleider und Wohnung, Dung fürs Feuer), diente die Büffeljagd den Weißen zwar auch zur Fleischversorgung (besonders beim Eisenbahnbau; Buffallo Bill!), großenteils aber auch nur zum Zeitvertreib und zur Vernichtung der indianischen Existenzgrundlage. So schafften sie es bis zur Jahrhundertwende, die Bestände auf 500 Exemplare zu dezimieren!

Bisons im Yellowstone NP

Gabelböcke, Dickhornschafe, Kojoten, Pumas, Baum- und Erdhörnchen, Biber, Hasen und viele andere mehr komplettieren die Gesellschaft der Waldbewohner des Yellowstone Parks. In der Luft und auf dem Wasser geben sich Dutzende von Kleinvogelarten und ab und zu auch Fischadler, Seeadler, Wildgänse, Weißpelikane und Kanada-Kraniche ein Stelldichein. Während die Vögel am meisten vom 1988er Feuer betroffen waren, profitierte ansonsten ein großer Teil der Tierwelt davon – vor allem durch den Wachstumsschub der Pflanzen, der Büffel, Wapitihirsche, Rotwild und Elche mehr Nahrung finden ließ.

Und die Grizzlys ernährten sich bequem von einem Teil der 243 vom Feuer getöteten Wapitihirsche. Weniger als 1 % der Grizzlys kam beim Großbrand ums Leben, unter den Bisons gab es nur fünf tote Tiere, und nur zwei Elche verbrannten.

Die Vegetation besteht hauptsächlich aus Nadelwald. Die Baumskelette im Geyser Country sind übrigens kein Anzeichen von saurem Regen, sondern Resultate eines Kontaktes mit dem siliziumhaltigen, heißen Wasser.

Grand Teton Nationalpark

Das 64 km lange Rückgrat des Nationalparks (125.666 ha), der einer der schönsten der USA ist, bildet die Gebirgskette der Tetons, die unvermittelt aus der Ebene aufsteigen und im Grand Teton eine maximale Höhe von 4.197 m erreichen. Seit 1929 ist diese einzigartige Landschaft mit ihren Seen, den luftigen Gipfeln und dem Hochtal Jackson Hole als Nationalpark naturgeschützt, wobei allerdings erst 1950 der große östliche Teil durch finanzielle Unterstützung des Großindustriellen John D.Rockefeller

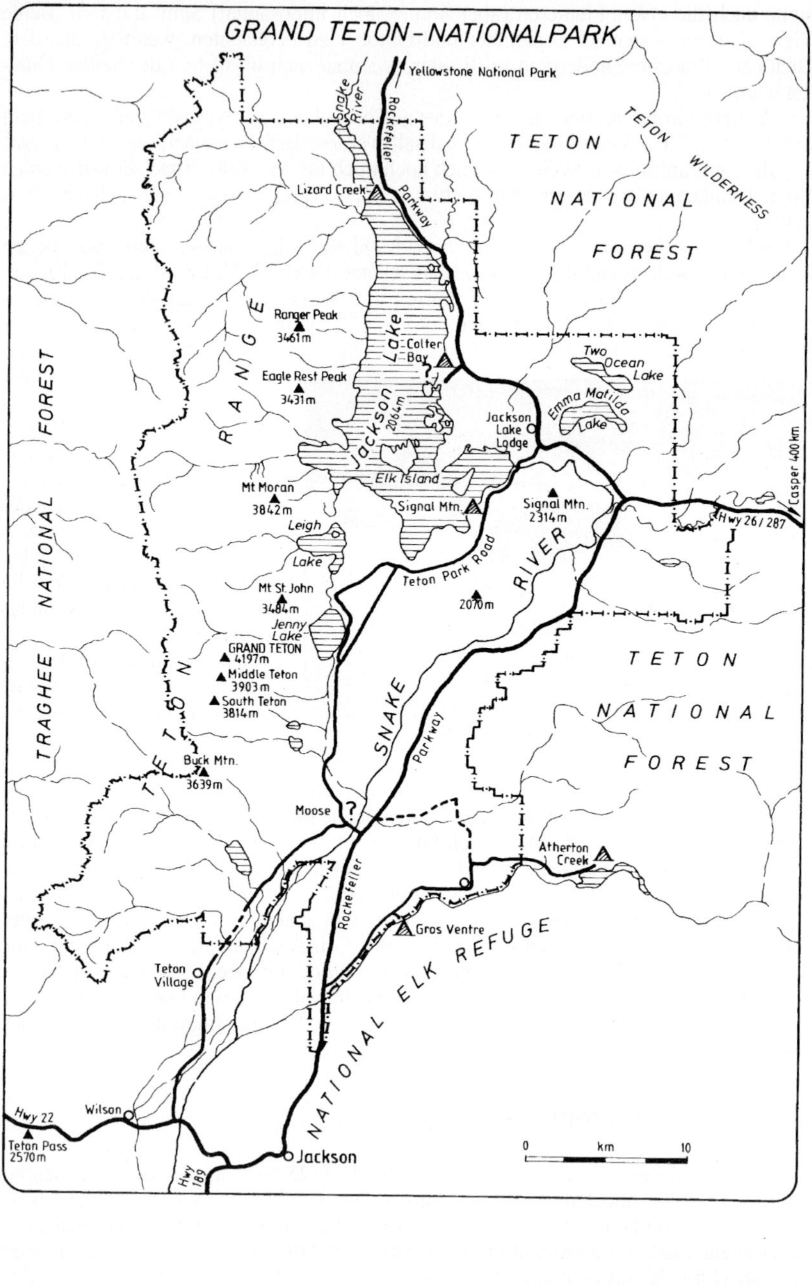
GRAND TETON-NATIONALPARK
Yellowstone National Park
Snake River
Rockefeller Parkway
TETON WILDERNESS
TETON NATIONAL FOREST
Lizard Creek
Ranger Peak 3461m
Eagle Rest Peak 3431m
Jackson Lake 2064m
Colter Bay
Two Ocean Lake
Emma Matilda Lake
Jackson Lake Lodge
Elk Island
Mt Moran 3842m
Signal Mtn.
Signal Mtn. 2314m
Casper 400 km
Hwy 26/287
Leigh Lake
Teton Park Road
Mt St. John 3484m
2070m
Jenny Lake
GRAND TETON 4197m
Middle Teton 3903m
South Teton 3814m
TETON RANGE
TRAGHEE NATIONAL FOREST
SNAKE RIVER
Parkway
Buck Mtn. 3639m
Moose
Atherton Creek
Rockefeller
Gros Ventre
NATIONAL ELK REFUGE
Teton Village
Hwy 22
Wilson
Teton Pass 2570m
Jackson
Hwy 189
0 km 10

hinzugewonnen werden konnte. Aus diesem Grund trägt der Hwy 89 den Beinamen "Rockefeller Parkway".

Fahren Sie am besten zuerst zum **Moose Village**, in dem sich ein Besucherzentrum (ganzjährig geöffnet) befindet. Hier bekommen Sie u.a. die Parkzeitung "Teewinot Newspaper", die Informationen über Aktivitäten, Tagesprogramme und Sonderveranstaltungen (z.B. Indianertänze) gibt. Dem Visitor Center angeschlossen ist ein überaus interessantes Museum, das die Geschichte des Jackson Hole und ihrer frühen Bewohner (Indianer, Trapper, Händler, Pioniere) illustriert.

Grand Teton Nationalpark

Bei einer Besichtigungsfahrt mit dem Wagen sollte man ab Moose den Parkway verlassen und sich über die Teton Park Road den herrlichen Seen **Jenny Lake** und **Leigh Lake** nähern. Hier sind zahlreiche (leichte) Wanderwege ausgeschildert. Die hochaufragende Gebirgswand hat man dabei immer vor Augen. Von der Straße ist auch ein Abstecher auf einem unasphaltierten Weg zum Aussichtspunkt des **Signal Mountain** möglich und empfehlenswert.

Schließlich führt die Teton Park Road zum Ufer des **Jackson Lake**, aus dem der berühmte Snake River (Karl Mays "Schlangenfluß") fließt. Mit seinen Inseln, Buchten und bewaldeten Ufern gibt er ein wunderschönes Bild ab. Kurz vor der Jackson Lake Lodge gelangt man wieder auf den Rockefeller Parkway, der die Möglichkeit bietet, in einer großen Schleife (nach rechts) zum **Snake Overlook** zu fahren, von dem aus man den Snake River, das Jackson Hole, die Seen und das Bergpanorama genießen kann. In der Ortschaft **Moran**, die man dabei passiert, gibt es Motels und andere touristische Einrichtungen.

Auf dem Weg in den Norden führt einen der Parkway zur **Colter Bay**, wo es ebenfalls ein Visitor Center gibt (sehenswerter Film über die Indinanergeschichte). Von da aus geht die Straße, immer nah am Ufer des Jackson Lake entlang, zum nördlichen Parkausgang.

■ Beste Besuchszeit

Das hochgelegene Terrain ist von schneereichen Wintern, kalten Übergangszeiten und milden Sommern gekennzeichnet. Am besten eignen sich Juli und August für einen Parkbesuch (aber auch dann sind die Nächte kühl).

■ Wandern

320 km Reit- und Wanderwege lassen keine Wünsche offen; die Möglichkeiten umfassen erholsame Spaziergänge am Seeufer als auch ausgedehnte Wanderungen. Bergwandern ist, im Gegensatz zum alpinen Bergsteigen, wegen der Steilheit der Tetons schlecht möglich.

■ Andere Aktivitäten

Es bestehen ausgezeichnete Reitmöglichkeiten und entsprechende Pferdeverleiher, weiter sind die Tetons eines der vorzüglichsten Bergsteigerreviere der Staaten (eine kostenlose Bewilligung ist einzuholen; eine Bergsteigerschule bietet Kurse an). Auf den Seen wird Wassersport (Segeln, Rudern etc.) getrieben, und auf dem Snake River werden Floß- und Schlauchbootabfahrten organisiert. Der Nationalpark ist außerdem als Wintersportgebiet (Skilanglauf) bekannt. Eine weniger sportliche, aber 'aussichtsreiche' Attraktion stellt die Gondelbahn dar, die vom Teton Village im Südwesten auf einen Gipfel in 3.200 m Höhe führt.

Unterkunft

Mit Hotels, Motels und Campingplätzen ist der Grand Teton NP gut bestückt; sollte es doch einmal eng werden, ist im nahen Jackson immer noch ein Zimmer frei.

Außer der **Jackson Lake Lodge** $$, die am zentralsten liegt und über Zimmer und Cabins verschiedener Kategorien verfügt, sind u.a. empfehlenswert:
"Colter Bay Village Cabins" $$, Moran Hgwy 89, Tel.: (307)543-2855; 209 Einheiten, Restaurant; **"Wagon Wheel Village Motel"** $$, 435 N.Cache St., Tel.: (307)733-2792; 84 Einheiten; **"Signal Mountain Lodge Resort"** $$$, Moran, Tel.: (307)543-2831; 50 Zimmer, Restaurant.

Pflanzen- und Tierwelt

Mit dem nördlich angrenzenden Yellowstone NP bildet der Nationalpark ein geschlossenes ökologisches System, so daß sich die Tierwelt nicht von der dortigen unterscheidet (s.u.). Dies betrifft auch Großtiere, wie Bisons, Elche, Grizzlys, Wapiti- und Maultierhirsche.

Im Vergleich zu dem fast ausschließlich nadelbaumbestanden Yellowstone NP finden sich am Fuß der Tetons jedoch entlang der Bäche, Flüsse und Seen mehr Laubbäume, u.a. Ahorn, Erlen, Espen, Weiden und Pappeln.

• • •

Die zum Teil atemberaubende Landschaft entlang dem US 212 (**"Beartooth Scenic Bypass"**), der vom Yellowstone Nationalpark über Red Lodge nach Billings führt, lohnt mehrere Stops. Da die Straße sich zudem auch noch über mehrere Höhen windet, u.a. den 3.337 m hohen Beartooth Pass, müssen Sie mit einer **Mindestfahrzeit von 4 - 5 Stunden** zwischen Nationalpark und Billings rechnen. Es lohnt sich aber!!

Streckenalternative

Falls Sie auf dem Weg vom Yellowstone Nationalpark nach Osten Billings und Teile vom Süden von Montana auslassen möchten, können Sie auch über den US 14/16 (bzw. teilw. ALT-US 14) nach Osten fahren. Dabei passieren Sie Cody, den Bighorn Canyon und treffen nördlich von Sheridan wieder auf den I-90.

Am Beartooth Scenic Bypass

2. Von Great Falls direkt nach Billings

Sollten Sie direkt nach Billings fahren wollen, empfehle ich Ihnen die Strecke entlang der US 89, 12 und 191 zum I-90. Sie führt zuerst durch Ranchgebiete, um dann anzusteigen auf den 2.300 m hohen **Kings Pass**, der die Passage durch die bewaldeten Little Belt Mountains bildet. Hier oben befindet sich ein beliebtes Wintersportzentrum. Auf der anderen Seite des Passes erreichen Sie den kleinen Ort **White Sulphur Springs** (ein Motel), der einst als Minenort Bedeutung hatte.

Von hier aus – sollte es Ihre Zeit erlauben – möchte ich Ihnen eine **"Spritztour abseits der Touristenpfade"** nahelegen: Biegen Sie 17 Meilen südlich von White Sulphur Springs nach Osten auf die CO 294 ab, folgen Sie dieser Straße auf etwa 16 Meilen, bis Sie linker Hand eine Holzkirche und den alten Bahnhof von Lennep sehen. Hier fahren Sie ab und biegen direkt vor dem Bahnhof nach links ein (kleine Schilder). Eine Schotterstraße führt nun auf 7 Meilen – vorbei an zwei einsam gelegenen Ranchen – zur **Castle Ghost Town**. Hier wurden 1884 große Silberfunde entdeckt, die der darauf gegründeten Stadt zu ihrer Blütezeit 1891 1.500 Einwohner bescherte. 1893, mit dem sog. "Silberschock", dem starken Preisverfall des Edelmetalls, verließen alle Bewohner die Stadt über Nacht. Heute können Sie (auf eigene Gefahr) die alten Holzhäuser und eine Meile weiter die Mine erkunden. Touristische Einrichtungen gibt es nicht. Weiter nach Billings empfiehlt sich von hier: Zurück zur CO 294, dann nach Osten bis zum US 12, diesem bis Harlowton (hier erst wieder eine Tankstelle) folgen und von dort nach Süden auf dem US 191 bis Big Timber fahren.

Castle: eine Geisterstadt abseits der Touristenpfade

Billings

Information
Billings Area Chamber of Commerce: 815 S. 27th St. (I-90-Exit 450), P.O.Box 31177, Billings, MT 59107, Tel.: (406) 245-4111 od. 1-800-735-2635

Flughafen
Der **Logan Airport** liegt 2 Meilen nördlich der Stadt auf einer Anhöhe. Er fungiert in erster Linie als Regionalflughafen mit täglichen Verbindungen nach Denver, Minneapolis und Salt Lake City, kann somit also mit einem Umsteigestop von Europa aus gut erreicht werden. Infos: (406) 259-7184.

Übernachten

- **Sheraton $$$:** 27 N 27th St., Billings, MT 59101, Tel.: (406) 252-7400, Fax: (406) 245-5121. Modernes Innenstadthotel mit geräumigen Zimmern. Vom Dachrestaurant im 20. Stockwerk haben Sie eine schöne Aussicht auf Stadt und Umland.
- **Radisson Northern $$$:** Broadway, Ecke 1st Ave. N., Billings, MT 59101, Tel.+ Fax: (406) 245-5121 od. 1-800-221-2222. Nach einem Feuer 1940 wurde das Hotel nach Plänen von 1905 wieder aufgebaut. Typisches Hotel des "Alten Westens". Gutes Restaurant.

● **The Olive Hotel $$:** 501 Main St., Billings, MT 59301, Tel.: (406) 232-2450 od. 1-800-424-4777. Kleines, 100 Jahre altes Hotel in der historischen Innenstadt. Charme des alten Westens. Renoviert Anfang der 90er Jahre.

● **Cherry Tree Inn $:** 823 N. Broadway, Billings, MT 59101, Tel.: (406) 252-5603. Günstige Motelalternative unweit der Innenstadt. Sauber und ordentlich.

● **Ranch: Lazy DT Guest Ranch $$$-$$$$:** 2437 Alkali Creek Rd, Billings, Tel.: (406) 256-9175

Restaurants

● **Dos Machos:** 300 S. 24th St., Tel.: (406) 652-2020. Gute Tex-Mex-Gerichte zu vernünftigen Preisen

● **Juliano's:** 2912 7th Ave.N., Tel.: (406) 248-6400. Gepflegtes Ambiente und z.T. exquisite Gerichte in umgebautem, ehemaligem Pferdestall.

● **Jake's:** 2701 1 Avenue North (gegenüber dem Sheraton), Tel: (406) 259-9375. Je nach Raumwahl: Fine Dining oder umkomplizierte Baratmosphäre. Fisch- und Steakgerichte.

Countrybar und Diskothek

Desperados: 145 Regal St., Tel.: (406) 259-2612. **Die** Cowboy-Diskothek in Süd-Montana. Am Wochenende werden Sie sich hier ohne Boots und Cowboyhut wie "aus einer anderen Welt" vorkommen. Selbst wenn Countrymuik nicht zu einer Ihrer favorisierten Musikrichtungen zählen sollte, gehört ein Besuch hier aber zum Pflichtprogramm.

Einkaufen

● **Lou Taubert:** 114 N. Broadway (N.28th). Westernbekleidung, besonders auf Stiefel spezialisiert.

● **Shipton's Big R:** 216 N.14th. Das größte und beliebteste Westernbekleidungsgeschäft in Billings

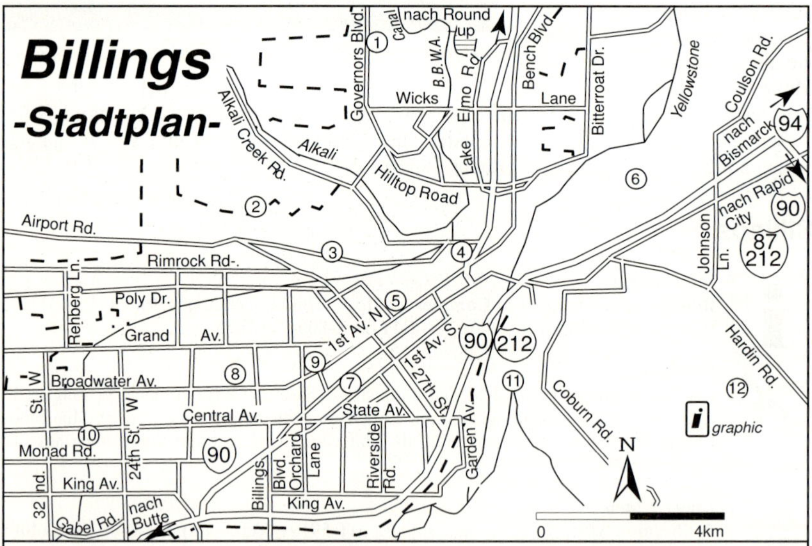

1. Lake Hills
2. Billings Logan Int'l Airport
3. Black Otter Trail
4. Boot Hill Cemetry
5. Yellowstone Art Center
6. Two Moon Park
7. Western Heritage Center
8. Shrine Aud.
9. Moss Mansion
10. Rimrock Mall
11. C. of C. & Vis Center
12. Pictograph Cave S.P.

Rodeo
Mehrmals wöchentlich (nur im Sommer) findet in der 4 Cross Arena (Kreuzung I-90/ Mullowney Lane) eine Rodeoveranstaltung statt. Es lohnt sich. Infos: (406) 248-1080.

Die Stadt wurde 1882 als Eisenbahnstützpunkt gegründet. Damit nahm sie früh eine bedeutende wirtschaftliche Stellung ein. Vor allem waren es Rinder aus dem Norden von Montana, zusammengetrieben in Roundup und dann zur Verladestation in Billings gebracht, die für einen regen Betrieb sorgten. Aber erst die Erdöl- und Erdgasförderung seit der 70er Jahre machten Billings zur größten Stadt Montanas, zur "Big City", wie sie von Einheimischen genannt wird. Raffinerien und Bürogebäude bestimmen das Stadtbild, wobei der Charme einer Präriestadt im Westen dabei nicht ganz verloren gegangen ist, denn Bars und Restaurants locken jedes Wochenende Tausende von Cowboys an, und die Einkaufszentren bieten eine gutsortierte Auswahl an Westernkleidung. Billings hat heute knapp 100.000 Einwohner.

Besondere Höhepunkte dürfen Sie hier nicht erwarten. Die wenigen interessanten Punkte wären:

Moss Mansion 9 : 914 Division St., unregelmäßig geöffnet (Infos: (406) 256-5100). Große Villa, erbaut 1901 für den Bankpräsidenten P.B.Moss und seine Gattin. Die architektonischen Stilelemente reichen von französischen Fresken über einen englischen Tudor-Dining Room bis hin zu maurischen Eingangsbögen.

Western Heritage Center 7 : 2822 Montana Ave., geöffnet: Di-Sa 10h00-17h00, So 13h00-17h00. Wanderausstellungen, die sich alle mit der Besiedlungs- bzw. Indianergeschichte des Westens beschäftigen. Infos: (406) 256-6809.

Yellowstone Art Center 5 : 401 N. 27th St., geöffnet: Di-Sa 11h00-17h00, Do bis 20h00, So 12h00-17h00. Untergebracht im ehemaligen Gefängnis, finden Sie hier neben zumeist interessanten Wanderausstellungen auch eine Galerie mit Werken von Künstlern aus Montana.

Blick auf Billings

Black Otter Trail 3 : Fahren Sie auf der 27th Street nach Norden. Auf der Anhöhe angekommen, biegen Sie dann nach rechts ab auf den Black Otter Trail. Eine faszinierende Aussicht auf Billings belohnt Sie für den Umweg. Am östlichen Ende dieser Straße, zurück im Tal, und kurz vor der Kreuzung mit der Main Street, gelangen Sie zum **Boot Hill Cemetry** 4 , einem kleinen Friedhof, auf dem so einige berüchtigte Gestalten des letzten Jahrhunderts begraben wurden, nachdem sie "in Stiefeln ihr Leben ließen".

Pictograph Cave State Park 12: Südöstlich von Billings (I-90 Exit Lockwood). Lange vor den Weißen und den Crow Indianern lebten bereits Indianer in dieser Region. Hier im Park zeugen Felsmalereien von ihrer Anwesenheit vor über 4.500 Jahren.

Sie sehen, Billings ist kein Muß. Doch eignet sich die Stadt zum Auffüllen der Campingküche sowie der Organisation von Touren durch Montana und letztendlich ganz besonders für den Kauf landestypischer Kleidung. Anschließend passen Sie mit Sicherheit in das von den Menschen in Montana gezeichnete Bild des sog. "Eastern Cowboy", auch gerne als "City-Cowboy" tituliert.

Von Billings westlich und südlich um den Bighorn Canyon herum

Fahren Sie auf dem I-90 15 Meilen zurück nach Westen bis Laurel und nehmen Sie von dort den US 310 nach Süden.

In Fromberg sollten Sie kurz anhalten und dem **Little Cowboy Saloon & Museum** einen Besuch abstatten. Der Saloon ist Treffpunkt der Cowboys. Der "Schatz" aber verbirgt sich im Hinterzimmer: Shirley Smith, die Wirtin, hat hier ein interessantes Potpourri der Cowboy-und Rodeogeschichte der Region zusammengestellt.

■ **Lonesome Spur Ranch**, RR# 1, Box 1160, Bridger, MT 59014, Tel.: (406) 662-3460. **Anfahrt:** Folgen Sie dem US 310 durch Bridger. 1 Meile südlich teilt sich der Highway. Sie bleiben auf dem US 310, der nach links geht. Nach weiteren 1,6 Meilen biegen Sie nach rechts ein in die Schwend Road. Diese führt an der Ranch vorbei. Preis: ca. 130 $/pro Person pro Tag. Das beinhaltet alle Mahlzeiten sowie Ausritte, Farmprogramme und Fahrten zu verschiedenen Sehenswürdigkeiten.

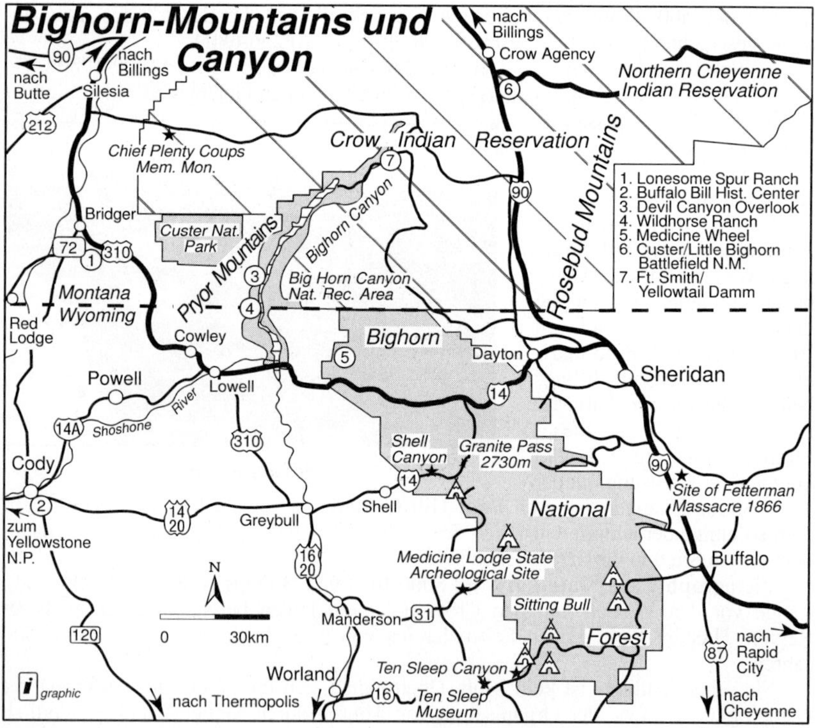

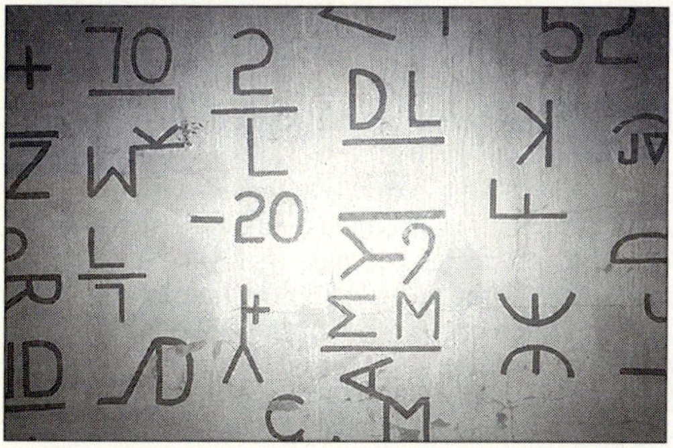

Brandzeichen

Die Lonesome Spur Ranch ist eine typische **Working Ranch**, d.h. der Ranchbetrieb steht im Vordergrund. Lonnie und Darlene Schwend betreiben die Ranch bereits in dritter Generation und haben sich für den Gästebetrieb entschieden, um die Ausbildung ihrer Kinder zu gewährleisten. Mittlerweile haben die Schwends 3 Hütten (2, 3-5 Personen), 2 Gästezimmer im Farmhaus und als ganz besondere – und sehr beliebte – Unterkunftsstätte, zwei echte Indianerzelte (Teepees) anzubieten. Also, für jeden ist etwas dabei!

Die Ranch ist 12.000 ha groß, und die durchschnittliche Rinderzahl beträgt etwa 350 Köpfe, denn in dieser regenarmen Region rechnet man: maximal 1 Rind auf 18 ha – und das wird staatlich festgelegt. Zur Ranch gehören übrigens auch 2 einfach ausgestattete Hütten in dem **Wildhorse Range Areal** in den Pryor Mountains.

Gäste können an allen Farmaktivitäten teilnehmen, das schließt Rindereintreiben, Rinderbrennen und Zäune reparieren ein.

Die Rinder müssen in ein anderes Gatter

Tip
Beim Rinderbrennen sollten Sie sich einmal die Geschichte der Brandzeichen erzählen lassen. Wegen der großen Anzahl an Ranchen müssen sich die Familien nämlich ein besonderes Zeichen ausdenken, um ihre Rinder von denen der Nachbarn zu unterscheiden. So lautet z.B. das Zeichen der Lonesome Spur Ranch nicht "LS", sondern "Lazy S – Hanging L". Kippen Sie dazu das S um 90° nach hinten, dann liegt es faul auf dem Rücken – das L dagegen hängt am rechten Ende des S.

Wer es lieber etwas gemütlicher angehen lassen will, kann auf den nahen Mount Schwend spazieren und die Aussicht auf Tal und Rockies genießen, die indianischen Felszeichnungen erkunden, auf einer der täglichen Kontrollfahrten über die Ranch mitfahren oder einfach aus dem Liegestuhl heraus den anderen bei der Arbeit zuschauen. Abends wird gerne gegrillt, am Lagerfeuer Musik gemacht, und es wird so oft als möglich für ein landestypisches Programm gesorgt, wie z.B. eine Erläuterung zum Pony Express, Cowboy-Lesungen (ja, es gibt sog. "Cowboy Poets") oder Gitarrenunterricht. Wer gerne reitet oder es lernen will, kann auf eines der 12 **echten** Reitpferde steigen. Lonnie, ein begeisterter und ehemals preisgekrönter Rodeoreiter, kann die notwendigen Hilfestellungen und Erläuterungen geben. Die Ranch eignet sich übrigens auch hervorragend für ein- bis mehrtägige Ausflüge zu den folgenden Zielen und wird daher gerne von Gästen als "Basislager" im Süden von Montana genutzt:

Yellowstone und Grand Teton Nationalparks, Cody, Bighorn Canyon, Red Lodge, Billings und Little Bighorn Battlefield sowie Kanutouren auf den nahen Flüssen. Auf Wunsch helfen Ihnen die Schwends bei der Organisation Ihres Besuches und bei Fahrten zu den o.g. Punkten. Melden Sie also bereits bei der Reservierung Ihre Spezialwünsche an.

Sollten Sie auf der Lonesome Spur Ranch aber puren Luxus wie auf einer Dude Ranch erwarten, liegen Sie falsch. Das Essen ist typisch und reichhaltig – wie z.B. das Pitchfork Fondue am offenen Feuer –, die Zimmer sauber und mit allem Notwendigen ausgerüstet, aber die sanitären Einrichtungen befinden sich auf dem Flur bzw. in einer extra Hütte und die (Mit-) Arbeit auf der Ranch hat so manchen müden Städter bereits um 19h00 ins Nachtlager verschwinden lassen. Aber dieses, integriert in das Familienleben einer Ranch (keine Angst, Frühstück ist nicht vor 8h00), ist doch eigentlich das Reizvolle und Interessante an einem längeren Aufenthalt hier. Besser können Sie den Westen Amerikas nicht kennenlernen ... und dabei noch Urlaub machen in einer wunderschönen Landschaft.

Literaturtip
"The Horse Whisperer" von Nicolas Evans, Delacorte Press, NY 1995 – der deutsche Titel lautet "Der Pferdeflüsterer". Ein Teil der Geschichte beruht auf Eindrücken, die Evans auf der Lonesome Spur Ranch gesammelt hat.

Red Lodge, ein kleiner Ort westlich der hier beschriebenen Strecke, hat seine Gründung der Entdeckung verschiedener Bodenschätze zu verdanken. In die Schlagzeilen geriet er aber erst, als der berühmte Revolverheld Sundance Kid hier zweimal, kurz hintereinander, die Bank überfallen hat. Heute ist Red Lodge ein beliebtes Ferienziel, sowohl im Sommer, als auch im Winter. Zahlreiche Boutiquen, Galerien sowie Restaurants und Bars aller Art und Preisklassen säumen heute die Hauptstraße. Ein empfehlenswertes Ausflugsziel von der Ranch.

Übernachtungsempfehlungen für Red Lodge

- **The Pollard $$$:** 2 N. Broadway, Red Lodge, MT 59068, Tel.: (406) 446-2860, Fax: (406) 446-3733. Historisches Hotel. 1994 total renoviert und luxuriös ausgestattet. Auch das Restaurant bietet eine gute, z.T. französisch angehauchte Küche.
- **The Yodler Motel $$:** 601 S. Broadway, Red Lodge, MT 59068, Tel.: (406) 446-1435, Fax: (406) 446-1020. Ansprechendes Motel. Einige Zimmer mit Jacuzzis bzw. Dampfbädern.

Ein Abstecher nach **Cody**, 47 Meilen südwestlich von Lovell, empfiehlt sich wegen des **Buffalo Bill Historical Center**. Buffalo Bill Cody, der bekannte Western- und "Revolverheld", berühmt geworden durch unzählige Zirkusauftritte (Cowboy-Stunts), hat diesen kleinen Ort 1901 gegründet. Das Museum ist in vier Abteilungen gegliedert und bietet Memorabilia aus Cody's Leben, seine Waffensammlung, eine Kunstausstellung (u.a. mit Werken von Russell und Remington) und ein eigenes Plains Indianermuseum. Es kann sich mit Recht als das eindrucksvollste Cowboy- und Wildwestmuseum bezeichnen. Alleine für den Besuch des Museums sollten Sie mindestens 1 ½ Stunden einplanen.

Übernachtung
Buffalo Bill baute 1902 auch das **The Irma Hotel** ($$-$$$, 1192 Sheridan Ave., Cody, WY 82414, Tel.: (307) 587-4221), das auch heute noch **die** Übernachtungsadresse im Ort darstellt. Er benannte es nach seiner Tochter.

Lovell ist ein kleines Präriènest und Ausgangspunkt für die Erkundung des Bighorn Canyon. Östlich des Ortes befindet sich auch das Visitor Center des Canyongebietes (Ausstellung, Film).

Es gibt zwei einfache **Motels**
- **Super 8 $-$$:** 595 E. Main Street, Lovell, WY 82431, Tel.: (307) 548-2725
- **Horseshoe Bend $-$$:** 375 E. Main St., Lovell, WY 82431, Tel.: (307) 548-2221.

Östlich von Lovell zweigt die CO 37 nach Norden ab zur Bighorn Canyon National Recreation Area. Vor Ihnen liegen die schönen und wenig erschlossenen **Pryor Mountains**, ein Gebirge, das immer wieder begeisterte Wanderer anzieht, nicht aber geeignet ist für einen 1-stündigen Spaziergang.

Wenige Meilen nördlich kommen Sie in das Areal der **National Wildhorse Range** (auch Wildhorse Ranch genannt). Zahlreiche Geschichten ranken sich um die heute 130 Wildpferde, die das 14.000 ha große Areal durchziehen. Am wahrscheinlichsten ist, daß der ehemalige Rancher (ein Schwend! Siehe oben) nach Aufgabe seiner Ranch seine Pferde dortgelassen hat, um sie zurückzuführen in die freie Natur. Spätere Kreuzungen mit Indianerponys, wie des öfteren zu lesen ist, sind kaum vorstellbar (... trotzdem aber theoretisch möglich gewesen). Andere Legenden behaupten, die Herde sei ersten Pionieren entflohen und bereits um 1700 hierhergeraten. Die Pferde anzutreffen, ist Glückssache, denn gerne halten sie sich in den Bergen auf. Aber Ausschau halten macht Spaß, besonders dann, wenn sich die vermeintliche Mustangherde in der Ferne bei näherer Betrachtung als Bighorn-Schafe entpuppt.

Blick vom Eagle Point in den Bighorn Canyon

Bighorn Canyon

Anfahrt
Der Canyon ist **von Norden** erreichbar über die CO Rd 313, die bei Hardin nach Süden abzweigt. Am Yellowtail Damm endet die Straße. **Von Süden und Westen** erreichen Sie den Canyon zum einen über Pryor, wobei aber die bessere Wahl die Strecke entlang des US 310 und anschließend der ALT-US 14 und der CO 37 ist. Sie führt über Lovell (WY) an den Canyon. Der südliche Abschnitt ist allemal eindrucksvoller!

Hinweis
Die auf einigen Karten eingezeichnete Piste westlich vorbei am Canyon ist zwischen Barrys Landing und dem Yellowtail Damm mit Normalfahrzeugen und ohne Genehmigung nicht zu befahren.

Besucherzentren
- am Yellowtail Damm (Ft. Smith) und
- östlich von Lovell (WY) am ALT-US 14

Information
Schriftliche Infos erhalten Sie über: Superintendent, P.O.Box 458, Ft. Smith, MT 59035 bzw. Tel.: (406) 666-2339.

Bootstouren
auf dem Stausee starten vom Horseshoe Bend an der Co 37 nördlich von Lovell. **Schlauchboottouren** und Kanutouren beginnen am Yellowtail Damm.

Übernachten
- **Campingplätze** gibt es am Yellowtail Damm und in Lovell
- **Motels** finden Sie in Lovell (siehe oben)

Über 70 Meilen hat sich der Bighorn River durch ein felsiges Hochplateau gefressen und über die Jahrmillionen einen atemberaubenden Canyon geschaffen, dessen Wände bis zu 330 Meter steil abfallen. Obwohl die Region bereits vor 10.000 Jahren von Indianern bewohnt war, gelangten nur wenige in die furchterregende Schlucht. Auch die ersten Trapper und Siedler mieden den Canyon und zogen nördlich daran vorbei, auf einem Pfad, der während des Bürgerkriegs als Bozeman Trail (für die Rohstoffversorgung der Nordstaaten-Truppen) bekannt wurde. Die Unwegsamkeit des Geländes schützte somit die Natur lange Zeit vor menschlichen Eingriffen, bis schließlich 1968 die 160 Meter hohe Staumauer des Yellowtail Dammes den Bighorn Lake im Canyon schuf.

Trotz dieses Stausees aber ist das Naturerlebnis in dem Gebiet einmalig. Ehemalige Farmen mußten wegen Wassermangels bereits um die Jahrhundertwende wieder aufgeben, und Wildtiere konnten sich somit wieder ansiedeln. Mit etwas Glück können Sie in den Bergen Elche, Berglöwen, Bighorn-Schafe, wilde Pferde und Stachelschweine sichten.

Am beeindruckendsten aber ist der Ausblick vom **Devil Canyon Overlook**, einer Stelle, an der sich der Bighorn River seine tiefste Furche gefräst hat und der kleinere Porcupine Creek – durch einen anderen Canyon kommend – auf diesen trifft. Laufen Sie in Ruhe das gesamte Aussichtsareal ab. Von jeder Stelle aus ist der Blick noch faszinierender. Die Wände sind hier bis zu 330 Meter hoch. Die beste Zeit für Fotos ist zwischen 11h00 und 14h00. Dann steht die Sonne am höchsten und wenige Schatten fallen in den Canyon.

Das Erholungsgebiet um den Canyon wird gerne auch für Wanderungen und private Bootstouren genutzt. Im Sommer haben auch Sie die Gelegenheit, vom **Horseshoe Bend Landing** aus eine Bootstour durch den Canyon zu unternehmen.

Blick vom Devil Outlook in den Bighorn Canyon

Mason Lovell Ranch: An der 14A, auf der Ostseite des Bighorn Lake, können Sie die Überreste einer alten Ranch besichtigen.

Medicine Wheel: Weiter östlich (ca. 34 Meilen von Lovell), führt eine kleine Stichstraße (FDR 12) nach Norden auf einen 3.000 m hohen Berg. Vom Parkplatz aus laufen Sie dann nochmals 1 ½ Meilen. Sollten Sie diese Strapazen auf sich nehmen, erwartet Sie ein bis heute kaum zu deutendes Monument früher Indianerkulturen, eine in Form eines Wagenrades angelegte Struktur. Ihr Durchmesser beträgt 25 m, und das "Rad" hat 28 "Speichen". Sowohl Wissenschaftler als auch die heutigen Indianer rätseln daran, wer dieses Rad angelegt hat und warum dieses geschah. Nur über eines ist man sich mittlerweile sicher: Die Form des Rades hatte schon immer eine wesentliche Bedeutung in der Indianerkultur und symbolisiert "Geist und Wesen im Leben der Indianer".

Zurück auf dem Interstate 90, fahren Sie wenige Meilen nach Süden bis Sheridan.

Sheridan

Übernachten

- **Spahn's $$-$$$:** Exit 25 od. 33 vom I-90, dann auf Wy 335 nach Big Horn. Kurz hinter dem Ende des Asphalts auf Schilder achten. P.O.Box 579, Big Horn, WY 82833, Tel.: (307) 674-8150. Schöne Lodge (auch 2 Hütten), eingerichtet mit Antiquitäten. Absolut Nichtraucher!
- **Best Western Sheridan Center $$:** 612 N. Main St. (US 14,87), Sheridan, WY 82801, Tel.: (307) 674-7421, Fax: (307) 672-8931. Motel mit gutem Preis-Leistungsverhältnis.

Restaurant

Sheridan Inn: An der Eisenbahnlinie. Im ehemaligen Sheridan Inn Hotel untergebracht, das einst Buffalo Bill bauen ließ. Die Küche ist "Western-like". Es bestehen Pläne, das Hotel wieder zu eröffnen.

Sheridan ist heute eine typische Präriestadt, die bekannt ist für die zahlreichen Dude Ranches im Umkreis, die Rodeos sowie die Polomatches, die im Sommer im 7 Meilen südlich gelegenen Big Horn abgehalten werden. Sehenswert sind neben der historischen Innenstadt folgende Punkte:

■ **Bradford Brinton Memorial Ranch**: Fahren Sie 7 Meilen nach Süden auf dem US 87, dann 5 Meilen nach Südwesten auf dem WY 335. Die Ranch wurde 1892 gegründet und 1923 von Bradford Brinton übernommen. Brinton baute das Wohnhaus zu einer luxuriösen 20-Zimmer-Villa aus, in der sich heute ein Museum mit unzähligen Gemälden bedeutender Western-Art-Künstler (u.a. Remington und Russell) sowie seltene Bücher, Antiquitäten, alte Sättel und vieles mehr befindet. Ein Abstecher hierher vermittelt einen guten Eindruck über das Leben auf einer (gutgehenden) Ranch im Westen.

■ **Trails End Museum**: 400 Clarendon Ave. am Kendrick Park. Ehemaliges Wohnhaus des Wyoming Gouverneurs John B. Kendrick (1915-17). Eindrucksvoll sind die Innenarchitektur (flämische Elemente) und die Antiquitäten, vor allem aber die Geschichten aus der Politik des frühen 20. Jahrhunderts und der schöne Garten.

Fahren Sie nun entweder von Sheridan weiter entlang des I-90 nach Osten zum Devil's Tower Monument und in die Black Hills oder aber, und das ist allemal empfehlenswerter, zurück auf dem I-90 nach Norden, wie es im folgenden beschrieben ist:

In **Crow Agency** findet alljährlich im August das größte Pow Wow der Welt statt. Indianer aus ganz Amerika treffen sich dann zu Feierlichkeiten und Hunderte von Teepees (Indianerzelte) bedecken die Ebene. Von Crow Agency aus biegt auch der US 212 ab zum Little Bighorn Battlefield (dazu weiter unten).

Bei **Harding**, 15 Meilen nördlich von Crow Agency, haben Sie die Gelegenheit, nach Süden abzubiegen und den Nordausgang des Bighorn Canyon am **Fort Smith** und der Staumauer (Yellowtail Damm) zu besichtigen. Landschaftlich ist dieser Abschnitt aber nicht so beeindruckend wie der südliche Teil, und es gibt auch kein Fort mehr am Fort Smith. Weitere Informationen zum Bighorn Canyon entnehmen Sie bitte dem Abschnitt oben.

Custer Re-Enactment

Hardin ist alljährlich (Ende Juni) Schauplatz des 3-tägigen **Custer Re-Enactment**, eines Laienschauspiels, welches die Schlachtenfolge am Little Bighorn nachzustellen versucht. Zu diesem Anlaß kommen Cowboys und Indianer aus ganz Montana zusammen, und aus Rinderzüchtern werden für kurze Zeit begnadete und vielumjubelte Stars. Die Zeremonie ist mehr als ein großes Fest anzusehen denn als objektive Darstellung und Interpretation der Schlacht.

Übernachten in Hardin
Lariat Hotel $-$$: 709 N.Center Ave., Hardin, MT 59034, Tel.: (406) 665-2683. Sauberes Motel.

Little Bighorn Battlefield Nat. Monument (ehemals Custer Battlefield Nat. Monument)

Anfahrt
Über den I-90/US 87: 2 Meilen südlich von Crow Agency biegen Sie nach Osten auf den US 212. Schilder weisen Sie zum Eingang.

Übernachtung
Übernachten müssen Sie entweder in Billings oder in einem Motel in **Hardin**.

Touren
Jim Court's Action Travel: 416 North Cody Avenue, Hardin, MT 59034, Tel.: (406) 665-1580 od. 1-800-331-1580, Fax: (406) 665-3133. Jim Court war ehemals Superintendent des Little Bighorn Battlefield und kennt sich genau aus mit der Geschichte der Schlacht. Jim ist aber auch ein Kenner, was das gesamte Gebiet zwischen Pierre (SD) und den Rockies angeht. Sollten Sie nicht so gerne auf eigene Faust reisen oder möchten Sie in dem einen oder anderen Punkt Unterstützung erhalten, Reservierungen bzw. eine eigens auf Sie zugeschnittene Rundtour vorgenommen haben, dann ist Jim die richtige Adresse. Für die Schlachtfeldtouren müssen Sie mindestens mit 4 Stunden rechnen.

Eigenständige Rundfahrten
Im Visitor Center am Eingang erhalten Sie eine Karte vom Schlachtfeld und Sie können zudem eine Audiokassette ausleihen, die Ihnen während der Rundfahrt die einzelnen Punkte näher erläutert.

Überblick

Die Schlacht am Little Bighorn (25. Juni 1876) gehört zu den bekanntesten kriegerischen Auseinandersetzungen zwischen amerikanischen Truppen und Indianern. Das mag vor allem an der Tatsache liegen, daß der weißen Armee eine vernichtende Niederlage zugefügt worden ist, bei der alle 260 Soldaten ihr Leben ließen und deren genauer Hergang auch heute nicht endgültig gelöst ist und immer neue Rätsel aufdeckt: Überlebende Soldaten gab es nicht und die Indianer hielten sich mit Auskünften bedeckt. Archäologische Forschungen stellen die Abläufe der Schlacht immer wieder um, je nachdem, wo "gerade mal wieder eine Patronenhülse gefunden wird". Im Grunde aber, und dieser Gesichtspunkt wird von offizieller Seite gerne verschwiegen, war es nicht der militärische Verlust, der diese Schlacht so bedeutend gemacht hat, denn eine Niederlage von 260 Soldaten gegen mehrere Tausend Indianer konnte von seiten des Generalstabes nicht als bestimmend für den Kriegsverlauf angesehen und leicht verschmerzt werden. Es war vielmehr die Tatsache, daß Lt. Col. Custer, ein im Bürgerkrieg und in Kämpfen in den Black Hills hochdekorierter Offizier, **vernichtend** geschlagen worden ist und daß mit dieser Niederlage dem Generalstab die Möglichkeit gegeben worden ist, anschließend in den Zentren des Ostens von dem "brutalen" Vorgehen der Indianer zu berichten, dem man nur mit massivsten militärischen Einsätzen entgegenwirken könne. Mythen um die Schlacht wurden damals gesponnen, die Soldaten der Armee als große Heroen und Opfer bestialischer Kriegsmethoden gefeiert und die Schlachtenfolge so dargestellt, als wenn Custer und sein ihn umgebendes letztes Trüppchen von vielleicht 20 Mann am sog. "Last Stand" bis zur letzten Kugel gekämpft haben. Der Kampf mag hart und grausam gewesen sein, aber die oben erwähnten archäologischen Forschungen haben mittlerweile einiges an heroisierenden Mythen – und das mit Recht – in Frage gestellt.

Custer Battlefield

INFO

Was ging der Schlacht voraus, und was passierte am Little Bighorn?

◆ ***Die Vorgeschichte:*** *Die Indianerkriege zogen sich über 150 Jahre hin, beginnend mit den ersten Siedlertrecks, die nach Westen zogen Ende des 18. Jahrhunderts. Die Indianer wurden immer weiter verdrängt und in Reservate, ihnen zugeteilten Jagdgebieten, "angesiedelt". Immer neue Verträge wurden*

Sitting Bull

gemacht und nach wenigen Jahren bereits wieder gebrochen von seiten der Weißen, aus Landhunger oder weil Bodenschätze gefunden worden sind. Mitte des 19. Jahrhunderts wurde das Land auf dem gesamten Kontinent allmählich knapp. Die Indianer fanden kaum noch eine Lebensgrundlage. Um 1860 brachen erneut heftige Unruhen aus, die die US-Regierung mit einem neuen Mittel zu stoppen versuchte: "It's cheaper to feed than to fight the Indians" lautete die Devise, und ein Vertrag, 1868 unterzeichnet in Fort Laramie, wies den Prärie Indianern, vornehmlich Sioux und Cheyenne, ein riesiges Stück Land im Osten von Wyoming zu, das bis in die Black Hills reichte. Die Bundesregierung verpflichtete sich, die Indianer hier "zu schützen". Doch bereits 6 Jahre später wurde Gold in den Black Hills entdeckt, und Tausende von Abenteuerlustigen strömten in die Berge. Die Armee versuchte diese zwar zurückzuhalten (u.a. war einer der führenden Offiziere George Armstrong Custer), doch mit wenig Erfolg. Die Indianer waren verständlicherweise wütend und verließen ihr Reservat und streiften durch ihnen nicht "erlaubtes" Gebiet. Das wollte die Armeespitze aber nicht zulassen und ließ im Dezember 1875 durch den Beauftragten für Indianerfragen verkünden: "If the Indians don't return to their reservations by January 31, 1876, they will be treated as hostiles". Das Ultimatum wurde zwar noch einmal ausgedehnt und am 17. März wiederholt, doch die Indianer kümmerte dieses wenig, denn sie sahen sich – mit Recht – von ihrem zugewiesenen Reservat verdrängt. Daraufhin entschied sich die Bundesregierung zu militärischen Gegenmaßnahmen.

◆ ***Die Wochen vor der Schlacht:***

*Die **Indianer** waren natürlich gewarnt, doch mehrere kleinere Schlachten ließen sie nicht umkehren bzw. beigeben. Im Gegenteil, sie sammelten sich zu einer immer größeren Gemeinschaft, als deren Führer Sitting Bull und Crazy Horse auserkoren wurden. Diese Gemeinschaft aber verfolgte nicht das Ziel, gegen die Soldaten zu kämpfen, sondern nur, sich vor ihnen zu schützen. Dabei waren sie sich natürlich im klaren darüber, daß es irgendwann unweigerlich zum Kampf kommen mußte. Beugen und mit neuen Verträgen abspeisen lassen wollten sie sich aber nicht mehr. Am 24. Juni campierten nahezu 10.000 Indianer am Little Bighorn, unter ihnen über 2.000 Krieger. Hierbei handelte es sich aber nicht, wie häufig fälschlicherweise behauptet wird, um eine militärische Zusammenrottung, sondern um ein Pow Wow, ein alljährlich von den Indianern abgehaltenes Freundschaftsfest. Zudem fanden die Indianer im Flußtal genügend Wild, um ihre mageren Lebensmittelvorräte wieder aufzufüllen.*

*Die **Armee** dagegen entschied sich, nach anfänglichen Mißerfolgen, entschiedener gegen die "unbeugsamen" Indianer vorzugehen. So brachen am 17. Mai 1876 956 Soldaten unter der Führung von General Alfred H. Terry vom Fort Abraham Lincoln bei Mandan (North Dakota) auf, um die Indianer "gefügig" zu machen. Die Truppen erreichten Montana bei Wibaux und folgten* *anschließend dem Lauf des Yellowstone River. An der Mündung des Tongue River begann man mit ersten militärischen Planungen. Eine Abteilung unter General Crook wurde ausgeschickt entlang des Tongue River, wurde aber am 17. Juni in der Schlacht am Rosebud gestoppt. Danach ging General Terry davon aus, die Indianer würden sich im Bighorn Canyon verschanzen. Somit entschied er, daß eine Hälfte der Streitkräfte unter seiner Führung von Norden zum Canyon marschieren sollte, während Custer mit etwa 600 Männern der 7th Cavalry den Canyon von Süden abschotten sollte.* ***Custers Auftrag lautete, immer dem Rosebud River und den Spuren der Indianer zu folgen. Doch selbst wenn diese Spuren nach Westen abzweigen würden, sollte Custer weiter nach Süden marschieren.***

General George Custer

Am 22. Juni verließ Custers Truppe das Hauptlager. Bereits am folgenden Tag stießen sie auf erste Indianerspuren, und am 24. erreichten sie eine Stelle, an der die Indianer 2 Wochen vorher einen Sonnentanz abgehalten hatten. Custers Scouts meldeten sogar ganz frische Spuren, die auf Indianer im Umkreis von 20 Meilen schließen ließen. Wenige Stunden später bestätigten vorgeschickte Scouts dieses und berichteten von einem großen Indianercamp am Little Bighorn River. Custer entschied, gegen seine Anweisungen, die Indianer aufzuspüren und zum Kampf zu zwingen, obwohl seine Scouts ihn damit warnten, daß dort "mehr Indianer campieren, als Custers Truppe Patronen mit sich führen würde".

Die letzten Stunden: *Um Mitternacht brach er auf mit 210 Mann, zusammen mit zwei kleineren Kontingenten (50 Mann) unter den Captains Marcus Reno und Frederick Benteen. Lange bevor die Truppe die Indianer sichtete, wurde sie von diesen bereits erspäht. Sitting Bull, Crazy Horse und ihre Krieger hatten somit die Gelegenheit, einen Schlachtplan vorzubereiten, bevor Custer überhaupt wußte, wo und wie viele Krieger auf ihn lauerten. Als Custer schließlich von Osten sowie Reno von Westen das Lager angreifen wollten, war es bereits geräumt und die Falle der Indianer schnappte zu. Die Truppen hatten gegen die formierte Übermacht keine Chance, und nach wenigen Stunden waren Custer und seine Leute gefallen, während Teile von Renos und Benteens Truppen fliehen konnten. Wo Custers "Last Stand", seine letzte Kampfesstellung, sich befunden hat, ist heute umstritten und ob der letzte Kampf so glorreich vonstatten ging, auch. Eines ist aber sicher und wurde über hundert Jahre verschwiegen: Custer brachte seine Leute gegen jeglichen Auftrag in diese riskante und letztendlich ausweglose Situation, obwohl er zur Genüge gewarnt hätte sein müssen durch die Informationen seiner Scouts.*

Die Überreste von Renos und Benteens Truppen trafen am 28. Juni an der Einmündung des Little Bighorn in den Yellowstone River wieder auf die Truppeneinheit von General Terry.

Das gesamte Schlachtfeld ist heute zu einem Nationalmonument erklärt worden. Am offiziellen "Last Stand" ist ein Besucherzentrum mit Museum und Buchladen eingerichtet worden. Ein Film erläutert Vorgeschichte und Schlacht. Eine Rundfahrt durch die Anlage führt am Besucherzentrum an einem Heldengedenkfriedhof vorbei und anschließend an wesentlichen Punkten der Schlacht. Zu sehen gibt es im Grunde nicht viel, dafür aber sind Hintergründe und Folgen dieser Schlacht von um so größerem Interesse.

Fahren Sie nun entlang des US 212, der durchs Crow- und anschließend durchs Northern Cheyenne Indianerreservat führt.

In Ashland sollten Sie dem **Northern Cheyenne Museum** an der **Indian Mission and School** einen Besuch abstatten. Das Museum bietet eine hervorragende Sammlung zur Geschichte der Plains Indianer, besonders der der Cheyenne. Die Öffnungszeiten variieren, aber es hieß: grundsätzlich sei das Museum täglich geöffnet.

Weiter auf dem US 212: Achten Sie in **Alzada** genau auf den Abzweig der CO 112 nach Süden. Die ersten 2 Meilen auf Montanaseite sind nur eine kleine Schotterpiste, und diese ist leicht zu übersehen! Danach ist die Straße auf Wyomingseite gut ausgebaut.

Devil's Tower National Monument

Übernachten

Am Monument selber gibt es kein Hotel, daher empfehle ich, entweder in die Black Hills weiterzufahren oder in Sundance zu nächtigen:

Best Western $$: 121 S 6th St., Sundance, WY 82729, Tel.: (307) 283-2800, Fax: (307) 283-2727. 40-Zimmer-Motel mit Schwimmbad und Sauna.

Bereits von weitem sichtbar ist dieser wie ein Baumstumpf geformte und knapp 400 Meter über der Talsohle (1.600 m über NN) aufragende, einzigartige Felsen. Besonders seine senkrecht verlaufenden Felslinien beeindrucken. Entstanden ist dieser Felsen durch starke Erhitzung im Erdinnern, die zum Auswurf metamorphen Gesteins entlang einer geologischen Bruchlinie geführt hat. Seitdem hat die Erosion ihre Spuren hinterlassen.

Die Indianermythologie hat noch eine andere Geschichte parat: Indianermädchen flüchteten vor einem großen Bären. Der Große Geist lotste sie dann an diese Stelle und ließ den Berg aus dem Erdboden wachsen. An dessen Wänden konnte der Bär nicht hochklettern, und die Mädchen waren gerettet.

Der Devil's Tower wurde übrigens 1906 zum ersten Nationalmonument der Welt erklärt.

Alljährlich versuchen sich Hunderte von Bergsteigern an den Wänden dieser Steinformation. Begnügen Sie sich aber vorzugsweise mit dem Besuch des Visitor Center und der Möglichkeit, auf einem Wanderweg um den Berg zu spazieren. Faszinierend ist auch das ständig wechselnde Farbenspiel des Felsens, je nach Sonnenstand. Besonders abends wird er häufig in ein glühendes Rot getaucht.

Vor dem Eingang gibt es einen Campingplatz und einen Trading Post mit Souvenirs.

South Dakota-Telegramm

Abkürzung	SD
Beiname	Coyote State, Sunshine State
Namensherleitung	Die Dakotas waren einer der größten Stämme der Sioux-Indianer und lebten in den Prärien der heutigen Dakotas
Staat seit	2. November, 1889 (40. Staat)
Motto	Unter Gott regieren die Menschen
Staatsbaum	Black Hill Fichte
Staatsvogel	Fasan
Höchster Berg	Harney Peak (2.200 m)
Fläche	199.730 qkm
Einwohner	697.000
Einwohnerdichte	3,5 E./qkm
Hauptstadt	Pierre (13.000 E.)
Weitere Städte	Sioux Falls (101.000 E.), Rapid City (55.000 E.), Aberdeen (25.000 E.)
Wichtigste Wirtschaftszweige	Wichtigster Wirtschaftszweig ist die Landwirtschaft (Getreideanbau, Rinder-, Schweine- und Schafhaltung); Bodenschätze: Gold, Silber, Feldspat, Erdöl, Braunkohle; Industrie: Nahrungsmittel-, Holz- und Druckindustrie
Touristisches Potential	Black Hill-Gebiet (Mt. Rushmore, Jewel Cave N.M., Wind Cave Nat. Park, Crazy Horse Memorial), Badlands Nationalpark, 6 Indianerreservate, Geschichte der Indianerkriege
	South Dakota Department of Tourism: 711 E. Wells Ave., Pierre, SD 57501-3369, Tel.: 1-800-843-1930 (von außerhalb SDs) od. (605) 773-3301

Entlang des I-90 fahren Sie nun nach South Dakota, wo die nächsten besuchenswerten Ziele in den Black Hills liegen. Beginnen Sie Ihre Erkundung hier, indem Sie bei Spearfish vom Interstate abzweigen und entlang des schönen **Spearfish Canyon Scenic Byway** (US 14A) nach Cheyenne Crossing und weiter über den US 85 nach Lead und Deadwood fahren.

Das Gebiet der Black Hills

Überblick

Die "Schwarzen Hügel" liegen im äußersten Westen des Staates South Dakota und bilden als geologische Einheit eine für diese Region der weiten Prärielandschaft untypische Landschaftsform. Die Sioux gaben den Bergen ihren Namen, denn aus mehr als hundert Meilen Entfernung zeichnen sich die Konturen des Gebirgszuges bereits als schwarze Horizontlinie ab – was vor allem an den dunklen Kiefernwäldern liegt.

Geologisch zählen die Black Hills zu den ältesten Gebirgsformationen Amerikas. Vor 60 Millionen Jahren nämlich begann ein langsamer Hebungsprozeß aus der Tiefe, der einen gewaltigen Granitfelsen durch die Sandsteinformationen der damals noch subtropischen und von Dinosauriern bewohnten Ebene drückte. Die Sandsteinschichten sind längst wegerodiert, während der große Granitfelsen immer noch wächst und nur langsam auseinanderfällt. Viele Gipfel messen über 2.000 Meter mit dem Hamey Peak südlich von Hill City als höchster Erhebung. Der geologische Aufbruch hat aber nicht nur Granit, sondern auch zahlreiche Bodenschätze hochgedrückt, vor allem Gold

In den Black Hills leben viele Bisons

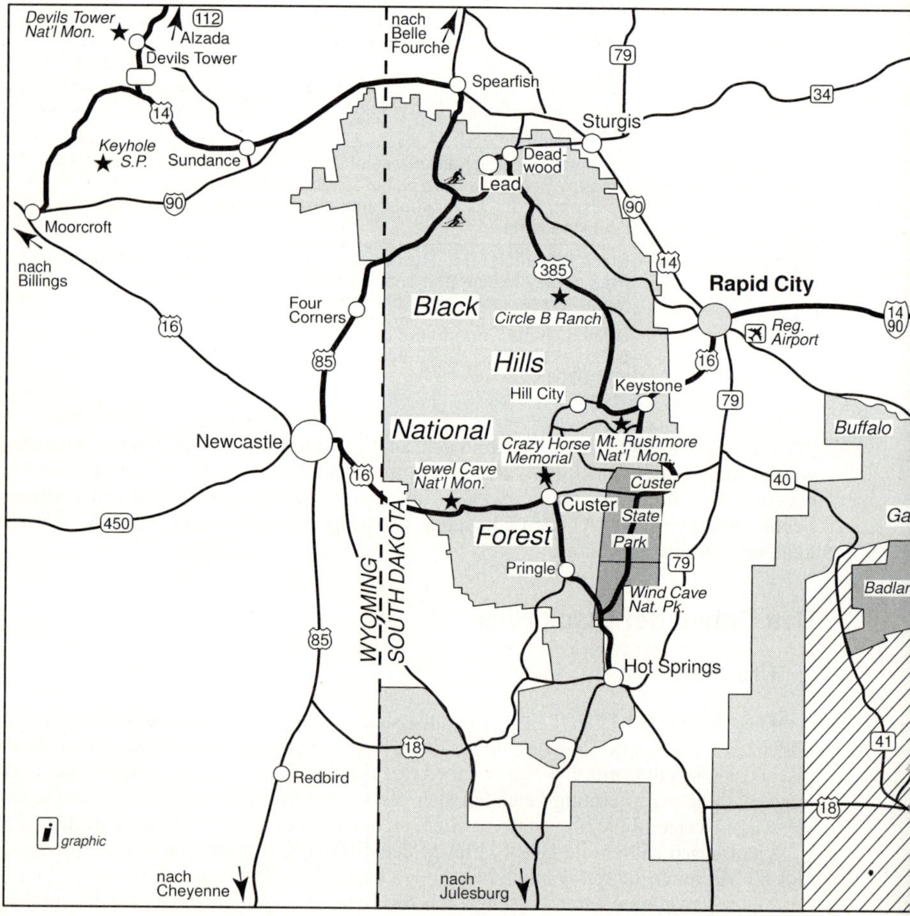

und Silber. Dieses führte um 1874 zu einem Goldrush, der in dem damals bereits den Indianern zugesagten Gebiet zu kriegerischen Auseinandersetzungen führte. Entdekker des Goldes war übrigens Lt. Gen. Georg Armstrong Custer, der erste Funde auf der Suche nach einem geeigneten Platz für ein Fort machte. In der Anfangszeit hat die US-Armee versucht, die Goldsucher zurückzudrängen, denn das Land gehörte laut dem Vertrag von 1868 den Sioux Indianern, doch letztendlich zogen diese auch hier wieder den kürzeren.

Natürlich gibt es auch zu diesem Gebirge eine Legende: Sie erzählt von Paul Bunyan, dem berühmten Holzfäller-Riesen, auf dessen Geschichten man besonders in Minnesota trifft. Um seinen Frühstückshunger zu stillen, benötigte Paul einen riesigen Kochherd, auf dessen Flammen seine geliebten Pfannkuchen zubereitet worden sind – alleine für die Zubereitung einer Frühstücksmahlzeit benötigten seine Helfer 3 Tage – so groß war Paul's Hunger. "Babe", ein riesiger blauer Ochse und Paul's bester Freund, konnte sich aber eines Morgens nicht zurückhalten und verschlang die gesamte Pfannkuchenladung samt dem glühendheißen Ofen. Babe starb darauf an Verdau-

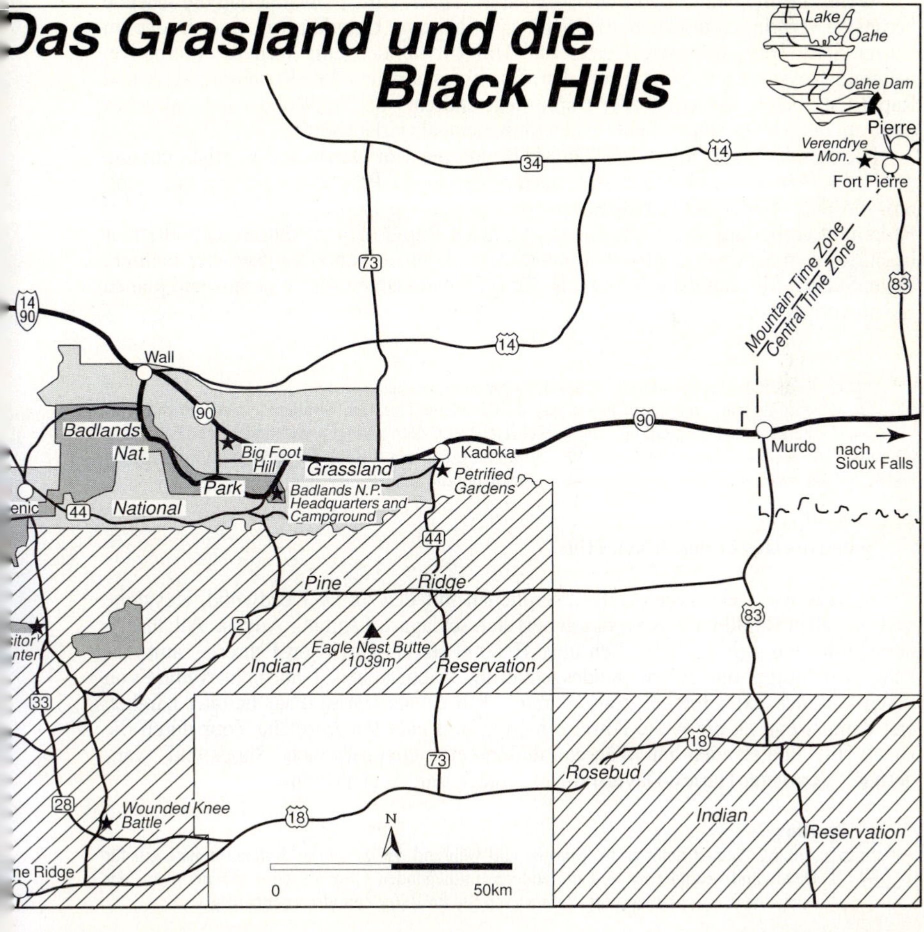

ungsproblemen – die auf die Pfannkuchen, nicht auf den Ofen zurückgeführt werden. Paul war so traurig darüber, daß seine Tränen die Badlands ausgewaschen haben und er einen Steinhaufen über Babe's Grab errichtete, die Black Hills.

Für Sie bescheren die Black Hills ein interessantes Reisegebiet, in dem Sie alleine mehrere Tage verbringen können. Die kleinen Städte, allesamt gegründet während des Goldrush, vermitteln auch heute noch ein Flair der ersten Pioniertage, die bewaldete Bergwelt bietet unzählige Wanderrouten, von denen der 110 Meilen lange Centennial Trail der schönste ist, und Highlights, wie die in Stein gehauenen Präsidenten am Mount Rushmore, die ersten Formen des überdimensionalen Crazy Horse Memorial, die Höhlenwelt der Jewel sowie der Wind Caves, die Dinosaurierfunde bei Hot Springs und der landschaftlich einmalige Custer State Park, versprechen gelungene Ausflugsziele. Am besten wäre es, Sie suchen sich einen Ort als Basis aus, von wo aus Sie die gewünschten Ziele anfahren können. Mein Tip hierzu wäre die schön restaurierte (wenn auch mit Mitteln aus dem Spielcasinobetrieb) Stadt Deadwood. Von dort können Sie innerhalb von 1 ½ Stunden alle interessanten Punkte der Region erreichen.

Wenn Sie alleine der Landschaft wegen die Black Hills besuchen und die Abende geruhsam verbringen möchten, empfiehlt sich eher eine Unterkunft in einer Lodge im Custer State Park. Orte wie Custer und Hill City bilden eine weitere Alternative, während Keystone z.B. einzig auf den Tourismus um den Mt. Rushmore setzt und Rapid City bereits außerhalb der Berge liegt und eher als Stadt und wirtschaftliches Zentrum der Region angesehen werden muß, denn als Urlaubsort.

Die Beschreibung folgt einer langen Route, die von Deadwood westlich entlang der Black Hills und dann bei Custer nach Süden in die Prärien bis Hot Springs geht, um von dort wieder auf der östlichen Seite, durch die landschaftlich faszinierenden Parks und vorbei am Mount Rushmore, bis nach Rapid City zu führen. Um alle hier beschriebenen Sehenswürdigkeiten genießen zu können, benötigen Sie aber mehrere Tage. Suchen Sie sich daher vorher die für Sie interessanten Plätze heraus und planen Sie im voraus.

Tip

Kein Plan kann während eines Urlaubes eingehalten werden! Die schöne Landschaft verlangt nach mehreren Fotostops, verschiedene Tiere am Straßenrand ziehen die Aufmerksamkeit an sich, und die kurvenreichen Straßen zwingen zu vorsichtiger Fahrweise (Durchschnittsgeschwindigkeit: max. 30 Meilen/Stunde). Richten Sie Ihr Tagesprogramm darauf ein und setzen Sie sich nicht unter Streß – es wäre schade um die schöne Zeit hier.

Sehenswertes in den Black Hills

Sturgis wirkt eher verschlafen, verglichen mit den Orten Deadwood, Keystone und vor allem Rapid City. Aber das ändert sich schlagartig Anfang August. Alljährlich nämlich treffen sich zu dieser Zeit über 100.000 Harley-Davidson-Fahrer – samt Anhang – in Sturgis und feiern standesgemäß ihr Wiedersehen. Und nicht wenige von ihnen kommen extra hierher zum Heiraten. Ein echtes Harley-Paar heiratet nämlich erst dann, wenn es die weite Anreise hierher und eine kurvenreiche Tour durch die Black Hills überstanden hat. Während dieser Zeit bieten zahlreiche Shops und "wandernde" Vermieter Harley-Davidson-Motorräder zum Ausleihen an.

Hinweis

Anfang August heißt es für Sturgis, und während der gesamten Sommermonate gilt für Deadwood, Rapid City und die anderen umliegenden Orte: Es wird schwierig mit der Suche nach einer Unterkunft. Reservieren Sie für diese Zeit also **rechtzeitig** vor.

Rundtouren und Outdoor-Aktivitäten in den Black Hills

- **Helikopterflüge:** Überall, auch am Mt. Rushmore und am Crazy Horse Memorial, bieten sich Helikopter-Unternehmen an. Das reicht von 10-minütigen für 12$ bis zu mehrstündigen. Mein Tip: Beschränken Sie sich auf das Crazy Horse Memorial, denn dessen Ausmaße lassen sich am besten aus der Luft ermessen.
- Beliebteste Outdoor-Aktivitäten sind Wandern, Mountain-Biking, Reiten, Klettern und Canoeing. Wenden Sie sich vor Ort an erfahrene Ausstatter und lassen Sie sich in den Touristenbüros beraten. Das Angebot ist teilweise so groß, daß Sie sich darin ansonsten verlieren würden.
- Der bekannteste **Wanderweg** ist der 110 Meilen lange Centennial Trail, der sich vom Wind Cave Nationalpark nach Norden durch die Berge zieht bis Bear Butte und an mehreren Stellen die Straße kreuzt (Parkplätze). Am schönsten sind die Abschnitte im Custer State Park.
- Auch die schönsten **Reitpfade** befinden sich im Custer State Park, wo sich an der Blue Bell Lodge (CO 87) ein Verleih befindet.
- **Dakota Badlands Outfitters:** P.O.Box 85, Custer, SD 57730, Tel.: (605) 673-5363, Fax: (605) 673-2509. Diese Ranch bietet kurze bis mehrtägige (mit Zeltübernachtung) Ausritte sowie mehrere "Wildwest-Expeditionen" in die Berge und die Badlands an. Wer also einmal die Region von der historischen und traditionellen Seite erkunden möchte, ist hier gut beraten.
- **Heißluftballontouren: Black Hills Balloons**, P.O.Box 210, Custer, SD 57730, Tel.: (605) 673-2520, Fax: (605) 673-5075. Heißluftballontouren über die Black Hills mit seinen Highlights, wie z.B. Mt. Rushmore und das Crazy Horse Memorial, bieten ein unvergeßliches Erlebnis. Auf Wunsch können Sie sich bereits von zu Hause ein Paket (Übernachtung/Flug u.a.) zusammenstellen lassen.
- **Wintersport** wird groß geschrieben in den Black Hills. Neben Abhängen bieten sich auch zahlreiche Langlaufstrecken an fürs Skilaufen sowie mehrere Snowmobil-Trails. Die beste Region mit der sichersten Schneefallrate liegt um Deadwood/Lead.

Literaturhinweis

Tony Middlehurst, Harley Davidson Geschichte, Lechner Verlag, 1991. Ein schöner Bildband, untermalt mit der Geschichte dieses nostalgischen Motorradkults.

Harley-Davidson-Treffen in Sturgis

Deadwood und Lead

Information

- **Chamber of Commerce:** 460 Main St., Deadwood, SD 57732, Tel.: (605) 578-1876 od. 1-800-999-1876. Hier gibt es Infos und Broschüren. Die beste Adresse für die Erkundung der Black Hills.
- **Deadwood History and Visitor Center:** Pine Street. Informationen zur Geschichte der Stadt lohnen den kleinen Abstecher hierhin.

Übernachten

Tip: Der Casinos wegen bekommen Sie in Deadwood besonders von So-Do Zimmer mit einem hervorragenden Preis-/Leistungsverhältnis.

- **Franklin Hotel $$$:** 700 Main St., Deadwood, SD 57732, Tel.: (605) 578-2241 od. 1-800-688-1876. Historisches Hotel (Jahrhundertwende). Viel Holz und ein entsprechendes Flair. Die Lichtschalter sind z.B. noch mit zwei Knöpfen ausgestattet, einer für "An", einer für "Aus".

- **Bullock Hotel $$-$$$:** 633 Main St., Deadwood, SD 57732, Tel.: (605) 578-1745 od. 1-800-336-1876, Fax: (605) 578-1382. Ebenfalls aus der Zeit vor der Jahrhundertwende. Viktorianischer Stil
- **Golddiggers $$-$$$:** 629 Main St., Deadwood, SD 57732, Tel.: (605) 578-3213 od. 1-800-456-2023, Fax: (605) 578-3762. In die Gästezimmer wurde auch hier der Stil des Alten Westens eingebracht.
- **Best Western Golden Hills $$$:** 900 Miners Ave., Lead, SD 57754, Tel.: (605) 584-1800, Fax: (605) 584-3933. Ansprechendes Motel der Mittelklasse.

Main Street in Deadwood

Restaurants

- **Jakes:** 677 Main St.(im Obergeschoß des Midnight Casino), Tel.: (605) 578-1555. Steaks und Pasta in gepflegtem Stil (Fine Dining) in historischem Haus. Architektonisch einem Atrium ähnlich und tagsüber von Sonnenlicht durchflutet.
- **The 1903 Historic Franklin Dining Room:** im Franklin Hotel, 700 Main St., Tel.: (605) 578-1465. Gute Fleischgerichte in historischem Wild-West-Ambiente

Saloon

Saloon #10: 657 Main Street. In diesem historischen Saloon wurde am 2. August 1876 um 15h00 der berüchtigte Revolverheld Wild Bill Hickock während einer Pokerpartie erschossen. Der Stuhl, auf dem er dabei saß, und viele andere alte Stücke und Fotos sind im Saloon zu sehen. Bill's letztes Blatt sah so aus: 2 schwarze Asse, 2 schwarze Achten, eine rote Neun, eine Kombination, die heute als "Deadman's Hand" bekannt ist.

1875 entdeckte man auch in der Deadwood Gulch Gold. Die Vorkommen in Custer und den südlichen Bergregionen, vornehmlich Goldstaub aus den Flüssen, waren bereits nahezu ausgebeutet und blieben die ganze Zeit über unbefriedigend. Doch in und um Deadwood befanden sich die wahren Schätze. Von hier trugen die Flüsse die kleineren Partikelchen ins Umland, während in dieser Schlucht die großen Brocken im Felsen lagen. In nur wenigen Wochen kamen über 25.000 Glücksuchende in das Tal und stampften eine lebendige und berüchtigte Minenstadt aus dem Boden. Deadwood selbst zählte 1875 200 Einwohner und 1880 bereits 10.000. Fragwürdige Figuren, wie **Wild Bill Hickock**, **Calamity Jane** und **Colorado Charlie Utter**, folgten ihnen. Nachdem der große Goldboom in Deadwood vorbei war, nahm Lead dessen Rolle ein, und hier war es dann auch, wo mit der Homestake Mine eine der größten Goldminen der Welt eröffnete. Deadwood aber blieb die beliebte und gefürchtete Saloon- und Spielerstadt, die in der Folgezeit auch von Feuerkatastrophen heimgesucht worden ist. Bis in die 40er Jahre hinein bestimmte das Gold die Geschicke der Region, und dort, wo

Wild Bill Hickock

heute der Highway verläuft, schlängelte sich damals die Eisenbahn durch die Berge, beladen mit gold- und silberhaltigen Erzen.

Anschließend ging es zwar gemächlicher zu, doch ein weiteres großes Feuer im Dezember 1987 veranlaßte die Stadtväter von Deadwood zum Handeln. Geld mußte her für den Wiederaufbau. Man entschied sich für die Legalisierung des Glücksspiels in der Stadt, und so brach der nächste Boom in Deadwood aus: Zahlreiche kleine Casinos eröffneten entlang der historischen Main Street. Da alljährlich klugerweise 4% der verspielten Gelder in die Renovierung der Altstadt gesteckt werden, muß man diesem Glücksspiel hier sogar bedingt zustimmen. Die historische Fassade mit ihren viktorianischen Stadthäusern stimmt wieder, wenn auch hinter jedem Schaufenster die bunte glitzernde Welt der einarmigen Banditen unverkennbar auf sich aufmerksam macht – selbst die historischen Hotels sind nicht verschont geblieben. Tagsüber wird das Äußere somit nicht gestört, und schöne Fotomotive von der Altstadt bieten sich an.

Lead weist noch Strukturen aus der letzten Phase der Goldgräberzeit auf, befindet sich aber mittlerweile auch im Umbruch. Die Casinos sind neuer und das Stadtbild nicht so interessant, dafür aber ist Lead als Wintersportort bekannt, und hier können Sie die oben bereits erwähnte Homestake Goldmine besichtigen.

Sehenswertes in Deadwood

Spazieren Sie zuerst einmal durch die Straßen von Deadwood und achten Sie auf die Tafeln, die vor allem auf Häuser von vor dem großen Feuer hinweisen. Ein Besuch im o.g. **Deadwood History and Visitor Center** in der Pine Street gibt weitere Aufschlüsse zur Geschichte sowie auch der **Saloon #10** in der Main Street. Längere Wege können Sie auch mit dem Trolleybus zurücklegen.

Adams Museum: Ecke Sherman/Deadwood Sts., geöffnet täglich 9h00-18h00. Auch hier finden Sie interessante Memorabilia zur Geschichte von Deadwood: historische Kostüme, die erste Lokomotive in den Black Hills, etwas zur Geschichte der Indianer und Fossilienfunde aus der Zeit der Dinosaurier.

Mount Moriah Cemetery: am Boot Hill, südöstlich über der Stadt. Auf diesem Friedhof sind u.a. Calamity Jane, Wild Bill Hickocks, Potato Creek Johnny und Preacher John begraben.

Broken Boot Gold Mine: Südwestlich der Stadt am US 85. 30-minütige Touren in eine Goldmine. Im Sommer täglich zwischen 8h00 und 18h00 (letzte Tour um 17h20)

Sehenswertes in Lead

Lead bietet vom Stadtbild her nicht viel, dafür aber können Sie hier die **Homestake Mine**, die größte Goldmine der westlichen Hemisphäre besichtigen. Die Mine liegt an der Ecke Main/Mill Streets, und die Touren dauern etwa 1 ½ Stunden. Zeiten: Juni-August: Mo-Fr 8h00-17h00, Sa+So 10h00-20h00, Rest des Jahres nur an Wochenenden. Die Touren beginnen mit einem einführenden Film zur Geschichte des Goldrausches. Anschließend werden Sie mit einem Bus durch die heute noch operierende Mine gefahren. Dabei wird Ihnen der gesamte Ablauf des Abbaues von Gold und dessen "Weiterverarbeitung" erläutert. Ein großer Teil des Abbaus findet im Tagebau statt, wobei die Untertageminen bis zu 1 ½ Meilen in die Felsen reichen. Jährlich werden hier mehr als 350.000 Ounces gefördert.

INFO

Wer war wer in der Zeit des "Wilden Westens" von Deadwood?

■ ***Martha "Calamity Jane" Canary:*** *Calamity Jane war gleichzeitig eine berüchtigte Wildwestheldin, eine Trunkenboldin, eine Glücksspielerin, die größte Lügnerin, kannte die meisten Schimpfworte und besaß so viele Kräfte, daß sie eine Peitsche durchbrechen konnte. Außerdem betätigte sie sich aber auch mit der Suche nach Gold, als Krankenschwester und als Prostituierte. Calamity Jane konnte so viele (ungereimte) Geschichten erzählen, daß am Ende niemand wußte, was sie eigentlich wirklich gemacht hat und wer sie überhaupt war. Eines aber ist sicher, wo auch immer Wild Bill Hickock auftauchte, war Calamity nicht weit, und felsenfest hielt sie das Gerücht aufrecht, sie und Wild Bill hätten ein Verhältnis gehabt. Als ihre Trunksucht dann letztendlich zu ihrem Tode 1903 führte und sie verlangte, neben Wild Bill begraben zu werden, soll dieser sich während ihrer Beisetzung "im Grabe umgedreht haben" – nur weiß niemand, in welche Richtung.*

Hier ruhen nun die Helden von Deadwood

■ ***Wild Bill Hickock:*** *Auch Wild Bill war eine fragwürdige und kaum zu definierende "Persönlichkeit". Bevor er im Alter von 39 Jahren im Sommer 1876 nach Deadwood kam, diente er der Armee, war als Revolverheld gefürchtet und als Zirkusakrobat ("Gunslinging Bill") gefeiert. Wild Bill liebte aber auch das Kartenspiel, und seine letzten Monate in Deadwood verbrachte er zumeist im Saloon bei einer Pokerrunde. Gerüchte behaupten, er wäre nach Deadwood gekommen, um den Posten als Marshall einzunehmen. Am 2. August 1876 dann fand Wild Bill ein tragisches Ende: Jack McCall, der Bruder eines seiner letzten "Opfer", erschoß ihn hinterrücks während einer Pokerpartie.*

■ ***Jack McCall:*** *Wie oben erwähnt, wurde McCall berühmt durch seinen Mord an Wild Bill. Ein Gericht sprach in zuerst frei, da er nachweislich seinen von Wild Bill erschossenen Bruder rächen wollte. Die Deadwooder Zeitung schrieb daraufhin: "... a drunken and irresponsible jury had freed a cowardly killer". McCall aber beging einen fatalen Fehler, als er in betrunkenem Zustand in einer Bar in Nebraska mit seiner Tat und der Manipulation der Jury in Deadwood prahlte. McCall wurde daraufhin von höherer Instanz zum Tode verurteilt und kam am 1. März 1877 aufs Schafott.*

■ ***Colorado Charlie Otter:*** *Auch Colorado Charlie war ein gefürchteter Revolverheld und ein guter Freund von Wild Bill.*

■ ***Seth Bullock*** *war Deadwood's erster Sheriff und einer der reichsten Geschäftsleute der Stadt. Ihm wird nachgesagt, nicht mit dem Revolver, sondern* *mit Verstand die Strolche zur Strecke gebracht zu haben. Er gründete auch das heute noch existierende Bullock Hotel.*

■ ***Preacher Smith:*** *Reverend Henry Watson Smith war das "Unikum" der ersten Jahre. Als Geistlicher kam er aus Louisville hierher, um das große Geld zu machen. Dieses gelang ihm nicht, aber sowohl der Kirche zugewandt und als Seelentröster beliebt, als auch als "Pokerface" bekannt, trauerte die gesamte Gemeinde um ihn, nachdem er ermordet aufgefunden wurde zwischen Deadwood und Crook County.*

■ ***Potato Creek Johnny:*** *Potato Creek, ein 1,30 m kleiner Ire, galt als "friedliche" Persönlichkeit. Seine langen Haare und der Rauschebart unterstrichen dieses, und besonders Kinder liebten den "goldsuchenden Opa". Bekannt wurde Potato Creek vor allem durch den Fund des größten Nuggets in den Black Hills. Dieser wog 7 ¾ Unzen.*

Calamity Jane

■ ***Poker Alice*** *alias Alice Duffield. Als ihr Mann früh verstarb, mußte sich Alice etwas einfallen lassen, um ihren Lebensunterhalt zu bestreiten. Ihre Wahl fiel auf das Pokerspiel. Ihr bezauberndes Äußeres, ihre geschickte Handhabung der Karten und ihr Geschäftssinn machten sie zur beliebtesten Kartendealerin in den Black Hills. Ihr Markenzeichen aber war, daß sie immer eine riesige Zigarre zwischen den Zähnen hatte.*

Fahren Sie nun auf dem US 85 in südlicher Richtung bis Newcastle, WY, und biegen Sie dort nach Osten ab auf den US 16.

Jewel Cave National Monument

14 Meilen westlich von Custer am US 16

Information
Ein **Visitor Center** ist das ganze Jahr über geöffnet. Tel.: (605) 673-2288.

Touren
Tip: In den Höhlen ist es konstant 12°C kalt. Ein Pullover oder eine Jacke könnten also nicht schaden.

Es gibt mehrere Touren, für die Sie sich als erstes nach Ihrer Ankunft anmelden sollten, um unnötige Wartezeiten zu vermeiden:

- **Scenic Tour:** ½ Meile, 1 ¼ Std. Die populärste Tour, die alle wesentlichen Highlights abdeckt. Hierbei müssen 723 Treppenstufen gestiegen werden.
- **Historic Tour:** ½ Meile, 1 ¾ Std. Auf den Spuren der ersten Entdecker und Höhlenforscher krabbeln und winden Sie sich durch die Gänge. Hierfür ziehen Sie besser ältere bzw. bereits schmutzige Kleidung an.

• **Spelunking Tour:** ½ Meile, 4-5 Stunden. Die "Abenteuertour". Auf den Spuren der modernen Höhlenforscher, bekleidet mit einem von der Parkverwaltung gestellten Minenarbeiterhelm (inkl. Lampe) kriechen Sie förmlich durch die neu entdeckten und kaum "ausgebauten" Höhlen. Vorzeitige Anmeldung erforderlich – am besten bereits telefonisch! Alte bzw. schmutzige Kleidung empfehlenswert.

• **Target Room Tour:** ¼ Meile, 25 Minuten. Diese Tour ist eigens für diejenigen konzipiert, die schlecht zu Fuß sind bzw. ungerne in dunkle und enge Gänge gehen.

• **Oberirdisch** können Sie die Wartezeit auf die nächste Höhlentour mit einem Spaziergang zum nahen Aussichtspunkt am **Lithograph Canyon** überbrücken bzw. eine längere Wanderung von dort in die Schlucht unternehmen. Ebenfalls eine Möglichkeit wäre, eine Autotour auf der Piste in den **Hell Canyon** zu unternehmen.

Übernachtungsmöglichkeiten

Es gibt **keine Übernachtungsmöglichkeiten** direkt am Park. Ein **Campingplatz** befindet sich auf halbem Wege nach Custer im Commanche Park.

Die Jewel Caves ("Juwelenhöhlen") gehören zu den schönsten Höhlensystemen in Amerika. Ihre Entdecker, die Gebrüder Frank und Albert Michaud sowie ein Freund, Charles Bush, glaubten damals, in den glitzernden Kalzitkristallen wertvolle Edelsteine zu sehen, wurden aber kurze Zeit später eines Besseren belehrt. Auch ihr Vorhaben, die Höhlen touristisch zu nutzen, schlug fehl. Somit übergaben sie sie der amerikanischen Regierung, die hier 1908 ein Nationalmonument einrichtete. 1959 dann widmete sich das Ehepar Herb und Jan Conn der weiteren Erforschung des Höhlensystems und verbrachte in den folgenden 21 Jahren auf 708 Höhlentouren mehr als 6.000 Stunden hier unten. Heute sind bereits mehr als 100 Meilen an Gängen entdeckt, und täglich wächst die Zahl, deren aktuelle Nummer an der Wand am Anmeldungstisch im Visitor Center angeschlagen ist.

Sollten Sie überlegen, ob Sie diese Höhle oder die im Wind Caves Nationalpark besichtigen sollen, rate ich Ihnen allemal zu dieser. Die faszinierende Glitzerwelt der Kalzitkristalle und die immer noch "aktive" Höhlenbildung in den Jewel Caves ist um einiges faszinierender.

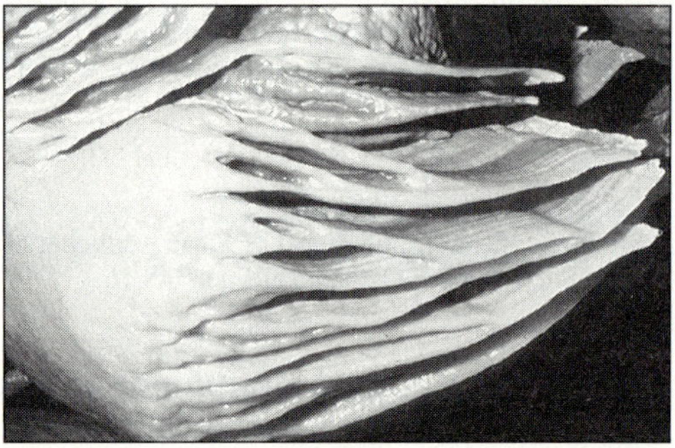

Draperies

Wie entstanden die Höhlen?

Vor etwa 60 Millionen Jahren begannen die Black Hills, sich dramatisch zu heben, und unterirdische Risse in den Felsen traten auf. Diese wurden immer größer, und einsickerndes, säurehaltiges Regenwasser konnte nun tätig werden. Die aufliegenden Sandsteinschichten ließen eine rege Tätigkeit und Verformung zu. Die auffälligen und so einzigartigen Kalzitkristalle verdanken ihre Entstehung dem hohen Kalkanteil in den hiesigen Sandsteinschichten, und diese wiederum enthielten so viel Kalk, da ehemalige Muschel- und Knochenreste aus der Zeit des großen Meeres hier abgelagert worden sind. Wissenschaftler sind sich aber bis heute noch nicht sicher darüber, wann welche Kristallformationen entstanden sind. Die geläufigste These ist, daß die **Dogteeth** ("Hundezähne"), die spitzeren igelförmigen Gebilde, bereits vor über 100 Millionen Jahren gebildet wurden, während die abgestumpften **Nailheads** ("Nagelköpfe") erst vor maximal 40 Millionen Jahren ihren Ursprung gefunden haben. Beiden gleich ist aber ihre Bildungsgeschichte: In sauerstoffarmen und mit kalkhaltigem Wasser gefluteten Nischen und Höhlen konnten sie "heranwachsen".

Auch heute noch verändern sich die Jewel Caves, wobei dieser Prozeß sich durch die geringere Niederschlagsintensität und den damit verbundenen geringeren Wasserhaushalt im Gestein stark verlangsamt hat.

Weitere Gebilde werden Sie in den Höhlen vorfinden, die ich hier kurz anschneiden möchte:

◆ **Stalaktit:** "Gesteinszapfen", der von der Decke hängt und dessen stets abfallender (kalkhaltiger) Tropfen das Gegenstück, den **Stalagmit**, am Boden bildet. Der Stalagmit ist breiter als sein Gegenstück an der Decke aufgrund der "Splash-Wirkung" beim Auftreffen. **Übrigens**: Eine Säule, die es schafft, in 1.000 Jahren um 1 cm zu wachsen, gilt als schnell!

◆ **Soda Straws (Strohhalme):** Hierbei handelt es sich um Stalaktite, doch da die an ihnen abfallenden Tropfen kleiner sind, "rutschen" sie langsamer ab, hängen also länger an dem Zapfen, der damit dünner ist.

◆ **Column/Säulen/Stalagnate):** Hier treffen sich ein Stalagmit und ein Stalaktit in der Mitte und bilden eine Säule, die in der Regel in der Mitte am dünnsten ist.

◆ **Cave Pearls (Höhlenperlen):** Immer mehr Kalkschichten überzogen hier in mehreren Stufen ein ehemals kleines Sandkorn und vergrößerten dabei dessen Umfang um ein Zigfaches.

◆ **Lily Pads (Seerosenkissen):** Kalkhaltiges Wasser setzt sich, behindert durch natürliche Dämme, auf dem Hohlboden ab und bildet sog. "Sinter". Der Kalk setzt sich dabei zu einem großen Teil auf der Wasseroberfläche ab und bildet das Seerosenkissen. Mit der Zeit verdunsten die Wasserflächen wieder, und die mit vielen Wölbungen versehene Fläche bleibt als Stein zurück.

◆ **Draperies/Boxwork (Behänge):** Sie bilden sich dort, wo Wasser an einer schrägen Decke herabfließt und entlang den Hauptfließbewegungen der Kalk sich absetzen kann.

◆ **Rimstone Dams (Randsteindämme/Sinterterrassen):** Größere Kalkablagerungen bilden sich an den Rändern von (mehr oder weniger) stehenden kleinen Seen, und nach deren Austrocknung bleiben diese als kleine Dämme erhalten und werden sichtbar.

◆ **Popcorn:** Ähnlich den "Cave Pearls" bildet dieses sich nach der Verdunstung von übermäßig kalkhaltigen Wassertropfen. Der Kalkrest bleibt erhalten, sammelt aber weiterhin mehr Kalk an seinen Außenflächen.

◆ **Helicite:** Sie erinnern an Algenformen und sind sehr selten. Die sich windenden Formen sind durch Kristalle, Fremdkörper und Wasserdruck entstanden. Ähnlich, wenn auch feiner strukturiert (häufig nadelförmig), erscheinen die **Aragonite**, die aber aus Mineralien bestehen, die dem Kalzit nur in der Kristallstruktur ähneln, nicht aber in allen Punkten deren chemischer Zusammensetzung.

20 Meilen östlich der Jewel Caves liegt das ehemalige Goldgräberstädtchen **Custer**. Custer hat sich heute zu einem kleinen Touristenort gemausert, ohne dabei aber den Hauch der Westernatmosphäre vollends verloren zu haben. Interessant wäre der Besuch des **National Woodcarving Museum** (westl. am US 16), das einiges zu bieten hat in bezug auf Holzschnitzerei, u.a. auch Vorführungen. Ansonsten ist Custer Ausgangsbasis zu den Prärien im Süden sowie für den Besuch des Crazy Horse Memorial.

Übernachtungen

- **Bavarian Inn $$-$$$:** 1 Meile nördlich am US 16, P.O.Box 152, Custer, SD 57730, Tel.: (605) 673-2802. Ansprechendes Motel, das aber dem "geschulten Auge" nichts von bayrischem Charme vormachen kann.
- **Custer Mansion $-$$:** 35 Centennial Dr., Custer, SD 57730, Tel.: (605) 673-3333. 6-Zimmer Bed & Breakfast-Unterkunft in schönem alten Gebäude von 1891. 2 Zimmer teilen sich das Badezimmer! Absolut Nichtraucher!
- **Super 8 $-$$:** 415 W. Mt. Rushmore Rd (US 16), Custer, SD 57730, Tel.: (605) 673-2200. Günstiges und sauberes Motel.

Crazy Horse Memorial

5 Meilen nördlich von Custer am US 16. Infos: Tel.: (605) 673-4681. Geöffnet: Sommer: 6h30 bis Sonnenuntergang, Rest des Jahres: 8h00 bis Sonnenuntergang.

Als im Jahre 1939 die Arbeiten am Mount Rushmore im vollen Gange waren, entschloß sich der damalige Häuptling der Lakota-Sioux, Henry Standing Bear, ebenfalls ein Monument zu Ehren der Indianer in den Felsen des Thunderhead Mountain hauen zu lassen. Es sollte ein Reiterdenkmal des Kriegers Crazy Horse darstellen, der 1876 General Custer am Little Bighorn besiegt hatte und der für seine geschickte Kriegsführung in die Geschichte einging als der "Clausewitz der Indianer". Bereits vorher fiel Standing Bear der berühmte Bildhauer Korczak Ziolkowski (geb. am 6. Sept. 1908 in Boston) auf, besonders, als dieser einen Preis erhielt für die Skulptur des Pianisten und Politikers Ignacy Jan Paderewski. Als Ziolkowski als Assistent von Gutzon Borglum am Mount Rushmore tätig war, lud der Häuptling ihn mehrmals ein. Ziolkowski war beeindruckt von der Idee, das gewünschte und zu dieser Zeit als utopisch anmutende Monument zu entwerfen, obwohl es weder Gelder noch sonstige Hilfestellungen gab.

Crazy Horse wird verewigt

Während der folgenden 9 Jahre brütete Ziolkowski über einem Plan, den er ab 1948 in die Tat umzusetzen versuchte. Zuerst war er ganz auf sich alleine gestellt, lebte in einem Zelt, danach in einer Holzhütte und mußte die ersten Partien des Berges "mit der Hand" und in Hunderten von Fußmärschen rauf und runter abtragen. Später half ihm seine Familie. Wie abgeschieden von der übrigen (weißen) Welt die Ziolkowskis damals lebten, macht deutlich, daß für seine 10 Kinder eigens eine Schule errichtet werden mußte.

Noch mühsamer aber war die Arbeit, da keine öffentlichen Gelder angenommen werden sollten, denn die Indianern wollten es alleine schaffen. So wurden zweimal öffentliche Gelder in Höhe von jeweils 10 Millionen Dollar abgelehnt. Eintrittsgelder, Fonds und ein Förderverein sind bis heute die einzigen Geldquellen, die dieses riesige Monument verwirklichen sollen. Ein paar Zahlen machen deutlich, wie groß es einmal sein wird, wenn es – vielleicht am Ende des 21. Jahrhunderts fertiggestellt sein wird:

- **Länge:** 192 Meter
- **Höhe:** 172 Meter und damit 2 Meter höher als das Washington Monument
- **Höhe des Pferdekopfes:** 66 Meter, womit das gesamte Mount Rushmore Memorial hier Platz finden würde
- **Höhe von Crazy Horse' Kopf:** 27 Meter
- Bereits bis zum Jahre 1996 wurden **20mal** soviel Fels gesprengt wie am Mount Rushmore
- Mit diesen Ausmaßen wird das Crazy Horse Memorial einmal das größte in Stein gehauene Monument der Welt sein und größer sein als die Pyramiden in Ägypten.

Als Ziolkowski 1982 starb, übernahm seine Frau Ruth die Leitung des Projekts, und auch sie wird sie einmal an eines ihrer Kinder übergeben. Die Indianer verfolgen das Entstehen in aller Ruhe und feiern alljährlich den Fortschritt mit einem großen Pow Wow. Zu einem dieser Pow Wows kam auch der Gouverneur und sprach – in Lakota-Sprache – unter Beifall der Indianer, die denkenswürdigen Worte: "Heute stehe ich vor euch und schüttele euch frohen Herzens die Hand. Der Große Geist hat uns beide geschaffen. Wir müssen unsere Verschiedenheit feiern und uns dann auf die gemeinsame Arbeit konzentrieren." Die Indianer dankten ihm mit dem Singen der Nationalhymne der Sioux und anschließend der der Vereinigten Staaten.

Heute können Sie im Besucherzentrum, welches im ehemaligen 82-Räume-Studio von Ziolkowski untergebrcht ist, eine 15-minütige Diashow, ein Modell des fertigen Monuments, einige Nachbildungen von Ziolkowskis Skulpturen, seine Arbeitsräume und eine Ausstellung mit indianischen Kunsthandwerken anschauen. In der Fluchtlinie zum Thunderhead Mountain bietet ein Modell (Maßstab 1:34) des zukünftigen Monuments ein gutes Photomotiv. Mit etwas Glück können Sie der einen oder anderen Sprengung am Berg aus der Entfernung beiwohnen, wozu ein Fernglas von Nutzen wäre.

Zwischen Besucherzentrum und Berg, gut erkenntlich am Modell im Besucherzentrum, sollen in Zukunft ein Museum sowie ein Kulturzentrum und eine Bildungsstätte für die Indianer errichtet werden.

Um das werdende Monument von nahem zu besichtigen und vor allem, von allen Seiten, empfiehlt sich ein 10-minütiger Rundflug mit einem **Helicopter**, dessen Startplatz sich am Eingang der Anlage befindet.

Sollten Sie Interesse haben, sich finanziell am Gelingen des Projektes zu beteiligen, können Sie für mindestens 25 $ Jahresbeitrag Mitglied im **Crazy Horse Grass Roots Club** werden. Anmeldeformulare liegen aus, oder Sie wenden sich direkt an den Club: Crazy Horse Memorial, Avenue of the Chiefs, Crazy Horse, SD 57730-9506, Tel.: (605) 673-4681, Fax: (605) 673-2185.

Folgen Sie von hier aus nun dem US 385 nach Süden bis **Hot Springs**, einem kleines Städtchen am südlichen Abschnitt der Black Hills. Hot Springs hat einen **historischen Distrikt**, dessen Häuser mit lokalem Sandstein gebaut worden sind und so ein für die Region untypisches Stadtbild aufweist. Außerdem wurden bei Hot Springs Überreste von Mammuts gefunden, die im **Mammoth Site Museum** südlich der Stadt zu besichtigen sind (täglich geöffnet: Sommer 8h30-16h30, Winter 9h00-15h30).

Seinen Namen verdankt der Ort den Mineralquellen, in dessen Wasser Sie in einem Freizeitpark im Ort springen bzw. rutschen können.

Wind Cave Nationalpark

19 Meilen südlich von Custer bzw. 11 Meilen nördlich von Hot Spring am US 385. Von Norden kommend, können Sie auch vom Custer State Park nach Süden auf der CO Rd 87 fahren.

Information
Das **Visitor Center** ist ausgeschildert vom US 385 und liegt an einer Stichstraße. Hier beginnen auch die Höhlentouren, und eine kurze Diashow vermittelt erste Informationen. Tel.: (605) 745-4600. Geöffnet: das ganze Jahr über.

Übernachten
Es gibt am Elk Mountain, in der Nähe des Visitor Center, einen **Campingplatz**. Hotels und Motels finden Sie im Custer State Park, in Custer, Hot Springs, Keystone und Hill City.

- **Nationalpark seit**: 1903
- **Größe:** 11.200 ha

Touren
Alle Touren beginnen am Visitor Center, von wo aus Sie zu den Höhleneingängen laufen, und auch hier gilt: Bei 12 °C sollten Sie eine Jacke bzw. einen Pullover mitnehmen.

- **Natural Entrance Tour und Fairground Tour:** 1 ½ Stunden, wobei mehrere Treppen zu bewältigen sind (insg. 400 Stufen). Die beliebtesten Touren, da hier alle wesentlichen Aspekte angeschnitten werden.
- **Garden of Eden Tours:** 45 Minuten. Mit einem Fahrstuhl geht es nach unten, und auf einem kurzen Rundweg werden die wesentlichen Punkte angeschnitten. Diese Tour ist eigens für diejenigen zusammengestellt, die nicht so gut zu Fuß sind.
- **Candlelight Tour:** 2 Stunden. Auf Wunsch mit Kerzen bewaffnet, so wie es auch damals die ersten Forscher waren, geht es hier kreuz und quer durch das Höhlensystem.
- **Cave Tour:** Diese 4-stündige Tour ist auf Höhlenenthusiasten zugeschnitten und der Ranger simuliert eine Höhlenexpedition, auf der sowohl Ihre körperliche Konstitution als auch die Qualität Ihrer Kleidung "getestet" werden. Also: alte Kleidung und keine Scheu vor engen "Krabbeltouren" mitbringen.

Die Wind Caves verdanken ihren Namen der Tatsache, daß ihre Entdecker 1881 auf sie aufmerksam wurden, als der Wind ein pfeifendes Geräusch verursachte, das "aus der Tiefe der Erde entwich". Unterschiedliche Druckverhältnisse in der Höhle verändern dieses – immer wahrnehmbare – Geräusch fortwährend. Das bekannte Höhlensystem mißt heute knapp 90 Meilen, wobei auch hier immer wieder neue Zahlen genannt werden. Die geologische Entstehungsgeschichte ist dieselbe wie in den Jewel Caves, ebenso die einzelnen Formationen. Daher gehe ich hier nicht erneut darauf ein. Da die Höhle aber bereits als ausgetrocknet gilt, hat sich über die theoretisch vorhandenen glitzernden Kalkkristalle mittlerweile an fast allen Stellen eine trockene Kalkschicht gelegt, so daß die faszinierenden Lichterspiele, wie in den Jewel Caves, hier nur noch an wenigen Stellen zu bestaunen sind. Trotzdem gibt es auch hier eindrucksvolle Tropfsteinformationen zu bewundern.

M.E. aber interessanter, und nach einem Besuch der Jewel Caves sowieso vorzuziehen, ist die oberirdische Landschaft dieses Nationalparks. Hier geht die Prärie im Süden in die Bergwälder im Nordabschnitt über, und entsprechend artenreich ist die Tierwelt. Besonders Bisons werden Sie nirgendwo besser beobachten können als hier. Teilweise stehen die majestätischen Tiere sogar am Straßenrand. **Aber seien Sie beim Fotografieren vorsichtig**! Die Bisons können gefährlich werden.

◆ **George Washington** (Präsident: 1789-1797) war der erste Präsident der USA und führte die für die Unabhängigkeit kämpfende Truppe als Kommandant an.

◆ **Thomas Jefferson** (Präsident: 1801-1809) war der 3. Präsident und verfaßte sowohl die "Declaration of Independence", als daß er auch die Expansion nach Westen forcierte.

◆ **Abraham Lincoln** (Präsident: 1861-1865), der 16. Präsident, hielt die Nation durch den Sieg im Bürgerkrieg zusammen und schaffte damit auch die Sklaverei ab, was einen großen Schritt nach vorne bedeutete für die Einhaltung der Grundrechte und die Demokratie.

◆ **Theodore Roosevelt** (Präsident: 1901-1909) schließlich, der 26. Präsident, führte die Nation ins moderne 20. Jahrhundert und bereitete den Weg für Amerikas Stellung als führende "Nation der Welt". Unter ihm wurde der Panama Kanal gebaut, avancierte die Marine zur größten Kriegsflotte der Welt, wurden Gesetze zur Erhaltung der Natur eingebracht und der Ausbau der Infrastruktur vorangetrieben.

■ Die Arbeit am Mount Rushmore

Borglum entschied sich für den 1718 Meter hohen Mount Rushmore, der massiver und stabiler war als die Needles und der den Vorteil besaß, fast den ganzen Tag über vom Sonnenlicht erfaßt zu werden. Die ersten 3 Jahre beschäftigte sich Borglum alleine mit den Entwürfen, die er in seinem Studio immer wieder änderte und an deren Modellen (Maßstab 1:12) er fieberhaft meißelte und hämmerte. Die Depressionsjahre behinderten seine Pläne immer wieder, denn Geld war knapp. Doch war Borglum so besessen von seinem Projekt, daß er es durch Reden und geschickte Diplomatie schaffte, über die Jahre verteilt alleine 836.000 der erforderlichen 1 Million Dollar aus Staatsmitteln zu erhalten. 1930 begann er mit den Felsarbeiten, und der erste fertiggestellte Kopf war der von Washington. Darauf folgten finanziell karge Jahre, so daß erst 1936 der von Jefferson und ein Jahr später der von Lincoln folgten. 1939 dann war auch Roosevelts Kopf vollendet, und in den folgenden Jahren wollte sich Borglum dann den Oberkörpern widmen. Doch starb Borglum 74-jährig unerwartet im März 1941, so daß sein Sohn Lincoln die Arbeit fortsetzen mußte. Dieser entschied sich dazu, die Oberkörper nicht mehr herauszuarbeiten und vollendete das Werk im Oktober 1941, genau an dem Abend, als die USA in den 2. Weltkrieg eingetreten waren.

Übrigens: Bevor Gutzon Borglum seine Köpfe in den Stein gehauen hatte, änderte er seine Pläne neun Mal, wobei die drastischste Veränderung der Wechsel von Jeffersons Kopf von der linken auf die rechte Seite von Washington war.

Daten zum Mount Rushmore
- **450.000 Tonnen Stein** wurden für die Arbeiten weggesprengt,
- jeder **Kopf** ist etwa 18 Meter hoch,
- die Augen sind jeweils etwa 5 Meter breit,
- **Washingtons Mund** ist 5,5 Meter breit,
- die **Nasen** sind jeweils etwa 6 Meter lang,
- insgesamt **360 Mann** waren mit der Fertigstellung des Monuments beschäftigt, wobei der durchschnittliche Arbeitslohn 1,50$/Stunde betrug.

■ Besichtigung des Monuments

Beginnen Sie Ihren Rundgang im **Visitor Center**, wo ein 16-minütiger Film die Entstehungsgeschichte skizziert. Danach sollten Sie auf den Berg zulaufen, wobei Sie vom **Amphitheater** die beste Fotoperspektive haben (50 mm- bzw. Weitwinkelobjektiv). Abends wird der Berg dann von hier aus mit verschiedenfarbigen Strahlern angeleuchtet. Ein zugleich faszinierendes wie auch kitschiges Schauspiel.

Rechts vom Amphitheater führt schließlich ein Weg zu den **Sculptor's Studios**, in denen Borglum geplant und gearbeitet hat. Eine Ausstellung der verschiedensten Werkzeuge, Fotos, Skizzen und die Erläuterung der Gravurtechniken werden hier vorgestellt. Möchten Sie sich noch eingehender mit Borglums Leben und seinen Arbeiten beschäftigen, empfehle ich Ihnen den Besuch des (unter Keystone aufgeführten) **Borglum Historical Center**.

Übrigens lohnt auch der **Ausblick vom Fuße des Mount Rushmore** nach Osten. Im Vordergrund liegen die bewaldeten Ausläufer der Black Hills, und dahinter erstrekken sich dann die unendlich erscheinenden Badlands.

In dem kleinen Ort **Hill City** gibt es weitere Hotels und Motels sowie zwei touristische Highlights:

◆ **1880 Steamtrain:** Auf der ehemaligen Strecke der Goldgräberzüge verkehrt heute eine historische Eisenbahn zwischen Hill City und Keystone. Die Hin- und Rückfahrt dauert etwa 2 Stunden. Es gibt 4 Fahrten am Tag (nur Mai-Oktober); Abfahrt am Hill City Depot. Infos: (605) 574-2222.

◆ **Wade's Gold Mill:** Deerfield Rd, 1 km nordöstlich. In diesem kleinen Museum werden – authentisch – die vier Goldschürfmethoden gezeigt, die in den Black Hills am meisten verwandt worden sind. Infos: (605) 574-2680.

Hill City ist zudem einer der schönsten Orte in den Black Hills und nicht so überlaufen.

Übernachtungsempfehlung für Hill City
Best Western $$: ¼ Meile östl. am US 385, Hill City, SD 57745, Tel.: (605) 574-2577. 61-Zimmer-Motel mit Pool und Whirlpool.

Ein empfehlenswertes **Restaurant** mit guter deutscher Küche ist das **Alpine Inn** (225 Main St., Tel.: (605) 574-2749.

Rapid City

Information
Convention & Visitors Bureau: Civic Center, 444 N. Mt. Rushmore Rd, Rapid City, SD 57709, Tel.: (605) 343-1744 od. 1-800-487-3223.

Übernachten

- **The Alex Johnson Hotel $$$:** 523 6th St., Rapid City, SD 57701, Tel.: (605) 342-1210 od. 1-800-888-2539. Historisches Hotel von 1928 - komplett restauriert. Besonders die in Holz gehaltene Lobby mit dem großen Kandelaber beeindruckt.
- **Holiday Inn Rushmore Plaza $$$:** 505 N. Fifth St., Rapid City, SD 57701, Tel.: (605) 348-4000, Fax: (605) 348-9777. Modernes Hotel, dessen Lobby im Atriumstil gehalten ist und einen 20 m hohen Wasserfall beherbergt.
- **Econo Lodge $-$$$:** 625 E. Disk Dr., Rapid City, SD 57701, Tel.: (605) 342-6400, Fax: (605) 341-7908. Sauberes Motel mit Zimmern ($-$$) und Suiten ($$$).
- **Weitere Hotels und Motels ($$)** verschiedener Franchise-Ketten finden Sie in der LaCrosse St., vornehmlich zwischen den Blocks 1300 und 2100.

Restaurants

- **Firehouse Brewer's Post:** 610 Main St., Tel.: (605) 348-1915. Untergebracht in einem ehemaligen Feuerwehrgebäude. Spezialität: Büffelfleisch in verschiedensten Variationen.

- **Circle B Ranch:** 16 Meilen westlich am US 385, Tel.: (605) 348-7358. Dinner (kein Mittagessen!) vom Planwagen, dazu werden verschiedene kleine Wild-West-Shows (Planwagenrennen etc.) geboten. Halbe Strecke nach Deadwood. Reservierung empfiehlt sich.
- **Windows on Dakota:** Ecke 9th/St. Joseph St., Tel.: (605) 348-2060. Familienrestaurant im 9. Stock mit Ausblick auf Rapid City. Am Wochenende Livemusik (Jazz, Blues und seltener Country).
- **Roadkill Cafe:** 1333 Main St., keine Reservierungen. Eine etwas ausgefallene Cafe-Restaurant-Grill-Kombination mit noch ausgefalleneren Gerichten, wie z.B. "Guess That Mess" oder "The Chicken That Didn't Quite Cross The Road". Hier können Sie auch selbst Fleisch mitbringen und auf dem Grill brutzeln lassen.

Mit 55.000 Einwohnern ist Rapid City, am Fuße der nordöstlichen Black Hills gelegen, die zweitgrößte Stadt South Dakotas. Sie galt über Jahrzehnte als Tor zum Westen und für die Goldminen als wirtschaftliche Basis. Nachdem der Goldrush vorüber war, sagte man ihr den raschen "Tod" voraus. Doch hat sich Rapid City mittlerweile wieder hochgearbeitet und sowohl Industrie als auch das Militär (Luftwaffenstützpunkt) angelockt, so daß es wirtschaflich prosperiert. Auch der Tourismus hat Spuren hinterlassen, obwohl ich der Meinung bin, daß Sie hier nicht viel zu unternehmen haben. Zumeist handelt es sich um "fragwürdige" Attraktionen, wie kleine private Kitschmuseen, Minigolfanlagen, "zweitrangige" Höhlen, Wasserrutschen u.ä. Wirklich interessant aber ist das:

■ **Museum of Geology**, das der School of Mines angeschlossen ist: O'Hare Memorial Bldg., Main S., geöffnet: Memorial bis Labor Day: Mo-Sa 8h00-18h00, Rest des Jahres: Mo-Fr 8h00-17h00, Sa 9h00-14h00 und So 13h00-16h00. Neben einer interessanten Gesteinssammlung und der Erläuterung zu den Goldfunden in den Black Hills ist auch die Dinosaurierausstellung sehenswert.

Weitere Sehenswürdigkeiten wären das **Air & Space Museum** (I-90, Exit 66) mit verschiedenen Militärflugzeugen, die **Chapel on the Hills** (westlich am Rimrock Hwy.), eine nachgebaute norwegische Stabkirche, und der für Kinder interessante **Dinosaur Park** oberhalb der Stadt, in dem 7 Dinosauriermodelle sowohl als Foto- als auch als Kletterobjekte einladen.

Kinofans mögen sich zudem an **Kevin Costners Wildwest-Epos "Wer mit dem Wolf tanzt"** erinnern, der in und um die Black Hills gedreht worden ist. Teile dieses Films wurden im Ft. Hays, 4 Meilen südlich von Rapid City am US 16, gedreht. Heute kann dieser Drehort besichtigt werden (täglich 6h30-21h00), wobei Cowboymahlzeiten gereicht, Schaustücke vorgeführt und Westernmusik gespielt werden. Reservierung empfiehlt sich: (605) 394-9653.

Für eine weitere Unternehmung empfiehlt sich Rapid City auch: **Shopping!** Zahlreiche Outletmalls, Westernstores und Juweliergeschäfte bieten sich in und um die Stadt dazu an.

Das Grasland

Die kleine Ortschaft **Wall** hat sich zum "Tor zum Badlands Nationalpark" gemausert. Zahlreiche Motels, Restaurants und Geschäfte bieten sich an. "Magnet" hier ist aber der **Wall Drug**, ein ehemaliges "Waterhole" für Pioniere, Siedler und Reisende auf dem Weg in den Westen. Heute gibt es in dem riesigen "Geschäft" neben Drogerieartikeln Souvenirs, eine kleine Art Gallery und ein großes Restaurant mit guter Western-Küche – durchaus empfehlenswert für die Lunchpause. Das Geschäft kündigt sich bereits aggressiv mit unübersehbaren Reklametafeln entlang des I-90 an. In Wall finden Sie auch das **National Grassland Visitor Center** (an der Hauptstraße), in dem Sie weitere Informationen zu den Grasslands erhalten.

Warum der Ort zu Recht seinen Namen trägt, erfahren Sie im folgenden Abschnitt.

Badlands Nationalpark

Highlights

- ein **Helikopterflug** über die Badlands
- auf den **Spuren der Urtiere** am Fossil Exhibit Trail
- die Ausblicke vom **Pinnacles** sowie dem **Big Badlands Overlook**
- **"off the beaten track"** auf der Sage Creek Rim Road

Überblick

Nachdem Sie die Black Hills hinter sich gelassen haben, fahren Sie wieder durch die weite, leicht hügelige Graslandschaft, die Sie – sollten Sie der Buchroute gefolgt sein – bereits aus North Dakota her kennen. Nichts weist darauf hin, daß Sie sich einem weiteren landschaftlichen Höhepunkt nähern, und sollten Sie von Wall aus auf dem I-90 bleiben, würden Sie diesen sogar gänzlich übersehen. Doch die Natur hat ihre eigenen Gesetze, und im Laufe von Jahrmillionen haben Wind und Wetter im Süden von South Dakota eine weitere Überraschung geschaffen: die Badlands, eine zerklüftete, bizarre Bergwelt – man mag fast Mondlandschaft dazu sagen –, deren Faszination noch deutlicher wird durch die bunten Farben, die die einzelnen Sandsteinschichten aus zahlreichen geologischen Erdzeitaltern versprechen. Die unterschiedlichen Lichtverhältnisse, die Grüntöne des Präriegrases und die durch die Täler ziehenden Bisonherden runden das Bild noch ab.

Der Badlands Nationalpark ist einer der weniger besuchten Parks und bietet mit Sicherheit keine ausgedehnten Outdoor-Erlebnisse, dafür aber werden Sie seine landschaftlichen Reize nicht so schnell vergessen. Wo sonst haben Sie die Gelegenheit, eine Natur vorzufinden, die Weite, Lichterspiel, bizarre Formationen und eine interessante Tierwelt in sich verbindet. Kein Wunder also, daß der Park nicht selten als Kulisse dient für Reklameclips, besonders für die Automobilindustrie.

Seinen Namen erhielt der Park – und diese Landschaftsform im gesamten Nordwesten - von den Indianern und später auch den ersten französischen Trappern, die das Land als "ausgesprochen schlecht zu passieren" bezeichneten. Diesen Ausdruck übernahmen auch die Farmer, die es als schlechtes Agrarland ansahen. Von Süden betrachtet, wird zudem auch deutlich, warum die Indianer noch einen anderen Begriff wählten: "Kadoka", die Wand. Wenn sie über die endlosen Prärien an den Fuß der Bergkette gelangten, erschien diese ihnen als unüberwindliches Hindernis. Die ersten Siedler übernahmen auch dieses Wort und nannten ihre ersten Orte dementsprechend Kadoka und Wall.

Vor über 30 Millionen Jahren, als das Klima noch wesentlich feuchter gewesen ist, lebten in den heutigen Badlands Urtiere. Knochen von Dinosauriern, den nashornähnlichen Titanopheren und von langzähnigen Raubkatzen sind hier von der Erosion wieder freigelegt worden und können am Fossil Exhibit Trail bewundert werden.

Die Badlands wurden 1939 zum Nationalpark erklärt und 1976 um den Südteil erweitert, so daß dieser heute eine Fläche von ca. 1.100 qkm einnimmt.

Anfahrt
Der meistbesuchte Teil des Nationalparks liegt im Norden (North Unit). Von Rapid City aus nehmen Sie vom I-90 bei Wall den Exit 110 und folgen dem "Badlands Loop" (US 16A bzw. CO Rd 240). Nach ca. 33 Meilen erreichen Sie das Cedar Pass Visitor Center. Von Osten kommend, zweigen Sie am I-90 Exit 131 nach Süden ab. Von hier sind es knapp 9 Meilen zum Ben Reifel V.C.

Information
Es gibt 2 Visitor Center:
● **Cedar Pass Visitor Center (auch Ben Reifel V.C. genannt):** am US 16A (bzw. CO Rd 377). Das ganze Jahr über geöffnet. Ein kleines Museum führt in die Geologie des Parkes ein. Jeden Abend finden Vorträge und Diavorführungen im bzw. am Visitor Center statt.
● **White River Visitor Center:** Nur im Sommer geöffnet. 60 Meilen südlich des Cedar Pass V.C. Das Museum beschäftigt sich u.a. auch mit der Geschichte und Kultur der Oglala Sioux Indianer.
Postanschrift: The Superintendent, Badlands National Park, P.O.Box 6, Interior, SD 57750, Tel.: (605) 433-5361.

Übernachten
● **Cedar Pass Lodge $$:** 8 Meilen südlich des Exit 131 vom I-90 am Badlands Loop; P.O.Box 5, Interior, SD 57750, Tel.: (605) 433-5460. Es gibt nur 24 relativ einfache, rustikale Cottages. Also rechtzeitig vorbuchen! Geöffnet von: 1. April bis 1. November. Es gibt auch ein Restaurant.
● **Weitere einfache Motels** finden Sie in Interior (**Badlands Budget Host Motel $-$$**, Tel.: (605) 433-5335), in Wall (z.B. **Best Western Plains $$**, Tel.: (605) 279-2145 und **Super Motel 8 $$**, Tel.: (605) 279-2688) und in Kadoka (siehe unten)
● Es gibt **2 Campingplätze:** Am Cedar Pass Visitor Center und im nordwestlichen Parkabschnitt, am Sage Creek. Letzterer ist sehr einfach ausgestattet.
Es gibt keine Unterkünfte auf South Dakota Seite südlich des Parks und auch nicht in Scenic!

Redaktions-Tips

- **Übernachten:** Die **Cedar Pass Lodge** im Park ist die beste Empfehlung. Motels finden Sie in Wall und Kadoka. Beachten Sie, daß nicht alle Unterkünfte zwischen Oktober und Mai geöffnet sind, bzw. im Sommer häufig viele ausgebucht sind. Eine vorzeitige Anfrage bzw. Reservierung ist somit ratsam.
- Nehmen Sie auf Wanderungen und auf längeren Rundfahrten **ausreichend zu trinken** mit sowie einen **Kopfschutz gegen die Sonne.**
- **Bedeutendste Sehenswürdigkeiten:** die Aussichtspunkte (Overlooks) Pinnacles, Prairie Winds und Big Badlands; der Fossil Exhibit Trail; entlang der Sage Creek Rim Road fahren; der Sheep Mountain Table.
- **Schönste und interessanteste Wanderwege:** Fossil Exhibit Trail, Castle Trail und Door and Windows Trails
- Für **mehrtägige Wanderungen** empfehle ich aus klimatischen Gründen eher andere Nationalparks. Schwer zugängliche Landschaft, Hitze und nicht vorhandene Wanderwege dürften nur etwas für ausgesprochene Abenteurer sein – abgesehen davon, daß solche Wanderungen nur mit **Sonder**genehmigungen erlaubt sind.
- Das **beste Licht zum Fotografieren** der Wall am Pinnacles Overlook haben Sie morgens, an der Strecke nordöstlich vom Ben Reifel Visitor Center eher am Nachmittag.
- **Benzin und Verpflegung** gibt es in Wall und am Nordostausgang des Parkes, kurz vor Erreichen des I-90.
- Das Wasser in den Flüssen ist **nicht trinkbar**!
- **Zeiteinteilung: 2 Stunden**: Fahren Sie entlang der CO 240 im Nordteil des Parkes, halten Sie an den o.g. Aussichspunkten sowie schauen Sie sich die Diavorführung und die Ausstellung im Ben Reifel Visitor Center an. **½ Tag:** Wie oben, nehmen Sie sich jedoch mehr Zeit für eine Wanderung entlang des Castle Trails bzw. unternehmen Sie einen Helicopterflug. **1 Tag:** 2 Alternativen: 1. Sie fahren von Wall (wo Sie übernachtet haben) kommend, zuerst zum Pinnacles Overlook, danach entlang der Sage Creek Rim Road nach Scenic und von dort in das Gebiet des Sheep Mountain Table. Anschließend nehmen Sie die CO 44 zum Ben Reifel Visitor Center. Lunch in der Cedar Pass Lodge. Nachmittags dann entweder einen Spaziergang entlang des Castle Trail oder alternativ entlang des Door Trail. Abschließend ein Helicopterflug. 2. Am Anreisetag sind Sie bereits auf der CO 240 durch den Nordabschnitt des Parks gefahren und haben in der Cedar Pass Lodge übernachtet. Am nächsten Morgen – bei anderem Sonnenstand – machen Sie die Rundtour: CO 240 nach Nordwesten - Sage Creek Rim Road - Sheep Mountain Table - CO 44 - Ben Reifel Visitor Center. Lunchpause. Anschließend wie oben.

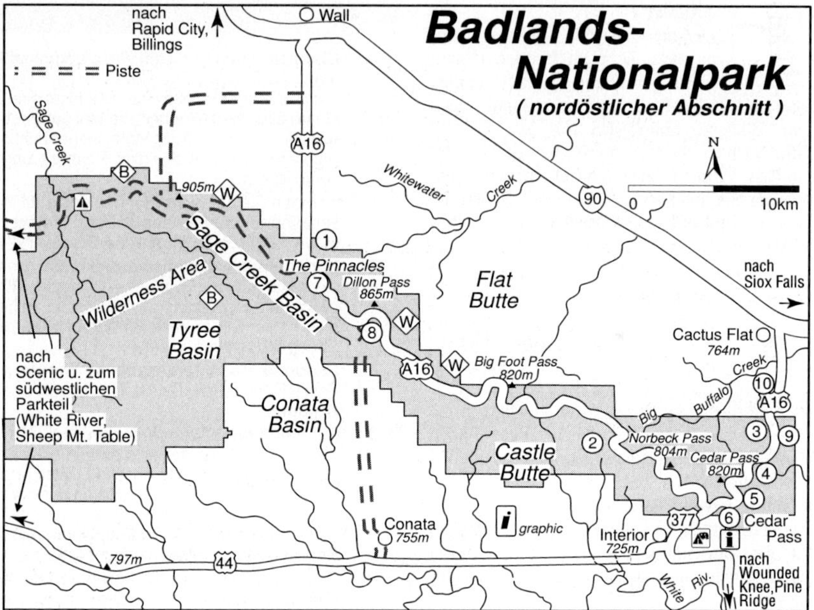

1 Pinnacles Eingang
2 Fossil Exhibit Trail
3 Nordosteingang
4 Door Trail & Windows Trail
5 Cliff Shelf Trail
6 Cedar Pass Visitor Center & Lodge
7 Pinnacles Overlock
8 Changeng Scenic Overlook
9 Big Badlands Overlook
10 Helikopterflüge

Tierbeobachtungen:
B= Bison
W= Wild, z.B. Hirsche, Gabelböcke usw.

Der Südteil des Parks hat fast keine Straßen. Entnehmen Sie seine Lage bitte der Karte "Black Hills und das Grasland"

Rundfahrten

Im Grunde kann man in diesem Nationalpark nicht viel falsch machen:

a) Die **klassische Route** führt entlang der CO 244 durch den Nordteil des Parkes. Zahlreiche Aussichtspunkte bieten sich hier an, und den Fossil Exhibit Trail sowie das Visitor Center passieren Sie hier auch. Landschaftlich wird hier auch alles "abgedeckt": Täler, verschiedene Erosionsformationen, Berge und weite Grasflächen. Einzig die Tierwelt können Sie auf der folgenden Route besser beobachten, die sich zudem durch weniger Verkehr empfiehlt:

b) Nehmen Sie dazu zwischen Nordeingang und **Pinnacle Overlook** (zu dem Sie trotzdem zuerst fahren sollten) die kleine **Sage Creek Rim Road**, die weitere Ausblikke auf die "Wand" zuläßt, dazu aber dichter an die Täler mit den Bisonherden führt und auch eine **Präriehundsiedlung** passiert (ca. 5 Meilen nach dem Abzweig von der CO 244). Von **Scenic** fahren Sie dann 4 Meilen nach Süden auf der CO 589, um dann abzubiegen auf die 6,5 Meilen lange Schotterpiste (Sackgasse) zum **Sheep Mountain Table**. Zwei kurze Wanderwege und ein schöner Aussichtspunkt belohnen für den Umweg. Schauen Sie von hier nach Südwesten, sehen Sie in der Distanz den **Stronghold Table**, ein weiteres kleines Plateau. Hier war es, wo die Sioux-Indianer im Dezember 1890 ihren letzten Ghost-Dance aufgeführt haben, bevor sie ihren Marsch nach Wounded Knee fortsetzten (s.u.).

■ Aktivitäten

◆ Wandern:

Lange Touren: Wie bereits oben angesprochen, bietet sich dieser Nationalpark nicht für lange Wanderungen an. Klima und nicht vorhandene Wege machen eine mehrtägige Erkundung mühsam. Falls Sie trotzdem eine längere Tour unternehmen möchten, sollten Sie folgende Punkte berücksichtigen:

- Sind Sie in guter gesundheitlicher Verfassung?
- Sie müssen sich beim Park Ranger eine Erlaubnis einholen und sich vor Abmarsch abmelden.
- Nehmen Sie ausreichend Verpflegung und vor allem Trinkwasser mit. Das Flußwasser ist zu schlammig.
- Stimmt Ihre Ausrüstung? Zelt, Erste-Hilfe-Set, feste Schuhe, Sonnenschutz, Orientierungshilfen (Karten, Kompaß etc.).

Die beliebtesten Gebiete für lange Wanderungen sind das Tal des **Sage Creek**, das Gebiet der **Castles** (nordwestl. des Ben Reifel V.C./Castle Trail) und die Region um den **Sheep Mountain Table**.

Kurze Trails, von denen keiner länger als 1 Meile ist, bieten sich entlang der Straßen an und werden durch Schilder bekanntgegeben. Verpassen Sie vor allem die im Redaktionstip genannten Aussichtspunkte nicht und auch nicht den Fossil Exhibit Trail.

◆ **Helikopterflüge:** am Nordostausgang des Parkes starten die Helikopterflüge. Für bereits 12$ können Sie einen 10-minütigen Flug durch die Canyonlandschaften bzw. die Castle-Berge im Osten unternehmen.

■ Geologie

Wie bereits an anderen Stellen erwähnt, bedeckte vor über 70 Millionen Jahren ein großes Meer die heutigen Badlands. Dieses begann vor ca. 65 Millionen Jahren abzufließen, denn die gesamte Region hob sich zu dieser Zeit als Folge von plattentektoni-

Meisterwerk der Erosionskräfte: die Badlands

Auch sie lebten einst hier

schen Verschiebungen, die vor allem die Rocky Mountains "geschaffen" haben. Das Meer hatte aber dafür gesorgt, daß verschiedene Sedimente zurückblieben, die u.a. kalkhaltige Muschel- und Schneckenreste sowie verhärtete Algen enthielten. Die geringe Sauerstoffzufuhr, die für diese Meeresablagerungen typisch ist, hat einen dunklen Sandstein zurückgelassen, der sich erst über die Jahrmillionen erhellen konnte. Nachdem das Meer endgültig verschwunden war, wirkten andere Faktoren auf die Landschaft ein. Vor allem waren es die Flüsse, die sowohl Täler in die Oberfläche schnitten, aber auch unterschiedlichstes Verwitterungsmaterial aus den höher gelegenen Regionen herantrugen. Vor ca. 40 Millionen Jahren setzte eine starke vulkanische Tätigkeit im Gebiet des heutigen Yellowstone Parkes und entlang der Pazifikküste ein. Die vulkanischen Aschen wurden vornehmlich durch den Wind herbeigetragen und legten sich in Schichten von bis zu 180 Metern Mächtigkeit auf die Region der Badlands. Anschließend, in der Zeit vor 37 bis 23 Millionen Jahren, setzte die Phase der Sedimentierung und Verfestigung aller o.g. Ablagerungen ein. Vor allem die vulkanischen Aschen bildeten das, was wir heute als die Berge sehen.

Vor 35 Millionen Jahren bestimmte aber auch ein tropisches Klima die Geschicke der Region und bot verschiedensten Urtieren einen günstigen Lebensraum. Die Regenfälle füllten die Flüsse und setzten die Sandschichten z.T. unter Wasser (Marschen/Sümpfe). Die Flüsse ihrerseits gruben sich in die Gesteinsschichten ein. Vor 30 Millionen Jahren begann sich das Klima zu verändern. Subtropische und vor 23 Millionen Jahren dann aride Verhältnisse setzten ein. Die Urtiere starben aus, gerade zur rechten Zeit, damit ihre Überreste in die austrocknenden und konservierend wirkenden Sandsteinschichten abgelagert werden konnten. In der Folgezeit bedeckten erneute, zumeist durch den Wind herbeigetragene Sande, die Landschaft, so daß die Knochen der Urtiere erst jetzt wieder an den Stellen zu finden sind, in die die Flüsse später wieder Canyons geschnitten haben.

Heute gehen, mit stark schwankenden Mengen, zwischen 250 und 550 mm Niederschlag jährlich auf die Badlands nieder. Dieser Regen fällt zumeist als heftiger Gewitterregen, der eine starke Erosionskraft besitzt. Weitere Erosionsbeschleuniger sind die starken Temperaturschwankungen, die sich bekanntlich gerade in den oberen Gesteinsschichten auswirken, wo die Sonne tagsüber die Erde "zum Glühen" bringen kann, während nachts, aber vor allem im Winter, bitterkalte Temperturen herrschen. Da dieser ständige Erosionsprozeß kaum eine feste Pflanzendecke zuläßt, wird dieser wiederum beschleunigt. Ein Kreislauf setzt ein.

Die Tätigkeit der Flüsse ist heute als zweitrangig anzusehen, denn nur selten schwellen diese an. Passiert dieses doch, reißen sie gleich riesige Sandsteinbrocken von den Kanten ab.

■ Pflanzenwelt

Wie oben angesprochen, läßt die stetige Erosionstätigkeit nur einen begrenzten Pflanzenwachstum zu, der seinerseits auch noch behindert wird durch die ungenügenden bzw. unregelmäßigen Regenfälle. Somit werden Sie kaum Bäume vorfinden und wenn doch, nur vereinzelt an den Flußläufen (Pappeln/Ulmen). Größere Pflanzen sind vorwiegend die für aride Gebiete typischen Yucca-Palmen, Sukkulenten, Kakteen und Dornbuschsträucher. Ihnen allen ist gemeinsam, daß sie von der Tierwelt gemieden werden.

Einzig die Gräser, von denen 53 unterschiedliche Arten etwa die Hälfte des Nationalparkgebietes bedecken – vornehmlich die abflußarmen Ebenen – und im Frühling zahlreiche Wildblumenarten bieten eine Abwechslung in der schroffen und menschenfeindlichen Landschaft. Versierte Botaniker werden dieses zu schätzen wissen und sollten sich mit der nötigen Literatur im Visitor Center eindecken. Laien dagegen werden sich vornehmlich zwischen April und Juli an dem grünen Meer der riesigen Grasflächen erfreuen, das einen so beeindruckenden Kontrast bildet.

■ Tierwelt

Die Tierwelt in diesem Nationalpark ist bemerkenswert, aber erwarten Sie in einem ariden und z.T. schlecht einzusehendem Gebiet nicht, daß Ihnen überall Tiere über den Weg laufen. Es gibt sie ohne Zweifel, aber ein geduldiges Auge ist erforderlich, um sie auszumachen. Aber gerade das hat auch seine Reize.

Die für die Prärien typisch gewesenen Bisons waren auch in diesem Gebiet bis zum Ende des 19. Jahrhunderts alle ausgerottet. Zwischen 1962 und 1965 aber setzte man wieder Bisons aus, und ihre Zahl im Park beträgt wieder 350. Das ist nicht gerade viel, bedenkt man, wie groß der Park ist, doch macht es die Suche nach ihnen um so aufregender. Zumeist halten sie sich auf den Grasflächen bzw. in der Sage Creek Wilderness Area auf. Um sie dort zu erspähen, kann ein Fernglas von großer Hilfe sein. Das gleiche gilt auch für die ausgesprochen aufmerksamen Gabelböcke, einer fast ausgestorbenen Tierart. Präriehundsiedlungen verteilen sich über den gesamten Park, wobei nur wenige von diesen an den Straßen liegen. Die beste, die Sie besichtigen können, liegt 5 Meilen westlich des Abzweiges der Sage Creek Rim Road von der CO 244. Die wenigen Weißwedel- und Maultierhirsche halten sich gerne in den Tälern und zwischen den Deckung versprechenden Sträuchern auf. Nachts werden besonders den Campern die leuchtend roten Augen der Koyoten auffallen. Aber keine Angst, sie sind in der Regel für den Menschen ungefährlich. Waschbären, Stachelschweine, 7 Schlangenarten, verschiedene Hörnchenarten und über 200 Vogelarten runden das Bild ab. Übrigens: Nur die selten vorkommende Prärie-Klapperschlange ist giftig. Unglücklicherweise haben gerade diese die Eigenart, nicht zu flüchten, wenn man sich ihnen nähert, sondern erst im letzten Moment durch rasselnde Klappergeräusche auf sich aufmerksam zu machen. Sollten Sie auf eine Klapperschlange treffen, fangen Sie nicht an, nervös zu werden bzw. auf die Schlange zuzugehen, sondern entfernen Sie sich langsam und behutsam von ihr. Dann fühlt sie sich auch nicht angegriffen.

Wounded Knee Historical Site

Übernachten
Es gibt **keine Übernachtungsmöglichkeiten** hier. Am besten Sie übernachten in der **Cedar Pass Lodge** im Badlands Nationalpark (siehe dort)

Südlich des Nationalparks, inmitten des Pine Ridge Indianerreservates, abseits aller Touristenpfade, "versteckt" sich einer der traurigsten Schauplätze in der amerikanischen Geschichte, das des "Massakers am Wounded Knee". Wie kam es zu dem Massaker? Eine (Beinahe-) Sonnenfinsternis inspirierte im Januar 1889 eine Gruppe von der Reservatspolitik frustrierter Lakota-Indianer, im nördlich gelegenen Cheyenne River Indianerreservat einen sog. "Geistertanz" aufzuführen, in dem die Indianer – in Trance versetzt – die alten Weidegründe der Bisonherden zurückbeschworen sowie ihre ehemaligen Jagdgründe. Dabei philosophierten sie zudem, daß der weiße Mann in naher Zukunft wieder zurückgedrängt wird "in das Große Meer". Organisator dieser friedlichen Tänze war der Häuptling Big Foot. Die amerikanische Regierung sah sich durch diese Zeremonien gewarnt, befürchtete einen neuen Indianerkrieg und entsandte die 7th Cavalry, um die Geistertänze zu unterbinden. Doch noch vor deren Eintreffen im Reservat waren die Indianer bereits geflüchtet. Weiter südlich aber fanden die Soldaten sie und eskortierten die sich friedlich verhaltenden Indianer nach Wounded Knee. Dort sollten sie alle ihre Waffen ablegen. Bei dieser Aktion aber löste sich ein Schuß, und die Soldaten begannen, ohne jegliche Vorwarnung, auf die Indianer zu schießen. Die Indianer, die noch Waffen hatten, feuerten ihrerseits zurück, waren der Übermacht der Soldaten aber nicht gewachsen und konnten auch nicht verhindern, daß die verunsicherten Soldaten auch auf wehrlose Frauen und Kinder zielten. Insgesamt fanden 200 Männer, Frauen und auch Kinder den Tod. Diese, mit Recht als feige bezeichnete "Militäraktion", bedeutete von seiten der Bundesregierung die endgültige Niederschlagung jeglicher Kampfhandlungen der Indianer. Für die Indianer aber war hiermit der letzte Stolz gebrochen, der Glaube an die eigenen Riten erloschen und der Wunsch nach mehr Land für immer begraben.

Schandfleck in der Geschichte: Wounded Knee

Wie wenig sich die Regierung für diesen schmachvollen Ort interessiert und wie ungerne die Indianer an diese Aktion erinnert werden möchten, zeigt die heutige Aufmachung des Gebietes. Außer einigen Plaketten und einem Gedenkfriedhof erinnert nichts mehr an den 29. Dezember 1890.

Zurück auf dem I-90, passieren Sie als nächstes den kleinen Ort **Kadoka**. Hier, direkt am Exit 152, befindet sich der **Badlands Petrified Garden**, in dem Sie versteinertes Holz sehen können. Der kleine "Garten" ist im Sommer täglich, zwischen Ende Oktober und Mai nur an Wochenenden bzw. gar nicht geöffnet.

INFO

Wie entsteht versteinertes Holz?

Vor mehr als 30 Millionen Jahren herrschte in dem Gebiet des Mittleren Westens tropisches Klima vor, und große Wälder bedeckten die Sümpfe und Hochebenen. Hohe Bäume, in der Regel Aurakien und Farnpalmen, aber auch Nadelbäume, standen vor allem an den Flußrändern der höher gelegenen Bergregionen. Wenn diese schließlich umstürzten, was besonders durch reißende Fluten nach starken Regengüssen der Fall war, wurden sie von den Flüssen weggeschwemmt bis hin in das Gebiet, wo wir sie heute sehen können. Viele der Bäume standen aber auch bereits in dieser Gegend.

Schlamm, Asche und Schlick setzten sich anschließend als Deckschicht über die Baumreste, schnitten somit die Sauerstoffzufuhr ab, und der Fäulnisprozeß wurde damit merklich verlangsamt. Einsickerndes, silikathaltiges Grundwasser durchsetzte nun die Stämme und ersetzte allmählich das ursprüngliche Holzgewebe mit Silikatablagerungen. Die Silikate erhärteten, und die Baumstämme wurden zu "versteinertem Holz".

In jüngerer geologischer Zeit sorgten Erosionskräfte, wie Wind und Wasser, für die Freilegung der Stämme bzw. ihrer Überreste.

Übernachten
In Kadoka gibt es 11 Motels, u.a. das **Best Western H & H El Centro Motel $$**, Tel.: (605) 837-2287, sowie einige Campingplätze.

Auf der weiteren Strecke nach Osten und zurück nach Chicago bzw. Minneapolis warten nun keine besonderen Höhepunkte mehr auf Sie, wobei auch hier, auf dem Abschnitt bis hinein nach Minnesota, die endlose Graslandschaft der Prärien ein letztes Mal beeindrucken kann. Sollten Sie noch etwas Zeit übrig haben, können Sie sich an eine der im folgenden aufgeführten Punkte erfreuen:

Am I-90-Exit 212 lockt ein **Abstecher nach Pierre**, der Hauptstadt von South Dakota. Der US 83 führt auf 33 Meilen nach Norden durch nahezu unbewohntes Gebiet – nur ein paar Ranchen sind hier und dort sichtbar – und läßt kaum vermuten, daß man sich einer Bundeshauptstadt nähert. Viel zu sehen gibt es dann in Pierre (13.000 Einwohner) auch nicht. Zuerst passieren Sie die Plakette und eine Reiterstatue an der Stelle des ehemaligen **Fort Pierre**, überqueren dann die Brücke über den aufgestauten Missouri River, um unmerklich in die eigentliche Stadt "einzufallen". Die Service Road macht bereits deutlich, daß es sich bei Pierre um eine funktionelle Präriestadt

Imposantes State Capitol für einen kleinen Staat

handelt: Traktorenhändler, Autowerkstätten, einfache bis mittlere Motels, Fastfood-Ketten und andere Dienstleistungsbetriebe bestimmen das Bild. Nur das **State Capitol** (klassischer "Capitol-Stil") im historischeren Teil der Stadt – schön gelegen an einem See – überragt alles und kann zu den üblichen Bürozeiten besichtigt werden.

Wer sich mit der Geschichte von South Dakota näher beschäftigen möchte, kann zudem noch dem **Cultural Heritage Museum** (900 Governor's Dr.) einen Besuch abstatten. Das wäre eigentlich schon das Wesentliche hier.

Information

Chamber of Commerce: 108 E. Missouri Rd, Pierre, SD 57501, P.O. Box 548, Tel.: (605) 224-7361.

Übernachten

● **Governor's Inn $$-$$$:** 700 West Sioux Ave., Pierre, 57501, Tel.: (605) 224-4200 od. 1-800-341-8000. Neues Motel in der Nähe des River Centre.

● **Best Western Ramkota Inn $$-$$$:** 920 W. Sioux Ave. (neben River Centre), Pierre, SD 57501, Tel.: (605) 224-6877, Fax: (605) 224-1042. 151-Zimmer-Motel am Missouri River. Die Suiten ($$$) haben alle ein Jacuzzi.

● **Days Inn $-$$:** 520 W. Sioux Ave., Pierre, SD 57501, Tel.: (605) 224-0411, Fax: (605) 224-1730. Die günstige Alternative.

Restaurant

Kozy Corner: 217 E. Dakota, Tel.: (605) 224-9547. Familienrestaurant. Steaks und andere typische amerikanische Gerichte. Auch Salatbar!

Zurück auf dem I-90, ist die nächste "größere" Stadt **Mitchell**. Auch diese Stadt dient im wesentlichen als wirtschaftliches Zentrum der sie umgebenden Agrarregion.

Selbst wenn Sie nicht viel Zeit haben, müssen Sie hier unbedingt kurz vom Highway abfahren und in der Innenstadt dem **Corn Palace** (604 Main Street) einen Besuch abstatten. 1892 errichtet und zweimal umgebaut, bietet diese Veranstaltungshalle von außen einen einmaligen Anblick. Byzantinische, viktorianische und z.T. auch asiatische Stilelemente bilden die architektonischen Formen. Doch der eigentliche Clou liegt in der Wahl der Dekoration: Die Außenwände des **gesamten** Gebäudes werden alljährlich neu verziert mit Millionen von Maiskolben. Die Themen der "Wandbilder" behandeln in der Regel Szenen aus dem Farmleben. Die Mischung aus der ungewöhnlichen Architektur und der nahezu unnachahmlichen äußeren Gestaltung ist einfach den kleinen Umweg vom Interstate wert. In den Innenräumen können Sie zudem Fotos aller vorherigen Dekorationen bewundern.

Gleich gegenüber dem Corn Palace befindet sich das **Enchanted World Doll Museum**, in dem über 4.000 Puppen ausgestellt sind.

Corn Palace

Nördlich der Stadt können Sie schließlich noch dem **Prehistoric Indian Village** einen Besuch abstatten (nur Mai bis Oktober), in dem die Überreste eines ca. 1.000 Jahre alten Indianerdorfes konserviert sind und wo in einem kleinen Museum die Geschichte der hiesigen Indianer erläutert wird.

Information

Dept. of Tourism: 604 N. Main St., P.O.Box 776, Mitchell, SD 57301, Tel.: (605) 996-7311.

Übernachten

- **Holiday Inn $$-$$$:** 1525 W. Havens St., Mitchell, SD 57301, Tel.: (605) 996-3145 od. 996-6501, Fax: (605) 996-3228.
- **Motel 6 $:** 1309 S. Ohlman St., Mitchell, SD 57301, Tel.: (605) 996-0530. Günstiges Franchise-Motel.
- Weitere Motels finden Sie in der W. Havens St., (Blocks 1000-15000) und entlang der S. Ohlman St. (Block 1300)

Restaurants

- **Chef Louie's:** 601 E. Havens St., Ecke Burr St., Tel.: (605) 996-7565. Steaks und BBQ. Auch Lounge/Bar.
- **Brandy's:** 1525 W. Havens St. (im Holiday Inn). Steaks, Seafood und Hühnchen. Mittags und abends oft ein großes Buffet!

Letzte Station in South Dakota ist dessen größte Stadt, **Sioux Falls** (über 100.000 E.). Sioux Falls kann als reine Industriestadt angesehen werden, die sowohl als "Tor zum Osten", als auch als zentrale Stadt für die sie umgebenden Farmgebiete sowie als Eisenbahnknotenpunkt dient. Die Geschichte während der Zeit der ersten Pioniere und später der Indianerkriege mag turbulent gewesen sein, doch heute kann man hier eigentlich nicht viel unternehmen. Besuchenswert wären (eventuell) folgende Punkte:

Old Courthouse

◆ das **Old Courthouse** (200 W. 6th St.), in dem das historische Museum untergebracht ist und dem auch das **Pettigrew House** (Ecke Duluth/8th Sts.), eine viktorianische Villa, in der der erste Senator gewohnt hat, angeschlossen ist,

◆ das **USS South Dakota Battleship Memorial** (Ecke 12th St./Kiwanis Ave.), welches aufzeigt, daß selbst den Amerikanern Grenzen aufgesetzt werden: denn das echte Schlachtschiff konnte man nun wirklich nicht herbringen, so daß die Stadtväter sich dazu entschieden, reproduzierte Teile (u.a. die Geschützanlagen) in einem Park aufzubauen, ohne dabei aber die Dimensionen des Vorbildes zu verändern und

◆ das **EROS-Center** (Earth Resources Observation Systems), ca. 10 Meilen nördlich der Stadt an der CO 121, in dem sich die zentrale Stelle für die (naturwissenschaftliche) Bearbeitung von Satellitenfotos bzw. Luftaufnahmen befindet. Millionen von Fotos sind hier archiviert. Im Visitor Center erläutert eine Audio-Video-Schau die Arbeit, und eine kleine Ausstellung gibt weiteren Einblick. Das Center selbst können Sie aber nicht besuchen. Geöffnet: Mo-Fr 9h00-16h00, wobei ein vorheriger Anruf zu empfehlen wäre ((605) 594-6511), denn eigene Erfahrungen haben gezeigt, daß man sich nicht immer an diese Zeiten hält.

Information
Convention & Visitors Bureau: 200 N. Phillips St., Sioux Falls, SD 57102, Tel.: (605) 336-1620

Übernachten
- **Best Western Ramkota Inn $$$:** 2400 N. Louise (2 Meilen nordwestl. am SD 38), Sioux Falls, SD 57107, Tel.: (605) 336-0650, Fax: (605) 336-1687. Besseres Motel mit 240 Zimmern, 2 Schwimmbädern, Whirlpool und Sauna.
- **Radisson $$-$$$:** 4300 Empire Place, Sioux Falls, SD 57116, Tel.: (605) 361-6684, Fax: (605) 361-6684 ext. 158. Hotel der Mittelklasse mit Schwimmbad und Whirlpool.
- **Best Western Town House $$:** 400 S. Main Ave., Sioux Falls, SD 57102, Tel.: (605) 336-2740, Fax: (605) 336-7846. Typisches Motel mit 70 Zimmern
- **Travellodge $:** 809 West Ave.N., Sioux Falls, SD 57104, Tel.: (605) 336-0230, Fax: (605) 331-4194. Die günstige Motelalternative. Sauber und ordentlich.

Restaurant
Casa Del Rey: 901 Russell St., Tel.: (605) 338-6078. Tex-Mex-Gerichte in Texas-Ambiente. Sonntags: Brunch!

Pipestone National Monument

1 Meile nördlich von Pipestone am US 75, dann westlich, geöffnet: Ende Mai bis Anfang September: Mo-Do 8h00-18h00, Fr-So 8h00-20h00, Rest des Jahres: 8h00-17h00

Die Indianer des Dakota-Stammes sehen das Gebiet um Pipestone als ihr Ursprungsgebiet an. Der weiche rote Sandstein komme vom Blut ihrer Vorfahren, so sagt die Dakota-Legende. Die Dakotas haben hier bereits den Sandstein abgebaut und verarbeitet in ihren Häusern und zu Kunstgegenständen.

Ein 1 km langer Rundweg führt zu den alten Steinbrüchen und zu Gletscherformationen. Im Visitor Center informiert ein Film über die Geschichte der Steinbrüche. Im Sommer werden Pow Wows und andere Indianerfeste im angeschlossenen **Upper Midwest Indian Cultural Center** vorgeführt, außerdem können Sie den Indianern beim kunstvollen Bearbeiten der Steine zusehen. Weitere Eindrücke und Erläuterungen zu der Geschichte erhalten Sie im **Pipestone County Museum** (in Pipestone, 1 Hiawatha Ave.).

Für die **Fahrt nach Minneapolis** haben Sie jetzt die Möglichkeit, über den deutschen Siedlungsort **New Ulm** zu fahren. Lesen Sie dazu in Kapitel 11.

Sollte Ihr **Ziel Chicago** sein, fahren Sie am besten zurück auf den I-90, der bis Chicago führt. Lesen Sie zu den Sehenswürdigkeiten entlang dieser Strecke in den Kapiteln 11 und 9.1.

LITERATURVERZEICHNIS

SCHÖNGEISTIGE LITERATUR

● **Flannery O'Connery**; Flannery O'Connery spielt für die Literatur der USA eine nicht unerhebliche Rolle, weil bei ihr das Thema 'Religion' im Vordergrund steht. In **"Wise Blood"** versucht ein junger religiöser Fanatiker, in seiner Heimat Georgia eine "Kirche ohne Christus" aufzubauen. Noch makaberer wird es in **"The violent bear it away"**, wo in den Hinterwäldern von Georgia ein kleiner Junge versucht, einen noch jüngeren Knaben zu bekehren.

Flannery O'Connery, "Wise Blood", FS&G 1962

Flannery O'Connery, "The violent bear it away", FS&G 1962

● **Ralph Ellison**; **"The Invisible Man"**, Ellisons zweiter Roman, der 1953 u.a. mit dem 'National Book Award' ausgezeichnet wurde, zählt spätestens seit Mitte der sechziger Jahre zu den anerkannten Klassikern der amerikanischen Literatur. Er verfolgt das Leben eines jungen Schwarzen, der auf der Suche nach seiner Identität als Individuum und seiner Beziehung seiner Rasse sowie der Gesellschaft ist. Nachdem er aber merkt, daß er in den Augen der Weißen 'unsichtbar' ist, zieht er sich von der Gesellschaft zurück.

Ralph Ellison, "The Invisible Man", Penguin, 1985

● **Nicolas Evans; "The Horse Whisperer"**, Delacorte Press, NY 1995 – der deutsche Titel lautet: "Der Pferdeflüsterer". Ein Teil der Geschichte beruht auf Eindrücken, die Evans auf der Lonesome Spur Ranch gesammelt hat.

● **Eugene Izzi**; **"Eingekreist"**. Spannender Krimi, der in Chicago spielt und die Menschen dort, ob Polizisten, Gangster oder die "Normalbürger", nicht gerade sympathisch darstellt. Trotzdem gewinnt der Leser einen immer besseren Eindruck über leben und leben lassen in dieser Stadt, und die Sympathie überwiegt letztendlich doch.

● **Eudora Welty**; E. Welty schreibt Geschichten, die in der Gegend um den (südlichen) Mississippi spielen und die die Menschen dieser Region charakterisieren. Eudora Welty kann zu den bedeutendsten Autoren der USA des 20. Jahrhunderts gezählt werden. **"Loosing Battles"** handelt von einer Familie in den dreißiger Jahren, die versucht, ihre traditionellen Lebensformen zu erhalten. **"The Optimist's Daughter"** beschreibt den Konflikt zwischen der Tochter eines alten Richters aus New Orleans und dessen zweiter Frau, die nicht dem Südstaaten-Milieu entstammt. Dieser Roman erhielt 1972 den Pulitzer-Preis.

Eudora Welty, "Loosing Battles", Random 1990

Eudora Welty, "Die Tochter des Optimisten", Klett-Cotta 1991

● **Loel Chandler Harris;** Harris' besonderer Verdienst für die amerikanische Literatur ist das Sammeln und schriftliche Festhalten von Teilen der afro-amerikanischen Erzähltradition. Aus Harris' besonderem Interesse an der Tiermythologie dieser Tradition entstanden seine Sammlungen **"Uncle Remus: His Songs and Sayings"** und andere Sammlungen über Br'er Rabbitt, Br'er Fox, die – mit menschlichen Eigenschaften belegt – aus der amerikanischen Literaturgeschichte nicht mehr wegzudenken sind und zumindest ein kurzes Anlesen von einigen dieser Geschichten fast unumgänglich machen.

Joel Chandler Harris, "Favorite Uncle Remus", Van Santvoord, George & Coolidge 1973

● **Chester Himes**; Chester Himes wurde bekannt durch die Beschreibung des Lebens seiner schwarzen Mitbürger in den Vereinigten Staaten. **"Lonely Crusade"** ist z.B. die Geschichte eines schwarzen Wanderarbeiters, der selbst in den Gewerkschaften und der Kommunistischen Partei auf Diskriminierung stößt. **"Third Generation"** beschreibt das Leben einer schwarzen Familie von der Sklaverei bis in die Mitte des 20. Jahrhunderts. Einem breiteren Publikum bekannt sein dürften jedoch die Romane, die Himes aus dem selbstgewählten Pariser Exil veröffentlichte: **"The Heat is on"**, **"Rage in Harlem"**, **"Real Cool Killers"** und andere Kriminalgeschichten um die beiden schwarzen Polizisten Grave Digger Jones und Coffin Ed Johnson, die im Harlem der 30er und 40er Jahre spielen und sehr anschaulich Gewalt und Rassismus dieser Zeit schildern.

Chester Himes, "Lonely Crusade", Thunder Mouth 1986
Chester Himes, "Third Generation", Thunder Mouth 1989
Chester Himes, "The Heat is on", Random 1988
Chester Himes, "Rage in Harlem", Random 1989
Chester Himes, "Real Cool Killers", Random 1988
deutsche Ausgaben bei Rowohlt

● **Mark Twain**; geboren als Samuel Longhorne Clemens in Hannibal, schrieb Mark Twain die wohl bekanntesten Werke, die die USA literarisch jemals hervorgebracht hat: In **"The Adventures of Tom Sawyer"** präsentiert Twain nostalgische Lausbubengeschichten vom Mississippi. In **"Life on Mississippi"** und **"The Adventures of Huckleberry Finn"** beschreibt er das Leben der Menschen am Mississippi während der Zeit der großen Mississippidampfer. Über das Jugendbuch hinaus beinhalten gerade Tom Sawyers und Huck Finns Abenteuer aber auch beißende Ironie und eine tiefe moralische Dimension. Wer sich an die Originale heranwagt, wird in den Genuß von Mark Twains wahrem Verdienst kommen, der den Missouri-Dialekt in die Schriftsprache umsetzte.
Mark Twain, "Tom Sawyers Abenteuer", Diogenes 1994
Mark Twain, "Die Abenteuer des Huck Finn", Heyne 1993
Mark Twain, "Leben auf dem Mississippi", Insel-TB 1985

● **Washington, Booker T.**; Up from Slavery: Penguin Classics, New York. Autobiographisches Werk über das Leben von Booker T.Washington, der als einer der ersten Schwarzen in den USA Ende des 19.Jahrhunderts zu wissenschaftlichen Ehren gelangt ist. Ein sehr lohnenswertes Buch zum Verständnis der Schwierigkeiten, die Schwarze selbst nach ihrer "Befreiung" hatten und mit welchen Mitteln sie sich durchsetzen mußten.

● **L.M.Montgomery**, Anne of Green Gables, Seal Books, Toronto, Taschenbuchreihe mit Romanen Montgomery's, die in Kanada sehr beliebt sind, verfilmt wurden.

ALLGEMEINE SACH- UND REISELITERATUR (AUSWAHL)

Ein kleiner Tip: Die englischsprachige Literatur finden Sie in Europa nur in großen Reisebuchläden. Preislich liegt sie in den USA um gut 40% niedriger. Wenn Sie sie also nicht für Ihre Reiseplanung benötigen, besorgen Sie sie sich besser dort.

Deutschsprachig:

● **Apa Guide** (Hrsg.), 3 Titel: Chicago, Indianerreservate sowie Kanada, Apa Publications u. RV-Reiseverlag, München. Diese Bücher bieten einen guten Vorwegeindruck über das entsprechende Reisegebiet sowie die Geschichte der Indianer. Zum Reisen vor Ort nicht so gut geeignet.

● **Aral** (Hrsg.), Auto-Reisebuch, Kartographischer Verlag Busche Dortmund, 1992. Beschreibt die absoluten Highlights der gesamten USA mit Hilfe eines übersichtlichen Kartenteils.

● **Baedekers USA** sowie **Kanada**, Stuttgart. Sicherlich die Standardwerke für Gesamt-USA bzw. Kanada. Sehr ausführlich vor allem im landeskundlichen Teil, zeitlich relativ unabhängig im touristischen Teil.

● **Baxter**, verschiedene Reiseführer der Reihe "Praktisch und Preiswert": USA, Der Westen, Kanada/Osten , Rail Europe Verlag. Reiseführer für Individualreisende, ohne Bilder, doch mit einigen Tips. Nachteil: Einfallslos im Layout und beschreibt nur die besonders interessanten Gegenden und Orte und weist dadurch erhebliche Lücken auf.

● **Geo Spezial**, Titel: Rocky Mountains, Kanada, Verlag Gruner und Jahr. Eindrucksvolles Bildmaterial, gute landeskundliche Beiträge und aktueller Infoteil.

● **Grundmann, Hans-R.**, Die schönsten Autorouten durch die USA, Reihe: DuMont Taschenbücher, DuMont Buchverlag Köln 1990. Ein gut bebildertes Taschenbuch, das in groben Zügen die Vereinigten Staaten als Ganzes touristisch aufarbeitet.

- **Hohermuth, F., Runge, M.**, USA-Nationalparks, Acadia Verlag, Basel 1992, Übersichtliche Beschreibung der einzelnen Nationalparks mit kurzen Infos und Karten.
- **Iwanowski, Michael**; **Senne, Leonie**, Reisehandbücher "USA-Ostküste bzw. Nordosten", Iwanowski Verlag Dormagen, 1995. Mit vielen Tips untermalte Reisehandbücher. Gut geeignet für diejenigen, die von New York aus anreisen.
- **Jeier, Thomas**, Amerika im Wohnmobil, München 1983. In lockerem Stil beschriebene Reiserouten und -erlebnisse. Weniger zum Nachfahren, eher zum Appetit-Machen.
- **Kronzucker, Dieter**, Unser Amerika, Rowohlt Verlag Reinbek, 1989. Ausgezeichnete Artikel zum Leben in Amerika und über die Amerikaner. Ein unbedingtes Muß, um Land und Leute zu verstehen.
- **Lenz, K.**, Kanada – Eine geographische Länderkunde, Wissenschaftliche Buchgesellschaft 1988, ausführliche wissenschaftliche Länderkunde mit sozialgeografischem Schwerpunkt und zahlreichen Statistiken.
- **Plessner, Monika**, Ich bin der dunklere Bruder, Fischer TB Frankfurt, 1977. Gelungenes Buch über die Literatur der Schwarzen, aber auch deren Musik- und Sprachentwicklung.
- **Polyglott** (Hrsg.), verschiedene Titel: Kanada/Östlicher Teil, Rocky Mountains, Chicago/Große Seen, Polyglott Verlag München. Knappe, aber recht gute Übersicht über das entsprechende Reisegebiet.
- **Schmieder, Oskar**, Die Neue Welt, Band II, Nordamerika, Keysersche Verlagsbuchhandlung München, 1963. Gutes geographisches Gesamtwerk für Nordamerika. Gegliedert nach geographischen Regionen. Die Wirtschaftsdaten sind natürlich mittlerweile überholt.
- **Senne, Leonie**, Kanada/Osten, Iwanowski Verlag, Dormagen, 1994. Mit vielen Tips untermaltes Reisehandbuch für den Individualreisenden.
- **Stone, David**, USA-Handbuch, Verlag Gisela Walther, Bremen 1988. Übersichtlicher Reiseführer, nach Bundesstaaten geordnet, mit vielen Tips für den preiswerten Aufenthalt.
- **Watzlawik, Paul**, Gebrauchsanweisung für Amerika, München 1987. Ein "respektloses" Brevier über den amerikanischen Alltag.
- **Wenger, Ferdi**, Kanada/Alaska aus der Reihe "Richtig Reisen", DuMont-Verlag, Köln. Ein ansprechendes neues Layout und eine eingängige Beschreibung machen dieses Buch zu einer guten Ergänzung zu dem hier vorliegenden Reisehandbuch. Die praktischen Tips (Hotels etc.) sind etwas unübersichtlich.
- **Wenger-Diekmann, F.**, Kanu Atlas Kanada, Band II, Zentral- und Ostkanada, Thieme Verlag 1987.
- **Wied, Maximilian Prinz zu**, Reise in das innere Nordamerika, Weltbild Verlag, Augsburg 1995. Reisetagebuch durch das innere Amerika in der ersten Hälfte des 19. Jahrhunderts. Dabei wird vor allem das Leben der Indianer und ihre Beziehung zu den ersten Weißen hervorragend skizziert.

Englischsprachig:

- **American Economics, American Geography, American Government, American History**, herausgegeben von der amerikanischen Regierung und kostenlos erhältlich in den amerikanischen Kulturinstituten in Europa. Übersichtlich und nicht zu ausgedehnte Erläuterungen zu den einzelnen Themengebieten. 4 Bücher.
- **Bird, Christine**, Jazz and Blues Lover's Guide to the US, Addison Wesley Publishing Co., Reading u. New York, 1991. Hervorragende Tips zu Livemusik-Clubs in den gesamten USA. In geringerem Umfang werden auch Rock und Country-Stätten aufgeführt. Zudem gute allgemeine Erläuterungen zur lokalen Geschichte der einzelnen Musikrichtungen.
- **Fodor's** (Hrsg.), 2 Titel: "USA" sowie "The Upper Great Lakes Region", "Cana-

da" und "Chicago", Fodor's Travel Publications New York. Nach Bundesstaaten gegliederte Übersicht über alle Höhepunkte. Gute und viele Tips.

- **Frommer's** (Hrsg.), verschiedene Titel: Chicago, Minneapolis/St.Paul, St.Louis/Kansas City, Toronto, Bed & Breakfast North America, Prentice Hall General References, New York. Zwar etwas unübersichtliche, aber ansonsten hervorragende Bücher zur detaillierten Vorort-Erkundung. Viele Tips und abgelegene Wegbeschreibungen im Stil von "Off the beaten track".
- **Michelin** (Hrsg.), "Canada", Michelin, Clermont-Ferrand, 1993. Kurzgefaßte Übersicht über alle Highlights Kanadas.
- **Mobil Travel Guide**, Bände Great Lakes, Northwest & Great Plains, Northeast und Southwest and South Central, Prentice Hall Travel New York, 1995. Alphabetische Auflistung und Kurzbeschreibung aller Städte (auch Ontario) und Sehenswürdigkeiten mit Schwerpunkt auf Hotel- und Restaurantempfehlungen.
- **Nationalpark Foundation**, The Complete Guide to America's National Parks. Kurze und bündige Übersicht über alle wichtigen Adressen für Nationalparks und National Monuments. Gegliedert nach Staaten.
- **Shears, Nick**, Paddle America, Starfish Press, Washington 1992. Nach Bundesstaaten gegliedertes Buch mit allen nützlichen Tips und Adressen, die sich um Kanu- bzw. Schlauchboottouren in den USA drehen.
- **Sirefman, Susanna**, Chicago, Artemis Verlag, London/Zürich/München 1994. In kleinstem Taschenformat gedruckt, bietet dieses Büchlein, wie kein anderes, eine erstklassige Beschreibung der architektonischen Sehenswürdigkeiten von Chicago
- **The Smithonian**, Guide to Historic America, The Great Lakes States, Stewart, Tabori & Chang, New York 1989. Klassischer Kulturführer. Nahezu alle historischen Highlights von Ohio, Indiana, Illinois, Wisconsin und Minnesota werden hier vorgestellt. Dazu werden interessante historische Hintergünde erläutert.
- **Tiller, Veronica**, Discover Indian Reservations USA, Council Publications, Denver. Gute Übersicht über alle Indianerreservate der USA. Kurzinfos und wichtige Adressen geben einen guten Überblick über das jeweilige Reservat.
- **Zagat Survey** (Hrsg.), Zagat, New York 1995. Bände: "Chicago/Milwaukee", "Minneapolis/St.Paul", "Ohio", "St. Louis" und "Toronto". Ständig aktualisierter Restaurantführer. Bereits ein Klassiker in Amerika.

KARTENMATERIAL

- **Hildebrand's Straßenatlas**, USA/Der Osten, K&G Verlagsgesellschaft Frankfurt/M. Für bestimmte Gebiete ausführlichere Karten als im Rand McNally. Gute touristische Hinweise im Textteil.
- **Hildebrand's Urlaubskarte**, Östliche USA, K&G Verlag Frankfurt/M. Gute Übersichtskarte über das gesamte Reisegebiet mit Eintrag der wesentlichen Sehenswürdigkeiten. Gute Karte für die Vorabplanung zu Hause. Für unterwegs zu ungenau.
- **Rand McNally**, Distoguide USA. In Europa herausgegeben vom Hallwag Verlag Bern. Gesamtkarte der USA. Übersichtlich gestaltet, mit Sehenswürdigkeiten. Gut geeignet für die Vorabplanung zu Hause. Für unterwegs zu ungenau.
- **Rand McNally**, in Europa herausgegeben vom Hallwag Verlag Bern. Das Standardwerk der USA. Karten nach Bundesstaaten gegliedert. Kurzer touristischer Einleitungstext.

Weiterhin sind Karten der einzelnen Bundesstaaten (die auch die wesentlichen Stadtpläne beinhalten) in den entsprechenden Fremdenverkehrsämtern erhältlich. Diese werden auf Wunsch zugeschickt. Ansonsten erhält man sie auch kostenlos an vielen Tankstellen. Bundesstaatenkarten vertreibt auch Rand McNally, und diese können Sie in Europa in größeren Reisebuchläden auch käuflich erwerben.

STICHWORTVERZEICHNIS

A

Abkürzungen ... 110f
Abraham Lincoln Historical Site ... 621
Adams, John ... 29
Afroamerikaner ... 96, 97ff
Akron ... 480ff
- Inventors Hall of Fame ... 480
Al Capone ... 209
Alden ... 371
Alexander ... 689
Alexandria ... 671f
- Runestone Museum ... 671f
Algoma ... 249
Algoman Hills ... 319
Alkohol ... 111
Alzada ... 730
Amana Colonie ... 617f
- Museum of Amana History ... 618
American Queen ... 562ff
Amethyst Mine Panorama ... 318
Amherstburg ... 363, 521
- Fort Malden National Historic Park ... 363
- North American Black Historical Museum ... 363
Amish Country ... 437, 480ff
Amnicon Falls State Park ... 280
Anderson Farm Museum ... 327
Ann Arbor ... 496, 521, 523f
Anreise ... 111f
Anthony, Susan ... 433
Apostle Islands National Lakeshore 279f
Arbeitslosenversicherung ... 103
Arcadia ... 376
Ashland ... 278, 730
- Indian Mission and School ... 730
- Northern Cheyenne Museum ... 730
Asiaten ... 101
Außenhandel ... 91ff
Autofahren ... 114f
Autoimport in die USA ... 113f
Autokauf ... 115ff
Automobilclub ... 118f
Autotips ... 116ff
Autoverleih ... 119ff
Ärzte ... 111

B

Badlands ... 178, 669
Badlands Nationalpark ... 752ff
- Aktivitäten ... 755
- Geologie ... 755ff
- Pflanzenwelt ... 757
- Tierwelt ... 757
- Überblick ... 752f
Banken ... 121
Baraboo ... 637f
- Circus World Museum ... 638
Bardstown ... 621
- Jim Beam American Outpost ... 621
- Maker's Mark Distillery ... 621
- Oscar Getz Museum of Whiskey History ... 621
Battle Creek ... 524
Bavarian Festival ... 525
Bayfield ... 279
Bären ... 73
Beartooth Pass ... 716
Beartooth Scenic Bypass ... 704, 716
Beaver Island ... 371
Behinderte ... 121
Belmont First Capitol State Park ... 636
Bemidji ... 295f
Benton Harbor ... 534
Benzin ... 121f
Bergland ... 276
Berlin ... 482
Beulah ... 680
Biber ... 74f, 271
Big Bay ... 264f
Big Bay Island Park ... 280
Big Bay State Park ... 280
Big Sky ... 706
Bighorn Canyon ... 706, 723ff
- Devil Canyon Overlook ... 724
- Horseshoe Bend Landing ... 724
- Mason Lovell Ranch ... 725
- Medicine Wheel ... 725
Bildungswesen ... 104
Billings ... 717ff

- Black Otter Trail 719
- Boot Hill Cemetry 719
- Moss Mansion 719
- Pictograph Cave State Park 719
- Western Heritage Center 719
- Yellowstone Art Center 719
Bismarck 675ff
- Camp Hancock 676
- North Dakota Heritage Center 676
- State Capitol 676
Bisons 72
Black Creek Pioneer Village 406
Black Hawk War 670
Black Hills . 34, 68, 670, 701, 728, 731ff
Black Muslims 98
Blaney Park 261
Blennerhasset Island 568
Blind River 327
Blues 106ff
Boblo 363
Bodenschätze 84f, 95
Bonanzas 668
Borglum, Gutzon 747, 748
Botschaften 122
Bowdoin National Wildlife Refuge . 693
Bozeman 700
- Museum of the Rockies 700
Börsenkrach 87
Brainerd 664
Brighton 411
Brockway Mountain Drive 270
Browning 694
- Museum of the Plains Indians 694
Bruce Mines 327
Bruce Nuclear Power Development 344
Bruce Peninsula 339ff
- Bruce Trail 339
- Creig's Scenic Caves 342
- Hope Bay Forest Provincial
Nature Reserve 342
- Sauble Falls Provincial Park 342
Brulé, Etienne 333, 391
Buffalo 436, 456ff
- Albright-Knox Art Gallery 462
- Allentown 462
- Buffalo & Erie County Naval
& Servicemen's Park 460, 462
- Buffalo & Erie County
Historical Society 460
- Buffalo Museum of Science 462
- City Hall 458, 460
- Geschichte 456ff
- McKinley Monument 460
- Niagara Square 460
- Our Lady of Victory Basilica
& National Shrine 462
- Reisepraktische Hinweise 458ff
- Theodore Roosevelt Inaugural
National Historic Society 462
- Überblick 456ff
Buffalo-Style-Chicken-Wings 459
Bunyan, Paul 733
Burlington 438
Busse 122f
Butte 700
- World Museum of Mining 700
Bürgerkrieg, amerikanischer 31, 42ff
BWCA 306f

C

Caboto, Giovanni 20
Calamity Jane 736, 738
Calumet 268f
- Coppertown USA Mining
Museum 269
Camper 123ff
Camping 125
Carlevoix 371
Carnegie Company 541
Cartier, Jacques 22
Cascade River State Park 308
Castle Ghost Town 717
Cedarburg 247
Charles Lindbergh State Park 671
Chicago 189ff
Chicago, Adler Planetarium 229
- Art Institute of Chicago 189, 219
- Baha'i House of Worship 231
- Belmont 231
- Bicycle Museum 218
- Blackstone Hotel und Hilton
& Towers Hotel 220
- Buckingham Fountain 220
- Capone's Chicago 224
- Chicago Board of Trade 222
- Chicago Botanic Gardens 232
- Chicago Cultural Center 219
- Chicago Historical Society 224
- Children Museum 218

- Chinatown 228
- Civic Opera House 223
- CNA Plaza 220
- Field Museum of Natural History 229
- Fine Arts Building 220
- Fort Dearborn 206
- Frank Lloyd Wright Home and Studio Foundation 230
- Geschichte 204ff
- Grant Park 219
- Gurnee Factory Outlet Mall 232
- Harold Washington Public Library 220
- Hyde Park Distrikt 228
- Illinois Beach State Park 232
- John Hancock Center ... 189, 213, 215
- Lake Shore Drive 226
- Lincoln Park 224f
- Maxwell Open Air Market 227
- McCormick Center 229
- Merchandise Mart 223
- Michigan Street 215
- Morton Arboretum 231
- Museum of Contemporary Art 215
- Museum of Science & Industry 229
- Navy Pier 218
- Niketown 196
- North Michigan Building 215
- Oak Park 230f
- One Financial Place 222
- Prairie Avenue Historical District 228
- Printers Row 221
- Redaktions-Tips 193
- Reisepraktische Hinweise 192ff
- River City 222
- Sears Tower 189, 213, 222f
- Shedd Aquarium 229
- Six Flags over America 232
- Smart Museum of Art 228
- Stadtarchitektur 212f
- State of Illinois Center 223
- The Loop 214ff
- Tribune Tower 218
- Unity Temple 230
- Überblick 190f
- Water Tower 214f, 224
- Wirtschaft 211
- Wrigley Building 218f
- Wrigley Field Stadium 225
- Zeitplanung 204f

Chicanos 99f

Chief Joseph Battleground (Bear's Paw Battleground) 693

Chillicothe 574f

Chinook 693

Chippewa National Forest 296

Chisholm 293
- Ironworld 293
- Minnesota Museum of Mines 293

Cincinnati 536, 580ff
- Bicentennial Park at Sawyers Point 584
- Carew Tower 584
- Cincinnati Art Museum 586
- Contemporary Arts Center 584
- Covington Landing 586
- Devou Park 586
- Eden Park 585f
- Fire Museum 584
- Fountain Square Plaza 583f
- Geschichte 580f
- Historical Society Museum & Library Museum 585
- Immaculata Church 586
- Krohn Conservatory 586
- Mount Adams 585f
- Mt. Adams 581
- Museum of Natural History 585
- Oldenberg Brewery and American Museum of Brewing History & Arts 586
- Omni Netherlands Plaza Hotel und Carew Tower 584
- Over-the-Rhine 581, 585
- Reisepraktische Hinweise 579ff
- Rockwood Ice Cream Parlor 585
- Skywalk 583
- Taft Museum 584
- Union Terminal and Museums 585
- Überblick 580f

Civil War 31

Clam River 371

Clark, William 38, 678

Clarksville 610

Cleveland 437, 468ff
- African American Museu 478
- Arcade Shopping Mall 475
- Cleveland Botanical Gardens 479
- Cleveland Center of Contemporary Art 479
- Cleveland Museum of Art 479

- Cleveland Museum of Natural History 479
- Clevelands Children Museum 479
- Court House 476
- Dittrick Museum of Medical History 479
- Dunham Tavern 478
- East Bank 478
- East Side 478f
- Galleria Shopping Mall 476
- Geschichte 468f
- Great Lakes Aquarium 477
- Great Lakes Science Center 477
- Health Museum 479
- Lake View Cemetery 480
- Little Italy 480
- NASA Lewis Visitor Center 480
- Ohio City 477f
- Orientierung 474
- Playhouse Square Center 475f
- Powerhouse 478
- Public Library 476
- Reisepraktische Hinweise 471ff
- Rock and Roll Hall of Fame and Museum 469, 476f
- Shopping Mall "The Avenue" 475
- Temple Museum of Religious Art 479
- The Flats 477f
- Tower City Center 475
- University Circle 469
- University Circle 478f
- USS Cod 477
- Überblick 468f
- Veterans Memorial Bridge 478
- Warehouse District 477f
- Western Reserve Historical Society & Crawford Auto-Aviation Museum .. 479
- William G. Mather Museum 477

Cody 722f
- Buffalo Bill Historical Center 722

Colbert, Jean Baptiste 23
Collingwood 353
Colorado Charlie Utter 736, 738
Columbus 569ff
- Center of Science and Industry 571
- Columbus Museum of Arts 571
- Franklin Park Conservatory & Botanical Gardens 573
- German Village 571ff
- Geschichte 569
- Motorcycle Heritage Museum 573f
- Ohio Historical Center/Ohio Village 573
- Ohio State Capitol 571
- Park of the Roses 573
- Reisepraktische Hinweise 569ff
- Santa Maria 571
- Short North Area 573
- Überblick 569

Copper Harbor 269f
Craig Lake 266
Crane Lake 300
Crazy Horse 34, 38, 670, 742
Crazy Horse Memorial 734, 742f
Crow Agency 726
Custer 741f
- National Woodcarving Museum .. 741

Custer State Park 734, 746f
Custer, George Armstrong . 34, 38, 676f, 727ff, 733, 742

D

Daten und Ereignisse 58f
Davenport 616f
Dayton 574, 576ff
- Carillon Historical Park 577f
- Citizens Motorcar Co., Packard Museum 577
- Reisepraktische Hinweise 576f
- United States Airforce Museum .. 578
- Wright Cycle Co. Shop 577

de Leon, Ponce 20
de Mores, Marquis 681, 682
De Pere 255
Deadwood 734, 735ff
- Adams Museum 737
- Broken Boot Gold Mine 737
- Mount Moriah Cemetery 737

Delaware Mine 269
Delta Queen 562ff
Delta Queen Steamboat Company 551ff
Detroit 493ff
- Belle Island 509
- Belle Isle Aquarium 509
- Bricktown 507
- Civic Center 508
- Cobo Hall 508
- Cranbrook Academy of Art Museum 515f

- Cranbrook House & Gardens 515
- Cranbrook Institute 515f
- Cranbrook Institute of Science 516
- Dearborn 518
- Detroit Historical Museum 512
- Detroit Institute of Arts 511f
- Detroit off the beaten track 510f
- Detroit Public Library 513
- Detroit Windsor Tunnel 507
- Detroit Zoological Garden 515
- Dodge-Wilson Estate 516
- Dossin Great Lakes Museum 509
- Eastern Market 509f
- Edsel und Eleanor Ford Mansion . 517
- Fisher Building 515
- Fisher Mansion 517
- General Motors Headquarters 513
- Geschichte 497f
- Grand Circus Park 507
- Graystone International Jazz Hall of Fame 508
- Greektown 507
- Greenfield Village 518
- Hart Plaza 508
- Henry Ford Estate-Fair Lane 521
- Henry Ford Museum 518ff
- Historic Fort Wayne 517
- Holocaust Memorial Center 516
- Meadow Brook Hall 516
- Michigan Sports Hall of Fame 508
- Motown 513ff
- Motown Historical Museum 515
- Museum of African-American History 512f
- Old Mariner's Church 507
- Pewabic Pottery 516f
- Reisepraktische Hinweise 498ff
- Renaissance Center 506f
- Rivercity 509
- Rivertown 509
- Science Center 512
- Second Baptist Church 507
- Theaterdistrict 507f
- University Cultural Center 511
- Überblick 493ff
- World of Ford Product & Technology Center 507
Devil's Tower National Monument . 730
Devisen 125
Dickenson 680f
- Dakota Dinosaur Museum 680f
Dodgeville 636
Door County 244, 249ff
- Peninsula State Park 251
- Reisepraktische Hinweise 253f
- Rock Island 251
- Washington Island 251
Dorion 319
Dry farming 690
Duluth 283, 285ff
- Aerial Lift Bridge 288
- Corps of Engineer Canal Park Marine Museum 288
- Glensheen Mansion 289
- Lake Superior Center 289
- S.S. William A. Irvin-Ship Museum 288
- The Depot 288f
- Waterfront 288

E

Eagle Chain 278
Eagle River 169
Eastern-Woodland-Indianer 17f
Eastern-Woodland-Kultur 16
Eastman, George 433f
Einkaufen 125f
Einreise 126
Eisenbahn 126ff
Elberta 376
Elche 74, 271
Elizabeth I. 24
Elmira 357
Elora 357
Elora Gorge Park 357
Ely 305
- International Wolfe Center 305
Energy Trail 680
Engländer 21, 23f, 25
Erdöl in Montana 692
Erie 436, 465ff
- Brigg Niagara 465f
- Erie Historical Museum 466
- Presque Isle State Park 466
Erie Canal 206, 410, 458, 463f
Eriksson, Leif 19
Escanaba 260
Essen 128ff

F

Fahrradfahren 130
Fanshawe Pioneer Village 361
Fargo 668, 673f
- Bonanzaville 674
- North Dakota Institute for Regional Studies and the Germans from Russia Heritage Collection 673
Fathom Five National Marine Park 339ff
Fayette 260
Feiertage 130f
Fernsehen 131
Fischboil 252
Flathead Lake 698
Flint 525
- Alfred P. Sloan Museum 525
- Crossroads Village 525
- Huckleberry Railroad 525
Floßfahrten 135f
Flowerpot Island 341
Flußkreuzfahrten 131f
Fond Du Lac 248
Ford, Henry 45, 265, 517
Fort Abercrombie 672
Fort Abraham Lincoln 728
Fort Belknap Agency Reservat 693
Fort Benton 698
Fort Clark 678, 678
Fort Madison 613
Fort Mandan 677f
Fort Peck 692
Fort Peck Lake 692
Fotografieren 132
Frank Lloyd Wright House (Taliesin) 636f
Frankenmuth 525
Frankfort 376
Franzosen 21, 22f
Fremdenverkehrsämter 132f
French River 346
Fromberg 720
- Little Cowboy Saloon & Museum 720
Frontenac-Provinzpark 426ff
Füchse 271
Führerschein 133

G

Geld 133f
General Motors 513f
Geneva-on-the-Lake 467
Geographie 63ff
Georgian Bay 332ff
Georgian Bay Islands National Park 348f
Georgian Bay Nationalpark 326
Geschäfte 134
Gesellschaft 96ff, 162ff
Gesundheit 134f
Getränke 169ff
Gewerkschaften 103f
Gilded Age 44f
Glacier Nationalpark 671, 695ff
- Aktivitäten 697
- Going to the Sun Highway 697
- Logan Pass 697
- Pflanzen-/Tierwelt 697
- Reisepraktische Hinweise 695
- Rundfahrt 697f
- St. Mary 697
- Überblick 695
- Waterton Lakes Nationalpark 697
Glasgow 692f
Goderich 344
- Huron County Museum 344
- Huron Historic Goal and Governor's House 344
Goldene Zwanziger 47f
Golf 135
Gooseberry Falls State Park 307
Grand Marais 261, 308
Grand Mounds 296
Grand Portage 309
- Grand Portage National Monument 309
Grand Rapids 291, 529f
- Gerald R. Ford Presidential Museum 529f
- Heritage Hill District 529
- Van Andel Museum Center 530
Grand Teton Nationalpark 713ff
- Aktivitäten 715f
- Jackson Lake 715
- Jenny Lake 715
- Leigh Lake 715
- Moose Village 715
- Pflanzen-/Tierwelt 716

- Wandern ... 715
Granddad's Bluff ... 639
Grasland ... 751f
Grassland ... 701
Great Chicago Fire ... 208
Great Falls ... 669, 699f
- C.M. Russell Museum Complex 699f
- Giant Springs Heritage State Park 700
Great River Road ... 610
Green Bay ... 254f
- Green Bay Packer Hall of Fame ... 254
- Heritage Hill State Park ... 255
- National Railroad Museum ... 255
Group of Seven ... 407
Grundy Lake Provincial Park ... 346
Gunflint Trail ... 308

H

Hamilton ... 438
- Dundurn Castle ... 438
- Hess Village ... 438
- Royal Botanicals Gardens ... 438
- Whitehern Historical House ... 438
Hancock-Houghton ... 268
Hannibal ... 610ff
Hardin ... 726
- Custer Re-Enactment ... 726
Harding ... 726
Haubentaucher ... 73f
Hausboote ... 300, 412
Havre ... 669, 694
- Fort Assiniboine ... 694
Hayward ... 277
Heinz, Henry J. ... 541
Helena ... 700
- Cathedral of St. Helena ... 700
- Montana Historical Society Museum ... 700
- State Capitol ... 700
Hiawatha National Forest ... 260
Hibbing ... 292
- Hull Rust Mahoning Mine ... 292f
Hill Annex Mine State Park ... 292
Hill City ... 750
- 1880 Steamtrain ... 750
- Wade's Gold Mill ... 750
Hodgenville ... 621
Holden Arboretum ... 467
Holland ... 530f
- DeKlomp Wooden Shoe and Delft Factory ... 531
- Dutch Village ... 531
- Netherlands Museum ... 531
- Windmill Island ... 531
Hopewell-Kultur ... 17f
Hot Springs ... 743
House on the Rocks ... 636
Huntington ... 568

I

Illinois ... 35
Illinois-Telegramm ... 188
Indian Summer ... 70f, 282, 567
Indiana ... 35f
Indiana Dunes Nat. Lakeshore ... 534f
Indianapolis ... 536, 587ff
- Arcola ... 594
- Benjamin Harrison Home ... 592
- Canal Walk ... 591f
- Children's Museum ... 592
- City Market ... 591
- Conner Prairie Village Museum .. 594
- Decatur ... 594
- Eiteljorg Museum ... 592
- Geschichte ... 587f
- Indiana State Museum ... 591
- Indianapolis Motor Speedway Hall of Fame and Museum ... 593
- Indianapolis Museum of Art ... 592f
- Madame Walker Urban Life Center ... 592
- Monticelli ... 594
- Monument Circle ... 591
- Reisepraktische Informationen ... 588f
- Scottish Rite Cathedral ... 591
- State Capitol ... 592
- Union Station ... 591
- Überblick ... 587f
Indianer ... 15ff, 96, 100
Indianerkriege ... 670
International Falls ... 296f
- Giant Thermometer ... 296
- Smokey the Bear ... 296
Inverhuron ... 344
Iowa ... 36
Iron Mountain ... 258ff
Iron Range ... 292f
Ironwood ... 277

Ishpeming 265
Isle Royale Nationalpark 268, 270ff
- Aktivitäten 274f
- Geologischer Überblick 274
- Pflanzen 273f
- Redaktionstips 272
- Tiere 273
- Überblick 270f
Itasca State Park 294

J

Jack McCall 738
Jackson 524
- Michigan Space Center 524
Jamestown 674
- Frontier Village 674
Jazz 106ff
Jefferson, Thomas 27, 29, 648, 678, 749
Jewel Cave National Monument ... 739ff
Jolliet, Louis 205

K

Kadoka 758
- Badlands Petrified Garden 758
Kakabena Falls 318
Kalamazoo 524
- Aviation History Museum 524
Kalamazoo, Frontenac Vinery 524
Kalispell 698
Kama Lookout 319
Kanada 310ff
Kanada (Geschichte) 60ff, 92
Kanada-Telegramm 312
Kanadisches Schild 65f
Kanufahrten 135f, 258, 260, 276f, 273, 286, 304, 306f, 316, 320, 321, 376, 417, 426, 428, 529, 627
Kartenmaterial 136f
Kelleys Island 490
Kellogg's Cornflakes 524
Kettle Moraine State Forest 247
Kewaunee 249
Keweenaw National Historical Park 269
Keweenaw Peninsula 266ff
Keystone 747
- Borglum Historical Center 747
Killarney Provincial Park 345f
Kinder 137
Kings Island 578
Kings Pass 717
Kingston 408, 416ff
- Agnes Etherington Art Centre 423
- Bellevue House National Historic Site 423
- City Hall 422
- Frontenac County Schools Museum 423
- Geschichte 420
- Kingston Penitentiary Museum ... 423
- Mac Lachlan Museum 424
- Marine Museum of the Great Lakes 422
- Miller Museum of Geology and Mineralogy 423
- Murney Tower Museum 422
- Old Fort Henry 420f
- Portsmouth Olympic Harbour 423
- Pump House Steam Museum 422
- Wolfe Island 424
Kirtland 467
Kitchener / Waterloo 353ff
- Brubacher House 356
- Doon Heritage Crossroads 355f
- Farmer's Market 355
- Joseph Schneider-Haus 355
- Market Square 354
- Pioneer Tower 354
- Seagram Museum 354f
- Woodside National Historic Parc 354
Kleidung 137f
Kleinburg 406
- McMichael Art Collection 406
Klima 76ff
Knife River Indian Village Nat. Hist. Site 679
Kolumbus, Christoph 15f, 19f
Kongreß 28
Konservativismus 165f
Konsulate 138f
Koreakrieg 53
Krankenversicherung 102
Kreditkarten 139
Krieg, Englisch-Amerikanischer 61, 430
Krieg, Siebenjähriger 23
Kriminalität 139f
Kriminalitätsrate 101
Ku Klux Klan 43, 97
Kubakrise 53

Kupfer 266
Küche 169ff

L

L'Anse 266
La Crosse 639
Lake Agassiz 66
Lake Effect Snow 258
Lake Erie 364f
Lake Gogebic 276
Lake Nipissing 346
Lake of the Clouds 275
Lake Sakakawea 680
Lake Superior Provincial Park 322
Lakeshore-Lunch 301
Landwirtschaft 89ff
Lansing 526ff
- Impression 5 Science Museum 528
- Kresge Art Museum 528f
- Michigan Historical Museum 528
- Michigan Museum of Land Surveying 528
- MSU Museum 529
- R.E. Olds Transportation Museum 528
- State Capitol 527f
Latter-day-Saints 613, 614ff
Lead 735ff
- Homestake Mine 737
Lebanon 578
Leelanau Peninsula 373ff
- Grand Traverse Lighthouse Museum 373
- Leland 373
- Manitou Islands 373
- Northwest Michigan Maritime Museum 373
- Sleeping Bear Dunes National Lakeshore 373ff
- Sleeping Bear Point Coast Guard Maritime Museum 373
Lewis, Meriwether 38, 678
Lexington 619f
- American Saddle Museum 620
- Kentucky Horse Park 620
Lincoln, Abraham 31, 32, 594, 599, 621, 749
Lindbergh, Charles 609, 665
Literatur 140
Little Bighorn Battlefield Nat. Monument 726ff
- Überblick 727ff
Little Falls 664f
- Charles Lindbergh Interpretive Center 664
Little Norway 628, 635f
Little Rocky Mountains 693
Loma 698
London 360f
- Eldon House 361
- London Museum of Archaeology 361
- London Regional Art and Historical Museum 361
- St. Paul's Cathedral 361
Lonesome Spur Ranch 720ff
Loon 73f
Louisiana Purchase 600, 678
Louisville 620f
- Belle of Louisville 620
- Howard Steamboat Museum 620
- Kentucky Derby Museum 620
- Muhammed Ali Museum 620
Lovell 723
Lover's Leap 610
Loyalist Parkway 408, 413ff
Ludington 377
Lumbertown 664
Luther King, Martin 56, 98

M

Mackinac Island 326, 369ff
- Arch Rock 371
- Grand Hotel 371
- Old Fort Mackinac 370
- Stuart House Museum 371
Mackinac Street 366
Mackinaw City 366, 368f
- Colonial Michilimackinac Fort ... 369
- Old Mill Creek State Park 369
Madison 628, 631ff
- Elvejhem Museum 634
- Farmer's Market 632
- Frank Lloyd-Häuser 634
- Madison Art Center 634
- Olbrich Park and Gardens 634
- Reisepraktische Hinweise 631f
- State Capitol 632
- State Historical Society Museum 634
- University of Wisconsin

Arboretum 634
- Überblick 631
- Wisconsin Veteran's Museum 634
Malcolm X 98
Malta 693
Mammoth Cave Nationalpark 537, 621ff
- Flora/Fauna 626f
- Geologische Entstehung 625f
- Geschichte 623ff
- Höhlentouren 627
- Überblick 621f
Mammoth Site Museum 743
Mandan 675ff
- Fort Abraham Lincoln State Park 676f
- Native American Art Center 676
- Railroad Museum 676
Manistee 376f
Manistique 260
Manitoulin Island 326, 334ff
- Assiginack Museum 335
- Blue Jay Creek Fish Culture Station 335
- Bridal Veil Falls 335
- Cup and Saucer Trail 336
- Gore Bay 336
- Lake Mindemoya 336
- Manitowaning 335
- Mississagi Lighthouse Museum .. 336
- Providence Bay 336
- S.S. Norisle and Heritage Park 335
- South Baymouth 335, 337
- Ten Mile Point 335
Manitowoc 249
- National Maritime Museum 249
Marathon 320
Marietta 568
Marinette 260
Marquette 263f
- Presque Isle Park 264
Marquette, Jacques 23
Maßeinheiten 140ff
Mayo-Krebsklinik 628, 642f
McKinley, William 457
Medora 681, 684
- Chateau de Mores 681
Mennoniten 353, 356f
Menominee 260
Michigan 36f
Michigan-Telegramm 256
Midland 349ff
- Huronia Museum 349
- Huronian Village 350
- Sainte-Marie among the Hurons .. 350
- Wye Marsh Wildlife Centre 351
Mietwagen 119ff
Milwaukee 234ff
- American Geographical Society .. 242
- Captain Frederick Pabst Mansion 241f
- Discovery the World Museum of Science 241
- Geschichte 234f
- Grain Exchange Room 240f
- Iron Block Building 240
- Miller Brewery 242
- Milwaukee Art Museum 240
- Milwaukee Co. Historical Society 238ff
- Milwaukee Public Museum 241
- Old World Wisconsin 243
- Pabst Brewery 241
- Pettit National Ice Center 242
- Pfister Hotel 240
- Redaktionstips 236
- Reisepraktische Hinweise 235ff
- St. Johns Cathedral 240
- Usinger's Famous Sausage . 236, 240
- Überblick 234f
- Wisconsin Cheese Mart 236
Mineral Point 636
Minneapolis/Saint Paul 645ff
- American-Swedish Institute 659
- Bandana Square 663f
- Bell Museum of Natural History . 659
- Cathedral of St. Paul 661
- Children's Museum 663
- Childrens Museum of Minnesota 659
- City Hall 657f
- Como-Harriet Streetcar Line 659
- Falls of St. Anthony 656
- Fort Snelling 660
- Foshay Tower 658
- Geschichte 648f
- Governor's Mansion 661
- Guthrie Theater 658
- Hubert H. Humphrey Metrodome 658
- James J. Hill Mansion 661
- Lake Calhoun und Lake Harriet .. 659
- Landmark Center 662
- Mall of America 651, 660
- Minneapolis Institute of Arts 654, 659

- Minneapolis Sculpture Garden 658
- Minnehaha Falls 660f
- Minnehaha Parkway 660f
- Minnesota Grain Exchange 659
- Minnesota History Center 661f
- Minnesota Museum of American Art 662f
- Minnesota Valley National Wildlife Refuge 660
- Minnesota Zoo 658
- Museum of Quack Medical Devices 656
- Nicollet Mall 657
- Planes of Fame Air Museum 659
- Reisepraktische Hinweise 650ff
- Rice Park 662
- Schubert Club Musical Instrument Museum 663
- Schubert Club's Historical Instrument Museum 659
- Science Museum of Minnesota 663
- State Capitol 663
- Stone Arch Bridge 656
- Summit Avenue 661
- Twin Cities Model Railroad Club 664
- Überblick 645ff
- Walker Art Center 658
- Walker Art Institute 654
- Warehousedistrict 656f
- Wharf Main Street District 656
- Wirtschaft 648f

Minnesota 37f
Minnesota-Telegramm 281
Mirror Lake 275
Mississippi 294f, 563ff
Mississippi Queen 562ff
Mississippi River 537
Mississippi River National Wildlife & Fish Refugee 640
Mississippi Road 610
Mississippi, Quelle 282
Missoula 698
Missouri 38
Missouri, Quelle 700
Mitchell 760f
- Corn Palace 760
- Enchanted World Doll Museum ... 760
- Prehistoric Indian Village 760f
Moline 616f
- John Deere Company 616
Montana 38f
Montana-Telegramm 691
Moose Locator Guide 265
Motorradimport in die USA 113f
Mound City Group National Monument 574ff
Mount Rushmore 734, 742
Mt. Horeb 635
Mt. Rushmore National Memorial 747ff
Munising 263
Muskegon 378

N

National Wildhorse Range 723
Nationalparks 142ff
Nauvoo 537, 613ff
- Joseph Smith Historic Center 613f
New Glarus 628, 635
New Salem 680
New Ulm 628f, 640, 644, 670
- Brown County Historical Museum 644
- Defenders Monument 644
- Hermanns-Denkmal 644
- Schell Brewery 644
New York-Telegramm 457
Neys Provincial Park 319
Niagara Falls 440ff
- American Fall 447
- Amerikanische Seite
  Aquarium of Niagara Falls 456
  Native American Center for the Living Arts 456
  Niagara Power Project 456
  Niagara Reservation State Park ... 454
  Prospect Park Visitor Center 454
  Prospect Point Observation Tower454
  Reisepraktische Hinweise 453f
  Schoellkopf Geological Museum 455
- Anstrahlzeiten 447
- Bridal Veil 447
- Geschichtlicher Überblick 445f
- Goat Island 447, 455
- Horseshoe-Fall 440, 447
- Kanadische Seite
  Clifton Hill Street 450
  Fort George National Historic Site 451f
  Guinness World of Records 450

Houdini Museum Magic of Niagara 450
Louis Tussaud's Waxworks Museum 450
Maple Leaf Village 450
Marineland Theme Park 452
Minolta Tower Centre 448, 449
Niagara Falls Imax Theatre 448
Niagara Falls Museum 450f
Niagara Historical Society Museum 452
Niagara Parks Botanical Gardens 452
Niagara Parkway 448, 451
Niagara River Recreation Trail 452
Niagara-on-the-Lake 451
Reisepraktische Hinweise 440ff
Ripley's Believe it or not! Museum 450
Skylon Tower 448
Spanish Aero Car 451
Table Rock 450
Whirlpool Rapids 451
- Maid of the Mist 449, 454f
- Rainbow Bridge 440, 452
- Überblick 440
- Whirlpool Rapids Bridge 440
- Windhöhle 455
- Zeitplanung 444f
Niagara-Wein-Route 439f
- Brights Winery 439
- Chateau des Charmes 439
- Hillebrand Winery 439
- Inniskillin Wine Inc. 440
Niagarafälle 436
Nipigon 319
North Dakota 39f
North Dakota-Telegramm 666
North East 465
- Lake Shore Railway Museum 465
Notfall 144
Notruf 144
Nottawasaga Bay 351ff

O

Ohio 40
Ohio-Telegramm 467
Old Fort Niagara 435
Ontario-Telegramm 313
Ontonagon 275
Oshawa 411
Oshkosh 248
Oswego 430, 431
Outdoor 144f
Outlet Malls 569
Owen Sound 342f
- County of Grey-Owen Sound Museum 343
- Harrison Park 343
- Inglis Falls 343
- Marine Rail Museum 343
- Mill Dam Fish Ladder 343
- Tom Thomson Memorial Art Gallery 343

P

P.J. Hoffmaster State Park 378
Paramount Canada's Wonderland ... 406
Park Rapids 293
Parry Sound 346ff
- "30.000 Inseln-Kreuzfahrt" 347f
- Killbear Provincial Park 348
- Parry Island 348
Penetanguishene 351
Pennsylvania 40f
Pennsylvania-Telegramm 464
Peshtigo 255
Petoskey 371
Phoenix 269
Pickering 411
Pictured Rocks National Lakeshore 262
Pierre 759
- Cultural Heritage Museum 760
- Fort Pierre 759
Pilgrim Fathers 24
Pipestone National Monument 762
Pittsburgh 536, 540ff, 567
- Allegheny 540
- Andy Warhol Museum 548
- Bloomfield 548
- Boardwalk 546
- Carnegie Museum of Art and Natural History 547
- Carnegie Science Center 548f
- Cathedral of Learning 546
- Duquesne Incline 549
- East Carson Street 550
- Fort Pitt Museum 544f
- Frick Art and Historical Center .. 547f

- Geschichte 541f
- Market Square 546
- Mattress Factory 549
- Monongahela Incline 549
- Monongahela River 540
- Nationality Classrooms 546f
- North Side 548ff
- Point State Park 544f
- Reisepraktische Hinweise 542f
- South Side 549f
- Station Square 549
- Strip District 546
- Tour Ed Mine & Museum 550
- University of Pittsburgh 546f
- Westin William Penn Hotel 546

Plains-Indianer 16
Plains-Kultur 16f
Point du Sable, Baptiste 205
Point Farms 344
Point Pelee Nationalpark 363f, 521
Poker Alice 739
Pontiac 23
Poplar 692
- Tribal Museum 692

Porcupine Mountains State Park 275
Port Clinton 437, 490
Port Colborne 364
Port Huron 521
Port Severn 349
Post 145
Potato Creek Johnny 739
Prairie Drifts 669
Präriehunde 72f
Präsidenten 55
Preacher Smith 739
Preisklassifizierung der Unterkunftsempfehlungen 155
Preisnachlässe 146
Prince Edward-Halbinsel 413ff
- Ameliasburgh Historical Museum 414
- Birdhouse City 415
- Lake on the Mountain 415
- Mariner's Museum Lighthouse Park 414
- North Beach 415
- Reptilienzentrum in Cherry Valley 414
- Sandbanks Provincial Park 416

Pryor Mountains 723
Pukaskwa Nationalpark 320f
Put-in-Bay 490

Q

Quad Cities 537, 616f
Quimet Canyon 319

R

Ranchaufenthalte 146f
Ranchurlaub 701
Rapid City 734, 750f
- Museum of Geology 751

Reconstruction-Phase 42ff
Recycling 147
Red Cloud 34
Red Lodge 722
Red Rock 319
Red Wing 641
Reisezeit 147
Reiten 147f
Rentenversicherung 102f
Restaurants 148
Rhinelander 277
Ringling Brothers 637
Riper State Park 265
Rochester 408, 431ff, 640, 641ff
- George Eastman House 433
- International Museum of Photography 433
- Mayowood 643
- Plummer Building 643
- Rochester Clarillon 643
- Rochester Museum & Science Center 434
- Strong Museum 434
- Susan Anthony House 434f

Rockefeller, John D. 468
Rocky Mountains 178, 706
Roosevelt, Franklin D. 49
Roosevelt, Theodore 457, 681, 682, 749
Rossport 319
Rundfunk 148
Rustbelt 94

S

Sackets Harbor 431
Saint Charles 610
Saint Louis 599ff
- Anheuser-Busch Brewery 608
- Cahokia Mounds 609f

- Central West End District 609
- Forest Park 609
- Fox Theatre 608
- Gateway Arch 605
- Geschichte 600f
- Jefferson Expansion Memorial National Historic Site 605
- Laclede's Landing 604
- Laclede's Landing District 603
- Missouri Botanical Garden 609
- Missouri History Museum 609
- Museum of History 604
- Museum of Westward Expansion 605
- Old Courthouse 605
- Scott Joplin House 608
- Soulard District 603, 608
- St. Louis Art Museum 609
- St. Louis Cathedral (New Cathedral) 608f
- St. Louis Science Center 609
- St. Louis Zoo 609
- Ulysses S. Grant Historic Site und Grant's Farm 609
- Union Station 605
- Überblick 599f
Sandusky 437, 490
Santa Maria 19
Saugatuck 531ff
- Fenn Valley Vineyards 533
- Obstfarmen 533
- Oval Beach 533
- Queen of Saugatuck 533
- S.S. Keewatin Marine Museum ... 533
Sault Ste. Marie 322ff
- "Soo" Locks 325
- Agawa Canyon 325
- Algoma Train 325
- Art Gallery of Algoma 324
- Canadian Bushplane Heritage Center 324f
- Ermatinger Old Stone House 324
- Forestry Canada - Great Lakes Forestry Centre 324
- Great Lakes Maritime Museum ... 325
- M.S. Norgoma Museum Ship 324
- Museums-Schiff "Valley Camp". 325
- Sault Ste. Marie Museum 324
- of History 325
Schaufelraddampfer 550ff
Schaufelraddampferfahrten 149f
Schreiber 319
Schwarzfuß-Indianer 16
Seengebiet von Nord-Wisconsin 277
Seney National Wildlife Refuge 261
Serpent Mound Group 577
Seth Bullock 738f
Severn-Waterway 411ff
Sheboygan 248
- John Michael Kohler Arts Center 248
- Kohler Design Center 248
Sheridan 725f
- Bradford Brinton Memorial Ranch725
- Trails End Museum 725
Silver City 275
Sioux 17
Sioux Falls 761f
- EROS-Center 761
- Old Courthouse 761
- Pettigrew House 761
- USS South Dakota Battleship Memorial 761
Sitting Bull 34, 670, 677
Six Flags over Mid-America 610
Ska Nah Doht, Indianerdorf 361
Sklavenhandel 21
Sleeping Bear Dunes National Lakeshore 326, 366
Sleeping Giant (Sipley) Provincial Park 318
Smith, Joseph 614
Soudan Underground Mine State Park 293
Soulfood 502
South Bass Island 490
South Dakota 41
South Dakota-Telegramm 731
South Haven 534
Soziale Verhältnisse 101ff
Sozialhilfe 103
Spanier 21f
Split Rock Lighthouse 307
Sport 150
Sprache 150f
Spring Green 637
Springfield 537, 594ff
- Dana-Thomas House 598
- Geschichte 594
- Illinois State Museum 598
- Lincoln Depot 596
- Lincoln Home 596

- Lincoln Tomb 598
- Lincoln's New Salem 598f
- Lincoln-Herndon Law Offices 596
- Old State Capitol 596
- Oliver Parks Telephone Museum . 598
- Reisepraktische Hinweise 595
- State Capitol 596ff
- Überblick 594f
St. Catherines 438f
St. Ignace 368
- Mackinac Bridge 368
- Marquette Mission Park and Museum of Ojibwa Culture 368
St. Jacobs 356
St. Joseph 534
St. Joseph Island 327
St. Lawrence Waterway 316
St. Lawrence-Seeweg 429f
St. Lawrence-Strom 429f
St. Louis 536
State Parks 142ff
Steubenville 567
Stratford 358ff
- Stratford Festival 358, 360
Strände 152
Strom 152
Sturgeon Bay 252f
- Sturgeon Bay Ship Canal & Lighthouse 253
Sturgis 734
Sudbury 329ff
- Big Nickel Mine 331
- Doran Planetarium 330
- Science North Museum 330f
- The Path of Discovery 331
Superior 285ff
- Fairlawn House 288
- Firehouse & Police Museum 287f
- S.S. Meteor-Barkers Island Marine Museum 288
Superior Upland 66

T

Tahaquamenon State Park 367f
Taxi 152
Telefonieren 152ff
Terrace Bay 319
Thatcher, Becky 611
Theodore Roosevelt Nationalpark 681ff
- Aktivitäten 685f
- Elkhorn Ranch 683
- Geologie/Geomorphologie 686f
- Little Missouri National Grassland688
- Malteser Cross Cabin 683
- Pflanzenwelt 688
- Reisepraktische Hinweise 684f
- Tierwelt 687
- Überblick 682f
Thousand Islands 424ff, 429f
- Boldt Castle 425
Thunder Bay 314ff
- Amethyst Centre 317
- Centennial Park 317
- International Friendship Garden .. 317
- Old Fort Williams 317f
- Paipoonge Museum 317
- Thunder Bay Art Gallery 317
Tiere 72ff
Tobermory 337, 338f
Toledo 437, 490
- Toledo Museum of Art 490
Torch Lake 371
Toronto 379ff
- Art Gallery of Toronto 400
- Cabbagetown 403
- Campbell House 400
- Casa Loma 402
- Central Business District 398
- Chinatown 402f
- CN-Tower 395f
- Convention Centre 397
- Exhibition Place und Ontario Place 397
- Geschichte 391
- Greektown 403
- Harbour Front 397
- Kensington Market 402f
- Metro Toronto Zoo 406
- Museen (Übersicht) 404f
- Museum for Textiles 399
- Old and New City Hall 399
- Old Fort York 397
- Old Town 400f
- Old Town York 403
- Ontario Science Centre 406
- Orientierungshilfe 391
- Osgoode Hall 400
- Parliament Building 400
- Queen Street 399

- Redaktions-Tips ... 381
- Reisepraktische Hinweise ... 382ff
- Royal Ontario Museum ... 401
- Royal York Hotel ... 387, 397
- Skydome ... 396
- Spadina Hotel ... 388
- Spadina Mansion ... 402
- The Eaton Centre ... 400
- The Grange ... 400
- Toronto Islands ... 404
- Toronto Underground ... 398
- Union Station ... 396
- University of Toronto ... 400f
- Überblick ... 379ff
- Yonge Street ... 399
- Yorkville ... 401f
Trail of Tears ... 670
Trampen ... 154
Traverse City ... 371ff
- Chateau Chantel ... 373
- Chateau Grand Traverse ... 373
- Cherry Pecan Sausage ... 372
- Dennos Museum Center ... 372
- Mission Peninsula ... 372f
- Obstplantage ... 372
- Old Mission ... 373
- Schoner "Madeleine" ... 372
- The Music House ... 372
Trenton ... 411
Trinkgeld ... 154f
Trinkwasser ... 155
Truman-Doktrin ... 51
Twain, Mark ... 611f
Two Harbors ... 307

U

Umrechnungstabellen ... 140ff
Unabhängigkeitskrieg ... 25
Unterkünfte ... 155ff
Upper Peninsula ... 256ff, 275ff

V

Vegetation ... 69ff
Verfassung der Vereinigten Staaten .. 26
Versicherung ... 159
Vespucci, Amerigo ... 20
Vietnamkrieg ... 54
Virginia ... 293
Visum ... 159
Voyageurs ... 309, 310
Voyageurs Nationalpark ... 297ff
- Crane Lake ... 300
- Hausboote ... 300
- Lakeshore-Lunch ... 301
- Überblick ... 297ff
Voyageursland ... 296ff

W

Wabasha ... 641
Walden ... 327
Wall ... 751f
- Wall Drug ... 751
Warren Dune State Park ... 534
Wasaga Beach ... 353
Washburn ... 279
Washington, George ... 25f, 29, 541, 749
Watergate-Affäre ... 56
Watersmeet ... 276f
Watertown ... 429, 431
Watford City ... 669, 689
Wawa ... 321
Wäsche waschen ... 159
Webster-Wasserfälle ... 438
Weine ... 159
Weinregion ... 574
Wellsburg ... 567
Weltkrieg, 1. ... 46f
Weltkrieg, 2. ... 50f
Wheeling ... 568
White Pine ... 275f
White River ... 321
White Sulphur Springs ... 717
Whitehall ... 377f
- White River Light Station Museum ... 378
Wikinger ... 19
Wild Bill Hickock ... 736, 738
Wildhorse Range Areal ... 721
Williston ... 677, 689f
- Fort Buford National Historical Site ... 689
- Fort Union Nat. Historic Site ... 689
Wind Cave Nationalpark ... 744ff
Windsor ... 361f, 521
- Art Gallery of Windsor ... 362
Winnebagos ... 18
Winnie the Pooh ... 321

Winona ... 640
Wintersport ... 159f
Wirtschaft ... 82ff
Wisconsin ... 41f
Wisconsin Dells ... 628, 638f
Wisconsin-Telegramm ... 233
Wolf Point ... 692
- Wolf Point Historical Society Museum ... 692
Wolfe Island ... 429
Wounded Knee ... 670
Wounded Knee Historical Site ... 758
Wölfe ... 271
Wright, Frank Lloyd 208, 212, 228, 242
Wyoming ... 17, 42

Y

Yellowstone Nationalpark ... 707ff
- Aktivitäten ... 711f
- geologische Situation ... 709
- nördlicher Loop ... 711
- Pflanzen-/Tierwelt ... 712f
- südlicher Loop ... 710f
- Wandern ... 711
Young, Brigham ... 613, 614ff

Z

Zanesville ... 569
Zebra-Muscheln ... 75
Zeit ... 160
Zeitungen ... 160
Zeitzonen ... 160
Ziolkowski, Korczak ... 742
Zoll ... 161

Als Verfasser dieses Reisehandbuches hoffen wir, daß es Ihnen bei der Planung und Durchführung Ihrer Reise viele nützliche Dienste erweisen wird.

Monatelange Reisen durch den Mittleren Westen, entlang den Großen Seen und unzählige Stunden am heimischen Schreibtisch haben dazu geführt, daß wir Ihnen mehr als nur ein paar aktuelle Tips mit auf den Weg geben können. Doch der Zahn der Zeit macht es für Reisebuchautoren fast unmöglich, in allen Punkten auf dem neuesten Stand der Dinge zu bleiben, so sehr man sich auch bemühen mag. Zudem sehen Sie die Welt mit anderen Augen und entdecken dabei Interessantes, Schönes und Erlebenswertes, das wir nicht entdeckt haben oder das einfach zu kurz gekommen ist. Auch viel Neues mag hinzugekommen sein und anderes nicht mehr existieren.

Sie, lieber Leser, können uns und damit den nächsten Lesern sehr helfen, indem Sie uns Ihre persönlichen Erfahrungen und Eindrücke bzw. Berichtigungen, Anregungen und Neuigkeiten mitteilen. Dann können wir diese speziellen Punkte neu recherchieren und sie in einer der nächsten Ausgaben auch berücksichtigen.

Viel Freude und eine gute Reise!

Ihr Schreiben richten Sie bitte an:
Reisebuchverlag Iwanowski GmbH,
Büchnerstraße 11, 41540 Dormagen